BIBLIA DE BOSQUEJOS Y SERMONES

Génesis 12:1—50:26

BIBLIA DE BOSQUEJOS Y SERMONES

Génesis 12:1—50:26

PORTAVOZ

Título del original: *The Preacher's Outline and Sermon Bible*, Genesis 12:1—50:26, © 2004 por Alpha-Omega Ministries, Inc. y publicado por Leadership Ministries Worldwide, P.O. Box 21310, Chattanooga, TN 37424. Todos los derechos reservados.

Edición en castellano: *Biblia de bosquejos y sermones*, Génesis 12:1—50:26, © 2006 por Alpha-Omega Ministries, Inc. y publicado con permiso por Editorial Portavoz, filial de Kregel Publications, Grand Rapids, Michigan 49501. Todos los derechos reservados.

La *Biblia de bosquejos y sermones* fue escrita para que el pueblo de Dios la use tanto en sus vidas personales como en la predicación y enseñanza.

EDITORIAL PORTAVOZ
P.O. Box 2607
Grand Rapids, Michigan 49501 USA

Visítenos en: www.portavoz.com

ISBN 10: 0-8254-0726-5
ISBN 13: 978-0-8254-0726-0

01 02 03 04 05 edición / año 11 10 09 08 07

Impreso en los Estados Unidos de América
Printed in the United States of America

CONTENIDO

ABREVIATURAS VARIAS

a.C.	=	antes de Cristo	p.	=	página
AT	=	Antiguo Testamento	p.ej.	=	por ejemplo
caps.	=	capítulos	pp.	=	páginas
concl.	=	conclusión	pto.	=	punto
cp.	=	compárese	s.	=	siguiente
d.C.	=	después de Cristo	ss.	=	siguientes
EF	=	Estudio a fondo	v.	=	versículo
N°	=	número	vs.	=	versus
NT	=	Nuevo Testamento	vv.	=	versículos

TABLAS

Cómo usar la *Biblia de bosquejos y sermones*

A | **El pasaje bíblico** siempre impreso

B | **El bosquejo para predicar** aparece cerca de cada versículo

C | Abundante material de **comentario práctico**

D | **Ilustraciones** y **aplicaciones** para cualquier auditorio

E | **Pasajes bíblicos de apoyo** minuciosamente seleccionados e impresos por completo

En primer lugar: Observe el **tema general**. Piense en él por un momento.

Después: Preste atención al **tema general** y a los **puntos principales** en conjunto.

Luego: Ponga atención a los **puntos principales** y a los **subpuntos** mientras lee las Escrituras. Note que los puntos se encuentran en forma bosquejada al lado del versículo correspondiente; sencillamente exponen lo que la Biblia quiere decir.

Por último: Lea el **comentario**. Importante: Note que los *números de los puntos principales* en el *bosquejo* se corresponden con los del *comentario*.

HECHOS DE LOS APÓSTOLES

CAPÍTULO 1

I. Los grandes días de expectación, 1:1-26

A. El minist[A] de Jesús en la tierra, 1:

1 Lucas le escribe a Teófilo, le recuerda del ministerio de Jesús
2 Obras y enseñanzas de Jesús
  a. Hasta que fue tomado

1 En el primer tratado, oh Teófilo, hablé acerca de todas las cosas que Jesús comenzó a hacer y a enseñar, 2 hasta el día en que fue recibido arriba, después de haber

3 a quienes también, después de haber padecido, se presentó vivo con muchas pruebas indubitables, apareciéndoseles durante cuarenta días y hablándoles acerca del reino de Dios.

4 Y estando juntos, les mandó que no se fueran de Jerusalén, sino que esperasen la promesa del Padre, la cual, les dijo, oísteis de mí.

3 Muerte y resurrección de Jesús
  a. Prueb[B] Se mostró vivo a ellos
  b. Prueba 2: Diversas pruebas, vistas durante cuarenta días
4 Jesús promete el reino
5 Jesús promete el Espíritu
  a. Los discípulos tenían que "esperar"
  b. Los discípulos tenían

DIVISIÓN I

LOS GRANDES DÍAS DE EXPECTACIÓN, 1:1-26

A. El ministerio de Jesús en la tierra, 1:1-5

(1:1-5) *Introducción:* Fíjese en las palabras "en el primer tratado" o libro. Lucas está haciendo referencia a su evangelio. Él le estaba escribiendo nuevamente al mismo hombre para quién había escrito su evangelio, Teófilo. Le estaba recordando a Teófilo que en su evangelio él había abarcado la vida y ministerio terrenal de Jesucristo. Note la palabra "comenzó". La vida y obra de Jesús en la tierra fue únicamente el comienzo. Aunque él está en el cielo, continúa su obra y ministerio mediante la presencia del Espíritu en los corazones y vidas de los creyentes. El libro de los Hechos muy bien podría titularse...

1 (1:1) **Teófilo:** Lucas [C] cribió a Teófilo, recordándole el primer evangelio qu[e] había escrito, el evangelio que abarcaba la vida y ministerio de Jesús.

¿Quién es Teófilo? No se nos dice, pero fíjese en varios

Pensamiento 1: Este pensamiento encierra una gran lección, una lección de a[D] y humildad que tanto se necesita en este mundo y en medio del pueblo de Dios (cp. Mt. 23:7-12).

"¿No decís vosotros: Aún faltan cuatro meses para que llegue la siega? He aquí os digo: Alzad vuestros ojos y mirad los campos, porque ya están blancos para la siega" (Jn. 4:35).

"Me es necesario h[E] las obras del que me envió, entre tanto que el día [es]tá; la noche viene, cuando nadie puede trabajar" (Jn. 9:4).

"Ahora bien, se requiere de los administradores, que cada uno sea hallado fiel" (1 Co. 4:2).

"Porque habéis sido comprados por precio; glorificad, pues, a Dios en vuestro cuerpo y en vuestro espíritu, los cuales son de Dios" (1 Co. 6:20).

PRIMER LIBRO DE MOISÉS LLAMADO GÉNESIS

INTRODUCCIÓN

AUTOR: Moisés, el gran legislador y libertador de Israel. Moisés fue el gran líder que sacó a Israel de la esclavitud egipcia y los guió en la marcha por el desierto.

Algunos comentaristas cuestionan la autoría de Moisés. Es cierto que Génesis es silente: El libro no nombra un autor. Pero la evidencia es fuerte, muy fuerte, de que Moisés es el autor. El gran *Comentario del púlpito* dice lo siguiente en su Introducción a Génesis:

> *"Sin embargo, no parece haber habido ningún cuestionamiento serio sobre el tema de la autoría mosaica del Pentateuco como un todo, o de Génesis como parte de esa gran obra, hasta el siglo XVI, cuando Masius (1574), Spinoza (1670) y Anton Van Dale (1696) comenzaron a insinuar que no fue Moisés, el legislador hebreo, sino Esdras, el sacerdote y profeta de la Restauración, el primer compositor de esas partes de las sagradas Escrituras"* ("El comentario del púlpito", vol. 1, ed. por HDM Spence y José S. Exell. Grand Rapids, MI: Eerdmans, 1950, p. 88).

Por supuesto, esto quiere decir que los comentaristas bíblicos anteriores, aquellos que vivieron y escribieron antes del *siglo XVI*, sostuvieron que Moisés era el autor. Cualquier sugerencia seria de que él podía no serlo, no surgió hasta el siglo XVI.

Sin embargo, ya hace varios siglos que hay una teoría popular que se denomina "la hipótesis documentaria". Esta teoría plantea que hay cuatro fuentes principales para el Pentateuco, cada una de ellas fue escrita en algún momento entre el 900-400 a.C. Se dice que estas fuentes son:

- *J* (de Jehová o Yahvéh). Esta representa al autor o la fuente que usó el nombre hebreo *Jehová* o *Yahvéh* para Dios en todo el Pentateuco.
- *E* (de Elohim). Esto representa al autor o fuente que usó el nombre hebreo *Elohim* por Dios.
- *D* (de Deuteronomista). Esto representa al autor o fuente que registró los diferentes informes de la ley en todo el Pentateuco.
- *S* (de Sacerdotal). Esto representa al autor o fuente que registró la información que lidia con los *sacerdotes*.

La primera persona que sugirió esta teoría fue el médico francés, Jean Astruc, en 1752. Note que él era médico, no teólogo. La teoría fue retomada más tarde por el historiador alemán y escritor bíblico, J. G. Eichhorn en 1787. Sin embargo, "la hipótesis documentaria" no se desarrolló y popularizó completamente hasta Julius Wellhausen que vivió en 1844-1918 (Victor Hamilton, *El libro de Génesis*, Capítulos 1-17, p. 13).

La NVI cuenta con un bosquejo excelente acerca de esta teoría:

> *"Se afirma que cada uno de estos documentos tiene sus propias características y su propia teología, la que a menudo contradice la de los otros documentos. Es por eso que el Pentateuco se describe como un grupo de historias, poemas y leyes. Sin embargo, este criterio no lo sustenta una evidencia concluyente, y las investigaciones arqueológicas y literarias han debilitado muchos de los argumentos usados para cuestionar la autoría mosaica"* (Tomado de *La Biblia de estudio NVI*. © 1985 por The Zondervan Corporation, p. 2. Usado con permiso).

El gran peso de la evidencia apunta a Moisés como autor de Génesis. La evidencia se puede resumir en los siguientes puntos.

1. Génesis es el primer libro del Pentateuco (los primeros cinco libros de la Biblia) y se dice que el Pentateuco lo escribió Moisés. De hecho, al Pentateuco en ocasiones se le llama "Moisés" (Jn. 5:46; Lc. 24:27, cp. 44).

2. Cada uno de los cinco libros del Pentateuco dice que Moisés es el autor, excepto Génesis (Éx. 17:14; 24:3-4; 34:27; Lv. 1:1; 4:1; 6:1, 8, 19, 24; 7:22, 28; 8:1; Nm. 33:2; Dt. 1:1; 17:18-19; 27:1-8; 28:58, 61; 29:19-20, 27; 30:10; 31:9-11, 24-26).

3. El Antiguo Testamento siempre hace referencia a Moisés sin excepción como el autor del Pentateuco (Jos. 1:7-8; 8:31-32; 1 R. 2:3; 8:9, 53; 2 R. 10:31; 14:6; Esdras 6:18; Neh. 13:1; Dn. 9:11-13; Mal. 4:4).

4. El Nuevo Testamento siempre hace referencia a Moisés como el autor del Pentateuco que incluye Génesis (Mt. 8:4; 19:7-8; 23:2; Mr. 1:44; 7:10; 10:3-4; 12:19, 26; Lc. 2:22; 5:14; 16:29-31; 20:37; 24:27, 44; Jn. 1:17; 3:14; 5:45-46; 6:32; 7:19, 22-23; Hch. 3:22; 13:39; 15:1, 5, 21; 26:22; 28:23; Ro. 10:5, 19; 1 Co. 9:9; 2 Co. 3:15; He. 8:5). El peso de la evidencia bíblica indica que Moisés es el autor de todo el Pentateuco, incluso del libro de Génesis.

5. El Talmud, las primeras escrituras de los judíos, dicen que Moisés fue el autor de Génesis.

6. Moisés fue testigo ocular, participó realmente en los sucesos desde Éxodo hasta Deuteronomio. Por ejemplo, note su observación de doce fuentes de agua y setenta palmeras (Éx. 15:27).

7. Moisés conocía bien a Egipto. El autor de Génesis conoce los nombres egipcios y Génesis realmente tiene un número de palabras egipcias mayor que cualquier otro libro del Antiguo Testamento.

8. Se dice que la ordenanza de la circuncisión es parte de la ley de Moisés (Jn. 7:23) y la circuncisión se instituyó en Génesis 17:12, así como en Éxodo 12:48 y en Levítico 12:3.

9. Génesis y Éxodo conforman un todo. Es decir, sencillamente Éxodo está incompleto sin Génesis. Es Génesis el que explica:
- Cómo Israel llegó a Egipto.
- Cómo Israel fue liberado de la esclavitud egipcia y se formó como nación.
- Cómo Israel participa de una relación con Dios de pacto y de promesas.

• Por qué el Éxodo de Israel y el viaje a la tierra de Canaán fueron tan importantes.

También está lo siguiente: En el hebreo la primera palabra del *libro de Éxodo* es "y" (Éx. 1:1). Conecta a Éxodo con alguna escritura anterior. El peso de la evidencia apunta a que es la misma persona quien escribió tanto Éxodo como Génesis y se dice que Moisés es el autor de Éxodo.

Se debe decir un último elemento acerca del hecho de que Moisés escribiera Génesis. Todos los sucesos de Génesis sucedieron antes de Moisés: Ocurrieron muchas generaciones antes de su tiempo. ¿Cómo entonces sabe él de tales sucesos como la creación y tales personas como los patriarcas: Abraham, Isaac, Jacob y José? Las siguientes posibilidades parecen razonables ya que Dios es un Dios de revelación.

1. Dios le reveló a *Adán* el relato de la creación (vea el ESTUDIO A FONDO 1, Gn. 1:1-2:3 [Introd.]; pt. 4—Gn. 3:21 para un análisis).

2. A Adán y a sus descendientes, la descendencia piadosa, se les hizo conservar la información sobre los tratos de Dios con ellos. Cada persona, fundamentalmente alguien que fuera verdaderamente piadoso, debía transmitir, tanto de modo hablado como escrito, los sucesos más significativos de la vida de cada uno de ellos, que serían su relación con Dios y sus promesas. Norman Geisler, que ha escrito un excelente estudio sobre el Antiguo Testamento, plantea lo siguiente:

"Podemos llegar a la conclusión de que Moisés, usando los archivos familiares que le habían legado, compiló el libro de Génesis. ...La historia judía demuestra que se guardaban los registros familiares y se transmitían a generaciones posteriores. Moisés pudo haber copiado su material a partir de tales archivos de la misma manera que los hombres de Ezequías copiaron de las escrituras de Salomón para completar el libro de Proverbios (cp. Pr. 25:1)" (A Popular Survey of the Old Testament) [Un estudio popular del Antiguo Testamento], p. 38).

3. Moisés estaba bien educado en "toda la sabiduría de los egipcios" (Hch. 7:22). Dios lo preparó bien para tomar el testimonio tanto oral como escrito de sus antepasados y para escribir la historia inicial del mundo, fundamentalmente bajo la inspiración del Espíritu de Dios. (Vea la nota, 2 Ti. 3:16.) Una vez más, Norman Geisler tiene un comentario excelente acerca de este punto:

"Moisés es la única persona que conocemos de este período temprano que tuviera la capacidad para escribir este libro. El resto de los israelitas eran una nación de esclavos incultos, mientras que Moisés era un hijo muy culto del rey (Hch. 7:22). Moisés era el único que tenía tanto el interés como la información para escribir Génesis. Al ser Moisés judío habría tenido acceso a los archivos familiares de sus ancestros (cp. Gn. 5:1; 10:1; 25:19; y más) los que sin duda fueron llevados a Egipto por Jacob (Gn. 46). Como Moisés estaba resuelto a liberar a su pueblo de Egipto, resulta natural suponer que él conocía las promesas de Dios transmitidas por sus antepasados de que Dios realmente los liberaría (cp. Gn. 46:3-4; Éx. 2:24)" (A Popular Survey of the

Old Testament) (Un estudio popular del Antiguo Testamento), p. 37).

FECHA: Probablemente en alguna fecha entre 1450-1406 a.C. Quizás en alguna fecha antes de 1487 a.C.

1. Moisés vivió 120 años (Dt. 34:7).
2. Moisés pasó 40 años en Egipto (Hch. 7:22-23).
3. Moisés pasó 40 años en Madián (Éx. 2:15).
4. Moisés pasó 40 años guiando a Israel a través de las experiencias en el desierto (Dt. 8:2s).

Ahora bien, conocemos con cierta exactitud cuando vivió Moisés:

> **"En el año cuatrocientos ochenta después que los hijos de Israel salieron de Egipto, el cuarto año del principio del reino de Salomón sobre Israel, en el mes de Zif, que es el mes segundo, comenzó él a edificar la casa de Jehová" (1 R. 6:1).**

El cuarto año del reinado de Salomón fue cerca del 966 a.C.; por ende, Moisés sacó a Israel fuera de Egipto alrededor del 1446 a.C. (480 años antes del cuarto año del reinado de Salomón (La Biblia de estudio NVI, p. 2). Basados en esta información, la vida de Moisés se fecharía de la siguiente manera:

=> Moisés en Egipto 1526-1486 a.C.
=> Moisés en Madián 1486-1446 a.C.
=> Moisés llevando a Israel por el desierto 1446-1406 a.C.

Moisés tuvo acceso a los registros y escrituras de Israel solamente cuando estuvo con ellos. Él no estuvo con ellos en Madián, así que él escribió Génesis cuando estaba viviendo como el hijo adoptivo del Faraón en Egipto y estaba cerca de Israel y de sus escrituras o cuando estaba con ellos en el desierto.

=> Norman Geisler, quien se parcializa por la fecha más temprana, tiene una razón excelente para esta posición.

"Hay tres razones para creer que Moisés compiló Génesis durante los primeros cuarenta años de su vida (antes de 1487 a.C.). Durante este período Moisés vino a la fe en Dios y sintió el deseo de liberar a su pueblo (cp. Éx. 2:11s. ; He. 11:24). Él debe haber estudiado cuidadosamente la historia de Israel y las promesas de Dios a los descendientes de Abraham en este período. Luego, mientras se encontraba en Madián, Moisés no habría tenido acceso (de la misma manera que lo habría tenido en Egipto) a todos los registros de su pueblo. Para el tercer período de su vida, Moisés estaba ocupado como líder y autor de otros libros de la Ley. En aquel entonces, es más probable que Génesis fuera compilada mientras su interés temprano en el pasado de su pueblo y su liberación le permitieran acceso a los archivos de su historia y a las promesas de Dios de liberarlos" (A Popular Survey of the Old Testament [Un estudio popular del Antiguo Testamento], *p. 38).*

=> Sin embargo, una fecha más tardía, durante la marcha por el desierto, resulta también posible (1446-1406 a.C.) Moisés indudablemente escribió los otros cuatro libros del Pentateuco: Éxodo, Levítico, Números y Deuteronomio, durante este período. Al parecer, él hizo lo que muchos grandes hombres han hecho a través de la historia, él llevó un diario de los sucesos y compiló sus notas en varios libros en la medida en que encontró tiempo para hacerlo.

También hay otros dos puntos contundentes para la fecha más tardía:

=> Moisés habría sido mucho más maduro espiritualmente durante la marcha por el desierto. Cuando era joven en Egipto, al parecer le faltaba la madurez espiritual necesaria para que el Espíritu Santo lo inspirara a escribir Génesis. De hecho, fue su delito de asesinato lo que lo obligó a huir de Egipto (cp. Éx. 2:11-15).

=> Fue durante la marcha por el desierto que Dios lidió con Moisés una y otra vez cara a cara (por así decirlo). Si el propio Dios le contó el relato de la creación y cualquier otro suceso anterior de la historia humana a Moisés, es más probable que fuera durante estos cuarenta años de su vida.

Cualquiera que sea el caso, Moisés escribió Génesis durante los años que él estuvo en la corte del Faraón o durante los años de la marcha por el desierto, ya sea:
• Alrededor o antes de 1487 a.C.
• o 1447-1407 a.C.

A QUIEN SE ESCRIBIÓ: A Israel específicamente y a la raza humana en general.

Dios es un Dios de amor y verdad; por consiguiente su amor lo va a hacer revelarles la verdad a todas las personas en todas partes:
• La verdad de su origen: De dónde provienen.
• La verdad de su propósito: Por qué están en la tierra.
• La verdad de su fin y destino: A dónde se dirigen

Génesis se escribió tanto para Israel como para la raza humana, para revelar la verdad de su origen, propósito y destino. El propósito mismo de Dios al crear al hombre es que todas las personas conozcan estas tres grandes verdades.

PROPÓSITO: Se pueden enumerar tres propósitos a partir de Génesis, un propósito histórico, uno doctrinal y uno cristológico.

1. El propósito histórico: Alentar y fortalecer a Israel en su fe y confianza en Dios. Recuerde, durante alrededor de 430 años los hijos de Israel sufrieron el horrible cautiverio de la esclavitud en Egipto; ahora durante el período en que se estaba escribiendo Génesis, estaban sufriendo las pruebas y tentaciones del peregrinar por el desierto. Lo que el pueblo necesitaba por encima de todo era que lo alentaran y fortalecieran en su fe en Dios. Históricamente, Génesis fue escrito para enseñarle a Israel cinco lecciones contundentes.

   a. Para enseñarle a Israel que había solo un Dios vivo y verdadero, un Dios que había creado y planificado todas las cosas (Gn. cp. 1-11).

   b. Para enseñarle a Israel sus raíces, que realmente el propio Dios los había escogido a través de Abraham, nombrado para ser *la descendencia escogida* del pueblo de Dios.

   c. Para enseñarle a Israel que *la Simiente prometida*, el Salvador, sería enviada al mundo a través de ellos. Ellos eran *la descendencia escogida* a través de la cual Dios iba a salvar el mundo. La salvación, *la Simiente prometida*, debía venir a través de Israel.

   d. Para enseñarle a Israel que ellos recibirían *la Tierra Prometida*, la tierra de Canaán y que Dios sería fiel a su Palabra y les daría *la Tierra Prometida*.

   e. Para enseñarle a Israel que deben creer y seguir a Dios:
• Al vencer y superar las pruebas y los enemigos de la vida.
• Al ir en pos de *la Tierra Prometida*.

2. El propósito doctrinal o espiritual: Enseñar a todas las personas de todas partes:

   a. Para enseñar que Dios es el Creador soberano: Él es el Señor y Majestad del universo, la Fuerza e Inteligencia suprema de toda la creación, tanto visible como invisible (Gn. caps. 1-2).

   b. Para enseñar que Dios creó al hombre y a la mujer: Él los creó para derramar su gracia sobre ellos y garantizar su servicio y fraternidad personal, ahora y siempre (Gn. 1:26—2:25).

   c. Enseñar el origen del pecado y la muerte: Por qué existen estas dos cosas horribles e infectan la vida de las personas en tan gran manera (Gn. cap. 3).

   d. Para enseñar la gracia y la misericordia de Dios: Que Dios tiene misericordia del hombre y derramará su gracia sobre él, si el hombre se arrepiente y se vuelve a Dios (Gn. caps. 1-50. Cp. la vida de Adán, Noé, Abraham, Isaac y la vida de Jacob).

   e. Para enseñar la fidelidad de Dios y su Palabra: Que lo que Dios dice y promete se cumplirá sin importar lo que Él tenga que hacer para superar los terribles fracasos de los hombres (Gn. caps. 9-50. Cp. los fracasos de Noé, Abraham, Isaac y Jacob).

   f. Para enseñar que todos los creyentes verdaderos, tanto los antiguos como los actuales, recibirán *la Tierra Prometida* (un símbolo del cielo).

3. El propósito cristológico o cristocéntrico: Enseñar que *la Simiente prometida* apuntaba a Jesucristo como el Salvador del mundo, que Jesucristo es *la Simiente prometida* que provino de la descendencia piadosa de:
La mujer (Gn. 3:15)
• Set (Gn. 4:25)
• Sem (Gn.9: 27; 11:10-26)
• Abraham (Gn.12: 3; cp. Ro. 9:7-9)
• Isaac (Gn. 21:12)
• Jacob (Gn. 25: 23; cp. Ro. 9:10-12)
• Judá (Gn. 49:10)

CARACTERÍSTICAS ESPECIALES:

1. Génesis es "El gran libro de tiempos prehistóricos" o "El gran libro de la creación". De hecho el título: "El libro de la creación del mundo" fue un título real concedido a Génesis durante los inicios de la historia de los judíos y la tradición judía (épocas talmúdicas). Es el único registro escrito de tiempos prehistóricos que resulta exacto y satisfactorio al corazón y la mente humana. La mente del hombre busca precisión y su corazón añora una comprensión satisfactoria en la que pueda basar la exactitud de estos datos. En Génesis Dios da una visión de tiempos prehistóricos y revela aquello en que se basa el comienzo de la creación y la historia.

2. Génesis es "El gran libro de los principios". La primera palabra de Génesis es *bereshith* que significa "en el principio". En ocasiones los judíos se referían al libro sencillamente como *Bereshith*. Los griegos denominaron el libro de Génesis (*Genesis*), (título adoptado por el mundo anglo y de habla hispana). Génesis quiere decir origen, fuente, generación, principio. Es un registro de varios principios importantes.

    a. El principio del universo, tanto del cielo como de la tierra (Gn. 1:1—11:31).

    b. El principio del hombre y la mujer (Gn. 1:26-31; 2:4-25).

    c. El principio del pacto de Dios con el hombre (Gn. 2:15-17).

    d. El principio del pecado (Gn. 3:1-13; 4:8-15).

    e. El principio de la salvación, de la liberación del hombre del pecado y la muerte a través de la *Simiente prometida* de Dios, el Salvador del mundo (Gn. 3:14-21).

    f. El principio de la familia (Gn. 4:1-15).

    g. El principio de la civilización y la sociedad (Gn. 4:16—9:29).

    h. El principio de las naciones y las razas (Gn. caps. 10-11).

    i. El principio de Israel, del pueblo escogido de Dios (Gn. caps. 12-50).

    j. El principio de la esperanza en *la Tierra Prometida* (Canaán, un símbolo del cielo) (Gn. caps. 12-50).

3. Génesis es "El gran libro de las generaciones". La palabra "generaciones" *(toledot)* significa progenie, descendientes o historia de una persona. El autor usa la palabra diez veces para dividir el libro en diez encabezamientos. El autor comienza cada sección con las palabras: "Estas son las generaciones". Con frecuencia Génesis se resume en las secciones que aparecen a continuación:

    a. Las generaciones de los cielos y la tierra (Gn. 2:4—4:26).

    b. Las generaciones o historia de Adán (Gn. 5:1—6:8).

    c. Las generaciones o historia de Noé (Gn. 6:9—9:29).

    d. Las generaciones o historia de los hijos de Noé (Gn. 10:1—11:9).

    e. Las generaciones o historia de Sem (Gn. 11:10-26).

    f. Las generaciones o historia de Taré (Abraham) (Gn. 11:27—25:11).

    g. Las generaciones o historia de Ismael (Gn. 25:12-18).

    h. Las generaciones o historia de Isaac (Gn. 25:19—35:29).

    i. Las generaciones o historia de Esaú (Gn. 36:1-43).

    j. Las generaciones o historia de Jacob (Gn. 37:1—50:26).

Por favor advierta que *La Biblia de bosquejos y sermones* no se ciñe estrictamente a esta división porque en ocasiones resulta difícil para el lector relacionar lo que se está leyendo con el encabezamiento del tema dado. Por ejemplo: "Las generaciones de Taré" abarca catorce capítulos; aún así toda la sección tiene que ver con Abraham, uno de los hijos de Taré.

4. Génesis es "El gran libro de la genealogía humana". (Vea Características especiales, punto 3.)

5. Génesis es "El gran libro de la historia patriarcal" o "El gran libro de los patriarcas". Génesis abarca la vida de cada uno de los padres de Israel: Abraham, Isaac y Jacob.

6. Génesis es "El gran libro que lanza la gracia de Dios hacia el hombre". Por supuesto, la creación y la vida en sí con todos sus privilegios son un acto de gracia, un acto del favor de Dios hacia el hombre. *Por gracia* significa mucho más que la creación y la vida, por maravillosas que sean. Gracia significa que Dios favorece al hombre a pesar del pecado y rebelión terribles del hombre contra Dios. Dios favorece al hombre al salvarlo de un destino de corrupción y muerte para una vida de perfección que durará para siempre. Esta salvación gloriosa se lanzó después del primer pecado y rebelión de Adán contra Dios, se lanzó cuando Dios comenzó a buscar y a llamar a Adán: "¿Dónde estás tú?" (Gn. 3:9). Dios se convirtió en el Salvador que buscaba, listo para lanzar su glorioso plan de salvación y redención, todo por medio de su maravillosa gracia. Pero eso no fue todo: El tema de la gracia continuó cuando Dios sacrificó la vida y la sangre de un animal para garantizar "túnicas de pieles y los vistió", a Adán y a Eva, en su desnudez (Gn. 3:21). Se tenía que sacrificar una vida a fin de vestirlos y salvarlos. A partir de ese momento, a Dios siempre se le ve buscando y llamando al hombre: "¿Dónde estás tú?" a fin de cubrir y perdonar el pecado y el fracaso del hombre. Incluso el pueblo escogido de Dios, los propios padres patriarcales, demostraron una vez tras otra una tendencia increíble hacia el pecado y la rebelión que requerían de la gracia interventora de Dios.

7. Génesis es "El gran libro que lanza el plan de Salvación de Dios". (Vea Características especiales, punto 6.)

8. Génesis es "El gran libro que da inicio a la historia de redención". (Vea Características especiales, punto 6.)

9. Génesis es "El gran libro que da inicio al rastro de sangre y sacrificio". (Vea Características especiales, punto 6; y vea la nota, Gn. 3:21, fundamentalmente pt. 4.)

10. Génesis es "El gran libro que establece la relación de pacto de Dios con el hombre". Génesis demuestra la relación muy especial de Dios con el hombre, cómo Dios estableció

sus primeros cuatro pactos con el hombre en cuatro momentos cruciales en la historia del hombre.

Estos pactos son:

a. El pacto edénico por medio del cual Dios suplió las necesidades más elementales del hombre (Gn. 2:15-17).

b. El pacto adámico o el pacto con Adán por medio del cual Dios promete redención (Gn. 3:15).

c. El pacto noémico o el pacto con Noé por medio del cual Dios preserva a la raza humana (Gn. 6:18; 9:8-17).

d. El pacto abrahámico o el pacto con Abraham por medio del cual Dios da inicio a una nueva raza (los judíos) para ser *la descendencia escogida* del pueblo de Dios (Gn. 12:1-3).

Resulta importante tener en cuenta que los pactos con Adán y con Noé fueron pactos universales. Es decir, cubren la relación que existe entre Dios y toda la raza humana. Pero el pacto con Abraham es un pacto limitado, cubre solo la relación que existe entre Dios y su pueblo escogido, los creyentes de la tierra que siguen a Dios diligentemente (Gn. 11:6).

11. Génesis es "El gran libro que da inicio al peregrinaje de fe del hombre".

=> Adán, Abel, Enoc, Noé, *la descendencia piadosa* del pueblo de Dios, creyeron en Dios: Ellos demostraron gran fe en Dios (vea las notas, Gn. 3:15; 3:21; 4:3-4; 5:21-24; 6:9-10).

=> Abraham, Isaac y Jacob fueron hombres de gran fe. Las Escrituras declaran:

"Conforme a la fe murieron todos éstos sin haber recibido lo prometido, sino mirándolo de lejos, y creyéndolo, y saludándolo, y confesando que eran extranjeros y peregrinos sobre la tierra. Porque los que esto dicen, claramente dan a entender que buscan una patria; pues si hubiesen estado pensando en aquella de donde salieron, ciertamente tenían tiempo de volver. Pero anhelaban una mejor, esto es, celestial; por lo cual Dios no se avergüenza de llamarse Dios de ellos; porque les ha preparado una ciudad" (He. 11:13-16).

La vida del hombre, su peregrinaje desde el nacimiento hasta la muerte y lo que sea que yazca más allá, es un peregrinaje a lo desconocido o *un peregrinaje de fe* en las promesas de Dios. Génesis es la historia de los hombres que realizaron el *peregrinaje de fe*.

12. Génesis es "El gran libro que revela y lidia con las principales promesas de Dios".

=> Está la promesa de Dios de enviar *la Simiente prometida*, el Salvador del mundo, para aplastar el poder de esa "serpiente antigua, que se llama diablo" (Gn. 3:15; cp. Ap. 12:9; 20:2).

=> Está la promesa de Dios de siempre garantizar que exista *una descendencia piadosa* de personas de modo que Él pueda cumplir sus promesas y propósitos en la tierra (Gn. 3:15; 12:1-3).

=> Está la promesa de Dios de conceder *la Tierra Prometida* de Canaán a Israel. Pero note: La *Tierra Prometida* se refiere tanto a una herencia física como a una herencia espiritual. *La Tierra Prometida* es un símbolo del cielo que Dios ha prometido a todos los creyentes genuinos que buscan de Él diligentemente (Gn. 12:1 cp. He. 11:8-10, 13-14, 16; vea las notas, Gn. 11:29; 12:1; Ro. 4:13; Gá. 3:16).

13. Génesis es "El gran libro de la Simiente prometida", el Salvador del mundo. La Simiente prometida es uno de los temas principales que se mantiene a lo largo de toda la Biblia (vea las notas, Gn. 3:15; Gá. 3:6-7; 3:16).

14. Génesis es "El gran libro de las ilustraciones teológicas". Las doctrinas bíblicas no se desarrollan en Génesis, pero prácticamente cada doctrina que se desarrolla en el Nuevo Testamento se describe o ilustra en Génesis.

a. Existen los nombres o ilustraciones doctrinales de Dios como por ejemplo:

• El Dios Todopoderoso (Elohim, Gn. 1:1).

• El Dios de redención y revelación, el Dios de pacto que establece una relación personal con el hombre (Jehová o Yahvéh, Gn. 2:4; 2:7).

• El Dios Altísimo (El Elyon, Gn. 14:18-20).

• Dios Todopoderoso (El Shaddai, Gn. 17:1; cp. Éx. 6:3).

• El Dios eterno (El Olam, Gn. 21:33).

• Dios que ve (El Roi, Gn. 16:13).

• Dios, el Dios de Israel (El-elohe-Israel, Gn. 33:20).

• Dios de Bet-el (El-Bet-el, Gn. 35:7).

• Dios de Abraham (Gn. 24:12; 28:13; 31:42; cp. Éx. 3:6).

• El temor de Isaac (Gn. 31:42, 53).

• El Poderoso o Fuerte de Jacob (Gn. 49:24; cp. Is. 1:24; Sal. 132:2).

• Jehová Dios de Sem (Gn. 9:26).

• El Señor de todo (Adonai, Gn. 18:27; cp. Éx. 23:17; Is. 6:1; 10:16, 33).

b. Existen ilustraciones doctrinales de:

• La justificación (Gn. 15:6 cp. Ro. 4:3, 20-23).

• La justicia y la necesidad de ser vestido de justicia por Dios (Gn. 3:21).

• La creación (Gn. caps. 1-2).

• La redención (Gn. 3:21).

• La salvación a través de la Simiente prometida, el Salvador del mundo (Gn. 3:15; 12:3).

• El cielo, la Tierra prometida (Gn. 12:1).

• Los creyentes, una descendencia piadosa de personas que siguen a Dios (Gn. caps. 4-50).

• La misericordia (Gn. 4:15; 6:8; 18:26; 19:16).

• La elección (Gn. 25:21-23 cp. Ro. 9:9-13).

• El juicio (Gn. 6:1-7; 19:24 cp. 18:16-33).

• La muerte y la esperanza de vencer la muerte a través de las promesas de Dios, la Simiente prometida (Gn. 3:15; 5:24) y la Tierra prometida (Gn. 12:1-3; 22:5; 47:29; 50:24 cp. He. 11:13-14, 16, 17-19, fundamentalmente 19).

- La oración (Gn. 18:23; 25:21; 32:24-32).
- La ley humana (Gn. 9:4-6).

La lista podría ser interminable, pero la lista anterior ilustra cómo Génesis es "El gran libro de ilustraciones doctrinales o teológicas".

15. Génesis es "El gran libro de los principios de Israel". A partir del capítulo doce, desde la selección de Abraham hasta José, el libro es sencillamente una historia de los principios de Israel, el principio de la nación judía, la nación escogida por Dios para ser su testigo ante el mundo.

LA BIBLIA DE BOSQUEJOS Y SERMONES es *única.* Difiere de todo otro material de estudios bíblicos y recursos de sermones en cuanto a que cada pasaje y tema es bosquejado justo al lado de las Escrituras correspondientes. Cuando usted elija cualquier tema mencionado adelante y se remita a la referencia, no solo contará con el pasaje de las Escrituras, sino que también descubrirá el pasaje de las Escrituras y el tema *ya bosquejado para usted, versículo por versículo.*

A modo de ejemplo rápido, escoja uno de los temas mencionados más adelante y remítase a las Escrituras y hallará esta maravillosa ayuda para un empleo más rápido, más sencillo y más preciso.

Además, cada punto de las Escrituras y el tema está totalmente desarrollado en un comentario con un pasaje de apoyo en las Escrituras en el final de la página.

Note algo más: los temas de Génesis tienen títulos que son a la vez bíblicos y prácticos. Los títulos prácticos a veces tienen más atracción para la gente. Este beneficio se ve claramente en el empleo de folletos, boletines, comunicados de la iglesia, etc.

Una sugerencia: para una visión más rápida de Génesis, primero lea todos los títulos principales (I, II, III, etc.), y luego vuelva y lea los subtítulos.

BOSQUEJO DE GÉNESIS 12 AL 50

EL PRINCIPIO DEL PUEBLO ESCOGIDO DE DIOS, ISRAEL CAPÍTULOS 12—50

IX. JACOB, NIETO DE ABRAHAM: ESCOGIDO PARA
   PRESERVAR LA DESCENDENCIA DEL PUEBLO
   DE DIOS Y LAS GRANDES PROMESAS DE DIOS,
   28:10—36:43

   A. Jacob recibió de Dios el pacto abrahámico (La
      experiencia de Jacob en Bet-el): Fortalecido en
      el temor, la vergüenza, la soledad y la miseria,
      28:10-22

   B. Jacob se casó con Lea y Raquel: El comienzo de
      una nueva vida, 29:1-30

   C. Jacob y sus hijos: Dios predominó en una casa llena
      de tensión, 29:31—30:24

   D. Jacob recibió riquezas de Dios: Cómo una persona
      debe trabajar y ganarse la vida, 30:25-43

   E. Jacob fue llamado nuevamente a la Tierra
      Prometida: Obstáculos que impiden obedecer a
      Dios, 31:1-55

   F. Jacob busca la reconciliación con Esaú (parte 1):
      Los pasos de la reconciliación, 32:1-21

   G. Jacob busca la reconciliación con Esaú (parte 2):
      El paso principal para la reconciliación. La oración
      predominante, 32:22-32

   H. Jacob busca la reconciliación con Esaú (parte 3):
      El día de la reconciliación, 33:1-20

   I. Los hijos de Jacob vengaron la seducción de su
      hermana: Una sociedad perversa y mundana,
      34:1-31

   J. Jacob regresó a Bet-el: Las características del
      avivamiento, 35:1-15

   K. Jacob regresó donde su padre, Isaac: Enfrentándose
      y superando prueba tras prueba, 35:16-29

   L. Esaú, hermano de Jacob, en su tierra, Edom: El
      retrato de una vida carnal, 36:1-43

X. JOSÉ, BISNIETO DE ABRAHAM: ESCOGIDO
   PARA SALVAR A LA DESCENDENCIA DEL
   PUEBLO DE DIOS Y LAS GRANDES PROMESAS
   DE DIOS: SUCESOS QUE LLEVAN AL PUEBLO
   DE DIOS A EGIPTO, 37:1—50:26

   A. José vendido a Egipto: Factores que provocan
      división dentro de la casa, 37:1-36

   B. El pecado de Judá: Los pecados de un joven díscolo,
      38:1-30

   C. José esclavizado en Egipto: Cómo fortalecerse más
      por medio de las bendiciones y las pruebas de la
      vida (parte 1), 39:1-23

   D. José encarcelado en Egipto: Cómo fortalecerse
      más por medio de las bendiciones y las pruebas de
      la vida (parte 2), 40:1-23

   E. José subió al poder en Egipto: El poder de Dios para
      obrar las cosas a bien para su siervo, el creyente,
      41:1-57

   F. José les hizo frente y puso a prueba a sus hermanos
      (parte 1): Cómo Dios remueve la consciencia de los
      hombres, 42:1-38

   G. José les hizo frente y puso a prueba a sus hermanos
      (parte 2): Pasos que pueden cambiar la vida de una
      persona, 43:1-34

   H. José les hizo frente y puso a prueba a sus hermanos
      (parte 3): Las marcas de la lealtad de nuestra
      familia, 44:1-34

   I. José se da a conocer a sus hermanos: Cómo
      perdonar a aquellos que nos lastiman y cómo
      reconciliarnos con ellos, 45:1-28

   J. José trajo a su padre, Jacob, a Egipto: Cómo
      asegurarse que hacemos la voluntad de Dios,
      46:1-27

   K. Jacob se asentó en Egipto: Lo que sucede cuando
      seguimos a Dios y hacemos la voluntad de Dios,
      46:28—47:27

   L. Jacob se preparó para morir: Cómo hacer los
      preparativos finales para la muerte, 47:28—48:22

   M. La bendición profética de Jacob: Recoger lo que
      sembramos en la vida, 49:1-28

   N. Jacob murió: Cómo enfrentar la muerte, 49:29—
      50:13

   Ñ. José tranquilizó a sus hermanos: Cómo seguir a
      Dios hasta el fin, 50:14-26

INTRODUCCIÓN A ABRAHAM

Ahora la Biblia cambia el curso por completo. Ahora tiene lugar un suceso dramático que cambiará la historia humana para siempre: Dios escoge a un hombre y da origen a toda una raza de personas a través de ese hombre.

=> El hombre es Abram. (Más tarde Dios cambiará su nombre para Abraham.)

=> La nueva raza de personas serán los descendientes de Abram, el pueblo que se conocerá como Israel.

El gran llamado de Dios a Abraham, prepara el trabajo preliminar para todo lo que le sigue a continuación en las Escrituras, tanto en el Antiguo Testamento como en el Nuevo Testamento. Por esta razón, es necesario analizar el llamado de Dios a Abram como un todo antes de que se estudie en detalles. El pasaje y bosquejo que aparecen a continuación proporcionan un criterio general de este pasaje tan importante. Advierta que el llamado se divide en tres bosquejos o partes.

EL PRINCIPIO DEL PUEBLO ESCOGIDO DE DIOS, ISRAEL CAPÍTULOS 12—50

VII. ABRAHAM: EL HOMBRE ESCOGIDO PARA CONVERTIRSE EN EL PADRE DEL PUEBLO DE DIOS Y EN EL PADRE DE LA FE, 12:1—25:18

A. El gran llamado de Dios a Abraham (el pacto abrahámico, parte 1): El llamado a una vida de separación del mundo, 12:1

1 El llamado a separarse de su país
2 El llamado a separarse de su parentela
3 El llamado a separarse de la casa de su padre

1 Pero Jehová había dicho a Abram: Vete de tu tierra y de tu parentela, y de la casa de tu padre, a la tierra que te mostraré.

B. El gran llamado de Dios a Abraham (el pacto abrahámico, parte 2): Las grandes promesas de Dios, 12:1c-3

1 La Tierra Prometida, 1c
2 La Simiente prometida, una gran nación de personas
a. Bendecida por Dios
b. Dada un gran nombre
c. Hecha una bendición
d. Protegida y guardada
3 La Simiente prometida, el Salvador: Una bendición especial para todas las personas de la tierra

2 Y haré de ti una nación grande, y te bendeciré, y engrandeceré tu nombre, y serás bendición.
3 Bendeciré a los que te bendijeren, y a los que te maldijeren maldeciré; y serán benditas en ti todas las familias de la tierra.

C. El gran llamado de Dios a Abraham (el pacto abrahámico, parte 3): La fe inicial, 12:4-9

4 Y se fue Abram, como Jehová le dijo; y Lot fue con él. Y era Abram de edad de setenta y cinco años cuando salió de Harán.

5 Tomó, pues, Abram a Sarai su mujer, y a Lot hijo de su hermano, y todos sus bienes que habían ganado y las personas que habían adquirido en Harán, y salieron para ir a tierra de Canaán; y a tierra de Canaán llegaron.

6 Y pasó Abram por aquella tierra hasta el lugar de Siquem, hasta el encino de More; y el cananeo estaba entonces en la tierra.

7 Y apareció Jehová a Abram, y le dijo: A tu descendencia daré esta tierra. Y edificó allí un altar a Jehová, quien le había aparecido.

8 Luego se pasó de allí a un monte al oriente de Bet-el, y plantó su tienda, teniendo a Bet-el al occidente y Hai al oriente; y edificó allí altar a Jehová, e invocó el nombre de Jehová.
9 Y Abram partió de allí, caminando y yendo hacia el Neguev.

1 Abraham obedeció a Dios: El inicio de la fe
a. Abram abandonó Harán: Separado, alejado, de su vieja vida
b. Abram partió a pesar de su edad

2 Otros siguieron la guía de la fe de Abram: La influencia de la fe
a. Una fe tan fuerte que no permitía que las riquezas la retuvieran
b. Una fe tan fuerte que resistía hasta el fin

3 Abram llegó a la Tierra Prometida, pero tuvo que atravesar la tierra, no asentarse, por la oposición que había allí: La prueba de la fe
4 La confirmación de la fe
a. Dios ratificó sus promesas, tanto la Simiente prometida como la Tierra Prometida
b. Abram edificó un altar
c. Abram siguió edificando altares dondequiera que lo llevaba su peregrinación de fe: Entre Bet-el y Hai

d. Abram continuó viaje hasta el Neguev, es decir, el sur

ESTUDIO A FONDO 1

(12:1—25:18) *Abraham:* Abram o Abraham es una de las personas más importantes de la Biblia, quizás la más importante del Antiguo Testamento. Por esta razón, es necesario que todos los creyentes estudien cuidadosamente su vida y relación con Dios. Advierta los siguientes elementos significativos sobre Abraham:

1. La Biblia dedica una gran parte a Abraham:
=> Catorce capítulos de Génesis, más capítulos que a ninguna otra persona en Génesis (capítulos del 12 al 25 de Génesis).
=> Todo un capítulo completo de Romanos (capítulo 4 de Romanos), que revela cómo fue justificado por la fe.
=> Todo un capítulo de Gálatas (capítulo 3 de Gálatas), que analiza la gran fe de Abraham.
=> Doce versículos de Hebreos en el gran "Salón de la fe" (He. 11:8-19), más que a ningún otro creyente del Antiguo Testamento.

2. Abraham engendró dos grandes razas de personas, los árabes y los judíos. Y advierta: también se dice que Abraham es el padre de todos los creyentes (Ro. 4:11, 12, 17). Desde el punto de vista espiritual, él es el padre de todos los que verdaderamente creen y siguen a Cristo, no importa su nacionalidad o raza.

3. Los títulos conferidos a Abraham a lo largo de la Biblia son los títulos más grandes que puede dar Dios. A Abraham se le denomina...
• "El amigo de Dios" (Stg. 2:23; 2 Cr. 20:7; Is. 41:8; cp. Gn. 18:1-33).
• "Un príncipe de Dios" (Gn. 23:6).
• "Un profeta" (Gn. 20:7).
• "El siervo de Dios" (Sal. 105:6).
• "Abraham nuestro padre" (Stg. 2:21; Ro. 4:1, 11, 16, 17).

4. La vida de Abraham constituye una ilustración de la vida del creyente, de la peregrinación de fe del creyente. La vida de Abraham constituye un símbolo, un tipo, una ilustración del gran viaje que cada persona debe hacer si desea seguir a Cristo. De hecho, se dice que Abraham es *el padre de todos los que creen* (Ro. 4:11, 12, 17).
=> Abraham fue llamado a abandonar y alejarse totalmente de su vieja vida (Gn. 12:1). Y así es llamada cada persona que sigue a Cristo (Lc. 9:23; Is. 55:7; Ez. 18:21).
=> Abraham fue llamado a creer en Dios y a buscar con diligencia a Dios y la Tierra Prometida (Gn. 12:1c). Y así es llamado cada creyente genuino que busque de Dios y la promesa del cielo (He. 11:6, 10, 13-16; cp. Jn. 3:16).

5. Abraham constituye la gran ilustración de la justificación. La justificación es la verdad gloriosa de que Dios toma nuestra fe en Cristo y la considera como justicia (Gn. 15:6, cp. Ro. 4:3; Gá. 3:6).

6. Abraham constituye la gran ilustración de que la salvación existe por la pura misericordia y gracia de Dios. Recuerden, la raza humana se había corrompido nuevamente. Todo el mundo, incluso la descendencia prometida...
• Estaba siguiendo al mundo y su secularismo: sus placeres, posesiones, fama, honra, y poder.
• Estaba obedeciendo a las religiones del mundo hechas por el hombre, los ídolos y dioses creados por las ideas de los hombres.

Incluso Taré, el padre de Abraham, se había convertido en un adorador de ídolos (Jos. 24:2). Guiándonos por lo que podemos ver en las Escrituras, pocos —casi nadie— seguía al Dios vivo y verdadero. (Al parecer había unos cuantos creyentes, pero tan solo unos cuantos, esparcidos por el mundo, creyentes como Melquisedec y Job.)

Nuevamente, si se había de salvar a la descendencia piadosa —si se iba a enviar a *la Simiente prometida* al mundo— el propio Dios tendría que intervenir y entrar en la escena de la historia mundial, intervenir por pura misericordia y gracia. Dios tendría que superar su pesar por el pecado del hombre y actuar completamente por su cuenta. Dios tendría que extender su mano hasta la tierra y escoger a un hombre y darle a él *la Simiente prometida* y *la Tierra Prometida* (el cielo), y exhortarlo a seguir a Dios. Dios tendría que escoger a ese hombre, no porque ese hombre lo mereciera ni fuera digno de ello, sino porque Dios amaba a la raza humana y quería salvar a tantas personas como le fuera posible (la gracia inmerecida de Dios). Esto es exactamente lo que hizo Dios. Dios extendió su mano y escogió a Abraham y le ofreció a él las promesas, si tan solo seguía a Dios.

Abraham, como veremos, aceptó la misericordia y gracia de Dios: él creyó en Dios y comenzó a buscar con diligencia las promesas de Dios. Lo que se debe recordar es lo siguiente: Abraham no fue salvo y llamado por Dios por ningún mérito o bondad en sí mismo. Abraham no era una persona piadosa; él era un pecador. De hecho, probablemente fuera el peor pecador que se pudiera imaginar, un idólatra que había rechazado y se había alejado completamente de Dios. Fue la misericordia de Dios la que se extendió y le ofreció a Abraham las promesas de Dios. Abraham fue salvo únicamente por la misericordia y gracia de Dios, no por su bondad ni obras religiosas. Advierta lo siguiente: la misericordia de Dios se extiende y le ofrece a cada persona de la tierra las grandes promesas de Dios, primero que todo la promesa de la Simiente prometida, el Salvador del mundo.

7. La vida de Abraham es una gran ilustración de que debemos mantenernos en guardia constantemente contra la tentación. No importa cuán fuerte sea nuestra fe y no importa cuán piadosos nos volvamos, aún así enfrentamos momentos de debilidad y aún así enfrentamos las presiones y pruebas de la vida que nos pueden hacer caer.

=> En una ocasión Abraham enfrentó la prueba aterradora de perder todo cuanto tenía por una hambruna que había azotado la tierra. En un momento de debilidad, él se alejó de buscar la Tierra Prometida de Dios y se fue a Egipto. En las Escrituras, Egipto siempre constituye un símbolo del mundo; por eso, la ilustración es la siguiente: Abraham se alejó de buscar la Tierra Prometida y buscó del mundo (Gn. 12:10s).

=> En dos ocasiones diferentes Abraham mintió sobre su esposa, alegando que ella era su hermana, no su esposa. Sarai era una mujer bella, y Abraham temía que los gobernantes de la tierra pudieran matarlo con el objetivo de llevarle su esposa a sus harenes. La mentira fue trágica, pecaminosamente trágica, y expuso a su esposa a un peligro severo (Gn. 12:10s; 20:1s).

=> Abraham también fue culpable de adulterio. Él dio a luz a un hijo por medio de otra mujer cuando parecía que su esposa, Sarai, no podía tener hijos (Gn. 16:1s).

El gran hombre de fe, Abraham, nos muestra cómo debemos guardarnos constantemente de la tentación y el pecado. Como humanos, fácilmente podemos ceder ante las miles dc tentaciones que nos confrontan cada uno de los días de nuestras vidas.

Según se ha planteado anteriormente, Abraham es una de las personas más importantes de la Biblia, de hecho, de toda la historia. Por consiguiente, es necesario que todos estudiemos la peregrinación de su vida.

Pensamiento 1. Tres grandes religiones del mundo remontan sus raíces hasta Abraham:
=> El judaísmo
=> El islam
=> El cristianismo

ESTUDIO A FONDO 2

(12:1—25:18) *Abraham — Historia:* El llamado de Abraham representa la tercera vez que Dios intervino y salvó al hombre.

=> Cuando Adán, el primer hombre de la tierra, pecó, fue el propio Dios quien fue a buscar a Adán para salvarlo. Dios prometió salvar a Adán por medio de *la Simiente prometida.* Además, Dios proveyó vestiduras para Adán y su querida esposa, las vestiduras de pieles animales. Las vestiduras simbolizaban las vestiduras de justicia que provendrían por medio del sacrificio del Salvador, el Señor Jesucristo (Gn. 3:15; 3:21).

=> Después que Dios hubo salvado a Adán, el hombre falló nuevamente y se alejó completamente de Dios, volviéndose totalmente anárquico e inmoral. Pero nuevamente Dios salvó a la raza humana escogiendo a un hombre, Noé, y a su preciada familia, y los hizo atravesar el juicio aterrador de *El gran diluvio* (Gn. 6:1s).

=> Pero nuevamente, el hombre se alejó de Dios y se dispuso a edificar una sociedad y religión seculares, un mundo totalmente humanista (Gn. 11:1-9, cp. 10:10-12). Esto nos ubica en el pasaje actual. Por tercera vez, Dios actúa por el hombre, levantando a un hombre por medio del cual Él salvaría a la humanidad y cumpliría sus propósitos con el mundo. Ese hombre es Abram, cuyo nombre más adelante Dios lo cambiaría a Abraham.

Ahora Abraham es llamado a ser la descendencia por medio de la cual Dios enviaría la Simiente prometida, el Salvador, al mundo. Este es un pasaje muy importante de las Escrituras: revela uno de los movimientos fundamentales de Dios dentro de la historia humana. Este es: *El gran llamado de Dios a Abraham (el pacto abrahámico).*

A. El gran llamado de Dios a Abraham (el pacto abrahámico, parte 1): El llamado a una vida de separación del mundo, 12:1.

B. El gran llamado de Dios a Abraham (el pacto abrahámico, parte 2): Las grandes promesas de Dios, 12:1c-3.

C. El gran llamado de Dios a Abraham (el pacto abrahámico, parte 3): La fe inicial, 12:4-9.

ESTUDIO A FONDO 3

(12:1—25:18) *Pacto, abrahámico:* Este pasaje aborda lo que se conoce como el pacto abrahámico. Esta es la cuarta vez que Dios hizo un pacto con el hombre. En este pacto, Dios prometió tomar a Abraham y crear una nueva raza de personas, un pueblo que sería la descendencia escogida del pueblo de Dios en la tierra...

• Un pueblo que heredaría *la Tierra Prometida* (Canaán, que constituye un símbolo del cielo, Gn. 12:1).

• Un pueblo que sería *la Simiente prometida,* lo que significa una gran nación de personas (Israel, pero también se refiere a *todos los creyentes* de todas las generaciones y nacionalidades. Los creyentes —los creyentes genuinos— son el verdadero "Israel de Dios" (Gn. 12:1, cp. Ro. 2:28-29; 4:11-12, 17; Gá. 6:16.)

• Un pueblo que daría a luz a *la Simiente prometida,* lo que significa el Salvador (Gn. 12:3).

El pacto de Dios con Abraham se proporcionó varias veces (Gn. 12:1-3; 13:14-17; 15:2-6, 18-21; 17:6-8, 19-21; 18:17-19; 22:15-18).

=> El pacto se renovó con Isaac (Gn. 26:2-5).

=> El pacto también se renovó con Jacob (Gn. 28:10-15; 35:9-12).

(Vea nota, *Pacto,* Gn. 2:15-17 para un mayor análisis.)

DIVISIÓN VII

ABRAHAM: EL HOMBRE ESCOGIDO PARA CONVERTIRSE EN EL PADRE DEL PUEBLO DE DIOS Y EN EL PADRE DE LA FE, 12:1—25:18

redención eterna, para todas las personas de la raza humana. Este es el gran mensaje que se halla en las páginas tanto del Antiguo como del Nuevo Testamento, el mensaje de salvación y redención eterna que se encuentra en el Señor Jesucristo.

Desde el principio de la historia humana hasta la época de Abram, Dios había lidiado primeramente con la raza humana como un todo. Pero ahora, por el terrible fracaso del hombre en repetidas ocasiones, Dios se ve obligado a cambiar y escoger a un hombre y hacer que de él nazca toda una raza de personas. Abram y sus descendientes serán el pueblo por medio del cual Dios cumplirá sus propósitos con la tierra.

Este cambio que ahora tiene lugar en la historia humana es tan importante que vale la pena repetirlo: una y otra vez la raza humana se había alejado de Dios: lo había rechazado, maldecido, y negado. Este se ve...

- En la primera familia de la tierra: en la rebelión de Adán y Eva contra Dios y en el asesinato que Caín cometió contra su hermano Caín (Gn. 3:1-6; 4:8-15).
- en la sociedad como un todo: en la letrina de inmoralidad, anarquía, y violencia que invadió a toda la raza humana —a cada una de las personas excepto a Noé y su querida familia— justo antes del Gran Diluvio (vea bosquejo y notas, Gn. 6:1-8).
- En el intento mundial del hombre de edificar una sociedad y religión seculares en la Torre de Babel (vea bosquejos y notas, Gn. 11:1-9).

Por consiguiente, Dios tuvo que dejar de lidiar con la raza humana como un todo y escoger a un hombre, y a través de ese hombre crear toda una nueva raza de personas. Según se ha planteado anteriormente, el hombre escogido por Dios fue Abram, y el pueblo que nacería de Abram sería Israel. A partir de este momento, el Antiguo Testamento —su historia de redención y de salvación— se centra en el pueblo de Israel. Pero como se verá a lo largo del Antiguo Testamento, Israel también le falló a Dios. El pueblo de Israel hizo exactamente lo que habían hecho todas las otras personas desde los inicios de la historia: Ellos rechazaron a Dios una y otra vez y desarrollaron su propia religión hecha por el hombre de obras y pretensiones de superioridad moral. Pero también veremos que Dios hace una intervención culminante en la historia. Justo en el momento indicado —en lo que se denomina *la plenitud del tiempo*— la Biblia revela que el propio Dios intervino en la historia humana en la persona de Jesucristo. Jesucristo, el propio Hijo de Dios, vino a la tierra y proporcionó salvación,

ABRAHAM: EL HOMBRE ESCOGIDO PARA CONVERTIRSE EN EL PADRE DEL PUEBLO DE DIOS Y EN EL PADRE DE LA FE, 12:1—25:18

A. El gran llamado de Dios a Abraham (el pacto abrahámico, parte 1): El llamado a una vida de separación del mundo, 12:1

B. El gran llamado de Dios a Abraham (el pacto abrahámico, parte 2): Las grandes promesas de Dios, 12:1c-3

C. El gran llamado de Dios a Abraham (el pacto abrahámico, parte 3): La fe inicial, 12:4-9

D. Abram abandonó la Tierra Prometida: La fe débil. Alejarse de Dios, 12:10—13:4

E. Abram se separó de Lot: La fe egoísta frente a la fe desinteresada, 13:5-18

F. Abram derrotó a cuatro reyes del oriente (parte 1): La fe valiente, 14:1-16

G. Abram derrotó a cuatro reyes del oriente (parte 2): La tentación de la fe valiente. Aceptar la honra mundana o la honra piadosa, 14:17-24

H. A Abram se le ratificó el Pacto de Dios: La fe ratificada. Cómo vencer el temor y la decepción, 15:1-21

I. Abram dio origen a Ismael y a los árabes: La fe impaciente. El terrible error de la impaciencia, 16:1-16

J. Dios le ratificó el pacto a Abram: La fe estimulada. Los pasos para una experiencia nueva y estimulante con Dios, 17:1-27

K. El propio Dios visitó a Abraham (parte 1): La fe creciente. Cómo ser amigo de Dios, 18:1-15

L. El propio Dios visitó a Abraham (parte 2): La fe intercesora. Los pasos para convertirse en intercesor, en un guerrero de la oración, 18:16-33

M. A Abraham le contestaron su oración; Lot fue salvado y Sodoma destruida: La fe en recaída. La ilustración de una persona en recaída, 19:1-38

N. Abraham volvió a caer en pecado: La fe que guarda. Cómo Dios guarda y protege al creyente, incluso en el pecado, 20:1-18

Ñ. Abraham vio nacer al hijo prometido, Isaac: La fe galardonada. Cómo Dios cumple sus promesas, 21:1-7

GÉNESIS 12:1

	EL PRINCIPIO DEL PUEBLO ESCOGIDO DE DIOS, ISRAEL
	VII. ABRAHAM: EL HOMBRE ESCOGIDO PARA CONVERTIRSE EN EL PADRE DEL PUEBLO DE DIOS Y EN EL PADRE DE LA FE, 12:1—25:18
	CAPÍTULO 12 A. El gran llamado de Dios a Abraham (el pacto abrahámico, parte 1): El llamado a una vida de separación del mundo, 12:1
1 El llamado a separarse de su país 2 El llamado a separarse de su parentela 3 El llamado a separarse de la casa de su padre	Pero Jehová había dicho a Abram: Vete de tu tierra y de tu parentela, y de la casa de tu padre, a la tierra que te mostraré.

DIVISIÓN VII

ABRAHAM: EL HOMBRE ESCOGIDO PARA CONVERTIRSE EN EL PADRE DEL PUEBLO DE DIOS Y EN EL PADRE DE LA FE, 12:1—25:18

A. El gran llamado de Dios a Abraham (el pacto abrahámico, parte 1): El llamado a una vida de separación del mundo, 12:1

(12:1) *Introducción — Separación — Abraham:* Estaba el llamado de Dios a Abram, el llamado a llevar una vida de separación. Dios llamó a Abram a la tarea más difícil que una persona se puede enfrentar: la de cambiar su vida, la de cambiar por completo y abandonar todo cuanto él ama y estima en este mundo. Dios llamó a Abram a abandonar y separarse para siempre de...

• Su país.
• Su parentela.
• La casa de su padre, las posesiones y propiedad de su familia.
• El amor, el cariño, el apoyo, la seguridad, y aprobación del pueblo que él conocía y a quien estimaba.

¿Por qué? ¿Por qué Dios llamaría a Abram a dejar las cosas que significan tanto para una persona? Por esa misma razón: las personas y cosas del mundo al parecer significaban demasiado para Abram. Abram estaba anteponiendo a Dios su mundo y su familia, anteponiendo a Dios su amor, seguridad, posesiones y aprobación.

¿Cómo sabemos esto? Porque éste fue el segundo llamado de Dios a Abram. Él no había obedecido completamente el primer llamado de Dios. Recuerden, Abram y su familia ahora vivían en Harán. Hacía ya unos cuantos años que se habían marchado de Ur de los caldeos cuando Dios llamó a Abram por primera vez (Gn. 11:31-32). El primer llamado de Dios hecho en Ur resulta incuestionable. Las Escrituras son claras al respecto:

=> Esteban, en su gran sermón justo antes de su martirio, declaró que Dios había llamado a Abram por primera vez en Ur:

"Y él dijo: Varones hermanos y padres, oíd: El Dios de la gloria apareció a nuestro padre Abraham, estando en Mesopotamia, antes que morase en Harán, y le dijo: Sal de tu tierra y de tu parentela, y ven a la tierra que yo te mostraré" (Hch. 7:2-3).

=> El propio Dios le recordó a Abram el primer llamado:

"Y le dijo: Yo soy Jehová, que te saqué de Ur de los caldeos, para darte a heredar esta tierra" (Gn. 15:7).

=> Nehemías se refirió a este primer llamado:

"Tú eres, oh Jehová, el Dios que escogiste a Abram, y lo sacaste de Ur de los caldeos, y le pusiste el nombre Abraham" (Neh. 9:7).

Ahora el segundo llamado se hace mientras Abram se encuentra en Harán. Esto se ve en dos elementos.

Primero, el texto hebreo dice: "El Señor le dijo a Abram", no "le había dicho". El tiempo pretérito pluscuamperfecto "había dicho" usado por algunas traducciones es muy probable que sea un intento de hacer de este llamado el mismo llamado hecho en Ur, un intento de reconciliar este pasaje con Hechos 7:2 (cp. NVI). Pero según lo planteado, el texto hebreo apunta fuertemente a dos llamados, el primer llamado dado en Ur de los caldeos, y el segundo hecho ahora en Harán.

Segundo, la palabra hebrea "y" o "ahora" (waw) está relacionando y añadiéndole a los sucesos de la vida de Abram en Ur (Gn. 11:31-32) no repitiendo los sucesos. Ahora se da una experiencia diferente en la vida de Abram, no se recupera una vieja experiencia. No se explica el primer llamado; se hace un segundo llamado.

Sucede lo siguiente: al parecer Abram no siguió a Dios hasta el fin, no cuando Dios lo llamó por primera vez. Abram comenzó a seguir las promesas de Dios cuando él se marchó de Ur para comenzar su viaje, pero se detuvo en Harán, faltándole bastante para llegar a la Tierra Prometida. ¿Por qué? ¿Tenía alguna razón justificada, o se distrajo con alguna atracción o codicia mundana?

=> ¿Se enfermó Taré, el padre de Abram? Abram se había quedado en Harán al menos cinco años. Por eso es muy poco probable que una enfermedad de Taré haya retenido a Abram en Harán. Es posible, pero muy improbable, que Taré haya estado enfermo cinco años (*Matthew Henry's Commentary* [Comentario de Matthew Henry], vol. 1. Old Tappan, NJ: Fleming H. Revell, p. 83; Herbert Lockyer. *All the Books and Chapters of the Bible* [Todos los libros y capítulos de la Biblia]. Grand Rapids, MI: Zondervan Publishing House, 1958, p. 12).

=> ¿Recayó Abram, perdió su celo y compromiso de seguir a Dios y sus promesas?

=> ¿Surgió alguna oportunidad de negocio en Harán que atrajo a Abram, y él cedió ante la tentación de la avaricia?

=> ¿Taré y la familia inmediata presionaron a Abram para que se quedara en Harán?

No se plantea la razón por la que Abram se detuvo en Harán; por ende, no podemos estar absolutamente seguros de por qué permaneció en Harán. Pero basados en las tres exigencias de Dios de separación, todo parece indicar que Abram había recaído, que él había perdido de vista el llamado de Dios a la separación. Al parecer Dios estaba atacando las cosas mismas que habían distraído a Abram del llamado de Dios, estaba atacando las cosas mismas que habían hecho que Abram recayera y abandonara la Tierra Prometida. Este es el tema de este gran pasaje: *El gran llamado de Dios a Abraham (el pacto abrahámico, parte 1): El llamado a una vida de separación del mundo*, 12:1.

1. El llamado a separarse de su país (v. 1).
2. El llamado a separarse de su parentela (v. 1).
3. El llamado a separarse de la casa de su padre (v. 1).

1 (12:1) *Separación—Abraham—País—Mundanalidad:* Abram tenía que marcharse y separarse de su país. El país de una persona significa...

- La tierra donde nació, donde vive, y de la que tiene ciudadanía.
- La tierra de su propio pueblo e idioma.
- La tierra de su propia cultura y medio.
- La tierra de su propia sociedad y comunidad.
- La tierra de su propio gobierno y leyes.

El propio país de una persona por lo general significa la tierra de su propio pueblo, las personas a las que ella se

parece, que hablan y actúan como ella. Se estaba llamando a Abram a abandonar su viejo país y a separarse de él para siempre: a separarse del pueblo, cultura, medio, conducta, e idioma de su pasado. ¿Por qué Dios exigiría de Abram algo como la *separación*? Porque las personas de su mundo se habían vuelto...

- idólatras
- falsos adoradores
- impíos
- inmorales
- codiciosos
- anárquicos
- perversos

Las personas del mundo de Abram habían abandonado y negado al único Dios vivo y verdadero. Eran autosuficientes y humanistas, vivían solo para este mundo y sus placeres y posesiones.

Era imposible, totalmente imposible, vivir para Dios y para el mundo a la vez. Los procederes de este mundo —su carne, deseos, placeres, posesiones, y avaricia— hicieron exactamente lo que siempre hacen los procederes del mundo: corromper a los hombres. Por consiguiente, Dios no tuvo otra opción: Dios tuvo que exigir que Abram llevara una vida de separación, que se separara de la mundanalidad de su país.

Se estaba llamando a Abram a una nueva vida, a comenzar la vida de nuevo, a buscar un nuevo país —la Tierra Prometida— que Dios le mostraría (vea nota, Gn. 12:1c para un mayor análisis).

Pensamiento 1. La vida de separación —separación del mundo— no es una exigencia despiadada por parte de Dios. Es sencillamente la exigencia de que nos separemos de los procederes impíos, inmorales, y codiciosos de este mundo. Este mundo es bastante perverso ante los ojos de Dios y así debiera ser ante los nuestros.

"Y con otras muchas palabras testificaba y les exhortaba, diciendo: Sed salvos de esta perversa generación" (Hch. 2:40).

"No os conforméis a este siglo, sino transformaos por medio de la renovación de vuestro entendimiento, para que comprobéis cuál sea la buena voluntad de Dios, agradable y perfecta" (Ro. 12:2).

"Por lo cual, salid de en medio de ellos, y apartaos, dice el Señor, y no toquéis lo inmundo; y yo os recibiré, y seré para vosotros por Padre, y vosotros me seréis hijos e hijas, dice el Señor Todopoderoso" (2 Co. 6:17-18).

"Y no participéis en las obras infructuosas de las tinieblas, sino más bien reprendedlas" (Ef. 5:11).

"¡Oh almas adúlteras! ¿No sabéis que la amistad del mundo es enemistad contra Dios? Cualquiera, pues, que quiera ser amigo del mundo, se constituye enemigo de Dios" (Stg. 4:4).

"No améis al mundo, ni las cosas que están en el mundo. Si alguno ama al mundo, el amor del Padre no está en él. Porque todo lo que hay en el mundo, los deseos de la carne, los deseos de los ojos, y la vanagloria de la vida, no proviene del Padre, sino del mundo" (1 Jn. 2:15-16).

"Apartaos, apartaos, salid de ahí, no toquéis cosa inmunda; salid de en medio de ella; purificaos los que lleváis los utensilios de Jehová" (Is. 52:11).

2 (12:1) *Separación — Abraham — Familia — Parentela:* Abram debía separarse de su parentela. Parentela significa padres, abuelos, hermanos, hermanas, tíos, tías y primos; todas las personas de una familia que están relacionadas por sangre. La mayoría de las personas tienen un lazo íntimo con unos cuantos parientes y miembros de la familia, y siempre se experimenta dolor y vacío cuando se rompe ese lazo. La familia y la parentela —fundamentalmente en el mundo antiguo— se proporcionaban amor, cariño, aceptación, apoyo, responsabilidad, capacitación, educación, y seguridad mutuamente. Esto habría sucedido con Abram, su familia y sus parientes cercanos. Debió haber sido muy difícil para Abram abandonar y separarse para siempre de sus seres amados. Aún así, eso fue exactamente lo que Dios exigió de Abram.

Pero nuevamente, ¿Por qué? ¿Por qué Dios le exigiría a Abram que se separara de su familia y parientes? Porque las personas de la época de Abram llevaban vidas inmorales y perversas, y la familia había recibido una gran influencia de sus vecinos: la familia se había entregado a la mundanalidad de su época. La familia de Abram se había vuelto...

- idólatras
- falsos adoradores
- impíos
- inmorales
- codiciosos
- anárquicos
- perversos

¡Imagínense! Hasta la familia de Abram se había vuelto idólatra, y adoradora de una religión falsa. Habían rechazado al único Dios vivo y verdadero, adorando la religión de su época la cual era hecha por el hombre. (Vea notas, Gn. 11:27; 11:27-28; 11:29 para un mayor análisis.)

Esta fue la razón por la que Dios llamó a Abram a abandonar y separarse de su familia y parentela. Fue por eso que Dios llamó a Abram a alejarse de su vieja vida y a comenzar una nueva vida...

- una vida que estaría totalmente separada del mundo y sus placeres y posesiones.
- una vida que estaría separada totalmente para Dios, totalmente dedicada a Dios, y que buscaría de Dios y sus promesas con diligencia.

Pensamiento 1. La vida de separación —la separación de la familia y la parentela— no constituye una exigencia despiadada de Dios. Es sencillamente la exigencia de que nos separemos totalmente para Dios, que pongamos a Dios por delante de todo en nuestras vidas, incluso por delante de la familia, los parientes, y los amigos.

"Jesús le dijo: Amarás al Señor tu Dios con todo tu corazón, y con toda tu alma, y con toda tu mente. Este es el primero y grande mandamiento" (Mt. 22:37-38).

"El que ama a padre o madre más que a mí, no es digno de mí; el que ama a hijo o hija más que a mí, no es digno de mí" (Mt. 10:37).

"Otro de sus discípulos le dijo: Señor, permíteme que vaya primero y entierre a mi padre. Jesús le dijo: Sígueme; deja que los muertos entierren a sus muertos" (Mt. 8:21-22).

"Y amarás a Jehová tu Dios de todo tu corazón, y de toda tu alma, y con todas tus fuerzas" (Dt. 6:5).

"Ahora, pues, Israel, ¿qué pide Jehová tu Dios de ti, sino que temas a Jehová tu Dios, que andes en todos sus caminos, y que lo ames, y sirvas a Jehová tu Dios con todo tu corazón y con toda tu alma" (Dt. 10:12).

3 (12:1) *Separación — Mundanalidad — Avaricia — Posesiones — Placer — Abraham*: Abram tenía que separarse de la casa de su padre, es decir, tanto de la familia inmediata como de los activos familiares, sus propiedades y posesiones. Recuerden: El padre de Abram, Taré, había muerto; por ende Abram heredaría una parte de las propiedades y posesiones de Taré. Las Escrituras no dicen en qué consistía la herencia, pero la tierra o propiedad de de la familia debe haber sido grande. No obstante, Dios le exigió a Abram que se marchara y se separara de la casa de su familia, sus propiedades y posesiones.

¿Por qué Dios no querría a Abram cerca de su familia, de sus propiedades y posesiones? Porque la familia había quedado muy influida y esclavizada por la avaricia de este mundo, el deseo de lo mundano...

- posesiones
- propiedades
- muebles
- comodidad
- poder
- reconocimiento
- influencia
- posición
- honra

La avaricia —el deseo de más y más— surge en la carne y el corazón humano. Al parecer Abram y su familia habían quedado esclavizados por las posesiones de este mundo, el deseo de más y más. Sus mentes y corazones estaban entregados a buscar las cosas de este mundo, no las cosas de Dios. Por consiguiente, Dios tuvo que exigir de Abram que se alejara de su familia, que se separara totalmente de aquellos que estaban esclavizados por la avaricia de cada vez más y más. Abram tuvo que alejarse de su familia y de sus activos, alejarse de la influencia mundana de aquellos que siempre buscaban las posesiones de este mundo.

Pensamiento 1. La vida de separación —la separación de nuestra casa, de nuestra familia inmediata, y de las posesiones familiares— no es una exigencia despiadada de Dios. Con frecuencia se arruina una persona por la avaricia e influencia mundanas de los miembros de la familia. La mundanalidad y la avaricia nos destruirán. Por ende, cuando Dios nos llama a alejarnos de la mundanalidad y la avaricia de los miembros de la familia, no constituye una exigencia despiadada.

=> Sencillamente constituye la exigencia de que centremos nuestras mentes y corazones primero que todo en Dios.

> "Jesús le dijo: Amarás al Señor tu Dios con todo tu corazón, y con toda tu alma, y con toda tu mente. Este es el primero y grande mandamiento" (Mt. 22:37-38).

=> Es sencillamente la exigencia de que pongamos a Dios primero en nuestras vidas, por delante de los miembros de nuestra familia, incluso por delante de nuestro padre y madre.

> "El que ama a padre o madre más que a mí, no es digno de mí; el que ama a hijo o hija más que a mí, no es digno de mí" (Mt. 10:37).

=> Es sencillamente la exigencia de que busquemos primero de Dios, que busquemos de Él incluso primero que el alimento, el abrigo, y las vestiduras.

> "Mas buscad primeramente el reino de Dios y su justicia, y todas estas cosas os serán añadidas" (Mt. 6:33).

=> Es sencillamente la exigencia de que centremos nuestra atención y afectos en las cosas de arriba, en las cosas perdurables, no en las cosas de la tierra, las cosas que son temporales.

> "Poned la mira en las cosas de arriba, no en las de la tierra" (Col. 3:2).

=> Es sencillamente la exigencia de que no confiemos en la incertidumbre de las riquezas, sino en el Dios vivo.

> "A los ricos de este siglo manda que no sean altivos, ni pongan la esperanza en las riquezas, las cuales son inciertas, sino en el Dios vivo, que nos da todas las cosas en abundancia para que las disfrutemos" (1 Ti. 6:17).
>
> "Así, pues, cualquiera de vosotros que no renuncia a todo lo que posee, no puede ser mi discípulo" (Lc. 14:33).

=> Es sencillamente la exigencia de que intercambiemos las riquezas de este mundo por los tesoros del cielo.

> "Entonces Jesús, mirándole, le amó, y le dijo: Una cosa te falta: anda, vende todo lo que tienes, y dalo a los pobres, y tendrás tesoro en el cielo; y ven, sígueme, tomando tu cruz. Pero él, afligido por esta palabra, se fue triste, porque tenía muchas posesiones" (Mr. 10:21-22).
>
> "Y ciertamente, aun estimo todas las cosas como pérdida por la excelencia del conocimiento de Cristo Jesús, mi Señor, por amor del cual lo he perdido todo, y lo tengo por basura, para ganar a Cristo" (Fil. 3:8).

Pensamiento 2. Advierta otro elemento significativo: el hebreo dice realmente: "vete por ti mismo" o "márchate por ti mismo". Dios estaba llamando a Abram a abandonar y alejarse de su vieja vida *por sí mismo*, es decir, por su propio bien, beneficio, y bienestar. Abram recogería resultados enormes si se separaba de los impíos de este mundo. Era por su bienestar, beneficio, para su ventaja, que Dios estaba exigiendo una vida de separación de los impíos del mundo. Así sucede con todos nosotros.

> "Mas buscad primeramente el reino de Dios y su justicia, y todas estas cosas os serán añadidas" (Mt. 6:33).
>
> "Poned la mira en las cosas de arriba, no en las de la tierra. Porque habéis muerto, y vuestra vida está escondida con Cristo en Dios. Cuando Cristo, vuestra vida, se manifieste, entonces vosotros también seréis manifestados con él en gloria" (Col. 3:2-4).
>
> "Entonces Pedro comenzó a decirle: He aquí, nosotros lo hemos dejado todo, y te hemos seguido. Respondió Jesús y dijo: De cierto os digo que no hay ninguno que haya dejado casa, o hermanos, o hermanas, o padre, o madre, o mujer, o hijos, o tierras, por causa de mí y del evangelio, que no reciba cien veces más ahora en este tiempo; casas, hermanos, hermanas, madres, hijos, y tierras, con persecuciones; y en el siglo venidero la vida eterna" (Mr. 10:28-30).
>
> "enseñándonos que, renunciando a la impiedad y a los deseos mundanos, vivamos en este siglo sobria, justa y piadosamente, aguardando la esperanza bienaventurada y la manifestación gloriosa de nuestro gran Dios y Salvador Jesucristo" (Tit. 2:12-13).
>
> "conservaos en el amor de Dios, esperando la misericordia de nuestro Señor Jesucristo para vida eterna" (Jud. 21).

	CAPÍTULO 12 B. El gran llamado de Dios a Abraham (el pacto abrahámico, parte 2): Las grandes promesas de Dios, 12:1c-3 Pero Jehová había dicho a Abram: Vete de tu tierra y de tu parentela, y de la casa	de tu padre, a la tierra que te mostraré. 2 Y haré de ti una nación grande, y te bendeciré, y engrandeceré tu nombre, y serás bendición. 3 Bendeciré a los que te bendijeren, y a los que te maldijeren maldeciré; y serán benditas en ti todas las familias de la tierra.	1 La Tierra Prometida 2 La Simiente prometida, lo que significa una gran nación y raza de personas a. Bendecida por Dios b. Con un gran nombre c. Hecha una bendición d. Protegida y guardada 3 La Simiente prometida, lo que significa el Salvador: Una bendición especial para todas las personas de la tierra

DIVISIÓN VII

ABRAHAM: EL HOMBRE ESCOGIDO PARA CONVERTIRSE EN EL PADRE DEL PUEBLO DE DIOS Y EN EL PADRE DE LA FE, 12:1—25:18

B. El gran llamado de Dios a Abraham (el pacto abrahámico, parte 2): Las grandes promesas de Dios, 12:1c-3

(12:1c-3) *Introducción — Promesas — La tierra, prometida — La simiente, prometida — Abraham — Israel — judíos:* Había tres promesas hechas a Abram, tres promesas muy especiales. Advierta que estas tres promesas eran condicionales, y Abram tenía que hacer exactamente lo que Dios exigiera a fin de recibirlas.
 => Si Abram creía en Dios y hacía lo que decía Dios, recibiría las promesas de Dios.
 => Si Abram no creía en Dios y se rehusaba a hacer lo que Dios decía, no recibiría las promesas de Dios.

Abram tenía que creer en Dios —creer lo suficiente en Dios como para obedecerlo, lo suficiente como para separarse del mundo que él conocía— y seguir a Dios y sus promesas. Otra forma de decir lo mismo es la siguiente: Abram tenía que creer en Dios lo suficiente como para hacer el sacrificio supremo a Dios, el sacrificio de sí mismo. Abram tenía que sacrificar su vida, su mundo, y todo cuanto era y tenía. Abram tenía que entregarse totalmente a Dios. Abram tenía que rendirse, someterse, y sacrificarse: él tenía que comprometer su vida totalmente a Dios. Él tenía que morir para sí y buscar de Dios con todo su corazón.

Si Abram creía y obedecía a Dios como debía, Dios haría por él estas tres cosas muy especiales. Estas tres cosas conforman el mensaje de este gran pasaje: *El gran llamado de Dios a Abraham (el pacto abrahámico, parte 2): Las grandes promesas de Dios, 12:1c-3.*
 1. Dios prometió darle a Abram *la Tierra Prometida* (v. 1c).
 2. Dios prometió darle a Abram *la Simiente prometida*, lo que significa una gran nación y raza de personas (vv. 2-3).

 3. Dios prometió darle a Abram *la Simiente prometida*, lo que significa el Mesías, el Salvador del mundo: una bendición especial para todas las personas de la tierra (v. 3b).

Advierta que la promesa de Dios de entregar *la Simiente prometida* tenía un doble significado. Significaba...
 • La simiente de una gran nación de personas (vv. 2-3a).
 • La simiente del Mesías, el Salvador del mundo, el propio Señor Jesucristo (v. 3b).

1 (12:1c) *Tierra, prometida — Herencia — Cielo — Reposo, espiritual:* Dios prometió que Él le daría a Abram *la Tierra Prometida* (v. 1c). El hebreo acá realmente dice que Dios le *mostrará* la tierra, pero el versículo siete nos dice que Dios estaba prometiéndole realmente la tierra a Abram. ¿Qué tierra? Dios no lo dijo; Él no identificó la tierra. Advierta lo siguiente:
 => La tierra tan solo se prometió: se encontraba en el futuro; no se poseería de inmediato. La tierra era exactamente lo que los creyentes la han denominado durante siglos, *la Tierra Prometida.* Sería la gran esperanza de Abram. Esta es la razón por la que se hace referencia a la tierra de Canaán como *la Tierra Prometida.*

Todo con cuanto Abram tenía que confiar era la promesa de Dios, con lo que Dios le había dicho. Abram tenía que dar un paso de fe y creer en la Palabra de Dios —su promesa— sobre *la Tierra Prometida.* Advierta varios elementos sobre esta gran promesa a Abram.
 1. *La Tierra Prometida* definitivamente se refiere a Palestina, la tierra de Israel. Esto Dios lo plantea claramente una y otra vez.
  a. Advierta la promesa de Dios a Abram.

  "Y pasó Abram por aquella tierra hasta el lugar de Siquem, hasta el encino de More; y el cananeo estaba entonces en la tierra. Y apareció Jehová a Abram, y le dijo: A tu descendencia daré esta tierra. Y edificó allí un altar a Jehová, quien le había aparecido" (Gn. 12:6-7).

  "Y Jehová dijo a Abram, después que Lot se apartó de él: Alza ahora tus ojos, y mira desde el

lugar donde estás hacia el norte y el sur, y al oriente y al occidente. Porque toda la tierra que ves, la daré a ti y a tu descendencia para siempre. Levántate, ve por la tierra a lo largo de ella y a su ancho; porque a ti la daré" (Gn. 13:14-15, 17).

"Y le dijo: Yo soy Jehová, que te saqué de Ur de los caldeos, para darte a heredar esta tierra... En aquel día hizo Jehová un pacto con Abram, diciendo: A tu descendencia daré esta tierra, desde el río de Egipto hasta el río grande, el río Eufrates; la tierra de los ceneos, los cenezeos, los cadmoneos, los heteos, los ferezeos, los refaítas, los amorreos, los cananeos, los gergeseos y los jebuseos" (Gn. 15:7, 18-21).

"Y te daré a ti, y a tu descendencia después de ti, la tierra en que moras, toda la tierra de Canaán en heredad perpetua; y seré el Dios de ellos" (Gn. 17:8).

b. Advierta la promesa de Dios al hijo de Abram, Isaac.

"Habita como forastero en esta tierra, y estaré contigo, y te bendeciré; porque a ti y a tu descendencia daré todas estas tierras, y confirmaré el juramento que hice a Abraham tu padre" (Gn. 26:3).

c. Advierta la promesa de Dios al nieto de Abram, Jacob.

"Y he aquí, Jehová estaba en lo alto de ella, el cual dijo: Yo soy Jehová, el Dios de Abraham tu padre, y el Dios de Isaac; la tierra en que estás acostado te la daré a ti y a tu descendencia" (Gn. 28:13).

"La tierra que he dado a Abraham y a Isaac, la daré a ti, y a tu descendencia después de ti daré la tierra" (Gn. 35:12).

2. *La Tierra Prometida* definitivamente se refiere al cielo; la Tierra Prometida de Canaán es un símbolo (un tipo, una figura, una ilustración) del cielo, de la promesa de Dios al creyente de que heredará el cielo, los nuevos cielos y tierra. Advierta dos elementos:

a. La Tierra Prometida de Dios se refiere a *todo el mundo*. Es *todo el mundo* el que Abram y los creyentes deben *heredar*.

"Porque no por la ley fue dada a Abraham o a su descendencia la promesa de que sería heredero del mundo, sino por la justicia de la fe" (Ro. 4:13).

La herencia de todo el mundo solo se podía referir a los nuevos *cielos y tierra* —el nuevo universo— que Dios va a recrear en el tiempo final. No se podía referir a un universo corruptible que se está deteriorando, descomponiéndose, y agotándose, y que finalmente dejará de existir dentro de millones de años, dejará de existir sencillamente por medio de un proceso natural de tiempo. (Vea bosquejos y notas, 2 P. 3:1-18 para un mayor análisis.)

"Pero el día del Señor vendrá como ladrón en la noche; en el cual los cielos pasarán con grande estruendo, y los elementos ardiendo serán deshechos, y la tierra y las obras que en ella hay serán quemadas. Puesto que todas estas cosas han de ser deshechas, ¡cómo no debéis vosotros andar en santa y piadosa manera de vivir, esperando y apresurándoos para la venida del día de Dios, en el cual los cielos, encendiéndose, serán deshechos, y los elementos, siendo quemados, se fundirán! Pero nosotros esperamos, según sus promesas, cielos nuevos y tierra nueva, en los cuales mora la justicia" (2 P. 3:10-13).

"Vi un cielo nuevo y una tierra nueva; porque el primer cielo y la primera tierra pasaron, y el mar ya no existía más. Y yo Juan vi la santa ciudad, la nueva Jerusalén, descender del cielo, de Dios, dispuesta como una esposa ataviada para su marido. Y oí una gran voz del cielo que decía: He aquí el tabernáculo de Dios con los hombres, y él morará con ellos; y ellos serán su pueblo, y Dios mismo estará con ellos como su Dios. Enjugará Dios toda lágrima de los ojos de ellos; y ya no habrá muerte, ni habrá más llanto, ni clamor, ni dolor; porque las primeras cosas pasaron" (Ap. 21:1-4).

"Desde el principio tú fundaste la tierra, y los cielos son obra de tus manos. Ellos perecerán, mas tú permanecerás; y todos ellos como una vestidura se envejecerán; como un vestido los mudarás, y serán mudados; pero tú eres el mismo, y tus años no se acabarán" (Sal. 102:25-27).

"Y todo el ejército de los cielos se disolverá, y se enrollarán los cielos como un libro; y caerá todo su ejército, como se cae la hoja de la parra, y como se cae la de la higuera" (Is. 34:4).

"Alzad a los cielos vuestros ojos, y mirad abajo a la tierra; porque los cielos serán deshechos como humo, y la tierra se envejecerá como ropa de vestir, y de la misma manera perecerán sus moradores; pero mi salvación será para siempre, mi justicia no perecerá" (Is. 51:6).

"Porque he aquí que yo crearé nuevos cielos y nueva tierra; y de lo primero no habrá memoria, ni más vendrá al pensamiento" (Is. 65:17).

"Porque como los cielos nuevos y la nueva tierra que yo hago permanecerán delante de mí, dice Jehová, así permanecerá vuestra descendencia y vuestro nombre" (Is. 66:22).

b. La Tierra Prometida de Dios se refiere a *un país celestial* y a *una ciudad celestial*. Es un hogar celestial —un país y ciudad celestiales que son eternas— que Abram y los creyentes han de heredar. Advierta con cuánta claridad las Escrituras plantean esto:

"Por la fe Abraham, siendo llamado, obedeció para salir al lugar que había de recibir como herencia; y salió sin saber a dónde iba. Por la fe habitó como extranjero en la Tierra Prometida como en tierra ajena, morando en tiendas con Isaac y Jacob, coherederos de la misma promesa; porque esperaba la ciudad que tiene fundamentos, cuyo arquitecto y constructor es Dios... Conforme a la fe murieron todos éstos sin haber recibido lo prometido, sino mirándolo de lejos, y creyéndolo, y saludándolo, y confesando que eran extranjeros y peregrinos sobre la tierra. Porque los que esto dicen, claramente dan a entender que buscan una patria; pues si hubiesen estado pensando en aquella de donde salieron, ciertamente tenían tiempo de volver. Pero anhelaban una mejor, esto es, celestial; por lo cual Dios no se avergüenza de llamarse Dios de ellos; porque les ha preparado una ciudad" (He. 11:8-10, 13-16).

"sino que os habéis acercado al monte de Sion, a la ciudad del Dios vivo, Jerusalén la celestial, a la compañía de muchos millares de ángeles" (He. 12:22).

"porque no tenemos aquí ciudad permanente, sino que buscamos la por venir" (He. 13:14).

"Y yo Juan vi la santa ciudad, la nueva Jerusalén, descender del cielo, de Dios, dispuesta como una esposa ataviada para su marido. Y oí una gran voz del cielo que decía: He aquí el tabernáculo de Dios con los hombres, y él morará con ellos; y ellos serán su pueblo, y Dios mismo estará con ellos como su Dios. Enjugará Dios toda lágrima de los ojos de ellos; y ya no habrá muerte, ni habrá más llanto, ni clamor, ni dolor; porque las primeras cosas pasaron" (Ap. 21:2-4).

"Y me llevó en el Espíritu a un monte grande y alto, y me mostró la gran ciudad santa de Jerusalén, que descendía del cielo, de Dios" (Ap. 21:10).

3. La Tierra Prometida representaba muchas cosas para Abram.

a. La Tierra Prometida era la garantía de *una herencia personal*: la posesión de un nuevo país, de su propiedad con toda su buena tierra, sus riquezas, y derechos. Abram creía que él viviría en una nueva ciudad dentro de su propia tierra y país, todo dado por el propio Dios. Y la tierra sería eterna, porque fue prometida por el propio Dios eterno.

Advierta lo siguiente, porque resulta importante: la esperanza que Abram tenía era de una ciudad y país eternos y permanentes. Cierto, él estaba viajando físicamente por toda la Tierra Prometida de Canaán, creyendo que Dios iba a darle a él y a su simiente (descendientes) la tierra de Canaán. Pero mientras él viajaba, su esperanza estaba puesta en la ciudad y país eternos y permanentes de Dios. Abram sabía que la Tierra Prometida de Dios se refería a la tierra celestial al igual que a la tierra terrenal. Advierta con cuánta claridad las Escrituras plantean esto:

"Porque toda la tierra que ves, la daré a ti y a tu descendencia para siempre" (Gn. 13:15).

=> La promesa de Dios incluía la posesión eterna y permanente de la Tierra Prometida, y Abram lo sabía.

"Por la fe habitó como extranjero en la Tierra Prometida como en tierra ajena, morando en tiendas con Isaac y Jacob, coherederos de la misma promesa; porque esperaba la ciudad que tiene fundamentos, cuyo arquitecto y constructor es Dios" (He. 11:9-10).

=> Esto se refiere a la Jerusalén celestial, la capital de los

nuevos cielo y tierra (cp. He. 12:22; 13:14. Vea pt. 2b anterior. También vea nota, Ap. 21:2.)

"Conforme a la fe murieron todos éstos sin haber recibido lo prometido, sino mirándolo de lejos, y creyéndolo, y saludándolo, y confesando que eran extranjeros y peregrinos sobre la tierra. Porque los que esto dicen, claramente dan a entender que buscan una patria; pues si hubiesen estado pensando en aquella de donde salieron, ciertamente tenían tiempo de volver. Pero anhelaban una mejor, esto es, celestial; por lo cual Dios no se avergüenza de llamarse Dios de ellos; porque les ha preparado una ciudad" (He. 11:13-16).

=> Advierta el v. 15: plantea claramente que la mente de Abram estaba puesta en el país celestial y eterno. De no haber sido así, él habría regresado a su hogar anterior. Nunca habría vagado, sufriendo las dificultades que soportó.

Pensamiento 1. Advierta cómo la promesa dada a Abram constituye un paralelo de la promesa dada al creyente. Abram heredaría *la Tierra Prometida* si se alejaba del mundo y seguía a Dios. Heredaremos *la Tierra Prometida del cielo* si nos alejamos del mundo y seguimos a Dios. *La Tierra Prometida* es un símbolo, un tipo, una ilustración del cielo.

1) La promesa dada a Abram.

"Y te daré a ti, y a tu descendencia después de ti, la tierra en que moras, toda la tierra de Canaán en heredad perpetua; y seré el Dios de ellos" (Gn. 17:8).

2) La promesa dada al creyente.

"En la casa de mi Padre muchas moradas hay; si así no fuera, yo os lo hubiera dicho; voy, pues, a preparar lugar para vosotros. Y si me fuere y os preparare lugar, vendré otra vez, y os tomaré a mí mismo, para que donde yo estoy, vosotros también estéis" (Jn. 14:2-3).

"Porque sabemos que si nuestra morada terrestre, este tabernáculo, se deshiciere, tenemos de Dios un edificio, una casa no hecha de manos, eterna, en los cielos" (2 Co. 5:1).

"Mas nuestra ciudadanía está en los cielos, de donde también esperamos al Salvador, al Señor Jesucristo; el cual transformará el cuerpo de la humillación nuestra, para que sea semejante al cuerpo de la gloria suya, por el poder con el cual puede también sujetar a sí mismo todas las cosas" (Fil. 3:20-21).

"Por la fe Abraham, siendo llamado, obedeció para salir al lugar que había de recibir como herencia; y salió sin saber a dónde iba. Por la fe habitó como extranjero en la Tierra Prometida como en tierra ajena, morando en tiendas con Isaac y Jacob, coherederos de la misma promesa;1 porque esperaba la ciudad que tiene fundamentos, cuyo arquitecto y constructor es Dios" (He. 11:8-10).

"Conforme a la fe murieron todos éstos sin haber recibido lo prometido, sino mirándolo de lejos, y creyéndolo, y saludándolo, y confesando que eran extranjeros y peregrinos sobre la tierra. Porque los que esto dicen, claramente dan a entender que buscan una patria; pues si hubiesen estado pensando en aquella de donde salieron, ciertamente tenían tiempo de volver. Pero anhelaban una mejor, esto es, celestial; por lo cual Dios no se avergüenza de llamarse Dios de ellos; porque les ha preparado una ciudad" (He. 11:13-16).

"Bendito el Dios y Padre de nuestro Señor Jesucristo, que según su grande misericordia nos hizo renacer para una esperanza viva, por la resurrección de Jesucristo de los muertos, para una herencia incorruptible, incontaminada e inmarcesible, reservada en los cielos para vosotros, que sois guardados por el poder de Dios mediante la fe, para alcanzar la salvación que está preparada para ser manifestada en el tiempo postrero" (1 P. 1:3-5).

"Bienaventurados los que lavan sus ropas, para tener derecho al árbol de la vida, y para entrar por las puertas en la ciudad" (Ap. 22:14).

b. La Tierra Prometida era la garantía del *triunfo y el reposo, de la victoria espiritual y el reposo espiritual.* La Tierra Prometida traería como resultado la paz y la seguridad, la libertad, la liberación, y la salvación conferidas por Dios a Abram. La Tierra Prometida significaba la victoria y el reposo para Abram, una victoria y reposo conferidas por Dios...

• Por tener que vagar.
• Por nunca asentarse.
• Por la inquietud.
• Por exponerse a todos los tipos de pruebas, peligros, amenazas, ataques, esclavitud, y servidumbre que ocurren de no tener un hogar establecido en este mundo, de no tener un lugar que sea dado y protegido por el propio Dios.

Para Abram, la Tierra Prometida era la garantía de victoria y reposo, el triunfo y la derrota de todos los enemigos, una victoria y reposo que serían dadas por el propio Dios.

Pensamiento 1. Advierta cómo la victoria y el reposo espirituales prometidos a Abram representa el reposo espiritual prometido al creyente (vea nota, He. 4:1 para un mayor análisis).
1) La promesa dada a Abram.

"Y haré de ti una nación grande, y te bendeciré, y engrandeceré tu nombre, y serás bendición. Bendeciré a los que te bendijeren, y a los que te maldijeren maldeciré; y serán benditas en ti todas las familias de la tierra" (Gn. 12:2-3).

"Después de estas cosas vino la palabra de Jehová a Abram en visión, diciendo: No temas, Abram; yo soy tu escudo, y tu galardón será sobremanera grande" (Gn. 15:1).

"de cierto te bendeciré, y multiplicaré tu descendencia como las estrellas del cielo y como la arena que está a la orilla del mar; y tu descendencia poseerá las puertas de sus enemigos. En tu simiente serán benditas todas las naciones de la tierra, por cuanto obedeciste a mi voz" (Gn. 22:17-18).

2) La promesa dada al creyente.

"Llevad mi yugo sobre vosotros, y aprended de mí, que soy manso y humilde de corazón; y hallaréis descanso para vuestras almas" (Mt. 11:29).

"Oí una voz que desde el cielo me decía: Escribe: Bienaventurados de aquí en adelante los muertos que mueren en el Señor. Sí, dice el Espíritu, descansarán de sus trabajos, porque sus obras con ellos siguen" (Ap. 14:13).

"Temamos, pues, no sea que permaneciendo aún la promesa de entrar en su reposo, alguno de vosotros parezca no haberlo alcanzado. Porque también a nosotros se nos ha anunciado la buena nueva como a ellos; pero no les aprovechó el oír la palabra, por no ir acompañada de fe en los que la oyeron. Pero los que hemos creído entramos en el reposo, de la manera que dijo: Por tanto, juré en mi ira, no entrarán en mi reposo; aunque las obras suyas estaban acabadas desde la fundación del mundo" (He. 4:1-3).

"Procuremos, pues, entrar en aquel reposo, para que ninguno caiga en semejante ejemplo de desobediencia" (He. 4:11).

"Y él dijo: Mi presencia irá contigo, y te daré descanso" (Éx. 33:14).

"Y dije: ¡Quién me diese alas como de paloma! Volaría yo, y descansaría" (Sal. 55:6).

"Vuelve, oh alma mía, a tu reposo, porque Jehová te ha hecho bien" (Sal. 116:7).

"a los cuales él dijo: Este es el reposo; dad reposo al cansado; y este es el refrigerio; mas no quisieron oír" (Is. 28:12).

c. La Tierra Prometida era la garantía de *la propia presencia de Dios,* es decir, del amor, el cariño, la provisión, y la protección de Dios. Abram iba a saber esto: si Dios iba a darle la Tierra Prometida, entonces Dios debe amarlo y cuidar de él. Por lo tanto Dios proveería para él y lo protegería no importa lo que se le aguardara. Dios —su fuerte presencia— estaría con él en todas las pruebas y luchas de la vida.

Pensamiento 1. La garantía de Abram de la presencia de Dios simboliza la experiencia del creyente. El creyente puede tener la garantía de la presencia de Dios: del amor, cariño, provisión, y protección de Dios.
1) La promesa dada a Abram.

"Y te daré a ti, y a tu descendencia después de ti, la tierra en que moras, toda la tierra de Canaán en heredad perpetua; y seré el Dios de ellos" (Gn. 17:8).

"He aquí, yo estoy contigo, y te guardaré por dondequiera que fueres, y volveré a traerte a esta tierra; porque no te dejaré hasta que haya hecho lo que te he dicho" (Gn. 28:15).

2) La promesa dada al creyente.

"Cuando salgas a la guerra contra tus enemigos, si vieres caballos y carros, y un pueblo más grande que tú, no tengas temor de ellos, porque Jehová tu Dios está contigo, el cual te sacó de tierra de Egipto" (Dt. 20:1).

"Cuando pases por las aguas, yo estaré contigo; y si por los ríos, no te anegarán. Cuando pases por el fuego, no te quemarás, ni la llama arderá en ti" (Is. 43:2).

"Mas buscad primeramente el reino de Dios y su justicia, y todas estas cosas os serán añadidas" (Mt. 6:33).

"enseñándoles que guarden todas las cosas que os he mandado; y he aquí yo estoy con vosotros todos los días, hasta el fin del mundo. Amén" (Mt. 28:20).

"Sean vuestras costumbres sin avaricia, contentos con lo que tenéis ahora; porque él dijo: No te desampararé, ni te dejaré" (He. 13:5).

2 (12:2-3) *Simiente, prometida — Israel — judíos — Abraham:* Dios prometió darle a Abram la Simiente prometida, convertirlo en el padre de una gran nación y raza de personas (vv. 2-3a). Dios decía esto literalmente y espiritualmente. Advierta estos elementos:

1. Dios se refería a que la Simiente prometida sería *un pueblo físico y literal.* Abram daría a luz a nueva raza de personas: los judíos, la nación de Israel.

a. Advierta las referencias del Antiguo Testamento.

"Y haré tu descendencia como el polvo de la tierra; que si alguno puede contar el polvo de la tierra, también tu descendencia será contada" (Gn. 13:16).

"Y lo llevó fuera, y le dijo: Mira ahora los cielos, y cuenta las estrellas, si las puedes contar. Y le dijo: Así será tu descendencia" (Gn. 15:5).

"He aquí mi pacto es contigo, y serás padre de muchedumbre de gentes. Y no se llamará más tu nombre Abram, sino que será tu nombre Abraham, porque te he puesto por padre de muchedumbre de gentes. Y te multiplicaré en gran manera, y haré naciones de ti, y reyes saldrán de ti. Y estableceré mi pacto entre mí y ti, y tu descendencia después de ti en sus generaciones, por pacto perpetuo, para ser tu Dios, y el de tu descendencia después de ti" (Gn. 17:4-7).

"Dijo también Dios a Abraham: A Sarai tu mujer no la llamarás Sarai, mas Sara será su nombre. Y la bendeciré, y también te daré de ella hijo; sí, la bendeciré, y vendrá a ser madre de naciones; reyes de pueblos vendrán de ella" (Gn. 17:15-16).

"Y Jehová dijo: ¿Encubriré yo a Abraham lo que voy a hacer, habiendo de ser Abraham una nación grande y fuerte, y habiendo de ser benditas en él todas las naciones de la tierra?" (Gn. 18:17-18).

"de cierto te bendeciré, y multiplicaré tu descendencia como las estrellas del cielo y como la arena que está a la orilla del mar; y tu descendencia poseerá las puertas de sus enemigos" (Gn. 22:17).

"y le respondió Jehová: Dos naciones hay en tu seno, y dos pueblos serán divididos desde tus entrañas; el un pueblo será más fuerte que el otro pueblo, y el mayor servirá al menor" (Gn. 25:23).

"Multiplicaré tu descendencia como las estrellas del cielo, y daré a tu descendencia todas estas tierras; y todas las naciones de la tierra serán benditas en tu simiente" (Gn. 26:4, la promesa le fue confirmada a Isaac, hijo de Abraham).

"Será tu descendencia como el polvo de la tierra, y te extenderás al occidente, al oriente, al norte y al sur; y todas las familias de la tierra serán benditas en ti y en tu simiente" (Gn. 28:14, la promesa fue confirmada a Jacob, nieto de Abraham).

"También le dijo Dios: Yo soy el Dios omnipotente: crece y multiplícate; una nación y conjunto de naciones procederán de ti, y reyes saldrán de tus lomos" (Gn. 35:11, de nuevo la promesa fue confirmada a Jacob, nieto de Abraham).

"Y dijo: Yo soy Dios, el Dios de tu padre; no temas de descender a Egipto, porque allí yo haré de ti una gran nación" (Gn. 46:3, de nuevo la promesa fue confirmada a Jacob, nieto de Abraham).

b. Advierta las referencias del Nuevo Testamento.

"Vosotros sois los hijos de los profetas, y del pacto que Dios hizo con nuestros padres, diciendo a Abraham: En tu simiente serán benditas todas las familias de la tierra" (Hch. 3:25).

"Y le dijo Dios así: Que su descendencia sería extranjera en tierra ajena, y que los reducirían a servidumbre y los maltratarían, por cuatrocientos años" (Hch. 7:6).

"que son israelitas, de los cuales son la adopción, la gloria, el pacto, la promulgación de la ley, el culto y las promesas" (Ro. 9:4).

"Por la fe también la misma Sara, siendo estéril, recibió fuerza para concebir; y dio a luz aun fuera del tiempo de la edad, porque creyó que era fiel quien lo había prometido. Por lo cual también, de uno, y ése ya casi muerto, salieron como las estrellas del cielo en multitud, y como la arena innumerable que está a la orilla del mar" (He. 11:11-12).

2. Dios se refería a que la Simiente prometida sería *un pueblo espiritual.* Abram daría a luz a una nueva raza de un pueblo espiritual: el pueblo de la fe, creyentes verdaderos y genuinos que seguirían a Dios y a sus promesas. Los creyentes de todas las naciones se consideran *hijos de Abraham.* Advierta con cuánta claridad las Escrituras plantean este elemento:

"Y recibió la circuncisión como señal, como sello de la justicia de la fe que tuvo estando aún incircunciso; para que fuese padre de todos los creyentes no circuncidados, a fin de que también a ellos la fe les sea contada por justicia" (Ro. 4:11).

"Porque no por la ley fue dada a Abraham o a su descendencia la promesa de que sería heredero del mundo, sino por la justicia de la fe. Porque si los que son de la ley son los herederos, vana resulta la fe, y anulada la promesa" (Ro. 4:13-14).

"Por tanto, es por fe, para que sea por gracia, a fin de que la promesa sea firme para toda su descendencia; no solamente para la que es de la ley, sino también para la que es de la fe de Abraham, el cual es padre de todos nosotros" (Ro. 4:16).

"Y no solamente con respecto a él se escribió que le fue contada, sino también con respecto a nosotros a quienes ha de ser contada, esto es, a los que creemos en el que levantó de los muertos a Jesús, Señor nuestro, el cual fue entregado por nuestras transgresiones, y resucitado para nuestra justificación" (Ro. 4:23-25).

"Sabed, por tanto, que los que son de fe, éstos son hijos de Abraham" (Gá. 3:7).

"Y la Escritura, previendo que Dios había de justificar por la fe a los gentiles, dio de antemano la buena nueva a Abraham, diciendo: En ti serán benditas todas las naciones" (Gá. 3:8).

"De modo que los de la fe son bendecidos con el creyente Abraham" (Gá. 3:9).

"para que en Cristo Jesús la bendición de Abraham alcanzase a los gentiles, a fin de que por la fe recibiésemos la promesa del Espíritu" (Gá. 3:14).

"pues todos sois hijos de Dios por la fe en Cristo Jesús;... Y si vosotros sois de Cristo, ciertamente linaje de Abraham sois, y herederos según la promesa" (Gá. 3:26, 29).

"Y a todos los que anden conforme a esta regla, paz y misericordia sea a ellos, y al Israel de Dios" (Gá. 6:16).

La Simiente prometida era una promesa espiritual así como una promesa literal. Este doble significado se debe tener siempre en cuenta al leer o estudiar *la Simiente prometida* dada a Abram.

=> Advierta las referencias del Antiguo Testamento que aparecen arriba (el primer punto), la promesa de que la simiente de Abram sería tan numerosa como las estrellas del cielo y como los granos de arena de la playa (Gn. 13:16; 15:5). Literalmente, esto nunca se podría cumplir si se refiriera solamente a una nación física de personas en la tierra. Por ende, debe haber una doble referencia. La promesa debe referirse a todos los creyentes de *todas las naciones* a lo largo de los siglos y milenios de la historia humana. Y la historia debe durar un período prolongado, debe continuar para que cada vez más personas puedan confiar en Cristo y volverse seguidores de Dios y su promesa. (¡Qué reto salir y dar testimonio de nuestro Señor y Salvador Jesucristo!)

=> Advierta todos los pasajes anteriores: espiritualmente, Abram sería el padre de todos los que creen las promesas de Dios. Él fue la primera persona desde El Diluvio y Noé —en el nuevo mundo— en creer y dedicar su vida a las promesas de Dios; por eso Abram era el padre de todos aquellos que lo seguían creyendo en las promesas. A todos los que siguen los pasos de fe de Abram se les considera sus hijos, hijos de la fe, y recibirán espiritualmente las mismas promesas hechas

a Abram (Ro. 4:11-12. Vea notas, Ro. 4:11-12; 4:13 para un mayor análisis.)

3. Recuerden que Abram y Sarai no tenían hijos, aunque llevaban años casados. Físicamente, ellos no podían tener hijos. ¿Cómo podría entonces nacer una nación de personas de Abram cuando él ni siquiera podía engendrar un hijo? Solo por medio de Dios. Solo Dios podía avivar la simiente de Abram y el vientre de Sarai y darles un hijo cuyos descendientes se convertirían en una gran nación de personas. Dios y solo Dios podía cumplir las promesas hechas a Abram. La tarea de Abram era creer en Dios, creer que Dios cumpliría su promesa haciendo exactamente lo que le había dicho.

4. Advierta que Dios hizo cuatro *promesas personales* a Abram y a la Simiente prometida, la gran nación de personas que Abram engendraría.

a. Dios prometió *bendecir a Abram* (v. 2). La bendición de Dios significa su amor, presencia, protección, y provisión. Esto quiere decir que Dios iba a proteger y cuidar de Abram y el gran pueblo que Abram engendraría. Dios iba a concederles...
   • Su amor para tranquilizarlos.
   • Su presencia para guiarlos.
   • Su provisión para ocuparse de ellos.
   • Su protección para proporcionarles seguridad.

Pensamiento 1. Advierta cómo a los creyentes se les dan las mismas bendiciones, a todos aquellos que siguen a Abram al creer las promesas de Dios.

"Mas a Jehová vuestro Dios serviréis, y él bendecirá tu pan y tus aguas; y yo quitaré toda enfermedad de en medio de ti" (Éx. 23:25).

"No temas, porque yo estoy contigo; no desmayes, porque yo soy tu Dios que te esfuerzo; siempre te ayudaré, siempre te sustentaré con la diestra de mi justicia" (Is. 41:10).

"Porque los ojos de Jehová contemplan toda la tierra, para mostrar su poder a favor de los que tienen corazón perfecto para con él. Locamente has hecho en esto; porque de aquí en adelante habrá más guerra contra ti" (2 Cr. 16:9).

"Con sus plumas te cubrirá, y debajo de sus alas estarás seguro; escudo y adarga es su verdad" (Sal. 91:4).

"Mas buscad primeramente el reino de Dios y su justicia, y todas estas cosas os serán añadidas" (Mt. 6:33).

"Y él dijo: Mi presencia irá contigo, y te daré descanso" (Éx. 33:14).

"Porque todo lo que es nacido de Dios vence al mundo; y esta es la victoria que ha vencido al mundo, nuestra fe. ¿Quién es el que vence al mundo, sino el que cree que Jesús es el Hijo de Dios?" (1 Jn. 5:4-5).

"Por lo cual asimismo padezco esto; pero no me avergüenzo, porque yo sé a quién he creído, y estoy seguro que es poderoso para guardar mi depósito para aquel día" (2 Ti. 1:12).

"que sois guardados por el poder de Dios mediante la fe, para alcanzar la salvación que

está preparada para ser manifestada en el tiempo postrero" (1 P. 1:5).

b. Dios prometió *hacer grande el nombre de Abram*. Abram es sin lugar a dudas uno de los hombres más grandes que haya vivido.

   1) La grandeza del nombre de Abram se ve claramente en *la historia secular*.

=> Abram dio origen a las naciones judía y árabe de la tierra. Ambos pueblos remontan su ascendencia a Abram y lo llaman *el padre de* su pueblo.

=> Abram se convertiría en *el padre de* reyes (Gn. 17:6), y Sarai la madre de las naciones y reyes (Gn. 17:16).

=> A Abram lo conocieron como *un príncipe poderoso* las naciones vecinas incluso en su época (Gn. 21:22-34; 23:6).

=> A Abram también se le conoció como un *profeta de Dios* (Gn. 20:7).

   2) Pero más que en la historia secular, el nombre de Abram es grande en los *anales de la fe*. Todos los creyentes (todos aquellos que comprenden que Abram es el padre de la fe) honran a Abram. El propio nombre de Abram es sinónimo de fe. Todos los hombre verdaderamente grandes, aunque sean incrédulos, tienen algo en lo que ellos creen incondicionalmente; y Abram no era la excepción. Él creía en lo imposible y nunca vaciló en su fe. El nombre de Abram es grande, en primer lugar, porque él creía en Dios —las promesas de Dios, la Palabra de Dios— y buscaba de Dios con diligencia.

   "yo les daré lugar en mi casa y dentro de mis muros, y nombre mejor que el de hijos e hijas; nombre perpetuo les daré, que nunca perecerá" (Is. 56:5).

   "Al que venciere, yo lo haré columna en el templo de mi Dios, y nunca más saldrá de allí; y escribiré sobre él el nombre de mi Dios, y el nombre de la ciudad de mi Dios, la nueva Jerusalén, la cual desciende del cielo, de mi Dios, y mi nombre nuevo" (Ap. 3:12).

   3) El recuerdo del nombre de Abram resulta preciado (grande) para los creyentes porque ellos saben esto: Si ellos siguen las promesas gloriosas dadas a Abram, entonces la gran herencia dada a Abram también será su herencia.

   "Porque no por la ley fue dada a Abraham o a su descendencia la promesa de que sería heredero del mundo, sino por la justicia de la fe... Por tanto, es por fe, para que sea por gracia, a fin de que la promesa sea firme para toda su descendencia; no solamente para la que es de la ley, sino también para la que es de la fe de Abraham, el cual es padre de todos nosotros" (Ro. 4:13, 16).

   "Por la fe Abraham, siendo llamado, obedeció para salir al lugar que había de recibir como herencia; y salió sin saber a dónde iba. Por la fe habitó como extranjero en la tierra prometida como en tierra ajena, morando en tiendas con Isaac y Jacob, coherederos de la misma promesa; porque

esperaba la ciudad que tiene fundamentos, cuyo arquitecto y constructor es Dios" (He. 11:8-10).

   "Conforme a la fe murieron todos éstos sin haber recibido lo prometido, sino mirándolo de lejos, y creyéndolo, y saludándolo, y confesando que eran extranjeros y peregrinos sobre la tierra. Porque los que esto dicen, claramente dan a entender que buscan una patria; pues si hubiesen estado pensando en aquella de donde salieron, ciertamente tenían tiempo de volver. Pero anhelaban una mejor, esto es, celestial; por lo cual Dios no se avergüenza de llamarse Dios de ellos; porque les ha preparado una ciudad" (He. 11:13-16).

   "yo les daré lugar en mi casa y dentro de mis muros, y nombre mejor que el de hijos e hijas; nombre perpetuo les daré, que nunca perecerá" (Is. 56:5).

c. Dios prometió *hacer de Abram una bendición para otros*. Abram ha sido una bendición para la tierra de al menos dos formas significativas.

   1) Abram le ha dado dos grandes pueblos a la tierra: los judíos y los árabes. Estas naciones de personas, como todas las otras, no siempre han vivido acorde a su deber como un pueblo responsable. No obstante, la vida y los actos de los judíos y los árabes *responsables* constituyen una bendición para la tierra.

   2) Abram ha bendecido la tierra con un gran ejemplo de fe, quizás el más grande de los ejemplos. Abram creía en Dios en contra de todos los pronósticos.

=> Él creía en que Dios le daría *la Tierra Prometida* aunque él no sabía nada de la tierra, ni siquiera dónde se encontraba; y él siguió creyendo en que Dios le daría la tierra por el resto de su vida, aunque nunca poseyó ni un solo acre.

=> Él creía en que Dios le diera *la Simiente prometida* —una gran nación de personas— cuando humanamente resultaba imposible para él y su querida esposa tener un hijo.

=> Él creía en que Dios le daría *la Simiente prometida* —el Salvador— aunque él había estado llevando la vida más indigna cuando Dios lo llamó a alejarse del mundo y a seguir a Dios. Esto lo veremos en la próxima nota.

Nuevamente, Abram ha bendecido la tierra con un gran ejemplo de fe, el más grande de los ejemplos.

   "Tampoco dudó, por incredulidad, de la promesa de Dios, sino que se fortaleció en fe, dando gloria a Dios, plenamente convencido de que era también poderoso para hacer todo lo que había prometido" (Ro. 4:20-21).

d. Dios prometió *proteger y guardar a Abram* al seguir a Dios y sus promesas (v. 3a). Tengan en cuenta que las promesas dadas a Abram tiene una doble referencia: las promesas se refieren a Abram personalmente, pero también se aplican a sus descendientes, espiritualmente. Dicho con sencillez, Dios prometió bendecir a la persona que bendijo a Abram y a sus descendientes, y maldecir a la persona que maldijera a Abram y a sus descendientes.

¿Quiénes son las personas que bendicen y maldicen a Abram y a los creyentes?

=> La persona que bendice es una persona que *aprueba o acepta* el viaje de fe de Abram. Algunas personas aprobarían la decisión de Abram de seguir a Dios y sus promesas, aunque podrían no aceptar a Dios ni estar de acuerdo con Abram. Pero le desearían bien —darían su bendición— en su viaje a la Tierra Prometida. Otras personas irían más allá y aceptarían la decisión de Abram de seguir a Dios y sus promesas. Ellos hasta podrían aceptar a Dios y unirse a Abram en su viaje de fe. Ellos, también, bendecirían a Abram y todo aquel que siga a Dios y sus promesas.

=> La persona que maldice es una persona que *desaprueba* y *rechaza*, y en algunos casos lucha contra Abram y su decisión de seguir a Dios y sus promesas.

Esta fue una gran promesa a Abram, y es una gran promesa para todo el que comienza el viaje, de que verdaderamente sigue a Dios y sus promesas. Dios promete proteger a todos los creyentes en su viaje a la Tierra Prometida. Cualquier persona que se oponga a ellos y a su fe será maldecida, es decir, derrotada y condenada al fracaso. Pero todos los que les deseen bien serán bendecidos. La fe de todos los creyentes —tanto de Abram como de aquellos que lo siguen— será galardonada: todos saldrán victoriosos y llegarán a su destino, la propia Tierra Prometida. Dios cumplirá su promesa a Abram y a sus descendientes, el pueblo de la fe.

> "Porque los ojos de Jehová contemplan toda la tierra, para mostrar su poder a favor de los que tienen corazón perfecto para con él" (2 Cr. 16:9).
> "El ángel de Jehová acampa alrededor de los que le temen, y los defiende" (Sal. 34:7).
> "Con sus plumas te cubrirá, y debajo de sus alas estarás seguro; escudo y adarga es su verdad. No temerás el terror nocturno, ni saeta que vuele de día" (Sal. 91:4-5).
> "No tendrá temor de malas noticias; su corazón está firme, confiado en Jehová" (Sal. 112:7).
> "de manera que podemos decir confiadamente: El Señor es mi ayudador; no temeré lo que me pueda hacer el hombre" (He. 13:6).
> "Bienaventurados los que padecen persecución por causa de la justicia, porque de ellos es el reino de los cielos. Bienaventurados sois cuando por mi causa os vituperen y os persigan, y digan toda clase de mal contra vosotros, mintiendo. Gozaos y alegraos, porque vuestro galardón es grande en los cielos; porque así persiguieron a los profetas que fueron antes de vosotros" (Mt. 5:10-12).
> "Y seréis aborrecidos de todos por causa de mi nombre; mas el que persevere hasta el fin, éste será salvo" (Mt. 10:22).
> "Que por esto mismo trabajamos y sufrimos oprobios, porque esperamos en el Dios viviente, que es el Salvador de todos los hombres, mayormente de los que creen" (1 Ti. 4:10).
> "Por la fe Moisés, hecho ya grande, rehusó llamarse hijo de la hija de Faraón, escogiendo antes ser maltratado con el pueblo de Dios, que gozar de los deleites temporales del pecado, teniendo por mayores riquezas el vituperio de Cristo que los tesoros de los egipcios; porque tenía puesta la mirada en el galardón" (He. 11:24-26).

3 (12:3) *La simiente, prometida — Jesucristo — Abraham — Israel, propósito — judíos, propósito — Promesas — Profecía:* Dios prometió darle a Abram la Simiente prometida, lo que significa el Mesías, el Salvador del mundo (v. 3c).

=> En Abram, todas las familias de la tierra serían bendecidas.

Dios estaba escogiendo a Abram para bendecir a toda la tierra —todas las familias de la tierra— con la Simiente prometida, el Mesías, el Salvador del mundo. ¿Cómo sabemos esto? A partir de las Escrituras: Las Escrituras nos dicen claramente que esto es una referencia al Mesías, el Señor Jesucristo. Esto se verá en un momento. Pero la lógica y el raciocinio comunes también nos dicen que *la Simiente prometida* es una referencia al Mesías. Imagínense nada más: Esta es una bendición tan grande que bendice a todas las familias de la tierra, todas las familias que han vivido o que vivirán. Una bendición de esta magnitud solo se podría referir al Salvador. Solo el propio Dios —por medio de su Hijo, el Señor Jesucristo— podía hacer algo tan grande que literalmente bendijera a cada una de las familias de la tierra de generación en generación a lo largo de la historia humana. Advierta varios elementos sobre esta gran promesa a Abram.

1. Esta es la segunda vez que la Biblia predice claramente la venida de Jesucristo, la Simiente prometida, el Mesías y Salvador del mundo.

=> La primera profecía clara se dio en Gn. 3:15.

> "Y pondré enemistad entre ti y la mujer, y entre tu simiente y la simiente suya; ésta te herirá en la cabeza, y tú le herirás en el calcañar" (Gn. 3:15).

=> Ahora, la segunda profecía clara se da en Gn. 12:3.

> "serán benditas en ti todas las familias de la tierra" (Gn. 12:3).

2. Según se ha planteado anteriormente, las Escrituras nos dicen exactamente lo que Dios quiso decir en esta promesa: Esta es una referencia directa —muy específica— a la Simiente prometida, el Señor Jesucristo, el Mesías y Salvador del mundo.

a. Advierta las referencias del Antiguo Testamento.

(1) Dios le dio la promesa del Salvador al menos tres veces a Abram.

> "serán benditas en ti todas las familias de la tierra" (Gn. 12:3).
> "Y Jehová dijo: ¿Encubriré yo a Abraham lo que voy a hacer, habiendo de ser Abraham una nación grande y fuerte, y habiendo de ser benditas en él todas las naciones de la tierra?" (Gn. 18:17-18).
> "En tu simiente serán benditas todas las naciones de la tierra, por cuanto obedeciste a mi voz" (Gn. 22:18).

(2) Dios confirmó la promesa del Salvador a Isaac, el hijo de Abram.

"**Habita como forastero en esta tierra, y estaré contigo, y te bendeciré; porque a ti y a tu descendencia daré todas estas tierras, y confirmaré el juramento que hice a Abraham tu padre. Multiplicaré tu descendencia como las estrellas del cielo, y daré a tu descendencia todas estas tierras; y todas las naciones de la tierra serán benditas en tu simiente**" (Gn. 26:3-4).

(3) Dios también confirmó la promesa del Salvador a Jacob.

"**Será tu descendencia como el polvo de la tierra, y te extenderás al occidente, al oriente, al norte y al sur; y todas las familias de la tierra serán benditas en ti y en tu simiente**" (Gn. 28:14).

b. Advierta las referencias e interpretación del Nuevo Testamento.

(1) La primera referencia del Nuevo Testamento es Hechos 3:25. Pedro predicó esta verdad gloriosa: Jesucristo cumplió el pacto dado a Abraham y a los otros padres piadosos de la historia. ¿Qué pacto? El pacto de *la Simiente prometida*, el Señor Jesucristo, que bendeciría a las personas y las alejaría de sus procederes perversos. Advierta esta declaración evidente:

"**Vosotros sois los hijos de los profetas, y del pacto que Dios hizo con nuestros padres, diciendo a Abraham: En tu simiente serán benditas todas las familias de la tierra. A vosotros primeramente, Dios, habiendo levantado a su Hijo, lo envió para que os bendijese, a fin de que cada uno se convierta de su maldad**" (Hch. 3:25-26).

(2) La segunda referencia del Nuevo Testamento es Romanos 4:3. El versículo declara esta verdad maravillosa: Abraham fue contado por justicia —justificado— porque él creyó la promesa de Dios. ¿Qué promesa?
=> La promesa del Salvador, *la Simiente prometida*, que perdonaría el pecado y cubriría la iniquidad (Ro. 4:7-8, 22-25).
=> La promesa de que él heredaría toda la tierra (tendría una parte en los nuevos cielos y tierra), una herencia tan grande que solo podía provenir por medio del Salvador, la Simiente prometida (Ro. 4:13, cp. He. 11:8-10, 13-16; 2 P. 3:7-15; Ap. 21:1s).

Advierta con cuánta claridad Pablo planteó esto: la fe de Abraham en la promesa de Dios llevó a Dios contarlo por justo (justificado ante Dios).

"**Porque ¿qué dice la Escritura? Creyó Abraham a Dios, y le fue contado por justicia**" (Ro. 4:3).
"**Y creyó a Jehová, y le fue contado por justicia**" (Gn. 15:6).

(3) La tercera referencia del Nuevo Testamento es Gálatas 3:8. Este versículo explica un elemento sorprendente: La promesa de la Simiente prometida realmente *contenida en el evangelio*. El evangelio de Jesucristo se le estaba predicando realmente a Abraham cuando Dios prometió darle la Simiente prometida.

"**Y la Escritura, previendo que Dios había de justificar por la fe a los gentiles, dio de antemano la buena nueva a Abraham, diciendo: En ti serán benditas todas las naciones**" (Gá. 3:8, cp. vv. 6-9).

(4) La cuarta referencia del Nuevo Testamento es Gálatas 3:16. Este versículo proporciona una explicación clara: la promesa de la simiente es singular, no plural. La Simiente prometida no se refiere a muchas personas, sino a una persona, el Señor Jesucristo, el Salvador y Mesías del mundo.

"**Ahora bien, a Abraham fueron hechas las promesas, y a su simiente. No dice: Y a las simientes, como si hablase de muchos, sino como de uno: Y a tu simiente, la cual es Cristo**" (Gá. 3:16).

Advierta también lo siguiente, una persona solo puede volverse un hijo de Dios —simiente (descendiente) de Abram— y heredar la promesa hecha a Abram, por medio de la fe en Cristo, creyendo y confiando en Él.

"**pues todos sois hijos de Dios por la fe en Cristo Jesús;... Y si vosotros sois de Cristo, ciertamente linaje de Abraham sois, y herederos según la promesa**" (Gá. 3:26, 29).

(5) La quinta referencia del Nuevo Testamento es Gálatas 3:13-14. Las Escrituras declaran una verdad asombrosa: la bendición de Abraham —la Simiente prometida— incluye la redención y la promesa del Espíritu de Dios. La gran promesa de la bendición de Abraham (la Simiente prometida) era la promesa de redención, de ser liberado del pecado y de la maldición de la ley con su culpa y castigo.

"**Cristo nos redimió de la maldición de la ley, hecho por nosotros maldición (porque está escrito: Maldito todo el que es colgado en un madero), para que en Cristo Jesús la bendición de Abraham alcanzase a los gentiles, a fin de que por la fe recibiésemos la promesa del Espíritu**" (Gá. 3:13-14).

3. El llamado de Abram y la promesa hecha a él era única, diferente del llamado y promesas dados a los otros que lo antecedieron. ¿Cómo? Dios llamó a Abram a engendrar toda una nueva raza de personas, un pueblo que le daría continuidad a la descendencia piadosa de creyentes y finalmente dar a luz a la Simiente prometida, el Salvador y Mesías del mundo.

Desde el principio mismo de la historia humana, comenzando por Adán, Dios había prometido enviar la Simiente prometida por medio de la descendencia piadosa de Adán y Set. Una y otra vez Dios tuvo que intervenir para mantener pura la descendencia piadosa, y Él hizo esto hasta *el gran diluvio*. En ese momento Dios escogió a Noé, y más tarde la línea de Sem, para darle continuidad a la descendencia piadosa de personas, manteniendo viva la esperanza de la Simiente prometida y del Salvador.

Esto es lo que vemos en el llamado y nombramiento de Abram. La raza humana una vez más se había deteriorado hasta llegar a una depravación total (Gn. 11:1-32). Por eso Dios estaba interviniendo en la historia humana. Según se ha planteado anteriormente, Él estaba llamando y nombrando a Abram a engendrar toda una nueva raza de personas, un pueblo que le daría continuidad a la descendencia piadosa y daría a luz a la Simiente prometida y Salvador del mundo. Advierta lo siguiente: Dios tenía al menos cinco propósitos para crear una nueva raza de personas por medio de Abram. (Vea *Estudio a fondo 1,* Jn. 4:22; *Estudio a fondo 1,* Ro. 4:1-25; y *Estudio a fondo 1,* Lc. 1:68 para un mayor análisis.) Advierta que los cinco mismos propósitos son reales tanto para Israel como una nación como para los creyentes como la nueva nación y pueblo de Dios.

a. Dios quería un pueblo que amara y adorara a Dios de un modo supremo, un pueblo que le diera su máxima lealtad.

> **"Y estableceré mi pacto entre mí y ti, y tu descendencia después de ti en sus generaciones, por pacto perpetuo, para ser tu Dios, y el de tu descendencia después de ti" (Gn. 17:7).**
>
> **"Y amarás a Jehová tu Dios de todo tu corazón, y de toda tu alma, y con todas tus fuerzas" (Dt. 6:5).**
>
> **"Ahora, pues, Israel, ¿qué pide Jehová tu Dios de ti, sino que temas a Jehová tu Dios, que andes en todos sus caminos, y que lo ames, y sirvas a Jehová tu Dios con todo tu corazón y con toda tu alma" (Dt. 10:12).**
>
> **"Vosotros sois mis testigos, dice Jehová, y mi siervo que yo escogí, para que me conozcáis y creáis, y entendáis que yo mismo soy; antes de mí no fue formado dios, ni lo será después de mí" (Is. 43:10).**
>
> **"Jesús le dijo: Amarás al Señor tu Dios con todo tu corazón, y con toda tu alma, y con toda tu mente" (Mt. 22:37).**

b. Dios quería un pueblo que fuera su fuerza misionera para con el mundo, un pueblo que fuera un testimonio dinámico para todas las otras naciones de que Dios y solo Dios era el único Dios vivo y verdadero.

> **"Bendeciré a los que te bendijeren, y a los que te maldijeren maldeciré; y serán benditas en ti todas las familias de la tierra" (Gn. 12:3).**
>
> **"En tu simiente serán benditas todas las naciones de la tierra, por cuanto obedeciste a mi voz" (Gn. 22:18).**
>
> **"Vosotros sois mis testigos, dice Jehová, y mi siervo que yo escogí, para que me conozcáis y creáis, y entendáis que yo mismo soy; antes de mí no fue formado dios, ni lo será después de mí. Yo, yo Jehová, y fuera de mí no hay quien salve" (Is. 43:10-11).**
>
> **"Varones hermanos, hijos del linaje de Abraham, y los que entre vosotros teméis a**

> **Dios, a vosotros es enviada la palabra de esta salvación... Porque así nos ha mandado el Señor, diciendo: Te he puesto para luz de los gentiles, a fin de que seas para salvación hasta lo último de la tierra" (Hch. 13:26, 47).**

c. Dios quería un pueblo por medio del cual Él pudiera enviar a su Hijo al mundo: Dios quería un pueblo por medio del cual Él pudiera enviar la Simiente prometida, el Señor Jesucristo, el Salvador y Mesías del mundo.

> **"Y pondré enemistad entre ti y la mujer, y entre tu simiente y la simiente suya; ésta te herirá en la cabeza, y tú le herirás en el calcañar" (Gn. 3:15).**
>
> **"En tu simiente serán benditas todas las naciones de la tierra, por cuanto obedeciste a mi voz" (Gn. 22:18).**
>
> **"Ahora bien, a Abraham fueron hechas las promesas, y a su simiente. No dice: Y a las simientes, como si hablase de muchos, sino como de uno: Y a tu simiente, la cual es Cristo" (Gá. 3:16).**
>
> **"Vosotros adoráis lo que no sabéis; nosotros adoramos lo que sabemos; porque la salvación viene de los judíos" (Jn. 4:22).**

d. Dios quería un pueblo por medio del cual Él pudiera darle su Palabra escrita, la Santa Biblia, al mundo.

> **"Toda la Escritura es inspirada por Dios, y útil para enseñar, para redargüir, para corregir, para instruir en justicia" (2 Ti. 3:16).**
>
> **"que son israelitas, de los cuales son la adopción, la gloria, el pacto, la promulgación de la ley, el culto y las promesas; de quienes son los patriarcas, y de los cuales, según la carne, vino Cristo, el cual es Dios sobre todas las cosas, bendito por los siglos. Amén" (Ro. 9:4-5).**
>
> **"Dios, habiendo hablado muchas veces y de muchas maneras en otro tiempo a los padres por los profetas" (He. 1:1).**
>
> **"Los profetas que profetizaron de la gracia destinada a vosotros, inquirieron y diligentemente indagaron acerca de esta salvación, escudriñando qué persona y qué tiempo indicaba el Espíritu de Cristo que estaba en ellos, el cual anunciaba de antemano los sufrimientos de Cristo, y las glorias que vendrían tras ellos" (1 P. 1:10-11).**
>
> **"Tenemos también la palabra profética más segura, a la cual hacéis bien en estar atentos como a una antorcha que alumbra en lugar oscuro, hasta que el día esclarezca y el lucero de la mañana salga en vuestros corazones; entendiendo primero esto, que ninguna profecía de la Escritura es de interpretación**

privada, porque nunca la profecía fue traída por voluntad humana, sino que los santos hombres de Dios hablaron siendo inspirados por el Espíritu Santo" (2 P. 1:19-21).

e. Dios quería un pueblo por medio del cual Él pudiera demostrarle varias cosas al mundo. Advierta que estos tres se demostraron a lo largo de la historia de Israel. (Vea notas, Ef. 1:3; 1:7; 2:8-9; 2:11-18.)

1) Dios quería demostrar que *la vida y la salvación no son de este mundo*, no del mundo físico y material. El mundo desaparece: posee una simiente de corrupción y no perdura; no es permanente ni eterno. Al mundo le es necesario de un modo urgente reconocer y aprender esta verdad. (Vea *Estudio a fondo 2,* Mt. 8:17; nota, 1 Co. 15:50; nota y *Estudio a fondo 1,* 2 P. 1:4.)

"Desde el principio tú fundaste la tierra, y los cielos son obra de tus manos. Ellos perecerán, mas tú permanecerás; y todos ellos como una vestidura se envejecerán; como un vestido los mudarás, y serán mudados" (Sal. 102:25-26).

"Se destruyó, cayó la tierra; enfermó, cayó el mundo; enfermaron los altos pueblos de la tierra" (Is. 24:4).

"Y todo el ejército de los cielos se disolverá, y se enrollarán los cielos como un libro; y caerá todo su ejército, como se cae la hoja de la parra, y como se cae la de la higuera" (Is. 34:4).

"Alzad a los cielos vuestros ojos, y mirad abajo a la tierra; porque los cielos serán deshechos como humo, y la tierra se envejecerá como ropa de vestir, y de la misma manera perecerán sus moradores; pero mi salvación será para siempre, mi justicia no perecerá" (Is. 51:6).

"Pero esto digo, hermanos: que la carne y la sangre no pueden heredar el reino de Dios, ni la corrupción hereda la incorrupción" (1 Co. 15:50).

"no mirando nosotros las cosas que se ven, sino las que no se ven; pues las cosas que se ven son temporales, pero las que no se ven son eternas" (2 Co. 4:18).

"Pero el día del Señor vendrá como ladrón en la noche; en el cual los cielos pasarán con grande estruendo, y los elementos ardiendo serán deshechos, y la tierra y las obras que en ella hay serán quemadas" (2 P. 3:10).

"No améis al mundo, ni las cosas que están en el mundo. Si alguno ama al mundo, el amor del Padre no está en él. Porque todo lo que hay en el mundo, los deseos de la carne, los deseos de los ojos, y la vanagloria de la vida, no proviene del Padre, sino del mundo. Y el mundo pasa, y sus deseos; pero el que hace la voluntad de Dios permanece para siempre" (1 Jn. 2:15-17).

"Vi un cielo nuevo y una tierra nueva; porque el primer cielo y la primera tierra pasaron, y el mar ya no existía más" (Ap. 21:1).

2) Dios quería demostrar que *la vida y la salvación son espirituales y eternas.* Una simiente permanente e incorruptible —una nueva criatura, un nuevo hombre— era necesaria a fin de proveer salvación y vida para el hombre. El mundo necesitaba saber que lo que Dios hiciera, lo haría de forma permanente y perfecta. Por eso la vida y la salvación no han de ser de esta tierra, de los elementos físicos y materiales (que perduran solo por unos pocos años). Por ende, la vida tenía que ser del espíritu —de otra dimensión de la existencia completamente— a fin de que sea eterna y permanente. (Vea nota, Ef. 1:3.)

"Respondió Jesús y le dijo: De cierto, de cierto te digo, que el que no naciere de nuevo, no puede ver el reino de Dios... Respondió Jesús: De cierto, de cierto te digo, que el que no naciere de agua y del Espíritu, no puede entrar en el reino de Dios" (Jn. 3:3, 5).

"Porque de tal manera amó Dios al mundo, que ha dado a su Hijo unigénito, para que todo aquel que en él cree, no se pierda, mas tenga vida eterna" (Jn. 3:16).

"siendo renacidos, no de simiente corruptible, sino de incorruptible, por la palabra de Dios que vive y permanece para siempre" (1 P. 1:23).

"De modo que si alguno está en Cristo, nueva criatura es; las cosas viejas pasaron; he aquí todas son hechas nuevas" (2 Co. 5:17).

"y vestíos del nuevo hombre, creado según Dios en la justicia y santidad de la verdad" (Ef. 4:24).

3) Dios quiera demostrar que *la vida y la salvación están garantizadas por la fe y solo por la fe,* no por las obras y las pretensiones de superioridad moral. (Vea nota, Ef. 2:8-10.)

"Porque por gracia sois salvos por medio de la fe; y esto no de vosotros, pues es don de Dios; no por obras, para que nadie se gloríe" (Ef. 2:8-9).

"nos salvó, no por obras de justicia que nosotros hubiéramos hecho, sino por su misericordia, por el lavamiento de la regeneración y por la renovación en el Espíritu Santo" (Tit. 3:5).

1 Abram obedeció a Dios: El inicio de la fe	C. El gran llamado de Dios a Abraham (el pacto abrahámico, parte 3): La fe inicial, 12:4-9	More; y el cananeo estaba entonces en la tierra.	4 Dios le confirmó sus grandes promesas a Abram: La confirmación de la fe
a. Abram abandonó Harán: Separado, alejado, de su vieja vida	4 Y se fue Abram, como Jehová le dijo; y Lot fue con él. Y era Abram de edad de setenta y cinco años cuando salió de Harán.	7 Y apareció Jehová a Abram, y le dijo: A tu descendencia daré esta tierra. Y edificó allí un altar a Jehová, quien le había aparecido.	a. Abram edificó un altar
b. Abram se marchó a pesar de su edad: Setenta y cinco años[EF1]		8 Luego se pasó de allí a un monte al oriente de Bet-el, y plantó su tienda, teniendo a Bet-el al occidente y Hai al oriente; y edificó allí altar a Jehová, e invocó el nombre de Jehová.	b. Abram siguió edificando altares por dondequiera que lo llevaba la peregrinación de la fe: Entre Bet-el[EF3] y Hai[EF4]
2 Otros siguieron la guía de la fe de Abram: La influencia de la fe	5 Tomó, pues, Abram a Sarai su mujer, y a Lot hijo de su hermano, y todos sus bienes que habían ganado y las personas que habían adquirido en Harán, y salieron para ir a tierra de Canaán; y a tierra de Canaán llegaron.		
a. Una fe tan fuerte que no permitía que las riquezas la retuvieran		9 Y Abram partió de allí, caminando y yendo hacia el Neguev.	c. Abram prosiguió viaje hasta el Neguev, es decir, el sur[EF5]
b. Una fe tan fuerte que resistía hasta el fin			
3 Abram llegó a la Tierra Prometida, pero tuvo que atravesar la tierra, no asentarse, por la oposición que había allí: La prueba de la fe[EF2]	6 Y pasó Abram por aquella tierra hasta el lugar de Siquem, hasta el encino de		

DIVISIÓN VII

ABRAHAM: EL HOMBRE ESCOGIDO PARA CONVERTIRSE EN EL PADRE DEL PUEBLO DE DIOS Y EN EL PADRE DE LA FE, 12:1—25:18

C. El gran llamado de Dios a Abraham (el pacto abrahámico, parte 3): La fe inicial, 12:4-9

(12:4-9) *Introducción:* ¿Alguna vez ha pensado en cambiar su vida, en transformar su vida por completo? La mayoría de nosotros lo hemos hecho. Esto fue lo que le sucedió a Abram. Dios llamó a Abram a cambiar su vida, a transformar su vida completamente. Dios llamó a Abram a abandonar y marcharse de todo lo que conocía...

- A alejarse de su viejo país.
- A alejarse de sus vecinos, amigos, parientes, y seres amados.
- A alejarse de la casa de su familia, de todas sus propiedades y posesiones.

Esto es lo que se conoce como separación, *separación espiritual,* una vida que está totalmente separada de este mundo y de las cosas del mundo. A esto también se le conoce como *santificación,* una vida que está totalmente *apartada* para Dios.

Pero recuerden, Dios no exigió solamente separación de Abram, Dios le dio a Abram tres promesas maravillosas:

- la Tierra Prometida.
- la Simiente prometida, que significaba que él engendraría una gran nación de personas.
- la Simiente prometida del Mesías, lo que significaba que el Salvador vendría por medio de la línea piadosa de sus descendientes.

¿Abram obedecería a Dios? ¿Creyó en Dios alguna vez? Él no obedecería a menos que él *primero que todo creyera en* las promesas de Dios. También, ¿Abram estaba dispuesto a pagar el precio? ¿Dispuesto a macharse y abandonarlo todo —a separarse totalmente— y seguir a Dios y sus promesas?

Este es el tema de este pasaje estimulante: *El gran llamado de Dios a Abraham (el pacto abrahámico, parte 3): La fe inicial, 12:4-9.*

1. El inicio de la fe: Creer y obedecer a Dios (v. 4).
2. La influencia de la fe: otros siguieron la guía de la fe de Abram (v. 5).
3. La prueba de la fe: Abram llegó a la Tierra Prometida, pero tuvo que atravesar la tierra, no asentarse, por la oposición que había allí (v. 6).
4. La confirmación de la fe (vv. 7-9).

1 (12:4) *Fe — Obediencia — Abraham — Separación:* Estaba el inicio de la fe. Abram se marchó; él se alejó de su vieja vida y comenzó a seguir a Dios y sus promesas. Abram...

- creyó en Dios
- creyó en la Palabra de Dios
- creyó en la promesa de Dios

Abram creyó exactamente lo que Dios le había dicho; por ende, él hizo exactamente lo que Dios le dijo que hiciera. De la manera más sencilla posible, Abram *creyó en Dios y obedeció a Dios.* ¿Cómo Abram se sintió respecto a la decisión que él estaba tomando? ¿Qué tipo de emociones él experimentó? Abram debe haber sentido lo que nosotros experimentamos cuando nos enfrentamos a una decisión importante que desarraiga nuestras vidas. Existía la consciencia...

- del gran costo
- de la gran dificultad
- de ser desarraigado y sentirse inestable
- de la aprehensión, preguntándose por el futuro, los nuevos amigos, la aceptación, y la seguridad
- de la emoción, el reto de una nueva empresa

Pero advierta un elemento que desempeñaría un gran papel en las emociones de Abram: él tenía 75 años de edad (v. 4). Basado en el período de vida de esa época, él era un hombre de mediana edad, un hombre bien asentado, seguro y acomodado. Trasladarse a una nueva ubicación y comenzar una nueva vida —ser desarraigado y sentirse inestable— sería el pensamiento más distante de su mente.

Aún así eso fue exactamente lo que hizo Abram, y advierta: Él no vaciló, debatió, discutió, ni calificó su decisión por Dios; tampoco trató él de poner excusas, demorando su decisión. Con sencillez, Dios le hizo frente a Abram y llamó a Abram...

- A alejarse de su vieja vida.
- A aceptar y creer en Dios y sus promesas.
- A obedecer y seguir a Dios y sus promesas.

Y esto fue todo lo que hizo falta. Dios llamó, y Abram creyó en Dios y en sus promesas. Abram hizo exactamente lo que Dios dijo: él creyó en Dios y obedeció a Dios. Él se separó del mundo y de su mundanalidad —se separó de su vieja vida— y comenzó su gran viaje a la Tierra Prometida, un viaje que lo llevaría a unas mil millas de distancia.

> "Por la fe Abraham, siendo llamado, obedeció para salir al lugar que había de recibir como herencia; y salió sin saber a dónde iba" (He. 11:8).

Pensamiento 1. Advierta exactamente lo que fue que *estimuló la fe* dentro de Abram, lo que *estimuló* a Abram a creer y obedecer a Dios. Fue la a Palabra de Dios, su llamado y promesa. Fue el propio Dios —su Palabra, su llamado, su promesa— quien inició la fe dentro de Abram. Todas las personas necesitan oír desesperadamente el llamado y promesa de Dios. Toda persona necesita alejarse de la mundanalidad y volverse a Dios; toda persona necesita llevar una vida separada, una vida que esté totalmente entregada a Dios, que busque de Dios y de la Tierra Prometida del cielo con diligencia.

> "Por lo cual, salid de en medio de ellos, y apartaos, dice el Señor, y no toquéis lo inmundo; y yo os recibiré, y seré para vosotros por Padre, y vosotros me seréis hijos e hijas, dice el Señor Todopoderoso" (2 Co. 6:17-18).

> "He aquí, yo estoy a la puerta y llamo; si alguno oye mi voz y abre la puerta, entraré a él, y cenaré con él, y él conmigo" (Ap. 3:20).

> "Mirad a mí, y sed salvos, todos los términos de la tierra, porque yo soy Dios, y no hay más" (Is. 45:22).

> "Y envié a vosotros todos mis siervos los profetas, desde temprano y sin cesar, para deciros: Volveos ahora cada uno de vuestro mal camino, y enmendad vuestras obras, y no vayáis tras dioses ajenos para servirles, y viviréis en la tierra que di a vosotros y a vuestros padres; mas no inclinasteis vuestro oído, ni me oísteis" (Jer. 35:15).

> "Diles: Vivo yo, dice Jehová el Señor, que no quiero la muerte del impío, sino que se vuelva el impío de su camino, y que viva. Volveos, volveos de vuestros malos caminos; ¿por qué moriréis, oh casa de Israel?" (Ez. 33:11).

Pensamiento 2. Siempre es la Palabra de Dios, su llamado y su promesa, lo que nos estimula a creerle y obedecerle. El inicio de la fe y la obediencia siempre comienza con Dios y *su Palabra*, con *su llamado y su promesa.*

> "Respondiendo Jesús, les dijo: Tened fe en Dios" (Mr. 11:22).

> "Así que la fe es por el oír, y el oír, por la palabra de Dios" (Ro. 10:17).

> "Holocaustos y expiaciones por el pecado no te agradaron" (He. 11:6).

> "Por la fe Abraham, siendo llamado, obedeció para salir al lugar que había de recibir como herencia; y salió sin saber a dónde iba" (He. 11:8).

> "Y cuando se levantaron por la mañana, salieron al desierto de Tecoa. Y mientras ellos salían, Josafat, estando en pie, dijo: Oídme, Judá y moradores de Jerusalén. Creed en Jehová vuestro Dios, y estaréis seguros; creed a sus profetas, y seréis prosperados" (2 Cr. 20:20).

> "Encomienda a Jehová tu camino, y confía en él; y él hará" (Sal. 37:5).

> "Fíate de Jehová de todo tu corazón, y no te apoyes en tu propia prudencia" (Pr. 3:5).

ESTUDIO A FONDO 1

(12:4) *Harán — Charran:* Es necesario tener en cuenta varios elementos sobre la ciudad de Harán.

=> A la ciudad se le conoce mejor como el lugar donde Abram se detuvo cuando él viajaba a la Tierra Prometida (Gn. 11:31).

=> La ciudad fue donde murió, Taré, el padre de Abram (Gn. 11:32).

=> La ciudad fue donde le apareció Dios a Abram una segunda vez y le dio a Abram un segundo llamado a seguir a Dios y sus promesas (Gn. 12:1-4).

=> La ciudad adoraba falsos dioses (2 R. 19:12; Is. 37:12).

=> La ciudad fue donde Abram envió a su siervo a buscarle una esposa a Isaac (Gn. 24:4).

=> La ciudad fue también donde Jacob, el hijo de Isaac, buscó esposa (Gn. 29:4-5).

=> La ciudad fue donde Jacob huyó de Esaú, su hermano, y donde Jacob vivió algunos años (Gn. 27:43s).

=> La ciudad sostenía alguna clase de comercio con Tiro (Ef. 27:23).

---

2 (12:5) *Fe — Testimonio — Ejemplo:* Estaba la influencia de la fe: otros siguieron la guía de la fe de Abram. Sarai y Lot, la esposa de Abram y el sobrino, recibieron una influencia fuerte por medio de la fe de Abram. Cuando Abram se sentó y le dio la noticia a Sarai, imagínense la total sorpresa que ella debe haber experimentado. Ella le podía haber formado un ataque a Abram...

- De nerviosismo
- De discusión
- De rebeldía
- De rechazo
- De separación
- De divorcio
- De quedarse y no ir con él

Pero advierta: no se dice nada en lo absoluto de que Sarai o Lot se opusieran a Abram, y no se dice nada de que Abram los forzara o coaccionara para que fueran con él. Al parecer se sugiere que Sarai y Lot quedaron persuadidos por la fe de Abram, que el testimonio de su fe les habló a sus corazones. Por eso, comprometieron sus vidas voluntariamente a seguir a Dios y sus promesas.

Pensamiento 1. Debemos dar un testimonio fidedigno de Dios y sus promesas, en específico a nuestras familiares y seres amados. Nuestra fe en Dios debería influir en otros, influirlos fuertemente en función de Dios.

"porque no podemos dejar de decir lo que hemos visto y oído" (Hch. 4:20).

"sino santificad a Dios el Señor en vuestros corazones, y estad siempre preparados para presentar defensa con mansedumbre y reverencia ante todo el que os demande razón de la esperanza que hay en vosotros" (1 P. 3:15).

"Venid, oíd todos los que teméis a Dios, y contaré lo que ha hecho a mi alma" (Sal. 66:16).

Advierta dos elementos significativos sobre la fe de Abram.

1. La fe de Abram era tan fuerte que no permitía que las riquezas lo retuvieran (v. 5). Al parecer Abram era un hacendado acaudalado con grandes manadas y rebaños. Las Escrituras dicen que él había conseguido grandes posesiones mientras se encontraba en Harán, posesiones tan grandes que se necesitaba un gran número de trabajadores para que supervisaran su hacienda (v. 5). Él también tenía grandes activos en oro y plata (Gn. 13:2). Él estaba bien establecido en Harán, por lo tanto habría establecido mercados allí para comprar sus manadas y rebaños así como para darle curso a sus negocios. Habría sido mucho más seguro mantener las manadas y los rebaños vagando por los campos de Harán y mucho más rentable quedarse en Harán que recogerlo todo y emprender viaje a través del país, fundamentalmente cuando él no tenía idea de hacia donde se dirigía. Pero advierta lo que dicen las Escrituras: Abram tomó todas sus posesiones, se marchó de Harán, y emprendió viaje rumbo a *la Tierra Prometida*, la tierra de Canaán (v. 5). Abram arriesgó todo cuanto tenía por Dios, lo arriesgó todo a fin de seguir a Dios y sus promesas. Abram no comenzó la peregrinación de fe con poco entusiasmo ni comprometido a medias. Él lo entregó todo —lo arriesgó todo, lo sacrificó todo— para seguir a Dios y sus promesas.

Advierta que Abram también llevó con él a los trabajadores y vaqueros que trabajaban para él, al menos todos los que vendrían. (Los acaudalados de la época de Abram tenían siervos, pero muchos de ellos eran empleados, no esclavos.) Imagínense la persuasión que Abram tuvo que hacer —el testimonio tan fuerte que fue necesario— para convencer a estas almas de que se volvieran peregrinos, seguidores de Dios y sus promesas. Recuerden: ellos, también, abandonaban hogares establecidos para asumir vidas de peregrinos.

Pensamiento 1. Una persona tiene que darlo todo —todo cuanto es y tiene— por seguir a Dios. Una persona tiene que arriesgarlo todo y sacrificarlo todo y no quedarse con nada. ¡Dios lo exige todo! Él exige todo cuanto somos y tenemos —el compromiso total de nuestras vidas y posesiones— si deseamos seguirlo a Él y sus promesas. Las Escrituras son claras al respecto.

"Jesús le dijo: Si quieres ser perfecto, anda, vende lo que tienes, y dalo a los pobres, y tendrás tesoro en el cielo; y ven y sígueme" (Mt. 19:21).

"Entonces Pedro comenzó a decirle: He aquí, nosotros lo hemos dejado todo, y te hemos seguido" (Mr. 10:28).

"Después de estas cosas salió, y vio a un publicano llamado Leví, sentado al banco de los tributos públicos, y le dijo: Sígueme. Y dejándolo todo, se levantó y le siguió" (Lc. 5:27-28).

"Así, pues, cualquiera de vosotros que no renuncia a todo lo que posee, no puede ser mi discípulo" (Lc. 14:33).

"Y él les dijo: De cierto os digo, que no hay nadie que haya dejado casa, o padres, o hermanos, o mujer, o hijos, por el reino de Dios, que no haya de recibir mucho más en este tiempo, y en el siglo venidero la vida eterna" (Lc. 18:29-30).

"Así que, hermanos, os ruego por las misericordias de Dios, que presentéis vuestros cuerpos en sacrificio vivo, santo, agradable a Dios, que es vuestro culto racional" (Ro. 12:1).

"Pero cuantas cosas eran para mí ganancia, las he estimado como pérdida por amor de Cristo. Y ciertamente, aun estimo todas las cosas como pérdida por la excelencia del conocimiento de Cristo Jesús, mi Señor, por amor del cual lo he perdido todo, y lo tengo por basura, para ganar a Cristo" (Fil. 3:7-8).

2. La fe de Abram era tan fuerte que resistía hasta el fin: él entró en Canaán (v. 5). En Abram había ocurrido un cambio dramático. Años antes, él había hecho un compromiso con Dios: él se había alejado de su vieja vida para comenzar a seguir a Dios y sus promesas. Pero en el camino, cuando llegó a Harán, él se detuvo. Algo distrajo a Abram y apartó a Abram: alguna oferta de negocio, alguna oportunidad mundana, alguna necesidad, alguna tentación, alguna influencia, algún temor o desconfianza. Lo que haya sido, hizo que Abram se alejara de su peregrinación de fe. Abram se detuvo, se apartó, y permaneció en Harán. Él renunció a su nueva vida en Dios: ya no buscaba más de Dios ni la Tierra Prometida.

Pero ahora, algunos años después, advierta lo que sucedió: Abram siguió adelante —emprendió viaje— para entrar a la tierra de Canaán (la Tierra Prometida), y llegó a Canaán (v. 5). Esta vez él resistió y perseveró. Él no permitió que ninguna distracción, placer, avaricia, prueba, ni tentación lo apartara de Dios. Se mantuvo firme en su búsqueda de Dios y sus promesas.

¿Qué sucedió que provocó un cambio tan dramático en Abram? Nos lo cuentan dos pasajes:

"Porque no por la ley fue dada a Abraham o a su descendencia la promesa de que sería heredero del mundo, sino por la justicia de la fe" (Ro. 4:13).

"Por la fe Abraham, siendo llamado, obedeció para salir al lugar que había de recibir como herencia; y salió sin saber a dónde iba... porque esperaba la ciudad que tiene fundamentos, cuyo arquitecto y constructor es Dios" (He. 11:8, 10).

Cuando Dios le hizo frente a Abram esta segunda vez (v. 1), al parecer Abram comprendió el mensaje:

=> Abram vio que *la Tierra Prometida* comprendía *el mundo entero*, un mundo de justicia, un nuevo mundo que estaría totalmente bajo el gobierno y autoridad de Dios (Ro. 4:13, cp. 2 P. 3:7-10).

=> Abram vio que *la Tierra Prometida* comprendía la ciudad eterna y celestial de Dios (He. 11:8, 10).

Abram comprendió las promesas de Dios como nunca antes. Hasta cierto punto, él vio lo que siempre han visto los creyentes a través de los siglos, que Dios estaba prometiendo mucho más que sus bendiciones mientras andábamos en una tierra terrenal. Dios estaba prometiendo mucho más que una herencia física y material. Hasta cierto punto Abram comprendió que la promesa de Dios —la herencia de la Tierra Prometida— también era...

• la herencia de un mundo de justicia nuevo y eterno.
• la herencia de la ciudad eterna y celestial de Dios.

Abram vio que el propio Dios estaba edificando una ciudad y mundo nuevos y que el propio Dios estaba poniendo los cimientos; por consiguiente, la ciudad y mundo nuevos sería eterna de la misma manera que lo es Dios. De hecho, la carta a los hebreos dice sencillamente que Abram y los otros patriarcas estaban buscando el país celestial de Dios así como la herencia terrenal de Canaán, que estaban buscando tanto un país terrenal como celestial.

"Conforme a la fe murieron todos éstos sin haber recibido lo prometido, sino mirándolo de lejos, y creyéndolo, y saludándolo, y confesando que eran extranjeros y peregrinos sobre la tierra. Porque los que esto dicen, claramente dan a entender que buscan una patria;... Pero anhelaban una mejor, esto es, celestial; por lo cual Dios no se avergüenza de llamarse Dios de ellos; porque les ha preparado una ciudad" (He. 11:13-14, 16).

Sucede lo siguiente: cuando Dios le hizo frente a Abram esta segunda vez, Abram comprendió la promesa de Dios como nunca antes; él comprendió la esperanza eterna que Dios estaba ofreciendo, y se apoderó de su corazón. El resultado fue un compromiso total a Dios. Abram hizo un compromiso total de seguir a Dios y sus promesas. Él resistió y perseveró hasta que llegó a la Tierra Prometida de Dios, la tierra de Canaán.

"mas el que persevere hasta el fin, éste será salvo" (Mt. 10:22).

"Así que, hermanos míos amados, estad firmes y constantes, creciendo en la obra del Señor siempre, sabiendo que vuestro trabajo en el Señor no es en vano" (1 Co. 15:58).

"Por tanto, nosotros también, teniendo en derredor nuestro tan grande nube de testigos, despojémonos de todo peso y del pecado que nos asedia, y corramos con paciencia la carrera que tenemos por delante" (He. 12:1).

"He aquí, yo vengo pronto; retén lo que tienes, para que ninguno tome tu corona" (Ap. 3:11).

3 (12:6) *Fe — Prueba — Peregrino — Peregrinación:* Estaba la prueba de la fe: Abram llegó a la tierra, pero no se pudo establecer en ella; tuvo que atravesar la tierra como *un peregrino*, por la oposición que había allí (los cananeos). Deténganse un momento a pensar: cuando Abram llegó a Canaán, ¿qué esperaba encontrar él? ¿Una tierra despoblada y desposeída, una tierra libre lista para ser reclamada por el primer colonizador que se estableciera dentro de sus fronteras? ¿O, Abram esperaba que la tierra estuviera poblada y ya estuviera en posesión de algún pueblo? Las Escrituras no lo dicen, pero cuando Abram cruzó la frontera de Canaán, él encontró una tierra ya habitada. Los cananeos, una nación impía de personas, ya se encontraban allí. Abram se enfrentaba a un enemigo tremendo si comenzaba a reclamar la tierra. Se pudo dar cuenta fácilmente de que no iba a poseer la tierra en un futuro previsible. Todo tipo de interrogantes deben haber inundado su mente. Debe haberse sentido sobrecogido por...

- la incertidumbre
- la vacilación
- las dudas
- la interrogante

¿Podía ser que él hubiera malinterpretado a Dios, que él hubiera cometido una equivocación?

La fe de Abram fue puesta a prueba, severamente. La fe de este gran precursor de Dios fue puesta a prueba a la *enésima* potencia. Él se encontraba en la tierra, pero aún no la podía poseer. La oposición y las fuerzas contundentes se mantenían en contra de su reclamación de la Tierra Prometida. ¿Qué debía hacer?

=> ¿Debía regresar? ¿Debía renunciar a su fe, dar la vuelta y regresar a casa a Harán o a Ur de los caldeos?

=> ¿Debía seguir creyendo en Dios, seguir a promesa de Dios, seguir proclamando las promesas de Dios a pesar de la oposición y la situación imposible que le hizo frente?

Abram sabía algo, algo que le resultaría obvio a cualquier persona inteligente: para que pudiera heredar la Tierra Prometida, habría que eliminar a los enemigos impíos de la tierra. Y él sabía también otra cosa: él no podía eliminarlos. Él no tenía el poder ni el derecho para eliminarlos. Por ende, si había que eliminar a estos enemigos impíos, el propio Dios tendría que eliminarlos. La única pregunta era la siguiente:

=> ¿Dios eliminaría a los enemigos impíos que se oponían a su herencia de la Tierra Prometida?

Esta pregunta debe haberle pasado por la mente a Abram una y otra vez. Él habría razonado algo como esto:

"Mi derecho sobre la tierra es solo por la promesa de Dios. Yo poseo la tierra solo por la fe en su Palabra y promesa. Pero cuando Dios me dio la promesa, Él sabía que los enemigos impíos se oponían a mi herencia de la Tierra Prometida. Por ende, Dios debe esperar que yo continúe en mi fe, que crea que Él eliminará a los enemigos impíos. Dios debe esperar de mí que aún así confíe en que Él se ocupará de todos los enemigos que se interpongan en la Tierra Prometida. Él debe esperar de mí que aún así crea que Él me dará la Tierra Prometida".

Abram tenía que tomar una decisión, una decisión que cambiaría su vida. Él estaba en la Tierra Prometida; Dios lo había llevado allí. Pero aún no la poseía. La posesión de la tierra —la herencia de la Tierra Prometida— formaba parte del futuro. La oposición, los enemigos impíos, se encontraba entre él y su posesión de la Tierra Prometida. ¿Qué debía hacer? Desde ese entonces hasta ahora, si se quedaba en la tierra, ¿cómo debía vivir? ¿Comportarse? ¿Actuar? ¿Pensar? ¿Hablar?

=> ¿Debía vivir como alguien que creía y seguía a Dios y sus promesas? ¿Cómo alguien que proclamaba las promesas de Dios a pesar de la gran oposición? O...

=> ¿Debía vivir como alguien que estaba derrotado por los enemigos impíos y por la propia ignorancia de uno sobre los procederes de Dios?

Según lo planteado, Abram tenía que tomar una decisión, una decisión que cambiaría su vida. ¿Cuál sería su decisión? La próxima nota nos dice (vea nota, Gn. 12:7).

Pensamiento 1. Hay una analogía bella para el creyente en esta experiencia de Abram. De la misma forma que Abram llegó a la Tierra Prometida pero aún lo poseyó físicamente, el creyente llega a la Tierra Prometida del cielo de inmediato tras la conversión, pero aún no la posee físicamente.

Cuando una persona es salvo —cuando él comienza verdaderamente a seguir a Dios y sus promesas— las cosas que le suceden están relacionadas con el cielo.

1) Dios toma al creyente como si ya estuviera en el cielo (vea nota 3, Ef. 2:6). El creyente no está físicamente en el cielo, pero es como si estuviera allí. Dios le ha prometido el cielo, y lo que Dios promete siempre ocurre; por eso, al creyente se le considera como si estuviera en el cielo, como si ya estuviera allí.

"aun estando nosotros muertos en pecados, nos dio vida juntamente con Cristo (por gracia sois salvos), y juntamente con él nos resucitó, y asimismo nos hizo sentar en los lugares celestiales con Cristo Jesús" (Ef. 2:5-6).

"Mas nuestra ciudadanía está en los cielos, de donde también esperamos al Salvador, al Señor Jesucristo; el cual transformará el cuerpo de la humillación nuestra, para que sea semejante al cuerpo de la gloria suya, por el poder con el cual puede también sujetar a sí mismo todas las cosas" (Fil. 3:20-21).

2) Al creyente se le *coloca de inmediato* en el reino celestial o en el reino espiritual de la vida. Es decir, su mente y sus pensamientos están centrados en el cielo y en las cosas del cielo, en Dios y sus promesas. Es el Espíritu de Dios quien atrae su mente a las cosas espirituales, quien estimula su mente a centrar su mente en el cielo y en las cosas del cielo. Según lo planteado, el creyente no se encuentra corporalmente en el cielo, pero su mente se ha de mantener en el reino (en las cosas) del cielo. De hecho, si él ha de seguir verdaderamente a Dios y sus promesas, él naturalmente mantiene su mente y pensamientos en Dios y sus promesas; el Espíritu de Dios lo anima a centrar su mente en eso.

"Porque los que son de la carne piensan en las cosas de la carne; pero los que son del Espíritu,

en las cosas del Espíritu. Porque el ocuparse de la carne es muerte, pero el ocuparse del Espíritu es vida y paz" (Ro. 8:5-6).

"derribando argumentos y toda altivez que se levanta contra el conocimiento de Dios, y llevando cautivo todo pensamiento a la obediencia a Cristo" (2 Co. 10:5).

"Por lo demás, hermanos, todo lo que es verdadero, todo lo honesto, todo lo justo, todo lo puro, todo lo amable, todo lo que es de buen nombre; si hay virtud algun a, si algo digno de alabanza, en esto pensad" (Fil. 4:8).

3) La fe del creyente en la Tierra Prometida del cielo se pone a prueba constantemente de la misma manera que se puso a prueba la de Abram. De hecho, el creyente nunca está exento de enemigos que se opongan a su herencia de la Tierra Prometida del cielo. Los enemigos impíos —la muerte, Satanás, y todo tipo de pruebas y tentaciones— se oponen a él mientras vive en este mundo. Tal como Abram, el creyente debe seguir confiando en Dios: debe creer que Dios derrotará a todos los enemigos de la Tierra Prometida, incluso el enemigo final, la muerte.

"Porque no tenemos lucha contra sangre y carne, sino contra principados, contra potestades, contra los gobernadores de las tinieblas de este siglo, contra huestes espirituales de maldad en las regiones celestes" (Ef. 6:12).

"Y cuando esto corruptible se haya vestido de incorrupción, y esto mortal se haya vestido de inmortalidad, entonces se cumplirá la palabra que está escrita: Sorbida es la muerte en victoria" (1 Co. 15:54).

4) Tal como Abram, el creyente es un peregrino en la tierra: vive en la tierra, pero tan solo está de viaje y de paso, siempre buscando la Tierra Prometida del cielo. El creyente es un ciudadano tanto de la tierra como del cielo (Fil. 3:20-21). Advierta lo siguiente: tal como Abram...

- el creyente viaja por la tierra, pero su destino es la Tierra Prometida.
- éste no es el hogar del creyente; el cielo es su hogar.
- La mente y los pensamientos del creyente están en la tierra cuando es necesario, pero mayormente están en la Tierra Prometida de Dios.
- La fe y la esperanza del creyente no están es este mundo, sino en Dios y la Tierra Prometida por Dios.

Nuevamente, el creyente es igual a Abram: es un peregrino en la tierra. Vive en función de la tierra, sí, en función de convertirla en un lugar mejor; pero también vive en función del cielo, sabiendo que esta tierra es solo su hogar temporal. Con sencillez, el verdadero creyente sabe lo que sabía Abram: él es tan solo un peregrino en la tierra; la Tierra Prometida del cielo es su destino eterno.

"Mas nuestra ciudadanía está en los cielos, de donde también esperamos al Salvador, al Señor Jesucristo" (Fil. 3:20).

"Por la fe Abraham, siendo llamado, obedeció para salir al lugar que había de recibir como herencia; y salió sin saber a dónde iba. Por la fe habitó como extranjero en la Tierra Prometida como en tierra ajena, morando en tiendas con Isaac y Jacob, coherederos de la misma promesa; porque esperaba la ciudad que tiene fundamentos, cuyo arquitecto y constructor es Dios. Por la fe también la misma Sara, siendo estéril, recibió fuerza para concebir; y dio a luz aun fuera del tiempo de la edad, porque creyó que era fiel quien lo había prometido" (He. 11:8-11).

"Conforme a la fe murieron todos éstos sin haber recibido lo prometido, sino mirándolo de lejos, y creyéndolo, y saludándolo, y confesando que eran extranjeros y peregrinos sobre la tierra. Porque los que esto dicen, claramente dan a entender que buscan una patria; pues si hubiesen estado pensando en aquella de donde salieron, ciertamente tenían tiempo de volver. Pero anhelaban una mejor, esto es, celestial; por lo cual Dios no se avergüenza de llamarse Dios de ellos; porque les ha preparado una ciudad" (He. 11:13-16).

5) Tal como Abram, la vida del creyente es una peregrinación de fe. Al creyente cuando se convierte no se le transporta de inmediato al cielo; se le deja en la tierra para que sea testigo de Dios. Pero advierta: al creyente se le coloca de inmediato en el reino celestial o espiritual de la vida. Es decir, su vida —su mente y sus pensamientos— se centran en el cielo y en las cosas del cielo. El creyente (su mente y sus pensamientos; su vida) comienza a rondar y a trasladarse por el cielo de la misma forma que por la tierra. El creyente, por así decirlo, vive en el cielo al igual que en la tierra: él piensa y actúa en el cielo al igual que en la tierra.

Esto es lo que se quiere decir con *la peregrinación de fe*. El creyente vive realmente en la tierra, pero cree que *en Cristo* él vive en la Tierra Prometida del cielo, y él cree que algún día vivirá allí corporalmente. Por eso, el creyente vive en la tierra como un peregrino: su vida es una peregrinación de fe. Su vida, sus movimientos, y ser —todo cuanto es— constituyen una peregrinación de fe.

Sucede lo siguiente: cuando una persona cree en Dios y sus promesas, vive en función de Dios y sus promesas. Vive en función de algo que está más allá de esta tierra. Esta tierra no es su hogar, no es su destino ni última morada. Su fe está en Dios y en la Tierra Prometida; por eso él vive en al tierra como un peregrino. Su vida en la tierra se convierte en una *peregrinación de fe*.

"el cual transformará el cuerpo de la humillación nuestra, para que sea semejante al cuerpo de la gloria suya, por el poder con el cual puede también sujetar a sí mismo todas las cosas" (Fil. 3:21).

"No se turbe vuestro corazón; creéis en Dios, creed también en mí. En la casa de mi Padre muchas moradas hay; si así no fuera, yo os lo hubiera dicho; voy, pues, a preparar lugar para vosotros. Y si me fuere y os preparare lugar, vendré otra vez, y os tomaré a mí mismo, para que donde yo estoy, vosotros también estéis" (Jn. 14:1-3).

"Bendito el Dios y Padre de nuestro Señor Jesucristo, que según su grande misericordia nos hizo renacer para una esperanza viva, por la resurrección de Jesucristo de los muertos, para una herencia incorruptible, incontaminada e inmarcesible, reservada en los cielos para vosotros" (1 P. 1:3-4).

ESTUDIO A FONDO 2

(12:6) **Shechem o Siquem:** La palabra significa *hombro*. La ciudad era una de las ciudades más antiguas de Israel.

=> La ciudad fue el primer lugar donde se detuvo Abram cuando él llegó a la Tierra Prometida de Canaán (Gn. 12:6). Fue allí que Dios se le apareció a Abram y le ratificó sus promesas. Abram, en gratitud, edificó su primer altar a Dios en algún lugar de Siquem (Gn. 12:7).

=> Jacob compró tierra fuera de la ciudad y edifico un altar allí (Gn. 33:18-20).

=> Jacob llamó a las personas de su familia a arrepentirse

=> Y enterró un número de ídolos en Siquem (Gn. 35:1-4).

=> El área que rodeaba la ciudad era una tierra buena en pastos (Gn. 37:12s).

=> Los huesos de José fueron sepultados en Siquem (Gn. 24:32).

=> La ciudad fue el primer lugar donde Israel se enfrentó a los pecados horribles de los cananeos (Gn. 34:1s).

=> La región era el lugar donde Josué llamó al pueblo de Israel nuevamente a Dios (Jos. 24:1s).

=> El pueblo de Siquem fue el pueblo que se reunió con Abimelec cuando él se levantó para derrocar a su padre y establecer un gobierno cananeo impío sobre el pueblo de Israel (Jos. 9:1s).

=> La ciudad fue el lugar donde Roboam se reunió con los líderes de las tribus del norte para que lo coronaran como rey (1 R. 12:1s).

=> Jeroboam I edificó su primera casa real en Siquem (1 R. 12:25).

---

4 (12:7-9) *Confirmación — Fe — Altar — La tierra, prometida — La simiente, prometida — Promesas:* Estaba la confirmación de la fe: Dios ratificó sus promesas, tanto la Simiente prometida como la Tierra Prometida. Abram necesitaba a Dios, necesitaba que Dios se encontrara de nuevo frente a frente con él. Estaba la fuerte oposición a su reclamación de la Tierra Prometida, y Abram no sabía qué hacer. Abram necesitaba la presencia de Dios: Su explicación, dirección, y guía. Abram necesitaba confirmación, la

confirmación de Dios. Él necesitaba que Dios le ratificara la promesa de la tierra y Simiente prometidas. Y esta es la verdad gloriosa: Dios siempre suple la necesidad de su querido seguidor. Sea lo que sea que necesite el creyente, Dios suple esa necesidad al máximo. Advierta que Él suplió la necesidad de Abram, la suplió gloriosamente. Se desconoce lo que sucedió exactamente entre Dios y Abram; no se da una descripción de la experiencia de Abram con Dios. Las Escrituras sencillamente informan el hecho maravilloso de que Dios se le apareció a Abram y le ratificó las promesas:

=> Abram tendría una simiente (descendencia), *la Simiente prometida.*

=> A la simiente de Abram se le daría *la Tierra Prometida.*

1. ¿Cuál fue la respuesta de Abram? Abram tomó la decisión a favor de Dios, continuar siguiendo a Dios y sus promesas. Advierta que él edificó un altar al Señor que se le había aparecido (v. 8). El altar tenía al menos siete propósitos (Vea *Estudio a fondo 1,* Gn. 8:20 para un mayor análisis):

=> *Ofrecerle sacrificios a Dios,* pedir perdón por la incredulidad y los pecados.

=> *Hacer una rededicación a Dios,* renovar su compromiso con Dios.

=> *Buscar la presencia y guía continuas de Dios.*

=> *Adorar al Señor:* Adorar a la Persona misma que había suplido su necesidad.

=> *Reconocer al Señor,* que el Señor solamente puede cumplir una promesa tan grande, que él dependía totalmente del Señor.

=> *Alabar al Señor,* alabarlo por darle una promesa tan maravillosa.

=> *Dar testimonio del Señor,* testificar sobre la bondad gloriosa del Señor al suplir su necesidad y al darle una promesa tan grande.

2. Abram continuó viaje —continuó su peregrinación— pero él le edificó un altar al Señor dondequiera que iba (vv. 8-9). Advierta que Abram edificó un altar entre Bet-el y Hai, al próximo lugar que él fue. La idea es que Abram ahora estaba dedicado a Dios, a buscar a Dios y sus promesas. Por consiguiente, a donde quiera que iba, él edificaba un altar y establecía...

• Un lugar donde él pudiera adorar a Dios.
• Un lugar que diera testimonio de Dios.

Pensamiento 1. James Montgomery Boice plantea bien este punto:

Yo noto esta secuencia: primero, Abram llega a un lugar; segundo, Dios le habla; tercero, él edifica un altar . . . creo que se debe entender que la secuencia se repite, aunque no siempre se explica en detalle. Primero, Abram llegaba a un lugar. Segundo, él reconocía la presencia de Dios. Tercero, él levantaba un altar como testimonio de la reclamación de Dios de ese lugar y de aquellos que vivirían allí para siempre. Abram pasó —a otros lugares y finalmente a la gloria— pero los altares permanecieron. Permanecieron como un testimonio de la realidad de que en este lugar un hijo de Dios una vez se arrodilló y oró, proclamó el evangelio de gracia, y reclamó ese lugar para la gloria de Dios.

Somos llamados a hacer eso, siempre y dondequiera que estemos. Somos llamados a ser peregrinos, pero eso no quiere decir que debemos pasar por este mundo y dejarlo intacto. Porque el amo de la ciudad celestial es amo también de este mundo, y somos embajadores de su reino y se nos ha encomendado la proclamación de su gobierno, y el establecimiento de ese gobierno, dondequiera que nos lleve nuestra peregrinación. ¿Usted vive en esta o aquella calle? ¿En esta o aquella manzana? Entonces usted debe edificar su altar en esa calle y reclamar ese vecindario para Jesús (James Montgomery Boice. *Génesis, An Expositional Commentary*, vol. 2. Grand Rapids, MI: The Zondervan Corporation, 1985, p. 38).

ESTUDIO A FONDO 3

(12:8) *Bet-el:* La palabra significa *casa de Dios* (cp. Gn. 28:16-22, cp. 1-22; 35:7). La ciudad estaba a cerca de 19 kilómetros al norte de Jerusalén y se le conoció primero como Luz (Gn. 28:19). La ciudad ocupaba un lugar muy especial en el corazón de Israel por su significación religiosa.

1. Fue cerca de Bet-el que Abram edificó su segundo altar en la Tierra Prometida y adoró a Dios (Gn. 12:8, cp. 13:3-4).

2. Fue en Bet-el que Dios se encontró con Jacob (la visión de la escalera de Jacob) y le confirmó el pacto abrahámico (Gn. 28:10-22).

3. Fue Bet-el a donde Dios le ordenó regresar a Jacob, diciendo: "Yo soy el Dios de Bet-el" (Gn. 31:13).

4. Fue Bet-el a donde Dios le ordenó regresar nuevamente a Jacob si quería fraternidad con Dios y ser restaurado (Gn. 35:1s). Fue también en esta ocasión que Dios le ordenó a Jacob que edificara un altar en ese sitio.

5. Fue uno de los lugares donde estuvo ubicado el arca mismo de Dios (Jue. 20:26-28).

6. Fue una de las ciudades dentro de la región territorial de Benjamín (Jos. 18:21-22).

7. Fue uno de los lugares desde el que Samuel, el profeta, juzgó a Israel (1 S. 7:16).

8. Fue en Bet-el donde se decía que los hombres "subían a Dios" (1 S. 10:3). Sin embargo, como es el caso de muchos lugares que comienzan con un cimiento piadoso, Bet-el cambió. La ciudad gradualmente se convirtió en una abominación corruptible para Dios.

9. Fue advertida del juicio venidero de Dios por Amós y Oseas (Am. 3:14; Os. 4:15).

10. Fue uno de los lugares en los que Josías intentó restaurar la adoración de Jehová (2 R. 23:15-23).

11. Fue en Bet-el que Jeroboam estableció el centro de su adoración idólatra (1 R. 12:28—13:6).

12. Fue una ciudad que fianlmente fue destruida por el juicio de Dios (1 R. 13:1-5; 2 R. 23:15-17; Am. 3:14-15). Los recuerdos históricos de la presencia de Dios no fueron suficientes para salvar la ciudad.

ESTUDIO A FONDO 4

(12:8) *Hai:* La ciudad era una ciudad cananea prominente.

=> Abram acampó entre Hai y Bet-el (Gn. 12:8; 13:3).

=> Los hombres de Hai derrotaron a Israel en una batalla por el pecado de Israel (Jos. 7:3s). Sin embargo, la ciudad se conquistó más tarde después del arrepentimiento de Israel (Jos. 7:10-13; 8:1s).

=> La conquista de Hai infundó temor en los corazones de las naciones vecinas (Jos. 10:1s).

=> Doscientos veintitrés hombres de Hai y Bet-el fueron libertados del cautiverio babilónico (Esd. 2:28; Neh. 7:32).

=> Jeremías profetizó el juicio sobre la ciudad (Jer. 49:3).

ESTUDIO A FONDO 5

(12:9) *Neguev — El Sur:* Esto era la tierra yerma que se encontraba al sur de Israel. En ocasiones se le llamaba sencillamente "el sur" (Gn. 12:9).

=> Abram viajó al sur, al Neguev (Gn. 12:9; 13:1)..

=> Los doce espías enviados a Canaán para reconocer la tierra se acercaron a Canaán desde el improbable desierto del sur (Nm. 13:22).

=> Agar huyó de Sarai, la esposa de Abram al desierto del sur (Gn. 16:7s).

=> Isaac y Jacob acamparon por algún tiempo en el sur (Gn. 24:62; 37:1).

=> La tierra se encontraba poseída originalmente por los amalecitas (Nm. 13:29).

=> Parte de la región del desierto fue dada a la tribu de Judá (Jos. 15:20-31) y parte a Simeón (Jos. 19:1-9).

| 1 Abram se enfrentó a grandes pruebas
2 Abram se volvió al mundo (Egipto) en vez de a Dios para que le supliera la necesidad
3 Abram cayó en un pecado severo

a. Abram pensó con maldad y sugirió con maldad, la maldad de la mentira
b. Abram actuó egoístamente, pensando solo en él
c. Abram engañó y confundió a sus esposa: "Por causa tuya"
d. Abram aprobó lo malos pensamientos y el pecado hacia su querida esposa
e. Abram permitió un mal e injusticia terribles: El abuso de su querida esposa
f. Abram mostró un espíritu de cobardía y se rehusó a corregir el error de la mentira y el robo | D. Abram abandonó la Tierra Prometida: La fe débil. Alejarse de Dios, 12:10—13:4

10 Hubo entonces hambre en la tierra, y descendió Abram a Egipto para morar allá; porque era grande el hambre en la tierra.

11 Y aconteció que cuando estaba para entrar en Egipto, dijo a Sarai su mujer: He aquí, ahora conozco que eres mujer de hermoso aspecto;
12 y cuando te vean los egipcios, dirán: Su mujer es; y me matarán a mí, y a ti te reservarán la vida.

13 Ahora, pues, di que eres mi hermana, para que me vaya bien por causa tuya, y viva mi alma por causa de ti.
14 Y aconteció que cuando entró Abram en Egipto, los egipcios vieron que la mujer era hermosa en gran manera.
15 También la vieron los príncipes de Faraón, y la alabaron delante de él; y fue llevada la mujer a casa de Faraón.
16 E hizo bien a Abram por causa de ella; y él tuvo ovejas, vacas, asnos, siervos, criadas, asnas y camellos. | 17 Mas Jehová hirió a Faraón y a su casa con grandes plagas, por causa de Sarai mujer de Abram.
18 Entonces Faraón llamó a Abram, y le dijo: ¿Qué es esto que has hecho conmigo? ¿Por qué no me declaraste que era tu mujer?
19 ¿Por qué dijiste: Es mi hermana, poniéndome en ocasión de tomarla para mí por mujer? Ahora, pues, he aquí tu mujer; tómala, y vete.
20 Entonces Faraón dio orden a su gente acerca de Abram; y le acompañaron, y a su mujer, con todo lo que tenía.

CAPÍTULO 13

1 Subió, pues, Abram de Egipto hacia el Neguev, él y su mujer, con todo lo que tenía, y con él Lot.
2 Y Abram era riquísimo en ganado, en plata y en oro.
3 Y volvió por sus jornadas desde el Neguev hacia Bet-el, hasta el lugar donde había estado antes su tienda entre Bet-el y Hai,

4 al lugar del altar que había hecho allí antes; e invocó allí Abram el nombre de Jehová. | 4 Abram se enfrentó al juicio de Dios
a. Juicio sobre el adúltero impío
b. Juicio sobre los creyentes pecadores
  1) El desenmascaramiento público de la conspiración adúltera
  2) El desenmascaramiento público del engaño y el robo
  3) La reprimenda pública
  4) La expulsión y el desahucio públicos
  5) la vergüenza y el bochorno públicos
  6) El regreso público a enfrentar la prueba del hambre y la escasez
5 Abram regresó a Dios, el arrepentimiento
a. Abram abandonó Egipto: Separación del mundo
b. Abram regresó a la Tierra Prometida, a Bet-el: El arrepentimiento
  1) El lugar donde él comenzó su viaje de fe
  2) El lugar de adoración |

DIVISIÓN VII

ABRAHAM: EL HOMBRE ESCOGIDO PARA CONVERTIRSE EN EL PADRE DEL PUEBLO DE DIOS Y EN EL PADRE DE LA FE, 12:1—25:18

D. Abram abandonó la Tierra Prometida: La fe débil. Alejarse de Dios, 12:10—13:4

(12:10—13:4) *Introducción:* Abram recién había comenzado la gran peregrinación de fe. Se había estimulado la fe inicial en su corazón. Él había emprendido el gran viaje de seguir a Dios y sus promesas. Esto lo vimos en el pasaje anterior. Pero ahora, Abram tendría una experiencia completamente diferente, una experiencia trágica, la de *la fe débil*.

La fe débil siempre nos mete en problemas. De hecho, Dios nos dice que la fe débil es la razón por la que sufrimos y nos enfrentamos a tantos problemas en el mundo. Considérense nada más las necesidades básicas del hombre. El hombre tiene muchas necesidades, y en ocasiones las necesidades se vuelven tan grandes que son aterradoras. Esto es lo que le sucedió a Abram en esta experiencia. Él se enfrentó a una necesidad aterradora, y su fe se debilitó y finalmente se desmoronó. Existen al menos ocho necesidades básicas que constantemente se les presentan al hombre: la necesidad de...

- alimento
- agua
- ropa
- vivienda
- vida y salud
- amor (incluso la compañía, la aceptación, el reconocimiento, el cariño)
- propósito (incluso el trabajo o el empleo)
- luz (una persona está grandemente discapacitada cuando vive en la oscuridad total)

Cuando una de estas provisiones se ve amenazada, el hombre tiene que actuar y remediar la situación: tiene que satisfacer esta necesidad o de lo contrario se expone a los estragos de la naturaleza y finalmente muere. La única pregunta es, ¿cómo él va a intentar suplir su necesidad? Por supuesto, él debería obrar con la mayor diligencia posible para conseguir personalmente la provisión que él necesita. Pero ¿cómo va a buscar la provisión: volviéndose a Dios y confiando en que Él lo ayude o ignorando a Dios y volviéndose al mundo, dependiendo únicamente en sus propios esfuerzos y en otros hombres? La mayoría de las personas siempre han hecho esta última opción, y Dios dice que esta es la razón por la que el hombre sufre tanto. Dios enseña que debemos tratar de suplir personalmente nuestras necesidades; pero debemos hacerlo pidiéndole su ayuda, y confiando en que Él —*confiando en que Él verdaderamente*— nos ayude. Dios espera de nosotros que creamos que Él nos ayudará, y cuando creemos —*creemos y confiamos verdaderamente en Él*— Él nos ayuda. Él se ocupa de que se suplan nuestras necesidades.

Sin embargo, sucede también todo lo contrario: si tenemos *la fe débil*, ignoramos a Dios y nos alejamos de Dios, entonces comenzamos a alejarnos de Dios —a alejarnos cada vez más— metiéndonos en toda clase de problemas. *La fe débil* siempre nos lleva loma abajo en la dirección de más problemas. De hecho, según se ha planteado anteriormente, la fe débil, ignorar y alejarse de Dios, es la razón misma por la que sufrimos y nos enfrentamos a tantos problemas en el mundo.

Esta es la gran lección de este pasaje: Esta es la gran lección que debemos aprender de esta experiencia de Abram: *Abram abandonó la Tierra Prometida: La fe débil. Alejarse de Dios*, 12:10—13:4. Con frecuencia se encuentran cinco pasos en la fe débil.

1. Enfrentarse a grandes pruebas (v. 10).
2. Volverse al mundo (Egipto) en vez de a Dios para suplir la necesidad (v. 10).
3. Caer en un pecado severo (vv. 11-16).
4. Enfrentar el juicio de Dios (vv. 17-20).
5. Regresar a Dios, el arrepentimiento (13:1-4).

1 (12:10) *Pruebas — Fe — Necesidades — Escasez — Hambre:* El primer paso de la fe débil es tener que enfrentar alguna prueba grande. Simplemente el descuido o no lograr hacer lo que se debe hacer, como por ejemplo orar, puede provocar la fe débil. Sin embargo, por o general es alguna gran prueba o tentación la que debilita la fe de una persona. Esto sucedió con Abram. Abram se enfrentó a una gran prueba, una de las pruebas más graves que se le haya presentado al hombre: la del hambre y la escasez. Sencillamente no había suficiente comida para alimentar apropiadamente a...

- la familia
- la casa
- los trabajadores
- el ganado
  . . . de Abram

Él se enfrentaba a la posibilidad de la hambruna, de perder grandes manadas de ganado y quizás un número de sus trabajadores. Podemos imaginarnos la presión que sentía Abram. Algunos de sus trabajadores lo presionarían para trasladar las manadas a algún país cercano donde hubiera tierra fértil. Y la mayoría de los trabajadores, antes de morirse de hambre o dejar que sus familias se murieran de hambre, dejarían de trabajar para Abram y se trasladarían a una tierra cercana donde hubiera alimentos. ¿Si esto hubiera sucedido, quién se habría ocupado de sus manadas y habría cuidado de sus propiedades?

Abram estaba enfrentando una crisis, una crisis severa. Dios lo había llamado a *la Tierra Prometida*, supliéndole cada una de las necesidades tanto a lo largo del camino como dentro de la tierra. Dios hasta se había encontrado con él cara a cara para confirmarle las grandes promesas de Dios: él sabía que él heredaría la Tierra Prometida, y todos los enemigos que se interpusieran en su herencia serían derrotados y eliminados por el propio Dios. ¿Pero y ahora qué, entre ahora y aquel momento? Había surgido la terrible crisis: ¿Abram debía quedarse en la Tierra Prometida y confiar en que Dios le supliera su necesidad, o debía abandonar la Tierra Prometida para ir a un país más fértil donde abundara el alimento? ¿Debía quedarse donde Dios lo había llamado o trasladarse a un lugar donde él creyera que se podían suplir las necesidades? Cierto, el lugar estaría fuera de la Tierra Prometida, de vuelta al mundo. Abram estaría alejándose de la promesa de Dios, buscando una vez más las provisiones y suministros del mundo. Pero todo parecía tan razonable y necesario, y podía hacerlo como un viaje temporal, el tiempo suficiente como para asegurarse que se salvaran sus manadas y sus trabajadores. Cuando se acabara la escasez, él podía regresar a la Tierra Prometida, regresar a la promesa de Dios.

Pensamientos como estos consumirían la mente de cualquier creyente que se enfrente a una crisis como la hambruna. Nuevamente, con frecuencia es alguna gran prueba o tentación la que debilita la fe de una persona. Una persona se enfrenta a la prueba, forteleciendo así su fe, o cede ante la prueba, debilitando así su fe.

> "Así que, hermanos míos amados, estad firmes y constantes, creciendo en la obra del Señor siempre, sabiendo que vuestro trabajo en el Señor no es en vano" (1 Co. 15:58).
> "Velad, estad firmes en la fe; portaos varonilmente, y esforzaos" (1 Co. 16:13).

"Por tanto, teniendo un gran sumo sacerdote que traspasó los cielos, Jesús el Hijo de Dios, retengamos nuestra profesión" (He. 4:14).

"Mantengamos firme, sin fluctuar, la profesión de nuestra esperanza, porque fiel es el que prometió" (He. 10:23).

"Sed sobrios, y velad; porque vuestro adversario el diablo, como león rugiente, anda alrededor buscando a quien devorar; al cual resistid firmes en la fe, sabiendo que los mismos padecimientos se van cumpliendo en vuestros hermanos en todo el mundo" (1 P. 5:8-9).

"Así que vosotros, oh amados, sabiéndolo de antemano, guardaos, no sea que arrastrados por el error de los inicuos, caigáis de vuestra firmeza" (2 P. 3:17).

2 (12:10) **Egipto — Mundo, el— Mundanalidad — Necesidades:** El segundo paso en la fe débil es volverse al mundo (Egipto) en vez de a Dios para suplir nuestra necesidad. Abram tomó su decisión: él se volvió al mundo en ves de a Dios para suplir su necesidad. Abram abandonó la Tierra Prometida. La presión era demasiada, la presión que le hacían...

- su familia, su casa y sus trabajadores
- sus pensamientos de perder su ganado, su negocio y seguridad financiera
- lo pensamientos de sus trabajadores de abandonarlo, dejándolo sin nadie que se ocupe de sus activos de negocio

Abram cedió: Él no podía manejar la presión que sentía. Pero advierta las Escrituras: la escasez era severa, y tenía planes de quedarse en Egipto por solo un tiempo, no de asentarse allí. Pero advierta otro elemento: no se dice nada —ni una sola palabra— de que Abram buscara el rostro de Dios sobre este asunto. ¿Lo hizo? Probablemente no. Porque, como veremos, el viaje a Egipto fue un fracaso, un viaje catastrófico que trajo como resultado un mal terrible. Además, Abram fue realmente expulsado de Egipto y lo forzaron a regresar a la Tierra Prometida. Se vio obligado a confiar en el cuidado de Dios a fin de cuentas (Gn. 12:20—13:4).

En la Biblia, por lo general Egipto representa al mundo y la mundanalidad, el sistema del mundo de...

- la impiedad
- el secularismo
- el humanismo
- la autosuficiencia
- la religión mundana

La mejor descripción de Egipto y su representación es la de la mundanalidad, la de la impiedad y los deseos mundanos. Abram debió haber permanecido en la Tierra Prometida, confiando en que Dios o ayudara a suplir su necesidad: él no se debía haber vuelto al mundo (Egipto), a los impíos y lo mundano de la tierra. Dios había llamado a Abram a la Tierra Prometida, y Abram debió haber confiado en que Dios se ocupara de él. Pero como se ha visto: su fe se debilitó, y él se volvió al mundo en busca de ayuda. Él abandonó la

Tierra Prometida y se fue a Egipto en busca de ayuda; él se fue al mundo de la impiedad y los deseos mundanos. Y una persona siempre se afecta —siempre— cuando mora (vive, permanece, confraterniza) con la impiedad y los deseos mundanos.

Pensamiento 1. El creyente nunca debería volverse al mundo en vez de a Dios para suplir sus necesidades. El creyente no debe abandonar a Dios y la Tierra Prometida del cielo: nunca debemos descender a Egipto, al mundo de la impiedad y los deseos mundanos, no para suplir sus necesidades. Solo Dios puede suplir las necesidades del creyente. Por severa que pueda ser la necesidad, Dios puede suplirla. Por ende, el creyente debe confiar en Dios: mantenerse fuerte en la fe, buscando diariamente ayuda de Dios. La fe débil que nos lleva a Egipto, a la impiedad y a los deseos mundanos del mundo, siempre provocará problemas catastróficos.

"Y se le apareció Jehová, y le dijo: No desciendas a Egipto; habita en la tierra que yo te diré. Habita como forastero en esta tierra, y estaré contigo, y te bendeciré; porque a ti y a tu descendencia daré todas estas tierras, y confirmaré el juramento que hice a Abraham tu padre" (Gn. 26:2-3).

"¡Ay de los hijos que se apartan, dice Jehová, para tomar consejo, y no de mí; para cobijarse con cubierta, y no de mi espíritu, añadiendo pecado a pecado! Que se apartan para descender a Egipto, y no han preguntado de mi boca; para fortalecerse con la fuerza de Faraón, y poner su esperanza en la sombra de Egipto. Pero la fuerza de Faraón se os cambiará en vergüenza, y el amparo en la sombra de Egipto en confusión" (Is. 30:1-3).

"¡Ay de los que descienden a Egipto por ayuda, y confían en caballos; y su esperanza ponen en carros, porque son muchos, y en jinetes, porque son valientes; y no miran al Santo de Israel, ni buscan a Jehová!" (Is. 31:1).

"Mas buscad primeramente el reino de Dios y su justicia, y todas estas cosas os serán añadidas" (Mt. 6:33).

"Porque todo aquel que pide, recibe; y el que busca, halla; y al que llama, se le abrirá" (Lc. 11:10).

"echando toda vuestra ansiedad sobre él, porque él tiene cuidado de vosotros" (1 P. 5:7).

3 (12:11-16) **Recaída — Engaño — Mentir — Robar — Egoísmo — Tropezadero — Pecado, progresivo:** El tercer paso en la fe débil es caer en un pecado severo. Las Escrituras nunca se quedan calladas en cuanto a los pecados del pueblo de Dios, ni siquiera cuando cae el más grande de los creyentes. Esta es una de las evidencias de la inspiración de la Santa Biblia. La Biblia no es un intento de crear fábulas sobre personajes mitológicos o sobrehumanos. La Biblia es un registro —un verdadero registro— de personas comunes tal como usted y yo, personas ordinarias que siguieron a Dios, y enfrentaron los problemas y pruebas que usted y yo enfrentamos cada uno de los días de nuestras vidas. Por consiguiente, cuando uno de los creyentes —incluso uno de los creyentes más fuertes— pecaba y caía, Dios se ocupaba de que la verdad se registrara en la Santa Biblia. Dios quiere hacer todo cuanto pueda por protegernos y guardarnos de hacernos daño a nosotros mismos. Por ende, Dios nos advierte a todos: hasta el creyente más fuerte puede caer.

> **"Y estas cosas les acontecieron como ejemplo, y están escritas para amonestarnos a nosotros, a quienes han alcanzado los fines de los siglos. Así que, el que piensa estar firme, mire que no caiga" (1 Co. 10:11-12).**

Abram había caído; su fe se había debilitado. La fe débil lo había hecho alejarse de Dios y abandonar la Tierra Prometida para vivir entre los impíos y mundanos de esta tierra. Ahora bien, en la vida de Abram se sumaría pecado sobre pecado. Un pecado estaba a punto de hacer lo que siempre hace: llevarte a más pecado. Abram estaba a punto de cometer varios pecados terribles.

1. Primero, Abram pensó con maldad y luego sugirió con maldad (v. 11). Cuando se acercaba a Egipto, Abram le hizo una sugerencia a su querida esposa, una sugerencia que había estado consumiendo sus pensamientos. Recuerden: Abram vivía en una época impía, una época en que la inmoralidad, la anarquía, y la violencia invadían la tierra. Abram y algunos de los de su casa se encontraban entre los pocos creyentes que había en la tierra. La vida humana era barata, tan barata que al deseo humano se le consideraba de más valor que la vida humana. Si una persona quería algo, hacía todo cuanto podía para conseguirlo, aunque significara matar por ello. Por ejemplo, era una práctica común que si un hombre veía a una mujer que él deseaba (aunque estuviera casada), que hiciera todo cuanto podía por conseguirla. Muchos hombres hasta matarían al esposo por acostarse con ella y sumarla a su lista de conquistas o a su harén.

Esta era la situación a la que Abram se enfrentaba. De hecho, él la había enfrentado cuando comenzó a andar con Dios y abandonó Ur de los caldeos. Advierta lo que Abram le dijo a otro gobernante (Abimelec) algún tiempo después:

> **"Y cuando Dios me hizo salir errante de la casa de mi padre, yo le dije: Esta es la merced que tú harás conmigo, que en todos los lugares adonde lleguemos, digas de mí: Mi hermano es" (Gn. 20:13).**

Desde el principio, Abram había tramado una solución (o eso pensó él) para que no lo asesinaran algún hombre o gobernante que deseara a Sarai. ¿Cuál era su plan? Decir que Sarai era su hermana. Esto en parte era cierto: ella era su media hermana; ambos eran del mismo padre, pero de madres diferentes (Gn. 20:12).

Ahora bien, al grano: Abram manejó otra necesidad, otro problema, con maldad. Él estaba pensando con maldad y haciéndole una sugerencia a su querida esposa, Sarai, con maldad: la maldad de la mentira. Si los hombres comenzaban a desear a su querida esposa, Abram tenía planeado mentir

en vez de defenderla a ella y a la justicia de Dios. Abram otra vez no confió en Dios. Su fe era débil: él no creyó que Dios lo protegería y se ocuparía de él y de su querida esposa. Él creyó que podría tener que mentir, y planeó con su esposa mentir a fin de proteger su vida. Pero éste no es el único pecado que produjo la fe débil.

2. Segundo, Abram actuó de un modo egoísta, de un modo muy egoísta; él pensó solo en sí mismo, no en Sarai. A fin de salvarse él, Abram estaba dispuesto a que Sarai...

* sufriera abuso sexual
* cometiera adulterio
* fuera deshonrada
* peligrara si desagradaba al hombre

Pero *la fe débil* produjo más que malos pensamientos y malas sugerencias, y mucho más que una conducta egoísta.

3. Tercero, Abram confundió y engañó a su querida esposa (v. 13). Advierta lo que alegó Abram: estamos haciendo esto "por causa tuya" (v. 13). Es decir, si Sarai mentía y decía ser su hermana, Abram tendría tiempo para negociar y rechazar la dote ofrecida. Entonces podrían huir antes de que los descubrieran. Pero si ella se rehusaba a seguir el plan, a él lo podían matar, y ella estaría a la disposición de cualquier hombre que la hubiera deseado a ella y lo hubiera matado a él.

Sucede lo siguiente: Abram estaba justificando su conducta. Él estaba confundiendo y engañando a su querida esposa, haciéndole creer que la mentira era por su propio bien, por su causa. Abram estaba haciendo que su querida esposa pecara; se estaba convirtiendo en tropezadero para su esposa.

Pero nuevamente, eso no lo era todo. Hasta ahora, Abram, en su estado de fe débil, solo había planeado estos pecados. Los pensamientos malos, egoístas y engañosos eran solo un plan que usar en caso de necesidad.

4. Cuarto, Abram aprobó los malos pensamientos y el pecado para con su querida esposa (v. 14). Él le permitió a Sarai que se vistiera y mostrara su belleza ante los hombres, ante los ojos embobados de los hombres. Ahora surge una interrogante: ¿Por qué Sarai vestía como para ocultar o camuflar su belleza?

=> ¿Era testaruda, o no estaba dispuesta a aceptar sugerencias de modestia de su esposo? ¿Quería que se le notara, reconociera, y se le dijera que era bella? ¿Quería aparentar atractiva sexualmente? O...

=> ¿Abram tenía un motivo ulterior, el de usar la belleza de Sarai para atraer a los hombres y sus dotes? ¿Abram y Sarai tramaron desde el principio lo que está a punto de suceder?

Se sabe este tanto: una mujer puede vestirse con modestia; ella puede incluso camuflar su belleza. Si Abram y Sarai se enfrentaban a una situación que amenazaba su vida por su belleza, al parecer podían haber manejado la situación por medio de la vestimenta camuflada y modesta. Claro está, ambos tendrían que ver la amenaza como algo real y estar dispuesto a tomar esta vía para que funcionara.

Cualquiera que sea el caso, Abram y Sarai permitieron que se exhibiera su belleza, y ellos aprobaron las miradas lujuriosas y embobadas de los hombres. Pero esto no lo es todo: un pecado siempre lleva a otro pecado.

5. Quinto, Abram permitió un mal e injusticia terribles: el abuso de su querida esposa, Sarai. Por alguna razón, ya sea porque ella deseaba que vieran su belleza o porque Abram había tramado todo el plan, Sarai exhibió su belleza ante algunos príncipes. Ellos pudieron ver cuán hermosa y sexualmente atractiva era ella, lo suficiente como para ser una de las esposas del propio Faraón. Los príncipes no se atrevieron a tocarla, no fuera que Faraón los matara por ella. Otra vez, Sarai tenía que estar exhibiendo su belleza, engalanándose, por así decirlo, con las ropas que exhibían su belleza y atraían sexualmente a los príncipes. No hubo intento alguno de esconder su belleza por medio de la vestimenta camuflada y modesta. Ella se exhibió, se vistió tan sexualmente atractiva que Faraón la quería, no en su harén, sino como una de sus esposas (cp. v. 19).

=> El resultado fue trágico: los príncipes negociaron con Abram y tomaron a Sarai a la corte de Faraón para preparársela para él.

=> O el deseo (lujuria) de Sarai de ser vista y deseada por los hombres fracasó, o...

El plan de Abram para conseguir una gran dote por Sarai y escapar antes de que se descubriera, su plan había fracasado y se había vuelto contra él.

Cualquiera que sea el caso, Abram no logró defender a su esposa. Él permitió que los príncipes la llevaran a la corte de Faraón. Sabemos que Abram no puso resistencia alguna, porque ni los príncipes ni Faraón estaban molestos con él. De hecho, la relación con la corte de Faraón era tan buena, que Faraón le pagó a Abram una gran dote por Sarai, creyendo que ella era su hermana. Pero incluso esto, este pecado trágico de permitir que se abusara de su esposa, no fue todo lo que sucedió. Abram cometería otro burdo pecado.

6. Sexto, Abram mostró un espíritu de cobardía y se rehusó a corregir el error. Además, él mintió y robó (v. 16). Faraón estaba tan contento con Sarai que le pagó a Abram grandes sumas por ella: Él le dio a Abram grandes rebaños de ovejas, manadas de vacas, asnos, camellos, y los trabajadores para que se ocuparan de las manadas.

Sucede lo siguiente: Abram aceptó voluntariamente los regalos de Faraón, regalos que le fueron dados porque Faraón estaba complacido con Sarai. Abram estaba engañando a Faraón mintiéndole y robándole. Abram estaba rechazando cobardemente la oportunidad de defender a su esposa y la justicia de Dios. Abram había caído en un pecado terrible. Un pecado había llevado a otro pecado; el pecado se había acrecentado en más pecado. Abram se encontraba en un desorden del que parecía imposible escapar. A juzgar por las apariencias, él había perdido a su esposa; al parecer había pocas esperanzas de que Dios todavía lo bendijera y le cumpliera las promesas que le hizo. Desde el punto de vista de la justicia, la situación de Abram parecía desesperanzada,

porque él y Sarai habían dejado a un lado la justicia de Dios a cambio del mundo y sus deseos impíos. Habían amasado pecado sobre pecado y por ende habían cavado un pozo tan profundo que parecía imposible escapar.

> **"pero si tu ojo es maligno, todo tu cuerpo estará en tinieblas. Así que, si la luz que en ti hay es tinieblas, ¿cuántas no serán las mismas tinieblas?"** (Mt. 6:23).
>
> **"Cuando el espíritu inmundo sale del hombre, anda por lugares secos, buscando reposo; y no hallándolo, dice: Volveré a mi casa de donde salí. Y cuando llega, la halla barrida y adornada. Entonces va, y toma otros siete espíritus peores que él; y entrados, moran allí; y el postrer estado de aquel hombre viene a ser peor que el primero"** (Lc. 11:24-26).
>
> **"Ciertamente, si habiéndose ellos escapado de las contaminaciones del mundo, por el conocimiento del Señor y Salvador Jesucristo, enredándose otra vez en ellas son vencidos, su postrer estado viene a ser peor que el primero"** (2 P. 2:20).
>
> **"y dije: Dios mío, confuso y avergonzado estoy para levantar, oh Dios mío, mi rostro a ti, porque nuestras iniquidades se han multiplicado sobre nuestra cabeza, y nuestros delitos han crecido hasta el cielo"** (Esd. 9:6).

Pensamiento 1. Abram creyó que él tenía que mentir para salvar su pellejo de la misma manera que con frecuencia creemos que tenemos que mentir para salvarnos (nuestra honra, imagen, reputación, posición).

4 (12:17-20) *Juicio:* El cuarto paso en la fe débil es el juicio de Dios. La fe débil siempre conlleva al pecado, y el pecado conlleva al juicio de Dios. Advierta que tanto el incrédulo como el creyente que pecan son juzgados.

1. Estaba el juicio sobre el adúltero incrédulo, Faraón (v. 17). Dios envió alguna clase de plaga severa sobre la casa de Faraón, una plaga que impidió que se casara con Sarai. Las Escrituras no dicen cuál era la plaga, pero de alguna manera la plaga apuntaba a algún problema con Sarai. Al parecer Faraón interrogó a Sarai y descubrió que ella era realmente la esposa de Abram. Sin embargo, la plaga había azotado a Faraón con tanto temor que él tuvo miedo de ejecutar a Abram y a Sarai.

2. Estaba el juicio sobre los creyentes pecadores, Abram y Sarai (vv. 18-20). Faraón hizo traer a Abram al palacio para juzgarlo. Advierta que el juicio y la corrección, el castigo, que sufrieron Abram y Sarai:

=> El desenmascaramiento público de su mentira y su robo, su aceptación falsa de la dote pagada por Faraón.

=> El desenmascaramiento público de su disposición de formar parte en la conspiración adúltera, una relación adúltera planeada tanto por el esposo como por la esposa.

=> La reprimenda pública, no por parte de otros creyentes, lo que habría sido bastante vergonzoso, sino la

reprimenda pública por parte del mundo.
=> La expulsión y desahucio públicos de Egipto.
=> El bochorno y vergüenza públicos. Todo lo anterior se añadiría a la vergüenza y el bochorno.
=> Tener que regresar a Canaán y enfrentar la prueba de la escasez de la que habían tratado de escapar. Pero esta vez tuvieron que enfrentar la prueba...
  • Sintiendo intensamente la culpabilidad y el fracaso
  • Sintiendo la sensación más profunda de indignidad
  • Preguntándose si Dios podría bendecirlos de nuevo
  • Sintiendo que probablemente Dios nunca les daría la herencia de la Tierra Prometida.

Abram y Sarai le habían fallado a Dios, le habían fallado miserablemente. Habían sido débiles al abandonar la Tierra Prometida, y trágicamente se habían alejado cada vez más de Dios. Su esperanza en Dios parecía perdida para siempre. Fueron avergonzados y abochornados públicamente, no solo delante del público y corte egipcios, sino también delante de su propia casa y trabajadores de la hacienda. Todo el mundo sabía de su pecado vergonzoso. Sin lugar a dudas eran la comidilla del pueblo. El juicio y corrección de Dios —el castigo de Dios— había caído sobre los dos creyentes pecadores y díscolos.

"**Reconoce asimismo en tu corazón, que como castiga el hombre a su hijo, así Jehová tu Dios te castiga**" (Dt. 8:5).
"**Bienaventurado el hombre a quien tú, JAH, corriges, y en tu ley lo instruyes**" (Sal. 94:12).
"**No menosprecies, hijo mío, el castigo de Jehová, ni te fatigues de su corrección; porque Jehová al que ama castiga, como el padre al hijo a quien quiere**" (Pr. 3:11-12).
"**Todo pámpano que en mí no lleva fruto, lo quitará; y todo aquel que lleva fruto, lo limpiará, para que lleve más fruto**" (Jn. 15:2).
"**Yo reprendo y castigo a todos los que amo; sé, pues, celoso, y arrepiéntete**" (Ap. 3:19).
"**Es verdad que ninguna disciplina al presente parece ser causa de gozo, sino de tristeza; pero después da fruto apacible de justicia a los que en ella han sido ejercitados. Por lo cual, levantad las manos caídas y las rodillas paralizadas; y haced sendas derechas para vuestros pies, para que lo cojo no se salga del camino, sino que sea sanado**" (He. 12:11-13).

5 (13:1-4) *Arrepentimiento:* El quinto paso en la fe débil es el arrepentimiento. Todo creyente que es débil en la fe y se aleja necesita arrepentirse y volverse a Dios. Al arrepentirse y volverse a Dios, el creyente, durante un período de tiempo, se fortalecerá en la fe. Dios siempre recibe al creyente arrepentido y lo bendice grandemente, muy grandemente. Dios siempre perdona el pecado, no importa cuán terrible haya sido el pecado, si la persona se arrepiente —se arrepiente

verdaderamente— y se vuelve al Señor y comienza a seguirlo.

Esto es exactamente lo que le sucedió a Abram. Advierta que Abram regresó donde Dios y a la Tierra Prometida. Él podía haber regresado a Ur de los caldeos o a Harán o incluso a algún otro país y tierra. Sin dudas, él y Sarai se encontraban desalentados y abatidos, y sentían mucha culpabilidad, vergüenza, y bochorno. Probablemente se sintieran presos del terror, la aprehensión, e incluso algo de temor, odiando tener que enfrentar a los miembros de su casa y a los trabajadores de sus rebaños. Pero Abram y Sarai hicieron exactamente lo que debían hacer.

1. Se separaron de Egipto, del mundo de la impiedad y los deseos mundanos (v. 1).

2. Se arrepintieron y comenzaron el viaje de regreso a la Tierra Prometida, a Bet-el. Al parecer, Faraón temió tanto al Dios de Abram que él dejó que Abram se quedara con los regalos que él le había dado por Sarai, esperando apaciguar al Dios de Abram (v. 2). Advierta que Abram era muy rico en ganado, plata, y oro.

Bet-el era el lugar donde Abram había comenzado su viaje en la Tierra Prometida y había construido un altar para la adoración (vv. 3-4). Todo esto apunta al arrepentimiento y regreso de Abram a Dios. De hecho, las Escrituras dicen claramente que "invocó allí Abram el nombre de Jehová". Y cuando los creyentes arrepentidos invocan al Señor —lo invocan sinceramente— el Señor los restaura, incluso a una posición gloriosa de bendición y servicio mayor que la anterior.

"**Así que, arrepentíos y convertíos, para que sean borrados vuestros pecados; para que vengan de la presencia del Señor tiempos de refrigerio**" (Hch. 3:19).
"**Arrepiéntete, pues, de esta tu maldad, y ruega a Dios, si quizá te sea perdonado el pensamiento de tu corazón**" (Hch. 8:22).
"**si se humillare mi pueblo, sobre el cual mi nombre es invocado, y oraren, y buscaren mi rostro, y se convirtieren de sus malos caminos; entonces yo oiré desde los cielos, y perdonaré sus pecados, y sanaré su tierra**" (2 Cr. 7:14).
"**Deje el impío su camino, y el hombre inicuo sus pensamientos, y vuélvase a Jehová, el cual tendrá de él misericordia, y al Dios nuestro, el cual será amplio en perdonar**" (Is. 55:7).
"**Mi mano hizo todas estas cosas, y así todas estas cosas fueron, dice Jehová; pero miraré a aquel que es pobre y humilde de espíritu, y que tiembla a mi palabra**" (Is. 66:2).
"**Venid y volvamos a Jehová; porque él arrebató, y nos curará; hirió, y nos vendará**" (Os. 6:1).
"**Cercano está Jehová a los quebrantados de corazón; y salva a los contritos de espíritu**" (Sal. 34:18).

1 Abram y Lot se enfrentaron a tres problemas
a. Un deseo imprudente: quedarse juntos aunque la tierra no los pudiera sustentar a ambos
b. Un conflicto severo entre los trabajadores
c. A Una influencia piadosa pobre, un testimonio pobre para el mundo[EF1,2]

2 Abram trató de resolver el conflicto
a. Él sugirió la necesidad de mantener la paz
b. Él se brindó para darle a Lot la mejor tierra, sacrificando su propio derecho de escoger primero

3 Lot se dejó llevar erróneamente por el deseo de los ojos y por lo que parecía bueno: Por la apariencia
a. Egoístamente, Lot "alzó sus ojos" para buscar la mejor tierra
b. Egoístamente, Lot miró y puso sus ojos en lo que parecía ser la mejor tierra[EF3] a Jehová.

E. Abram se separó de Lot: La fe egoísta frente a la fe desinteresada, 13:5-18

5 También Lot, que andaba con Abram, tenía ovejas, vacas y tiendas. 6 Y la tierra no era suficiente para que habitasen juntos, pues sus posesiones eran muchas, y no podían morar en un mismo lugar. 7 Y hubo contienda entre los pastores del ganado de Abram y los pastores del ganado de Lot; y el cananeo y el ferezeo habitaban entonces en la tierra. 8 Entonces Abram dijo a Lot: No haya ahora altercado entre nosotros dos, entre mis pastores y los tuyos, porque somos hermanos. 9 ¿No está toda la tierra delante de ti? Yo te ruego que te apartes de mí. Si fueres a la mano izquierda, yo iré a la derecha; y si tú a la derecha, yo iré a la izquierda. 10 Y alzó Lot sus ojos, y vio toda la llanura del Jordán, que toda ella era de riego, como el huerto de Jehová, como la tierra de Egipto en la dirección de Zoar, antes que destruyese Jehová a Sodoma y a Gomorra.

11 Entonces Lot escogió para sí toda la llanura del Jordán; y se fue Lot hacia el oriente, y se apartaron el uno del otro. 12 Abram acampó en la tierra de Canaán, en tanto que Lot habitó en las ciudades de la llanura, y fue poniendo sus tiendas hasta Sodoma. 13 Mas los hombres de Sodoma eran malos y pecadores contra Jehová en gran manera.

14 Y Jehová dijo a Abram, ó de él: Alza ahora tus ojos, y mira desde el lugar donde estás hacia el norte y el sur, y al oriente y al occidente.

15 Porque toda la tierra que ves, la daré a ti y a tu descendencia para siempre.

16 Y haré tu descendencia como el polvo de la tierra; que si alguno puede contar el polvo de la tierra, también tu descendencia será contada. 17 Levántate, ve por la tierra a lo largo de ella y a su ancho; porque a ti la daré. 18 Abram, pues, removiendo su tienda, vino y moró en el encinar de Mamre, que está en Hebrón, y edificó allí altar a Jehová.

c. Egoístamente, Lot escogió toda la mejor tierra para sí

4 Abram vivió donde él pudiera prosperar espiritualmente ; Lot donde pudiera prosperar en el mundo
a. Lot se asentó cerca de Sodoma
b. Lot se asentó donde las personas eran perversas y muy pecadoras

5 La fe de Abram fue galardonada
a. Cuando: después de la separación de lo mundano
b. Cómo: Por medio de la Palabra de Dios: "Alza *ahora* tus ojos"
c. Qué: tres galardones
  1) La tierra
  2) La simiente
  3) El derecho a reclamar la tierra: Todo la tierra por la que él andaba

6 La fe de Abram siguió creciendo[EF4]
a. Él obedeció a Dios
b. Él adoró a Dios (en Hebrón)

División VII

Abraham: El hombre escogido para convertirse en el padre del pueblo de Dios y en el padre de la fe, 12:1—25:18

E. Abram se separó de Lot: La fe egoísta frente a la fe desinteresada, 13:5-18

(13:5-18) *Introducción:* Abram trató a Lot como a un hijo. Lot era el sobrino de Abram. Cuando Harán, el padre de Lot, murió, Abram asumió a Lot y lo crió como criaría a su propio hijo. Pero como veremos, Lot le prestaba poca atención a los asuntos espirituales. En esto consiste todo este pasaje. El pasaje hace un contraste marcado entre Lot y Abram, entre un creyente mundano y carnal, y un creyente espiritual. Nos proporciona una ilustración de la fe desinteresada en oposición la fe egoísta.

=> Abram vivía por la fe; Lot vivía por la vista (Gn. 13:8-9; 13:10-11).

=> Abram era generoso y desinteresado; Lot era avaricioso y egoísta (Gn. 13:8-9; 13:10-11).

=> Abram era humilde y respetuoso; Lot era orgulloso y altanero (Gn. 13:8-9; 13:10-11).

=> Abram buscaba de Dios y sus promesas; Lot buscaba de los lujos, posesiones, y placeres de este mundo (Gn. 13:14-18; 13:10-11).

=> Abram era espiritual; Lot era mundano (Gn. 13:8, 12; 13:10-12).

=> Abram buscaba la ciudad celestial que es eterna, cuyo constructor y creador es Dios; Lot buscaba una ciudad mundana que fue edificada por el hombre y brindaba las riquezas, la posición, y los lujos del mundo (He. 11:10, 13-16; Gn. 13:12-13).

=> Abram se convirtió en el padre de todos los que creen (Ro. 4:11); Lot se convirtió en el padre de solo dos hijas que le trajeron una gran vergüenza a su nombre (Gn. 19:33-38).

=> Abram fue hecho "heredero del mundo" (Ro. 4:13); Lot perdió todas sus posesiones en la destrucción abrasadora de de Sodoma viviendo los últimos años de su vida en una cueva (Gn. 19:30).

(La idea de este contraste entre Abram y Lot fue promovida por Arthur W. Pink. *Gleanings in Genesis* [Fragmentos de Génesis], vol. 1. Chicago, IL: Moody Press, 1922, p. 148.)

Los personajes de Abram y Lot se oponen diametralmente uno al otro. Abram era un hombre de fe; Lot era un hombre del mundo. Un examen detenido de sus vidas ayudará al creyente en el crecimiento de su propia fe. Este pasaje es una revelación de la fe: es un pasaje...

• Que debería estimularnos a buscar de Dios y sus promesas con más diligencia que nunca, tal como hizo Abram.

• Que debería asustarnos para que abandonemos el mundo —sus lujos, placeres, y posesiones— lo que Lot no logró hacer.

El tema es el siguiente: *Abram se separó de Lot: La fe egoísta frente a la fe desinteresada*, 13:5-18.

1. Abram y Lot se enfrentaron a tres problemas (vv. 5-7).

2. Abram trató de resolver el conflicto (vv. 8-9).

3. Lot se dejó llevar erróneamente por el deseo de los ojos y por lo que parecía bueno: por la apariencia (vv. 10-11).

4. Abram vivió donde él pudiera prosperar espiritualmente; Lot donde pudiera prosperar en el mundo (vv. 12-13).

5. La fe de Abram fue galardonada (vv. 14-17).

6. La fe de Abram siguió creciendo (v. 18).

1 (13:5-7) *Lot — Abram — División — Discusión:* Abram y Lot se enfrentaron a tres problemas. Recuerden: Lot era el hijo de Harán, el hermano de Abram. Cuando Harán murió, Abram recogió a Lot en su familia. Por eso, cuando Abram se marchó de Ur de los caldeos rumbo a la Tierra Prometida, Lot fue con él (cp. Gn. 11:31). Sabemos a partir de las Escrituras que el propio Lot, en cierto momento, se volvió creyente y comenzó a seguir a Dios y sus promesas. Pero Lot llevó una vida carnal, una vida extremadamente carnal y mundana (2 P. 2:7-8; vea nota, Gn. 19:1-38 para un mayor análisis). La primera vista de su carnalidad y amor por el mundo se muestra en este pasaje. Obviamente, Lot se había vuelto un joven acaudalado a lo largo de los años mientras estuvo con su tío, Abram. Es muy probable que Abram, quien no tenía hijos, hubiera tratado a Lot como un hijo, educándolo e iniciándolo en su negocio y ganadería. Los tres problemas que surgieron entre Abram y Lot se debían a las riquezas que ambos poseían.

1. Problema número uno: Imprudentemente se mantenían juntos aunque la tierra no los pudiera sustentar (v. 6). Abram y Lot eran hombres inteligentes, así que se darían cuenta del problema: sencillamente no habían suficientes pastos para alimentar el ganado de ambos. Pero por alguna razón, ellos no querían separarse. Sin dudas, mantener juntas a las dos familias y sus trabajadores les proporcionaba mayor seguridad contra los bandidos y los merodeadores. Además, había un lazo fuerte entre Abram y Lot. Según todos los indicios, Abram amaba a Lot como a un hijo (cp. Gn. 13:8-9; 14:13-16). Sin embargo, la situación se había vuelto crítica: sencillamente no había suficiente buen pasto para sustentar las grandes manadas de ambos hacendados. Por mucho que quisieran mantenerse unidos, por íntima que fuera su relación, les era necesario separarse. Abram específicamente reconocía esto. Él fue quien sugirió la separación; esto se verá en un momento.

2. Problema número dos: Había un conflicto entre los trabajadores de los dos hombres por el mejor pasto y los mejores abrevaderos. Advierta que el conflicto no era entre Abram y Lot; era solo entre sus trabajadores. Los dos hombres no habían entrado en conflicto aún; su relación no se había afectado aún. Pero Abram era lo bastante sabio como para saber que las discusiones y conflictos pequeños finalmente afectan a todo el mundo a menos que se sofoquen en el principio.

3. Problema número tres: Abram y Lot estaban a punto de convertirse en un testimonio pobre para el mundo (v. 7). Advierta que los cananeos y los ferezeos vivían en la misma región. Esto significa que ellos estaban observando el conflicto entre los trabajadores de Abram y Lot, probablemente preguntándose cómo los dos grandes jeques (hacendados) resolverían el problema. Era un testimonio pobre para los hombres del verdadero Dios permitir que existiera una situación que provocara un conflicto severo. Recuerden: uno de los propósitos por los que Dios escogió a Abram fue para que Abram diera testimonio a las otras naciones, el testimonio de que solo hay un Dios vivo y verdadero, Solo hay un Salvador y esperanza para el hombre. Por eso Abram sabia que él se enfrentaba a una oportunidad única de dar testimonio a los vecinos que los rodeaban. La forma en que él manejara la situación proporcionaría un testimonio fuerte o débil de Dios.

ESTUDIO A FONDO 1

(13:7) *Ferezeos:* Eran algunas de las personas que se asentaron originalmente en Palestina (Gn. 13:7; Éx. 3:7).
=> Con frecuencia se mencionan con relación a los cananeos (Gn. 13:7; 34:30).
=> Eran una de las naciones que Israel eliminaría (Gn. 15:20; Éx. 3:8, 17; 23:23; 33:2; 34:11; Dt. 20:17; Jos. 3:10; 24:11; Jue. 1:4).

ESTUDIO A FONDO 2

(13:7) *Cananeos:* Vea nota, pt. 6, Gn. 10:6-20 para un análisis.

2 (13:8-9) *Contienda — Conflicto — División — Hermandad:* Abram trató de resolver el conflicto entre él y Lot. Él lo resolvió haciendo dos cosas.

1. Primero, Abram sugirió la necesidad de mantener la paz entre ellos y sus trabajadores. Ellos eran hermanos y los hermanos no debían pelear; los hermanos debían cuidarse y protegerse mutuamente. Abram sabía que se le presentarían todo tipo de pruebas y enemigos al seguir a Dios y buscar la Tierra Prometida. Se iban a necesitar mutuamente; por ende necesitaba estar en paz y listos para ayudarse cuando les hiciera falta ayuda. Las pruebas y los enemigos de la vida son demasiado grandes para que los hermanos no se enfrenten juntos contra cualquier cosa que se les presente. Abram sabía esto; por eso él tomó la iniciativa para sugerir la paz antes de que el conflicto se convirtiera en una crisis.

2. Segundo, Abram se brindó para darle la mejor región de pasto a Lot, se brindó para sacrificar su derecho de reclamar lo mejor para sí (v. 9). Abram tenía el derecho de escoger primero, y él merecía ese derecho.
=> Él era el mayor, el cabeza de familia.
=> Él era la persona a quien Dios le había prometido la tierra.

=> Él era el líder, quien había llevado a los peregrinos a la Tierra Prometida.

Pero Abram hizo algo extraordinario: él dejó que Lot escogiera primero la tierra. Abram renunció a su derecho de escoger primero. Con esto él ilustra perfectamente lo que significa...
• Actuar desinteresadamente
• Dar expiatoriamente
• Ser humilde y manso

Advierta cuatro elementos significativos.

a. La gran preocupación de Abram era la relación entre él y Lot. Tenía tanta urgencia resolver la contienda, que él estaba dispuesto a hacer todo lo posible.

> **"Si es posible, en cuanto dependa de vosotros, estad en paz con todos los hombres" (Ro. 12:18).**
> **"Nada hagáis por contienda o por vanagloria; antes bien con humildad, estimando cada uno a los demás como superiores a él mismo; no mirando cada uno por lo suyo propio, sino cada cual también por lo de los otros" (Fil. 2:3-4).**
> **"Seguid la paz con todos, y la santidad, sin la cual nadie verá al Señor" (He. 12:14).**
> **"Pero si tenéis celos amargos y contención en vuestro corazón, no os jactéis, ni mintáis contra la verdad; porque esta sabiduría no es la que desciende de lo alto, sino terrenal, animal, diabólica. Porque donde hay celos y contención, allí hay perturbación y toda obra perversa. Pero la sabiduría que es de lo alto es primeramente pura, después pacífica, amable, benigna, llena de misericordia y de buenos frutos, sin incertidumbre ni hipocresía. Y el fruto de justicia se siembra en paz para aquellos que hacen la paz" (Stg. 3:14-18).**

b. Abram era delicado y cariñoso con Lot, muy delicado y cariñoso. Jay P. Green, en su traducción del hebreo, lo expresa bien (nótese que Abram usa la frase *por favor* dos veces):

> "Y Abram le dijo a Lot: *Por favor* que no haya contienda entre tú y yo, ni entre mis pastores y tus pastores, porque nosotros (somos) hombres, hermanos. ¿No está toda la tierra delante de ti? *Por favor* sepárate de mí; si a la izquierda, entonces yo iré a la derecha; o si a la derecha, entonces yo iré a la izquierda" (*The Interlinear Bible* [La Biblia interlineal], vol. 1, traducido por Jay P. Green, Sr. Grand Rapids, MI: Baker Book House, p. 29).

c. Abram tenía gran sabiduría. Él sabía esto: si él escogía la mejor tierra para sí y obligaba a Lot a irse a otra cualquier parte, es muy probable que Lot reaccionara con resentimiento por Abram para siempre. Pero si dejaba escoger primero a Lot, Lot no tendría razón para guardar resentimientos. De hecho, había una posibilidad de que Lot se conmoviera por tanto desinterés y se apegara más a Abram y quizás a Dios.

d. Abram tenía gran fe en Dios. Él había aprendido esta lección en la experiencia de la escasez cuando no confió en la provisión de Dios y se fue a Egipto en busca de ayuda (Gn. 13:10s). Abram había aprendido que Dios se ocuparía de él, que Dios esperaba que el verdadero creyente confiara en Él. Por eso, ahora Abram estaba dispuesto a buscar de Dios y su justicia por encima de todo, estaba dispuesto a confiar en que Dios se ocupara de él aunque Lot actuara de un modo egoísta y usurpara los derechos de Abram y escogiera los mejores pastos para él.

"Mas buscad primeramente el reino de Dios y su justicia, y todas estas cosas os serán añadidas" (Mt. 6:33).

"¡Cuán grande es tu bondad, que has guardado para los que te temen, que has mostrado a los que esperan en ti, delante de los hijos de los hombres!" (Sal. 31:19).

"Confía en Jehová, y haz el bien; y habitarás en la tierra, y te apacentarás de la verdad" (Sal. 37:3).

"Mejor es confiar en Jehová que confiar en el hombre" (Sal. 118:8).

"Fíate de Jehová de todo tu corazón, y no te apoyes en tu propia prudencia" (Pr. 3:5).

Pensamiento 1. El sacrificio de Abram es una ilustración del sacrificio de Cristo.

1) Ambos tenía el derecho a la Tierra Prometida, aún así ambos sacrificaron sus derechos para cumplir sus propósitos. Cristo tenía el derecho de quedarse en la tierra perfecta del cielo, aún así renunció a su derecho y vino a la tierra a morir por el hombre. Abram tenía el derecho de vivir en la región más perfecta de la Tierra Prometida.

"Porque ya conocéis la gracia de nuestro Señor Jesucristo, que por amor a vosotros se hizo pobre, siendo rico, para que vosotros con su pobreza fueseis enriquecidos" (2 Co. 8:9).

"Por eso me ama el Padre, porque yo pongo mi vida, para volverla a tomar. Nadie me la quita, sino que yo de mí mismo la pongo. Tengo poder para ponerla, y tengo poder para volverla a tomar. Este mandamiento recibí de mi Padre" (Jn. 10:17-18).

2) Ambos buscaron la paz por encima de todo:

"y por medio de él reconciliar consigo todas las cosas, así las que están en la tierra como las que están en los cielos, haciendo la paz mediante la sangre de su cruz" (Col. 1:20).

"Pero ahora en Cristo Jesús, vosotros que en otro tiempo estabais lejos, habéis sido hechos cercanos por la sangre de Cristo. Porque él es nuestra paz, que de ambos pueblos hizo uno, derribando la pared intermedia de separación" (Ef. 2:13-14).

3) Ambos se humillaron y actuaron desinteresadamente, dándolo todo y sacrificándose al máximo.

"Haya, pues, en vosotros este sentir que hubo también en Cristo Jesús, el cual, siendo en forma de Dios, no estimó el ser igual a Dios como cosa a que aferrarse, sino que se despojó a sí mismo, tomando

forma de siervo, hecho semejante a los hombres; y estando en la condición de hombre, se humilló a sí mismo, haciéndose obediente hasta la muerte, y muerte de cruz" (Fil. 2:5-8).

4) Ambos confiaron en que Dios se ocuparía de sus necesidades, en que proveería para ellos sin importar lo que sucediera.

"Yendo un poco adelante, se postró sobre su rostro, orando y diciendo: Padre mío, si es posible, pase de mí esta copa; pero no sea como yo quiero, sino como tú" (Mt. 26:39).

"¿Acaso piensas que no puedo ahora orar a mi Padre, y que él no me daría más de doce legiones de ángeles?" (Mt. 26:53).

3 (13:10-11) *Lot — Egoísmo — Avaricia — Mundanalidad:* Lot se dejó llevar erróneamente por el deseo de los ojos, por lo que le parecía bueno. Este fue el comienzo de la caída de Lot. La decisión que tomó ahora alteró su vida para siempre. Lot se convirtió en una ilustración trágica del egoísmo, la avaricia, la carnalidad, y la mundanalidad. Recuerden, Abram había dejado que Lot escogiera primero la tierra para su hacienda. Advierta lo que hizo Lot:

1. Egoístamente, Lot "alzó sus ojos" para buscar la mejor región de la tierra. Lot se precipitó sobre la oportunidad de la mejor región. La idea es que *de inmediato* alzó sus ojos y comenzó a examinar la tierra para ver dónde se encontraba la región más fértil y con más agua. Esto no debió ser la primera cosa que él hiciera, pero fue lo primero que hizo. Lot era egoísta y avaricioso. ¿Cómo podemos decir esto? Porque él debió haber "alzado sus ojos" para mirar a Abram, el hombre de Dios y la el cabeza de la familia, y debió haber insistido en que él escogiera primero. Pero Lot no hizo eso; de hecho, no hay registro de que tan siquiera haya agradecido o mostrado agradecimiento hacia Abram por el privilegio de escoger primero. Lot sencillamente "alzó sus ojos" y de inmediato comenzó a examinar la tierra, buscando la mejor región para reclamarla. Lot estaba lleno de egoísmo y avaricia, quería lo mejor para él a pesar del hecho de que el derecho de escoger primero le pertenecía a Abram.

Pensamiento 1. ¡Qué acto tan egoísta! Tengan presente que Abram había recogido a Lot y lo había tratado como a un hijo cuando murió el padre de Lot. Abram crió a Lot, lo educó y lo inició en el negocio. Es muy probable que Lot le debiera todo a Abram. Aún así Lot estaba usurpando el derecho de Abram al no reconocer la posición y aporte de Abram en su vida.

Cuán semejante a tantas personas en la actualidad, incluso los hijos. Demasiado de nosotros somos egoístas. Queremos lo mejor para nosotros aunque tengamos que descuidar a nuestros padres y a aquellos que nos han ayudado tanto en la vida. Demasiados de nosotros somos ingratos y mostramos poco agradecimiento hacia aquellos que nos han convertido en lo que somos.

"Igualmente, jóvenes, estad sujetos a los ancianos; y todos, sumisos unos a otros, revestíos

de humildad; porque: **Dios resiste a los soberbios, y da gracia a los humildes. Humillaos, pues, bajo la poderosa mano de Dios, para que él os exalte cuando fuere tiempo; echando toda vuestra ansiedad sobre él, porque él tiene cuidado de vosotros**" (1 P. 5:5-7).

2. Egoístamente, Lot puso sus ojos en lo que parecía ser la mejor región. La mejor región parecía ser la región que rodeaba el río o la cuenca del Jordán. La descripción de la tierra es sorprendente:
=> Tenía buen suministro de agua.
=> Era como el huerto de Jehová, es decir, Edén. Esto quería decir que era fructífera y exuberante, producía todo tipo de vegetación y crecimiento.
=> Era como la tierra de Egipto. Recuerden, Lot había estado en Egipto con Abram y había visto lo fructífera que era la tierra alrededor del río Nilo. Advierta que Lot estaba comparando la región de Edén y Egipto, lo mejor que el mundo le tenía que ofrecer. Su mente estaba centrada en el mundo y en las cosas que el mundo podía darle, su posición, sus posesiones, sus placeres, su honra, y riquezas.
=> Era la tierra la que le había dado origen a las ciudades infames e impías de Sodoma y Gomorra. Advierta que las ciudades aún existían; Dios aún no las había destruido. Lot, sin dudas, sabía de su impiedad; aún así él estaba considerando el Valle del Jordán.

Pensamiento 1. Lot ignoró la conducta impía de Sodoma y Gomorra. En su ceguera, él debe haber negado que su impiedad influyera en la vida espiritual de su querida familia.

3. Egoístamente, Lot escogió toda la mejor región para sí. Él escogió toda la llanura del río Jordán.
=> Él escogió egoístamente toda la región, rehusándose a ofrecerle a Abram al menos parte de la llanura fértil del Jordán.
=> Él escogió tontamente la región donde florecía la impiedad.
=> Él escogió egoístamente la riqueza material en lugar de la garantía de salvación y de crecimiento espiritual de la familia.

Pensamiento 1. Advierta dos lecciones sorprendentes.
1) Las personas se trasladan por todo tipo de razones: por buscar una mejor posición, trabajo, paisaje, más dinero, una casa más grande, y así la lista de razones podría volverse interminable. Cuando los creyentes se trasladan, siempre deben analizar el impacto espiritual de su traslado:
=> El número de hermanos creyentes en la región.
=> La disponibilidad de iglesias centradas en la Biblia que realmente predican a Cristo.
=> El ambiente moral y espiritual de la comunidad, las escuelas, los negocios, e instituciones de la región.

=> Los lugares mundanos que existen para tentar a los hijos.
2) Nunca nos debemos dejar llevar por las apariencias, por el deseo de los ojos, ni por lo que parece bueno. La vida es mucho más que lo físico y lo material, es mucho más que los lujos, placeres, posesiones, posiciones, y riquezas del mundo. Las cosas de este mundo no satisfacen el alma humana: dejan al alma humana vacía, insatisfecha, y sin realizar. Lo único que satisface al alma humana es Dios y las cosas de Dios, como por ejemplo, el propósito, y la importancia; cosas como el amor, el gozo, la paz, la bondad, la fe, la disciplina, y el control. La plenitud de la vida proviene solo de Dios y únicamente de Dios; por ende, las decisiones más importantes deben tomarse en virtud de Dios. ¿Qué tipo de decisiones?

- Dónde vivir
- Dónde trabajar
- Dónde asistir a la escuela
- Dónde ir para la recreación
- Dónde adorar
- Con quién casarse
- Con quién confraternizar
- Con quién noviar
- Qué películas o programas de televisión ver
- Qué usar y cómo vestirse

Cada una de las decisiones que tomamos en la vida se deben tomar considerando a Dios, considerando el efecto que tendrá en nuestro crecimiento espiritual y testimonio de Él. Lot no logró hacer esto; nosotros sí debemos lograrlo.

ESTUDIO A FONDO 3
(13:10) *Zoar:* la ciudad fue una de las ciudades más antiguas de la tierra, fundada por los cananeos. La ciudad...
- Fue salva de la destrucción con Sodoma y Gomorra por las oraciones de Lot (Gn. 19:20-22).
- Fue gobernada por un rey y conquistada en una gran guerra luchada durante la época de Abraham (Gn. 14:1s).
- Fue mencionada por Isaías y Jeremías (Is. 15:5; Jer. 48:34).

4 (13:12-13) *Mundanalidad — Sodoma — Lot:* Abram vivió donde él pudiera prosperar espiritualmente; Lot vivió donde él pudiera prosperar en el mundo, donde él pudiera garantizar las posesiones del mundo y disfrutar de sus lujos y placeres. Abram continuó su peregrinación de fe: él se rehusó a asentarse, y se mantuvo trasladándose por toda la tierra de Canaán. Probablemente había tres razones por las que Abram se rehusó a asentarse.
=> Sus manadas y rebaños eran grandes, así que tendría que moverse constantemente de un lugar a otros en busca de nuevos pastos.
=> Los cananeos se habían asentado en la tierra y habían edificado ciudades mucho antes de que llegara Abram.

Los cananeos eran los pobladores originales de la tierra. Habría sido peligroso para Abram asentarse o quedarse en un lugar mucho tiempo. Los ciudadanos locales se habrían sentido amenazados por su presencia permanente.

=> Abram no quería que la perversidad de los cananeos influyera en su familia y en sus trabajadores. Dios lo había llamado a llevar una vida de fe y separación de la mundanalidad de la tierra. Dios lo había llamado a dar un ejemplo de piedad ante el mundo.

Abram sabía lo que sabe cualquier persona sincera e inteligente: confraternar con los perversos de esta tierra contamina a una persona. Él y su pueblo vivían en el mundo, pero ellos no debían formar parte del mundo. Abram no iba a asentarse y vivir en medio de los impíos, a vivir donde ellos pudieran influir y guiar a su familia lejos de Dios y al pecado. Pero no sucedía eso con Lot. Lot tomó dos decisiones trágicas.

1. Lot se trasladó donde él pudiera prosperar en el mundo y disfrutar de los placeres y posesiones. ¿Dónde se asentó Lot? En las "ciudades" (plural). Lot, al igual que Abram, tuvo que mantenerse moviéndose de un lado a otro en busca de nuevos pastos cuando sus grandes manadas agotaban alguna zona de pasto específica. Pero advierta hacia dónde trasladó Lot sus manadas: siempre cerca de las *ciudades* de la llanura del Jordán, justo en medio de los impíos de la tierra, justo donde los pecados del mundo iban a influir en él y en su querida familia.

Pero esto no era todo: Lot decidió asentarse, y el lugar que él escogió para su hogar fue el peor lugar de todos, cerca de Sodoma. ¿Qué haría que Lot hiciera esto? El dinero, la avaricia, el negocio; querer los placeres y posesiones de la tierra. Las ciudades eran exactamente lo que son hoy: lugares donde se encuentran los mayores mercados para las transacciones de negocio.

=> Las ciudades tenían todo tipo de mercados de oro, plata, ovejas, cabras, camellos, ganado, y otros artículos. Lot, como cualquier comerciante, necesitaba estos mercados para su negocio se mantuviera prosperando y creciendo.
=> Las ciudades tenían todo tipo de placeres y posesiones. Lot y su familia deseaban los lujos, placeres, y posesiones del mundo. (Una evidencia de esto lo constituye la esposa de Lot: ella no podía escindirse de Sodoma y sus lugares, incluso a riesgo de perder su vida [Gn. 19:15-26]).
=> Las ciudades también ofrecían la oportunidad de posición, honra, y reconocimiento mundano. Luego Lot buscaría del mundo posición y honra. Esto lo demuestra el hecho de que Lot estaba sentado a las puertas de Sodoma cuando el juicio estaba a punto de caer sobre Sodoma. Sentarse a las puertas de una ciudad estaba reservado solamente para los funcionarios de la ciudad. La puerta de la ciudad era donde se reunían los funcionarios de la ciudad para llevar a cabo los negocios de la ciudad. En algún momento, Lot se convirtió en un funcionario de la ciudad de Sodoma (Gn. 19:1).

Ahora bien, ¿qué tenía de malo que Lot hiciera negocios en las ciudades de la región? Nada. Abram, sin dudas, también hacía negocios en las ciudades de Canaán. Él tenía que hacerlos, porque era la única manera que tenía para crecer e incrementar sus activos de negocios, y las Escrituras son claras: Abram tenía grandes activos; él era muy rico en oro, plata, y ganado (Gn. 13:2). El error cometido por Lot era el siguiente: él se volvió parte del mundo. Él no solo vivía en el mundo, él participaba de sus placeres y pecados mundanos, de su avaricia y perversidad. Lot se inmiscuyó con los mundanos e impíos de esta tierra.

2. Lot se trasladó a Sodoma, a un lugar donde las personas eran *perversas y muy pecaminosas* (v. 13). Y advierta: su perversidad y pecado eran "ante Jehová". Ellos pecaban abiertamente y plenamente ante los ojos de Dios. Esto significa que ellos no trataban de ocultar su pecado; no sentían vergüenza por su pecado. Probablemente hicieran lo que hacen muchos hoy día: declarar que su conducta no es errónea; que no constituye pecado. Es solo una *preferencia personal*, una *decisión privada*, y el *derecho individual* de una persona de hacer lo que desee.

Más adelante, veremos un suceso aterrador: no había una persona piadosa ni justa en Sodoma, ni una sola persona. Aún así, Lot se trasladó a Sodoma, a las afueras de la ciudad. Él se trasladó allí porque él quería aquello que la ciudad le ofrecía: sus oportunidades de negocio, sus lujos, placeres, posesiones, y posición. Lot se alejó de Dios y sus promesas, se alejó a fin de buscar el mundo, sus posesiones y placeres.

Pensamiento 1. Las Escrituras son claras respecto a la separación de la mundanalidad, de los placeres y posesiones del mundo.

"Y con otras muchas palabras testificaba y les exhortaba, diciendo: Sed salvos de esta perversa generación" (Hch. 2:40).

"Porque ¿qué aprovechará al hombre, si ganare todo el mundo, y perdiere su alma? ¿O qué recompensa dará el hombre por su alma?" (Mt. 16:26).

"Mirad también por vosotros mismos, que vuestros corazones no se carguen de glotonería y embriaguez y de los afanes de esta vida, y venga de repente sobre vosotros aquel día" (Lc. 21:34).

"Así que, hermanos, os ruego por las misericordias de Dios, que presentéis vuestros cuerpos en sacrificio vivo, santo, agradable a Dios, que es vuestro culto racional. No os conforméis a este siglo, sino transformaos por medio de la renovación de vuestro entendimiento, para que comprobéis cuál sea la buena voluntad de Dios, agradable y perfecta" (Ro. 12:1-2).

"Por lo cual, salid de en medio de ellos, y apartaos, dice el Señor, y no toquéis lo inmundo; y yo os recibiré, y seré para vosotros por Padre, y vosotros me seréis hijos e hijas, dice el Señor Todopoderoso" (2 Co. 6:17-18).

"Y no participéis en las obras infructuosas de las tinieblas, sino más bien reprendedlas" (Ef. 5:11).

"Poned la mira en las cosas de arriba, no en las de la tierra" (Col. 3:2).

"Ninguno que milita se enreda en los negocios de la vida, a fin de agradar a aquel que lo tomó por soldado" (2 Ti. 2:4).

"enseñándonos que, renunciando a la impiedad y a los deseos mundanos, vivamos en este siglo sobria, justa y piadosamente, aguardando la esperanza bienaventurada y la manifestación gloriosa de nuestro gran Dios y Salvador Jesucristo" (Tit. 2:12-13).

"¡Oh almas adúlteras! ¿No sabéis que la amistad del mundo es enemistad contra Dios? Cualquiera, pues, que quiera ser amigo del mundo, se constituye enemigo de Dios" (Stg. 4:4).

"No améis al mundo, ni las cosas que están en el mundo. Si alguno ama al mundo, el amor del Padre no está en él. Porque todo lo que hay en el mundo, los deseos de la carne, los deseos de los ojos, y la vanagloria de la vida, no proviene del Padre, sino del mundo" (1 Jn. 2:15-16).

"Apartaos, apartaos, salid de ahí, no toquéis cosa inmunda; salid de en medio de ella; purificaos los que lleváis los utensilios de Jehová" (Is. 52:11).

5 (13:14-17) *Promesas — Pacto:* La fe de Abram fue galardonada: la separación de Lot de Abram fue una de las principales encrucijadas de la vida de Abram, uno de los momentos cruciales de su peregrinación de fe. Abram se enfrentaba a una necesidad, al parecer a una tremenda necesidad:

=> Él se sentía herido porque el hombre que había sido como un hijo para él se vio forzado a marcharse y trasladarse.

=> Probablemente se sintiera más inseguro contra los merodeadores y pandillas de bandidos, porque la cantidad de recursos humanos de que disponían anteriormente se había quedado a la mitad cuando Lot se marchó (cp. Gn. 14:1-16).

=> Quizás él se sentía herido y se estaba preguntando en lo más profundo de su alma si él había hecho lo correcto al dejar que Lot escogiera primero. Después de todo, Lot había escogido la tierra más fértil; y con mucha imprudencia, él se había asentado cerca de la ciudad impía, Sodoma. Quizás Abram sentía lo siguiente: si él hubiera escogido primero, él podía haber alejado a Lot de asentarse en medio de la impiedad.

Cualquiera que sea el caso, Abram se sentía herido y estaba enfrentando una necesidad, y Dios siempre suple la necesidad de su querido pueblo. Dios le habló a Abram, dándole confirmación, aliento, fuerzas, y guía.

1. Advierta cuándo Dios le habló a Abram: después que se había separado del mundano Lot. Pero Dios conocía el corazón de Lot, que Lot añoraba la mundanalidad de esta tierra, los lujos, la posición, las posesiones y los placeres que él había visto en las ciudades. ¿Abram sabía que Lot tenía un corazón mundano, que él estaba deseando las cosas de este mundo? Las Escrituras no lo dicen. Por eso Dios tuvo que estimular a Abram a separarse de Lot para que Dios pudiera bendecir

a Abram. Las Escrituras declaran que Dios no derrama su bendición sobre un creyente cuando él hace yugo desigual con una persona mundana (cp. 2 Co. 6:14-18). Cuando Lot se separó de Abram, Dios entonces podía hablarle a Abram y suplir su necesidad.

Pensamiento 1. La presencia y el poder de Dios están disponibles solo para aquellos que están...

- Apartados —separados— del mundo y del deseo de sus lujos, placeres, y posesiones.
- Apartados —separados— para Dios, totalmente entregados a Él, a buscarlo a Él y sus promesas.

"Más bien os escribí que no os juntéis con ninguno que, llamándose hermano, fuere fornicario, o avaro, o idólatra, o maldiciente, o borracho, o ladrón; con el tal ni aun comáis" (1 Co. 5:11).

"No os unáis en yugo desigual con los incrédulos; porque ¿qué compañerismo tiene la justicia con la injusticia? ¿Y qué comunión la luz con las tinieblas?" (2 Co. 6:14).

"Bienaventurado el varón que no anduvo en consejo de malos, ni estuvo en camino de pecadores, ni en silla de escarnecedores se ha sentado" (Sal. 1:1).

"No tengas envidia de los hombres malos, ni desees estar con ellos" (Pr. 24:1).

2. Advierta cómo Dios galardonó la fe de Abram: por medio de su Palabra, por medio de una visión de sus grandes promesas. Dios le dio una gran confirmación a Abram, una visión gloriosa de las promesas. Dios le dijo a Abram que alzara sus ojos, que mirara hasta donde le alcanzara la vista, y que mirara en todas direcciones: norte, sur, este, y oeste. Advierta que Lot también había alzado sus ojos y había mirado, pero había una gran diferencia en lo que veían los dos hombres (v. 10). Tanto Lot como Abram alzaron sus ojos y miraron:

=> Lot alzó sus ojos al mundo, pero Abram alzó sus ojos a la Tierra Prometida.

=> Lot alzó sus ojos en autosuficiencia, pero Abram alzó sus ojos en confianza.

=> Lot alzó sus ojos con un deseo egoísta y avaricioso de ganancia; Abram alzó sus ojos con un deseo de unidad dadivoso y expiatorio.

=> Lot alzó sus ojos con un corazón mundano y no comprometido; Abram alzó sus ojos con un corazón comprometido y espiritual.

3. Advierta las tres recompensas dadas a Abram. Esta fue la tercera vez que Dios le reafirmó su pacto con Abram.

a. La recompensa de la Tierra Prometida (v. 15. Vea nota, Gn. 12:1c para un análisis.)

b. La recompensa de la Simiente prometida (v. 15. Vea nota, Gn. 12:2-3 para un análisis.) Advierta que la simiente, los descendientes, de Abram serían en número como la arena de la playa. Esto significa sencillamente que los granos de arena son tantos que no se pueden contar, así que los descendientes de Abram a lo largo de los siglos serán tantos que no se podrán contar.

 c. La recompensa de poder reclamar la tierra (v. 17). Muy sencillo, Dios le dijo a Abram que se levantara y anduviera por toda la tierra, a todo lo largo y ancho de ella, y a reclamar cada lugar en el que pusiera sus pies.

6 (13:18) *Firmeza — Obediencia:* La fe de Abram siguió creciendo. Abram obedeció a Dios y adoró a Dios. La idea es que él hizo exactamente lo que Dios le dijo: él se movió como peregrino, reclamando la tierra dondequiera que iba.

Advierta que Abram se asentó un tiempo cerca de los grandes árboles de Mamre en Hebrón. Mamre era el nombre del hombre (un amorreo) en cuyo honor se había nombrado la región (cp. Gn. 14:13).

=> Advierta que Abram también edificó un altar en Hebrón. Este altar estaba destinado para la adoración y como testimonio para el pueblo vecino, un testimonio del único Dios vivo y verdadero. (Vea nota, *Altar*, Gn. 12:7-9.)

ESTUDIO A FONDO 4

(13:18) *Hebrón:* El nombre significa liga o alianza, el lugar donde se formó una liga o alianza. Por eso en ocasiones se extiende la palabra al significado de *juntado, fraternidad, comunión*. Hebrón es el lugar donde Dios y Abram se juntaron de una manera muy especial, el lugar donde Dios fraternizó y tuvo comunión con Abram de un modo muy especial. La ciudad era especial para los judíos por los grandes sucesos que tuvieron lugar allí. La ciudad...

- Es una de las ciudades más antiguas de la tierra.
- Está a cerca de 32 kilómetros al suroeste de Jerusalén.
- Fue uno de los sitios donde Abram montó su tienda de campaña por un tiempo (Gn. 13:18).
- Fue la ciudad donde Sarai murió (Gn. 23:4s).
- Formó parte de una herencia especial dada a Caleb porque él siguió al Señor totalmente (Jos. 14:14).
- Fue una de las seis ciudades de refugio (Jos. 20:7; 21:11; 1 Cr. 6:55-59).
- Fue la ciudad capital de David durante cerca de siete años cuando fue rey de Judá, antes de instalarse como rey de Israel (2 S. 2:11s).
- Fue la ciudad donde Absalón comenzó su insurrección contra su padre, el rey David (2 S. 15:10).

CAPÍTULO 14

F. Abram derrotó a cuatro reyes del oriente (parte 1): La fe valiente, 14:1-16

1 Se desató una guerra y Lot fue tomado prisionero: La gran necesidad de la fe valiente
a. Los invasores: Cuatro reyes de Babilonia y Elam (Persia)
b. Los defensores: cinco reyes de Canaán (Palestina)

c. El campo de batalla: El valle de Sidim, el Mar Salado (el Mar Muerto)
d. La causa de la guerra: Una rebelión contra el reinado de un gobierno extranjero, Elam o Persia
e. La estrategia brillante de los invasores
  1) El objetivo primordial: Sodoma y Gomorra (vv. 2, 8, 10-11)
  2) La estrategia: Rodear las dos ciudades subyugando primero los pueblos de la frontera

f. La batalla: los ejércitos principales se enfrentaron en el valle del Mar Salado o Muerto

1 Aconteció en los días de Amrafel rey de Sinar, Arioc rey de Elasar, Quedorlaomer rey de Elam, y Tidal rey de Goim,

2 que éstos hicieron guerra contra Bera rey de Sodoma, contra Birsa rey de Gomorra, contra Sinab rey de Adma, contra Semeber rey de Zeboim, y contra el rey de Bela, la cual es Zoar.

3 Todos éstos se juntaron en el valle de Sidim, que es el Mar Salado.

4 Doce años habían servido a Quedorlaomer, y en el decimotercero se rebelaron. 5 Y en el año decimocuarto vino Quedorlaomer, y los reyes que estaban de su parte, y derrotaron a los refaítas en Astarot Karnaim, a los zuzitas en Ham, a los emitas en Save-quiriataim, 6 y a los horeos en el monte de Seir, hasta la llanura de Parán, que está junto al desierto. 7 Y volvieron y vinieron a En-mispat, que es Cades, y devastaron todo el país de los amalecitas, y también al amorreo que habitaba en Hazezontamar. 8 Y salieron el rey de Sodoma, el rey de Gomorra, el rey de Adma, el rey de Zeboim y el rey de Bela, que es Zoar, y ordenaron contra ellos

batalla en el valle de Sidim; 9 esto es, contra Quedorlaomer rey de Elam, Tidal rey de Goim, Amrafel rey de Sinar, y Arioc rey de Elasar; cuatro reyes contra cinco. 10 Y el valle de Sidim estaba lleno de pozos de asfalto; y cuando huyeron el rey de Sodoma y el de Gomorra, algunos cayeron allí; y los demás huyeron al monte. 11 Y tomaron toda la riqueza de Sodoma y de Gomorra, y todas sus provisiones, y se fueron. 12 Tomaron también a Lot, hijo del hermano de Abram, que moraba en Sodoma, y sus bienes, y se fueron.

13 Y vino uno de los que escaparon, y lo anunció a Abram el hebreo, que habitaba en el encinar de Mamre el amorreo, hermano de Escol y hermano de Aner, los cuales eran aliados de Abram.

14 Oyó Abram que su pariente estaba prisionero, y armó a sus criados, los nacidos en su casa, trescientos dieciocho, y los siguió hasta Dan. 15 Y cayó sobre ellos de noche, él y sus siervos, y les atacó, y les fue siguiendo hasta Hoba al norte de Damasco.

16 Y recobró todos los bienes, y también a Lot su pariente y sus bienes, y a las mujeres y demás gente.

g. La derrota humillante de los reyes de Sodoma y Gomorra
  1) El ejército derrotado se esparció por las montañas
  2) Las dos ciudades fueron saqueadas y robadas

h. La captura de Lot
  1) Vivía en Sodoma
  2) Perdió todo cuanto tenía
  3) Fue esclavizado
2 Se salió en busca de Abram, el hebreo: La exigencia de la fe valiente[EF1]
3 Abram había formado una alianza con otros con el objetivo de garantizar protección: La preparación sabia de la fe valiente
4 Abram rescató a su hermano: El deber de la fe valiente
5 Abram planeó una estrategia sabiamente: La sabiduría de la fe valiente
a. Abram escogió sólo a hombres leales
b. Abram planeó su estrategia sabiamente
c. Abram participó personalmente
d. Abram persiguió al enemigo, persiguió la victoria total
6 Abram demostró compasión y desinterés: La compasión y desinterés de la fe valiente

División VII

Abraham: El hombre escogido para convertirse en el padre del pueblo de Dios y en el padre de la fe, 12:1—25:18

F. Abram derrotó a cuatro reyes del oriente (parte 1): La fe valiente, 14:1-16

(14:1-16) *Introducción — Guerra:* éste es el *primer relato escrito* de guerra de la literatura antigua. Existen referencias e ilustraciones anteriores de hombres de la antigüedad luchando en batallas mucho antes de la época de Abram, pero esta guerra es la primera descripción escrita de una batalla real entre reyes y naciones en oposición. Sin embargo, el propósito de este pasaje no es registrar los datos de una guerra específica para la historia. Por encima de todo lo demás, el propósito es mostrar el coraje de Abram y su fe. Dios le hizo promesas poco comunes a Abram y Abram creyó en Dios, incluso en contra de todos los pronósticos. Las marcas de la fe valiente de Abram en su enfrentamiento de las circunstancias de esta guerra, son las marcas que necesitan los creyentes. Los creyentes se están enfrentando constantemente a las luchas de la vida y están intentando grandes cosas por Dios. Al hacerlo, necesitan la misma clase de fe valiente que tuvo Abram. Este es el mensaje de este interesante pasaje: *Abram derrotó a cuatro reyes del oriente (parte 1): La fe valiente*, 14:1-16.

1. La gran necesidad de la fe valiente: Se desató una guerra y Lot fue tomado prisionero (vv. 1-12).
2. La exigencia de la fe valiente: Se salió en busca de Abram, el hebreo (v. 13).
3. La preparación sabia de la fe valiente (v. 13).
4. El deber de la fe valiente: Abram rescató a su hermano (v. 14).
5. La sabiduría de la fe valiente (vv. 14-15).
6. La compasión y desinterés de la fe valiente (v. 16).

1 (14:1-12) *Lot — Guerra:* La gran necesidad de la fe valiente. Se desató una guerra y Lot fue tomado como prisionero de guerra. Recuerden que Lot era como un hijo para Abram; por consiguiente, su captura sería de importancia crítica para Abram. Se mencionan ocho elementos sobre la guerra.

1. Los invasores eran cuatro reyes de Babilonia y Elam (Persia) (v. 1).
=> Amrafel, rey de Sinar, que era la tierra de Babilonia (Gn. 10:10; vea *Estudio a fondo 3*, Gn. 10:8-12).
=> Arioc, rey de Elasar, que probablemente fuera una ciudad de Babilonia o de Asiria.
=> Tidal, rey de Goim, que significa *naciones*. Quizá fuera el gobernador de varias nacionalidades y ciudades estados.
=> Quedorlaomer, rey de Elam (Persia). El versículo cuatro nos dice que Quedorlaomer era algo así como un gobernador mundial, que los tres reyes del versículo uno estaban sujetos a su gobierno y estuvieron obligados a pelear de su lado cuando intentó sofocar el levantamiento

de Palestina contra su gobierno. Advierta también que él gobernó sobre Palestina.

2. Los defensores eran cinco reyes de Palestina, al parecer los cinco reyes principales de la tierra (v. 2). Advierta que cada ciudad tenía un rey: al parecer el gobierno de la época era lo que se conoce como *ciudades estados*, es decir, una ciudad y su territorio vecino estaba gobernado por algún gobernante o por algún cuerpo de personas designado.

3. El campo de batalla era el valle de Sidim, el Mar Salado (el Mar Muerto) (v. 3). Fue allí que se enfrentaron los ejércitos. Y advierta: la guerra no era una batalla pequeña. Involucraba a buena parte del mundo conocido de aquella época: Elam (Persia), Babilonia, quizás Asiria, algún rey de naciones, algún hombre que gobernaba sobre varias naciones, todas unidas en una alianza contra Palestina.

4. La causa de la guerra fue una revuelta por parte de los estados palestinos contra el reinado de un gobierno extranjero (v. 4). Quedorlaomer, el rey de Elam o Persia, había conquistado Palestina hacía ya unos doce años. Durante doce largos años él había esclavizado y tributado a Palestina. Ahora bien, en el decimotercer año, el pueblo de Palestina ya se había cansado. Cuando llegó el momento de pagar los impuestos, se rehusaron y se rebelaron. Esto no le dejó otra opción a Quedorlaomer, porque él tenía que proteger su base impositiva y sus rutas comerciales que pasaban por Palestina hasta Egipto y al norte de África.

5. La brillante estrategia de los invasores es gráfica. El siguiente año (el decimocuarto año) el ejército elamita se enfrentó a los cinco reyes palestinos que habían dirigido la revuelta. El autor desarrolla el suspenso de la batalla. El objetivo fundamental de los ejércitos invasores eran Sodoma y Gomorra. Los invasores arrasaron ampliamente las dos ciudades, conquistando primero las ciudades de las fronteras. Una por una, los invasores arrasaron con mucho rigor a Sodoma y Gomorra. Si se analiza un mapa, el lector puede ver cómo los invasores arrasaron ampliamente al este y al sur; luego arrasaron el suroeste; luego arrasaron hacia el nordeste (que es por el costado occidental del Mar Muerto). El ataque final fue hacia abajo sobre Sodoma y Gomorra (H. C. Leupold. *Génesis*, vol. 1. Grand Rapids, MI: Baker Book House, 1942, p. 451). Advierta cómo las batallas tuvieron lugar en varias ciudades, una por una. Imagínense nada más el hervidero de los ciudadanos de cada ciudad rebelde, transmitiéndose con nerviosismo la noticia de la caída de sus ciudades vecinas, cómo se generaría el suspenso y el temor por la noticia de batalla tras batalla y de derrota tras derrota...

• Los refaítas fueron derrotados en Astarot Karnaim (v. 5).
• Los zuzitas fueron vencidos en Ham (v. 5).
• Los emitas fueron dominados en Save-quiriataim (v. 5).
• Los horeos fueron vencidos en el Monte de Seir (v. 6).
• Los amalecitas fueron derrotados en En-mispat (v. 7).
• Los amorreos fueron derrocados en Hazezontamar (v. 8).

6. La batalla principal se peleó en el valle del Mar Salado, es decir, el Mar Muerto (v. 8).

7. Los reyes de Sodoma y Gomorra sufrieron una derrota humillante (vv. 10-11). El autor menciona específicamente lo que le sucedió a estos dos reyes, señalando un dato inusual. Ellos huyeron y se ocultaron en los pozos de asfalto —pozos de betún— mientras que el resto de su ejército huyó a las montañas circundantes (v. 10). El equivalente hebreo de "cayeron" puede significar perecer o rebajarse y humillarse. El rey de Sodoma aún estaba vivo en el versículo 17, por eso el significado debe ser que los dos reyes fueron derrotados en batalla, completamente degradados y humillados. Tuvieron que arrastrarse y ocultarse en los pozos de asfalto de la región. El valle del Mar Salado (el Mar Muerto) estaba lleno de pozos de betún de los cuales se tomaba el asfalto o chapapote en épocas antiguas.

Al tomarse tiempo para explicar este elemento, probablemente el autor apuntara al juicio futuro de las dos ciudades que estaban tan infestadas de la enfermedad de la inmoralidad, la más baja inmoralidad, el homosexualismo (Gn. 19:1s; cp. Ro. 1:26s).

8. Lot fue tomado prisionero (v. 12). Recuerden, Lot era el hijo del hermano de Abram, el hijo del que Abram se había encargado de criar cuando su hermano había muerto. Por ende, Lot era como un hijo para Abram. Se dicen tres cosas sobre la captura de Lot por parte de los invasores:

a. Lot estaba viviendo realmente *en Sodoma*, en la propia ciudad perversa. Desde el principio, Lot se había sentido atraído por los lujos y oportunidades de negocio que ofrecía la ciudad, y se había trasladado al hermoso valle que rodeaba la ciudad: él había ido "poniendo sus tiendas hasta Sodoma" (Gn. 13:12-13; vea notas, Gn. 13:5-18 para un mayor análisis). Pero advierta dónde estaba viviendo Lot en ese momento: *en Sodoma*. Él se había trasladado justo entre las personas perversas de la ciudad; él se había vuelto parte del medio mundano. Él estaba participando de los lujos, placeres, y avaricia del pueblo.

b. Lot perdió todas sus posesiones: su hogar, sus propiedades, su ganado y su dinero; todas sus riquezas. Recuerden que Lot había escogido el valle del Jordán para establecer su negocio ganadero por los pastos fértiles y la gran población que garantizaba el mercado de su ganado. (Vea nota, pt. 1, Gn. 13:12-13 para un mayor análisis.) Pero ahora el ejército invasor lo saqueaba, llevándose todos los bienes de la ciudad. Lot se quedó sin nada, excepto las ropas que llevaba puestas.

c. Lot era un prisionero de guerra. Ahora él era un esclavo: lo iban a deportar, lo iban a llevar a una tierra extranjera para que les sirviera como esclavo a los invasores.

2 (14:13) *Fe*: La exigencia de la fe valiente. Alguien se libró del ejército invasor. Probablemente era de Sodoma, porque conocía a Lot, y sabía que Abram y Lot eran parientes. Tan pronto pudo después de su fuga, él se dirigió donde Abram y le contó sobre Lot. El fugitivo que se escapó fácilmente podía haberse dirigido a algún otro jeque de la región, y probablemente conociera a algún otro jeque que también tuviera parientes que fueran prisioneros de guerra. Pero él no salió en busca de ellos; él salió en busca de Abram. ¿Por qué? Es muy probable que hubiera dos razones. El fugitivo sabía que Abram le daría la mayor de las esperanzas...

• De su propia ayuda y seguridad personal.
• De ir tras los invasores asesinos, salvar a los cautivos y devolverles los bienes robados.

Sucede lo siguiente: se buscó a Abram en el momento de la crisis. A Abram se le conocía por un hombre de fe y valor, y eso era exactamente lo que se necesitaba en ese momento: gran fe y gran valor. Por eso el fugitivo buscó la ayuda de Abram.

Pensamiento 1. Con frecuencia una crisis mueve a las personas a buscar personas de valor y fe. La mayoría de las personas buscan ayuda durante una crisis, y fundamentalmente quieren la ayuda de personas que posean valor y fe, personas que cuenten con una fe valiente. Por lo tanto, los creyentes deben hacer tres cosas:

1) Ser fuerte en la fe y el valor —siempre— sin nunca debilitarse ni rendirse.
2) Estar alerta a las crisis que surgen en la vida de otras personas; estar alerta a la oportunidad de ayudar.
3) Estar listo para ayudar, alentar, y guiar a una persona a confiar en el poder liberador de Jesucristo.

"**Así que, hermanos míos amados, estad firmes y constantes, creciendo en la obra del Señor siempre, sabiendo que vuestro trabajo en el Señor no es en vano**" (1 Co. 15:58).

"**Sobrellevad los unos las cargas de los otros, y cumplid así la ley de Cristo**" (Gá. 6:2).

"**No nos cansemos, pues, de hacer bien; porque a su tiempo segaremos, si no desmayamos. Así que, según tengamos oportunidad, hagamos bien a todos, y mayormente a los de la familia de la fe**" (Gá. 6:9-10).

"**Confía en Jehová, y haz el bien**" (Sal. 37:3).

ESTUDIO A FONDO 1

(14:13) *Hebreo:* Esta es la primera vez que se usa la palabra *hebreo* en la Biblia, y es el primer seudónimo por el que se les llamó a Abram y sus descendientes. Probablemente la palabra provenga del antepasado de Abram, Eber, que significa *más allá, del otro lado* (Gn. 10:25; vea nota, Gn. 10:21-32). Al llamar a Abram "el hebreo" (el hombre del otro lado del río, el río Éufrates), Abram está apartado de las personas que lo rodean. En la medida en pasaba el tiempo, se adoptó la palabra para distinguir a Abraham y a sus descendientes de otras nacionalidades (cp. Gn. 43:32; Éx. 1:15; 2:11; 21:2; Dt. 15:12; 1 S. 13:3). Advierta tres elementos.

1. El seudónimo *hebreo* se usó cuando los judíos estaban lidiando con otras nacionalidades y se necesitaba una distinción, por ejemplo, en negociaciones. Lo usaban tanto judíos como gentiles. Por lo general era el seudónimo que los extranjeros usaban para referirse a los judíos.

2. El seudónimo *israelita* fue el seudónimo usado primeramente por los judíos entre ellos.

3. La palabra *judío* finalmente se convirtió en la palabra más usada para designar al pueblo hebreo.

3 (14:13) *Fe — Preparación:* La preparación sabia de la fe valiente. Según se ha planteado anteriormente, Dios le hizo promesas poco comunes a Abram y Abram creyó en Dios, incluso en contra de todos los pronósticos. Abram conocía las probabilidades, y ya se había anticipado a los peligros que le aguardaban al aceptar las promesas de Dios (la Tierra Prometida). Nadie reclama una tierra que esté ocupada por otras personas sin recibir oposición. Abram se enfrentaría a lucha tras lucha. Pero advierta: él se había preparado con antelación. Él se había unido a otras personas, había hecho un pacto —un tratado— de protección mutua. El tratado era con el amorreo, Mamre, y sus dos hermanos, Escol y Aner. Advierta que el valle donde Abram y Mamre vivían lo nombraron en honor a Mamre.

Pensamiento 1. ¡Qué lección para todos los creyentes! Al viajar por la vida aceptando las promesas de Dios, se nos presentan una lucha tras otra. Nuestra única esperanza es unirnos con otros creyentes en pos de una protección mutua. Pero debemos prepararnos con antelación, desarrollando el ministerio y la fraternidad cristiana. Luego, cuando se presenta la lucha, conoceremos a otras personas que se pueden mantener firmes con nosotros, conocerlos lo suficiente como para contar con ellos. Esto lleva preparación, preparación con antelación:

=> Preparación por medio de la adoración

"no dejando de congregarnos, como algunos tienen por costumbre, sino exhortándonos; y tanto más, cuanto veis que aquel día se acerca" (He. 10:25).

=> Preparación por medio de la fraternidad

"Y perseveraban en la doctrina de los apóstoles, en la comunión unos con otros, en el partimiento del pan y en las oraciones" (Hch. 2:42).

"Doy gracias a mi Dios siempre que me acuerdo de vosotros,... por vuestra comunión en el evangelio, desde el primer día hasta ahora" (Fil. 1:3, 5).

"Compañero soy yo de todos los que te temen y guardan tus mandamientos" (Sal. 119:63).

"Entonces los que temían a Jehová hablaron

cada uno a su compañero; y Jehová escuchó y oyó, y fue escrito libro de memoria delante de él para los que temen a Jehová, y para los que piensan en su nombre" (Mal. 3:16).

4 (14:14) *Hermandad — Cuidado:* Está el deber de la fe valiente: rescatar a los hermanos de la esclavitud. Advierta lo que motivó y alentó a Abram: a *su hermano*, Lot, lo habían apresado y esclavizado. Físicamente, Lot era como un hijo para Abram, porque Abram lo había criado desde la niñez; pero espiritualmente, Lot era un hermano —un hermano espiritual— para Abram. Cuando algún enemigo esclaviza un hermano, los creyentes deben levantarse y ayudar a liberar al hermano, por grande que sea la oposición. Esto fue exactamente lo que hizo Abram. Pero advierta: Abram podía haber hallado muchas razones por las que no debía ayudar a Lot.

=> Lot le había hecho un mal terrible a Abram: él había actuado con avaricia y de un modo egoísta usurpó los derechos de Abram a la mejor tierra para su hacienda.

=> Lot había tomado para sí la mejor tierra, dejando que Abram se valiera por sí mismo en la tierra menos deseable. (Vea bosquejo y notas, Gn. 13:5-18 para un mayor análisis.) Abram podía haber permitido que se asentaran en él resentimientos contra Lot por haberle hecho mal.

=> Lot era mundano, se sentía atraído por los lujos, placeres, y posesiones que ofrecían los impíos de las ciudades. Abram podía haber respondido diciendo que Lot estaba recibiendo lo que se merecía, que el juicio de Dios estaba cayendo sobre Lot por su mundanalidad.

=> A Lot lo había apresado un enemigo fuerte, un gran ejército de invasores. Desde el punto de vista humano, era imposible que Abram rescatara a Lot.

Advierta este elemento sorprendente: Abram se rehusó —de una manera absoluta— a caer en estas justificaciones. Ni siquiera las consideró. Cuando oyó que a su hermano (su hermano espiritual) lo habían apresado, Abram actuó de inmediato. Él se levantó y salió en busca de su hermano para rescatarlo de su esclavitud. Advierta que para Abram trabajaba un gran número de personas, un número tan grande que logró armar a 318 hombres para pelear. Esto demuestra la hacienda tan grande y acaudalada que poseía Abram. Sin lugar a dudas, él era uno de los jeques y hacendados más grandes de Canaán, de no ser el más grande.

Pensamiento 1. Las Escrituras son claras: cuando se esclaviza un hermano, debemos rescatarlo. No importa en qué consista la esclavitud, debemos ser valientes: debemos ponernos en pie y salir en busca de nuestro hermano. Debemos hacer todo cuanto podamos por liberarlo de su esclavitud, de...

- La inmoralidad
- La borrachera
- Las drogas
- El egoísmo
- La gula
- La avaricia
- La ambición y el poder mundanos
- El deseo de posesiones

"Hermanos, si alguno fuere sorprendido en alguna falta, vosotros que sois espirituales, restauradle con espíritu de mansedumbre, considerándote a ti mismo, no sea que tú también seas tentado" (Gá. 6:1).

"Así que, los que somos fuertes debemos soportar las flaquezas de los débiles, y no agradarnos a nosotros mismos" (Ro. 15:1).

"Así que, todas las cosas que queráis que los hombres hagan con vosotros, así también haced vosotros con ellos; porque esto es la ley y los profetas" (Mt. 7:12).

"Convertíos, hijos rebeldes, y sanaré vuestras rebeliones. He aquí nosotros venimos a ti, porque tú eres Jehová nuestro Dios" (Jer. 3:22).

5 (14:14-15) *Lucha — Planificación:* Está la sabiduría de la fe valiente. Abram fue sabio, muy sabio, al tratar de rescatar a Lot.

1. Abram sabiamente escogió solo a personas entrenadas y leales para que lo ayudaran (v. 14). Advierta que solo se llevó a aquellos que habían nacido en su propia familia y que estaban entrenados para pelear. Eran solamente 318 hombres.

2. Abram planeó sabiamente su estrategia (v. 15). Sencillamente...

- Él dividió sus hombres en varios grupos y les mandó atacar desde varias posiciones estratégicas. Esto haría que el enemigo creyera que los atacaba un gran ejército.
- Él lanzó un ataque sorpresa por la noche. Se atrapó al enemigo completamente desprevenido. No pudieron darse cuenta de quién los estaba atacando, y por seguridad tuvieron que huir suponiendo que los atacaba un gran ejército.

3. Abram sabiamente participó personalmente. Él no se quedó atrás mientras otros trataban de rescatar a su hermano esclavizado. El propio Abram dirigió el rescate.

4. Abram sabiamente persiguió al enemigo, persiguió la victoria total. Él no detuvo la persecución hasta que el enemigo estuvo completamente derrotado y esparcido, y todos los esclavizados estaban liberados.

Pensamiento 1. Todos los intentos de rescatar personas del pecado y Satanás deben planearse, ¡se deben planear sabiamente! Hay cuatro elementos esenciales cuando nos lanzamos a rescatar a alguien.

1) Debemos escoger a otros que nos ayuden, pero solo aquellos de la casa de la fe, solo creyentes. Y ellos deben ser creyentes entrenados y leales.
2) Debemos planear nuestra estrategia para rescatar a un hermano: se deben hacer planes para usar cada posición estratégica que podamos.
3) Debemos participar nosotros personalmente. No basta con que vayan otros creyentes; debemos ir nosotros personalmente, cada uno de nosotros.

Se vuelve necesario hacer una pregunta en este momento: ¿Qué sucederá cuando comparezcamos delante de Dios en juicio? ¿Qué sucederá si nunca hemos ido y tratado de rescatar a un hermano de la esclavitud del pecado; nunca lo hemos intentado, ni siquiera una vez? ¿Cuál será la reacción de Dios?

"Y les dijo: Id por todo el mundo y predicad el evangelio a toda criatura" (Mr. 16:15).

"Por tanto, no te avergüences de dar testimonio de nuestro Señor, ni de mí, preso suyo, sino participa de las aflicciones por el evangelio según el poder de Dios" (2 Ti. 1:8).

"Venid, oíd todos los que teméis a Dios, y contaré lo que ha hecho a mi alma" (Sal. 66:16).

4) Debemos perseguir (ir tras) el hermano esclavizado hasta que lo hayamos rescatado. Se debe ganar la victoria total para Cristo, la victoria total sobre el enemigo del pecado y Satanás. A nuestros hermanos esclavizados se les debe poner en libertad por Cristo.

"porque no podemos dejar de decir lo que hemos visto y oído" (Hch. 4:20).

"Esto habla, y exhorta y reprende con toda autoridad. Nadie te menosprecie" (Tit. 2:15).

"Sobre tus muros, oh Jerusalén, he puesto guardas; todo el día y toda la noche no callarán jamás. Los que os acordáis de Jehová, no reposéis" (Is. 62:6).

"Entonces los que temían a Jehová hablaron cada uno a su compañero; y Jehová escuchó y oyó, y fue escrito libro de memoria delante de él para los que temen a Jehová, y para los que piensan en su nombre" (Mal. 3:16).

6 (14:16) *Compasión — Desinterés:* Está la compasión y el desinterés de la fe valiente. Abram rescató a su hermano, pero esto no era todo. Por compasión, él rescató y trajo de vuelta...

- A todas las personas: los hombres, las mujeres, y los hijos.
- Todos los bienes y las posesiones.

Abram se podía haber quedado con todo, pero desinteresadamente, él les devolvió todo a las personas. Y advierta: ellos eran incrédulos, los pecadores terribles e inmorales de Sodoma. Aún así Abram los liberó y les devolvió sus bienes. ¿Por qué? Porque Abram sabía que Dios siempre ha tenido compasión del hombre y actuado desinteresadamente para con el hombre. Recuerden: Dios había tenido compasión con Abram después de su pecado en Egipto, y Él había perdonado y restaurado a Abram completamente. Por eso, Abram estaba mostrando acá compasión y desinterés para con las personas de Sodoma, demostrando la compasión y desinterés mismos del propio Dios.

Pensamiento 1. Siempre debemos actuar con compasión y desinterés. La razón es evidente: Dios ha hecho posible que las personas —no importa lo que hayan hecho— sean liberadas y restauradas completamente por medio de Cristo.

"Porque tuve hambre, y me disteis de comer; tuve sed, y me disteis de beber; fui forastero, y me recogisteis; estuve desnudo, y me cubristeis; enfermo, y me visitasteis; en la cárcel, y vinisteis a mí. Entonces los justos le responderán diciendo: Señor, ¿cuándo te vimos hambriento, y te sustentamos, o sediento, y te dimos de beber? ¿Y cuándo te vimos forastero, y te recogimos, o desnudo, y te cubrimos? ¿O cuándo te vimos enfermo, o en la cárcel, y vinimos a ti? Y respondiendo el Rey, les dirá: De cierto os digo que en cuanto lo hicisteis a uno de estos mis hermanos más pequeños, a mí lo hicisteis" (Mt. 25:35-40).

"En todo os he enseñado que, trabajando así, se debe ayudar a los necesitados, y recordar las palabras del Señor Jesús, que dijo: Más bienaventurado es dar que recibir" (Hch. 20:35).

"Así que, si tu enemigo tuviere hambre, dale de comer; si tuviere sed, dale de beber; pues haciendo esto, ascuas de fuego amontonarás sobre su cabeza" (Ro. 12:20).

"Sobrellevad los unos las cargas de los otros, y cumplid así la ley de Cristo" (Gá. 6:2).

"Pero el que tiene bienes de este mundo y ve a su hermano tener necesidad, y cierra contra él su corazón, ¿cómo mora el amor de Dios en él? Hijitos míos, no amemos de palabra ni de lengua, sino de hecho y en verdad" (1 Jn. 3:17-18).

"Libra a los que son llevados a la muerte; salva a los que están en peligro de muerte. Porque si dijeres: Ciertamente no lo supimos, ¿acaso no lo entenderá el que pesa los corazones? El que mira por tu alma, él lo conocerá, y dará al hombre según sus obras" (Pr. 24:11-12).

"No fortalecisteis las débiles, ni curasteis la enferma; no vendasteis la perniquebrada, no volvisteis al redil la descarriada, ni buscasteis la perdida, sino que os habéis enseñoreado de ellas con dureza y con violencia" (Ez. 34:4).

"Oh hombre, él te ha declarado lo que es bueno, y qué pide Jehová de ti: solamente hacer justicia, y amar misericordia, y humillarte ante tu Dios" (Mi. 6:8).

	G. Abram derrotó a cuatro reyes del oriente (parte 2): La tentación de la fe valiente. Aceptar la honra mundana o la honra piadosa, 14:17-24	mano. Y le dio Abram los diezmos de todo.	**3 El rey de Sodoma tentó a Abram con la honra mundana: A comprometerse, a quedarse con los bienes**
1 El rey de Sodoma vino a ver a Abram después de la victoria de Abram: Representaba la honra mundana	17 Cuando volvía de la derrota de Quedorlaomer y de los reyes que con él estaban, salió el rey de Sodoma a recibirlo al valle de Save, que es el Valle del Rey.	21 Entonces el rey de Sodoma dijo a Abram: Dame las personas, y toma para ti los bienes. 22 Y respondió Abram al rey de Sodoma: He alzado mi mano a Jehová Dios Altísimo, creador de los cielos y de la tierra, 23 que desde un hilo hasta una correa de calzado, nada tomaré de todo lo que es tuyo, para que no digas: Yo enriquecí a Abram; 24 excepto solamente lo que comieron los jóvenes, y la parte de los varones que fueron conmigo, Aner, Escol y Mamre, los cuales tomarán su parte.	a. Abram estaba preparado para la tentación: Él oró antes de ir a la batalla b. Abram le había hecho una promesa a Dios: Él no iba a tomar nada del botín de la batalla
2 Vino el rey de Salem, Melquisedec: Representaba la honra piadosa[EF1] a. Suplió necesidades físicas b. Suplió necesidades espirituales 1) Bendijo a Abram 2) Bendijo al Dios Altísimo[EF2] c. Despertó un compromiso de administración	18 Entonces Melquisedec, rey de Salem y sacerdote del Dios Altísimo, sacó pan y vino; 19 y le bendijo, diciendo: Bendito sea Abram del Dios Altísimo, creador de los cielos y de la tierra; 20 y bendito sea el Dios Altísimo, que entregó tus enemigos en tu		c. Abram ejerció justicia: Él sugirió el pago a aquellos que habían luchado con él

DIVISIÓN VII

ABRAHAM: EL HOMBRE ESCOGIDO PARA CONVERTIRSE EN EL PADRE DEL PUEBLO DE DIOS Y EN EL PADRE DE LA FE, 12:1—25:18

G. Abram derrotó a cuatro reyes del oriente (parte 2): La tentación de la fe valiente. Aceptar la honra mundana o la honra piadosa, 14:17-24

(14:17-24) *Introducción:* Abram recién había lanzado un ataque sorpresivo contra un gran ejército, lanzó el ataque con tan solo unos pocos cientos de hombres. Había atacado de noche y había atrapado al ejército invasor completamente por sorpresa. Los resultados: los invasores fueron derrotados y se esparcieron, huyendo para salvar sus vidas.

Abram había dado un gran paso de fe, demostrando gran valor; y cuando una persona actúa con valentía, por lo general ocurre el reconocimiento. Las personas aman a los ganadores: aman al vencedor, al héroe, a la persona de éxito, al triunfador. Por eso, cuando una persona gana, por lo general las personas la honran. Las personas...

• *exaltan* al héroe   • *reconocen* a la persona de éxito
• *alaban* al ganador   • *se glorían en* el vencedor

• *premian* al triunfador   • *honran* al poderoso

Las personas quieren ser como los acaudalados; quieren triunfar, obtener logros y ganar victorias en todo cuanto hacen. Por eso, cuando alguien sale adelante y triunfa —ya sea por medio de la disciplina, la habilidad o algún gesto valiente— por lo general las personas reconocen y honran a esa persona.

En esto consiste todo este pasaje: Abram salió victorioso en la batalla, salió victorioso contra un gran ejército invasor. Él había mostrado una fe en Dios y valor inusuales a pesar de las imposibles probabilidades, y su valentía y fe tenían su recompensa. Abram había ganado la imposible victoria que había salvado a miles de la tiranía de la derrota y la esclavitud. Ahora él recibiría la honra y el reconocimiento. ¿Cómo respondería él?

=> ¿Se deleitaría él en la alabanza de sí mismo, o daría él la gloria a Dios?
=> ¿Se vanagloriaría él de su propia capacidad y valentía, o reconocería que su capacidad y valentía provenían de Dios?
=> ¿Actuaría él con autosuficiencia, o reconocería que él dependía totalmente de Dios?
=> ¿Se quedaría con el botín de la victoria, o repartiría el botín?

Este es el mensaje de este pasaje, un mensaje muy necesario: *Abram derrotó a cuatro reyes del oriente (parte 2): La tentación de la fe valiente. Aceptar la honra mundana o la honra piadosa*, 14:17-24.

1. La honra mundana: Representada en el rey de Sodoma (v. 17).
2. La honra piadosa: Representada en el rey de Salem, Melquisedec (vv. 18-20).
3. La honra mundana: Tentó a Abram a comprometerse, a quedarse con lo que él se había ganado (vv. 21-24).

1 (14:17) *Honra, mundana — Mundanalidad:* La honra mundana estaba representada en el rey de Sodoma. Recuerden que el rey de Sodoma se había librado de la muerte en manos del ejército invasor huyendo y ocultándose en los pozos de asfalto o alquitrán del Mar Salado. Después que el ejército invasor se había marchado de la región, sin lugar a dudas él había regresado a Sodoma para hallar que la ciudad había sido destruida. También se encontró con el hecho de que los invasores se habían llevado a la mayoría de las personas y los bienes. Por eso, cuando el rey de Sodoma se enteró que Abram había derrotado al ejército invasor y que regresaba a Canaán con las personas capturadas y los bienes, se pondría eufórico, rebosante de la alegría y con el mejor de los ánimos. El rey sabía que Abram era un vecino amistoso; y al ser un vecino amistoso, él creía que tenía alguna posibilidad de recuperar a las personas, los súbditos sobre quienes había gobernado. Según la ley de la guerra y la conquista, el vencedor tenía el derecho de quedarse con el botín de la victoria. Pero el rey creyó que podía negociar y llegar a un acuerdo con Abram para que le devolviera al pueblo. De ser así, él podía reconstruir su reino.

Tengan presente lo siguiente: Sodoma era una ciudad que se había entregado completamente a la carne, a los lujos, placeres, y posesiones del mundo. Muchas de las personas liberadas, ahora bajo el control de Abram, habían vivido...

• Para la carne y sus placeres.
• Para el mundo y sus posesiones.

La ilustración de Sodoma a lo largo de los siglos ha sido la de la inmoralidad burda: las personas viviendo juntas sin estar casadas; esposos y esposas engañándose unos a otros; el joven practicando el sexo prematrimonial; y lo más trágico de todo, las personas practicando toda forma de homosexualidad. Sodoma se había convertido en la ciudad más inmoral que se pudiera imaginar, una letrina de conducta anormal y de mala conducta sexual. Además, la anarquía y la violencia campaban por su respeto en los hogares y en las calles de Sodoma (cp. Gn. 19:4s). Incluso hoy día, las palabra Sodoma y Gomorra representan la clase más baja de perversidad. El diccionario incluso define a Sodoma como "un lugar notorio por el vicio o la corrupción". La palabra *sodomía* se ha tomado de la ciudad de Sodoma. (Sodomía se refiere a las personas que tienen sexo con personas del mismo sexo o con animales.) El rey que ahora venía al encuentro de Abram para honrarlo era el rey de Sodoma, un rey que representaba al mundo y sus tentaciones carnales. Abram pronto se enfrentaría a la tentación de la honra mundana; le

ofrecerían los regalos y la honra que el mundo con frecuencia le da a las personas de éxitos de la tierra.

2 (14:18-20) *Honra, piadosa — Diezmo:* La honra piadosa estaba representada en Melquisedec, el rey de Salem o Jerusalén. (Salem no es más que un apócope de Jerusalén, cp. Sal. 76:2.) (H. C. Leupold. *Génesis*, vol. 1, p. 463.) A Salem el ejército invasor no la había atacado hasta donde muestra el registro. Pero Melquisedec sabía que los invasores orientales habían regresado a conquistar no solo Salem sino todo Canaán. Por eso, Abram había eliminado el peligro de ataque al derrotar a los invasores del oriente. Por esto, Melquisedec le estaba muy agradecido. Así que él, también, reunió su séquito y salió a expresar su profunda gratitud por la gran victoria que había obtenido Abram.

El elemento significativo sobre Melquisedec es que él era un sacerdote de Dios, el Dios Altísimo (El Elyon). Melquisedec estaba representando a Dios y trayéndole la honra de Dios a Abram. El propósito de Melquisedec no era darle alabanza y honra mundana a Abram, sino darle alabanza y honra piadosa. Melquisedec sabía que la honra mundana era fugaz, pero la honra piadosa era duradera y permanente. Y este hombre, Abram, merecía la honra más grande, la honra del propio Dios. Advierta lo que hizo en Abram la honra piadosa de Melquisedec.

1. La honra piadosa suplió las necesidades físicas de Abram. Abram y su pequeño ejército debieron estar cansados, fatigados, y adoloridos. Es muy probable que algunos de los hombres hubieran salido heridos en batalla. Sabiendo cuál es la situación después de cualquier gran batalla, el sacerdote de Dios le trajo pan y vino a Abram, y aunque no se mencionan los suministros de medicinas, nos imaginamos que haya traído cualquier medicina que existiera en aquella época. Cualquiera que fuera el caso, el pan y el vino se le proporcionaron a Abram y a sus hombres para suplir sus necesidades físicas:

=> Para refrescarlos
=> Para celebrar su gran victoria sobre los invasores

Pensamiento 1. Hay una gran lección para nosotros en el proceder de Melquisedec: Las Escrituras son claras, siempre debemos estar supliendo las necesidades físicas de las personas.

"Así que, según tengamos oportunidad, hagamos bien a todos, y mayormente a los de la familia de la fe" (Gá. 6:10).

"¿Quién, pues, de estos tres te parece que fue el prójimo del que cayó en manos de los ladrones? Él dijo: El que usó de misericordia con él. Entonces Jesús le dijo: Ve, y haz tú lo mismo" (Lc. 10:36-37).

"En todo os he enseñado que, trabajando así, se debe ayudar a los necesitados, y recordar las palabras del Señor Jesús, que dijo: Más bienaventurado es dar que recibir" (Hch. 20:35).

"Y de hacer bien y de la ayuda mutua no os olvidéis; porque de tales sacrificios se agrada Dios" (He. 13:16).

"Confía en Jehová, y haz el bien; y habitarás en la tierra, y te apacentarás de la verdad" (Sal. 37:3).

"Entonces el Rey dirá a los de su derecha: Venid, benditos de mi Padre, heredad el reino preparado para vosotros desde la fundación del mundo. Porque tuve hambre, y me disteis de comer; tuve sed, y me disteis de beber; fui forastero, y me recogisteis; estuve desnudo, y me cubristeis; enfermo, y me visitasteis; en la cárcel, y vinisteis a mí. Entonces los justos le responderán diciendo: Señor, ¿cuándo te vimos hambriento, y te sustentamos, o sediento, y te dimos de beber? ¿Y cuándo te vimos forastero, y te recogimos, o desnudo, y te cubrimos? ¿O cuándo te vimos enfermo, o en la cárcel, y vinimos a ti? Y respondiendo el Rey, les dirá: De cierto os digo que en cuanto lo hicisteis a uno de estos mis hermanos más pequeños, a mí lo hicisteis" (Mt. 25:34-40).

2. La honra piadosa suplió las necesidades espirituales de Abram y sus hombres (v. 19). ¿Cómo? El sacerdote hizo lo más grande que podía hacer: él oró por Abram y lo bendijo (v. 19).

=> Él alabó y bendijo el nombre del Dios Altísimo.

=> Él dio testimonio a los miles de personas que se encontraban allí con Abram.

Recuerden, había miles de cananeos incrédulos presentes cuando Melquisedec bendijo a Abram: los prisioneros que Abram había liberado, y los soldados de los jefes amorreos que habían juntado sus ejércitos con él. (Cp. Gn. 14:13, 24.) Advierta la bendición de Melquisedec:

"Bendito sea Abram del Dios Altísimo, creador de los cielos y de la tierra; y bendito sea el Dios Altísimo, que entregó tus enemigos en tu mano" (vv. 19-20).

"Martín Lutero pensó en esto como un sermón, y uno grande en este respecto. Melquisedec, argumentó él, debe haber hablado por lo menos una hora, incluyendo señalamientos (no registrados en Génesis) como los siguientes: '¿cuáles son sus dioses, a quienes han adorado hasta ahora? Mi Dios solamente es el Dios Altísimo. Él le ha dado esta victoria a su siervo fiel y ha realizado este milagro que han visto. ¿No es un milagro que este hombre solo con unos pocos aliados derrotara e hiciera huir a tantos reyes poderosos y temibles además por sus grandes victorias? Despójense de sus viles ídolos, que los han entregado a sus enemigos para que los saqueen, y acepten a nuestro Dios: 'al único que hace grandes maravillas' (Sal. 136:4)...

"'En este sermón... Melquisedec presenta a Abraham ante el mundo entero y declara que solo con él, en su casa y en su familia, se encuentran la iglesia, el reino de los cielos, la salvación, el perdón de pecados, y la bendición divina... Por consiguiente, no solo se liberaron los cuerpos de los cautivos, sino también que incontables almas fueron salvas de la muerte eterna tras haber aprendido a conocer al Dios verdadero sobre

la base del milagro obvio y del sermón iluminado. Ciertamente, esta victoria no resultó infructífera; fue gloriosa y extraordinariamente eficaz, si se considera detenidamente'" (Martín Lutero. *Luther's Works* [Obras de Lutero], vol. 2. "Lectures on Genesis [Conferencias sobre Génesis] Capítulos 6-14", ed. Jaroslav Pelikan y Daniel E. Poellot. St. Louis, MO: Concordia, 1960, pp. 389, 391-392. Citado por James Montgomery Boice. *Genesis, An Expositional Commentary*, vol. 2, p. 67.)

Nuevamente, la honra piadosa proporcionada por Melquisedec suplió la necesidad espiritual de Abram al orar por él y bendecirlo. Y la bendición proclamada en la presencia de los miles que allí se encontraban suplió su necesidad espiritual de salvación.

Pensamiento 1. ¡Qué oportunidad tan única para dar testimonio de Dios! Y Melquisedec no dejó que se le escapara la oportunidad. Él dio testimonio del Dios Altísimo delante de los prisioneros y del ejército. Qué reto para nosotros: ser fieles en el testimonio, aprovechar cada oportunidad que podamos para proclamar la salvación de Dios que es en Cristo Jesús nuestro Señor.

"pero recibiréis poder, cuando haya venido sobre vosotros el Espíritu Santo, y me seréis testigos en Jerusalén, en toda Judea, en Samaria, y hasta lo último de la tierra" (Hch. 1:8).

"porque no podemos dejar de decir lo que hemos visto y oído" (Hch. 4:20).

"Por tanto, no te avergüences de dar testimonio de nuestro Señor, ni de mí, preso suyo, sino participa de las aflicciones por el evangelio según el poder de Dios" (2 Ti. 1:8).

"sino santificad a Dios el Señor en vuestros corazones, y estad siempre preparados para presentar defensa con mansedumbre y reverencia ante todo el que os demande razón de la esperanza que hay en vosotros" (1 P. 3:15).

3. La honra piadosa estimuló en Abram un compromiso de administración. Abram estaba tan agradecido por la oración y bendición que él le dio una décima parte de todo al sacerdote, Melquisedec. Advierta dos elementos significativos:

=> Esta es la primera vez que se menciona una décima parte o diezmo en la Biblia.

=> Al parecer el diezmo era una *práctica de creyentes* de los tiempos más antiguos, mucho antes de que Moisés diera la ley. Advierta que tanto Abram como Jacob diezmaron. Por eso, el argumento de que el diezmo estaba diseñado solamente para las personas que se encontraban bajo la ley es incorrecto.

"y bendito sea el Dios Altísimo, que entregó tus enemigos en tu mano. Y le dio Abram los diezmos de todo" (Gn. 14:20).

"Y esta piedra que he puesto por señal, será casa de Dios; y de todo lo que me dieres, el diezmo apartaré para ti" (Gn. 28:22).

ESTUDIO A FONDO 1

(14:18-20) *Melquisedec:* Esta es la única vez que Melquisedec aparece en la escena de la historia mundial. Este breve suceso —abordado en solo tres versículos— es la única información que tenemos sobre su vida. Aún así, las Escrituras declaran que él es de extrema importancia, que es importante porque representa un tipo maravilloso de Cristo.

1. Más de mil años después de este suceso con Abram, David haría esta increíble profecía sobre el Señor Jesucristo y Melquisedec: Jesucristo sería *sacerdote para siempre* según el orden de Melquisedec.

> **"Juró Jehová, y no se arrepentirá: Tú eres sacerdote para siempre según el orden de Melquisedec" (Sal. 110:4).**

David, bajo la inspiración del Espíritu de Dios, estaba declarando el sacerdocio de Melquisedec como eterno; por ende, Jesucristo sería del mismo sacerdocio, *sacerdote para siempre*, según el *sacerdocio eterno* de Melquisedec. ¿Cómo es posible que se pueda decir que el sacerdocio de Melquisedec es eterno? La respuesta aparece en el pasaje de Hebreos que aparece a continuación (pt. 2d).

2. Más de dos mil años después de esta experiencia con Abram, el autor de la Epístola a los hebreos hizo planteamientos asombrosos sobre Melquisedec y Cristo.

a. Dios hizo a Jesucristo Sumo Sacerdote del hombre. Jesucristo fue constituido Sumo Sacerdote según el orden de Melquisedec.

> **"Así tampoco Cristo se glorificó a sí mismo haciéndose sumo sacerdote, sino el que le dijo: Tú eres mi Hijo, Yo te he engendrado hoy. Como también dice en otro lugar: Tú eres sacerdote para siempre, según el orden de Melquisedec" (He. 5:5-6).**

b. Dios constituyó a Jesucristo el autor de la salvación eterna. Dios lo nombró como Sumo Sacerdote del hombre según el orden de Melquisedec.

> **"y habiendo sido perfeccionado, vino a ser autor de eterna salvación para todos los que le obedecen; y fue declarado por Dios sumo sacerdote según el orden de Melquisedec" (He. 5:9-10).**

c. Dios hizo de Jesucristo el precursor del hombre al cielo, el Sumo Sacerdote que preparaba el camino del hombre al cielo. Jesucristo era el Sumo Sacerdote del hombre para siempre según el orden de Melquisedec.

> **"donde Jesús entró por nosotros como precursor, hecho sumo sacerdote para siempre según el orden de Melquisedec" (He. 6:20).**

d. Dios hizo a Jesucristo Sumo Sacerdote para siempre según el orden de Melquisedec. ¿Qué quiere decir esto? ¿Cómo es que se puede decir que el sacerdocio de Melquisedec es eterno? El autor de A los hebreos dedica todo un capítulo a responder la pregunta, y es necesario remitirse al capítulo para una respuesta completa (vea bosquejo y notas, He. 7:1-24). Pero brevemente, quiere decir lo siguiente: Melquisedec no tenía genealogía, no hasta donde sabemos. No hay registro de sus raíces. Compruebe el relato de Génesis nuevamente: no se dice nada sobre su origen, sus padres, o antepasados. Esto es muy inusual, porque en esa época era importante que un sacerdote tuviera un registro de su genealogía. Si él no tenía registro alguno de su genealogía, él no podía fungir como sacerdote. Y advierta: todo verdadero sacerdote de la Biblia podía rastrear sus orígenes hasta Aarón, el sacerdocio levítico, pero Melquisedec no. Él antecedió al —existió antes del— sacerdocio levítico. Por eso su sacerdocio fue mayor porque existió antes, como si no tuviera principio ni fin.

Sucede lo siguiente: no hay registro alguno en las Escrituras de los orígenes de Melquisedec ni de su muerte. Por lo tanto, él representa un tipo maravilloso del sacerdote eterno que enviaría al mundo el propio Dios, el Señor Jesucristo.

> **"Porque este Melquisedec, rey de Salem, sacerdote del Dios Altísimo, que salió a recibir a Abraham que volvía de la derrota de los reyes, y le bendijo,... sin padre, sin madre, sin genealogía; que ni tiene principio de días, ni fin de vida, sino hecho semejante al Hijo de Dios, permanece sacerdote para siempre" (He. 7:1, 3).**

e. El nombre Melquisedec significa *justicia*, y Salem significa *paz*. Se puede decir que Melquisedec era el rey de justicia y paz. Como tal, él constituía el tipo maravilloso del Salvador venidero, el Señor Jesucristo, el rey que traería justicia y paz a la tierra.

> **"a quien asimismo dio Abraham los diezmos de todo; cuyo nombre significa primeramente Rey de justicia, y también Rey de Salem, esto es, Rey de paz" (He. 7:2).**
>
> **"Pero ahora, aparte de la ley, se ha manifestado la justicia de Dios, testificada por la ley y por los profetas; la justicia de Dios por medio de la fe en Jesucristo, para todos los que creen en él. Porque no hay diferencia" (Ro. 3:21-22).**
>
> **"Al que no conoció pecado, por nosotros lo hizo pecado, para que nosotros fuésemos hechos justicia de Dios en él" (2 Co. 5:21).**

"Justificados, pues, por la fe, tenemos paz para con Dios por medio de nuestro Señor Jesucristo" (Ro. 5:1).

"Ciertamente cercana está su salvación a los que le temen, para que habite la gloria en nuestra tierra. La misericordia y la verdad se encontraron; la justicia y la paz se besaron" (Sal. 85:9-10).

"Y el efecto de la justicia será paz; y la labor de la justicia, reposo y seguridad para siempre. Y mi pueblo habitará en morada de paz, en habitaciones seguras, y en recreos de reposo" (Is. 32:17-18).

f. Melquisedec era sacerdote y rey del Dios Altísimo; por eso él prefiguró la *posición real* de Cristo. Jesucristo es sacerdote y rey, el sacerdote y rey eternos de la tribu de Judá. Fue enviado a la tierra para darles a todos los creyentes la esperanza de convertirse en sacerdotes y reyes delante de Dios, sacerdotes y reyes que vivirán y servirán para siempre en los nuevos cielos y la nueva tierra.

"Porque manifiesto es que nuestro Señor vino de la tribu de Judá, de la cual nada habló Moisés tocante al sacerdocio" (He. 7:14).

"y de Jesucristo el testigo fiel, el primogénito de los muertos, y el soberano de los reyes de la tierra. Al que nos amó, y nos lavó de nuestros pecados con su sangre, y nos hizo reyes y sacerdotes para Dios, su Padre; a él sea gloria e imperio por los siglos de los siglos. Amén" (Ap. 1:5-6).

"y nos has hecho para nuestro Dios reyes y sacerdotes, y reinaremos sobre la tierra" (Ap. 5:10).

"Mas vosotros sois linaje escogido, real sacerdocio, nación santa, pueblo adquirido por Dios, para que anunciéis las virtudes de aquel que os llamó de las tinieblas a su luz admirable" (1 P. 2:9).

ESTUDIO A FONDO 2

(14:19) *Dios Altísimo (El Elyon):* Elyon significa *más alto, altísimo.* El es el equivalente de *Dios;* por eso a Dios se le llama Dios Altísimo, el Dios Altísimo, o el Dios más alto. El Dios Altísimo es el Dios que es supremo, que es el creador del cielo y la tierra, que es soberano y todo poderoso, que es perfectamente capaz de entregar a nuestros enemigos en nuestras manos. El Dios Altísimo es el único Dios vivo y verdadero, la Majestad Soberana del universo que está por encima de todos los dioses hechos por el hombre, los dioses que son tan solo ídolos, que no son más que la creación de la imaginación del hombre.

Advierta estos elementos revelados sobre el Dios Altísimo.

1. El Dios Altísimo es el Dios de los creyentes (Gn. 14:19; Sal. 82:6). Se dice que Abram es "del Dios Altísimo", es decir, Abram le pertenece.

2. El Dios Altísimo es el creador del cielo y la tierra (Gn. 14:19).

a. Él ejerce autoridad sobre el cielo.

=> El Dios Altísimo trae a Lucifer "al infierno, a los lados del foso".

"sobre las alturas de las nubes subiré, y seré semejante al Altísimo. Mas tú derribado eres hasta el Seol, a los lados del abismo" (Is. 14:14-15; cp. v. 12).

=> El Dios Altísimo se encarga de que el creyente en oración more "bajo la sombra del Todopoderoso".

"El que habita al abrigo del Altísimo morará bajo la sombra del Omnipotente" (Sal. 91:1).

=> El Dios Altísimo hace "según su voluntad en el ejército del cielo".

"Mas al fin del tiempo yo Nabucodonosor alcé mis ojos al cielo, y mi razón me fue devuelta; y bendije al Altísimo, y alabé y glorifiqué al que vive para siempre, cuyo dominio es sempiterno, y su reino por todas las edades. Todos los habitantes de la tierra son considerados como nada; y él hace según su voluntad en el ejército del cielo, y en los habitantes de la tierra, y no hay quien detenga su mano, y le diga: ¿Qué haces?" (Dn. 4:34-35; vea Mt. 28:18).

b. Él ejerce autoridad sobre la tierra.

=> El Dios Altísimo entrega a los enemigos de los creyentes en sus manos.

"y bendito sea el Dios Altísimo, que entregó tus enemigos en tu mano. Y le dio Abram los diezmos de todo" (Gn. 14:20; cp. 2 S. 22:14-15; Sal. 9:25; 27:2-3; 56:2-3; 83:16-18; 91:9-12).

=> El Dios Altísimo divide las naciones de la tierra y establece sus fronteras como Él quiere.

"Cuando el Altísimo hizo heredar a las naciones, cuando hizo dividir a los hijos de los hombres, estableció los límites de los pueblos según el número de los hijos de Israel" (Dt. 32:8; cp. Sal. 47:2-4; Dn. 5:18; Hch. 17:26).

=> El Dios Altísimo es Quien tiene misericordia e impide que se conmueva al creyente.

"Por cuanto el rey confía en Jehová, y en la misericordia del Altísimo, no será conmovido" (Sal. 21:7; cp. 1 P. 1:5).

3. El Dios Altísimo recibía diezmos de todos.

> **"y bendito sea el Dios Altísimo, que entregó tus enemigos en tu mano. Y le dio Abram los diezmos de todo" (Gn. 14:20).**
>
> 4. Al Dios Altísimo se le acercan en oración.
>
> **"Y respondió Abram al rey de Sodoma: He alzado mi mano a Jehová Dios Altísimo, creador de los cielos y de la tierra" (Gn. 14:22).**
>
> 5. El Dios Altísimo recibe los juramentos hechos por el hombre.
>
> **"Y respondió Abram al rey de Sodoma: He alzado mi mano a Jehová Dios Altísimo, creador de los cielos y de la tierra, que desde un hilo hasta una correa de calzado, nada tomaré de todo lo que es tuyo, para que no digas: Yo enriquecí a Abram" (Gn. 14:22-23).**
>
> 6. El Dios Altísimo es Jehová, Yahvé. Abram lo identificó como Jehová.
>
> **"Y conozcan que tu nombre es Jehová; Tú solo Altísimo sobre toda la tierra" (Sal. 83:18).**
>
> 7. También se dice en los Salmos que el Dios Altísimo es el redentor de la humanidad.
>
> **"Y se acordaban de que Dios era su refugio, y el Dios Altísimo su redentor" (Sal. 78:35).**

3 (14:21-24) *Tentación — Compromiso:* La honra mundana tentó a Abram a comprometerse: a quedarse con lo que se había ganado. La honra mundana está representada en Bera, el rey de Sodoma. Nota: él no le trajo nada —ningún regalo— a Abram. La razón era porque él no tenía nada; él lo había perdido todo a causa del ejército invasor. Habían destruido y saqueado Sodoma, se habían llevado todos los bienes y habían esclavizado al pueblo. Lo que el rey quería era reconstruir su reino, y solo había una forma en que se podía hacer esto: recuperar a sus súbditos, al pueblo. Por eso apeló a Abram: "Dame las personas y toma para ti los bienes: todo el oro y las cosas de valor, todo el ganado y las posesiones".

Esto suponía una amenaza seria para Abram, una amenaza que podía haber destruido su testimonio de Jehová. ¿Cuál era la amenaza? La tentación de comprometerse con el mundo. Cuando el rey le hizo esta oferta a Abram, dos cosas deben haberle pasado por la mente a Abram.

=> Abram se podía quedar con todo para él. Él era el vencedor, y en la guerra el vencedor tiene el derecho de todo el botín, tanto de las personas como de los bienes. Esta siempre ha sido la ley de la guerra. En aquel momento, Abram era uno de los jeques y gobernadores más poderosos, de no ser el más poderoso, de Canaán. Por lo tanto, él podía garantizar la lealtad de los prisioneros libertados, podía movilizarlos bajo su gobierno, y tomar posesión de la Tierra Prometida, al menos de gran parte

de ella. ¿Era esto providencia de Dios, era así como Dios había dispuesto que Abram poseyera la Tierra Prometida? Esto le debe haber pasado a Abram por la mente.

=> Abram podía hacer lo que Bera, el rey de Sodoma, le sugirió: comprometerse y quedarse con todos los bienes, pero devolverle a las personas al gobierno de Sodoma. Y así, el rey y todas las personas de la región alabarían a Abram por su compromiso compasivo y magnánimo. Además, las riquezas y propiedades de Abram se incrementarían grandemente. Los bienes —el oro y los objetos de valor, el ganado y las posesiones— que se había recuperado de los invasores debieron haber sido enormes. Recuerden: el botín incluía las riquezas y artículos de valor de cinco ciudades principales y muchas aldeas vecinas (Gn. 14:5-11). Tales riquezas despertarían tentación en cualquier persona, incluso en el creyente más fuerte. ¡Piensen nada más en cuánto bien se puede hacer con tantas riquezas, de usarlas en función de Dios y sus propósitos! Abram podía haber comprado y poseído una gran parte de Canaán con las riquezas que recibió de las ciudades. Nuevamente, tales cosas deben haberle pasado por la mente a Abram.

Ahora bien, ¿qué tenía de malo la oferta del rey? ¿Por qué Abram no debía tomar posesión de cuanta tierra pudiera? ¿Por qué no debía al menos aceptar algo de honra y pago —de no ser todo el botín— por la gran hazaña que había hecho al rescatar a los prisioneros? La respuesta se encuentra en la respuesta de Abram. Advierta lo que Abram le dijo al rey.

1. Abram había orado antes de ir a la batalla. Él había puesto su vida y el resultado de la batalla en Dios. Advierta con cuánta fuerza Abram dio testimonio de Dios delante del rey y el pueblo incrédulos, ante aquellos que adoraban falsos dioses. Advierta cómo Abram declaró que él había orado al único Dios vivo y verdadero...

- Al Señor (Jehová, Yahvé: el Dios de redención). (Vea nota 2, *Dios [Jehová o Yahvé]*, Gn. 2:4.)
- Al Dios Altísimo (El Elyon), el creador del cielo y la tierra. (Vea *Estudio a fondo 2, Dios [Elohim]*, Gn. 1:1.)

Abram le dio el mérito de su victoria a Dios, y esto dirigió la atención de las persona a Dios.

2. Abram le había hecho una promesa a Dios: él no tomaría nada, ni siquiera un hilo o una correa de calzado que perteneciera al rey y a su pueblo (v. 23). ¿Por qué Abram haría tal promesa? Hay cuatro razones.

a. Primera, Abram sabía que la guerra y la conquista no era el proceder de Dios, tampoco lo es una piedad forzada. Aunque Abram hubiera querido quedarse con las personas bajo su mando, él no podía forzar a las personas rescatadas a aceptar a Jehová como su Dios. Obligar a las personas a vivir para Dios no es el proceder de Dios. Dios ha hecho al hombre una criatura libre, una criatura que se decide por Dios o lo rechaza. Abram sabía esto; por ende, él se resistió a la tentación personal de quedarse con las personas rescatadas y movilizarlas bajo su mando. Él sabía que Dios, en su propio tiempo y a su propia forma, le daría *la Tierra Prometida* y *la Simiente prometida.*

b. Segundo, Abram quería orar —comparecer ante Dios— para renunciar a cualquier ambición personal para ir a la batalla. Él no estaba peleando por avaricia ni por beneficios. Él no estaba peleando por territorios, posición, gobierno, ni poder. Él no se estaba adelantando a Dios, tratando de ayudar a realizarse al plan de Dios conquistando tierra y sometiendo personas al gobierno de piedad. Abram fue a la batalla por una razón y solo una razón: liberar a su sobrino Lot, a quien él había criado como a su propio hijo. De hecho, Lot había sido el único hijo que él había tenido y amado, y Abram sí amaba a Lot, lo amaba como a su propio hijo. Esta era la razón por la que él iba a la batalla, no para conseguir tierra y riquezas ni para imponer piedad en las personas. Él quería hablar esto con Dios antes de entrar en batalla. Por eso, él le hizo una promesa a Dios antes de ir a luchar: él no tomaría nada del botín.

c. Tercero, Abram sabía que él no se debía comprometer con el mundo (v. 23). Él sabía que si él aceptaba las riquezas ofrecidas por el rey de Sodoma...

• El rey diría que las riquezas y las bendiciones de Abram se debían a su regalo, no al Dios de Abram. Cada vez que el rey pudiera, se vanagloriaría de que él había hecho rico a Abram y le había proporcionado éxito, que él era la fuente del éxito de Abram (v. 23).

• Abram también estaría en deuda con el rey, y se esperaría de él que ayudara y colaborara con el rey cuando el rey se lo pidiera. Se exigiría un compromiso tras otro si Abram se endeudaba con el rey de Sodoma.

d. Cuarto, Abram quería dar un testimonio fidedigno de Dios delante del pueblo de Sodoma. Abram sabía que si él se quedaba con los bienes del pueblo, lo despreciarían y no le prestarían atención a su testimonio. Pero si él actuaba por compasión y le daba al pueblo la opción de quedarse con él y confiar en el Señor, o de regresar a su tierra con sus bienes, sería más probable que ellos lo escucharan. Por eso, Abram rechazó la oferta del rey. Además, probablemente él le hubiera dado la oportunidad a cualquiera que la deseara de venir con él y confiar en Jehová, el Dios Altísimo. Sin embargo, en las palabras de Warren Wiersbe, no hay registro alguno de nadie que haya aceptado la oferta de Abram:

"Abraham no aceptó la oferta del rey Bera. En cambio, es probable que Abraham le haya dado la oportunidad a todo aquel que había rescatado de venir con él y confiar en el Dios vivo y verdadero. Abraham era un jeque poderoso, y sus vecinos conocían de su tienda y su altar. Pero no hay indicios de que ninguno de ellos (incluso la familia de Lot) aceptara su invitación. Excepto Lot y dos de sus hijas, todos perecieron en la destrucción de Sodoma" (Warren Wiersbe. *Be Obedient* [Sea obediente]. Wheaton, IL: Victor Books, 1991, p. 38).

3. Abram había ejercido justicia (v. 24). Él cedió los derechos de la conquista —los derechos de compartir el botín— a los que se le habían sumado en la batalla.

¿Los tres jefes de las tribus amorreas tomaron su parte del botín? Las Escrituras no lo dicen. Quizás el sufrimiento de los prisioneros rescatados y el testimonio de compasión que mostró Abram los conmovió. Quizás ellos también permitieron que las personas se quedaran con sus bienes.

CAPÍTULO 15

H. A Abram se le ratificó el pacto de Dios: La fe ratificada. Cómo vencer el temor y la decepción, 15:1-21

1 Abram oyó y creyó en la Palabra de Dios, La seguridad de Dios de no temer: Dios es el Escudo y el Gran Galardón del creyente[EF1]

2 Abram oyó y creyó en la Palabra de Dios: La promesa de Dios de dar la Simiente prometida[EF2]

a. El temor y decepción de Abram: No tener hijo ni tener heredero en la familia

b. La Palabra de Dios y la ratificación
   1) La simiente es segura
   2) La simiente será como las estrellas del cielo

c. Abram creyó en la Palabra de Dios: Creyó en Dios y se le contó por justo

3 Abram oyó y creyó en la Palabra de Dios: La promesa de Dios de dar la Tierra Prometida

a. Dios salvó a Abram para darle la Simiente prometida

b. Abram le pidió cada vez más confirmación a Dios, una señal visible

c. Dios le dio a Abram una señal visible: Un pacto o contrato humano muy conocido
   1) Los animales usados en el pacto

1 Después de estas cosas vino la palabra de Jehová a Abram en visión, diciendo: No temas, Abram; yo soy tu escudo, y tu galardón será sobremanera grande. 2 Y respondió Abram: Señor Jehová, ¿qué me darás, siendo así que ando sin hijo, y el mayordomo de mi casa es ese damasceno Eliezer? 3 Dijo también Abram: Mira que no me has dado prole, y he aquí que será mi heredero un esclavo nacido en mi casa. 4 Luego vino a él palabra de Jehová, diciendo: No te heredará éste, sino un hijo tuyo será el que te heredará. 5 Y lo llevó fuera, y le dijo: Mira ahora los cielos, y cuenta las estrellas, si las puedes contar. Y le dijo: Así será tu descendencia. 6 Y creyó a Jehová, y le fue contado por justicia.

7 Y le dijo: Yo soy Jehová, que te saqué de Ur de los caldeos, para darte a heredar esta tierra. 8 Y él respondió: Señor Jehová, ¿en qué conoceré que la he de heredar? 9 Y le dijo: Tráeme una becerra de tres años, y una cabra de tres años, y un carnero de tres años, una tórtola también, y un palomino. 10 Y tomó él todo esto, y los partió por la mitad, y puso cada mitad una enfrente de la otra; mas no partió las aves.

11 Y descendían aves de rapiña sobre los cuerpos muertos, y Abram las ahuyentaba. 12 Mas a la caída del sol sobrecogió el sueño a Abram, y he aquí que el temor de una grande oscuridad cayó sobre él.

13 Entonces Jehová dijo a Abram: Ten por cierto que tu descendencia morará en tierra ajena, y será esclava allí, y será oprimida cuatrocientos años. 14 Mas también a la nación a la cual servirán, juzgaré yo; y después de esto saldrán con gran riqueza. 15 Y tú vendrás a tus padres en paz, y serás sepultado en buena vejez.

16 Y en la cuarta generación volverán acá; porque aún no ha llegado a su colmo la maldad del amorreo hasta aquí. 17 Y sucedió que puesto el sol, y ya oscurecido, se veía un horno humeando, y una antorcha de fuego que pasaba por entre los animales divididos. 18 En aquel día hizo Jehová un pacto con Abram, diciendo: A tu descendencia daré esta tierra, desde el río de Egipto hasta el río grande, el río Eufrates; 19 la tierra de los ceneos, los cenezeos, los cadmoneos, 20 los heteos, los ferezeos, los refaítas, 21 los amorreos, los cananeos, los gergeseos y los jebuseos.

2) El sacrificio y ceremonia de los animales
3) Dios demoró su aparición: Abram tuvo que ahuyentar a las aves de rapiña

d. Dios hizo caer a Abram en un sueño profundo: Le dio seguridad del futuro triunfante de la Simiente prometida a lo largo de los siglos
   1) La simiente será oprimida y esclavizada (durante 400 años)

   2) La simiente será liberada (con riquezas)

   3) El creyente (Abram) tendrá paz con sus padres, vivirá para siempre
   4) La simiente regresará a la Tierra Prometida

e. Dios le proporcionó a Abram una profunda experiencia de su presencia santa

f. Dios ratificó su pacto con Abram
   1) La Simiente prometida ratificada
   2) La Tierra Prometida ratificada (con las fronteras proporcionadas)

División VII

Abraham: El hombre escogido para convertirse en el padre del pueblo de Dios y en el padre de la fe, 12:1—25:18

H. A Abram se le ratificó el pacto de Dios: La fe ratificada. Cómo vencer el temor y la decepción, 15:1-21

(15:1-21) *Introducción:* Temor y decepción, por alguna razón estas dos emociones sobrecogieron el alma de Abram.

=> ¿Abram se salvó por los pelos —casi lo matan— en el ataque contra el ejército invasor del oriente? (Vea bosquejo y notas, Gn. 14:1-16 para un análisis.)
=> ¿Abram temía a la represalia de las cuatro naciones cuyo ejército él había derrotado?
=> ¿Abram estaba cuestionando (lamentando) la decisión inusual que él había tomado: no guardar la ley de la conquista que le daba todo el botín al vencedor? Si él se hubiera quedado con el botín, probablemente podría haber garantizado la lealtad de los prisioneros rescatados, podría haberlos movilizado bajo su mando, y podría haber tomado el control de la Tierra Prometida, al menos gran parte de ella. Posiblemente se podía haber vuelto rey, rey de las ciudades-estados que él había rescatado. ¿Podía ser que él no hubiera asegurado la Tierra Prometida como Dios quería? ¿Había perdido si oportunidad de poseer la tierra? Después de todo, él llevaba alrededor de diez años en la tierra de Canaán y él no poseía tierra alguna, y lo que resultaba más decepcionante aún, no tenía hijos. Ni siquiera le había nacido un solo hijo. Ninguna de las promesas de Dios se habían comenzado a cumplir. Quizás Dios había querido que él garantizara la lealtad de las personas rescatadas y tomara posesión de cuanta tierra pudiera.
=> ¿Abram se estaba sintiendo agotado física y emocionalmente después de la emoción de la batalla? El esfuerzo del deber después de un gran suceso siempre deja a una persona agotado tanto física como emocionalmente. En tales ocasiones, con frecuencia la persona se pregunta y cuestiona cosas. ¿Abram estaba tan agotado, tan defraudado, que comenzó a sentirse incómodo y a cuestionar si alguna vez tendría un hijo (la Simiente prometida) y heredaría la Tierra Prometida? Después de todo, él estaba viviendo en una región anárquica y peligrosa, y ya habían pasado alrededor de diez años desde que había llegado a Canaán. Él y Sarai estaban envejeciendo, y ni una sola promesa de Dios se había cumplido aún. ¿Cabía alguna posibilidad —temía él— que él hubiera malinterpretado o malentendido las promesas de Dios?
=> ¿Abram temía que se quedaría sin hijos para siempre y nunca heredaría la tierra?

Las Escrituras no dicen por qué Abram temió y sintió decepción. Quizás todas estas posibilidades repercutieron en la tensión emocional que él estaba experimentando.

Advierta las palabras "después de estas cosas" —después de la batalla— el alma de Abram se sobrecogió con temor

y decepción, tanto que Dios le dio a Abram una visión y le ratificó las grandes promesas de Dios. Este es el tema de este gran pasaje: *A Abram se le ratificó el Pacto de Dios: La fe ratificada. Cómo vencer el temor y la decepción*, 15:1-21.

1. Abram oyó y creyó en la Palabra de Dios: La seguridad de Dios de no temer: Él es el Escudo y el Gran Galardón del creyente (v. 1).
2. Abram oyó y creyó en la Palabra de Dios: La promesa de Dios de dar la Simiente prometida (vv. 2-6).
3. Abram oyó y creyó en la Palabra de Dios: La promesa de Dios de dar la Tierra Prometida (vv. 7-21).

1 (15:1) *Escudo — Visión — Palabra de Dios — No temer:* Oír y creer en la Palabra de Dios: no teman, Dios es el Escudo y el Gran Galardón del creyente. Dios conocía el corazón de Abram, sus temores y decepciones. Años antes, Abram le había entregado su vida a Dios. Él había confiado en que Dios lo guiara, lo protegiera, y cuidara de él. Por ende, en este momento de gran temor y decepción, Dios actuó para ayudar a Abram. Advierta varios elementos.

1. Dios le dio una visión a Abram y le habló directamente. El temor y la decepción de Abram eran tan estresantes que provocaron una verdadera crisis en su vida, una crisis tan dolorosa que Dios realmente le dio una visión y le habló a él.

Nota: Esta es la primera vez que se menciona en la Biblia *La Palabra de Jehová*. También es la primera vez que se usan *visión, escudo*, y *recompensa*. También es la primera vez que las Escrituras usan la gran frase "YO SOY". (Vea *Estudio a fondo 1,* Jn. 6:20 para un mayor análisis; cp. Éx. 3:14-15.)

2. Dios llamó a Abram por su nombre. La ternura de este acto sin dudas hizo que Abram se postrara ante Dios y lo alentó sobremanera. Cuando Dios mencionó el nombre de Abram, Abram supo, por encima de todas las cosas, que pertenecía a Dios verdaderamente. Dios estaba protegiéndolo y cuidándolo.

> **"No temas, porque yo te redimí; te puse nombre, mío eres tú" (Is. 43:1b).**

3. Dios le dio tres mensajes a Abram.
a. "No temas, Abram". Esta es la primera vez que encontramos este gran estímulo en la Biblia. Advierta quién dice las palabras: Dios. Quién sea el hablante significa muchísimo. Con mucha frecuencia, volvemos nuestros ojos hacia negocios o gobiernos para aliviar nuestros temores, pero solo Dios puede eliminar verdaderamente los grandes temores de la vida: los temores...
• De la seguridad y la garantía
• De la enfermedad y la muerte

> **"Fortaleced las manos cansadas, afirmad las rodillas endebles. Decid a los de corazón apocado: Esforzaos, no temáis; he aquí que vuestro Dios viene con retribución, con pago; Dios mismo vendrá, y os salvará" (Is. 35:3-4).**

> **"No temas, porque yo estoy contigo; no desmayes, porque yo soy tu Dios que te esfuerzo; siempre te**

ayudaré, siempre te sustentaré con la diestra de mi justicia" (Is. 41:10).

"Ahora, así dice Jehová, Creador tuyo, oh Jacob, y Formador tuyo, oh Israel: No temas, porque yo te redimí; te puse nombre, mío eres tú. Cuando pases por las aguas, yo estaré contigo; y si por los ríos, no te anegarán. Cuando pases por el fuego, no te quemarás, ni la llama arderá en ti" (Is. 43:1-2).

"No temáis, ni os amedrentéis; ¿no te lo hice oír desde la antigüedad, y te lo dije? Luego vosotros sois mis testigos. No hay Dios sino yo. No hay Fuerte; no conozco ninguno" (Is. 44:8).

"Oídme, los que conocéis justicia, pueblo en cuyo corazón está mi ley. No temáis afrenta de hombre, ni desmayéis por sus ultrajes" (Is. 51:7).

"Y no temáis a los que matan el cuerpo, mas el alma no pueden matar; temed más bien a aquel que puede destruir el alma y el cuerpo en el infierno" (Mt. 10:28).

b. Abram, "yo soy tu escudo". Un escudo *protegía* y *defendía* a una persona. (Vea nota 3, *Escudo*, Gn. 15:1 para un mayor análisis.) Advierta que el propio Dios es el escudo del creyente: su protector y defensor. El propio Dios escudaba a Abram...

• De desalentarse desesperanzadamente y rendirse.
• De negar la fe y las promesas de Dios.
• De ser derrotado por los enemigos de la vida.
• De perder su alma frente a los enemigos espirituales de Dios.
• De desanimarse ante la debilidad, la tentación, y la prueba.

Pensamiento 1. Dios y solo Dios puede escudar al creyente en la vida. Esta es la promesa de su Palabra. Fue la promesa hecha a Abram, y es la promesa hecha a nosotros.

"Dijo: Jehová es mi roca y mi fortaleza, y mi libertador; Dios mío, fortaleza mía, en él confiaré; mi escudo, y el fuerte de mi salvación, mi alto refugio; salvador mío; de violencia me libraste" (2 S. 22:2-3; cp. Sal. 18:1-2).

"Nuestra alma espera a Jehová; nuestra ayuda y nuestro escudo es él" (Sal. 33:20; cp. vv. 18-22).

"Porque sol y escudo es Jehová Dios; gracia y gloria dará Jehová. No quitará el bien a los que andan en integridad" (Sal. 84:11).

"Los que teméis a Jehová, confiad en Jehová; El es vuestra ayuda y vuestro escudo" (Sal. 115:11).

"Toda palabra de Dios es limpia; El es escudo a los que en él esperan" (Pr. 30:5).

c. "tu galardón será sobremanera grande". Nuevamente, el propio Dios es el galardón del creyente: su provisión, su suministro, y su fuente. Abram le había devuelto todos los bienes —los artículos de valor y el oro, el ganado y las posesiones— al pueblo que había rescatado. Todas las riquezas eran legítimamente de él por *la ley de la conquista*, pero él lo había devuelto todo y no se había quedado con nada. A pesar de sus grandes manadas y

su riqueza como comerciante, él solo arrendaba tierra para que sus manadas pastaran allí. Él no poseía tierra, ni siquiera una pequeña parcela. ¿La poseería algún día? ¿Alguna vez tendría un hijo para que fuera su heredero?

Dios le dio seguridad a Abram de que él sería galardonado, sería galardonado grandemente.

=> Abram sería galardonado *por el propio Dios*. Él no tenía necesidad alguna que Dios no le fuera a suplir.

"Mas buscad primeramente el reino de Dios y su justicia, y todas estas cosas os serán añadidas" (Mt. 6:33).

"Mi Dios, pues, suplirá todo lo que os falta conforme a sus riquezas en gloria en Cristo Jesús" (Fil. 4:19).

"escogiendo antes ser maltratado con el pueblo de Dios, que gozar de los deleites temporales del pecado, teniendo por mayores riquezas el vituperio de Cristo que los tesoros de los egipcios; porque tenía puesta la mirada en el galardón" (He. 11:25-26).

"echando toda vuestra ansiedad sobre él, porque él tiene cuidado de vosotros" (1 P. 5:7).

"Jehová es la porción de mi herencia y de mi copa; Tú sustentas mi suerte" (Sal. 16:5).

"¡Cuán grande es tu bondad, que has guardado para los que te temen, que has mostrado a los que esperan en ti, delante de los hijos de los hombres!" (Sal. 31:19).

=> Abram sería galardonado *con el propio Dios*, con todo cuanto Dios es en sí mismo, en su propia naturaleza. Abram recibiría la propia naturaleza de Dios, sería conformado a su imagen, poseería el amor, el gozo, la paz —todo el fruto del Espíritu de Dios— que son las posesiones más valiosas que puede tener una persona.

"Mas el fruto del Espíritu es amor, gozo, paz, paciencia, benignidad, bondad, fe, mansedumbre, templanza; contra tales cosas no hay ley" (Gá. 5:22-23).

"y vestíos del nuevo hombre, creado según Dios en la justicia y santidad de la verdad" (Ef. 4:24).

ESTUDIO A FONDO 1

(15:1) *Escudo, de los soldados:* Los hombres han usado el escudo para *protegerse y defenderse* desde principios de la historia. Advierta estos elementos sobre los escudos.
=> Los escudos formaban parte de la armadura del soldado.
=> Había escudos grandes y pequeños.
=> Los escudos pequeños los empuñaban los soldados en una mano y empuñaban una espada en la otra. En ocasiones el escudo se amarraba a la mano del soldado.
=> Los escudos grandes eran lo bastante grandes como para que el soldado se agachara detrás de él

y protegiera todo su cuerpo. (Vea nota, Ef. 6:14-17, pt. 4.)
=> Los escudos se hacían de pieles de animales, de madera, o algún otro metal.
=> Los escudos se hacían de todas las formas y figuras: cuadrados, redondos, oblongos, y ovalados.
=> Los escudos se usaban para *proteger y defender* al soldado de una espada, una flecha, o algún otro proyectil lanzado contra él como por ejemplo rocas.

2 **(15:2-6)** *La simiente, prometida — Creencia — Confirmación — Justicia:* ¿Cómo podemos vencer el temor y la decepción? Oigan y crean en la Palabra de Dios, en particular su promesa con respecto a *la Simiente prometida.*

1. Abram estaba decepcionado —extremadamente decepcionado— al punto que él le temía al hecho de no tener hijos. Al parecer, esta fue la razón primaria para su decepción y temor: Él no tenía hijos. Su sobrino, Lot, a quien Abram había criado y amado como a un hijo, había decidido seguir al mundo en vez de a Dios. Él estaba llevando una vida mundana buscando los lujos, placeres, y posesiones del mundo. Por ende, él no estaba apto para ser el heredero. Además, Abram y Sarai se acercaban a una edad en que la maternidad se volvería imposible. Si Abram moría sin un hijo, las consecuencias podían ser catastróficas:
=> El heredero de sus propiedades no sería un descendiente de su propio cuerpo. Sería un mayordomo de su casa, Eliezer el damasceno.
=> No se cumplirían las promesas de Dios.

¿Qué sucedía con la situación? Sin hijos. Acercándose a la edad en que se volvía imposible la maternidad. Cerca de diez años en la tierra de Canaán y no había obtenido nada como recompensa: no había hijo prometido, ni tierra, ni siquiera un acre. Espiritualmente se encontraba solo; había muy pocos creyentes en la tierra. ¿Había malinterpretado o malentendido a Dios? ¿Él estaba fallando, no estaba haciendo lo que Dios esperaba de él? ¿Estaba entorpeciendo la obra que Dios haría por medio de él? ¿Qué esperaba Dios? ¿Cuánto tiempo tendría que pasar para que Dios lo bendijera con un hijo?

Al parecer Abram se encontraba desesperado. En su mente, no se estaban realizando las promesas de Dios, no estaban cobrando efecto, no se estaban cumpliendo en su vida. Las promesas incumplidas de Dios estaban presionándolo mucho mentalmente y estaban abrumando mucho su corazón. Advierta que Abram le plantea su situación a Dios tres veces.
=> No tengo hijos (v. 2).
=> No me has dado prole, no tengo descendencia (v. 3).
=> Mi heredero no es mi propio hijo, sino el mayordomo de mi casa (v. 3).

Abram estaba cuestionándose y haciéndose muchas preguntas. Según lo planteado, al parecer estaba a punto de la desesperación. Pero advierta lo que sucedió.

2. Dios le habló a Abram para darle una ratificación. Dios corrigió a Abram: el mayordomo de su casa no sería su heredero, sino un hijo que provendría de su propio cuerpo y sería su heredero. La Simiente prometida era segura, absolutamente segura: se cumpliría la promesa de Dios.

Ahora bien, advierta lo que hizo Dios, teniendo en cuenta que Dios le estaba dando una visión a Abram de todo esto. Dios sacó a Abram —lo que quiere decir que Abram se encontraba dentro de su tienda de campaña— y le dijo que mirara al cielo y contara las estrellas. Así sería su simiente (descendencia). Sería tan numerosa como las estrellas del cielo. ¡Qué aliento tan glorioso! En tiempos futuros, cada vez que Abram mirara las estrellas, él pensaría en la gran promesa de Dios y se sentiría alentado y fortalecido en su fe. Este debe haber sido un momento glorioso para Abram. Es muy probable que, como suele hacer Dios con todos sus preciados siervos en momentos de crisis, Dios le revelara esto a Abram postrado en el suelo e hiciera de esto una lección de mucha humildad y una experiencia de adoración. Imagínense nada más este momento de la visión: Dios estimulando la mente de Abram para que viera las innumerables estrellas del cielo y diciéndole —dándole la confirmación en lo profundo de su ser— que su simiente (su descendencia) sería tan numerosa como las estrellas del cielo. Una ratificación y alivio gloriosos deben haber inundado el corazón de Abram mientras éste probablemente llorara de tristeza delante de Jehová. Dios iba a cumplir su promesa: él, Abram, daría a luz *la Simiente prometida* del propio Dios.

Pensamiento 1. Tal como la experiencia de Abram, se pueden deshacer las emociones; las tinieblas pueden arrasar nuestra alma; las pruebas pueden socavar nuestras fuerzas; la tentación puede hacer que cuestionemos y dudemos de la promesa de Dios. De hecho, es cierto que se dan ocasiones en que necesitamos una nueva experiencia con Dios, una confirmación, una profunda seguridad de su presencia, una ratificación especial de su Palabra. En tales momentos de necesidad Dios siempre nos visita y suple nuestra necesidad, y la magnitud de la experiencia con Dios siempre coincide con nuestra necesidad. La experiencia de su presencia y poder, de su Palabra y confirmación, siempre son exactamente lo que necesitamos. Esto fue lo que le sucedió a Abram, y siempre le sucede al seguidor genuino de Dios.

"Y él dijo: Mi presencia irá contigo, y te daré descanso" (Éx. 33:14).

"Jehová es mi fortaleza y mi escudo; en él confió mi corazón, y fui ayudado, por lo que se gozó mi corazón, y con mi cántico le alabaré" (Sal. 28:7).

"Aunque afligido yo y necesitado, Jehová pensará en mí. Mi ayuda y mi libertador eres tú; Dios mío, no te tardes" (Sal. 40:17).

"No temas, porque yo estoy contigo; no desmayes, porque yo soy tu Dios que te esfuerzo; siempre te ayudaré, siempre te sustentaré con la diestra de mi justicia" (Is. 41:10).

"Yo Jehová te he llamado en justicia, y te sostendré por la mano; te guardaré y te pondré por pacto al pueblo, por luz de las naciones" (Is. 42:6).

"Ahora, así dice Jehová, Creador tuyo, oh Jacob, y Formador tuyo, oh Israel: No temas, porque yo te redimí; te puse nombre, mío eres tú. Cuando pases por las aguas, yo estaré contigo; y si por los ríos, no te anegarán. Cuando pases por el fuego, no te quemarás, ni la llama arderá en ti" (Is. 43:1-2).

"Yo iré delante de ti, y enderezaré los lugares torcidos; quebrantaré puertas de bronce, y cerrojos de hierro haré pedazos" (Is. 45:2).

"Sean vuestras costumbres sin avaricia, contentos con lo que tenéis ahora; porque él dijo: No te desampararé, ni te dejaré; de manera que podemos decir confiadamente: El Señor es mi ayudador; no temeré lo que me pueda hacer el hombre" (He. 13:5-6).

3. Abram creyó en la Palabra de Dios: creyó en Dios y fue contado por justo (v. 6). Este es uno de los versículos más importantes que se encuentran en todas las Escrituras. Se constata su gran importancia ya que se analiza cabalmente en el Nuevo Testamento (Ro. 4:1-25; Gá. 3:1-29; Stg. 2:14-24). El versículo comprende la gran doctrina de la justificación, la gran enseñanza de que una persona se puede volver justa con Dios *por medio de la fe*. Este versículo por encima del resto revela un elemento que el hombre debe interiorizar: desde el principio de la historia humana ha habido solo *una forma* de quedar a bien con Dios: *la justificación por medio de la fe*. Cuando una persona cree en Dios —cree verdaderamente—, Dios toma la fe de esa persona y la cuenta por justicia. Esto sucedió con Abram y los creyentes de antaño, y no sucede a nosotros hoy día. Advierta dos elementos extremadamente significativos.

a. Esta es la primera vez que se usa la palabra *creer* en las Escrituras. El equivalente hebreo significa realmente "Amén, así será; es así". *Creer* significa reposar sobre, recostarse sobre, estar seguro de, tener confianza total y plena en (William Wilson. *Wilson's Old Testament Word Studies* [Estudios lexicológicos de Wilson sobre el Antiguo Testamento]. McLean, VA: MacDonald Publishing Company, no se proporciona fecha, p. 85).

Cuando Dios habló para decir que la simiente de Abram sería tan numerosa como las estrellas del cielo, el corazón de Abram se llenó de alabanza y acción de gracias para con Dios. Su corazón dijo: "¡Amén! Así será, sí, así es". El corazón de Abram...

• Reposó sobre la promesa de Dios
• Se recostó sobre la promesa de Dios
• Estuvo seguro de la promesa de Dios
• Tuvo una confianza total y plena en la promesa de Dios

Abram creyó en Dios, creyó que Dios iba a hacer exactamente lo que le había prometido.

b. Ahora bien, advierta un segundo elemento significativo: Dios tomó la fe de Abram y *la contó o se la acreditó* por justicia. Nadie es justo delante de Dios. La justicia piadosa significa perfección, que una persona es perfecta, que es perfectamente justa delante de Dios. Nadie es perfecto; por consiguiente, nadie es justo delante de Dios. Este es el gran problema de la humanidad: ¿Cómo un hombre se puede volver justo delante de Dios? Se debe hallar la respuesta, porque nadie puede vivir con Dios a menos que sea justo. Este es el gran mensaje de este versículo: nos dice exactamente cómo podemos volvernos justos delante de Dios.

Note la palabra *contado* o *acreditado* (hasab). Realmente significa contado y acreditado, considerado y atribuido. Es un término de contabilidad. Por ejemplo, cuando una persona deposita su dinero en un banco, el banco acredita el dinero a su cuenta. Cuando Abram depositó su fe en Dios —puso su vida en las manos de Dios—, Dios acreditó su fe como justicia. Pero según lo planteado, nadie es justo. Cuando una persona cree en Dios —cree verdaderamente, se entrega verdaderamente a Dios, confiando en que Dios cuide de él—, Dios hace eso exactamente: Dios cuida de él. Dios lo cuenta por justo. Él no es justo, pero Dios acredita su fe como justicia.

Pero advierta lo siguiente: resulta importante recordar en qué creyó Abram. Él creyó en la promesa de Dios de darle *la Simiente prometida*, en que Dios iba a darle al mundo la Simiente prometida por medio de él...

• La Simiente prometida significaba una nueva nación —una nueva raza— de personas que serían el pueblo de Dios en la tierra. (Vea nota, Ef. 4:17-19 para un mayor análisis.)
• La Simiente prometida significaba el Salvador que proporcionaría salvación para todo el mundo, el Salvador por medio de quien "serán benditas todas las familias de la tierra" (cp. Gn. 12:3b).

La Simiente prometida tiene un doble significado a lo largo de las Escrituras. Quiere decir una nación de personas y el Salvador prometido a Abram. Dios incluyó ambas cosas cuando le dio la promesa a Abram por primera vez (vea bosquejo y notas 2 y 3, Gn. 12:2-3; 12:3 para un mayor análisis). Esto nos dice por qué Abram quería tanto un hijo: para dar a luz a una nación de personas, sí; pero también quería un hijo para poder darle continuidad a su descendencia y dar a luz a la Simiente prometida, el Salvador del propio Dios. Por eso, en lo que Abram creyó fue en esto: Abram creyó en el Señor, en su promesa de darle al mundo la Simiente prometida —tanto una nación de personas como al Salvador— por medio de él.

=> Fue la fe en la promesa del Señor de enviar al Salvador lo que se le acreditó a Abram como justicia.

Pensamiento 1. Advierta un elemento significativo: el camino de la salvación es el mismo para todos los hombres a lo largo de la historia, es el mismo para los creyentes del Antiguo Testamento y para los creyentes del Nuevo Testamento. Nosotros garantizamos una relación adecuada con Dios de la misma manera que lo hizo Abram: fe en la Simiente prometida, en el Salvador del mundo. Advierta cuatro elementos significativos.

1) La gran necesidad que las personas tienen hoy día consiste en la justicia.

   "Como está escrito: No hay justo, ni aun uno" (Ro. 3:10).
   "por cuanto todos pecaron, y están destituidos de la gloria de Dios" (Ro. 3:23).
   "Si bien todos nosotros somos como suciedad, y todas nuestras justicias como trapo de inmundicia; y caímos todos nosotros como la hoja, y nuestras maldades nos llevaron como viento" (Is. 64:6).

2) Abram fue salvo al creer en *el Salvador venidero*; nosotros somos salvos al creer en *el Salvador que ha venido*.

3) Abram fue acreditado con justicia al creer en *el Salvador venidero*; nosotros somos acreditados con justicia al creer en *el Salvador que ha venido*.

4) Fue la fe de Abram en la Simiente prometida *que aún no había venido* lo que justificó a Abram; es nuestra fe en la Simiente prometida *que ha venido* lo que nos justifica.

   "Todos nosotros nos descarriamos como ovejas, cada cual se apartó por su camino; mas Jehová cargó en él el pecado de todos nosotros" (Is. 53:6).
   "Porque ¿qué dice la Escritura? Creyó Abraham a Dios, y le fue contado por justicia" (Ro. 4:3; cp. Gá. 3:6; Stg. 2:23).
   "Justificados, pues, por la fe, tenemos paz para con Dios por medio de nuestro Señor Jesucristo" (Ro. 5:1).
   "Al que no conoció pecado, por nosotros lo hizo pecado, para que nosotros fuésemos hechos justicia de Dios en él" (2 Co. 5:21).
   "y que de todo aquello de que por la ley de Moisés no pudisteis ser justificados, en él es justificado todo aquel que cree" (Hch. 13:39).

ESTUDIO A FONDO 2

(15:2) *Señor Jehová* (Adonai Yahvé): éste es uno de los nombres dobles usados para describir a Dios a lo largo de la Biblia. Con frecuencia los creyentes se dirigen a Dios usando un doble nombre con este propósito: describirlo a Él y la relación que tienen con Él. Por ejemplo, con frecuencia los creyentes se refieren a Dios como *Dios Todopoderoso* o *Dios Altísimo* o como hace Abram en este pasaje, *Señor Jehová*.

1. *Señor* (adon o adonai) significa *Amo*. El título se ha usado para referirse tanto a los hombres como a Dios a lo largo de la historia. Los esclavos siempre se han referido a sus dueños como amos o señores, y en ciertas sociedades las esposas han llamado a sus esposos *mi señor* o *mi amo*. Pero advierta lo siguiente: cuando a un hombre se le llama *señor o amo*, la primera letra nunca se escribe en mayúscula en la traducción de la Biblia. Sin embargo, cuando se le llama a Dios *Señor* o *Amo*, el título siempre se escribe con mayúscula.

a. Cuando el título *señor* o *amo* se usaba para dirigirse a los hombres, se querían decir al menos tres cosas.
   => Era un título de autoridad: el rey poseía autoridad sobre los ciudadanos; el terrateniente poseía autoridad sobre el esclavo (Gn. 45:8).
   => Era un título de sumisión: el ciudadano estaba sujeto al rey, y el esclavo estaba sujeto al terrateniente (Gn. 24:9-12).
   => Era un título de honra: el título mostraba respeto y reconocía la posición o logro de una persona (Gn. 18:12; 32:18).

b. Cuando se usaba el título *Señor* o *Amo* para dirigirse a Dios, se querían decir al menos cuatro cosas:
   => Primero, *la posición soberana de Dios*. El Señor es el Gobernador Soberano y Amo Supremo del universo. Él es el Señor que ocupa la posición más alta del universo: Él está antes que todo, por encima de todo, y por sobre todo. Él (Adonai) es "Dios de dioses, y Señor de señores" (Dt. 10:17). Él es "el Señor de toda la tierra" (Jos. 3:11; Sal. 8:1).
   => Segundo, *la autoridad suprema de Dios*. El Señor es el Amo Supremo de todo el universo. Él gobierna como Él quiere, gobierna según sus propios propósitos y según le place. El Señor no posee autoridad como el resto de las autoridades en la tierra y en todo el universo. El Señor es la Única autoridad suprema que rige, gobierna, y ejerce justicia como a él le parece correcto, recompensando al obediente y castigando al desobediente (cp. Os. 12:14).
   => Tercero, el derecho de Dios de exigir sumisión u obediencia. El Señor es el Amo Supremo de todos los seres —el Creador y Señor soberano de todo— tanto visibles como invisibles. Por ende, solo Él tiene el derecho de exigir obediencia y sumisión. Nosotros le debemos nuestras vidas al Señor Soberano y Amo Supremo del universo; por consiguiente, debemos entregarle nuestras vidas a Él, someternos totalmente a su control y gobierno (Is. 6:8-11; Jos. 7:8-13).
   => Cuarto, el poder de Dios para proveer. El Señor es Quien puede proveer todas las cosas para su siervo; Quien puede suplir todas las necesidades de su querido seguidor, tanto sus necesidades espirituales como físicas (cp. Gn. 15:2; 44:10-12).

Cuando Abram se dirigió a Dios como "Señor Jehová", él estaba declarando que Jehová era su SEÑOR. Abram estaba reconociendo...

• La posición soberana de Dios como Señor.
• La autoridad suprema de Dios sobre todos sus asuntos.
• El derecho de Dios a su vida y obediencia.
• El poder de Dios para proveer para él y suplir todas sus necesidades.

> 2. Jehová (Yahvé o Jehová): vea nota 2, Gn. 2:4; nota 1, 2:7 para un análisis.

3 (15:7-21) *La tierra, prometida*: Oigan y crean en la Palabra de Dios, en la promesa de Dios de dar la Tierra Prometida. Advierta lo que sucedió ahora en la visión de Abram.

1. Dios le recordó a Abram un elemento muy significativo: Dios lo salvó con el propósito de darle la Tierra Prometida (v. 7). Advierta cómo Dios se identificó a sí mismo: "Yo soy JEHOVÁ (Jehová, Yahvé), el Dios de redención y salvación, el Dios que establece una relación personal con las personas y realiza el pacto de redención con ellos. Yo soy JEHOVÁ quien te salvó —que te sacó de Ur de los caldeos— con el propósito de darte este pacto, el pacto que incluye tanto *la Simiente prometida* como *la Tierra Prometida*. Con sencillez, Dios estaba declarando que la promesa dada a Abram en Ur de los caldeos incluía no solo *la Simiente prometida* sino *la Tierra Prometida*.

2. Pero advierta: el temor y la decepción de Abram habían sido tan espantosos que él le pidió a Dios cada vez más confirmación (v. 8). Él quería que se le fortaleciera su fe —tan arraigada y cimentada— para nunca más cuestionar la promesa de Dios. Por eso, él le pidió a Dios una señal específica que le confirmara absolutamente la promesa (pacto) de la Tierra Prometida.

3. Dios oyó la petición de Abram. Dios se dispuso a darle una señal visible que fijara el pacto para siempre en la mente de Abram (vv. 9-11). ¿Qué haría esto? Un pacto humano: usar un pacto humano con el que Abram estaba familiarizado, un pacto que usaban las personas de aquella época para sellar los contratos. Si Dios establecía la promesa de la Tierra Prometida con un pacto humano —con un acuerdo de contrato— Abram comprendería exactamente lo que Dios estaba haciendo. Nuevamente, recuerden: todo esto estaba sucediendo en una visión que Dios le estaba dando a Abram.

=> Advierta los animales usados: una becerra, una cabra, un carnero, todos de tres años de edad, lo que significaba que eran adultos o maduros. También se usaron una tórtola y un palomino (v. 9).

=> Advierta que la ceremonia del pacto incluía cortar los animales más grandes en mitades y ponerlas mitades una frente a otra dejando en medio un espacio donde transitar. La tórtola y el palomino se dejaron enteras y se colocaron una al final de una fila y la otra el final de la otra fila. La idea del pacto era la siguiente: cada una de las partes que establecía el pacto (contrato) debía transitar por el espacio que había entre las partes de los animales sacrificados. Al transitarlo, debía declarar esta promesa: si ellos no cumplían el pacto entonces ellos merecían el mismo destino de los animales (Jer. 34:18-19). Lo que sucedió entre Abram y Dios se verá en unos instantes.

=> Advierta que Dios no apareció justo en ese momento para sumarse a la ceremonia del pacto. Por eso Abram tuvo que ahuyentar a las aves de rapiña que se mantenían descendiendo para comer de los cuerpos muertos. (¿Las aves de rapiña prefiguran al malvado, Satanás, tratando de destruir cada intento de Dios por establecer y cumplir su pacto con el hombre?)

4. Dios hizo que sobre Abram cayera un sueño profundo: le dio seguridad del futuro triunfante de la Simiente prometida a lo largo de los siglos venideros (vv. 12-16). Al ponerse el sol, Dios hizo que Abram se durmiera. Nuevamente, recuerden que Abram yacía postrado en el suelo recibiendo una visión de Dios. Tendido allí, profundamente dormido, una gran oscuridad cayó sobre él, y alguna sensación de horror y pánico sobrecogió su corazón. En el hebreo se expresa con una acción continua: el horror y el pánico se mantuvieron sobrecogiéndolo mientras Dios continuaba preparando el mensaje que estaba a punto de darle a Abram. ¿Cuál era el mensaje? Era una profecía prediciéndole el futuro triunfante de la Simiente prometida. El bosquejo del pasaje aborda bien la profecía.

a. La Simiente prometida entrará a una tierra extranjera y será oprimida y esclavizada por un período de 400 años (v. 13). Esta era una profecía de la esclavitud egipcia (cp. Gn. Capítulos 46—50; Éx. Capítulos 1—2).

b. La Simiente prometida será liberada de la nación opresora (Egipto), y cuando sean liberados tendrán grandes posesiones (v. 14; cp. Éx. Capítulos 3—12).

c. El creyente (Abram) se unirá a sus padres en paz (v. 15). *Ir donde sus padres* significaba unírseles en el cielo. En ese momento Abram tendría paz —paz y vida eternas—, pero ese día no llegaría hasta que él fuera bien anciano.

d. La Simiente prometida regresará a *la Tierra Prometida* después de 400 años (v. 16). ¿Por qué 400 años? Porque Dios tenía que permitir que el pecado de los amorreos llegara a su máxima magnitud; es decir, Él tenía que darles tanto tiempo como pudiera para que se arrepintieran. Él tenía que esperar hasta que ya hubieran agotado todas las posibilidades de arrepentirse y volverse a Dios. Él tenía que demorar su juicio todo ese tiempo. El proceso tardaría cerca de cuatrocientos años.

5. Dios le proporcionó a Abram una profunda experiencia de su presencia santa (v. 17). Ahora Dios se le aparecía a Abram y completaba la ceremonia del pacto. Él había demorado su llegada para poder darle a Abram el sueño que predecía la historia de la Simiente prometida y la Tierra Prometida. Pero advierta cómo Dios se le apareció a Abram: La presencia de Dios se simbolizó con un horno humeante y una antorcha de fuego. Con frecuencia Dios ha simbolizado su presencia usando fuego:

=> Dios se le apareció a Moisés en una zarza ardiente (Éx. 3:1-6).

=> Dios se le apareció a Israel en una columna de fuego durante toda la peregrinación del desierto (Éx. 13:21).

=> Dios se le apareció como un fuego consumidor a Israel en el Monte Sinaí (Éx. 19:16s).

=> Dios, en la persona del Espíritu Santo, vino sobre los discípulos de Cristo como lenguas de fuego en Pentecostés (Hch. 2:1-4).

Advierta que el horno con la antorcha de fuego pasaba por el espacio que había entre las partes de los animales sacrificados. Esto simbolizaba a Dios completando el pacto. Y advierta: Abram no ocupaba parte alguna. Solo Dios pasaba entre las partes de los animales sacrificados. Solo Dios estaba haciéndole promesas a Abram y ratificando el pacto con Abram. Abram no le estaba haciendo promesas a Dios ni estaba haciendo un pacto con Dios. Él —como todas las personas— nunca podría cumplir su promesa y pacto con Dios, no de un modo perfecto. Por ende, si se iba a establecer y cumplir el pacto de la Simiente prometida y la Tierra Prometida, lo tenía que establecer Dios y solo Dios. El pacto tenía que ser por gracia y solo por gracia. Resulta tan importante comprender esto que es necesario repetirlo: el pacto de la Simiente prometida y la Tierra Prometida era por gracia y solo por gracia.

Pensamiento 1. Una persona es salva, recibe la Simiente prometida (Cristo) y la Tierra Prometida (el cielo), por gracia y solo por gracia.

"Porque por gracia sois salvos por medio de la fe; y esto no de vosotros, pues es don de Dios; no por obras, para que nadie se gloríe" (Ef. 2:8-9).

"Antes creemos que por la gracia del Señor Jesús seremos salvos, de igual modo que ellos" (Hch. 15:11).

"siendo justificados gratuitamente por su gracia, mediante la redención que es en Cristo Jesús" (Ro. 3:24).

"para que justificados por su gracia, viniésemos a ser herederos conforme a la esperanza de la vida eterna" (Tit. 3:7).

6. Dios ratificó su pacto con Abram (vv. 18-21). Esta es una ampliación del pacto dado anteriormente por Dios: aquí se dan las fronteras reales de la Tierra Prometida. La Tierra Prometida se extenderá desde alguna parte cerca del gran río Nilo al gran río Éufrates. Nota: en ese momento al parecer había diez tribus significativas de cananeos que ocupaban la tierra. Los amorreos eran la más grande, y el nombre amorreo en ocasiones se usaba para referirse a todo el pueblo cananeo (cp. v. 16 anteriormente).

Nota: Parece que Israel poseyó toda la tierra durante un período breve durante el reinado de Salomón (1 R. 8:65), y nuevamente bajo Jeroboam II (2 R. 14:25). (Henry M. Morris. *The Genesis Record* [El registro de Génesis], Grand Rapids, MI: Baker Book House Company, 1976, p. 328.)

Pensamiento 1. La solución para vencer los temores y decepciones de la vida es oír y creer en la Palabra de Dios, en su maravillosa promesa de darnos *la Tierra Prometida*, de darnos el propio cielo. Esta es la razón misma por la que Dios nos salva, para darnos la Tierra

Prometida del cielo, la esperanza gloriosa de vivir juntos en comunión con Él para siempre. Esta esperanza —la esperanza del cielo— ayuda a borrar el temor y la decepción. Porque sabemos que no importa lo que nos suceda —aunque alguien mate nuestros cuerpos— nuestra alma vivirá para siempre con Dios.

"Y no temáis a los que matan el cuerpo, mas el alma no pueden matar; temed más bien a aquel que puede destruir el alma y el cuerpo en el infierno" (Mt. 10:28).

"No se turbe vuestro corazón; creéis en Dios, creed también en mí. En la casa de mi Padre muchas moradas hay; si así no fuera, yo os lo hubiera dicho; voy, pues, a preparar lugar para vosotros. Y si me fuere y os preparare lugar, vendré otra vez, y os tomaré a mí mismo, para que donde yo estoy, vosotros también estéis" (Jn. 14:1-3).

"Porque esta leve tribulación momentánea produce en nosotros un cada vez más excelente y eterno peso de gloria" (2 Co. 4:17).

"Por la fe Abraham, siendo llamado, obedeció para salir al lugar que había de recibir como herencia; y salió sin saber a dónde iba. Por la fe habitó como extranjero en la Tierra Prometida como en tierra ajena, morando en tiendas con Isaac y Jacob, coherederos de la misma promesa; porque esperaba la ciudad que tiene fundamentos, cuyo arquitecto y constructor es Dios... Conforme a la fe murieron todos éstos sin haber recibido lo prometido, sino mirándolo de lejos, y creyéndolo, y saludándolo, y confesando que eran extranjeros y peregrinos sobre la tierra. Porque los que esto dicen, claramente dan a entender que buscan una patria; pues si hubiesen estado pensando en aquella de donde salieron, ciertamente tenían tiempo de volver. Pero anhelaban una mejor, esto es, celestial; por lo cual Dios no se avergüenza de llamarse Dios de ellos; porque les ha preparado una ciudad." (He. 11:8-10, 13-16).

"porque no tenemos aquí ciudad permanente, sino que buscamos la por venir" (He. 13:14).

"Amados, no os sorprendáis del fuego de prueba que os ha sobrevenido, como si alguna cosa extraña os aconteciese, sino gozaos por cuanto sois participantes de los padecimientos de Cristo, para que también en la revelación de su gloria os gocéis con gran alegría" (1 P. 4:12-13).

"Pero el día del Señor vendrá como ladrón en la noche; en el cual los cielos pasarán con grande estruendo, y los elementos ardiendo serán deshechos, y la tierra y las obras que en ella hay serán quemadas. Puesto que todas estas cosas han de ser deshechas, ¡cómo no debéis vosotros andar en santa y piadosa manera de vivir, esperando y apresurándoos para la venida del día de Dios, en el cual los cielos, encendiéndose, serán deshechos, y los elementos, siendo quemados, se fundirán!

Pero nosotros esperamos, según sus promesas, cielos nuevos y tierra nueva, en los cuales mora la justicia" (2 P. 3:10-13).

"Vi un cielo nuevo y una tierra nueva; porque el primer cielo y la primera tierra pasaron, y el mar ya no existía más. Y yo Juan vi la santa ciudad, la nueva Jerusalén, descender del cielo, de Dios, dispuesta como una esposa ataviada para su marido. Y oí una gran voz del cielo que decía: He aquí el tabernáculo de Dios con los hombres, y él morará con ellos; y ellos serán su pueblo, y Dios mismo estará con ellos como su Dios. Enjugará Dios toda lágrima de los ojos de ellos; y ya no habrá muerte, ni habrá más llanto, ni clamor, ni dolor; porque las primeras cosas pasaron" (Ap. 21:1-4).

CAPÍTULO 16

I. Abram dio origen a Ismael y a los árabes: La fe impaciente. El terrible error de la impaciencia,[EF1] 16:1-16

1 Sarai no tenía hijos y se impacientó: Las causas de la impaciencia
a. Un deseo no cumplido: Sarai anhelaba un hijo
b. Un pensamiento equivocado: Que Dios había dejado a Sarai infértil, que la promesa de Dios no la incluía a ella
c. Una sugerencia carnal y mundana: que Abram se casara con Agar la sierva de Sarai, y tuviera hijos

2 Sarai le dio su sierva a Abram: Las terribles consecuencias de la impaciencia
a. Un plan y método equivocados
b. el desmoronamiento de la fe y la paciencia
c. La conducta pecaminosa: Por parte de Abram, Sarai, y Agar
1) La inmoralidad, el adulterio, y la poligamia
2) El rencor, la malicia, la insolencia, el reproche, el desdén, un espíritu altanero
3) El celo y culpar a otros
4) Las relaciones dañadas y rotas

1 Sarai mujer de Abram no le daba hijos; y ella tenía una sierva egipcia, que se llamaba Agar.

2 Dijo entonces Sarai a Abram: Ya ves que Jehová me ha hecho estéril; te ruego, pues, que te llegues a mi sierva; quizá tendré hijos de ella. Y atendió Abram al ruego de Sarai.

3 Y Sarai mujer de Abram tomó a Agar su sierva egipcia, al cabo de diez años que había habitado Abram en la tierra de Canaán, y la dio por mujer a Abram su marido.

4 Y él se llegó a Agar, la cual concibió; y cuando vio que había concebido, miraba con desprecio a su señora.

5 Entonces Sarai dijo a Abram: Mi afrenta sea sobre ti; yo te di mi sierva por mujer, y viéndose encinta, me mira con desprecio; juzgue Jehová entre tú y yo.
6 Y respondió Abram a Sarai: He aquí, tu sierva está en tu mano; haz con ella lo que bien te parezca. Y como Sarai la afligía, ella huyó de su presencia.

7 Y la halló el ángel de Jehová junto a una fuente de agua en el desierto, junto a la fuente que está en el camino de Shur.
8 Y le dijo: Agar, sierva de Sarai, ¿de dónde vienes tú, y a dónde vas? Y ella respondió: Huyo de delante de Sarai mi señora.
9 Y le dijo el ángel de Jehová: Vuélvete a tu señora, y ponte sumisa bajo su mano.
10 Le dijo también el ángel de Jehová: Multiplicaré tanto tu descendencia, que no podrá ser contada a causa de la multitud.
11 Además le dijo el ángel de Jehová: He aquí que has concebido, y darás a luz un hijo, y llamarás su nombre Ismael, porque Jehová ha oído tu aflicción.

12 Y él será hombre fiero; su mano será contra todos, y la mano de todos contra él, y delante de todos sus hermanos habitará.
13 Entonces llamó el nombre de Jehová que con ella hablaba: Tú eres Dios que ve; porque dijo: ¿No he visto también aquí al que me ve?
14 Por lo cual llamó al pozo: Pozo del Viviente-que-me-ve. He aquí está entre Cades y Bered.
15 Y Agar dio a luz un hijo a Abram, y llamó Abram el nombre del hijo que le dio Agar, Ismael.
16 Era Abram de edad de ochenta y seis años, cuando Agar dio a luz a Ismael.

3 Jehová salvó a la sierva, Agar: La solución o respuesta a la impaciencia[EF2]
a. Una confrontación con Dios
b. Recibir las promesas de Dios
1) Una herencia especial: Una simiente innumerable
2) Una confirmación especial: Dios siempre escuchará y suplirá la necesidad del estresado
3) Un hijo con una naturaleza especial: Independiente, empecinado, terco, violentamente agresivo y enfrentado con los demás
c. Adorar y alabar a Dios: *El Roi*, "el Dios que me ve"[EF3]

d. Obedecer a Dios
1) Agar obedeció y regresó
2) Abram obedeció: Nombró al hijo Ismael, como Dios le había mandado

División VII

ABRAHAM: EL HOMBRE ESCOGIDO PARA CONVERTIRSE EN EL PADRE DEL PUEBLO DE DIOS Y EN EL PADRE DE LA FE, 12:1—25:18

I. Abram dio origen a Ismael y a los árabes: La fe impaciente. El terrible error de la impaciencia, 16:1-16

(16:1-16) *Introducción:* este pasaje aborda el nacimiento de los árabes, el comienzo mismo de los árabes como pueblo, sus raíces y orígenes. Pero más importante aún, el pasaje nos proporciona un gran estudio sobre *la impaciencia*. Nos enseña mucho sobre el sentimiento de la inquietud o la impaciencia que nos sobrecoge a tantos de nosotros con tanta frecuencia. ¿Qué es la impaciencia? Es el sentimiento...

- Que se cansa de esperar.
- Que se harta de algo que nos demora.
- Que nos estimula a actuar o reaccionar antes de que debemos.

Esperar y *demorarse* son las palabras clave: sencillamente nos cansamos de esperar, de demorarse, y queremos seguir adelante y actuar o reaccionar. Y con demasiada frecuencia nos sucede, y nos provocamos toda clase de problemas a nosotros mismos y a otros, con frecuencia problemas dolorosos y catastróficos.

Esto fue lo que le sucedió a Abram y a Sarai. Ellos se impacientaron al esperar por la Simiente prometida, el hijo prometido por Dios. Su impaciencia los atrapó de tal forma que sintieron que ya no podían esperar más. Si esperaban, sería demasiado tarde para tener un hijo. Ellos comenzaron a justificarse, a cuestionarse y decir lo que decimos con frecuencia sobre las promesas de Dios:

=> ¿Dios podría estar esperando que nosotros hiciéramos algo antes de que Él actúe?

=> ¿Dios no ayuda a aquellos que se ayudan a sí mismos?

=> Si hacemos esto, ¿entonces Dios no hace aquello?

=> ¿Dios no espera que hagamos nuestra parte y luego Él hace la suya?

Este tipo de razonamiento con frecuencia nos lleva a actuar antes de tiempo, y con frecuencia las consecuencias son terribles y dolorosas. La impaciencia puede hacer que fallemos en nuestra conducta, nuestros planes, todo porque sencillamente no esperamos en Dios, no esperamos por su tiempo, su voluntad, su proceder. Según lo planteado, esto fue lo que le sucedió a Abram y a Sarai. Y éste es el mensaje de este pasaje interesante e instructivo: *Abram dio a luz a Ismael y a los árabes: La fe impaciente. El terrible error de la impaciencia*, 16:1-16.

1. Las causas de la impaciencia (vv. 1-2).
2. Las terribles consecuencias de la impaciencia (vv. 3-6).
3. La solución o respuesta a la impaciencia (vv. 7-16).

ESTUDIO A FONDO 1

(16:1-16) *Agar — Ismael — Ley — Obras:* El Nuevo Testamento dice que Agar, quien era una esclava, es un tipo del viejo pacto, un tipo de la ley que esclaviza a sus seguidores. Sus hijos nacieron en la esclavitud. Así sucede con cualquiera que se someta a la ley: se convierte en un hijo de la ley, esclavizado por ella. (Vea notas, Gá. 4:21-31.)

---

1 (16:1-2) *Impaciencia:* Primero, las causas de la impaciencia. Sarai ilustra varios de los factores principales que nos hacen impacientarnos.

1. Un deseo no cumplido. Sarai quería un hijo desesperadamente. En aquella época, la capacidad de una mujer para tener hijos, fundamentalmente un hijo, era casi una necesidad imperiosa para permanecer casada. A los ojos de las personas, los hijos eran una señal de la bendición de Dios, mientras que no tener hijos era una señal de deshonra y reproche (Gn. 21:6; 24:60; Éx. 23:26; cp. Gn. 30:1, 23; 33:5; Sal. 127:3; 128:3). Ya Sarai tenía setenta y cinco años de edad, y nunca había parido un hijo. Ella sentía la vergüenza y el remordimiento, la deshonra que las mujeres de aquella época sentían por no tener hijos. Durante toda su vida, ella había estado ansiosa por parirle un hijo a Abram, pero su deseo nunca se había cumplido. Sarai no tenía hijos, y ahora en su ancianidad ella estaba desesperada y cada vez se impacientaba más. De hecho, su paciencia se estaba agotando, y la impaciencia estaba consiguiendo el control de su corazón. Veremos esto en un instante.

Pensamiento 1. Sucede lo siguiente: un deseo no cumplido puede provocar impaciencia; puede hacer que actuemos antes de tiempo, que ignoremos la voluntad de Dios y el tiempo de Dios. La impaciencia puede motivarnos a actuar mucho antes de tiempo...

- Para idear planes
- Para tramar y conspirar
- Para actuar y reaccionar

La impaciencia puede hacernos tratar de cumplir el deseo nosotros mismos en vez de esperar en Dios. Esto fue exactamente lo que le sucedió a Sarai, y con frecuencia es lo que nos sucede a nosotros.

2. Un pensamiento equivocado. ¿Por qué Sarai era infértil, no podía tener hijos? ¿Era porque Dios había cerrado su vientre? ¿Lo había cerrado de modo permanente, para siempre? Sarai creía eso. Ella comenzó a cuestionar la promesa de Dios, a cuestionar si la promesa hecha a Abram la incluía a ella. Él creía que la había dejado fuera de la promesa dada por Dios, como si la promesa no incluyera su situación, como si no surtiera efecto en su vida.

Advierta lo que hizo Sarai: ella le dijo a Abram que era el Señor quien la había vuelto infértil (v. 2). En el planteamiento de Sarai había mucho sentimiento implícito, años de sentimientos reprimidos. Ella estaba expresando su decepción de Dios estaba culpando un tanto a Dios por haberla dejado infértil. Ella estaba expresando remordimiento, arrepentimiento, pesar, y tristeza delante de Abram, creyendo que ella le había fallado de un modo tan lamentable como esposa. Sencillamente ella no había podido darle un hijo, pero ella no podía evitarlo. Ella lo había intentado y había orado, una y otra vez. Había hecho todo cuanto podía, pero todo había sido en vano. Sencillamente Dios le había cerrado el vientre.

Ahora bien, éste era un pensamiento equivocado por parte de Sarai. La promesa de Dios sí la incluía a ella. Es cierto, Dios le había cerrado su vientre temporalmente, pero no porque ella no fuera a formar parte de su promesa. Era porque no había llegado el momento en que se cumpliera la promesa. Aún no era hora de que Dios le diera la Simiente prometida a Abram y a Sarai. El horario de Dios no era el mismo que el de Sarai.

Sucede lo siguiente: Sarai estaba equivocada; la promesa sí se le aplicaba a ella. Pero su pensamiento equivocado la impacientó y la hizo adelantarse a Dios. Y su impaciencia la llevó a tramar una conspiración que tendría consecuencias catastróficas y provocaría un dolor insoportable y problemas para todo el mundo a lo largo de los siglos. (Esto se ve en el conflicto interminable que ha existido entre muchos de los judíos y árabes del mundo a lo largo de los siglos.)

Pensamiento 1. Un pensamiento equivocado con frecuencia conlleva a la impaciencia y a la medida incorrecta. Nos enfrentamos a algún problema o crisis, y nos preguntamos por qué Dios no nos ha ayudado o nos ha dado la solución. Puede que hasta nos preguntemos si las promesas de Dios se aplican a nosotros, si las promesas tan siquiera se mantienen vigentes para nosotros hoy día. Tales pensamientos son pensamientos equivocados: Dios promete ayudarnos en todas las crisis y problemas de la vida, incluso en el problema más diminuto. Dios hasta sabe cuándo se nos cae un solo pelo, y supuestamente esta es una de las preocupaciones más pequeñas que el hombre tiene. Pero advierta: ningún problema es demasiado pequeño para el interés de Dios. Dios se preocupa por nosotros y nos ayudará en todas las pruebas y tentaciones de la vida. Por eso, no debemos cuestionar la promesa de Dios. No debemos impacientarnos ni actuar por nuestra cuenta, adelantándonos a Dios. Dios sabe cuándo actuar, exactamente cuándo ayudarnos. Él sabe cuándo cumplir sus promesas en nuestras vidas. Por eso, debemos confiar en Dios esperar por su ayuda, su guía, y su dirección.

"¿No se venden cinco pajarillos por dos cuartos? Con todo, ni uno de ellos está olvidado delante de Dios. Pues aun los cabellos de vuestra cabeza están todos contados. No temáis, pues; más valéis vosotros que muchos pajarillos" (Lc. 12:6-7).

"Sean vuestras costumbres sin avaricia, contentos con lo que tenéis ahora; porque él dijo:

No te desampararé, ni te dejaré; de manera que podemos decir confiadamente: El Señor es mi ayudador; no temeré lo que me pueda hacer el hombre" (He. 13:5-6).

"porque no te dejaré hasta que haya hecho lo que te he dicho" (Gn. 28:15).

"Encamíname en tu verdad, y enséñame, porque tú eres el Dios de mi salvación; en ti he esperado todo el día" (Sal. 25:5).

"Aguarda a Jehová; esfuérzate, y aliéntese tu corazón; sí, espera a Jehová" (Sal. 27:14).

"Aunque afligido yo y necesitado, Jehová pensará en mí. Mi ayuda y mi libertador eres tú; Dios mío, no te tardes" (Sal. 40:17).

"Alma mía, en Dios solamente reposa, porque de él es mi esperanza" (Sal. 62:5).

"He aquí, como los ojos de los siervos miran a la mano de sus señores, y como los ojos de la sierva a la mano de su señora, así nuestros ojos miran a Jehová nuestro Dios, hasta que tenga misericordia de nosotros" (Sal. 123:2).

"No digas: Yo me vengaré; espera a Jehová, y él te salvará" (Pr. 20:22).

"pero los que esperan a Jehová tendrán nuevas fuerzas; levantarán alas como las águilas; correrán, y no se cansarán; caminarán, y no se fatigarán" (Is. 40:31).

"Tú, pues, vuélvete a tu Dios; guarda misericordia y juicio, y en tu Dios confía siempre" (Os. 12:6).

3. Una sugerencia carnal y mundana (v. 2c). Había una costumbre en la época de Abram que planteaba lo siguiente: si la esposa de un hombre no podía darle un hijo, él podía tomar a su sierva como una segunda esposa y tener un hijo por medio de ella. Esta era una costumbre ideada por el hombre, no una práctica instituida por Dios. La voluntad y Palabra de Dios siempre ha planteado que es una esposa para un esposo (monogamia), no más de una esposa (poligamia). Pero la poligamia era la práctica común en aquella época. Nota: Esta fue la sugerencia de Sarai, no de Abram. Al parecer, Sarai creía en la promesa de Dios, que Abram daría a luz a la Simiente prometida. Pero ella tenía *el pensamiento equivocado* analizado anteriormente, de que la promesa no la incluía a ella, que ella no estaba incluida en la promesa, porque sencillamente ella no podía tener descendencia. Por eso, a ella se le ocurrió la idea de que ella podía ayudar a Abram practicando la costumbre de la época: dejar que Abram tomara a su sierva, Agar, como una segunda esposa y tener un hijo por medio de ella.

Ahora advierta varios elementos sobre esta idea de Sarai.

=> El motivo de Sarai era encomiable. Ella quería desesperadamente que Abram diera a luz a la Simiente prometida. Pero su método era incorrecto: era un método mundano y carnal ideado y practicado por los incrédulos.

=> Sarai estaba haciendo un sacrificio doloroso por su esposo: compartir el amor y cuerpo de su esposo con otra mujer a fin de darle un hijo. Pero su sacrificio fue estimulado por prácticas mundanas y carnales. Por consiguiente, su sacrificio era por gusto. De hecho, su sacrificio no hizo nada sino que provocó más dolor y sufrimiento.

=> La idea de Sarai era seguir la práctica del mundo, no la Palabra de Dios, no la promesa de Dios. Su idea era seguir un plan mundano y carnal, un plan que lo practicaban aquellos que vivía en función del mundo y de la carne, no en función de Dios. Por eso su sugerencia fue una sugerencia mundana y carnal.

Advierta que Abram le hizo caso a Sarai e hizo lo que ella le sugirió (v. 2c). Ella lo convenció de que esta podía ser la forma en la que Dios pretendía hacer que él diera a luz a *la Simiente prometida.*

Pensamiento 1. Una sugerencia carnal y mundana puede llevarnos a impacientarnos:

=> A adelantarnos y actuar antes de tiempo.
=> A adoptar algún método mundano y carnal ideado por los incrédulos en vez de esperar en Dios.
=> A ignorar la guía de Dios y seguir las costumbres y prácticas del mundo.

"Así que, hermanos, os ruego por las misericordias de Dios, que presentéis vuestros cuerpos en sacrificio vivo, santo, agradable a Dios, que es vuestro culto racional. No os conforméis a este siglo, sino transformaos por medio de la renovación de vuestro entendimiento, para que comprobéis cuál sea la buena voluntad de Dios, agradable y perfecta" (Ro. 12:1-2).

"Esto, pues, digo y requiero en el Señor: que ya no andéis como los otros gentiles, que andan en la vanidad de su mente" (Ef. 4:17).

"porque os es necesaria la paciencia, para que habiendo hecho la voluntad de Dios, obtengáis la promesa" (He. 10:36).

2 (16:3-6) *Impaciencia:* Segundo, las terribles consecuencias de la impaciencia. Comienzan a suceder cosas malas casi de inmediato cuando nos rendimos ante el sentimiento de que no podemos esperar más, cuando desechamos nuestra paciencia y permitimos que la impaciencia se desate y haga lo que le plazca.

Eso le sucedió a Sarai y a Abram, y nos sucede a nosotros. La impaciencia —al desatarse y actuar antes de tiempo— trae como resultado consecuencias terribles.

1. La impaciencia trae como resultado planes y métodos incorrectos (v. 3). El motivo de Sarai era bueno: ella quería ver...

• Cumplida la voluntad de Dios
• Cumplida la misión de salvación de Dios para la tierra
• Realizada la promesa de Dios
• Nacida la Simiente prometida

Y Sarai quería formar parte del plan de Dios. Pero ella comenzó a cuestionar la promesa de Dios, a preguntarse si la promesa y el plan de Dios la incluían a ella. Ella y Abram estaban casi, de no estarlo ya, pasados de la edad de la maternidad. Abram tenía ochenta y cinco años y ella setenta y cinco años (Gn. 16:16). La demora, la espera, la expectación, el anhelo del hijo prometido, el cuestionamiento de si ella estaba incluida en la promesa de Dios consumió lo mejor de Sarai. Se desató su impaciencia, y al desatarse, advierta lo que sucedió; advierta la consecuencia de su impaciencia.

=> Sarai ideó un plan, un método, por medio del cual ella y Abram pudieran tener la Simiente prometida (un hijo), una manera en la que ellos mismos pudieran cumplir la promesa de Dios. ¿Cuál era? Sarai tomó su sierva egipcia, Agar, y se la dio a Abram para que le diera la Simiente prometida.

Ahora bien, recuerden que el motivo de Sarai era bueno: ella quería ver cumplida la promesa de Dios. Pero su método era mundano y carnal, un método diametralmente opuesto a la Palabra de Dios.

La consecuencia de la impaciencia de Sarai fue terrible: ella cayó nuevamente en el mundo por un método mundano y carnal; y como veremos, ella también extravió a otros.

Pensamiento 1. El método ideado humanamente de Sarai —su plan mundano y carnal— bajo ningún concepto podía cumplir la voluntad y promesa de Dios de enviar la Simiente prometida (el hijo) y de salvar al mundo. Solo Dios podía idear los planes y métodos para cumplir su voluntad y promesas de salvación. Nosotros —todos nosotros, al igual que Sarai y Abram— formamos parte del plan de Dios, pero nosotros no somos los inventores del plan. Nosotros somos los obreros, los obreros que debemos llevar a cabo el plan de Dios de salvación a través de los siglos. Por eso nuestra misión es la misma que la de Sarai y Abram: servir a Dios día tras día, servirlo *obedeciendo su Palabra,* categóricamente, y *esperando en Él* a que cumpla sus promesas con respecto a la Simiente prometida. Tengan presente que *la Simiente prometida* comprende tanto a una nueva nación de personas que siguen a Dios de un modo supremo (creyentes genuinos, tanto judíos como gentiles) como al Salvador del mundo, el Señor Jesucristo.

La impaciencia, adelantándose a la voluntad de Dios y rehusándose a esperar, traerá como resultado una consecuencia terrible: idear planes y métodos incorrectos. La impaciencia traerá como resultado que caigamos nuevamente en el mundo y que usemos planes mundanos y carnales.

2. La impaciencia conlleva al desmoronamiento de la fe y la paciencia. Abram llevaba mucho tiempo andando con el Señor, aproximadamente diez años (v. 3). Poco tiempo antes de este suceso, Dios le había dado a Abram una visión gloriosa de sí mismo y de sus promesas. Dios le había ratificado a Abram que él daría a luz a la Simiente prometida y heredaría la Tierra Prometida (Gn. 15:1-21). Pero ahora, Abram se enfrentaba a la prueba de su vida. ¿Por qué decimos esto? Porque...

- La prueba se la ponía su esposa y sus argumentos contundentes. Ella debe haber argumentado que Dios nunca mencionó su nombre al dar las promesas; que por lo tanto, las promesas no la debían incluir a ella. La Simiente prometida debía implicar a otra mujer. Además, ella nunca había podido tener hijos; por ende, ella no podía ser la madre designada por Dios para dar a luz a la Simiente prometida. Y Sarai debe haber seguido argumentando cosas por el estilo.
- La prueba repercutía en el corazón y propósito mismos de la existencia de Abram en la tierra, en la razón misma por la que él se había marchado de Ur de los caldeos y se había trasladado a Canaán: La de dar a luz a la Simiente prometida. Él quería, por encima de todas las cosas, ver cumplida la promesa de Dios, y él quería ocupar una posición significativa en el plan glorioso de Dios de salvación para la tierra.
- La prueba resultaba atractiva a los ojos y a la carne, al deseo de los ojos y al deseo de la carne —al sexo— la relación más íntima existente entre el hombre y la mujer. Abram se sentía atraído por Agar.

La impaciencia de Sarai predominó y motivó a Abram a cuestionar si, quizás, ella pudiera tener razón. Abram debe haber pensado algo así: "Yo pudiera intentar tener un hijo con Agar, de esto no cabe duda. Y yo pudiera designar al hijo como heredero de mis propiedades. ¿Pero el hijo sería la Simiente prometida designada por Dios? Ciertamente parece que pudiera ser, porque la propia Sarai sencillamente es incapaz de tener hijos, y ella lleva intentándolo aproximadamente diez años desde la promesa de Dios. Otra mujer debe ser la solución —al menos debe ser una solución— para que me puedan dar a mí la Simiente prometida de Dios".

La impaciencia predominó. La fe y paciencia de Abram se desmoronaron. Él creyó que ya no podía esperar más, así que se hizo cargo él mismo de la situación: él fue a la tienda de Agar, y Agar concibió.

Pensamiento 1. Sucede lo siguiente: la impaciencia trae como resultado una consecuencia terrible: fe y paciencia desmoronadas. Dejamos de confiar en Dios, de esperar pacientemente, y ¿qué sucede?

=> La impaciencia nos lleva a hacernos cargo nosotros mismos de los asuntos y a hacer lo que nos place.
=> Nos rendimos ante el deseo de los ojos, el deseo de la carne, y al orgullo de la vida.
=> Terminamos diciendo y haciendo cosas que se oponen totalmente a la voluntad y Palabra de Dios.

"Pero el que duda sobre lo que come, es condenado, porque no lo hace con fe; y todo lo que no proviene de fe, es pecado" (Ro. 14:23).

"a fin de que no os hagáis perezosos, sino imitadores de aquellos que por la fe y la paciencia heredan las promesas" (He. 6:12).

"No perdáis, pues, vuestra confianza, que tiene grande galardón; porque os es necesaria la paciencia, para que habiendo hecho la voluntad de Dios, obtengáis la promesa" (He. 10:35-36).

3. La impaciencia conlleva a la conducta pecaminosa (vv. 4-6). Esto siempre sucede. Advierta la conducta pecaminosa señalada por las Escrituras, la conducta pecaminosa que acarreó la impaciencia de Sarai y Abram.

a. Estaban los pecados de inmoralidad, adulterio, y poligamia: Abram tomó a Agar como su segunda esposa y ella concibió su hijo (v. 4).
b. Estaban los pecados de la malicia, el rencor, la insolencia, el reproche, el desdén, y un espíritu altanero: Agar despreciaba a Sarai (v. 4). A ella la habían utilizado con mal propósito, para el beneficio propio de Sarai, y Agar la despreciaba por ello. Pero probablemente hubiera algo más también: cuando Agar descubrió que ella estaba embarazada, probablemente ella mirara a Sarai con desdén y reproche porque Sarai no tenía hijos. Agar debe haber asumido un espíritu altanero y ofensivo para con Sarai.
c. estaban los pecados de celo y de culpar a otros: ahora Sarai estaba celosa de la relación de Agar y Abram, y advierta: ella culpó a Abram de la relación (v. 5). Al parecer, ella creyó que Abram estaba favoreciendo a Agar porque él no había intercedido para corregir el desdén que Agar sentía por ella. Obviamente Abram había decidido favorecer a Agar porque ella le estaba dando a luz al hijo que él había añorado tanto. Por eso Sarai reaccionó pidiéndole ayuda a Dios: ella le pidió a Dios que la ayudara, que juzgara entre ella y Abram (v. 5).
d. Estaba el pecado de las relaciones dañadas, las relaciones entre Sarai y Agar y entre Sarai y Abram. Ambas ya se han analizado (vv. 4-5). Ahora bien, la relación entre Abram y Agar se dañaría (v. 6). Él cedió ante la ira de su esposa, permitiéndole que maltratara a Agar.

Pensamiento 1. Estos fueron los pecados de la impaciencia de Sarai y Abram. Puede que nuestra impaciencia no conlleve a estos pecados en específico, pero la impaciencia siempre traerá como resultado la conducta pecaminosa, pecados como...

- La conducta irrespetuosa
- El maltrato a las personas
- La invención de planes mundanos
- El regreso al mundo
- El hecho de ignorar y adelantarse a Dios
- El egoísmo
- El robo
- La mentira
- El engaño
- El orgullo
- La ira
- El resentimiento

"Guarda silencio ante Jehová, y espera en él. No te alteres con motivo del que prospera en su camino, por el hombre que hace maldades. Deja la ira, y desecha el enojo; no te excites en manera alguna a hacer lo malo. Porque los malignos serán destruidos, pero los que esperan en Jehová, ellos heredarán la tierra" (Sal. 37:7-9).

"Aguarda a Jehová; esfuérzate, y aliéntese tu corazón; sí, espera a Jehová" (Sal. 27:14).

"Alma mía, en Dios solamente reposa, porque de él es mi esperanza. El solamente es mi roca y mi salvación. Es mi refugio, no resbalaré. En Dios está mi salvación y mi gloria; en Dios está mi roca fuerte, y mi refugio. Esperad en él en todo tiempo, oh pueblos; derramad delante de él vuestro corazón; Dios es nuestro refugio" (Sal. 62:5-8).

"Hermanos míos, tened por sumo gozo cuando os halléis en diversas pruebas, sabiendo que la prueba de vuestra fe produce paciencia. Mas tenga la paciencia su obra completa, para que seáis perfectos y cabales, sin que os falte cosa alguna" (Stg. 1:2-4).

3 (16:7-16) *Impaciencia:* Tercero, la solución o respuesta a la impaciencia. Este pasaje nos proporciona cuatro soluciones muy claras para la impaciencia.

1. Una confrontación con Dios (vv. 7-9). Cuando actuamos con impaciencia, por lo general maltratamos a alguna otra persona, quizás a varias personas. Esto le sucedió a Sarai y a Abram: su impaciencia había maltratado a Agar y la había lastimado profundamente, de tal forma que ella había huido de ellos y se había dirigido a Egipto. Esto era peligroso, porque ella...

- Se estaba alejando de la casa de los creyentes y estaba huyendo a una casa de incrédulos.
- Estaba huyendo de la esperanza de la Tierra Prometida de vuelta al mundo.
- Estaba huyendo de la voluntad de Dios para salvar su vida y estaba haciéndose cargo ella misma de su vida.

Advierta que Dios sabía exactamente dónde se encontraba Agar (la afligida) (vv. 7-9). Él sabía que a ella la habían maltratado y que ella había huido de Sarai. Dios sabía que ella se sentía lastimada, que su corazón se encontraba desgarrado y lleno de dolor. ¿Por qué entonces el mensajero de Dios ("ángel" significa *mensajero*) le preguntaría a Agar de dónde venía y hacia dónde se dirigía? Para despertar *convicción* en su corazón. A ella le hacía falta concienciar su error en el asunto antes de hacer la voluntad de Dios: regresar donde Abram y Sarai y a la casa de fe.

Pensamiento 1. Dios siempre sabe dónde nos encontramos cuando se nos ha maltratado. Él sabe cuando nos sentimos lastimados y llenos de dolor. Cuando nos sentimos así, nos es necesario escuchar la Palabra de Dios:

=> Escudriñar nuestros corazones para ver qué error hemos cometido
=> Arrepentirnos de ese error
=> Levantarnos y hacer exactamente lo que Dios nos manda

2. Recibir las promesas de Dios (vv. 10-12). Dios se dispuso a consolar y darle seguridad a Agar (la afligida). Advierta cómo Él suplió su necesidad por medio de las promesas de su Palabra; al darle varias grandes promesas.

a. Agar tendría una herencia muy especial: sus descendientes serían tan numerosos que serían incontables (v. 10).

b. Agar tendría la confirmación de que Dios siempre la oiría y le supliría su necesidad (v. 11). En aquel momento ella estaba embarazada de un hijo, y ella lo nombraría Ismael. Advierta que el propio Dios nombró al hijo. "Ismael" significa *Dios oye*. Dios le estaba dando seguridad a Agar y a sus descendientes de que Él siempre estaría dispuesto al escuchar su llamado de angustia y supliría su necesidad si tan solo lo invocaban a Él, al único Dios vivo y verdadero.

c. El hijo de Agar, Ismael, tendría una naturaleza muy especial. Advierta que Ismael fue el primer árabe: todos los árabes han descendido de él, y Abram o Abraham. Acá Dios está prediciendo la naturaleza de Ismael, y al hacer esto, también se predice la naturaleza de su simiente, los árabes. Las naciones árabes del mundo, según ha demostrado la historia, tienen su naturaleza.

=> Ismael sería como un asno montés, es decir, independiente, obstinado, determinado, testarudo, emperrado, inflexible, empecinado, terco.

=> La mano de Ismael se opondría a todos y la mano de todos se opondría a él; es decir, él sería violentamente agresivo, enfrentado constantemente a otras personas y naciones. Además, incluso sus descendientes tendrían conflictos constantemente entre sí (H. C. Leupold. *Génesis,* vol. 1, p. 504).

Sucede lo siguiente: Dios oyó el llamado de Agar en el desierto y suplió su necesidad. Sarai y Abram la habían afligido y maltratado. Pero ahora Dios la consoló y le garantizó que tanto ella como su hijo sobrevivirían los estragos del desierto si tan solo lo obedecían. Él la consoló y le dio seguridad al darle las promesas mencionadas anteriormente. Todo cuanto Agar tenía que hacer era recibir las promesas de Dios y obedecerlo. Ella tenía que seguir sus instrucciones al máximo.

Nota: el fundador de la gran religión del islam, Mahoma, proviene de la tierra de Ismael.

3. La tercera solución a la impaciencia es adorar y alabar a Dios (v. 13). Inmediatamente después de recibir las promesas de Dios, Agar comenzó a adorar y alabar a Dios. Nota: ella llamó a Dios *El Roi*, "el Dios que me ve". Dios había visto su angustia, la había visto en su hora de necesidad. Dios había visto su tristeza y dolor. Por eso, ella lo adoró como *El Roi*, el Dios que la había visto y había suplido su necesidad.

4. La cuarta solución a la impaciencia es obedecer a Dios (v. 15). Advierta que las tres partes culpables se habían arrepentido de su impaciencia y obedecieron a Dios.

a. Agar (la afligida) regresó a la casa de fe, al hogar de Abram y Sarai. Agar cumplió su propósito...
- Vivir como una creyente en la casa de fe.
- Vivir en la esperanza de la Tierra Prometida mientras vivía en el mundo.
- Parir un hijo, Ismael, que Dios había prometido.

b. Tanto Abram como Sarai obedecieron a Dios. Recibieron a Agar de vuelta cuando ella regresó, tal como Dios había mandado. Y estuvieron de acuerdo en nombrar al hijo Ismael, tal como Dios había mandado.

Aunque no está registrado, en algún momento Abram y Sarai se arrepintieron de su pecado de impaciencia y del terrible error que ellos habían cometido con Agar. Sabemos esto porque ellos aceptaron a Agar y obedecieron a Dios al nombrar el hijo de Agar como Dios había mandado.

Pensamiento 1. La lección que debemos aprender es la siguiente: Si nos hemos impacientado y nos hemos adelantado a Dios, si hemos inventado planes humanos y hemos sustituido la voluntad de Dios por métodos mundanos, actuando y reaccionando, maltratando e hiriendo a otros, debemos hacer dos cosas:

1) Debemos ir delante de Dios para hacerle frente y arrepentirnos del error que hemos cometido.

"**Cercano está Jehová a los quebrantados de corazón; y salva a los contritos de espíritu**" (Sal. 34:18).
"**Mi mano hizo todas estas cosas, y así todas estas cosas fueron, dice Jehová; pero miraré a aquel que es pobre y humilde de espíritu, y que tiembla a mi palabra**" (Is. 66:2).
"**Deje el impío su camino, y el hombre inicuo sus pensamientos, y vuélvase a Jehová, el cual tendrá de él misericordia, y al Dios nuestro, el cual será amplio en perdonar**" (Is. 55:7).
"**si se humillare mi pueblo, sobre el cual mi nombre es invocado, y oraren, y buscaren mi rostro, y se convirtieren de sus malos caminos; entonces yo oiré desde los cielos, y perdonaré sus pecados, y sanaré su tierra**" (2 Cr. 7:14).
"**Arrepiéntete, pues, de esta tu maldad, y ruega a Dios, si quizá te sea perdonado el pensamiento de tu corazón**" (Hch. 8:22).

2) Debemos obedecer a Dios siendo pacientes.

"**Tu salvación esperé, oh Jehová**" (Gn. 49:18).
"**Ahora, pues, si diereis oído a mi voz, y guardareis mi pacto, vosotros seréis mi especial tesoro sobre todos los pueblos; porque mía es toda la tierra**" (Éx. 19:5).
"**Pacientemente esperé a Jehová, y se inclinó a mí, y oyó mi clamor**" (Sal. 40:1).
"**Y se dirá en aquel día: He aquí, éste es nuestro Dios, le hemos esperado, y nos salvará; éste es Jehová a quien hemos esperado, nos gozaremos y nos alegraremos en su salvación**" (Is. 25:9).
"**También en el camino de tus juicios, oh Jehová, te hemos esperado; tu nombre y tu memoria son el deseo de nuestra alma**" (Is. 26:8).
"**Oh Jehová, ten misericordia de nosotros, a ti hemos esperado; tú, brazo de ellos en la mañana, sé también nuestra salvación en tiempo de la tribulación**" (Is. 33:2).
"**Mas el impío, si se apartare de todos sus pecados que hizo, y guardare todos mis estatutos e hiciere según el derecho y la justicia, de cierto vivirá; no morirá**" (Ez. 18:21).

"**Pues ¿qué gloria es, si pecando sois abofeteados, y lo soportáis? Mas si haciendo lo bueno sufrís, y lo soportáis, esto ciertamente es aprobado delante de Dios**" (1 P. 2:20).

ESTUDIO A FONDO 2

(16:7) *Ángel de Jehová:* ¿Quién es esta persona? Existen dos posiciones.

1. La mayoría de los comentaristas dicen que "el ángel de Jehová" es Dios, de un modo más específico, la segunda persona de la deidad, Jesucristo. Advierta estos elementos.
   a. Agar lo llama "Dios" (v. 13).
   b. Agar dice: "Dios que ve" (Yahvé) (v. 13). Ella quiere decir que Dios ve y sabe todo acerca de su angustia y necesidad. Ella está diciendo que Dios lo ve todo (omnipresente) y lo sabe todo (omnisciente). Ella está declarando que el mensajero de Jehová es el propio Dios. Es Dios quien la está protegiendo. Esto por supuesto es una prefiguración de la Trinidad, de una pluralidad en la deidad. El mensajero de Jehová es la segunda persona de la Trinidad (deidad), el propio Señor Jesucristo (H. C. Leupold. *Génesis,* vol. 1, p. 500).
   c. El autor de Génesis (Moisés) lo llama "Jehová" (v. 13).
   d. Hay muchos otros ejemplos en el Antiguo Testamento.
   => Cuando Moisés se para frente a la zarza ardiente, se dice que el ángel de Jehová es "Jehová" y "Dios" (Éx. 3:2, 4). Incluso el ángel dice: "Yo soy el Dios de tu padre, Dios de Abraham, Dios de Isaac, y Dios de Jacob" (Éx. 3:6).
   => Al ángel de Jehová también se le llama "el ángel de Dios" (Gn. 21:17) y "el ángel de su faz (la de Dios)" (Is. 63:9). A Él también se le pudiera llamar "el ángel del pacto" (Mal. 3:1). Con frecuencia aparece en el Antiguo Testamento (cp. Gn. 22:11; 31:11, 13; 48:16; Éx. 3:2; 14:19; Nm. 22:22; Jue. 2:4; 6:11; 13:3; 2 R. 19:35; Is. 63:9; Zac. 1:12; 12:8).
   e. La palabra "ángel" significa mensajero. Aquel que se le aparece a Agar (y a otros en todo el Antiguo Testamento) se le hace referencia sencillamente como "el mensajero del propio Dios". Por supuesto el mensajero supremo de Dios es su propio Hijo, Jesucristo (Jn. 1:1, 18; He. 1:1-3).
   => Se dice que el ángel o mensajero lleva el nombre de "admirable" ("admirable" es una traducción más exacta [Jue. 13:18]). El Antiguo Testamento predijo que al Mesías, al Cristo, también le llamarían "admirable" (Is. 9:6).
   f. El ángel de Jehová nunca se menciona en el Nuevo Testamento.

g. En el Nuevo Testamento Griego, el artículo definido (la palabra *el*) nunca se usa cuando parece un ángel. Algunas traducciones sí usan el artículo equivocadamente, pero el griego nunca lo usa al referirse a ángeles.

2. Algunos comentaristas creen que "el ángel de Jehová" es uno de los ángeles muy especiales que ministra a Dios de un modo personal. Recuerden: "ángel" significa *mensajero*. Por ende, se cree que el mensajero de Jehová sea el mensajero personal de Jehová, algo similar al embajador personal de un rey o nación. Por eso cuando él actúa o habla, él porta las mismas credenciales y autoridad del propio Dios; él actúa y habla como Jehová mismo. Se dice que el ángel de Jehová es el representante personal de Jehová; por ende, a él se le puede identificar como Jehová mismo.

ESTUDIO A FONDO 3

(16:13) **Dios** (El Roi): El hebreo *El Roi* significa el Dios que me ve. Agar es la persona que llamó por primera vez a Dios *El Roi*. Dios había visto su angustia, su tristeza y dolor, y Dios había suplido su necesidad. Por eso, ella adoró a Dios como *El Roi, el Dios que la había visto y había suplido su necesidad.*

CAPÍTULO 17

J. Dios le ratificó el pacto a Abram: La fe estimulada. Los pasos para una experiencia nueva y estimulante con Dios, 17:1-27

1 Abram recibió una nueva revelación de Dios: Dios es el Dios Todopoderoso[EF1]
2 Abram haría un nuevo compromiso de andar delante de Dios y de llevar una vida perfecta e intachable
  a. Las dos exigencias de Dios
  b. Los resultados: Dios prometió cumplir su pacto, sus promesas
3 Abram se humilló ante Dios e hizo caso a Dios
  a. Abram se postró sobre su rostro
  b. Dios le recordó a Abram: Abram había sido escogido por el propio Dios para recibir el pacto
  c. Dios cambió el nombre de Abram para Abraham
4 Abram oyó y creyó en el pacto o promesas de Dios
  a. La Simiente prometida: Incluye naciones y reyes
    1) Es un pacto o promesa eternos
    2) La razón: que Dios pudiera ser el Dios de la Simiente prometida para siempre
  b. La Tierra Prometida
    1) es una posesión eterna
    2) La razón: que Dios pudiera ser el Dios de la Simiente prometida para siempre

1 Era Abram de edad de noventa y nueve años, cuando le apareció Jehová y le dijo: Yo soy el Dios Todopoderoso; anda delante de mí y sé perfecto.
2 Y pondré mi pacto entre mí y ti, y te multiplicaré en gran manera.

3 Entonces Abram se postró sobre su rostro, y Dios habló con él, diciendo:
4 He aquí mi pacto es contigo, y serás padre de muchedumbre de gentes.
5 Y no se llamará más tu nombre Abram, sino que será tu nombre Abraham, porque te he puesto por padre de muchedumbre de gentes.
6 Y te multiplicaré en gran manera, y haré naciones de ti, y reyes saldrán de ti.
7 Y estableceré mi pacto entre mí y ti, y tu descendencia después de ti en sus generaciones, por pacto perpetuo, para ser tu Dios, y el de tu descendencia después de ti.

8 Y te daré a ti, y a tu descendencia después de ti, la tierra en que moras, toda la tierra de Canaán en heredad perpetua; y seré el Dios de ellos.

9 Dijo de nuevo Dios a Abraham: En cuanto a ti, guardarás mi pacto, tú y tu descendencia después de ti por sus generaciones.

10 Este es mi pacto, que guardaréis entre mí y vosotros y tu descendencia después de ti: Será circuncidado todo varón de entre vosotros.
11 Circuncidaréis, pues, la carne de vuestro prepucio, y será por señal del pacto entre mí y vosotros.
12 Y de edad de ocho días será circuncidado todo varón entre vosotros por vuestras generaciones; el nacido en casa, y el comprado por dinero a cualquier extranjero, que no fuere de tu linaje.
13 Debe ser circuncidado el nacido en tu casa, y el comprado por tu dinero; y estará mi pacto en vuestra carne por pacto perpetuo.
14 Y el varón incircunciso, el que no hubiere circuncidado la carne de su prepucio, aquella persona será cortada de su pueblo; ha violado mi pacto.
15 Dijo también Dios a Abraham: A Sarai tu mujer no la llamarás Sarai, mas Sara será su nombre.
16 Y la bendeciré, y también te daré de ella hijo; sí, la bendeciré, y vendrá a ser madre de naciones; reyes de pueblos vendrán de ella.

17 Entonces Abraham se postró sobre su rostro, y se rió, y dijo en su corazón: ¿A hombre de cien años ha de nacer hijo? ¿Y Sara, ya de noventa años, ha de concebir?
18 Y dijo Abraham a Dios: Ojalá Ismael viva delante de ti.

5 Abram tenía que cumplir el pacto y cumplir el ritual del pacto: Teniendo siempre presente su significado
  a. El deber: cumplir el pacto de Dios
  b. El ritual o señal del pacto: La circuncisión
    1) Incluiría a todo hijo varón
    2) Sería una señal o símbolo del pacto
    3) Se haría en un tiempo fijado: Cuando el niño tuviera ocho años de edad
    4) Incluiría a cada familia: Todo varón, libre o esclavo
    5) Sería una señal eterna
    6) Se cumpliría estrictamente: La negación a participar en el ritual se castigaría severamente

6 Abram tuvo que cambiar su relación con su familia
  a. Dios honró a la esposa
    1) se le dio un nombre nuevo: Sara (que significa princesa)
    2) Fue bendecida por Dios y escogida para dar a luz a la Simiente prometida
  b. El esposo adoró con asombro y oración
    1) Se rió con asombro y gozo por la bendición de Dios
    2) Él oró por su hijo, Ismael

7 Abram tuvo que aceptar la voluntad y propósito de Dios

  a. La voluntad y propósito de Dios

    1) Sara daría a luz a la Simiente prometida

    2) Al hijo se le nombraría "Isaac"

    3) El pacto sería eterno

    4) Ismael sería bendecido y se convertiría en una gran nación de doce gobernantes

  b. La voluntad de Dios ratificada: Se fijó la fecha del nacimiento de Isaac

8 Paso 8: Tomar una decisión pública y obedecer las instrucciones de Dios, su Palabra

  a. Abram llevó a toda su casa a obedecer a Dios, a entrar en la relación del pacto: todos los hombres y chicos fueron circuncidados

19 Respondió Dios: Ciertamente Sara tu mujer te dará a luz un hijo, y llamarás su nombre Isaac; y confirmaré mi pacto con él como pacto perpetuo para sus descendientes después de él.
20 Y en cuanto a Ismael, también te he oído; he aquí que le bendeciré, y le haré fructificar y multiplicar mucho en gran manera; doce príncipes engendrará, y haré de él una gran nación.
21 Mas yo estableceré mi pacto con Isaac, el que Sara te dará a luz por este tiempo el año que viene.
22 Y acabó de hablar con él, y subió Dios de estar con Abraham.

23 Entonces tomó Abraham a Ismael su hijo, y a todos los siervos nacidos en su casa, y a todos los comprados por su dinero, a todo varón entre los domésticos de la casa de Abraham, y circuncidó la carne del prepucio de ellos en aquel mismo día, como Dios le había dicho.
24 Era Abraham de edad de noventa y nueve años cuando circuncidó la carne de su prepucio.

25 E Ismael su hijo era de trece años, cuando fue circuncidada la carne de su prepucio.
26 En el mismo día fueron circuncidados Abraham e Ismael su hijo.
27 Y todos los varones de su casa, el siervo nacido en casa, y el comprado del extranjero por dinero, fueron circuncidados con él.

  b. Abram tomó la iniciativa y dio el ejemplo en la relación del pacto en la ancianidad: Él fue circuncidado

  c. Abram llevó a su propio hijo a obedecer a Dios, a entrar en la relación del pacto a la temprana edad de trece años

  d. Se reenfatiza el relato: Para destacar la importancia de la relación del pacto

DIVISIÓN VII

ABRAHAM: EL HOMBRE ESCOGIDO PARA CONVERTIRSE EN EL PADRE DEL PUEBLO DE DIOS Y EN EL PADRE DE LA FE, 12:1—25:18

J. Dios le ratificó el pacto a Abram: La fe estimulada. Los pasos para una experiencia nueva y estimulante con Dios, 17:1-27

(17:1-27) *Introducción:* Abram estaba desesperado. Llevaba esperando un hijo desde su matrimonio con Sarai, y es muy probable que llevaran casados alrededor de cincuenta años. Por eso el anhelo de Abram —sus esperanzas y sueños— de tener un hijo lo había estado recomiendo durante cincuenta años. Pero Sarai no había podido darle hijos. En su desesperación, cuando Abram era un anciano, Sarai había sugerido que Abram tomara su sierva, Agar, y tratara de tener un hijo con ella antes de que fuera demasiado tarde. Esto hizo Abram, y nació Ismael. Los sueños de Abram de un hijo finalmente se realizaron en Ismael. ¿Abram esperó tener otro hijo, un hijo que no fuera Ismael? Es probable que no, porque ya él tenía noventa y nueve años de edad, y Sarai tenía ochenta y nueve, ambos estaban bien pasados de la edad de la maternidad. Abram estaba bien conciente de esto; el versículo 17 nos lo

dice. Al parecer Abram había creído que Ismael era el hijo prometido por Dios, que Dios iba a cumplir sus promesas por medio de Ismael. Abram amaba mucho a Ismael. Advierta el versículo 18, donde Abram le pidió a Dios que se recordara de bendecir a Ismael. Ismael tenía trece años de edad, y por el deseo de toda una vida de Abram de un hijo, sin dudas él amaba a Ismael mucho más que el padre promedio. El lazo entre ellos probablemente fuera más íntimo que el lazo entre la mayoría de los padres y los hijos. Al parecer Abram se había acomodado y conformado en la vida, se había vuelto un tanto displicente, aletargado, y relajado. Sencillamente Abram aceptó la realidad: Él estaba demasiado viejo para tener más hijos, e Ismael era el único hijo que él tenía. Por eso él creyó que Ismael iba a ser el hijo prometido por Dios.

Pero con la claridad que lo revela este pasaje, éste no era el plan de Dios. Ismael no era la Simiente prometida, no era el hijo prometido a Abram. Por eso era necesario estimular nuevamente la fe de Abram. Abram necesitaba que Dios estimulara —motivara, avivara, despertara— su fe para que viera más allá de Ismael...

- Más allá del presente
- Más allá de lo físico
- Más allá de lo posible

Abram necesitaba ser renovado, mirar a lo imposible y creer en el poder y obras milagrosas de Dios. Advierta cómo es que esto es lo que necesitamos exactamente. Cuando un creyente se acomoda —se relaja, se vuelve displicente y aletargado— en la vida, necesita que Dios lo anime. Necesita una experiencia nueva y estimulante con Dios semejante a la experiencia de Abram. Este es el tema de este pasaje importante: *Dios le ratificó el pacto (las promesas) a Abram: La fe estimulada. Los pasos para una experiencia nueva y estimulante con Dios*, 17:1-27.

1. Paso 1: Recibir una revelación nueva de Dios: Dios es el Dios Todopoderoso (v. 1).
2. Paso 2: Hacer un nuevo compromiso de andar delante de Dios y de llevar una vida intachable y perfecta (vv. 1-2).
3. Paso 3: Humillarse ante Dios y hacerle caso a Dios (vv. 3-5).
4. Paso 4: Oír y creer en el pacto o promesas de Dios (vv. 6-8).
5. Paso 5: Cumplir el pacto y participar del ritual del pacto: tener siempre presente su significado (vv. 9-14).
6. Paso 6: Cambiar la relación con su familia (vv. 15-18).
7. Paso 7: Aceptar la voluntad y propósito de Dios (vv. 19-21).
8. Paso 8: Tomar una decisión pública y obedecer las instrucciones de Dios, su Palabra (vv. 22-27).

1 (17:1) *Revelación:* ¿Cómo podemos motivar nuestra fe, tener una experiencia nueva y estimulante con Dios? El paso número uno es recibir una nueva revelación de Dios, de que Dios es el Dios Todopoderoso (El Shaddai). Esto era exactamente lo que necesitaba Abram, ver a Dios como *el Dios Todopoderoso, como El Shaddai*. Dios estaba a punto de decirle a Abram que él y Sarai iban a tener un hijo a pesar de su avanzada edad. Ellos estaban bien pasados de la edad de la maternidad: Abram tenía noventa y nueve años y Sarai ochenta y nueve. Físicamente era imposible que ellos concibieran un hijo. Por eso lo que Abram necesitaba era ver a Dios como *El Shaddai*, el Dios Todopoderoso, el Dios que poseía todo el poder y la fuerza, el Dios que podía hacer cualquier cosa. El Dios Todopoderoso podía avivar los cuerpos de Abram y Sarai y volverlos fértiles y hacer que les naciera un hijo. A Abram le era necesario creer en esta promesa; a él le era necesario creer en lo imposible. Por ende, Dios se reveló a sí mismo como el Dios Todopoderoso, el Dios de todo el poder, el Dios que podía cumplir su promesa y que podía suplir las necesidades de Abram y de su querida esposa. (Vea *Estudio a fondo 1, Dios Todopoderoso*, Gn. 17:1 para un mayor análisis.)

Pensamiento 1. Dios es el Dios Todopoderoso; Él posee toda la fuerza y el poder. Él puede lograr todas las cosas; de hecho, no hay nada que Dios no pueda lograr.

Por eso cuando nos enfrentamos a situaciones difíciles e imposibles, debemos buscar de Dios, debemos buscar el poder y las promesas de Dios. Debemos buscar una nueva revelación de Dios, ver a Dios como el Dios Todopoderoso, como el Dios que puede lograr todas las cosas.

"Y mirándolos Jesús, les dijo: Para los hombres esto es imposible; mas para Dios todo es posible" (Mt. 19:26).

"Y Jesús se acercó y les habló diciendo: Toda potestad me es dada en el cielo y en la tierra" (Mt. 28:18).

"porque nada hay imposible para Dios" (Lc. 1:37).

"Y a Aquel que es poderoso para hacer todas las cosas mucho más abundantemente de lo que pedimos o entendemos, según el poder que actúa en nosotros" (Ef. 3:20).

"por lo cual puede también salvar perpetuamente a los que por él se acercan a Dios, viviendo siempre para interceder por ellos" (He. 7:25).

"Y a aquel que es poderoso para guardaros sin caída, y presentaros sin mancha delante de su gloria con gran alegría" (Jud. 24).

"Y oí como la voz de una gran multitud, como el estruendo de muchas aguas, y como la voz de grandes truenos, que decía: ¡Aleluya, porque el Señor nuestro Dios Todopoderoso reina!" (Ap. 19:6).

"Yo conozco que todo lo puedes, y que no hay pensamiento que se esconda de ti" (Job 42:2).

"Nuestro Dios está en los cielos; todo lo que quiso ha hecho" (Sal. 115:3).

ESTUDIO A FONDO 1

(17:1) *Dios Todopoderoso* (*El Shaddai*): El hebreo quiere decir Dios Todopoderoso o Todopoderoso Dios. Este nombre de Dios se usa cuarenta y ocho veces en el Antiguo Testamento, treinta y una vez en el libro de Job solamente, y diecisiete veces en el resto del Antiguo Testamento. El nombre *Todopoderoso* (Shaddai) enfatiza tanto el poder de Dios como la suficiencia de Dios. El Dios Todopoderoso tiene el *poder* para suplir las necesidades de su pueblo, no importa cuán grande puedan ser las necesidades, y el Dios Todopoderoso es *suficiente* para suplir las necesidades de su pueblo. Él es suficiente tanto en poder como en posesiones. Él cuenta con *bastante suficiencia, bastante poder,* y *bastantes bendiciones* como para ocuparse de su pueblo y de su creación.

Debe tenerse en cuenta que el equivalente hebreo "shaddai" en ocasiones se remonta a una raíz hebrea que significa *pecho* pero más devino en el significado de *montaña*.

Se han sugerido otros significados para shaddai, pero como mucho la evidencia más fuerte es que El Shaddai significa Dios Todopoderoso o Todopoderoso Dios. En las palabras del gran erudito luterano H. C. Leupold:

"Parecería que este nombre *Shaddai*, proviene de la raíz *shadad*, que puede significar: 'lidiar violentamente', pero con relación a Dios significaría 'demostrar poder'. Esta derivación es tan natural y el sentido es tan satisfactorio que no se deberían haber hecho los esfuerzos por atribuirle significados inferiores e inmerecidos a este nombre divino" (H. C. Leupold. *Génesis,* vol. 1. Grand Rapids, MI: Baker Book House Company, 1942, p. 512).

=> El Shaddai, Dios Todopoderoso, tiene el poder para cumplir sus promesas y pactos (Gn. 17:1; 28:3; 35:11; 48:3).

=> El Shaddai, Dios Todopoderoso, tiene el poder para dar misericordia (Gn. 43:14).

=> El Shaddai, Dios Todopoderoso, tiene el poder para bendecir, para dar todas las bendiciones necesitadas en la vida, incluso la garantía de las bendiciones del cielo (Gn. 49:25).

=> El Shaddai, Dios Todopoderoso, tiene el poder para revelarse a sí mismo a los hombres (Nm. 24:4, 16).

=> El Shaddai, Dios Todopoderoso, tiene el poder para disciplinar (Rt. 1:20; Job 5:17; 6:4; cp. Jn. 15:2; He. 12:10).

=> El Shaddai, Dios Todopoderoso, no se puede comprender, no perfectamente (Job 11:7).

=> El hombre debería regresar al Todopoderoso (Job 22:23).

=> Los creyentes deben permanecer y vivir bajo la sombra del Todopoderoso (Sal. 91:1).

=> El Shaddai, Dios Todopoderoso, exige que llevemos una vida de separación del mundo (2 Co. 6:17-18).

=> El Shaddai, Dios Todopoderoso, es el Dios vivo y verdadero, el Señor Soberano del universo (Ap. 1:8).

=> El Shaddai, Dios Todopoderoso, es santo (Ap. 4:8).

=> El Shaddai, Dios Todopoderoso, gobernará y reinará sobre la tierra en el tiempo del fin (Ap. 11:17).

=> Los perversos padecerán el juicio y beberán de la ira del Todopoderoso (Job 21:20; Is. 13:6; Jl. 1:15; Ap. 16:14; 19:15).

2 (17:1-2) *Andar, espiritual — Creyente, vida*: ¿Cómo podemos motivar nuestra fe, tener una experiencia nueva y estimulante con Dios? El paso número dos es hacer un nuevo compromiso de andar delante de Dios y de llevar una vida perfecta o intachable. La vida del creyente no es una vida estática, y displicente. Cuando Dios nos da una vida como una nueva revelación —algún nuevo entendimiento o conocimiento— Él espera que actuemos, que pongamos en práctica el nuevo conocimiento, y que así crezcamos.

Esto le sucedió a Abram. Dios le dio a Abram una nueva revelación de sí mismo como el Dios Todopoderoso, pero Dios también le dijo a Abram que recomprometiera su vida y que lo hiciera con más diligencia que antes. Abram haría dos compromisos.

1. Él debía *andar delante de Dios*: Esto significa vivir paso a paso en la presencia de Dios; vivir instante por instante en comunión con Dios; vivir con una consciencia inquebrantable de Dios; estar siempre consciente de la presencia, poder, y seguridad de Dios. Se hacen tres ilustraciones por medio de esta frase descriptiva.

=> Andar delante de Dios significa que vivimos delante de Él con un espíritu de devoción, adoración, comunión y servicio.

=> Andar delante de Dios significa que no andamos detrás de Él ni nos adelantamos a Él. Sino que andamos frente a Él, consciente de que Él nos puede ver y de que Él tiene el poder para protegernos y cuidarnos.

=> Andar delante de Dios significa que estamos conscientes de su poder para verlo y saberlo todo, conscientes de que Él nos juzgará por todo lo que hacemos.

"Porque somos sepultados juntamente con él para muerte por el bautismo, a fin de que como Cristo resucitó de los muertos por la gloria del Padre, así también nosotros andemos en vida nueva" (Ro. 6:4).

"Digo, pues: Andad en el Espíritu, y no satisfagáis los deseos de la carne" (Gá. 5:16).

"Mirad, pues, con diligencia cómo andéis, no como necios sino como sabios" (Ef. 5:15).

"Por tanto, de la manera que habéis recibido al Señor Jesucristo, andad en él" (Col. 2:6).

"Y no hay cosa creada que no sea manifiesta en su presencia; antes bien todas las cosas están desnudas y abiertas a los ojos de aquel a quien tenemos que dar cuenta" (He. 4:13).

"pero si andamos en luz, como él está en luz, tenemos comunión unos con otros, y la sangre de Jesucristo su Hijo nos limpia de todo pecado" (1 Jn. 1:7).

"El que dice que permanece en él, debe andar como él anduvo" (1 Jn. 2:6)

2. Él debía *ser perfecto e intachable* (tamim). Esto significa exactamente lo que dice el equivalente hebreo: ser firme, completo, sin carencia ni fracaso de ningún tipo; quiere decir ser intachable, sin mancha. Las Escrituras *no están enseñando la perfección impecable*, porque nadie lleva ni llevará una vida perfecta ni *impecable*, nadie excepto Jesucristo nuestro Señor. Pero las Escrituras están enseñando la *santidad*, que Abram y todos los otros creyentes deben andar delante de Dios con diligencia tratando de llevar vidas perfectas e intachables. Debemos...

• Llevar vidas santas delante de Él.

• Desarrollar un corazón que sea resuelto, puesto en Dios en primer lugar durante toda la vida.

• Llevar vidas que estén completamente dedicadas al Señor.

• Conformarnos a la imagen de Cristo.

• Agradar a Dios con todo nuestro corazón.

Pensamiento 1. Vivimos en una época de inmoralidad, anarquía, y violencia; y trágicamente nos justificamos una y otra vez por nuestra vida disoluta. Nosotros hacemos lo que nos place, vivimos como queremos, y tratamos de justificar nuestra conducta pecaminosa culpando a la sociedad, al medio, a las circunstancias, o la debilidad de la naturaleza humana. Pero advierta las palabras de Arthur W. Pink al explicar el tipo de vida que debemos llevar delante de Dios:

"[la palabra 'perfecta'] es la misma palabra que se traduce cuarenta y cuatro veces 'sin mancha'. Entonces, ¿Realmente dijo Dios a Abram: 'Sé perfecto'? De cierto se lo dijo. ¿Y cómo podría decir algo menor que eso? ¿Cuál es la norma inferior a esa de la perfección el Perfecto le puede trazar a sus criaturas? Lo que sucede con mucha frecuencia es que los hombres menoscaban la Palabra para hacerla coincidir con sus propios conceptos. Al lo largo de las Escrituras, se nos impone la norma de la *perfección*. La ley requería que Israel amara al Señor su Dios con *todo* su corazón. El Señor Jesús le dijo a sus discípulos: 'Sed, pues, vosotros perfectos, como vuestro Padre que está en los cielos es perfecto' (Mt. 5:48). Y la enseñanza de las Epístolas está toda resumida en esa Palabra: 'también Cristo padeció por nosotros, dejándonos ejemplo, para que sigáis sus pisadas' (1 P. 2:21). ¿No es esa [las pisadas de Jesús] la norma de la perfección? Hermanos, esa *es* la norma que se nos ha impuesto. Eso es por lo que nos debemos esforzar constantemente. No debemos conformarnos con nada que no sea eso. Por el hecho de que tal es la norma que nadie en la carne la haya alcanzada, es que cada uno de nosotros debe decir con el apóstol:

"No que lo haya alcanzado ya, ni que ya sea perfecto; sino que prosigo, por ver si logro asir aquello para lo cual fui también asido por Cristo Jesús. Hermanos, yo mismo no pretendo haberlo ya alcanzado; pero una cosa hago: olvidando ciertamente lo que queda atrás, y extendiéndome a lo que está delante, prosigo a la meta, al premio del supremo llamamiento de Dios en Cristo Jesús" (Fil. 3:12-14).

"No obstante, aún así la Palabra para nosotros hoy día es la misma que para el Abram de antaño: 'Sé perfecto'. En caso de que alguien murmure: '¡Una norma imposible!' Entonces recuerde que fue El Shaddai quien la impuso. ¿Quién se atreve a hablar de 'imposibilidades' cuando el Todopoderoso es nuestro Dios? ¿No ha dicho Él 'Bástate mi gracia'? Entonces, no se le acuse de imponernos una norma inalcanzable: más bien acusémonos nosotros de no lograr apoyarnos en su brazo Todopoderoso, y confesar con vergüenza que la culpa es nuestra por no apropiarnos de su gracia suficiente" (Arthur W. Pink. *Gleanings in Genesis* [Fragmentos de Génesis]. Chicago, IL: Moody Bible Institute of Chicago, Moody Press, 1922, p. 188).

¿Por qué andamos delante de Dios y con diligencia tratamos de llevar vidas perfectas e intachables? Porque Dios nos ha salvado y nos ha dado vida eterna. Él nos ha perdonado nuestros pecados y nos ha aceptado, y Él sigue perdonándonos nuestros pecados cuando tropezamos y caemos, todo para la alabanza de su misericordia y gracia eterna.

"Sed, pues, vosotros perfectos, como vuestro Padre que está en los cielos es perfecto" (Mt. 5:48).
"Por lo demás, hermanos, tened gozo, perfeccionaos, consolaos, sed de un mismo sentir, y vivid en paz; y el Dios de paz y de amor estará con vosotros" (2 Co. 13:11).
"Así que, todos los que somos perfectos, esto mismo sintamos; y si otra cosa sentís, esto también os lo revelará Dios" (Fil. 3:15).
"a quien anunciamos, amonestando a todo hombre, y enseñando a todo hombre en toda sabiduría, a fin de presentar perfecto en Cristo Jesús a todo hombre" (Col. 1:28).
"Toda la Escritura es inspirada por Dios, y útil para enseñar, para redargüir, para corregir, para instruir en justicia, a fin de que el hombre de Dios sea perfecto, enteramente preparado para toda buena obra" (2 Ti. 3:16-17).
"Por tanto, dejando ya los rudimentos de la doctrina de Cristo, vamos adelante a la perfección; no echando otra vez el fundamento del arrepentimiento de obras muertas, de la fe en Dios" (He. 6:1).
"Mas tenga la paciencia su obra completa, para que seáis perfectos y cabales, sin que os falte cosa alguna" (Stg. 1:4).

3. Advierta el resultado de andar delante de Dios y de tratar de ser perfectos o intachables: Dios dice que Él cumplirá su pacto, sus promesas en la vida del creyente (v. 2). Dios hizo un pacto con Abram: Si Abram andaba delante de Dios tratando diligentemente de ser perfecto o intachable, entonces Dios cumpliría sus promesas; Él enviaría *la Simiente prometida* por medio de los descendientes de Abram. Dios nos da la misma garantía a todos nosotros: Dios cumplirá sus promesas en la vida de cualquier persona que ande delante de Él y trate diligentemente de ser perfecto o intachable.

"No todo el que me dice: Señor, Señor, entrará en el reino de los cielos, sino el que hace la voluntad de mi Padre que está en los cielos" (Mt. 7:21).
"Tampoco dudó, por incredulidad, de la promesa de Dios, sino que se fortaleció en fe, dando gloria a Dios" (Ro. 4:20-21).
"porque todas las promesas de Dios son en él Sí, y en él Amén, por medio de nosotros, para la gloria de Dios" (2 Co. 1:20).
"por medio de las cuales nos ha dado preciosas y grandísimas promesas, para que por ellas llegaseis a ser participantes de la naturaleza divina, habiendo huido de la corrupción que hay en el mundo a causa de la concupiscencia" (2 P. 1:4).
"Y esta es la promesa que él nos hizo, la vida eterna" (1 Jn. 2:25).

"ninguna palabra de todas sus promesas que expresó por Moisés su siervo, ha faltado" (1 R. 8:56).

3 (17:3-5) *Humildad:* ¿Cómo podemos motivar nuestra fe, tener una experiencia nueva y estimulante con Dios? El paso número tres es humillarnos delante de Dios y hacerle caso a Dios, a su Palabra, a lo que Él nos dice. Sin lugar a dudas, Abram se postró de inmediato ante la primera aparición de Dios. La brillantez de la gloria de Dios tumbaría a cualquier persona al suelo. Sucede lo siguiente: Abram se humilló delante de Dios; él se rebajó tanto como pudo para mostrarle reverencia a Dios, que él estaba listo para escuchar y recibir el mensaje que Él tuviera para él. Dios le dijo dos cosas a Abram.

1. Era a él, Abram, a quien había escogido para recibir el pacto de la Simiente prometida. Él y solo él, no nadie más, lo habían escogido a él para que fuera el padre de muchas naciones.

> *Pensamiento 1.* Se hace énfasis en el llamado de Dios, el nombramiento de Abram como siervo de Dios. Cuando Dios nos llama —a cualquiera de nosotros— a servirlo, debemos humillarnos ante Él y escuchar su llamado.

2. Se le cambiaría el nombre a Abram para Abraham (v. 5). El significado de Abram es *padre enaltecido*; el significado de Abraham es *padre de una multitud*. Esta experiencia con Dios se convertiría en un momento crucial en la vida de Abram: *la Simiente prometida* pronto nacería de Sarai. Por eso Dios le dio a Abram un nuevo nombre para recordarle esta experiencia con Dios: El gran llamado y pacto de Dios, la gran garantía de Dios de cumplir su promesa.

> *Pensamiento 1.* Dios le ha dado al creyente el nombre mismo de su propio y querido Hijo, *cristiano* (Hch. 11:26; 26:28; 1 P. 4:16). La gran necesidad del momento es que los creyentes se humillen ante Dios y recuerden el gran nombre que Él les ha dado, el nombre de *cristiano*. El nombre debe recordarnos...

- Nuestra experiencia de conversión.
- Otras experiencias profundas con Dios.
- El gran llamado de Dios, la gran misión que Él nos ha dado a cada uno de nosotros.
- La promesa (pacto) de Dios de su garantía de cumplir las promesas que nos hizo.

4 (17:6-8) *Pacto — La simiente, prometida — La tierra, prometida:* ¿Cómo podemos motivar nuestra fe, tener una experiencia nueva y estimulante con Dios? El paso número cuatro es oír y creer las grandes promesas de Dios. Dios hizo dos grandes promesas a Abraham. (Recuerden, estas dos promesas son las dos grandes promesas del pacto abrahámico. Vea bosquejo y notas, Gn. 12:1-3; 13:14-17; 15:1-21 para un mayor análisis.)

1. Estaba la promesa de *la Simiente prometida* (vv. 6-7). Abraham sería muy fructífero. Sus descendientes incluiría a naciones de personas, y algunos serían muy prominentes,

ocuparían el cargo más alto posible, el de rey. Recuerden, Abraham era el padre de...

- los árabes por medio de Ismael.
- los judíos por medio de Isaac.
- las naciones nacidas de una tercera esposa, Cetura (cp. Gn. 25:1-4).
- los creyentes del mundo: Las Escrituras dicen que somos hijos espirituales de Abraham (Gá. 3:7-9; cp. Ro. 4:11-12).

Ahora bien, advierta qué otra cosa dice Dios: La Simiente prometida es un pacto eterno establecido por Él (v. 7). ¿Qué significa esto? Significa que Abraham tendrá descendientes en la tierra mientras exista la tierra.

Pero advierta también otro elemento: Dios estableció la Simiente prometida como un pacto eterno por una razón: para que Él pudiera ser el Dios de la Simiente prometida, ser su Dios para siempre. Dios quiere una relación personal con los descendientes de Abraham; Él quiere un pueblo con quien Él pueda confraternizar y sobre quien Él pueda derramar su misericordia y su gracia, un pueblo que adore, sirva, y viva para Él eternamente.

Esto es muy significativo, porque nos cuenta exactamente con quién Dios estableció el pacto eterno. El pacto eterno se aplica a Abraham y a todos aquellos que le siguen los pasos a Abraham. ¿Quiénes son ellos? Los creyentes. Todas las personas que andan por la tierra creyendo en Dios de la misma forma que Abraham creyó en Dios; todas las personas que siguen a Dios de la misma forma que lo hizo Abraham. Sucede lo siguiente:

=> Dios le dio a Abraham la promesa de la Simiente prometida, de muchas naciones y descendientes.

=> Pero Dios también le dio a Abraham una promesa muy especial: que Él establecería el pacto de la Simiente prometida *para siempre*. Siempre habría aquellas personas que harían exactamente lo que hizo Abraham: creer en Dios y seguir a Dios con diligencia. Y Dios sería el Dios de estos descendientes para siempre. Advierta que esta es la promesa de la vida eterna —un pacto eterno— a los que siguen verdaderamente a Dios como lo hizo Abraham.

"Así Abraham creyó a Dios, y le fue contado por justicia. Sabed, por tanto, que los que son de fe, éstos son hijos de Abraham. Y la Escritura, previendo que Dios había de justificar por la fe a los gentiles, dio de antemano la buena nueva a Abraham, diciendo: En ti serán benditas todas las naciones. De modo que los de la fe son bendecidos con el creyente Abraham" (Gá. 3:6-9).

"Porque ¿qué dice la Escritura? Creyó Abraham a Dios, y le fue contado por justicia... Y recibió la circuncisión como señal, como sello de la justicia de la fe que tuvo estando aún incircunciso; para que fuese padre de todos los creyentes no circuncidados, a fin de que también a ellos la fe les sea contada por justicia" (Ro. 4:3, 11).

2. Estaba la promesa de *la Tierra Prometida* (Canaán) (v. 8). Advierta que Dios también estableció *la Tierra Prometida* como un pacto eterno. Abraham y sus descendientes poseerían la tierra para siempre. Pero nuevamente, la referencia perdurable y eterna se debe aplicar a la tierra eterna de Canaán, al propio cielo. El cielo es el único mundo que es eterno, que perdurará para siempre. La Tierra Prometida se les da a todos los judíos y gentiles que creen y siguen a Dios como lo hizo Abraham. Dios es el Dios de aquellos que creen en Él y lo siguen. Cierto, Él quiere ser el Dios de los incrédulos, pero los incrédulos no creen en Él. Ellos no lo dejan ser su Dios. Por consiguiente, Dios no es el Dios de los incrédulos: la Tierra Prometida no es de ellos eternamente. Puede que los incrédulos la posean ahora, en este mundo, pero no la van a poseer eternamente, en el mundo perfecto venidero. (Vea bosquejo y notas, Gn. 12:1c para un mayor análisis.)

> **"Porque no por la ley fue dada a Abraham o a su descendencia la promesa de que sería heredero del mundo, sino por la justicia de la fe" (Ro. 4:13).**
>
> **"Pero el día del Señor vendrá como ladrón en la noche; en el cual los cielos pasarán con grande estruendo, y los elementos ardiendo serán deshechos, y la tierra y las obras que en ella hay serán quemadas. Puesto que todas estas cosas han de ser deshechas, ¡cómo no debéis vosotros andar en santa y piadosa manera de vivir, esperando y apresurándoos para la venida del día de Dios, en el cual los cielos, encendiéndose, serán deshechos, y los elementos, siendo quemados, se fundirán! Pero nosotros esperamos, según sus promesas, cielos nuevos y tierra nueva, en los cuales mora la justicia" (2 P. 3:10-13).**
>
> **"Porque he aquí que yo crearé nuevos cielos y nueva tierra; y de lo primero no habrá memoria, ni más vendrá al pensamiento" (Is. 65:17).**
>
> **"Porque como los cielos nuevos y la nueva tierra que yo hago permanecerán delante de mí, dice Jehová, así permanecerá vuestra descendencia y vuestro nombre" (Is. 66:22).**

5 (17:9-14) *Circuncisión — Bautismo — Ritual:* ¿Cómo podemos motivar nuestra fe, tener una experiencia nueva y estimulante con Dios? El paso número cinco es cumplir el pacto y participar del ritual del pacto, teniendo siempre presente su significado.

1. Dios exige que Abraham y sus descendientes cumplan el pacto (v. 9). Esto quiere decir que ellos debían creer en Dios y sus promesas y nunca dejar de creer.

Pensamiento 1. Dios exige que todos...
- Sigamos creyendo en la Simiente prometida, tanto en el Salvador prometido como en la nación prometida de creyentes que siguen la fe de Abraham.
- Sigamos creyendo en la Tierra Prometida, en la tierra eterna de Canaán, los nuevos cielos y tierra venideros.

2. Dios le dio a Abraham la señal o ritual del pacto: la circuncisión. El bosquejo del pasaje se explica por sí mismo:
a. la circuncisión incluiría a todos los hijos varones (v. 10).
b. la circuncisión era una señal del pacto y solo una señal (v. 11). Era una señal de que una persona estaba dedicando y comprometiendo su vida a creer en las promesas (el pacto) de Dios y a seguir a Dios con todo su corazón.
c. La circuncisión se realizaría en un tiempo fijado: cuando el niño tuviera ocho años de edad (v. 12).
d. La circuncisión incluiría a todas las familias: todo varón, libre o esclavizado (vv. 12b-13).
e. la circuncisión sería una señal eterna (v. 13b). ¿Qué quiere decir esto? ¿Cómo podría una señal física, terrenal, y temporal ser una señal eterna? No puede serlo. Hasta el sentido común nos lo dice. Nada de esta tierra dura para siempre. Dios se está refiriendo al significado que lleva implícito la señal o ritual, se está refiriendo al propio pacto. La señal le recordaría a los creyentes el gran pacto de Dios establecido con Abraham...
- Que la Simiente prometida estaba garantizada; el Salvador vendría a la tierra, y siempre habría una nación de creyentes que siguiera a Dios como lo hizo Abraham, una nación de creyentes genuinos que vivirían para siempre.
- Que la Tierra Prometida estaba garantizada; los hijos verdaderos de Abraham heredarían la tierra, una tierra eterna para siempre y por toda la eternidad.

f. La circuncisión se cumpliría estrictamente: la negación a participar en el ritual se castigaría severamente. Al hombre que se rehusara a circuncidarse sería expulsado del pueblo. Esto quería decir que la persona se retiraría de entre aquellos que creían en el pacto y seguían a Dios, sería expulsada de entre aquellos que andaban según la fe de Abraham.

Pensamiento 1. ¿Qué le dice el ritual de la circuncisión a los creyentes de hoy día?
1) Jesucristo le ha realizado una *circuncisión espiritual* a los creyentes. Él ha circuncidado al creyente, ha amputado toda la naturaleza pecaminosa del creyente. Él amputa mucho más que un simple pedazo de carne; Él realiza una cirugía radical: Él amputa todo el cuerpo del pecado, todo el pecado que el creyente ha cometido y del que es culpable.

> **"En él también fuisteis circuncidados con circuncisión no hecha a mano, al echar de vosotros el cuerpo pecaminoso carnal, en la circuncisión de Cristo; sepultados con él en el bautismo, en el cual fuisteis también resucitados con él, mediante la fe en el poder de Dios que le levantó de los muertos" (Col. 2:11-12).**

2) La circuncisión —la verdadera circuncisión de Dios— es del corazón, no de la carne. Dios nunca

pretendió que la circuncisión fuera solo un ritual, una señal física de que uno pertenecía al pueblo de Dios. Sí, la circuncisión sería una señal, pero una señal de la verdad espiritual: una señal de que el corazón de una persona le pertenecía a Dios, total y completamente, una señal de que uno seguía y vivía en función de Dios, plena y absolutamente.

"Pues no es judío el que lo es exteriormente, ni es la circuncisión la que se hace exteriormente en la carne; sino que es judío el que lo es en lo interior, y la circuncisión es la del corazón, en espíritu, no en letra; la alabanza del cual no viene de los hombres, sino de Dios" (Ro. 2:28-29).

"Circuncidad, pues, el prepucio de vuestro corazón, y no endurezcáis más vuestra cerviz" (Dt. 10:16).

"Y circuncidará Jehová tu Dios tu corazón, y el corazón de tu descendencia, para que ames a Jehová tu Dios con todo tu corazón y con toda tu alma, a fin de que vivas" (Dt. 30:6).

Warren Wiersbe dice sobre la circuncisión espiritual del creyente:

"¿Qué significa todo esto [la circuncisión] para los creyentes cristianos de hoy día? ... Hemos experimentado una 'circuncisión espiritual' (Col. 2:9-12) que nos hace formar parte de la 'verdadera circuncisión' (Fil. 3:1-3). Cuando confiamos en que Cristo nos salvaría, el Espíritu de Dios realizó 'una cirugía espiritual' que nos posibilita vencer los deseos de la vieja naturaleza y de la vieja vida. La circuncisión retira solo una parte del cuerpo, pero la verdadera 'circuncisión espiritual' echa fuera 'el cuerpo pecaminoso carnal' (Col. 2:11) y lidia radicalmente con la naturaleza del pecado.

"Esta 'circuncisión espiritual' se realiza en la conversión cuando el pecador cree en Cristo y es bautizado por el Espíritu en el cuerpo de Cristo (1 Co. 12:13). Este bautismo identifica al creyente con Cristo en su muerte, sepultura, resurrección, y ascensión, y también en su circuncisión (Col. 2:11-12; Lc. 2:21). No es 'la circuncisión de Moisés' sino 'la circuncisión de Cristo' la que resulta importante para el creyente cristiano" (Warren W. Wiersbe. *Be Obedient* [Sea obediente], pp. 69-70).

3) Los creyentes constituyen la verdadera circuncisión que adora a Dios en el espíritu y se regocija en Cristo Jesús, en su poder para eliminar el pecado.

"Porque nosotros somos la circuncisión, los que en espíritu servimos a Dios y nos gloriamos en Cristo Jesús, no teniendo confianza en la carne" (Fil. 3:3).

Pensamiento 2. La circuncisión del Antiguo Testamento y el bautismo del Nuevo Testamento se pueden comparar de la siguiente manera:

Circuncisión: la amputación de la carne significaba que uno...	Bautismo: la inmersión en el agua significaba que uno...
1. Renunciaba a la carne, a todo el esfuerzo humano por acercarse a Dios.	1. moría para sí mismo y para el pasado (Ro. 6:3; Lc. 9:23).
2. Estaba dispuesto a creer en Dios y a obedecer a Dios, se identificaría como seguidor de Dios sin importar el dolor o el costo.	2. estaba siendo resucitado a la novedad de la vida, estaba dispuesto a llevar una nueva vida por Cristo sin importar el costo (Ro. 6:4).
3. Se identificaba con el pueblo de Dios.	3. se identificaba con los seguidores de Cristo, la iglesia (1 Co. 12:13).

Pensamiento 3. Ro. 4:11 dice que Dios le dio la circuncisión a Abraham por dos razones: para que fuera una señal de la fe de Abraham y para que fuera el sello de la justicia de Abraham. Advierta el versículo:

"Y recibió la circuncisión como señal, como sello de la justicia de la fe que tuvo estando aún incircunciso; para que fuese padre de todos los creyentes no circuncidados, a fin de que también a ellos la fe les sea contada por justicia" (Ro. 4:11).

Abraham recibió la circuncisión como una señal o símbolo solamente. La circuncisión no era el camino a la presencia de Dios; no era lo que hacía a Abraham acepto ante Dios. La circuncisión *no le confería* justicia a él; solo confirmaba que él era justo. La circuncisión no le concedía justicia; solo daba testimonio de que él era justo.

Advierta que la circuncisión era tanto una señal como un sello. (Vea *Estudio a fondo 1, Circuncisión*, Fil. 3:3 para un mayor análisis.) La circuncisión era...

- Una señal de celebración: era una ilustración del gozo que el creyente experimentaba al ser contado por justicia por parte de Dios.
- Una señal de testimonio: el creyente estaba testificando que ahora él creía y confiaba en Dios.
- Una señal de una vida cambiada y una vida separada: el creyente estaba proclamando que él iba a vivir para Dios, iba a llevar una vida justa y pura que estaba completamente separada para Dios.
- Una señal de identificación: el creyente estaba declarando que él se iba a sumar y formar parte del pueblo de Dios.
- Una señal que apuntaba al bautismo de Cristo.

La circuncisión era un sello ya que acuñaba la justificación de Dios en la mente de Abraham. Abraham había creído en Dios, y Dios había contado su fe por justicia. La circuncisión se le dio como un sello o cuño sobre su cuerpo para recordarle que Dios lo había contado por justo por medio de la creencia. La circuncisión era un sello ya que...

- confirmaba
- autenticaba
- comprobaba
- garantizaba
- fortalecía
- corroboraba
- validaba

... lo que Dios había hecho por Abraham. Advierta ahora lo siguiente. La Biblia nunca dice que los ritos, los rituales, o las ordenanzas le confieran nada a nadie. Son meramente señales de algo que ya ha ocurrido. Son sencillamente *sombras*, no la *sustancia* (Col. 2:16-17).

El objetivo no es restarle la importancia a los ritos y rituales. Son extremadamente importantes, porque ellos son las señales y sellos de la fe del creyente. De cuidar o rechazar un rito dado por Dios es ser desobediente, y ser desobediente es una señal clara de que uno nunca fue sincero desde el principio. Una persona que cree, que confía verdaderamente en Dios, está preparada para *obedecer a* Dios, para seguirlo incluso en los ritos, rituales, y ordenanzas de la iglesia. Siempre debemos recordar que Abraham no fue salvo por el ritual de la circuncisión, porque Dios no le había dado aún la circuncisión como señal.

=> Pero Abraham *se circuncidó inmediatamente* después de que Dios estableció la circuncisión como la señal de "justicia por medio de la fe".

Sencillamente, si la circuncisión hubiera existido cuando Abraham creyó por primera vez en Dios, entonces Abraham se habría circuncidado de inmediato. Habría obedecido a Dios. ¿Cómo lo sabemos? Porque Abraham creía verdaderamente en Dios, y cuando un hombre cree en Dios, de inmediato comienza a hacer lo que Dios manda.

Advierta lo que dice otro pasaje: la circuncisión (y el resto de los rituales) es una cuestión del corazón, no una cuestión de ser limpiados espiritualmente con sustancias físicas y materiales.

> **"Pues no es judío el que lo es exteriormente, ni es la circuncisión la que se hace exteriormente en la carne; sino que es judío el que lo es en lo interior, y la circuncisión es la del corazón, en espíritu, no en letra; la alabanza del cual no viene de los hombres, sino de Dios" (Ro. 2:28-29).**

> **"En él también fuisteis circuncidados con circuncisión no hecha a mano, al echar de vosotros el cuerpo pecaminoso carnal, en la circuncisión de Cristo" (Col. 2:11).**

> **"Circuncidad, pues, el prepucio de vuestro corazón, y no endurezcáis más vuestra cerviz" (Dt. 10:16).**

> **"Y circuncidará Jehová tu Dios tu corazón, y el corazón de tu descendencia, para que ames a Jehová tu Dios con todo tu corazón y con toda tu alma, a fin de que vivas" (Dt. 30:6).**

6 (17:15-18) *Sarai — Familia:* ¿Cómo podemos motivar nuestra fe, tener una experiencia nueva y estimulante con Dios? El paso número seis es cambiar nuestra relación con nuestra familia.

1. Advierta que Dios honraba a Sarai, la honraba grandemente. ¿Abraham guardaba resentimientos contra Sarai, la culpaba en secreto por no poder darle hijos? ¿La trataba como debía, con amor y respeto? ¿Su relación con ella era tan fuerte como debía haber sido? Sabemos que la maltrató en dos ocasiones, una vez antes de este encuentro con Dios y una vez después (Gn. 12:11-16; 20:2-18). Cualquiera que sea el caso, Dios honraba a Sarai, y Él mandó a Abraham a honrarla de igual manera.

   a. Dios le dio a *Sarai* un nombre nuevo, "Sara", y Él le dijo a Abraham que llamara a Sarai por ese nombre. "Sara" significa *princesa*. Abraham a partir de ese momento debía ver a Sara como una princesa, y él debía llamarla y tratarla como a una princesa. Algunos eruditos plantean que "Sarai" significa *contienda, disputa, pendenciera* (Herbert Lockyer. *All the Women of the Bible* [Todas las mujeres de la Biblia], Grand Rapids, MI: Zondervan, 1967, p. 155; *The Pulpit Commentary* [El comentario del púlpito], vol. 1. Editado por H. D. M. Spence y Joseph S. Exell. Grand Rapids, MI: Eerdmans Publishing Co., 1950, p. 236). De ser así, entonces el cambio de nombre para Sara (princesa) era de extrema importancia para Abraham. Aunque el nombre de su esposa había significado contienda y disputa, ahora su nombre demostraría los rasgos y el carácter de una princesa.

   b. Dios bendijo a Sara y la designó para que pariera a la Simiente prometida (v. 16). Advierta que Dios dijo que Él bendeciría a Sara dos veces. Y luego Abraham oyó las palabras que él había esperado oír toda su vida de adulto: Sara le iba a dar un hijo. Y no solo un hijo, sino que ella sería la madre de las naciones (plural); reyes de pueblos (plural) provendrían de ella.

   Advierta el plural: solo una nación, los israelitas, descendió de Sara. Por ende, esto debe ser una referencia al pueblo espiritual, a la Simiente prometida de creyentes de *todas las naciones*, que creerían en Dios y en sus promesas de la misma manera que había creído Abraham. Definitivamente Sara daría a luz a naciones y reyes de pueblos (plural), daría a luz a la nación de Israel y a la nueva raza de creyentes de todas las naciones de la tierra. Sara, la esposa de Abraham, fue honrada por Dios, fue grandemente honrada por Dios. Por consiguiente, Abraham debía cambiar su conducta, su relación para con su esposa: él la llamaría *Sara*, la princesa, una mujer digna de honra de todas las naciones y reyes de la tierra.

   Pensamiento 1. Todo esposo debe tratar a su esposa con respeto y amor, fundamentalmente si ella es una verdadera creyente y seguidora de Dios. La esposa cristiana tiene las promesas de Dios a su disposición. Ella puede reclamar la promesa de Dios y traer gran bendición sobre la familia. Por eso, a ella se le debe tratar como la princesa de la familia y de la casa.

Pensamiento 2. Si el esposo cristiano quiere una fe motivada, una experiencia nueva y estimulante con Dios, puede que él necesite cambiar su relación con su esposa. Puede que él necesite cambiar su conducta para con ella, puede que necesite comenzar a tratarla con un amor y respeto renovados, tratarla como la princesa de la casa.

"Maridos, amad a vuestras mujeres, así como Cristo amó a la iglesia, y se entregó a sí mismo por ella" (Ef. 5:25).

"Maridos, amad a vuestras mujeres, y no seáis ásperos con ellas" (Col. 3:19).

Pensamiento 3. Warren W. Wiersbe dice lo siguiente sobre las madres:

"La maternidad se debiera tener en alta estima, y el nacimiento de un bebé se debería recibir con gozo. Aunque Dios no llama a todas las mujeres al matrimonio, ni a todas las mujeres casadas a tener hijos, Él sí tiene un interés especial tanto por las madres como por los hijos (Sal. 113:9; 127:3-5; Mt. 19:14). En una sociedad egoísta, demasiadas personas ven la maternidad como una barrera y a los hijos como a una carga. De hecho, algunas personas consideran a los hijos una carga tal que los destruyen antes de que tengan la oportunidad de convertirse en una bendición.

"El vientre de la madre es el lugar santísimo donde Dios obra (Sal. 139:13-18). Qué trágico que convirtamos el vientre en una tumba, ese lugar santísimo en un holocausto" (Warren W. Wiersbe. *Be Obedient* [Sea obediente], p. 71).

2. Advierta que Abraham adoró con asombro y oración (vv. 17-18). Él se volvió a postrar, totalmente asombrado, riéndose con un gozo y regocijo que inundaban su corazón. Un creyente que ha estado deshecho, verdaderamente deshecho, cuando Dios le desborda seguridad sabe lo que estaba experimentando Abraham. Él se asombró, sorprendido de que algo sí pudiera suceder. Advierta que él *pensó para sí*, se preguntó sobre lo que había oído:

"¿Cómo podemos Sara y yo tener un hijo? Yo tengo cien años y Sara tiene noventa años de edad. Eso es demasiado maravilloso para que sea cierto. Pero es cierto, porque Dios lo ha prometido".

Pero entonces, en tan solo unos pocos instantes, Abraham pensó en su hijo Ismael, el único hijo que él había conocido, el hijo que en aquel momento tenía trece años de edad y a quien él había llegado a amar, el hijo a quien él había creído ser *la Simiente prometida*. Abraham cayó en cuenta que estaba cambiando su relación con Ismael, que Ismael no era la Simiente prometida. Él se había equivocado con Ismael: había puesto todas sus esperanzas y sueños en el chico, en quien no la merecía y a quien no correspondía según la

voluntad de Dios. De inmediato, Abraham le pidió a Dios que también bendijera a Ismael, que Dios no se olvidara del hijo a quien él había amado tanto, que Dios permitiera que Ismael viviera bajo su bendición muy especial (v. 18).

Pensamiento 1. Todo padre debe amar a sus hijos como Abraham amó a Ismael, y debe pedirle a Dios que bendiga a sus hijos, que los bendiga de un modo muy especial. De hecho, un padre debe amar y orar por sus hijos para que Dios estimule su fe, para que Dios le dé una experiencia nueva y estimulante con Él.

"Y vosotros, padres, no provoquéis a ira a vuestros hijos, sino criadlos en disciplina y amonestación del Señor" (Ef. 6:4).

"Padres, no exasperéis a vuestros hijos, para que no se desalienten" (Col. 3:21).

"Vosotros, maridos, igualmente, vivid con ellas sabiamente, dando honor a la mujer como a vaso más frágil, y como a coherederas de la gracia de la vida, para que vuestras oraciones no tengan estorbo" (1 P. 3:7).

7 (17:19-21) ***Dios, voluntad de — Isaac — Ismael:*** ¿Cómo podemos motivar nuestra fe, tener una experiencia nueva y estimulante con Dios? El paso número siete es aceptar y rendirse ante la voluntad y propósito de Dios. Según se ha planteado anteriormente, los sueños de Abraham se habían puesto en Ismael, en quien no la merecía y a quien no correspondía según la voluntad de Dios (vea nota, *Introducción*, Gn. 17:1-27; También advierta, pt. 2, Gn. 17:15-18). Abraham necesitaba ver —ver claramente— la voluntad y propósito de Dios, y él necesitaba aceptar y rendirse con disposición ante la voluntad de Dios. Por eso Dios reconfirmó su voluntad y propósito; Él puso su voluntad en el corazón de Abraham:

=> Sara daría a luz un hijo, la Simiente prometida (v. 19).
=> El hijo se nombraría Isaac (nótese que el propio Dios nombró al hijo, v. 19).
=> El pacto establecido con Isaac sería un pacto eterno (v. 19).
=> Ismael sería bendecido, bendecido particularmente, en respuesta a la oración de Abraham: Ismael se convertiría en una gran nación de doce gobernadores (v. 20).

Note que Dios reconfirmó su voluntad una tercera vez en el versículo 21: el pacto de la Simiente prometida y de la Tierra Prometida se establecería con Isaac, no con Ismael ni con nadie más. El Salvador prometido vendría a través de Isaac y sus descendientes, los judíos. Según plantean claramente las Escrituras: "La salvación viene de los judíos" (Jn. 4:22).

Note también que Dios fijó la fecha para el nacimiento de Isaac: nacería alrededor de un año después (v. 21).

Pensamiento 1. Debemos seguir el ejemplo de Abraham: aceptar y rendirnos ante la voluntad y propósito de Dios. Sea cual sea la misión que Dios nos llame a hacer, debemos hacerla. Debemos rendirnos ante su voluntad por nuestras vidas. Esta es la única manera en que podemos tener una fe estimulada. Dios no puede darnos una experiencia nueva y estimulante con Él a menos que nos rindamos ante su voluntad.

> **"El hacer tu voluntad, Dios mío, me ha agradado, y tu ley está en medio de mi corazón" (Sal. 40:8)).**

> **"Enséñame a hacer tu voluntad, porque tú eres mi Dios; tu buen espíritu me guíe a tierra de rectitud" (Sal. 143:10).**

> **"Dame, hijo mío, tu corazón, y miren tus ojos por mis caminos" (Pr. 23:26).**

> **"Y decía a todos: Si alguno quiere venir en pos de mí, niéguese a sí mismo, tome su cruz cada día, y sígame" (Lc. 9:23).**

> **"Así, pues, cualquiera de vosotros que no renuncia a todo lo que posee, no puede ser mi discípulo" (Lc. 14:33).**

> **"Así que, hermanos, os ruego por las misericordias de Dios, que presentéis vuestros cuerpos en sacrificio vivo, santo, agradable a Dios, que es vuestro culto racional. No os conforméis a este siglo, sino transformaos por medio de la renovación de vuestro entendimiento, para que comprobéis cuál sea la buena voluntad de Dios, agradable y perfecta" (Ro. 12:1-2).**

> **"Pero los que son de Cristo han crucificado la carne con sus pasiones y deseos" (Gá. 5:24).**

8 (17:22-27) *Decisión — Obediencia:* ¿Cómo podemos motivar nuestra fe, tener una experiencia nueva y estimulante con Dios? El paso número ocho es tomar una decisión pública y obedecer las instrucciones de Dios, su Palabra. Advierta: tan pronto Dios terminó de hablar con Abraham, Abraham se levantó y actuó: él tomó a toda su casa e hizo exactamente lo que Dios había mandado hacer. Él obedeció las instrucciones de Dios, la Palabra de Dios. Su decisión se hizo pública, porque las instrucciones de Dios implicarían a toda la familia.

1. Abraham llevó a toda su familia a obedecer a Dios, a entrar en la relación del pacto: todos los hombres y niños fueron circuncidados (v. 22).

2. Él tomó la iniciativa, dando el ejemplo en la relación del pacto en la ancianidad: Él se circuncidó a la edad de noventa y nueve años (v. 23).

3. Él llevó a su propio hijo a obedecer a Dios, a entrar en la relación del pacto, la temprana edad de trece años (v. 25).

4. Se reenfatiza el relato: para enfatizar la importancia de la relación del pacto (v. 27).

> *Pensamiento 1.* Todo adulto debe tomar una decisión pública y obedecer las instrucciones de Dios, su Palabra. Y todo adulto debe llevar a su familia a obedecer a Dios, a entrar en la relación del pacto con Dios: a aceptar al Salvador prometido y la Tierra Prometida del cielo. Si queremos que Dios motive nuestra fe, que nos dé una experiencia nueva y estimulante con Él, debemos obedecer su Palabra. Debemos actuar públicamente sobre la base de su Palabra, testificarle a nuestra familia.

> **"Mas Jesús no se lo permitió, sino que le dijo: Vete a tu casa, a los tuyos, y cuéntales cuán grandes cosas el Señor ha hecho contigo, y cómo ha tenido misericordia de ti" (Mr. 5:19).**

> **"quien nos contó cómo había visto en su casa un ángel, que se puso en pie y le dijo: Envía hombres a Jope, y haz venir a Simón, el que tiene por sobrenombre Pedro; él te hablará palabras por las cuales serás salvo tú, y toda tu casa" (Hch. 11:13-14).**

> **"Entonces una mujer llamada Lidia, vendedora de púrpura, de la ciudad de Tiatira, que adoraba a Dios, estaba oyendo; y el Señor abrió el corazón de ella para que estuviese atenta a lo que Pablo decía. Y cuando fue bautizada, y su familia, nos rogó diciendo: Si habéis juzgado que yo sea fiel al Señor, entrad en mi casa, y posad. Y nos obligó a quedarnos" (Hch. 16:14-15).**

> **"Ellos dijeron: Cree en el Señor Jesucristo, y serás salvo, tú y tu casa" (Hch. 16:31).**

CAPÍTULO 18

K. El propio Dios visitó a Abraham (parte 1): La fe creciente. Cómo ser amigo de Dios, 18:1-15

1 Jehová se apareció buscando la amistad de Abraham

2 Abraham se sentó, inclinó su cabeza, y meditó

3 Abraham servía y suplía las necesidades de las personas

a. Él miró y vio tres hombres junto a él[EF1]

b. Él corrió, estaba ansioso por recibir a las personas

c. Él se postró, fue cortés

d. Él trató de ayudar y pasar tiempo con ellos: Él mostró hospitalidad

1) Les brindó agua: Para limpiar sus pies y que se refrescaran

2) Les propuso descanso

3) Les brindó comida

e. Él implicó a su esposa en el servicio

f. Él dio lo mejor de lo que tenía (ternera, un becerro joven)

1 Después le apareció Jehová en el encinar de Mamre, estando él sentado a la puerta de su tienda en el calor del día.

2 Y alzó sus ojos y miró, y he aquí tres varones que estaban junto a él; y cuando los vio, salió corriendo de la puerta de su tienda a recibirlos, y se postró en tierra,

3 y dijo: Señor, si ahora he hallado gracia en tus ojos, te ruego que no pases de tu siervo.

4 Que se traiga ahora un poco de agua, y lavad vuestros pies; y recostaos debajo de un árbol,

5 y traeré un bocado de pan, y sustentad vuestro corazón, y después pasaréis; pues por eso habéis pasado cerca de vuestro siervo. Y ellos dijeron: Haz así como has dicho.

6 Entonces Abraham fue de prisa a la tienda a Sara, y le dijo: Toma pronto tres medidas de flor de harina, y amasa y haz panes cocidos debajo del rescoldo.

7 Y corrió Abraham a las vacas, y tomó un becerro tierno y bueno, y lo dio al criado, y éste se dio prisa a prepararlo.

8 Tomó también mantequilla y leche, y el becerro que había preparado, y lo puso delante de ellos; y él se estuvo con ellos debajo del árbol, y comieron.

9 Y le dijeron: ¿Dónde está Sara tu mujer? Y él respondió: Aquí en la tienda.

10 Entonces dijo: De cierto volveré a ti; y según el tiempo de la vida, he aquí que Sara tu mujer tendrá un hijo. Y Sara escuchaba a la puerta de la tienda, que estaba detrás de él.

11 Y Abraham y Sara eran viejos, de edad avanzada; y a Sara le había cesado ya la costumbre de las mujeres.

12 Se rió, pues, Sara entre sí, diciendo: ¿Después que he envejecido tendré deleite, siendo también mi señor ya viejo?

13 Entonces Jehová dijo a Abraham: ¿Por qué se ha reído Sara diciendo: ¿Será cierto que he de dar a luz siendo ya vieja?

14 ¿Hay para Dios alguna cosa difícil? Al tiempo señalado volveré a ti, y según el tiempo de la vida, Sara tendrá un hijo.

15 Entonces Sara negó, diciendo: No me reí; porque tuvo miedo. Y él dijo: No es así, sino que te has reído.

g. Él le sirvió él mismo a los hombres: Participó personalmente

h. Él demostró humildad: Se quedó cerca como lo haría un siervo

4 Abraham debía creer en la gran promesa de Dios: La Simiente prometida

a. Le atañía a la esposa de Abraham así como a él

b. La certeza absoluta de la promesa: El propio Jehová regresaría —realizaría un milagro— y le daría un hijo a Sara

5 Abraham y Sara tenían que vencer la incredulidad

a. La causas de la incredulidad

1) Sara estaba pasada de la edad de la maternidad

2) Sara se permitió pensamientos negativos

b. La solución para la incredulidad

1) La omnisciencia de Dios, su conocimiento de todas las cosas: Saber de la incredulidad de Sara

2) La omnipotencia de Dios, su poder: Nada es demasiado difícil para Dios

c. La victoria sobre la incredulidad, v. 15

1) Sara mintió, negó su culpabilidad

2) Dios exigió confesión y arrepentimiento

DIVISIÓN VII

ABRAHAM: EL HOMBRE ESCOGIDO PARA CONVERTIRSE EN EL PADRE DEL PUEBLO DE DIOS Y EN EL PADRE DE LA FE, 12:1—25:18

K. El propio Dios visitó a Abraham (parte 1): La fe creciente. Cómo ser amigo de Dios, 18:1-15

(18:1-15) *Introducción:* éste es el mayor problema al que se enfrenta el hombre hoy día: cómo ser amigo de Dios. Un amigo es una persona que siente afecto y respeto por otra persona. El afecto y el respeto los encariña. Si sienten respeto y sentimientos de afecto mutuos, se unen; se hacen amigos. Pero también sucede lo contrario: si no sienten afecto y respeto mutuos, no son amigos; son enemigos.

Éste es el problema que tiene el hombre con Dios. El hombre no siente afecto ni respeto por Dios, no lo suficiente como para encariñarse con Dios, no lo suficiente como para convertirse en un amigo íntimo y bueno de Dios. Al hombre sencillamente no le preocupa ni respeta a Dios lo suficiente como para someterse a Él, como para elevar a Dios a la posición que Él ocupa legítimamente: el Creador y Sustentador de la vida, el Señor y Amo Soberano del universo. Como dijo Cristo: "Vosotros sois mis amigos, si hacéis lo que yo os mando" (Jn. 15:14). Pero el hombre no está dispuesto a hacer lo que mandó Cristo, no está dispuesto a amar y a servir a Dios ni a guardar sus mandamientos. El hombre viola los mandamientos de Dios y se rebela contra Dios. Él hombre se opone a Dios y se rehúsa a obedecerlo. Por eso el hombre constituye un adversario de Dios, un enemigo de Dios.

Sin embargo, no es así con cada una de las personas que habitan en la tierra. Algunas personas quieren ser amigas de Dios. Ellos sienten el mayor afecto y respeto por Dios, y siempre están tratando de tener una mayor amistad. De hecho, algunos están buscando la amistad más grande y más íntima posible con Dios. Una pasión como esa debe arder en el corazón de cada una de las personas. Así sucedió con Abraham. En esto consiste todo este pasaje: *El propio Dios visitó a Abraham (parte 1): La fe creciente. Cómo ser amigo de Dios,* 18:1-15.

1. Jehová se apareció buscando la amistad de Abraham (v. 1).
2. Abraham se sentó, inclinó su cabeza, y meditó (vv. 1-2).
3. Abraham servía y suplía las necesidades de las personas (vv. 2-8).
4. Abraham debía creer en la gran promesa de Dios: La Simiente prometida (vv. 9-10).
5. Abraham y Sara tenían que vencer la incredulidad (vv. 11-15).

1 (18:1) *Amistad — Abraham:* ¿Cómo podemos ser amigos de Dios? Se ha de saber que el Señor busca la amistad. Fue el propio Jehová quien se apareció y buscó la amistad de Abraham. Las Escrituras usan realmente la palabra *"amigo"* al describir la relación del hombre con Dios.

1. A Abraham se le llama "el amigo de Dios" tres veces, dos veces en el Antiguo Testamento y una vez en el Nuevo Testamento.

=> Josafat, el rey de Judá, dijo esto en una de sus oraciones a Dios:

"Dios nuestro, ¿no echaste tú los moradores de esta tierra delante de tu pueblo Israel, y la diste a la descendencia de Abraham tu amigo para siempre?" (2 Cr. 20:7).

=> el propio Dios le dijo esto a Israel:

"Pero tú, Israel, siervo mío eres; tú, Jacob, a quien yo escogí, descendencia de Abraham mi amigo" (Is. 41:8).

=> Santiago el autor de la Epístola del Nuevo Testamento dijo lo siguiente:

"Y se cumplió la Escritura que dice: Abraham creyó a Dios, y le fue contado por justicia, y fue llamado amigo de Dios" (Stg. 2:23).

2. El propio Jesucristo deliberadamente dijo que sus seguidores eran *sus amigos*.

"Vosotros sois mis amigos, si hacéis lo que yo os mando. Ya no os llamaré siervos, porque el siervo no sabe lo que hace su señor; pero os he llamado amigos, porque todas las cosas que oí de mi Padre, os las he dado a conocer" (Jn. 15:14-15).

"Dicho esto, les dijo después: Nuestro amigo Lázaro duerme; mas voy para despertarle" (Jn. 11:11).

Jehová se le apareció a Abraham a fin de fortalecer su amistad. Dios quería una amistad más íntima con Abraham; Él quería intimar más con Abraham y que Abraham intimara más con Él. El Señor deseaba tener la amistad más íntima posible con Abraham.

Pensamiento 1. La experiencia de Abraham y la experiencia de Cristo con sus discípulos nos dice que Dios quiere una amistad más íntima con nosotros. Dios quiere que abramos nuestros corazones y nuestras vidas para que Él pueda intimar con nosotros y nosotros con Él. Dios quiere que sintamos un gran afecto y respeto por Él, que tengamos la amistad más íntima posible con Él.

"lo que hemos visto y oído, eso os anunciamos, para que también vosotros tengáis comunión con nosotros; y nuestra comunión verdaderamente es con el Padre, y con su Hijo Jesucristo" (1 Jn. 1:3).

"A Jehová he puesto siempre delante de mí; porque está a mi diestra, no seré conmovido" (Sal. 16:8).

"Cercano está Jehová a los quebrantados de corazón; y salva a los contritos de espíritu" (Sal. 34:18).

"Cercano está Jehová a todos los que le invocan, a todos los que le invocan de veras" (Sal. 145:18).

"En tus mandamientos meditaré; consideraré tus caminos" (Sal. 119:15).

"He aquí, yo estoy a la puerta y llamo; si alguno oye mi voz y abre la puerta, entraré a él, y cenaré con él, y él conmigo" (Ap. 3:20).

2 (18:1-2) *Meditación — Oración:* ¿Cómo podemos ser amigos de Dios? Meditando y orando. El versículo uno nos dice que Abraham tomó un descanso del calor del mediodía y que se sentó a la puerta de su tienda. Pero advierta el versículo dos: Él levantó la mirada. Es decir, la cabeza de Abraham había estado inclinada, probablemente reposando; pero también habría estado haciendo lo que cualquier creyente verdadero estaría haciendo, *meditando y orando.* Recuerden: hacía tan solo unos días o semanas, Dios había impactado a Abraham con la noticia de que Ismael, el único hijo de Abraham, no era el hijo prometido. Abraham daría a luz un hijo por medio de Sara, un hijo que daría a luz a naciones y reyes de personas (Gn. 17:6-8). Abraham se estremeció hasta los tuétanos, porque todos sus sueños y planes se habían puesto en Ismael, y él amaba mucho a Ismael. Esta noticia de Dios ocuparía, incluso consumiría, la mente de Abraham. Él debe haber estado inmerso en una meditación y oración constantes e inquebrantables, analizando y conversando el asunto con Dios, tratando de intimar lo más posible con Dios; de *conocerlo, creer en Él,* y *comprenderlo* a Él y sus procederes cada vez más (Is. 43:10). Cualquiera de nosotros habría estado haciendo lo mismo.

Pensamiento 1. Sucede lo siguiente: la meditación y la oración son la vía para acercarse más a Dios, la vía para convertirse en un amigo íntimo de Dios.
1) La meditación nos acerca más a Dios.

"Sabed, pues, que Jehová ha escogido al piadoso para sí; Jehová oirá cuando yo a él clamare. Temblad, y no pequéis; meditad en vuestro corazón estando en vuestra cama, y callad" (Sal. 4:3-4).
"Sean gratos los dichos de mi boca y la meditación de mi corazón delante de ti, oh Jehová, roca mía, y redentor mío" (Sal. 19:14).
"Ocúpate en estas cosas; permanece en ellas, para que tu aprovechamiento sea manifiesto a todos" (1 Ti. 4:15).

2) La oración nos acerca más a Dios.

"Si permanecéis en mí, y mis palabras permanecen en vosotros, pedid todo lo que queréis, y os será hecho" (Jn. 15:7).
"Buscad a Jehová y su poder; buscad su rostro continuamente" (1 Cr. 16:11).
"Me invocará, y yo le responderé; con él estaré yo en la angustia; lo libraré y le glorificaré" (Sal. 91:15).
"Entonces invocarás, y te oirá Jehová; clamarás, y dirá él: Heme aquí. Si quitares de en medio de ti el yugo, el dedo amenazador, y el hablar vanidad" (Is. 58:9).
"y me buscaréis y me hallaréis, porque me buscaréis de todo vuestro corazón" (Jer. 29:13).

3 (18:2-8) *Servicio — Ministerio:* ¿Cómo podemos ser amigos de Dios? Sirviendo y supliendo las necesidades de las personas. Abraham constituye un ejemplo contundente del servicio a otros, y recuerden que él era uno de los jeques más poderosos de Canaán, dc no ser el más poderoso (Gn. 14:1-24).

1. Abraham, sentado allí a la puerta de su tienda, alzó sus ojos; y de inmediato vio tres hombres parados cerca (v. 2). ¿Quiénes eran los tres hombres? El Señor y dos ángeles. Varios versículos nos dicen esto (vv. 1, 10, 13, 14). ¿Cuándo Abraham supo que era el Señor? No sabemos a partir de la historia, pero ciertamente él supo para el versículo diez cuando el Señor le ratificó la promesa de la simiente o hijo prometido. Claro está, es posible —quizás probable— que el Señor se revelara a sí mismo desde el principio. Ciertamente no contamos con toda la conversación aquí, y parecería razonable esperar que el Señor revelara su identidad.

2. Abraham corrió al encuentro de los hombres (v. 2). Él no tenía que hacer esto: él podía haberlos ignorado, dejarlos pasar, o enviar a uno de sus siervos donde ellos. Después de todo, él estaba descansando y orando, y pensando en los planes enormes que Dios le había dado, los cuales modificarían su vida. Pero Abraham se preocupaba por las personas: él sabía que los viajeros viajaban en el calor del mediodía y es muy probable que hubieran estado viajando toda la mañana. Él sabía que estarían cansados, con sed, hambre, y sucios. Él no podía dejar de brindarles ayuda y algo para que refrescaran.

3. Abraham se inclinó, se mostró humilde y cortés (v. 2). Nuevamente, recuerden que su condición era la de un jeque poderoso, aún así, él mismo se dirigió donde ellos, demostrando una postura muy cortés y humilde: él se postró en tierra. Postrarse en tierra puede demostrar que Abraham sabía que se trataba del Señor y ángeles desde el principio.

4. Abraham trató de ayudarlos y de pasar algún tiempo con los tres hombres (vv. 3-5). Él mostró la hospitalidad más misericordiosa posible, al invitarlos a venir a su casa para que él pudiera ministrar sus necesidades. Él les ofreció agua para beber y lavar sus pies llenos de polvo. Él también les brindó comida y la oportunidad para descansar. Advierta que ellos aceptaron la invitación.

5. Abraham implicó a su esposa en el servicio (v. 6). Él no actuó solo. Servir a otros es tanto un privilegio como un deber. Él quería que la persona más preciada para él estuviera a su lado, sirviendo conjuntamente con él mientras él ministraba. Él quería que Sara cumpliera con su deber como esposa y experimentara ella misma el gozo de la ocasión.

6. Abraham dio lo mejor que tenía (v. 7). Él corrió donde su ganado, escogió e hizo preparar un becerro.

7. Abraham sirvió él mismo a los hombres: él participó personalmente (v. 8). Él se podía haber sentado con ellos y hacer que Sara o los siervos les sirvieran a todos ellos. Pero Abraham adoptó la postura de un siervo y él mismo sirvió a los tres hombres. Él participó personalmente en el servicio y ministerio: él trató de suplir sus necesidades personalmente.

8. Abraham demostró humildad: él se apartó a un lado como lo haría un siervo. Él no se sentó con ellos. (Esto

demostraba que Abraham sabía que él estaba sirviendo al propio Jehová. Al ser un jeque poderoso, es muy probable que se hubiera sentado y hubiera conversado con otros hombres.)

Pensamiento 1. Abraham constituye un ejemplo dinámico al servir a otros. Él era una persona humilde, que solo pensaba en el ministerio. Recuerden cómo él dejó que Lot escogiera primero la tierra (Gn. 13:8-9); cómo él rescató al pueblo de Canaán, incluso a Lot, del ejército invasor; cómo aceptó que Agar regresara cuando ella había huido con su hijo, Ismael (Gn. 16:1-16).

Abraham siempre estaba sirviendo y ayudando a otros. Y sin dudas, él se encontraba muy ocupado administrando grandes activos. Nuevamente, él constituye un ejemplo contundente para nosotros sobre el servicio a otros. Siempre deberíamos estar atentos a ayudar a las personas necesitadas. Cuando vemos personas necesitadas, debemos correr a su encuentro, ser corteses, y tratar de ayudar a suplir sus necesidades. Debemos seguir los pasos que dio Abraham al suplir las necesidades de estos tres hombres.

"Entonces el Rey dirá a los de su derecha: Venid, benditos de mi Padre, heredad el reino preparado para vosotros desde la fundación del mundo. Porque tuve hambre, y me disteis de comer; tuve sed, y me disteis de beber; fui forastero, y me recogisteis" (Mt. 25:34-40).

"Entonces dirá también a los de la izquierda: Apartaos de mí, malditos, al fuego eterno preparado para el diablo y sus ángeles. Porque tuve hambre, y no me disteis de comer; tuve sed, y no me disteis de beber; fui forastero, y no me recogisteis; estuve desnudo, y no me cubristeis; enfermo, y en la cárcel, y no me visitasteis. Entonces también ellos le responderán diciendo: Señor, ¿cuándo te vimos hambriento, sediento, forastero, desnudo, enfermo, o en la cárcel, y no te servimos? Entonces les responderá diciendo: De cierto os digo que en cuanto no lo hicisteis a uno de estos más pequeños, tampoco a mí lo hicisteis" (Mt. 25:41-45).

"Porque, ¿cuál es mayor, el que se sienta a la mesa, o el que sirve? ¿No es el que se sienta a la mesa? Mas yo estoy entre vosotros como el que sirve" (Lc. 22:27).

"Sobrellevad los unos las cargas de los otros, y cumplid así la ley de Cristo" (Gá. 6:2).

"Así que, según tengamos oportunidad, hagamos bien a todos, y mayormente a los de la familia de la fe" (Gá. 6:10).

"A los ricos de este siglo manda que no sean altivos, ni pongan la esperanza en las riquezas, las cuales son inciertas, sino en el Dios vivo, que nos da todas las cosas en abundancia para que las disfrutemos. Que hagan bien, que sean ricos en buenas obras, dadivosos, generosos" (1 Ti. 6:17-18).

ESTUDIO A FONDO 1

(18:2) *Teofanía:* Antes de que Cristo viniera, Dios le habló a los hombres "de muchas maneras" (He. 1:1). Como ejemplo, en ocasiones apareció:
=> En forma humana (Gn. 3:8; 5:24; 6:9; 18:1-33).
=> En alguna forma de gloria majestuosa (Ez. 1:1-28, fundamentalmente 26-28; Is. 6:1-13; vea nota, Gn. 16:7; cp. Éx. 3:2; Jos. 5:13-15; Jue. 2:1-5).

A tales apariciones se les llama teofanías. En términos sencillos, una teofanía es una aparición visible de Dios al hombre, por lo general en forma humana.

4 (18:9-10) *La simiente, prometida:* ¿Cómo podemos ser amigos de Dios? Creyendo en las grandes promesas de Dios, la promesa de la Simiente prometida. Advierta que los hombres preguntaron por Sara, dónde estaba; y Abraham respondió, diciendo que se encontraba en la tienda. Luego el Señor repitió lo que Él le había dicho a Abraham varios días o semanas antes: Sara iba a tener un hijo. La Simiente prometida iba a provenir de ella, no de Ismael, y el nacimiento iba a tener lugar en un año a partir de ese momento. Advierta también que Sara oyó al Señor hacerle la promesa a Abraham. (Vea próxima nota, Gn. 18:11-15 para un mayor análisis.)

5 (18:11-15) *Incredulidad — Mentira — Dios, poder; Conocimiento de:* ¿Cómo podemos ser amigos de Dios? Venciendo la incredulidad. Advierta tres elementos significativos.

1. Las causas de la incredulidad se ven claramente en esta experiencia de Sara.
   a. Sara y Abraham se enfrentaban a una situación imposible, desde la perspectiva humana. Ambos se encontraban pasados de la edad de la maternidad. Abraham tenía cien años y Sara noventa.
   b. Sara permitió que entraran en su mente pensamientos negativos. Según se ha planteado anteriormente, ella había oído la promesa del Señor a Abraham, pero ella conocía de las circunstancias imposibles. Toda la situación le pareció ridícula a Sara, y ella realmente se rió para sí, un tanto a modo de burla y escepticismo. Ella murmuró para sí: "Cómo yo que soy tan anciana puedo tener el placer del sexo y parir un hijo, y Abraham siendo también tan anciano, ¡eso es imposible! ¡Es como para reírse!" Sara estaba respondiendo a la promesa de Dios con incredulidad: sencillamente ella no creía en la promesa de Dios, no creía que fuera posible. Físicamente era imposible para ella. Advierta que ella estaba pensando en las circunstancias, no estaba pensando en Dios y en su promesa y poder.

2. Existen dos soluciones para la incredulidad (vv. 13-14).
   a. *La omnisciencia de Dios,* su conocimiento de todas las cosas. Dios le preguntó a Abraham por qué Sara se había reído, revelando que Él sabía todo sobre la incredulidad de Sara.

b. *La omnipotencia de Dios*, su poder para lograr todas las cosas (v. 14). "¿Hay para Dios alguna cosa difícil?" (v. 14). Dios puede lograr cualquier cosa, no importa cuán imposible parezca. Él dijo claramente que Él le daría un hijo a Sara a pesar de su vientre muerto (cp. Ro. 4:19).

> "Yo conozco que todo lo puedes, y que no hay pensamiento que se esconda de ti" (Job 42:2).
> "Y mirándolos Jesús, les dijo: Para los hombres esto es imposible; mas para Dios todo es posible" (Mt. 19:26).
> "porque nada hay imposible para Dios" (Lc. 1:37).

3. La victoria sobre la incredulidad (v. 15). Sara mintió: ella negó que se había reído, porque ella temía una reprimenda severa del Señor y quizás de Abraham. Pero el Señor lo dejó claro: Ella sí se rió —se rió de incredulidad— y Él sabía de toda su incredulidad en la promesa de la Simiente prometida. Además, ahora ella estaba mintiendo sobre el asunto.

Lo que el Señor estaba haciendo era decirle a Sara que ella tenía que confesar, arrepentirse, y ponerle fin al engaño y a la mentira, y creer en la promesa. Dios podía hacer el milagro, cambiar las circunstancias de la vida, por imposible que puedan parecer. Dios podía cumplir su promesa. Sara podía vencer la incredulidad si tan solo ella confesaba, se arrepentía, y creía en la promesa de la Simiente prometida.

Pensamiento 1. La incredulidad siempre nos impedirá ser amigos de Dios. El amigo de Dios cree en Dios; él nunca descree. Por eso, debemos vencer la incredulidad:

=> No debemos fijarnos en las circunstancias como si fueran imposibles para Dios.
=> No debemos permitir que los pensamientos negativos rodeen las promesas de Dios, cuestionando sus promesas.
=> Debemos creer que Dios lo sabe todo y lo puede todo.
=> Debemos confesarnos y arrepentirnos de nuestro pecado de incredulidad, de desconfianza en las promesas de Dios.

Esta es la única vía para vencer la incredulidad. Esta es la única vía para convertirse en amigo —un verdadero amigo— de Dios.

> "Al momento Jesús, extendiendo la mano, asió de él, y le dijo: ¡Hombre de poca fe! ¿Por qué dudaste?" (Mt. 14:31).
> "Y les dijo: ¿Por qué estáis así amedrentados? ¿Cómo no tenéis fe?" (Mr. 4:40).
> "Entonces él les dijo: ¡Oh insensatos, y tardos de corazón para creer todo lo que los profetas han dicho!" (Lc. 24:25).
> "Mirad, hermanos, que no haya en ninguno de vosotros corazón malo de incredulidad para apartarse del Dios vivo" (He. 3:12).
> "Procuremos, pues, entrar en aquel reposo, para que ninguno caiga en semejante ejemplo de desobediencia" (He. 4:11).
> "Pero sin fe es imposible agradar a Dios; porque es necesario que el que se acerca a Dios crea que le hay, y que es galardonador de los que le buscan" (He. 11:6).
> "Porque todo lo que es nacido de Dios vence al mundo; y esta es la victoria que ha vencido al mundo, nuestra fe. ¿Quién es el que vence al mundo, sino el que cree que Jesús es el Hijo de Dios?" (1 Jn. 5:4-5).
> "Y cuando se levantaron por la mañana, salieron al desierto de Tecoa. Y mientras ellos salían, Josafat, estando en pie, dijo: Oídme, Judá y moradores de Jerusalén. Creed en Jehová vuestro Dios, y estaréis seguros; creed a sus profetas, y seréis prosperados" (2 Cr. 20:20).

1 Abraham ansiaba andar con Dios paso a paso, anhelaba su presencia
- a. Los hombres miraron, se dirigieron hacia Sodoma
- b. Abraham los acompañó

2 Abraham pensó en el gran llamado y propósito de Dios con su vida
- a. Abraham fue llevado a pensar en su llamado y propósito
- b. Abraham fue llevado a pensar en su deber
  1) Su deber de enseñar el camino del Señor
  2) Su deber de enseñar lo que es correcto y justo
- c. Abraham fue llevado a pensar en la fidelidad y la recompensa

3 Abraham sintió el dolor del corazón de Dios por la perversidad
- a. Porque el clamor justo contra el pecado es grande: Contra Sodoma y Gomorra
- b. Por el juicio inminente: Se deben examinar y juzgar a todas las ciudades, a todas las personas

4 Abraham se mantuvo valientemente frente al Señor en oración, rehusándose a abandonar la presencia del Señor
- a. Abraham se acercó a Dios

L. El propio Dios visitó a Abraham (parte 2): La fe intercesora. Los pasos para convertirse en intercesor, en un guerrero de la oración, 18:16-33

16 Y los varones se levantaron de allí, y miraron hacia Sodoma; y Abraham iba con ellos acompañándolos.

17 Y Jehová dijo: ¿Encubriré yo a Abraham lo que voy a hacer, 18 habiendo de ser Abraham una nación grande y fuerte, y habiendo de ser benditas en él todas las naciones de la tierra? 19 Porque yo sé que mandará a sus hijos y a su casa después de sí, que guarden el camino de Jehová, haciendo justicia y juicio, para que haga venir Jehová sobre Abraham lo que ha hablado acerca de él.

20 Entonces Jehová le dijo: Por cuanto el clamor contra Sodoma y Gomorra se aumenta más y más, y el pecado de ellos se ha agravado en extremo, 21 descenderé ahora, y veré si han consumado su obra según el clamor que ha venido hasta mí; y si no, lo sabré.

22 Y se apartaron de allí los varones, y fueron hacia Sodoma; pero Abraham estaba aún delante de Jehová. 23 Y se acercó Abraham y dijo: ¿Destruirás también

25 Lejos de ti el hacer tal, que hagas morir al justo con el impío, y que sea el justo tratado como el impío; nunca tal hagas. El Juez de toda la tierra, ¿no ha de hacer lo que es justo?

26 Entonces respondió Jehová: Si hallare en Sodoma cincuenta justos dentro de la ciudad, perdonaré a todo este lugar por amor a ellos. 27 Y Abraham replicó y dijo: He aquí ahora que he comenzado a hablar a mi Señor, aunque soy polvo y ceniza. 28 Quizá faltarán de cincuenta justos cinco; ¿destruirás por aquellos cinco toda la ciudad? Y dijo: No la destruiré, si hallare allí cuarenta y cinco.

29 Y volvió a hablarle, y dijo: Quizá se hallarán allí cuarenta. Y respondió: No lo haré por amor a los cuarenta.

30 Y dijo: No se enoje ahora mi Señor, si hablare: quizá se hallarán allí treinta. Y respondió: No lo haré si hallare allí treinta.

31 Y dijo: He aquí ahora que he emprendido el hablar a mi Señor: quizá se hallarán allí veinte. No la destruiré, respondió, por amor a los veinte.

32 Y volvió a decir: No se enoje ahora mi Señor, si hablare solamente una vez: quizá se hallarán allí diez.

- b. Abraham expresó preocupación por el justo: Le pidió a Dios que perdonara la ciudad si se hallaban allí cincuenta justos
- c. Abraham reconoció que Dios es justo y recto
- d. Dios respondió a la oración de Abraham

5 Abraham tomó el acceso abierto (la puerta) a la presencia de Dios
- a. Abraham reconoció su indignidad
- b. Abraham le pidió a Dios que perdonara la ciudad si se hallaban cuarenta y cinco justos
- c. Dios continuó respondiendo su oración

6 Abraham continuó orándole y rogándole a Dios, orando sin cesar y sin rendirse: Si se hallaban cuarenta personas justas

7 Abraham perseveró en su preocupación y oración
- a. Abraham perseveró con mansedumbre: Le suplicó a Dios que no se molestara, mas siguiera escuchando su oración
  1) Le pidió a Dios que perdonara la ciudad por treinta personas justas, v. 30
  2) Dios respondió su oración
- b. Abraham perseveró valientemente
  1) Le pidió a Dios por la ciudad si se hallaban veinte justos
  2) Dios respondió su oración
- c. Abraham perseveró

	al justo con el impío? 24 Quizá haya cincuenta justos dentro de la ciudad: ¿destruirás también y no perdonarás al lugar por amor a los cincuenta justos que estén dentro de él?	33 Y Jehová se fue, luego que acabó de hablar a Abraham; y Abraham volvió a su lugar.	hasta el fin, una vez más 1) Le pidió a Dios por diez personas justas 2) Dios respondió su oración 3) La comunión, la intercesión, llegó a su fin

DIVISIÓN VII

ABRAHAM: EL HOMBRE ESCOGIDO PARA CONVERTIRSE EN EL PADRE DEL PUEBLO DE DIOS Y EN EL PADRE DE LA FE, 12:1—25:18

L. El propio Dios visitó a Abraham (parte 2): La fe intercesora. Los pasos para convertirse en intercesor, en un guerrero de la oración, 18:16-33

(18:16-33) *Introducción — Oración — Intercesión*: Dios quería que Abraham hiciera algo especial, algo muy especial. Dios quería que Abraham se convirtiera en *intercesor*, es decir, en un creyente que lucha y batalla en oración por otros, y que lo hace con mucha frecuencia. Las palabras *luchar, batallar* y *con frecuencia* son las palabras clave. Dios quiere creyentes que oren con frecuencia —constantemente— creyentes que luchen y batallen en oración por otras personas y por las necesidades del mundo.

> "El Señor no retarda su promesa, según algunos la tienen por tardanza, sino que es paciente para con nosotros, no queriendo que ninguno perezca, sino que todos procedan al arrepentimiento" (2 P. 3:9).

¿Cómo nos convertimos en *intercesores*? Quedándonos a solas y centrando nuestros pensamientos y oraciones en las personas necesitadas, tanto en los incrédulos como en los creyentes del mundo. Cuando se aborda la oración con gran concentración, cuando nos desconectamos del mundo por completo, con frecuencia la oración se vuelve intensa. Sencillamente concienciamos a profundidad la presencia de Dios y concienciamos a profundidad las necesidades de otros y del mundo. El creyente comienza a luchar por otros, por las necesidades del mundo. Él se acerca a Dios y se acerca a aquellos por quienes ora. Él siente que tanto Dios como las otras personas se encuentran muy cerca de él. Él ama a Dios y ama a aquellos por quienes ora, los ama con mucha intensidad. Él lucha con Dios por ellos, no porque Dios sea poco accesible ni que esté despreocupado y haya que luchar contra Él, sino porque él siente tanta preocupación y tanto amor que él le entrega su corazón a Dios. En este proceso, ¡el guerrero de la oración se está acercando mucho más a Dios y consigue preocuparse aún más por el hombre! Él está aprendiendo a amar más a Dios y a amar más al hombre, y es esto exactamente lo que Dios quiere. Dios quiere que los creyentes estén cerca de Él y de otros; que amen a Dios y a otros, que vivan tanto para Dios como para otros; que estén centrados en Dios y en el hombre.

¡Imagínense nada más el efecto que tendría sobre este mundo —el efecto enorme para siempre— que bastantes creyentes se convirtieran en intercesores!

Advierta otro elemento también. Dios sabía exactamente lo que le iba a suceder a Sodoma antes de que tuviera lugar este encuentro con Abraham. Él sabía que Lot era la única persona justa de la ciudad. ¿Cuál era entonces el propósito de Dios al llevar a Abraham a interceder en oración una y otra vez? Dios tenía al menos tres propósitos:

Primero, enseñar a Abraham —y a todos los otros que lo seguían— a convertirse en intercesores, guerreros de la oración, tanto por los justos como por los impíos de la tierra.

Segundo, enseñar a Abraham —y a todos los otros que lo seguían— que se debe ejercer la justicia de Dios. Cada ser humano se enfrentará al juicio de Dios.

Tercero, enseñar a Abraham —y a todos los otros que lo seguían— a convertirse en testimonios fieles de Él. Abraham había sido un gran testimonio para Lot y, sin lugar a dudas, para su familia. Abraham había acogido a Lot como a un hijo cuando se hubo muerto el padre de Lot, lo había tratado como a un hijo, le había dado la opción de elegir primero la tierra, y lo había salvado de un ejército invasor, arriesgando su propia vida. Pero, Abraham pensaría, después de esta experiencia de juicio sobre Sodoma, si él hubiera sido un testimonio más contundente para la familia de Lot, quizás algunos se habrían salvado.

Ahora bien, el tema de este gran pasaje es: *El propio Dios visitó a Abraham (parte 2): La fe intercesora. Los pasos para convertirse en intercesor, en un guerrero de la oración*, 18:16-33.

1. Paso 1: Ansiar andar con Dios paso a paso, anhelar su presencia (v. 16).
2. Paso 2: Pensar en el gran llamado y propósito de Dios para nuestra vida (vv. 17-19).
3. Paso 3: Sentir el dolor del corazón de Dios por la perversidad (vv. 20-21).
4. Paso 4: Mantenerse valientemente frente a Dios en oración, rehusándose a abandonar la presencia del Señor (vv. 22-26).
5. Paso 5: Tomar el acceso abierto (la puerta) a la presencia de Dios (vv. 27-28).

6. Paso 6: continuar orándole y suplicándole a Dios, orar sin cesar y nunca rendirse (v. 29).
7. Paso 7: perseverar en preocupación y oración (vv. 30-33).

1 (18:16) *Intercesión*: ¿Cómo alguien se convierte en intercesor, en un guerrero de la oración? Ansiando andar con Dios paso a paso, anhelando su presencia. Recuerden, el Señor y los dos ángeles se le habían aparecido a Abraham a la puerta de su tienda, y ya habían pasado un tiempo con él. Ahora se levantaron el Señor y los dos ángeles, miraron hacia Sodoma, y echaron a andar en dirección de la ciudad. Advierta, Abraham los acompañó. Él no tenía que seguirlos; Él se podía haber quedado en su tienda. Pero él no hizo eso. Abraham acompañó al Señor mientras se alejaba para comenzar su viaje hacia Sodoma. ¿Por qué? Porque sencillamente Abraham no quería abandonar la presencia del Señor. Él había probado (experimentado) el lazo de amistad más íntimo que se pueda imaginar con el Señor...

- Una fuerte sensación de amistad y fraternidad con Dios (Gn. 18:1-8).
- Una fuerte garantía de la promesa de Dios (Gn. 18:10-14).
- Una conciencia profunda del poder ilimitado de Dios (Gn. 18:10).

La profunda sensación de amistad, fraternidad, y garantía del poder de Dios se unieron en el corazón de Abraham, y él no quería que se terminara la experiencia. Él quería pasar tanto tiempo como le fuese posible en la presencia de Dios así que echó a andar con el Señor paso a paso.

Pensamiento 1. Un verdadero intercesor quiere andar con el Señor paso a paso y anhela la presencia de Dios. Él ansía tener la amistad más íntima posible con el Señor. Por ende, él busca la oportunidad...

- Para poner sus pensamientos en el Señor todo el día.
- Para cautivar cada pensamiento, centrándolo en cosas que son verdaderas, honestas, justas, puras, amables, y de buen nombre (Fil. 4:8).
- Para apartar períodos de tiempo para la oración concentrada e ininterrumpida, todos los días.

Con sencillez, el intercesor quiere y anhela la presencia de Dios, quiere andar con Dios paso a paso, todo el día y toda la noche.

"Mas si desde allí buscares a Jehová tu Dios, lo hallarás, si lo buscares de todo tu corazón y de toda tu alma" (Dt. 4:29).

"Buscad a Jehová y su poder; buscad siempre su rostro" (Sal. 105:4).

"Buscad a Jehová mientras puede ser hallado, llamadle en tanto que está cercano" (Is. 55:6).

"y me buscaréis y me hallaréis, porque me buscaréis de todo vuestro corazón" (Jer. 29:13).

"Porque todo aquel que pide, recibe; y el que busca, halla; y al que llama, se le abrirá" (Lc. 11:10).

"derribando argumentos y toda altivez que se levanta contra el conocimiento de Dios, y llevando cautivo todo pensamiento a la obediencia a Cristo" (2 Co. 10:5).

2 (18:17-19) *Creyente, deber*: ¿Cómo alguien se convierte en intercesor, en un guerrero de la oración? Pensando en el gran llamado y propósito de Dios para nuestra vida. Advierta lo que hizo el Señor: Él habló para sí suavemente, aún así lo bastante alto como para que Abraham lo pudiera oír (cp. v. 23). ¿Por qué? Existen tres razones.

1. A Abraham le era necesario pensar en su llamado y propósito dados por Dios (v. 18). Él engendraría una nación grande y poderosa; además, todas las naciones de la tierra serían benditas en él, por medio de la Simiente prometida, el Salvador del mundo, que sería un descendiente suyo. Advierta lo que Dios estaba despertando en Abraham: un sentido de responsabilidad por el mundo. Dios estaba a punto de ejecutar su justicia sobre Sodoma y Gomorra —destruirla— por su terrible perversidad. Dios quería que Abraham sintiera una responsabilidad tanto por el justo como por el impío; Dios quería que Abraham se motivara a interceder —a luchar y batallar en oración— por las ciudades de la tierra. Abraham tenía una *responsabilidad* —un papel— en la vida de su prójimo, tanto del justo como del impío. Por eso, se le debe motivar a orar por ellos, incluso al punto de luchar en oración.

2. A Abraham le era necesario pensar en su deber de enseñar los caminos del Señor, enseñar lo que es correcto y justo (v. 19). Abraham pronto daría testimonio de la justicia de Dios cayendo sobre Sodoma y Gomorra. Dios quería que Abraham comprendiera el camino de Dios, que Él siempre hace lo que es justo y correcto, y Dios quería que Abraham enseñara los caminos de Dios. Por eso Dios le recordó a Abraham sus deberes en cuanto a la enseñanza, se lo recordó justo antes de la destrucción de Sodoma y Gomorra.

3. A Abraham le era necesario pensar en la fidelidad y en la recompensa por ser fiel. Dios le hizo grandes promesas a Abraham, y Él iba a cumplir estas promesas. Pero a Abraham le era necesario recordar: que él debía ser fiel; él debía enseñar los caminos de Jehová. Entonces y solo entonces Jehová lo recompensaría; entonces y solo entonces Abraham recibiría las promesas.

Pensamiento 1. Centrarnos en los mismos tres temas nos estimulará a convertirnos en intercesores por Dios:

1) Pensar en el gran llamado y propósito de Dios. Dios nos ha llamado a conocer la Simiente prometida, el Salvador, y a darlo a conocer. Tenemos una *responsabilidad*, un papel, en la vida de nuestro prójimo, tanto del justo como del impío. Por eso, se nos debe motivar a orar por ellos, incluso hasta el punto de luchar en oración.

2) Pensar en nuestro deber de enseñar los caminos del Señor. Nos es necesario orar y orar mucho —interceder por nosotros mismos y por otros— si vamos a enseñar los caminos de Dios.

3) Pensar en nuestra gran necesidad de ser fiel y en la gran recompensa que se nos ha prometido si somos fieles. Nunca podemos andar fielmente sin la ayuda de Dios; por eso necesitamos estar orando constantemente, incluso intercediendo, por la ayuda de Dios.

"pero yo he rogado por ti, que tu fe no falte; y tú, una vez vuelto, confirma a tus hermanos" (Lc. 22:32).

"orando en todo tiempo con toda oración y súplica en el Espíritu, y velando en ello con toda perseverancia y súplica por todos los santos" (Ef. 6:18).

"Exhorto ante todo, a que se hagan rogativas, oraciones, peticiones y acciones de gracias, por todos los hombres; por los reyes y por todos los que están en eminencia, para que vivamos quieta y reposadamente en toda piedad y honestidad" (1 Ti. 2:1-2).

"El Señor no retarda su promesa, según algunos la tienen por tardanza, sino que es paciente para con nosotros, no queriendo que ninguno perezca, sino que todos procedan al arrepentimiento" (2 P. 3:9).

3 (18:20-21) *Justicia, de Dios — Dios, amor de*: ¿Cómo alguien se convierte en intercesor, en un guerrero de la oración? Sintiendo el dolor del corazón de Dios por la perversidad del hombre. Dios le dijo a Abraham que Él iba a hacer justicia, iba a revisar Sodoma y Gomorra para ver si su pecado era tan grande que les era necesario ser destruidas. Advierta con qué suavidad Dios dice esto: Él no dijo que Él iba a destruir las ciudades, sino más bien que Él iba a bajar hasta allí a verlos, a examinar el clamor de justicia que se levantaba contra ellos. Las Escrituras nos hablan que Dios es paciente, no queriendo que ninguno perezca (2 P. 3:9; 1 Ti. 2:4; Ez. 33:11). Las palabras del planteamiento de Dios señalan sencillamente lo siguiente: Él quería extender su misericordia y darles a las personas toda oportunidad de arrepentirse y volverse a Él. Su corazón estaba desgarrado y sufría dolor...

• Por su pecado.
• Por el clamor de justicia, por el juicio justo de Dios.
• Por el juicio inminente que se cernía sobre las cabezas de las personas.

Dios quería que Abraham sintiera el dolor de su corazón por la perversidad: Él quería que Abraham clamara por —se volviera intercesor de— las almas de los justos y los impíos de las ciudades. Además...

• Dios quería enseñarle a todos los creyentes de generaciones posteriores que siguieran el ejemplo de Abraham al clamar por —al convertirse en intercesor de— las almas de las personas.

• Dios quería enseñarle a todas las personas que Dios es paciente y que está lleno de misericordia, y que no quiere que ninguno perezca, pero su misericordia está disponible solo para aquellos que creen en Él y reciben su misericordia. Recuerden que Dios le había dado a Sodoma y a Gomorra todas las oportunidades del mundo para arrepentirse y volverse a Él. Tuvieron una oportunidad de arrepentirse cuando Abraham los liberó del cautiverio del ejército invasor del oriente (Gn. 14:1-16; 14:17-24); cuando Melquisedec, el sacerdote de Dios, les dio testimonio (Gn. 14:18-20); y por medio del testimonio de Lot, por débil que haya sido (2 P. 2:6-9).

• Dios quería enseñarles a todas las personas que el pecado conlleva al juicio, y el juicio se ejecutará. Dios va a juzgar al mundo.

"Porque es necesario que todos nosotros comparezcamos ante el tribunal de Cristo, para que cada uno reciba según lo que haya hecho mientras estaba en el cuerpo, sea bueno o sea malo" (2 Co. 5:10).

"y a vosotros que sois atribulados, daros reposo con nosotros, cuando se manifieste el Señor Jesús desde el cielo con los ángeles de su poder, en llama de fuego, para dar retribución a los que no conocieron a Dios, ni obedecen al evangelio de nuestro Señor Jesucristo" (2 Ts. 1:7-8).

"Y de la manera que está establecido para los hombres que mueran una sola vez, y después de esto el juicio" (He. 9:27).

"sabe el Señor librar de tentación a los piadosos, y reservar a los injustos para ser castigados en el día del juicio" (2 P. 2:9).

"De éstos también profetizó Enoc, séptimo desde Adán, diciendo: He aquí, vino el Señor con sus santas decenas de millares, para hacer juicio contra todos, y dejar convictos a todos los impíos de todas sus obras impías que han hecho impíamente, y de todas las cosas duras que los pecadores impíos han hablado contra él" (Jud. 14-15).

4 (18:22-26) *Intercesión — Oración — Dios, justicia de*: ¿Cómo alguien se convierte en intercesor, en un guerrero de la oración? Manteniéndose valientemente frente al Señor en oración. Advierta, dos de los hombres se dirigieron hacia Sodoma, pero el Señor no. Abraham se quedó frente al Señor; él no soltaba al Señor.

1. Abraham se acercó —se aproximó, se arrimó más— al Señor. El equivalente hebreo de *acercarse* (naghash) significa "ir a juicio a defender un caso" (Warren W. Wiersbe. *Be Obedient*, p. 78). Abraham se estaba acercando a Dios para orar, para interceder tanto por los justos como por los impíos de las ciudades. Abraham se paró delante de Dios tal como un abogado para suplicar por las almas de las personas.

2. Abraham estaba preocupado —muy preocupado— por los justos de las ciudades. Recuerden: Lot, el sobrino de Abraham que había sido como un hijo para él en años

anteriores, y la familia de Lot vivían en Sodoma. Ahora Abraham estaba sintiendo el dolor del corazón de Dios por el pecado y el juicio, porque parte de su propia familia corría el riesgo de ser condenada. Lo que se debe tener en cuenta es el dolor que Abraham estaba sintiendo por el pecado y el juicio venidero, el dolor que siempre siente el corazón de Dios porque su pueblo se encuentra en constante rebelión contra Él: rechazando y negando a Dios, maldiciéndolo e ignorándolo.

Abraham fue movido a compartir su desgarramiento, su carga, y preocupación con el Señor.

=> ¿Destruiría Dios a los justos con los impíos? Al parecer Abraham creía que vivían muchos creyentes en Sodoma.

=> ¿Perdonaría Dios la ciudad si se hallaran cincuenta justos en ella?

3. Advierta a qué le apeló Abraham al pedirle a Dios que perdonara a los justos y a la ciudad: no a la misericordia de Dios, sino a la *justicia de Dios*: "El Juez de toda la tierra, ¿no ha de hacer lo que es justo?" Dios no debe —sencillamente no puede, por sus promesas— destruir a los justos conjuntamente con los injustos.

4. Por ende, Dios debe responder y concederle la oración a Abraham. Abraham había intercedido, luchado y batallado en oración; por ende, Dios tenía que oír y responder la oración de Abraham: todo porque Él es justo y recto. Dios ha prometido salvar eternamente a todos aquellos que creen en Él y que llevan vidas justas. Por ende, Él nunca puede destruir al justo con el injusto y el impío. A esto apeló Abraham, y fue la apelación indicada.

Pensamiento 1. ¿Cómo podemos convertirnos en intercesores, en guerreros de la oración? Manteniéndonos firmes ante el Señor en oración y apelando a su justicia. Dios siempre hará lo que es correcto y justo. Dios nunca juzgará a una persona más allá de lo que merece. Todas las personas recibirán exactamente lo que merecen, ni más ni menos. La justicia de Dios será ejecutada sobre cada persona, pero será una justicia perfecta. Dios hará lo que es justo y correcto, lo hará de un modo perfecto.

"Acerquémonos, pues, confiadamente al trono de la gracia, para alcanzar misericordia y hallar gracia para el oportuno socorro" (He. 4:16).
"en quien tenemos seguridad y acceso con confianza por medio de la fe en él" (Ef. 3:12).
"Así que, hermanos, teniendo libertad para entrar en el Lugar Santísimo por la sangre de Jesucristo" (He. 10:19).

5 (18:27-28) *Acceso — Oración — Intercesión:* ¿Cómo alguien se convierte en intercesor, en un guerrero de la oración? Tomando el acceso abierto —la puerta abierta— a la presencia de Dios. Sin dudas, toda la perversidad de las ciudades comenzó a llenar la mente de Abraham, y él comenzó a preguntarse si se acercaban a cincuenta los justos de la ciudad. Al parecer, él creyó que si apelaba solo por

Lot y su preciada familia, estaría actuando egoístamente. Y Abraham no era egoísta, tampoco le preocupaban solamente Lot y su familia. ¿Qué podía hacer? ¿Cómo podía orar para que Dios salvara la ciudad y comprendiera que él no era egoísta? Solo había una forma: seguir orando y pedirle cada vez más a Dios hasta que Él dijera "No". Pero pedirle a Dios con toda humildad. Advierta cómo Abraham se acercó al Señor esta segunda vez: confesando que él no era más que polvo y cenizas. Y advierta la palabra *Señor* (Adonai). Este no es el nombre personal de *Señor*, sino más bien el título más formal de Dios. Abraham estaba apelándole al *Señor* que es el Gobernador y Juez Soberano de toda la tierra.

Abraham le pidió a Dios que perdonara la ciudad si se hallaban cuarenta y cinco justos, y Dios respondió a su oración.

Pensamiento 1. ¿Cómo podemos convertirnos en intercesores, en guerreros de la oración? Acercándonos a Dios con humildad, como polvo y cenizas, y asiéndonos de Dios, asiéndonos del acceso y puerta abiertos a su presencia.

"si se humillare mi pueblo, sobre el cual mi nombre es invocado, y oraren, y buscaren mi rostro, y se convirtieren de sus malos caminos; entonces yo oiré desde los cielos, y perdonaré sus pecados, y sanaré su tierra" (2 Cr. 7:14).
"Y antes que clamen, responderé yo; mientras aún hablan, yo habré oído" (Is. 65:24).

6 (18:29) *Oración — Intercesión:* ¿Cómo alguien se convierte en intercesor, en un guerrero de la oración? Continuando con la oración, orando sin cesar y no rindiéndose, pero suplicándole a Dios. El versículo y el punto se explica por sí solo: Abraham le pidió a Dios que perdonara la ciudad si se hallaban cuarenta justos, y Dios respondió su oración.

Pensamiento 1. El verdadero intercesor se rehúsa a rendirse. Él continúa orando sin cesar. Esto es exactamente lo que nos dicen que hagamos las Escrituras.

"Buscad a Jehová y su poder; buscad su rostro continuamente" (1 Cr. 16:11).
"Pedid, y se os dará; buscad, y hallaréis; llamad, y se os abrirá" (Mt. 7:7).
"Velad y orad, para que no entréis en tentación; el espíritu a la verdad está dispuesto, pero la carne es débil" (Mt. 26:41).

7 (18:30-33) *Oración — Intercesión*: ¿Cómo alguien se convierte en intercesor, en un guerrero de la oración? Perseverando en preocupación y oración. Abraham ya nos ha proporcionado una ilustración sorprendente de la oración intercesora, demostrándonos cómo debemos estar constantemente orando —luchando y batallando— por las almas de los justos y de los perversos. Abraham se había quedado delante de Dios, pidiéndole a Dios que salvara la ciudad *en tres ocasiones diferentes*; una ilustración gráfica de la intercesión, de pedir y pedir. Pero la lección no termina ahí: Dios quiere que nos asombremos, que nos estremezcamos hasta los tuétanos con este elemento: los creyentes se han de convertir en intercesores, guerreros de la oración, por la tierra. Los creyentes deben perseverar en preocupación y oración. Advierta la lección de Abraham.

1. Abraham perseveró con mansedumbre (v. 30). Él le suplicó a Dios que no se enojara con él pero que lo siguiera escuchando: ¿Perdonaría Dios la ciudad por treinta justos? Dios respondió la oración de su *guerrero de la oración*.

2. Abraham perseveró con valentía (v. 31): él suplicó por la ciudad si se hallaban veinte justos. Dios nuevamente, por quinta vez, respondió la oración de su *guerrero de la oración*.

3. Abraham perseveró hasta el fin, una vez más (v. 32). Abraham le dijo a Dios que él le haría esta última petición: ¿Perdonaría Dios la ciudad por diez almas justas? Dios respondió la oración de este *gran guerrero de la oración*, la respondió por sexta vez.

4. La comunión con Dios, la intercesión, había llegado a su fin. El Señor prosiguió camino, y Abraham se fue a casa. Abraham había perseverado en oración hasta el fin. Él había hecho todo cuanto podía, y Dios le había respondido en cada ocasión.

Pensamiento 1. Las Escrituras nos aseguran: si perseveramos en oración, Dios nos oirá y nos responderá.

"También les refirió Jesús una parábola sobre la necesidad de orar siempre, y no desmayar" (Lc. 18:1).

"orando en todo tiempo con toda oración y súplica en el Espíritu, y velando en ello con toda perseverancia y súplica por todos los santos" (Ef. 6:18).

"Orad sin cesar" (1 Ts. 5:17).

"¿Está alguno entre vosotros afligido? Haga oración. ¿Está alguno alegre? Cante alabanzas. ¿Está alguno enfermo entre vosotros? Llame a los ancianos de la iglesia, y oren por él, ungiéndole con aceite en el nombre del Señor" (Stg. 5:13-14).

CAPÍTULO 19

M. A Abraham le contestaron su oración; Lot fue salvado y Sodoma destruida: La fe en recaída. La ilustración de una persona en recaída, 19:1-38

1 Ilustración 1: El compromiso de Lot con el mundo
a. Él estaba sentado a la puerta de Sodoma, una señal de que él era líder en la ciudad perversa
b. Él era creyente: tenía una bondad interna
   1) Les hizo una invitación urgente de hospitalidad a los dos hombres: Ellos la rechazaron

   2) Mostró una gran preocupación por la seguridad de otros: Insistió en que pasaran la noche con él; ellos aceptaron
2 Ilustración 2: La depravación de Lot[EF1]
a. Él había escogido un medio depravado e impío: Una multitud rodeó su casa
   1) todos eran depravados
   2) Todos ardían con un afecto poco normal: Un deseo homosexual
b. Él se había establecido entre los depravados y perversos de la tierra, se volvió uno de ellos
   1) Salió: conoció y vivió entre los mundanos demasiado tiempo
   2) Los llamaba hermanos, amigos

1 Llegaron, pues, los dos ángeles a Sodoma a la caída de la tarde; y Lot estaba sentado a la puerta de Sodoma. Y viéndolos Lot, se levantó a recibirlos, y se inclinó hacia el suelo,

2 y dijo: Ahora, mis señores, os ruego que vengáis a casa de vuestro siervo y os hospedéis, y lavaréis vuestros pies; y por la mañana os levantaréis, y seguiréis vuestro camino. Y ellos respondieron: No, que en la calle nos quedaremos esta noche.
3 Mas él porfió con ellos mucho, y fueron con él, y entraron en su casa; y les hizo banquete, y coció panes sin levadura, y comieron.
4 Pero antes que se acostasen, rodearon la casa los hombres de la ciudad, los varones de Sodoma, todo el pueblo junto, desde el más joven hasta el más viejo.

5 Y llamaron a Lot, y le dijeron: ¿Dónde están los varones que vinieron a ti esta noche? Sácalos, para que los conozcamos.

6 Entonces Lot salió a ellos a la puerta, y cerró la puerta tras sí,
7 y dijo: Os ruego, hermanos míos, que no hagáis tal maldad.

8 He aquí ahora yo tengo dos hijas que no han conocido varón; os las sacaré fuera, y haced de ellas como bien os pareciere; solamente que a estos varones no hagáis nada, pues que vinieron a la sombra de mi tejado.
9 Y ellos respondieron: Quita allá; y añadieron: Vino este extraño para habitar entre nosotros, ¿y habrá de erigirse en juez? Ahora te haremos más mal que a ellos. Y hacían gran violencia al varón, a Lot, y se acercaron para romper la puerta.
10 Entonces los varones alargaron la mano, y metieron a Lot en casa con ellos, y cerraron la puerta.
11 Y a los hombres que estaban a la puerta de la casa hirieron con ceguera desde el menor hasta el mayor, de manera que se fatigaban buscando la puerta.

12 Y dijeron los varones a Lot: ¿Tienes aquí alguno más? Yernos, y tus hijos y tus hijas, y todo lo que tienes en la ciudad, sácalo de este lugar;
13 porque vamos a destruir este lugar, por cuanto el clamor contra ellos ha subido de punto delante de Jehová; por tanto, Jehová nos ha enviado para destruirlo.
14 Entonces salió Lot y habló a sus yernos, los que habían de tomar sus hijas, y les dijo: Levantaos, salid de este lugar; porque Jehová va a destruir esta ciudad. Mas pareció a sus yernos como que se burlaba.
15 Y al rayar el alba, los ángeles daban prisa a Lot, diciendo: Levántate,

c. Se había sumido en el compromiso y el egoísmo: Ofreció dar a sus hijas a la multitud a cambio de los huéspedes, un pecado por un pecado

d. Él había llevado una vida hipócrita: Él había juzgado y reprobado a los ciudadanos de Sodoma por sus injusticias mientras llevaba una vida mundana y acomodaticia

e. Fue salvado de la multitud por dos ángeles.
   1) Ellos alargaron la mano y metieron a Lot de vuelta en la casa
   2) Ellos cegaron a la multitud
3 Ilustración 3: La vida y testimonio impotentes de Lot
a. Una advertencia
   1) Salvar a su familia

   2) Librarse del juicio venidero: Se destruiría la perversidad de Sodoma

b. Un testimonio impotente

   1) Lot advirtió a su familia
   2) Su familia consideró la advertencia una burla
4 Ilustración 4: El deseo de Lot de quedarse en el mundo

a. Una advertencia urgente: Apúrate, vete, no sea que perezcas
b. Se quería quedar
1) A Lot le daba trabajo dejar su hogar y sus posesiones
2) La misericordia de Dios: Lot fue tomado de la mano y sacado de allí
c. Una debilidad espiritual increíble
1) La advertencia urgente del Señor a Lot: Escapa... no sea que perezcas
2) Lot suplicó en contra de la voluntad de Dios
3) Lot alegó debilidad física

4) Lot pidió quedarse cerca de Sodoma (en el mundo)

d. Dios aceptó la opción de Lot: Continuar en la mundanalidad (Zoar, v. 20, 22)^{EF2}
1) Dios no discutió más
2) Pero Dios siguió salvándolo: Por la oración de Abraham

5 Ilustración 5: La advertencia, una lección para todos
a. El creyente acomodaticio: Lo perdió todo
b. Los incrédulos depravados fueron

toma tu mujer, y tus dos hijas que se hallan aquí, para que no perezcas en el castigo de la ciudad. 16 Y deteniéndose él, los varones asieron de su mano, y de la mano de su mujer y de las manos de sus dos hijas, según la misericordia de Jehová para con él; y lo sacaron y lo pusieron fuera de la ciudad.

17 Y cuando los hubieron llevado fuera, dijeron: Escapa por tu vida; no mires tras ti, ni pares en toda esta llanura; escapa al monte, no sea que perezcas. 18 Pero Lot les dijo: No, yo os ruego, señores míos.

19 He aquí ahora ha hallado vuestro siervo gracia en vuestros ojos, y habéis engrandecido vuestra misericordia que habéis hecho conmigo dándome la vida; mas yo no podré escapar al monte, no sea que me alcance el mal, y muera. 20 He aquí ahora esta ciudad está cerca para huir allá, la cual es pequeña; dejadme escapar ahora allá (¿no es ella pequeña?), y salvaré mi vida. 21 Y le respondió: He aquí he recibido también tu súplica sobre esto, y no destruiré la ciudad de que has hablado. 22 Date prisa, escápate allá; porque nada podré hacer hasta que hayas llegado allí. Por eso fue llamado el nombre de la ciudad, Zoar. 23 El sol salía sobre la tierra, cuando Lot llegó a Zoar. 24 Entonces Jehová hizo llover sobre Sodoma y sobre Gomorra azufre y fuego de parte de Jehová desde los cielos;

25 y destruyó las ciudades, y toda aquella llanura, con todos los moradores de aquellas ciudades, y el fruto de la tierra. 26 Entonces la mujer de Lot miró atrás, a espaldas de él, y se volvió estatua de sal.

27 Y subió Abraham por la mañana al lugar donde había estado delante de Jehová. 28 Y miró hacia Sodoma y Gomorra, y hacia toda la tierra de aquella llanura miró; y he aquí que el humo subía de la tierra como el humo de un horno. 29 Así, cuando destruyó Dios las ciudades de la llanura, Dios se acordó de Abraham, y envió fuera a Lot de en medio de la destrucción, al asolar las ciudades donde Lot estaba. 30 Pero Lot subió de Zoar y moró en el monte, y sus dos hijas con él; porque tuvo miedo de quedarse en Zoar, y habitó en una cueva él y sus dos hijas.

31 Entonces la mayor dijo a la menor: Nuestro padre es viejo, y no queda varón en la tierra que entre a nosotras conforme a la costumbre de toda la tierra. 32 Ven, demos a beber vino a nuestro padre, y durmamos con él, y conservaremos de nuestro padre descendencia. 33 Y dieron a beber vino a su padre aquella noche, y entró la mayor, y durmió con su padre; mas él no sintió cuándo se acostó ella, ni cuándo se levantó. 34 El día siguiente, dijo la mayor a la menor: He aquí, yo dormí la noche pasada con mi padre; démosle a beber vino

juzgados, sufrieron fuego y azufre

c. El cónyuge de un creyente que recae: Amaba el mundo y fue juzgado

6 Ilustración 6: La liberación de Lot, en respuesta a la oración
a. La anticipación urgente del guerrero de la oración: Abraham se levantó temprano y miró para ver qué había sucedido
b. El recuerdo de Dios: Salvó a Lot, todo por la oración perseverante de Abraham

7 Ilustración 7: El trágico final de Lot, resultados de la recaída^{EF3}
a. Temor
b. Humillación, lo perdió todo incluso el respeto: Vivía en una cueva
c. una mala influencia sobre los hijos

1) Pensamientos y planes inmorales

2) Borrachera e impureza sexual

3) Hijos guiando mal a hijos al pecado y la vergüenza: La hermana mayor llevó al mal a la hermana menor

	también esta noche, y entra y duerme con él, para que conservemos de nuestro padre descendencia. 35 Y dieron a beber vino a su padre también aquella noche, y se levantó la menor, y durmió con él; pero él no echó de ver cuándo se acostó ella, ni cuándo se levantó. 36 Y las dos hijas de Lot concibieron de su padre.	37 Y dio a luz la mayor un hijo, y llamó su nombre Moab, el cual es padre de los moabitas hasta hoy. 38 La menor también dio a luz un hijo, y llamó su nombre Ben-ammi, el cual es padre de los amonitas hasta hoy.	d. Problema para las generaciones futuras 1) Nació Moab: Para hacerle oposición al pueblo de Dios a lo largo de la historia 2) Nació Ben-ammi, el padre los amonitas: Para hacerle oposición al pueblo de Dios a lo largo de la historia

DIVISIÓN VII

ABRAHAM: EL HOMBRE ESCOGIDO PARA CONVERTIRSE EN EL PADRE DEL PUEBLO DE DIOS Y EN EL PADRE DE LA FE, 12:1—25:18

M. A Abraham le contestaron su oración; Lot fue salvado y Sodoma destruida: La fe en recaída. La ilustración de una persona en recaída, 19:1-38

(19:1-38) *Introducción:* Recuerden a Lot. Él tuvo cada ventaja que se pueda imaginar para conocer al Señor y para vivir la vida al máximo.

=> Fue recogido y criado por Abraham cuando Abraham confió en Dios por primera vez y comenzó su peregrinación de fe. Pero al parecer le prestó poca atención al testimonio de Abraham (Gn. 12:4-5).

=> Abraham le dio a escoger primero la tierra, pero él escogió egoístamente y se asentó cerca de Sodoma (Gn. 13:5-18).

=> Fue rescatado de la esclavitud cuando fue capturado por el ejército invasor de reyes del oriente (Gn. 14:12-16). Pero en vez de regresar con Abraham, él decidió regresar a Sodoma.

Lot amaba a Sodoma y las oportunidades que la ciudad le ofrecía tanto para el negocio como para el placer personal. Lot codiciaba los lujos de la ciudad, la oportunidad de riquezas, posesiones, placer, y posición. Las Escrituras proporcionan una ilustración gráfica del amor de Lot por Sodoma, las etapas en decadencia que él atravesó al trasladarse cada vez más cerca de Sodoma de su estilo de vida carnal y perverso:

=> Lot primero que todo *alzó sus ojos y se le quedó mirando* a Sodoma y al valle rico y fértil del Jordán en que estaba ubicada la ciudad (Gn. 13:10-11).

=> Luego Lot decidió trasladarse, *poniendo sus tiendas hasta* Sodoma (Gn. 13:12-13).

=> Más adelante Lot *se trasladó hacia dentro de* la ciudad (Gn. 14:12).

=> Finalmente se ve a Lot *sentado a la puerta de Sodoma,* lo que significaba que era muy probable que él fuera un funcionario de la ciudad (Gn. 19:1).

Lot comenzó la peregrinación a la Tierra Prometida con Abraham. Pero una vez allí, él vio los lujos y las oportunidades comerciales de Sodoma. En vez de centrarse en la ciudad celestial —la Tierra Prometida— él se fijó en Sodoma hasta que el atractivo de la ciudad lo consumió. Finalmente, Lot se convirtió en otro más de la ciudad y de su pueblo impío. La vida de Lot constituye una ilustración gráfica de la recaída, una amenaza peligrosa para todos nosotros. Lot era salvo, genuinamente salvo. Las Escrituras dicen lo siguiente:

"y libró al justo Lot, abrumado por la nefanda conducta de los malvados (porque este justo, que moraba entre ellos, afligía cada día su alma justa, viendo y oyendo los hechos inicuos de ellos)" (2 P. 2:7-8).

Pero Lot recayó, llevó una vida carnal. Él se sentía muy bien con los pecadores y perversos de la tierra. Una ilustración desalentadora. No obstante, una ilustración de advertencia, una ilustración gráfica que nos advierte del juicio venidero sobre todos los creyentes en recaídas y los perversos de esta tierra.

Henry Morris dice lo siguiente:

"¡Qué ilustración tan perfecta la de Lot de un cristiano carnal de la actualidad! Cree que cuenta con lo mejor de ambos mundos: El beneficio eterno de conocer al Señor como Salvador, pero también los beneficios temporales que surgen a partir de la influencia y posesiones mundanas, conjuntamente con la aceptación y fraternidad de los hombres del mundo. Puede que su burda perversidad desconcierte un tanto su alma, y puede que no desee entrar a participar de todas sus actividades, pero en general él convive con ellas bastante bien, y se siente bastante complacido consigo mismo de hacerlo. Sin embargo, vendrá un día de juicio final" (Henry M. Morris. *The Genesis Record* [El registro de Génesis], Grand Rapids, MI: Baker Book House, 1976, p. 346).

Este es el tema de este pasaje importante: *A Abraham le contestaron su oración; Lot fue salvado y Sodoma destruida:*

La fe en recaída. La ilustración de una persona en recaída,
19:1-38

1. Ilustración 1: El compromiso de Lot con el mundo (vv. 1-3).
2. Ilustración 2: La depravación de Lot (vv. 4-11).
3. Ilustración 3: La vida y testimonio impotentes de Lot (vv. 12-14).
4. Ilustración 4: El deseo de Lot de quedarse en el mundo (vv. 15-22).
5. Ilustración 5: La advertencia del juicio hecha a Lot, una lección para todos (vv. 23-26).
6. Ilustración 6: La liberación de Lot, en respuesta a la oración (vv. 27-29).
7. Ilustración 7: El trágico final de Lot, resultados de la recaída (vv. 30-38).

1 (19:1-3) *Compromiso — Mundanalidad:* La primera ilustración de la recaída la constituye el compromiso de Lot con el mundo. Recuerden, el Señor se había quedado atrás con Abraham. Solo los dos ángeles fueron a Sodoma. Llegaron en la tarde. Advierta dos elementos.

1. Lot estaba sentado a la puerta de Sodoma. Él estaba allí por una de dos razones.

=> Lot era el alcalde o un funcionario de la ciudad responsable del gobierno de la ciudad y de resolver disputas entre ciudadanos. Los funcionarios de la ciudad, que fungía como jueces, se sentaban a las puertas con ese propósito (cp. Dt. 21:19-21; 22:15; Rt. 4:1; Pr. 31:23). Abraham había salvado a Sodoma de la conquista extranjera (cp. Gn. 14:1-24). Quizás los ciudadanos habían honrado a Lot, haciéndolo funcionario de la ciudad por lo que su tío había hecho por ellos.

=> Lot había comprometido sus valores y ahora vivía con los mundanos. Quizás se encontraba en la puerta, el lugar público de reunión, ya fuese para hacer negocios o para pasar tiempo con los mundanos. Él "anduvo en consejo de malos, en camino de pecadores, y se sentaba en silla de escarnecedores" (Sal. 1:1; cp. Sal. 69:12; 2 P. 2:8).

2. Lot era creyente, por consiguiente había cierta bondad interna en él. En la invitación de Lot había mucho más que amabilidad y tradición social del Oriente. Había una urgencia, una ansiedad en su invitación. Él insistió: "porfió... mucho" con ellos para que aceptaran su invitación (v. 3). Él conocía la ciudad y el pueblo, la degradación moral. Él conocía la amenaza y el peligro para los extranjeros, la amenaza y el peligro que de hecho sucedió (vv. 4-11). Advierta que aún se ve una consciencia espiritual, una bondad interna, en medio de la carnalidad y fracaso de Lot.

Probablemente los dos ángeles rechazaran la invitación al principio porque habían venido a investigar la perversidad de la ciudad o de lo contrario por amabilidad, no queriendo causarle molestias a Lot.

> **Pensamiento 1.** J. Vernon McGee proporciona una ilustración y aplicación descriptivas de la conversación entre Lot y los ángeles:

"Ellos habían puesto de manifiesto algo cuando dijeron: 'nos quedaremos en las calles y dormiremos en el parque', y Lot les dice: 'Eso no se hace en Sodoma. ¡Es peligroso! Su vida no valdría nada si lo hicieran'. Puedo hasta decir que quizás se le deba cambiar el nombre a Los Ángeles para Sodoma. No es seguro para ustedes dormir en las calles de Los Ángeles; de hecho, no es para nada seguro estar en las calles de Los Ángeles de noche. Muchas mujeres que viven solas no van a la iglesia por la noche. Un querido santo de Dios me dijo: 'Yo cierro mi puerta con pestillo al oscurecer, hermano McGee, y no abro esa puerta hasta la mañana siguiente al amanecer. En mi vecindario no es seguro andar por las calles'. Estamos viviendo nuevamente los días de Sodoma y Gomorra, y prácticamente por la misma razón. Lot dice: 'No, señores, no se queden en las calles. No sería seguro para ustedes'. Cuando él les 'porfió', ellos entraron en su casa" (J. Vernon McGee. *Thru The Bible* [A través de la Biblia], vol. 1. Nashville, TN: Thomas Nelson Publishers, 1981, p. 81).

2 (19:4-11) *Depravación — Homosexualidad — Inmoralidad:* La segunda ilustración de la recaída la constituye la depravación de Lot. La escena ilustrada acá resulta asombrosa. Demuestra cuánto se puede depravar totalmente el corazón humano. Pero también demuestra cuán lejos en su recaída pueden ir los creyentes, cuán carnales se pueden volver. Estos versículos proporcionan una ilustración gráfica de la depravación de Lot, así como de la depravación de los sodomitas.

1. Lot había escogido un medio impío y depravado cuando se trasladó a Sodoma (vv. 4-5a). Advierta que una multitud de personas de toda la ciudad rodeó la casa de Lot. Tanto jóvenes como viejos ardían de *un deseo poco normal*: ellos voceaban de sus deseos de tener sexo, de tener sexo homosexual. La multitud no actuaba en secreto; ellos estaban gritando sus anhelos y preferencias sexuales. Ellos habían ido a cometer una violación homosexual contra los visitantes de Lot.

2. Lot se había establecido entre los depravados y perversos de la tierra, se había vuelto uno más de ellos (vv. 6-7). ¡Qué ilustración tan trágica de la recaída! Advierta que Lot salió al encuentro de la multitud y les llamó *hermanos, amigos* (v. 7). Lot conocía a estas personas: eran sus amigos, conocidos, vecinos, socios de negocios de todos los días. Él había vivido demasiado tiempo entre los mundanos; él no tenía testimonio alguno que darles. En sus mentes, él era como ellos, él era uno de ellos: que amaba al mundo y las cosas del mundo. Por eso ellos esperaban que él les concediera su deseo.

3. Lot se había sumido en el egoísmo y el compromiso (v. 8). Esto describe una escena horrible e increíble. Lot ofreció darles a sus hijas a la multitud a cambio de los huéspedes. ¿Cómo podía él hacer esto?

=> ¿Estaba tratando de salvar su propia vida, parado allí frente a la multitud, temiendo sus amenazas?

=> ¿Se sentía tan amenazado y sentía tanto temor que se encontraba anímicamente confundido?

=> ¿Sabía él que sus huéspedes eran ángeles, y él estaba dispuesto a sacrificar sus dos hijas para salvarlos?

Las Escrituras no lo dicen, pero sea cual sea el caso, Lot estaba tan solo sustituyendo un pecado por otro pecado, la entrega de sus hijas para satisfacer los deseos malvados de la multitud. Sin dudas, ser obligadas a tener sexo con tantos hombres habría matado a sus hijas, y Lot habría sabido esto. Él estaba sumido en un espíritu de egoísmo y de compromiso malvado.

4. Lot había llevado una vida hipócrita: él se había sentado a la puerta, juzgando y reprobando a los ciudadanos de Sodoma por sus injusticias mientras llevaba una vida mundana y acomodaticia (v. 9). Las Escrituras realmente nos dicen lo siguiente:

"(porque este justo, que moraba entre ellos, afligía cada día su alma justa, viendo y oyendo los hechos inicuos de ellos)" (2 P. 2:8).

Lot había tratado de influir para bien a sus conciudadanos: él se había sentado a la puerta de la ciudad como uno de los funcionarios regentes de la ciudad, juzgando y censurando a muchos; pero él había llevado una vida mundana y acomodaticia. Advierta que la multitud realmente acusó a Lot de llevar una vida hipócrita, gritándole que no se lo tolerarían más. Comenzaron a atacarlo.

Nota: un creyente hipócrita y acomodaticio —un creyente en recaída— por lo general será ridiculizado, burlado, y finalmente rechazado, tal como le sucedió a Lot.

5. Lot fue liberado por los dos ángeles (vv. 10-11). Ellos hirieron a la multitud con alguna forma de ceguera y rápidamente abrieron la puerta y entraron a Lot de vuelta en la casa.

Pensamiento 1. Henry Morris proporciona una aplicación excelente de estos versículos a nuestra época:

"El hecho de que los ancianos así como los jóvenes se sintieran movidos por estos deseos, y que, en vez de practicarlos en secreto, vociferaran sus deseos en la calles, le proporciona aún otra dimensión a la enormidad de la situación. No en balde Dios le había dicho a Abraham que 'el clamor contra Sodoma y Gomorra se aumenta más y más, y el pecado de ellos se ha agravado en extremo' (18:20). En estos tiempos modernos, después de dos mil años de enseñanza cristiana, a la cual los sodomitas nunca tuvieron acceso, ¿Qué debería pensar Dios del avivamiento actual de la homosexualidad, manifiesta en movimientos de 'liberación homosexual' y organizaciones políticas, e incluso sociedades religiosas 'homosexuales', no solo entre liberales, sino incluso entre algunos evangélicos?" (Henry M. Morris. *The Genesis Record* [El registro de Génesis], pp. 347-348).

"La apariencia de sus rostros testifica contra ellos; porque como Sodoma publican su pecado, no lo disimulan. ¡Ay del alma de ellos! porque amontonaron mal para sí" (Is. 3:9).

"¿Se han avergonzado de haber hecho abominación? Ciertamente no se han avergonzado, ni aun saben tener vergüenza; por tanto, caerán entre los que caigan; cuando los castigue caerán, dice Jehová" (Jer. 6:15).

"como Sodoma y Gomorra y las ciudades vecinas, las cuales de la misma manera que aquéllos, habiendo fornicado e ido en pos de vicios contra naturaleza, fueron puestas por ejemplo, sufriendo el castigo del fuego eterno... De éstos también profetizó Enoc, séptimo desde Adán, diciendo: He aquí, vino el Señor con sus santas decenas de millares, para hacer juicio contra todos, y dejar convictos a todos los impíos de todas sus obras impías que han hecho impíamente, y de todas las cosas duras que los pecadores impíos han hablado contra él" (Jud. 7, 14-15).

3 (19:12-14) *Testimonio, débil — Lot, vida de:* La tercera ilustración de la recaída la constituye el testimonio y la vida impotentes de Lot. Los ángeles le advirtieron a Lot que salvara a su familia, porque la ciudad sería destruida por su perversidad. Lot advirtió a su familia, pero advierta lo que sucedió: ellos lo ridiculizaron y se burlaron de él.

ESTUDIO A FONDO 1

(19:4) *Sodoma:* Sodoma estaba ubicada en el extremo sur del Mar Muerto, y se cree que sus ruinas yazcan bajo el mar hoy día. La ciudad fue destruida por el pecado, fundamentalmente por el pecado de la perversión sexual (Gn. 13:13, cp. 18:20; 19:13, 24). El pecado por el que se conoce a Sodoma es la homosexualidad; de hecho, el pecado de la homosexualidad era tan común en Sodoma que se ha vuelto proverbial (sodomía). A la sodomía —la homosexualidad y otras formas de perversión sexual— se le hace referencia a lo largo de las Escrituras cuando el pecado y el juicio son el tema.

1. Se dice lo siguiente sobre el pecado de Sodoma.

a. Es un pecado que volvió a los hombres muy perversos y pecadores.

"Mas los hombres de Sodoma eran malos y pecadores contra Jehová en gran manera" (Gn. 13:13).

b. Está prohibido por la ley.

"No haya ramera de entre las hijas de Israel, ni haya sodomita de entre los hijos de Israel" (Dt. 23:17).

c. Era un pecado cometido por algunas personas en Israel.

"Hubo también sodomitas en la tierra, e hicieron conforme a todas las abominaciones de las naciones que Jehová había echado delante de los hijos de Israel" (1 R. 14:24).

d. Era uno de los pecados que esclavizaban en el mundo antiguo, un pecado que conllevaba a "todas las formas de injusticia".

> "Por esto Dios los entregó a pasiones vergonzosas; pues aun sus mujeres cambiaron el uso natural por el que es contra naturaleza, y de igual modo también los hombres, dejando el uso natural de la mujer, se encendieron en su lascivia unos con otros, cometiendo hechos vergonzosos hombres con hombres, y recibiendo en sí mismos la retribución debida a su extravío... Quienes habiendo entendido el juicio de Dios, que los que practican tales cosas son dignos de muerte, no sólo las hacen, sino que también se complacen con los que las practican" (Ro. 1:26-27, 32).

e. Era un pecado que degradaba y rebajaba la religión.

> "Además derribó los lugares de prostitución idolátrica que estaban en la casa de Jehová, en los cuales tejían las mujeres tiendas para Asera" (2 R. 23:7).

2. Se dice lo siguiente del juicio de Sodoma y de los sodomitas, los homosexuales.

a. La tierra fue juzgada, fue purificada del pecado.

> "Porque quitó del país a los sodomitas, y quitó todos los ídolos que sus padres habían hecho" (1 R. 15:12).
> "Barrió también de la tierra el resto de los sodomitas que había quedado en el tiempo de su padre Asa" (1 R. 22:46).

b. El centro de adoración (la casa del Señor) fue purificada del pecado.

> "Además derribó los lugares de prostitución idolátrica que estaban en la casa de Jehová, en los cuales tejían las mujeres tiendas para Asera" (2 R. 23:7).

c. El juicio de Sodoma constituye una ilustración del juicio futuro, el juicio que ha de venir.

> "De cierto os digo que en el día del juicio, será más tolerable el castigo para la tierra de Sodoma y de Gomorra, que para aquella ciudad" (Mt. 10:15).
> "mas el día en que Lot salió de Sodoma, llovió del cielo fuego y azufre, y los destruyó a todos. 30 Así será el día en que el Hijo del Hombre se manifieste" (Lc. 17:29-30).

> "y si condenó por destrucción a las ciudades de Sodoma y de Gomorra, reduciéndolas a ceniza y poniéndolas de ejemplo a los que habían de vivir impíamente" (2 P. 2:6).
> "como Sodoma y Gomorra y las ciudades vecinas, las cuales de la misma manera que aquéllos, habiendo fornicado e ido en pos de vicios contra naturaleza, fueron puestas por ejemplo, sufriendo el castigo del fuego eterno" (Jud. 7).

3. Sin embargo, el propio Señor le dio una gran esperanza a los sodomitas, a los homosexuales de esta tierra. Él dijo...
• Que Sodoma era juzgada y destruida por el pecado, pero que no habría sido destruida si sus habitantes se hubieran arrepentido.
• Que Sodoma y sus habitantes darían cuenta por mucho en el día del juicio, pero no por haber descuidado ni rechazado a Jesucristo, el Hijo de Dios. Nota: cuánto más juicio caerá sobre los sodomitas (homosexuales) que son culpables de sodomía (homosexualidad) y de rechazar a Cristo.

Pero hay esperanzas para todos los sodomitas: se pueden arrepentir —alejarse de su pecado— y confiar en Jesucristo como su Salvador y Señor.

> "Y tú, Capernaum, que eres levantada hasta el cielo, hasta el Hades serás abatida; porque si en Sodoma se hubieran hecho los milagros que han sido hechos en ti, habría permanecido hasta el día de hoy" (Mt. 11:23).
> "Me hiciste conocer los caminos de la vida; me llenarás de gozo con tu presencia" (Hch. 2:38).
> "Así que, arrepentíos y convertíos, para que sean borrados vuestros pecados; para que vengan de la presencia del Señor tiempos de refrigerio" (Hch. 3:19).
> "Arrepiéntete, pues, de esta tu maldad, y ruega a Dios, si quizá te sea perdonado el pensamiento de tu corazón" (Hch. 8:22).
> "Deje el impío su camino, y el hombre inicuo sus pensamientos, y vuélvase a Jehová, el cual tendrá de él misericordia, y al Dios nuestro, el cual será amplio en perdonar" (Is. 55:7).
> "Mas el impío, si se apartare de todos sus pecados que hizo, y guardare todos mis estatutos e hiciere según el derecho y la justicia, de cierto vivirá; no morirá" (Ez. 18:21).

No creyeron en su mensaje del juicio.
=> Su propio testimonio personal carecía de sentido: él había llevado una vida carnal y mundana demasiado tiempo delante de su familia. No había diferencia entre su vida y las vidas de los mundanos. Él no había logrado encaminar a su familia —a sus hijos— hacia Dios.

Pensamiento 1. No debemos dejar de encaminar a nuestros hijos hacia Cristo ni dejar de enseñarles los caminos del Señor.

1) Lot no logró —de un modo lamentable— obedecer las instrucciones de Dios en cuanto a la crianza de sus hijos.

"y las repetirás a tus hijos, y hablarás de ellas estando en tu casa, y andando por el camino, y al acostarte, y cuando te levantes" (Dt. 6:7).
"Instruye al niño en su camino, y aun cuando fuere viejo no se apartará de él" (Pr. 22:6).
"Y vosotros, padres, no provoquéis a ira a vuestros hijos, sino criadlos en disciplina y amonestación del Señor" (Ef. 6:4).

2) Lot no logró hacer lo que hizo Abraham: enseñarle a su familia los caminos del Señor.

"Porque yo sé que mandará a sus hijos y a su casa después de sí, que guarden el camino de Jehová, haciendo justicia y juicio, para que haga venir Jehová sobre Abraham lo que ha hablado acerca de él" (Gn. 18:19).

4 (19:15-22) *Mundanalidad:* La cuarta ilustración de la recaída la constituye el deseo de Lot de quedarse en el mundo. Esta es una ilustración descriptiva de cómo puede recaer un creyente. En realidad un creyente puede enamorarse del mundo a pesar de las advertencias severas del juicio inminente.

1. Estaba la advertencia urgente (v. 15). Los dos ángeles advirtieron a Lot: Él necesitaba darse prisa, tomar a su esposa y a sus dos hijas e irse; huir de la ciudad no fuera a ser que pereciera.

2. Lot se quería quedar (v. 16). La idea misma de abandonar su hogar, su negocio, y sus posesiones —su apego al mundo y a las cosas del mundo— dificultaban su partida. Pero Dios tuvo misericordia de él: los dos ángeles tomaron a Lot de la mano, a su esposa, y sus hijas y los llevaron fuera de la ciudad.

3. Había una debilidad espiritual increíble (vv. 17-20). Lo que sucedió en este momento fue casi increíble, que un creyente cayera tan bajo que anhelara el mundo...

• A pesar de haber sido salvado de una muerte catastrófica por la misericordia gloriosa de Dios.
• A pesar de enfrentarse al juicio inminente.

Cuando los ángeles llevaron a Lot y a su familia fuera de la ciudad, los ángeles advirtieron a Lot nuevamente y lo instaron a escapar para que salvara su vida, a huir a las montañas lejos de la llanura no fuera a ser que pereciera (v. 17). Pero Lot suplicó en contra de la voluntad de Dios (v. 18):

=> Lot alegó ser incapaz físicamente de llegar a la montaña, que no podría subirla a tiempo como para librarse de la destrucción (v. 19). Pero esto era un camuflaje, un autoengaño para un corazón mundano. Dios lo estaba salvando del juicio venidero, y Dios lo habría fortalecido para el viaje a la montaña. Lot sabía esto.
=> Lot suplicó por el derecho de escapar a una ciudad

cercana, a Zoar (v. 20). Es trágico, lastimoso, lamentable. Cuán digno de lástima se había vuelto Lot: implorando para quedarse cerca de Sodoma, de las comodidades del mundo que él había conocido. Recuerden, Lot era un negociante acaudalado con mucho ganado y muchos activos. Quizás pensó que se podría salvar su ganado (después de todo, estaban fuera de la ciudad) si él pudiera convencer a Dios de que salvara a Zoar y lo dejara vivir allí. Cualquiera que sea el caso, Lot aún estaba tratando de aferrarse al mundo, a sus posesiones y comodidades, aferrarse incluso después que Dios había hecho tanto por él. Y Lot estaba muy consciente de la misericordia que Dios estaba mostrándole. Él lo dijo claramente (v. 19).

4. Ahora Dios aceptaba la opción de Lot: Le permitió vivir en Zoar y que siguiera llevando una vida mundana y carnal (vv. 21-22). Dios no discutió más; Él dejó que Lot llevara su vida de carnalidad y mundanalidad. Pero Dios siguió adelante y salvó a Lot, lo salvó por la oración de Abraham. (Vea nota, Gn. 18:22-26.)

"De sus caminos será hastiado el necio de corazón; pero el hombre de bien estará contento del suyo" (Pr. 14:14).
"y por haberse multiplicado la maldad, el amor de muchos se enfriará" (Mt. 24:12).
"mas ahora, conociendo a Dios, o más bien, siendo conocidos por Dios, ¿cómo es que os volvéis de nuevo a los débiles y pobres rudimentos, a los cuales os queréis volver a esclavizar?" (Gá. 4:9).
"porque Demas me ha desamparado, amando este mundo, y se ha ido a Tesalónica. Crescente fue a Galacia, y Tito a Dalmacia" (2 Ti. 4:10).
"Mas el justo vivirá por fe; y si retrocediere, no agradará a mi alma" (He. 10:38).
"Ciertamente, si habiéndose ellos escapado de las contaminaciones del mundo, por el conocimiento del Señor y Salvador Jesucristo, enredándose otra vez en ellas son vencidos, su postrer estado viene a ser peor que el primero. Porque mejor les hubiera sido no haber conocido el camino de la justicia, que después de haberlo conocido, volverse atrás del santo mandamiento que les fue dado" (2 P. 2:20-21).
"Pero tengo contra ti, que has dejado tu primer amor" (Ap. 2:4).

ESTUDIO A FONDO 1

(19:21-22) *Zoar:* El nombre de la ciudad significa *pequeño*. Zoar era una ciudad cananea pequeña que se había fundado cerca de Sodoma y Gomorra.

=> Zoar era una de las ciudades atacadas y derrotadas por un ejército invasor del Oriente, pero sus ciudadanos fueron salvados por Abraham (Gn. 14:2, 8).
=> Zoar era una de las ciudades que Dios había designado para destruir conjuntamente con Sodoma y Gomorra. Sin embargo, fue salvada en respuesta a la oración de Lot (Gn. 19:22).

=> Zoar era parte de la Tierra Prometida (Dt. 34:3).
=> Zoar era una ciudad a la que huían los fugitivos (Is. 15:5).
=> Zoar sería juzgada y conocería la ira de Dios (Jer. 48:34).

5 (19:23-26) *Juicio — Sodoma — Gomorra:* La quinta ilustración de la recaída la constituye la advertencia del juicio hecha a Lot, una lección para todos nosotros.

1. El *creyente acomodaticio* lo perdió todo (v. 23). Lot perdió su casa, sus posesiones, y todas sus riquezas; pero lo más trágico de todo, él perdió a toda su familia excepto dos hijas solteras. Él había confiado en el mundo, y ahora su mundo había desaparecido.

2. Los *incrédulos depravados* fueron juzgados; ellos sufrieron la condenación del fuego y el azufre (v. 24). Advierta estos elementos:

   a. Se destruyeron cuatro ciudades en realidad, todas las ciudades de la región: Sodoma, Gomorra, Adma, y Zeboim. Solo se perdonó a Zoar por Lot (Dt. 29:23, cp. Os. 11:8).

   b. El propio Señor hizo llover fuego y azufre sobre las ciudades. Es decir, Dios provocó el juicio. Se dice dos veces que el fuego y el azufre ha provenido del Señor (v. 24).

H. C. Leupold dice lo siguiente:

"El 'fuego' que llovió del cielo pueden haber sido rayos. El 'azufre' puede haber sido obrado milagrosamente y que así haya llovido conjuntamente con los rayos, aunque está la otra posibilidad de que una explosión enorme de materiales altamente inflamables, incluso el azufre, depositados en la tierra (cf. Los 'pozos de asfalto' del 14:10) pueden haber lanzado estos materiales, fundamentalmente el azufre, al aire tan alto que caían como lluvia sobre estas ciudades, provocando una gran conflagración" (*Exposition of Genesis*, vol. 1, p. 568).

Henry Morris planeta lo siguiente:

"Por lo tanto, parece posible que Dios provocara un terremoto a lo largo de la gran falla en este momento, lo que liberó y expulsó a la atmósfera grandes cantidades de hidrocarburos combustibles y azufre. Al mismo tiempo, Dios envió 'fuego del cielo', lo que inflamó la mezcla convirtiéndola en una gran explosión y en un fuego devastador. Para Abraham, observando desde lejos con gran preocupación desde su oración intercesora ante el Señor, parecía como si 'el humo subía de la tierra como el humo de un horno'.

"El 'fuego y azufre' que cayeron del cielo posiblemente se refiera al gas y azufre ardientes que fueron lanzados al aire en la explosión y que luego cayeron de vuelta a la tierra esparcidos por toda la región. La explicación más naturalista posible para la inflamación de estos materiales probablemente sería la de una tormenta eléctrica simultánea, en tal caso el rayo en sí también podría describirse como 'fuego del cielo'. Se usa una terminología semejante en Job 1:16; Ez. 38:22, y en otras partes, para lo que probablemente sean también fenómenos atmosféricos violentos.

"Como los fenómenos físicos naturales, fijados divinamente, sí parecen adecuados para explicar la destrucción de Sodoma y Gomorra, quizás debamos interpretar la historia de esta manera. Sin embargo, no queremos excluir la posibilidad de que un fuego divino creado especialmente fuera enviado sobrenaturalmente del cielo para inflamar la región. La Biblia sí registra otras cosas parecidas, como en los días de Gedeón (Jue. 6:21), Elías (1 R. 18:38), y otros. Resulta interesante que el equivalente de 'azufre' en el Nuevo Testamento es el griego *theion*, que significa literalmente 'fuego de Dios'. La relación personal de Dios y los dos mensajeros angélicos con la destrucción de Sodoma en sí tiende a sugerir que la 'lluvia de azufre y fuego de parte de Jehová desde los cielos' realmente fue sobrenatural. Ciertamente no hay razón para que nosotros cuestionemos la capacidad de Dios ni la adecuación de un verdadero milagro creativo en esta situación" (*The Genesis Record* [El registro de Génesis], pp. 354-355).

   c. Advierta que el Señor "destruyó" las ciudades (v. 25). La idea de "destruir" es la de personas que se oponen a Dios: enfrentarse a Él, maldecirlo, hacerle frente en toda su inmoralidad, anarquía, y rebelión. Por consiguiente, Dios tuvo que destruirlos, arrasarlos en juicio.

Pensamiento 1. ¡Cuán semejante al mundo de hoy día! Piensen nada más en las personas de cada ciudad que se enfrentan a Dios y...

- Lo maldicen
- Se rebelan contra Él
- Son anárquicos
- Cometen inmoralidades

Se acerca el día en que Dios tenga que destruir a las ciudades de la tierra, en que Dios tenga que arrasarlos en juicio. Dios va a juzgarnos a todos nosotros.

"Cuando el Hijo del Hombre venga en su gloria, y todos los santos ángeles con él, entonces se sentará en su trono de gloria, y serán reunidas delante de él todas las naciones; y apartará los unos de los otros, como aparta el pastor las ovejas de los cabritos. Y pondrá las ovejas a su derecha, y los cabritos a su izquierda. Entonces el Rey dirá a los de su derecha: Venid, benditos de mi Padre, heredad el reino preparado para vosotros desde la fundación del mundo... Entonces dirá también a los de la izquierda: Apartaos de mí, malditos, al fuego eterno preparado para el diablo y sus ángeles" (Mt. 25:31-34, 41).

"y a vosotros que sois atribulados, daros reposo con nosotros, cuando se manifieste el Señor Jesús desde el cielo con los ángeles de su poder, en llama de fuego, para dar retribución a los que no conocieron a Dios, ni obedecen al evangelio de nuestro Señor Jesucristo" (2 Ts. 1:7-8).

"Y de la manera que está establecido para los hombres que mueran una sola vez, y después de esto el juicio" (He. 9:27).

"Porque si Dios no perdonó a los ángeles que pecaron, sino que arrojándolos al infierno los entregó a prisiones de oscuridad, para ser reservados al juicio; y si no perdonó al mundo antiguo, sino que guardó a Noé, pregonero de justicia, con otras siete personas, trayendo el diluvio sobre el mundo de los impíos; y si condenó por destrucción a las ciudades de Sodoma y de Gomorra, reduciéndolas a ceniza y poniéndolas de ejemplo a los que habían de vivir impíamente, y libró al justo Lot, abrumado por la nefanda conducta de los malvados (porque este justo, que moraba entre ellos, afligía cada día su alma justa, viendo y oyendo los hechos inicuos de ellos), sabe el Señor librar de tentación a los piadosos, y reservar a los injustos para ser castigados en el día del juicio" (2 P. 2:4-9).

"sabiendo primero esto, que en los postreros días vendrán burladores, andando según sus propias concupiscencias, y diciendo: ¿Dónde está la promesa de su advenimiento? Porque desde el día en que los padres durmieron, todas las cosas permanecen así como desde el principio de la creación. Estos ignoran voluntariamente, que en el tiempo antiguo fueron hechos por la palabra de Dios los cielos, y también la tierra, que proviene del agua y por el agua subsiste, por lo cual el mundo de entonces pereció anegado en agua; pero los cielos y la tierra que existen ahora, están reservados por la misma palabra, guardados para el fuego en el día del juicio y de la perdición de los hombres impíos. Mas, oh amados, no ignoréis esto: que para con el Señor un día es como mil años, y mil años como un día. El Señor no retarda su promesa, según algunos la tienen por tardanza, sino que es paciente para con nosotros, no queriendo que ninguno perezca, sino que todos procedan al arrepentimiento. Pero el día del Señor vendrá como ladrón en la noche; en el cual los cielos pasarán con grande estruendo, y los elementos ardiendo serán deshechos, y la tierra y las obras que en ella hay serán quemadas" (2 P. 3:3-10).

"De éstos también profetizó Enoc, séptimo desde Adán, diciendo: He aquí, vino el Señor con sus santas decenas de millares, para hacer juicio contra todos, y dejar convictos a todos los impíos de todas sus obras impías que han hecho impíamente, y de todas las cosas duras que los pecadores impíos han hablado contra él" (Jud. 14-15).

6 (19:27-29) *Oración:* La sexta ilustración de la recaída la constituye la liberación de Lot en respuesta a la oración. Lot y sus dos hijas fueron salvados solo por la oración de Abraham.

1. Advierta la anticipación urgente del guerrero de la oración. Abraham se levantó temprano para ver qué había sucedido. Sin lugar a dudas, lo que él vio lo estremeció con el más profundo pesar y tensión emocional. Toda la llanura estaba llena de un humo denso que se elevaba al cielo, un humo tan denso que parecía salir con furia de un enorme horno ardiente, un horno tan grande que parecía cubrir toda la región.

2. El recuerdo de Dios de la oración de Abraham se vuelve a relatar. Advierta que Lot no fue salvado por sí mismo: él no había seguido a Dios ni había dado testimonio de Dios. Él había vivido para este mundo, había vivido para los lujos, placeres, dinero, riquezas, propiedades, posición, honra, y posesiones de este mundo. Él había llevado una vida carnal y mundana. No había razón alguna para que Dios lo salvara y lo mantuviera en esta tierra: sencillamente él no daba testimonio de Dios. De hecho, él dañó y avergonzó el nombre de Dios. Él avergonzó a Dios, lo desacreditó, y manchó el nombre de otros creyentes, porque él llevaba una vida hipócrita. Lot fue salvado por una razón y solo por una razón: Abraham, su tío, había orado por él; y Dios oyó y respondió su oración (v. 29).

"La oración eficaz del justo puede mucho" (Stg. 5:16).

3. La esposa de Lot —la esposa de un reincidente— amaba el mundo y padeció el juicio de Dios (v. 26). Advierta que la esposa de Lot estaba "detrás de él". La idea es que ella había vacilado y se había atrasado un tanto. La esposa de Lot amaba a Sodoma y la vida cómoda que había llevado. Sin dudas, ella sentía el dolor de abandonar Sodoma y de tener que renunciar...

• A los lujos y la vida social de la ciudad.
• A su hogar y sus posesiones.
• A sus amigos y vecinos.

Después de todo, ella era una de las esposas más prominentes de la ciudad, ya que su esposo era un funcionario de la ciudad, hasta quizá el alcalde. Ella era muy conocida y aceptada, miembro de todos los clubes y reuniones sociales importantes de la ciudad.

Quizás ella se había retrasado porque ella dudaba de las advertencias de juicio, porque anhelaba regresar, y considero la idea de cuestionar a Lot sobre la posibilidad de regresar. Cualquiera que haya sido la razón, ella se había retrasado y estaba pensando en Sodoma, su hogar y las comodidades de la vida que había llevado. Y luego sucedió: ella miró atrás, y de inmediato se convirtió en una estatua de sal (v. 26). ¿Qué significa esto?

=> Pudiera significar que Dios actuó milagrosamente y juzgó a la esposa de Lot convirtiéndola en una estatua de sal.

=> Pudiera significar que una de las explosiones volcánicas lanzaron al aire uno de los depósitos de sal y Dios hizo que cayera sobre la esposa de Lot cuando ella desobedeció.

=> Pudiera significar que ella no logró apurarse lo suficiente como para librarse de la crecida de lava de las erupciones volcánicas. Por eso ella quedó sepultada y petrificada en la ceniza y otros materiales (materiales salinos).

7 (19:30-38) *Recaída, Resultados:* La séptima ilustración de la recaída la constituye el trágico final de Lot, los resultados de la recaída.

1. Estaba el temor. Lot y sus dos hijas se habían ido a Zoar, pero se desconoce exactamente cuánto tiempo se quedaron allí. Todo cuanto sabemos es que mientras estaba allí, Lot comenzó a *temer.* ¿A temer qué? ¿Le temía a los ciudadanos de Zoar? ¿Miraban a Lot con sospechas y le guardaban resentimiento, preguntándose si de alguna manera se le debía culpar por la destrucción de Sodoma y las otras ciudades? Esta es una explicación posible, pero el contexto parece señalar que él temía a más juicio de Dios, que Zoar también pudiera ser destruido por Dios. Zoar estaba ubicada en el medio de la destrucción: Sodoma y Gomorra estaban ubicadas al norte y las otras dos ciudades estaban ubicadas al sur de Zoar. Por consiguiente, a Zoar la rodeaba la destrucción masiva. Había sido una ciudad próspera, pero ahora la tierra fértil y las ciudades que la había rodeado y le proporcionaban comercio estaban destruidas. Las riquezas y mercados de Zoar habían desparecido, la economía estaba en quiebra. Ya no era un buen lugar para vivir. Lot, al ver toda la destrucción circundante y sabiendo que Zoar estaba ubicada en el medio de la devastación, probablemente recordara que Dios había perdonado a Zoar solo por él. Dios había planeado originalmente juzgar y destruir también a Zoar. Por eso Lot comenzó a temer el juicio de Dios sobre Zoar así que él huyó de la ciudad. El pecado había traído juicio sobre Sodoma, y la recaída de Lot y su vida mundana lo había hecho perder todo cuanto tenía incluso su familia. Ahora su recaída provocaba aún más sufrimiento, el sufrimiento del temor, el temor de más juicio por parte de Dios.

Pensamiento 1. La recaída siempre trae el juicio de Dios sobre una persona; por consiguiente, a un creyente en recaída le es necesario temer, temer lo suficiente como para arrepentirse y volverse a Dios.

2. Estaba la humillación. Imagínense tener que vivir en una cueva después de ser un funcionario de la ciudad o un alcalde de una de las ciudades de puntera del mundo. Ese era Lot. Él lo había perdido todo, incluso su autoestima y el respeto de otros. Él era un hombre devastado: rebajado, abatido, destruido, completamente humillado, avergonzado, deshonrado, y probablemente confundido, maldito, y lleno de culpabilidad. Lot había caído hasta el fondo de la escala de existencia humana.

Pensamiento 1. La mundanalidad —la recaída— derrotará a cualquier creyente y finalmente lo humillará.

3. Estaba la mala influencia sobre los hijos (vv. 31-36). Esta es una escena sórdida y vergonzosa. Pero muestra los resultados más trágicos de una vida en recaída, la repercusión horrible que tiene la recaída sobre los hijos. Las dos hijas de Lot, viviendo en la cueva en el medio de las montañas, comenzaron a preocuparse por si lograrían casarse y tener hijos. Por eso tramaron la conspiración más inmortal que se pueda imaginar: emborrachar a su padre, tener sexo con él, y dar a luz hijos. Advierta que la hija mayor llevó a cabo primero el plan (v. 33) y luego influyó a su hermana menor para que hiciera lo mismo (vv. 34-35). Los pensamientos y planes inmorales, la borrachera y la impureza sexual (el incesto), hijos guiando mal a hijos al pecado y la vergüenza; todo debido al hecho de que Lot había llevado una vida mundana y en recaída ante sus hijas. Cierto, eran vírgenes hasta este momento: él les había dado cierta preparación moral (cp. v. 8). Pero las había criado en un medio mundano y perverso, en la atmósfera social de un funcionario de la ciudad que, sin dudas, incluía la borrachera, el baile, y otras actividades que conllevaban a la conducta disoluta. Al parecer el propio Lot tenía una conducta disoluta, porque solo había un lugar de donde las hijas podían haber conseguido el vino para emborrachar al padre: de él. Él debe haber sacado el vino de Sodoma cuando él huyó de la ciudad. ¡Imagínense! Huir para salvar su vida y poder salvar solamente lo que usted puede llevar en su espalda y escoger vino como uno de los pocos artículos que usted salva. El estado de recaída de Lot era de veras severo. El ejemplo que él le había dado a su familia a lo largo de los años era un ejemplo patético y lamentable. No en balde estas dos jóvenes se había extraviado: todo cuanto habían visto, a pesar de alguna enseñanza moral, era un ambiente que permitía la vida disoluta que era socialmente aceptable para la alta sociedad de los líderes empresariales y gubernamentales.

> "Instruye al niño en su camino, y aun cuando fuere viejo no se apartará de él" (Pr. 22:6).
> "Y vosotros, padres, no provoquéis a ira a vuestros hijos, sino criadlos en disciplina y amonestación del Señor" (Ef. 6:4).

4. Estaba el problema para las generaciones futuras (vv. 37-38). Las dos hijas dieron a luz...
- La mayor a un hijo llamado Moab, que se convirtió en el padre de los moabitas.
- La menor a un hijo llamado Ben-ammi, que se convirtió en el padre de los amonitas.

Ambas naciones se convertirían en enemigos acérrimos y se opondrían a Israel (lo seguidores de Dios) en futuras generaciones. Finalmente —a lo largo de los siglos— se mezclaron con los árabes como hicieron muchos de los pueblos en toda la región del Oriente Medio.

> "que guarda misericordia a millares, que perdona la iniquidad, la rebelión y el pecado, y que de ningún modo tendrá por inocente al malvado; que visita la iniquidad de los padres sobre los hijos y sobre los hijos de los hijos, hasta la tercera y cuarta generación" (Éx. 34:7).
> "que haces misericordia a millares, y castigas la maldad de los padres en sus hijos después de ellos;

Dios grande, poderoso, Jehová de los ejércitos es su nombre" (Jer. 32:18).

ESTUDIO A FONDO 3

(19:30-38) *Lot — Recaída*: Advierta estos elementos sobre la trayectoria de recaída de Lot.

1. Él se inició con la misma herencia y ambiente que Abraham, con la misma oportunidad que Abraham (Gn. 11:27, 31; 12:1-4).

   a. Él era creyente, un hombre justo, igual que Abraham (Gn. 15:6; 2 P. 2:7).

   b. Él siguió a Abraham, el ejemplo del justo, un tiempo (Gn. 12:1-4).

   c. Él se desenvolvió y se sumó a los mundanos (cp. Gn. 13:12-13; 14:11-12; 19:1).

   d. Él se rehusó a prestarle atención a la advertencia y liberación de Dios, se rehusó a separarse del mundo (cp. Gn. 14:11-24, esp. 16).

2. Él permitió que su fe se degenerara, se volviera carnal.

   a. Él actuó egoístamente (cp. Gn. 13:5-11, fundamentalmente. 10-11).

   b. Él se volvió a la mundanalidad (cp. Gn. 13:10-11).

   c. Él se desenvolvió y se sumó a los mundanos (cp. Gn. 13:12-13; 14:11-12; 19:1).

   d. Él se rehusó a prestarle atención a la advertencia y liberación de Dios, se rehusó a separarse del mundo (cp. Gn. 14:11-24, esp. 16).

3. A él le faltaba el coraje para separarse del mundo.

   a. Él sufrió un espíritu desconcertado por sus alrededores malvados (2 P. 2:8).

   b. Él reprendió y trató de corregir el mal (cp. Gn. 19:1-3, 6-9).

   c. Aún así él vaciló y se rehusó a separarse del mundo (cp. Gn. 19:1-3, 16, 18-22).

4. Él terminó su vida en la vergüenza y el olvido, nunca se volvió a oír de él, y dejó una herencia e influencia vergonzosas para sus hijos (Gn. 19:30-38).

CAPÍTULO 20

N. Abraham volvió a caer en pecado: La fe que guarda. Cómo Dios guarda y protege al creyente, incluso en el pecado, 20:1-18

1 Abraham pecó[EF1]
a. Abraham abandonó la Tierra Prometida: Se trasladó a Gerar, la capital de los filisteos
b. Abraham engañó y mintió a otros

2 Dios salvó a Abraham por medio de la intervención milagrosa
a. Dios advirtió al rey del juicio: Él estaba en peligro de morir si cometía adulterio
b. El rey apeló al Señor de todo (Adonai)
  1) El Señor que tiene poder sobre todas las personas y naciones
  2) El Señor que es justo y recto, que no castiga injustamente: El Señor que sabe que el rey es inocente
c. Dios, el Dios verdadero, se reveló a sí mismo
  1) Su conocimiento de todo: Él sabía que el rey era inocente
  2) Su poder sobre todo: Él no permitió que el rey tocara a Sara
  3) Su expectativa y exigencia: Que el rey no cometiera adulterio, que él devolviera a Sara a Abraham

3 Dios salvó a Abraham por medio de la represión humana

1 De allí partió Abraham a la tierra del Neguev, y acampó entre Cades y Shur, y habitó como forastero en Gerar. 2 Y dijo Abraham de Sara su mujer: Es mi hermana. Y Abimelec rey de Gerar envió y tomó a Sara. 3 Pero Dios vino a Abimelec en sueños de noche, y le dijo: He aquí, muerto eres, a causa de la mujer que has tomado, la cual es casada con marido. 4 Mas Abimelec no se había llegado a ella, y dijo: Señor, ¿matarás también al inocente? 5 ¿No me dijo él: Mi hermana es; y ella también dijo: Es mi hermano? Con sencillez de mi corazón y con limpieza de mis manos he hecho esto.

6 Y le dijo Dios en sueños: Yo también sé que con integridad de tu corazón has hecho esto; y yo también te detuve de pecar contra mí, y así no te permití que la tocases. 7 Ahora, pues, devuelve la mujer a su marido; porque es profeta, y orará por ti, y vivirás. Y si no la devolvieres, sabe que de cierto morirás tú, y todos los tuyos.

8 Entonces Abimelec se levantó de mañana y llamó a todos sus siervos, y dijo todas estas palabras en los oídos de ellos; y temieron los hombres en gran manera. 9 Después llamó Abimelec a Abraham, y le dijo: ¿Qué nos has hecho? ¿En qué pequé yo contra ti, que has atraído sobre mí y sobre mi reino tan grande pecado? Lo que no debiste hacer has hecho conmigo. 10 Dijo también Abimelec a Abraham: ¿Qué pensabas, para que hicieses esto? 11 Y Abraham respondió: Porque dije para mí: Ciertamente no hay temor de Dios en este lugar, y me matarán por causa de mi mujer. 12 Y a la verdad también es mi hermana, hija de mi padre, mas no hija de mi madre, y la tomé por mujer. 13 Y cuando Dios me hizo salir errante de la casa de mi padre, yo le dije: Esta es la merced que tú harás conmigo, que en todos los lugares adonde lleguemos, digas de mí: Mi hermano es. 14 Entonces Abimelec tomó ovejas y vacas, y siervos y siervas, y se los dio a Abraham, y le devolvió a Sara su mujer. 15 Y dijo Abimelec: He aquí mi tierra está delante de ti; habita donde bien te parezca. 16 Y a Sara dijo: He aquí he dado mil monedas de plata a tu hermano; mira que él te es como un velo para los ojos de todos los que están contigo, y para con todos; así fue vindicada.

17 Entonces Abraham oró a Dios; y Dios sanó a Abimelec y a su mujer, y a sus siervas, y tuvieron hijos. 18 Porque Jehová había cerrado completamente toda matriz de la casa de Abimelec, a causa de Sara mujer de Abraham.

a. La represión de la vergüenza y el bochorno
b. La represión de hacer que otros pequen
c. La represión de ser un hombre temeroso y desconfiado

4 Dios salvó a Abraham por medio de la confesión sincera
a. El pecado del temor, de no confiar en Dios
b. El pecado de la mentira, de tergiversar la verdad, de decir la verdad a medias
c. El pecado de utilizar y explotar a las personas

5 Dios salvó a Abraham obrando todas las cosas a bien
a. La familia se volvió a unir y recibió regalos: Abraham y Sara se volvieron a unir
b. Al creyente arrepentido, Abraham, le dieron una nueva tierra, un nuevo lugar de ministerio y adoración
c. El acompañante pecador, Sara, fue salvada de parte de la vergüenza y el bochorno
d. Es muy probable que el rey no salvo fuera salvado
e. El rey convertido y su casa fueron bendecidos

DIVISIÓN VII

ABRAHAM: EL HOMBRE ESCOGIDO PARA CONVERTIRSE EN EL PADRE DEL PUEBLO DE DIOS Y EN EL PADRE DE LA FE, 12:1—25:18

N. Abraham volvió a caer en pecado: La fe que guarda. Cómo Dios guarda y protege al creyente, incluso en el pecado, 20:1-18

(20:1-18) *Introducción — Dios, poder que guarda — Garantía — Seguridad:* Dios guarda a su pueblo durante la vida, incluso en el pecado. La pura gracia y el poder glorioso de Dios ayudan a su pueblo a atravesar todas las pruebas de la vida. Este pasaje constituye una ilustración clara de lo que Dios quiere decir con que a los que aman a Dios, todas las cosas les ayudan a bien, esto es, a los que conforme a su propósito son llamados (Ro. 8:28).

He aquí la ilustración.

En la víspera misma de uno de los momentos más grandes de la vida de Abraham (el hijo tan anhelado), él pecó de nuevo, pecó terriblemente. Y por su pecado, él puso en peligro la esperanza. Una vez más, Dios se vio obligado a intervenir en su nombre. Dios mostró su misericordia eterna guardando y preservando a su querido seguidor, incluso en su terrible pecado. Dios y solo Dios salvó y guardó a Abraham. Dios tomó la iniciativa e intervino en nombre de Abraham. Así, él le demostró a Abraham y a todas las generaciones subsiguientes que es su gracia y solo su gracia la que continúa salvando y guardando al creyente. Al creyente se le demuestra lo que realmente es: un creyente sí, pero un ser humano frágil, mortal, y depravado. No es más que un pobre pecador a quien *salva y guarda* la pura gracia y el poder glorioso de Dios.

Una y otra vez a lo largo de Génesis y el resto de la Biblia, se ve a Dios liberando y guardando a sus siervos, incluso en el pecado (nota, no *del* pecado sino *en el* pecado). Se muestran a los siervos de Dios como meros hombres, hombres totalmente depravados. Según lo planteado, se ven como frágiles mortales y pobres pecadores a los que *la pura gracia y el poder glorioso de Dios* no solo tiene que salvar sino *guardar*.

Surge naturalmente la interrogante, *¿Por qué?* ¿Por qué Dios libera y guarda a su pueblo —incluso en el pecado— cuando son depravados y demuestran su depravación pecando con tan frecuencia? ¿Por qué Dios sigue salvando a los creyentes cuando carecen tanto de la gloria de Dios (Ro. 3:23)? ¿Por qué Dios sencillamente no abandona a su pueblo, lo juzga, y los borra de su memoria para siempre? Las Escrituras nos dan una razón suprema. Se revela en el Nuevo Testamento.

Dios ama a su Unigénito, el Señor Jesucristo, de un modo supremo; y Dios le ha hecho una promesa suprema a Él: que Él va a tener *muchos hermanos y hermanas adoptivos*, una familia creada "a imagen de Dios" y "conformada a la imagen de Cristo". (Vea *Estudio a fondo 1*, Gn. 1:26; 1 Jn. 3:2.)

> **"Y sabemos que a los que aman a Dios, todas las cosas les ayudan a bien, esto es, a los que conforme**

a su propósito son llamados. Porque a los que antes conoció, también los predestinó para que fuesen hechos conformes a la imagen de su Hijo..."

¿Por qué? ¿Por qué el pueblo de Dios está predestinado a estar conformado a la imagen de su Hijo?

> **"... Para que él sea el primogénito entre muchos hermanos" (Ro. 8:28-29).**

Dios está salvando y guardando a un pueblo para que alabe y honre a su Hijo, un pueblo para adorarlo como el preeminente, el Señor y Majestad soberano del universo. Dios le había hecho esta promesa a su Hijo, que Él tendría muchos hermanos y hermanas que lo adorarían y lo honrarían. Esta es la razón suprema por la que Dios siempre ha liberado y guardado a su pueblo durante siglos. Él ha planeado que su Hijo tendrá muchos hermanos hechos "a su imagen" (seres perfeccionados), personas que han escogido libremente creer en Él y honrarlo en esta vida y adorarlo y servirlo por toda la eternidad. Sus hermanos y hermanas exaltarán su nombre más alto de lo que ya está, de lo que ha estado, o vaya a estar.

La alabanza y honra del Unigénito de Dios "por muchos hermanos" (hijos adoptivos) es la razón misma por la que Dios sigue liberando a su pueblo que yerra constantemente. Cuando Dios libera a un creyente del peligro y perdona su pecado, el creyente alaba y honra a Cristo. ¿Por qué? Porque Cristo posibilitó el perdón de Dios por medio de la sangre de la cruz.

> **"en amor habiéndonos predestinado para ser adoptados hijos suyos por medio de Jesucristo, según el puro afecto de su voluntad, para alabanza de la gloria de su gracia, con la cual nos hizo aceptos en el Amado, en quien tenemos redención por su sangre, el perdón de pecados según las riquezas de su gracia" (Ef. 1:5-7).**
> **"el cual nos ha librado de la potestad de las tinieblas, y trasladado al reino de su amado Hijo, en quien tenemos redención por su sangre, el perdón de pecados" (Col. 1:13-14).**
> **"Hijitos míos, estas cosas os escribo para que no pequéis; y si alguno hubiere pecado, abogado tenemos para con el Padre, a Jesucristo el justo. Y él es la propiciación por nuestros pecados; y no solamente por los nuestros, sino también por los de todo el mundo" (1 Jn. 2:1-2, cp. 1 P. 5:7).**

Nada impedirá que Dios cumpla su propósito y promesa a Cristo. Su Unigénito "será el primogénito [el Preeminente] entre muchos hermanos", entre todas las personas que creen genuinamente en Él y lo siguen.

El propio Cristo le da seguridad al creyente, a todos aquellos que creen en Él y lo siguen:

> **"Por eso me ama el Padre, porque yo pongo mi vida, para volverla a tomar... Mis ovejas oyen mi voz, y yo las conozco, y me siguen, y yo les doy vida eterna; y no perecerán jamás, ni nadie las arrebatará de mi mano. Mi Padre que me las dio, es**

mayor que todos, y nadie las puede arrebatar de la mano de mi Padre" (Jn. 10:17, 27-29).

Las Escrituras también proclaman:

"Por lo cual estoy seguro de que ni la muerte, ni la vida, ni ángeles, ni principados, ni potestades, ni lo presente, ni lo por venir, ni lo alto, ni lo profundo, ni ninguna otra cosa creada nos podrá separar del amor de Dios, que es en Cristo Jesús Señor nuestro" (Ro. 8:38-39).

(Vea nota, Gn. 26:1 para un análisis adicional de este tema.)

Este es el tema de esta experiencia trágica de Abraham: *Abraham volvió a caer en pecado: La fe que guarda. Cómo Dios guarda y protege al creyente, incluso en el pecado,* 20:1-18.

1. El creyente peca (vv. 1-2).
2. Dios salva al creyente por medio de la intervención milagrosa (vv. 3-7).
3. Dios salva al creyente por medio de la represión humana (vv. 8-10).
4. Dios salva al creyente por medio de la confesión sincera (vv. 11-13).
5. Dios salva al creyente al hacer que todas las cosas obren a bien (vv. 14-18).

1 (20:1-2) *Abraham — Recaída — Mentira:* El creyente, Abraham, pecó. Cometió dos pecados burdos.

1. Abraham abandonó la Tierra Prometida. Habían pasado veinte años desde que él abandonó por última vez la Tierra Prometida y se fue a Egipto (Gn. 12:10-13:4; cp. 12:4 y 17:1). Durante veinte años, él había sido fiel y había permanecido en la tierra, viviendo en Hebrón en la llanura de Mamre. Recuerden que Abraham había construido un altar en Hebrón, lo que significa *fraternidad* o *comunión*. Hebrón era el lugar donde había vivido Abraham y donde había andado con Dios, donde había orado, adorado, y madurado espiritualmente. Era un lugar muy preciado para su corazón. Había pasado veinte años en Hebrón teniendo fraternidad y comunión con Dios y había permanecido fielmente en la Tierra Prometida. Pero ahora, por alguna razón, él decidía trasladarse al sur a Gerar, la capital de los filisteos. Gerar se encontraba cerca de la frontera de Egipto. ¿Por qué Abraham se trasladaría allí?

=> ¿La devastación de la región vecina donde fueron destruidas Sodoma y Gomorra demasiado desoladas como para que Abraham permaneciera en Hebrón?

=> ¿Ver la región desolada resultaba muy doloroso y emocionalmente demasiado perturbador? ¿El paisaje destruido era un recordatorio demasiado grande de Lot y su trágico final?

=> ¿Abraham necesitaba nuevos mercados para sus negocios y para su ganado ya que Sodoma y las ciudades vecinas habían sido destruidas?

Las Escrituras no dicen por qué Abraham abandonó la Tierra Prometida. Quizás las tres posibilidades repercutieron

en su traslado. La región estaba totalmente devastada. No quedó nada, absolutamente nada. Y la necesidad de nuevos mercados ciertamente era real. Recuerden, Abraham en ese momento era un jeque poderoso, con grandes activos en cuanto a ganado, plata y oro (Gn. 13:2), y con gran número —cientos— de trabajadores (Gn. 14:14). Él necesitaba mercados para su ganado y otras transacciones de negocio, y aquellos mercados ya no existían en las ciudades vecinas, porque habían quedado completamente destruidos.

Sucede lo siguiente: Abraham tuvo un lapso de fe; una vez más dejó de confiar en que Dios se ocupara de él y abandonó la Tierra Prometida. Cierto, él no fue hasta Egipto, pero casi llega hasta allí: él subió hasta la frontera de Egipto, a la ciudad de Gerar, la ciudad que en aquel entonces era la capital próspera y floreciente de los filisteos (Henry M. Morris, *The Genesis Record* [*El registro de Génesis*], p. 360).

Probablemente Abraham se trasladara a Gerar porque era la capital, el mercado más grande para sus transacciones de negocio. Pero nunca debió haberse trasladado; él debió haberse trasladado a otras ciudades en el corazón de la Tierra Prometida, confiar en que Dios lo ayudara a establecer mercados allí. Pero su fe flaqueó, se debilitó, y finalmente se desmoronó. Sencillamente él no veía cómo podía mantener su negocio y otros activos a menos que viviera cerca de una gran ciudad. Por eso, una vez más tomó una decisión por su cuenta sin contar con Dios, tomó una decisión basado en su razonamiento humano. Abraham abandonó la Tierra Prometida.

2. Abraham engañó y mintió a otros. Un pecado siempre conlleva a otro pecado. Al haberse marchado de la Tierra Prometida hacia un país extraño, Abraham comenzó a temer por su seguridad personal. Él permitió que se asentaran en su mente *pensamientos* dudosos y malignos: "¿Los nobles y el rey de Gerar lo matarían a fin de tomar a Sara como esposa? ¿Era la voluntad de Dios que él se marchara de Hebrón? ¿Qué se trasladara a la tierra de los filisteos, a su capital? ¿Debía haber permanecido en Hebrón, confiando en que Dios lo ayudara? Si él había cometido un error, ¿lo ayudaría Dios ahora?"

Cuando Abraham llegó a la capital, cedió ante las dudas y los malos pensamientos. Pecado tras pecado comenzaron a apilarse uno sobre el otro.

=> La duda y el temor sobrecogieron a Abraham: Él dudó del cuidado y provisión de Dios y temió que los nobles y el rey pudieran matarlo a fin de quedarse con Sara.

=> Abraham mintió, alegando que Sara era su hermana, no su esposa. Y Abimelec, el rey, tomó a Sara para su harén. (Nota: *Abimelec* era un título para el gobernante, no un nombre personal.)

=> Abraham actuó egoístamente, poniendo por delante su propia seguridad y arriesgando la seguridad, honra, y pureza de Sara. Él estaba dispuesto a que la maltrataran sexualmente, a que cometiera adulterio, y a ponerla en peligro si desagradaba al hombre, todo por salvar su pellejo. Y recuerden, Sara en este momento estaba embarazada, embarazada con el hijo prometido, Isaac.

El pecado de Abraham fue en verdad grande, sencillamente increíble en esta etapa de su vida y madurez espiritual. Pero helo aquí, cayendo en un pecado burdo durante la etapa más importante de su vida, pecando cuando estaba por ocurrir el suceso más importante de su vida: el nacimiento del hijo prometido. Helo aquí, él estaba poniendo el peligro el propósito y voluntad mismos de Dios de enviar la Simiente prometida a la tierra, poniendo en peligro la propia vida de Sara y al hijo que llevaba dentro.

Pensamiento 1. Abraham abandonó la Tierra Prometida. Abraham olvidó...
• Que el Señor es "el Dios Todopoderoso" (Gn. 17:1).
• Que nada es demasiado difícil para el Señor, que el Señor tiene el poder para hacer todas las cosas (Gn. 18:14).

Nunca debemos olvidar quién es Dios, nunca debemos olvidar su poder omnipotente e ilimitado para ayudarnos. Nunca debemos dejar de buscar la Tierra Prometida del cielo. No importa cuán grande sea la prueba que se nos presente, nunca debemos ceder y abandonar la Tierra Prometida. No debemos recaer. Dios nos ayudará y nos protegerá si tan solo confiamos en Él.

"Jehová es mi fortaleza y mi escudo; en él confió mi corazón, y fui ayudado, por lo que se gozó mi corazón, y con mi cántico le alabaré" (Sal. 28:7).

"Aunque afligido yo y necesitado, Jehová pensará en mí. Mi ayuda y mi libertador eres tú; Dios mío, no te tardes" (Sal. 40:17).

"No temas, porque yo estoy contigo; no desmayes, porque yo soy tu Dios que te esfuerzo; siempre te ayudaré, siempre te sustentaré con la diestra de mi justicia" (Is. 41:10).

"Sean vuestras costumbres sin avaricia, contentos con lo que tenéis ahora; porque él dijo: No te desampararé, ni te dejaré; de manera que podemos decir confiadamente: El Señor es mi ayudador; no temeré lo que me pueda hacer el hombre" (He. 13:5-6).

ESTUDIO A FONDO 1

(20:1) *Gerar:* Una ciudad dentro de territorio filisteo que estaba ubicada en la región desértica del Neguev, cerca de la frontera de Egipto. Era una ciudad fronteriza ubicada al extremo de la parte sur de la Tierra Prometida.
=> Fue la primera capital de los filisteos (Henry M. Morris, *The Genesis Record* [El registro de Génesis], p. 360).
=> Estaba ubicada en la ruta principal de comercio entre Egipto y Palestina, por eso era un centro comercial para viajeros y hombres de negocio, una ciudad muy próspera.
=> Tanto Abraham como Isaac viajaron a la ciudad en busca de comercio y mercados (Gn. 20:1s; 26:6s).

2 (20:3-7) *Seguridad — Dios, nombres:* Dios salvó al creyente por medio de una intervención milagrosa. Abraham había pecado, había pecado trágicamente. Según lo planteado, él estaba poniendo en peligro el propósito de Dios de enviar al hijo prometido, estaba poniendo en peligro la propia vida de Sara que estaba embarazada con el hijo prometido. Dios no podía permitir esto; Él no podía permitir que se detuviera su propósito. La simiente (el hijo) prometida tenía que nacer para que pudiera tener continuidad la descendencia prometida y pudiera nacer el Salvador del mundo en el futuro, tal como Dios había prometido. ¿Qué debía hacer Dios? Abraham y Sara estaban *fuera de la voluntad de Dios*, andaban según la carne; se encontraban en un apuro, y no podían manejar la situación. Todo parecía perdido: No podían arreglar el desorden en que se habían metido. Solo quedaba una cosa por hacer: el propio Dios tenía que intervenir. Y eso hizo. Dios se le apareció a Abimelec en un sueño una noche.

1. Dios advirtió al rey del juicio. Abimelec corría peligro de muerte porque estaba a punto de cometer adulterio con Sara. Advierta la gravedad del adulterio ante los ojos de Dios. El mundo de la época de Abraham era un mundo inmoral. La inmoralidad —el sexo libre, el sexo libertino, toda clase de sexo— campaba por su respeto. Las personas hacían lo que les venía en gana; hacían lo que querían cuando querían. La poligamia —tener muchas esposas— era la práctica común, y los acaudalados con frecuencia tenían harenes de concubinas. Una esposa para un hombre era una rareza, si es que se daba el caso. Pero nuevamente, advierta la actitud de Dios al lidiar con este rey pervertido e inmoral: la ley de Dios seguía vigente. El adulterio aún se consideraba un pecado, y se debía castigar. Abimelec era hombre muerto si tocaba a Sara.

2. El rey apeló al Señor. Él alegó que él y su pueblo eran inocentes, porque él no se había acercado a Sara. Además, él no tenía idea de que ella era la esposa de Abraham, porque ambos habían alegado ser hermanos (vv. 4-5).

Ahora bien, advierta que Abimelec llamó a Dios "Señor" (Adonai). El equivalente hebreo significa *Señor de todo*. Al parecer, Abimelec era temeroso de Dios y reconocía que el Dios de su sueño era el Señor de todo. Esto se ve en dos elementos.
=> Él reconoció que el Señor tenía el poder sobre todas las personas y naciones. Advierta la pregunta que él hizo: ¿El Señor iba a destruir a una nación inocente, a él y a su pueblo (v. 4)?
=> Él reconoció que el Señor era justo y recto; Él no castigaba a las personas injustamente. Advierta lo que él le dijo al Señor: El Señor debía saber que el rey había actuado con la integridad de su corazón, que su consciencia estaba limpia y sus manos estaban limpias de todo el asunto (v. 5).

3. Luego Dios se le reveló a Abimelec como el Dios verdadero (Ha 'elohim). El hebreo significa realmente *el Dios verdadero*. Abimelec no solo estaba hablando con el Señor de Todo (Adonai) en su sueño, sino que hablaba con

el Dios verdadero (Ha 'elohim). Dios le reveló tres cosas a Abimelec:

=> El Dios verdadero tiene conocimiento de todo: Él sabía que el rey era inocente (v. 6a).

=> El Dios verdadero tiene poder sobre todas las personas y sus asuntos: Él había impedido que Abimelec tocara a Sara. Dios había afligido realmente al rey y a su casa con alguna clase de enfermedad que impedía que tuvieran sexo y que tuvieran hijos (v. 6b cp. vv. 17-18).

=> El Dios verdadero esperaba y exigía que el rey no cometiera adulterio, que devolviera a Sara a Abraham (v. 7). Advierta que Dios le dijo al rey que Abraham era un profeta y que Abraham oraría por la sanidad del rey. Pero si él se rehusaba a devolver a Sara, él moriría, él y toda su familia (v. 7).

Sucede lo siguiente: Dios se preocupó por Abraham y Sara; además, Él no podía permitir que se detuviera su promesa. El hijo prometido tenía que nacer de Sara. Por eso Dios tuvo que intervenir en nombre de sus dos creyentes, intervenir a pesar de su terrible pecado. Dios tuvo que interceder milagrosamente para salvar a Sara de que el rey la tocara (v. 6b). Él hizo esto infundando temor —el temor de Dios— en el corazón de Abimelec. Abimelec moriría si no le hacía caso a Dios y si no se alejaba de cometer adulterio con Sara.

Pensamiento 1. Dios tiene el poder para salvar y guardar al creyente. Él puede hacer lo que sea necesario para guardar al creyente, incluso intervenir milagrosamente.

"que sois guardados por el poder de Dios mediante la fe, para alcanzar la salvación que está preparada para ser manifestada en el tiempo postrero" (1 P. 1:5).

"He aquí, yo estoy contigo, y te guardaré por dondequiera que fueres, y volveré a traerte a esta tierra; porque no te dejaré hasta que haya hecho lo que te he dicho" (Gn. 28:15).

"Y al que puede confirmaros según mi evangelio y la predicación de Jesucristo, según la revelación del misterio que se ha mantenido oculto desde tiempos eternos,... al único y sabio Dios, sea gloria mediante Jesucristo para siempre. Amén" (Ro. 16:25, 27).

"por lo cual puede también salvar perpetuamente a los que por él se acercan a Dios, viviendo siempre para interceder por ellos" (He. 7:25).

"Y a aquel que es poderoso para guardaros sin caída, y presentaros sin mancha delante de su gloria con gran alegría" (Jud. 24).

3 (20:8-10) ***Represión — Castigo:*** Dios salvó al creyente por medio de la represión humana. El hombre recoge lo que siembra. Abraham había sembrado pecado entre Abimelec y su reino; por consiguiente, Abraham recogería una represión aterradora por su pecado. Dios salvaría a Abraham de su pecado, pero sería por medio de una fuerte represión proveniente de un rey.

1. Estaba la represión de la vergüenza y el bochorno (v. 8).

Abimelec se despertó temprano de su *sueño dado por Dios*; la idea es que fue muy temprano, de madrugada. Pero a pesar de lo temprano que era, se levantó de inmediato y mandó reunir a todos los funcionaros de estado para efectuar una reunión ministerial. Él le contó la crisis a todo el gabinete: el rey, su familia y siervos morirían si él no le devolvía a Sara a Abraham. Él les contó toda la sórdida situación que el jeque Abraham había traído sobre el rey y la nación filistea:

=> El engaño y la mentira de Abraham

=> La deshonra de Abraham a su esposa

=> La puesta en peligro de Abraham del rey y la nación filistea

Sucede lo siguiente: El pecado de Abraham y Sara se analizaba al nivel gubernamental más alto. Los dos creyentes aún no lo sabían, pero pronto se enterarían. Imagínense la vergüenza y el bochorno que pronto experimentarían, al saber que su pecado se había descubierto y que lo analizaban no solo unas cuantas personas de una comunidad sino el rey y su gabinete. Esto significaba que toda la nación filistea —todo el pueblo— pronto lo sabría y su pecado sería la comidilla de todos. Imagínense la vergüenza y el bochorno que Abraham y Sara pronto experimentarían. ¡Era una represión fuerte por su pecado, una lección que no olvidarían tan pronto!

2. Estaba la represión de hacer pecar a otros (v. 9). El rey, Abimelec, llamó a Abraham a la corte para interrogarlo sobre todo el sórdido asunto. Advierta que las acusaciones que había contra Abraham se centraban en lo que él había hecho para hacer pecar a otros:

=> Abraham había traído un gran pecado y culpabilidad sobre el rey y su reino, el pecado que casi había llevado al rey a cometer adulterio con la esposa de Abraham.

=> Abraham había traído una gran deshonra y pecado sobre su esposa: él había deshonrado a su esposa al llevarla a casi cometer adulterio con otro hombre.

3. Estaba la represión de ser un hombre temeroso y desconfiado (v. 10). El rey, Abimelec, reprendió a Abraham con severidad: ¿Qué vio usted que lo llevó a hacer tal cosa? ¿Qué lo hizo desconfiar y temer tanto como para mentir? ¿Qué lo hizo temer tanto que avergonzara a su esposa y pusiera en peligro al rey y a su pueblo?

Sucede lo siguiente: al estar allí en la corte delante del rey, a Abraham se le estaba reprendiendo severamente. Su corazón debe haber latido al galope y debe haberse sentido lleno de...

• temor por su vida

• vergüenza

• bochorno

• culpabilidad

• decepción por haberle fallado a Dios de un modo tan lamentable

Lo que Abraham desconocía era que Dios estaba ocupándose de él. Pero Dios, en su amor y soberanía, también estaba castigando a su querido creyente por medio de la represión humana. Dios estaba deteniendo el pecado del creyente, deteniendo la tontería y vergüenza del creyente antes de que fuera demasiado tarde. Dios estaba guardando y salvando al creyente por medio del castigo de la reprensión humana. Abraham, parado allí, no sabía esto, se preguntaba si el rey lo iba a ejecutar por poner en peligro a todo el reino. No obstante, entre los bastidores de la soberanía de Dios, Dios tenía el control, disciplinando y corrigiendo al creyente, todo por medio de la reprensión humana del rey.

Pensamiento 1. Con frecuencia Dios guarda y salva al creyente por medio de la reprensión humana y el castigo, por medio de la reprensión y castigo de otras personas. Con amor, Dios se encarga de que nos reprendan y castiguen para que nos abochornemos y avergoncemos, detengamos nuestro pecado y vivamos como debemos.

1) Dios se encarga de que con frecuencia otras personas nos reprendan y corrijan.

"Entonces Samuel dijo a Saúl: Locamente has hecho; no guardaste el mandamiento de Jehová tu Dios que él te había ordenado; pues ahora Jehová hubiera confirmado tu reino sobre Israel para siempre" (1 S. 13:13).

"Entonces dijo Natán a David: Tú eres aquel hombre. Así ha dicho Jehová, Dios de Israel: Yo te ungí por rey sobre Israel, y te libré de la mano de Saúl,... ¿Por qué, pues, tuviste en poco la palabra de Jehová, haciendo lo malo delante de sus ojos? A Urías heteo heriste a espada, y tomaste por mujer a su mujer, y a él lo mataste con la espada de los hijos de Amón" (2 S. 12:7, 9).

"Y Acab dijo a Elías: ¿Me has hallado, enemigo mío? El respondió: Te he encontrado, porque te has vendido a hacer lo malo delante de Jehová" (1 R. 21:20).

"Entonces el Espíritu de Dios vino sobre Zacarías hijo del sacerdote Joiada; y puesto en pie, donde estaba más alto que el pueblo, les dijo: Así ha dicho Dios: ¿Por qué quebrantáis los mandamientos de Jehová? No os vendrá bien por ello; porque por haber dejado a Jehová, él también os abandonará" (2 Cr. 24:20).

"El hombre que reprendido endurece la cerviz, de repente será quebrantado, y no habrá para él medicina" (Pr. 29:1).

2) Dios se encarga de que seamos castigados para que nos arrepintamos y comencemos a seguirlo nuevamente.

"Reconoce asimismo en tu corazón, que como castiga el hombre a su hijo, así Jehová tu Dios te castiga" (Dt. 8:5).

"Bienaventurado el hombre a quien tú, JAH, corriges, y en tu ley lo instruyes" (Sal. 94:12).

"No menosprecies, hijo mío, el castigo de Jehová, ni te fatigues de su corrección" (Pr. 3:11).

"Todo pámpano que en mí no lleva fruto, lo quitará; y todo aquel que lleva fruto, lo limpiará, para que lleve más fruto" (Jn. 15:2).

"mas siendo juzgados, somos castigados por el Señor, para que no seamos condenados con el mundo" (1 Co. 11:32).

"Por otra parte, tuvimos a nuestros padres terrenales que nos disciplinaban, y los venerábamos. ¿Por qué no obedeceremos mucho mejor al Padre de los espíritus, y viviremos? Y aquéllos, ciertamente por pocos días nos disciplinaban como a ellos les parecía, pero éste para lo que nos es provechoso, para que participemos de su santidad. Es verdad que ninguna disciplina al presente parece ser causa de gozo, sino de tristeza; pero después da fruto apacible de justicia a los que en ella han sido ejercitados" (He. 12:9-11).

4 (20:11-13) **Confesión:** Dios salvó al creyente por medio de la confesión sincera del pecado. Recuerden, Abraham no sabía que Dios se le había aparecido al rey en un sueño. En la mente de Abraham, él solo tenía una esperanza, solo una oportunidad de salvarse ante el rey: decir la verdad. Él tenía que confesar su pecado y su vergüenza, confiando en que Dios se moviera sobre el corazón del rey para que no lo ejecutara. Claro está, Abraham estaba confesando delante de Dios mientras le confesaba al rey. De hecho, confesarle a una persona que hemos pecado contra él es la confesión más difícil de hacer. Advierta la confesión de Abraham.

1. Él confesó el pecado de temor, de no confiar en que Dios se ocupara de él y Sara (v. 1). Abraham confesó que él les temía a los filisteos, que ellos lo mataran por su esposa. Advierta por qué él les temía: porque él no sentía un temor de Dios entre los filisteos. Ellos estaban viviendo igual que todas las otras personas de Canaán: llevaban vidas egoístas, inmorales y anárquicas. Por consiguiente, Abraham temía que su espíritu egoísta, inmoral, y anárquico la emprendiera contra él. Sencillamente él no confió en el cuidado de Dios; su temor era mayor que su confianza en Dios, al menos en estas circunstancias.

2. Él confesó el pecado de la mentira, de tergiversar la verdad, de decir la verdad a medias (v. 12). Sara era su media hermana, la hija de su padre, no de su madre.

3. Abraham confesó el pecado de utilizar y explotar a las personas (v. 13). Abraham confesó que él había dicho esto durante toda su vida, que él había llevado a Sara a participar de la estratagema desde el principio de su viaje a la Tierra Prometida (v. 13). Este era un pecado horrible: el de utilizar y explotar a Sara, el de deshonrarla y avergonzarla, y el de arriesgar su vida si el rey o los nobles se disgustaban con ella. Es posible que el rey Abimelec hubiera llevado a Sara a su harén a fin de hacer una alianza con Abraham. Recuerden, Abraham en aquel momento era un jeque poderoso. No obstante, Abraham había mentido y había utilizado a Sara para proteger su propia vida, él era culpable de las acusaciones: él había avergonzado y deshonrado a su esposa, la había utilizado para protegerse él. Debe haber sido una confesión extremadamente difícil de hacer. Pero Abraham tenía que confesar el pecado, porque él era culpable ante Dios y el rey.

Pensamiento 1. Dios nos guarda y nos salva por medio de la confesión de los pecados. La confesión nos guarda y nos salva.

> **"Así que, arrepentíos y convertíos, para que sean borrados vuestros pecados; para que vengan de la presencia del Señor tiempos de refrigerio" (Hch. 3:19).**
>
> **"Arrepiéntete, pues, de esta tu maldad, y ruega a Dios, si quizá te sea perdonado el pensamiento de tu corazón" (Hch. 8:22).**
>
> **"en quien tenemos redención por su sangre, el perdón de pecados según las riquezas de su gracia" (Ef. 1:7).**
>
> **"Si confesamos nuestros pecados, él es fiel y justo para perdonar nuestros pecados, y limpiarnos de toda maldad" (1 Jn. 1:9).**
>
> **"si se humillare mi pueblo, sobre el cual mi nombre es invocado, y oraren, y buscaren mi rostro, y se convirtieren de sus malos caminos; entonces yo oiré desde los cielos, y perdonaré sus pecados, y sanaré su tierra" (2 Cr. 7:14).**
>
> **"El que encubre sus pecados no prosperará; mas el que los confiesa y se aparta alcanzará misericordia" (Pr. 28:13).**
>
> **"Deje el impío su camino, y el hombre inicuo sus pensamientos, y vuélvase a Jehová, el cual tendrá de él misericordia, y al Dios nuestro, el cual será amplio en perdonar" (Is. 55:7).**
>
> **"Reconoce, pues, tu maldad, porque contra Jehová tu Dios has prevaricado, y fornicaste con los extraños debajo de todo árbol frondoso, y no oíste mi voz, dice Jehová" (Jer. 3:13).**
>
> **"Mas el impío, si se apartare de todos sus pecados que hizo, y guardare todos mis estatutos e hiciere según el derecho y la justicia, de cierto vivirá; no morirá" (Ez. 18:21).**

5 (20:14-18) *Dios, cuidado — Bendiciones:* Dios salvó al creyente obrando todas las cosas a bien. Advierta con qué claridad todas las cosas obraron a bien para Abraham y Sara. A pesar de su pecado terrible y todo el daño que había provocado, Dios cuidó de Abraham y Sara en todo el sórdido asunto. Pero advierta: todo lo que tuvo lugar ahora —todas las bendiciones— no ocurrieron hasta que Abraham se arrepintió y confesó su pecado. Abraham tuvo que sufrir primero la disciplina y el castigo, luego arrepentirse y confesarse. Así y solo así pudo Dios obrar todas las cosas a bien para bendecir abundantemente su vida.

1. Se restauró la familia. Además, el rey le dio a Abraham varias manadas de animales, incluso trabajadores que las atendieran (v. 14).
2. Al creyente arrepentido, a Abraham, también se le dio el derecho de asentarse donde deseara en la tierra de los filisteos (v. 15). Esta era una nueva tierra disponible para Abraham, una nueva oportunidad para el ministerio y la adoración del Dios verdadero ante un pueblo perdido.
3. El acompañante pecador, Sara, fue salvada de cierta vergüenza y bochorno (v. 16). El rey le dio a Abraham mil piezas de plata como restitución por Sara. Es decir, la plata era un pago por el daño —bochorno, vergüenza, temor— que Sara hubiera sufrido en el vergonzoso asunto. Ella, también, era culpable de la mentira, pero no tanto como Abraham. Por lo tanto, el rey estaba tratando de hacer desaparecer su dolor y sufrimiento al mostrarle en la alta estima en que él la tenía.
4. El reincidente, Abraham, oró, y una vez más Dios lo oyó (v. 17). Si dudas, Abraham hizo lo que haría cualquier creyente genuino: orar pidiendo perdón y luego pedirle a Dios que sanara a Abimelec y a su casa. Advierta que Dios los sanó a todos.
5. Es muy probable que el rey no salvo fuera salvado (v. 17). Advierta el versículo siete donde Dios prometió dar vida al rey si él devolvía a Sara, y este versículo donde Dios lo sana (v. 17). Es muy improbable que Dios le diera la promesa de vida y sanara a una persona y que la promesa no incluyera la vida eterna. Al parecer Abimelec reconoce de un modo progresivo quién es Dios (vv. 3-7). Él ciertamente creyó en Dios y hasta hizo más de lo que Dios le había pedido que hiciera (vv. 14-18).
6. El rey convertido y su casa fueron bendecidos (v. 18). Fueron sanados por el poder milagroso de Dios. Nota: éste es el primer milagro de sanidad mencionado en las Escrituras.

Pensamiento 1. Dios hará cualquier cosa que sea necesaria para salvar y guardar a su querido seguidor, al creyente verdadero. Aunque el creyente ceda ante la presión del mundo y sus atractivos, Dios tergiversará, torcerá y maniobrará las situaciones para obrar todas las cosas a bien. Dios salvará y liberará al creyente de las aflicciones, presiones, pruebas, tentaciones, y pecados de esta tierra.

> **"Y sabemos que a los que aman a Dios, todas las cosas les ayudan a bien, esto es, a los que conforme a su propósito son llamados" (Ro. 8:28).**
>
> **"Porque esta leve tribulación momentánea produce en nosotros un cada vez más excelente y eterno peso de gloria" (2 Co. 4:17).**
>
> **"Y me ha dicho: Bástate mi gracia; porque mi poder se perfecciona en la debilidad. Por tanto, de buena gana me gloriaré más bien en mis debilidades, para que repose sobre mí el poder de Cristo" (2 Co. 12:9).**
>
> **"Porque un momento será su ira, pero su favor dura toda la vida. Por la noche durará el lloro, y a la mañana vendrá la alegría" (Sal. 30:5).**
>
> **"Muchas son las aflicciones del justo, pero de todas ellas le librará Jehová" (Sal. 34:19).**
>
> **"Cuando pases por las aguas, yo estaré contigo; y si por los ríos, no te anegarán. Cuando pases por el fuego, no te quemarás, ni la llama arderá en ti" (Is. 43:2).**

| 1 Dios demostró Quién era, demostró su Palabra, y su poder: Él usa su poder para hacer exactamente lo que había prometido
a. Cumplió su promesa a pesar de los pronósticos y circunstancias: En la vejez de Abraham
b. Se cumplió en un tiempo fijado
2 Dios estimuló la obediencia y la fidelidad | CAPÍTULO 21

Ñ. Abraham vio nacer al hijo prometido, Isaac: La fe galardonada. Cómo Dios cumple sus promesas, 21:1-7

1 Visitó Jehová a Sara, como había dicho, e hizo Jehová con Sara como había hablado.
2 Y Sara concibió y dio a Abraham un hijo en su vejez, en el tiempo que Dios le había dicho.

3 Y llamó Abraham el nombre de su hijo | que le nació, que le dio a luz Sara, Isaac.
4 Y circuncidó Abraham a su hijo Isaac de ocho días, como Dios le había mandado.
5 Y era Abraham de cien años cuando nació Isaac su hijo.

6 Entonces dijo Sara: Dios me ha hecho reír, y cualquiera que lo oyere, se reirá conmigo.
7 Y añadió: ¿Quién dijera a Abraham que Sara habría de dar de mamar a hijos? Pues le he dado un hijo en su vejez. | a. Obedecieron a Dios con precisión
1) Nombró a su hijo Isaac
2) Circuncidó a su hijo
b. Reconoció su dependencia de Dios: Reconoció el milagro del suceso
3 Dios motivó gozo y regocijo por su poder
a. Dios le dio gozo y risas
b. Dios realizó el milagro: Le dio un hijo en vejez de Abraham |

DIVISIÓN VII

ABRAHAM: EL HOMBRE ESCOGIDO PARA CONVERTIRSE EN EL PADRE DEL PUEBLO DE DIOS Y EN EL PADRE DE LA FE, 12:1—25:18

Ñ. Abraham vio nacer al hijo prometido, Isaac: La fe galardonada. Cómo Dios cumple sus promesas, 21:1-7

(21:1-7) *Introducción:* Al fin llegó el gran día: nació el hijo prometido. La esperanza y el anhelo finalmente se materializaron. Habían pasado veinticinco años desde que Dios le dio la promesa a Abraham de un hijo, veinticinco largos años. Ahora bien, se acabó la espera. Sara le parió un hijo a Abraham, el hijo prometido, el hijo de quien nacerían reyes y naciones y de quien provendría el Salvador del mundo. Dios siempre cumple sus promesas. Él le cumplió su promesa a Abraham, y Él nos cumplirá sus promesas a nosotros. Este es el tema de este gran capítulo: *Abraham vio nacer al hijo prometido, Isaac: La fe galardonada. Cómo Dios cumple sus promesas, 21:1-7.*

1. Demostrar quién es, demostrar su Palabra y su poder: Él tiene el poder para hacer exactamente lo que ha prometido (vv. 1-2).
2. Estimular obediencia y fidelidad a Dios (vv. 3-5).
3. Motivar gozo y regocijo por el poder de Dios (vv. 6-7).

1 (21:1-2) *Palabra de Dios — Promesas de Dios — Isaac:* ¿Cómo Dios cumple sus promesas? Él demuestra Quién es, demuestra su Palabra y su poder. Dios usa su poder para hacer exactamente lo que ha prometido. Dios cumplió su Palabra. Advierta cómo se enfatiza la Palabra de Dios. Dios le había

prometido un hijo a Abraham y a Sara, y Él les dio un hijo. Él hizo exactamente lo que Él le había prometido que haría.

Advierta otro elemento también: el hijo nació en la "vejez" de Abraham, en el tiempo mismo designado o fijado por Dios. El nacimiento era un milagro. Abraham y Sara eran ambos *demasiado viejos* para tener hijos. Ambos estaban bien pasados de la edad de la maternidad, pero Dios milagrosamente avivó —trajo a la vida, rejuveneció— sus cuerpos para que pudieran tener un hijo. De hecho, la fecha misma para el nacimiento fue fijada por Dios, y el hijo nació en la fecha misma que Dios había designado. El nacimiento estaba controlado por Dios de principio a fin, controlado por su poder. Dios tenía el poder para demostrar Quién era, para cumplir su promesa, su Palabra, para hacer exactamente lo que había prometido.

Pensamiento 1. Dios cumple su Palabra, sus promesas, pero en ocasiones Dios demora sus promesas como hizo con Abraham. Con frecuencia nos es necesario crecer en nuestra fe...

• Aprender más resistencia y dureza.
• Volvernos más fuertes y determinados.
• Aprender a confiar y a tener esperanza en Dios.
• A orar y tener más fraternidad con Dios.

Existen un sinnúmero de razones por las cuales puede que Dios no cumpla sus promesas de inmediato en nuestras vidas. Pero siempre hay dos elementos que son ciertos:

1) Dios es fiel a sus promesas. Dios siempre hará exactamente lo que promete que hará. Puede que

Él se demore un tiempo a fin de fortalecernos y enseñarnos alguna lección. Pero Dios es fiel; Él demostrará Quién es y nos cumplirá sus promesas.

"Fiel es Dios, por el cual fuisteis llamados a la comunión con su Hijo Jesucristo nuestro Señor" (1 Co. 1:9).

"Pero fiel es el Señor, que os afirmará y guardará del mal" (2 Ts. 3:3).

"Si fuéremos infieles, él permanece fiel; El no puede negarse a sí mismo" (2 Ti. 2:13).

"Mantengamos firme, sin fluctuar, la profesión de nuestra esperanza, porque fiel es el que prometió" (He. 10:23).

2) Dios es suficientemente poderoso como para cumplir sus promesas. Él tiene el poder para hacer exactamente lo que dice que hará, el poder para cumplir sus promesas en nuestras vidas.

"Y mirándolos Jesús, les dijo: Para los hombres esto es imposible; mas para Dios todo es posible" (Mt. 19:26).

"porque nada hay imposible para Dios" (Lc. 1:37).

"Y al que puede confirmaros según mi evangelio y la predicación de Jesucristo, según la revelación del misterio que se ha mantenido oculto desde tiempos eternos" (Ro. 16:25).

"Y a Aquel que es poderoso para hacer todas las cosas mucho más abundantemente de lo que pedimos o entendemos, según el poder que actúa en nosotros" (Ef. 3:20).

"¿Hay para Dios alguna cosa difícil? (Gn. 18:14).

"Yo conozco que todo lo puedes, y que no hay pensamiento que se esconda de ti" (Job 42:2).

Pensamiento 2. Abraham y Sara tuvieron que esperar veinticinco años para recibir la promesa de Dios. ¡Imagínense! Veinticinco años. Cuánto nos impacientamos frecuentemente ante Dios.

"a fin de que no os hagáis perezosos, sino imitadores de aquellos que por la fe y la paciencia heredan las promesas" (He. 6:12).

"Y habiendo esperado con paciencia, alcanzó la promesa" (He. 6:15).

"porque os es necesaria la paciencia, para que habiendo hecho la voluntad de Dios, obtengáis la promesa" (He. 10:36).

"He aquí, tenemos por bienaventurados a los que sufren. Habéis oído de la paciencia de Job, y habéis visto el fin del Señor, que el Señor es muy misericordioso y compasivo" (Stg. 5:11).

"Por tanto, ceñid los lomos de vuestro entendimiento, sed sobrios, y esperad por completo en la gracia que se os traerá cuando Jesucristo sea manifestado" (1 P. 1:13).

"He aquí, yo vengo pronto; retén lo que tienes, para que ninguno tome tu corona" (Ap. 3:11).

2 (21:3-5) *Obediencia — Isaac — Circuncisión:* ¿Cómo Dios cumple sus promesas? Él estimula obediencia y fidelidad a Dios. Nos podemos imaginar el gozo de Abraham. Recuerde: Cuando Dios le dijo a Abraham por primera vez que finalmente había llegado el momento, que el hijo nacería, Abraham se postró en adoración (Gn. 17:17). Él estaba tan lleno de gozo que se echó a reír, una risa de fe. Dios se quedó tan satisfecho con esta experiencia de adoración y gozo que Él mandó a Abraham a conmemorar el suceso para siempre en el nombre del hijo. El nombre *Isaac* significa "Él se ríe", "se goza". Terminaba la larga espera por un hijo: Veinticinco años. Nació el hijo. Se debe haber desatado el gozo de Abraham en una alabanza y adoración de Dios inefable. Pero advierta: no es el gozo de Abraham en el que se hace énfasis en estos versículos; de hecho, ni siquiera se menciona su gozo. ¿Cuál es el objetivo? La *obediencia* de Abraham *a Dios.* Esto resulta muy significativo, porque Dios no habría cumplido su promesa a Abraham si Abraham no hubiera sido un seguidor obediente de Dios. Abraham obedeció a Dios en toda su vida, no perfectamente, pero sí con constancia y diligencia. Por ende, Dios pudo cumplir sus promesas en la vida de Abraham. Advierta con cuánta claridad se ilustra la obediencia de Abraham, incluso en el nacimiento de su hijo.

=> Él nombró a su hijo Isaac. Esto lo hizo en *obediencia a Dios.* Dios le había dicho a Abraham hacía mucho tiempo que nombrara a su hijo Isaac (Gn. 17:19).

=> Él circuncidó a Isaac cuando el bebé tenía ocho días de nacido. Esto, también, lo hacía en *obediencia a Dios.* Dios había instituido el ritual de la circuncisión con Abraham algunos años antes (Gn. 17:10-14).

Advierta otro elemento en el que se hace énfasis: el milagro del nacimiento (v. 5). Abraham reconoció su dependencia de Dios: el nacimiento era un milagro. Él tenía 100 años de edad, estaba bien pasado de la edad de la maternidad. El hijo no se debía a él sino a Dios. Dios y solo Dios le había dado un hijo. Él dependía totalmente de Dios, y él le debía esta bendición —la bendición de su hijo— a Dios y solo a Dios.

Pensamiento 1. Debemos obedecer a Dios a fin de recibir las promesas de Dios. Esto no quiere decir que debemos ser perfectos para que Dios derrame sus promesas sobre nosotros. Pero sí quiere decir que nosotros tenemos que hacer lo que hizo Abraham: creer en Dios y tratar de seguir a Dios con diligencia. Quiere decir que pongamos nuestro corazón en Dios, que busquemos primero el reino de Dios y su justicia, que tratemos de obedecer a Dios con diligencia.

"Mas buscad primeramente el reino de Dios y su justicia, y todas estas cosas os serán añadidas" (Mt. 6:33).

"No todo el que me dice: Señor, Señor, entrará en el reino de los cielos, sino el que hace la voluntad de mi Padre que está en los cielos" (Mt. 7:21).

"Pero sin fe es imposible agradar a Dios; porque es necesario que el que se acerca a Dios crea que le hay, y que es galardonador de los que le buscan" (He. 11:6).

"Bienaventurados los que lavan sus ropas, para tener derecho al árbol de la vida, y para entrar por las puertas en la ciudad" (Ap. 22:14).

"Ahora, pues, si diereis oído a mi voz, y guardareis mi pacto, vosotros seréis mi especial tesoro sobre todos los pueblos; porque mía es toda la tierra" (Éx. 19:5).

"¡Quién diera que tuviesen tal corazón, que me temiesen y guardasen todos los días todos mis mandamientos, para que a ellos y a sus hijos les fuese bien para siempre!" (Dt. 5:29).

"Y cuando se levantaron por la mañana, salieron al desierto de Tecoa. Y mientras ellos salían, Josafat, estando en pie, dijo: Oídme, Judá y moradores de Jerusalén. Creed en Jehová vuestro Dios, y estaréis seguros; creed a sus profetas, y seréis prosperados" (2 Cr. 20:20).

3 (21:6-7) *Gozo:* ¿Cómo Dios cumple sus promesas? Él motiva gozo y regocijo por su poder. Sara se desbordaba de gozo. Ella había dado a luz al hijo prometido. Recuerden su respuesta cuando Dios le dijo por primera vez que ella pariría al hijo prometido: ella se había reído —probablemente una risa burlona— de incredulidad. Ella tenía casi noventa años de edad, estaba bien pasada de la edad de la maternidad. La idea de que ella pudiera tener un hijo sencillamente era imposible en su mente (Gn. 18:9-15). Pero ahí estaba Sara, sosteniendo al hijo, tras haber dado a luz a los noventa años de edad. Advierta que su gozo y su alabanza se centraron completamente en Dios y en su poder, en Dios y lo que Él había hecho:

=> Era Dios quien la había hecho reír (v. 6).
=> Era Dios quien había hecho que todo el mundo se regocijara con ella, todo el que había oído hablar del hijo prometido (v. 6).
=> Era Dios quien había realizado el milagro de posibilitarle darle a luz un hijo a Abraham en su vejez (v. 7).

Pensamiento 1. Al principio, Sara no creía en la promesa de Dios con respecto al hijo prometido. No obstante, advierta lo que sucedió: Dios cumplió su promesa, y se preservó la descendencia piadosa, la descendencia por medio de la cual provendría la Simiente prometida, el Salvador del mundo.

=> Dios le dio a Sara un hijo llamado Isaac.
=> Isaac tuvo dos hijos, Jacob y Esaú.
=> Jacob se convirtió en el padre de los doce hijos que darían origen a las doce tribus de Israel.
=> Israel, algunos siglos después, le daría el Salvador, el Señor Jesucristo, al mundo.

Con sencillez, la descendencia de Isaac sería la descendencia por medio de quien Dios enviaría a su Hijo al mundo. El hijo de Sara era la descendencia escogida de la Simiente prometida.

Pero el nacimiento de Isaac significaba mucho más que ser la descendencia escogida para el Salvador del mundo. Había una gran semejanza entre el nacimiento de Isaac y el nacimiento de Cristo. El nacimiento de Isaac realmente prefiguró o apuntó al nacimiento de Cristo.

1) Estaban los nacimientos milagrosos de los dos hijos.
=> El nacimiento de Isaac fue milagroso. Tanto Abraham como Sara estaban pasados de la edad de la maternidad.

"Entonces Abraham se postró sobre su rostro, y se rió, y dijo en su corazón: ¿A hombre de cien años ha de nacer hijo? ¿Y Sara, ya de noventa años, ha de concebir?" (Gn. 17:17).

=> El nacimiento de Cristo fue milagroso. Él nació de una virgen.

"He aquí, una virgen concebirá y dará a luz un hijo, y llamarás su nombre Emanuel, que traducido es: Dios con nosotros" (Mt. 1:23).

2) El tiempo para ambos nacimientos fue fijado o designado por Dios.
=> Dios fijó el tiempo para el nacimiento de Isaac.

"Y Sara concibió y dio a Abraham un hijo en su vejez, en el tiempo que Dios le había dicho" (Gn. 21:2).

=> Dios fijó el tiempo para el nacimiento de Cristo.

"Pero cuando vino el cumplimiento del tiempo, Dios envió a su Hijo, nacido de mujer y nacido bajo la ley" (Gá. 4:4).

3) Tanto Isaac como Cristo eran la simiente o hijo prometido.
=> Isaac era la simiente o hijo prometido.

"Y la bendeciré, y también te daré de ella hijo; sí, la bendeciré, y vendrá a ser madre de naciones; reyes de pueblos vendrán de ella... Respondió Dios: Ciertamente Sara tu mujer te dará a luz un hijo, y llamarás su nombre Isaac; y confirmaré mi pacto con él como pacto perpetuo para sus descendientes después de él" (Gn. 17:16, 19).

=> Cristo era la simiente o hijo prometido que se había prometido desde el principio mismo de la historia. (Vea notas, Lc. 3:24-38; Jn. 1:45 para diagramas y un mayor análisis.)

"Y pondré enemistad entre ti y la mujer, y entre tu simiente y la simiente suya; ésta te herirá en la cabeza, y tú le herirás en el calcañar" (Gn. 3:15).

"Ahora bien, a Abraham fueron hechas las promesas, y a su simiente. No dice: Y a las simientes, como si hablase de muchos, sino como de uno: Y a tu simiente, la cual es Cristo" (Gá. 3:16).

4) Estaba la seguridad del poder de Dios en ambos nacimientos. Tanto Sara como María se preguntaron cómo podían dar a luz un hijo; sencillamente era imposible.

=> Sara era demasiado anciana, pero Dios le dio seguridad de su poder omnipotente e ilimitado.

"Entonces Jehová dijo a Abraham: ¿Por qué se ha reído Sara diciendo: ¿Será cierto que he de dar a luz siendo ya vieja? ¿Hay para Dios alguna cosa difícil? Al tiempo señalado volveré a ti, y según el tiempo de la vida, Sara tendrá un hijo" (Gn. 18:13-14).

=> María era una virgen soltera, pero Dios le dio seguridad de su poder omnipotente e ilimitado.

"Entonces María dijo al ángel: ¿Cómo será esto? pues no conozco varón... Respondiendo el ángel, le dijo: El Espíritu Santo vendrá sobre ti, y el poder del Altísimo te cubrirá con su sombra; por lo cual también el Santo Ser que nacerá, será llamado Hijo de Dios. Porque nada hay imposible para Dios" (Lc. 1:34-35, 37).

5) Ambos hijos fueron nombrados por el propio Dios.

=> Dios escogió el nombre de Isaac para el hijo de Sara.

"Respondió Dios: Ciertamente Sara tu mujer te dará a luz un hijo, y llamarás su nombre Isaac; y confirmaré mi pacto con él como pacto perpetuo para sus descendientes después de él" (Gn. 17:19).

=> Dios escogió el nombre de Jesús para su propio hijo, el Salvador del mundo.

"Y dará a luz un hijo, y llamarás su nombre JESÚS, porque él salvará a su pueblo de sus pecados" (Mt. 1:21).

6) Ambos hijos trajeron gran gozo a sus madres e hicieron que sus madres se centraran en Dios y en lo que Él había hecho.

=> Sara se gozó y se regocijó.

"Entonces dijo Sara: Dios me ha hecho reír, y cualquiera que lo oyere, se reirá conmigo. Y añadió: ¿Quién dijera a Abraham que Sara habría de dar de mamar a hijos? Pues le he dado un hijo en su vejez" (Gn. 21:6-7).

=> María se gozó y se regocijó.

"Entonces María dijo: Engrandece mi alma al Señor; y mi espíritu se regocija en Dios mi Salvador. Porque ha mirado la bajeza de su sierva; pues he aquí, desde ahora me dirán bienaventurada todas las generaciones. Porque me ha hecho grandes cosas el Poderoso; Santo es su nombre" (Lc. 1:46-49).

James Montgomery Boice tiene un planteamiento excelente sobre la naturaleza milagrosa de los dos nacimientos, un planteamiento que arremete contra aquellos que no creen en el nacimiento milagroso del Señor Jesucristo.

"El nacimiento de Jesús, como el nacimiento de Isaac, requerían de un milagro. Resulta extraño en vistas del milagro en el nacimiento de Isaac que tantos de nuestros contemporáneos lo hayan negado en el caso de Jesucristo. No cabe duda, el milagro en el nacimiento de Jesús fue mayor. Requería de embarazo sin beneficio de ningún padre humano, mientras que en el caso de Isaac el milagro consistía solamente en restaurarle poder reproductivo a una pareja de ancianos. Pero esto es lo que debemos esperar si el nacimiento anterior constituye una prefiguración del posterior: un milagro menor seguido de uno mayor. Lo que resulta asombroso es la tendencia de tantas personas a negar el milagro posterior. Aún así fue un milagro. Por medio de él, se logró y demostró plenamente la naturaleza dual de Jesús como Dios y como hombre" (*Genesis, An Expositional Commentary* [Génesis, un comentario expositivo], vol. 2, p. 197).

Pensamiento 2. Dios cumple sus promesas, siempre las cumple.

1) Las promesas de Dios nunca fallan.

"Bendito sea Jehová, que ha dado paz a su pueblo Israel, conforme a todo lo que él había dicho; ninguna palabra de todas sus promesas que expresó por Moisés su siervo, ha faltado" (1 R. 8:56).

1) Las promesas de Dios están garantizadas por su poder omnipotente e ilimitado.

"Tampoco dudó, por incredulidad, de la promesa de Dios, sino que se fortaleció en fe, dando gloria a Dios, plenamente convencido de que era también poderoso para hacer todo lo que había prometido" (Ro. 4:20-21).

"Y a Aquel que es poderoso para hacer todas las cosas mucho más abundantemente de lo que pedimos o entendemos, según el poder que actúa en nosotros" (Ef. 3:20).

"porque nada hay imposible para Dios" (Lc. 1:37).

"¿Hay para Dios alguna cosa difícil? Al tiempo señalado volveré a ti, y según el tiempo de la vida, Sara tendrá un hijo" (Gn. 18:14).

3) Las promesas de Dios son grandes y preciosas.

"por medio de las cuales nos ha dado preciosas y grandísimas promesas, para que por ellas llegaseis a ser participantes de la naturaleza divina, habiendo huido de la corrupción que hay en el mundo a causa de la concupiscencia" (2 P. 1:4).

4) Las promesas de Dios tienen un gran propósito: darnos vida eterna.

"Y esta es la promesa que él nos hizo, la vida eterna" (1 Jn. 2:25).

5) Las promesas de Dios están basadas en la fe.

"Jesús le dijo: Si puedes creer, al que cree todo le es posible" (Mr. 9:23).

"Entonces el Señor dijo: Si tuvierais fe como un grano de mostaza, podríais decir a este sicómoro: Desarráigate, y plántate en el mar; y os obedecería" (Lc. 17:6).

O. Abraham despidió a Agar y a Ismael, la sierva y su hijo: La fe vencedora. Enfrentar y vencer el conflicto, 21:8-21

1 La naturaleza del conflicto: Se le estaba prestando mucha atención a Isaac
   a. El pecado de Ismael: Burla, ridículo, maldad

   b. El pecado de Sara: Exageración, desconfianza, crueldad

   c. La respuesta de Abraham: Angustia, pesar, perplejidad

2 La solución al conflicto: Dios
   a. La Palabra de Dios: Alivió la angustia y el pesar de Abraham y le dio dirección
   b. El propósito de Dios: Se le recordó a Abraham el propósito de Dios nuevamente
   c. La seguridad de Dios: Se le dio seguridad a Abraham de que se resolvería el conflicto

3 Las consecuencias del conflicto
   a. Desconsuelo, separación, divorcio

8 Y creció el niño, y fue destetado; e hizo Abraham gran banquete el día que fue destetado Isaac. 9 Y vio Sara que el hijo de Agar la egipcia, el cual ésta le había dado a luz a Abraham, se burlaba de su hijo Isaac. 10 Por tanto, dijo a Abraham: Echa a esta sierva y a su hijo, porque el hijo de esta sierva no ha de heredar con Isaac mi hijo. 11 Este dicho pareció grave en gran manera a Abraham a causa de su hijo. 12 Entonces dijo Dios a Abraham: No te parezca grave a causa del muchacho y de tu sierva; en todo lo que te dijere Sara, oye su voz, porque en Isaac te será llamada descendencia.

13 Y también del hijo de la sierva haré una nación, porque es tu descendiente.

14 Entonces Abraham se levantó muy de mañana, y tomó pan, y un odre de agua, y lo dio a Agar, poniéndolo sobre su hombro, y le entregó el muchacho, y la despidió. Y ella salió y anduvo errante por el desierto de Beerseba. 15 Y le faltó el agua del odre, y echó al muchacho debajo de un arbusto, 16 y se fue y se sentó enfrente, a distancia de un tiro de arco; porque decía: No veré cuando el muchacho muera. Y cuando ella se sentó enfrente, el muchacho alzó su voz y lloró. 17 Y oyó Dios la voz del muchacho; y el ángel de Dios llamó a Agar desde el cielo, y le dijo: ¿Qué tienes, Agar? No temas; porque Dios ha oído la voz del muchacho en donde está. 18 Levántate, alza al muchacho, y sostenlo con tu mano, porque yo haré de él una gran nación. 19 Entonces Dios le abrió los ojos, y vio una fuente de agua; y fue y llenó el odre de agua, y dio de beber al muchacho. 20 Y Dios estaba con el muchacho; y creció, y habitó en el desierto, y fue tirador de arco. 21 Y habitó en el desierto de Parán; y su madre le tomó mujer de la tierra de Egipto.

   b. Vagar, perderse, no saber adónde ir ni qué hacer
   c. Cansancio, desesperanza, y la amenaza de muerte

4 La victoria y el triunfo sobre el conflicto
   a. Agar alzó su voz en oración y lloró

   b. Agar escuchó la Palabra de Dios y analizó el problema
   c. Ismael lloró a Dios

   d. Agar obedeció a Dios, se levantó y lo sostuvo

   e. Agar experimentó la provisión de Dios

   f. Ismael recibió el cuidado continuo e inquebrantable de Dios
   g. Ismael aceptó su llamado, el medio y la vida dados por Dios

DIVISIÓN VII

ABRAHAM: EL HOMBRE ESCOGIDO PARA CONVERTIRSE EN EL PADRE DEL PUEBLO DE DIOS Y EN EL PADRE DE LA FE, 12:1—25:18

O. Abraham despidió a Agar y a Ismael, la sierva y su hijo: La fe vencedora. Enfrentar y vencer el conflicto, 21:8-21

(21:8-21) *Introducción:* un conflicto siempre es doloroso y destructivo. El conflicto destruye *la paz* y la seguridad, la paz y la seguridad...

• De los corazones
• De las familias
• Del trabajo
• De las comunidades
• De las escuelas
• De las naciones

El conflicto es doloroso: Hiere, a veces ligeramente, a veces peligrosamente. El conflicto puede ir desde caerse a golpes por algún asunto hasta la guerra. Puede ir desde un pequeño desacuerdo hasta tener un encontronazo con alguien y divorciarse. El conflicto puede despertar en nosotros una pequeña sensación de incomodidad o nos puede destruir.

Pero advierta lo siguiente: podemos usar el conflicto para motivarnos y estimularnos a seguir adelante y lograr más, o podemos permitir que el conflicto nos destruya. En esto consiste todo este pasaje: en hacerle frente y vencer el conflicto. Esta es una historia muy interesante: *Abraham despidió a Agar y a Ismael, la sierva y su hijo: La fe vencedora. Enfrentar y vencer el conflicto*, 21:8-21.

1. La naturaleza del conflicto: se le estaba prestando mucha atención a Isaac (vv. 8-11).
2. La solución al conflicto: Dios (vv. 12-13).
3. Las consecuencias del conflicto (vv. 14-16b).
4. La victoria y el triunfo sobre el conflicto (vv. 16c-21).

Por favor advierta: éste conflicto entre Ismael e Isaac y entre sus madres, Agar y Sara, se usa como una ilustración en el Nuevo Testamento. (Vea bosquejo y notas, Gá. 4:21-31 para un análisis.) El conflicto ilustra el conflicto de...

=> esclavitud frente a libertad
=> carne frente a espíritu
=> ley frente a gracia
=> vieja religión frente a nueva religión
=> Jerusalén actual frente a la Nueva Jerusalén, la capital de los nuevos cielos y tierra
=> Herencia terrenal y carnal frente a herencia piadosa y eterna

1 (21:8-11) *Conflicto, causa — Contienda — Ismael — Sara — Isaac — Banquete, destete:* Estaba la causa del conflicto. Muy sencillo, el pecado provocó el conflicto en la familia de Abraham, y el pecado por lo general es la causa del conflicto entre la mayoría de nosotros. Lo que sucedió en la familia de Abraham fue lo siguiente: Abraham le hizo un *gran banquete* a Isaac cuando lo destetaron del pecho de su madre. Advierta la palabra *gran*: fue un gran banquete. Al parecer esto era una costumbre del Cercano Oriente de esa época cuando el chico cumplía 2 o 3 años de edad. En algún momento durante el banquete, Sara vio a Ismael burlándose de Isaac: ridiculizándolo, burlándose, y mostrándose mal intencionado y resentido hacia él. Recuerden, Isaac era solo un bebé, de dos o tres años, e Ismael tenía dieciséis o diecisiete años de edad (cp. Gn. 16:16; 21:5). Imagínense un joven de esa edad burlándose y ridiculizando a un bebé. Además, advierta la palabra "burlaba" (metsachcheq). El hebreo tiene la idea de "siempre burlándose". Ismael siempre mostraba resentimiento e ira por Isaac; Él siempre estaba burlándose y con malas intenciones para con el bebé. (H. C. Leupold. *Génesis*, vol. 2, p. 599.) ¿Por qué? ¿Qué haría que Ismael fuera tan malvado con Isaac? Que Abraham siempre estaba *prestándole más atención* a Isaac, la atención que había recibido Ismael antes del nacimiento de Isaac. Ahora la atención de Abraham estaba dividida en dos, y él estaba más centrado en el bebé, Isaac, que en Ismael. Ismael debía haber comprendido: él tenía edad suficiente para saber que el bebé iba a convertirse en el centro de atención. Él tenía edad suficiente para comprender...

• Que el bebé necesitaba más atención.
• Que el bebé iba a constituir un gozo especial para Abraham porque había nacido en la vejez de Abraham.

• Que el bebé era el hijo prometido, dado milagrosamente por Dios.

Pero Ismael se rehusó a aceptar la presencia del bebé en la familia, se rehusó a aceptar a Isaac como *el hijo prometido*. Él se burlaba continuamente, adoptando una actitud malintencionada hacia el hijo que estaba designado por Dios como *el hijo prometido*. Y Sara veía la burla una y otra vez. Al parecer, el ridículo llegó a su punto en el gran banquete celebrando el destete de Isaac, y Sara presenció la fea situación. Fue todo cuanto ella podía soportar, ya era suficiente, y ella perdió el control. Ella exigió que Abraham despidiera (echara, botara, se deshiciera) de la esclava y su hijo, Ismael.

Ismael había pecado con su burla y celo y al no confiar en la voluntad y cuidado de Dios. Ahora Sara estaba pecando al exagerar. Ella estaba exigiendo una solución cruel para el conflicto. Se encargó de solucionar el problema ella misma en vez de buscar en Dios una solución para el conflicto. Se apoderó de ella un espíritu de desconfianza hacia Dios y de crueldad para con Ismael y su madre, Agar. Recuerden, Agar había sido la sierva personal de Sara durante décadas. Pero al parecer Sara estaba tan airada que ignoró a Dios y arremetió contra Ismael y Agar. Esto tuvo una repercusión devastadora sobre Abraham, porque él amaba a Ismael, lo amaba con todo su corazón. Abraham se quedó muy abatido; él se angustió, sin saber qué hacer.

Pensamiento 1. Advierta dos elementos sobre el conflicto y la contienda:
1) El conflicto es muy peligroso.

"Yo soy pacífico; mas ellos, así que hablo, me hacen guerra" (Sal. 120:7).
"El hombre iracundo promueve contiendas; mas el que tarda en airarse apacigua la rencilla" (Pr. 15:18).
"El que comienza la discordia es como quien suelta las aguas; deja, pues, la contienda, antes que se enrede" (Pr. 17:14).
"El que ama la disputa, ama la transgresión; y el que abre demasiado la puerta busca su ruina" (Pr. 17:19).
"Los labios del necio traen contienda; y su boca los azotes llama" (Pr. 18:6).
"Honra es del hombre dejar la contienda; mas todo insensato se envolverá en ella" (Pr. 20:3).
"No entres apresuradamente en pleito, no sea que no sepas qué hacer al fin, después que tu prójimo te haya avergonzado" (Pr. 25:8).
"El que pasando se deja llevar de la ira en pleito ajeno es como el que toma al perro por las orejas" (Pr. 26:17).

2) Se hace necesaria la actitud correcta para manejar el conflicto.

"Si clamares a la inteligencia, y a la prudencia dieres tu voz" (Pr. 2:3).
"No tengas pleito con nadie sin razón, si no te han hecho agravio" (Pr. 3:30).

2 (21:12-13) *Conflicto, solución al:* Estaba la solución al conflicto. La solución era Dios. Verse obligado a echar a un hijo es casi más de lo que cualquier padre cariñoso puede soportar. La exigencia de Sara de deshacerse de Ismael era una gran presión que ponía sobre Abraham. Pero Dios lo sabía. Él sabía todo sobre la angustia y abatimiento de Abraham, lo sabía todo sobre su perplejidad, al no saber qué hacer. Sin dudas, Abraham oró y analizó el asunto con Dios, y Dios oyó y se preocupó por la necesidad de Abraham. Por eso, Dios se dispuso a suplir la necesidad de Abraham.

1. Primero, Dios le dio su Palabra a Abraham. Dios le habló a Abraham, alentándolo y aliviando la angustia y el pesar. Advierta cuándo Dios le habló a Abraham: de noche (v. 14). Al parecer, Abraham estaba haciendo lo que todos hacemos cuando tenemos una gran angustia: orar. Él estaba acostado en su cama o estaba despierto durante la noche, orando y pensando en el conflicto. Y Dios fue a su encuentro: la Palabra de Dios vino a Abraham y suplió su necesidad.

En cuanto a Sara, ella tenía razón. Era necesario enviar lejos a Ismael, porque su burla y su ridículo estaban demasiado arraigados en él como para cambiarlo. El conflicto tan solo empeoraría. Pero la actitud de crueldad de Sara para con Ismael era incorrecta, y que ella no buscara de Dios y confiara en que Él le diera una solución era incorrecto. Ella había desgarrado el corazón de Abraham y le había provocado gran angustia y pesar.

Pero según se ha visto, Dios le habló a Abraham, y la Palabra de Dios siempre suple la necesidad del corazón humano. La Palabra de Dios siempre alivia nuestra angustia y pesar, alivia cualquier conflicto que haya en nuestra alma. La Palabra de Dios siempre nos alienta: alentó a Abraham y nos alienta a nosotros.

2. Segundo, Dios le recordó a Abraham su gran propósito: Isaac sería el hijo prometido, el hijo que daría lugar a la descendencia escogida, a la descendencia de Dios. Recuerden, esto se refiere tanto al pueblo de Dios, a aquellos que creen y siguen verdaderamente a Dios, y al Salvador prometido, el Señor Jesucristo. Ismael no era la descendencia escogida que traería a la Simiente de Dios, al Salvador, al mundo; era Isaac (cp. Gá. 3:16).

3. Tercero, Dios le aseguró a Abraham que el conflicto se resolvería. Dios protegería y bendeciría en gran manera a Ismael. Él se convertiría en una gran nación de personas. Dios se ocuparía de ello. Advierta por qué: no por Ismael sino por Abraham. La actitud egoísta y superior de Ismael para con Isaac al parecer se había vuelto muy arraigada y extremadamente pecaminosa. Por consiguiente, Dios no podía actuar en nombre de Ismael; Dios no podía castigar los procederes pecaminosos de Ismael actuando en su nombre. Pero Abraham era un asunto diferente. Abraham amaba y seguía a Dios; por eso, en el nombre de Abraham, Dios bendeciría a Ismael, el hijo de Abraham.

Sucede lo siguiente: Dios lo sabía todo acerca del conflicto, todo sobre la angustia y perplejidad de Abraham, que él no sabía qué hacer, que él no sabía cómo manejar el conflicto. Por eso, Dios le hizo frente a Abraham. Es muy probable que Abraham estuviera orando, pidiéndole ayuda a Dios. Y Dios lo ayudó.

=> Dios le dio su Palabra a Abraham: le habló a Abraham, aliviando su angustia y diciéndole qué hacer (v. 12).
=> Dios le recordó a Abraham el gran propósito de Dios (v. 12).
=> Dios le aseguró a Abraham que el conflicto se resolvería: Dios se ocuparía de Ismael y lo bendeciría (v. 13).

Pensamiento 1. La solución de Dios al conflicto es la misma para todas las generaciones, para cada uno de nosotros. No importa cuál sea el conflicto...

• La solución se halla en la Palabra de Dios. Su Palabra aliviará cualquier angustia que tengamos y nos dará la respuesta a nuestras preguntas. La Palabra de Dios nos dice qué hacer. Nuestra misión es buscar en su Palabra la paz que necesitamos y las respuestas a nuestras preguntas.
• La solución se haya en el propósito de Dios. Debemos recordarnos del propósito de Dios con su pueblo y con el mundo.
• La respuesta se halla en la garantía de bendición de Dios. No importa cuál pueda ser la solución al conflicto, Dios se ocupará de nosotros y de nuestras necesidades, siempre que confiemos y creamos en Dios, de la misma forma que lo hizo Abraham.

3 (21:14-16b) *Conflicto, consecuencias:* Estaban las consecuencias del conflicto. Las consecuencias eran devastadoras.

1. Estaba el desconsuelo, la separación, y el divorcio (v. 14). El conflicto estaba arraigado profundamente en el corazón de Ismael, al parecer estaba tan arraigado que nunca cambiaría. Dios sabía esto, así que la única forma en que se podía resolver el conflicto era echar a Ismael y a Agar, su madre.

Imagínense la escena cuando Abraham se levantó temprano en la mañana, y le llevó agua y pan a Agar. Habría ternura, cariño, amor, y desgarramiento cuando Abraham pusiera los dos bolsos de cuero sobre los hombros de Agar e Ismael y los despidiera. El *dolor desgarrador* debe haber sido casi insoportable.

Pensamiento 1. Las consecuencias del conflicto con frecuencia son devastadoras. A muchas personas se les ha desgarrado el corazón por el conflicto, el conflicto que conlleva a...
• La separación
• El divorcio
• La pérdida de un ser querido

2. Estaba el hecho de vagar, de estar perdido, de no saber adónde ir ni qué hacer (v. 14b). Las Escrituras no dicen hacia dónde se dirigía Agar, pero probablemente ella se dirigiera de regreso a su casa en Egipto (Gn. 16:1). Por alguna razón, ella perdió el camino y comenzó a vagar errante. Estaba perdida, sin saber adónde ir ni qué hacer, todo por el conflicto.

Pensamiento 1. *Advierta* cómo la experiencia de Agar ilustra la experiencia de tantas personas. Hay muchas personas vagando en el mundo, perdidas, sin saber adónde ir ni qué hacer, todo porque algún conflicto conllevó a...

• La separación
• el divorcio
• la pérdida de un ser querido

Tantas personas están perdidas en el desierto del mundo, completamente solos o de lo contrario con nadie más que un hijo. Piensen en las madres y padres solteros, la gran presión de criar a los hijos completamente solos. La soledad y la desesperación de la situación con frecuencia se vuelven casi insoportables.

3. Estaba el cansancio, la desesperanza, y la amenaza de muerte (vv. 15-16). Agar e Ismael agotaron todas sus provisiones. No quedaba más pan y ni siquiera quedaba más agua. Estaban tan cansados que no podían proseguir. Advierta que Ismael, el joven de dieciséis o diecisiete años de edad, al parecer se había desmayado de la sed y el cansancio. Agar lo arrastró hacia debajo de un arbusto y se fue y se sentó a distancia de un tiro de arco. Ya no había esperanza: ya la situación no tenía remedio; Agar no podía hacer más. Ella no podía soportar verlo morir.

Pensamiento 1. Piensen en las personas de todo el mundo que...
• se encuentran totalmente exhaustas
• no tiene alimento ni agua
• no tienen esperanza
• se enfrentan a la amenaza de muerte

¿Por qué? Todo a causa del conflicto, el conflicto que conllevó a la separación, al divorcio, la guerra, o a alguna otra consecuencia devastadora. Las consecuencias del conflicto son destructivas, interminables en cuanto a cómo afecta la vida humana.

"Vuestras iniquidades han estorbado estas cosas, y vuestros pecados apartaron de vosotros el bien" (Jer. 5:25).
"Porque al hombre que le agrada, Dios le da sabiduría, ciencia y gozo; mas al pecador da el trabajo de recoger y amontonar, para darlo al que agrada a Dios. También esto es vanidad y aflicción de espíritu" (Ec. 2:26).
"Matará al malo la maldad, y los que aborrecen al justo serán condenados" (Sal. 34:21).
"Te perdiste, oh Israel, mas en mí está tu ayuda" (Os. 13:9).
"El odio despierta rencillas; pero el amor cubrirá todas las faltas" (Pr. 10:12).
"Ciertamente la soberbia concebirá contienda; mas con los avisados está la sabiduría" (Pr. 13:10).
"El hombre iracundo levanta contiendas, y el furioso muchas veces peca" (Pr. 29:22).

4 (21:16c-21) *Conflicto, victoria del — Ismael:* Estaba la victoria y el triunfo sobre el conflicto. Sucedieron siete cosas

que nos muestran claramente cómo vencer y triunfar sobre el conflicto.

1. Agar lloró amargamente y alzó su voz en oración. *Alzar alguien su voz* sugiere oración. Agar e Ismael pronto morirían, todo por el conflicto que rugía en el alma de Ismael. Agar había llegado al final de sus fuerzas, había hecho todo cuanto podía. Ella sencillamente ya no podía más, no con sus propias fuerzas. Sentada allí, lloró amargamente e hizo lo único que podía hacer: alzó su voz y clamó a Dios en oración.

Pensamiento 1. Con mucha frecuencia, esta es la posición en la que tenemos que estar para clamar a Dios: cuando perdemos las esperanzas, las fuerzas, cuando no hay solución para lograr nada por nosotros mismos.
No obstante, Dios nos ama y cuida de nosotros. Por ende, debemos clamar a Dios, ya sea tarde o temprano, ya sea al enfrentarnos a una necesidad pequeña o urgente.

2. Agar escuchó la Palabra de Dios y analizó su problema (v. 17a). Dios oyó la oración de Agar y la habló desde el cielo. Dios le dio a Agar *su Palabra* para suplir su necesidad. Advierta lo que hizo Dios:
Él la motivó a analizar su problema. "¿Cuál es el problema, Agar?"

Pensamiento 1. Contamos con la Palabra de Dios permanentemente. Cuando nos enfrentamos a problemas y crisis, necesitamos urgentemente ir donde la Palabra de Dios para que nos proporcione guía, clamándole a Él para que nos dé ayuda y dirección. Advierta también, nos es necesario hacer lo que Dios estaba motivando a hacer a Agar: pensar en el problema a que nos enfrentamos. Si buscamos de Dios sinceramente con la oración y con su Palabra, analizando el problema al máximo de nuestra capacidad, Dios nos ayudará. Podremos vencer y triunfar sobre todos los conflictos, problemas y crisis.

3. Ismael alzó su voz y clamó a Dios, al parecer pidiendo perdón (v. 17c). Nuevamente, *alzar su voz* sugiere oración. Nota, Dios dijo dos veces que Él había escuchado la voz de Ismael. Al parecer Ismael también estaba orando, llorando, y clamando a Dios. Es muy probable que él le estuviera pidiendo perdón a Dios, sabiendo que había sido su burla y ridículo lo que lo había puesto a él y a su madre al borde de la muerte.

Pensamiento 1. Dios enfatiza el hecho de que Él había oído *la voz* (hebreo) de Ismael. Dios dice esto dos veces. Esto señala la necesidad inmensa de arrepentimiento, de clamar a Dios para que perdone nuestros pecados cuando hemos hecho mal. Entonces, y solo entonces es que Dios nos escucha.

"Así que, arrepentíos y convertíos, para que sean borrados vuestros pecados; para que vengan de la presencia del Señor tiempos de refrigerio" (Hch. 3:19).

"Arrepiéntete, pues, de esta tu maldad, y ruega a Dios, si quizá te sea perdonado el pensamiento de tu corazón" (Hch. 8:22).

"Si confesamos nuestros pecados, él es fiel y justo para perdonar nuestros pecados, y limpiarnos de toda maldad" (1 Jn. 1:9).

"Yo, yo soy el que borro tus rebeliones por amor de mí mismo, y no me acordaré de tus pecados" (Is. 43:25).

"Yo deshice como una nube tus rebeliones, y como niebla tus pecados; vuélvete a mí, porque yo te redimí" (Is. 44:22).

"Deje el impío su camino, y el hombre inicuo sus pensamientos, y vuélvase a Jehová, el cual tendrá de él misericordia, y al Dios nuestro, el cual será amplio en perdonar" (Is. 55:7).

4. Agar obedeció a Dios, se levantó y lo sostuvo (v. 18). Ella no debía cejar ni rendirse. Ella debía levantarse, caminar hacia donde estaba Ismael, y levantarlo (su cabeza) en sus manos. Advierta por qué: Porque Dios iba a usar al joven para fundar una gran nación.

Pensamiento 1. ¿Y si Agar no hubiera obedecido a Dios? Recuerden su cansancio y sed. Ella fácilmente podía haber dicho que ya ella no podía hacer más: que sencillamente ella ya no tenía las fuerzas ni la energía; que su cuerpo ya no le respondía. Si Agar no hubiera hecho esto —no hubiera obedecido a Dios— es muy probable que ella e Ismael no se hubieran salvado. Habría perecido. Pero ella obedeció, hizo exactamente lo que Dios le dijo. Dios exige que todos lo obedezcamos. Nosotros obedecemos, luego Dios nos ayuda y bendice.

"No todo el que me dice: Señor, Señor, entrará en el reino de los cielos, sino el que hace la voluntad de mi Padre que está en los cielos" (Mt. 7:21).

"Cualquiera, pues, que me oye estas palabras, y las hace, le compararé a un hombre prudente, que edificó su casa sobre la roca" (Mt. 7:24).

"El que tiene mis mandamientos, y los guarda, ése es el que me ama; y el que me ama, será amado por mi Padre, y yo le amaré, y me manifestaré a él" (Jn. 14:21).

"Bienaventurados los que lavan sus ropas, para tener derecho al árbol de la vida, y para entrar por las puertas en la ciudad" (Ap. 22:14).

"Ahora, pues, si diereis oído a mi voz, y guardareis mi pacto, vosotros seréis mi especial tesoro sobre todos los pueblos; porque mía es toda la tierra" (Éx. 19:5).

"¡Quién diera que tuviesen tal corazón, que me temiesen y guardasen todos los días todos mis mandamientos, para que a ellos y a sus hijos les fuese bien para siempre!" (Dt. 5:29).

"Nunca se apartará de tu boca este libro de la ley, sino que de día y de noche meditarás en él, para que guardes y hagas conforme a todo lo que en él está escrito; porque entonces harás prosperar tu camino, y todo te saldrá bien" (Jos. 1:8).

5. Agar experimentó la provisión de Dios. Cuando ella se levantó y echó a andar en dirección a Ismael, Dios abrió sus ojos —le permitió ver— y ella vio un pozo de agua. No cabe dudas de que ella corrió al pozo, tropezando de la debilidad, y llenó los odres de agua; y luego corrió donde Ismael, levantó su cabeza y se la puso en su muslo (tal como Dios le había dicho) para darle de beber.

Pensamiento 1. Advierta nuevamente: Dios suplió su necesidad cuando Agar comenzó a obedecer a Dios. Después que ella se levantó y se dirigió donde el chico, Dios actuó y abrió sus ojos para que viera el pozo. Se suplió la necesidad de Agar cuando ella comenzó a obedecer a Dios.

"Mas buscad primeramente el reino de Dios y su justicia, y todas estas cosas os serán añadidas" (Mt. 6:33).

"de manera que podemos decir confiadamente: El Señor es mi ayudador; no temeré lo que me pueda hacer el hombre" (He. 13:6).

"echando toda vuestra ansiedad sobre él, porque él tiene cuidado de vosotros" (1 P. 5:7).

"Jehová es mi fortaleza y mi escudo; en él confió mi corazón, y fui ayudado, por lo que se gozó mi corazón, y con mi cántico le alabaré" (Sal. 28:7).

"Aunque afligido yo y necesitado, Jehová pensará en mí. Mi ayuda y mi libertador eres tú; Dios mío, no te tardes" (Sal. 40:17).

"No temas, porque yo estoy contigo; no desmayes, porque yo soy tu Dios que te esfuerzo; siempre te ayudaré, siempre te sustentaré con la diestra de mi justicia" (Is. 41:10).

6. Agar e Ismael recibieron el cuidado y provisión continuos e inquebrantables de Dios (v. 20). Muy sencillo, Dios estaba con Ismael mientras se hacía hombre. Esto apunta fuertemente al arrepentimiento y clamor de perdón de Ismael mencionado anteriormente (punto 3, v. 17c).

7. Agar e Ismael aceptaron su llamado, el medio, y la vida dados por Dios (v. 21). Advierta que ellos no prosiguieron viaje a Egipto sino que permanecieron en el desierto de Parán. ¿Por qué? Las Escrituras no lo dicen, pero Dios debe haberle dado alguna dirección a Agar sobre el asunto. Cualquiera que sea el caso, lo que se debe tener en cuenta es lo siguiente: Aceptaron el llamado de Dios de vivir apartados —de vivir divorciados y separados— de Abraham. Se ajustaron y adaptaron al medio más hostil, al vivir en el desierto. Y advierta: Ismael tuvo que convertirse en arquero a fin de cazar y alimentarse él y su madre. Advierta también que Agar le consiguió una esposa a Ismael de Egipto.

Pensamiento 1. El conflicto se puede vencer y superar, se puede triunfar sobre el conflicto. ¿Cómo? Haciendo las siete cosas que hicieron Agar e Ismael.

=> alzar nuestra voz en oración y con llanto.
=> escuchar la Palabra de Dios y analizar el problema.
=> orar y pedir perdón a Dios.
=> obedecer a Dios, levantándonos y poniendo manos a la obra.

=> experimentar la provisión de Dios.

=> recibir el cuidado continuo e inquebrantable de Dios.

=> aceptar el llamado, el medio, y la vida dados por Dios.

Dios nos promete victoria, nos promete que podemos vencer y triunfar sobre todo, si tan solo creemos en Él, si creemos y confiamos en Él de un modo genuino.

"He aquí os doy potestad de hollar serpientes y escorpiones, y sobre toda fuerza del enemigo, y nada os dañará" (Lc. 10:19).

"Estas cosas os he hablado para que en mí tengáis paz. En el mundo tendréis aflicción; pero confiad, yo he vencido al mundo" (Jn. 16:33).

"¿Quién nos separará del amor de Cristo? ¿Tribulación, o angustia, o persecución, o hambre, o desnudez, o peligro, o espada?... Antes, en todas estas cosas somos más que vencedores por medio de aquel que nos amó. Por lo cual estoy seguro de que ni la muerte, ni la vida, ni ángeles, ni principados, ni potestades, ni lo presente, ni lo por venir, ni lo alto, ni lo profundo, ni ninguna otra cosa creada nos podrá separar del amor de Dios, que es en Cristo Jesús Señor nuestro" (Ro. 8:35, 37-39).

"Mas a Dios gracias, el cual nos lleva siempre en triunfo en Cristo Jesús, y por medio de nosotros manifiesta en todo lugar el olor de su conocimiento" (2 Co. 2:14).

"Porque todo lo que es nacido de Dios vence al mundo; y esta es la victoria que ha vencido al mundo, nuestra fe. ¿Quién es el que vence al mundo, sino el que cree que Jesús es el Hijo de Dios?" (1 Jn. 5:4-5).

"Al que venciere y guardare mis obras hasta el fin, yo le daré autoridad sobre las naciones" (Ap. 2:26).

"El que venciere será vestido de vestiduras blancas; y no borraré su nombre del libro de la vida, y confesaré su nombre delante de mi Padre, y delante de sus ángeles" (Ap. 3:5).

"Al que venciere, le daré que se siente conmigo en mi trono, así como yo he vencido, y me he sentado con mi Padre en su trono" (Ap. 3:21).

"El que venciere heredará todas las cosas, y yo seré su Dios, y él será mi hijo" (Ap. 21:7).

"Por medio de ti sacudiremos a nuestros enemigos; En tu nombre hollaremos a nuestros adversarios" (Sal. 44:5).

| 1 Abraham tenía un testimonio sorprendente y consecuente

2 Abraham hizo un compromiso fuerte de no faltarle a nadie
  a. La solicitud: No faltarle a sus vecinos, ni a la tierra o propiedades

  b. Abraham juró, hizo el compromiso
3 Abraham fue abierto y sincero
  a. Abraham habló de un error

  b. Fue un sencillo malentendido | P. Abraham hizo un pacto con Abimelec: La fe amable. Los pasos para edificar buenas relaciones, 21:22-34

22 Aconteció en aquel mismo tiempo que habló Abimelec, y Ficol príncipe de su ejército, a Abraham, diciendo: Dios está contigo en todo cuanto haces.
23 Ahora, pues, júrame aquí por Dios, que no faltarás a mí, ni a mi hijo ni a mi nieto, sino que conforme a la bondad que yo hice contigo, harás tú conmigo, y con la tierra en donde has morado.
24 Y respondió Abraham: Yo juraré.
25 Y Abraham reconvino a Abimelec a causa de un pozo de agua, que los siervos de Abimelec le habían quitado.
26 Y respondió Abimelec: No sé quién haya hecho esto, ni tampoco tú me lo hiciste saber, ni yo lo he oído hasta hoy. | 27 Y tomó Abraham ovejas y vacas, y dio a Abimelec; e hicieron ambos pacto.

28 Entonces puso Abraham siete corderas del rebaño aparte.
29 Y dijo Abimelec a Abraham: ¿Qué significan esas siete corderas que has puesto aparte?
30 Y él respondió: Que estas siete corderas tomarás de mi mano, para que me sirvan de testimonio de que yo cavé este pozo.
31 Por esto llamó a aquel lugar Beerseba; porque allí juraron ambos.

32 Así hicieron pacto en Beerseba; y se levantó Abimelec, y Ficol príncipe de su ejército, y volvieron a tierra de los filisteos.
33 Y plantó Abraham un árbol tamarisco en Beerseba, e invocó allí el nombre de Jehová Dios eterno.
34 Y moró Abraham en tierra de los filisteos muchos días. | 4 Abraham dio y compartió más de lo requerido
  a. El acto de dar y compartir
  b. El acto especial de dar: Se dieron siete corderas para ayudar a aliviar el dolor de la disputa

5 Abraham consagró su compromiso
  a. Abraham conmemoró el lugar: lo nombró Beerseba,[EF1] v. 31
  b. Abraham regresó

6 Abraham reconoció al Señor, al Dios eterno, y su necesidad de la ayuda de Dios al edificar buenas relaciones[EF2] |

DIVISIÓN VII

ABRAHAM: EL HOMBRE ESCOGIDO PARA CONVERTIRSE EN EL PADRE DEL PUEBLO DE DIOS Y EN EL PADRE DE LA FE, 12:1—25:18

P. Abraham hizo un pacto con Abimelec: La fe amable. Los pasos para edificar buenas relaciones, 21:22-34

(21:22-34) *Introducción:* Se están destrozando las relaciones humanas. El tejido mismo de la sociedad —las buenas relaciones humanas— se está desmoronando. La lujuria, la avaricia, y el egoísmo están produciendo una sociedad de personas inmorales, anárquicas, y sedientas de poder. Las buenas relaciones constituyen una rareza. Analicen al respecto: las pocas buenas relaciones que existen. ¿Cuán pocas son las buenas relaciones —relaciones realmente buenas— que conocemos con toda sinceridad...

• Entre esposo y esposa?
• Entre padre e hijo?
• Entre vecinos?
• Entre trabajadores?
• Entre empleador y empleado?
• Entre trabajadores del gobierno?
• Entre naciones?
• Entre iglesias y líderes de iglesias?

Existen algunas buenas relaciones en cada uno de estos, en cada institución de la sociedad. Pero todos debemos admitir que existen muy pocas. Si existe un momento en el que nos es necesario lidiar con el problema de las relaciones deshechas, es éste. Edificar buenas relaciones —contar con los pasos para edificar buenas relaciones— es nuestra única esperanza para detener el destrozo...

• De la inmoralidad que destruye nuestras familias y dignidad humana.

- De la anarquía que arrasa nuestras calles y nos obliga a vivir en temor.
- De las personas y líderes sedientos de poder que buscan cada vez más dinero y posiciones cada vez más altas; todos ellos reprimiendo la iniciativa y maltratando a tantos de nosotros.

Este es el tema de este pasaje. Nos dice cómo edificar buenas relaciones. Es la historia de un rey que trata de edificar una fuerte relación con un jeque poderoso, pero los puntos se aplican a todas las instituciones de la sociedad. Los puntos se aplican tanto a naciones como a familias, tanto a trabajadores como a vecinos. Se aplican a cada segmento de la sociedad. Los pasos que se ven en este pasaje son los pasos mismos que debemos dar para edificar buenas relaciones con otros: *Abraham hizo un pacto con Abimelec: La fe amable. Los pasos para edificar buenas relaciones, 21:22-34.*

1. Paso 1: Desarrollar un testimonio sorprendente y consecuente (v. 22).
2. Paso 2: Hacer un compromiso fuerte de no faltar (vv. 23-24).
3. Paso 3: Ser abierto y sincero (vv. 25-26).
4. Paso 4: Dar y compartir más de lo requerido (vv. 27-30).
5. Paso 5: Consagrar y recordar nuestro compromiso (vv. 31-32).
6. Paso 6: Reconocer al Señor, al Dios eterno, y nuestra necesidad de su ayuda para edificar buenas relaciones (vv. 33-34).

1 (21:22) *Testimonio:* El primer paso para edificar buenas relaciones es desarrollar un testimonio piadoso y consecuente delante de las personas. Ya había pasado cuatro años desde que Abimelec, el rey del territorio filisteo, le había dado permiso a Abraham para vivir donde él quisiera en toda la tierra (Gn. 20:15). Durante los cuatro años, Abimelec notó algo sorprendente: Dios parecía estar con Abraham en todo cuanto hacía. No importaba lo que hiciera Abraham, Dios estaba con él: Guiándolo, alentándolo, y bendiciéndolo. ¿Qué tipo de cosas notaba Abimelec? Tenían que ser cosas que notamos nosotros en las personas:

=> Sus tratos con otras personas. Abraham era amable, justo y sincero en todos sus tratos.
=> Sus intereses de negocio. Abraham hizo a Dios socio en sus negocios, y al aumentar sus intereses de negocio, él le daba el mérito a Dios.
=> Su adoración y testimonio. Abraham era consecuente en su adoración y testimonio de Dios.
=> Su vida. Abraham llevaba una vida moral y justa, una vida que le traía honra a la justicia del Dios que él proclamaba.
=> Su testimonio de fe. Abraham daba testimonio de Dios y de una tierra y país celestial que era eterna y que se estaba preparando para los creyentes verdaderos. Advierta que la *Epístola a los hebreos* nos dice lo siguiente:

"Por la fe habitó como extranjero en la Tierra Prometida como en tierra ajena, morando en tiendas con Isaac y Jacob, coherederos de la misma promesa; porque esperaba la ciudad que tiene fundamentos, cuyo arquitecto y constructor es Dios... Conforme a la fe murieron todos éstos sin haber recibido lo prometido, sino mirándolo de lejos, y creyéndolo, y saludándolo, y confesando que eran extranjeros y peregrinos sobre la tierra. Porque los que esto dicen, claramente dan a entender que buscan una patria" (He. 11:9-10, 13-14).

Sucede lo siguiente: Abraham vivía para Dios, llevaba una vida consecuente para Dios, y Abimelec notó esa vida. Dios estaba con Abraham en todo lo que hacía, bendiciéndolo abundantemente. Abraham al parecer era el jeque más rico y poderoso de toda la tierra, tan poderoso que los reyes buscaban su amistad (cp. Gn. 14:1-24). Esto es lo que estaba sucediendo en el pasaje actual. Abimelec quería asegurarse que continuaran las buenas relaciones entre él y Abraham. Él quería establecer una relación permanente con Abraham, un tratado de paz, un pacto de no agresión. Por eso, él se llevó a su jefe de estado mayor militar con él para reunirse con Abraham. Advierta lo que Abimelec le dijo a Abraham, lo que le llamaba la atención y lo traía donde Abraham: Era el sorprendente *testimonio de Dios* de Abraham. Al parecer Dios estaba con Abraham en todo cuanto hacía.

Pensamiento 1. El primer paso para edificar las buenas relaciones es un testimonio sorprendente y consecuente de Dios.

=> Esto sucede con las naciones. Una nación será bendecida con relaciones buenas y confiables solo si cuenta con un testimonio fuerte y consecuente de Dios.

"si se humillare mi pueblo, sobre el cual mi nombre es invocado, y oraren, y buscaren mi rostro, y se convirtieren de sus malos caminos; entonces yo oiré desde los cielos, y perdonaré sus pecados, y sanaré su tierra" (2 Cr. 7:14).
"Los malos serán trasladados al Seol, todas las gentes que se olvidan de Dios" (Sal. 9:17).
"Bienaventurada la nación cuyo Dios es Jehová, el pueblo que él escogió como heredad para sí" (Sal. 33:12).
"Por la bendición de los rectos la ciudad será engrandecida; mas por la boca de los impíos será trastornada" (Pr. 11:11).
"La justicia engrandece a la nación; mas el pecado es afrenta de las naciones" (Pr. 14:34).
"Aparta al impío de la presencia del rey, y su trono se afirmará en justicia" (Pr. 25:5).

=> Esto sucede con todas las relaciones. Las personas serán bendecidas con relaciones buenas y confiables solo si cuentan con un testimonio fuerte y consecuente de Dios.

"Casadas, estad sujetas a vuestros maridos, como conviene en el Señor. Maridos, amad a

vuestras mujeres, y no seáis ásperos con ellas. Hijos, obedeced a vuestros padres en todo, porque esto agrada al Señor. Padres, no exasperéis a vuestros hijos, para que no se desalienten. Siervos, obedeced en todo a vuestros amos terrenales, no sirviendo al ojo, como los que quieren agradar a los hombres, sino con corazón sincero, temiendo a Dios. Y todo lo que hagáis, hacedlo de corazón, como para el Señor y no para los hombres; sabiendo que del Señor recibiréis la recompensa de la herencia, porque a Cristo el Señor servís" (Col. 3:18-24).

2 (21:23-24) *Relación — Faltarle a alguien:* El segundo paso para edificar buenas relaciones es hacer un compromiso fuerte de que uno no le faltará a otras personas. Abimelec había sido justo, sincero, y recto con Abraham. Cuatro años antes, él le había devuelto a Sara a Abraham y le había dado una gran manada de ovejas y vacas, y le había dado a Abraham el derecho de vivir en cualquier lugar que él deseara dentro de territorio filisteo (cp. Gn. 20:14-18). Abimelec había hecho todo cuanto podía para edificar una buena relación con Abraham. Ahora, él le pedía a Abraham que sellara su relación con un tratado de paz permanente. Él quería que Abraham, él mismo, sus hijos, y nietos siempre vivieran en paz. Él quería que la tierra estuviera protegida de los estragos de las injusticias y la guerra.

Advierta que Abraham juró nunca faltarle a Abimelec ni a sus descendientes. Él juró siempre ser justo, sincero, y recto con Abimelec y su pueblo.

> *Pensamiento 1.* El segundo paso para edificar buenas relaciones es hacer un compromiso fuerte de nunca faltarle a ninguna persona. Destruimos las relaciones si le faltamos a las personas, si...

- No somos justos
- No somos sinceros
- No somos rectos

Debemos hacer un compromiso fuerte de ser justos, sinceros, y justos con las personas en todos nuestros tratos. Esto sucede con las naciones y con nosotros como individuos.

"No hurtaréis, y no engañaréis ni mentiréis el uno al otro" (Lv. 19:11).

"Destruirás a los que hablan mentira; al hombre sanguinario y engañador abominará Jehová" (Sal. 5:6).

"No habitará dentro de mi casa el que hace fraude; el que habla mentiras no se afirmará delante de mis ojos" (Sal. 101:7).

"El labio veraz permanecerá para siempre; mas la lengua mentirosa sólo por un momento" (Pr. 12:19).

"Los labios mentirosos son abominación a Jehová; pero los que hacen verdad son su contentamiento" (Pr. 12:22).

"Y cada uno engaña a su compañero, y ninguno habla verdad; acostumbraron su lengua a hablar mentira, se ocupan de actuar perversamente" (Jer. 9:5).

"¡Ay de ti, ciudad sanguinaria, toda llena de mentira y de rapiña, sin apartarte del pillaje!" (Nah. 3:1).

"Estas son las cosas que habéis de hacer: Hablad verdad cada cual con su prójimo; juzgad según la verdad y lo conducente a la paz en vuestras puertas" (Zac. 8:16).

"y vestíos del nuevo hombre, creado según Dios en la justicia y santidad de la verdad. Por lo cual, desechando la mentira, hablad verdad cada uno con su prójimo; porque somos miembros los unos de los otros" (Ef. 4:24-25).

"Pero los cobardes e incrédulos, los abominables y homicidas, los fornicarios y hechiceros, los idólatras y todos los mentirosos tendrán su parte en el lago que arde con fuego y azufre, que es la muerte segunda" (Ap. 21:8).

3 (21:25-26) *Sinceridad:* El tercer paso para edificar buenas relaciones es ser abierto y sincero. Había surgido un problema del que desconocía Abimelec. Algunos de sus trabajadores se habían apropiado de un pozo que al parecer había cavado Abraham para sus reses y trabajadores. Recuerden, la tierra le pertenecía a Abimelec y a su pueblo. El rey solo le había permitido a Abraham vivir allí como un buen gesto. Sentado allí negociando el tratado, Abraham corrió el riesgo de que surgieran resentimientos si el mencionaba el asunto del pozo. Pero si el no mencionaba el decomiso, podía acarrear más problemas en el futuro. Habría un asunto injusto, deshonesto y poco recto que no se resolvería al sellar el tratado. Los trabajadores de Abimelec podían interpretar el silencio de Abraham como debilidad, y le decomisarían otros pozos en el futuro lo que conllevaría a un problema futuro creciente y quizás explosivo.

Abraham sabía esto: La única manera de mantener una buena relación con Abimelec era ser completamente abierto y sincero. Por ende, él le contó a Abimelec sobre el decomiso.

> *Pensamiento 1.* Debemos ser abiertos y sinceros si deseamos edificar buenas relaciones. Las mentiras y el engaños solo destruyen las relaciones.
> => Esto sucede con los negocios: las mentiras y el engaño destruirán las relaciones de negocio.

"No hagáis injusticia en juicio, en medida de tierra, en peso ni en otra medida. Balanzas justas, pesas justas y medidas justas tendréis. Yo Jehová vuestro Dios, que os saqué de la tierra de Egipto" (Lv. 19:35-36).

"Pesa exacta y justa tendrás; efa cabal y justo tendrás, para que tus días sean prolongados sobre la tierra que Jehová tu Dios te da" (Dt. 25:15).

"El peso falso es abominación a Jehová; mas la pesa cabal le agrada" (Pr. 11:1).

"Amontonar tesoros con lengua mentirosa es aliento fugaz de aquellos que buscan la muerte" (Pr. 21:6).

"Mercader que tiene en su mano peso falso, amador de opresión" (Os. 12:7).

=> Esto sucede con todas las relaciones de la vida. Todos debemos ser abiertos y sinceros a fin de edificar las buenas relaciones.

"Por tanto, si tu hermano peca contra ti, ve y repréndele estando tú y él solos; si te oyere, has ganado a tu hermano" (Mt. 18:15).

"No paguéis a nadie mal por mal; procurad lo bueno delante de todos los hombres" (Ro. 12:17).

"No debáis a nadie nada, sino el amaros unos a otros; porque el que ama al prójimo, ha cumplido la ley" (Ro. 13:8).

"procurando hacer las cosas honradamente, no sólo delante del Señor sino también delante de los hombres" (2 Co. 8:21).

"Por lo demás, hermanos, todo lo que es verdadero, todo lo honesto, todo lo justo, todo lo puro, todo lo amable, todo lo que es de buen nombre; si hay virtud alguna, si algo digno de alabanza, en esto pensad" (Fil. 4:8).

4 (21:27-30) *Dar — Compartir:* El cuarto paso para edificar buenas relaciones es dar y compartir mutuamente. Ya Abimelec le había hecho un regalo a Abraham cuando él devolvió a Sara y le dio vacas y ovejas. También le había dado a Abraham el derecho de vivir donde él deseara dentro de territorio filisteo. Ahora, para sellar las buenas relaciones entre ellos, Abraham le hizo un gran regalo de ovejas y vacas a Abimelec. Entonces ellos hicieron un pacto entre ellos, quizás sacrificando varios de los animales (vea nota, Gn. 15:7-21, fundamentalmente 9-11). Pero esto no fue todo: advierta que Abraham le hizo un regalo especial de siete corderas a Abimelec (vv. 28-30). Él hizo un regalo especial para ayudar a solucionar la disputa que había surgido por el pozo. Abraham se extendió más de lo que exigía la relación del pacto: él hizo un regalo especial para establecer su relación con mayor firmeza.

Pensamiento 1. Dar y compartir es el cuarto paso para edificar buenas relaciones. Dar y compartir siempre une a las personas.

"Cuando haya en medio de ti menesteroso de alguno de tus hermanos en alguna de tus ciudades, en la tierra que Jehová tu Dios te da, no endurecerás tu corazón, ni cerrarás tu mano contra tu hermano pobre" (Dt. 15:7).

"El alma generosa será prosperada; y el que saciare, él también será saciado" (Pr. 11:25).

"El ojo misericordioso será bendito, porque dio de su pan al indigente" (Pr. 22:9).

"Jesús le dijo: Si quieres ser perfecto, anda, vende lo que tienes, y dalo a los pobres, y tendrás tesoro en el cielo; y ven y sígueme" (Mt. 19:21).

"Dad, y se os dará; medida buena, apretada, remecida y rebosando darán en vuestro regazo; porque con la misma medida con que medís, os volverán a medir" (Lc. 6:38).

"En todo os he enseñado que, trabajando así, se debe ayudar a los necesitados, y recordar las palabras del Señor Jesús, que dijo: Más bienaventurado es dar que recibir" (Hch. 20:35).

"A los ricos de este siglo manda que no sean altivos, ni pongan la esperanza en las riquezas, las cuales son inciertas, sino en el Dios vivo, que nos da todas las cosas en abundancia para que las disfrutemos. Que hagan bien, que sean ricos en buenas obras, dadivosos, generosos" (1 Ti. 6:17-18).

5 (21:31-32) *Compromiso — Dedicación:* El quinto paso para edificar buenas relaciones es consagrar y recordar nuestro compromiso. Abraham nombró el lugar donde se selló el pacto *Beerseba*. Sucede lo siguiente: Abraham estaba conmemorando su compromiso al nombrar el lugar donde se hacía el compromiso. El compromiso era de vital importancia, por eso Abraham quería tenerlo siempre presente. Cada vez que él pensara u oyera del lugar *Beerseba*, él recordaría su compromiso y lo renovaría delante de Dios.

Pensamiento 1. Para edificar buenas relaciones, resulta absolutamente esencial recordar nuestro compromiso con nuestros amigos. Cuando hacemos un compromiso, se hace delante de Dios así como delante de nuestros amigos. Nosotros damos nuestra palabra de que cumpliremos el compromiso; por ende, debemos recordar nuestro compromiso y hacer lo que prometimos.

"Cuando alguno hiciere voto a Jehová, o hiciere juramento ligando su alma con obligación, no quebrantará su palabra; hará conforme a todo lo que salió de su boca" (Nm. 30:2).

"Cuando haces voto a Jehová tu Dios, no tardes en pagarlo; porque ciertamente lo demandará Jehová tu Dios de ti, y sería pecado en ti" (Dt. 23:21).

"Pero sea vuestro hablar: Sí, sí; no, no; porque lo que es más de esto, de mal procede" (Mt. 5:37).

ESTUDIO A FONDO 1

(21:31) *Beerseba:* Significa el pozo de siete o el séptimo pozo. Luego la región se convirtió en una ciudad. Advierta varios elementos significativos sobre la región y la ciudad.

=> La región estaba ubicada en el extremo sur de la Tierra Prometida y fungía como la frontera sur de Judá. Dan estaba ubicada al extremo norte de Judá. El pueblo de Judá más tarde hablaría de las fronteras norte y sur de las naciones como "de Dan a Beerseba" (Jue. 10:1; 1 S. 3:20; 2 S. 3:10; 17:11; 1 R. 4:25).

=> La región fue a donde Agar huyó de Sara (Gn. 21:14).

=> La región fue donde Abraham plantó un árbol e hizo su pacto de no agresión con Abimelec (Gn. 21:32-33).

=> La ciudad fue donde Jacob vivió por algún tiempo (Gn. 28:10).

=> La ciudad fue donde Isaac vivió por un tiempo e hizo un pacto con Abimelec (Gn. 26:33).

=> La región fue donde le apareció Dios a Jacob cuando Jacob se dirigía a Egipto a reunirse con José (Gn. 46:1).

=> La ciudad fue parte de la herencia de la tribu de Simeón (Jos. 19:1-2).

=> La región fue a donde Elías escapó cuando huía de la reina Jezabel (1 R. 19:3).

=> La ciudad fue reprendida por Amós el profeta porque el pueblo se había vuelto idólatra (Am. 5:15; 8:14).

6 (21:33-34) *Oración — Adoración:* El sexto paso para edificar buenas relaciones es reconocer al Señor y nuestra necesidad de su ayuda al edificar las relaciones con las personas. Después que Abimelec y su jefe militar partieron, Abraham plantó un árbol *tamarisco* en Beerseba. Esto era un pequeño arbusto o árbol que crece bien en regiones desérticas. Sus hojas con frecuencia les proporcionan sombra a los viajeros del desierto. Advierta que luego Abraham adoró a Dios, invocando el nombre del *Dios eterno, y perdurable.* Abraham, sin lugar a dudas, estaba poniendo énfasis en...

• Cómo Dios se ocupó de él eternamente.
• Cómo Dios había obrado un pacto eterno y permanente para él con Abimelec.
• Cuánto él necesitaba la ayuda eterna de Dios para cumplir este pacto y para vivir como debía los años restantes de vida.

Pensamiento 1. Todos necesitamos la ayuda de Dios para edificar buenas relaciones con otros. Necesitamos la ayuda de Dios —al Dios eterno— para edificar relaciones...

• Que perduren y no terminen
• Que resistan y no se rindan
• Que vivan en paz y no en discusiones
• Que muestren amor fraternal y no odio
• Que traten de edificar y no destruir

¿Cómo garantizamos la ayuda de Dios? Al hacer lo que hizo Abraham: orar. Invocar el nombre de Dios, el Dios eterno y perdurable. Pedirle que nos ayude a edificar y mantener buenas relaciones.

"Y yo os digo: Pedid, y se os dará; buscad, y hallaréis; llamad, y se os abrirá" (Lc. 11:9).

"Si permanecéis en mí, y mis palabras permanecen en vosotros, pedid todo lo que queréis, y os será hecho" (Jn. 15:7).

"orando en todo tiempo con toda oración y súplica en el Espíritu, y velando en ello con toda perseverancia y súplica por todos los santos" (Ef. 6:18).

"Buscad a Jehová y su poder; buscad su rostro continuamente" (1 Cr. 16:11).

"si se humillare mi pueblo, sobre el cual mi nombre es invocado, y oraren, y buscaren mi rostro, y se convirtieren de sus malos caminos; entonces yo oiré desde los cielos, y perdonaré sus pecados, y sanaré su tierra" (2 Cr. 7:14).

Pensamiento 2. Hay una manera superior al resto de edificar buenas relaciones. Las Escrituras declaran esta verdad una y otra vez:

"Y el segundo es semejante: Amarás a tu prójimo como a ti mismo" (Mt. 22:39).

"el que exhorta, en la exhortación; el que reparte, con liberalidad; el que preside, con solicitud; el que hace misericordia, con alegría. El amor sea sin fingimiento. Aborreced lo malo, seguid lo bueno. Amaos los unos a los otros con amor fraternal; en cuanto a honra, prefiriéndoos los unos a los otros" (Ro. 13:8-10).

"Así que, los que somos fuertes debemos soportar las flaquezas de los débiles, y no agradarnos a nosotros mismos. Cada uno de nosotros agrade a su prójimo en lo que es bueno, para edificación" (Ro. 15:1-2).

"Porque toda la ley en esta sola palabra se cumple: Amarás a tu prójimo como a ti mismo. Pero si os mordéis y os coméis unos a otros, mirad que también no os consumáis unos a otros" (Gá. 5:14-15).

"Y el Señor os haga crecer y abundar en amor unos para con otros y para con todos, como también lo hacemos nosotros para con vosotros" (1 Ts. 3:12).

"Si en verdad cumplís la ley real, conforme a la Escritura: Amarás a tu prójimo como a ti mismo, bien hacéis" (Stg. 2:8).

ESTUDIO A FONDO 2
(21:33) *Dios — El Dios perdurable — El Dios eterno (El Olam):* El nombre significa "Dios perdurable", "Dios eterno", "Dios para siempre", "Dios sobre todo, eternamente".

Esta es una nueva revelación del nombre de Dios para Abraham. Abraham, quien acaba de hacer un trato con Abimelec el filisteo, invocaba al Señor como la *Fuente Eterna* de paz y seguridad. El *Dios Eterno* es el Único que puede garantizar que se cumpla el tratado. Solo el Dios eterno puede ser quien valide y vindique el tratado. (Vea notas, Gn. 1:1; 14 :19; *Estudio a fondo 2,* 15:2;

Estudio a fondo 1, 17:1; *Estudio a fondo 2,* 22:14. Cp. Éx. 3:14-15; 4:10-11; 1 S. 1:3.)

Hay al menos tres ideas principales en el nombre "el Dios perdurable" o "el Dios eterno".

1. El *Dios* eterno es la fuente de tiempo. El tiempo no afecta a Dios. Él perdura. Él es perdurable y eterno. Él fue, es, y eternamente será. Él no tiene principio ni fin. Todas las cosas encuentran su origen, comienzo, y final en Él.

> **"Y plantó Abraham un árbol tamarisco en Beerseba, e invocó allí el nombre de Jehová Dios eterno"** (Gn. 21:33).

> **"Antes que naciesen los montes y formases la tierra y el mundo, desde el siglo y hasta el siglo, tú eres Dios"** (Sal. 90:2, cp. Ap. 1:8; 21:6; 22; 13).

2. El *Dios* eterno es la fuente de la creación y la estabilidad eterna. Él es el Único que es eterno, que perdura. De ahí que Él sea la única fuente posible de creación y provisión, el Único que pudo haber creado y ahora puede garantizar nuestra salvación, provisión, paz y seguridad.

> **"Y plantó Abraham un árbol tamarisco en Beerseba, e invocó allí el nombre de Jehová Dios eterno. Y moró Abraham en tierra de los filisteos muchos días"** (Gn. 21:33-34).

> **"Y al que puede confirmaros según mi evangelio y la predicación de Jesucristo, según la revelación del misterio que se ha mantenido oculto desde tiempos eternos, pero que ha sido manifestado ahora, y que por las Escrituras de los profetas, según el mandamiento del Dios eterno, se ha dado a conocer a todas las gentes para que obedezcan a la fe"** (Ro. 16:25-26).

> **"En cuanto a mí, en mi integridad me has sustentado, y me has hecho estar delante de ti para siempre. Bendito sea Jehová, el Dios de Israel, por los siglos de los siglos. Amén y Amén"** (Sal. 41:12-13).

> **"Sálvanos, Jehová Dios nuestro, y recógenos de entre las naciones, para que alabemos tu santo nombre, para que nos gloriemos en tus alabanzas. Bendito Jehová Dios de Israel, desde la eternidad y hasta la eternidad; y diga todo el pueblo, Amén. Aleluya"** (Sal. 106:47-48).

> **"Mas la misericordia de Jehová es desde la eternidad y hasta la eternidad sobre los que le temen, y su justicia sobre los hijos de los hijos"** (Sal. 103:17).

> **"Confiad en Jehová perpetuamente, porque en Jehová el Señor está la fortaleza de los siglos"** (Is. 26:4).

> **"¿No has sabido, no has oído que el Dios eterno es Jehová, el cual creó los confines de la tierra? No desfallece, ni se fatiga con cansancio, y su entendimiento no hay quien lo alcance"** (Is. 40:28).

> **"Israel será salvo en Jehová con salvación eterna; no os avergonzaréis ni os afrentaréis, por todos los siglos"** (Is. 45:17).

> **"Pero tú eres nuestro padre, si bien Abraham nos ignora, e Israel no nos conoce; tú, oh Jehová, eres nuestro padre; nuestro Redentor perpetuo es tu nombre"** (Is. 63:16).

> **"Jehová se manifestó a mí hace ya mucho tiempo, diciendo: Con amor eterno te he amado; por tanto, te prolongué mi misericordia"** (Jer. 31:3).

3. El *Dios* eterno, el sobreveedor de todas las cosas, tanto las visibles como las invisibles. Solo Él, el Dios eterno, puede ver las cosas ocultas. Por eso solo Él puede garantizar que se supervisen las cosas, es decir, se obren a bien y se usen para un fin justo y recto.

> **"Firme es tu trono desde entonces; Tú eres eternamente"** (Sal. 93:2).

> **"Jehová me poseía en el principio, ya de antiguo, antes de sus obras. Eternamente tuve el principado, desde el principio, antes de la tierra"** (Pr. 8:22-23).

> **"Mas Jehová es el Dios verdadero; él es Dios vivo y Rey eterno; a su ira tiembla la tierra, y las naciones no pueden sufrir su indignación"** (Jer. 10:10).

> **"Pero tú, Belén Efrata, pequeña para estar entre las familias de Judá, de ti me saldrá el que será Señor en Israel; y sus salidas son desde el principio, desde los días de la eternidad"** (Mi. 5:2).

> **"¿No eres tú desde el principio, oh Jehová, Dios mío, Santo mío? No moriremos. Oh Jehová, para juicio lo pusiste; y tú, oh Roca, lo fundaste para castigar"** (Hab. 1:12).

1 Abraham se enfrentó a la exigencia de Dios del sacrificio absoluto, su exigencia más grande

a. Dios puso a prueba a Abraham[EF1]

b. Dios le pidió a Abraham que ofreciera su hijo en holocausto a Dios

2 Abraham pensó en el sacrificio

a. Abraham naturalmente pensó en la exigencia inusual de Dios mientras obedecía y hacía preparativos

b. Abraham tuvo tres días para pensar en el sacrificio

3 Abraham confió en Dios y en su poder para resucitar y usar el sacrificio

a. Una gran confianza: en que Isaac regresaría con él

b. Un paseo tierno juntos: Padre e hijo

1) "Padre mío"
2) "Sí, hijo mío"
3) "¿Dónde está el cordero para el sacrificio?"

c. Una gran confianza reenfatizada: Dios proveerá el cordero

CAPÍTULO 22

Q. Abraham sacrificó a Isaac: La fe suprema y expiatoria. Los pasos para la rendición absoluta, 22:1-24

1 Aconteció después de estas cosas, que probó Dios a Abraham, y le dijo: Abraham. Y él respondió: Heme aquí.

2 Y dijo: Toma ahora tu hijo, tu único, Isaac, a quien amas, y vete a tierra de Moriah, y ofrécelo allí en holocausto sobre uno de los montes que yo te diré.

3 Y Abraham se levantó muy de mañana, y enalbardó su asno, y tomó consigo dos siervos suyos, y a Isaac su hijo; y cortó leña para el holocausto, y se levantó, y fue al lugar que Dios le dijo.

4 Al tercer día alzó Abraham sus ojos, y vio el lugar de lejos.

5 Entonces dijo Abraham a sus siervos: Esperad aquí con el asno, y yo y el muchacho iremos hasta allí y adoraremos, y volveremos a vosotros.

6 Y tomó Abraham la leña del holocausto, y la puso sobre Isaac su hijo, y él tomó en su mano el fuego y el cuchillo; y fueron ambos juntos.

7 Entonces habló Isaac a Abraham su padre, y dijo: Padre mío. Y él respondió: Heme aquí, mi hijo. Y él dijo: He aquí el fuego y la leña; mas ¿dónde está el cordero para el holocausto?

8 Y respondió Abraham: Dios se proveerá de cordero para el holocausto, hijo mío. E iban juntos.

9 Y cuando llegaron al lugar que Dios le había dicho, edificó allí Abraham un altar, y compuso la leña, y ató a Isaac su hijo, y lo puso en el altar sobre la leña.

10 Y extendió Abraham su mano y tomó el cuchillo para degollar a su hijo.

11 Entonces el ángel de Jehová le dio voces desde el cielo, y dijo: Abraham, Abraham. Y él respondió: Heme aquí.

12 Y dijo: No extiendas tu mano sobre el muchacho, ni le hagas nada; porque ya conozco que temes a Dios, por cuanto no me rehusaste tu hijo, tu único.

13 Entonces alzó Abraham sus ojos y miró, y he aquí a sus espaldas un carnero trabado en un zarzal por sus cuernos; y fue Abraham y tomó el carnero, y lo ofreció en holocausto en lugar de su hijo.

14 Y llamó Abraham el nombre de aquel lugar, Jehová proveerá. Por tanto se dice hoy: En el monte de Jehová será provisto.

15 Y llamó el ángel de Jehová a Abraham por segunda vez desde el cielo,

16 y dijo: Por mí mismo he jurado, dice Jehová, que por cuanto has hecho esto, y no me has rehusado tu hijo, tu único hijo;

17 de cierto te bendeciré, y multiplicaré tu descendencia como las estrellas del cielo y como la arena que está a la orilla del mar; y tu descendencia poseerá las puertas de sus enemigos.

4 Abraham siguió adelante con el sacrificio

a. Hacer los preparativos finales

b. Atar y colocar el sacrificio en el altar

c. Ofreciendo realmente el sacrificio: rendición absoluta ante Dios

5. Abraham experimentó la aceptación y provisión de Dios

a. Dios aceptó el sacrificio y la rendición del corazón de Abraham

1) Dios detuvo a Abraham
2) Dios aceptó el temor, la reverencia, y la confianza del corazón de Abraham

b. Dios proveyó un sacrificio sustituto

c. Dios fue adorado: Abraham conmemoró el lugar para siempre, nombrándolo Jehová-jireh[EF2]

6 Abraham recibió las promesas de Dios renovadas en su corazón

a. Dios dio un juramento solemne: Juró por Él mismo

b. Dios renovó la promesa de la Simiente prometida, con el significado de una gran nación de personas

		a luz hijos a Nacor tu hermano:	
c. Dios renovó la promesa de la Simiente prometida, con el significado de una simiente singular, el Salvador del mundo	18 En tu simiente serán benditas todas las naciones de la tierra, por cuanto obedeciste a mi voz.	21 Uz su primogénito, Buz su hermano, Kemuel padre de Aram,	c. Su hermano Nacor había sido bendecido con una familia numerosa
7 Conclusión: Abraham, el siervo de Dios, recibió buenas noticias[EF3]	19 Y volvió Abraham a sus siervos, y se levantaron y se fueron juntos a Beerseba; y habitó Abraham en Beerseba.	22 Quesed, Hazo, Pildas, Jidlaf y Betuel. 23 Y Betuel fue el padre de Rebeca. Estos son los ocho hijos que dio a luz Milca, de Nacor hermano de Abraham.	
a. Él regresó, se estableció en Beerseba			
b. Recibió buenas noticias sobre su hermano Nacor (de un viajero)	20 Aconteció después de estas cosas, que fue dada noticia a Abraham, diciendo: He aquí que también Milca ha dado	24 Y su concubina, que se llamaba Reúma, dio a luz también a Teba, a Gaham, a Tahas y a Maaca.	

DIVISIÓN VII

ABRAHAM: EL HOMBRE ESCOGIDO PARA CONVERTIRSE EN EL PADRE DEL PUEBLO DE DIOS Y EN EL PADRE DE LA FE, 12:1—25:18

Q. Abraham sacrificó a Isaac: La fe suprema y expiatoria. Los pasos para la rendición absoluta, 22:1-24

(22:1-24) *Introducción — Religiones, falsas — Sacrificio humano*: Este es un pasaje extraño y espeluznante de las Escrituras. ¿Por qué Dios le diría a Abraham que sacrificara a su propio hijo como holocausto a Dios? Hay al menos cuatro razones.

1. Dios quería demostrar —ilustrar para siempre— que el sacrificio humano es un error. Cuando Dios detuvo a Abraham en el aire a punto de sacrificar a Isaac, Dios le mostró y demostró al hombre para siempre que el sacrificio humano es un error. Y las personas son culpables del sacrificio humano. De una manera espantosa, incluso en la actualidad, en los rincones oscuros de nuestras comunidades y de nuestra tierra, los adoradores del diablo y las religiones paganas sacrifican seres humanos. Con mucha frecuencia oímos de una desconsideración horrible como esa de la vida humana. En la época de Abraham, algunas de las religiones cananeas ofrecían sacrificios a su dios ídolo, Moloc (cp. Lv. 18:21; 20:1-5; 2 R. 3:27). Se ha seguido practicando el sacrificio humano por hombres depravados a lo largo de la historia.

Este sacrificio salvaje y depravado de la vida humana no es la voluntad de Dios, y Dios siempre ha querido detenerlo. ¿Cómo entonces podría Dios transmitir mejor este mensaje al hombre? ¿Por medio de un mandamiento? Sí, pero los mandamientos son palabras; y las personas olvidan e ignoran las palabras con muchísima frecuencia. Por eso, Dios le dio al hombre mucho más que un sencillo mandamiento; Dios le demostró e ilustró su voluntad al hombre. Cuando Dios le dijo a Abraham que ofreciera a Isaac como un sacrificio humano

y luego *detuvo* a Abraham, Dios le ilustró su voluntad al hombre.

=> Dios declaró que el sacrificio humano no es la vía para acercarse y agradar a Dios, que el sacrificio humano es inaceptable ante Dios. ¿Por qué? Porque Dios es perfecto; por eso cualquier vida sacrificada a Dios tiene que ser perfecta. Por consiguiente, el sacrificio humano será inaceptable ante Dios, porque el sacrificio humano no mayor, ni más perfecto, que el ser humano que se está ofrendando. Y ningún ser humano es perfecto. Plantear eso es una tontería y una ignorancia.

=> Dios declaró que lo que se necesita es una vida perfecta y pura que se pueda ofrecer como sacrificio *por* el hombre.

2. Dios quería demostrar —ilustrar para siempre— que el sacrificio que Él quiere es un sacrificio vivo y espiritual. La preocupación de Dios radica en el sacrificio espiritual del cuerpo del hombre, no un sacrificio humano. Dios quiere que el hombre ofrende su cuerpo como un sacrificio vivo. Dios no quiere que las personas ofrenden sus hijos y bellas mujeres a Dios colocándolos en altares y matándolos. Dios quiere que las personas se ofrenden ellos mismos y a sus hijos y bellas mujeres como sacrificio vivos a Él.

> **"Así que, hermanos, os ruego por las misericordias de Dios, que presentéis vuestros cuerpos en sacrificio vivo, santo, agradable a Dios, que es vuestro culto racional" (Ro. 12:1).**

3. Dios quería demostrar —ilustrar para siempre— el sacrificio de Cristo en el Calvario, el sacrificio del propio Hijo de Dios por los pecados del mundo. Hay muchas semejanzas entre la ofrenda de Isaac, el hijo de Abraham, y la ofrenda del Hijo de Dios, el Señor Jesucristo. Las semejanzas se abordarán más adelante. (Vea nota, pt. 3, pensamiento 1, Gn. 22:11-14 para un análisis.)

4. Dios quería demostrar —ilustrar para siempre— que Él sí prueba a las personas; Él los pone a prueba para demostrarle

al mundo que algunas personas sí le temen a Dios. Por *temor* se entiende reverencia, amor, respeto y verdadera adoración; todo en cuanto consiste la religión verdadera. Esta fue la razón misma por la que Dios puso a prueba a Abraham: el versículo uno dice que Dios probó a Abraham y el versículo doce dice por qué Dios lo probó, para demostrar que Abraham temía (reverenciaba, amaba) a Dios por encima de todas las cosas, incluso más que a su propio hijo. Este elemento se analiza más detalladamente más adelante (vea nota, Gn. 22:1-2 para un mayor análisis).

Ahora bien, al pasaje. Este es uno de los grandes pasajes de las Escrituras, un pasaje que demuestra que una persona puede amar a Dios de un modo supremo, de un modo tan supremo que sacrificará cualquier cosa por Dios. Este es un pasaje que aborda el gran tema de la rendición absoluta, cómo una persona se puede rendir totalmente —absolutamente— ante Dios. Los pasos para la rendición absoluta se ven claramente en la experiencia de Abraham. Este es el tema de este gran pasaje: *Abraham sacrificó a Isaac: La fe suprema y expiatoria. Los pasos para la rendición absoluta, 22:1-24.*

1. Paso 1: Enfrentarse a la exigencia de Dios del sacrificio absoluto, su exigencia más grande (vv. 1-2).
2. Paso 2: Pensar en el sacrificio (vv. 3-4).
3. Paso 3: Confiar en Dios y en su poder para resucitar y usar el sacrificio (vv. 5-8).
4. Paso 4: Seguir adelante con el sacrificio (vv. 9-10).
5. Paso 5: Experimentar la aceptación y provisión de Dios (vv. 11-14).
6. Paso 6: Recibir las promesas de Dios renovadas en nuestro corazón (vv. 15-18).
7. Conclusión: Recibir buenas noticias (vv. 19-24).

(Por favor advierta: puede que alguien desee dividir este pasaje en dos o tres mensajes o lecciones. De ser así, se sugiere lo siguiente.

=> La parte 1 podría comprender solo el punto 1 del bosquejo, vv. 1-2.
=> La parte 2 podría comprender los puntos del 2 al 4 del bosquejo, vv. 3-10.
=> La parte 3 podría comprender los puntos 5 y 6, vv. 11-24.

Por supuesto, otras divisiones son posibles, o incluso la enseñanza del pasaje como un todo. Sencillamente que nuestro maravilloso Señor nos ayude a transmitir con poder las grandes verdades ilustradas tan gráficamente en este pasaje tan asombroso.)

1 (22:1-2) *Prueba — Rendición — Dedicación — Sacrificio — Religiones, falsas — Sacrificio humano:* el paso número uno para la rendición absoluta es enfrentarse a la exigencia de Dios del sacrificio absoluto, su exigencia más grande y suprema.

1. Dios probó a Abraham, lo puso en una crisis severa. Recuerden, esta no fue la única gran prueba o crisis a que Abraham se tenía que enfrentar (vea *Estudio a fondo 1,* Gn.

22:1-2 para un mayor análisis). J. Vernon McGee dice lo siguiente:

"Esto es una crisis real en la vida de Abraham. Dios ha puesto a este hombre en cuatro crisis muy definidas, cada una de las cuales fue una verdadera ejercitación de su alma, una verdadera tensión para su corazón.

=> Primero que todo, fue llamado a abandonar a toda su parentela en Ur de los caldeos. Sencillamente tenía que abandonar a todo el grupo. Esa fue una verdadera prueba para Abraham. Él no lo hizo muy bien al principio, pero, no obstante, finalmente llegó la separación.

=> Luego estaba la prueba que le sobrevino con Lot, su sobrino. Abraham amaba a Lot; él no habría estado llevando a Lot de un lado a otro con él si no lo hubiera amado. Pero llegó el momento en que se tuvieron que separar, y Lot descendió a Sodoma.

=> Luego estaba la prueba con este hijo de él, el hijo de Agar, Ismael. Abraham clamó a Dios: '¡Ojalá Ismael viva delante de ti!' Él amaba a ese muchacho; él odió tener que separarse de él.

=> Ahora Abraham llega ante esta prueba suprema, la cuarta gran crisis de su vida: se le pide que entregue a Isaac. Abraham no comprende bien todos los detalles por la sencilla razón de que Dios le ha dicho: 'en Isaac te será llamada descendencia'. Abraham creyó en que Dios resucitaría a Isaac de entre los muertos (Vea He. 11:19), pero en lo que respecta a Abraham, él está dispuesto a seguir adelante con el sacrificio". (*Thru The Bible* [A través de la Biblia], vol. 1, p. 92. Los puntos se han separado en forma de bosquejo para mayor simplicidad.)

2. Dios le pidió a Abraham que hiciera algo muy difícil: que ofrendara a su hijo como sacrificio a Dios, el hijo a quien él amaba tanto. Advierta cómo Dios enfatiza el amor de Abraham por su hijo: toma a tu hijo, *a quien amas,* y ofrécelo como sacrificio. Abraham recibió a Isaac en su vejez (Gn. 21:2, 5). Él había esperado el hijo prometido durante décadas, y él había puesto todos sus sueños en él. ¿Por qué Dios exigiría una cosa así de Abraham?

Muy sencillo, Dios estaba poniendo a Abraham en la prueba más suprema de la vida, el sacrificio y rendición absolutos de sí mismo ante Dios. Paso a paso Dios lo llevó al punto de la rendición absoluta. ¿Cómo?

a. Dios llevó a Abraham a la rendición absoluta tomando lo más preciado de su vida y llevándolo a entregar eso como ofrenda, como sacrificio a Dios. Era el corazón de Abraham, su disposición, su rendición espiritual lo que buscaba Dios, no la vida de Isaac. (Vea pasajes que prohíben el sacrificio humano, Lv. 18:21; 20:1-5; Dt. 12:31; 18:10.)

b. Dios llevó a Abraham a la rendición absoluta poniéndolo a prueba dentro de su medio. Dios siempre tiene que usar el idioma y los elementos del medio de un hombre si quiere que se comunique y comprenda su mensaje. En la época de Abraham el sacrificio de los seres humanos era el acto supremo de adoración de algunas religiones paganas, por ejemplo, las religiones cananeas. Que un adorador ofrendara su propia carne y sangre se creía que ofrendaba el sacrificio supremo. Él estaba demostrando que él amaba a su dios de un modo supremo, por encima de todas las cosas.

Cuando Dios le dijo a Abraham que sacrificara a Isaac, Abraham sabía exactamente de lo que Dios le hablaba. Él debía hacer el sacrificio supremo, demostrar que él amaba al único Dios vivo y verdadero por encima de todas las cosas. Abraham sabía que Dios buscaba la rendición absoluta de su corazón, su voluntad, su espíritu. El versículo cinco comparado con He. 11:19 demuestra lo siguiente (vea nota más adelante, Gn. 22:5-8).

Pensamiento 1. Dios no probó a Abraham para que Abraham pudiera demostrarle a Dios quién era él. Dios conocía el corazón de Abraham. Dios conoce todas las cosas. Pero Abraham necesitaba conocer su propio corazón, y todos los creyentes futuros necesitaban una ilustración de lo que significa una rendición absoluta ante Dios, un testimonio de que el hombre puede amar a Dios de un modo supremo. El hombre puede hacer una rendición y sacrificio absolutos de sí mismo ante Dios (todo cuanto es y tiene), y Dios puede ocuparse de él, no importa lo que se le pueda presentar. Por eso la prueba de Abraham ocurrió a fin de *demostrar* y enseñar varias cosas tanto a Abraham como a las generaciones venideras.

1) Abraham demostró que una persona puede conocer a Dios personalmente. Una persona puede tener realmente una relación personal con Dios. Esto se demuestra con el nombre usado para Dios (Ha 'Elohim) (v. 1). El nombre hebreo acá enfatiza al Dios personal y verdadero. Fue el Dios personal y verdadero (Ha 'Elohim) quien habló a Abraham, no sencillamente Dios (Elohim, el nombre general usado para Dios) (H. C. Leupold. *Génesis,* vol. 2, p. 619).

"He aquí, yo estoy a la puerta y llamo; si alguno oye mi voz y abre la puerta, entraré a él, y cenaré con él, y él conmigo" (Ap. 3:20).

"Mas a todos los que le recibieron, a los que creen en su nombre, les dio potestad de ser hechos hijos de Dios" (Jn. 1:12).

2) Abraham demostró que una persona puede amar a Dios de un modo supremo. Una persona puede amar a Dios más que cualquier otra cosa, incluso más que a su hijo o hija (Gn. 22:2, 10). (Vea bosquejo y notas, Mt. 10:35-37 para más información.)

"El que ama a padre o madre más que a mí, no es digno de mí; el que ama a hijo o hija más que a mí, no es digno de mí" (Mt. 10:37).

"Jesús le dijo: Amarás al Señor tu Dios con todo tu corazón, y con toda tu alma, y con toda tu mente" (Mt. 22:37).

3) Abraham demostró que una persona puede glorificar a Dios por encima de todas las cosas. Una persona puede glorificar a Dios al obedecer la Palabra de Dios tal como se la han dado, no importa el costo (Gn. 22:2, 10).

"No todo el que me dice: Señor, Señor, entrará en el reino de los cielos, sino el que hace la voluntad de mi Padre que está en los cielos" (Mt. 7:21).

"El que tiene mis mandamientos, y los guarda, ése es el que me ama; y el que me ama, será amado por mi Padre, y yo le amaré, y me manifestaré a él" (Jn. 14:21).

"Si guardareis mis mandamientos, permaneceréis en mi amor; así como yo he guardado los mandamientos de mi Padre, y permanezco en su amor" (Jn. 15:10).

"pero el que guarda su palabra, en éste verdaderamente el amor de Dios se ha perfeccionado; por esto sabemos que estamos en él" (1 Jn. 2:5).

"Y Samuel dijo: ¿Se complace Jehová tanto en los holocaustos y víctimas, como en que se obedezca a las palabras de Jehová? Ciertamente el obedecer es mejor que los sacrificios, y el prestar atención que la grosura de los carneros" (1 S. 15:22).

4) Abraham demostró que una persona puede llegar a una altura inusual de madurez espiritual, una madurez que sobresale como un gran testimonio de Dios (Gn. 22:2, 5, 7-8, 10-11, 13-14).

"Así alumbre vuestra luz delante de los hombres, para que vean vuestras buenas obras, y glorifiquen a vuestro Padre que está en los cielos" (Mt. 5:16).

"Sed, pues, vosotros perfectos, como vuestro Padre que está en los cielos es perfecto" (Mt. 5:48).

"Y decía a todos: Si alguno quiere venir en pos de mí, niéguese a sí mismo, tome su cruz cada día, y sígame" (Lc. 9:23).

"pero recibiréis poder, cuando haya venido sobre vosotros el Espíritu Santo, y me seréis testigos en Jerusalén, en toda Judea, en Samaria, y hasta lo último de la tierra" (Hch. 1:8).

"Y él dijo: El Dios de nuestros padres te ha escogido para que conozcas su voluntad, y veas al Justo, y oigas la voz de su boca. Porque serás testigo suyo a todos los hombres, de lo que has visto y oído" (Hch. 22:14-15).

"Vosotros sois mis testigos, dice Jehová, y mi siervo que yo escogí, para que me conozcáis y creáis, y entendáis que yo mismo soy; antes de mí no fue formado dios, ni lo será después de mí" (Is. 43:10).

5) Abraham demostró que una persona puede rendirse completamente ante Dios. Una persona puede darle a Dios el regalo más grande de todos, el regalo mismo que Dios le había dado primeramente a la persona, su cuerpo y su vida (Gn. 22:1-2, 9-10). Una persona puede hacer el sacrificio absoluto de sí mismo ante Dios (Gn. 22:1s).

"Así que, hermanos, os ruego por las misericordias de Dios, que presentéis vuestros cuerpos en sacrificio vivo, santo, agradable a Dios, que es vuestro culto racional" (Ro. 12:1).

"¿O ignoráis que vuestro cuerpo es templo del Espíritu Santo, el cual está en vosotros, el cual tenéis de Dios, y que no sois vuestros? Porque habéis sido comprados por precio; glorificad, pues, a Dios en vuestro cuerpo y en vuestro espíritu, los cuales son de Dios" (1 Co. 6:19-20).

6) Abraham demostró que la fe de una persona puede vencerlo todo, no importa cuál sea la prueba (Gn. 22:1s).

"Mas a Dios gracias, el cual nos lleva siempre en triunfo en Cristo Jesús, y por medio de nosotros manifiesta en todo lugar el olor de su conocimiento" (2 Co. 2:14).

"Porque todo lo que es nacido de Dios vence al mundo; y esta es la victoria que ha vencido al mundo, nuestra fe. ¿Quién es el que vence al mundo, sino el que cree que Jesús es el Hijo de Dios?" (1 Jn. 5:4-5).

7) Abraham demostró que una persona puede poner a Dios primero, por delante de todo, sin importar el costo (Gn. 22:1-2, 9-10).

"Mas buscad primeramente el reino de Dios y su justicia, y todas estas cosas os serán añadidas" (Mt. 6:33).

"Lo que os digo en tinieblas, decidlo en la luz; y lo que oís al oído, proclamadlo desde las azoteas" (Mt. 20:27).

"Después de estas cosas salió, y vio a un publicano llamado Leví, sentado al banco de los tributos públicos, y le dijo: Sígueme" (Lc. 5:27).

ESTUDIO A FONDO 1

(22:1-2) *Prueba — Crisis:* La vida de Abraham proporciona un estudio excelente sobre las pruebas o crisis de la vida. Por la extensión de este análisis y para no interrumpir el flujo del bosquejo, esta nota se coloca como la última nota del bosquejo (Vea *Estudio a fondo 3,* Gn. 22:19-24).

2 (22:3-4) *Sacrificio — Pensar — Pruebas:* El paso número dos para la rendición absoluta es pensar en el sacrificio. Las instrucciones de Dios habían lacerado el corazón de Abraham, se lo habían desgarrado hasta lo más profundo. Él sufría en su interior, sufría el dolor más severo que se pueda imaginar. Sus pensamientos estarían dándole vueltas en su cabeza, cuestionándose:

=> ¿Cómo Dios podría decirme que ofreciera a mi hijo como sacrificio?

=> ¿No va esto contra la ley de Dios que prohíbe el asesinato (Gn. 9:5-6)?

=> ¿Cómo puedo yo sacrificar a mi propio hijo, el hijo de mi corazón y de mi vida? ¿No preferiría yo morir antes que él?

=> ¿Por qué Dios querría algo así? ¿Por qué, Dios mío?, ¿Por qué?

=> ¿Y la promesa qué? ¿Dios, tú me prometiste y me diste tu Palabra de que Isaac era *el hijo prometido,* que él sería padre de naciones, que por medio de sus descendientes vendría la Simiente prometida, el Salvador del mundo? ¿Si yo sacrifico a Isaac, cómo puede suceder todo esto? ¿Cómo tú puedes cumplir tu promesa?

=> ¿Cómo puedo yo mirarle a la cara a Sara de nuevo, o en cuanto a ese asunto, mirar a cualquiera?

=> ¿Y qué hay de mi testimonio ante el mundo? ¿Qué van a pensar los incrédulos: Todos los que me conocen, todos los cananeos, egipcios, filisteos, y otros? ¿Qué clase de testimonio será este para ellos?

=> Dios, sacrificar a Isaac *no coincide* con tu promesa. No puedo conciliar todo esto en mi mente. ¿Cómo puedes cumplir tu promesa si yo hago esto? ¿Cómo puedes pedirme que sacrifique a Isaac? ¿Qué quieres decir? ¿Qué quieres? ¿Qué estás haciendo?

Y así, los pensamientos y preguntas deben haber inundado la mente de Abraham. Pero advierta: Sus preguntas —su incapacidad para resolver el problema— no impidieron que Abraham obedeciera a Dios. Abraham obedeció a Dios. Él no comprendía; no obstante, se dispuso a hacer exactamente lo que Dios le había dicho.

Este suceso es de extrema importancia: mientras Abraham pensaba en el sacrificio, él estaba obedeciendo a Dios, y mientras obedecía a Dios, él pensaba en el sacrificio. No comprender el problema no impidió que Abraham obedeciera a Dios. Abraham estaba comprometido a obedecer a Dios comprendiera o no el problema. Advierta que Abraham se levantó temprano y comenzó a hacer preparativos. Él mismo enalbardó el asno y cortó la leña. Él tenía cientos de trabajadores, pero él lo hizo todo él mismo. ¿Por qué? Probablemente él hiciera lo que hacemos muchos de nosotros cuando nos enfrentamos a problemas: buscar la soledad en el trabajo físico mientras pensaba en el sacrificio y el problema. Advierta también que el viaje a Moriah le llevó tres días. Abraham tenía tres días para pensar en el sacrificio. ¡Imagínense! Tres días para justificar su salida del sacrificio o para rendirse aún más profundamente ante el mandato de Dios.

Pensamiento 1. El sacrificio de nuestra vida a Dios —rendirnos absolutamente— exige análisis, el análisis más serio y profundo posible. Cualquier persona que oiga el llamado de Dios a rendirse absolutamente —a sacrificar su vida totalmente a Dios— debe saber lo que está haciendo. Debe analizar el llamado de Dios, lo que significa sacrificar totalmente su vida a Dios; lo que significa entregar su vida, rendirse absolutamente ante Dios.

"Y decía a todos: Si alguno quiere venir en pos de mí, niéguese a sí mismo, tome su cruz cada día, y sígame" (Lc. 9:23).

"Ocúpate en estas cosas; permanece en ellas, para que tu aprovechamiento sea manifiesto a todos" (1 Ti. 4:15).

"Sean gratos los dichos de mi boca y la meditación de mi corazón delante de ti, Oh Jehová, roca mía, y redentor mío" (Sal. 19:14).

"¡Ojalá fueran sabios, que comprendieran esto, y se dieran cuenta del fin que les espera!" (Dt. 32:29).

"Solamente temed a Jehová y servidle de verdad con todo vuestro corazón, pues considerad cuán grandes cosas ha hecho por vosotros" (1 S. 12:24).

"Escucha esto, Job; detente, y considera las maravillas de Dios" (Job 37:14).

3 (22:5-8) *Confianza — Fe — Dios, poder — Resurrección:* El paso número tres para la rendición absoluta es confiar en Dios, en su poder para resucitar y usar el sacrificio. Abraham confió en Dios, confió en cada Palabra que Dios le había dicho.

1. Abraham creyó que Dios resucitaría a Isaac de entre los muertos, si fuera necesario (v. 5). Una creencia sorprendente; no obstante, esto es exactamente lo que dicen las Escrituras. Advierta el versículo cinco: Abraham le dijo a sus siervos que esperaran al pie de la montaña mientras él e Isaac subían y adoraban. Luego dijo que tanto él como Isaac regresarían. Abraham no le estaba mintiendo a los hombres; él *realmente creía* que ambos regresarían. La carta a los hebreos nos dice en lo que estaba pensando Abraham: Dios resucitaría a Isaac de entre los muertos, si fuera necesario (He. 11:17-19).

Sucede lo siguiente: Abraham sabía que la Palabra de Dios —su promesa— era cierta: su hijo viviría y daría lugar a naciones de personas y a la Simiente prometida, el Salvador del mundo. Por ende, Dios resucitaría a Isaac de entre los muertos, si fuera necesario, para cumplir su promesa. La confianza de Abraham en Dios había crecido tanto que él realmente creía que Dios resucitaría a Isaac. Él estaba aprendiendo —aprendiendo realmente— lo que significaba la rendición total. Abraham se estaba poniendo completamente a merced de Dios.

Tengan presente, Abraham nunca había visto a nadie resucitar de entre los muertos. Pero la idea le pasó por la mente, y él pensó mucho en la idea. Él creyó que Dios resucitaría a Isaac a fin de cumplir su promesa. ¡Qué fe! ¡Qué gran creencia en Dios y en sus promesas, en Dios y en su poder! Advierta cómo Abraham se estaba rindiendo ante Dios completamente por medio de esta experiencia.

2. Abraham e Isaac tuvieron un paseo tierno juntos cuesta arriba a la montaña. Abraham estaba muy lastimado, su corazón sufría un dolor desgarrador como si fuera un cuchillo clavado en su alma. Él se habría preocupado, con pensamientos profundos e intensos. Mientras caminaban juntos, acercándose cada vez más al lugar del sacrificio, Isaac habría presentido que algo presionaba mucho a su padre.

Advierta que Isaac preguntó que dónde iban a conseguir un cordero para el sacrificio.

3. Abraham nuevamente mostró gran confianza en Dios diciendo sencillamente que el propio Dios proveería el cordero para el holocausto. Cierto, Abraham sabía que Dios podía resucitar a Isaac de entre los muertos si fuera necesario. Pero Abraham también sabía que Dios podía detenerlo y proveer un cordero si así lo quería Él.

Estas dos creencias inundaron la mente de Abraham. Él no tenía idea de lo que Dios iba a hacer, pero él confiaba en Dios. Él sabía que Dios había prometido enviar naciones de personas por medio de Isaac y salvar al mundo por medio de su descendiente, el Salvador venidero del mundo. Y Abraham creyó en Dios. Él creyó...

- Que Dios podía resucitar a Isaac de entre los muertos, si fuera necesario.
- Que Dios podía detenerlo de sacrificar a Isaac y proveer un cordero para el holocausto.

Abraham creyó en Dios creyó en el poder de Dios para resucitar y usar a Isaac para cumplir las grandes promesas de Dios. Él creyó que Dios haría lo que fuera necesario para cumplir sus promesas, su Palabra.

Pensamiento 1. ¿Qué es lo que nos motiva a sacrificar nuestras vidas a Dios, a rendirnos absolutamente ante Él? Cierto, creer que Dios tiene el poder para resucitarnos y usarnos. Y Dios lo hace: Él sí tiene el poder para tomar nuestras vidas, resucitarlas, y usarlas a bien en todo el mundo. Por eso, debemos confiar en Dios y sacrificar nuestras vidas en una rendición absoluta ante Él; por el bien del mundo, de los necesitados y perdidos del mundo.

"¡Cuán grande es tu bondad, que has guardado para los que te temen, que has mostrado a los que esperan en ti, delante de los hijos de los hombres!" (Sal. 31:19).

"Encomienda a Jehová tu camino, y confía en él; y él hará" (Sal. 37:5).

"Mejor es confiar en Jehová que confiar en el hombre" (Sal. 118:8).

"Fíate de Jehová de todo tu corazón, y no te apoyes en tu propia prudencia" (Pr. 3:5).

"Tú guardarás en completa paz a aquel cuyo pensamiento en ti persevera; porque en ti ha confiado. Confiad en Jehová perpetuamente, porque en Jehová el Señor está la fortaleza de los siglos" (Is. 26:3-4).

"Tampoco dudó, por incredulidad, de la promesa de Dios, sino que se fortaleció en fe, dando gloria a Dios, plenamente convencido de que era también poderoso para hacer todo lo que había prometido" (Ro. 4:20-21).

"por medio de las cuales nos ha dado preciosas y grandísimas promesas, para que por ellas llegaseis a ser participantes de la naturaleza divina, habiendo huido de la corrupción que hay en el mundo a causa de la concupiscencia" (2 P. 1:4).

"Y esta es la promesa que él nos hizo, la vida eterna" (1 Jn. 2:25).

4 (22:9-10) *Sacrificio — Rendición:* El paso número cuatro para la rendición absoluta es seguir adelante con el sacrificio. Este es el paso más importante en el sacrificio de nuestra vida a Dios, al rendirnos absolutamente ante Dios. Habían pasado tres días desde que Dios había mandado a Abraham a hacer el sacrificio supremo, a ofrecer a su propio hijo en holocausto a Dios. Abraham tuvo tres largos días para agonizar por el asunto. Durante tres días —días que habían pasado muy rápido— Abraham había dado un paso cansado tras otro, con un corazón tan apesadumbrado que parecería que explotaría. Ahora, padre e hijo habían llegado al lugar fatal.

1. Abraham hizo los preparativos finales. Él construyó un altar y compuso la leña en el altar, y luego llegó el momento fatal y decisivo de atar y ofrecer el holocausto. ¿Lo haría Abraham? ¿Abraham amaba tanto a Dios como para obedecer su palabra, como para hacer el sacrificio supremo a Dios? ¿Cómo para ofrecer a su propio hijo en holocausto a Dios? Las Escrituras nos dicen planteamientos intensos y gráficos: "[Abraham] ató a Isaac su hijo, y lo puso en el altar sobre la leña. Y extendió Abraham su mano y tomó el cuchillo para degollar a su hijo" (v. 10).

2. Advierta que Abraham realmente ató y colocó el sacrificio, a su propio hijo, en el altar. Pero advierta también que Isaac voluntariamente dejó que su padre lo atara y lo ofrendara. Abraham era un anciano, e Isaac probablemente tuviera cerca de veinte años de edad. Isaac fácilmente podía haber vencido a su padre y haber huido, pero las Escrituras no dicen nada sobre una lucha. H. C. Leupold lo plantea bien:

> "Ahora, ¡es para maravillarse, él realmente ató a su propio hijo! La sumisión de Isaac a este acto se explica mejor como un acto de confianza en su padre, una confianza edificada sobre una comprensión completa y un profundo amor que sabía que el padre no podía desearle daño alguno a su hijo. Por eso, de la misma manera que no se dice que Abraham lograra la sumisión completa de fe, pero toda la historia constituye una evidencia convincente de que lo hizo; en el caso de Isaac la misma sumisión, solo que con un carácter más pasivo, también está presente. Que Isaac sufriera al ser atado constituye un acto de fe suprema en Dios y de plena confianza en su padre" (*Génesis,* vol. 2, p. 627).

3. Advierta que Abraham realmente ofreció el sacrificio, se rindió absolutamente ante Dios. Él extendió su mano y agarró el cuchillo para degollar a su hijo. Abraham estaba obedeciendo a Dios: él amaba a Dios más que a nada; por eso, obedecería a Dios a cualquier costo. Él estaba dispuesto a sacrificarlo todo, a dar y ofrecerlo todo a Dios. Abraham se rindió totalmente, absolutamente ante Dios.

Pensamiento 1. ¿Ha ofrecido usted su vida en holocausto a Dios? ¿Le ha entregado absolutamente su vida a Dios? ¿Lo he hecho yo?

=> ¿Amamos a Dios más que a nada?

=> ¿Estamos dispuestos a sacrificarnos totalmente por Dios y su causa?

=> ¿Estamos dispuestos a sacrificarlo todo por Dios —a dar realmente todo a Dios— nuestra *vida* y nuestras *posesiones*?

=> Nuevamente, ¿estamos dispuestos a sacrificarlo todo por Dios —todas nuestras posesiones— a fin de llevar el evangelio del Hijo de Dios a los confines de la tierra?

=> ¿Estamos dispuestos a obedecer a Dios totalmente, a cualquier costo?

=> ¿Nos hemos rendido totalmente —rendido absolutamente— a Dios?

Abraham lo hizo, nosotros debemos hacerlo. Debemos entregarnos totalmente a Dios. Debemos dar todo cuanto poseemos —todo— para transmitirle la Palabra de Dios a todo el mundo.

"Y decía a todos: Si alguno quiere venir en pos de mí, niéguese a sí mismo, tome su cruz cada día, y sígame" (Lc. 9:23).

"Porque todo el que quiera salvar su vida, la perderá; y todo el que pierda su vida por causa de mí, éste la salvará. Pues ¿qué aprovecha al hombre, si gana todo el mundo, y se destruye o se pierde a sí mismo?" (Lc. 9:24-25).

"Porque todo el que quiera salvar su vida, la perderá; y todo el que pierda su vida por causa de mí, la hallará" (Mt. 16:25).

"Entonces Pedro comenzó a decirle: He aquí, nosotros lo hemos dejado todo, y te hemos seguido" (Mr. 10:28).

"Si alguno viene a mí, y no aborrece a su padre, y madre, y mujer, e hijos, y hermanos, y hermanas, y aun también su propia vida, no puede ser mi discípulo. Y el que no lleva su cruz y viene en pos de mí, no puede ser mi discípulo" (Lc. 14:26-27).

"Así, pues, cualquiera de vosotros que no renuncia a todo lo que posee, no puede ser mi discípulo" (Lc. 14:33).

"Y él les dijo: De cierto os digo, que no hay nadie que haya dejado casa, o padres, o hermanos, o mujer, o hijos, por el reino de Dios, que no haya de recibir mucho más en este tiempo, y en el siglo venidero la vida eterna" (Lc. 18:29-30).

Pensamiento 2. Matthew Henry tiene una descripción gráfica de este suceso:

> "Después de varios pasos cansados, y con el corazón apesadumbrado él llega finalmente al lugar fatal, construye el altar... para el funeral de Isaac, y ahora le dice la sorprendente noticia: 'Isaac, tú eres el cordero que Dios ha provisto'. Isaac... está tan dispuesto como Abraham; no encontramos que él haya objetado al respecto, que haya clamado por su vida, que intentara escapar, mucho menos que luchara con su padre anciano, o hubiera puesto resistencia alguna... Dios se ocupará de ello, e Isaac ha aprendido a someterse a ambos, Abraham sin dudas consolándolo con las

mismas esperanzas con las que él mismo por fe se había consolado. Aún así es necesario que se ate un sacrificio. El gran sacrificio, que se ofrecería en la plenitud del tiempo, se debía atar, al igual que Isaac... Tras haberlo atado, lo coloca sobre el altar, y su mano la pone sobre la cabeza del sacrificio; y ahora, podemos suponer, con gran llanto, él da, y recibe, el adiós decisivo de un beso de despedida... Hecho esto, él con determinación olvida las entrañas de un padre, y asume la circunspección atroz de un sacrificador. Con un corazón rígido, y un ojo puesto en el cielo, toma el cuchillo, y extiende su mano para degollar fatalmente a Isaac. Sorpréndanse, ¡bendito cielo!, de esto; y cuestiónense. He aquí un acto de fe y obediencia, que merece ser un espectáculo ante Dios, los ángeles, y los hombres... [Isaac está] listo para desangrase y morir por la propia mano de su padre... Ahora bien, esta obediencia de Abraham al ofrecer a Isaac es una... representación...

(1) del amor de Dios... al entregar a su Hijo unigénito para que sufriera y muriera por nosotros, como sacrificio. Jehová quiso quebrantarlo. Vea Is. 53:10; Zac. 13:7.

(2) De nuestro deber para con Dios, a cambio de ese amor. Debemos seguir los pasos de esta fe de Abraham. Dios, por su Palabra, nos llama a desprendernos de todo por Cristo. De todos nuestros pecados... todas aquellas cosas que son competidores y rivales de Cristo... debemos desprendernos de todo ello con alegría. Dios... en ocasiones nos llama a desprendernos de un Isaac, y debemos hacerlo con una resignación y sumisión alegres a su santa voluntad" (*Matthew Henry's Commentary* [*Comentario de Matthew Henry*], vol. 1. Old Tappan, NJ: Fleming H. Revell Company, p. 139).

5 (22:11-14) *Aceptación:* El paso número cinco para la rendición absoluta es experimentar la aceptación y provisión de Dios. Ahora viene el gran gozo de sacrificarlo todo a Dios.

1. Dios aceptó el sacrificio y la rendición del corazón de Abraham. Él dio voces para detener a Abraham del sacrificio de Isaac. Cuando Abraham extendió su mano y tomó el cuchillo para degollar a su hijo, Dios supo que Abraham se había entregado totalmente a Él. Dios supo que el corazón de Abraham le pertenecía a Él, total y absolutamente. Nada, absolutamente nada, se interponía entre Abraham y Dios. Abraham sacrificaría cualquier cosa y haría cualquier cosa por Dios. Abraham obedecería a Dios, sin importar el sacrificio ni el costo. Dios era la persona más preciada y lo más valioso de la vida de Abraham.

Advierta que Dios reconoció esto. Él sabía...

• Que Abraham temía a Dios —reverenciaba y confiaba en Dios— por encima de todas las cosas (v. 12).

• Que Abraham amaba a Dios más que a su propio hijo (v. 12).

En su corazón, Abraham había ofrecido el sacrificio supremo a Dios. En su corazón, Abraham se había rendido absolutamente a Dios.

Sucede lo siguiente: Dios busca los corazones de las personas, la rendición de sus espíritus a Él, no el asesinato de sus cuerpos.

=> Dios quiere sacrificios vivos, no sacrificios muertos.

=> Dios quiere los cuerpos de las personas, pero Él quiere cuerpos vivos, no cuerpos muertos.

=> Dios quiere un sacrificio humano, pero Él quiere los sacrificios vivientes, no muertos.

Dios quiere que las personas sacrifiquen sus vidas —sus corazones, espíritus y cuerpos— a Él. Dios quiere que las personas se rindan total y absolutamente; pero Él las quiere vivas, no muertas. Dios acepta un sacrificio vivo, no uno muerto.

"Así que, hermanos, os ruego por las misericordias de Dios, que presentéis vuestros cuerpos en sacrificio vivo, santo, agradable a Dios, que es vuestro culto racional" (Ro. 12:1).

Pensamiento 1. Dios aceptó el sacrificio del corazón de Abraham. Siempre es la disposición, la rendición del corazón lo que hace la ofrenda de un sacrificio aceptable ante Dios. Dios busca el corazón, no el sacrificio. Nuestros corazones deben extenderse ante Dios antes de que coloquemos un sacrificio ante Dios.

"Y Samuel dijo: ¿Se complace Jehová tanto en los holocaustos y víctimas, como en que se obedezca a las palabras de Jehová? Ciertamente el obedecer es mejor que los sacrificios, y el prestar atención que la grosura de los carneros" (1 S. 15:22).

"Señor, abre mis labios, y publicará mi boca tu alabanza. Porque no quieres sacrificio, que yo lo daría; no quieres holocausto" (Sal. 51:16-17).

"Hacer justicia y juicio es a Jehová más agradable que sacrificio" (Pr. 21:3).

"¿Para qué me sirve, dice Jehová, la multitud de vuestros sacrificios? Hastiado estoy de holocaustos de carneros y de sebo de animales gordos; no quiero sangre de bueyes, ni de ovejas, ni de machos cabríos. ¿Quién demanda esto de vuestras manos, cuando venís a presentaros delante de mí para hollar mis atrios? No me traigáis más vana ofrenda; el incienso me es abominación; luna nueva y día de reposo, el convocar asambleas, no lo puedo sufrir; son iniquidad vuestras fiestas solemnes. Vuestras lunas nuevas y vuestras fiestas solemnes las tiene aborrecidas mi alma; me son gravosas; cansado estoy de soportarlas. Cuando extendáis vuestras manos, yo esconderé de vosotros mis ojos; asimismo cuando multipliquéis la oración, yo no oiré; llenas están de sangre vuestras manos. Lavaos y limpiaos; quitad la iniquidad de vuestras obras de delante de mis ojos; dejad de hacer lo malo; aprended a hacer el bien; buscad el juicio, restituid al agraviado, haced justicia al huérfano, amparad a la viuda. Venid luego, dice Jehová, y estemos a cuenta: si vuestros

pecados fueren como la grana, como la nieve serán emblanquecidos; si fueren rojos como el carmesí, vendrán a ser como blanca lana" (Is. 1:11-18).

"Porque no hablé yo con vuestros padres, ni nada les mandé acerca de holocaustos y de víctimas el día que los saqué de la tierra de Egipto. Mas esto les mandé, diciendo: Escuchad mi voz, y seré a vosotros por Dios, y vosotros me seréis por pueblo; y andad en todo camino que os mande, para que os vaya bien" (Jer. 7:22-23).

"¿Con qué me presentaré ante Jehová, y adoraré al Dios Altísimo? ¿Me presentaré ante él con holocaustos, con becerros de un año? ¿Se agradará Jehová de millares de carneros, o de diez mil arroyos de aceite? ¿Daré mi primogénito por mi rebelión, el fruto de mis entrañas por el pecado de mi alma? Oh hombre, él te ha declarado lo que es bueno, y qué pide Jehová de ti: solamente hacer justicia, y amar misericordia, y humillarte ante tu Dios" (Mi. 6:6-8).

"Holocaustos y expiaciones por el pecado no te agradaron. Entonces dije: He aquí que vengo, oh Dios, para hacer tu voluntad, como en el rollo del libro está escrito de mí. Diciendo primero: Sacrificio y ofrenda y holocaustos y expiaciones por el pecado no quisiste, ni te agradaron (las cuales cosas se ofrecen según la ley), y diciendo luego: He aquí que vengo, oh Dios, para hacer tu voluntad; quita lo primero, para establecer esto último. En esa voluntad somos santificados mediante la ofrenda del cuerpo de Jesucristo hecha una vez para siempre" (He. 10:6-10).

2. Dios proveyó un sacrificio sustituto. Dios le dio a Abraham un cordero para que lo ofreciera como sustituto de Isaac (v. 13). (Vea nota, *Holocausto*, Gn. 8:20 para un mayor análisis.)

3. Abraham adoró a Dios y conmemoró el lugar para siempre (v. 14). Él nombró el lugar *el monte de Jehová, Jehová-Jireh*. El hebreo significa Jehová proveerá. Y Él proveyó. El Señor suplió la necesidad de Abraham: Él le dio a Abraham un sacrificio sustituto en vez de su hijo.

Pensamiento 1. La ofrenda de Abraham de su hijo Isaac es una ilustración de la ofrenda de Dios de su Hijo, el Señor Jesucristo, como sacrificio por el hombre. El sacrificio de Isaac es un tipo —un símbolo, una ilustración, una profecía— del sacrificio de Cristo en el Calvario, el sacrificio del propio Hijo de Dios, el Señor Jesucristo, por los pecados del mundo.

=> A Abraham se le pidió entregarle a Dios la posesión más querida; Dios le ha entregado al hombre su posesión más querida (vv. 1-2).

=> A Abraham se le pidió que le sacrificara su propio hijo a Dios; Dios ha sacrificado su único Hijo por el hombre (v. 2, cp. Jn. 3:16; Ro. 8:32).

=> Abraham creyó que Dios resucitaría a su hijo, si fuera necesario; Dios sí resucitó a su propio Hijo, el Señor Jesucristo. Nota: hasta se puede decir que Isaac *ya estaba muerto* (sacrificado) en el corazón de Abraham durante los tres días de viaje antes de

la resurrección. La resurrección de Isaac y de Cristo ocurrieron tres días después de su muerte (v. 5).

=> Al parecer Isaac estaba dispuesto a obedecer a Dios y ser sacrificado, porque no hay evidencia de una lucha. Isaac fue obediente hasta la muerte al igual que Cristo fue obediente hasta la muerte (Fil. 2:5-8).

=> El cordero fue provisto como sustituto de Isaac; el cordero de Dios, el Señor Jesucristo, fue provisto como sustituto de toda la humanidad (v. 13, cp. Jn. 1:29; Is. 53:5-7).

=> Isaac cargó la leña sobre la que él sería colocado como sacrificio; Cristo cargó la cruz sobre la que Él sería colgado como el sacrificio por los pecados del mundo (v. 6).

=> Abraham ofreció a Isaac como sacrificio sobre el monte Moriah, el mismo monte sobre el cual se edificó Jerusalén (2 Cr. 3:1); Dios ofreció a Cristo en el Calvario, justo en las afueras de Jerusalén, en la misma cordillera donde se ofreció a Isaac (v. 2). (Nota: esto nos explica por qué Dios hizo que Abraham viajara tres días para ofrecer a Isaac en el monte Moriah. La ofrenda de Isaac fue planeada por Dios como un tipo de la ofrenda que hizo Dios de Cristo.

=> Abraham llamó el monte Moriah *Jehová-Jireh*: "*Jehová proveerá*". Dios *proveyó* un sacrificio sustituto a Abraham; Dios ha *provisto* un sacrificio sustituto para nosotros en el Señor Jesucristo (vv. 13-14).

=> Isaac soportaría el fuego consumidor de Abraham; Jesucristo ha soportado el fuego consumidor de la santidad y juicio de Dios contra el pecado (con frecuencia la Biblia usa el fuego para simbolizar la santidad y el juicio de Dios) (v. 6).

=> Abraham recibió el gran gozo de la promesa de Dios porque él sacrificó voluntariamente su voluntad a la voluntad de Dios; Jesucristo ha de experimentar la plenitud de su gozo porque Él rindió totalmente su voluntad a la voluntad de Dios y se sacrificó Él por los pecados del mundo (vv. 15-18, cp. He. 12:2).

ESTUDIO A FONDO 2

(22:14) *JEHOVÁ proveerá — Jehová-Jireh*: El término significa Jehová proveerá. En el monte de Jehová, Dios provee. Él provee un sacrificio, un sacrificio sustituto por Isaac. Dios provee para sus seguidores.

6 (22:15-18) *Pacto, abrahámico — Promesas, de Dios*: El paso número seis para la rendición absoluta es recibir la promesa de Dios renovada en nuestro corazón. El ángel de Jehová llamó a Abraham nuevamente, al parecer su voz provenía del cielo. Abraham sería recompensado por su obediencia, y no se podía dar mayor recompensa.

1. Dios le hizo un juramento solemne a Abraham, el

juramento más solemne que Él podía hacer. Dios juró por Él mismo; Él basó sus promesas en su propio nombre y naturaleza. Dios no podía jurar por un nombre ni persona más grande que Él mismo. Él y solo Él respaldaría las promesas de su Palabra (cp. He. 6:13).

Advierta por qué Dios le daba a Abraham tan grande confirmación de las promesas: porque Abraham había obedecido a Dios, había hecho exactamente lo que Dios le había mandado: Él había ofrecido a su hijo como sacrificio a Dios (v. 16).

2. Dios renovó la promesa de *la Simiente prometida*, con el significado de una gran nación de personas (v. 17a). Los descendientes de Abraham serían tan innumerables como las estrellas del cielo y como la arena de la orilla del mar.

Advierta que los descendientes de Abraham poseerían las ciudades de sus enemigos (v. 17c). Es muy probable que esto se refiera a la simiente espiritual, a los creyentes de la tierra, que gobernarán y reinarán en los nuevos cielos y tierra.

3. Dios renovó la promesa de *la Simiente prometida*, con el significado de el Salvador del mundo (vea bosquejo y notas, Gn. 12:2; 12:3; 15:2-6; 17:6-8 para un mayor análisis).

> *Pensamiento 1.* Las grandes promesas de Dios están seguras, garantizadas y confirmadas por el propio Dios. Dios ha jurado que Él respalda cada promesa. Se cumplirá cada promesa, se cumplirá literalmente y completamente. El poder omnipotente de Dios garantiza su cumplimiento.
>
> Pero advierta a quién se le dan las promesas, quién recibirá las promesas de Dios: *el obediente.* La persona que sigue y obedece a Dios, quien hace exactamente lo que Dios manda, recibe las promesas de Dios. La persona que lo sacrifica todo, que se rinde absolutamente a Dios, recibirá las promesas de Dios y cobrarán efecto en su vida.
>
> **"plenamente convencido de que era también poderoso para hacer todo lo que había prometido" (Ro. 4:21).**
>
> **"porque todas las promesas de Dios son en él Sí, y en él Amén, por medio de nosotros, para la gloria de Dios" (2 Co. 1:20).**
>
> **"Si fuéremos infieles, él permanece fiel; El no puede negarse a sí mismo" (2 Ti. 2:13).**
>
> **"por medio de las cuales nos ha dado preciosas y grandísimas promesas, para que por ellas llegaseis a ser participantes de la naturaleza divina, habiendo huido de la corrupción que hay en el mundo a causa de la concupiscencia" (2 P. 1:4).**
>
> **"Y esta es la promesa que él nos hizo, la vida eterna" (1 Jn. 2:25).**
>
> **"Bendito sea Jehová, que ha dado paz a su pueblo Israel, conforme a todo lo que él había dicho; ninguna palabra de todas sus promesas que expresó por Moisés su siervo, ha faltado" (1 R. 8:56).**

7 (22:19-24) *Conclusión — Nacor:* Abraham, el siervo de Dios, recibió buenas noticias.

1. Abraham regresó y se asentó en Beerseba (v. 19).

2. Abraham recibió buenas noticias sobre su hermano Nacor. Recuerden, no había habido contacto entre los dos hermanos durante aproximadamente sesenta años. Nacor vivía en Mesopotamia, probablemente en la ciudad de Nacor nombrada en su honor. La distancia era muy grande para que él y Abraham se visitaran. Una caravana de viajeros probablemente le trajera la noticia de Nacor a Abraham.

3. Nacor el hermano de Abraham había sido bendecido con una familia numerosa. Al parecer este pasaje se proporciona acá para mostrar las raíces de Rebeca, quien pronto se convertiría en la esposa de Isaac.

ESTUDIO A FONDO 1

(22:19-24) *Prueba — Crisis:* Esta es la nota tres que se coloca acá para no interrumpir el flujo del bosquejo y las notas anteriores.

La vida de Abraham proporciona un estudio excelente sobre las pruebas y crisis de la vida. Resulta importante tener en cuenta que toda crisis y problema en la vida humana no constituye una prueba de Dios. Con frecuencia traemos crisis sobre nosotros mismo por nuestros pecados y desobediencia a Dios. Pero hay ocasiones en que Dios sí nos prueba, y nos es necesario comprender este elemento.

1. Advierta cómo Dios prueba a una persona.
   a. Dios prueba a una persona iniciando la prueba Él mismo, como en el caso de Abraham ofreciendo a Isaac como sacrificio.
   b. Dios prueba a una persona permitiendo que surja la crisis a partir de sucesos naturales o humanos. Ejemplos de esto se ven en el punto tres de esta nota.
   c. En algunos casos, Dios permite que Satanás cree una crisis que pruebe la fe y la lealtad de los creyentes. El libro de Job lo demuestra.

2. Advierta ahora por qué Dios prueba a los creyentes (vea nota 1, 1 P. 4:12 para un mayor análisis; vea también el *Índice general de temas*: *Prueba, probar, el propósito de la prueba*).
   a. Dios prueba a los creyentes para fortalecerlos más. Cuando una persona resiste y vence una crisis, internamente es más fuerte que antes. Es más capaz de vencer las crisis en el futuro.

> **"Por tanto, no desmayamos; antes aunque este nuestro hombre exterior se va desgastando, el interior no obstante se renueva de día en día" (2 Co. 4:16).**
>
> **"Y me ha dicho: Bástate mi gracia; porque mi poder se perfecciona en la debilidad. Por tanto, de buena gana me gloriaré más bien en mis debilidades, para que repose sobre mí el poder de Cristo" (2 Co. 12:9).**

   b. Dios prueba a los creyentes para hacerlos añorar más el cielo. Las crisis, fundamentalmente las crisis severas de sufrimiento, dolor, y pesar, nos hacen añorar mucho más el cielo.

"Porque esta leve tribulación momentánea produce en nosotros un cada vez más excelente y eterno peso de gloria; no mirando nosotros las cosas que se ven, sino las que no se ven; pues las cosas que se ven son temporales, pero las que no se ven son eternas" (2 Co. 4:17-18).

"Por la fe Abraham, siendo llamado, obedeció para salir al lugar que había de recibir como herencia; y salió sin saber a dónde iba. Por la fe habitó como extranjero en la Tierra Prometida como en tierra ajena, morando en tiendas con Isaac y Jacob, coherederos de la misma promesa; porque esperaba la ciudad que tiene fundamentos, cuyo arquitecto y constructor es Dios" (He. 11:8-10).

"Conforme a la fe murieron todos éstos sin haber recibido lo prometido, sino mirándolo de lejos, y creyéndolo, y saludándolo, y confesando que eran extranjeros y peregrinos sobre la tierra. Porque los que esto dicen, claramente dan a entender que buscan una patria; pues si hubiesen estado pensando en aquella de donde salieron, ciertamente tenían tiempo de volver. Pero anhelaban una mejor, esto es, celestial; por lo cual Dios no se avergüenza de llamarse Dios de ellos; porque les ha preparado una ciudad" (He. 11:13-16).

"Enjugará Dios toda lágrima de los ojos de ellos; y ya no habrá muerte, ni habrá más llanto, ni clamor, ni dolor; porque las primeras cosas pasaron" (Ap. 21:4).

c. Dios prueba a los creyentes para convertirlos en un mayor testimonio para aquellos que lo rodean. Cuando una persona resiste y vence una crisis, constituye un testimonio para otros, un ejemplo vivo de que una persona puede superar las crisis de esta vida.

"Bendito sea el Dios y Padre de nuestro Señor Jesucristo, Padre de misericordias y Dios de toda consolación, el cual nos consuela en todas nuestras tribulaciones, para que podamos también nosotros consolar a los que están en cualquier tribulación, por medio de la consolación con que nosotros somos consolados por Dios" (2 Co. 1:3-4).

3. Advierta las pruebas que Abraham tuvo que enfrentar en su vida. Él tuvo que enfrentarse a crisis tras crisis —pruebas importantes— a lo largo de toda su vida, mucho más de lo que la persona promedio tiene que enfrentar. Abraham representa un ejemplo dinámico al mostrarnos cómo vencer crisis tras crisis. Él las venció todas por medio de la fe y el poder de Dios.

a. Estaba la crisis del llamado de Dios a la separación. Cuando Dios llamó a Abraham a abandonar Ur de los caldeos, él tuvo que separarse de su país y de su parentela, y de la casa de su padre, sus posesiones y propiedad. Él tuvo que separarse de todo cuanto había conocido. Al principio, Abraham mostró debilidad al aceptar el llamado de Dios, pero finalmente pasó la prueba y dedico su vida a Dios. (Vea bosquejo y notas, Gn. 12:4-9.)

b. Estaba la crisis del hambre y la escasez y de la pérdida de los activos de negocios. De hecho, Abraham se enfrentó a la pérdida de todo cuanto tenía. Abraham no pasó esta prueba. Él abandonó la Tierra Prometida y se fue a Egipto (un símbolo del mundo y de una vida de mundanalidad) (vea bosquejo y notas, Gn. 12:10—13:4).

c. Estaba la crisis de la separación de Lot de Abraham. Esta separación se debía a la naturaleza materialista y avariciosa de Lot. Abraham debe haber sufrido un dolor insoportable cuando Lot escogió la mejor tierra para su hacienda y dejó la segunda alternativa para Abraham. Abraham amaba a Lot como a un hijo; por eso, él sufrió un dolor insoportable cuando Lot abandonó a Dios para escoger al mundo en vez de a Dios (vea bosquejo y notas, Gn. 13:5-18).

d. Estaba la crisis del ejército invasor del Oriente. Para lidiar con esa crisis se requería de gran valor. Los invasores capturaron a todos los ciudadanos de las ciudades vecinas, incluso a Lot. No solo estaba Abraham a punto de perder a Lot, él estaba a punto de perder los mercados para sus negocios. Todo cuanto tenía nuevamente se veía amenazado. Abraham le hizo frente a la crisis como era debido y demostró su coraje inusual al derrotar a los invasores y liberar a los cautivos (vea bosquejo y notas, Gn. 14:1-16).

e. Estaba la crisis de buscar la honra, el poder, la posición, y las riquezas del mundo. Cuando Abraham derrotó a los ejércitos invasores, él se podía haber convertido en gobernador de gran parte de la tierra, pero él se rehusó a adelantarse a Dios y a usar métodos mundanos para garantizar la Tierra Prometida. Abraham pasó esta prueba (vea bosquejo y notas, Gn. 14:17-24).

f. Estaba la crisis de no tener hijos, de tener que ser lo bastante paciente como para esperar por Dios y por su tiempo para que le enviara al hijo prometido. La crisis requería de paciencia y creencia. Abraham falló en esta prueba y se unió a Agar y tuvo a Ismael (vea bosquejo y notas, Gn. 16:1-16).

g. Estaba la crisis del juicio y la seguridad emocional de Dios. Esta fue la crisis de la destrucción de Sodoma y Gomorra y de las ciudades vecinas. Su destrucción dejó un destrozo en la región que debe haber sido horrible a la vista y sentimentalmente perturbador (cp. Gn. 20:1-2). Además, su destrucción significaba una crisis para los negocios de Abraham: Los mercados principales de sus reses y otros negocios habían desaparecido (vea bosquejo y notas, Gn. 19:1-38).

h. Estaba la crisis de enfrentarse nuevamente a la pérdida de todo cuanto él tenía. Abraham nuevamente abandonó la Tierra Prometida y se fue a la capital de los filisteos en busca de mercados para sus reses y sus negocios (vea bosquejo y notas, Gn. 20:1-18).

i. Estaba la crisis de estar separado y divorciado de sus seres queridos. Esta fue la crisis de tener que echar a Agar y a su hijo Ismael. Esto significaba que él estaría separado para siempre de Agar y de su hijo Ismael a quien él amaba tanto (vea bosquejo y notas, Gn. 21:8-21).

j. Estaba la crisis suprema de ofrecer a Isaac en holocausto a Dios. Esto requería un compromiso total con Dios, estar dispuesto a sacrificarlo todo por Dios (vea bosquejo y notas, Gn. 22:1-24).

Pensamiento 1. Warren Wiersbe ha proporcionado títulos descriptivos a las pruebas que se enfrentó Abraham durante su vida. Su comentario sobre las pruebas debe ser de gran ayuda al enfrentarnos a las pruebas y tentaciones de la vida.

"En la 'Escuela de la fe' debemos recibir pruebas ocasionales, o nunca sabremos dónde nos encontramos desde el punto de vista espiritual. Abraham recibió su porción de pruebas justo desde el principio. Primero estaba la 'prueba de la familia', cuando tuvo que abandonar a sus seres amados y dar un paso de fe al marcharse a una nueva tierra (Gn. 11:27—12:5). Esto se vio seguido de la 'prueba del hambre', la cual Abraham falló porque dudó de Dios y se fue por ayuda a Egipto (12:10—13:4).

"Una vez de regreso en la tierra, Abraham pasó la 'prueba de la fraternidad' cuando le dio a Lot a elegir de primero el territorio (13:5-18). Él también pasó la 'prueba de la lucha' cuando derrotó a los reyes (14:1-16) y la 'prueba de la fortuna' cuando dijo no a las riquezas de Sodoma (14:17-24). Pero él falló la 'prueba de la paternidad' cuando Sara se impacientó con Dios y sugirió que Abraham tuviera un hijo con Agar (Gn. 16). Cuando llegó el momento de echar a Ismael, Abraham pasó la 'prueba de la despedida' aunque desgarró su corazón (21:14-21).

"No toda experiencia difícil de la vida es necesariamente una prueba personal de Dios. (Por supuesto, cualquier experiencia podría convertirse en una prueba o tentación, en dependencia de cómo la manejemos. Vea Stg. 1:12-16.) En ocasiones nuestra propia desobediencia provoca el dolor o la decepción, como cuando Abraham se fue a Egipto (Gn. 12:10ss) y a Gerar (Gn. 20). En ocasiones nuestras heridas sencillamente conforman una parte de la vida humana normal: en la medida en que envejecemos, los amigos y los seres queridos se trasladan o incluso mueren, la vida cambia alrededor de nosotros, y debemos hacer adaptaciones dolorosas.

"Aprendemos a distinguir entre las *pruebas* y *tentaciones*. Las tentaciones provienen de nuestros deseos internos (Stg. 1:12-16) mientras que las pruebas provienen del Señor que tiene un propósito especial que cumplir. Las tentaciones las usa el diablo para sacar lo peor de nosotros, pero las pruebas las usa el Espíritu Santo para sacar lo mejor de nosotros ([Stg.] 1:1-6). Las tentaciones parecen lógicas mientras que las pruebas parecen muy poco razonables. ¿Por qué Dios le daría un hijo a Abraham y luego le pediría a Abraham que lo matara?

"Todos los creyentes se enfrentan a tentaciones semejantes al pecado (1 Co. 10:13), pero no todos los creyentes experimentan las mismas pruebas de fe. Las pruebas de Dios son hechas a la medida para cada uno de los hijos de Dios, y cada experiencia es única. Dios nunca le pidió a Lot que se enfrentara a las pruebas que se enfrentó Abraham. ¿Por qué? Porque Lot estaba siendo tentado por el mundo y la carne y nunca alcanzó la madurez que alcanzó Abraham. En cierto sentido, es un cumplido que Dios nos envíe una prueba; demuestra que Dios quiere 'promovernos' en la 'Escuela de la Fe'. Dios nunca envía una prueba sin que antes Él sepa que usted está preparado para ella.

"'La vida es difícil', escribió el psiquiatra M. Scott Peck. 'Cuando sabemos verdaderamente que la vida es difícil —cuando lo comprendemos y lo aceptamos verdaderamente—, entonces ya la vida no es difícil' (*The Road Less Traveled* [*El camino menos transitado*], p. 15). Esa es la primera lección que debemos aprender: Esperar pruebas de Dios, porque la vida cristiana no es fácil" (Warren W. Wiersbe. *Be Obedient*, pp. 108-109).

CAPÍTULO 23

R. Abraham sepultó a Sara: La fe demostrada. Cómo enfrentar la muerte, 23:1-20

1 Abraham expresó pena y pesar: Él lloró y guardó luto

  a. Sara murió

    1) tenía 127 años de edad

    2) Murió en casa: En Hebrón, en la Tierra Prometida

  b. Abraham guardó luto y lloró

2 Abraham se mostró responsable: Él se levantó y no permitió que lo abrumara el pesar

3 Abraham confesó su fe: Era extranjero y forastero en la tierra cuya esperanza estaba puesta en un hogar permanente (en Canaán y en el cielo, He. 11:8-16)

4 Abraham fue un testimonio fuerte en todos los arreglos funerarios

  a. Abraham siempre había sido un testimonio fuerte: le llamaron príncipe de Dios

  b. Abraham dio testimonio de cortesía y agradecimiento

    1) Los heteos le ofrecieron una tumba gratis

    2) Abraham mostró cortesía y agradecimiento al levantarse e inclinarse

  c. Abraham dio un testimonio de tacto: Él le pidió a los funcionarios de la ciudad que intercedieran en su

---

1 Fue la vida de Sara ciento veintisiete años; tantos fueron los años de la vida de Sara.

2 Y murió Sara en Quiriat-arba, que es Hebrón, en la tierra de Canaán; y vino Abraham a hacer duelo por Sara, y a llorarla.

3 Y se levantó Abraham de delante de su muerta, y habló a los hijos de Het, diciendo:

4 Extranjero y forastero soy entre vosotros; dadme propiedad para sepultura entre vosotros, y sepultaré mi muerta de delante de mí.

5 Y respondieron los hijos de Het a Abraham, y le dijeron:

6 Oyenos, señor nuestro; eres un príncipe de Dios entre nosotros; en lo mejor de nuestros sepulcros sepulta a tu muerta; ninguno de nosotros te negará su sepulcro, ni te impedirá que entierres tu muerta.

7 Y Abraham se levantó, y se inclinó al pueblo de aquella tierra, a los hijos de Het,

8 y habló con ellos, diciendo: Si tenéis voluntad

---

de que yo sepulte mi muerta de delante de mí, oídme, e interceded por mí con Efrón hijo de Zohar,

9 para que me dé la cueva de Macpela, que tiene al extremo de su heredad; que por su justo precio me la dé, para posesión de sepultura en medio de vosotros.

10 Este Efrón estaba entre los hijos de Het; y respondió Efrón heteo a Abraham, en presencia de los hijos de Het, de todos los que entraban por la puerta de su ciudad, diciendo:

11 No, señor mío, óyeme: te doy la heredad, y te doy también la cueva que está en ella; en presencia de los hijos de mi pueblo te la doy; sepulta tu muerta.

12 Entonces Abraham se inclinó delante del pueblo de la tierra,

13 y respondió a Efrón en presencia del pueblo de la tierra, diciendo: Antes, si te place, te ruego que me oigas. Yo daré el precio de la heredad; tómalo de mí, y sepultaré en ella mi muerta.

14 Respondió Efrón a Abraham, diciéndole:

15 Señor mío, escúchame: la tierra vale cuatrocientos siclos de plata; ¿qué es esto entre tú y yo? Entierra, pues, tu muerta.

16 Entonces Abraham se convino con Efrón, y pesó Abraham a Efrón el dinero que dijo, en presencia de los hijos de Het, cuatrocientos siclos de plata, de buena ley entre mercaderes.

17 Y quedó la heredad de Efrón que estaba en Macpela al oriente de Mamre, la heredad con la cueva que estaba en ella, y todos los árboles que había en la heredad, y en todos sus contornos,

18 como propiedad de Abraham, en presencia de

---

nombre, para que él pudiera comprar un tramo permanente de tierra

  d. Abraham dio testimonio de ser justo y recto en sus transacciones de negocio

    1) El dueño, Efrón, se brindó para regalarle la tierra a Abraham

    2) Abraham se rehusó a aceptar la tierra como regalo: No fuera a ser que quedara en deuda con el dueño, Efrón

    3) Abraham trató de poseer la tierra y voluntariamente pagó un alto precio por la tierra: Un precio-aproxi-madamente de veinte veces su valor

  e. Abraham dio testimonio de ser prudente en las transacciones de negocio

    1) Él hizo fijar los límites de la tierra

    2) Él hizo que los funcionarios de la ciudad y

las personas presenciaran la transacción a la puerta de la ciudad **5 Abraham sepultó a su ser querido con fe y amor** a. En la cueva de Macpela, cerca de Mamre	los hijos de Het y de todos los que entraban por la puerta de la ciudad. 19 Después de esto sepultó Abraham a Sara su mujer en la cueva de la heredad de Macpela al oriente de	Mamre, que es Hebrón, en la tierra de Canaán. 20 Y quedó la heredad y la cueva que en ella había, de Abraham, como una posesión para sepultura, recibida de los hijos de Het.	b. La tierra fue traspasada de propiedad a Abraham como una posesión permanente

DIVISIÓN VII

ABRAHAM: EL HOMBRE ESCOGIDO PARA CONVERTIRSE EN EL PADRE DEL PUEBLO DE DIOS Y EN EL PADRE DE LA FE, 12:1—25:18

R. Abraham sepultó a Sara: La fe demostrada. Cómo enfrentar la muerte, 23:1-20

(23:1-20) *Introducción:* Todos debemos asumir la peregrinación de muerte. Nuestros seres queridos mueren, y nosotros morimos. Nosotros morimos demasiado pronto. La vida es extremadamente corta. De hecho, uno de los elementos más sorprendentes de la vida es la *brevedad de la vida.* Cuando llegamos a la ancianidad, la brevedad de la vida nos golpea con un impacto que puede resultar muy perturbador. La sensación de que la vida *pronto terminará* es una realidad perenne. Sabemos que nuestros cuerpos están a punto de desgastarse y agotarse, que las frías y oscuras manos de la muerte están a punto de arrebatarnos de este mundo, y que no hay nada, absolutamente nada, que podamos hacer al respecto. La muerte nos va robar.

El enfrentamiento a la muerte se puede hacer mucho más fácil al estudiar y recordar esta experiencia de Abraham. De la misma manera que la fe de Abraham le permitió lidiar con la muerte de su querida esposa Sara, nuestra fe como creyentes puede facultarnos para hacerle frente a la muerte de nuestros seres queridos. Este es el tema de este pasaje actual: la muerte, la muerte de un ser querido: *Abraham sepultó a Sara: La fe demostrada. Cómo enfrentar la muerte de un ser querido,* 23:1-20.

1. Abraham expresó pena y pesar: Él lloró y guardó luto (vv. 1-2).
2. Abraham se mostró responsable: Él se levantó y no permitió que lo abrumara el pesar (v. 3).
3. Abraham confesó su fe: Era extranjero y forastero en la tierra cuya esperanza estaba puesta en un hogar permanente (en Canaán y en el cielo, He. 11:8-10) (v. 4).
4. Abraham fue un testimonio fuerte en todos los arreglos funerarios (vv. 5-18).
5. Abraham sepultó a su ser querido con fe y amor (vv. 19-20).

1 (23:1-2) *Muerte — Pesar — Sara:* ¿Cómo podemos lidiar con la muerte de un ser querido? Al expresar pesar, al guardar luto y llorar. Sara, la esposa de Abraham, murió. Ella murió cuando ella tenía 127 años de edad. Recuerden quién era Sara, cuán grande era la vida que ella había llevado por Dios:

=> Ella voluntariamente había seguido a su esposo, Abraham, en su llamado de Dios.

=> Ella voluntariamente había abandonado su hogar, su familia, y sus amigos —todo cuanto tenía— para seguir a su esposo.

=> Ella voluntariamente había viajado a todas partes mientras Abraham trataba de seguir y obedecer a Dios.

=> Ella se había mantenido firme junto a su esposo durante todos estos años, firme al seguir a Dios y al creer en la promesa de Dios a pesar de las probabilidades imposibles.

=> Ella fue llamada *princesa* por Dios (Gn. 17:15).

=> Ella constituye una ilustración excelente de la gracia de Dios.

=> Ella es un ejemplo dinámico a seguir por las esposas cristianas (1 P. 3:1-6).

=> Ella se menciona en el gran Salón de la Fe como uno de las grandes creyentes de fe (He. 11:11).

=> Ella es la única mujer cuya edad y muerte las proporcionan las Escrituras.

Advierta que Sara murió en Hebrón, en la Tierra Prometida de Canaán. Ella había estado con su esposo —a su lado— cuando aceptó el llamado de Dios y comenzó a buscar la Tierra Prometida. Y ahora, a ella todavía se le ve a su lado en la Tierra Prometida cuando ella abandonó este mundo.

No en balde Abraham guardó luto y lloró (v. 2). Él habría amado a Sara con todo su corazón. Ella había sido fiel a Dios, quedándose junto a Abraham a lo largo de los años. Ella había creído a Dios y le había servido conjuntamente con su querido esposo, y Abraham la amaba por su compromiso y fidelidad. Ahora, ella se había ido a vivir con Dios, y ya ella no sería su pareja en la vida, ya no estaría a su lado, ya no trabajaría con él. Una pérdida como esa despertaría luto y llanto, y eso hizo Abraham. Abraham guardó luto y lloró por la muerte de su querida esposa.

Pensamiento 1. No tiene nada de malo derramar lágrimas por la muerte de un ser querido. De hecho, las lágrimas son buenas. No son una señal de debilidad ni de fe débil.

=> Las lágrimas son un alivio para el dolor que sentimos.

=> Las lágrimas ayudan a sanar nuestros corazones deshechos.

=> Las lágrimas muestran nuestro amor, cariño, y estima por el ser querido perdido.

=> Las lágrimas son incluso un testimonio, un tributo a la importancia del ser querido.

2 (23:3) *Muerte — Pena — Pesar:* ¿Cómo podemos enfrentar la muerte de un ser querido? Al mostrarse responsable y no permitir que lo abrumara el pesar y la pena. Advierta que Abraham se levantó y se alejó de su esposa muerta. Él se alejó por sí solo; nadie tuvo que ayudarlo. Sucede lo siguiente: Abraham no se permitió a sí mismo que lo venciera el pesar. Él no se sintió abrumado con pesar. Al lidiar con la muerte, Abraham no se mostró...

- aplastado
- derrotado
- destruido
- desmoralizado
- condenado
- confundido
- devastado
- desconcertado

La vida de Abraham no se destruyó porque Sara murió. Sí, el dolor laceró su corazón, lo desgarró tanto que él se entristeció, guardó luto, y lloró porque le dolía mucho. Pero después que lloró, él actuó de un modo responsable. Él se levantó y se puso en función de sus asuntos y deberes diarios.

Pero advierta este elemento: había una razón por la que Abraham no se sintió aplastado por el pesar y la pena.

=> Él sabía que Sara había seguido el consejo del Señor toda su vida; por lo tanto, Jehová la había llevado a la gloria.

"Me has guiado según tu consejo, y después me recibirás en gloria" (Sal. 73:24).

=> Él sabía que Sara se había ido al país celestial y a la ciudad celestial de Dios.

"porque esperaba la ciudad que tiene fundamentos, cuyo arquitecto y constructor es Dios" (He. 11:10).

"Conforme a la fe murieron todos éstos sin haber recibido lo prometido, sino mirándolo de lejos, y creyéndolo, y saludándolo, y confesando que eran extranjeros y peregrinos sobre la tierra. Porque los que esto dicen, claramente dan a entender que buscan una patria;... Pero anhelaban una mejor, esto es, celestial; por lo cual Dios no se avergüenza de llamarse Dios de ellos; porque les ha preparado una ciudad" (He. 11:13-14, 16).

Sencillamente, Abraham hizo exactamente lo que enseña el Nuevo Testamento: Él no se entristeció como otros que se entristecen, otros que no tienen esperanza. Pero Abraham creyó en Dios, creyó en su gran promesa...

- Que Él salvaría a aquellos que lo siguieran, los salvaría por medio de la Simiente prometida, el Salvador del mundo (vea bosquejo y notas, Gn. 12:3 para un mayor análisis).

- Que él le daría la Tierra Prometida a los creyentes, una tierra celestial que duraría eternamente (vea bosquejo y notas, Gn. 12:1c para un mayor análisis).

Pensamiento 1. No debemos permitir que nos abrume el pesar ni la pena. No debemos entristecernos como aquellos que no tienen esperanza. No debemos sentirnos abrumados ni aplastados por el pesar. Porque nosotros tenemos esperanza, la más grande de las esperanzas.

1) Contamos con la esperanza de estar presentes con el Señor, de estar con Él de inmediato, cuando muramos.

"pero confiamos, y más quisiéramos estar ausentes del cuerpo, y presentes al Señor" (2 Co. 5:8).

2) Contamos con la esperanza del regreso del Señor y de reencontrarnos con todos nuestros seres queridos.

"Tampoco queremos, hermanos, que ignoréis acerca de los que duermen, para que no os entristezcáis como los otros que no tienen esperanza. Porque si creemos que Jesús murió y resucitó, así también traerá Dios con Jesús a los que durmieron en él. Por lo cual os decimos esto en palabra del Señor: que nosotros que vivimos, que habremos quedado hasta la venida del Señor, no precederemos a los que durmieron. Porque el Señor mismo con voz de mando, con voz de arcángel, y con trompeta de Dios, descenderá del cielo; y los muertos en Cristo resucitarán primero. Luego nosotros los que vivimos, los que hayamos quedado, seremos arrebatados juntamente con ellos en las nubes para recibir al Señor en el aire, y así estaremos siempre con el Señor. Por tanto, alentaos los unos a los otros con estas palabras" (1 Ts. 4:13-18).

3) Contamos con la esperanza de una vida mucho mejor en el próximo mundo.

"Porque de ambas cosas estoy puesto en estrecho, teniendo deseo de partir y estar con Cristo, lo cual es muchísimo mejor" (Fil. 1:23).

4) Contamos con la esperanza de ser hechos semejantes a Cristo.

"Amados, ahora somos hijos de Dios, y aún no se ha manifestado lo que hemos de ser; pero sabemos que cuando él se manifieste, seremos semejantes a él, porque le veremos tal como él es" (1 Jn. 3:2).

5) Contamos con la esperanza de estar donde está Cristo y de recibir realmente un edificio, una casa, una mansión de gloria hecha por el propio Dios.

"En la casa de mi Padre muchas moradas hay; si así no fuera, yo os lo hubiera dicho; voy, pues, a preparar lugar para vosotros. Y si me fuere y os preparare lugar, vendré otra vez, y os tomaré a mí mismo, para que donde yo estoy, vosotros también estéis" (Jn. 14:2-3).

"Porque sabemos que si nuestra morada terrestre, este tabernáculo, se deshiciere, tenemos de Dios un edificio, una casa no hecha de manos, eterna, en los cielos" (2 Co. 5:1).

"porque esperaba la ciudad que tiene fundamentos, cuyo arquitecto y constructor es Dios" (He. 11:10).

6) Contamos con la esperanza de recibir un cuerpo nuevo y perfecto.

"Así también es la resurrección de los muertos. Se siembra en corrupción, resucitará en incorrupción. Se siembra en deshonra, resucitará en gloria; se siembra en debilidad, resucitará en poder. Se siembra cuerpo animal, resucitará cuerpo espiritual. Hay cuerpo animal, y hay cuerpo espiritual" (1 Co. 15:42-44).

"He aquí, os digo un misterio: No todos dormiremos; pero todos seremos transformados, en un momento, en un abrir y cerrar de ojos, a la final trompeta; porque se tocará la trompeta, y los muertos serán resucitados incorruptibles, y nosotros seremos transformados. Porque es necesario que esto corruptible se vista de incorrupción, y esto mortal se vista de inmortalidad" (1 Co. 15:51-53).

"Mas nuestra ciudadanía está en los cielos, de donde también esperamos al Salvador, al Señor Jesucristo; el cual transformará el cuerpo de la humillación nuestra, para que sea semejante al cuerpo de la gloria suya, por el poder con el cual puede también sujetar a sí mismo todas las cosas" (Fil. 3:20-21).

7) Contamos con la esperanza de aparecer en gloria.

"Cuando Cristo, vuestra vida, se manifieste, entonces vosotros también seréis manifestados con él en gloria" (Col. 3:4).

"Y cuando aparezca el Príncipe de los pastores, vosotros recibiréis la corona incorruptible de gloria" (1 P. 5:4).

8) Contamos con la esperanza de tener todo el dolor, el pesar, y las lágrimas borradas para siempre.

"Enjugará Dios toda lágrima de los ojos de ellos; y ya no habrá muerte, ni habrá más llanto, ni clamor, ni dolor; porque las primeras cosas pasaron" (Ap. 21:4).

9) Contamos con la esperanza de recibir tesoros.

"sino haceos tesoros en el cielo, donde ni la polilla ni el orín corrompen, y donde ladrones no minan ni hurtan" (Mt. 6:20).

10) Contamos con la esperanza de una herencia, una herencia eterna.

"Bendito el Dios y Padre de nuestro Señor Jesucristo, que según su grande misericordia nos hizo renacer para una esperanza viva, por la resurrección de Jesucristo de los muertos, para

una herencia incorruptible, incontaminada e inmarcesible, reservada en los cielos para vosotros" (1 P. 1:3-4).

"para que justificados por su gracia, viniésemos a ser herederos conforme a la esperanza de la vida eterna" (Tit. 3:7).

"El Espíritu mismo da testimonio a nuestro espíritu, de que somos hijos de Dios. Y si hijos, también herederos; herederos de Dios y coherederos con Cristo, si es que padecemos juntamente con él, para que juntamente con él seamos glorificados" (Ro. 8:16-17).

11) Contamos con la esperanza de un cielo y una tierra nuevos y perfectos.

"Pero el día del Señor vendrá como ladrón en la noche; en el cual los cielos pasarán con grande estruendo, y los elementos ardiendo serán deshechos, y la tierra y las obras que en ella hay serán quemadas. Puesto que todas estas cosas han de ser deshechas, ¡cómo no debéis vosotros andar en santa y piadosa manera de vivir, esperando y apresurándoos para la venida del día de Dios, en el cual los cielos, encendiéndose, serán deshechos, y los elementos, siendo quemados, se fundirán! Pero nosotros esperamos, según sus promesas, cielos nuevos y tierra nueva, en los cuales mora la justicia" (2 P. 3:10-13).

"Vi un cielo nuevo y una tierra nueva; porque el primer cielo y la primera tierra pasaron, y el mar ya no existía más" (Ap. 21:1).

"Porque he aquí que yo crearé nuevos cielos y nueva tierra; y de lo primero no habrá memoria, ni más vendrá al pensamiento" (Is. 65:17).

"Porque como los cielos nuevos y la nueva tierra que yo hago permanecerán delante de mí, dice Jehová, así permanecerá vuestra descendencia y vuestro nombre" (Is. 66:22).

3 (23:4) *Testimonio — Presenciar — Extranjero — Forastero:* ¿Cómo podemos enfrentar la muerte de un ser querido? Al confesar nuestra fe, que no somos más que extranjeros y forasteros en la tierra, creyentes cuya esperanza está puesta en una casa permanente en la Tierra Prometida del cielo.

Advierta lo que dijo Abraham; sus palabras son muy significativas. Él confesó que él no poseía tierra alguna en Canaán, que él tan solo era un *extranjero y forastero.*

=> Un "extranjero" (ger) es un extraño que va de paso por un país, que no se queda tiempo suficiente como para establecerse ni para rentar un lugar.

=> Un "forastero" (toshabh) es también un extraño, pero él se queda tiempo suficiente como para asentarse y arrendar una casa en un país. No es un residente permanente; su hogar está en otra parte.

Cuando Abraham usó estas palabras, él estaba confesando su fe. En la tierra, él había vivido en tiendas, con frecuencia trasladándose de acá para allá. Él tan solo era un extranjero y forastero (extraño) en la tierra. Pero su esperanza y el anhelo de su corazón eran de un hogar permanente, un hogar permanente en esta tierra, sí; pero más que eso, él anhelaba un hogar permanente con Dios. Planteado brevemente, el hogar de Abraham no estaba en esta tierra, sino con su Dios, en el cielo. ¿Cómo sabemos que esto es lo que Abraham estaba confesando? Porque las Escrituras nos dicen.

> **"Por la fe Abraham, siendo llamado, obedeció para salir al lugar que había de recibir como herencia; y salió sin saber a dónde iba. Por la fe habitó como extranjero en la Tierra Prometida como en tierra ajena, morando en tiendas con Isaac y Jacob, coherederos de la misma promesa; porque esperaba la ciudad que tiene fundamentos, cuyo arquitecto y constructor es Dios" (He. 11:8-10).**

> **"Conforme a la fe murieron todos éstos sin haber recibido lo prometido, sino mirándolo de lejos, y creyéndolo, y saludándolo, y confesando que eran extranjeros y peregrinos sobre la tierra. Porque los que esto dicen, claramente dan a entender que buscan una patria; pues si hubiesen estado pensando en aquella de donde salieron, ciertamente tenían tiempo de volver. Pero anhelaban una mejor, esto es, celestial; por lo cual Dios no se avergüenza de llamarse Dios de ellos; porque les ha preparado una ciudad" (He. 11:13-16).**

Advierta también esto. A lo largo de la historia, las Escrituras y el pueblo de Dios siempre se han referido a sí mismos como extranjeros y forasteros (peregrinos) en la tierra.

=> El propio Dios llamó a su pueblo extranjeros y forasteros en la tierra.

> **"La tierra no se venderá a perpetuidad, porque la tierra mía es; pues vosotros forasteros y extranjeros sois para conmigo" (Lv. 25:23).**

=> David dijo que el pueblo de Dios eran extranjeros y forasteros en la tierra.

> **"Así Jehová envió una peste en Israel, y murieron de Israel setenta mil hombres. Y envió Jehová el ángel a Jerusalén para destruirla; pero cuando él estaba destruyendo, miró Jehová y se arrepintió de aquel mal, y dijo al ángel que destruía: Basta ya; detén tu mano. El ángel de Jehová estaba junto a la era de Ornán jebuseo" (1 Cr. 21:14-15).**

=> El salmista declaró que él y el pueblo de Dios eran extranjeros y forasteros en la tierra.

> **"Oye mi oración, oh Jehová, y escucha mi clamor. No calles ante mis lágrimas; porque forastero soy para ti, y advenedizo, como todos mis padres" (Sal. 39:12).**

Pensamiento 1. Todos los creyentes genuinos reconocen esta verdad gloriosa: tan solo somos extranjeros y forasteros en la tierra. Nuestro hogar no es esta tierra; nuestro hogar es el cielo. Por eso nuestra esperanza no está en este mundo, sino en el cielo. No hay mejor momento para confesar nuestra fe que cuando un ser querido es llevado a casa en el cielo. Dar testimonio a otros en la muerte de un ser querido nos ayudará a enfrentar la pérdida a nosotros mismos.

> **"Amados, yo os ruego como a extranjeros y peregrinos, que os abstengáis de los deseos carnales que batallan contra el alma, manteniendo buena vuestra manera de vivir entre los gentiles; para que en lo que murmuran de vosotros como de malhechores, glorifiquen a Dios en el día de la visitación, al considerar vuestras buenas obras" (1 P. 2:11-12).**

> **"Mas nuestra ciudadanía está en los cielos, de donde también esperamos al Salvador, al Señor Jesucristo; el cual transformará el cuerpo de la humillación nuestra, para que sea semejante al cuerpo de la gloria suya, por el poder con el cual puede también sujetar a sí mismo todas las cosas" (Fil. 3:20-21).**

> **"Por la fe habitó como extranjero en la Tierra Prometida como en tierra ajena, morando en tiendas con Isaac y Jacob, coherederos de la misma promesa; porque esperaba la ciudad que tiene fundamentos, cuyo arquitecto y constructor es Dios" (He. 11:9-10).**

Pensamiento 2. Una y otra vez las Escrituras declaran que la vida es corta, que nuestro tiempo en la tierra es tan temporal, que esta vida es tan solo una preparación para otra vida.

=> Los creyentes son tan solo peregrinos y extranjeros en la tierra.

> **"Amados, yo os ruego como a extranjeros y peregrinos, que os abstengáis de los deseos carnales que batallan contra el alma" (1 P. 2:11).**

=> Los creyentes viven en cuerpos que no son nada más que las *tiendas* que un día se derribarán cuando el creyente se traslade al cielo.

> **"Porque sabemos que si nuestra morada terrestre, este tabernáculo, se deshiciere, tenemos de Dios un edificio, una casa no hecha de manos, eterna, en los cielos. Y por esto también gemimos, deseando ser revestidos de aquella nuestra habitación celestial" (2 Co. 5:1-2).**

=> Los creyentes recibirán un cuerpo perfecto, un cuerpo de gloria e incorrupción tal como el cuerpo del Señor Jesucristo.

> **"Mas nuestra ciudadanía está en los cielos, de donde también esperamos al Salvador, al Señor Jesucristo; el cual transformará el cuerpo de la humillación nuestra, para que sea semejante al cuerpo de la gloria suya, por el poder con el cual puede también sujetar a sí mismo todas las cosas" (Fil. 3:20-21).**

> **"Así también es la resurrección de los muertos. Se siembra en corrupción, resucitará en incorrupción. Se siembra en deshonra, resucitará en gloria; se siembra en debilidad, resucitará**

en poder. Se siembra cuerpo animal, resucitará cuerpo espiritual. Hay cuerpo animal, y hay cuerpo espiritual" (1 Co. 15:42-44).

"He aquí, os digo un misterio: No todos dormiremos; pero todos seremos transformados, en un momento, en un abrir y cerrar de ojos, a la final trompeta; porque se tocará la trompeta, y los muertos serán resucitados incorruptibles, y nosotros seremos transformados. Porque es necesario que esto corruptible se vista de incorrupción, y esto mortal se vista de inmortalidad" (1 Co. 15:51-53).

"Amados, ahora somos hijos de Dios, y aún no se ha manifestado lo que hemos de ser; pero sabemos que cuando él se manifieste, seremos semejantes a él, porque le veremos tal como él es" (1 Jn. 3:2).

4 (23:5-18) *Testimonio:* ¿Cómo podemos enfrentar la muerte de un ser querido? Al dar un testimonio fuerte en todos los arreglos funerarios. Esta es una transacción de negocio prolongada pero interesante entre Abraham y un hombre llamado Efrón. Nos proporciona una ilustración clara de las costumbres de la época, en cuanto a cómo las personas procedían con las transacciones de negocio. La cortesía es particularmente sorprendente. Pero advierta: Abraham se sobrepasó de la cortesía usual, pagando mucho más por la tierra de lo que valía, y al hacer eso él dio un testimonio fidedigno del Señor. Esto se verá en unos momentos. Advierta estos elementos sobre las transacciones de negocio.

1. Abraham siempre había tenido un testimonio fuerte entre sus vecinos (v. 6). Lo reconocieron como un *príncipe poderoso* entre ellos. En el hebreo es realmente *un príncipe de Dios*. Las personas sabían que Abraham era un hombre favorecido y bendecido por su Dios. Abraham siempre había profesado una *fe de príncipe* delante de sus vecinos, y ahora estaba dando el testimonio de un príncipe sobre su fe.

2. Abraham dio un testimonio de cortesía y agradecimiento (vv. 6-7). Los heteos realmente le ofrecieron a Abraham una tumba gratis para Sara. Advierta que él se levantó e inclinó. Al parecer esta era la costumbre de la época, la forma en que una persona mostraba agradecimiento por un ofrecimiento de ayuda.

3. Abraham dio testimonio de tacto: él le pidió a los funcionarios de la ciudad que intercedieran para garantizarle un pedazo de tierra específico, la cueva de Macpela (vv. 8-9). Advierta los versículos 10 y 18, donde todo esto sucedía en la puerta de la ciudad. La puerta de la ciudad era donde los funcionarios de la ciudad se reunían para dirigir los asuntos de gobierno y donde las transacciones oficiales de negocio se sellaban y autenticaban.

4. Abraham dio testimonio de ser *justo y recto* en sus transacciones de negocio (vv. 10-16). Él trató de comprar tierra, de poseerla sin enredos terrenales (v. 10). Advierta...

• Que Efrón se brindó para regalarle la tierra a Abraham (vv. 10-11).
• Que Abraham se rehusó a aceptar la tierra como regalo (vv. 12-13).
• Que Abraham voluntariamente pagó un precio exorbitante por la tierra, aproximadamente veinte veces su valor.

Sucede lo siguiente: Abraham no quería estar en deuda con ninguna persona por la tierra. Él quería que la tierra estuviera libre y limpia de todos los enredos terrenales. Entonces, cuando Dios le hubiera dado la Tierra Prometida a él y a sus descendientes, poseerían la tierra como una herencia de Dios, libre y limpia. No le deberían ningún favor a ningún hombre; poseerían verdaderamente la tierra. Sería de ellos permanentemente, para siempre y eternamente.

Pensamiento 1. La lección es contundente: la Tierra Prometida del cielo no vale precio alguno.

Advierta que Abraham no discutió por el alto precio de la tierra. Era un precio injusto, pero él no se quejó ni regateó con otra oferta. Abraham en silencio y con humildad pagó el precio. Al hacerlo, proclamó que él no estaba viviendo para esta tierra ni para su dinero. Él tenía un llamado superior, y él amaba las cosas que le atañían a su familia y a su Dios más que a las cosas de esta tierra.

"Porque ¿qué aprovechará al hombre, si ganare todo el mundo, y perdiere su alma? ¿O qué recompensa dará el hombre por su alma?" (Mt. 16:26).

"Mirad también por vosotros mismos, que vuestros corazones no se carguen de glotonería y embriaguez y de los afanes de esta vida, y venga de repente sobre vosotros aquel día" (Lc. 21:34).

"Si, pues, habéis resucitado con Cristo, buscad las cosas de arriba, donde está Cristo sentado a la diestra de Dios. Poned la mira en las cosas de arriba, no en las de la tierra" (Col. 3:1-2).

"A los ricos de este siglo manda que no sean altivos, ni pongan la esperanza en las riquezas, las cuales son inciertas, sino en el Dios vivo, que nos da todas las cosas en abundancia para que las disfrutemos" (1 Ti. 6:17).

"Ninguno que milita se enreda en los negocios de la vida, a fin de agradar a aquel que lo tomó por soldado" (2 Ti. 2:4).

"enseñándonos que, renunciando a la impiedad y a los deseos mundanos, vivamos en este siglo sobria, justa y piadosamente, aguardando la esperanza bienaventurada y la manifestación gloriosa de nuestro gran Dios y Salvador Jesucristo" (Tit. 2:12-13).

"No améis al mundo, ni las cosas que están en el mundo. Si alguno ama al mundo, el amor del Padre no está en él. Porque todo lo que hay en el mundo, los deseos de la carne, los deseos de los ojos, y la vanagloria de la vida, no proviene del Padre, sino del mundo" (1 Jn. 2:15-16).

5. Abraham dio testimonio de ser prudente en las transacciones de negocio. Advierta que él hizo fijar, poner, e identificar los límites de la cueva y el terreno (v. 17). Luego él hizo que todos los que allí estaban presenciaran la transacción, tanto los funcionarios de la ciudad como los espectadores que se había reunido en la puerta de la ciudad (v. 18).

Pensamiento 1. El excelente comentarista presbiteriano Donald Grey Barnhouse señala una lección contundente para nosotros en esta transacción de negocio de Abraham.

"Abraham mostró una prudencia apropiada en los asuntos de negocio. La compra se garantizó delante de muchos testigos. Los representantes habían intercedido con Efrón (verse 8), y todos presenciaron la transacción. Cuán diferentes de Abraham son muchos de sus hijos espirituales. Se embarcan en negocios, hacen contratos sin la debida consideración. Hacen transacciones de sus asuntos sin orden y los dejan confusos. Así, por medio de la conducta indiscreta ellos deshonran sus nombres y arruinan sus familias. Sigamos el ejemplo de Abraham, y prestémosle atención a Salomón que dijo: 'Prepara tus labores fuera, y disponlas en tus campos, y después edificarás tu casa' (Pr. 24:27). *Lord, make us prudent*" (Donald Grey Barnhouse. *Génesis*, vol. 2. Grand Rapids, MI: Zondervan Publishing House, 1970, pp. 12-13).

5 (23:19-20) *Muerte — Fe — Amor:* ¿Cómo podemos enfrentar la muerte de un ser querido? Al sepultar a nuestros seres queridos con fe y amor. Este suceso fue un gran acto de fe por parte de Abraham, un acto de gran fe de príncipe. Implicaba mucho más que una sencilla transacción de negocio. Abraham podía haber sepultado a Sara en cualquier parte del desierto, como haría cualquier nómada. Él podía haberla llevado de regreso a su hogar original, Ur de los caldeos, y haberla sepultado allí. Pero tres cosas le impidieron hacer eso.

1. Abraham creía en las promesas de Dios. Dios le había prometido la tierra de Canaán a Abraham, la tierra a que se hace referencia como *La Tierra Prometida*. (Vea nota, Gn. 12:1c para un mayor análisis.) Abraham creía que él y su simiente (descendientes) recibirían la tierra, que ellos serían los residentes permanentes de la tierra. Pero advierta, la tierra aún no era suya. Por eso, cuando él buscaba un *cementerio permanente* para su familia, él estaba actuando con fe. Él sabía que él y sus descendientes algún día heredarían la tierra y vivirían allí permanentemente. Por eso, necesitarían un cementerio permanente. De hecho, varias generaciones de la familia de Abraham serían sepultadas en este sitio: Abraham y Sara, Isaac y Rebeca, Jacob y Lea.

Ahora bien, advierta un elemento extremadamente importante: Abraham y los otros patriarcas esperaban que se les diera a ellos la tierra de Canaán. Esta era su gran esperanza. Pero detrás de esta esperanza terrenal había una esperanza celestial que era mucho mayor, la esperanza de una tierra mejor, una tierra celestial que era eterna y perfecta.

"porque esperaba la ciudad que tiene fundamentos, cuyo arquitecto y constructor es Dios" (He. 11:10).

"Conforme a la fe murieron todos éstos sin haber recibido lo prometido, sino mirándolo de lejos, y creyéndolo, y saludándolo, y confesando que eran extranjeros y peregrinos sobre la tierra. Porque los que esto dicen, claramente dan a entender que buscan una patria;... Pero anhelaban una mejor, esto es, celestial; por lo cual Dios no se avergüenza de llamarse Dios de ellos; porque les ha preparado una ciudad" (He. 11:13-14, 16).

2. Abraham quería un lugar conmemorativo que le recordara a su simiente las promesas de Dios. Dios le había prometido la tierra a la simiente de Abraham. La tierra sería suya por fe. Por eso necesitarían algún lugar que los ayudara a mantener los ojos puestos en el día en que Dios realmente les diera la tierra. Su padre, Abraham, había creído; se esperaba que ellos también creyeran (vea notas, Gn. 49:29; 49:30-32; 49:33).

3. Abraham amaba a Sara. Sara fue la elección de Dios como la madre de la Simiente prometida, y ella fue la primera madre en creer en la Tierra Prometida. Él quería que se recordara para siempre su fe. Al tener ella un cementerio permanente, siempre se recordaría su gran fe en Dios. Y así se recuerda.

Advierta que se traspasó la propiedad de la tierra a Abraham y a sus descendientes como una posesión permanente.

Pensamiento 1. Debemos sepultar a nuestros seres queridos con fe y amor. Debemos tener fe en Dios, creer en las maravillosas promesas de Dios sobre la Tierra Prometida del cielo.

Los creyentes también deben sepultar a sus seres queridos con amor. Mostramos nuestro amor al proporcionarles un cementerio permanente y al declarar su fe en la gran Tierra Prometida del cielo.

"En la casa de mi Padre muchas moradas hay; si así no fuera, yo os lo hubiera dicho; voy, pues, a preparar lugar para vosotros. Y si me fuere y os preparare lugar, vendré otra vez, y os tomaré a mí mismo, para que donde yo estoy, vosotros también estéis" (Jn. 14:2-3).

"Porque sabemos que si nuestra morada terrestre, este tabernáculo, se deshiciere, tenemos de Dios un edificio, una casa no hecha de manos, eterna, en los cielos" (2 Co. 5:1).

"porque esperaba la ciudad que tiene fundamentos, cuyo arquitecto y constructor es Dios" (He. 11:10).

GÉNESIS 24:1-67

CAPÍTULO 24

S. Abraham buscó una novia para Isaac: La fe que guía. Cómo buscar la persona indicada para noviar y casarse, 24:1-67

1 Abraham siguió la voluntad de Dios para el matrimonio
- a. El tiempo de Dios para el matrimonio
  1) Era necesario el consejo de Abraham
  2) Abraham le encomendó a su siervo buscar a una esposa para su hijo: Él puso al siervo bajo juramento
- b. La voluntad de Dios de un matrimonio puro y una descendencia pura de creyentes
  1) Que no proviniera de los cananeos (los mundanos, los incrédulos)
  2) Que proviniera del propio pueblo de Abraham (aquellos que creen en el Dios vivo y verdadero)
- c. Se debe cumplir la voluntad de Dios de un matrimonio puro a pesar de los problemas, aunque implique no casarse
  1) Un problema: ¿Y si ella se rehusaba a venir a la Tierra Prometida y casarse con Isaac?
  2) Una advertencia: Isaac no debe abandonar la Tierra Prometida, ni siquiera por una esposa
  3) La promesa de Dios era clara: Dios iba a darle la Tierra Prometida

1 Era Abraham ya viejo, y bien avanzado en años; y Jehová había bendecido a Abraham en todo.
2 Y dijo Abraham a un criado suyo, el más viejo de su casa, que era el que gobernaba en todo lo que tenía: Pon ahora tu mano debajo de mi muslo,

3 y te juramentaré por Jehová, Dios de los cielos y Dios de la tierra, que no tomarás para mi hijo mujer de las hijas de los cananeos, entre los cuales yo habito;

4 sino que irás a mi tierra y a mi parentela, y tomarás mujer para mi hijo Isaac.

5 El criado le respondió: Quizá la mujer no querrá venir en pos de mí a esta tierra. ¿Volveré, pues, tu hijo a la tierra de donde saliste?

6 Y Abraham le dijo: Guárdate que no vuelvas a mi hijo allá.

7 Jehová, Dios de los cielos, que me tomó de la casa de mi padre y de la tierra de mi parentela, y me habló

y me juró, diciendo: A tu descendencia daré esta tierra; él enviará su ángel delante de ti, y tú traerás de allá mujer para mi hijo.

8 Y si la mujer no quisiere venir en pos de ti, serás libre de este mi juramento; solamente que no vuelvas allá a mi hijo.

9 Entonces el criado puso su mano debajo del muslo de Abraham su señor, y le juró sobre este negocio.
10 Y el criado tomó diez camellos de los camellos de su señor, y se fue, tomando toda clase de regalos escogidos de su señor; y puesto en camino, llegó a Mesopotamia, a la ciudad de Nacor.

11 E hizo arrodillar los camellos fuera de la ciudad, junto a un pozo de agua, a la hora de la tarde, la hora en que salen las doncellas por agua.
12 Y dijo: Oh Jehová, Dios de mi señor Abraham, dame, te ruego, el tener hoy buen encuentro, y haz misericordia con mi señor Abraham.
13 He aquí yo estoy junto a la fuente de agua, y las hijas de los varones de esta ciudad salen por agua.
14 Sea, pues, que la doncella a quien yo dijere: Baja tu cántaro, te ruego, para que yo beba, y ella respondiere: Bebe, y también daré de beber a tus

a la simiente de Abraham, a aquellos que creen en la Tierra Prometida y nunca la abandonan
  4) Se garantizó la guía de Dios al buscar una esposa para el creyente: Su ángel proporcionaría la guía
  5) Abraham tranquilizó al siervo: Él quedaba libre del juramento su ella se rehusaba
  6) Se volvió a hacer la advertencia

  7) El siervo juró buscar una esposa para Isaac

2 El siervo se levantó y salió en busca de una esposa
- a. El siervo llevó regalos
- b. El siervo fue al lugar indicado
  1) A Nacor: donde era muy probable que hallara creyentes
  2) Al pozo: Donde las jóvenes se reúnen en la tarde

3 El siervo oró y le pidió guía a Dios para buscar una esposa
- a. El siervo oró fervientemente

- b. El siervo oró específicamente por una señal definitiva, oró con gran fe, con una fe sencilla e ingenua

4 El siervo obedeció y siguió adelante con su oración

a. Se acercó una joven, Rebeca, incluso antes de que terminara de orar
   1) Era la sobrina nieta de Abraham
   2) Era bella
   3) Era virgen
b. Se comenzó a cumplir la oración del siervo

   1) El siervo ansioso corrió donde Rebeca y le pidió de beber
   2) Ella rápidamente le dio de beber

   3) Ella hizo lo inusual: Ella se ofreció voluntariamente para sacar agua para los diez camellos

   4) El siervo observó detenidamente para ver si ella era verdaderamente la elección del Señor, para asegurarse que ella hacía exactamente lo que él había orado
c. El siervo le dio a la joven varios regalos: un pendiente de oro para la nariz y dos brazaletes de oro
d. El siervo preguntó por la familia de Rebeca y si su familia tenía alojamiento para los viajeros

camellos; que sea ésta la que tú has destinado para tu siervo Isaac; y en esto conoceré que habrás hecho misericordia con mi señor. 15 Y aconteció que antes que él acabase de hablar, he aquí Rebeca, que había nacido a Betuel, hijo de Milca mujer de Nacor hermano de Abraham, la cual salía con su cántaro sobre su hombro.

16 Y la doncella era de aspecto muy hermoso, virgen, a la que varón no había conocido; la cual descendió a la fuente, y llenó su cántaro, y se volvía. 17 Entonces el criado corrió hacia ella, y dijo: Te ruego que me des a beber un poco de agua de tu cántaro. 18 Ella respondió: Bebe, señor mío; y se dio prisa a bajar su cántaro sobre su mano, y le dio a beber. 19 Y cuando acabó de darle de beber, dijo: También para tus camellos sacaré agua, hasta que acaben de beber. 20 Y se dio prisa, y vació su cántaro en la pila, y corrió otra vez al pozo para sacar agua, y sacó para todos sus camellos. 21 Y el hombre estaba maravillado de ella, callando, para saber si Jehová había prosperado su viaje, o no. 22 Y cuando los camellos acabaron de beber, le dio el hombre un pendiente de oro que pesaba medio siclo, y dos brazaletes que pesaban diez,

23 y dijo: ¿De quién eres hija? Te ruego que me digas: ¿hay en casa de tu padre lugar donde posemos?

24 Y ella respondió: Soy hija de Betuel hijo de Milca, el cual ella dio a luz a Nacor. 25 Y añadió: También hay en nuestra casa paja y mucho forraje, y lugar para posar. 26 El hombre entonces se inclinó, y adoró a Jehová, 27 y dijo: Bendito sea Jehová, Dios de mi amo Abraham, que no apartó de mi amo su misericordia y su verdad, guiándome Jehová en el camino a casa de los hermanos de mi amo. 28 Y la doncella corrió, e hizo saber en casa de su madre estas cosas. 29 Y Rebeca tenía un hermano que se llamaba Labán, el cual corrió afuera hacia el hombre, a la fuente. 30 Y cuando vio el pendiente y los brazaletes en las manos de su hermana, que decía: Así me habló aquel hombre, vino a él; y he aquí que estaba con los camellos junto a la fuente. 31 Y le dijo: Ven, bendito de Jehová; ¿por qué estás fuera? He preparado la casa, y el lugar para los camellos. 32 Entonces el hombre vino a casa, y Labán desató los camellos; y les dio paja y forraje, y agua para lavar los pies de él, y los pies de los hombres que con él venían. 33 Y le pusieron delante qué comer; mas él dijo: No comeré hasta que haya dicho mi mensaje. Y él le dijo: Habla. 34 Entonces dijo: Yo soy criado de Abraham. 35 Y Jehová ha bendecido mucho a mi amo, y él se ha engrandecido; y le ha dado ovejas y vacas, plata y oro, siervos y siervas, camellos y asnos. 36 Y Sara, mujer de mi amo, dio a luz en su vejez

e. La joven respondió al siervo
   1) Ella era la nieta de Nacor
   2) Ella y su familia podían proveer alojamiento para él

5 El siervo agradeció a Dios por su amabilidad, fidelidad, y liderazgo paso a paso

6 El siervo respondió y aceptó la gentileza de la familia

a. Rebeca corrió a casa
b. Labán, el hermano de Rebeca, corrió a recibir al hombre
   1) Después que vio el pendiente de oro para la nariz y los brazaletes
   2) Labán halló al hombre cerca del pozo

c. Labán invitó al hombre a quedarse con él

d. Labán hizo desatar y alimentar los camellos, e hizo traer agua para el siervo y sus hombres

7 El siervo expresó lo que sentía en corazón y les habló de su propósito sobre el matrimonio

a. Hablar en el momento apropiado: el siervo habló antes de comer
b. Hablar de la bendición del Señor durante años

c. Hablar de la familia de alguien

d. Hablar del deseo de una esposa piadosa
   1) No una esposa de los cananeos (los mundanos, los incrédulos)
   2) Una esposa de la familia de Abraham (aquellos que creen en el Dios verdadero)
e. Hablar de la dependencia de alguien cuando se busca una esposa piadosa
   1) La confianza de alguien en el liderazgo de Dios
   2) Nuestro compromiso de buscar una esposa piadosa
   3) La oración de alguien por el liderazgo de Dios y una señal clara
f. Hablar del liderazgo de Dios, su gran respuesta a nuestra oración

un hijo a mi señor, quien le ha dado a él todo cuanto tiene.

37 Y mi amo me hizo jurar, diciendo: No tomarás para mi hijo mujer de las hijas de los cananeos, en cuya tierra habito;

38 sino que irás a la casa de mi padre y a mi parentela, y tomarás mujer para mi hijo.

39 Y yo dije: Quizá la mujer no querrá seguirme.

40 Entonces él me respondió: Jehová, en cuya presencia he andado, enviará su ángel contigo, y prosperará tu camino; y tomarás para mi hijo mujer de mi familia y de la casa de mi padre.

41 Entonces serás libre de mi juramento, cuando hayas llegado a mi familia; y si no te la dieren, serás libre de mi juramento.

42 Llegué, pues, hoy a la fuente, y dije: Jehová, Dios de mi señor Abraham, si tú prosperas ahora mi camino por el cual ando,

43 he aquí yo estoy junto a la fuente de agua; sea, pues, que la doncella que saliere por agua, a la cual dijere: Dame de beber, te ruego, un poco de agua de tu cántaro,

44 y ella me respondiere: Bebe tú, y también para tus camellos sacaré agua; sea ésta la mujer que destinó Jehová para el hijo de mi señor.

45 Antes que acabase de hablar en mi corazón, he aquí Rebeca, que salía con su cántaro sobre su hombro; y descendió a la fuente, y sacó agua; y le dije: Te ruego que me des de beber.

46 Y bajó prontamente su cántaro de encima de sí, y dijo: Bebe, y también a tus camellos daré de beber. Y

bebí, y dio también de beber a mis camellos.

47 Entonces le pregunté, y dije: ¿De quién eres hija? Y ella respondió: Hija de Betuel hijo de Nacor, que le dio a luz Milca. Entonces le puse un pendiente en su nariz, y brazaletes en sus brazos;

48 y me incliné y adoré a Jehová, y bendije a Jehová Dios de mi señor Abraham, que me había guiado por camino de verdad para tomar la hija del hermano de mi señor para su hijo.

49 Ahora, pues, si vosotros hacéis misericordia y verdad con mi señor, declarádmelo; y si no, declarádmelo; y me iré a la diestra o a la siniestra.

50 Entonces Labán y Betuel respondieron y dijeron: De Jehová ha salido esto; no podemos hablarte malo ni bueno.

51 He ahí Rebeca delante de ti; tómala y vete, y sea mujer del hijo de tu señor, como lo ha dicho Jehová.

52 Cuando el criado de Abraham oyó sus palabras, se inclinó en tierra ante Jehová.

53 Y sacó el criado alhajas de plata y alhajas de oro, y vestidos, y dio a Rebeca; también dio cosas preciosas a su hermano y a su madre.

54 Y comieron y bebieron él y los varones que venían con él, y durmieron; y levantándose de mañana, dijo: Enviadme a mi señor.

55 Entonces respondieron su hermano y su madre: Espere la doncella con nosotros a lo menos diez días, y después irá.

56 Y él les dijo: No me detengáis, ya que Jehová ha prosperado mi camino; despachadme para que me vaya a mi señor.

g. Hablar de nuestra convicción: Ella era la elección de Dios

8 El siervo pidió una decisión clara respecto al matrimonio
   a. La solicitud: A Rebeca
   b. La solicitud concedida

9 El siervo confirmó y selló la decisión de matrimonio
   a. Adorando a Dios
   b. Dando regalos

   c. Regocijándose con otros

   d. consolando a la familia en su sensación de pérdida
      1) La familia quería demorar la partida de Rebeca unos cuantos días
      2) El siervo sintió la necesidad de marcharse de inmediato

3) La familia reconfirmó al decisión	57 Ellos respondieron entonces: Llamemos a la doncella y preguntémosle. 58 Y llamaron a Rebeca, y le dijeron: ¿Irás tú con este varón? Y ella respondió: Sí, iré.	63 Y había salido Isaac a meditar al campo, a la hora de la tarde; y alzando sus ojos miró, y he aquí los camellos que venían.	b. Isaac había salido una tarde al campo a meditar: Él vio acercarse a los camellos
4) La familia envió a Rebeca conjuntamente con su nodriza	59 Entonces dejaron ir a Rebeca su hermana, y a su nodriza, y al criado de Abraham y a sus hombres.	64 Rebeca también alzó sus ojos, y vio a Isaac, y descendió del camello;	c. Rebeca vio a Isaac y descendió de su camello
5) La familia bendijo a Rebeca	60 Y bendijeron a Rebeca, y le dijeron: Hermana nuestra, sé madre de millares de millares, y posean tus descendientes la puerta de sus enemigos.	65 porque había preguntado al criado: ¿Quién es este varón que viene por el campo hacia nosotros? Y el criado había respondido: Este es mi señor. Ella entonces tomó el velo, y se cubrió.	d. Rebeca le preguntó al siervo quién era el hombre e. Rebeca actuó con respeto: Cubrió su rostro con el velo
6) El siervo, Rebeca y otros se marcharon para ir donde Isaac	61 Entonces se levantó Rebeca y sus doncellas, y montaron en los camellos, y siguieron al hombre; y el criado tomó a Rebeca, y se fue.	66 Entonces el criado contó a Isaac todo lo que había hecho. 67 Y la trajo Isaac a la tienda de su madre Sara, y tomó a Rebeca por mujer, y la amó; y se consoló Isaac después de la muerte de su madre.	f. El siervo contó su búsqueda de Rebeca g. Isaac amó y se casó con Rebeca; Rebeca consoló a Isaac después de la muerte de su madre
10 La consumación del matrimonio a. Al seguir adelante con nuestra decisión	62 Y venía Isaac del pozo del Viviente-que-me-ve; porque él habitaba en el Neguev.		

División VII

Abraham: El hombre escogido para convertirse en el padre del pueblo de Dios y en el padre de la fe, 12:1—25:18

S. Abraham buscó una novia para Isaac: La fe que guía. Cómo buscar la persona indicada para noviar y casarse, 24:1-67

(24:1-67) *Introducción:* El matrimonio es de vital preocupación para Dios. A Dios le preocupa con quien nos casamos. Él se preocupa por las historias de amor de nuestros corazones, por los hombres y mujeres con quienes noviamos y a quienes decidimos amar y con quienes decidimos compartir nuestras vidas. Dios quiere que nuestros matrimonios estén llenos de amor, gozo, y paz, para enriquecer nuestra vida y para llenar nuestro corazón al máximo. Pero advierta, hay solo una manera en que se pueden enriquecer y llenar nuestros matrimonios al máximo: Debemos escoger a la pareja indicada, a la persona misma con quien Dios quiere que nos casemos. Debemos noviar y casarnos en la voluntad de Dios. Debemos buscar la voluntad de Dios sobre con quién noviar y con quién casarnos.

Si noviamos y nos casamos con las personas equivocadas, solo nos traerán problemas y dolor —en ocasiones problemas terribles y un dolor severo— a nuestra vida. Las personas equivocadas serán contenciosas y egoístas, descuidándonos e ignorándonos, poniéndonos muy abajo en su lista de prioridades. Las personas equivocadas finalmente nos llenarán de gran soledad, rechazo, ira, hostilidad, y fracaso.

Según lo planteado, si noviamos y nos casamos con las personas equivocadas, solo traerán problema y dolor —en ocasiones problemas terribles y un dolor severo— a nuestra vida. Nos llenarán nuestras vidas de disturbios. Sin embargo, las personas indicadas traerán amor, gozo y paz —una paz segura— a nuestra vida. Serán cálidos, tiernos, cariñosos, y amables. Ellos inundarán nuestros corazones con una gran sensación de realización y satisfacción, y ellos nos fortalecerán más y nos harán personas más productivas en la vida. Andarán con nosotros como nosotros andamos en el Señor y creceremos cada vez más en Él.

El pasaje nos muestra los pasos a seguir al buscar a las personas indicadas y la voluntad de Dios en el matrimonio. Es un pasaje que cada persona debe estudiar al considerar el matrimonio. Advierta cómo la mano guía de Dios llevó a Isaac a la novia indicada. *Abraham buscó una novia para Isaac: La fe que guía. Cómo buscar la persona indicada para noviar y casarse*, 24:1-67.

1. Paso 1: Seguir la voluntad de Dios para el matrimonio (vv. 1-9).
2. Paso 2: Levantarse y salir en busca de una esposa (vv. 10-11).
3. Paso 3: Orar y pedirle a Dios guía para buscar una esposa (vv. 12-14).

4. Paso 4: Obedecer y seguir adelante con nuestra oración (vv. 15-25).

5. Paso 5: Agradecer a Dios por su amabilidad, fidelidad, y liderazgo paso a paso (vv. 26-27).

6. Paso 6: Responder y aceptar la gentileza de la familia (vv. 28-32).

7. Paso 7: Expresar nuestro sentir y hablar del propósito sobre el matrimonio (vv. 33-48).

8. Paso 8: Pedir una decisión clara respecto al matrimonio (vv. 49-51).

9. Paso 9: Confirmar y sellar la decisión del matrimonio (vv. 52-61).

10. Paso 10: Consumar el matrimonio (vv. 62-67).

1 (24:1-9) *Matrimonio — La simiente, prometida:* El paso uno es seguir la voluntad de Dios para el matrimonio. Advierta tres lecciones claras.

1. Dios tiene un tiempo para el matrimonio del creyente (vv. 1-2). Él tenía un tiempo para que Isaac se casara, y Él tiene un tiempo para que todos nosotros nos casemos. Advierta que Abraham estaba muy anciano. De hecho, él tenía 140 años de edad e Isaac tenía cuarenta (cp. Gn. 21:5; 25:20). Al parecer, Abraham se preocupó por su edad, sabiendo que él se podía quedar minusválido o morir antes de que Isaac se casara, y según lo planteado, Isaac tenía cuarenta años y aún estaba soltero. Él estaba disfrutando la libertad de la vida de soltero o era tímido y reservado al acercarse a las mujeres. Cualquiera que fuera el caso, Abraham sabía que Isaac necesitaba su consejo y guía en el matrimonio y que él necesitaba aliento para seguir adelante y casarse. Abraham tenía que estar absolutamente seguro de que Isaac se casara con una creyente, una persona que coincidiera con Isaac en seguir a Dios y sus promesas. Además, Dios había bendecido grandemente a Abraham de todas las maneras; por eso Abraham quería agradar a Dios llevando a Isaac a casarse con una joven que amara a Dios y que con Isaac siguiera a Dios.

No cabe duda, tal como haría cualquier padre consciente, Abraham se sentó una y otra vez con Isaac y analizó el matrimonio con él. En cierto momento, decidieron que era el tiempo de Dios que se casara Isaac, que Isaac debía buscar activamente una esposa.

Era la costumbre de la época que un padre enviara a un siervo de confianza o a una tercera parte a buscar una novia adecuada para su hijo (v. 2). Esto fue lo que hizo Abraham: Él llamó al jefe de los mayordomos de su casa y le encomendó salir a buscar una esposa para Isaac. Pero al buscar una esposa, había *un factor muy importante* que considerar, un factor tan importante que Abraham puso al siervo bajo juramento; el siervo tenía que jurar realmente que él se aseguraría de esa sola cosa. ¿Qué? Esto se analiza ahora en el punto dos.

Pensamiento 1. Está la necesidad urgente en todas las generaciones: la necesidad de los padres de aconsejar y guiar a sus hijos al noviar y contraer matrimonio. El dolor, los problemas, y la devastación severos que cae sobre familias y matrimonios deshechos claman por la guía y consejo piadosos de los padres.

2. El factor muy importante es el siguiente: la voluntad de Dios de un matrimonio puro y una descendencia pura de creyentes en una familia (vv. 3-4).

a. La joven no debía provenir de los cananeos. Los cananeos eran un pueblo mundano, inmoral, y anárquico que adoraba falsos dioses creados por su propia imaginación. Ellos rechazaban al SEÑOR —Jehová, Yahvé— el Dios verdadero del cielo y la tierra. Si Isaac se casa con una persona mundana, ella fácilmente podría alejarlo de Dios y sus promesas. Isaac podría abandonar la esperanza de *la Tierra Prometida* (un símbolo del cielo) y la esperanza de *la Simiente prometida*, el Salvador del mundo.

b. La joven debía provenir del propio pueblo de Abraham, de su parentela. ¿Por qué? Al parecer porque el pueblo de Abraham (los descendientes de Sem, la estirpe semita pura) aún tenían alguna idea del único Dios verdadero, aún tenía alguna idea de una herencia piadosa y verdadera. Era más probable que Abraham hallara verdaderos creyentes entre sus propios parientes que en ninguna otra parte. La preocupación de Abraham era hallar una esposa para Isaac...

• Que creyera en el Dios verdadero del cielo y la tierra (Jehová, Yahvé).

• Que se mantuviera fiel con Isaac al seguir a Dios y sus promesas.

• Que coincidiera en todo con Isaac al edificar un hogar piadoso y al transmitir las grandes promesas de Dios a sus hijos y nietos.

H. C. Leupold explica bien esto:

"La estirpe semita pura eran, sin lugar a dudas, los depositarios de una tradición piadosa. Pero la preocupación del jefe de los patriarcas era hallar una esposa para Isaac que con él conociera y creyera en Yahvé y así compartiera con su esposo una fe común y así permitir la mayor de las armonías en el hogar, la armonía espiritual. Porque nuevamente, solo en un hogar donde predominara la verdadera armonía espiritual se guardaría celosamente la herencia espiritual de Abraham y se le transmitiría fielmente a las generaciones futuras" (*Génesis,* vol. 2, p. 660).

Pensamiento 1. La voluntad de Dios para los creyentes se ilustra claramente en este pasaje:

1) Los creyentes no deben casarse con los cananeos (los mundanos e incrédulos), nunca deben casarse con aquellos que adoran a los dioses de su propia imaginación, los falsos dioses de esta tierra.

2) Los creyentes deben casarse con los creyentes y

solo con los creyentes. Debemos seguir el ejemplo de Abraham al buscar una esposa para Isaac. Debemos buscar las mismas tres cosas que él buscaba en una esposa.

=> Solo deberíamos casarnos con una persona que crea en el Dios verdadero del cielo y la tierra (Jehová, Yahvé).

=> Solo debemos casarnos con una persona que se mantenga fielmente con nosotros al seguir a Dios y sus promesas.

=> Solo debemos casarnos con una persona que sea quien coincida con nosotros al edificar un hogar piadoso y al transmitir las grandes promesas de Dios a nuestros hijos y nietos.

3. La tercera lección clara sobre la voluntad de Dios para el matrimonio es muy difícil de aceptar para algunas personas, no obstante la lección se ilustra gráficamente en este pasaje: Se debe cumplir la voluntad de Dios de un matrimonio puro, a pesar de los problemas, aunque signifique no casarse (vv. 5-9). Este pasaje ilustra claramente —repite enfáticamente— la voluntad de Dios para los creyentes: los creyentes deben casarse con creyentes y solo con creyentes.

a. Advierta que el siervo puso una dificultad posible: ¿Y si la joven se rehusaba a creer la historia de Isaac y de la gran promesa de Dios con respecto a la Tierra Prometida y la Simiente prometida, el Salvador del mundo? ¿Y si se rehusaba a venir a la Tierra Prometida para casarse con Isaac (v. 5)? ¿Y si ella estaba tan apegada a su familia y al mundo que no estaba dispuesta a dejarlo todo por Isaac? ¿No estaba dispuesta a unirse a Isaac en la Tierra Prometida, a seguir a Dios y sus promesas? ¿Debía Isaac abandonar la Tierra Prometida para ir donde ella?

b. Advierta la advertencia hecha por Abraham: Isaac no debía abandonar la Tierra Prometida, ni siquiera para conseguir una esposa (v. 6).

c. La promesa de Dios era clara: Dios iba a darle la Tierra Prometida a la simiente de Abraham, a aquellos que creen en las promesas de Dios y nunca abandonan sus promesas (v. 7a). Por ende, Isaac nunca debía abandonar la Tierra Prometida, por ninguna razón, ni siquiera para buscar una esposa.

d. La guía de Dios estaba garantizada al buscar una esposa para el creyente (v. 7b). Advierta cómo la fe de Abraham guió al siervo. Abraham le dio seguridad al siervo: el ángel de Dios lo guiaría donde una esposa para Isaac.

Pensamiento 1. El creyente que sigue verdaderamente a Dios y sus promesas será guiado por Dios al buscar una esposa o un esposo. Sin embargo, debemos ser abiertos a la voluntad de Dios y obedecer su Palabra en el noviazgo, la conducta, y el matrimonio

e. Abraham tranquilizó al siervo: él quedaría libre del

juramento si la joven se rehusaba a casarse con Isaac (v. 8a).

f. Se repitió la advertencia: Isaac no debía abandonar la Tierra Prometida (abandonar las promesas de Dios). Nunca, ni siquiera para buscar una esposa (v. 8b).

g. El siervo hizo el juramento: él juró buscar una esposa para Isaac (v. 9).

Pensamiento 1. La lección de la voluntad de Dios se ilustra claramente: ningún creyente debería abandonar a Dios y sus promesas, nunca, ni siquiera para buscar una esposa o esposo. Advierta cómo Abraham, que es el padre de todos los creyentes, hizo énfasis en esto: él repitió enfáticamente la advertencia cinco veces en tan solo nueve versículos...

• No se ha de tomar esposa de entre los cananeos, de los mundanos e incrédulos de esta tierra (v. 3).

• La esposa ha de provenir de entre creyentes, aquellos que siguen verdaderamente a Dios y sus promesas (v. 4).

• Un creyente no debe abandonar la Tierra Prometida (Dios y sus promesas, la esperanza del cielo y del Salvador) para buscar una esposa o esposo (v. 6).

• La esposa ha de provenir de entre creyentes y solo de entre creyentes (v. 7c).

• Un creyente no debe abandonar la Tierra Prometida, ni siquiera con el propósito de buscar una esposa o esposo (v. 8b).

Esto es difícil para aquellos que han noviado y se han enamorado de los incrédulos. No obstante, según lo planteado en la *Introducción* de este pasaje, casarse con la persona equivocada solo puede conllevar a la pena y al dolor. Un buen principio a seguir por los creyentes es el siguiente: Nunca noviar con alguien con quien no se vaya a casar.

Novie solo con creyentes, solo con aquellos que aman y siguen verdaderamente a Dios y sus promesas, solo aquellos que llevan vidas verdaderamente piadosas y justas.

=> Si usted novia solo con creyentes, entonces usted tendrá la garantía de enamorarse de un creyente.

"No os unáis en yugo desigual con los incrédulos; porque ¿qué compañerismo tiene la justicia con la injusticia? ¿Y qué comunión la luz con las tinieblas? ¿Y qué concordia Cristo con Belial? ¿O qué parte el creyente con el incrédulo? ¿Y qué acuerdo hay entre el templo de Dios y los ídolos? Porque vosotros sois el templo del Dios viviente, como Dios dijo: Habitaré y andaré entre ellos, y seré su Dios, y ellos serán mi pueblo. Por lo cual, salid de en medio de ellos, y apartaos, dice el Señor, y no toquéis lo inmundo; y yo os recibiré, y seré para vosotros por Padre, y vosotros me seréis hijos e hijas, dice el Señor Todopoderoso" (2 Co. 6:14-18).

"Y no participéis en las obras infructuosas de las tinieblas, sino más bien reprendedlas" (Ef. 5:11).

"No os conforméis a este siglo, sino transformaos por medio de la renovación de vuestro entendimiento,

para que comprobéis cuál sea la buena voluntad de Dios, agradable y perfecta" (Ro. 12:2).

"Pero os ordenamos, hermanos, en el nombre de nuestro Señor Jesucristo, que os apartéis de todo hermano que ande desordenadamente, y no según la enseñanza que recibisteis de nosotros" (2 Ts. 3:6).

"No améis al mundo, ni las cosas que están en el mundo. Si alguno ama al mundo, el amor del Padre no está en él" (1 Jn. 2:15).

"Mirad también por vosotros mismos, que vuestros corazones no se carguen de glotonería y embriaguez y de los afanes de esta vida, y venga de repente sobre vosotros aquel día" (Lc. 21:34).

2 (24:10-11) *Matrimonio — Nacor:* El paso número dos es levantarse al ir en busca de una esposa. Recuerden, el siervo era un representante de Isaac, estaba haciendo exactamente lo que Isaac quería y lo que él hubiera hecho si él mismo hubiera estado buscando la joven. El siervo se levantó, hizo preparativos, tomó regalos, y emprendió viaje hacia Nacor, el pueblo nombrado en honor al hermano de Abraham. Este era el lugar donde era más probable que él hallara alguna joven que creyera en el único Dios vivo y verdadero del cielo y la tierra: Jehová, el propio Yahvé. Advierta que él fue al pozo de la ciudad, que era el lugar de reunión de la tarde para las mujeres de la ciudad.

> *Pensamiento 1.* El creyente que busca a la persona indicada para noviar y casarse debe levantarse e ir a lugares donde se reúnen otros creyentes. El creyente no puede sentarse a esperar que aparezca la persona indicada. El noviazgo y el matrimonio llevan esfuerzos, en particular hallar a la persona indicada para noviar y casarse. El creyente tiene que actuar, ponerse en pie, e ir a lugares donde se reúnen los creyentes.

3 (24:12-14) *Matrimonio — Oración:* El paso número tres es orar y pedirle guía a Dios. El siervo estaba cerca del pozo, justo donde era más probable que él hallara una posible esposa para Isaac. Advierta lo primero que él hizo: él oró. Antes de acercarse o hablarle a nadie —antes de hacer nada— él oró; él oró fervientemente y oró pidiendo una señal específica.

Advierta cuán específico fue él al pedir una señal: el siervo le pidió a Dios que motivara a actuar a la dama indicada, que le propusiera a él sacar agua para los diez camellos. El siervo le pediría a varias damas agua para él, pero no le diría nada sobre el agua para los camellos. La mayoría de las damas probablemente le dieran de beber a él, pero sería muy poco probable que una dama se ofreciera voluntariamente para sacar agua para diez camellos. Este sería un acto muy inusual, una misión casi imposible. Un camello sediento se podría beber hasta cuarenta galones de agua, y recuerden, eran diez camellos (Wiersbe, p. 121).

El siervo tenía que estar absolutamente seguro de que la dama que él escogiera fuera la elección de Dios. Por ende, él le pidió a Dios una señal que apuntara a una dama y solo a una, una señal que no le diera cabida a la duda y que se pudiera cuestionar. Advierta la gran fe, la fe sencilla e ingenua, del

siervo. Él sencillamente confió en que Dios oiría su oración, que le daría la señal exacta que él había pedido.

> *Pensamiento 1.* A los creyentes les es necesario orar —orar fervientemente— sobre con quién noviar y con quién casarse. Y nos es necesario ser específicos en nuestras solicitudes, pedirle a Dios una guía clara. El noviazgo y el matrimonio son dos de las decisiones más importantes que toman los creyentes. Por eso, debemos pedirle a Dios una dirección clara e incuestionable sobre con quién noviar y con quién casarnos.
>
> **"Pedid, y se os dará; buscad, y hallaréis; llamad, y se os abrirá" (Mt. 7:7).**
>
> **"Y todo lo que pidiereis en oración, creyendo, lo recibiréis" (Mt. 21:22).**
>
> **"Mas Gedeón dijo a Dios: No se encienda tu ira contra mí, si aún hablare esta vez; solamente probaré ahora otra vez con el vellón. Te ruego que solamente el vellón quede seco, y el rocío sobre la tierra. Y aquella noche lo hizo Dios así; solo el vellón quedó seco, y en toda la tierra hubo rocío" (Jue. 6:39-40).**
>
> **"Me invocará, y yo le responderé; con él estaré yo en la angustia; lo libraré y le glorificaré" (Sal. 91:15).**

4 (24:15-25) *Oración — Matrimonio:* El paso número cuatro es actuar acorde a la oración y seguir adelante con nuestra oración. Esta es una escena dramática. Antes de que el siervo terminara de orar, Dios comenzó a responder su oración. El bosquejo del pasaje nos cuenta la historia:

=> Una joven se acercó al pozo incluso mientras el siervo estaba orando. Su nombre era Rebeca. Ella era la sobrina nieta de Abraham y la nieta de Nacor, el hermano de Abraham. Advierta que ella era hermosa y virgen (vv. 15-16a).

=> Rebeca era la elección de Dios como esposa de Isaac. Dios le dio al siervo la señal misma que él había solicitado. Rebeca le dio de beber al siervo, y luego por iniciativa propia sacó agua para los camellos.

=> El siervo se mantuvo cerca, observando detenidamente a Rebeca para asegurarse que ella diera de beber a todos los camellos, que ella hiciera exactamente lo que él le había pedido a Dios que llevara a hacer a la dama. Rebeca acertó; él cumplió la señal completamente. Rebeca era la elección de Dios como esposa de Isaac (vv. 16b-21).

=> El siervo le dio regalos a Rebeca, le preguntó por su familia, y solicitó el alojamiento de ellos (vv. 23-25).

Sucede lo siguiente, el siervo actuó acorde a su oración y siguió adelante con su oración. Él no oró y luego se ocupó de sus negocios, sin pensar más en su oración, en lo que le había pedido a Dios. Él oró y luego de inmediato actuó basado en su oración. Él siguió adelante con su oración, hizo todo cuanto pudo para asegurarse que era respondida. Él fue quien tomó la iniciativa de actuar, quien inició la conversación con Rebeca, quien le pidió de beber.

> *Pensamiento 1.* Al buscar una novia o una esposa, cuando ya el creyente ha orado, necesita actuar

acorde con su oración. Él debe seguir adelante, tomar la iniciativa de iniciar conversaciones con otros. El creyente necesita observar detenidamente la respuesta de Dios a su oración. Necesita observar las señales dadas por Dios que apuntan a alguien como esposa o esposo.

Nos es necesario orar por la elección de Dios, y luego nos es necesario actuar acorde a nuestra oración, observando detenidamente la respuesta de Dios, sus señales. Dios oye y responde nuestras oraciones. Esta es su promesa.

"**Si permanecéis en mí, y mis palabras permanecen en vosotros, pedid todo lo que queréis, y os será hecho**" (Jn. 15:7).
"**Hasta ahora nada habéis pedido en mi nombre; pedid, y recibiréis, para que vuestro gozo sea cumplido**" (Jn. 16:24).
"**Y antes que clamen, responderé yo; mientras aún hablan, yo habré oído**" (Is. 65:24).

5 (24:26-27) *Oración:* El paso número cinco es agradecer a Dios por su amabilidad (misericordia), fidelidad, y liderazgo paso a paso. El corazón del siervo estaba lleno de gozo y regocijo. El Señor había demostrado Quién era. El Señor había sido amable y fiel con Abraham e Isaac, porque Él había llevado al siervo a la casa misma de los parientes de Abraham, el lugar mismo donde era más probable que el siervo hallara una joven que fuera una creyente verdadero.

Pensamiento 1. Dios nos guiará paso a paso en la medida en que oremos y busquemos parejas y cónyuges. En la medida en que Dios nos guíe, debemos agradecerlo por...
• Su amabilidad (misericordia y amor)
• Su fidelidad
• Su liderazgo

"**Dad gracias en todo, porque esta es la voluntad de Dios para con vosotros en Cristo Jesús**" (1 Ts. 5:18).
"**Así que, ofrezcamos siempre a Dios, por medio de él, sacrificio de alabanza, es decir, fruto de labios que confiesan su nombre**" (He. 13:15).
"**Mas vosotros sois linaje escogido, real sacerdocio, nación santa, pueblo adquirido por Dios, para que anunciéis las virtudes de aquel que os llamó de las tinieblas a su luz admirable**" (1 P. 2:9).

6 (24:28-32) *Hospitalidad:* El paso número seis es responder y aceptar la gentileza de la familia.
=> Rebeca corrió a casa a contarle a su madre sobre lo que había sucedido y a hacer arreglos para el alojamiento del hombre (v. 28).
=> Labán, el hermano de Rebeca, salió corriendo a recibir al hombre (vv. 29-30). Advierta cuándo: después que él había visto el pendiente de oro de la nariz y los brazaletes. Las Escrituras enfatizan este elemento, porque más adelante se vería a Labán como un hombre

muy codicioso.
=> Labán invitó al hombre a alojarse en su casa y luego hizo que se ocuparan de los camellos y que le trajeran agua al hombre y a aquellos que estaban con él (vv. 31-32).

Pensamiento 1. El creyente debe aceptar la gentileza de la familia de una novia o de los futuros parientes por parte de la pareja. Dios nos manda a ser amables, gentiles, y a alimentar el espíritu de hospitalidad.

"**Hospedaos los unos a los otros sin murmuraciones**" (1 P. 4:9).

7 (24:33-48) *Matrimonio — Expresarse:* El paso número siete es expresar nuestro sentir y propósito en el momento apropiado. El siervo de Abraham era el representante de Isaac, estaba haciendo exactamente lo que Isaac quería y lo que hubiera hecho si él hubiera estado expresándole su sentir a Rebeca y a su familia. Estos versículos son un repaso de todo cuanto había sucedido hasta este momento. El pasaje y los puntos del bosquejo son suficientes para abordar lo que sucedió cuando el siervo les expresó su sentir y su propósito a Rebeca y su familia. Lo que se debe tener en cuenta es lo siguiente: él se expresó en el momento apropiado, antes de comer. Él naturalmente estaba muy emocionado quería expresar su sentir y su propósito de inmediato.

8 (24:49-51) *Matrimonio:* El paso número ocho es pedir una decisión clara respecto al matrimonio. De una manera amable pero franca el hombre pidió que Rebeca fuera la esposa de Isaac. El liderazgo del Señor se reconocía claramente y la familia concedió el deseo del siervo. Ellos le dieron a Rebeca para que se casara con Isaac.

Pensamiento 1. El creyente siempre debe pedir y procurar una decisión clara del ser amado. La decisión de casarse debe ser firme y segura, no indecisa e incierta, no cuestionable ni vacilante. El matrimonio del creyente no se debe edificar sobre una decisión titubeante. Si una persona duda en su matrimonio, edifica su matrimonio sobre arena movediza que pronto puede hundir el matrimonio y sofocarlo.

9 (24:52-61) *Matrimonio:* El paso número nueve es confirmar y sellar la decisión de matrimonio. Advierta cómo el siervo confirmó y selló la decisión de la familia de dejar que Rebeca se casara con Isaac.
=> De inmediato adoró a Dios (v. 52).
=> De inmediato dio regalos tanto a Rebeca como a su familia (v. 53).
=> Él se regocijó y confraternó con todos los presente (v. 54).
=> Él consoló a la familia en su sensación de pérdida (vv. 55-60). Después de dormir una noche allí, el siervo quería marcharse con Rebeca a la próxima mañana, pero la familia no esperaba que la partida de Rebeca fuera tan pronto. Por ende, le pidieron al siervo que se quedara

otros diez días. Sin embargo, él siguió expresando la urgencia de ponerse en marcha de inmediato.

=> La familia reconfirmó la decisión con Rebeca (v. 57).

=> Ellos le preguntaron a Rebeca si ella quería marcharse de inmediato o quería esperar unos cuantos días. Emocionada, ella expresó su deseo de marcharse de inmediato.

=> La familia envió a Rebeca, conjuntamente con su nodriza (v. 59).

=> La familia pronunció una bendición sobre Rebeca (v. 60). Advierta que esto fue una profecía que ella formaría parte de la *descendencia prometida* de Abraham.

=> El siervo con Rebeca y su compañía se marcharon para ir donde Isaac (v. 61).

Pensamiento 1. El creyente necesita confirmar y sellar la decisión de contraer matrimonio...

- Adorando a Dios
- Haciendo regalos
- Regocijándose y fraternizando con los familiares y amigos de ambas partes
- Consolando a las dos familias en su sensación de pérdida

10 (24:62-67) *Matrimonio*: El paso número diez es consumar el matrimonio. Esta es una escena conmovedora y dramática, el primer encuentro entre Isaac y Rebeca. Isaac vivía en el Neguev, la parte sur de la Tierra Prometida. Advierta lo que sucedió.

=> Isaac salió una tarde al campo a meditar. Mientras se encontraba allí, vio la caravana de camellos acercarse y él comenzó a acercarse a ellos (v. 63).

=> Rebeca vio a Isaac a lo lejos caminando hacia ellos así que se desmontó de su camello (v. 64).

=> Ella le preguntó al siervo quién era el hombre, y el siervo contestó que era Isaac (v. 65).

=> Rebeca actuó con el máximo respeto y cortesía. Esto se ve cuando ella se cubre el rostro con un velo cuando se encuentran por primera vez (v. 65).

=> El siervo, en cierto momento, contó su búsqueda de Rebeca (v. 66).

=> Isaac amó y se casó con Rebeca. Advierta que Rebeca consoló mucho a Isaac, porque él había sentido profundamente la pérdida de su madre desde su muerte.

Pensamiento 1. Llega el día en que el creyente debe consumar su matrimonio. Siempre debemos ser como Isaac cuando llegue ese día, tener un espíritu de meditación y oración.

"**Las casadas estén sujetas a sus propios maridos, como al Señor**" (Ef. 5:22).

"**Maridos, amad a vuestras mujeres, así como Cristo amó a la iglesia, y se entregó a sí mismo por ella**" (Ef. 5:25).

"**Así también los maridos deben amar a sus mujeres como a sus mismos cuerpos. El que ama a su mujer, a sí mismo se ama**" (Ef. 5:28).

"**Por tanto, dejará el hombre a su padre y a su madre, y se unirá a su mujer, y serán una sola carne**" (Gn. 2:24).

CAPÍTULO 25

T. Abraham terminó su peregrinación y murió: La fe triunfante. El término de la vida, 25:1-18

1 Relato 1: Dios cumplió su promesa a Abraham de que él sería padre de muchas naciones

1 Abraham tomó otra mujer, cuyo nombre era Cetura,
2 la cual le dio a luz a Zimram, Jocsán, Medán, Madián, Isbac y Súa.
3 Y Jocsán engendró a Seba y a Dedán; e hijos de Dedán fueron Asurim, Letusim y Leumim.
4 E hijos de Madián: Efa, Efer, Hanoc, Abida y Elda. Todos estos fueron hijos de Cetura.

2 Relato 2: La división de las propiedades de Abraham y la protección estricta de Isaac, la simiente y descendencia prometida
  a. Abraham se lo dio todo a Isaac, pero dio regalos a sus otros hijos
  b. Abraham envió a sus otros hijos al Oriente

5 Y Abraham dio todo cuanto tenía a Isaac.
6 Pero a los hijos de sus concubinas dio Abraham dones, y los envió lejos de Isaac su hijo, mientras él vivía, hacia el oriente, a la tierra oriental.

3 Relato 3: La muerte de Abraham
  a. Él vivó una larga vida, murió a los 175 años
  b. Él murió tras haber llevado una vida plena y satisfactoria
  c. Él fue "unido a su pueblo", se juntó con los creyentes en la eternidad que lo habían antecedido
  d. Sus hijos, Isaac e Ismael, se reconciliaron: Planearon su funeral juntos

7 Y estos fueron los días que vivió Abraham: ciento setenta y cinco años.

8 Y exhaló el espíritu, y murió Abraham en buena vejez, anciano y lleno de años, y fue unido a su pueblo.

9 Y lo sepultaron Isaac e Ismael sus hijos en la cueva de Macpela, en la heredad de Efrón hijo de Zohar heteo, que está enfrente de Mamre,

10 heredad que compró Abraham de los hijos de Het; allí fue sepultado Abraham, y Sara su mujer.
11 Y sucedió, después de muerto Abraham, que Dios bendijo a Isaac su hijo; y habitó Isaac junto al pozo del Viviente-que-me-ve.
12 Estos son los descendientes de Ismael hijo de Abraham, a quien le dio a luz Agar egipcia, sierva de Sara;
13 estos, pues, son los nombres de los hijos de Ismael, nombrados en el orden de su nacimiento: El primogénito de Ismael, Nebaiot; luego Cedar, Adbeel, Mibsam,
14 Misma, Duma, Massa,
15 Hadar, Tema, Jetur, Nafis y Cedema.
16 Estos son los hijos de Ismael, y estos sus nombres, por sus villas y por sus campamentos; doce príncipes por sus familias.
17 Y estos fueron los años de la vida de Ismael, ciento treinta y siete años; y exhaló el espíritu Ismael, y murió, y fue unido a su pueblo.
18 Y habitaron desde Havila hasta Shur, que está enfrente de Egipto viniendo a Asiria; y murió en presencia de todos sus hermanos.

  e. Él fue sepultado con su querida esposa Sara

4 Relato 4: Dios cumplió su promesa a Abraham, de que Él bendeciría a los dos hijos de Abraham, Isaac e Ismael
  a. Dios bendijo a Isaac

  b. Dios bendijo a Ismael
    1) Él engendró a una gran nación de personas

    2) Él fue "unido a su pueblo", se unió a los creyentes en la eternidad

DIVISIÓN VII

ABRAHAM: EL HOMBRE ESCOGIDO PARA CONVERTIRSE EN EL PADRE DEL PUEBLO DE DIOS Y EN EL PADRE DE LA FE, 12:1—25:18

T. Abraham terminó su peregrinación y murió: La fe triunfante. El término de la vida, 25:1-18

(25:1-18) *Introducción:* Ahora Abraham cerraba su vida en la tierra: él murió. Terminaba la peregrinación de su vida.

La muerte nos llega a todos nosotros. Todos terminamos nuestra peregrinación en la tierra. Llega el día en que cerramos nuestras vidas y ya no *existimos* más, en la tierra. Cuando llega ese día —cuando morimos— solo importa una cosa, lo mismo que le importó a Abraham: ¿Qué tipo de vida hemos llevado?

=> ¿Una vida que creía en Dios? ¿O una vida que ignoraba a Dios?

=> ¿Una vida que confiaba en la promesa de Dios, la promesa de *la Simiente prometida*, el Salvador del mundo? ¿O una vida que rechazara la Simiente prometida y al Salvador, el Señor Jesucristo?

=> ¿Una vida que seguía a *la Tierra Prometida* (la esperanza del cielo)? ¿O una vida que seguía al mundo (sus posesiones, lujos, y placeres)?

=> ¿Una vida que obedecía la Palabra de Dios, la Santa Biblia? ¿O una vida que desobedecía la Palabra de Dios?

Según lo planteado, el tema de este pasaje es el fin de la vida de Abraham, el cierre de su peregrinación en la tierra. El pasaje aborda un período de alrededor de treinta y cinco años, el período entre el matrimonio de Isaac y Rebeca y la muerte de Abraham. La vida y muerte de Ismael también se aborda brevemente, para demostrar cómo Dios cumplió su promesa a Abraham con respecto a Ismael. Pero el objetivo del pasaje es el término de la vida de Abraham: *Abraham terminó su peregrinación y murió: La fe triunfante. El término de la vida*, 25:1-18.

1. Relato 1: Dios cumplió su promesa a Abraham de que él sería padre de muchas naciones (vv. 1-4).
2. Relato 2: la división de las propiedades de Abraham y la protección estricta de Isaac, la simiente y descendencia prometida (vv. 5-6).
3. Relato 3: la muerte de Abraham (vv. 7-10).
4. Relato 4: Dios cumplió su promesa a Abraham, de que Él bendeciría sus dos hijos (vv. 11-18).

1 (25:1-4) *Cetura — Abraham — árabes:* El primer relato del fin de Abraham aborda el nacimiento de naciones provenientes de Abraham. Abraham tenía 140 años de edad, y él estaba solo. Sara llevaba muerta cerca de tres años, y Isaac y Rebeca al parecer se habían trasladado al sur hacia el pozo del Viviente-que-me-ve después de su matrimonio (Gn. 24:62; 25:11). Abraham se había quedado solo; no tenía familia alguna que viviera cerca de él en su vejez. Al parecer la soledad se adueñó de su alma —era insoportable—

obviamente al punto de que ya no podía soportar el dolor de los últimos años de su vida solo. Abraham sintió la necesidad de una compañía. Finalmente, él se casó con Cetura.

¿Quién era Cetura? No se proporciona información sobre ella excepto la que se da aquí. Advierta que se hace referencia a ella como la "esposa" y "concubina" de Abraham (vv. 1, 6; 1 Cr. 1:32). Es muy probable que ella fuera una verdadera esposa. Probablemente se hiciera referencia a ella como concubina solo para distinguir su rango del de Sara, para mostrar que ella no estaba a la misma altura de Sara. Sara era, después de todo, la acompañante de toda una vida de Abraham. A Cetura se le consideraría como la segunda esposa de Abraham, de un menor rango que la acompañante de toda su vida.

Es de dudar que Abraham tuviera una concubina mientras vivía con Sara. Recuerden el caso de Agar: Fue Sara quien quiso tanto un hijo que forzó a Abraham a ir donde Agar, su esclava y sierva. Sin embargo, Abraham había luchado contra la idea. Todo esto apunta a que Abraham practicara la monogamia, una esposa para un esposo.

Cualquiera que fuera el caso, Cetura le dio seis hijos a Abraham. Una tabla de los hijos y sus descendientes luciría así (cp. 1 Cr. 1:32-33):

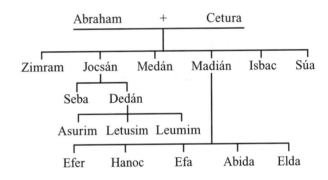

=> Advierta no se sabe nada sobre los descendientes de Zimram, Medán, Isbac, o Súa.

=> Los hijos de Jocsán, Seba y Dedán, se mencionan ocasionalmente en la Biblia.

=> Los descendientes de Madián, los madianitas, con frecuencia se mencionan como los enemigos de Israel.

Lo que se debe tener en cuenta en el relato de Cetura y sus hijos es la bendición de Dios sobre Abraham. Esto es el cumplimiento de una profecía. Dios había prometido que Abraham sería el padre de muchas naciones (Gn. 17:4). Este pasaje demuestra cómo Dios cumplió su promesa a Abraham. Dios estaba usando a Abraham, incluso en su vejez, para dar lugar a un pueblo que más tarde formaría parte de las grandes naciones árabes del mundo.

"A lo largo de milenios de migraciones y matrimonios endogámicos, parece probable que todos estos pueblos, junto con los descendientes de Ismael, Lot, y Esaú, conjuntamente con descendientes anteriores de Sem y, en algunos casos, Ham, se hubieran fusionado gradualmente y se hubieran convertido en los pueblos arábicos de la modernidad" (Henry M. Morris. *The Genesis Record* [El registro de Génesis], p. 408).

Pensamiento 1. Dios siempre nos cumple sus promesas. Seamos viejos o jóvenes, aún así Dios nos usará y obrará por medio nuestro. Dios cumplirá las promesas que nos ha hecho a nosotros y las cumplirá por medio de nosotros, no importa cuán viejos seamos.

> **"ninguna palabra de todas sus promesas que expresó por Moisés su siervo, ha faltado" (1 R. 8:56).**
>
> **"Cuando pases por las aguas, yo estaré contigo; y si por los ríos, no te anegarán. Cuando pases por el fuego, no te quemarás, ni la llama arderá en ti" (Is. 43:2).**
>
> **"Jesús le dijo: Si puedes creer, al que cree todo le es posible" (Mr. 9:23).**
>
> **"Tampoco dudó, por incredulidad, de la promesa de Dios, sino que se fortaleció en fe, dando gloria a Dios, plenamente convencido de que era también poderoso para hacer todo lo que había prometido" (Ro. 4:20-21).**
>
> **"porque todas las promesas de Dios son en él Sí, y en él Amén, por medio de nosotros, para la gloria de Dios" (2 Co. 1:20).**
>
> **"por medio de las cuales nos ha dado preciosas y grandísimas promesas, para que por ellas llegaseis a ser participantes de la naturaleza divina, habiendo huido de la corrupción que hay en el mundo a causa de la concupiscencia" (2 P. 1:4).**

2 (25:5-6) *Separación — Herencia — Voluntad:* El segundo relato del fin de Abraham aborda la división de sus propiedades y la protección estricta de Isaac. Abraham era muy acaudalado.

=> Abraham tenía grandes manadas de ganado (Gn. 13:2). Sus intereses de hacienda eran tan grandes que él tenía más de 318 hombres que trabajaban para él (Gn. 14:14). Cuando se incluyen las familias de estos hombres, probablemente Abraham tuviera más de mil personas bajo su cuidado. Él era el jeque más poderoso y probablemente el más grande de Canaán.

=> Abraham también era muy rico en oro y plata (Gn. 13:2).

=> Advierta que Abraham legó todo cuanto él tenía a Isaac, pero mientras él estaba vivo, él le dio regalos a sus seis hijos con Cetura. Sin dudas, los regalos eran lo bastante grandes como para que los hijos contaran con un buen comienzo en la ganadería y algún otro negocio.

=> Ahora bien, advierta que Abraham envió a sus otros hijos —muy lejos— lejos de Isaac, los envió al oriente. ¿Por qué? ¿Por qué Abraham enviaría a sus hijos lejos de Isaac?

=> Primero, para proteger a Isaac de cualquier posibilidad de conflicto por sus propiedades.

=> Segundo, para proteger a Isaac de cualquier posibilidad de influencia mundana de un familiar cercano que viviera en las cercanías y que llevara una vida mundana y acomodaticia. Abraham tenía que mantener a Isaac tan separado de la influencia mundana como fuera posible.

El pacto de Dios —el pacto abrahámico— se establecería con Isaac. Dios le había dejado muy claro esto a Abraham. Isaac era el descendiente escogido —la descendencia prometida— que recibiría la Tierra Prometida y daría a luz a la Simiente prometida, el Salvador del mundo. Por eso mientras estaba vivo, Abraham tuvo que hacer todo cuanto pudo para proteger a Isaac de cualquier posibilidad de dificultad en el futuro.

Si los hermanos de Isaac vivían cerca y por alguna casualidad rechazaban a Dios y su pacto, podrían influir en que Isaac llevara una vida mundana y descuidara a Dios y sus promesas. Por eso Abraham actuó para evitar que esto sucediera: él le dio a sus otros hijos grandes cantidades de dinero y los envió lejos a otras ciudades para que comenzaran a edificar sus propias vidas. Él separó a Isaac de la posibilidad de la influencia mundana de los miembros de la familia.

Pensamiento 1. Hay una lección contundente acá para nosotros. Abraham se ocupó de su última voluntad y testamento antes de morir. Él era responsable: él no dejó sus propiedades para que sus hijos pelearan por ellas. Él sabía que su propiedad era un regalo de Dios, un fideicomiso puesto en sus manos por Dios, un fideicomiso de la que él era responsable.

Abraham trató sus propiedades como un fideicomiso de Dios. Él sabía que las propiedades que él tenía le pertenecían realmente a Dios y que él sería responsable por cómo manejaba esa propiedad. Por ende, él le dio la propiedad —todas sus propiedades— al hijo que era un verdadero creyente y quien estaba sirviendo a Dios. El gran predicador presbiteriano Donald Grey Barnhouse expresa esto al respecto:

> "Al fallecer, no creo que un padre tenga el derecho de legar propiedades a un hijo no salvo. ¡Con cuánta frecuencia los padres reparten las propiedades como si les correspondiera a ellos disponer de las mismas! Constituyen un fideicomiso de Dios por el que tendrán que dar cuentas estrictamente" (p. 37).

Toda la cita de Mr. Barnhouse es:

> "Versículo 5: Abraham dio todo cuanto tenía a Isaac
>
> "A diferencia de Isaac que más tarde trató de bendecir a Esaú, Abraham tuvo un sentido claro de salud de las cosas espirituales. Él comprendió la naturaleza especial de las promesas del pacto y por eso, con fe, le dio todo cuanto tenía a Isaac. Al fallecer, no creo que un padre tenga el derecho de legar propiedades a un hijo no salvo. ¡Con cuánta frecuencia los padres reparten las propiedades como si les correspondiera a ellos disponer de las mismas! Constituyen un fideicomiso de Dios por

el que tendrán que dar cuentas estrictamente. Eliezer le dijo a la familia de Rebeca que Abraham le había dado a Isaac todo cuanto poseía (24:36). Aunque él tenía otros seis hijos, Abraham no se desvió de la justicia espiritual de este curso. Señor, que nunca nos desviemos del principio.

"En todas las decisiones Abraham dio testimonio claro del hecho de que lo espiritual y lo carnal o mundano no se pueden o no se deben mezclar. Dios ha dicho: 'Sal (o Vete)...' y Abraham comprendió esto cada vez más en la medida que ocurrían separaciones sucesivas.
=> "Él abandonó el hogar, amigos, y parentela.
=> "Él se separó de Egipto, de las mejores tierras, y de Lot.
=> "Él envió lejos a Ismael, e hizo que su siervo le jurara que nunca tomaría esposa para Isaac de entre las mujeres de Canaán.
=> "A sus hijos con Cetura, Abraham le dio regalos, y los envió lejos. Ellos no podían tener parte con Isaac, tampoco podían vivir donde ellos pudieran influir a Isaac. No podía haber compromiso alguno.

"Señor, enséñanos la verdadera separación" (Donald Grey Barnhouse. *Génesis*, vol. 2, p. 37). (Por favor advierta: el punto anterior está subrayado y el párrafo de Mr. Barnhouse lo hemos dividido en partes para mostrar más detenidamente cómo Abraham aprendió la gran lección de la separación espiritual en su vida.)

3 (25:7-10) *Muerte — Abraham:* El tercer relato aborda la muerte de Abraham, el gran hombre de la fe. Se dan cuatro elementos significativos sobre la muerte de Abraham.

1. Abraham vivió una larga vida para su época y su tiempo, murió a los 175 años. Dios le había prometido a Abraham una larga vida (Gn. 15:15), y Él le dio una larga vida a Abraham. Él murió en "buena vejez" (v. 8). Estos son varios elementos interesantes: Abraham murió exactamente...

• Años después que vino a Canaán, la tierra de la promesa (Gn. 12:4).
• Años después del nacimiento de Isaac, su hijo prometido (Gn. 17:17).
• Años después de la muerte de su esposa Sara (Gn. 23:1).
• Años después del matrimonio de Isaac y Rebeca (Gn. 24:67).
• Años (aproximadamente) después que nacieron Jacob y Esaú. Ambos conocieron a su abuelo antes de que muriera (Gn. 25:20, 26).

2. Abraham murió "lleno de años" (v. 8). El hebreo da la idea de estar satisfecho y realizado en la vida, de completar su vida a la máxima expresión, de estar satisfecho con la vida y todas sus bendiciones (*Pulpit Commentary*, vol. 1, p. 313).

La vida de Abraham fue una vida difícil y dura. A lo largo de su vida, Abraham se había enfrentado a prueba tras prueba. En ocasiones se mantuvo firme y venció las pruebas, dando un gran testimonio de Dios y sus promesas. Sin embargo, en ocasiones Abraham sufrió las consecuencias de algunas pruebas terribles y le falló a Dios. Pero siempre confesó su fracaso y se arrepintió. Siempre se volvió a Dios, siguiendo a Dios con mayor diligencia y más de cerca que nunca. Con sencillez, Abraham llevó una vida triunfante. Él tuvo una peregrinación larga y difícil que hacer en la vida, pero él creyó en Dios y siguió a Dios, y Dios bendijo a Abraham por ello. Dios llenó a Abraham con una sensación profunda de realización y satisfacción en la vida. Abraham vivió una vida completa y plena, una vida "llena de años".

"Corona de honra es la vejez que se halla en el camino de justicia" (Pr. 16:31).

"El justo florecerá como la palmera; crecerá como cedro en el Líbano. Plantados en la casa de Jehová, en los atrios de nuestro Dios florecerán. Aun en la vejez fructificarán; estarán vigorosos y verdes" (Sal. 92:12-14).

"yo he venido para que tengan vida, y para que la tengan en abundancia" (Jn. 10:10).

"y vosotros estáis completos en él, que es la cabeza de todo principado y potestad" (Col. 2:10).

3. Abraham fue "unido a su pueblo" (v. 8). Estas palabras son muy significativas. Las palabras no podrían significar que Abraham estaba siendo sepultado con familiares y parientes, tampoco con ninguna otra persona. Abraham no tenía personas sepultadas en el cementerio de Macpela excepto Sara. Por ende, las palabras se refieren a *la vida después de la muerte*. Abraham se estaba *reuniendo con los creyentes que lo habían antecedido*. Él se estaba uniendo a la vida con Dios, a la eternidad (cp. Gn. 15:15; 35:29). (Vea notas, Gn. 23:19-20; 49:29; 49:30-32 para un mayor análisis.)

El gran erudito luterano H. C. Leupold dice lo siguiente:

"la última expresión usada es en particular digna de consideración: 'él fue unido a su pueblo'. Esto no puede significar: sepultado con parientes o antepasados, porque sabemos que nadie de su parentela excepto su esposa yacía sepultada en Macpela. Al parecer, la expresión entonces equivale a la usada en el 15:15: 'vendrás a tus padres'. Aquellos que nos han antecedido en la muerte se consideran un pueblo aún existente. Esto es un testimonio claro de la creencia en la vida después de la muerte por parte del primer patriarca" (*Génesis*, vol. 2, p. 694).

Henry Morris hace un planteamiento excelente de este elemento:

"En estos versículos se registra el final de la vida extraordinaria de Abraham. Él murió a la edad que incluso en aquel entonces era una edad avanzada, a la edad de 175 años. Él fue 'unido a su pueblo', lo que (como ninguno de sus antepasados estaban sepultados en la cueva de Macpela, donde fue sepultado él) no se puede referir sencillamente a su muerte y sepultura, y por ende se debe referir a la vida después de la muerte, con aquellos que antes de él habían muerto en la fe. A la ubicación de tales espíritus que han partido se le llamó realmente, mil novecientos años después 'el seno de Abraham' (Lc. 16:22)" (*The Genesis Record* [El registro de Génesis], p. 409).

Pensamiento 1. Cuando muramos, iremos a vivir con el Señor. Esta es la gran declaración de las Escrituras.
1) El Antiguo Testamento declara la verdad gloriosa:

"**Y él respondió: Viviendo aún el niño, yo ayunaba y lloraba, diciendo: ¿Quién sabe si Dios tendrá compasión de mí, y vivirá el niño? Mas ahora que ha muerto, ¿para qué he de ayunar? ¿Podré yo hacerle volver? Yo voy a él, mas él no volverá a mí" (2 S. 12:22-23).**

"**Como a rebaños que son conducidos al Seol, la muerte los pastoreará, y los rectos se enseñorearán de ellos por la mañana; se consumirá su buen parecer, y el Seol será su morada" (Sal. 49:14-15).**

"**Yo sé que mi Redentor vive, y al fin se levantará sobre el polvo; y después de deshecha esta mi piel, en mi carne he de ver a Dios; al cual veré por mí mismo, y mis ojos lo verán, y no otro, aunque mi corazón desfallece dentro de mí" (Job 19:25-27).**

2) El Nuevo Testamento declara la verdad gloriosa:

"**Y dijo a Jesús: Acuérdate de mí cuando vengas en tu reino. Entonces Jesús le dijo: De cierto te digo que hoy estarás conmigo en el paraíso" (Lc. 23:42-43).**

"**Porque de tal manera amó Dios al mundo, que ha dado a su Hijo unigénito, para que todo aquel que en él cree, no se pierda, mas tenga vida eterna" (Jn. 3:16).**

"**El que cree en el Hijo tiene vida eterna; pero el que rehúsa creer en el Hijo no verá la vida, sino que la ira de Dios está sobre él" (Jn. 3:36).**

"**¿No decís vosotros: Aún faltan cuatro meses para que llegue la siega? He aquí os digo: Alzad vuestros ojos y mirad los campos, porque ya están blancos para la siega. Y el que siega recibe salario, y recoge fruto para vida eterna, para que el que siembra goce juntamente con el que siega" (Jn. 4:35-36).**

"**El que ama su vida, la perderá; y el que aborrece su vida en este mundo, para vida eterna la guardará" (Jn. 12:25).**

"**Porque la paga del pecado es muerte, mas la dádiva de Dios es vida eterna en Cristo Jesús Señor nuestro" (Ro. 6:23).**

"**pero confiamos, y más quisiéramos estar ausentes del cuerpo, y presentes al Señor" (2 Co. 5:8).**

4. Se ve a los hijos de Abraham, Isaac e Ismael reconciliados en la muerte de Abraham. Ambos arreglaron la sepultura de su padre (v. 9). ¿Cuándo se reconciliaron? Las Escrituras no lo dicen; quizás la muerte de Abraham los unió.

Pensamiento 1. La muerte de un ser amado debe ser un tiempo de sanidad para las familias, un tiempo en que todos nos unimos como familias.

"**Os ruego, pues, hermanos, por el nombre de nuestro Señor Jesucristo, que habléis todos una misma cosa, y que no haya entre vosotros divisiones, sino que estéis perfectamente unidos en una misma mente y en un mismo parecer" (1 Co. 1:10).**

"**Por lo demás, hermanos, tened gozo, perfeccionaos, consolaos, sed de un mismo sentir, y vivid en paz; y el Dios de paz y de amor estará con vosotros" (2 Co. 13:11).**

"**Nada hagáis por contienda o por vanagloria; antes bien con humildad, estimando cada uno a los demás como superiores a él mismo; no mirando cada uno por lo suyo propio, sino cada cual también por lo de los otros" (Fil. 2:3-4).**

"**Finalmente, sed todos de un mismo sentir, compasivos, amándoos fraternalmente, misericordiosos, amigables" (1 P. 3:8).**

5. Abraham fue sepultado con su querida esposa Sara (v. 10).

4 (25:11-18) ***Ismael:*** El cuarto relato aborda el cumplimiento de Dios de su promesa a Abraham, de que Él bendeciría a los dos hijos de Abraham, Isaac e Ismael. Las bendiciones de Dios sobre Isaac se mencionan aquí de pasada. La vida de Isaac como la línea o descendencia escogida ha de comenzar en el próximo pasaje y bosquejo (Gn. 25:19-34).

El objetivo principal de estos versículos es Ismael (vv. 12-18). Dios había prometido bendecir a Ismael de una forma muy especial (Gn. 17:20; 21:13).

1. Ismael engendró una gran nación de personas. Él dio a luz doce hijos.

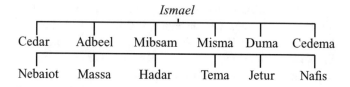

Advierta que los doce hijos se convirtieron en "príncipes" y "gobernantes" o jeques que gobernaron sobre fortalezas como pueblos, aldeas, ciudades, o naciones de personas. Esto fue un cumplimiento claro de la promesa de Dios a Abraham.

"**Y en cuanto a Ismael, también te he oído; he aquí que le bendeciré, y le haré fructificar y multiplicar mucho en gran manera; doce príncipes engendrará, y haré de él una gran nación" (Gn. 17:20).**

"**Y también del hijo de la sierva haré una nación, porque es tu descendiente" (Gn. 21:13).**

2. Ismael murió: él fue "unido a su pueblo", uniéndose a su padre, Abraham, y a todos los otros creyentes en el cielo. Ismael obviamente creyó en el Dios de Abraham, su padre. Por ende, él participó en la gran promesa de la Tierra

Prometida: "El mejor país [tierra], esto es, una celestial" que Dios está preparando para todos los que verdaderamente creen en Él y lo siguen (He. 11:16).

Pensamiento 1. Debemos hacer como hizo Ismael: creer en el Dios de Abraham, en el único Dios vivo y verdadero. Debemos confiar en Dios y sus promesas. Si confiamos así en Dios, nosotros también seremos *unidos a nuestro pueblo*, a todos los creyentes que viven delante de Dios, que le sirven y lo adoran. Al morir, entraremos en la Tierra Prometida del cielo para siempre.

"porque esperaba la ciudad que tiene fundamentos, cuyo arquitecto y constructor es Dios" (He. 11:10).

"Conforme a la fe murieron todos éstos sin haber recibido lo prometido, sino mirándolo de lejos, y creyéndolo, y saludándolo, y confesando que eran extranjeros y peregrinos sobre la tierra. Porque los que esto dicen, claramente dan a entender que buscan una patria; pues si hubiesen estado pensando en aquella de donde salieron, ciertamente tenían tiempo de volver. Pero anhelaban una mejor, esto es, celestial; por lo cual Dios no se avergüenza de llamarse Dios de ellos; porque les ha preparado una ciudad" (He. 11:13-16).

"En la casa de mi Padre muchas moradas hay; si así no fuera, yo os lo hubiera dicho; voy, pues, a preparar lugar para vosotros. Y si me fuere y os preparare lugar, vendré otra vez, y os tomaré a mí mismo, para que donde yo estoy, vosotros también estéis" (Jn. 14:2-3).

"Después de esto miré, y he aquí una gran multitud, la cual nadie podía contar, de todas naciones y tribus y pueblos y lenguas, que estaban delante del trono y en la presencia del Cordero, vestidos de ropas blancas, y con palmas en las manos; y clamaban a gran voz, diciendo: La salvación pertenece a nuestro Dios que está sentado en el trono, y al Cordero" (Ap. 7:9-10).

DIVISIÓN VIII

ISAAC, HIJO DE ABRAHAM: ESCOGIDO PARA DARLE CONTINUIDAD A LA DESCENDENCIA DEL PUEBLO DE DIOS Y LAS GRANDES PROMESAS DE DIOS, 25:19—28:9

ISAAC, HIJO DE ABRAHAM: ESCOGIDO PARA DARLE CONTINUIDAD A LA DESCENDENCIA DEL PUEBLO DE DIOS Y LAS GRANDES PROMESAS DE DIOS, 25:19—28:9

A. Isaac, Rebeca y sus hijos gemelos, Jacob y Esaú: La ilustración de una familia piadosa, 25:19-26
B. Los hijos gemelos de Isaac: Esaú le vendió su primogenitura a Jacob. Una familia piadosa se volvió carnal, 25:27-34
C. El viaje de Isaac por la vida: Cómo enfrentarse y vencer las pruebas, 26:1-35
D. El plan de Isaac para pasar por encima de Jacob y bendecir a Esaú: La manipulación del propósito y la voluntad de Dios, 27:1—28:9

(25:19—28:9) *PERSPECTIVA GENERAL DE LA DIVISIÓN: Isaac:* Este pasaje da inicio a una nueva división de Génesis, una nueva serie de estudios sobre la vida de Isaac y su familia. Isaac, el segundo hijo de Abraham, fue escogido por Dios para recibir el pacto abrahámico...

- Escogido para darle continuidad a la Simiente prometida: la descendencia de personas que creían en Dios y sus promesas y que daría a luz al Salvador del mundo. (Cp. Gn. 17:19. Vea nota 2, Gn. 12:2; nota 3, Gn. 12:3 para un mayor análisis.)
- Escogido para heredar la Tierra Prometida: la tierra de Canaán que era un tipo de la Tierra Prometida del cielo. (Vea nota 1, Gn. 12:1c para un mayor análisis.)

Abraham había muerto, estaba viviendo con Dios en la eternidad. Ahora dependía de Isaac y su querida familia dar un testimonio fuerte de Dios, dependía de ellos mantenerse firme a las promesas de Dios. Existe solo un Dios vivo y verdadero, solo un Dios verdadero del cielo y la tierra; y Él quiere que todas las personas lo conozcan, crean en Él, y lo comprendan (Is. 43:10). La misión asombrosa de dar a conocer a Dios a un mundo perdido y agonizante estaba, según se ha planteado anteriormente, en las manos de Isaac y su querida familia, en las manos de una sola y única familia.

¿Serían fieles? ¿Seguirían dando testimonio de Dios y sus promesas? La respuesta se halla en esta gran sección de Génesis:

	VIII. Isaac, hijo de Abraham: Escogido para darle continuidad a la descendencia del pueblo de Dios y las grandes promesas de Dios, 25:19—28:9		

| 1 El matrimonio era el cimiento de la familia: Isaac se casó con Rebeca a la edad de cuarenta años | **A. Isaac, Rebeca y sus hijos gemelos, Jacob y Esaú: La ilustración de una familia piadosa, 25:19-26**

19 Estos son los descendientes de Isaac hijo de Abraham: Abraham engendró a Isaac, 20 y era Isaac de cuarenta años cuando tomó por mujer a Rebeca, hija de Betuel arameo de Padan-aram, hermana de Labán arameo. | 23 y le respondió Jehová: Dos naciones hay en tu seno, Y dos pueblos serán divididos desde tus entrañas; El un pueblo será más fuerte que el otro pueblo, Y el mayor servirá al menor. | 3 Se derramó la bendición de Dios sobre la familia
a. Dios escogió la familia para dar lugar a dos naciones de personas
b. Dios escogió al hijo menor y no al mayor: Para enseñarle al hombre que Dios es misericordioso, gentil, y soberano |
| 2 La oración era una parte significativa de la vida de la familia
a. Rebeca no tenía hijos
b. Isaac oró por un hijo y Dios respondió
c. Rebeca sintió un movimiento fuerte y excesivo dentro de ella, y oró sobre el asunto | 21 Y oró Isaac a Jehová por su mujer, que era estéril; y lo aceptó Jehová, y concibió Rebeca su mujer.

22 Y los hijos luchaban dentro de ella; y dijo: Si es así, ¿para qué vivo yo? Y fue a consultar a Jehová; | 24 Cuando se cumplieron sus días para dar a luz, he aquí había gemelos en su vientre.
25 Y salió el primero rubio, y era todo velludo como una pelliza; y llamaron su nombre Esaú.

26 Después salió su hermano, trabada su mano al calcañar de Esaú; y fue llamado su nombre Jacob. Y era Isaac de edad de sesenta años cuando ella los dio a luz. | 4 Dios confirmó su bendición: Gemelos —dos varones saludables— le nacieron a Rebeca e Isaac
a. Esaú era rubio e inusualmente velludo: una apariencia fuerte y robusta
b. Jacob nació agarrando el calcañar de Esaú: Simbolizando que él reemplazaría a Esaú como primogénito y sería la elección de Dios para recibir las promesas de Dios, tanto la Tierra Prometida como la Simiente prometida (Gn. 27:3-4) |

DIVISIÓN VIII

ISAAC, HIJO DE ABRAHAM: ESCOGIDO PARA DARLE CONTINUIDAD A LA DESCENDENCIA DEL PUEBLO DE DIOS Y LAS GRANDES PROMESAS DE DIOS, 25:19—28:9

A. Isaac, Rebeca y sus hijos gemelos, Jacob y Esaú: La ilustración de una familia piadosa, 25:19-26

(25:19-26) *Introducción — Familia:* Su deseo —el deseo más profundo del corazón de Dios— es que cada familia sea una familia piadosa. Solo hay un Dios vivo y verdadero, solo hay un Dios verdadero del cielo y la tierra, y Él anhela que las familias de la tierra crean en Él y sigan sus promesas. En esto consiste precisamente una familia piadosa: una familia...

- Que *cree* en Dios y sus promesas.
- Que *sigue* a Dios y sus promesas.
- Que se *concentra* en Dios y sus promesas.
- Que *centra* sus actividades y conversaciones, su vida y esperanzas mismas, en Dios y sus promesas.
- Que *da testimonio* de Dios y sus promesas.

Tales familias son familias piadosas. De una forma muy especial Dios los cuida y los protege. Las familias verdaderamente piadosas sufren las pruebas de la vida igual que todas las otras familias de la tierra, pero Dios las libera de todas las pruebas que se le presentan. Dios está con ellas. Dios las ayuda y las fortalece y las sustenta en todo el sufrimiento de la vida, por severo que pueda ser. Esta es la razón misma por la que Dios quiere que cada familia sea una familia piadosa —que confíe en Él y en sus promesas— para que Él pueda protegerlas y cuidarlas como sus hijos e hijas.

Pero no toda familia es una familia piadosa. De hecho, pocas lo son. Muchas familias descuidan e ignoran a Dios, y dedican muy poco tiempo a pensar en Dios e incluso menos tiempo a vivir para Él. Trágicamente, muchos hasta lo maldicen, lo niegan, y cuestionan su existencia. No obstante, Dios ama a todas las familias de la tierra y anhela que todas las familias crean en Él y en sus promesas. Dios quiere adoptar a todos los familiares en la familia de Dios. Dios quiere que todas las familias sean una familia piadosa.

Éste es el tema de este pasaje: *Isaac, Rebeca y sus hijos gemelos, Jacob y Esaú: La ilustración de una familia piadosa,* 25:19-26.

1. El matrimonio era el cimiento de la familia: Isaac se casó con Rebeca a la edad de cuarenta años (vv. 19-20).
2. La oración era una parte significativa de la vida de la familia (vv. 21-22).
3. Se derramó la bendición de Dios sobre la familia (v. 23).
4. Dios confirmó su bendición: Gemelos —dos varones saludables— le nacieron a Rebeca e Isaac (vv. 24-26).

1 (25:19-20) *Matrimonio:* El matrimonio era el cimiento de la familia piadosa. Isaac se dispuso a edificar una familia y matrimonio piadosos. Isaac se casó con Rebeca a la edad de cuarenta años. Advierta que Isaac no llevó a Rebeca a una tienda y comenzó a vivir con ella antes de casarse con ella. Él no trató de engañarla prometiéndole casarse si ellos eran compatibles y se llevaban bien juntos. Él no quería conseguir todos los beneficios y placeres de vivir juntos sin el compromiso del matrimonio. Isaac amaba a Rebeca, y él sabía que el matrimonio había sido establecido por Dios como la forma de edificar una familia. Por eso, Isaac obedeció a Dios e hizo exactamente lo que Dios manda hacer a los hombres y mujeres cuando desean compartir sus vidas juntos: él demostró su amor y se casó con Rebeca. Isaac no vaciló ni se retractó de hacer un compromiso permanente con la mujer que amaba, el compromiso del matrimonio.

> *Pensamiento 1.* Una de las grandes dificultades a que se enfrenta cada sociedad es el concubinato de las personas fuera del matrimonio. Las personas que viven juntas fuera del matrimonio se enfrentan a problemas aterradores: ellos no se dan cuenta de las tragedias horribles que provocan y a las que algún día se enfrentarán. Está...
>
> • La tragedia de la inseguridad emocional, de nunca saber —verdaderamente— cuán seguro está uno con un concubino.
> • La tragedia del temor, temer que nuestra pareja se canse, se marche, o que se desencante, pierda el interés, o se vuelva a cualquier otra parte.
> • La tragedia de las madres solteras.
> • La tragedia de los hijos huérfanos de padre y madre.
> • La tragedia de matar hijos no natos, hijos que están vivos en el vientre, pero son asesinados por medio de los abortos.
> • La tragedia de saber en lo más profundo del corazón —a pesar de las negaciones y la represión del pensamiento— que uno vive una mentira, que lleva una vida pecaminosa (Ro. 1:25).
> • La tragedia de violar la ley de Dios, de tener que enfrentar el juicio de Dios por haberlo negado a Él y a

su mandamiento de edificar la familia por medio del matrimonio.

> **"y de igual modo también los hombres, dejando el uso natural de la mujer, se encendieron en su lascivia unos con otros, cometiendo hechos vergonzosos hombres con hombres, y recibiendo en sí mismos la retribución debida a su extravío" (Ro. 1:27).**

> **"¿No sabéis que los injustos no heredarán el reino de Dios? No erréis; ni los fornicarios, ni los idólatras, ni los adúlteros, ni los afeminados, ni los que se echan con varones" (1 Co. 6:9).**

> **"Y manifiestas son las obras de la carne, que son: adulterio, fornicación, inmundicia, lascivia,... envidias, homicidios, borracheras, orgías, y cosas semejantes a estas; acerca de las cuales os amonesto, como ya os lo he dicho antes, que los que practican tales cosas no heredarán el reino de Dios" (Gá. 5:19, 21).**

> **"los cuales, después que perdieron toda sensibilidad, se entregaron a la lascivia para cometer con avidez toda clase de impureza" (Ef. 4:19).**

> **"Pero fornicación y toda inmundicia, o avaricia, ni aun se nombre entre vosotros, como conviene a santos" (Ef. 5:3).**

> **"pues la voluntad de Dios es vuestra santificación; que os apartéis de fornicación" (1 Ts. 4:3).**

> **"Porque algunos hombres han entrado encubiertamente, los que desde antes habían sido destinados para esta condenación, hombres impíos, que convierten en libertinaje la gracia de nuestro Dios, y niegan a Dios el único soberano, y a nuestro Señor Jesucristo... Como Sodoma y Gomorra y las ciudades vecinas, las cuales de la misma manera que aquéllos, habiendo fornicado e ido en pos de vicios contra naturaleza, fueron puestas por ejemplo, sufriendo el castigo del fuego eterno" (Jud. 4, 7).**

2 (25:21-22) *Oración — Familia:* La oración era una parte significativa de la vida de la familia (vv. 21-22). Este suceso tuvo lugar cerca de veinte años después del matrimonio de Isaac y Rebeca, cuando Isaac tenía sesenta años (cp. v. 26). Durante veinte años la pareja piadosa había estado tratando de tener un hijo, pero Rebeca sencillamente no podía concebir.

Advierta que Isaac oró por su esposa, para que ella pudiera tener un hijo. Esto no quiere decir que Isaac orara solo una vez, tampoco que él hubiera comenzado a orar después de unos veinte años de no tener hijos. La idea es que él oró y oró, que él buscó de Dios con diligencia durante los veinte años, que él oró hasta que prevaleció con Dios. Dios respondió su oración y Rebeca concibió.

Ahora bien, advierta lo que le sucedió a Rebeca. Ella sintió fuertes y excesivos movimientos dentro de ella, tanto movimiento que ella se alarmó y se preocupó por lo que le estaba sucediendo. Por eso, ella hizo lo que hacemos la mayoría de nosotros en situaciones problemáticas: ella fue donde el Señor y oró sobre el asunto.

Sucede lo siguiente: Isaac y Rebeca había edificado una familia piadosa, y la oración era una parte significativa de su vida juntos. Por eso, cuando los problemas surgieron, pudieron llevarle el problema al Señor, sabiendo que Él lo oiría y lo respondería; y Él lo hizo.

> *Pensamiento 1. Advierta* cuánto tiempo Isaac, y sin dudas Rebeca, oraron por un hijo: veinte años. Nunca se desilusionaron, nunca se rindieron ni perdieron su fe en Dios. Ellos confiaron en Dios y oraron y oraron, aunque pareciera que Dios no iba a responder su oración. ¡Qué reto para nosotros! ¡Imagínense orar por una cosa durante más de veinte años! ¡Orar y nunca rendirse!

> **"Buscad a Jehová y su poder; buscad su rostro continuamente" (1 Cr. 16:11).**
> **"Pedid, y se os dará; buscad, y hallaréis; llamad, y se os abrirá" (Mt. 7:7).**
> **"También les refirió Jesús una parábola sobre la necesidad de orar siempre, y no desmayar" (Lc. 18:1).**
> **"orando en todo tiempo con toda oración y súplica en el Espíritu, y velando en ello con toda perseverancia y súplica por todos los santos" (Ef. 6:18).**
> **"Orad sin cesar" (1 Ts. 5:17).**

3 (25:23) *Dios, soberanía — Gracia:* Se derramó la bendición de Dios sobre la familia. El Señor le habló a Rebeca y le dijo dos cosas maravillosas:

1. Dios estaba escogiendo la familia para dar origen a dos naciones de personas. Rebeca estaba siendo bendecida con gemelos, no con un solo hijo, sino dos. Y cada hijo sería el antepasado de una gran nación de personas.

2. Dios estaba escogiendo al hijo menor y no al mayor (v. 23). Advierta que los hijos aún no habían nacido, pero Dios estaba ordenado al hijo menor y nación para que fuera más fuerte que el hijo mayor, estaba escogiendo al menor y no al mayor. Esto definitivamente significa que Dios estaba escogiendo al menor para que heredara las promesas hechas a Abraham, tanto *la Tierra Prometida* como *la Simiente prometida*, la descendencia prometida del Salvador.

¿Por qué Dios escogería al hijo menor para que recibiera la herencia? Hay una razón primaria: para demostrar su soberanía y su misericordia y gracia. Dios es el Creador del cielo y la tierra, el Señor y Majestad soberana del universo. Por ende, Él puede hacer lo que le plazca. Él tiene el derecho soberano de hacer lo que Él quiera. Pero advierta: la soberanía de Dios no actúa de un modo arbitrario ni caprichoso. Dios no actúa...

- De una manera mandona, dominante, déspota, prepotente.
- De una manera frívola, errática, irracional.

El elemento más glorioso es éste: Dios, en su soberanía eterna, ha escogido derramar su misericordia y gracia sobre el hombre, darle al hombre la Tierra Prometida (el cielo) y el Salvador prometido por misericordia y gracia.

Por ende, Dios quería demostrar para siempre que las bendiciones de Abraham eran dadas por su soberana voluntad, su misericordia, y su gracia. Él ilustró esto para siempre actuando por su cuenta y dando libremente la herencia al hijo menor. El hijo menor no recibiría la herencia de Dios por medio de las leyes del hombre sino más bien por la misericordia y gracia de Dios. El hijo menor libremente —por pura gracia— recibiría la Tierra Prometida y la Simiente prometida. (Vea bosquejo y notas, Gn. 48:8-22; Ro. 9:7-13 para un mayor análisis.)

> *Pensamiento 1.* Una persona no recibe las promesas de Dios...
> - Por ley
> - Porque las merezca y sea digno de ellas
> - Porque obre por ellas
> - Porque un miembro de la familia desee que él las reciba
>
> Una persona recibe las promesas de Dios solo por medio de la misericordia y gracia de Dios, tanto...
> - la Tierra Prometida del cielo
> - como la Simiente prometida o el Salvador, el Señor Jesucristo

> **"siendo justificados gratuitamente por su gracia, mediante la redención que es en Cristo Jesús" (Ro. 3:24).**
> **"Pero Dios, que es rico en misericordia, por su gran amor con que nos amó, aun estando nosotros muertos en pecados, nos dio vida juntamente con Cristo (por gracia sois salvos), y juntamente con él nos resucitó, y asimismo nos hizo sentar en los lugares celestiales con Cristo Jesús, para mostrar en los siglos venideros las abundantes riquezas de su gracia en su bondad para con nosotros en Cristo Jesús" (Ef. 2:4-7).**
> **"Porque por gracia sois salvos por medio de la fe; y esto no de vosotros, pues es don de Dios; no por obras, para que nadie se gloríe" (Ef. 2:8-9).**
> **"Porque la gracia de Dios se ha manifestado para salvación a todos los hombres" (Tit. 2:11).**
> **"para que justificados por su gracia, viniésemos a ser herederos conforme a la esperanza de la vida eterna" (Tit. 3:7).**

4 (25:24-26) *Bendiciones:* Dios confirmó su bendición: gemelos, dos varones saludables, le nacieron a Rebeca y Isaac (vv. 24-26). Sencillamente, Rebeca dio a luz a dos hijos.

1. Un hijo salió rubio e inusualmente velludo. Él tenía una apariencia fuerte y robusta, como de animal. Se le puso por nombre Esaú, y daría lugar a la nación de Edom.

2. El segundo hijo salió con su mano agarrada y asida a los calcañares de Esaú. Esto simbolizaría que él reemplazaría a Esaú como primogénito. Él sería la elección de Dios para recibir las promesas hechas a Abraham, tanto la Tierra Prometida como la Simiente prometida. A él se le dio el nombre de Jacob, y daría lugar a la nación de Israel.

> *Pensamiento 1.* Dios siempre cumple sus promesas. Cuando Él hace una promesa o predicción, se cumple. Siempre ocurre.

"Bendito sea Jehová, que ha dado paz a su pueblo Israel, conforme a todo lo que él había dicho; ninguna palabra de todas sus promesas que expresó por Moisés su siervo, ha faltado" (1 R. 8:56).

"Las obras de sus manos son verdad y juicio; fieles son todos sus mandamientos" (Sal. 111:7).

"Porque yo Jehová hablaré, y se cumplirá la palabra que yo hable; no se tardará más, sino que en vuestros días, oh casa rebelde, hablaré palabra y la cumpliré, dice Jehová el Señor" (Ez. 12:25).

"Porque de cierto os digo que hasta que pasen el cielo y la tierra, ni una jota ni una tilde pasará de la ley, hasta que todo se haya cumplido" (Mt. 5:18).

"El cielo y la tierra pasarán, pero mis palabras no pasarán" (Lc. 21:33).

"La gracia sea con todos los que aman a nuestro Señor Jesucristo con amor inalterable. Amén" (Ef. 6:24).

	B. Los hijos gemelos de Isaac: Esaú le vendió su primogenitura a Jacob. Una familia piadosa se volvió carnal, 25:27-34	muy cansado. Por tanto fue llamado su nombre Edom.	1) el deseo de Esaú de comida
			2) el deseo de Esaú confirma su nombre
1 La conducta carnal de los padres	27 Y crecieron los niños, y Esaú fue diestro en la caza, hombre del campo; pero Jacob era varón quieto, que habitaba en tiendas.	31 Y Jacob respondió: Véndeme en este día tu primogenitura.	3) La sed espiritual de Jacob: Deseaba la primogenitura*EF1*
a. Esaú solo pensaba en el deporte, era irresponsable, no se preocupaba por los asuntos familiares		32 Entonces dijo Esaú: He aquí yo me voy a morir; ¿para qué, pues, me servirá la primogenitura?	b. El compromiso físico de Esaú frente al compromiso espiritual de Jacob
b. Jacob era maduro, se ocupaba de los asuntos familiares	28 Y amó Isaac a Esaú, porque comía de su caza; mas Rebeca amaba a Jacob.		1) Los pensamientos carnales de Esaú
c. Los padres era irresponsables y carnales, mostraron favoritismo		33 Y dijo Jacob: Júramelo en este día. Y él le juró, y vendió a Jacob su primogenitura.	2) El compromiso de Jacob con lo espiritual: Lo codiciaba tanto que exigió un juramento
2 La conducta carnal de Esaú y Jacob	29 Y guisó Jacob un potaje; y volviendo Esaú del campo, cansado,	34 Entonces Jacob dio a Esaú pan y del guisado de las lentejas; y él comió y bebió, y se levantó y se fue. Así menospreció Esaú la primogenitura.	3) El compromiso de Esaú con lo físico, lo carnal, la carne
a. El hambre físico de Esaú frente al hambre espiritual de Jacob	30 dijo a Jacob: Te ruego que me des a comer de ese guiso rojo, pues estoy		4) La indiferencia espiritual de Esaú: Esaú despreció su primogenitura

División VIII

Isaac, hijo de Abraham: Escogido para darle continuidad a la descendencia del pueblo de Dios y las grandes promesas de Dios, 25:19—28:9

B. Los hijos gemelos de Isaac: Esaú le vendió su primogenitura a Jacob. Una familia piadosa se volvió carnal, 25:27-34

(25:27-34) *Introducción:* Una familia piadosa se puede volver carnal. Una familia piadosa puede rápidamente comenzar a descuidar a Dios y sus mandamientos, se puede volver egoísta e interesada solo en los placeres. Una familia piadosa puede comenzar a centrarse en las cosas de este mundo:
=> el alimento y el apetito
=> el sexo y el placer
=> las posesiones y la posición
=> el reconocimiento y la fama
=> los deportes y la recreación

Cuando una familia piadosa comienza a centrarse en las cosas de este mundo, la familia rápidamente se aleja de Dios y hace solo una profesión verbal de Dios. Hay poca o ninguna dedicación de su vida a Dios. Pronto se ignoran las promesas de Dios, y cada uno de los miembros de la familia pronto se dispone a hacer lo que le viene en gana en la vida.

Esto es exactamente lo que le sucedió a Isaac y a su familia. Este es el tema de este pasaje revelador: *Los hijos gemelos de Isaac: Esaú le vendió su primogenitura a Jacob. Una familia piadosa se volvió carnal, 25:27-34.*

1. La conducta carnal de los padres (vv. 27-28).
2. La conducta carnal de Esaú y Jacob (vv. 29-34).

1 (25:27-28) *Padres — Carnal — Favoritismo — Parcialidad:* Estaba la conducta irresponsable y carnal de los padres. Cuando los dos hijos se hicieron hombres, siguieron dos formas de vida completamente diferentes.

1. Esaú se preocupaba solo por los deportes, era irresponsable, y no le preocupaban los asuntos familiares ni de negocios. Se volvió deportista, fundamentalmente un cazador muy diestro. A él le gustaba el campo abierto, recorrerlo y absorber toda la emoción de la conducta desenfrenada. Al parecer amaba la recreación y se volvió adicto a los deportes de la época. Hizo de los deportes su negocio, fundamentalmente la caza: vivía para los deportes, y los deportes consumían sus pensamientos y su vida. Esaú amaba la libertad, el libertinaje de hacer lo que quería. Él adoraba sentirse independiente y no tener responsabilidad. A él no le gustaba que lo ataran ni lo hicieran responsable de nada ni de nadie. La ilustración descrita por las Escrituras es que él era libre como el viento y sin compromiso, asumiendo poca responsabilidad, de asumir

alguna, por los asuntos de la familia y de sus propiedades. Y, recuerden: los activos de negocios de la familia eran muchos y muy grandes (vea nota, Gn. 25:5-6). Isaac había heredado toda la riqueza de Abraham. Por lo tanto, la familia era una de las familias más acaudaladas y de las haciendas más grandes de toda Palestina. Pero el corazón de Esaú no estaba puesto en la familia y en los asuntos de sus propiedades. Él quería la menor responsabilidad posible para poder cazar y pasar su tiempo como él deseaba. En breve, a Esaú se le ilustra como un hombre egocéntrico e irresponsable, al que le preocupaban más los deportes que las responsabilidades que acarrea la adultez. Él no quería que le endilgaran la responsabilidad de los asuntos familiares y los negocios.

2. Jacob era todo lo contrario de Esaú. Jacob era maduro, callado, y asentado que se ocupaba de los asuntos y responsabilidades de la familia. Él se ocupaba de las *tiendas*, los trabajadores, las manadas, y los asuntos de la familia.

3. Los padres cometieron un triste error, un error que con demasiada frecuencia cometen los padres: Ellos mostraron favoritismo y parcialidad por los varones. Isaac favorecía a Esaú. Advierta por qué: porque a él le gustaba el sabor de la caza que Esaú le traía. Probablemente hubiera más que el simple gusto del alimento; probablemente significara que el propio Isaac anhelara un tanto el estilo de vida libre y sin compromiso de Esaú. Es muy probable que en ocasiones deseara estar libre de la carga de todas las responsabilidades que él tenía. Esto es ciertamente un sentimiento común entre negociantes y administradores que soportan la presión constante de las grandes responsabilidades.

Rebeca favorecía a Jacob. Esto tan solo era natural, porque Jacob era el hijo que era responsable, el hijo que se ocupaba y trabajaba en función del bienestar de la familia y servía al Señor fielmente. Ella también sabía que Jacob era el hijo designado por Dios para recibir la herencia prometida a Abraham (vea nota, pt. 3, Gn. 25:19-26). Sencillamente ella tenía más bien un lazo espiritual con Jacob que con Esaú. No obstante, el favoritismo de Rebeca era erróneo, tan erróneo como el favoritismo de Isaac con Esaú. La conducta irresponsable de los padres en la crianza de sus hijos, en particular el pecado del favoritismo, provoca problemas innumerables. Esto se verá brevemente en la vida de esta familia. (Cp. Gn. 37:3-4, 8, 20, 34, 36; 38:1s; 43:1s.)

Pensamiento 1. Los padres deben guardarse del favoritismo y la parcialidad entre sus hijos. Hasta los padres piadosos pueden cometer este triste error que cometieron Isaac y Rebeca. Y pronto se verá que el favoritismo y la parcialidad pueden provocar división dentro de una familia, una división terrible que trae como resultado años de separación y resentimientos entre los miembros de la familia. (Vea bosquejo y notas, Gn. 27:1—28:9.)

"Instruye al niño en su camino, y aun cuando fuere viejo no se apartará de él" (Pr. 22:6).

"Y vosotros, padres, no provoquéis a ira a vuestros hijos, sino criadlos en disciplina y amonestación del Señor" (Ef. 6:4).

2 (25:29-34) *Hijos — Carnal:* Estaba la conducta carnal de los hijos. Esta es una historia que muestra cuán lejos puede llegar una persona al entregarse a la carne y a los placeres de este mundo.

1. Advierta el hambre físico de Esaú frente al hambre espiritual de Jacob. Un día cuando Esaú regresaba de una cacería, exhausto y hambriento, él vio a Jacob cocinando un guisado. Él se dirigió donde Jacob directamente y le pidió rápidamente un poco de guiso. El hebreo da la idea de una *solicitud urgente*: Esaú estaba muerto del hambre y cansado. Al parecer, Esaú a penas se podía contener; se vio dominado por un hambre incontrolable. Él quería el guiso, lo quería ya, y que fuera rápido.

Advierta la respuesta de Jacob: "Primero, véndeme tu primogenitura y luego yo te daré el guiso" (v. 31. Vea *Estudio a fondo 1,* Gn. 25:31 para un análisis sobre la primogenitura.)

Los hermanos deben haber analizado la primogenitura antes de ese momento. Es casi inconcebible que pudieran abordar el tema como se registra acá sin haber analizado anteriormente las responsabilidades de la familia. A partir de la evidencia vista aquí, Esaú le había hecho saber que él quería liberarse de la responsabilidad del bienestar de la familia, de la hacienda, y los activos de negocio. Esta experiencia, la venta de la primogenitura de la familia, fue sencillamente la culminación de las actitudes de los hijos hacia la familia, tanto su bienestar físico como espiritual.

Advierta que Jacob mostró gran preocupación por los asuntos espirituales (v. 31). Él estaba hambriento —ansioso y agresivo— por ser tanto la cabeza espiritual como paternal de la familia. Él quería darle continuidad a la descendencia de la familia prometida. Él quería todos los derechos y responsabilidades de la familia, quería ocuparse de la simiente y descendencia escogida que Dios le había prometido a su padre, Isaac, y a su abuelo, Abraham (vea notas, Gn. 12:1-3). Advierta tres elementos sobre Jacob.

a. Jacob era el hijo designado por Dios para recibir las promesas de Dios y para dar continuidad a la descendencia piadosa (Gn. 25:23). Pero aquí en este pasaje él está actuando autosuficientemente, completamente por su cuenta, y se está adelantando a Dios para garantizar la primogenitura. Él estaba maniobrando para garantizar la primogenitura en vez de esperar por el tiempo y la manera de Dios. Jacob estaba manipulando a Esaú, Estaba haciendo un trato que provocaría conflictos en algún momento del futuro.

b. A lo largo de su vida, con frecuencia Jacob actuó de manera autosuficiente e independiente de Dios. En ocasiones lo llevaba a tramar, actuar en complicidad, y engañar para garantizar lo mejor en la vida (lo que Dios había prometido). En vez de esperar a que Dios solucionara las cosas, él trató de ayudar a Dios una y otra vez. A pesar de su deseo espiritual, él mostró insensibilidad espiritual. Él no confió en Dios. Su confianza en Dios era débil. (Vea notas, Gn. 31:20-21; 34:30-31.)

c. A pesar de las debilidades de Jacob, él estaba consciente y comprometido con lo espiritual. Él no perseguía lo físico ni lo material; él no despreciaba lo espiritual. Él no era una persona *profana* (no santa) (como lo era Esaú). Él era el escogido de Dios, y finalmente él estaba obligado a crecer y madurar y a hacerlo rápidamente. Él estaba obligado a entregarse totalmente a Dios, y aprender a confiar en el cuidado y liderazgo de Dios (Gn. 32:22-32).

2. Advierta el compromiso carnal de Esaú y el compromiso espiritual de Jacob (vv. 32-34). Esaú demostraba lo físico, lo carnal, lo mundano. Satisfacer sus impulsos físicos era mucho más importante para él que la idea de los asuntos espirituales. Él dijo: "Estoy muy cansado... tengo tanta hambre que podría morirme" (v. 32). Él, claro está, no quiso decir esto literalmente, que se moría realmente de hambre. Todo cuanto él tenía que hacer era ir a la tienda de la familia y conseguir comida. Lo que él quería decir era que estaba exhausto, muerto el hambre, extremadamente hambriento por el esfuerzo de su cacería. Lo que su apetito anhelaba era exactamente lo que Jacob estaba cocinando, un plato delicioso (v. 34). Su disposición de entregar su primogenitura muestra cuán irresponsable e insensible espiritualmente era él realmente. Sin pensarlo, él obedeció al placer del momento. Él estaba enviciado con el mundo y las persecuciones materiales; el placer de su carne y de nada más que su carne. Su responsabilidad por los asuntos de otros, por la familia escogida, por lo espiritual o lo contrario, no importaban. Lo único que realmente importaba era sí mismo: sus propios impulsos, sus propios placeres, sus propios deseos. Él quería hacer lo que él quisiera, cuando él quisiera.

Jacob era todo lo contrario de Esaú. Jacob estaba comprometido tanto con el bienestar espiritual como físico de la familia. Él codiciaba la primogenitura, ser el cabeza de la familia. Él lo codiciaba tanto que exigió un juramento de Esaú. Y advierta: Esaú hizo un juramento. Él le vendió la primogenitura a Jacob por un pozuelo de guisado de lentejas y un pedazo de pan (v. 34). Esaú se comprometió él mismo con lo físico, lo carnal, con la carne. Advierta tres elementos sobre Esaú.

a. Esaú rechazó la dirección de la familia. La responsabilidad de ocuparse de la familia y sus propiedades no le agradaban. Él era deportista, le encantaba la emoción de los deportes (v. 27). Su vida era egocéntrica, anhelaba los placeres y recreaciones de esta tierra. Él no quería sentirse atado ni ser responsable de otros. Sin dudas, él le había expresado esto con frecuencia a Jacob.

b. Esaú rechazó sus derechos espirituales. Él no deseaba ni apreciaba los asuntos espirituales. Las Escrituras dicen que él era una persona profana e impía (He. 12:16). Las promesas de Dios, las cuales serían de él como el hijo mayor, no le interesaban.

c. A Esaú, en este momento en particular, probablemente le importaran poco las propiedades, la hacienda, y las riquezas materiales de la familia. Era demasiada responsabilidad para él. Sin embargo, más adelante cambió de parecer y deseó que su padre lo bendijera así como a Jacob (Gn. 27:34).

Pensamiento 1. James Montgomery Boice tiene una aplicación excelente de este pasaje que vale la pena citarlo completo.

"'¡Comamos, bebamos, y divirtámonos!' eso resume el carácter de Esaú y también la filosofía que le permitía menospreciar voluntariamente los asuntos espirituales. ¿Pero no es también una descripción acertada de nuestra propia era y de muchos —nos da vergüenza admitirlo— de los que se encuentran incluso en la iglesia? Esaú no era pagano... Esaú era hijo de Isaac, nieto del propio Abraham... Si alguien creció alguna vez con una abundancia de ventajas espirituales, fue Esaú. Aún así Esaú vendió su primogenitura por un poco de potaje, tal como hacen muchos en la actualidad, aunque tengan las ventajas de una exposición grande y prolongada al cristianismo.

"¿Es usted una de estas personas? ¿Está despreciando usted su primogenitura, escogiendo en su lugar el sabroso potaje que pasará de este mundo? Si usted no se ha comprometido plenamente con Cristo y no anda con Él con toda la fuerza que tiene a su disposición, es eso precisamente lo que usted está haciendo. Usted es un Esaú, a quien el autor de la Epístola a los hebreos denomina una persona 'impía'.

"Permítame describir la primogenitura a la que usted está perdiendo el derecho. Primero, usted está perdiendo el derecho a los beneficios de la muerte de Jesús. A esto estaba perdiendo el derecho también Esaú, pero en su caso podemos hallar cierta medida de justificación. Había habido promesas de la venida de un redentor, primero a Adán y a Eva (Gn. 3:15) y luego a Abraham (Gn. 22:18; cp. Gá. 3:16), pero éstas no se detallaron. Además, la venida de Cristo —lo que aclararía y cumpliría estas promesas— tardaría casi dos mil años. Esaú podría estar justificado al menos en cierta medida, por su ceguera. Esto no sucedería con nadie hoy día. Cristo ha venido. Las personas han sabido de esa venida hace casi dos milenios. Lo que comenzó un pequeño movimiento en un rincón recóndito del Imperio Romano se ha esparcido por todo el mundo. Su conocimiento de Cristo y del cristianismo se debe en parte al hecho de que usted está vivo en este momento particular de la historia. ¿Usted no tiene eso en cuenta? ¿Venderá usted el privilegio de convertirse en cristiano por el guiso secular que el mundo le brinda?

"Segundo, si usted no se ha comprometido plenamente con Cristo y no ha comenzado a andar con Él con toda la fuerza que tiene a su disposición, usted está perdiendo el derecho a los beneficios de la Palabra escrita de Dios, la Biblia. Porque, es de suponer que usted no la está estudiando. No está orando por ella. Usted no está guardando sus verdades en su corazón...

"También pienso en la predicación del evangelio. Este es el tercer beneficio que está despreciando si usted no está completamente comprometido con Cristo y no se esfuerza al máximo por progresar en la vida cristiana. Sé que mucha de la predicación contemporánea es superficial. Sé que mucha de ella es incluso infiel a las Escrituras y que los predicadores de los falsos evangelios serán juzgados por su enseñanza. Nadie está más apenado por esta triste situación que yo mismo. Pero hermanos y hermanas... la verdadera predicación es una exposición de la Palabra de Dios, y los patriarcas no poseían esa Palabra. Ni uno solo de los patriarcas —ni Isaac ni Jacob, ni siquiera Abraham— tan siquiera tuvo la oportunidad de oír un sermón la mitad de lo bueno o informado que es cualquier sermón que usted puede oír en casi cualquier momento del día o cualquier día de la semana que usted desee... me refiero a la radio y la televisión...

"El cuarto beneficio que usted está despreciando —si no se ha comprometido plenamente con Cristo y no anda con Él— es el ministerio de las iglesias que adornan la faz de nuestra tierra. Sé que no todas están compuestas de creyentes. De hecho, puede que cueste trabajo comprender cómo puede suceder esto, pero no todas tienen pastores creyentes u otro liderazgo regenerado. ¿Pero cuántas iglesias había en la época de Esaú? ¿Cuántas sinagogas? Solo una... ¿Hay alguna ciudad o pueblo en Norteamérica que no tenga una buena iglesia? No lo creo. La mayoría de las ciudades están llenas de ellas...

"¿Ocupado? Eso sugiere un quinto beneficio que es probable que desprecie. Puede que usted crea que está ocupado, y puede que realmente esté ocupado. Pero usted vive en una era que ha sido bendecida con más tiempo libre que ninguna otra era en la historia. En eras pasadas, por lo general las personas tenían que trabajar desde por la mañana hasta por la noche, seis o más días a la semana, solo para mantenerse con vida. Probablemente usted tenga una semana de cuarenta horas. Usted tiene tiempo de salir los fines de semanas, tiempo para vacaciones, tiempo para nadar, jugar tenis e ir al cine. El norteamericano promedio ve la televisión cinco horas diarias. Usted tiene tiempo para hacer casi cualquier cosa que usted quiera hacer realmente, pero usted no usa ni siquiera una pequeña parte de su tiempo para garantizar la salud de su alma. Un comentarista escribe: 'los hombres prefieren leer cualquier basura en vez de leer la Palabra de Dios, y asumen un sistema de prioridades que deja a Dios fuera de su vida. Muchos hombres le dedican más tiempo a afeitarse que a su alma; y muchas mujeres le dedican más minutos a su maquillaje que a la vida del espíritu eterno.

"Esaú no tenía tiempo para las cosas espirituales. ¿Es usted mejor que él? Esaú despreció su primogenitura. ¿No es usted igual a él si usted no tiene tiempo para Dios o para fraternizar con el pueblo de Dios? ¡Impío! Así lo denomina la Biblia. ¡Perverso! Despreciar

tales bendiciones es una perversidad" (*Génesis, un comentario expositivo*, vol. 2, pp. 265-268).

"La que cayó entre espinos, éstos son los que oyen, pero yéndose, son ahogados por los afanes y las riquezas y los placeres de la vida, y no llevan fruto" (Lc. 8:14).

"y diré a mi alma: Alma, muchos bienes tienes guardados para muchos años; repósate, come, bebe, regocíjate" (Lc. 12:19).

"Porque los que son de la carne piensan en las cosas de la carne; pero los que son del Espíritu, en las cosas del Espíritu. Porque el ocuparse de la carne es muerte, pero el ocuparse del Espíritu es vida y paz. Por cuanto los designios de la carne son enemistad contra Dios; porque no se sujetan a la ley de Dios, ni tampoco pueden; y los que viven según la carne no pueden agradar a Dios. Mas vosotros no vivís según la carne, sino según el Espíritu, si es que el Espíritu de Dios mora en vosotros. Y si alguno no tiene el Espíritu de Cristo, no es de él" (Ro. 8:5-9).

"Pero la que se entrega a los placeres, viviendo está muerta" (1 Ti. 5:6).

"También debes saber esto: que en los postreros días vendrán tiempos peligrosos. Porque habrá hombres amadores de sí mismos, avaros, vanagloriosos, soberbios, blasfemos, desobedientes a los padres, ingratos, impíos, sin afecto natural, implacables, calumniadores, intemperantes, crueles, aborrecedores de lo bueno, traidores, impetuosos, infatuados, amadores de los deleites más que de Dios" (2 Ti. 3:1-4).

"Porque nosotros también éramos en otro tiempo insensatos, rebeldes, extraviados, esclavos de concupiscencias y deleites diversos, viviendo en malicia y envidia, aborrecibles, y aborreciéndonos unos a otros. Pero cuando se manifestó la bondad de Dios nuestro Salvador, y su amor para con los hombres, nos salvó, no por obras de justicia que nosotros hubiéramos hecho, sino por su misericordia, por el lavamiento de la regeneración y por la renovación en el Espíritu Santo, el cual derramó en nosotros abundantemente por Jesucristo nuestro Salvador" (Tit. 3:3-6).

"Porque todo lo que hay en el mundo, los deseos de la carne, los deseos de los ojos, y la vanagloria de la vida, no proviene del Padre, sino del mundo" (1 Jn. 2:16).

ESTUDIO A FONDO 1

(25:31) *Primogenitura*: No hay registro de lo que incluía la primogenitura en la época de Jacob e Esaú. Probablemente incluyera lo siguiente:

1. el hijo se convertía en el cabeza espiritual de la familia. Había un sentido en el que él era el sumo sacerdote de la familia. Él era el representante de Dios que era responsable del bienestar espiritual de la familia, lo que incluía toda la casa de la familia. La

casa incluía a todos los trabajadores, los siervos y sus familiares, los que en ocasiones ascendían a cientos. El hijo era responsable de la adoración y el crecimiento espiritual de la familia y todos los que estaban apegados a la familia.

2. El hijo se convertía en el cabeza de la familia o tribu. Se volvía responsable de las propiedades, y de los activos de negocio de la familia y de su bienestar y protección (Gn. 27:29).

3. Posiblemente el hijo heredara una porción más grande de las riquezas del padre, probablemente el doble de lo que recibían los otros hijos. Así fue después bajo la ley mosaica (Dt. 21:17; 1 Cr. 5:1-2). Puede o no haber sucedido en este momento, pero probablemente así fuera.

Advierta que la primogenitura incluía tanto el privilegio como la responsabilidad, tanto derechos como deberes. Con relación a Jacob, advierta que las riquezas materiales no era lo que él buscaba en la primogenitura, al menos no era su interés primordial. Su interés estaba puesto en ser el cabeza espiritual y físico de la familia. Él quería darle continuidad a la descendencia de la familia que daría a luz al Salvador venidero: él quería ser responsable del bienestar de la familia, de su provisión y seguridad.

1 Isaac se enfrentó a la pérdida terrible y a la tentación de abandonar la Tierra Prometida

a. La debilidad de Isaac: Él se alejó de la tierra a Egipto

b. La intervención de Dios
  1) Mandó a Isaac a no irse a Egipto
  2) Mandó a Isaac a viajar según Él lo guiara

c. La promesa de Dios: Reconfirmó el pacto abrahámico
  1) La Tierra Prometida

  2) La simiente: Naciones de personas
  3) El Salvador: "en tu simiente", el Mesías, Uno en quien todas las naciones serán benditas

d. La razón de Dios: La fidelidad y obediencia de Abraham

e. La obediencia desganada de Isaac

2 Isaac se enfrentó al peligro y al temor mintiendo y actuando con egoísmo

a. El pecado: Isaac alegó que Rebeca era su hermana

b. El pecado se descubrió

C. El viaje de Isaac por la vida: Cómo enfrentarse y vencer las pruebas, 26:1-35

1 Después hubo hambre en la tierra, además de la primera hambre que hubo en los días de Abraham; y se fue Isaac a Abimelec rey de los filisteos, en Gerar.

2 Y se le apareció Jehová, y le dijo: No desciendas a Egipto; habita en la tierra que yo te diré.

3 Habita como forastero en esta tierra, y estaré contigo, y te bendeciré; porque a ti y a tu descendencia daré todas estas tierras, y confirmaré el juramento que hice a Abraham tu padre.

4 Multiplicaré tu descendencia como las estrellas del cielo, y daré a tu descendencia todas estas tierras; y todas las naciones de la tierra serán benditas en tu simiente,

5 por cuanto oyó Abraham mi voz, y guardó mi precepto, mis mandamientos, mis estatutos y mis leyes.

6 Habitó, pues, Isaac en Gerar.

7 Y los hombres de aquel lugar le preguntaron acerca de su mujer; y él respondió: Es mi hermana; porque tuvo miedo de decir: Es mi mujer; pensando que tal vez los hombres del lugar lo matarían por causa de Rebeca, pues ella era de hermoso aspecto.

8 Sucedió que después que él estuvo allí muchos

---

días, Abimelec, rey de los filisteos, mirando por una ventana, vio a Isaac que acariciaba a Rebeca su mujer.

9 Y llamó Abimelec a Isaac, y dijo: He aquí ella es de cierto tu mujer. ¿Cómo, pues, dijiste: Es mi hermana? E Isaac le respondió: Porque dije: Quizá moriré por causa de ella.

10 Y Abimelec dijo: ¿Por qué nos has hecho esto? Por poco hubiera dormido alguno del pueblo con tu mujer, y hubieras traído sobre nosotros el pecado.

11 Entonces Abimelec mandó a todo el pueblo, diciendo: El que tocare a este hombre o a su mujer, de cierto morirá.

12 Y sembró Isaac en aquella tierra, y cosechó aquel año ciento por uno; y le bendijo Jehová.

13 El varón se enriqueció, y fue prosperado, y se engrandeció hasta hacerse muy poderoso.

14 Y tuvo hato de ovejas, y hato de vacas, y mucha labranza; y los filisteos le tuvieron envidia.

15 Y todos los pozos que habían abierto los criados de Abraham su padre en sus días, los filisteos los habían cegado y llenado de tierra.

16 Entonces dijo Abimelec a Isaac: Apártate de nosotros, porque mucho más poderoso que nosotros te has hecho.

17 E Isaac se fue de allí, y acampó en el valle de Gerar, y habitó allí.

---

c. El pecado fue reprendido

d. El pecado le trajo vergüenza a Isaac Capítulo 26

e. El pecado corregido

3 Isaac se enfrentó a la envidia y al rechazo por la prosperidad

a. Dios bendijo a Isaac
  1) Se incrementó grandemente su ganadería
  2) Se engrandeció su riqueza personal
  3) Prosperaron sus rebaños y manadas

b. Los filisteos comenzaron a envidiarlo
  1) Su envidia se convirtió en rencor, llenaron sus pozos de tierra
  2) Le pidieron que se marchara de la tierra

c. Isaac mostró respeto: Partió según lo solicitado

**4 Isaac se enfrentó
a la contienda
y la hostilidad**

  a. Isaac reabrió los
     pozos que Abraham
     había cavado y
     reclamó los pozos

  b. Los trabajadores de
     Isaac también cavaron
     nuevos pozos

  c. se desató contienda en
     dos lugares
     1) en el pozo, Ezek
        (que significa
        Contención,
        contienda)

     2) en el pozo, Sitna
        (que significa
        oposición,
        enemistad)
  d. Isaac mostró un
     espíritu manso: Él se
     trasladó
     1) La contienda
        terminó,
        inexplicablemente
     2) Llamó al pozo
        Rehobot, que
        significa Dios ha
        creado espacio y
        ha traído paz

**5 Isaac se enfrentó al
temor y al fracaso de las
promesas de Dios**
  a. Isaac se trasladó a
     Beerseba, v. 23
  b. Dios se encuentra con
     Isaac
     1) Borró su temor
        con su presencia
     2) Le ratificó a Isaac
        sus promesas
  c. Isaac adoró a Dios
     1) edificó un altar
     2) se asentó allí en
        Beer-seba

**6 Isaac se enfrentó a la
necesidad de edificar
buenas relaciones**
  a. Abimelec se acerca a
     Isaac

18 Y volvió a abrir Isaac los pozos de agua que habían abierto en los días de Abraham su padre, y que los filisteos habían cegado después de la muerte de Abraham; y los llamó por los nombres que su padre los había llamado. 19 Pero cuando los siervos de Isaac cavaron en el valle, y hallaron allí un pozo de aguas vivas, 20 los pastores de Gerar riñeron con los pastores de Isaac, diciendo: El agua es nuestra. Por eso llamó el nombre del pozo Esek, porque habían altercado con él. 21 Y abrieron otro pozo, y también riñeron sobre él; y llamó su nombre Sitna. 22 Y se apartó de allí, y abrió otro pozo, y no riñeron sobre él; y llamó su nombre Rehobot, y dijo: Porque ahora Jehová nos ha prosperado, y fructificaremos en la tierra.

23 Y de allí subió a Beerseba.

24 Y se le apareció Jehová aquella noche, y le dijo: Yo soy el Dios de Abraham tu padre; no temas, porque yo estoy contigo, y te bendeciré, y multiplicaré tu descendencia por amor de Abraham mi siervo. 25 Y edificó allí un altar, e invocó el nombre de Jehová, y plantó allí su tienda; y abrieron allí los siervos de Isaac un pozo. 26 Y Abimelec vino a él desde Gerar, y Ahuzat, amigo suyo, y Ficol, capitán de su ejército.

27 Y les dijo Isaac: ¿Por qué venís a mí, pues que me habéis aborrecido, y me echasteis de entre vosotros?

28 Y ellos respondieron: Hemos visto que Jehová está contigo; y dijimos: Haya ahora juramento entre nosotros, entre tú y nosotros, y haremos pacto contigo, 29 que no nos hagas mal, como nosotros no te hemos tocado, y como solamente te hemos hecho bien, y te enviamos en paz; tú eres ahora bendito de Jehová. 30 Entonces él les hizo banquete, y comieron y bebieron.

31 Y se levantaron de madrugada, y juraron el uno al otro; e Isaac los despidió, y ellos se despidieron de él en paz. 32 En aquel día sucedió que vinieron los criados de Isaac, y le dieron nuevas acerca del pozo que habían abierto, y le dijeron: Hemos hallado agua. 33 Y lo llamó Seba; por esta causa el nombre de aquella ciudad es Beerseba hasta este día. 34 Y cuando Esaú era de cuarenta años, tomó por mujer a Judit hija de Beeri heteo, y a Basemat hija de Elón heteo; 35 y fueron amargura de espíritu para Isaac y para Rebeca.

  1) Isaac preguntó
     por qué, cuando
     Abimelec la
     trató con tanta
     hostilidad
  2) Abimelec le
     explicó: Él creía
     que era necesario
     hacer un tratado de
     paz, de no agresión

  b. Isaac olvidó el pasado
     1) Lo recibió y
        celebró con un
        banquete
     2) Hizo un juramento
        de amistad

  c. Isaac fue bendecido
     por Dios: Descubrió
     un pozo como
     señal providencial,
     Beerseba

**7 Isaac se enfrentó a la
decepción en un hijo
díscolo,**[EF1]
  a. Esaú se casó con dos
     incrédulas
  b. Los padres se
     entristecieron: Isaac y
     Rebeca recogieron el
     fruto de su pecado

División VIII

ISAAC, HIJO DE ABRAHAM: ESCOGIDO PARA DARLE CONTINUIDAD A LA DESCENDENCIA DEL PUEBLO DE DIOS Y LAS GRANDES PROMESAS DE DIOS, 25:19—28:9

C. El viaje de Isaac por la vida: Cómo enfrentarse y vencer las pruebas, 26:1-35

(26:1-35) *Introducción:* Se nos presentan prueba tras prueba en la medida en que viajamos por la vida. De hecho, la vida de una persona se podría escribir fácilmente enumerando las pruebas principales de su vida y describiendo cómo él manejó aquellas pruebas. Así es como se registra la vida de Isaac en las Escrituras, y éste es el único capítulo en que Isaac es el personaje principal. Su vida se aborda resaltando las pruebas a las que él se tuvo que enfrentar. El creyente puede aprender mucho aplicando las lecciones de las pruebas de Isaac a su propio viaje en la tierra: *El viaje de Isaac por la vida: Cómo enfrentarse y vencer las pruebas*, 26:1-35.

1. Prueba 1: Enfrentarse a la pérdida terrible y a la tentación de abandonar la Tierra Prometida (vv. 1-6).
2. Prueba 2: Enfrentarse al peligro y el temor mintiendo y actuando egoístamente (vv. 7-11).
3. Prueba 3: Enfrentarse a la envidia y al rechazo por la prosperidad (vv. 12-17).
4. Prueba 4: Enfrentarse a la contienda y la hostilidad (vv. 18-22).
5. Prueba 5: Enfrentarse al temor y al fracaso de la promesa de Dios (vv. 23-25).
6. Prueba 6: Enfrentarse a la necesidad de edificar buenas relaciones (vv. 26-33).
7. Prueba 7: Enfrentarse a la decepción en un hijo díscolo (vv. 34-35).

1 (26:1-6) *Pruebas — Tentación — Hambre — Pacto, abrahámico:* La prueba número uno es enfrentarse a la pérdida terrible y la tentación de abandonar la Tierra Prometida. Surgió una hambruna en la tierra, y advierta, fue una hambruna diferente de aquella a la que se enfrentó Abraham (vea bosquejo y notas, Gn. 12:10—13:4). Isaac se enfrentó a la pérdida de su hacienda y negocio ganadero, de sus manadas, rebaños, y cultivos. Él estaba al borde de perder sus riquezas, y recuerden, él era muy rico. Él había heredado la mayor parte de las riquezas de sus padre, Abraham, quien era probablemente el jeque más fuerte y más rico de Canaán (vv. 12-14, 16; cp. Gn. 13:2; vea nota, Gn. 13:1-4; 14:14; 14:21-24; 25:5-6). Obviamente la hambruna era severa, tan severa que Isaac temía la quiebra. ¿Qué debía hacer? ¿Quedarse en la Tierra Prometida o abandonarla y dirigirse al sur, hasta Egipto donde había tierra fértil y rica, y abundantes mercados para sus reses y cultivos?

Isaac se estaba enfrentando a una prueba y tentación terrible, la prueba de perder todo cuanto tenía y la tentación de desconfiar en Dios, de dejar de creer en Dios y abandonar la Tierra Prometida. ¿Cómo se mantendría ante esta prueba y tentación? El pasaje y el bosquejo nos dice.

1. Isaac se debilitó bajo presión. Él se alejó de la Tierra Prometida, trasladando sus mandas y rebaños al sur en dirección a Egipto. En camino a Egipto se detuvo en Gerar, la capital de los filisteos, para pedirle ayuda a Abimelec, el gobernante de los filisteos. Al parecer, la posibilidad de que Isaac estableciera su rancho y comercio en Gerar le agradó a Abimelec, así que le dio permiso a Isaac para que se quedara en territorio filisteo.

2. Pero advierta la intervención de Dios. Dios se le apareció a Isaac y le mandó a no irse a Egipto, pero que viviera en la tierra donde Dios le dijera, es decir, en Canaán, la tierra de la promesa. Recuerden: en las Escrituras, el Egipto de esa época era un símbolo y tipo del mundo, y Canaán era la Tierra Prometida, un símbolo y tipo del cielo (vea nota 1, Gn. 12:1c; nota 2, 12:10 para un mayor análisis).

> **Pensamiento 1.** Un creyente nunca debería abandonar la Tierra Prometida del cielo, nunca debería volverse hacia lo que puede parecer mejores mercados ofrecidos por el mundo. Un creyente nunca debe comprometer su esperanza del cielo por conseguir posesiones y riquezas del mundo.

> **"y tus vacas y tus ovejas se aumenten, y la plata y el oro se te multipliquen, y todo lo que tuvieres se aumente; y se enorgullezca tu corazón, y te olvides de Jehová tu Dios, que te sacó de tierra de Egipto, de casa de servidumbre" (Dt. 8:13-14).**

> **"Así ha dicho Jehová: Maldito el varón que confía en el hombre, y pone carne por su brazo, y su corazón se aparta de Jehová. Será como la retama en el desierto, y no verá cuando viene el bien, sino que morará en los sequedales en el desierto, en tierra despoblada y deshabitada. Bendito el varón que confía en Jehová, y cuya confianza es Jehová. Porque será como el árbol plantado junto a las aguas, que junto a la corriente echará sus raíces, y no verá cuando viene el calor, sino que su hoja estará verde; y en el año de sequía no se fatigará, ni dejará de dar fruto" (Jer. 17:5-8).**

> **"No os hagáis tesoros en la tierra, donde la polilla y el orín corrompen, y donde ladrones minan y hurtan; sino haceos tesoros en el cielo, donde ni la polilla ni el orín corrompen, y donde ladrones no minan ni hurtan. Porque donde esté vuestro tesoro, allí estará también vuestro corazón" (Mt. 6:19-21).**

> **"pero los afanes de este siglo, y el engaño de las riquezas, y las codicias de otras cosas, entran y ahogan la palabra, y se hace infructuosa" (Mr. 4:19).**

> **"Porque los que quieren enriquecerse caen en tentación y lazo, y en muchas codicias necias y dañosas, que hunden a los hombres en destrucción y perdición" (1 Ti. 6:9).**

3. Dios hizo una gran promesa a Isaac: si él vivía en la esperanza de la Tierra Prometida, entonces Dios estaría con él y lo bendeciría (v. 3). Luego Isaac recibiría las promesas hechas a Abraham, las promesas del pacto abrahámico. Dios le había dado las promesas a Abraham en ocho ocasiones diferentes (Gn. 12:1-3, 7; 13:14; 15:1; 17:1; 18:1; 21:22; 22:21).

Él le dio las promesas a Isaac en dos ocasiones diferentes (Gn. 25:2, 24). ¿Cuáles fueron las promesas? (Vea Resumen y nota, Gn. 12:1c-3.)

a. Él recibiría *todas estas tierras* (v. 3). Advierta el plural. Probablemente esto se refiera a heredar todos los territorios de la tierra así como a Canaán.

> **"Porque no por la ley fue dada a Abraham o a su descendencia la promesa de que sería heredero del mundo, sino por la justicia de la fe" (Ro. 4:13. Vea nota 1, pt. 2, Gn. 12:1c).**

b. Él recibiría *la Simiente prometida, daría a luz naciones de personas* por medio de su descendencia, tantas que serían innumerables como las estrellas del cielo (v. 4).

c. Él recibiría *la Simiente prometida del Mesías, el Salvador del mundo.* La simiente de Isaac, su descendencia, bendeciría a todas las naciones de la tierra por medio del Salvador.

4. Advierta la razón de Dios para entregarles estas grandes promesas a Abraham, el padre de Isaac: porque Abraham fue fiel a Dios; él obedeció a Dios (v. 5). Abraham no contaba con la ley escrita de Dios, pero sí contó con el testimonio interno de Dios: un conocimiento instintivo de Dios, su consciencia, y sus pensamientos. (Vea nota, Ro. 2:11-15 para un mayor análisis.) Y sobre todo, Abraham contó con el privilegio de la oración y con la presencia de Dios para enseñarlo y guiarlo día a día y paso a paso. Advierta con qué responsabilidad y plenitud Abraham obedeció a Dios:

=> Abraham cumplió la *encomienda de Dios.* Una encomienda tiene que ver con el llamado o nombramiento oficial de Dios al servicio. Abraham cumplió la encomienda de ser cabeza del pueblo de Dios, el padre de la fe.

=> Abraham cumplió los *mandamientos de Dios.* La palabra *mandamiento* enfatiza el hecho de que el mandato proviene del propio Dios; Se entrega divinamente. Abraham cumplió el mandamiento de Dios de creer en Dios, de separarse de Ur (un símbolo del mundo) y de seguir las promesas de Dios.

=> Abraham cumplió los *estatutos de Dios.* La palabra *estatuto* se refiere a la permanencia, la vigencia interminable de lo que Dios dice. Un ejemplo de esto sería el cumplimiento de Abraham del estatuto de la circuncisión.

=> Abraham cumplió las *leyes de Dios.* Las leyes implicarían reglas de instrucción que necesitan enseñarse y transmitirse. Serían reglas de justicia que rigen la conducta. Abraham siguió las reglas de Dios desde las profundidades de su corazón y su consciencia.

5. Advierta ahora la obediencia desganada de Isaac. Él obedeció a Dios, pero solo de un modo parcial. Él no se fue a Egipto, pero tampoco regresó al corazón de Canaán. Él se quedó en Gerar que se encontraba en la frontera de Canaán, justo a la entrada de Egipto. Esta fue una decisión equivocada. Esto se ve claramente en los sucesos que tuvieron lugar:

=> El pecado de mentir alegando que Rebeca era su hermana (vv. 7s).

=> El problema que surgió entre él y los filisteos (vv. 16-21).

=> El hecho de que el Señor se le apareciera a Isaac y lo fortaleciera la misma noche que él finalmente se trasladó al centro de Canaán (vv. 23-24).

Sucede lo siguiente: Isaac estaba obedeciendo a Dios, pero solo con desgano y tan solo con parcialidad. Él todavía temía confiar en Dios completa y plenamente, temía aún confiar en que Dios se ocupara de él frente a la terrible prueba. Él aún creía que tenía que aferrarse al mundo y a la ayuda y la seguridad que parecía ofrecerle.

Pensamiento 1. ¡Qué semejante a tantos de nosotros! Nosotros solo seguimos al Señor con desgano cuando se nos presentan las pruebas. Nosotros mantenemos un pie en el cielo, y tratando de seguir a Dios, mientras mantenemos el otro pie en el mundo, dependiendo del mundo para que nos ayude a lograr las cosas en la vida.

> **"Hizo él lo recto ante los ojos de Jehová, aunque no de perfecto corazón" (2 Cr. 25:2).**
>
> **"Por lo cual, salid de en medio de ellos, y apartaos, dice el Señor, y no toquéis lo inmundo; y yo os recibiré, y seré para vosotros por Padre, y vosotros me seréis hijos e hijas, dice el Señor Todopoderoso" (2 Co. 6:17-18).**
>
> **"Y no participéis en las obras infructuosas de las tinieblas, sino más bien reprendedlas" (Ef. 5:11).**
>
> **"y al que sabe hacer lo bueno, y no lo hace, le es pecado" (Stg. 4:17).**
>
> **"No améis al mundo, ni las cosas que están en el mundo. Si alguno ama al mundo, el amor del Padre no está en él. Porque todo lo que hay en el mundo, los deseos de la carne, los deseos de los ojos, y la vanagloria de la vida, no proviene del Padre, sino del mundo" (1 Jn. 2:15-16).**
>
> **"Apartaos de mí, malignos, pues yo guardaré los mandamientos de mi Dios" (Sal. 119:115).**

2 (26:7-11) *Mentira — Egoísmo:* La prueba número dos es enfrentarse al peligro y el temor mintiendo y actuando egoístamente. Este fue el mismo pecado que Abraham había cometido (vea bosquejo y notas, Gn. 12:11-20; 20:1-18).

1. El pecado de Isaac fue trágico: él mintió, alegando que Rebeca era su hermana, no su esposa (v. 7). ¿Por qué? Porque él temía que algún hombre de la ciudad pudiera matarlo y llevarse a Rebeca a su harén. Isaac dijo una mentira flagrante. Él descendió a las profundidades más grandes del egoísmo. Piensen en el peligro para Rebeca, el maltrato al que se estaba exponiendo. Isaac estaba viviendo y fraternizando con los mundanos, y ahora, él estaba comprometiendo su postura con respecto a la justicia y estaba mintiendo como muchos en el mundo.

> **"No. . . engañaréis ni mentiréis el uno al otro" (Lv. 19:11).**
>
> **"Los labios mentirosos son abominación a Jehová; pero los que hacen verdad son su contentamiento" (Pr. 12:22).**

"No mintáis los unos a los otros, habiéndoos despojado del viejo hombre con sus hechos" (Col. 3:9).

2. El pecado de Isaac se descubrió, pero advierta: no por mucho tiempo (v. 8). Lo que sucedió resulta interesante. La casa de Isaac al parecer estaba cerca del palacio de Abimelec. El día en que se descubrió, Isaac estaba acariciando a Rebeca, y Abimelec, mirando por una ventana en el palacio, los vio.

3. Por supuesto, Abimelec de inmediato mandó buscar a Isaac y lo reprendió (v. 9).

4. Imagínense la vergüenza y el bochorno de Isaac (v. 10). El rey acusó a Isaac de ponerlo en peligro a él y a su pueblo. La idea parece ser que el Dios de Isaac habría juzgado a los filisteos si ellos hubieran tomado a Rebeca y hubieran cometido adulterio con ella. (Advierta el temor de Dios que sentía el rey contra el pecado, un temor que está ausente en los corazones de tantas personas hoy día.) El pecado de Isaac se desenmascaró ante el público; todo el mundo se enteró de su pecado. La vergüenza de Isaac y Rebeca debe haber sido casi insoportable. Y lo más trágico de todo, su testimonio ante el mundo se arruinó.

5. Pero advierta: el pecado fue corregido por Abimelec (v. 11). Obviamente él no quería perder las riquezas ni el comercio que Isaac le traía a su ciudad. Por eso, él hizo una proclamación pública en todo el país que protegía a Isaac y a Rebeca. Él cometió un delito capital, penado con la muerte, que dañaba a cualquiera de ellos. Nuevamente, piensen en la vergüenza atroz que Isaac y Rebeca tuvieron que soportar, todo por su pecado.

> **"y dije: Dios mío, confuso y avergonzado estoy para levantar, oh Dios mío, mi rostro a ti, porque nuestras iniquidades se han multiplicado sobre nuestra cabeza, y nuestros delitos han crecido hasta el cielo" (Esd. 9:6).**
>
> **"Como yo he visto, los que aran iniquidad y siembran injuria, la siegan" (Job 4:8).**
>
> **"Batirán las manos sobre él, y desde su lugar le silbarán" (Job 27:23).**
>
> **"Cada día mi vergüenza está delante de mí, y la confusión de mi rostro me cubre" (Sal. 44:15).**
>
> **"Según su sabiduría es alabado el hombre; mas el perverso de corazón será menospreciado" (Pr. 12:8).**
>
> **"No os engañéis; Dios no puede ser burlado: pues todo lo que el hombre sembrare, eso también segará" (Gá. 6:7).**

3 (26:12-17) *Envidia — Respeto:* La prueba número tres es enfrentarse a la envidia y al rechazo por la prosperidad.

1. Dios bendijo a Isaac, abundantemente (vv. 12-14a). Dios estaba bendiciendo a Isaac a fin de garantizarle a él y a su descendencia cada vez más la Tierra Prometida. Recuerden: Isaac solo estaba siguiendo a Dios con desgano al permanecer entre los filisteos mundanos. Advierta que Isaac era agricultor y ganadero. Hasta donde sabemos Abraham nunca se dedicó a la agricultura, al menos las Escrituras no mencionan ese elemento. Advierta cuánto prosperó Isaac:

=> Sus cultivos se multiplicaron al ciento por uno (v. 12).

=> Sus riquezas personales se hicieron muy grandes (v. 13).

=> Sus rebaños y manadas y siervos se incrementaron grandemente (v. 14).

2. De hecho, las riquezas de Isaac se incrementaron tanto que los filisteos comenzaron a envidiarlo (v. 14b). Y su ira pronto se convirtió en rencor. Se dispusieron a lastimar a Isaac paralizando sus negocios. Se enviaron partidas de asaltantes para atacar sus suministros de agua: llenaron sus pozos de tierra (v. 15). Claro está, esto amenazó grandemente sus negocios agrícolas y ganaderos. También provocó una división —una grieta en las relaciones apacibles— entre Isaac y los filisteos. Finalmente, el propio rey vio a Isaac como una amenaza real a su reino, y Abimelec le pidió a Isaac que abandonara el país de los filisteos antes de que se desatara una lucha entre ellos (v. 16).

3. La respuesta de Isaac fue de respeto (v. 17). Sin embargo, advierta: él no regresó al corazón de la Tierra Prometida. Él sencillamente se trasladó más hacia arriba hacia el valle de Gerar. Y advierta: él puso su tienda allí y se estableció allí. Él estaba planeando quedarse y vivir en el valle de Gerar. Isaac aún no confiaba completamente en Dios y en su provisión.

Pensamiento 1. Donald Grey Barnhouse nos da una excelente lección sobre este punto:

> "Aunque lo sacaron a la fuerza, Isaac no regresó a la tierra [prometida]... En su lugar, él puso su tienda en el valle de Gerar y moró allí... Percibimos que Isaac no andaba muy cerca de Dios. No se ve el sentido de una gran fe, como en el caso de Abraham. ¿Isaac conocía al Dios de Abraham como debía? ¿De ser así, porqué permaneció tan cerca de la escena del fracaso y el pecado? Su proximidad a la ciudad de la que se había marchado inevitablemente traería el desastre espiritual. Cuando nos salimos de la voluntad del Señor, la única manera de retroceder es regresar por completo. Irse a la periferia es quedarse fuera. *Señor, que podamos seguir Contigo hasta el final*" (*Génesis*, p. 56).

> **"Hizo él lo recto ante los ojos de Jehová, aunque no de perfecto corazón" (2 Cr. 25:2).**
>
> **"El que no es conmigo, contra mí es; y el que conmigo no recoge, desparrama" (Mt. 12:30).**
>
> **"Y Jesús le dijo: Ninguno que poniendo su mano en el arado mira hacia atrás, es apto para el reino de Dios" (Lc. 9:62).**
>
> **"Ningún siervo puede servir a dos señores; porque o aborrecerá al uno y amará al otro, o estimará al uno y menospreciará al otro. No podéis servir a Dios y a las riquezas" (Lc. 16:13).**
>
> **"El hombre de doble ánimo es inconstante en todos sus caminos" (Stg. 1:8).**
>
> **"Acercaos a Dios, y él se acercará a vosotros. Pecadores, limpiad las manos; y vosotros los de doble ánimo, purificad vuestros corazones" (Stg. 4:8).**

4 (26:18-22) *Contienda — Hostilidad:* La prueba número cuatro es enfrentarse a la contienda y la hostilidad.

Recuerden, Isaac aún no había regresado al corazón de la Tierra Prometida. Por consiguiente, el problema a que se enfrentaba se incrementaría. Dios iba a usar el problema y las pruebas de la vida para obligar a Isaac a regresar al corazón de la Tierra Prometida.

1. Advierta que Isaac reabrió los pozos que su padre había cavado y los reclamó (v. 18). Él poseía legítimamente los pozos y para establecer su derecho, él le dio a los pozos el mismo nombre que les había dado su padre.

2. Los trabajadores de Isaac también cavaron nuevos pozos (v. 19).

3. Pero advierta lo que sucedió: se desató contienda en dos de los pozos. Los pastores de Gerar reclamaron los pozos de Ezek (que significa contención, contienda) y Sitna (que significa oposición, enemistad). Isaac tenía que tomar una decisión: luchar o trasladarse.

4. Isaac actuó con mansedumbre: él se rehusó a luchar y se trasladó, ocupándose de sus asuntos (v. 22). Después que se trasladó a cierta distancia, cavó otro pozo, y advierta lo que sucedió: nadie peleó por este pozo en particular. La contienda terminó repentinamente, inexplicablemente. Para conmemorar la ocasión, Isaac nombró el pozo Rehobot, lo que significa abundante espacio o cabida. Dios había creado espacio y había traído la paz a Isaac. En el caso de Isaac, Dios usó el problema de la contienda y la hostilidad para traerlo de vuelta a Dios. En nuestro caso puede que sea lo mismo o algún otro problema. Lo que se debe tener en cuenta es que Dios sí nos castiga; Él sí usa el problema y las pruebas para motivarnos al arrepentimiento, para alejarnos del mundo y atraernos a Él.

Pensamiento 1. Dios usa las pruebas y el problema para atraernos a Él, de vuelta a la esperanza de la Tierra Prometida. Cuando nos alejamos de Dios —cuando permitimos que se debilite nuestra esperanza en la Tierra Prometida del cielo—, Dios siempre nos disciplina. Él permite que el problema y las pruebas nos aflijan y nos lleven de vuelta a Él.

"He aquí, bienaventurado es el hombre a quien Dios castiga; por tanto, no menosprecies la corrección del Todopoderoso" (Job 5:17).

"Mas él conoce mi camino; me probará, y saldré como oro" (Job 23:10).

"Antes que fuera yo humillado, descarriado andaba; mas ahora guardo tu palabra" (Sal. 119:67).

"No menosprecies, hijo mío, el castigo de Jehová, ni te fatigues de su corrección; porque Jehová al que ama castiga, como el padre al hijo a quien quiere" (Pr. 3:11-12).

"He aquí te he purificado, y no como a plata; te he escogido en horno de aflicción" (Is. 48:10).

"Todo pámpano que en mí no lleva fruto, lo quitará; y todo aquel que lleva fruto, lo limpiará, para que lleve más fruto" (Jn. 15:2).

"Porque esta leve tribulación momentánea produce en nosotros un cada vez más excelente y eterno peso de gloria" (2 Co. 4:17).

"Es verdad que ninguna disciplina al presente parece ser causa de gozo, sino de tristeza; pero después da fruto apacible de justicia a los que en ella han sido ejercitados" (He. 12:11).

"Yo reprendo y castigo a todos los que amo; sé, pues, celoso, y arrepiéntete" (Ap. 3:19).

5 (26:23-25) *Temor — Pacto, abrahámico:* La prueba número cinco es enfrentarse al temor y el fracaso de la promesa de Dios. Al parecer el temor se había adueñado del corazón de Isaac.

=> Los filisteos acababan de echarlo de su país.

=> Los jeques y hacendados habían discutido con él por derechos de agua sobre los pozos de la tierra.

=> Los pastores incluso habían llenado los pozos de Isaac de tierra para obligarlo a irse de la tierra.

Por un período de tiempo muy prolongado, Isaac no había recibido nada más que contención y contienda, oposición y hostilidad. El pueblo que lo rodeaba lo veía como una amenaza grave a su prosperidad y seguridad. Isaac sabía que podían atacarlo en cualquier momento. Al parecer un temor desesperado se adueñó de su corazón, y él se preguntaba si la promesa de Dios realmente se cumpliría en su vida. Ahora bien, advierta lo que sucedió.

1. Isaac se trasladó a Beerseba. Henry Morris señala que Beerseba traía muy gratos recuerdos para Isaac. Era allí que Abraham había hecho un tratado con los filisteos y había construido un altar (Gn. 21:32-34). Abraham también había trasladado a su familia y su negocio ganadero a Beerseba después de ofrecer a Isaac en holocausto en el Monte Moriah (Gn. 22:19) (Henry Morris. *The Genesis Record* [*El registro de Génesis*], p. 424). Los recuerdos de los buenos momentos —los gozos de la vida y la comunión estrecha con Dios— atrajeron a Isaac de vuelta a Beerseba. Él sabía que él había estado siguiendo a Dios solo con desgano, que él había estado viviendo en la frontera de la Tierra Prometida, por así decirlo, con un pie dentro y un pie fuera. Él sabía que había estado poniendo demasiada confianza en el mundo y no la suficiente en Dios. Isaac sabía que él necesitaba una experiencia nueva con Dios, necesitaba encontrarse con Dios cara a cara y arrepentirse de desgano y compromiso tibio. Isaac sabía que solo Dios podía borrar su temor y protegerlo de sus enemigos, que solo Dios podía cumplir las promesas que le había hecho a él. Él quería urgentemente una experiencia nueva con Dios; él quería rededicar su vida nuevamente a Dios. Por eso él emprendió el regreso a Beerseba, el lugar donde él había experimentado la mayor paz de su vida, el lugar donde él había experimentado su fuerte andar y fraternidad con Dios.

2. Advierta que Dios se encontró con Isaac y le alivió su temor. Y advierta cuándo: la misma noche en que él llegó a Beerseba. Isaac se había alejado de Dios, había llevado una vida desganada y tibia para Dios. Pero Dios amaba a Isaac, y tan pronto Isaac se volvió a Dios y regresó al corazón de la Tierra Prometida, Dios se encontró con Isaac. Y Dios alivió el temor de Isaac...

• Llenándolo de su presencia y su Palabra, diciendo: "No temas, porque yo [Yahvé] estoy contigo" (v. 24). Yahvé es el nombre de Dios que enfatiza su redención y liberación. Isaac no tenía necesidad de temerles a los filisteos ni a nadie, porque Yahvé, el Dios de salvación y liberación, lo liberaría.

• Ratificándole a Isaac la promesa de Dios, que Dios bendeciría a Isaac y multiplicaría su descendencia. Isaac daría a luz a la Simiente prometida.

Al referirse a Abraham, advierta que Dios llama a Abraham "mi siervo" (v. 24). Esta es la única vez en Génesis que se le da el título "mi siervo" a Abraham (cp. Gn. 24:12, 42, 48; Éx. 3:6; Hch. 3:13; 7:32).

3. Isaac le respondió a Dios haciendo lo que él debía haber hecho: él construyó un altar y adoró a Dios. La idea es que él siguió adorando a Dios; el altar era el lugar a donde Isaac iba día tras día a adorar a Dios. Advierta también que Isaac se asentó en Beerseba y cavó un pozo para proveer agua para su casa.

Pensamiento 1. El temor es una experiencia amarga que se sufre, aún así muchos de nosotros nos sentimos sobrecogidos por el temor con demasiada frecuencia. Dios es la solución al temor, su presencia y sus promesas. Por ende para vencer el temor, debemos volvernos a Dios y su Palabra. Debemos arrepentirnos y alejarnos de cualquier pecado que esté en nuestras vidas y debemos buscar de Dios con todo nuestro corazón. Debemos buscar la Palabra de Dios para recibir sus promesas, las promesas que nos aseguran su presencia y poder para liberarnos del temor. Entonces Dios se nos aparecerá, nos llenará de su presencia y sus promesas.

"Esforzaos y cobrad ánimo; no temáis, ni tengáis miedo de ellos, porque Jehová tu Dios es el que va contigo; no te dejará, ni te desamparará" (Dt. 31:6).

"No temas, porque yo estoy contigo; no desmayes, porque yo soy tu Dios que te esfuerzo; siempre te ayudaré, siempre te sustentaré con la diestra de mi justicia" (Is. 41:10).

"Ahora, así dice Jehová, Creador tuyo, oh Jacob, y Formador tuyo, oh Israel: No temas, porque yo te redimí; te puse nombre, mío eres tú. Cuando pases por las aguas, yo estaré contigo; y si por los ríos, no te anegarán. Cuando pases por el fuego, no te quemarás, ni la llama arderá en ti" (Is. 43:1-2).

"Pues aun vuestros cabellos están todos contados. 31 Así que, no temáis; más valéis vosotros que muchos pajarillos" (Mt. 10:30-31).

"Por nada estéis afanosos, sino sean conocidas vuestras peticiones delante de Dios en toda oración y ruego, con acción de gracias" (Fil. 4:6).

"echando toda vuestra ansiedad sobre él, porque él tiene cuidado de vosotros" (1 P. 5:7).

6 (26:26-33) *Relaciones — Tratado:* La prueba número seis es enfrentarse a la necesidad de edificar buenas relaciones. Dios acababa de suplir la necesidad de Isaac; Él acababa de aliviar el temor de Isaac. Pero los vecinos de Isaac aún se oponían a él. Las relaciones aún estaban en pésimas condiciones. Se tenían que hacer las paces entre Isaac y sus vecinos.

1. Advierta que Abimelec se acercó a Isaac (vv. 26-29). Entre bastidores, al parecer Dios había estado despertando temor en los corazones de Abimelec y sus consejeros, el temor de la represalia de Isaac. Abimelec fue motivado a traer su consejero jefe, Ahuzat, y su jefe militar, Ficol, para hacer la paz con Isaac.

Cuando el rey y sus consejeros llegaron, Isaac naturalmente quería saber por qué habían venido si ellos se habían mostrado tan hostiles, obligándolo a salir de su país (v. 27). Advierta que Abimelec se expresó con mucha sencillez:

=> Él había visto a Dios (Yahvé) bendecir a Isaac, había visto a Isaac fortalecerse cada vez más (v. 28).

=> Él creyó que era necesario que se hicieran las paces —se hiciera un tratado de no agresión— entre él e Isaac (v. 28).

=> Él no quería que Isaac lo lastimara, de la misma manera que él no había lastimado personalmente a Isaac; por el contrario, él había enviado lejos a Isaac en paz. Abimelec estaba aquí negando que él tuviera algo que ver con la destrucción de los pozos de Isaac ni con obligarlo a macharse del país. Por supuesto, él podía haber estado mintiendo. No obstante, aún así él estaba delante de Isaac buscando la paz (v. 29).

2. Isaac olvidó el pasado: él recibió a Abimelec y celebró la ocasión con un banquete ceremonial (vv. 30-31). Luego, la próxima mañana, las dos partes se levantaron e hicieron juramento para honrar el tratado. Luego Abimelec y sus consejeros se marcharon.

3. Advierta, el mismo día que Dios bendijo a Isaac de una manera especial, los trabajadores de Isaac, que habían estado cavando un nuevo pozo, encontraron agua. La idea es que era un chorro. Para conmemorar el tratado de paz recién firmado, Isaac nombró el pozo *Seba*, el pozo del juramento. Advierta que este nombre se toma de la última parte de Beerseba, la ciudad donde vivía Isaac. Abraham le había dado a Beerseba su nombre por el tratado que él había firmado allí (Gn. 21:31).

Pensamiento 1. *Advierta* nuevamente la mansedumbre de Isaac. Él quería y buscaba la paz con sus vecinos. Él estaba dispuesto a olvidarse del pasado a fin de garantizar la paz y edificar buenas relaciones con sus vecinos. Este siempre debe ser el deseo del corazón del creyente: olvidar el pasado y edificar buenas relaciones con aquellos que se nos oponen y están enfrentados con nosotros.

"Bienaventurados los pacificadores, porque ellos serán llamados hijos de Dios" (Mt. 5:9).

"Oísteis que fue dicho: Amarás a tu prójimo, y aborrecerás a tu enemigo. Pero yo os digo: Amad a vuestros enemigos, bendecid a los que os maldicen, haced bien a los que os aborrecen, y orad por los que os ultrajan y os persiguen" (Mt. 5:43-44).

"tened paz los unos con los otros" (Mr. 9:50).

"Si es posible, en cuanto dependa de vosotros, estad en paz con todos los hombres" (Ro. 12:18).

"Así que, sigamos lo que contribuye a la paz y a la mutua edificación" (Ro. 14:19).

"Seguid la paz con todos, y la santidad, sin la cual nadie verá al Señor" (He. 12:14).

7 (26:34-35) *Matrimonio endogámico — Separación:* La prueba número siete es enfrentarse a una decepción de un hijo díscolo. Los corazones de Isaac y Rebeca se desgarraron hasta lo más profundo, azotados por un profundo pesar provocado por su hijo Esaú.

1. Esaú no se casó hasta que tuvo cuarenta años de edad, y cuando él se casó, hizo algo tonto: él se casó con dos incrédulas, Judit y Basemat, ambas heteas, ambas cananeas. Esaú cometió dos pecados burdos.

   a. Esaú violó la exigencia de Dios de separación espiritual, que un creyente se separe del mundo y su mundanalidad para llevar una vida santa. Por supuesto, esto quiere decir que los creyentes nunca se deben casar con incrédulos. La ley de la separación espiritual exige que nos separemos de cualquier cosa que pudiera arrastrarnos a llevar una vida de mundanalidad, avaricia, e inmoralidad.

"No os conforméis a este siglo, sino transformaos por medio de la renovación de vuestro entendimiento, para que comprobéis cuál sea la buena voluntad de Dios, agradable y perfecta" (Ro. 12:2).

"Por lo cual, salid de en medio de ellos, y apartaos, dice el Señor, y no toquéis lo inmundo; y yo os recibiré, y seré para vosotros por Padre, y vosotros me seréis hijos e hijas, dice el Señor Todopoderoso" (2 Co. 6:17-18).

"No os unáis en yugo desigual con los incrédulos; porque ¿qué compañerismo tiene la justicia con la injusticia? ¿Y qué comunión la luz con las tinieblas? ¿Y qué concordia Cristo con Belial? ¿O qué parte el creyente con el incrédulo?" (2 Co. 6:14-15).

"Y no participéis en las obras infructuosas de las tinieblas, sino más bien reprendedlas" (Ef. 5:11).

"Pero os ordenamos, hermanos, en el nombre de nuestro Señor Jesucristo, que os apartéis de todo hermano que ande desordenadamente, y no según la enseñanza que recibisteis de nosotros" (2 Ts. 3:6).

   b. Esaú cometió adulterio y bigamia. Las Escrituras dicen que él era un adúltero. Recuerden, él era deportista, una persona varonil, obviamente un hombre entre hombres. No cabe duda de que las mujeres se inclinaban a él por montones, y él cedió ante la tentación.

"Seguid la paz con todos, y la santidad, sin la cual nadie verá al Señor. Mirad bien, no sea que alguno deje de alcanzar la gracia de Dios; que brotando alguna raíz de amargura, os estorbe, y por ella muchos sean contaminados; no sea que haya algún fornicario, o profano, como Esaú, que por una sola comida vendió su primogenitura. Porque ya sabéis que aun después, deseando heredar la bendición, fue desechado, y no hubo oportunidad para el arrepentimiento, aunque la procuró con lágrimas" (He. 12:14-17).

2. Según lo planteado, los padres, Isaac y Rebeca, se sentían sobrecogidos con pesar por Esaú. Como cualquier padre sufriría con un hijo díscolo, ellos a penas podían soportar el dolor. Pero advierta: ellos se habían equivocado tanto como él. Ahora estaban recogiendo el fruto del favoritismo y la parcialidad que habían sembrado en sus dos hijos. (Vea bosquejo y notas, Gn. 25:27-28 para un mayor análisis.)

Pensamiento 1. Las Escrituras son claras: los pecados de los padres influyen en sus hijos.

"No te inclinarás a ellas, ni las honrarás; porque yo soy Jehová tu Dios, fuerte, celoso, que visito la maldad de los padres sobre los hijos hasta la tercera y cuarta generación de los que me aborrecen" (Éx. 20:5).

"E hizo lo malo ante los ojos de Jehová, y anduvo en el camino de su padre, y en el camino de su madre, y en el camino de Jeroboam hijo de Nabat, que hizo pecar a Israel" (1 R. 22:52).

"Porque Jehová ama la rectitud, y no desampara a sus santos. Para siempre serán guardados; mas la descendencia de los impíos será destruida" (Sal. 37:28).

"antes se fueron tras la imaginación de su corazón, y en pos de los baales, según les enseñaron sus padres" (Jer. 9:14).

"Nuestros padres pecaron, y han muerto; y nosotros llevamos su castigo" (Lm. 5:7).

"Así ha dicho Jehová: Por tres pecados de Judá, y por el cuarto, no revocaré su castigo; porque menospreciaron la ley de Jehová, y no guardaron sus ordenanzas, y les hicieron errar sus mentiras, en pos de las cuales anduvieron sus padres" (Am. 2:4).

ESTUDIO A FONDO 1

(26:34-35) *Isaac — Dios, gracia de — Pecados, de siervos bíblicos — Biblia, pecados de siervos bíblicos — Creyentes, pecados de — Dios, providencia de:* ¿Qué tipo de hombre era Isaac? Al menos cuatro rasgos se ven claramente, uno de los cuales resulta muy significativo.

1. Isaac era tranquilo, meditabundo, sencillo (Gn. 22:7-10; 24:63). Él era lo que se podía denominar una persona *de tipo pastoral* (Gn. 24:63; 26:12-14).

2. Isaac era paciente y pacífico. Él había aprendido a esperar por el tiempo de Dios, el tiempo que Dios había escogido para proveer y cumplir sus propósitos (Gn. 22:7-8, 12-13; 26:17-22, 26-33).

3. Isaac era sumiso (Gn. 22:7-10; 26:16-17, 22, 26-33).

4. Isaac sentía un gran temor de Dios, un temor que se quedaba ante Dios con respeto y reverencia,

que tenía a Dios en la más alta estima. Este era su rasgo principal. Su gran temor se ve claramente en la impresión sorprendente que tuvo en su hijo, Jacob. Cuando pensaba en su padre, Jacob tenía una cosa en particular que resaltaba en su mente: el temor de Isaac de Dios. Jacob llamó a Dios "el temor de Isaac" (Gn. 31:42, 53). Esto es de máxima importancia cuando se trata de analizar el carácter de Isaac. Cuando se hace referencia a la relación entre Abraham o Jacob con Dios, se usa el término "el Dios de Abraham" o "el Dios de Jacob". Pero cuando Jacob se refirió a la relación de su padre con Dios, él le llamó "el temor de Isaac". Isaac temía a Dios; él reverenciaba a Dios; él sentía sobrecogimiento por Dios. Él respetaba muchísimo a Dios. Es muy probable que su intenso temor de Dios naciera cuando su padre lo ofreció en holocausto sobre el Monte Moriah (Gn. 22:1-14). Su padre realmente tomó el cuchillo y levantó su mano para ofrendar a Isaac. El acto obviamente sembró el temor de Dios en lo más profundo de Isaac. Isaac aprendió la lección que todos necesitamos aprender con urgencia: Hay que temer y obedecer a Dios al máximo.

Ahora bien, ¿y qué hay de los pecados de Isaac (Gn. 26:7; 27:1-46)? ¿Cómo se puede decir que él era un hombre tan piadoso cuando cometió pecados tan terribles? Pero no solo Isaac:

=> ¿Y Abraham (vea bosquejos y notas, Gn. 12:10, 13:4; 16:1-16; 20:1-18; 21:8-21)?
=> ¿Y Jacob (Gn. 27:18-29; 29:31; 30:25-43; 35:1-15)?
=> ¿Y los doce hijos de Jacob que fueron escogidos como cabezas de las tribus de Israel (Vea bosquejo y notas, Gn. 34:1-31)?

¿Y estos hombres y sus pecados? ¿Cómo se les puede llamar todavía hombres piadosos a hombres que hicieron cosas tan terribles? Cuando se analizan las vidas de los patriarcas y de otras personas bíblicas, debemos siempre tener presente este elemento: ellos eran como somos nosotros, humanos. Además, sus vidas se extendieron períodos de tiempo muy prolongados; y tuvieron que vivir día a día como hacemos nosotros. Es decir, en la medida en que vivían día tras día y hora tras hora, ellos tenían momentos de debilidad así como de fortaleza al igual que nosotros. Todos los creyentes pueden repasar sus vidas y ver muchos momentos grandes y gloriosos. Pero también podemos ver algunos momentos de debilidad fracasos terribles. La verdad a recordar es la siguiente: La gracia de Dios y solo la gracia de Dios salva y guarda al siervo de Dios. Fue la gracia de Dios la que se extendió para sacar a los patriarcas de las garras del pecado y guardarlos del desmoronamiento total y decisivo. Fue el poder estimulante de Dios —el aliento de su presencia— la que los motivó a salir del pecado en que hubieran caído y los hizo tomar conciencia de su necesidad de Él una vez más. Fue la gracia de Dios la que los llevó al arrepentimiento y renovó su compromiso.

Se muestran los pecados terribles y la gran fe de los siervos bíblicos para enseñarles al menos tres cosas a todas las generaciones.

1. La gracia de Dios es necesaria para salvar y guardar a cualquier persona, sea siervo o pecador. No es la bondad de una persona la que lo salva o lo guarda; es la gracia de Dios y únicamente la gracia de Dios la que lo salva y lo guarda.

"Porque por gracia sois salvos por medio de la fe; y esto no de vosotros, pues es don de Dios; no por obras, para que nadie se gloríe. Porque somos hechura suya, creados en Cristo Jesús para buenas obras, las cuales Dios preparó de antemano para que anduviésemos en ellas" (Ef. 2:8-10; cp. Ro. 8:28-30).

"estando persuadido de esto, que el que comenzó en vosotros la buena obra, la perfeccionará hasta el día de Jesucristo" (Fil. 1:6; cp. Tit. 2:11-13).

"que sois guardados por el poder de Dios mediante la fe, para alcanzar la salvación que está preparada para ser manifestada en el tiempo postrero" (1 P. 1:5; cp. Jud. 24-25).

2. La gracia y el poder de Dios son suficientes para salvar y guardar a cualquier persona, sean siervos o pecadores. A todos los creyentes los salva y guarda Dios, no importa cuán terribles y devastadores puedan ser sus pecados.

"Mis ovejas oyen mi voz, y yo las conozco, y me siguen, y yo les doy vida eterna; y no perecerán jamás, ni nadie las arrebatará de mi mano. Mi Padre que me las dio, es mayor que todos, y nadie las puede arrebatar de la mano de mi Padre" (Jn. 10:27-29).

"¿Quién nos separará del amor de Cristo? ¿Tribulación, o angustia, o persecución, o hambre, o desnudez, o peligro, o espada?... Antes, en todas estas cosas somos más que vencedores por medio de aquel que nos amó. Por lo cual estoy seguro de que ni la muerte, ni la vida, ni ángeles, ni principados, ni potestades, ni lo presente, ni lo por venir, ni lo alto, ni lo profundo, ni ninguna otra cosa creada nos podrá separar del amor de Dios, que es en Cristo Jesús Señor nuestro" (Ro. 8:35, 37-39).

"Por lo cual asimismo padezco esto; pero no me avergüenzo, porque yo sé a quién he creído, y estoy seguro que es poderoso para guardar mi depósito para aquel día" (2 Ti. 1:12).

3. Dios y solo Dios ha de ser honrado, porque su gracia y poder nos salvan y nos guardan. Él no compartirá su gloria con ningún hombre.

"Yo Jehová; este es mi nombre; y a otro no daré mi gloria, ni mi alabanza a esculturas" (Is. 42:8).

"Por mí, por amor de mí mismo lo haré, para que no sea amancillado mi nombre, y mi honra no la daré a otro" (Is. 48:11).

La bondad y los esfuerzos tanto del siervo como del pecador, carecen totalmente, de la gloria de Dios. Por eso cuando un hombre es salvado y guardado —tomado, sacado, y liberado de la debilidad y del pecado— Dios recibe todo el mérito y así es alabado y honrado. Cuando una persona analiza sinceramente las vidas de los siervos bíblicos y ve todas sus debilidades y fracasos, Dios recibe el mérito de su salvación. Él recibe la alabanza y la honra por su liberación y gran fe. Así sucede con todos los creyentes de todas las generaciones. Un creyente objetivo y honesto que repase su vida se da cuenta de cuánto él carece de la gloria de Dios. Él sabe que su liberación y fe se deben a Dios y a su gracia únicamente. Por eso él vive para glorificar a Dios: él alaba y honra a Dios para siempre y por toda la eternidad (cp. Ap. 5:9-14, fundamentalmente. 9-10, 13).

"Así alumbre vuestra luz delante de los hombres, para que vean vuestras buenas obras, y glorifiquen a vuestro Padre que está en los cielos" (Mt. 5:16).

"para que unánimes, a una voz, glorifiquéis al Dios y Padre de nuestro Señor Jesucristo" (Ro. 15:6).

"Porque habéis sido comprados por precio; glorificad, pues, a Dios en vuestro cuerpo y en vuestro espíritu, los cuales son de Dios" (1 Co. 6:20).

"Así que, ofrezcamos siempre a Dios, por medio de él, sacrificio de alabanza, es decir, fruto de labios que confiesan su nombre" (He. 13:15).

"Mas vosotros sois linaje escogido, real sacerdocio, nación santa, pueblo adquirido por Dios, para que anunciéis las virtudes de aquel que os llamó de las tinieblas a su luz admirable" (1 P. 2:9).

CAPÍTULO 27

D. El plan de Isaac para pasar por encima de Jacob y bendecir a Esaú: La manipulación del propósito y la voluntad de Dios, 27:1—28:9

1 El pecado de Isaac: Un intento por evitar la voluntad de Dios
a. Al hacer lo que él deseaba, no lo que dijo Dios: Isaac sabía que la voluntad de Dios era que Jacob recibiera la bendición, pero él planeó bendecir y dársela a Esaú
b. Al sugerir que quedaba poco tiempo
c. Al ignorar la conducta irresponsable de Esaú (cp. 25:27-34)
d. Al seguir la costumbre de celebrar la ocasión con una comida o festín
e. Al ser reservado

2 El pecado de Rebeca: Un intento de hacer cumplir la voluntad de Dios antes del tiempo de Dios
a. Al tomar a Jacob y sugerir que saldría perdiendo y que le pasarían por encima, que en su vida no se cumpliría la voluntad de Dios
b. Al sugerir un plan humano para lograr la voluntad de Dios
1) Preparar ella misma el guisado, el guisado sabroso que a Isaac le gustaba

1 Aconteció que cuando Isaac envejeció, y sus ojos se oscurecieron quedando sin vista, llamó a Esaú su hijo mayor, y le dijo: Hijo mío. Y él respondió: Heme aquí.

2 Y él dijo: He aquí ya soy viejo, no sé el día de mi muerte.
3 Toma, pues, ahora tus armas, tu aljaba y tu arco, y sal al campo y tráeme caza;
4 y hazme un guisado como a mí me gusta, y tráemelo, y comeré, para que yo te bendiga antes que muera.

5 Y Rebeca estaba oyendo, cuando hablaba Isaac a Esaú su hijo; y se fue Esaú al campo para buscar la caza que había de traer.
6 Entonces Rebeca habló a Jacob su hijo, diciendo: He aquí yo he oído a tu padre que hablaba con Esaú tu hermano, diciendo:
7 Tráeme caza y hazme un guisado, para que coma, y te bendiga en presencia de Jehová antes que yo muera.
8 Ahora, pues, hijo mío, obedece a mi voz en lo que te mando.
9 Ve ahora al ganado, y tráeme de allí dos buenos cabritos de las cabras, y haré de ellos viandas para tu padre, como a él le gusta;

10 y tú las llevarás a tu padre, y comerá, para que él te bendiga antes de su muerte.

11 Y Jacob dijo a Rebeca su madre: He aquí, Esaú mi hermano es hombre velloso, y yo lampiño.
12 Quizá me palpará mi padre, y me tendrá por burlador, y traeré sobre mí maldición y no bendición.

13 Y su madre respondió: Hijo mío, sea sobre mí tu maldición; solamente obedece a mi voz y ve y tráemelos.
14 Entonces él fue y los tomó, y los trajo a su madre; y su madre hizo guisados, como a su padre le gustaba.
15 Y tomó Rebeca los vestidos de Esaú su hijo mayor, los preciosos, que ella tenía en casa, y vistió a Jacob su hijo menor;
16 y cubrió sus manos y la parte de su cuello donde no tenía vello, con las pieles de los cabritos;
17 y entregó los guisados y el pan que había preparado, en manos de Jacob su hijo.

18 Entonces éste fue a su padre y dijo: Padre mío. E Isaac respondió: Heme aquí; ¿quién eres, hijo mío?
19 Y Jacob dijo a su padre: Yo soy Esaú tu primogénito; he hecho como me dijiste: levántate ahora, y siéntate, y come de mi caza, para que me bendigas.
20 Entonces Isaac dijo a su hijo: ¿Cómo es que la hallaste tan pronto, hijo

2) Hacer que Jacob le llevara el guisado a su padre ciego y recibir él mismo la bendición
c. Al idear el plan y convencerse de que el plan era justo
1) Justificarse a pesar de elementos evidentes
2) Justificarse a pesar del mal, el engaño, y la posible maldición
3) La convicción de que la causa era justa

d. Al prepararse para todo lo concebible que pudiera suceder
1) Ella preparó el guisado solicitado
2) Ella manejó el problema de los vestidos

3) Ella manejó el problema de la piel suave de Jacob

4) Ella envió a Jacob donde Isaac: Lo convenció completamente de que tenían que hacer cumplir la voluntad de Dios

3 El pecado de Jacob: Un intento por asegurar la voluntad de Dios de la manera equivocada
a. Al seguir los deseos, la influencia, los planes de otro (su madre): Él se acercó a su padre y comenzó el engaño y las mentiras

b. Al atribuirle el éxito a Dios, equivocadamente

c. Al hacerse pasar por otra persona (Esaú)

d. Al reivindicar la voluntad y bendición de Dios antes del tiempo de Dios
  1) Jacob mintió de nuevo

  2) Jacob mostró amor y afecto, equivocadamente
e. Al aceptar las bendiciones de Dios a través del método equivocado

  1) Las bendiciones materiales de Dios

  2 las bendiciones políticas de Dios

  3) La seguridad y protección de Dios

4 El pecado de Esaú: Un intento por desviar, por cambiar la voluntad de Dios
  a. Al seguir adelante con el intento de evitar la voluntad de Dios

---

mío? Y él respondió: Porque Jehová tu Dios hizo que la encontrase delante de mí.
21 E Isaac dijo a Jacob: Acércate ahora, y te palparé, hijo mío, por si eres mi hijo Esaú o no.
22 Y se acercó Jacob a su padre Isaac, quien le palpó, y dijo: La voz es la voz de Jacob, pero las manos, las manos de Esaú.
23 Y no le conoció, porque sus manos eran vellosas como las manos de Esaú; y le bendijo.
24 Y dijo: ¿Eres tú mi hijo Esaú? Y Jacob respondió: Yo soy.
25 Dijo también: Acércamela, y comeré de la caza de mi hijo, para que yo te bendiga; y Jacob se la acercó, e Isaac comió; le trajo también vino, y bebió.
26 Y le dijo Isaac su padre: Acércate ahora, y bésame, hijo mío.
27 Y Jacob se acercó, y le besó; y olió Isaac el olor de sus vestidos, y le bendijo, diciendo:
Mira, el olor de mi hijo, Como el olor del campo que Jehová ha bendecido;
28 Dios, pues, te dé del rocío del cielo, Y de las grosuras de la tierra, Y abundancia de trigo y de mosto.
29 Sírvante pueblos, Y naciones se inclinen a ti; Sé señor de tus hermanos, Y se inclinen ante ti los hijos de tu madre. Malditos los que te maldijeren, Y benditos los que te bendijeren.
30 Y aconteció, luego que Isaac acabó de bendecir a Jacob, y apenas había salido Jacob de delante de Isaac su padre, que Esaú su hermano volvió de cazar.

---

31 E hizo él también guisados, y trajo a su padre, y le dijo: Levántese mi padre, y coma de la caza de su hijo, para que me bendiga.
32 Entonces Isaac su padre le dijo: ¿Quién eres tú? Y él le dijo: Yo soy tu hijo, tu primogénito, Esaú.
33 Y se estremeció Isaac grandemente, y dijo: ¿Quién es el que vino aquí, que trajo caza, y me dio, y comí de todo antes que tú vinieses? Yo le bendije, y será bendito.
34 Cuando Esaú oyó las palabras de su padre, clamó con una muy grande y muy amarga exclamación, y le dijo: Bendíceme también a mí, padre mío.
35 Y él dijo: Vino tu hermano con engaño, y tomó tu bendición.
36 Y Esaú respondió: Bien llamaron su nombre Jacob, pues ya me ha suplantado dos veces: se apoderó de mi primogenitura, y he aquí ahora ha tomado mi bendición. Y dijo: ¿No has guardado bendición para mí?

37 Isaac respondió y dijo a Esaú: He aquí yo le he puesto por señor tuyo, y le he dado por siervos a todos sus hermanos; de trigo y de vino le he provisto; ¿qué, pues, te haré a ti ahora, hijo mío?
38 Y Esaú respondió a su padre: ¿No tienes más que una sola bendición, padre mío? Bendíceme también a mí, padre mío. Y alzó Esaú su voz, y lloró.

---

  1) Esaú regresó de su caza
  2) Esaú preparó el guisado solicitado

  3) Propósito de Esaú: que su padre lo bendijera
b. Al rehusarse a aceptar la elección y la voluntad de Dios
  1) Esaú se identificó
  2) Isaac se dio cuenta de que Dios había anulado su pecado

  3) Isaac confirmó la bendición de Jacob

  4) Esaú lloró amargamente por la bendición

  5) Isaac confirmó que la bendición se quedaba con Jacob
  6) Esaú actuó herido e inocentemente: Se rehusó a aceptar la responsabilidad de su fracaso y se rehusó a confesar su necesidad de cambiar
c. Al rehusarse a aceptar nuestro propio llamado y papel en la vida
  1) Isaac confirmó que la bendición de Jacob no se podía cambiar

  2) Esaú se rehusó a aceptar la realidad: imploró una bendición

5 Conclusión: Las consecuencias de manipular la voluntad de Dios
a. Consecuencias para Esaú
  1) Vivir en una tierra árida e infértil
  2) Vivir en conflicto
  3) Vivir en servidumbre
  4) Ser liberado ocasionalmente
 	
b. Consecuencias para Jacob
  1) Malas relaciones, odio, amargura
  2) Temor, amenazas, peligro
 	
  3) Rechazo, separación, la vida de un fugitivo
 	
c. Consecuencias para Rebeca
  1) La pérdida de la presencia de un hijo
 	
  2) La pérdida del afecto y la confianza de un hijo: Esaú
 	
  3) La necesidad de engañar de nuevo: Al inventar una justificación para ayudar a huir a Jacob
	39 Entonces Isaac su padre habló y le dijo: He aquí, será tu habitación en grosuras de la tierra, Y del rocío de los cielos de arriba;
	
	40 Y por tu espada vivirás, y a tu hermano servirás; Y sucederá cuando te fortalezcas, Que descargarás su yugo de tu cerviz.
	41 Y aborreció Esaú a Jacob por la bendición con que su padre le había bendecido, y dijo en su corazón: Llegarán los días del luto de mi padre, y yo mataré a mi hermano Jacob.
	42 Y fueron dichas a Rebeca las palabras de Esaú su hijo mayor; y ella envió y llamó a Jacob su hijo menor, y le dijo: He aquí, Esaú tu hermano se consuela acerca de ti con la idea de matarte.
	43 Ahora pues, hijo mío, obedece a mi voz; levántate y huye a casa de Labán mi hermano en Harán,
	44 y mora con él algunos días, hasta que el enojo de tu hermano se mitigue;
	45 hasta que se aplaque la ira de tu hermano contra ti, y olvide lo que le has hecho; yo enviaré entonces, y te traeré de allá. ¿Por qué seré privada de vosotros ambos en un día?
	46 Y dijo Rebeca a Isaac: Fastidio tengo de mi vida, a causa de las hijas de Het. Si Jacob toma mujer de las hijas de Het, como éstas, de las hijas de esta tierra, ¿para qué quiero la vida?
		CAPÍTULO 28
		
		1 Entonces Isaac llamó a Jacob, y lo bendijo, y le mandó diciendo: No tomes mujer de las hijas de Canaán.
		
		2 Levántate, ve a Padan-aram, a casa de Betuel, padre de tu madre, y toma allí mujer de las hijas de Labán, hermano de tu madre.
		
		3 Y el Dios omnipotente te bendiga, y te haga fructificar y te multiplique, hasta llegar a ser multitud de pueblos;
		4 y te dé la bendición de Abraham, y a tu descendencia contigo, para que heredes la tierra en que moras, que Dios dio a Abraham.
		5 Así envió Isaac a Jacob, el cual fue a Padan-aram, a Labán hijo de Betuel arameo, hermano de Rebeca madre de Jacob y de Esaú.
		6 Y vio Esaú cómo Isaac había bendecido a Jacob, y le había enviado a Padan-aram, para tomar para sí mujer de allí; y que cuando le bendijo, le había mandado diciendo: No tomarás mujer de las hijas de Canaán;
		7 y que Jacob había obedecido a su padre y a su madre, y se había ido a Padan-aram.
		8 Vio asimismo Esaú que las hijas de Canaán parecían mal a Isaac su padre;
		
		9 y se fue Esaú a Ismael, y tomó para sí por mujer a Mahalat, hija de Ismael hijo de Abraham, hermana de Nebaiot, además de sus otras mujeres.
			d. La primera consecuencia para Isaac: su pecado obligó a un hijo, a Jacob, a abandonar la casa, a huir para salvar su vida
			  1) La orden dada al hijo que partía: Mantener pura la descendencia del pueblo de Dios, no casarse con un incrédulo (un cananeo) sino con un creyente
			  2) La bendición dada: El pacto de Abraham, incluso las promesas de una descendencia numerosa y la Simiente prometida y la Tierra Prometida
			
			  3) Se sufrió la ruptura: Isaac mandó a Jacob a irse
			
			e. La segunda consecuencia para Isaac: Su pecado hizo que un segundo hijo se sintiera inseguro y comenzara a buscar la aprobación de su padre
			  1) Esaú oyó de la orden de Isaac a Jacob, que no se casara con una mujer cananea
			  2) Esaú se dio cuenta de que sus propias esposas cananeas no le agradaban a su padre
			  3) Esaú trató de garantizar la aprobación y bendición de su padre siguiendo el ejemplo de Jacob: Él se casó con una hija de Ismael

División VIII

ISAAC, HIJO DE ABRAHAM: ESCOGIDO PARA DARLE CONTINUIDAD A LA DESCENDENCIA DEL PUEBLO DE DIOS Y LAS GRANDES PROMESAS DE DIOS, 25:19—28:9

D. El plan de Isaac para pasar por encima de Jacob y bendecir a Esaú: La manipulación del propósito y la voluntad de Dios, 27:1—28:9

(27:1—28:9) *Introducción — La voluntad de Dios:* Este es un pasaje trágico de las Escrituras. Se trata de un hombre, Isaac, que conocía de la voluntad de Dios pero la ignoró y se rehusó a cumplirla. El tema se centra en la familia de Isaac y su *manipulación de la voluntad de Dios.* La seriedad del pecado se ilustra y expresa trágicamente como una amonestación gráfica hacia los creyentes. ¿Cómo es que manipulamos la voluntad de Dios? Al cometer los mismos actos pecaminosos cometidos por Isaac y su familia. El tema de este pasaje es: *El plan de Isaac para pasar por encima de Jacob y bendecir a Esaú: La manipulación del propósito y la voluntad de Dios,* 27:1—28:9.

1. El pecado de Isaac: Un intento por evitar la voluntad de Dios (vv. 1-4).
2. El pecado de Rebeca: Un intento de hacer cumplir la voluntad de Dios antes del tiempo de Dios (vv. 5-17).
3. El pecado de Jacob: Un intento por asegurar la voluntad de Dios de la manera equivocada (vv. 18-29).
4. El pecado de Esaú: Un intento por desviar, por cambiar la voluntad de Dios (vv. 30-38).
5. Conclusión: Las consecuencias de manipular la voluntad de Dios (v. 39—28:9).

ESTUDIO A FONDO 1

(27:1—28:9) **Dios, voluntad de:** Por la extensión de esta nota, se analiza al final del comentario para no interrumpir el análisis del pasaje.

1 (27:1-4) *Dios, voluntad de:* El pecado de Isaac fue un intento por evitar la voluntad de Dios. ¿Cómo podría Isaac, que obedecía a Dios tan fielmente, ir en contra de la voluntad de Dios? En verdad resulta difícil de entender hasta que recordemos algo: la debilidad y los deseos de nuestra carne, los profundos anhelos de hacer lo que queremos y lo que creemos que es mejor. Todos somos débiles en la carne, y los deseos de nuestra carne se hacen sentir con mucha fuerza cuando surge un conflicto entre hacer lo que queremos y hacer lo que Dios dice. Este fue el dilema a que se enfrentó Isaac, y él tomó la decisión incorrecta: él cedió ante los deseos de su carne.

1. Isaac hizo lo que él quería, no lo que Dios decía. Isaac sabía que la voluntad de Dios era que Jacob recibiera la bendición, la herencia de la familia; pero él planeó bendecir a Esaú, dándole la herencia de todas maneras (v. 1). Esto se oponía totalmente a lo que Dios había dicho. Isaac estaba actuando

en contra de la Palabra de Dios, yendo en contra de lo que Dios había dicho, e Isaac sabía que estaba desobedeciendo a Dios. Isaac conocía la voluntad de Dios antes de que nacieran los hijos. Dios le había dicho a Rebeca que Jacob sería el hijo que le daría continuidad a la descendencia prometida del Mesías; que el hijo mayor, Esaú, serviría al hijo menor, Jacob (Gn. 25:23). Ese había sido un mandato claro de Dios: Jacob algún día en el futuro recibiría la gran herencia y bendición del padre. Tras recibir tales instrucciones de Dios, Rebeca e Isaac deben haber hecho lo que haría cualquiera de nosotros en circunstancias como esas, deben haber analizado la Palabra de Dios muchas veces, fundamentalmente en los primeros años de vida de los hijos.

Además, Isaac sabía de la conducta irresponsable de Esaú para con los asuntos de la familia. Él también sabía que Esaú había vendido su primogenitura a Jacob. (Vea notas, Gn. 25:27-28; 25:29-34 para un mayor análisis.) Dicho con sencillez, el plan de Isaac para conferirle la bendición a Esaú era injustificable. Él conocía la voluntad de Dios, exactamente lo que Dios quería, pero él estaba haciendo lo que quería él.

¿Cómo Isaac podría ser tan desobediente y lanzarse ante los ojos de Dios con un espíritu de rebelión como ese? Según se han planteado anteriormente, solo hay una respuesta: la debilidad de la carne humana. H. C. Leupold lo plantea bien:

"Parece psicológicamente... que Isaac olvidó a propósito lo que Dios había determinado; y al mismo tiempo por medio de pequeñas y astutas sofisterías [razonamiento, argumentos falsos] se llevó a sí mismo a creer que si él le confería la bendición a Esaú, no contrariaría la palabra divina pronunciada mucho antes. Aquel que conozca la duplicidad y traición del corazón humano... comprenderá cómo un hombre sorteará una palabra de Dios, por clara que sea, si su corazón está realmente empeñado [en algo]" (*Génesis,* vol. 2, p. 736. Advierta fundamentalmente la última oración.)

Pensamiento 1. Nuestra carne es débil, extremadamente débil. Cuando queremos algo, cuando lo deseamos realmente, con demasiada frecuencia nos lanzamos a conseguirlo, no importa lo que diga la Palabra de Dios. Puede que sea...

- reconocimiento
- honra
- posición
- propiedades
- dinero
- posesiones
- poder
- seguridad
- placer

No importa lo que queramos, es parte de nuestra naturaleza justificar nuestra conducta, convenciéndonos nosotros mismo de que Dios comprende, de que quizás Él esté de acuerdo con lo que hagamos. Comenzamos a pensar, aunque Dios lo desapruebe Él nos perdonará y no nos rechazará, a fin de cuentas no lo hará.

Antes de que nos demos cuenta, nos hemos convencido nosotros mismos de que podemos hacer lo que queremos, y lo hacemos. Pero no debemos hacer esto. Debemos obedecer a Dios y hacer su voluntad, tratando de complacerlo con diligencia en todo lo que hagamos. Porque algún día nos enfrentaremos a Él en juicio.

> "Engañoso es el corazón más que todas las cosas, y perverso; ¿quién lo conocerá?" (Jer. 17:9).
>
> "Porque de dentro, del corazón de los hombres, salen los malos pensamientos, los adulterios, las fornicaciones, los homicidios, los hurtos, las avaricias, las maldades, el engaño, la lascivia, la envidia, la maledicencia, la soberbia, la insensatez. Todas estas maldades de dentro salen, y contaminan al hombre" (Mr. 7:21-23).
>
> "Mirad, hermanos, que no haya en ninguno de vosotros corazón malo de incredulidad para apartarse del Dios vivo" (He. 3:12).
>
> "Porque es necesario que todos nosotros comparezcamos ante el tribunal de Cristo, para que cada uno reciba según lo que haya hecho mientras estaba en el cuerpo, sea bueno o sea malo" (2 Co. 5:10).

2. Isaac actuó en secreto (v. 1). Advierta que él solo llamó a Esaú. No se llamó ni se le dijo a nadie más de la gran ocasión que estaba por suceder. Este elemento sugiere contundentemente que Isaac sabía que estaba desobedeciendo a Dios.

> "Mas si no oyereis la voz de Jehová, y si fuereis rebeldes a las palabras de Jehová, la mano de Jehová estará contra vosotros como estuvo contra vuestros padres" (1 S. 12:15).
>
> "Entonces Samuel dijo a Saúl: Locamente has hecho; no guardaste el mandamiento de Jehová tu Dios que él te había ordenado; pues ahora Jehová hubiera confirmado tu reino sobre Israel para siempre" (1 S. 13:13).
>
> "Porque mis ojos están sobre todos sus caminos, los cuales no se me ocultaron, ni su maldad se esconde de la presencia de mis ojos" (Jer. 16:17).
>
> "Nadie os engañe con palabras vanas, porque por estas cosas viene la ira de Dios sobre los hijos de desobediencia" (Ef. 5:6).

3. Isaac sugirió que quedaba poco tiempo (v. 2). Probablemente él tuviera cerca de 137 años de edad, lo que significaba que Esaú y Jacob tenían cerca de 77 años de edad (H. C. Leupold, p. 735). Advierta también que Isaac estaba ciego. Ciego y con 137 años de edad, Isaac sabía que él podía enfermar y morir en cualquier momento; por eso era hora de que él le confiriera la bendición y herencia de la familia a su hijo. Esto era lo que él le estaba diciendo a Esaú. Sin embargo, Isaac viviría más de cuarenta años después de este suceso (Gn. 35:28-29).

4. Isaac ignoró completamente la conducta irresponsable de Esaú (v. 3. Vea bosquejo y notas, Gn. 25:29-34 para un mayor análisis.) Esaú había sido un hombre despreocupado toda su vida, adicto a los deportes y la recreación y le prestaba poca o ninguna atención al bienestar y asuntos de negocios de la familia, al igual que a su desarrollo espiritual. A pesar de

esto, Isaac siempre había consentido en la conducta de Esaú y se había enorgullecido grandemente de la habilidad de Esaú en los deportes. Al parecer él favorecía a Esaú por su virilidad y habilidad en los deportes, y él adoraba el sabor de la carne de los animales salvajes que Esaú siempre traía a casa. Esto más la necesidad de mantener en silencio la bendición —sin que Rebeca ni Jacob lo supieran— probablemente fuera la razón por la que Isaac hizo que Esaú saliera a buscar caza para el festín en vez de tomarla de la cocina.

5. Isaac siguió la costumbre de la época, la de celebrar la ocasión con una comida o festín (v. 4). Probablemente esto haya ayudado a aliviar algo la conciencia de Isaac, porque él, después de todo, solo estaba haciendo lo que hacían la mayoría de los padres: conferirle sus bendiciones a sus hijos mayores y celebrar la ocasión con un banquete. Probablemente él pensara lo que muchos de nosotros piensan cuando nos estamos justificando (razonando falsamente) en nuestra mente: "Dios no podría mirarme con mucho menosprecio, porque esta es la conducta común, algo que todo el mundo hace".

ESTUDIO A FONDO 2

(27:1) *Bendición, La:* En tiempos antiguos, *la bendición* de un padre era un suceso muy significativo. Era una ocasión que se apartaba y el padre le transfería la primogenitura y herencia de la familia a su hijo, por lo general al hijo mayor. Sin embargo, si el hijo mayor demostraba no ser digna de ella, el padre podía pasar la bendición a un hijo menor. La bendición era un contrato legal y vinculante y siempre incluía la primogenitura y herencia del padre. (Vea *Estudio a fondo 1, Primogenitura,* Gn. 25:31 para un mayor análisis.) En el caso de Isaac, tanto la primogenitura como la bendición incluían las promesas muy especiales de Dios hechas a Abraham...

* la promesa de la Tierra Prometida.
* la promesa de la Simiente prometida, lo que significaba tanto la simiente de una nueva raza y la simiente muy especial del Mesías. (Vea bosquejo y notas, Gn. 12:1-3 para un mayor análisis.)

---

2 (27:5-17) *Dios, voluntad de:* El pecado de Rebeca fue un intento de hacer cumplir la voluntad de Dios antes del tiempo de Dios. Solo por casualidad, Rebeca escuchó la conversación de Isaac con Esaú. Al parecer lo que ella escuchó la estremeció hasta los tuétanos, porque ella sabía que Isaac estaba desobedeciendo a Dios, que él se estaba rehusando a cumplir la voluntad de Dios. Sin lugar a dudas, Rebeca era una esposa fiel que trataba de complacer a su esposo y de cumplir sus deseos; pero en este caso, ella sabía que Isaac estaba equivocado y que estaba a punto de cometer un pecado terrible. Pensamientos como estos deben haber invadido su mente: ¿Qué puedo hacer para detener a Isaac? ¿Debiera yo esperar a que Dios solucione la situación? Si Isaac le da la bendición a Esaú, ¿cómo podrá Dios hacer que

Jacob reciba la herencia? La bendición de Isaac a Esaú será legal y vinculante: una vez dada a Esaú será de Esaú para siempre. No se logrará el propósito de Dios para esta familia; no se cumplirá su voluntad para con nosotros. Isaac y yo no habremos logrado llevar a cabo la voluntad de Dios".

Rebeca creyó que ella tenía que hacer algo para detener a Isaac. Sencillamente ella no tuvo fe suficiente para creer que Dios pudiera solucionar la situación, que él pudiera poner la bendición en Jacob de alguna otra manera. Por eso, de inmediato se dispuso a hacer cumplir la voluntad y el propósito de Dios por medio de sus propios esfuerzos. Rápidamente halló a Jacob e ideó un plan con el que Jacob pudiera recibir la bendición.

Advierta cómo los pasos dados por Rebeca y Jacob constituyen un error, un error que todos nosotros en ocasiones cometemos: un intento de hacer cumplir la voluntad de Dios antes del tiempo de Dios.

1. Rebeca tomó a Jacob y le sugirió que iba a perderlo todo y que le pasarían por encima, que la voluntad de Dios no se iba a cumplir en su vida (vv. 6-7). Ella le dijo a Jacob que Isaac estaba planeando darle la bendición y la herencia a Esaú. Si eso sucedía, entonces la voluntad de Dios para Jacob estaría frustrada; Jacob perdería la herencia y le pasarían por encima.

2. Rebeca sugirió un método humano para lograr la voluntad de Dios. Ella sugirió que Jacob le trajera dos cabritos para que ella pudiera cocinarlos y hacerle el guisado sabroso que a Isaac le gustaba. Luego Jacob podría llevárselo a su padre ciego y podría recibir la bendición él.

3. Rebeca justificó el plan y se convenció de que el método era *justo* (vv. 11-13). Inmediatamente Jacob vio que había varios problemas con el plan sugerido por su madre.
=> Esaú era velloso, pero él, Jacob, era lampiño (v. 11).
=> El plan era engañoso y erróneo (v. 12).

Si Isaac lo tocaba durante la comida, Isaac sabría que era él, Jacob, y no Esaú. La mentira y el engaño se descubrirían, y él se traería sobre sí mismo una maldición, no una bendición (v. 12).

Rebeca obviamente justificó estas objeciones. Ella estaba completamente convencida de que la causa era *justa*, tan *justa* que ella misma soportaría la maldición si el plan fracasaba (v. 13).

4. Rebeca se preparó hábilmente para cualquier cosa, se preparó para cada posible situación que se pudiera dar (vv. 14-17).
=> Ella preparó el guisado solicitado por Isaac (v. 14).
=> Ella manejó el problema del sentido agudo del olfato de Isaac haciendo que Jacob se pusiera los vestidos de Esaú.
=> Ella manejó el problema de la piel lampiña de Jacob pegándole la piel de los cabritos en sus manos y en el cuello (v. 16).

Luego Rebeca le dio a Jacob el guisado y lo envió donde Isaac para darle de comer y para que recibiera la bendición de él (v. 17). Lo que se debe tener en cuenta es lo siguiente:

Rebeca convenció completamente a Jacob de que ellos por sí mismos tenían que obrar la voluntad de Dios, que dependía de ellos que se cumpliera la voluntad de Dios en la vida de la familia.

Advierta cómo la confianza y fe de Rebeca en Dios eran débiles. Ella conocía la voluntad de Dios; Dios le había hablado a ella y le había revelado a ella su voluntad incluso antes de que nacieran sus hijos. Así, ella tenía razón para preocuparse por el pecado de Isaac. Su plan de pasar por alto la voluntad de Dios era un error y Rebeca lo sabía. En cuanto a esto ella tenía razón, pero en cuanto a su plan estaba equivocada. Estaba errada...
• Al no confiar en que Dios solucionaría las cosas.
• Al planear y tratar de hacer cumplir la voluntad de Dios antes de su tiempo.
• Al hacer que Jacob mintiera y engañara a su padre.

Pensamiento 1. Con mucha frecuencia, cometemos el mismo error que cometió Rebeca. Conocemos la voluntad de Dios, porque Él nos ha hablado por medio de:

=> Su Palabra
=> Su Espíritu
=> Algún predicador
=> Algún hermano creyente
=> Algún suceso o circunstancia

La voluntad de Dios para nosotros puede comprender cualquier área de nuestras vidas. Sucede lo siguiente: Dios les ha hablado a nuestros corazones para que su voluntad se conozca claramente. Pero nos impacientamos y comenzamos a actuar por nuestra cuenta. Creemos que ya no podemos esperar más, que tenemos que movernos y hacer lo que Dios nos ha mostrado, y que debemos hacerlo cuanto antes. Por eso salimos, tratando de hacer cumplir la voluntad de Dios antes del tiempo de Dios.

1) Creemos que lo vamos a perder todo y que nos pasarán por alto, que no se cumplirá el propósito de Dios en nuestras vidas a menos que actuemos y que lo hagamos cuanto antes.
2) Por eso, actuamos ideando nuestros propios planes para lograr y hacer cumplir la voluntad de Dios.
3) Nos justificamos y nos convencemos nosotros mismos de que actuar de inmediato es *justo*, es realmente de Dios porque estamos actuando para Dios.
4) Hacemos preparativos maravillosos, preparándonos para cualquier cosa y desarrollando soluciones para toda posible situación que se pueda dar.

Solo hay un problema cuando ideamos planes y vías humanas para hacer cumplir la voluntad de Dios en nuestras vidas: nuestro plan no es el plan de Dios; nuestra vía no es la vía de Dios; y nuestro tiempo no es el tiempo de Dios. Por ende, debemos buscar el rostro de Dios constantemente y esperar en Él hasta que Él nos muestre sin lugar a dudas que es hora de actuar.

"En cuanto a Dios, perfecto es su camino, acrisolada la palabra de Jehová; escudo es a todos los que en él esperan" (Sal. 18:30).

"Porque mis pensamientos no son vuestros pensamientos, ni vuestros caminos mis caminos, dijo Jehová. Como son más altos los cielos que la tierra, así son mis caminos más altos que vuestros caminos, y mis pensamientos más que vuestros pensamientos" (Is. 55:8-9).

"¿Quién es sabio para que entienda esto, y prudente para que lo sepa? Porque los caminos de Jehová son rectos, y los justos andarán por ellos; mas los rebeldes caerán en ellos" (Os. 14:9).

"Se levantó, y midió la tierra; miró, e hizo temblar las gentes; os montes antiguos fueron desmenuzados, los ollados antiguos se humillaron. Sus caminos son eternos" (Hab. 3:6).

"¡Oh profundidad de las riquezas de la sabiduría y de la ciencia de Dios! ¡Cuán insondables son sus juicios, e inescrutables sus caminos!" (Ro. 11:33).

"Y cantan el cántico de Moisés siervo de Dios, y el cántico del Cordero, diciendo: Grandes y maravillosas son tus obras, Señor Dios Todopoderoso; justos y verdaderos son tus caminos, Rey de los santos" (Ap. 15:3).

3 (27:18-29) *Engaño — Mentira:* El pecado de Jacob fue un intento por asegurar la voluntad de Dios de la manera equivocada. A Jacob se le había enseñado obviamente que él era el heredero de las promesas de Dios, y él había garantizado la primogenitura durante un momento de debilidad de Esaú. Él tenía razón para sentir y creer que él era el elegido de Dios. Pero él estaba equivocado al creerse autosuficiente y al tratar de manejar las cosas sin la dirección y la ayuda de Dios. También estaba equivocado al obedecer a la influencia de su madre y al permitirle que lo dominara. Él estaba equivocado al buscar la bendición por medio de su propia autosuficiencia y engaño.

1. Jacob obedeció a la influencia y plan de otra persona (su madre): él se acercó a su padre y dio inicio al engaño (vv. 18-19). Recuerden, Jacob tenía cerca de 77 años de edad en este momento. Él sabía muy bien lo que estaba haciendo. Advierta que Isaac no podía reconocer bien la voz que le hablaba: no sonaba exactamente igual a Esaú. De inmediato Jacob se vio obligado a mentirle a su padre:
=> Él alegó ser Esaú (v. 19).
=> Él alegó tener el guisado solicitado por Isaac.

Advierta también que Jacob planteó por qué había venido: para que Isaac le diera la bendición.

2. Jacob le atribuyó su éxito a Dios, erróneamente (v. 20). Isaac no podía entender cómo Esaú podría regresar tan rápido de su caza, cómo él podría haber matado a un animal con tanta rapidez. Advierta que Jacob le añadió *blasfemia* a su mentira aquí: él aseguró que *el Dios de Isaac* le había provisto una cacería rápida y exitosa. Él le llamó a Dios *el*

Dios de Isaac, no *mi Dios*. Esto puede ser un indicio de que Esaú no conocía ni profesaba al Dios de Isaac en esta etapa de su vida. Recuerden, Jacob estaba haciéndose pasar por Esaú; por consiguiente, él tenía que referirse a Dios como lo haría Esaú.

3. Jacob se hizo pasar por otra persona (Esaú) (vv. 21-23a) Él fingió ser Esaú. Pero advierta: Isaac no estaba verdaderamente seguro de que fuera Esaú. La voz sonaba más bien a Jacob. Él le pidió al hombre que se acercara para poder tocarlo y asegurarse que era Esaú. Cuando Isaac palpó el pelo en las manos y el cuello de Jacob, entonces supuso que era Esaú.

"Pero a cada uno de nosotros fue dada la gracia conforme a la medida del don de Cristo" (Ef. 4:7).

Pensamiento 1. Advierta la lección a aprender: las personas de todas las profesiones y condiciones sociales tratan de hacerse pasar por otras personas. Tratan de caminar, hablar, lucir, predicar, enseñar, y exponer como lo hacen otros, en vez de ser ellos mismos.

Dios quiere que seamos nosotros mismos, quiere que se cumpla su voluntad en nosotros dejando que nuestra propia personalidad y contribuciones brillen en nuestra vida. Él no quiere que vivamos una mentira, tampoco que tratemos de ser otra persona ni que tratemos de parecer que somos otra persona. Por supuesto, deberíamos seguir el ejemplo dinámico de otros, pero no debiéramos hacernos pasar por ellos ni tratar de ser como ellos. Esa no es la forma de hacer cumplir la voluntad de Dios en nuestras vidas. Dios no has hecho a cada uno de nosotros distintos con dones y habilidades distintos y con una contribución distinta que hacer a la sociedad. Por eso, debemos ser fieles a nuestras propias personalidades y habilidades, cumpliendo la voluntad de Dios siendo nosotros mismos.

"A uno dio cinco talentos, y a otro dos, y a otro uno, a cada uno conforme a su capacidad; y luego se fue lejos" (Mt. 25:15).

"De manera que, teniendo diferentes dones, según la gracia que nos es dada, si el de profecía, úsese conforme a la medida de la fe; o si de servicio, en servir; o el que enseña, en la enseñanza; el que exhorta, en la exhortación; el que reparte, con liberalidad; el que preside, con solicitud; el que hace misericordia, con alegría" (Ro. 12:6-8).

"Ahora bien, hay diversidad de dones, pero el Espíritu es el mismo. Y hay diversidad de ministerios, pero el Señor es el mismo" (1 Co. 12:4-5).

4. Jacob reivindicó la voluntad y bendición de Dios antes del tiempo de Dios (vv. 23b-26). Isaac, plenamente convencido de que la voz delante de él era Esaú, bendijo a Jacob. Sucede lo siguiente: no era el tiempo de Dios para que Jacob recibiera la bendición, no era tiempo para que Jacob llevara a cabo la voluntad de Dios. Jacob estaba reivindicando la voluntad y

bendición de Dios por medio de sus propios planes humanos, y él tuvo que reclamarla por medio de mentiras y engaño. Jacob estaba actuando de un modo autosuficiente, estaba actuando por medio de sus propias fuerzas, ignorando a Dios totalmente.

5. Jacob aceptó las bendiciones de Dios por medio de un método equivocado (vv. 27-29). Isaac le pidió a Jacob que se acercara y lo besara. Cuando lo hizo, Isaac percibió el olor del campo impregnado en los vestidos de Esaú, y él usó esto como el fundamento de *la bendición* que se debía dar. La bendición incluía...

- Las bendiciones materiales de Dios.
- La bendición política de Dios: habría naciones bajo su autoridad y gobierno (v. 29).
- Dios bendeciría y maldeciría a aquellas naciones que bendijeran y maldijeran a Jacob y su descendencia (v. 29b). La idea es que Dios protegería y le daría seguridad a Jacob (Vea nota 2, pt. 4d, Gn. 12:2-3 para un mayor análisis).

Advierta que Isaac no le confirió la bendición de la Simiente prometida en ese momento. ¿Por qué? ¿No tuvo la consciencia tranquila cuando la voz que escuchó delante de él no sonaba exactamente como la de Esaú, y trataba de asegurarse que era? ¿Entró en razones lo suficiente como para retener deliberadamente la bendición del pacto abrahámico? Las Escrituras no lo dicen. Pero sorprendentemente, él retuvo toda la bendición. Veremos más adelante que Isaac se arrepintió de su conducta y se mantuvo firme en favor de Jacob y la bendición que había pronunciado sobre él (vv. 33s).

Pensamiento 1. Advierta tres lecciones significativas.

1) Dios tiene un tiempo para que cada persona comience su obra y ministerio en la tierra, un tiempo en que la voluntad y bendición de Dios aparezcan en su vida. No debemos hacer lo que hizo Jacob: reivindicar la voluntad y bendición de Dios antes del tiempo de Dios. Comenzar demasiado temprano solo nos llevará al fracaso.

2) Cuando Dios nos llama a comenzar nuestra obra y ministerio, debemos actuar y no demorarnos. Rehusarnos a dar el paso al frente en la voluntad de Dios cuando Él nos llama trae como resultado el fracaso.

3) Los planes y métodos que escojamos para llevar a cabo nuestra obra en la tierra deben ser de Dios no del hombre. Deben estar basados en verdaderos principios bíblicos, probados y demostrados. Los planes y métodos humanos siempre resultan falsos. Son como fueron los de Jacob: engañosos y condenados al fracaso, con frecuencia provocando problemas catastróficos.

"Muchos pensamientos hay en el corazón del hombre; mas el consejo de Jehová permanecerá" (Pr. 19:21).

"Porque mis pensamientos no son vuestros pensamientos, ni vuestros caminos mis caminos, dijo Jehová. Como son más altos los cielos que la tierra, así son mis caminos más altos que vuestros caminos, y mis pensamientos más que vuestros pensamientos" (Is. 55:8-9).

4 (27:30-38) *Dios, voluntad de — Esaú:* El pecado de Esaú fue un intento por desviar y cambiar la voluntad de Dios. Esaú quería lo que quieren muchas personas, tanto la voluntad de Dios como su propia voluntad. Quieren hacer la voluntad de Dios y recibir la bendición de Dios, pero también quieren hacer lo que les plazca. Quieren disfrutar tanto los deseos de su propia carne como los deseos de Dios. Pero hay un problema grave en este método de vida: los deseos y la voluntad de la carne se oponen a los deseos y la voluntad de Dios (cp. Gá. 5:16-24). Este fue el dilema al que se enfrentó Esaú. El objetivo de su vida era cumplir los placeres y deseos de su carne; le importaba poco Dios y le prestaba poca atención a los asuntos espirituales. Pero aun así quería las bendiciones de Dios en su vida. El problema era el siguiente: Esaú no quería lo suficiente la voluntad de Dios ni su bendición...

- No lo suficiente como para cambiar su vida
- No lo suficiente como para darle prioridad a Dios en su vida
- No lo suficiente como para comenzar a obedecer a Dios con todo su corazón

Por ende, Esaú hizo lo único que podía hacer: Se dispuso a desviar y cambiar la voluntad de Dios. Él trató de apoderarse de la bendición de Dios a pesar de su estilo de vida mundano y carnal. Advierta cómo Esaú trató de desviar y cambiar la voluntad de Dios.

1. Esaú participó de conjunto con su padre en su intento de pasar por alto la voluntad de Dios (vv. 30-31). Esaú era tan culpable como Isaac al tratar de hacer que se confiriera a él *la bendición*. Esaú sabía...

- Que Dios había escogido a Jacob para que fuera el cabeza de la familia y le diera continuidad a la descendencia prometida del pueblo de Dios y del Mesías (El Salvador).
- Que él le había vendido incluso la primogenitura a Jacob.
- Que él personalmente le había prestado más atención a la recreación y al deporte, y al estilo libre de vida que al bienestar, los asuntos de negocios de la familia y al desarrollo espiritual.
- Que había contraído un matrimonio mixto, casándose con dos mujeres mundanas y cananeas, y que esto los descalificaba para ser el cabeza de la familia escogida de Dios.

Pero Esaú ignoró estos elementos, y cuando su padre lo llamó para conferirle a él *la bendición*, él tontamente le hizo el juego a su padre. Advierta lo que sucedió:

=> Esaú se había ido a buscar la caza que le había pedido su padre, y cuando regresó, casi atrapa a Jacob. Él entraba en la presencia de su padre cuando Jacob se marchaba. El hebreo expresa la idea de que Jacob casi salió a tiempo (v. 30).

=> Esaú preparó el guisado que le habían pedido y se lo trajo a su padre (v. 31).

Advierta ahora por qué Esaú le hacía el juego a su padre: por su naturaleza pecadora. La naturaleza pecadora de Esaú se demostró claramente: él quería que se le confiriera *la bendición*, la bendición que legítimamente le correspondía a Jacob (v. 31c). Esaú estaba tratando de desviar y cambiar la voluntad de Dios.

2. Esaú se rehusó a aceptar la elección de Dios y la voluntad de Dios (vv. 32-36). Cuando Esaú se acercó a Isaac, diciéndole que le había preparado el guisado que le había pedido, Isaac hizo lo más lógico: él le preguntó quién era. Tan pronto Esaú se identificó, Isaac preguntó quién era el que le había traído comida anteriormente y había recibido la bendición. Y entonces Isaac cayó en cuenta: Jacob había robado la bendición y la herencia. Isaac se estremeció hasta los tuétanos; literalmente comenzó a *temblar excesivamente*. El hebreo da la idea de que él "tembló excesivamente y se estremeció violentamente". Todo tipo de emociones invadieron su cuerpo.

=> Había sido engañado por Jacob.

=> Él había actuado en secreto, tratando de engañar a Jacob y a su propia esposa querida, Rebeca.

=> Él había provocado problemas y división severos dentro de su casa.

=> Había conspirado contra el propio Dios, tratando de pasar por encima de la voluntad de Dios.

=> Él había traicionado la confianza de la bendición que Dios y su padre, Abraham le habían dado.

Isaac estaba temblando y se estaba estremeciendo violentamente porque sentía convicción: Dios lo estaba poniendo en jaque. Dios lo estaba deteniendo de cometer un mal terrible: de tomar represalias contra Jacob y Rebeca y de revertir la bendición y dársela a Esaú. Dios estaba actuando en el corazón de Isaac con juicio, haciéndole tomar plena consciencia de que se estaba poniendo a sí mismo en peligro, de que trataba de pasar por encima de la voluntad de Dios para *la familia y la descendencia prometida*. ¿Cómo sabemos que esto es lo que Isaac estaba experimentando? Porque él tomó la decisión en ese justo momento: la bendición se quedaría en manos de Jacob. Él expresó: "y será bendito" (v. 33c).

Pero advierta la reacción de Esaú: él no estaba dispuesto a dejar la bendición solamente en manos de Jacob; se opuso totalmente a eso. Él quería una parte de la voluntad y bendición de Dios, quería una parte a pesar de la vida mundana que llevaba. Él exclamó con amargura: Bendíceme también a mí, padre mío (v. 34b). Pero Isaac no podía. Dios había mostrado claramente que la bendición estaba donde debía estar, en manos de Jacob (v. 35).

Advierta cómo Esaú actuó herido e inocentemente: él sencillamente se rehusó a aceptar la responsabilidad de su fracaso y se rehusó a confesar su necesidad de cambiar (v. 36).

Él acusó a Jacob de doble juego y engaño, diciendo que Jacob ciertamente tenía el nombre apropiado. *Jacob* significa aquel que agarra tras los talones de otros, por eso simbólicamente se refiere a un suplantador, un impostor, un ambicioso (H. C. Leupold, p. 754). Esaú acusó a Jacob de haberlo ambicionado y engañado dos veces, de haber tomado su primogenitura y bendición.

Según se ha planteado, Esaú actuaba herido e inocentemente; pero él estaba tan equivocado, de no estarlo más, que Jacob. Era la voluntad de Dios que Jacob encabezara la familia escogida. A pesar del engaño de Jacob, la voluntad de Dios no cambió. Esaú se rehusaba trágicamente a aceptar la voluntad de Dios.

3. Esaú se rehusó a aceptar su propio llamado y papel en la vida. Destrozado emocionalmente, Esaú le preguntó a Isaac que si él no había reservado al menos alguna bendición para él (vv. 36c-38). En respuesta, Isaac de un modo muy sencillo confirmó la bendición de Jacob: Jacob tendría autoridad tanto sobre Esaú como sobre todos sus otros familiares, y sería bendecido materialmente por toda su vida (v. 37).

Pero advierta: Esaú seguía rehusándose a aceptar el hecho de la voluntad de Dios: él imploró una y otra vez una bendición. Luego rompió a llorar, completamente destrozado y sin poder pronunciar palabra.

Pensamiento 1. La lección es evidente: no debemos vivir como Esaú, ignorando la voluntad y exigencia de Dios de santidad. No debemos llevar vidas inmorales y mundanas; no debemos llevar vidas irresponsables, descuidando el trabajo y bienestar de nuestra familia y su desarrollo espiritual. Por el contrario, debemos llevar vidas santas y puras. Nadie podrá jamás cambiar la voluntad de Dios con respecto a la santidad y la pureza. Dios escoge y bendice a aquellos que son responsables y preocupados por las cosas espirituales, aquellos que tratan de llevar vidas puras y santas.

"Seguid la paz con todos, y la santidad, sin la cual nadie verá al Señor. Mirad bien, no sea que alguno deje de alcanzar la gracia de Dios; que brotando alguna raíz de amargura, os estorbe, y por ella muchos sean contaminados; no sea que haya algún fornicario, o profano, como Esaú, que por una sola comida vendió su primogenitura. Porque ya sabéis que aun después, deseando heredar la bendición, fue desechado, y no hubo oportunidad para el arrepentimiento, aunque la procuró con lágrimas" (He. 12:14-17).

"Así que, amados, puesto que tenemos tales promesas, limpiémonos de toda contaminación de carne y de espíritu, perfeccionando la santidad en el temor de Dios" (2 Co. 7:1).

"Seguid la paz con todos, y la santidad, sin la cual nadie verá al Señor" (He. 12:14).

"sino, como aquel que os llamó es santo, sed también vosotros santos en toda vuestra manera de vivir; porque escrito está: Sed santos, porque yo soy santo" (1 P. 1:15-16).

5 (27:39—28:9) *Pecado, consecuencias — Dios, voluntad de:* Las consecuencias de alterar la voluntad de Dios se ven claramente en lo que le sucedió a la familia de Isaac.

1. Estaban las consecuencias para Esaú: había intentado desviar y cambiar la voluntad de Dios. Isaac, al parecer bajo el liderazgo del Espíritu de Dios, fue movido a hacer una profecía con respecto a Esaú y sus descendientes que se convertirían en la nación *Edom*. Esaú y sus descendientes...

• Vivirían en una tierra árida e infértil (v. 39).
• Vivirían en conflicto (v. 40).
• Vivirían en servidumbre (v. 40).
• Ocasionalmente serían liberados, para deshacerse del yugo del dominio foráneo (v. 40).

2. Estaban las consecuencias para Jacob: él había intentado garantizar la voluntad y bendición de Dios de la manera equivocada, actuando de un modo autosuficiente (vv. 41-42).

=> Había malas relaciones, odio, y amargura: Esaú odiaba a Jacob (v. 41).
=> Había temor y amenazas a su vida: Esaú tramó matar a Jacob (v. 41).
=> Estaba el rechazo y la separación de la familia, teniendo que llevar la vida de un fugitivo (vv. 42s). Rebeca había descubierto la conspiración de Esaú y se lo dijo a Jacob. De conjunto, crearon un plan de escape.

Aquí no se ven todas las consecuencias del pecado de Jacob. Él sufrió grandemente en toda su vida. Él perdió las riquezas e influencia que había disfrutado hasta este momento. Nunca más volvió a ver a su madre. Él le sirvió a otro hombre con mucho vigor durante unos veinte años, segando una y otra vez el mismo engaño que hubo sembrado hacia Esaú (Gn. 29:15-30). Y sus propios hijos laceraron su corazón una y otra vez por medio del engaño (Gn. 37:1-35).

3. Estaban las consecuencias para Rebeca: Ella había tratado de hacer cumplir la voluntad de Dios sin su ayuda.

=> Ahora sufriría la pérdida de un hijo (vv. 43-44). Jacob tenía que huir para salvar su vida, y ella nunca más lo volvería a ver. Ella moriría antes de que regresara.
=> Ella sufrió la pérdida del afecto y la confianza de Esaú (v. 45c).
=> Ella se vio obligada a engañar una vez más a Isaac, a inventar una excusa falsa a fin de ayudar a Jacob a librarse de la venganza de Esaú (v. 46a). Ella usó el matrimonio de Esaú con damas infieles como la excusa para convencer a Isaac de enviar lejos a Jacob. Ella no quería que Jacob se casara con una chica infiel de la localidad. Se debía mantener la descendencia pura e intachable entre los descendientes de Abraham. Por eso ella se vio obligada a engañar de nuevo a fin de salvar a Jacob de la furia de Esaú.

4. Estaba la primera consecuencia sobre Isaac: su pecado obligó a un hijo, Jacob, a abandonar la casa y huir para salvar su vida (Gn. 28:1-5). Por supuesto, Isaac era la parte más culpable de la familia, porque él debía ser el cabeza espiritual de la familia. Aún así, él fue quien empezó todo este desastre sórdido, es culpable porque él había tratado de pasar por encima de la voluntad de Dios. Ahora bien, él segaría lo que había sembrado: una tragedia terrible. Su hijo Jacob se vio obligado a abandonar la casa, huyendo para salvar su vida, huyendo de su propio hermano que había amenazado con matarlo (Gn. 27:41).

=> Isaac le dio una encomienda al hijo que se marchaba, mandándole que mantuviera pura para la línea familiar de creyentes (vv. 1-2). Jacob no debía casarse con una cananea, una incrédula. Él debía ir a la casa de Labán, la familia de la que su propia madre Rebeca había provenido, para buscar una esposa.
=> Isaac le confirió la bendición del pacto abrahámico a Jacob: esto incluía las promesas de la descendencia multiplicada y de la simiente y la Tierra Prometidas (vv. 3-4. Vea bosquejo y notas, Gn. 12:1c-3.)
=> Isaac sufrió el dolor de tener que enviar lejos a Jacob (v. 5).

5. Estaba la segunda consecuencia para Isaac: su pecado hizo que un segundo hijo, Esaú, se sintiera inseguro y rechazado por su padre, que sintiera que tenía que buscar la aprobación de su padre (vv. 6-9). Esaú siempre había sido el hijo preferido de Isaac. Pero ahora, como Isaac se había rehusado a revocar *la bendición* dada a Jacob y a conferírsela a Esaú, al parecer Esaú se sintió rechazado por su padre.

=> Esaú descubrió que Isaac había enviado lejos a Jacob, mandándole no casarse con una mujer incrédula y cananea (vv. 6-7).
=> Esaú se dio cuenta entonces —al menos hasta cierto punto— de cuán importante era mantener pura la línea familiar de creyentes. Él se dio cuenta de que sus esposas cananeas no le agradaban a su padre (v. 8).
=> Lo que sucedió después es una escena patética. Esaú intentó asegurar la aprobación y bendición de su padre siguiendo el ejemplo de Jacob: él fue donde Ismael, hijo de Abraham, y se casó con una de las hijas de Ismael, creyendo que esto agradaría a su padre (v. 9).

Pensamiento 1. El pecado recoge consecuencias terribles. El intento de pasar por encima de la voluntad de Dios conllevó a esta familia a una telaraña de engaños y mentiras que trajeron como resultado un hogar destruido. El pecado siempre trae como resultado el sufrimiento y el dolor que con frecuencia siega la devastación y la destrucción.

"Porque la paga del pecado es muerte, mas la dádiva de Dios es vida eterna en Cristo Jesús Señor nuestro" (Ro. 6:23).
"Porque el ocuparse de la carne es muerte, pero el ocuparse del Espíritu es vida y paz" (Ro. 8:6).
"Entonces la concupiscencia, después que ha concebido, da a luz el pecado; y el pecado, siendo consumado, da a luz la muerte" (Stg. 1:15).
"El que hablaba conmigo tenía una caña de medir, de oro, para medir la ciudad, sus puertas y su muro" (Ap. 21:8).

"No confíe el iluso en la vanidad, porque ella será su recompensa" (Job 15:31).

"Como la justicia conduce a la vida, así el que sigue el mal lo hace para su muerte" (Pr. 11:19).

"He aquí que todas las almas son mías; como el alma del padre, así el alma del hijo es mía; el alma que pecare, esa morirá" (Ez. 18:4).

ESTUDIO A FONDO 1

(27:1—28:9) *Dios, voluntad de*: Lo más importante del mundo es hacer la voluntad de Dios, pero para hacer la voluntad de Dios debemos conocer la voluntad de Dios. No podemos hacer su voluntad a menos que primero sepamos lo que Él quiere que hagamos. Advierta diez verdades significativas.

1. Dios le ha revelado su voluntad al hombre en las Escrituras. Es en la Santa Biblia que encontramos la voluntad de Dios. Por ende, saber la voluntad de Dios, debemos estudiar la Biblia, las Sagradas Escrituras de Dios.

> "Toda la Escritura es inspirada por Dios, y útil para enseñar, para redargüir, para corregir, para instruir en justicia" (2 Ti. 3:16).
>
> "Procura con diligencia presentarte a Dios aprobado, como obrero que no tiene de qué avergonzarse, que usa bien la palabra de verdad" (2 Ti. 2:15).

2. Dios se complace solo con la persona que hace su voluntad, la persona que lo obedece. La persona que hace la voluntad de Dios es bendecida y será muy bien recompensada. Pero la persona que no hace la voluntad de Dios será condenada y juzgada. Advierta con qué claridad las escrituras revelan este elemento:

> "Y el mundo pasa, y sus deseos; pero el que hace la voluntad de Dios permanece para siempre" (1 Jn. 2:17).
>
> "para no vivir el tiempo que resta en la carne, conforme a las concupiscencias de los hombres, sino conforme a la voluntad de Dios. Baste ya el tiempo pasado para haber hecho lo que agrada a los gentiles, andando en lascivias, concupiscencias, embriagueces, orgías, disipación y abominables idolatrías. Pero ellos darán cuenta al que está preparado para juzgar a los vivos y a los muertos" (1 P. 4:2, 3, 5).
>
> "Si quisiereis y oyereis, comeréis el bien de la tierra; si no quisiereis y fuereis rebeldes, seréis consumidos a espada; porque la boca de Jehová lo ha dicho" (Is. 1:19-20).

3. Hay al menos cinco actitudes con respecto a hacer la voluntad de Dios.

a. Hay una actitud de *no preocuparse* por la voluntad de Dios. Esta persona le pudiera importar poco en qué consiste la voluntad de Dios. Ella va a hacer lo que le plazca sin hacer caso, hará lo que quiera, y nadie la hará cambiar de parecer.

b. Está la actitud de *buscar y mostrarse abierto* a la voluntad de Dios. Esta persona no conoce la voluntad de Dios, pero quiere saber y se muestra abierto a cualquiera que sea la voluntad de Dios. Por eso, *adopta una actitud abierta* y busca y trata de hallar la voluntad de Dios.

c. Está la actitud de *buscar y ser intolerante* hacia la voluntad de Dios. Esta persona quiere saber la voluntad de Dios, pero vacila un tanto y se muestra aprehensiva, teme que la voluntad de Dios pueda afectarla demasiado. Quiere que la voluntad de Dios se limite a lo que es aceptable para ella. Quiere controlar la voluntad de Dios, quiere que la voluntad de Dios sea lo que ella quiera y desee. El que busca con intolerancia es exactamente eso, es intolerante:

=> Por lo general *ve lo que quiere* ver como la voluntad de Dios.

=> Por lo general *hace lo que quiere* hacer sin tener en cuenta lo que dice la Palabra de Dios.

=> Por lo general *soluciona las cosas* para hacer que el plan de Dios se ajuste a sus propios planes.

d. Está la actitud de *conocer la voluntad de Dios y hacerla*. Esta persona conoce la voluntad de Dios y está plenamente comprometida a obedecer a Dios.

e. Está la actitud de *conocer la voluntad de Dios, pero ignorarla y rehusarse a hacerla*. Esta persona realmente sabe lo que Dios quiere que se haga, pero se rehúsa a hacerlo. Ignora o descuida la voluntad de Dios o de lo contrario la rechaza deliberadamente. Él sabe, pero sencillamente se rehúsa a hacer la voluntad de Dios.

4. Hay al menos tres principios para guiarnos en la búsqueda del conocimiento de la voluntad de Dios. Arthur W. Pink los plantea de la mejor manera posible:

> "[Hay varios] principios valiosos para regular al cristiano en su vida cotidiana cuando se siente en duda con respecto a la voluntad de Dios. Con qué frecuencia uno se desconcierta por saber si Dios quisiera que hiciéramos una cosa u otra. ¿Cómo puedo yo estar seguro de la voluntad de Dios con respecto a algún problema cuando se me presente? Una pregunta importante; a la que con frecuencia nos enfrentamos, y que debe hallar su respuesta solo en la Palabra. Ciertamente Dios no nos ha dejado sin nada definido para nuestra guía. No es que siempre debamos buscar un pasaje de las Escrituras cuyas condiciones sean absolutamente idénticas a nuestra propia situación, sino que más

bien debemos buscar algún pasaje que exprese algunos *principios* claramente definidos que sirvan para manejar nuestra situación...

"No es siempre que Dios nos da una manifestación de estos tres principios, pero siempre que *sí* se combinen y se vuelvan evidentes podemos estar seguros de su voluntad en cualquier circunstancia dada.

=> "Primero, una convicción definida en nuestros corazones de que Dios desea que tomemos cierta medida o hagamos cierta cosa.

=> "Segundo, que el camino que hemos de tomar lo demuestren las circunstancias externas, que lo vuelvan (humanamente) posible o conveniente que lo hagamos...

=> "Tercero, después de confiar definitivamente en Dios para ello, alguna palabra especial de las Escrituras que se ajuste a nuestro caso y la que por medio de la manifestación del Espíritu a nuestro conocimiento... [esto] constituye sencillamente un mensaje de Dios a nuestro corazón individual. Así podemos estar seguros de la voluntad de Dios *para nosotros*. Lo más importante es *confiar en Dios*. Cuéntele de su desconcierto, pídale que lo prevenga de cometer cualquier error, pídale fervientemente así 'Endereza delante de mí tu camino' (Sal. 5:8), y luego 'esperar pacientemente' hasta que Él lo haga. Recuerden que 'lo que provenga de la fe es pecado'. (Ro. 4:23.) Si usted es sincero y paciente, y ora con fe, entonces, en su propio tiempo y manera, Él con toda seguridad responderá...

- "Retirando la convicción o el deseo de su corazón...
- "[al] arreglar sus circunstancias de tal manera que se bloqueará su camino y entonces usted sabrá que *su tiempo* para que usted proceda no ha llegado aún...
- "Fortaleciendo su convicción, [y] ordenando así sus circunstancias de modo que su camino está abierto *sin que usted haga nada por sí mismo*...
- "Hablando definitivamente por medio de su Palabra escrita. (*Fragmentos en Génesis*, vol. 2, pp. 75-77. Por favor, advierta: los puntos se organizan en forma de bosquejo para mayor claridad.)

"Encomienda a Jehová tu camino, y confía en él; y él hará" (Sal. 37:5)

"Encaminará a los humildes por el juicio, y enseñará a los mansos su carrera" (Sal. 25:9).

"Me has guiado según tu consejo, y después me recibirás en gloria" (Sal. 73:24).

"Entonces tus oídos oirán a tus espaldas palabra que diga: Este es el camino, andad por él; y no echéis a la mano derecha, ni tampoco torzáis a la mano izquierda" (Is. 30:21).

"Pero cuando venga el Espíritu de verdad, él os guiará a toda la verdad; porque no hablará por su propia cuenta, sino que hablará todo lo que oyere, y os hará saber las cosas que habrán de venir" (Jn. 16:13).

5. No hay atajos para hacer la voluntad de Dios. Cuando Dios nos llama a hacer su voluntad, siempre debemos recordar algo: Nos va a costar. Pero debemos estar dispuestos a pagar el precio de hacer la voluntad de Dios, No importa lo que nos cueste. La voluntad de Dios...

- siempre requiere sacrificio y separación del mundo.

"Así que, hermanos, os ruego por las misericordias de Dios, que presentéis vuestros cuerpos en sacrificio vivo, santo, agradable a Dios, que es vuestro culto racional. No os conforméis a este siglo, sino transformaos por medio de la renovación de vuestro entendimiento, para que comprobéis cuál sea la buena voluntad de Dios, agradable y perfecta" (Ro. 12:1-2).

"No améis al mundo, ni las cosas que están en el mundo. Si alguno ama al mundo, el amor del Padre no está en él. Porque todo lo que hay en el mundo, los deseos de la carne, los deseos de los ojos, y la vanagloria de la vida, no proviene del Padre, sino del mundo. Y el mundo pasa, y sus deseos; pero el que hace la voluntad de Dios permanece para siempre" (1 Jn. 2:15-17).

- siempre requiere predicación y enseñanza del evangelio.

"Y les dijo: Id por todo el mundo y predicad el evangelio a toda criatura" (Mr. 16:15).

"sino que según fuimos aprobados por Dios para que se nos confiase el evangelio, así hablamos; no como para agradar a los hombres, sino a Dios, que prueba nuestros corazones" (1 Ts. 2:4)

" Te encarezco delante de Dios y del Señor Jesucristo, que juzgará a los vivos y a los muertos en su manifestación y en su reino, que prediques la palabra; que instes a tiempo y fuera de tiempo; redarguye, reprende, exhorta con toda paciencia y doctrina" (2 Ti. 4:1-2)

- siempre requiere santificación y pureza moral.

"pues la voluntad de Dios es vuestra santificación; que os apartéis de fornicación; que cada uno de vosotros sepa tener su propia esposa en santidad y honor" (1 Ts. 4:3-4).

- siempre requiere vivir el resto de nuestras vidas terrenales para la voluntad de Dios.

"para no vivir el tiempo que resta en la carne, conforme a las concupiscencias de los hombres, sino conforme a la voluntad de Dios" (1 P. 4:2).

• siempre requiere espera y paciencia.

"porque os es necesaria la paciencia, para que habiendo hecho la voluntad de Dios, obtengáis la promesa" (He. 10:36).

• siempre requiere hacer el bien.

"Porque esta es la voluntad de Dios: que haciendo bien, hagáis callar la ignorancia de los hombres insensatos" (1 P. 2:15).

• siempre requiere trabajar y obrar con diligencia.

"no sirviendo al ojo, como los que quieren agradar a los hombres, sino como siervos de Cristo, de corazón haciendo la voluntad de Dios; sirviendo de buena voluntad, como al Señor y no a los hombres" (Ef. 6:6-7).

• siempre requiere sufrir en la voluntad de Dios.

"Porque mejor es que padezcáis haciendo el bien, si la voluntad de Dios así lo quiere, que haciendo el mal" (1 P. 3:17).
"De modo que los que padecen según la voluntad de Dios, encomienden sus almas al fiel Creador, y hagan el bien" (1. P. 4:19).

• siempre requiere oración.

"Vosotros, pues, oraréis así: Padre nuestro que estás en los cielos, santificado sea tu nombre. Venga tu reino. Hágase tu voluntad, como en el cielo, así también en la tierra" (Mt. 6:9-10).

• siempre requiere nuestra aceptación de su soberana voluntad.

"Y como no le pudimos persuadir, desistimos, diciendo: Hágase la voluntad del Señor" (Hch. 21:14).

6. La voluntad de Dios es soberana tanto en la tierra como en el cielo:
=> Él está obrando de forma activa en toda la tierra y en el cielo.

"Todos los habitantes de la tierra son considerados como nada; y él hace según su voluntad en el ejército del cielo, y en los habitantes de la tierra, y no hay quien detenga su mano, y le diga: ¿Qué haces?" (Dn. 4:35).

=> Él está obrando todas las cosas de forma activa para el bien de los creyentes.

"Y sabemos que a los que aman a Dios, todas las cosas les ayudan a bien, esto es, a los que conforme a su propósito son llamados" (Ro. 8:28).

7. La voluntad de Dios planeó la muerte de Cristo.

"el cual se dio a sí mismo por nuestros pecados para librarnos del presente siglo malo, conforme a la voluntad de nuestro Dios y Padre" (Gá. 1:4).

8. Al creyente se le ha salvado por la voluntad de Dios:
=> Ha renacido

"El, de su voluntad, nos hizo nacer por la palabra de verdad, para que seamos primicias de sus criaturas" (Stg. 1:18).

=> Se ha santificado

"En esa voluntad somos santificados mediante la ofrenda del cuerpo de Jesucristo hecha una vez para siempre" (He. 10:10).

=> Ha sido librado por medio de la muerte de Cristo

"el cual se dio a sí mismo por nuestros pecados para librarnos del presente siglo malo, conforme a la voluntad de nuestro Dios y Padre" (Gá. 1:4).

=> Se le ha dado vida eterna

"Y esta es la voluntad del que me ha enviado: Que todo aquél que ve al Hijo, y cree en él, tenga vida eterna; y yo le resucitaré en el día postrero" (Jn. 6:40).

=> Se le ha garantizado la resurrección

"Y esta es la voluntad del Padre, el que me envió: Que de todo lo que me diere, no pierda yo nada, sino que lo resucite en el día postrero" (Jn. 6:39).

9. Dios desea (quiere) que todos los hombres sean salvos.

"Porque esto es bueno y agradable delante de Dios nuestro Salvador, el cual quiere que todos los hombres sean salvos y vengan al conocimiento de la verdad" (1 Ti. 2:3-4).
"El Señor no retarda su promesa, según algunos la tienen por tardanza, sino que es paciente para con nosotros, no queriendo que ninguno perezca, sino que todos procedan al arrepentimiento" (2 P. 3:9).
"Así, no es la voluntad de vuestro Padre que está en los cielos, que se pierda uno de estos pequeños" (Mt. 18:14).

10. El deber del creyente es hacer la voluntad de Dios:
=> En su búsqueda de una relación más íntima con Cristo

"Porque todo aquel que hace la voluntad de mi Padre que está en los cielos, ése es mi hermano, y hermana, y madre" (Mt. 12:50).

=> En esta vida terrenal

"para no vivir el tiempo que resta en la carne, conforme a las concupiscencias de los hombres, sino conforme a la voluntad de Dios" (1 P. 4:2).

=> En su conducta

"Enséñame a hacer tu voluntad, porque tú eres mi Dios; tu buen espíritu me guíe a tierra de rectitud" (Sal. 143:10).

=> En su cuerpo y en su mente

"Así que, hermanos, os ruego por las misericordias de Dios, que presentéis vuestros cuerpos en sacrificio vivo, santo, agradable a Dios, que es vuestro culto racional. No os conforméis a este siglo, sino transformaos por medio de la renovación de vuestro entendimiento, para que comprobéis cuál sea la buena voluntad de Dios, agradable y perfecta" (Ro. 12:1-2).

=> En su moralidad

"pues la voluntad de Dios es vuestra santificación; que os apartéis de fornicación" (1 Ts. 4:3).

=> En su andar y crecimiento espiritual

"Os saluda Epafras, el cual es uno de vosotros, siervo de Cristo, siempre rogando encarecidamente por vosotros en sus oraciones, para que estéis firmes, perfectos y completos en todo lo que Dios quiere" (Col. 4:12).

=> En su oración

"Y esta es la confianza que tenemos en él, que si pedimos alguna cosa conforme a su voluntad, él nos oye" (1 Jn. 5:14).

=> En su acción de gracias

"Dad gracias en todo, porque esta es la voluntad de Dios para con vosotros en Cristo Jesús" (1 Ts. 5:18).

=> En su obrar diario

"no sirviendo al ojo, como los que quieren agradar a los hombres, sino como siervos de Cristo, de corazón haciendo la voluntad de Dios" (Ef. 6:6).

=> En sus viajes

"rogando que de alguna manera tenga al fin, por la voluntad de Dios, un próspero viaje para ir a vosotros" (Ro. 1:10).

=> En sus planes

"¡Vamos ahora! los que decís: Hoy y mañana iremos a tal ciudad, y estaremos allá un año, y traficaremos, y ganaremos; cuando no sabéis lo que será mañana. Porque ¿qué es vuestra vida? Ciertamente es neblina que se aparece por un poco de tiempo, y luego se desvanece. En lugar de lo cual deberíais decir: Si el Señor quiere, viviremos y haremos esto o aquello" (Stg. 4:13-15).

=> En su sufrimiento

"Porque mejor es que padezcáis haciendo el bien, si la voluntad de Dios así lo quiere, que haciendo el mal" (1 P. 3:17).

=> En su preocupación por otros

"Y como no le pudimos persuadir, desistimos, diciendo: Hágase la voluntad del Señor" (Hch. 21:14).

División IX

Jacob, nieto de Abraham: Escogido para preservar la descendencia del pueblo de Dios y las grandes promesas de Dios, 28:10—36:43

(28:10—36:43) *PERSPECTIVA GENERAL DE LA DIVISIÓN:* Este pasaje da inicio a una nueva división de Génesis, la división que aborda al gran patriarca Jacob, uno de los grandes padres de nuestra fe en Dios. Jacob era el nieto de Abraham, escogido por Dios para que recibiera las grandes promesas de Dios (el pacto abrahámico).

=> Jacob fue escogido para preservar *la Simiente prometida*: La descendencia de personas que creían en Dios y en sus promesas y que darían luz a la mismísima Simiente prometida, al Salvador del mundo (vea notas, Gn. 25:23; 25:24-26. Vea nota 2, Gn. 12:2; nota 3, Gn. 12:3 para un mayor análisis.)

=> Jacob fue escogido para heredar *la Tierra Prometida*, la tierra de Canaán. Recuerden, la Tierra Prometida de Canaán era una ilustración (un símbolo, tipo) de la Tierra Prometida del cielo. (Vea nota 1, Gn. 12:1c para un mayor análisis.)

La imponente misión de dar a conocer a Dios —el único Dios vivo y verdadero— a un mundo sumido en la anarquía e inmoralidad pronto caería sobre los hombros de Jacob. Pero como ya se ha visto, Jacob era tal como somos nosotros, en ocasiones débil espiritualmente. Su debilidad *no era* la de tantos: la mundanalidad, la de amar el conocimiento y los placeres sexuales del mundo. La debilidad principal de Jacob era la del orgullo y la autosuficiencia, que no lograba tener coraje para defender lo correcto. Jacob era un hombre autosuficiente. Con frecuencia creía que podía manejar las cosas sin la ayuda de Dios. (Vea notas, Gn. 25:29-34; 27:1—28:9 para un mayor análisis.) Por eso con frecuencia se metía en problemas, y cuando esto sucedía, en ocasiones le fallaba el coraje. Jacob no defendía a Dios y a su Palabra. Cuando las personas ejercían cierta presión sobre él, tomaba malas decisiones y hacía cosas equivocadas e injustas (vea notas, Gn. 27:1—28:9; 29:1-30; 31:1-55). Cierto, Jacob era un hombre responsable con una gran preocupación por los negocios y el bienestar personal de la familia. E incluso algo más importante, estaba profundamente comprometido con el bienestar espiritual de la familia. Jacob estaba ávido —tenía ansias y dinamismo— de ser el cabeza espiritual y paternal de la familia. Él quería darle continuidad a la descendencia de la familia prometida. Él quería todos los derechos y responsabilidades de la familia, quería cuidar de la simiente y descendencia escogida que Dios le había prometido a su padre, Isaac, y a su abuelo, Abraham.

Pero el gran sentido de la responsabilidad de Jacob conllevó a su debilidad trágica: la de ser autosuficiente, la de pensar que podía manejar las cosas por sí mismo, sin la dirección de Dios y el tiempo de Dios. Por eso con frecuencia Jacob trataba de solucionar las cosas por su cuenta, de un modo autosuficiente. Él actuó independientemente de Dios, se adelantaba a Dios, sencillamente no esperaba por Dios y por su tiempo. Además, con frecuencia a Jacob le faltaba el coraje para defender a Dios y su Palabra, defender lo correcto cuando la gente ejercía presión sobre él. El resultado siempre era trágico para Jacob. Esto ya se ha visto cuando tuvo que huir para salvar su vida porque le había robado a Esaú la herencia y primogenitura de la familia (vea bosquejo y notas, Gn. 27:1—28:9). Se verán caer los resultados trágicos de la autosuficiencia sobre Jacob una y otra vez durante el estudio de su vida.

No obstante, Jacob creía en Dios y en sus grandes promesas, la promesa de la Simiente prometida y *la Tierra Prometida*. Así con el transcurso de los años, él maduró, creciendo en su conocimiento del Señor. Él aprendió a entregarse completamente a Dios, aprendió a confiar en el cuidado de Dios y en el liderazgo de Dios. (Vea bosquejos y notas, Gn. 28:10-22; 32:22-32 para un mayor análisis.)

En consecuencia, Dios bendijo grandemente a Jacob y le dio el privilegio glorioso de ver a sus doce hijos dedicar sus vidas al Señor y sus grandes promesas. Antes de morir, Jacob supo que sus hijos se convertirían en los padres de las doce tribus de Israel, la gran nación del pueblo prometido por Dios para dar la Simiente prometida *muy especial, el Salvador del mundo.* (Vea notas, Gn. 44:14-17; 44:18-34; 49:1-28 para un mayor análisis.)

ESTUDIO A FONDO 1

(28:10—36:43) *Jacob, vida de — Fe:* La vida de Jacob era una contradicción de condiciones: un *carácter* de buenas y malas cualidades; un *andar* que en ocasiones daba pasos justos y en ocasiones pasos pecaminosos; una *mente* que en ocasiones estaba centrada en lo espiritual y en ocasiones en lo carnal; una *vida* que tenía períodos de altas y períodos de baja. La vida de Jacob constituye una ilustración clara del espíritu batallando contra la carne (Gá. 5:17, cp. 16-18), de una persona que sabía lo que debía hacer y aún así le faltaban las fuerzas para hacerlo. Dicho con sencillez, Jacob era una persona que con frecuencia la veías no haciendo lo que debía y haciendo lo que no debía (Ro. 7:14-25).

Pero a pesar de la lucha constante de Jacob contra la carne, él era un hombre de gran fe. Él era el escogido de Dios, y Dios le dio grandes promesas. Además, Jacob creía que él era el escogido de Dios y él creía en las promesas de Dios. Por eso Dios podía usar a Jacob en gran manera, a pesar de su carnalidad.

Jacob sobresale como un ejemplo glorioso en al menos tres áreas.

1. Jacob es un ejemplo de la misericordia de Dios y la gracia de Dios. Si Jacob recibió la gracia y misericordia de Dios, entonces cualquiera puede recibir la misericordia y gracia de Dios. Jacob es un ejemplo excelente de que ningún hombre es digno delante de Dios: ningún hombre puede ser lo bastante bueno como para merecer, obrar, ganar, o actuar a su manera en el favor y aceptación de Dios. En nuestro estudio de la vida de Jacob, vemos que *de todo el bien* que Jacob haya hecho está dar a luz a los hijos que se convertirían en los cabezas de las doces tribus de Israel y que experimentarían varios encuentros significativos con Dios. Él no crió a sus hijos en el tipo de ambiente piadoso que debió haber creado para ellos, y los encuentros espirituales se debían solamente a Dios que tenía misericordia de él y derramaba su gracia sobre él. Dios sencillamente intervino en la vida carnal de Jacob para salvarlo del fracaso total. Cualquier persona —por débil o pecaminosa que sea— puede examinar la vida de Jacob para recibir la esperanza necesaria de que él le importa a Dios. Jacob nos demuestra que cualquier persona puede servir a Dios al máximo si tan solo se vuelve a Dios y dedica su vida al Señor.

2. Jacob es un ejemplo de la elección de Dios. Dios escogió a Jacob y usó a Jacob a pesar de sí mismo, a pesar de su conducta carnal y egocéntrica. Todo creyente —tanto teólogo como laico— tiene que confesar su conocimiento limitado en cuanto a la elección de Dios y el libre albedrío del hombre al estudiar la vida de Jacob. Jacob representa un ejemplo de que nadie es escogido por Dios por su bondad o méritos personales. Todos somos escogidos por Dios por su misericordia y gracia y únicamente por su misericordia y gracia.

3. Jacob es un ejemplo de una persona que le falló a Dios una y otra vez. Cualquier persona —no importa cuán débil ni cuánto se juzgue a sí misma o sea juzgada por otros como un fracaso— puede hallar grandes esperanzas al estudiar la vida de Jacob. Según se planteó anteriormente, apenas se puede hallar bien alguno en Jacob, excepto que creía en Dios, creía en Dios verdaderamente. Sencilla aunque fuertemente tenía una gran fe en Dios y en las promesas de Dios. Una y otra vez durante su vida, la ilustración consiste en la imposibilidad de Jacob de ser lo bastante valiente como para hacer lo que debía, y con demasiada frecuencia se le halla haciendo cosas cuestionables, de no estar haciendo lo incorrecto. Aún así, cuando las pruebas severas

azotaron su vida, él se volvió a Dios con desesperación, dedicándole su vida nuevamente a Dios. Y en cada uno de los casos, Dios suplió su necesidad. Como se ha planteado, la experiencia de Jacob le brinda esperanzas a cualquier persona, no importa cuán terrible pueda haber sido como pecador o como fracasado.

ESTUDIO A FONDO 2

(28:10—36:43) *Jacob, vida de — Fe — Debilidad:* Al estudiar la vida de Jacob, sobresalen cuatro elementos significativos.

1. Jacob era el escogido de Dios, sin lugar a dudas.
2. Jacob llevó una vida carnal durante muchos años.
3. Sin embargo, Jacob sí tenía gran fe en Dios y en las promesas de Dios (el pacto abrahámico).
4. La fe de Jacob fue recompensada.

Los sucesos que ilustran cada uno de estos elementos se mencionan aquí. Esperamos que esto le proporcione alguna organización a las lecciones que se puedan aprender de su vida.

1. Los sucesos de la elección de Jacob por Dios.
   a. Fue escogido antes del nacimiento: antes de cualquier acto o cualquier tipo de conducta (Gn. 25:23, cp. Ro. 9:10-13).
   b. Fue escogido para recibir las grandes promesas de Dios (el pacto abrahámico) (Gn. 28:10-22, fundamentalmente 12-15).
   c. Fue llamado a regresar a la Tierra Prometida después de estar lejos muchos años (Gn. 31:1-16).
   d. Le fue dada una visión de los ángeles protectores de Dios cuando trataba de reconciliarse con Esaú (Gn. 32:1-2).
   e. Le fue dado un nombre nuevo y un defecto físico para que recordara su llamado y dependencia de Dios (Gn. 32:24-32).
   f. Fe llamado para quitar de en medio de su familia a los falsos dioses y para que recibiera nuevamente las promesas de Dios (el pacto abrahámico) (Gn. 35:2-3).
   g. Se le ratificaron las promesas de Dios (el pacto abrahámico) y el cuidado de Dios al salir hacia Egipto (Gn. 46:1-4).

2. Los sucesos que ilustran la vida carnal de Jacob.
   a. Asegurar la primogenitura de la familia siendo autosuficiente y demasiado agresivo (Gn. 25:29-34).
   b. Tratar de garantizar la bendición y herencia de su padre de un modo autosuficiente, erróneo, y engañoso (Gn. 27:1—28:9).

c. Tener que huir de su familia a fin de salvar su vida: Segando lo que había sembrado: Años de alienación y de ser un fugitivo (Gn. 27:39—28:9).

d. Carecer del coraje para defender lo que era correcto y cometer bigamia (Gn. 29:1-30).

e. Crear una casa llena de tensión por medio del favoritismo y carecer de disciplina familiar (Gn. 29:31—30:24).

f. Confiar en Dios, y aún así conspirar para conseguir lo que quería (Gn. 30:25-43). (Por favor, advierta: resulta dudoso que Jacob estuviera conspirando realmente en sus tratos con Labán. Probablemente estuviera usando los últimos métodos de cría de animales para hacer crecer sus manadas. Sin embargo, algunos comentaristas creen que él estaba conspirando; por ende, mencionamos esto aquí para el beneficio de aquellos que interpreten así la conducta de Jacob.)

g. Segar el terrible pecado de la venganza y la violencia cometido por sus hijos (vea bosquejo y notas, Gn. 34:1-31).

h. Permitir falsos dioses en su familia y no cumplirle su promesa a Dios (Gn. 35:2-3).

i. Segar el pecado terrible del incesto por parte de uno de sus hijos (Gn. 35:22).

j. Segar el fruto de favorecer a un hijo más que a los otros: los otros hijos vendieron al hijo favorecido, José, a la esclavitud (Gn. 37:1-36).

k. Experimentar el deterioro moral dentro la familia (Gn. 38:1-30).

l. Continuar provocando división dentro de la familia favoreciendo a los hijos de su esposa Raquel (Gn. 42:36-38).

m. Presenciar el juicio profético sobre algunos de sus propios hijos (Gn. 49:1-28).

3. Los sucesos que ilustran la gran fe de Jacob.

a. ser instruido en las grandes promesas de Dios por su padre (Gn. 28:1-5).

b. Responder a la visión de la puerta abierta ante la presencia de Dios cuando se sintió sobrecogido de miedo y soledad (La escalera de Jacob) (Gn. 28:10-22).

c. Tratar y comenzar una nueva vida entre el pueblo de su madre como se le había instruido (Gn. 29:1-30).

d. Reconocer que era Dios quien bendice y confiar en Dios para que lo bendiga (Gn. 30:25-43).

e. Responder al llamado de Dios para arrepentirse y regresar a la Tierra Prometida (Gn. 31:1-55).

f. Buscar el rostro de Dios en oración cuando se sintió sobrecogido con un temor increíble (Gn. 32:1-21; 32:22-32).

g. Buscar la reconciliación con Esaú a pesar de la gran amenaza a su vida (Gn. 33:1-20).

h. Obedecer al llamado de Dios a arrepentirse y eliminar los dioses falsos de entre su familia (Gn. 35:1-15).

i. Obedecer a Dios: descender a Egipto cuando Dios le dio confirmación de su cuidado (Gn. 46:1-27).

j. Actuar como peregrino de Dios y dar testimonio delante de Faraón (Gn. 47:7-10).

k. Demostrar una gran fe en las promesas de Dios (el pacto abrahámico) transmitiéndoles las promesas a José y a sus otros hijos (Gn. 47:28—48:22).

l. Ser el instrumento de pronunciación profética de Dios (Gn. 49:1-28).

m. Expresar gran fe en las promesas de Dios al morir (Gn. 49:29-32).

4. Los sucesos que ilustran la recompensa de su fe.

a. Espiritualmente, fue reunido con su pueblo, es decir, lo llevaron a la eternidad (Gn. 49:33; vea notas, Gn. 23:1-20; 23:4; 23:7-8; 25:7-10; 49:29; 49:30-32. Cp. Gn. 12:1-3. Cp. Gn. 35:29; 49:33.)

b. Públicamente, su gran fe fue honrada en su muerte. Su hijo José honró a su padre proclamando su gran fe en las promesas de Dios durante los preparativos del funeral y la sepultura (Gn. 50:1-13).

JACOB, NIETO DE ABRAHAM ESCOGIDO PARA PRESERVAR LA DESCENDENCIA DEL PUEBLO DE DIOS Y LAS PROMESAS DE DIOS, 28:10—36:43.

A. Jacob recibió de Dios el pacto abrahámico (La experiencia de Jacob en Bet-el): Fortalecido en el temor, la vergüenza, la soledad y la miseria, 28:10-22.

B. Jacob se casó con Lea y Raquel: El comienzo de una nueva vida, 29:1-30.

C. Jacob y sus hijos: Dios predominó en una casa llena de tensión, 29:31—30:24.

D. Jacob recibió riquezas de Dios: Cómo una persona debe trabajar y ganarse la vida, 30:25-43.

E. Jacob fue llamado nuevamente a la Tierra Prometida: Obstáculos que impiden obedecer a Dios, 31:1-55

F. Jacob busca la reconciliación con Esaú (parte 1): Los pasos de la reconciliación, 32:1-21.

G. Jacob busca la reconciliación con Esaú (parte 2): El paso principal para la reconciliación. La oración predominante, 32:22-32.

H. Jacob busca la reconciliación con Esaú (parte 3): El día de la reconciliación, 33:1-20.

 I. Los hijos de Jacob vengaron la seducción de su hermana: Una sociedad perversa y mundana, 34:1-31.

J. Jacob regresó a Bet-el: Las características del avivamiento, 35:1-15.

K. Jacob regresó donde su padre, Isaac: Enfrentándose y superando prueba tras prueba, 35:16-29.

L. Esaú, hermano de Jacob, en su tierra, Edom: El retrato de una vida carnal, 36:1-43.

IX. JACOB, NIETO DE ABRAHAM: ESCOGIDO PARA PRESERVAR LA DESCENDENCIA DEL PUEBLO DE DIOS Y LAS GRANDES PROMESAS DE DIOS, 28:10—36:43

A. Jacob recibió de Dios el pacto abrahámico (La experiencia de Jacob en Bet-el): Fortalecido en el temor, la vergüenza, la soledad y la miseria, 28:10-22

1 La necesidad urgente de Jacob
  a. Abandonó su casa y huyó a Harán por temor y vergüenza
  b. Se asentó a pasar la noche en el campo: Completamente solo, azotado por la soledad
  c. Hizo una almohada de piedras y se recostó a dormir: Desposeído, poseyendo solo lo que podía llevar encima

2 El sueño de Jacob: La provisión de Dios para suplir la necesidad
  a. La escalera de Dios: Hay un camino abierto entre el cielo y la tierra, entre Dios y el hombre
  b. Los ángeles de Dios: Ministrando entre el cielo y la tierra
  c. La presencia de Dios en el cielo: su control soberano sobre todos los asuntos entre el cielo y la tierra
  d. La Palabra y las promesas de Dios
    1) La garantía de la Tierra Prometida
    2) La garantía de la Simiente prometida:

10 Salió, pues, Jacob de Beerseba, y fue a Harán.

11 Y llegó a un cierto lugar, y durmió allí, porque ya el sol se había puesto; y tomó de las piedras de aquel paraje y puso a su cabecera, y se acostó en aquel lugar.

12 Y soñó: y he aquí una escalera que estaba apoyada en tierra, y su extremo tocaba en el cielo; y he aquí ángeles de Dios que subían y descendían por ella.

13 Y he aquí, Jehová estaba en lo alto de ella, el cual dijo: Yo soy Jehová, el Dios de Abraham tu padre, y el Dios de Isaac; la tierra en que estás acostado te la daré a ti y a tu descendencia.

14 Será tu descendencia como el polvo de la tierra, y te extenderás al occidente, al oriente, al norte y al sur; y todas las familias de la tierra serán benditas en ti y en tu simiente.

15 He aquí, yo estoy contigo, y te guardaré por dondequiera que fueres, y volveré a traerte a esta tierra; porque no te dejaré hasta que haya hecho lo que te he dicho.

16 Y despertó Jacob de su sueño, y dijo: Ciertamente Jehová está en este lugar, y yo no lo sabía.

17 Y tuvo miedo, y dijo: ¡Cuán terrible es este lugar! No es otra cosa que casa de Dios, y puerta del cielo.

18 Y se levantó Jacob de mañana, y tomó la piedra que había puesto de cabecera, y la alzó por señal, y derramó aceite encima de ella.

19 Y llamó el nombre de aquel lugar Bet-el, aunque Luz era el nombre de la ciudad primero.

20 E hizo Jacob voto, diciendo: Si fuere Dios conmigo, y me guardare en este viaje en que voy, y me diere pan para comer y vestido para vestir,

21 y si volviere en paz a casa de mi padre, Jehová será mi Dios.

22 Y esta piedra que he puesto por señal, será casa de Dios; y de todo lo que me dieres, el diezmo apartaré para ti.

descendientes numerosos
  3) La garantía de la simiente especial: El Salvador del mundo en quien todas las familias de la tierra serán benditas
  4) La garantía de su presencia, protección, y liderazgo, y el cumplimiento de sus promesas y propósito

3 El nuevo entendimiento de Jacob
  a. Ahora él sabía que el Señor estaba con él lo sintiera o no, de una manera muy especial
  b. Él sintió cuán impresionante había sido su experiencia: Bet-el siempre sería un lugar especial
    1) La casa de Dios
    2) La puerta del cielo
  c. Él necesitaba apartar el lugar como un lugar especial de adoración
    1) Dedicó el lugar
    2) Nombró el lugar: Bet-el

4 La promesa y el compromiso renovado de Jacob con Dios
  a. La razón: las promesas de Dios de protegerlo, proveer para él y guiarlo
  b. La promesa
    1) de que el Dios de redención y salvación siempre sería su Dios
    2) De que siempre adoraría a Dios en Bet-el cuando estuviera allí
  c. De que a partir de ese momento diezmaría

División IX

Jacob, nieto de Abraham: Escogido para preservar la descendencia del pueblo de Dios y las grandes promesas de Dios, 28:10—36:43

A. Jacob recibió de Dios el pacto abrahámico (La experiencia de Jacob en Bet-el): Fortalecido en el temor, la vergüenza, la soledad, y la miseria, 28:10-22

(28:10-22) *Introducción:* Temor, vergüenza, soledad, y miseria. Estas cuatro experiencias azotan los corazones y las vidas de muchas personas en la tierra. Muchas personas se sienten...

No hay una persona en la tierra que se libre del sufrimiento

- abatidas
- completamente a solas
- con miedo
- amenazadas
- rechazadas
- derrotadas
- desalentadas
- como una carga
- inaceptables
- inútiles
- azotadas por la pobreza
- desposeídas
- maltratadas
- avergonzadas
- no amadas
- marginadas
- faltos de propósito
- indefensas
- desesperanzadas
- apenadas

de algún temor, vergüenza, y soledad durante su vida; y demasiados casos, algunas personas se ven abrumadas por estas experiencias. Además, hay demasiadas personas en cada país que sufren miseria, privados de todas las necesidades básicas de la vida. En ocasiones sufrimos estas experiencias por nuestra propia irresponsabilidad o pecado, y en ocasiones otros nos las imponen, sin culpa alguna de nuestra parte.

Pero hay *esperanza de liberación* de todas estas malas experiencias, no importa lo que nos las provoque. La experiencia de Jacob nos demuestra esto. Jacob estaba sufriendo cada una de éstas, estaba sufriéndolas todas a la vez —temor, vergüenza, soledad y miseria— y habían invadido su alma por su propia irresponsabilidad y pecado. Jacob se vio...

- azotado por el temor
- azotado por la vergüenza
- azotado por la soledad
- despojado de todo excepto de lo que llevaba encima, sufriendo la miseria

Él estaba sufriendo todo esto porque había pecado y había pecado vergonzosamente. Todo se debía a su conducta irresponsable y vergonzosa. ¿Había esperanza alguna para él? ¿Liberación alguna? ¡Sí! ¡La había! Y hay esperanza y liberación para nosotros. Este es el mensaje de este pasaje tan necesitado de las Escrituras: *Jacob recibió de Dios el pacto abrahámico (la experiencia de Jacob en Bet-el): Fortalecido*

en el temor, la vergüenza, la soledad, y la miseria, 28:10-22.

1. La necesidad urgente de Jacob (vv. 10-11).
2. El sueño de Jacob: La provisión de Dios para suplir la necesidad (vv. 12-15).
3. El nuevo entendimiento de Jacob (vv. 16-19).
4. La promesa y el compromiso renovado de Jacob con Dios (vv. 20-22).

[1] (28:10-11) *Temor — Vergüenza — Deshonra — Soledad — Miseria — Jacob:* Estaba la necesidad urgente de Jacob.

1. Jacob se había visto obligado a abandonar su casa por temor y vergüenza, a huir para salvar su vida. Recuerden, él tenía cerca de 77 años de edad en este momento; y acaba de robarle *la bendición* (la herencia) de su padre a Esaú, se la había robado por medio de mentiras y engaño. (Vea bosquejo y notas, Gn. 27:1—28:9 para un mayor análisis.) Esaú, su hermano, había amenazado con matarlo, y ahora Jacob tenía que huir para salvar su vida.

a. Jacob se sintió sobrecogido por el temor. ¿Pero exactamente cuánto temor sintió Jacob? ¿Solo estaba experimentando una sensación ligera de temor o estaba sobrecogido de temor, el tipo de temor que hace que una persona le tenga terror a la oscuridad de la noche, que se sobresalte ante el sonido de cualquier ruido, que siempre esté vigilante y revisando en cada rincón? Jacob estaba sobrecogido de temor, una profunda sensación de temor.

=> Él no estaba abandonando su hogar solamente; él estaba huyendo de su hogar. Su escape había sido planeado por él y su madre para salvar su vida de la amenaza de Esaú (Gn. 27:41-46). La amenaza de Esaú era real, y Jacob temía por su vida.

=> Harán representaba un viaje de 804,67 kilómetros para Jacob, y él viajaba en camello, caballo, o asno. Había lugares a lo largo del camino que eran peligrosos y estaban infestados de ladrones. Estaba destinado a experimentar lo que cualquiera de nosotros sentiría: aprehensión y temor por los peligros que acechaban en el viaje.

=> Jacob pasó las noches a la intemperie en el campo, no en las ciudades a lo largo del camino. El versículo diecinueve nos dice esto: él no se quedó en la ciudad de Luz que estaba en las cercanías; él durmió en las colinas en el suelo, a cierta distancia de la carretera principal. ¿Por qué? ¿No sería porque él temía que Esaú pudiera estar persiguiéndolo, suponiendo donde él podría estar día tras día y noche tras noche? Jacob estaba destinado a sentirse sobrecogido de temor, preguntándose si Esaú o algún ladrón estaba detrás de alguna roca o acechándolo detrás de cada sombra.

"El temor del hombre pondrá lazo; mas el que confía en Jehová será exaltado" (Pr. 29:25)
"Por la mañana dirás: ¡Quién diera que fuese la tarde! y a la tarde dirás: ¡Quién diera que fuese

la mañana! por el miedo de tu corazón con que estarás amedrentado, y por lo que verán tus ojos" (Dt. 28:67)

b. Pero Jacob no solo se sentía sobrecogido de temor, él estaba abrumado por la vergüenza. Había sido completamente deshonrado delante de su familia, amigos, y vecinos. Recuerden, cientos de familias trabajaban para su familia. Abraham solamente tenía 318 hombres que podían luchar e ir a la guerra por él. Muchos más se quedarían para atender a las manadas y rebaños y la hacienda (Gn. 14:14). Además, la propiedad de la familia y las propiedades de negocio se incrementaban considerablemente bajo la autoridad de Isaac, el padre de Jacob (Gn. 26:12-16). A Jacob siempre se le había honrado y admirado como el hijo del dueño, el gran hacendado y jeque, Isaac. A Jacob lo conocía bien toda la comunidad. Su hogar, sin dudas, estaba ubicado justo en el centro de la comunidad, y todos los ciudadanos servían y trabajaban para su familia.

Imagínense ahora con qué rapidez se esparciría la noticia de la conspiración de Jacob —su engaño y mentiras— contra su padre y Esaú. Piensen en el escándalo —la deshonra, culpa, vergüenza, indignación, reproche—, la total vergüenza y pena que sentiría Jacob. Estaba destinado a sentirse sobrecogido con vergüenza, con una profunda sensación de humillación y desprecio.

"y dije: Dios mío, confuso y avergonzado estoy para levantar, oh Dios mío, mi rostro a ti, porque nuestras iniquidades se han multiplicado sobre nuestra cabeza, y nuestros delitos han crecido hasta el cielo" (Esd. 9:6).
"Está mi alma hastiada de mi vida; Daré libre curso a mi queja, hablaré con amargura de mi alma" (Job 10:1).
"Cada día mi vergüenza está delante de mí, y la confusión de mi rostro me cubre" (Sal. 44:15).
"Mira a mi diestra y observa, pues no hay quien me quiera conocer; no tengo refugio, ni hay quien cuide de mi vida" (Sal. 142:4).
"De todos mis enemigos soy objeto de oprobio, y de mis vecinos mucho más, y el horror de mis conocidos; los que me ven fuera huyen de mí" (Sal. 31:11).

2. Jacob se asentó a pasar la noche en la intemperie en el campo (v. 11). Estaba completamente solo; una profunda sensación de soledad corrió por su cuerpo. ¿Cómo sabemos esto?

=> No hay registro en las Escrituras de que Jacob haya abandonado su hogar anteriormente, y tenía setenta y siete años de edad. Imagínense nada más: nunca había estado separado de su familia, nunca había estado separado de sus amigos y vecinos hasta ahora.

=> Jacob siempre había estado rodeado de personas, cientos de personas que lo conocían de nombre, muchos de los cuales eran amigos íntimos y vecinos. Iba a sentir soledad estando completamente solo noche tras noche y día tras día.

=> La magnitud de la soledad sería aún mayor porque Jacob tenía que evitar a las personas. Él tenía que evitarlas porque él necesitaba librarse de Esaú si por alguna casualidad Esaú lo estaba persiguiendo.

=> Jacob se enfrentaba a lo desconocido, y no saber lo que nos espera siempre despierta una sensación de soledad en nosotros. Muchos de nosotros podemos recordar habernos pasados nuestra primera noche en una ciudad extraña totalmente solos. Algunos de nosotros hemos venido de ciudades pequeñas y por primera vez nos hemos parado en las ventanas de hoteles que se levantan por sobre alguna ciudad metropolitana y hemos mirado a la ciudad en toda su extensión. Parados allí, hemos sentido la sensación más profunda de soledad que se pueda imaginar invadir nuestra alma. Tales sensaciones tan profundas de soledad pocas veces nos azotan, pero cuando nos azotan, sabemos en que consiste realmente la soledad. Esta debe ser la profunda soledad que Jacob estaba sintiendo. Quizás se puede hasta decir que estaba experimentando la desesperación de la soledad; porque él no solo había abandonado el hogar, se vio obligado a huir para salvar su vida, por la amenaza de su propio hermano.

"Velo, y soy como el pájaro solitario sobre el tejado" (Sal. 102:7).
"Has alejado de mí al amigo y al compañero, y a mis conocidos has puesto en tinieblas" (Sal. 88:18).

3. Jacob hizo un pilar de piedras y se recostó a dormir. Advierta que estaba pasando la noche en la intemperie, no en la ciudad cercana de Luz. Esta es una ilustración de la miseria. Jacob ahora poseía solo lo que llevaba consigo. Él había sido el heredero de la propiedad de su padre, una de las propiedades más grandes de todo el país, de ser la más grande. ¿Cuán grande?

=> Consideren la propiedad de su abuelo, Abraham, los cientos de trabajadores y siervos que trabajaban para él.

"Y Abram era riquísimo en ganado, en plata y en oro" (Gn. 13:2).
"Y Jehová ha bendecido mucho a mi amo, y él se ha engrandecido; y le ha dado ovejas y vacas, plata y oro, siervos y siervas, camellos y asnos" (Gn. 24:35).

=> Consideren cuánto su padre Isaac incrementó la propiedad.

"Y sembró Isaac en aquella tierra, y cosechó aquel año ciento por uno; y le bendijo Jehová. 13 El varón se enriqueció, y fue prosperado, y se engrandeció hasta hacerse muy poderoso. Y tuvo hato de ovejas, y hato de vacas, y mucha labranza; y los filisteos le tuvieron envidia" (Gn. 26:12-14).

Pero ahora, Jacob tenía que dejar todas las posesiones en casa, huyendo para salvar su vida. Él literalmente no tenía nada más que lo que podía llevar consigo. Jacob ahora estaba desamparado y desposeído. Había perdido todas las posesiones que una vez tuvo o que esperó heredar. Trágicamente había caído tan bajo como podría caer una persona, todo por su propio pecado e irresponsabilidad. Ahora Jacob se encontraba en la pobreza, no poseía nada: Estaba desamparado y desposeído.

Pensamiento 1. Pocas personas sufren tanto como lo que sufrió Jacob. Él estaba sufriendo las cuatro emociones a la vez: sufría temor, vergüenza, soledad, y miseria. Pocos de nosotros nos sentimos abrumados por las cuatro a la vez, pero Jacob sí. Y aún menos de nosotros traeríamos sobre nosotros mismo el sufrimiento de las cuatro por algún pecado o conducta vergonzosa, pero Jacob sí.

Sucede lo siguiente: Jacob tenía una necesidad urgente de ayuda, una necesidad tan urgente como la que se podría experimentar. ¿Había ayuda disponible? ¿Había alguna persona que ayudara y fortaleciera a Jacob? ¿Alguna persona que pueda ayudarnos y fortalecernos al enfrentarnos al temor, la vergüenza, la soledad, y la miseria?

"Fueron afligidos los insensatos, a causa del camino de su rebelión y a causa de sus maldades" (Sal. 107:17).

"El buen entendimiento da gracia; mas el camino de los transgresores es duro" (Pr. 13:15).

"Porque todos sus días no son sino dolores, y sus trabajos molestias; aun de noche su corazón no reposa. Esto también es vanidad" (Ec. 2:23).

"No hay paz para los malos, dijo Jehová" (Is. 48:22).

"¡Miserable de mí! ¿quién me librará de este cuerpo de muerte? Gracias doy a Dios, por Jesucristo Señor nuestro. Así que, yo mismo con la mente sirvo a la ley de Dios, mas con la carne a la ley del pecado" (Ro. 7:24-25).

2 (28:12-15) *Escalera, de Jacob — Camino, el — Acceso — Ángeles — La simiente, prometida — La tierra, prometida — Jacob:* Estaba el sueño de Jacob, donde Dios suplía su necesidad urgente. Mientras Jacob dormía tuvo un sueño, y en su sueño Dios le dio cuatro grandes provisiones para suplir su necesidad. Advierta que estas mismas cuatro grandes provisiones existen para suplir las necesidades y crisis de nuestras vidas.

1. Estaba la visión de una gran escalera que se extendía desde la tierra hasta el cielo. La escalera era enorme, suficientemente amplia para que pasaran numerosos ángeles, ascendiendo y descendiendo por ella. ¿Qué simbolizaba la escalera para Jacob? Simbolizaba al menos dos verdades.

   a. La escalera ilustraba la gran brecha y separación que hay entre el cielo y la tierra, entre Dios y el hombre. La brecha y separación era tan grande que ningún hombre podría alcanzar el cielo aparte de la obra sobrenatural de Dios y sus ángeles. Jacob se daría cuenta de cuán impotente era al tratar de alcanzar a Dios por sí mismo. Dios tenía que proporcionar el camino si el hombre iba alguna vez a alcanzar el cielo.

   "pero vuestras iniquidades han hecho división entre vosotros y vuestro Dios, y vuestros pecados han hecho ocultar de vosotros su rostro para no oír" (Is. 59:2).

   "Nadie hay que invoque tu nombre, que se despierte para apoyarse en ti; por lo cual escondiste de nosotros tu rostro, y nos dejaste marchitar en poder de nuestras maldades" (Is. 64:7).

   "Además de todo esto, una gran sima está puesta entre nosotros y vosotros, de manera que los que quisieren pasar de aquí a vosotros, no pueden, ni de allá pasar acá" (Lc. 16:26).

   b. La escalera también ilustraba este elemento: hay una gran escalera que se extiende entre el cielo y la tierra. Se ha provisto un camino para que el hombre llegue al cielo, un camino provisto por el propio Dios.

   Pensamiento 1. Advierta este elemento interesante: El propio Jesucristo se refirió a esta experiencia de Jacob. Pero él no solo se refirió a ella, Él aseguró que Él mismo era la escalera, el camino mismo que Dios había provisto para que el hombre llegara al cielo. Lo que sucedió fue esto: uno de los discípulos de Jesús había acabado de declarar que Jesús era el hijo de Dios. En respuesta, Jesús hizo esta gran afirmación:

   "Y le dijo: De cierto, de cierto os digo: De aquí adelante veréis el cielo abierto, y a los ángeles de Dios que suben y descienden sobre el Hijo del Hombre" (Jn. 1:51).

   ¿Cuándo veremos los ángeles ascendiendo y descendiendo sobre Jesús? No lo sabemos. Esto probablemente se refiera al gran día de su regreso, el día en que Él regrese en gloria con todas las huestes angélicas. Pero por ahora, lo que se debe tener en cuenta es lo siguiente: Jesucristo aseguró la gran escalera (el Camino) que se extiende de la tierra al cielo.

   => Jesucristo es el Camino a Dios y al cielo.

   "Jesús le dijo: Yo soy el camino, y la verdad, y la vida; nadie viene al Padre, sino por mí" (Jn. 14:6).

   => Jesucristo es el gran Mediador entre el cielo y la tierra, entre Dios y el hombre.

   "Porque hay un solo Dios, y un solo mediador entre Dios y los hombres, Jesucristo hombre" (1 Ti. 2:5).

   "Porque no entró Cristo en el santuario hecho de mano, figura del verdadero, sino en el cielo mismo para presentarse ahora por nosotros ante Dios" (He. 9:24).

=> Jesucristo es nuestro abogado entre el cielo y la tierra, entre Dios y el hombre, la propiciación (sacrificio, cobertura) para nuestros pecados.

"Hijitos míos, estas cosas os escribo para que no pequéis; y si alguno hubiere pecado, abogado tenemos para con el Padre, a Jesucristo el justo. Y él es la propiciación por nuestros pecados; y no solamente por los nuestros, sino también por los de todo el mundo" (1 Jn. 2:1-2).

2. Estaba la visión de los ángeles, una serie de ángeles, ascendiendo y descendiendo por la escalera. ¿Qué simbolizaban los ángeles para Jacob? La palabra *ángel* significa sencillamente mensajero. Jacob vio los ángeles venir a la tierra para llevar a cabo las órdenes de Dios y luego regresar al cielo para informar sobre su obra. ¿Cuál era su obra en la tierra que le preocuparía a Jacob en este momento de su vida? (Vea *Estudio a fondo 1, Ángeles*, He. 1:4-14 para un análisis completo.) Las Escrituras nos dicen que los ángeles tienen una función muy importante en el trato de Dios con los creyentes, cuatro funciones en particular. Advierta lo que dicen las Escrituras: "son todos espíritus ministradores, enviados para servicio a favor de los que serán herederos de la salvación" (He. 1:14).

=> Los ángeles protegen y liberan a los creyentes en las pruebas.

"Pues a sus ángeles mandará acerca de ti, que te guarden en todos tus caminos" (Sal. 91:11; cp. Sal. 34:7; Is. 63:9; Dn. 3:28; 6:22; Hch. 12:7-11).

=> Los ángeles guían y dirigen a los creyentes en su ministerio.

"Después que partieron ellos, he aquí un ángel del Señor apareció en sueños a José y dijo: Levántate y toma al niño y a su madre, y huye a Egipto, y permanece allá hasta que yo te diga; porque acontecerá que Herodes buscará al niño para matarlo" (Mt. 2:13; cp. 1 R. 19:5; Mt. 2:19-20; Hch. 5:19; 8:26).

=> Los ángeles alientan a los creyentes. Advierta que esta ayuda al parecer comienza en la niñez y continúa a través de toda la vida.

"Mirad que no menospreciéis a uno de estos pequeños; porque os digo que sus ángeles en los cielos ven siempre el rostro de mi Padre que está en los cielos" (Mt. 18:10; cp. Hch. 27:23-25; He. 1:14; Sal. 91:11).

=> Los ángeles escoltan a los creyentes al cielo.

"Aconteció que murió el mendigo, y fue llevado por los ángeles al seno de Abraham; y murió también el rico, y fue sepultado" (Lc. 16:22).

Ver ángeles ascender y descender de la tierra al cielo alentó al corazón de Jacob al mayor grado posible. Los ángeles significaban que Dios tenía una hueste de mensajeros y espíritus ministradores que cuidaban activamente a Jacob y a los otros creyentes de la tierra, una hueste de seres angélicos que estaban disponibles...

- Para protegerlo y liberarlo
- Para guiarlo y dirigirlo
- Para alentarlo
- Para escoltarlo al cielo cuando llegara ese día glorioso.

3. Estaba la visión de la presencia de Dios en el cielo, de Dios parado en la cima de la escalera, en la cima misma. Esto ilustraría la verdad más maravillosa para Jacob: el control soberano de Dios, su poder supremo para controlar los asuntos entre el cielo y la tierra. Dios estaba a cargo de todo, no importa lo que fuera, todo en el cielo y en la tierra. Esto significaba algo muy maravilloso y práctico para Jacob (y para nosotros): Dios tiene el poder soberano...

- Para protegerlo a él y todos los otros creyentes de los ladrones, amenazas, y todos los otros peligros que acechaban.
- Para ocuparse del pasado con todos su fracasos y del futuro con toda su incertidumbre.
- Para cuidar de su familia y otros seres queridos mientras estuviera lejos.
- Para cumplir sus promesas a Abraham, la Simiente prometida y la Tierra Prometida.
- Para controlar todos los sucesos en la tierra y obrarlos a bien, ya fuese que implicara a una persona o a toda una comunidad de personas.

Es probable que la mente de Jacob estuviese cargada de todas las cosas de las que él necesitaba que Dios se ocupara en su vida. El punto crucial que se debe tener en cuenta es el siguiente: ahora Jacob sabía que Dios se ocuparía de sus problemas. A pesar de su fracaso trágico y miserable, aún Dios tenía el control soberano, y Él tenía el poder soberano para obrar todas las cosas a bien.

**"Y sabemos que a los que aman a Dios, todas las cosas les ayudan a bien, esto es, a los que conforme a su propósito son llamados" (Ro. 8:28).
"porque Dios es el que en vosotros produce así el querer como el hacer, por su buena voluntad" (Fil. 2:13).**

4. Estaba la Palabra y las promesas de Dios (vv. 13-15). Advierta quién fue el que habló con Jacob: *JEHOVÁ*, el Dios de Abraham y de Isaac. JEHOVÁ (Yahvé) es *el nombre redentor* de Dios. Es el nombre que Dios usa para hacer énfasis en que Él salva y redime al hombre de su caída en pecado y en la muerte. (Vea nota 2, Gn. 2:4 para un mayor análisis.) Dios le estaba asegurando a Jacob que el mismo Dios que redimió a su abuelo y a su padre lo redimiría a él. La mayor de las esperanzas obviamente cruzó la mente de Jacob cuando el propio JEHOVÁ, el Dios de la salvación del creyente, comenzó a hablarle a él. Él, el mismo JEHOVÁ que le habló a Abraham y a Isaac, ahora le hablaba a él. Y esto fue después del fracaso miserable de Jacob. ¡Qué misericordia! ¡Qué gracia! Misericordia y gracia inmerecidas. JEHOVÁ era la única esperanza de salvación que Jacob tenía, y ahí estaba

Él —JEHOVÁ el Dios de redención— hablándole a Jacob. Jacob estaba por recibir la Palabra de Dios misma, recibir la Palabra y las promesas de Dios, el pacto abrahámico.

Nota: Esta es la primera vez que Dios le dio las promesas de Abraham a Jacob. Jacob había conspirado para conseguir la bendición de las promesas por medio de su padre Isaac. Pero ahora, la bendición real de las promesas sería dada por el propio Dios. Advierta que las promesas dadas a Jacob y sus descendientes eran las mismas promesas del pacto abrahámico.

a. La Tierra Prometida de Canaán (un símbolo del cielo. Vea nota, Gn. 12:1c.)

b. La Simiente prometida: esto significaba numerosos descendientes, tantos que en número serían como el polvo de la tierra y se esparcirían en todas direcciones (v. 14. Vea nota, Gn. 12:2-3.)

c. La Simiente prometida, una simiente muy especial: esto significaba el Mesías, el Salvador del mundo en quien todas las familias de la tierra serían benditas (v. 14c. Vea nota, Gn. 12:3.)

d. La promesa de su presencia y protección (v. 15). Advierta que Dios le dio a Jacob la protección más grande que se pueda imaginar:

=> La presencia de Dios: "yo estoy contigo".

=> El poder protector y cuidador de Dios: "te guardaré por dondequiera que fueres".

=> La seguridad de Dios de que Él cumpliría sus promesas y propósito en la vida de Jacob: "No te dejaré hasta que no haya hecho lo que te he dicho".

Pensamiento 1. Advierta que las grandes promesas dadas a Jacob también nos son dadas a nosotros.

1) La promesa de la presencia de Dios.

"He aquí, yo estoy contigo" (Gn. 28:15).

"he aquí yo estoy con vosotros todos los días, hasta el fin del mundo. Amén" (Mt. 28:20).

"Porque donde están dos o tres congregados en mi nombre, allí estoy yo en medio de ellos" (Mt. 18:20).

"Y él dijo: Mi presencia irá contigo, y te daré descanso" (Éx. 33:14).

"Cuando pases por las aguas, yo estaré contigo; y si por los ríos, no te anegarán. Cuando pases por el fuego, no te quemarás, ni la llama arderá en ti" (Is. 43:2).

2) La promesa del poder protector y cuidador de Dios.

"te guardaré por dondequiera que fueres" (Gn. 28:15).

"He aquí, no se adormecerá ni dormirá el que guarda a Israel" (Sal. 121:4).

"Por lo cual asimismo padezco esto; pero no me avergüenzo, porque yo sé a quién he creído, y estoy seguro que es poderoso para guardar mi depósito para aquel día" (2 Ti. 1:12).

"que sois guardados por el poder de Dios mediante la fe, para alcanzar la salvación que está preparada para ser manifestada en el tiempo postrero" (1 P. 1:5).

"Y a aquel que es poderoso para guardaros sin caída, y presentaros sin mancha delante de su gloria con gran alegría" (Jud. 24).

"Por cuanto has guardado la palabra de mi paciencia, yo también te guardaré de la hora de la prueba que ha de venir sobre el mundo entero, para probar a los que moran sobre la tierra" (Ap. 3:10).

3) La promesa del liderazgo de Dios.

"volveré a traerte a esta tierra" (Gn. 28:15).

"Porque todos los que son guiados por el Espíritu de Dios, éstos son hijos de Dios" (Ro. 8:14).

"no hablará por su propia cuenta, sino que hablará todo lo que oyere, y os hará saber las cosas que habrán de venir" (Jn. 16:13).

4) La promesa de Dios del cumplimiento de sus promesas y propósitos en nuestras vidas.

"porque no te dejaré hasta que haya hecho lo que te he dicho" (Gn. 28:15).

"Bendito sea Jehová, que ha dado paz a su pueblo Israel, conforme a todo lo que él había dicho; ninguna palabra de todas sus promesas que expresó por Moisés su siervo, ha faltado" (1 R. 8:56)

"Porque Jehová de los ejércitos lo ha determinado, ¿y quién lo impedirá? Y su mano extendida, ¿quién la hará retroceder?" (Is. 14:27).

"plenamente convencido de que era también poderoso para hacer todo lo que había prometido" (Ro. 4:21).

"Y sabemos que a los que aman a Dios, todas las cosas les ayudan a bien, esto es, a los que conforme a su propósito son llamados" (Ro. 8:28).

"estando persuadido de esto, que el que comenzó en vosotros la buena obra, la perfeccionará hasta el día de Jesucristo" (Fil. 1:6).

3 (28:16-19) *Adoración — Compromiso — Dedicación — Promesa:* Estaba el nuevo entendimiento de Jacob de Dios y de sí mismo. Enseguida que Dios terminó de hablar, Jacob despertó y se vio cubierto de una profunda sensación de la presencia de Dios. Ahora él comprendía a Dios como nunca antes, porque Dios había revelado su cuidado soberano tanto para su pueblo como para Jacob. Dios estaba supervisando y ocupándose de todas las cosas incluso de Jacob en esto, la hora urgente de necesidad de Jacob. Jacob se vio apoderado de la nueva comprensión de la presencia y cuidado de Dios. Advierta el nuevo entendimiento que ahora inundaba su corazón y mente.

1. Ahora Jacob sabía que el Señor estaba con él sintiera o no la presencia del Señor, que la presencia del Señor siempre estaba con él de un modo muy especial (v. 16). Desde su escape de su casa, se había sentido sobrecogido de temor, vergüenza, soledad; y ahora estaba desposeído. Había estado sufriendo mental y emocionalmente durante días, y estaba sintiendo una gran convicción de pecado por el gran mal que había cometido contra su padre y hermano. Había estado en las mismísimas profundidades del desaliento y el desespero. Pero Dios le había hallado gloriosamente en su desespero y

necesidad. Ahora Dios estaba con él, y Dios siempre estaría con él protegiéndolo y supliendo sus necesidades.

Esta verdad gloriosa golpeó a Jacob. Con una nueva comprensión él se dio cuenta como nunca antes de que el Señor siempre estaba con él, lo sintiera él o no.

2. Jacob sintió cuán impresionante había sido su experiencia: Bet-el siempre sería un lugar especial para él (v. 17). Jacob se sintió de la misma manera que nos sentimos con respecto a los lugares donde Dios se encuentra con nosotros de maneras especiales: como si el lugar fuera tierra santa...

=> Era la casa misma de Dios: un lugar muy especial donde él podía encontrarse con Dios en adoración y oración.

=> Era la puerta misma del cielo: un lugar muy especial donde él podía pedir, buscar y tocar hasta que Dios oyera y respondiera a su oración.

3. Jacob necesitaba apartar el lugar como un lugar especial de adoración (vv. 18-19). Advierta que Jacob se había quedado dormido por un tiempo durante la noche. Cuando despertó...

• Él dedicó el lugar como un lugar muy especial de adoración. Él construyó un altar apilando piedras unas sobre otras. Luego él ungió el altar con aceite. Para un creyente, derramar aceite sobre una persona u objeto siempre ha sido un símbolo de dedicación o consagración. Jacob estaba dedicando el lugar a Dios como un lugar muy especial de adoración.

• Él nombró el lugar Bet-el, que significa *casa de Dios* (v. 19). Advierta que a la ciudad de Luz, que estaba cercana, finalmente se le cambiaría su nombre a Bet-el.

4 (28:20-22) *Compromiso — Promesa:* Estaba la promesa y el compromiso renovado de Jacob con Dios. Jacob necesitaba hacer un compromiso renovado con Dios, una promesa renovada (vv. 20-22). Esta es la primera promesa registrada en la Biblia. Algunos intérpretes dicen que Jacob estaba tratando de establecer un pacto con Dios en estos versículos. Pero varios elementos argumentan lo contrario: la profunda experiencia de Jacob con Dios y el propio tono del pasaje, y nuestros propios encuentros muy especiales y profundas experiencias con Dios. Todas estas cosas apuntan fuertemente a que Jacob estaba haciendo un compromiso

renovado con Dios. Movido por un corazón de amor y gratitud a Dios, Jacob estaba prometiendo *voluntariamente* obedecer a Dios como nunca antes.

1. Advierta la razón por la que Jacob estaba comprometiendo nuevamente su vida al Señor: Por la gran promesa que Dios le acababa de hacer: La promesa de protegerlo, proveer para él, y guiarlo. Advierta la humildad y mansedumbre de Jacob al lidiar con la provisión de Dios: lo único que Jacob pidió realmente fue las necesidades básicas de la vida, alimento y vestiduras.

2. La promesa de Jacob implicaba tres compromisos:
=> Que JEHOVÁ, el Dios de redención y salvación, siempre sería su Dios (v. 21b).
=> Que siempre adoraría a Dios en Bet-el cuando estuviera allí (v. 22).
=> Que sería fiel en su diezmo a Dios (v. 22).

Pensamiento 1. Cuando Dios se encuentra con nosotros y nos proporciona experiencias muy especiales —las manifestaciones especiales de su presencia— siempre deberíamos rededicar nuestras vidas a Él. Dios quiere que estemos totalmente dedicados a Él.

"Y decía a todos: Si alguno quiere venir en pos de mí, niéguese a sí mismo, tome su cruz cada día, y sígame" (Lc. 9:23).
"Así que, hermanos, os ruego por las misericordias de Dios, que presentéis vuestros cuerpos en sacrificio vivo, santo, agradable a Dios, que es vuestro culto racional. No os conforméis a este siglo, sino transformaos por medio de la renovación de vuestro entendimiento, para que comprobéis cuál sea la buena voluntad de Dios, agradable y perfecta" (Ro. 12:1-2).
"para no vivir el tiempo que resta en la carne, conforme a las concupiscencias de los hombres, sino conforme a la voluntad de Dios" (1 P. 4:2).
"Y amarás a Jehová tu Dios de todo tu corazón, y de toda tu alma, y con todas tus fuerzas" (Dt. 6:5).
"y me buscaréis y me hallaréis, porque me buscaréis de todo vuestro corazón" (Jer. 29:13).

CAPÍTULO 29

B. Jacob se casó con Lea y Raquel: El comienzo de una nueva vida, 29:1-30

1 Jacob comenzó su nueva vida despés de su encuentro con Dios: El gozo de comenzar una nueva vida

a. Jacob buscó a su nueva familia
1) Buscó en el lugar indicado: Vio tres rebaños de ovejas a lo lejos cerca de un pozo

1 Siguió luego Jacob su camino, y fue a la tierra de los orientales.

2 Y miró, y vio un pozo en el campo; y he aquí tres rebaños de ovejas que yacían cerca de él, porque de aquel pozo abrevaban los ganados; y había una gran piedra sobre la boca del pozo.
3 Y juntaban allí todos los rebaños; y revolvían la piedra de la boca del pozo, y abrevaban las ovejas, y volvían la piedra sobre la boca del pozo a su lugar.

2) Fue allí y cordialmente comenzó a conversar con los pastores
3) Él preguntó si conocían a sus parientes, la familia de Labán: Ellos los conocían

4 Y les dijo Jacob: Hermanos míos, ¿de dónde sois? Y ellos respondieron: De Harán somos.

5 El les dijo: ¿Conocéis a Labán hijo de Nacor? Y ellos dijeron: Sí, le conocemos.

4) Él preguntó si Labán estaba bien: Lo estaba, y de hecho su hija Raquel venía con sus ovejas

6 Y él les dijo: ¿Está bien? Y ellos dijeron: Bien, y he aquí Raquel su hija viene con las ovejas.

b. Jacob trató de ayudar y de ser responsable
1) Era demasiado temprano para traer los rebaños
2) Su sugerencia: abrevarlas y llevarlas a pastar nuevamente
3) Su respuesta: Su rebaño no abrevaría hasta que todas las ovejas se juntaran

7 Y él dijo: He aquí es aún muy de día; no es tiempo todavía de recoger el ganado; abrevad las ovejas, e id a apacentarlas.
8 Y ellos respondieron: No podemos, hasta que se junten todos los rebaños, y remuevan la piedra de la boca del pozo, para que abrevemos las ovejas.

9 Mientras él aún hablaba con ellos, Raquel vino con el rebaño de su padre, porque ella era la pastora.
10 Y sucedió que cuando Jacob vio a Raquel, hija de Labán hermano de su madre, y las ovejas de Labán el hermano de su madre, se acercó Jacob y removió la piedra de la boca del pozo, y abrevó el rebaño de Labán hermano de su madre.

11 Y Jacob besó a Raquel, y alzó su voz y lloró.
12 Y Jacob dijo a Raquel que él era hermano de su padre, y que era hijo de Rebeca; y ella corrió, y dio las nuevas a su padre.

13 Así que oyó Labán las nuevas de Jacob, hijo de su hermana, corrió a recibirlo, y lo abrazó, lo besó, y lo trajo a su casa; y él contó a Labán todas estas cosas.

14 Y Labán le dijo: Ciertamente hueso mío y carne mía eres. Y estuvo con él durante un mes.

15 Entonces dijo Labán a Jacob: ¿Por ser tú mi hermano, me servirás de balde? Dime cuál será tu salario.

16 Y Labán tenía dos hijas: el nombre de la mayor era Lea, y el nombre de la menor, Raquel.
17 Y los ojos de Lea eran delicados, pero Raquel era de lindo semblante y de hermoso parecer.

2 Jacob conoció a Raquel: El gozo de encontrar su nueva familia

a. Las emociones de Jacob provocadas por la aparición de Raquel
1) Pensamientos constantes: "El hermano de su madre" planteado tres veces en hebreo
2) Conducta inusual: Sin ayuda de nadie removió la piedra de la boca del pozo
3) Un beso asombroso y un llanto
4) Una identificación sorprendente
5) Una acogida de bienvenida: Raquel corrió y le contó a su padre

b. La bienvenida y estancia emocionada de Jacob: Ofrecida por Labán, el padre de Raquel
1) Un verdadero afecto
2) Una conversación de por qué Jacob estaba allí
3) Una aceptación real: Labán recibió a Jacob como uno de la familia, y Jacob se quedó un mes

3 Jacob se quiso casar con Raquel: El gozo de trabajar y ahorrar para casarse con un ser amado

a. El tema del trabajo: Jacob merecía un salario
b. El tema del deseo y el amor
1) Las dos hijas de Labán: Lea y Raquel
2) El deseo de Jacob: Él amó a Raquel

	18 Y Jacob amó a Raquel, y dijo: Yo te serviré siete años por Raquel tu hija menor.	24 Y dio Labán su sierva Zilpa a su hija Lea por criada.	d. El descubrimiento y el impacto de ser engañado
3) La proposición de Jacob: Trabajar por Raquel		25 Venida la mañana, he aquí que era Lea; y Jacob dijo a Labán: ¿Qué es esto que me has hecho? ¿No te he servido por Raquel? ¿Por qué, pues, me has engañado?	1) La indignación confundida de Jacob
4) La proposición de Jacob aceptada	19 Y Labán respondió: Mejor es que te la dé a ti, y no que la dé a otro hombre; quédate conmigo.	26 Y Labán respondió: No se hace así en nuestro lugar, que se dé la menor antes de la mayor.	2) El engaño de siete años de Labán: Nunca había mencionado la costumbre
c. El tema de la recompensa: un fuerte amor despertado por el trabajo fiel y un período de tiempo no marcado	20 Así sirvió Jacob por Raquel siete años; y le parecieron como pocos días, porque la amaba.	27 Cumple la semana de ésta, y se te dará también la otra, por el servicio que hagas conmigo otros siete años.	e. La solución sugerida: Jacob trabajaría por otros siete años
4 Jacob fue engañado, segó lo que había sembrado: La impactante interrupción de su gozo	21 Entonces dijo Jacob a Labán: Dame mi mujer, porque mi tiempo se ha cumplido, para unirme a ella.	28 E hizo Jacob así, y cumplió la semana de aquélla; y él le dio a Raquel su hija por mujer.	f. La aceptación de la solución: Jacob se casó también con Raquel
a. La expectativa: El matrimonio		29 Y dio Labán a Raquel su hija su sierva Bilha por criada.	
b. El gran banquete de boda	22 Entonces Labán juntó a todos los varones de aquel lugar, e hizo banquete.	30 Y se llegó también a Raquel, y la amó también más que a Lea; y sirvió a Labán aún otros siete años.	g. La consumación del matrimonio
c. El engaño: Tramado por el padre y su hija, Lea[EFI]	23 Y sucedió que a la noche tomó a Lea su hija, y se la trajo; y él se llegó a ella.		

DIVISIÓN IX

JACOB, NIETO DE ABRAHAM: ESCOGIDO PARA PRESERVAR LA DESCENDENCIA DEL PUEBLO DE DIOS Y LAS GRANDES PROMESAS DE DIOS, 28:10—36:43

B. Jacob se casó con Lea y Raquel: El comienzo de una nueva vida, 29:1-30

(29:1-30) *Introducción:* La vida se compone de nuevos comienzos, nuevos inicios, días nuevos. Cada vez que cometemos un error, tenemos que empezar de nuevo y rehacer un nuevo comienzo. Esta fue la experiencia de Jacob, excepto que su error no fue un fracaso pequeño: Jacob había fracasado total y completamente. Había arruinado y destrozado literalmente su vida. Él había engañado a su padre para robar la bendición y herencia de su hermano, Esaú. Esaú había amenazado su vida, y ahora Jacob andaba huyendo. Él había estado obligado a huir para salvar su vida y librarse de la ira de Esaú. Él había perdido la casa, la familia, los amigos, y toda su propiedad; y ahora él estaba completamente solo y desposeído en el mundo, viviendo en temor y en la separación de Dios.

Pero a Jacob le había sucedido lo más maravilloso: él había experimentado un encuentro con Dios. Dios le había hecho frente a Jacob y lo llevó a hacer un nuevo compromiso: una promesa de que JEHOVÁ, el Dios de redención y salvación, siempre sería su Dios. Jacob prometió que él seguiría al Señor con mayor diligencia que nunca, y Dios le dio a Jacob una nueva vida, un nuevo comienzo, un nuevo inicio, un día nuevo que vivir.

Esta experiencia de Jacob contiene muchas lecciones para nosotros. En nuestro viaje por la vida, con frecuencia necesitamos lo que necesitó Jacob: una nueva vida, un nuevo comienzo, un nuevo inicio, un día nuevo. Este es el tema de este gran pasaje: *Jacob se casó con Lea y Raquel: El comienzo de una nueva vida,* 29:1-30.

1. El gozo de comenzar una nueva vida: Jacob comenzó su nueva vida después de su encuentro con Dios (vv. 1-8).
2. El gozo de encontrar su nueva familia: Jacob conoció a Raquel (vv. 9-14).
3. El gozo de trabajar y ahorrar para casarse con un ser amado: Jacob se quiso casar con Raquel (vv. 15-20).
4. La impactante interrupción de su gozo: Jacob fue engañado, segó lo que había sembrado (vv. 21-30).

1 (29:1-8) *Jacob — Nueva vida — Iglesia — Trabajo — Responsabilidad*: Estaba el gozo de comenzar una nueva vida: Jacob comenzó su nueva vida después de su encuentro con Dios. El idioma hebreo en el versículo uno es muy sugerente y pintoresco: "Entonces Jacob *levantó sus pies*". La ilustración es la de un nuevo gozo y una nueva oportunidad halladas en la vida de Jacob. Él presintió una nueva vida, un nuevo comienzo, un nuevo inicio desde su nuevo compromiso con Dios. Jacob era como un nuevo converso, lleno de gozo y regocijo mientras proseguía viaje. La distancia entre Bet-el y Harán era de cerca de 804,67 kilómetros, un viaje largo y peligroso para ese día. Pero ahora Jacob estaba seguro — absolutamente seguro— de la protección, el amor, y el cuidado de Dios. Él sabía que Dios estaba guiándolo y dirigiéndolo a Harán, lo sabía si duda alguna. Por ende, él "levantó sus pies" y con gozo viajó hacia su destino. Finalmente, él llegó al país de sus parientes.

1. De inmediato, Jacob comenzó a buscar lo que se convertiría en su nueva familia, sus parientes (vv. 2-6). Advierta lo que sucedió.

   a. Jacob buscó en el lugar indicado. Cuando se acercaba a la ciudad de Harán, notó a lo lejos tres rebaños de ovejas cerca de un pozo. Cuando se acercó a encontrarse con los pastores, él vio que el pozo tenía una gran roca que cubría su boca.

   b. Jacob se presentó cordialmente y conoció a los pastores. Ellos dijeron que eran realmente de Harán (v. 4).

   c. Luego le preguntó si conocían a su pariente, Labán, el hijo de Nacor. Ellos contestaron que sí que ellos lo conocían (v. 5).

   d. Los pastores no solo conocían a Labán y a su familia, sino que abrevaban sus rebaños con Raquel la hija de Labán.

   e. Jacob luego preguntó que si Labán estaba bien (v. 6). Él, por supuesto, necesitaba saber esto, porque Labán y su familia eran las únicas personas de las que él sabía algo del área. Los pastores respondieron que Labán estaba bien. De hecho, su hija Raquel pronto vendría al pozo con su rebaño de ovejas.

2. Mientras esperaba por Raquel, Jacob trató de ser útil y responsable (v. 8). Recuerden, Jacob tenía cerca de 77 años de edad, y había sido uno de los hacendados más grandes de Canaán, un hombre muy responsable. Probablemente los pastores eran algo más jóvenes que él, y él había notado que el sol aún estaba alto, que todavía había mucha luz del día para alimentar a las ovejas. Al parecer, él creyó que debería alentar a los pastores jóvenes en su trabajo, que deberían seguir adelante, abrevar las ovejas y llevarlas nuevamente a pastar.

Sencillamente respondieron que no podían abrevar sus ovejas hasta que no hubieran llegado todas las ovejas para abrevarlas. Probablemente esto era una ley del área para garantizar la distribución equitativa del agua o de lo contrario para asegurarse que había suficientes pastores para quitar la piedra de la boca del pozo.

Pensamiento 1. Siempre hay gozo cuando nos convertimos y comenzamos una nueva vida o cuando emprendemos un nuevo inicio o hacemos un nuevo compromiso con Dios. Cuando esto nos sucede, nos es necesario hacer exactamente lo que hizo Jacob:

1) Nos es necesario buscar nuestra nueva familia, la familia de Dios, la familia de la iglesia; y nos es necesario buscarlos con diligencia. Necesitamos su fraternidad, ayuda, y aliento; y nos es necesario unirnos a ellos en su estudio de la Palabra de Dios y en su servicio y testimonio del Señor.

   "no dejando de congregarnos, como algunos tienen por costumbre, sino exhortándonos; y tanto más, cuanto veis que aquel día se acerca" (He. 10:25).

   "lo que hemos visto y oído, eso os anunciamos, para que también vosotros tengáis comunión con nosotros; y nuestra comunión verdaderamente es con el Padre, y con su Hijo Jesucristo" (1 Jn. 1:3).

   "Porque donde están dos o tres congregados en mi nombre, allí estoy yo en medio de ellos" (Mt. 18:20).

2) Nos es necesario alentar a aquellos que parecen ser irresponsables. Necesitamos alentarlos en su obra y moverlos a trabajar duro para que puedan contribuir todo cuanto puedan a la sociedad y a Dios. Cada uno de nosotros necesita trabajar tan duro como pueda para hacer del mundo un mejor lugar para vivir para todos nosotros.

   "En lo que requiere diligencia, no perezosos; fervientes en espíritu, sirviendo al Señor" (Ro. 12:11).

   "El que hurtaba, no hurte más, sino trabaje, haciendo con sus manos lo que es bueno, para que tenga qué compartir con el que padece necesidad" (Ef. 4:28).

   "Y todo lo que hagáis, hacedlo de corazón, como para el Señor y no para los hombres" (Col. 3:23).

   "Tomó, pues, Jehová Dios al hombre, y lo puso en el huerto de Edén, para que lo labrara y lo guardase" (Gn. 2:15).

   "El alma del perezoso desea, y nada alcanza; mas el alma de los diligentes será prosperada" (Pr. 13:4).

   "En toda labor hay fruto; mas las vanas palabras de los labios empobrecen" (Pr. 14:23).

   "También el que es negligente en su trabajo es hermano del hombre disipador" (Pr. 18:9).

   "El perezoso no ara a causa del invierno; pedirá, pues, en la siega, y no hallará" (Pr. 20:4).

   "Todo lo que te viniere a la mano para hacer, hazlo según tus fuerzas; porque en el Seol, adonde vas, no hay obra, ni trabajo, ni ciencia, ni sabiduría" (Ec. 9:10).

2 (29:9-14) *Jacob — Raquel — Labán:* Estaba el gozo de encontrar una nueva familia. Mientras Jacob aún hablaba con los pastores, Raquel vino con su rebaño. Cuando Jacob vio a

Raquel por primera vez, el entusiasmo de haber encontrado a su familia (sus parientes) despertó en él emociones al límite.

1. Advierta las emociones despertadas en él (vv. 10-12).

=> Estaban los pensamientos que invadían su mente una y otra vez: éste es "el hermano de mi madre". El hebreo saca a relucir esto realmente. Él se refirió a "el hermano de su madre" en tres ocasiones diferentes (v. 10).

=> Estaba la conducta inusual de no caminar hasta donde ella para hablar con Raquel. ¿Qué hizo él? Estaba tan emocionado, que se acercó y sin ayuda de nadie movió la piedra de la boca del pozo y le abrevó las ovejas. Obviamente, su entusiasmo provocó lo que con frecuencia nos provoca a nosotros: le proporcionó un arranque de fuerza (v. 10).

=> Estaba el beso asombroso y el llanto (v. 11). Era la costumbre de la época que los miembros de la familia se saludaran con un beso, pero advierta: Jacob aún no se había *identificado*. Él aún era un completo extraño para Raquel. Ella no sabía que él era miembro de la familia, aún así él se le acercó y la besó.

=> Estaba la identificación que él hace de sí mismo: él era pariente de su padre e hijo de Rebeca. Raquel, claro está, había oído a su padre hablar de su hermana, Rebeca, que era su tía (v. 12a).

=> Tan pronto Jacob se identificó, Raquel corrió a decírselo a su padre, Labán (v. 12b).

2. Advierta ahora la acogida entusiasta dada a Jacob y larga estancia de un mes (vv. 13-14).

a. Labán corrió a encontrarse con Jacob, lo abrazó y lo besó repetidas veces. El hebreo hace alusión a los repetidos besos (Leupold, p. 790). Labán naturalmente estaba emocionado de ver a un hijo de su hermana, una hermana que se había marchado de casa hacía ya casi cien años cuando tan solo eran niños. Luego Labán llevó a Jacob a su casa.

b. Finalmente, Jacob tuvo que decir hablar y contarle por qué estaba allí (v. 13c). ¿Cuánto les dijo Jacob? Ciertamente él les contó cómo halló a Labán y a su familia y que había venido a buscar una esposa entre el pueblo de su madre. ¿Pero les contó sobre todo el problema sórdido que había dejado atrás en su casa y aceptó la responsabilidad personal de su propio pecado y engaño? ¿Les contó que tuvo que huir para salvar su vida? Al parecer ciertos factores demuestran que Jacob sí le contó todo a Labán.

=> Él vino solo, sin siervos ni ayudantes que lo acompañaran. Labán sabía que la familia era acaudalada y que Abraham había enviado a toda una caravana de siervos a buscar una esposa para Isaac. ¿Cómo Jacob podía explicar que estuvieras solo sin siervos?

=> Jacob no tenía obsequios, no tenía dotes con las que pudiera garantizar una esposa. ¿Cómo podía él explicar esto?

=> Jacob no había venido a visitarlos por solo unos días. Al parecer él había venido por un período extenso y no mostró deseo alguno de regresar, incluso después de un mes (v. 14).

=> Jacob había acabado de tener una experiencia profunda con Dios, se arrepintió, y comprometió su vida nuevamente al Señor. Esto solamente habría motivado a Jacob a contar su testimonio, cómo Dios lo había salvado y fortalecido en Bet-el. H. C. Leupold dice lo siguiente:

"Le corresponde dar cuentas de sí. Así que 'él le informó a Labán todas estas cuestiones'. Cuánto se ha de incluir en… 'todas estas cosas'… Si Jacob vino como un hombre piadoso y arrepentido de su engaño reciente… entonces no podía hacer otra cosa que relatar las razones más claras y remotas de su venida" (*Génesis,* vol. 2, p. 790).

c. Labán aceptó a Jacob: él recibió a Jacob como su propia carne y hueso. E invitó a Jacob a quedarse y trabajar para él. Y Jacob hizo eso durante un mes (v. 14).

Pensamiento 1. ¡Imagínense la emoción de un nuevo creyente! ¡De un creyente arrepentido que hace un nuevo compromiso con el Señor!

=> ¿Cuántas iglesias lo acogieron con la misma emoción que acogió Labán a Jacob?

=> ¿Cuántos creyentes les abren sus corazones y hogares a aquellos que han pecado pero se han arrepentido?

=> ¿Cuántos creyentes arrepentidos son acogidos cuando tratan de restaurarse a la iglesia y a la familia de Dios?

"Hermanos, si alguno fuere sorprendido en alguna falta, vosotros que sois espirituales, restauradle con espíritu de mansedumbre, considerándote a ti mismo, no sea que tú también seas tentado. Sobrellevad los unos las cargas de los otros, y cumplid así la ley de Cristo" (Gá. 6:1-2).

"Antes sed benignos unos con otros, misericordiosos, perdonándoos unos a otros, como Dios también os perdonó a vosotros en Cristo" (Ef. 4:32).

"En todo os he enseñado que, trabajando así, se debe ayudar a los necesitados, y recordar las palabras del Señor Jesús, que dijo: Más bienaventurado es dar que recibir" (Hch. 20:35).

"Así que, los que somos fuertes debemos soportar las flaquezas de los débiles, y no agradarnos a nosotros mismos" (Ro. 15:1).

"Hospedaos los unos a los otros sin s murmuraciones" (1 P. 4:9).

3 (29:15-20) *Amor — Trabajo — Jacob — Raquel:* Estaba el gozo de trabajar y ahorrar para casarse con un ser amado. Advierta, este pasaje no se trata de Jacob comprando a

Raquel; tiene relación con el dinero de la dote que un joven le daba al padre de la novia. Una dote no era un dinero de compra sino más bien la prueba de que un joven se encontraba seguro financieramente y que podía ocuparse de su novia (H. C. Leupold, vol. 2, p. 794).

1. Advierta cómo salió a relucir el tema del trabajo. Durante el largo estadío de Jacob de un mes con Labán, él no se lo había pasado sin hacer nada, imponiendo ni aprovechándose de la hospitalidad de la familia. Por el contrario, Jacob había estado trabajando duro. Él había demostrados ser muy capaz y digno de su salario. Así que un día Labán le preguntó a Jacob cuál pensaba él que debía ser su salario.

2. Esto le proporcionó la oportunidad a Jacob de conversar un tema que obviamente había estado dando vueltas en su corazón: el tema de su amor y deseo de casarse con Raquel (vv. 16-19).

a. Labán tenía dos hijas, la mayor era Lea y la menor era Raquel (v. 16). Al parecer las dos eran bastante mayores de edad, bien pasadas de la edad en que se casan la mayoría de las mujeres.

Lea tenía ojos delicados. Esto podría significar que ella padecía de estrabismo o que tenía muy mala vista. O pudiera significar que sus ojos sencillamente no eran atractivos, que les faltaba un brillo, una chispa, un destello que resulta tan atractivo. En comparación, Raquel era bella tanto en semblante como en apariencia (v. 17).

b. Jacob amaba a Raquel (v. 18). Era así de simple. Así que Jacob planteó su deseo: él quería casarse con Raquel, pero no tenía dote alguna. Así que le hizo una oferta que supliría la necesidad de Jacob de un lugar donde vivir y supliría la necesidad de Labán de trabajadores buenos y competentes. ¿Cuál era la oferta? Él trabajaría siete años por Raquel si Labán estaba de acuerdo.

c. Labán aceptó la proposición de Jacob, como lo haría cualquier negociante razonable. Él sencillamente planteó que prefería que Raquel se casara con Jacob antes que se casara con cualquier otro hombre (v. 19).

En ocasiones surge la pregunta, ¿Labán era completamente sincero en sus tratos con Jacob en este momento de su relación?

=> ¿Tenía los ojos puestos en la herencia futura de Jacob? Esto parece muy improbable, porque Jacob tenía que quedarse lejos de la propiedad de su padre mientras Esaú estuviera vivo. Además, ¿qué bien le representaría la propiedad de Jacob para Labán? La propiedad, la hacienda y los negocios, se encontraban a más de 804,67 kilómetros de distancia.

=> Cuando Labán hizo este acuerdo, ¿ya estaba planeando darle a Lea a Jacob en vez de a Raquel? Esto, también, es muy improbable, porque Jacob tenía que trabajar durante siete largos años para que tuviera lugar el matrimonio. El futuro de Lea después de un período de siete años sería totalmente incierto: ella podía morir, podía

enfermarse gravemente, o estar casada para ese momento. Resulta dudoso que se le haya ocurrido eso Labán.

Al parecer la evidencia es que Labán era sincero. Él y Jacob obviamente tenían una excelente hasta este momento, ambos estaban perfectamente satisfechos con el acuerdo. Y recuerden esto: Labán le estaba ofreciendo a Jacob una casa y un empleo cuando Jacob necesitaba urgentemente ambas cosas.

3. Advierta el tema de la recompensa: el fuerte amor de Jacob despertó un trabajo fiel y un período de tiempo no marcado (v. 20). Él trabajó siete largos y duros años por Raquel, pero fueron años alegres. Los años parecían ser solo unos pocos días por el gran amor que él sentía por ella.

Pensamiento 1. Hay tres grandes lecciones acá sobre el amor y el matrimonio.

1) Una pareja no se debiera apresurar al matrimonio como no se apresuró Jacob. Deben...

- Asegurarse completamente que se aman mutuamente.
- Asegurarse completamente que son responsables y pueden proveer para sí financieramente.

2) Tanto el hombre como la mujer deben ser trabajadores arduos y capaces. Jacob y Raquel son ejemplos excelentes de trabajadores diligentes. Recuerden, Raquel fue una pastora. Tales ejemplos se necesitan desesperadamente cuando tantas personas...

- Son holgazanes
- No son productivas
- No trabajan más del tiempo debido
- Abusan del horario de trabajo
- Son ausentistas del trabajo
- Viven de la asistencia social
- Se centran en el retiro
- Se quejan y rezongan por todo
- Son alborotadores
- Se preocupan solo por la recreación y el deporte, y no por el trabajo

3) El amor verdadero reconoce esta realidad: hay un tiempo para casarse y un tiempo para no casarse. El amor verdadero está dispuesto a permanecer sexualmente puro y a esperar hasta que llegue el momento indicado para el matrimonio.

"Honroso sea en todos el matrimonio, y el lecho sin mancilla; pero a los fornicarios y a los adúlteros los juzgará Dios" (He. 13:4)

"Por tanto, lo que Dios juntó, no lo separe el hombre" (Mr. 10:9)

"Pero yo os digo que el que repudia a su mujer, a no ser por causa de fornicación, hace que ella adultere; y el que se casa con la repudiada, comete adulterio" (Mt. 5:32).

"Pero a los que están unidos en matrimonio, mando, no yo, sino el Señor: Que la mujer no se separe del marido; y si se separa, quédese sin casar, o reconcíliese con su marido; y que el marido no abandone a su mujer" (1 Co. 7:10-11).

"Quiero, pues, que las viudas jóvenes se casen, críen hijos, gobiernen su casa; que no den al adversario ninguna ocasión de maledicencia" (1 Ti. 5:14).

"Así también los maridos deben amar a sus mujeres como a sus mismos cuerpos. El que ama a su mujer, a sí mismo se ama" (Ef. 5:28).

"Maridos, amad a vuestras mujeres, y no seáis ásperos con ellas" (Col. 3:19).

4 (29:21-30) *Engaño — Labán — Banquete de boda — Bigamia:* Estaba la impactante interrupción de su gozo: Jacob fue engañado. Él segó exactamente lo que había sembrado allá en su casa con su padre y su hermano. Jacob terminó sus siete años de trabajo por Raquel. Según lo planteado anteriormente, Jacob había trabajado fuerte y fielmente por Labán, pero los siete años parecieron ser solo unos pocos días por su gran amor por Raquel (v. 20).

1. Ahora Jacob esperaba que se le diera el derecho de casarse con Raquel (v. 21). Advierta que Jacob fue quien le sacó a relucir el tema a Labán. Probablemente él estuviera tan emocionado porque finalmente se acercaba la fecha de la boda que estaba muy impaciente por discutir los preparativos con Labán. También cabe la posibilidad de que Labán no se decidiera a hablar del tema porque temía que Jacob se pudiera marchar, y sencillamente odiaba la idea de perder a un trabajador tan arduo y capaz.

2. Labán hizo un gran banquete de bodas en honor de la pareja (v. 22). Esta era la costumbre de la época: el padre de la novia celebraría un banquete que duraría una semana al que estaban invitados la familia, los amigos, y los vecinos. El matrimonio se consumaba —la pareja se juntaba— a final de la semana después de la celebración.

Advierta que Labán invitó a todos los hombres —a todas las personas— de la comunidad a la celebración.

3. Labán le estaba tramando a Jacob un engaño y una patraña cruel (v. 23). Él estaba planeando darle a Lea a Jacob, engañándolo para que se casara con Lea así como con Raquel. ¿Cómo Labán logró un plan como ese? La noche de la boda, él sencillamente sustituyó a Lea por Raquel. ¿Cómo fue posible esto? ¿Cómo Jacob no podía darse cuenta?

=> Porque Lea llevaba un velo.

=> Porque era de noche y la oscuridad ocultaba a Lea.

=> Porque Lea y Raquel eran semejantes —obviamente muy semejantes— en estatura, forma, y volumen. Solo diferían en rasgos faciales, y el rostro de Lea se encontraba totalmente oculto por el velo en la boda y por la oscuridad de la noche.

=> Porque las voces de Raquel y de Lea al parecer eran semejantes. Además, la conversación en la noche de bodas por lo general es poca y en susurros con un espíritu amoroso muy silente.

=> Porque probablemente Lea usaba la ropa y el perfume de Raquel.

=> Porque Jacob estaba desprevenido; nunca se le ocurrió que la novia que yacía a su lado no fuera Raquel.

Al considerar todos estos factores, probablemente fuera fácil lograr el plan. ¿Pero por qué? ¿Por qué Labán desearía hacerle una patraña tan vil como esa a Jacob?

=> Esta era una manera segura de garantizar otros siete años de servicio y trabajo de Jacob. Jacob se tendría que comprometer a trabajar otros siete años por Raquel.

=> También era una forma segura de que Lea consiguiera esposo.

Advierta que el plan funcionó: Jacob consumó el matrimonio: él y Lea tuvieron sexo en su noche de bodas (v. 23c). Advierta también que Labán le dio a Lea una sierva llamada Zilpa (v. 24). Este elemento más adelante será importante (cp. Gn. 30:9s).

4. Cuando llegó la mañana, Jacob descubrió la crueldad y se impactó totalmente. Él corrió como un loco donde Labán y entró en un ataque de ira confundido, una ira perfectamente entendible:

=> ¿Qué me has hecho?

=> Trabajé para ti —cumplí mi acuerdo— ¿No?

=> ¿Por qué me has engañado?

Labán respondió declarando que la comunidad local tenía una *ley inviolable*: La hija mayor de la familia tenía que ser la primera en casarse (v. 26). La hija menor no se podía dar en matrimonio hasta que la mayor estuviera casada.

¿Era cierto esto? Es muy probable, porque Jacob fácilmente podía haber comprobado la ley con los vecinos y funcionarios de la ciudad. ¿Pero por qué Labán no le dijo esto antes a Jacob? Sin duda alguna, por las razones mencionadas anteriormente: él quería que Jacob siguiera trabajando para él, y era una oportunidad de conseguirle esposo a Lea.

¿Cuánta parte toman Raquel y Lea en la conspiración y el engaño? ¿Dónde estaba Raquel durante la boda? Ella obviamente amaba a Jacob, así que ella no habría estado dispuesta a colaborar con la conspiración. Al parecer su padre, Labán, la mantuvo en silencio haciendo referencia a la ley de la comunidad y asegurándole que sería dada a Jacob después de que Jacob se casara con Lea. O de lo contrario, por la fuerza la mantuvo cautiva hasta después de la noche de bodas. La primera posibilidad parece mucho más probable.

Qué hay de Lea: ¿Cuán culpable era ella en el engaño? ¡Muy culpable! Ella debía haber advertido a Jacob del plan antes de que sucediera, y podía haberlo hecho en cualquier momento. Esto habría sido lo decente y lo correcto, pero ella no lo hizo. ¿Por qué?

=> ¿Era porque le temía a su padre?

=> ¿Creyó que esta era su mejor y quizás última oportunidad de casarse?

=> ¿Se había enamorado de Jacob?

Las Escrituras no nos dicen por qué ella participó en la conspiración. Pero participó, y fue algo muy cruel.

Imagínense cómo ella se sintió la noche de la boda cuando hizo el amor con Jacob, sabiendo que Jacob la creía ser Raquel. Ella también sabía que Jacob se molestaría mucho con ella y con su padre. Ella también sabía que había posibilidades de que Jacob la rechazara. Se pudieran seguir mencionando las reacciones posibles de Jacob. Todo esto demuestra cuánto quería ella casarse con Jacob. La mejor variante es que ella amaba verdaderamente a Jacob.

5. Labán sugirió una solución: que Jacob trabajara otros siete años por Raquel (v. 27). Jacob podía haber explotado de ira contra Labán en este momento. ¿Qué impidió que explotara? Advierta que las Escrituras no lo dicen, no dice nada sobre la respuesta de Jacob. De hecho, la escena ilustra a Jacob tranquilo y contenido después de su primer arranque contra Labán (v. 25). ¿Por qué? Es muy probable que el engaño que le hicieron le recordara su propio engaño contra su padre y Esaú. Henry Morris plantea bien esto:

"Isaac había pensado que Jacob era Esaú, y así le dio la bendición. Ahora Jacob había pensado que Lea era Raquel, y la había desposado. En ambos casos, el engaño había sido ordenado por un padre y en ambos casos el propósito del engaño era adquirir algo deseado imperiosamente. Jacob estaba seguro de que el fin justificaba los medios en su caso, pero quizás Lea y Labán también sintieron lo mismo en su caso.

"Tales consideraciones contribuyeron sin dudas a debilitar la ira de Jacob. Puede que incluso haya reconocido su situación como providencial, en vista de las circunstancias extraordinariamente semejantes. En consecuencia, hasta donde se tiene registrado, al menos, él no reprendió a Lea por su parte en el asunto. No resulta improbable que su experiencia con ella durante la noche hubiera engendrado una cierta cantidad de amor por ella, a pesar de su engaño, fundamentalmente cuando él se dio cuenta rápidamente de que ella había estado enamorada de él desde hacía tiempo. En todo caso, aunque él aún quería a Raquel, él no podía permitirse herir más a Lea" (*The Genesis Record* [El registro de Génesis], pp. 462-463).

"No os engañéis; Dios no puede ser burlado: pues todo lo que el hombre sembrare, eso también segará. Porque el que siembra para su carne, de la carne segará corrupción; mas el que siembra para el Espíritu, del Espíritu segará vida eterna" (Gá. 6:7-8).

"Como yo he visto, los que aran iniquidad y siembran injuria, la siegan" (Job 4:8).

"El testigo falso no quedará sin castigo, y el que habla mentiras no escapará" (Pr. 19:5).

"El que sembrare iniquidad, iniquidad segará, y la vara de su insolencia se quebrará" (Pr. 22:8).

"Y cada uno engaña a su compañero, y ninguno habla verdad; acostumbraron su lengua a hablar mentira, se ocupan de actuar perversamente" (Jer. 9:5).

"Engañoso es el corazón más que todas las cosas, y perverso; ¿quién lo conocerá?" (Jer. 17:9).

6. Jacob aceptó la solución ofrecida por Labán, y se casó con Raquel (v. 28). La *semana* de la que se habló es la semana matrimonial, la primera semana del matrimonio, una semana en que a la novia y al novio se les denomina realmente *el rey y la reina* (H. C. Leupold, p. 798). Cuando Jacob terminó su semana con Lea, entonces se le dio a Raquel para que fuera su esposa. Advierta que Labán también le dio a Raquel una sierva llamada Bilha que más tarde se volvió muy importante (v. 29; cp. Gn. 30:3s).

7. Jacob consumó el matrimonio: él se casó con Raquel y le dio su amor a Raquel. Advierta que se le dio a Raquel al comienzo de los siete años de trabajo, no después. Él se casó con Raquel y luego cumplió su acuerdo de trabajar siete años para Labán.

Ahora, ¿por qué Jacob cometió bigamia? Advierta que las Escrituras dicen: Él amó a Raquel más que a Lea. ¿Por qué él no se rehusó a mantener a Lea como su esposa? Él no se casó voluntariamente con ella. Jacob se encontraba en un dilema y estaba obligado a hacerle frente al problema de haberlo engañado para que se casara con Lea. Sin embargo, Jacob tenía varias formas en las que podía haber manejado la situación. Él había cometido el error de casarse con dos mujeres.

1. Él no tenía que quedarse con Lea. Cierto, era la costumbre de la época que la hija mayor se diera primero en matrimonio, pero Jacob podía haberle devuelto a Lea a su padre. Claro está, Labán podía haberse molestado y despedir a Jacob, dejándolo sin hogar ni familia. No obstante, muchos creyentes a lo largo de los siglos han sido rechazados por la familia y aún así se han mantenido firmes por Dios y por la justicia.

2. Toda la comunidad sabía de la conspiración, pero Jacob podía haber soportado la vergüenza y haber rechazado a Lea. Claro está, el problema era que él había dormido con ella; y ella podía haber quedado embarazada de esa única experiencia sexual. Él no tenía forma de saber. Este era el dilema que le preocupaba.

3. Por supuesto, Lea se habría destrozado si Jacob la hubiera rechazado. Pero Jacob podía haber aliviado su dolor hablando con ella y dándole el apoyo que pudiera. Él podía haberle explicado la voluntad de Dios de *una sola esposa para un solo hombre*.

4. Si la ley de que la hija mayor tenía que casarse primero se hubiera aplicado en concreto, entonces Jacob tenía dos opciones.

=> Él podía haberse quedado con Lea y haber aprendido a amarla. Esta opción habría sido buena si él estuviera desesperado y tuviera que tener una esposa.

=> Él podía haberle devuelto a Lea a su padre y haber esperado hasta que ella se casara. Entonces estaría libre para casarse con Raquel.

Sin embargo, con toda honestidad, Jacob se enfrentaba a dos problemas si hubiera tomado la decisión de rechazar a Lea. Resultaba dudoso que Labán le hubiera dado a Raquel.

También, recuerden que Jacob tenía cerca de 84 años de edad en ese momento. Esto sugiere que Lea ya era una mujer mayor con la que ningún hombre se había comprometido. Lo más probable era que nunca se casara, lo que significaba que nunca se le permitiera a Jacob casarse con Raquel.

Ahora bien, ¿Jacob tenía que quedarse casado con Lea a fin de agradar a Dios? ¿Sería culpable de adulterio si la hubiera rechazado y se hubiera casado con Raquel? H. C. Leupold dice lo siguiente:

"'¿Jacob y Lea eran culpables de adulterio, o se habría clasificado de adúltera su unión si Jacob se hubiera rehusado a seguir con ella?' Lutero tenía razón cuando dijo: No. Su unión no era matrimonio al principio, porque no había consentimiento libre entre estos dos. No era adulterio, porque Jacob tuvo relaciones con alguien que ciertamente él no deseaba. En consecuencia, Jacob podía haber rechazado con un basamento ético y aún así habría estado libre de culpa" (*Génesis,* vol. 2, p. 798).

Henry M. Morris agrega esto:

"Y así él cumplió la semana de Lea, y luego Labán finalmente le entregó a él a Raquel. Así Jacob estaba más o menos obligado a volverse bígamo. Sin embargo, a la luz de la época esto no constituía una corrupción grave de la relación matrimonial como lo sería en la dispensación cristiana. La poligamia era bastante común; el propio hermano de Jacob tenía dos esposas, y su abuelo había tomado a Agar y a Sara por esposa. No obstante, sí se desarrollaron muchos problemas después en la casa y familia de Jacob por eso, demostrando así que la monogamia es la mejor opción. Incluso en la actualidad, aunque la poligamia 'paralela' es ilegal en las naciones occidentales, comúnmente se practica una poligamia de tipo 'en serie' como resultado de los divorcios frecuentes. Sin embargo, en la actualidad al igual que en la época de Jacob, tales matrimonios múltiples normalmente implican mucho pesar y problemas familiares graves" (*The Genesis Record* [El registro de Génesis], p. 463.)

J. Vernon McGee, de un modo muy sencillo y práctico, dice lo siguiente:

"Puede que usted esté pensando: *Bueno, como esto aparece en la Biblia, Dios debe aprobar la poligamia.* No, Dios no aprueba todo lo que aparece en la Biblia. Eso puede sorprenderlo. Por ejemplo, Dios no aprobó la mentira del diablo. Dios no aprobó el pecado de David, y lo juzgó por ello. Pero el *registro* de ambos sucesos es inspirado; literalmente, soplado por Dios. En otras palabras, Dios dijo por medio del autor, Moisés, exactamente lo que quería decir. Lo que es inspirado es el registro de las palabras que Dios le dio a Moisés para que escribiera en este Libro que denominamos la Biblia. En Génesis 29 Dios proporcionó un registro exacto: Jacob sí tenía dos esposas, y nos cuenta cómo sucedió.

Ahí es donde entra a jugar la inspiración. Eso no quiere decir que Dios apruebe todo lo que está registrado en la Biblia. Ciertamente Dios desaprobó que Jacob tuviera más de una esposa" (*Thru The Bible* [A través de la Biblia], vol. 1, p. 123).

"Él, respondiendo, les dijo: ¿No habéis leído que el que los hizo al principio, varón y hembra los hizo, y dijo: Por esto el hombre dejará padre y madre, y se unirá a su mujer, y los dos serán una sola carne? así que no son ya más dos, sino una sola carne; por tanto, lo que Dios juntó, no lo separe el hombre" (Mt. 19:4-6).

"Pero es necesario que el obispo sea irreprensible, marido de una sola mujer, sobrio, prudente, decoroso, hospedador, apto para enseñar" (1 Tit. 3:2).

"el que fuere irreprensible, marido de una sola mujer, y tenga hijos creyentes que no estén acusados de disolución ni de rebeldía" (Tit. 1:6).

"Ni tomará para sí muchas mujeres, para que su corazón no se desvíe; ni plata ni oro amontonará para sí en abundancia" (Dt. 17:17).

"Mas diréis: ¿Por qué? Porque Jehová ha atestiguado entre ti y la mujer de tu juventud, contra la cual has sido desleal, siendo ella tu compañera, y la mujer de tu pacto. ¿No hizo él uno, habiendo en él abundancia de espíritu? ¿Y por qué uno? Porque buscaba una descendencia para Dios. Guardaos, pues, en vuestro espíritu, y no seáis desleales para con la mujer de vuestra juventud" (Mal. 2:14-15).

ESTUDIO A FONDO 1

(29:23) *Engaño — Sembrar y segar — Jacob:* Jacob estaba segando lo que había sembrado, estaba segando el mismo tipo de engaño que había conspirado contra su padre y Esaú. Jacob se enfrentó a varias crisis en su vida que demuestran una vida de debilidad espiritual inusual.

1. Actuar con autosuficiencia y en complicidad para garantizar la primogenitura de Esaú (Gn. 25:27-34). Jacob sencillamente no confiaba en Dios para que hiciera venir a su vida las bendiciones prometidas.

2. Actuar con autosuficiencia y obedecer a la sugerencia de su madre de engañar a su padre para que lo bendijera a él en vez de a Esaú (Gn. 27:1-29). Una vez más, él no confió en Dios ni actuó con valentía al hacerle frente a su madre. Y recuerden, él tenía cerca de setenta y siete años de edad en ese momento.

3. No hacerle frente a Labán y a su hija Lea cuando Labán le dio a Lea en lugar de a Raquel como pago por su trabajo (Gn. 29:15-28). Él debió haber actuado con valentía y haber reprendido a Labán, y debió haber rechazado a Lea y haber rechazado la práctica de la bigamia.

4. Mostrar parcialidad hacia Raquel y descuidar a Lea, y tolerar una familia problemática por celo y rivalidad

(Gn. 29:31—30:24). Él debió haber sido valiente y haber detenido el celo y los problemas. Pero nuevamente, él demostró inmadurez espiritual y falta de valentía.

5. Tratar de conspirar e influir en el proceso de cría del rebaño de Labán para sí en lugar de confiar en Dios realmente en que lo bendijera con riquezas (Gn. 30:31-43). (Nota: probablemente esto no sea lo que sucedió, pero se incluye acá porque algunos comentaristas sostienen esta posición. Vea bosquejo y notas, Gn. 30:35-43 para un análisis.)

6. Actuar con autosuficiencia y tratar de escabullírsele a Labán. Él no se enfrentó a Labán con valentía ni confió en que Dios solucionaría los problemas (Gn. 31:1-55).

7. Llevar una vida que reincidía una y otra vez en un estado de desconfianza tras demostrar una gran confianza en Dios.

Hay una característica común en todas estas experiencias de Jacob. Él tenía un pecado acuciante, el pecado del engaño, de actuar en complicidad para garantizar las bendiciones que Dios le había prometido. Cada una de las crisis era un lapso de fe que revelaba al menos dos debilidades.

1. En ocasiones a Jacob le faltaba la fe: sencillamente no creía que Dios manejaría la situación. ¿Por qué? Quizás él no meditó lo suficiente en la fidelidad de Dios, o de lo contrario era tan espiritualmente inmaduro que no confiaba en Dios lo suficiente. Su desconfianza con frecuencia lo llevaba a actuar con autosuficiencia, con total independencia de Dios. En ocasiones tomaba las cosas en sus propias manos.

2. En otras ocasiones a Jacob le faltaba el valor para defender lo que era correcto.

1 Había favoritismo: Pero Dios predominó
a. Jacob descuidó a Lea, pero Dios le dio sus hijos
b. Dios le dio a Rubén
  1) Significa: Ved, un hijo
  2) Creyó que Dios la había bendecido con un hijo, por eso ahora Jacob la amaría
c. Dios le dio a Simeón
  1) Significa: Oír
  2) Creyó que Dios sabía que ella estaba descuidada y que Él oyó su oración
d. Dios le dio a Leví
  1) Significa: Unido
  2) Creyó que ahora Jacob se uniría a ella
e. Dios le dio a Judá
  1) Significa: Alabanza
  2) Creyó que le debía una alabanza a Dios por lo que Él había hecho

2 Había envidia y celos: Pero Dios predominó
a. Raquel provocó tensión
  1) estaba celosa y se lanzó en una arremetida contra Jacob
  2) Airó a Jacob
  3) Pecó: le ofreció su sierva, Bilha, para

C. Jacob y sus hijos: Dios predominó en una casa llena de tensión, 29:31—30:24

31 Y vio Jehová que Lea era menospreciada, y le dio hijos; pero Raquel era estéril.

32 Y concibió Lea, y dio a luz un hijo, y llamó su nombre Rubén, porque dijo: Ha mirado Jehová mi aflicción; ahora, por tanto, me amará mi marido.

33 Concibió otra vez, y dio a luz un hijo, y dijo: Por cuanto oyó Jehová que yo era menospreciada, me ha dado también éste. Y llamó su nombre Simeón.

34 Y concibió otra vez, y dio a luz un hijo, y dijo: Ahora esta vez se unirá mi marido conmigo, porque le he dado a luz tres hijos; por tanto, llamó su nombre Leví.
35 Concibió otra vez, y dio a luz un hijo, y dijo: Esta vez alabaré a Jehová; por esto llamó su nombre Judá; y dejó de dar a luz.

CAPÍTULO 30

1 Viendo Raquel que no daba hijos a Jacob, tuvo envidia de su hermana, y decía a Jacob: Dame hijos, o si no, me muero.

2 Y Jacob se enojó contra Raquel, y dijo: ¿Soy yo acaso Dios, que te impidió el fruto de tu vientre?
3 Y ella dijo: He aquí mi sierva Bilha; llégate

a ella, y dará a luz sobre mis rodillas, y yo también tendré hijos de ella.
4 Así le dio a Bilha su sierva por mujer; y Jacob se llegó a ella.
5 Y concibió Bilha, y dio a luz un hijo a Jacob.
6 Dijo entonces Raquel: Me juzgó Dios, y también oyó mi voz, y me dio un hijo. Por tanto llamó su nombre Dan.

7 Concibió otra vez Bilha la sierva de Raquel, y dio a luz un segundo hijo a Jacob.
8 Y dijo Raquel: Con luchas de Dios he contendido con mi hermana, y he vencido. Y llamó su nombre Neftalí.

9 Viendo, pues, Lea, que había dejado de dar a luz, tomó a Zilpa su sierva, y la dio a Jacob por mujer.

10 Y Zilpa sierva de Lea dio a luz un hijo a Jacob.
11 Y dijo Lea: Vino la ventura; y llamó su nombre Gad.

12 Luego Zilpa la sierva de Lea dio a luz otro hijo a Jacob.
13 Y dijo Lea: Para dicha mía; porque las mujeres me dirán dichosa; y llamó su nombre Aser.

14 Fue Rubén en tiempo de la siega de los trigos, y halló mandrágoras en el campo, y las trajo a Lea su madre; y dijo Raquel a Lea: Te ruego que me des de las mandrágoras de tu hijo.

que fuera la esposa o concubina de Jacob
  4) Jacob cedió ante Raquel y le dio hijas a Bilha
b. Dios le dio a Dan
  1) Significa: juicio, reivindicación
  2) Creyó que Dios la había escuchado y reivindicado como merecedora de hijos
c. Dios le dio a Neftalí
  1) Significa: Contienda
  2) Creyó que Dios la hizo edominar contra Lea para la atención de Jacob

3 Había compromiso mundano: Pero Dios predominó
a. Lea se comprometió: le dio su sierva, Zilpa, a Jacob
b. Dios le dio a Gad
  1) Significa: Buena suerte
  2) Creyó que el hijo era buena suerte
c. Dios le dio a Aser
  1) Significa: Feliz
  2) Creyó que las personas la llamarían dichosa, feliz

4 Había rivalidad y maquinación: Pero Dios predominó
a. Tanto Raquel como Lea provocaron tensión
  1) Raquel buscaba las mandrágoras de Lea, creyendo que el fruto proporcionaba fertilidad

		porque le he dado a luz seis hijos; y llamó su nombre Zabulón.	2) Creyó que Dios le había dado un buen regalo, por eso Jacob no la aborrecería más a ella ni moraría más con ella
2) La reacción de Lea 3) El trato humilde y desesperado de Raquel	15 Y ella respondió: ¿Es poco que hayas tomado mi marido, sino que también te has de llevar las mandrágoras de mi hijo? Y dijo Raquel: Pues dormirá contigo esta noche por las mandrágoras de tu hijo.		d. Dios le dio una hija, Dina: Significa juicio
4) La situación difícil y la vergüenza de Jacob: Había pecado y ahora estaba siendo usado por dos esposas celosas (Advierta la falta de valor de Jacob para defender lo que era correcto)	16 Cuando, pues, Jacob volvía del campo a la tarde, salió Lea a él, y le dijo: Llégate a mí, porque a la verdad te he alquilado por las mandrágoras de mi hijo. Y durmió con ella aquella noche.	21 Después dio a luz una hija, y llamó su nombre Dina. 22 Y se acordó Dios de Raquel, y la oyó Dios, y le concedió hijos. 23 Y concibió, y dio a luz un hijo, y dijo: Dios ha quitado mi afrenta; 24 y llamó su nombre José, diciendo: Añádame Jehová otro hijo.	**5 Había crecimiento espiritual** a. Dios recordó a Raquel y respondió su oración b. Dios le dio a José 1) Significa: Que Dios añada 2) Creyó que Dios había eliminado su reproche y le daría otro hijo
b. Dios le dio a Isacar a Lea 1) Significa: Recompensa 2) Creyó que Dios le había dado su salario, una buena recompensa c. Dios le dio a Zabulón a Lea 1) Significa: Honra o morar	17 Y oyó Dios a Lea; y concibió, y dio a luz el quinto hijo a Jacob. 18 Y dijo Lea: Dios me ha dado mi recompensa, por cuanto di mi sierva a mi marido; por eso llamó su nombre Isacar. 19 Después concibió Lea otra vez, y dio a luz el sexto hijo a Jacob. 20 Y dijo Lea: Dios me ha dado una buena dote; ahora morará conmigo mi marido,		

DIVISIÓN IX

JACOB, NIETO DE ABRAHAM: ESCOGIDO PARA PRESERVAR LA DESCENDENCIA DEL PUEBLO DE DIOS Y LAS GRANDES PROMESAS DE DIOS, 28:10—36:43

C. Jacob y sus hijos: Dios predominó en una casa llena de tensión, 29:31—30:24

(29:31—30:24) *Introducción:* una casa cristiana puede tener un eslabón débil, un miembro débil en la casa. Ese eslabón, ese miembro, puede ocasionar mucha tensión, alteración, dolor, y pesar.

La casa de Jacob estaba llena de tensión porque Jacob había sido débil, espiritualmente débil (Gn. 29:15-30, fundamentalmente 21s). A él le faltó suficiente valor para hacerle frente a Labán y rehusarse a casarse con Lea. Él no amaba a Lea; él amaba a Raquel. Y él había dejado esto bien claro desde el principio (Gn. 29:18-20). En lugar de reprender a Labán e insistir en lo correcto, él cedió ante la mundanalidad, ante la costumbre de la tierra que era el

pecado de la bigamia. Esta debilidad de Jacob era la causa original de la tensión insoportable en su familia, una tensión que existiría a lo largo de los años en su familia. Estaba la tensión...

- Entre Raquel y Lea (Gn. 29:30-31, 33; 30:1-2, 9, 14-15).
- Entre José y sus hermanos (Gn. 37:3-4, 8, 11, 18-28).
- Entre el propio Jacob y sus hijos (Gn. 34:30-31; 37:31-35).

Ahora bien, al pasaje actual. Este pasaje tiene tres propósitos:

Primero, mostrar como Dios dio a luz los padres de las doce tribus de Israel. Jacob tuvo doce hijos y sus hijos fueron nombrados por Dios para ser los padres de las doce tribus de Israel.

Segundo, para mostrar cómo los pecados de un hombre se anulan para hacer cumplir la promesa de Dios y el bien de una familia. Advierta la familia turbulenta en la que se criaron estos hijos, estos mismos hijos se convertirían en los padres de las doce tribus de Israel. No por gusto su historia fue tan volcánica (y todavía lo es). Esta es una gran lección a aprender de este pasaje: a pesar de las debilidades y fracasos del pueblo de Dios, Dios obra para hacer cumplir su voluntad.

Tercero, para mostrar que la casa de un creyente puede estar llena de tensión. Que porque una persona sea creyente eso no garantiza una casa sin tensión. Los pecados que se asentaron en la casa de Jacob son los pecados que con frecuencia perturban los hogares de los creyentes. Pero Dios puede anular la tensión, puede traer paz y bendición a la familia, si tan solo la familia se vuelve a Él. Este es el tema de este pasaje de las Escrituras: *Jacob y sus hijos: Dios predominó en una casa llena de tensión, 29:31—30:24.*

1. Había favoritismo: Pero Dios predominó (vv. 31-35).
2. Había envidia y celos: Pero Dios predominó (30:1-8).
3. Había compromiso mundano: Pero Dios predominó (vv. 9-13).
4. Había rivalidad y maquinación: Pero Dios predominó (vv. 14-21).
5. Había crecimiento espiritual (vv. 22-24).

1 (29:31-35) *Favoritismo — Parcialidad:* Había favoritismo en la casa, pero Dios predominó. Jacob era la parte culpable aquí.

1. Jacob amaba a Raquel; él sencillamente no amaba a Lea, así que naturalmente descuidó a Lea. Ella y su padre habían engañado a Jacob para que se casara con ella, y la vergüenza de haber hecho el ridículo ante toda la comunidad era difícil de olvidar. Probablemente hubiera pasado mucho tiempo para que Jacob se pudiera acercar a Lea. Finalmente lo hizo, pero obviamente eran pocas las veces, tan pocas que Lea se sentía muy herida. Ella se sentía descuidada, no amada, y no deseada. Y tenía razón: Jacob no la quería. Nunca la quiso. Él era bueno con ella, pero él amaba a Raquel. Era a Raquel a quien siempre amó, y su favoritismo y parcialidad eran claramente obvios para la familia. Por mucho que lo intentara, él no podía evitar mostrar su favoritismo por Raquel y su desagrado hacia Lea por su conspiración contra él.

Pero advierta: el favoritismo de Jacob por Raquel no era el fracaso más terrible de Jacob. El fracaso más terrible de Jacob fue su bigamia, no haberle hecho frente a Labán al rehusarse a aceptar el matrimonio engañoso con Lea. Este era el fracaso que había provocado el pecado del favoritismo y la parcialidad. Y los pecados del favoritismo y la parcialidad nunca abandonarían su casa; la casa nunca estaría libre de estos pecados. Jacob sería amable con Lea y mostraría cierta atención por ella, pero siempre sería por misericordia, no por pasión por ella como esposa. Y Lea sentiría profundamente el favoritismo y parcialidad de Jacob. Su hogar siempre estaría lleno de tensión por su dolor y pesar: ella siempre se sentiría descuidada, no amada, y no deseada. Lea aprendería el alto costo del pecado, el alto costo del engaño y de la inmoralidad sexual.

2. Dios vio el dolor y pesar que Lea sufría, y Él cuidó de ella. Dios predominó. Sobre la base de lo que sucedió ahora, parece que Lea se volvió al Señor en busca de ayuda, que pasó mucho tiempo en oración pidiéndole a Dios que la ayudara en su dolor y su sufrimiento. Y Dios le respondió su oración: Él abrió su vientre, y ella parió cuatro hijos rápidamente uno tras otro.

a. Ella parió a *Rubén*, lo que significa "Ved, un hijo". Advierta lo que ella dijo sobre el nacimiento del bebé: JEHOVÁ había visto su sufrimiento y suplió su necesidad, y ahora ella podía agradar a Jacob dándole un hijo. Ciertamente Jacob la amaría por el hijo. Y al parecer, Jacob sí le prestó más atención, al menos más de la que le prestaba antes, porque Lea le parió tres hijos más uno tras otro.

b. Ella parió a *Simeón*, lo que significa "oír" (v. 33). ¿Por qué este nombre? Porque ella había estado orando por el descuido y rechazo de Jacob y JEHOVÁ oyó su oración.

c. Ella parió a *Leví*, lo que significa "unido" (v. 34). Ahora ella se sentía segura de que su esposo se uniría a ella.

d. Ella parió a *Judá*, lo que significa "alabanza" (v. 35). ¿Por qué este nombre? Probablemente porque Jacob hubiera comenzado a amar a Lea y le hubiera prestado más atención que antes. Sin embargo, podía ser que Lea hubiera aprendido a no centrarse en su esposo, sino en JEHOVÁ. Es decir, ya ella no estaba tratando de ganarse el amor de Jacob pariéndole hijos; en cambio, ella tan solo estaba alabando a Dios por darle hijos. Ya ella no estaba centrada en su problema, sino en el Señor. Sencillamente ella estaba alabando a Dios por quien Él era y por lo que Él había hecho.

Advierta el énfasis de Lea sobre *JEHOVÁ* (Yahvé) (vv. 32, 33, 35). Este es el nombre que enfatiza la salvación y redención de Dios. Lea conocía de la salvación de Dios y al parecer era una mujer muy espiritual. Su dolor y sufrimientos y los nombres de sus hijos demuestran esto. Ella era una mujer...

• Que confiaba en que Dios la fortaleciera en los problemas y sufrimientos de la vida.
• Que oraba y oraba mucho para que Dios la ayudara y cuidara de su familia.
• Que nunca se rindió en la oración y esperanza, pero que se mantenía al tanto de que Dios oyera y respondiera.
• Que aprendió a centrarse en Dios en vez de en ella misma y que alababa a Dios por sí mismo y sus bendiciones.

Pensamiento 1. El favoritismo puede provocar severas rupturas dentro de una familia. Piense en lo que sucede cuando...

• Un padre favorece a un hijo más que a otro.
• Un padre favorece a un hijo más que a la esposa o al esposo.
• Un hijo favorece a un padre más que a otro.

El favoritismo hiere y causa un profundo dolor y sufrimiento. Y el favoritismo crea tensión y todo tipo de problemas entre miembros de la familia. La única solución es lo que hizo Lea: volverse al Señor en oración y mantenerse fiel al Señor hasta que Él nos ayude. Pero advierta este elemento:

"La situación de Lea era mala, la cual Dios no la cambió completamente. Pero Dios cambió a Lea. Él le dio gracia para vivir en una situación menos que perfecta. Él multiplicó su gozo en el parto. Él le dio hijos que se convertirían en los padres de las más grandes de las tribus judías. Leví fue el padre de los sacerdotes. Judá fue el padre de la tribu a través de la cual vino el Mesías" (James Montgomery Boice. *Génesis, un comentario expositivo*, vol. 2, p. 308).

"Buscad a Jehová y su poder; buscad su rostro continuamente" (1 Cr. 16:11).

"Pedid, y se os dará; buscad, y hallaréis; llamad, y se os abrirá" (Mt. 7:7).

"También les refirió Jesús una parábola sobre la necesidad de orar siempre, y no desmayar" (Lc. 18:1).

"Si permanecéis en mí, y mis palabras permanecen en vosotros, pedid todo lo que queréis, y os será hecho" (Jn. 15:7).

"Me invocará, y yo le responderé; con él estaré yo en la angustia; lo libraré y le glorificaré" (Sal. 91:15)

"Entonces invocarás, y te oirá Jehová; clamarás, y dirá él: Heme aquí. Si quitares de en medio de ti el yugo, el dedo amenazador, y el hablar vanidad" (Is. 58:9).

Pensamiento 2. James Montgomery Boice tiene una aplicación excelente sobre el dolor y el sufrimiento de Lea.

"Lea constituye un retrato exacto de muchas mujeres frustradas. Muchas esposas están descuidadas e incluso son despreciadas por sus maridos. En ocasiones son inocentes de las malas obras. Con mayor frecuencia, al igual que Lea, han actuado erróneamente, y por eso llevan una carga cruel de culpabilidad además del reproche. Puede que hayan dormido con sus esposos antes de casarse con ellos, creyendo que esta era la única manera de conseguir un esposo. Puede que hayan actuado equivocadamente, fingiendo ser algo que no eran.

"Si esto lo describe a usted, espero que lo lleve a hacer lo que al parecer el sufrimiento de Lea hizo por ella. Parece haberla hecho confiar en el Señor. La Biblia dice: 'Aunque mi padre y mi madre me dejaran, con todo, Jehová me recogerá' (Sal. 27:10). Lea podía haber testificado: 'Aunque mi esposo me dejara, aunque ame a Raquel y solo me tolere ligeramente, con todo, Jehová me recogerá'. En esta situación, al parecer Lea se volvió a Jehová, quien se compadeció de ella y la bendijo con hijos" (*Génesis, un comentario expositivo*, vol. 2, pp. 307-308).

Jehová oirá y ayudará a cualquiera de nosotros si tan solo confesáramos nuestro pecado y nos volviéramos a Él.

"Cercano está Jehová a los quebrantados de corazón; y salva a los contritos de espíritu" (Sal. 34:18).

"El que encubre sus pecados no prosperará; mas el que los confiesa y se aparta alcanzará misericordia" (Pr. 28:13).

"Deje el impío su camino, y el hombre inicuo sus pensamientos, y vuélvase a Jehová, el cual tendrá de él misericordia, y al Dios nuestro, el cual será amplio en perdonar" (Is. 55:7).

"Mi mano hizo todas estas cosas, y así todas estas cosas fueron, dice Jehová; pero miraré a aquel que es pobre y humilde de espíritu, y que tiembla a mi palabra" (Is. 66:2).

"Me hiciste conocer los caminos de la vida; me llenarás de gozo con tu presencia" (Hch. 2:28).

"Así que, arrepentíos y convertíos, para que sean borrados vuestros pecados; para que vengan de la presencia del Señor tiempos de refrigerio" (Hch. 3:19).

"Si confesamos nuestros pecados, él es fiel y justo para perdonar nuestros pecados, y limpiarnos de toda maldad" (1 Jn. 1:9).

2 (30:1-8) ***Envidia — Celo:*** Había envidia y celos en la casa, pero Dios predominó. Esta tensión se vio en Raquel. Es muy probable que Raquel fuera una mujer orgullosa y vana. Ella era bella y probablemente su belleza la hubiera vuelto un tanto...

• altanera   • autosuficiente
• engreída   • condescendiente

Al crecer, ciertamente ella debe haberse dado cuenta de que los muchachos y los hombres le prestaban más atención a ella que a muchas otras. Incluso Jacob había trabajado siete largos y duros años para conseguir su mano en matrimonio; y después de que lo habían engañado para que se casara con Lea, él se comprometió a trabajar otros siete años por ella. Todo el mundo en la ciudad sabía esto. Ella iba a sentir orgullo y presunción, e iba a sentir ira por Lea por haber engañado a Jacob para que se casara con ella. Raquel naturalmente haría alardes del amor de Jacob delante de Lea por su ira. Posiblemente esa era la razón por la que Dios la había dejado infértil. Raquel tuvo que aprender...

• a andar en un espíritu de humildad
• a poner su confianza en Dios, no en su belleza y capacidad para atraer la atención y la ayuda de los hombres cuando necesitaba ayuda. Habría situaciones, como siempre las hay para nosotros, en que solo Dios podía ayudarla. La ayuda del hombre sería inútil. Raquel tuvo que aprender esto, y Dios la estaba enseñando con su imposibilidad de tener hijos.

1. Ahora advierta la tensión que Raquel provocó en la familia (vv. 1-4).

a. Ella estaba celosa de la capacidad de Lea para tener hijos. En aquella época, el privilegio y honra más grandes conferidos a una mujer era el de tener hijos. El dolor de no tener hijos lo sentían profundamente las mujeres: Se creían desfavorecidas por Dios. Esto explica parcialmente por qué Jacob comenzó a acercarse más a Lea. Raquel, por supuesto, sentía todo esto: el rumor de su falta de hijos, sobre Jacob que se estaba acercando más a Lea. Llegó el día en que no pudo soportar más la situación. Su envidia consumió lo mejor de ella y se lanzó en una ataque de ira contra su esposo: "Dame hijos, o si no, me muero" (v. 1).

b. Esto airó a Jacob. Él arremetió también contra Raquel: el problema no era de él; era de ella, de su relación con Dios. Dios no le estaba dando sus hijos porque ella no estaba a bien con Dios. Pero Raquel no estaba escuchando ni confesando que la falta era de ella, que ella no estaba viviendo para Dios como debía.

c. En su desespero, ella pecó: Le dijo a Jacob que tomara a su sierva como su concubina y que se llegara a la misma (v. 3). Pero advierta: Ella declaró que los hijos serían legalmente de ella.

d. Advierta lo que hizo Jacob: él cedió ante Raquel. Él no debió haberlo hecho. Él debió haber sido valiente y haberse rehusado a pecar; él debió haber sugerido que ambos pusieran el problema en manos de Dios *juntos*, que oraran y confiaran en que Dios les diera hijos. ¡Pero no! Jacob cayó en pecado de nuevo. Él cedió ante su esposa como había hecho ante su madre años atrás y de la misma manera que había cedido ante Labán al casarse con Lea. Nuevamente ignoró la institución del matrimonio de Dios: un solo hombre para una sola mujer. El pecado de Raquel de la envidia y el celo estaba llevando a su esposo al pecado. Se estaba añadiendo pecado sobre pecado en la familia.

2. Pero Dios predominó y le dio un hijo por medio de la sierva, Bilha. Raquel nombró al hijo *Dan*, lo que significa "juzgado" o "reivindicada". Advierta dos elementos.

Primero, Raquel reconoció que Dios le había dado un hijo. Esto demuestra una creencia verdadera en Dios, pero no el nivel de confianza demostrado por Lea. El nombre que Raquel usó para Dios es *Elohim*, el nombre que enfatiza a Dios como la fuente de creación y vida. Ella aún no estaba confesando a Dios como *Yahvé*, el Dios de salvación y redención.

Segundo, Raquel estaba diciendo que Dios la había juzgado antes al no darle hijo alguno, pero ahora Él estaba reivindicándola como una mujer digna de tener hijos. Pero advierta: esto no era cierto. Ella aún seguía siendo autosuficiente, jactándose de sí misma y declarando que ella había ganado el favor de Dios, de que ella ahora se encontraba en la voluntad de Dios. Esto no era exactamente así. Raquel había pecado y aún estaba pecando...

• al ser orgullosa y autosuficiente.
• Al alentar la inmoralidad, alentando a su esposo a acostarse con su sierva.
• Al rehusarse a orar y confiar en Dios para que le diera hijos.

3. Dios predominó una vez más y le dio otro hijo por medio de su sierva, Bilha. Raquel nombró a este hijo *Neftalí*, lo que significa "luchar, contender". Advierta la naturaleza carnal

de Raquel acá: ella nombró al hijo en honor de su contienda con Lea, su lucha por agradar a Jacob y garantizar su favor. La envidia de Raquel parecía alcanzar su pico al declarar que ella finalmente le había ganado la contienda a Lea: Ella era quien estaba agradándole ahora a Jacob.

Pensamiento 1. La envidia y los celos pueden separar a una pareja: Provocan arranques y discusiones acaloradas. Un hogar sufre un daño y dolor terribles cuando existe la envidia y el celo. Cuando un esposo o esposa se lanza en un arranque de envidia o celo, piensen en lo que sufre un esposo, esposa, o hijo:

=> pesar	=> inseguridad
=> dolor	=> alteración
=> maltrato	=> temor
=> infelicidad	=> ira
=> problemas emocionales	=> división
=> pérdida del respeto	=> pérdida del amor

"El corazón apacible es vida de la carne; mas la envidia es carcoma de los huesos" (Pr. 14:30).

"No tenga tu corazón envidia de los pecadores, antes persevera en el temor de Jehová todo el tiempo" (Pr. 23:17).

"Andemos como de día, honestamente; no en glotonerías y borracheras, no en lujurias y lascivias, no en contiendas y envidia" (Ro. 13:13).

"El amor es sufrido, es benigno; el amor no tiene envidia, el amor no es jactancioso, no se envanece" (1 Co. 13:4).

"No nos hagamos vanagloriosos, irritándonos unos a otros, envidiándonos unos a otros" (Gá. 5:26).

"Pero si tenéis celos amargos y contención en vuestro corazón, no os jactéis, ni mintáis contra la verdad" (Stg. 3:14).

3 (30:9-13) *Mundanalidad — Compromiso:* Había compromiso mundano, pero Dios predominó. Lea era la persona que se había equivocado ahora.

1. Ella provocó tensión en la casa. Recuerden, ella había demostrado cierta profundidad de crecimiento y madurez espiritual, pero ahora ella entraba en un período de recaída espiritual y de compromiso mundano.

Era la costumbre de la época usar siervas como concubinas a fin de parir hijos. Pero Jacob y sus esposas sabían que una práctica como esa iba contra la voluntad de Dios para el matrimonio. Al parecer a Lea se le olvidó que era Dios quien había suplido su necesidad anteriormente, era Dios quien le había dado hijos y la había liderado de la vergüenza y del chisme desdeñoso de la comunidad. Aunque ella había reconocido a JEHOVÁ como su Liberador, su Salvador y Redentor, ahora al parecer ella lo ignoraba y no confiaba en Él. Ella convenció a Jacob de que tomara a su sierva, Zilpa, y se acostara con ella. Demasiado rápido Jacob accedió. Henry Morris describe bien la actitud de Jacob:

"En lo que respecta a Jacob, parece haber sido bastante flexible, se iba indiscriminadamente a la cama disponible más conveniente del momento. Quizás, con lo viril que era, más bien disfrutaba la variedad sexual que la rivalidad de esta familia le permitía. También cumplía el propósito de producir una gran familia muy rápido, y esto sería importante en el cumplimiento futuro de las promesas de Dios con respecto a la nación que provendría de él. Sin embargo, gran parte de su indiscriminado ir de una cama a la otra se debía sencillamente a su deseo de mantener la paz en su familia, en la medida de lo posible, sin favorecer a ninguna esposa en exceso" (*The Genesis Record* [El registro de Génesis], p. 467).

Advierta lo siguiente: nuestra propia cultura en Norteamérica es tan diferente que no sorprendemos de la sugerencia de que Jacob tuviera relaciones sexuales con unas y otras. Pero advierta dos elementos:

Primero, el uso de siervas como concubinas para parir hijos era a costumbre aceptada de la época. Por supuesto, esto no exime a Jacob, porque él conocía la voluntad de Dios para el matrimonio, un solo hombre para una sola mujer. Segundo, es una práctica común pero trágica que los esposos y esposas se sean infieles, y que incluso se pongan de acuerdo con otras parejas para intercambiar cónyuges por una noche o por una semana. Todos estamos muy conscientes de tales inmoralidades, y para ser honestos, estamos incluso conscientes de actos de inmoralidad más trágicos. Por eso alegar sorpresa por las costumbres del matrimonio y maternidad de una época diferente es malinterpretar su experiencia. Pero nuevamente, Debemos agregar que Jacob sabía bien lo que hacía. Él era un seguidor de Jehová; él conocía al Dios de salvación y redención. Su conducta resultaba sorprendente, completamente sorprendente.

2. Pero Dios predominó, dándole un hijo a quien Lea nombró *Gad*. El nombre significa "buena suerte o fortuna". Advierta, Lea no hizo mención de Dios. Ahora Lea estaba centrada en su lucha por garantizar el amor y el favor de Jacob. Ella le atribuyó el hijo a "la buena suerte o la buena fortuna".

3. Dios predominó y le dio otro hijo a quien se le nombró *Aser*. Este nombre significa "Feliz". Nuevamente, Lea dejó a Dios fuera de sus pensamientos. Ella había olvidado que su verdadera felicidad yacía en el Señor, que JEHOVÁ era su gozo, su salvación y redención. Ya ella no estaba feliz en el Señor como lo estuvo una vez, ya no alababa a JEHOVÁ.

Pensamiento 1. Al parecer Lea comprometió su confianza y dependencia de Dios a fin de tratar de ganar el amor de Jacob. Ella se comprometió y siguió el pecado impío de Raquel, el de ofrecer a su sierva a Jacob. Nunca debemos comprometer nuestra confianza y dependencia de Dios, por nada.

"No seguirás a los muchos para hacer mal, ni responderás en litigio inclinándote a los más para hacer agravios" (Éx. 23:2).

"No os conforméis a este siglo, sino transformaos por medio de la renovación de vuestro entendimiento, para que comprobéis cuál sea la buena voluntad de Dios, agradable y perfecta" (Ro. 12:2).

"y los que disfrutan de este mundo, como si no lo disfrutasen; porque la apariencia de este mundo se pasa" (1 Co. 7:31).

"Por lo cual, salid de en medio de ellos, y apartaos, dice el Señor, y no toquéis lo inmundo; y yo os recibiré, y seré para vosotros por Padre, y vosotros me seréis hijos e hijas, dice el Señor Todopoderoso" (2 Co. 6:17-18).

"Porque en otro tiempo erais tinieblas, mas ahora sois luz en el Señor; andad como hijos de luz" (Ef. 5:8).

"Pero os ordenamos, hermanos, en el nombre de nuestro Señor Jesucristo, que os apartéis de todo hermano que ande desordenadamente, y no según la enseñanza que recibisteis de nosotros" (2 Ts. 3:6).

"¡Oh almas adúlteras! ¿No sabéis que la amistad del mundo es enemistad contra Dios? Cualquiera, pues, que quiera ser amigo del mundo, se constituye enemigo de Dios" (Stg. 4:4).

4 (30:14-21) *Rivalidad — Conspiración:* Había rivalidad y maquinación, pero Dios predominó.

1. Tanto Raquel como Lea eran culpables de provocar esta tensión y alteración en la casa. Lo que sucedió resulta interesante. Jacob ya tenía ocho hijos, y al parecer todos habían nacido dentro de ocho años o menos. Un día el hijo mayor, Rubén, quien probablemente tuviera de seis a ocho años de edad, estaba jugando en el campo de trigo cuando se encontró unas mandrágoras. La mandrágora es una baya pequeña de color naranja que se puede comer. Algunas culturas la han usado como afrodisíaca, es decir, como una medicina que excita el deseo sexual y hace fértil a la mujer. Rubén le trajo las bayas a su madre, Lea, quien se encontraba en casa.

  a. Raquel se dio cuenta de que Lea tenía las bayas, y las deseó desesperadamente. Recuerden: Raquel no había parido un hijo por sí misma todavía. La posibilidad misma de que las bayas le pudieran hacer fértil naturalmente emocionó a Raquel. Tan solo pensar en las bayas le proporcionaba gran esperanza de que pudiera curarse de su infertilidad. Advierta lo que hizo: ella se humilló ante Lea y le rogó a Lea que le diera el fruto (v. 14).

  b. La reacción de Lea fue fría: tan solo pensar en que Raquel sería fértil y pariría hijos la asustaba. Ella acusó rápidamente a Raquel de tomar su esposo, y ahora estaba tratando de tomar las mandrágoras de su hijo (v. 15). Esto, claro está, no era cierto. En realidad, Lea había engañado a Jacob para quitárselo a Raquel la misma noche en que Raquel se casaría con él. Pero la tensión y rivalidad entre las dos esposas había alcanzado el punto de la frustración máxima de una con la otra. Pero advierta: Raquel no reaccionó en contra de Lea; ella no trató de poner las cosas en su lugar. Raquel no acusó a Lea de robarse a Jacob.

c. Raquel se mostró humilde y desesperada delante de Lea; ella tenía que quedarse con las mandrágoras. Ella nunca había parido un hijo, y ahora había esperanzas. No importaba lo que costaran, ella tenía que quedarse con ellas (v. 15c). Advierta el trato hecho entre ellas: Raquel conseguiría las mandrágoras; Lea conseguiría a Jacob por la noche. Jacob fue cambiado por las mandrágoras.

d. Esta fue la situación difícil y la vergüenza de Jacob: él había pecado terriblemente al cometer bigamia, y ahora estaba siendo usado por dos esposas celosas, manipulado de un lado a otro según su capricho y antojo (v. 16). Lea se pondría tan atractiva como fuese posible cuando se encontrara con Jacob en la tarde cuando regresara del campo. Por el trato, él pasó la noche con ella (v. 16c).

2. Dios predominó en la rivalidad y la conspiración y le dio un hijo a Lea (vv. 17-18). Ella nombró al hijo *Isacar*, lo que significa "recompensa". Advierta tres elementos.

=> Lea estaba diciendo que Dios la había *recompensado* por estar tan dispuesta darle a Jacob su sierva (v. 18). Esto es incorrecto, totalmente incorrecto, porque Dios no recompensa la inmoralidad. Él condena y juzga la inmoralidad.

=> Lea estaba pensando en Dios una vez más en lugar de centrarse completamente en sí misma como había hecho cuando nacieron sus dos últimos hijos. Pero advierta lo siguiente: ella estaba reconociendo a Dios solo como *Elohim*, el Dios de la creación y la vida. Ella no se había vuelto otra vez completamente a Dios como *Yahvé*, el Dios de salvación y redención.

=> Sin embargo, Lea le había orado a Dios por un hijo, y Dios había escuchado y respondido su oración. Dios, como a menudo hace con nosotros, sí tuvo misericordia de Lea y respondió su oración.

3. Dios predominó nuevamente y le dio a Lea otro hijo (vv. 19-20). Lo nombró *Zabulón*, lo que significa honra o morar. Ella escogió este nombre en honor a Dios que le había dado seis hijos, y ahora se sentía segura de que su esposo se volvería hacia ella y la honraría o moraría con ella.

4. Dios también le dio una hija a Lea (v. 21). Lea la llamó *Dina*, que probablemente signifique juicio o reivindicación. ¡Imagínense una chica entre tantos varones! Qué gozo debe haberle traído a Jacob y a Lea. Cuánto ha de haber sido el centro de atención. Podemos imaginarnos cuánto la amaron los padres y los chicos.

Pensamiento 1. Un miembro de la familia puede sentirse no deseado, no amado, y descuidado. Uno puede sentirse rechazado, marginado, e ignorado. Ser creyente, incluso un creyente maduro, no nos hace inmunes al pesar y el dolor profundo de la familia. Tanto Lea como Raquel sintieron todas estas experiencias, y las experiencias provocaron un espíritu reaccionario y contienda severos dentro de la familia.

"**Dolor es para su padre el hijo necio, y gotera continua las contiendas de la mujer**" (Pr. 19:13).

"**Mejor es vivir en un rincón del terrado que con mujer rencillosa en casa espaciosa**" (Pr. 21:9).

"**Mejor es morar en tierra desierta que con la mujer rencillosa e iracunda**" (Pr. 21:19).

"**No entres apresuradamente en pleito, no sea que no sepas qué hacer al fin, después que tu prójimo te haya avergonzado**" (Pr. 25:8).

"**El que pasando se deja llevar de la ira en pleito ajeno es como el que toma al perro por las orejas**" (Pr. 26:17).

"**Nada hagáis por contienda o por vanagloria; antes bien con humildad, estimando cada uno a los demás como superiores a él mismo**" (Fil. 2:3).

"**Recuérdales esto, exhortándoles delante del Señor a que no contiendan sobre palabras, lo cual para nada aprovecha, sino que es para perdición de los oyentes**" (2 Ti. 2:14).

5 (30:22-24) ***Crecimiento, espiritual:*** Había crecimiento espiritual. Este pasaje demuestra que Raquel había crecido espiritualmente, y había crecido tremendamente.

1. Dios se acordó de Raquel y respondió su oración (v. 22). Recuerden, Raquel nunca había parido. Este sería el primer hijo realmente nacido de su vientre. Y advierta: el nacimiento *no era* debido a las mandrágoras. Ese incidente sucedió años antes. Fue el propio Dios quien se acordó de Raquel y abrió su vientre. Raquel ya estaba confiando en Dios, no en los métodos humanos; ella estaba orando y buscando de Dios para que le diera un hijo.

2. Dios escuchó la oración de Raquel y le dio un hijo (vv. 23-24). Ella lo nombró *José*, lo que significa ya sea "quitar" o "añadir". Ella estaba declarando que Dios le había quitado su reproche o que Dios le iba a añadir otro hijo. Esto hizo Dios cuando después nació Benjamín (Gn. 35:18).

Advierta ya no se refirió más a Dios solo como *Elohim*, sino que lo llamó *JEHOVÁ* [Yahvé, Jehová], el Dios de salvación y redención. La mujer hermosa que había sido algo altanera y autosuficiente ahora era humilde delante de *JEHOVÁ*. Ella estaba declarando que el Dios de salvación y redención le había quitado su estigma. Él había suplido su necesidad y le había quitado su reproche, el de no tener hijo y de no ser acepta delante de Dios.

Advierta lo siguiente sobre Raquel: su inmadurez espiritual se ve claramente en todo este pasaje. Ella tenía mucho que aprender sobre la confianza en Dios y su dependencia de Él en vez de en su propio atractivo físico y su autosuficiencia. Ella no solo provocó tensión y pecado dentro de la casa, sino que ella solo conocía a Dios como *Elohim*. Sin embargo, su crecimiento espiritual no progresó. A pesar de sus debilidades, ella creció a través de los años y llegó a conocer a Dios como Yahvé, el Dios de salvación y redención (Gn. 30:24). Su peregrinaje espiritual fue de la inmadurez a la madurez mientras que al parecer el peregrinaje de Lea había ido de la madurez a la inmadurez, la experiencia de la recaída.

"**No obstante, proseguirá el justo su camino, y el limpio de manos aumentará la fuerza**" (Job 17:9).

"Irán de poder en poder; verán a Dios en Sion" (Sal. 84:7).

"Mas la senda de los justos es como la luz de la aurora, que va en aumento hasta que el día es perfecto" (Pr. 4:18).

"Cuando yo era niño, hablaba como niño, pensaba como niño, juzgaba como niño; mas cuando ya fui hombre, dejé lo que era de niño" (1 Co. 13:11).

"Hermanos, no seáis niños en el modo de pensar, sino sed niños en la malicia, pero maduros en el modo de pensar" (1 Co. 14:20).

"Por tanto, dejando ya los rudimentos de la doctrina de Cristo, vamos adelante a la perfección; no echando otra vez el fundamento del arrepentimiento de obras muertas, de la fe en Dios" (He. 6:1).

"desead, como niños recién nacidos, la leche espiritual no adulterada, para que por ella crezcáis para salvación, si es que habéis gustado la benignidad del Señor" (1 P. 2:2-3).

"vosotros también, poniendo toda diligencia por esto mismo, añadid a vuestra fe virtud; a la virtud, conocimiento; al conocimiento, dominio propio; al dominio propio, paciencia; a la paciencia, piedad; a la piedad, afecto fraternal; y al afecto fraternal, amor" (2 P. 1:5-7).

"Antes bien, creced en la gracia y el conocimiento de nuestro Señor y Salvador Jesucristo. A él sea gloria ahora y hasta el día de la eternidad. Amén" (2 P. 3:18).

1 Jacob vio una de las razones principales para trabajar: Su propio hogar y su tierra natal; él seguía apegado a sus raíces

2 Jacob buscaba libertad para proveer para sí mismo y su familia (cp. v. 30c)

3 Jacob trabajó duro y diligentemente

a. La respuesta de Labán

1) Por medio de algún presagio había experimentado el valor de Jacob

2) Le ofreció una sociedad a Jacob

b. Jacob dio crédito a Dios

1) Él (Jacob) había incrementado grandemente las riquezas de Labán

2) Pero era Dios quien había bendecido a Labán por medio de su trabajo (el de Jacob)

4 Jacob hizo planes y confió en que Dios le bendijera su trabajo

a. El principio: No estar en deuda con ningún hombre

b. El acuerdo de trabajo sugerido

1) Labán poseería todo el rebaño existente

2) Jacob separaría las ovejas y cabras salpicadas y manchadas y las

D. Jacob recibió riquezas de Dios: Cómo una persona debe trabajar y ganarse la vida, 30:25-43

25 Aconteció cuando Raquel hubo dado a luz a José, que Jacob dijo a Labán: Envíame, e iré a mi lugar, y a mi tierra.

26 Dame mis mujeres y mis hijos, por las cuales he servido contigo, y déjame ir; pues tú sabes los servicios que te he hecho.

27 Y Labán le respondió: Halle yo ahora gracia en tus ojos, y quédate; he experimentado que Jehová me ha bendecido por tu causa.

28 Y dijo: Señálame tu salario, y yo lo daré.

29 Y él respondió: Tú sabes cómo te he servido, y cómo ha estado tu ganado conmigo.

30 Porque poco tenías antes de mi venida, y ha crecido en gran número, y Jehová te ha bendecido con mi llegada; y ahora, ¿cuándo trabajaré también por mi propia casa?

31 Y él dijo: ¿Qué te daré? Y respondió Jacob: No me des nada; si hicieres por mí esto, volveré a apacentar tus ovejas.

32 Yo pasaré hoy por todo tu rebaño, poniendo aparte todas las ovejas manchadas y salpicadas de color, y todas las ovejas de color oscuro, y las manchadas y

salpicadas de color entre las cabras; y esto será mi salario.

33 Así responderá por mí mi honradez mañana, cuando vengas a reconocer mi salario; toda la que no fuere pintada ni manchada en las cabras, y de color oscuro entre mis ovejas, se me ha de tener como de hurto.

34 Dijo entonces Labán: Mira, sea como tú dices.

35 Y Labán apartó aquel día los machos cabríos manchados y rayados, y todas las cabras manchadas y salpicadas de color, y toda aquella que tenía en sí algo de blanco, y todas las de color oscuro entre las ovejas, y las puso en mano de sus hijos.

36 Y puso tres días de camino entre sí y Jacob; y Jacob apacentaba las otras ovejas de Labán.

37 Tomó luego Jacob varas verdes de álamo, de avellano y de castaño, y descortezó en ellas mondaduras blancas, descubriendo así lo blanco de las varas.

38 Y puso las varas que había mondado delante del ganado, en los canales de los abrevaderos del agua donde venían a beber las ovejas, las cuales procreaban cuando venían a beber.

39 Así concebían las ovejas delante de las varas; y parían borregos listados, pintados y salpicados de diversos colores.

ovejas de color oscuro de los rebaños de color puro

3) Jacob recibiría sólo aquellas que nacieran salpicadas y manchadas a partir de ese momento, y solo aquellas que nacieran del rebaño puro o de color entero

4) Jacob apacentaría para Labán el rebaño puro o de color entero

5 Jacob trabajó y confió en Dios, llevando a cabo su plan y usando los métodos más recientes

a. La desconfianza de Labán

1) Él, no Jacob, separó los rebaños

2) Él puso las manchadas al cuidado de sus hijos, no al cuidado de Jacob

3) Él retiró las manchadas a tres días de camino

b. El trabajo arduo y la confianza en Dios de Jacob: Él usó los métodos más recientes de cría

1) El primer método de creencia común, de influencia prenatal: tomó tres ramas y descortezó en ellas mondaduras y las colocó en los abrevaderos del agua para que los animales puros o de color entero vieran las ramas listadas y bebieran el agua con la química de las ramas

2) El segundo método de creencia común: Él separó los animales manchados al nacer y hacía que los puros y de color entero se enfrentaran a las manchadas hasta que se pudieran mover los recién nacidos	40 Y apartaba Jacob los corderos, y ponía con su propio rebaño los listados y todo lo que era oscuro del hato de Labán. Y ponía su hato aparte, y no lo ponía con las ovejas de Labán.	42 Pero cuando venían las ovejas más débiles, no las ponía; así eran las más débiles para Labán, y las más fuertes para Jacob. 43 Y se enriqueció el varón muchísimo, y tuvo muchas ovejas, y siervas y siervos, y camellos y asnos.	fuertes en los abrevaderos del agua con las ramas listadas
3) El método de cría selectiva: Él apareaba las fuertes con las	41 Y sucedía que cuantas veces se hallaban en celo las ovejas más fuertes, Jacob ponía las varas delante de las ovejas en los abrevaderos, para que concibiesen a la vista de las varas.		c. La gran fe de Jacob fue recompensada: Dios lo bendijo y le dio mucha prosperidad

DIVISIÓN IX

JACOB, NIETO DE ABRAHAM: ESCOGIDO PARA PRESERVAR LA DESCENDENCIA DEL PUEBLO DE DIOS Y LAS GRANDES PROMESAS DE DIOS, 28:10—36:43

D. Jacob recibió riquezas de Dios: Cómo una persona debe trabajar y ganarse la vida, 30:25-43

(30:25-43) *Introducción:* Cómo trabajar y ganarse la vida constituye una preocupación para todos los hombres y mujeres de la tierra. Los ricos no siempre tienen que preocuparse por ganarse la vida, pero necesitan estar preocupados con su propio trabajo y actividad diaria. La mayoría de nosotros nos preocupamos por la sencilla cuestión de ganarnos la vida. Las recesiones y depresiones económicas, la inflación, las tasas de interés, el costo de la vida, los trabajos —todo lo que afecta nuestra vida— constituyen una preocupación para nosotros. ¿Cómo ganamos suficiente para ocuparnos de nuestras necesidades, solo de nuestras necesidades básicas de...

• alimentación, ropa, abrigo y transporte?
• salud, recreación y ancianidad?
• educación?

Éste es el tema del pasaje actual. Nos cuenta cómo Jacob trabajó para ocuparse de su familia y de sus necesidades. Su experiencia constituye una gran lección para nosotros al trabajar y ganarnos la vida. El tema es el siguiente: *Jacob recibió riquezas de Dios: Cómo una persona debe trabajar y ganarse la vida*, 30:25-43.

1. Jacob vio una de las razones principales para trabajar: Su propio hogar y su tierra natal; él seguía apegado a sus raíces (v. 25).

2. Jacob buscaba libertad para proveer para sí mismo y su familia (v. 26).
3. Jacob trabajó duro y diligentemente (vv. 26-30).
4. Jacob hizo planes y confió en que Dios le bendijera su trabajo (vv. 31-34).
5. Jacob trabajó y confió en Dios, llevando a cabo su plan y usando los métodos más recientes (vv. 35-43).

1 ((30:25) *Hogar — Tierra natal — Nación — Trabajo — Salario:* Jacob vio una de las razones principales para trabajar: su hogar y su tierra natal; él seguía apegado a sus raíces. Recuerden, Jacob se encontraba lejos de casa en una tierra extranjera, trabajando en Harán. Había estado trabajando para su tío Labán por al menos catorce años, probablemente más. Se habían establecido raíces mientras estaba en Harán. Mientras estaba allí se había casado y había tenido once hijos y una hija. Pero advierta: éste no era el hogar ni la tierra natal de Jacob. Sus raíces —sus padres y hermano y las personas de su propio hogar— se encontraban en su tierra natal de Canaán. Y Jacob nunca olvidó esto. Al parecer él pensaba mucho en su propia familia y tierra natal. Él mantuvo ese apego vivo en su corazón. Esto era importante para Jacob, y es importante que nosotros consideremos el tema de trabajar y ganarse la vida. ¿Por qué? ¿Qué tiene que ver estar apegado a un hogar y la tierra natal con trabajar y ganarse la vida? Todo. Una de las razones principales por las que trabajamos es por nuestro hogar y nuestra tierra natal, por el bienestar de nuestras familias y vecinos, comunidad y nación. Es en nuestro propio hogar y tierra natal que nosotros encontramos...

• parentesco
• lealtad

- seguridad
- protección
- sensación de pertenencia
- las relaciones y lazos más íntimos
- un idioma común
- nuestra propia cultura y costumbres
- personas que lucen y actúan como nosotros
- nuestra propia familia personal y nacional

La lista podría ser interminable, pero con esto basta para comprender a lo que nos referimos. Trabajamos y nos ganamos la vida a fin de ocuparnos de nuestro hogar y nuestra tierra natal, de ocuparnos de nosotros mismos y de nuestras familias, y de hacer cualquier aporte que podamos a las personas de nuestra comunidad y país en general.

Jacob extrañaba su hogar y su tierra natal, y él quería regresar donde su propia familia y pueblo.

=> Él quería el parentesco, la lealtad, la seguridad, la protección, la sensación de pertenencia, y todos los otros beneficios que le podían proporcionar su hogar y su tierra natal.

=> Él quería invertir el resto de su vida —su trabajo y energía y esfuerzos— en edificar su propio hogar y tierra natal. Él quería hacer todo cuanto pudiera para hacer de su propio hogar y tierra natal un mejor lugar donde vivir.

Recuerden que Jacob tenía *gran esperanza* en su tierra natal. Su tierra natal, la tierra de Canaán, era *la Tierra Prometida* de Dios. Dios había prometido darles *la Tierra Prometida* a los descendientes de Jacob un día en el futuro. Por eso, la esperanza de Jacob —la esperanza impulsora de su corazón— reposaba en su tierra natal. Se sentía movido a regresar. Esta es la razón por la que se acercó a Labán tan pronto completó su contrato de trabajo con Labán: Él quería el cumplimiento de lo acordado para poder regresar a su hogar.

Pensamiento 1. Hay varias lecciones que aprender de este punto.

1) Una de las razones principales por las que trabajamos y nos ganamos la vida es para ocuparnos de nuestros hogares y de nuestra tierra natal. Esto quiere decir que mientras más fuertes sean nuestros hogares y nuestra tierra natal, más propósito le vemos a trabajar y nos sentimos más motivados a trabajar y a proveer para ellos.

"He aquí, por tercera vez estoy preparado para ir a vosotros; y no os seré gravoso, porque no busco lo vuestro, sino a vosotros, pues no deben atesorar los hijos para los padres, sino los padres para los hijos" (2 Co. 12:14).

"porque si alguno no provee para los suyos, y mayormente para los de su casa, ha negado la fe, y es peor que un incrédulo" (1 Ti. 5:8).

2) Mientras más entendemos que nuestros hogares y nuestra tierra natal son una de las razones principales para que trabajemos, más nos educaremos y nos prepararemos nosotros mismos para trabajar. ¿Por qué? Para poder ocuparnos de nuestros hogares (familias) al mayor grado posible y hacer el mayor aporte posible a nuestra tierra natal. Esto enfatiza la importancia de la enseñanza de nuestros hijos de por qué trabajamos.

3) Nuestra tierra natal —nuestro país, nuestra nación— provee grandes beneficios para nosotros: parentesco, seguridad, protección, sensación de pertenencia, y mucho más.

=> Esto quiere decir que debemos hacer todas las contribuciones que podamos para apoyar y fortalecer nuestra tierra natal. ¡Imagínense cómo sería no tener tierra natal!

"Y David dijo con vehemencia: ¡Quién me diera a beber del agua del pozo de Belén que está junto a la puerta!" (2 S. 23:15).

"Junto a los ríos de Babilonia, allí nos sentábamos, y aun llorábamos, acordándonos de Sion. Sobre los sauces en medio de ella colgamos nuestras arpas. Y los que nos habían llevado cautivos nos pedían que cantásemos, y los que nos habían desolado nos pedían alegría, diciendo: Cantadnos algunos de los cánticos de Sion. ¿Cómo cantaremos cántico de Jehová en tierra de extraños? Si me olvidare de ti, oh Jerusalén, pierda mi diestra su destreza. Mi lengua se pegue a mi paladar, si de ti no me acordare; si no enalteciere a Jerusalén como preferente asunto de mi alegría" (Sal. 137:1-6).

=> Esto quiere decir que si los gobernantes de nuestra tierra natal se volvieran opresores y dictadores, no proveyendo los beneficios que debería proveer una nación, entonces debemos hacer todo cuanto podamos por oponernos a ellos y restaurar los beneficios.

"Le dijeron: De César. Y les dijo: Dad, pues, a César lo que es de César, y a Dios lo que es de Dios" (Mt. 22:21).

"Por la bendición de los rectos la ciudad será engrandecida; mas por la boca de los impíos será trastornada" (Pr. 11:11).

"La justicia engrandece a la nación; mas el pecado es afrenta de las naciones" (Pr. 14:34).

"Abominación es a los reyes hacer impiedad, porque con justicia será afirmado el trono" (Pr. 16:12).

"Aparta al impío de la presencia del rey, y su trono se afirmará en justicia" (Pr. 25:5).

"Del rey que juzga con verdad a los pobres, el trono será firme para siempre" (Pr. 29:14).

"Y se dispondrá el trono en misericordia; y sobre él se sentará firmemente, en el tabernáculo de David, quien juzgue y busque el juicio, y apresure la justicia" (Is. 16:5).

2 (30:26) *Libertad — Trabajo:* Jacob buscaba la libertad para poder proveer para sí mismo y su familia. Al parecer cómo proveer mejor para su familia le había estado molestando y preocupando por algún tiempo. Este versículo y el versículo 30c nos lo cuentan. Él no podía seguir adelante ni ahorrar nada trabajando para su tío Labán. Así que él le pidió a Labán que lo dejara ir a él y a su familia, darles su libertad para que él pudiera regresar a su casa. Él necesitaba estar en casa en su propia tierra natal, porque allí era donde mejor podía ocuparse de su familia y proveer para ellos (v. 30c).

Nota: Jacob no estaba esclavizado por Labán en el sentido de ser un esclavo. Pero había hecho un contrato de trabajo con Labán, acordando trabajar para él por catorce años. Cuando Jacob visitó a Labán, él se enamoró de su hija Raquel, pero él no tenía dote. Por eso se acordó un contrato de trabajo para cubrir el costo de la dote, un contrato que cubría catorce años (Gn. 29:18, 27). Ahora se habían cumplido los términos del contrato. Jacob trabajó catorce años para Labán; él había completado los términos del acuerdo. Él quería que Labán reconociera que él había cumplido y que lo dejara ir a él y a su familia —darles su libertad— para que pudiera regresar a su hogar y a su tierra natal donde se podría ocupar mejor de ellos.

Se ha de notar otro factor también. Las dos esposas de Jacob, Raquel y Lea, eran las hijas de Labán; y sus hijos eran sus nietos. Labán, como cualquier abuelo, amaba a su familia y estaba apegado a ellos. Además, él se había vuelto algo dependiente de Jacob en su negocio de cría, y su negocio se había incrementado bastante desde que Jacob había trabajado para él (v. 27). Existía una posibilidad de que Labán pudiera rehusarse a dejar ir a sus hijas y sus hijos a una tierra extranjera, sobre todo de forma permanente. A pesar de todo cuanto Labán había hecho para ayudar a Jacob a lo largo de los años, él había demostrado que podía ser un bribón. Él había engañado a Jacob en una de las relaciones más importantes de la vida, la del matrimonio. Jacob sabía que Labán podría oponerse y hacerle la pelea para no dejar que Jacob se llevara a sus hijas y nietos. (Veremos más adelante que, de hecho, lo hizo.)

Sucede lo siguiente: Jacob necesitaba libertad de Labán para poder proveer adecuadamente para su familia. Esto es lo que él estaba pidiéndole a Labán: dejarlo ir a él y a su familia. Darles su libertad para que el pudiera ir a donde él pudiera proveer mejor para ellos.

Pensamiento 1. Al menos se ven tres lecciones en este punto.

1) Siempre debemos tratar de mantener nuestra libertad, la libertad de ir a trabajar a donde mejor podamos proveer para nuestras familias.

=> Esto quiere decir que los gobernantes y gobiernos deben comprender la naturaleza humana: que el hombre internamente desea ser libre para usar su iniciativa y capacidad para proveer cuanto más pueda para su familia y tierra natal; que restringirle la libertad al hombre de usar *su propia iniciativa* sofoca y destruye el deseo del hombre de trabajar.

=> Esto también significa que los negocios y los gerentes deben comprender los mismos elementos de la naturaleza humana.

2) Los gobernantes y las naciones que esclavizan a su pueblo sofocan y destruyen su iniciativa. La producción siempre sufre: una nación nunca alcanzará toda su potencialidad cuando se edifique sobre le mercado esclavista o dictatorial.

3) Los negocios y los gerentes sufren y nunca alcanzan su potencialidad máxima cuando...

• Subyugan a sus trabajadores y no recompensan su trabajo arduo.

• Restringen la libertad de sus trabajadores para usar sus habilidades e iniciativa al máximo

"Palabra de Jehová que vino a Jeremías. . . para promulgarles libertad" (Jer. 34:8).

"Acontecerá en aquel tiempo que su carga será quitada de tu hombro, y su yugo de tu cerviz, y el yugo se pudrirá a causa de la unción" (Is. 10:27).

"Palabra de Jehová que vino a Jeremías, después que Sedequías hizo pacto con todo el pueblo en Jerusalén para promulgarles libertad; que cada uno dejase libre a su siervo y a su sierva, hebreo y hebrea; que ninguno usase a los judíos, sus hermanos, como siervos" (Jer. 34:8-9).

3 (30:26b-30) *Trabajo:* Jacob era un trabajador arduo y diligente que trabajaba largas horas. Advierta también que él le fue fiel a Labán, su empleador, durante catorce años. El fue diligente y fiel, y Labán lo sabía. Advierta que Jacob no vaciló en hacerle ver esto a Labán (v. 26b).

Sucede lo siguiente: Jacob había cumplido su parte del trato, sus términos del contrato. Durante catorce largos años él trabajó para Labán largos y duros días, y él tuvo poco que mostrar por ello. Ya era hora de ocuparse de sus propias necesidades; él tenía que trasladarse a un lugar donde pudiera ocuparse mejor de su familia.

1. Pero Labán no quería perder a Jacob. Advierta su respuesta (vv. 27-28). Él estaba dispuesto a hacer cualquier cosa por no perder a Jacob. De hecho, al parecer él se había dado cuenta de que Jacob estaba pensando en marcharse, porque había consultado algún presagio, ídolo o a Dios al respecto.

Él aseguró que finalmente había experimentado la verdad por medio del presagio. ¿Qué verdad? Que su prosperidad y crecimiento financiero se debían a Jacob y al Dios de Jacob. Jacob había trabajado arduamente, y no se le había tratado justamente. ¿Cómo Labán sabía esto ahora cuando no lo había sabido antes? El presagio le mostró e hizo entender.

Lo que se debe tener en cuenta es lo siguiente: Labán estaba tratando de mantener a Jacob con él. Él no había tratado a Jacob con justicia; nunca le había pagado a Jacob ni siquiera lo que debía haberle pagado. Pero ahora le habían abierto sus ojos; ahora veía la necesidad de pagarle más a Jacob.

Advierta que él le ofreció a Jacob una sociedad. Jacob podía establecer sus propias condiciones (v. 28).

2. Muy sencillo, Jacob respondió dándole todo el crédito a Dios (vv. 29-30). Sí, las riquezas de Labán se habían incrementado grandemente, pero todo se debía a JEHOVÁ. Dios era Quien había bendecido su arduo trabajo y sus largas horas.

Pensamiento 1. ¿Cuántos de nosotros trabajamos duro, en realidad? ¿Cuántos trabajadores diligentes hay en nuestro propio centro de trabajo? ¿En nuestra comunidad? ¿Ciudad? ¿Estado? ¿País? ¿Cuántos de nosotros honradamente trabajamos largas y arduas horas? ¿Cuántos están dispuestos a trabajar largas y arduas horas?

Dios exige fuertemente que el sábado o domingo, se aparte un día a la semana para el reposo y la adoración. Pero él ha ordenado que trabajemos seis días a la semana, que trabajemos duro y con diligencia. Los individuos y los gobiernos se equivocan al recompensar la holgazanería y la pereza...

• Al no prepararse y educarse uno mismo
• Al criar los hijos
• En la vida cotidiana
• Al no conseguirse vivienda uno mismo
• Al no alimentarse uno mismo
• Al no vestirse uno mismo

La Palabra de Dios es clara: debemos trabajar duro y largas jornadas para ganarnos la vida y contribuir todo cuanto podamos para hacer del mundo un mejor lugar donde vivir.

"En lo que requiere diligencia, no perezosos; fervientes en espíritu, sirviendo al Señor" (Ro. 12:11).

"Siervos, obedeced a vuestros amos terrenales con temor y temblor, con sencillez de vuestro corazón, como a Cristo; no sirviendo al ojo, como los que quieren agradar a los hombres, sino como siervos de Cristo, de corazón haciendo la voluntad de Dios; sirviendo de buena voluntad, como al Señor y no a los hombres, sabiendo que el bien que cada uno hiciere, ése recibirá del Señor, sea siervo o sea libre" (Ef. 6:5-8).

"Siervos, obedeced en todo a vuestros amos terrenales, no sirviendo al ojo, como los que quieren agradar a los hombres, sino con corazón sincero, temiendo a Dios. Y todo lo que hagáis, hacedlo de corazón, como para el Señor y no para los hombres; sabiendo que del Señor recibiréis la recompensa de la herencia, porque a Cristo el Señor servís. Mas el que hace injusticia, recibirá la injusticia que hiciere, porque no hay acepción de personas. Amos, haced lo que es justo y recto con vuestros siervos, sabiendo que también vosotros tenéis un Amo en los cielos" (Col. 3:22—4:1).

"Ve a la hormiga, oh perezoso, mira sus caminos, y sé sabio" (Pr. 6:6).

"La mano negligente empobrece; mas la mano de los diligentes enriquece" (Pr. 10:4).

"El que recoge en el verano es hombre entendido; el que duerme en el tiempo de la siega es hijo que avergüenza" (Pr. 10:5).

"El que labra su tierra se saciará de pan; mas el que sigue a los vagabundos es falto de entendimiento" (Pr. 12:11).

"El alma del perezoso desea, y nada alcanza; mas el alma de los diligentes será prosperada" (Pr. 13:4).

"Las riquezas de vanidad disminuirán; pero el que recoge con mano laboriosa las aumenta" (Pr. 13:11).

"No ames el sueño, para que no te empobrezcas; abre tus ojos, y te saciarás de pan" (Pr. 20:13).

4 (30:31-34) *Trabajo — Confianza — Fe:* Jacob hizo planes y confió en que Dios bendijera su trabajo. Jacob, al ver una oportunidad de volverse financieramente independiente, aceptó la oferta de negocio de Labán y estuvo de acuerdo en quedarse. Pero advierta, él no quiso entrar en una sociedad completa con Labán no fuera a ser que se quedara permanentemente junto a su tío. Jacob sencillamente no podía permitirse endeudarse con ningún hombre, ya no más. Él tenía que regresar pronto a su hogar y su tierra natal, en un futuro inmediato. Por eso Jacob sugirió un acuerdo de trabajo, una sociedad pequeña, que pudiera, si era la voluntad de Dios, darle prosperidad e independencia financiera. La mejor manera de ver el plan es sencillamente proporcionar un bosquejo de las Escrituras (vv. 32-33).

1. Labán sería el dueño del rebaño existente (v. 32).

2. Jacob separaría todas las ovejas y cabras salpicadas y manchadas y todos los corderos de color oscuro de los animales de color entero y puro (v. 32).

3. Jacob recibiría solo aquellos nacidos salpicados y manchados *a partir de ese momento*, y solo aquellas nacidas de los animales de color entero y puro (v. 32).

Recuerde que todos los animales existentes serían de Labán. Jacob recibiría solo los animales salpicados y manchados nacidos *a partir de ese momento*. Y advierta: recibiría solo los nacidos salpicados y manchados de los rebaños de color entero y puro. El color dominante de las ovejas era blanco completo y de las cabras era negro o color carmelita oscura. Los animales manchados eran muchísimas menos en número.

Sucede lo siguiente: los animales de color puro o entero producen pocos animales salpicados o manchados. Jacob sabía esto, porque él había vivido en una hacienda y había trabajado con ovejas y cabras y otros animales toda su vida, durante décadas. Jacob conocía las tendencias genéticas. Él sabía que los animales salpicados producirían muchos más animales salpicados que de color entero. Él sabía que los animales de color entero producen algunos salpicados, pero no tantos como los que producirían los animales salpicados. ¿Por qué entonces él propondría tal plan? Por dos razones:

Primero, Jacob necesitaba darle la ventaja a Labán. Después de todo, Labán era el dueño del rebaño. Además, Labán se había aprovechado de Jacob, nunca le pagó un salario justo. Labán estaba centrado solamente en progresar él: sus propios beneficios, sus propias propiedades, su propia posición. Jacob sabía que Labán nunca estaría de acuerdo con un acuerdo justo y equitativo. Él era lo bastante sabio para saber que él necesitaba hacer el mejor trato que pudiera y aceptarlo o de lo contrario perdería su oportunidad de hacer algo. El acuerdo era a favor de Labán, muy a su favor.

=> Jacob iba a trabajar para él, comenzando con nada, empezando de cero.

=> Jacob iba a recibir solo los animales manchados que produjeran los animales de color entero de Labán. Parirían algunos animales manchados, pero probablemente no muchos.

Segundo, Jacob sabía que él trabajaba duro y que su corazón estaba con Dios; por ende, él iba a confiar en Dios, iba a confiar en que Dios lo bendeciría y se ocuparía de él. Él creía con todo su corazón que Dios bendeciría su trabajo arduo y le daría la prosperidad que Dios quisiera que él tuviera. Ahora tenía una oportunidad única de garantizar suficiente rebaño para finalmente adentrarse en el negocio de la cría por su propia cuenta, así que él tenía planes de trabajar duro y confiar en Dios. Advierta lo que él dijo: él iba a ser un comerciante honrado y sería un testimonio de Dios (v. 33). Entonces Labán aceptó el acuerdo y el nuevo contrato de trabajo entre los dos hombres cobró efecto de inmediato, ese mismo día (v. 34, cp. v. 35).

Pensamiento 1*.* La lección es clara: debemos hacer nuestros planes de trabajar, sí, pero también debemos confiar en que Dios bendiga nuestros planes y nuestro trabajo.

"**¡Cuán grande es tu bondad, que has guardado para los que te temen, que has mostrado a los que esperan en ti, delante de los hijos de los hombres!**" (Sal. 31:19).

"**Muchos dolores habrá para el impío; mas al que espera en Jehová, le rodea la misericordia**" (Sal. 32:10).

"**Jehová redime el alma de sus siervos, y no serán condenados cuantos en él confían**" (Sal. 34:22).

"**Confía en Jehová, y haz el bien; y habitarás en la tierra, y te apacentarás de la verdad**" (Sal. 37:3).

"**Encomienda a Jehová tu camino, y confía en él; y él hará**" (Sal. 37:5).

"**Y te hará Jehová tu Dios abundar en toda obra de tus manos, en el fruto de tu vientre, en el fruto de tu bestia, y en el fruto de tu tierra, para bien; porque Jehová volverá a gozarse sobre ti para bien, de la manera que se gozó sobre tus padres**" (Dt. 30:9).

"**La mano negligente empobrece; mas la mano de los diligentes enriquece**" (Pr. 10:4).

"**El alma del perezoso desea, y nada alcanza; mas el alma de los diligentes será prosperada**" (Pr. 13:4).

"**Mas buscad primeramente el reino de Dios y su justicia, y todas estas cosas os serán añadidas**" (Mt. 6:33).

"**Jesús le dijo: Si puedes creer, al que cree todo le es posible**" (Mr. 9:23).

"**Y a Aquel que es poderoso para hacer todas las cosas mucho más abundantemente de lo que pedimos o entendemos, según el poder que actúa en nosotros**" (Ef. 3:20).

"**Mi Dios, pues, suplirá todo lo que os falta conforme a sus riquezas en gloria en Cristo Jesús**" (Fil. 4:19).

5 (30:35-43) *Trabajo — Confianza — Fe:* Jacob trabajó y confió en Dios, llevando a cabo sus planes y usando los métodos más recientes.

1. De buenas a primera, Labán desconfió de Jacob. Jacob había propuesto que Labán separara los rebaños. Era natural que Labán así como Jacob estuvieran presente a la hora de separar los rebaños. Pero aquí se hace énfasis en que es Labán quien separa el rebaño (v. 35). La idea es la de la desconfianza, la de precaver a extremo para garantizar su ventaja. Se estaba asegurando, absolutamente, de que no se quedara ningún animal manchado entre los de color puro y entero. Él sencillamente no confiaba en Jacob lo suficiente como para que se ocupara de este asunto (v. 35).

Advierta también que él puso los animales manchados bajo el cuidado de sus hijos y que los llevó a pastar a tres días de camino (vv. 35c-36).

2. Pero Jacob trabajó y trabajó duro, y confió en Dios. Y advierta que otra cosa él hizo (éste es el énfasis que se hace en este pasaje): él usó los métodos de cría más recientes. ¿Cuáles eran?

a. Estaba el primer método que al parecer era una creencia común de aquella época (vv. 37-39). Jacob tomó algunas varas e hizo *algunas* mondaduras para descubrir así lo blanco de las varas y para que las varas parecieran rayadas. Luego colocó las varas rayadas en los abrevaderos del agua para que las ovejas las vieran y bebieran el agua con la química de las varas.

Al parecer esta era la ciencia de cría más reciente de esa época. Al parecer la creencia era la siguiente: cuando los animales estaban en celo y veían las varas rayadas y bebían la química en el agua, era más probable que se aparearan y parieran hijos manchados.

¿Esto era cierto? ¿Esta válida esta creencia de cría científica? Algunos comentaristas creen que puede ser. Henry Morris es un ejemplo. Él plantea lo siguiente:

"Es... cierto que algunas químicas pueden tener y tienen una influencia prenatal significativa si pueden llegar al embrión o, antes del embarazo, al ADN en las células germen. Es posible que ciertas químicas de la madera de estos árboles —varas mondadas de las que se encontraban realmente en el agua que los rebaños venían a beber— sean capaces de afectar de alguna manera a los animales. De no ser otra cosa, puede que el agua tratada de ese modo haya servido de afrodisíaco y promotor de la fertilidad entre el ganado. Al menos una sustancia química hallada en estos árboles se ha usado con un propósito como ese tanto en tiempos antiguos como en tiempos modernos" (*The Genesis Record* [El registro de Génesis], p. 476).

b. Estaba el segundo método que era una creencia común de esa época (v. 40). Jacob separaba los animales manchados recién nacidos de los rebaños de color entero y puro en un corral o potrero. Luego tomaba el rebaño de color entero y los colocaba de forma que estuvieran de frente y vieran los animales manchados recién nacidos. Se creía que el sentido de la vista constante afectaba la cría, que un animal tendería a parir una cría de cualquier color al que estuviera mirando constantemente.

¿Era válido este método científicamente? Nuevamente, Henry Morris cree que podría suceder.

"Además, pueda o no el sentido de la vista 'marcar' realmente el embrión de alguna manera, no hay dudas de que lo que uno ve puede influir fuertemente en ciertos mecanismos fisiológicos de su cuerpo. El fenómeno de sonrojarse, las reacciones nauseabundas producidas al ver cosas horripilantes, y el efecto de fotos pornográficas en la estimulación del aparato sexual son casos típicos en cuestión. El tan solo ver las varas rayadas puede haber servido como un afrodisíaco para el ganado cuando venían a abrevar... De alguna manera no entendida (pero al parecer confirmada por muchos reproductores de animales prácticos desde entonces), al parecer, ver varas rayadas en blanco estimula a estos animales a la actividad sexual" (*The Genesis Record* [El registro de Génesis], p. 476).

c. Está el tercer método de la cría selectiva (vv. 41-42). Muy sencillo, Jacob hizo lo que hacen los reproductores de la actualidad: él apareó los fuertes con los fuertes. Esto, claro está, era un método científico de cría demostrado.

Lo que se debe tener en cuenta es lo siguiente: Jacob estaba usando los métodos de cría más recientes que él conocía y en los que creía, las creencias y métodos científicos más recientes de esa época. Aunque algunas de las creencias y métodos científicos no fueran válidos (y algunos se encuentran en todas las generaciones), Jacob no tenía forma de saber que no funcionarían. Él trabajaba ardua y diligentemente, era un hacendado que sin duda se mantenía al tanto de los últimos métodos de ganadería. Naturalmente seguiría la ciencia de cría en que se creía en aquella época. James Montgomery Boice aprueba la posición de Juan Calvino sobre este pasaje. Él plantea:

"Prefiero... el criterio de Calvino. Dios mandó a Jacob a poner las varas rayadas, lo que él hizo, no como un medio físico con el fin de producir crías rayadas y manchadas, sino como un símbolo de la fe y obediencia de Jacob, tanto como Dios después hizo que Moisés erigiera una serpiente de bronce en el desierto cuando las personas habían sido mordidas por serpientes. Las personas no eran sanadas por la serpiente. Eran sanadas por Dios por medio de la fe expresada en su obediencia al observar la serpiente. De una manera paralela pero no idéntica, la confianza de Jacob en Dios habría sido recompensada igualmente. En verdad, en el próximo capítulo Jacob habla de haber tenido un sueño sobre ganado rayado, salpicado y manchado, en el que Dios le habló a él. Puede ser que Dios le dijera qué hacer en esa ocasión.

"La cuestión es que Jacob confió en Dios y que nosotros debemos hacerlo también, sobre todo con respecto a las posesiones materiales" (Juan Calvino. *Commentaries on the First Book of Moses Called Genesis* [Comentario sobre el primer libro de Moisés llamado Génesis], (trad.) John King, 2 vols., Grand Rapids, MI: Eerdmans, 1948, 2:155. Citado por James Montgomery Boice. *Génesis, un comentario expositivo*, vol. 2. pp. 316-317.)

3. Advierta ahora: Jacob estaba confiando en que Dios honrara su arduo trabajo, estaba confiando en que Dios bendeciría y le daría la prosperidad que Dios quisiera que él tuviera (v. 43). Y esto hizo Dios. Dios le solucionó todas las cosas a Jacob. En el hecho de que Labán cambió las condiciones del acuerdo diez veces, tratando de engañar a Jacob se ve cuán milagrosamente Dios obró en función de Jacob (Gn. 31:7-8). Hay una gran lección en esto para nosotros: Dios puede predominar en los asuntos de los hombres. Él lo hace para hacer cumplir sus propósitos y para cumplir las promesas que nos ha hecho. Y Dios cuida de nosotros incluso cuando otros nos maltratan y nos engañan.

Pensamiento 1. ¿Cómo debiéramos trabajar para ganarnos la vida?
1) Trabajar arduamente, muy arduamente.

"Tomó, pues, Jehová Dios al hombre, y lo puso en el huerto de Edén, para que lo labrara y lo guardase" (Gn. 2:15).

"Con el sudor de tu rostro comerás el pan hasta que vuelvas a la tierra, porque de ella fuiste tomado; pues polvo eres, y al polvo volverás" (Gn. 3:19).

"Ve a la hormiga, oh perezoso, mira sus caminos, y sé sabio" (Pr. 6:6).

"El que recoge en el verano es hombre entendido; el que duerme en el tiempo de la siega es hijo que avergüenza" (Pr. 10:5).

"En toda labor hay fruto; mas las vanas palabras de los labios empobrecen" (Pr. 14:23).

"No ames el sueño, para que no te empobrezcas; abre tus ojos, y te saciarás de pan" (Pr. 20:13).

"Todo lo que te viniere a la mano para hacer, hazlo según tus fuerzas; porque en el Seol, adonde vas, no hay obra, ni trabajo, ni ciencia, ni sabiduría" (Ec. 9:10).

"En lo que requiere diligencia, no perezosos; fervientes en espíritu, sirviendo al Señor" (Ro. 12:11).

"El que hurtaba, no hurte más, sino trabaje, haciendo con sus manos lo que es bueno, para que tenga qué compartir con el que padece necesidad" (Ef. 4:28).

"A los tales mandamos y exhortamos por nuestro Señor Jesucristo, que trabajando sosegadamente, coman su propio pan" (2 Ts. 3:12).

2) Confiando en que Dios supla nuestras necesidades, las necesidades básicas de la vida.

"Mas a Jehová vuestro Dios serviréis, y él bendecirá tu pan y tus aguas; y yo quitaré toda enfermedad de en medio de ti" (Éx. 23:25).

"Confía en Jehová, y haz el bien; y habitarás en la tierra, y te apacentarás de la verdad" (Sal. 37:3).

"Mas buscad primeramente el reino de Dios y su justicia, y todas estas cosas os serán añadidas" (Mt. 6:33).

"Y a Aquel que es poderoso para hacer todas las cosas mucho más abundantemente de lo que pedimos o entendemos, según el poder que actúa en nosotros" (Ef. 3:20)

3) Confiando en que Dios nos dé la prosperidad que Él desee que nosotros tengamos.

"Encomienda a Jehová tu camino, y confía en él; y él hará" (Sal. 37:5).

"Jesús les dijo: Por vuestra poca fe; porque de cierto os digo, que si tuviereis fe como un grano de mostaza, diréis a este monte: Pásate de aquí allá, y se pasará; y nada os será imposible" (Mt. 17:20).

"Y todo lo que pidiereis en oración, creyendo, lo recibiréis" (Mt. 21:22).

"Jesús le dijo: Si puedes creer, al que cree todo le es posible" (Mr. 9:23).

"Y a Aquel que es poderoso para hacer todas las cosas mucho más abundantemente de lo que pedimos o entendemos, según el poder que actúa en nosotros" (Ef. 3:20).

CAPÍTULO 31

E. Jacob fue llamado nuevamente a la Tierra Prometida: Obstáculos que impiden obedecer a Dios, 31:1-55

1 Jacob se enfrentó al obstáculo de una situación amenazadora

a. Los hijos de Labán se quejaban y acusaban a Jacob de robar

b. Jacob notó una sospecha peligrosa en Labán

c. La liberación de Dios: Su Palabra de regresar a la Tierra Prometida y su promesa de siempre cuidar de su seguidor

2 Jacob se enfrentó al posible obstáculo de la oposición familiar

a. Jacob llamó a sus esposas y les explicó la situación

b. Jacob explicó el maltrato de Labán

  1) Su actitud cambiada y sospecha

  2) Su negación reconocer el trabajo arduo de Jacob

  3) Su cambio del salario de Jacob diez veces (Pero Dios no lo dejó hacer daño a Jacob)

  4) Su engaño e injusticia al cambiar el contrato de trabajo

c. Jacob explicó la liberación de Dios

1 Y oía Jacob las palabras de los hijos de Labán, que decían: Jacob ha tomado todo lo que era de nuestro padre, y de lo que era de nuestro padre ha adquirido toda esta riqueza.
2 Miraba también Jacob el semblante de Labán, y veía que no era para con él como había sido antes.
3 También Jehová dijo a Jacob: Vuélvete a la tierra de tus padres, y a tu parentela, y yo estaré contigo.
4 Envió, pues, Jacob, y llamó a Raquel y a Lea al campo donde estaban sus ovejas,
5 y les dijo: Veo que el semblante de vuestro padre no es para conmigo como era antes; mas el Dios de mi padre ha estado conmigo.
6 Vosotras sabéis que con todas mis fuerzas he servido a vuestro padre;
7 y vuestro padre me ha engañado, y me ha cambiado el salario diez veces; pero Dios no le ha permitido que me hiciese mal.
8 Si él decía así: Los pintados serán tu salario, entonces todas las ovejas parían pintados; y si decía así: Los listados serán tu salario; entonces todas las ovejas parían listados.
9 Así quitó Dios el ganado de vuestro padre, y me lo dio a mí.

10 Y sucedió que al tiempo que las ovejas estaban en celo, alcé yo mis ojos y vi en sueños, y he aquí los machos que cubrían a las hembras eran listados, pintados y abigarrados.

11 Y me dijo el ángel de Dios en sueños: Jacob. Y yo dije: Heme aquí.

12 Y él dijo: Alza ahora tus ojos, y verás que todos los machos que cubren a las hembras son listados, pintados y abigarrados; porque yo he visto todo lo que Labán te ha hecho.
13 Yo soy el Dios de Bet-el, donde tú ungiste la piedra, y donde me hiciste un voto. Levántate ahora y sal de esta tierra, y vuélvete a la tierra de tu nacimiento.
14 Respondieron Raquel y Lea, y le dijeron: ¿Tenemos acaso parte o heredad en la casa de nuestro padre?

15 ¿No nos tiene ya como por extrañas, pues que nos vendió, y aun se ha comido del todo nuestro precio?

16 Porque toda la riqueza que Dios ha quitado a nuestro padre, nuestra es y de nuestros hijos; ahora, pues, haz todo lo que Dios te ha dicho.

17 Entonces se levantó Jacob, y subió sus hijos y sus mujeres sobre los camellos,
18 y puso en camino todo su ganado, y todo cuanto es

  1) Dios le había dado rebaños a pesar de Labán

  2) Dios había alentado a Jacob en un sueño cuando sus ojos estaban bajos: Simbólicamente, cuando se encontraba profundamente desalentado

  3) Dios le había hablado al corazón de Jacob: Lo llamó por su nombre (cp. Is. 43:1c)

  4) Dios le había dado confirmación a Jacob en un sueño: Su rebaño iba a crecer cada vez más por el maltrato de Labán

d. Jacob explicó el mandato de Dios: Debes dejar esta tierra de Labán; sepárate del mundo y regresa a la Tierra Prometida

e. Jacob recibió la respuesta esperada de sus esposas

  1) Las habían dejado sin la herencia de Labán

  2) Labán las había tratado como extrañas y había robado su propiedad

  3) Consideraron que la riqueza dada a Jacob por Dios como de ellas

  4) Alentaron a Jacob: Obedece a Dios; regresa a la Tierra Prometida

f. Jacob obedeció a Dios

  1) subió a sus hijos y esposas sobre camellos

  2) Puso en camino su ganado delante de

de él y de sus
posesiones

3) Se dirigió a la tierra
de Canaán, donde se
encontraba su padre,
Isaac

**3 Jacob se enfrentó al
obstáculo del pecado
y la carnalidad de la
familia: Raquel robó los
ídolos de su padre**

**4 Jacob se enfrentó al
obstáculo del temor
personal**

a. Jacob huyó en secreto
por miedo

b. Jacob se dirigió hacia
el Monte de Galaad

**5 Jacob se enfrentó al
obstáculo de la avaricia,
la codicia y la ira de
otros**

a. La reacción de Labán:
ira; codició el ganado
de Jacob; persiguió y
alcanzó a Jacob siete
días después

b. Intervención de Dios:
Dios advirtió a Labán
en un sueño de no
pedirle a Jacob que
regresara ni dañarlo
por haberse marchado

**6 Jacob se enfrentó al
obstáculo de sus propios
malos tratos y engaño**

a. Labán alcanzó a Jacob
en el Monte de Galaad

b. Labán cuestionó a
Jacob y lo acusó de
engaño: Lo acusó
de huir en secreto y
de tomar a sus hijas
como cautivas de
guerra

c. Labán acusó a Jacob
de engaño, de una
conducta social
inaceptable para un
yerno

1) Alardeó que
habría celebrado la
partida de Jacob

había adquirido, el ganado
de su ganancia que había
obtenido en Padan-aram,
para volverse a Isaac
su padre en la tierra de
Canaán.

19 Pero Labán había ido
a trasquilar sus ovejas; y
Raquel hurtó los ídolos de
su padre.

20 Y Jacob engañó a Labán
arameo, no haciéndole
saber que se iba.

21 Huyó, pues, con todo
lo que tenía; y se levantó
y pasó el Eufrates, y se
dirigió al monte de Galaad.
22 Y al tercer día fue dicho
a Labán que Jacob había
huido.

23 Entonces Labán tomó
a sus parientes consigo, y
fue tras Jacob camino de
siete días, y le alcanzó en el
monte de Galaad.
24 Y vino Dios a Labán
arameo en sueños aquella
noche, y le dijo: Guárdate
que no hables a Jacob
descomedidamente.

25 Alcanzó, pues, Labán a
Jacob; y éste había fijado
sutienda en el monte; y
Labán acampó con sus
parientes en el monte de
Galaad.
26 Y dijo Labán a Jacob:
¿Qué has hecho, que me
engañaste, y has traído a
mis hijas como prisioneras
de guerra?

27 ¿Por qué te escondiste
para huir, y me engañaste, y
no me lo hiciste saber para
que yo te despidiera con
alegría y con cantares, con
tamborín y arpa?

28 Pues ni aun me dejaste
besar a mis hijos y mis
hijas. Ahora, locamente has
hecho.

29 Poder hay en mi mano
para haceros mal; mas el
Dios de tu padre me habló
anoche diciendo: Guárdate
que no hables a Jacob
descomedidamente.

30 Y ya que te ibas, porque
tenías deseo de la casa de tu
padre, ¿por qué me hurtaste
mis dioses?

31 Respondió Jacob y dijo a
Labán: Porque tuve miedo;
pues pensé que quizá me
quitarías por fuerza tus
hijas.
32 Aquel en cuyo poder
hallares tus dioses, no
viva; delante de nuestros
hermanos reconoce lo que
yo tenga tuyo, y llévatelo.
Jacob no sabía que Raquel
los había hurtado.

33 Entró Labán en la tienda
de Jacob, en la tienda de
Lea, y en la tienda de las
dos siervas, y no los halló;
y salió de la tienda de Lea,
y entró en la tienda de
Raquel.
34 Pero tomó Raquel los
ídolos y los puso en una
albarda de un camello, y se
sentó sobre ellos; y buscó
Labán en toda la tienda, y
no los halló.

35 Y ella dijo a su padre:
No se enoje mi señor,
porque no me puedo
levantar delante de ti; pues

2) Reaccionó con
el arranque de
un padre: No
se le permitió
despedirse de sus
hijos

d. Labán alardeó de
que podía hacerle
daño a Jacob: Pero
confesó que Dios lo
había advertido en un
sueño de no pedirle a
Jacob que regresara
ni de hacerle daño por
marcharse

**7 Jacob se enfrentó
al obstáculo de los
problemas causados
por los miembros de
la familia y sus actos
pecaminosos**

a. Labán acusó a Jacob
de robarse sus ídolos

b. Jacob confesó su
miedo de que Labán le
quitara a su familia

c. Jacob negó que él
hubiera robado los
dioses de Labán:
Pronunció una
sentencia de muerte
sobre cualquier ladrón
de entre su pueblo, sin
saber que Raquel los
había robado

d. Labán revisó
completamente las
tiendas Jacob, Lea,
y las dos siervas: No
halló nada

e. Luego Labán entró en
la tienda de Raquel

1) Raquel había
escondido los
dioses en la
albarda del
camello y se sentó
sobre ellos

2) Labán no pudo
encontrarlos

3) Raquel le pidió
a su padre que la
perdonara por no
levantarse ante su

presencia, porque ella tenía su período menstrual

4) Labán no pudo encontrar los dioses

8 La forma en que Jacob venció los obstáculos

a. Mostrando una ira justa
1) contra ser acusado de un delito
2) contra ser perseguido acaloradamente
3) Contra ser registrado

4) Contra ser maltratado como pastor: Durante veinte años

5) Contra ser maltratado como yerno

b. Reconociendo a Dios: El verdadero Dios, el Dios de Abraham e Isaac
1) Su cuidado y bendiciones
2) Su justicia
3) Su protección reprendiendo a Labán

c. Haciendo las paces
1) Labán reconoció los lazos familiares que había entre todos ellos

estoy con la costumbre de las mujeres. Y él buscó, pero no halló los ídolos.

36 Entonces Jacob se enojó, y riñó con Labán; y respondió Jacob y dijo a Labán: ¿Qué transgresión es la mía? ¿Cuál es mi pecado, para que con tanto ardor hayas venido en mi persecución?
37 Pues que has buscado en todas mis cosas, ¿qué has hallado de todos los enseres de tu casa? Ponlo aquí delante de mis hermanos y de los tuyos, y juzguen entre nosotros.
38 Estos veinte años he estado contigo; tus ovejas y tus cabras nunca abortaron, ni yo comí carnero de tus ovejas.
39 Nunca te traje lo arrebatado por las fieras: yo pagaba el daño; lo hurtadoasí de día como de noche, a mí me lo cobrabas.
40 De día me consumía el calor, y de noche la helada, y el sueño huía de mis ojos.
41 Así he estado veinte años en tu casa; catorce años te serví por tus dos hijas, y seis años por tu ganado, y has cambiado mi salario diez veces.
42 Si el Dios de mi padre, Dios de Abraham y temor de Isaac, no estuviera conmigo, de cierto me enviarías ahora con las manos vacías; pero Dios vio mi aflicción y el trabajo de mis manos, y te reprendió anoche.

43 Respondió Labán y dijo a Jacob: Las hijas son hijas mías, y los hijos, hijos míos son, y las ovejas son mis ovejas, y todo lo que tú ves es mío: ¿y qué puedo yo

hacer hoy a estas mis hijas, o a sus hijos que ellas han dado a luz?
44 Ven, pues, ahora, y hagamos pacto tú y yo, y sea por testimonio entre nosotros dos.
45 Entonces Jacob tomó una piedra, y la levantó por señal.
46 Y dijo Jacob a sus hermanos: Recoged piedras. Y tomaron piedras e hicieron un majano, y comieron allí sobre aquel majano.
47 Y lo llamó Labán, Jegar Sahaduta; y lo llamó Jacob, Galaad.
48 Porque Labán dijo: Este majano es testigo hoy entre nosotros dos; por eso fue llamado su nombre Galaad;
49 y Mizpa, por cuanto dijo: Atalaye Jehová entre tú y yo, cuando nos apartemos el uno del otro.

50 Si afligieres a mis hijas, o si tomares otras mujeres además de mis hijas, nadie está con nosotros; mira, Dios es testigo entre nosotros dos.
51 Dijo más Labán a Jacob: He aquí este majano, y he aquí esta señal, que he erigido entre tú y yo.
52 Testigo sea este majano, y testigo sea esta señal, que ni yo pasaré de este majano contra ti, ni tú pasarás de este majano ni de esta señal contra mí, para mal.
53 El Dios de Abraham y el Dios de Nacor juzgue entre nosotros, el Dios de sus padres. Y Jacob juró por aquel a quien temía Isaac su padre.
54 Entonces Jacob inmoló víctimas en el monte, y llamó a sus hermanos a comer pan; y comieron pan, y durmieron aquella noche

2) Labán sugirió hacer un pacto entre él y Jacob
3) E pacto tuvo por testimonio un memorial de piedra

4) El pacto tuvo por testimonio nombrar el lugar

5) Al lugar también se le nombró Mizpa: que significa atalaya para atalayar uno al otro
6) Labán le pidió a Jacob que respetara a sus hijas y nietos: Dios sería testigo
7) Labán exigió una garantía mutua: cada uno respetaría las propiedades y la vida del otro, ninguno cruzaría el majano para atacar al otro

8) Tanto Labán como Jacob juraron por el pacto

d. Adorando a Dios
1) Jacob comió con sus parientes y pasó la noche en el Monte de Galaad

2) Jacob le permitió a Labán besar a	en el monte. 55 Y se levantó Labán de mañana, y besó sus hijos	y sus hijas, y los bendijo; y regresó y se volvió a su lugar.	sus hijas y nietos y despedirse de ellos

DIVISIÓN IX

JACOB, NIETO DE ABRAHAM: ESCOGIDO PARA PRESERVAR LA DESCENDENCIA DEL PUEBLO DE DIOS Y LAS GRANDES PROMESAS DE DIOS, 28:10—36:43

E. Jacob fue llamado nuevamente a la Tierra Prometida: Obstáculos que impiden obedecer a Dios, 31:1-55

(31:1-55) *Introducción:* Obedecer a Dios es lo más importante en la vida. Obedecer a Dios proporciona *realización* y *propósito*, una realización y propósito que se asientan muy adentro y que dura para siempre. Obedecer a Dios nos llena de *felicidad* y *gozo*, la felicidad y el gozo más profundos que se puedan imaginar, la felicidad y el gozo más seguros que se puedan poseer.

Pero el mundo no: la realización, el propósito, la felicidad, y el gozo del mundo no perduran. Lo que el mundo proporciona se desvanece y se vuelve vacío. Lo que el mundo proporciona nos abandona tan pronto como llega, nos deja sintiéndonos...

- vacíos
- adoleciendo
- huecos
- sin sentido
- carentes
- sin realizar

El mundo nos deja tan huecos y vacíos por dentro que millones de personas hacen preguntas como éstas todos los días:

=> "¿A fin de cuentas, en qué consiste la vida?"
=> "¿Cuál es el sentido, el propósito de todo?"
=> "¿Qué hay de bueno en toda ella?"
=> "¿De qué bien nos sirve?"
=> "¿Por qué estoy haciendo esto?"

Pero Dios no nos deja huecos y vacíos por dentro, no si lo obedecemos. Si obedecemos a Dios verdaderamente, Él nos llena y nos da el propósito, la felicidad, y el gozo más grande que se pueda experimentar. Lo que Dios nos da perdura para siempre y nunca se desvanece. Lo que Dios da nunca nos deja vacíos y huecos. Imagínense nada más lo maravilloso que sería no volverse a sentir hueco o vacío nunca más. Así Dios nos llenará si lo obedecemos verdaderamente. Pero advierta: hay obstáculos en nuestra obediencia a Dios. Cuando nos dispongamos a obedecer a Dios, nos enfrentaremos a algunas barreras e impedimentos, algunos obstáculos que debemos saltar.

A esto fue a lo que se enfrentó Jacob. Dios le dijo a Jacob que lo siguiera, que regresara a la Tierra Prometida, y Jacob estaba determinado a obedecer y obedecer a Dios. Su corazón estaba resuelto a regresar, pero cuando comenzó, encontró varios grandes obstáculos en su camino. No obstante, Jacob no se rindió: él siguió a Dios y venció los obstáculos. Nosotros debemos hacer eso también. Debemos emprender nuestro viaje de obedecer a Dios y vencer los obstáculos que aparezcan a nuestro paso. Hayamos obedecido a Dios antes o no, todos debemos reconcentrar nuestra atención en Dios, en obedecer a Dios con un compromiso renovado. Así y solo así podemos vencer los obstáculos que nos hacen frente en la vida, los obstáculos que nos impiden obedecer a Dios, que nos impiden estar llenos de la plenitud de propósito, felicidad, y gozo. Este es el tema de este pasaje emocionante de las Escrituras: *Jacob fue llamado nuevamente a la Tierra Prometida: Obstáculos que impiden obedecer a Dios, 31:1-55.*

1. Jacob se enfrentó al obstáculo de una situación amenazadora (vv. 1-3).
2. Jacob se enfrentó al posible obstáculo de la oposición familiar (vv. 4-18).
3. Jacob se enfrentó al obstáculo del pecado y carnalidad de la familia: Raquel robó los ídolos de su padre (v. 19).
4. Jacob se enfrentó al obstáculo del temor personal (vv. 20-21).
5. Jacob se enfrentó al obstáculo de la avaricia, la codicia y la ira de otros (vv. 22-24).
6. Jacob se enfrentó al obstáculo de sus propios malos tratos y engaño (vv. 25-29).
7. Jacob se enfrentó al obstáculo de los problemas causados por los miembros de la familia y sus actos pecaminosos (vv. 30-35).
8. La forma en que Jacob venció los obstáculos (vv. 36-55).

1 (31:1-3) *Queja — Amenazas — Liberación — Presencia de Dios — Guía:* El primer obstáculo al obedecer a Dios es una situación amenazadora. Recuerden, seis años antes Jacob había querido regresar a su hogar y su tierra natal. Siempre había tenido el sueño de regresar a casa arraigado en su corazón. Pero Labán no había querido que Jacob se fuera, así que le ofreció a Jacob una sociedad completa en su hacienda. Jacob se rehusó a la sociedad completa, porque quería desesperadamente regresar a la Tierra Prometida, y él sabía que pronto lo haría. Sin embargo, vio en la oferta de Labán una oportunidad de asegurarse e independizarse financieramente. Así que Jacob entró en un acuerdo de trabajo, una pequeña sociedad, con su tío Labán. A cambio del trabajo y habilidad ganadera de Jacob, Labán acordó darle a Jacob todo el ganado manchado que naciera de los animales de color entero. En seis años de acuerdo, Dios había bendecido a Jacob grandemente, y Jacob había prosperado y se había vuelto muy acaudalado. (Vea bosquejo y notas, Gn. 30:25-43 para un mayor análisis.)

1. En el pasaje actual vemos que los hijos de Labán se quejan por las riquezas que Jacob había ganado (v. 1). Sabían

que Jacob había comenzado sin rebaño propio, que los grandes rebaños que ahora Jacob poseía habían sido criados a partir del ganado que su padre poseía originalmente. Las manadas que poseía Jacob podían haber sido de ellos por herencia. Esto les molestaba a los hijos de Labán, les remordía la conciencia, y comenzaron a regar que Jacob le había robado el ganado a su padre. Jacob oyó de la queja y las falsas acusaciones de los hijos, y se preocupó mucho.

2. Pero más que en los hijos, Jacob notó una actitud diferente, una sospecha peligrosa, en Labán. El propio Labán había comenzado a cuestionar la sabiduría del acuerdo con Jacob. Labán sospechaba y se afligía cada vez más. Jacob presintió que Labán podía arremeter contra él en cualquier momento con la fuerza, romper el contrato, y quitarle el ganado. Su vida, su familia, su dinero, y sus posesiones estaban en riesgo. ¿Qué debía hacer? ¿Cómo podía salvarlo todo? Jacob no sabía.

3. Pero Dios sabía. Dios sabía que Jacob necesitaba regresar a Canaán, regresar a la Tierra Prometida. Por eso Dios le habló a Jacob y le dijo que regresara. Si Jacob regresaba —se disponía y obedecía a Dios— entonces Dios estaría con él. La idea es que Dios se ocuparía de él, protegiéndolo y proveyendo para él por todo el camino. La responsabilidad de Jacob era obedecer, seguir a Dios y emprender viaje hacia la Tierra Prometida. (Recuerden, la Tierra Prometida es un símbolo, un tipo del cielo. Vea bosquejo y nota, Gn. 12:1c.) La idea es la siguiente: si Jacob obedecía y seguía a Dios, sería salvo y sería liberado de la situación amenazadora. Si él no obedecía ni seguía a Dios, entonces lo perdería todo y sería esclavizado por el mundo de Labán para el resto de su vida.

Pensamiento 1. Las situaciones amenazadoras pueden impedirnos que obedezcamos a Dios. Podemos estar pensando en obedecer a Dios o ya estar comprometido en seguir a Dios y sin saberlo, surge una situación amenazadora que nos detiene justo donde nos encontramos. Cuando hacemos un compromiso de seguir a Dios, todo tipo de amenazas nos confrontan, amenazas como...

• El ridículo y la persecución
• Tener que dejar los lujos y placeres de este mundo
• Perder una promoción o algún negocio
• Perder amigos o una novia o novio
• Perder dinero, negocios, propiedades, y posesiones

La lista podría ser interminable. Siempre hay situaciones amenazadoras, obstáculos que pueden impedirnos obedecer a Dios. Pero el llamado que Dios nos hace es el mismo que le hizo a Jacob: emprende viaje a la Tierra Prometida del cielo. Si obedecemos, si lo seguimos verdaderamente, entonces Él estará con nosotros y nos guiará a la Tierra Prometida del cielo.

"He aquí, yo estoy contigo, y te guardaré por dondequiera que fueres, y volveré a traerte a esta tierra; porque no te dejaré hasta que haya hecho lo que te he dicho" (Gn. 28:15).

"Y él dijo: Mi presencia irá contigo, y te daré descanso" (Éx. 33:14).

"Porque este Dios es Dios nuestro eternamente y para siempre; El nos guiará aun más allá de la muerte" (Sal. 48:14).

"Me has guiado según tu consejo, y después me recibirás en gloria" (Sal. 73:24).

"Enséñame a hacer tu voluntad, porque tú eres mi Dios; tu buen espíritu me guíe a tierra de rectitud" (Sal. 143:10).

"Cuando pases por las aguas, yo estaré contigo; y si por los ríos, no te anegarán. Cuando pases por el fuego, no te quemarás, ni la llama arderá en ti" (Is. 43:2).

"En la casa de mi Padre muchas moradas hay; si así no fuera, yo os lo hubiera dicho; voy, pues, a preparar lugar para vosotros. Y si me fuere y os preparare lugar, vendré otra vez, y os tomaré a mí mismo, para que donde yo estoy, vosotros también estéis" (Jn. 14:2-3).

2 (31:4-18) *Familia — Oposición:* El segundo obstáculo al obedecer a Dios es la oposición potencial de los miembros de la familia. Jacob estaba comprometido a seguir a Dios, ¿pero y su familia? ¿Cuál iba a ser su actitud? ¿Harían el mismo compromiso que él había hecho de seguir a Dios y su promesa de la Tierra Prometida?

Jacob tuvo que decirles a sus esposas sobre el problema, y el problema iba a ser sensible porque implicaba a Labán, el padre de sus esposas y el abuelo de sus hijos. Por la situación amenazadora, Jacob sabía que tenía que reunirse con sus esposas en algún lugar donde pudieran estar solos. Él también sabía que él iba a tener que explicarles la situación de ellas en detalle, asegurándose de que ellas entendieran completamente. Estaba la posibilidad de que no estuvieran de acuerdo con su decisión de seguir a Dios y se pudieran de parte de su padre contra él.

Advierta que Jacob mandó a buscar a Raquel y a Lea a que vinieran a los campos donde él estaba trabajando. Cuando llegaron, él se reunió con ellas y comenzó a contarles todo lo que había sucedido. Muy sencillo, a modo de bosquejo he aquí lo que Jacob les explicó a Raquel y a Lea.

1. Jacob explicó el maltrato de Labán (vv. 5-8).
=> La actitud cambiada y peligrosa de sospecha de Labán (v. 5).
=> La negación de Labán a reconocer el trabajo arduo de Jacob (v. 6).
=> El engaño de Labán hacia Jacob cambiando su salario diez veces. (Pero Dios no permitió que Labán le hiciera daño a Jacob ni física ni financieramente. Por el contrario, Dios se ocupó de que prosperara, a pesar de Labán.) (v. 7).
=> El engaño y la injusticia de Labán al cambiar el contrato de trabajo con Jacob (v. 8).
2. Jacob les explicó a sus esposas la liberación de Dios (vv. 9-12).
=> Dios había provocado que el ganado de Jacob pariera cada vez más a pesar del maltrato de Labán (v. 9).

=> Dios había alentado a Jacob en un sueño cuando sus *ojos estaban mirando hacia abajo*, simbólicamente, cuando se encontraba muy desalentado (v. 10).

=> Dios le había hablado al corazón de Jacob: lo llamó por su nombre (v. 11; cp. Is. 43:1c).

=> Dios le había dado confirmación a Jacob en el sueño de que Él le estaba dando cada vez más ganado, porque Dios había visto el maltrato de Labán (v. 12).

3. Jacob les explicó a sus esposas el mandato de Dios: él debía dejar esta tierra de Labán y regresar a su tierra natal (v. 13). Advierta dos cosas:

=> El mandato fue dado por el Dios de Bet-el, el Dios que le hizo frente a Jacob en Bet-el. Era allí que Jacob había hecho un *nuevo compromiso* de seguir a Dios.

=> La tierra natal de Jacob era Canaán, la Tierra Prometida por Dios a Abraham e Isaac, el abuelo y el padre de Jacob. La Tierra Prometida de Canaán es un símbolo de la Tierra Prometida del cielo. Simbólicamente, Dios le estaba pidiendo a Jacob que se separara del mundo y regresara a la Tierra Prometida del cielo (Vea nota, Gn. 12:1c para un mayor análisis).

4. Jacob recibió lo que esperaba: una respuesta positiva de sus esposas (vv. 14-16). Ellas conocían a su padre, sabía cómo él era realmente. Incluso las había maltratado, a sus propias hijas, a su propia carne y huesos.

=> Las habían dejado sin herencia (v. 14).

=> Su padre las había tratado como "extrañas" o "extranjeras", no como sus hijas (v. 15). ¿Qué querían decir con esto? Se estaban refiriendo al hecho de que Labán las había vendido por catorce años de trabajo. Labán debió haber tomado el dinero debido que le correspondía a Jacob por su trabajo y apartarlo como dote para la seguridad de las hijas en el futuro. Pero en cambio, él dejó todo el dinero en su negocio y no apartó dinero alguno. No les dio nada, no les dio dote de ninguna clase. En realidad, las había tratado como hubiera tratado a cualquier extranjero o esclavo: los habría vendido por el dinero que pudiera conseguir por ellos.

=> Por eso Raquel y Lea consideraron la bendición de riqueza dada a Jacob por Dios como si fuera de ellas y de sus hijos (v. 16a).

=> Alentaron a Jacob a obedecer a Dios, a que hiciera exactamente lo que Dios había dicho: regresar a Canaán, la Tierra Prometida (v. 16b).

5. Jacob obedeció a Dios (vv. 17-18). Su familia apoyó la decisión de seguir a Dios. Alegre, pero nervioso, él hizo todos los preparativos necesarios para partir. Labán se encontraba lejos trasquilando sus ovejas, así que era un momento oportuno para hacer los preparativos y partir antes de que nadie pudiera darse cuenta.

=> Jacob subió a sus hijos y mujeres sobre camellos (v. 17).

=> Luego en secreto puso en camino su ganado delante de él y de las posesiones que había acumulado (v. 18).

=> Jacob se dirigió en secreto hacia Canaán, la Tierra Prometida (v. 18).

Pensamiento 1. Sucede lo siguiente: la familia de Jacob lo apoyó en su decisión de seguir a Dios. Pero con la familia nuca se sabe. Una familia o un miembro de la familia puede oponerse a la decisión de otro miembro de seguir a Dios. Cuando hemos tomado la decisión de seguir a Dios, necesitamos hacer lo que hizo Jacob: explicarle a nuestra familia...

• El pecado, la vergüenza, y el maltrato del mundo (vv. 5-8).

• La liberación de Dios (vv. 9-12).

• El mandato de Dios de marcharse, de separarse del mundo y regresar a la Tierra Prometida, la Tierra Prometida del cielo (v. 13).

Nuestra esperanza es que nuestra familia apoye nuestra decisión de seguir a Cristo, y de hecho, se no sumen en la aventura emocionante de seguir a Dios a la Tierra Prometida del propio cielo. Pero aunque nos rechacen por tomar una decisión como esa, aún así debemos obedecer a Dios y seguirlo. Dios y solo Dios es nuestra esperanza, la única esperanza de ser liberado de esta tierra de mundanalidad y heredar la Tierra Prometida del cielo.

"y los enemigos del hombre serán los de su casa. El que ama a padre o madre más que a mí, no es digno de mí; el que ama a hijo o hija más que a mí, no es digno de mí" (Mt. 10:36-37).

"¿Pensáis que he venido para dar paz en la tierra? Os digo: No, sino disensión. Porque de aquí en adelante, cinco en una familia estarán divididos, tres contra dos, y dos contra tres. Estará dividido el padre contra el hijo, y el hijo contra el padre; la madre contra la hija, y la hija contra la madre; la suegra contra su nuera, y la nuera contra su suegra" (Lc. 12:51-53).

"Porque ni aun sus hermanos creían en él" (Jn. 7:5).

"Y vosotros, padres, no provoquéis a ira a vuestros hijos, sino criadlos en disciplina y amonestación del Señor" (Ef. 6:4).

"Y también todos los que quieren vivir piadosamente en Cristo Jesús padecerán persecución" (2 Ti. 3:12).

"Y estas palabras que yo te mando hoy, estarán sobre tu corazón; y las repetirás a tus hijos, y hablarás de ellas estando en tu casa, y andando por el camino, y al acostarte, y cuando te levantes" (Dt. 6:6-7).

3 (31:19) *Familia:* El tercer obstáculo al obedecer a Dios es el pecado y la carnalidad de la familia. Advierta que Raquel robó los ídolos o dioses de la casa de su padre. ¿Por qué?

=> ¿Todavía ella adoraba ídolos? ¿Aún era fiel a la religión de su niñez, la religión falsa que su padre le había enseñado? ¿Quería los dioses para su propio uso: para proteger y bendecir a su familia mientras escapaban de su padre y se asentaba en la nueva y extraña tierra de Canaán?

=> ¿Eran valiosos los ídolos? ¿Valían algún dinero? ¿Raquel trataba de recuperar algo del dinero de la dote que su padre había robado de ella?

=> ¿Los ídolos estaban atados a la herencia de su padre? Tablas descubiertas en Nuzi cerca de 1930 demuestran que ciertos dioses de familia estaban identificados con la herencia de una persona. Parece que a quien tuviera los dioses se le reconocía como el heredero primario de la propiedad de un hombre. ¿Raquel estaba planeando darle los dioses a Jacob en una fecha más tardía? Los dioses demostrarían que Jacob definitivamente era el propietario de los rebaños que había ganado mientras trabajaba para Labán. Si Jacob necesitaba demostrar que él había recibido legalmente los rebaños de Labán —si Labán o los hijos de Labán alguna vez disputaran el derecho de Jacob sobre los rebaños—, los dioses serían la prueba de Jacob. Según se ha planteado, quien tuviera en su poder los dioses de la casa era el heredero primario de la propiedad de la casa de un hombre.

También está esta posibilidad: Raquel puede haber creído que su esposo, Jacob, merecía toda la herencia de Labán porque su padre había robado su dote.

Las Escrituras no dicen por qué Raquel robó los dioses de la casa. Pero advierta: Jacob obviamente le había enseñado a su familia sobre Dios, sobre Jehová, el único Dios vivo y verdadero, el Dios de salvación y redención. ¿Por qué no habría de enseñarlas? ¿Cómo podría casarse con ellas y vivir con ellas y no enseñarlas? El propósito mismo de Jacob en la tierra era seguir a Dios y sus promesas, dar a luz a *la Simiente prometida* y heredar *la Tierra Prometida*. Y Dios, al igual que su propio padre, Isaac, le había aclarado esto perfectamente a Jacob. Parece casi imposible que Jacob no hiciera lo que hace todo hombre que conoce a JEHOVÁ verdaderamente, transmitirle su fe a su familia, y transmitírsela primero que todo. Un hombre así se mantiene al tanto de su familia hasta que ellos conocen a JEHOVÁ, el Dios de salvación y redención. Jacob no podía hacer otra cosa. La coacción del Señor no se lo permitiría: su familia tenía que conocer al Señor a fin de ayudarlo a cumplir la tarea dada por Dios en la tierra. Por esta razón, parece muy improbable que Raquel fuera una idólatra, que ella robara los dioses para su uso personal. Sus razones deben haber sido el valor de ellos o que ella quería que finalmente Jacob los tuviera como un título de la propiedad de su padre.

Pero advierta: cualquiera que sea su razón, ella estaba terriblemente equivocada. Ella estaba robando algo de un valor enorme para su padre, algo que él tenía en muy alta estima. Y al robarse los dioses de la casa, ella estaba poniendo en peligro a su esposo y su familia. Esto se verá más adelante. Por ahora, lo que se debe tener en cuenta es lo siguiente: Su pecado de robo es un obstáculo al seguir a Dios. Robar no es de Dios; Dios prohíbe robar.

"No hurtarás" (Éx. 20:15).

"Cuando entres en la viña de tu prójimo, podrás comer uvas hasta saciarte; mas no pondrás en tu cesto" (Dt. 23:24).

"El peso falso es abominación a Jehová; mas la pesa cabal le agrada" (Pr. 11:1).

"Entonces me dijo: Esta es la maldición que sale sobre la faz de toda la tierra; porque todo aquel que hurta (como está de un lado del rollo) será destruido; y todo aquel que jura falsamente" (Zac. 5:3).

"El que hurtaba, no hurte más, sino trabaje, haciendo con sus manos lo que es bueno, para que tenga qué compartir con el que padece necesidad" (Ef. 4:28).

"no defraudando, sino mostrándose fieles en todo, para que en todo adornen la doctrina de Dios nuestro Salvador" (Tit. 2:10).

"Así que, ninguno de vosotros padezca como homicida, o ladrón, o malhechor, o por entremeterse en lo ajeno" (1 P. 4:15).

4 (31:20-21) *Temor:* El cuarto obstáculo al obedecer a Dios es el temor personal. Advierta que Jacob huyó en secreto de Labán: él temía que Labán no lo dejara marcharse con el ganado ni con Raquel y Lea y sus hijos.

Piense en lo que estaba sucediendo: Jacob había estado con Labán durante veinte años, los primeros catorce como trabajador, los últimos seis como un socio menor de un negocio. Jacob se había casado con las dos hijas de Labán, y ellas habían dado a luz a doce hijos, once varones y una hembrita. Durante años —veinte años para ser exactos— las dos familias habían estado viviendo de cada una, y como se ha planteado, Jacob y Labán eran hasta socios de negocio. Cierto, Labán sospechaba que Jacob estuviera robando, y existía la posibilidad —una buena posibilidad según pensaba Jacob— de que Labán no dejara que Jacob se llevara el ganado, de que Labán por la fuerza le quitara a Jacob su familia y sus posesiones.

¿Pero dónde estaba Dios en todo esto? ¿Dónde estaba la confianza de Jacob en Dios? ¿Dios iba a abandonar a Jacob en este momento de su vida? Jacob, claro está, debía haber ido donde Labán en la fortaleza del Señor y haber discutido firmemente el problema con Labán. Él debió haber confiado en que Dios se ocupara de su partida hacia la Tierra Prometida. Jacob debía haber abandonado a Labán como cualquier yerno piadoso y socio de negocio debería hacerlo:

=> Siendo firme y amable
=> Aclarando todas las falsas acusaciones y sospechas y dando testimonio para el Señor
=> Dejando las cuentas claras
=> Confiando en que Dios se ocupe de la situación

Pero Jacob no hizo eso. Jacob se marchó en secreto, lo recogió todo y se marchó. Él no le dio a Labán una oportunidad de ni siquiera despedirse de sus hijas y nietos; sencillamente se marchó, tomándolos a todos, sabiendo que Labán probablemente nunca más viera a sus hijas y nietos.

Se marchó en secreto por el temor, porque no confiaba lo suficiente en que Dios solucionaría las cosas entre él y Labán.

Pensamiento 1. Nunca debemos temer tanto a una persona que hagamos mal a fin de agradar o escaparnos de la persona. En ocasiones las personas —fundamentalmente aquellas con autoridad— no exigirán cosas inmorales y poco éticas. La exigencia inmoral y poco ética puede provenir de un...

- supervisor
- padre
- hijo
- novio
- político
- soldado
- ladrón
- maestro
- gobernante

En todas las situaciones, debemos hacer cuanto podamos por hacer lo correcto y dar testimonio a la persona inmoral y poco ética. Por encima de todo, debemos confiar en Dios y no permitir que nuestro temor nos haga hacer alguna tontería como la que el temor de Jacob le obligó a hacer. Dios promete ayudarnos si somos creyentes y seguidores fieles suyos. Su Palabra nos da estas promesas:

"No hagáis distinción de persona en el juicio; así al pequeño como al grande oiréis; no tendréis temor de ninguno, porque el juicio es de Dios; y la causa que os fuere difícil, la traeréis a mí, y yo la oiré" (Dt. 1:17).

"Esforzaos y cobrad ánimo; no temáis, ni tengáis miedo de ellos, porque Jehová tu Dios es el que va contigo; no te dejará, ni te desamparará" (Dt. 31:6).

"El temor del hombre pondrá lazo; mas el que confía en Jehová será exaltado" (Pr. 29:25).

"Yo, yo soy vuestro consolador. ¿Quién eres tú para que tengas temor del hombre, que es mortal, y del hijo de hombre, que es como heno?" (Is. 51:12).

"Aunque un ejército acampe contra mí, no temerá mi corazón; aunque contra mí se levante guerra, yo estaré confiado" (Sal. 27:3).

"Dios es nuestro amparo y fortaleza, nuestro pronto auxilio en las tribulaciones. Por tanto, no temeremos, aunque la tierra sea removida, y se traspasen los montes al corazón del mar; aunque bramen y se turben sus aguas, y tiemblen los montes a causa de su braveza" (Sal. 46:1-3).

"Con sus plumas te cubrirá, y debajo de sus alas estarás seguro; escudo y adarga es su verdad. No temerás el terror nocturno, ni saeta que vuele de día, ni pestilencia que ande en oscuridad, ni mortandad que en medio del día destruya" (Sal. 91:4-6).

"Jehová está conmigo; no temeré lo que me pueda hacer el hombre" (Sal. 118:6).

"Cuando te acuestes, no tendrás temor, sino que te acostarás, y tu sueño será grato. No tendrás temor de pavor repentino, ni de la ruina de los impíos cuando viniere, porque Jehová será tu confianza, y él preservará tu pie de quedar preso" (Pr. 3:24-26)

"He aquí Dios es salvación mía; me aseguraré y no temeré; porque mi fortaleza y mi canción es JAH Jehová, quien ha sido salvación para mí" (Is. 12:2).

"Porque no nos ha dado Dios espíritu de cobardía, sino de poder, de amor y de dominio propio" (2 Ti. 1:7).

5 (31:22-24) *Codicia — Avaricia — Ira:* El quinto obstáculo al obedecer a Dios es la avaricia, la codicia, y la ira de otros. Recuerden: Labán se encontraba lejos de casa trasquilando sus ovejas (v. 19), y sus rebaños estaban a tres día de camino (Gn. 30:36). Por eso le tomó a algún siervo de la casa tres días para llegar donde Labán y decirle que Jacob se había llevado a su familia y había huido en secreto (v. 22). Se produjo una reacción violenta en Labán de rabia, furia e ira. Jacob se había ido con el ganado. No había forma de que él fuera a dejar a Jacob escaparse con el ganado. Tan pronto pudo, dejó a un lado la trasquiladura de las ovejas y reunió sus armas y movilizó a sus parientes y trabajadores y emprendió la persecución acalorada de Jacob (v. 23). Él estaba determinado a quitarle el ganado a Jacob, utilizando la fuerza que fuera necesaria. Todo esto debe haberle tomado dos o tres días, porque tardó Labán siete días en alcanzar a Jacob. Recuerden, Jacob estaba dirigiendo una gran manada de ganado y una gran caravana de personas, lo que incluía todas las familias y posesiones de sus trabajadores. Se movían mucho más lentos que Labán. Labán los alcanzó en el Monte de Galaad, pero era de noche y sus hombres necesitaban descanso, así que acampó a cierta distancia de Jacob e hizo planes para acercarse a Jacob la próxima mañana (v. 23).

Advierta lo que sucedió: durante la noche Dios intervino. Dios vino a Labán en un sueño a advertirlo; Él lo advirtió de no pedirle a Jacob que regresara y de no hacerle daño por marcharse. La avaricia de Labán —su codicia— se paró en seco. No podía quedarse con el ganado de Jacob. La reclamación de Labán por el ganado de Jacob era ilegal. El ganado le pertenecía a Jacob.

Pensamiento 1. Uno de los pecados más comunes y trascendentales es el de la avaricia y la codicia. Producto de la avaricia y la codicia se pelean guerras, se matan personas, y éstas se mueren de hambre. Pero la Palabra de Dios es clara: la codicia es pecado. Los creyentes no deben tener el corazón lleno de avaricia y codicia.

"Porque desde el más chico de ellos hasta el más grande, cada uno sigue la avaricia; y desde el profeta hasta el sacerdote, todos son engañadores" (Jer. 6:13).

"Codician las heredades, y las roban; y casas, y las toman; oprimen al hombre y a su casa, al hombre y a su heredad" (Mi. 2:2).

"¡Ay del que codicia injusta ganancia para su casa, para poner en alto su nido, para escaparse del poder del mal!" (Hab. 2:9).

"Y les dijo: Mirad, y guardaos de toda avaricia; porque la vida del hombre no consiste en la abundancia de los bienes que posee" (Lc. 12:15

"Haced morir, pues, lo terrenal en vosotros: fornicación, impureza, pasiones desordenadas, malos deseos y avaricia, que es idolatría" (Col. 3:5).

"Sean vuestras costumbres sin avaricia, contentos con lo que tenéis ahora; porque él dijo: No te desampararé, ni te dejaré" (He. 13:5).

6 (31:25-29) *Engaño — Decisión, errónea:* El sexto obstáculo al obedecer a Dios es nuestro propio engaño y malos tratos.

1. Labán alcanzó a Jacob en el Monte de Galaad y al parecer acampó en el lado opuesto del monte de donde se encontraba Jacob (v. 25). Temprano en la mañana, él y su ejército entraron al campamento de Jacob. Ver a los hombres armados infundiría temor en los corazones de Jacob y su gente.

2. Haciéndole frente a Jacob, Labán lo acusó de engaño, del engaño más horrible que se pudiera imaginar: El de huir en secreto y llevarse a sus hijas como cautivas de guerra (v. 26).

3. Advierta que Labán acusó nuevamente a Jacob de engaño, de una conducta social inaceptable para un yerno (v. 27).

=> Labán se quejó de que habría celebrado la partida de Jacob con una alegre fiesta. Habría hecho de la ocasión un festejo, una ocasión de cánticos y música (v. 27).

=> Labán reaccionó con la ira de un padre y abuelo: Jacob le había quitado el privilegio de despedir a sus hijas y nietos con un beso (v. 28). Jacob había actuado como un tonto, como un verdadero tonto.

4. Luego Labán alardeó de que podía hacerle daño a Jacob (v. 29). Pero advierta un elemento sorprendente: se produjo un cambio en Labán en este momento: él dejó a un lado su ira y alarde de hacerle daño. Y sorprendentemente, le contó a Jacob de la aparición de Dios y su advertencia sobre él. No debía pedirle a Jacob que regresara ni hacerle daño por marcharse.

Sucede lo siguiente: Jacob había creado este obstáculo él mismo. Él tenía que hacerle frente a Labán por sus propios malos tratos y engaño con Labán. Y la situación era mucho más tensa y explosiva ahora de lo que había sido anteriormente. Jacob debió haberle hecho frente a Labán allá en Harán y debió haber confiado en que Dios solucionaría las cosas. Y Dios lo habría hecho, porque Él ya había prometido estar con Jacob y ocuparse de él. Pero Jacob no confió lo suficiente en Dios, así conspiró y engañó a Labán. Fueron los propios malos tratos y el engaño de Jacob los que crearon este obstáculo, esta crisis en su vida.

"No os engañéis; Dios no puede ser burlado: pues todo lo que el hombre sembrare, eso también segará" (Gá. 6:7).

"¿Quién podrá entender sus propios errores? Líbrame de los que me son ocultos" (Sal. 19:12).

7 (31:30-35) *Familia:* El séptimo obstáculo al obedecer a Dios es el problema provocado por los miembros de la familia y sus actos pecaminosos. Labán dijo que él entendía el deseo de Jacob de regresar a casa con su padre, pero los sucesos siguientes provocaron otra alteración.

1. Luego Labán hizo la peor acusación de todas: él acusó a Jacob de robar los dioses de su familia (v. 30).

2. Con esta acusación, Jacob estaba listo para responder. Primero, él le dijo a Labán y a todo el que estaba presente por qué él se había marchado tan repentinamente y en secreto: él temía que Labán pudiera quitarle a su familia a la fuerza (v. 31). Jacob estaba dando a entender que él habría luchado por su familia y que ambos lados habrían sufrido heridas severas. En consecuencia, era mucho mejor para él que se marchara en silencio y en secreto.

3. Luego Jacob negó que él hubiera robado los dioses de la casa de Labán. Y él pronunció la sentencia de muerte sobre cualquier ladrón que se encontrara entre su gente si Labán lo encontraba (v. 32). Recuerden, Jacob no sabía que Raquel había robado los dioses.

4. Labán comenzó a registrar, y registró las tiendas de toda la caravana bastante bien. Luego se centró en las tiendas de Jacob, Lea, y las dos siervas o concubinas de Jacob. Pero no halló nada (v. 33).

5. Luego llegó el momento de la preocupación y el suspenso terrible para Raquel: Labán entró en su tienda. La escena fue bastante dramática.

=> Raquel había escondido los dioses de la casa en la albarda de su camello y se sentó sobre ellos (v. 34). Labán registró toda su tienda, pero nuevamente, no pudo hallarlos.

=> Luego solo quedaba un lugar donde buscar: en la albarda de Raquel (v. 35a). Pero Raquel hizo algo más bien cómico, cómico en el sentido de que podemos imaginarnos la escena de un padre frustrado. Ella le pidió a su padre que la perdonara por no pararse en su presencia (una costumbre de esa época), pero ella se estaba sintiendo muy mal por su período menstrual.

6. Labán, sin dudas frustrado con todo este asunto, se volvió y registró su tienda completamente una vez más. Pero todo fue en vano; no pudo encontrar los dioses de la casa (v. 35b).

Pensamiento 1. Un miembro de la familia puede provocarnos problemas cuando seguimos a Dios. El pecado y pecados de un miembro de la familia puede hacernos...

• Sentirnos heridos y sufrir dolor.

• Sentirnos avergonzados y apenados delante de amigos, vecinos, y de la comunidad.

• Sentirnos desalentados, decepcionados, y desanimados, entristecernos y descorazonarnos.

• Tropezar y comenzar a recaer. (Esto sucede particularmente con los hijos e hijas de padres que no están comprometidos a seguir a Dios.)

Algunos pecados de los miembros de la familia pueden devastar totalmente a una familia si el pecado es de los *supuestos* pecados mayores de maltrato, homicidio, divorcio, o algún otro mal contra las personas y sus derechos legítimos. A pesar de los problemas provocados por el pecado de los miembros de la familia, no debemos abandonar a Dios. Debemos resistir y seguir a Dios a la Tierra Prometida del cielo. Siempre debemos recordar su promesa gloriosa: Él estará con nosotros en todas las pruebas y tentaciones de esta vida, incluso en los problemas provocados por los pecados trágicos de los miembros de la familia.

"Por tanto, guárdate, y guarda tu alma con diligencia, para que no te olvides de las cosas que tus ojos han visto, ni se aparten de tu corazón todos los días de tu vida; antes bien, las enseñarás a tus hijos, y a los hijos de tus hijos" (Dt. 4:9).

"La vara y la corrección dan sabiduría; mas el muchacho consentido avergonzará a su madre" (Pr. 29:15).

"Y vosotros, padres, no provoquéis a ira a vuestros hijos, sino criadlos en disciplina y amonestación del Señor" (Ef. 6:4).

"Pero tú habla lo que está de acuerdo con la sana doctrina. Que los ancianos sean sobrios, serios, prudentes, sanos en la fe, en el amor, en la paciencia. Las ancianas asimismo sean reverentes en su porte; no calumniadoras, no esclavas del vino, maestras del bien; que enseñen a las mujeres jóvenes a amar a sus maridos y a sus hijos, a ser prudentes, castas, cuidadosas de su casa, buenas, sujetas a sus maridos, para que la palabra de Dios no sea blasfemada. Exhorta asimismo a los jóvenes a que sean prudentes; presentándote tú en todo como ejemplo de buenas obras; en la enseñanza mostrando integridad, seriedad, palabra sana e irreprochable, de modo que el adversario se avergüence, y no tenga nada malo que decir de vosotros. " (Tit. 2:1-8).

8 (31:36-55) *Pruebas — Victoria — Vencedor — Triunfo:* El octavo obstáculo al obedecer a Dios es la forma de vencer los obstáculos. ¿Cómo podemos vencer los obstáculos que nos encontramos en la vida? ¿Cómo vencer las trabas que nos impiden seguir a Dios? La experiencia de Jacob nos demuestra cuatro pasos sabios que debemos dar.

1. Jacob explotó: él estaba molesto, ardía de ira; Y estaba molesto con justificación, ardía con lo que la Biblia dice ser una ira justa (Vea nota, Ef. 4:26-27). Se liberaron todas las emociones reprimidas que Jacob había contendido dentro de sí contra el trato injusto de Labán a través de los años, toda su molestia. Con fuego, protestó por su inocencia.

a. Él estaba enojado por ser acusado de un delito (v. 36).

b. Él estaba enojado por haber sido perseguido con tanto ardor (v. 36).

c. Él estaba enojado por el registro (v. 37). Él exhortó a Labán a poner cualquier bien robado delante de los parientes que estaban allí y que los dejara juzgar entre ellos dos.

d. Él estaba enojado por ser maltratado como pastor durante veinte años (vv. 38-40). (Los versículos se describen y se explican por sí solos.)

e. Él estaba enojado por ser maltratado como yerno (v. 41).

Pensamiento 1. En ocasiones la ira —una indignación justa— es necesaria. La ira vencerá algunos de los obstáculos que nos impiden seguir a Dios. Un arranque de ira en ocasiones demostrará que nos hemos enojado en serio.

"Airaos, pero no pequéis; no se ponga el sol sobre vuestro enojo" (Ef. 4:26).

"Y aconteció que cuando él llegó al campamento, y vio el becerro y las danzas, ardió la ira de Moisés, y arrojó las tablas de sus manos, y las quebró al pie del monte" (Éx. 32:19).

"Y me enojé en gran manera cuando oí su clamor y estas palabras. Entonces lo medité, y reprendí a los nobles y a los oficiales, y les dije: ¿Exigís interés cada uno a vuestros hermanos? Y convoqué contra ellos una gran asamblea" (Neh. 5:6-7).

2. Jacob concluyó su arranque de ira reconociendo a Dios, el Dios vivo y verdadero, el Dios de Abraham e Isaac. Jacob declaró...

• Que Dios había estado con él.

• Que Dios lo había protegido de la avaricia de Labán.

• Que Dios había visto su trabajo arduo.

• Que Dios incluso había confirmado la injusticia de Labán reprendiendo a Labán en un sueño la noche antes (v. 42).

Pensamiento 1. Transmitir nuestro testimonio eliminará ciertos obstáculos. Advierta que Jacob habló de la justicia de Dios así como del cuidado y bendiciones de Dios.

1) Debemos hablar del cuidado y bendiciones de Dios.

"de manera que podemos decir confiadamente: El Señor es mi ayudador; no temeré lo que me pueda hacer el hombre" (He. 13:6).

"Jehová es mi fortaleza y mi escudo; en él confió mi corazón, y fui ayudado, por lo que se gozó mi corazón, y con mi cántico le alabaré" (Sal. 28:7).

"Aunque afligido yo y necesitado, Jehová pensará en mí. Mi ayuda y mi libertador eres tú; Dios mío, no te tardes" (Sal. 40:17).

2) Debemos hablar de la justicia de Dios.

"Entonces dirá el hombre: Ciertamente hay galardón para el justo; ciertamente hay Dios que juzga en la tierra" (Sal. 58:11).

"Delante de Jehová que vino; porque vino a juzgar la tierra. Juzgará al mundo con justicia, y a los pueblos con su verdad" (Sal. 96:13).

"Jehová es el que hace justicia y derecho a todos los que padecen violencia" (Sal. 103:6

"por cuanto ha establecido un día en el cual juzgará al mundo con justicia, por aquel varón a quien designó, dando fe a todos con haberle levantado de los muertos" (Hch. 17:31).

"Mas sabemos que el juicio de Dios contra los que practican tales cosas es según verdad" (Ro. 2:2).

"Pero tú, ¿por qué juzgas a tu hermano? O tú también, ¿por qué menosprecias a tu hermano? Porque todos compareceremos ante el tribunal de Cristo" (Ro. 14:10).

3) Debemos hablar de la protección y represión o disciplina de Dios hacia aquellos que se nos oponen.

"No temas, porque yo estoy contigo; no desmayes, porque yo soy tu Dios que te esfuerzo; siempre te ayudaré, siempre te sustentaré con la diestra de mi justicia" (Is. 41:10).

"Cuando pases por las aguas, yo estaré contigo; y si por los ríos, no te anegarán. Cuando pases por el fuego, no te quemarás, ni la llama arderá en ti" (Is. 43:2).

"Y hasta la vejez yo mismo, y hasta las canas os soportaré yo; yo hice, yo llevaré, yo soportaré y guardaré" (Is. 46:4).

"Cuando salgas a la guerra contra tus enemigos, si vieres caballos y carros, y un pueblo más grande que tú, no tengas temor de ellos, porque Jehová tu Dios está contigo, el cual te sacó de tierra de Egipto" (Dt. 20:1).

"El eterno Dios es tu refugio, y acá abajo los brazos eternos; el echó de delante de ti al enemigo, y dijo: Destruye" (Dt. 33:27).

3. Luego Jacob y Labán hicieron las paces. Advierta lo que sucedió (vv. 43-53).

a. Labán reconoció los lazos familiares íntimos entre ellos. Él admitió que no podía hacer nada para dañar o cambiar la mente de su familia (v. 43).

b. Labán sugirió hacer un pacto entre él y Jacob, un pacto de que ambos siempre tratarían de mantener la paz entre ellos y sus familias (v. 44). Nota: Labán se estaba protegiendo a sí mismo del regreso de Jacob a Harán con un ejército de los hombres de su padre.

c. El pacto tuvo por testigo un memorial de piedra erigido por Jacob y sus hombres (vv. 45-46). Advierta la parte de la celebración del pacto con una comida allí sobre el majano.

d. El pacto tuvo por testigo el nombramiento del lugar (vv. 47-48). Labán llamó al lugar *Jegar Sahaduta*, lo que significa el majano del testimonio. Jacob llamó al lugar *Galaad*, lo que significa el majano del testimonio.

e. Labán también llamó al lugar *Mizpa*, lo que significa un atalaya (v. 49). La idea era la siguiente: el lugar sería una línea divisoria entre Labán y Jacob, la que ninguno

de los dos debía cruzar con ira ni con acciones militares contra el otro. El lugar era Mizpa, un atalaya vigilando a cada uno y entre sí.

f. Labán le pidió a Jacob que respetara a sus hijas y nietos (v. 50). Para garantizar esta parte de acuerdo, Labán le pidió a Dios que fuera testigo entre él y Jacob.

g. Labán exigió una garantía mutua: cada uno respetaría la propiedad y la vida del otro, ninguno cruzaría el majano para atacar al otro (vv. 51-52).

h. Tanto Labán como Jacob juraron por el pacto (v. 53). Advierta que Labán juró por el Dios de Abraham y por el Dios de Nacor, su padre. Esta era una referencia a su propio dios ídolo, el dios ídolo que al parecer su padre le legó.

Advierta que Jacob juró por *temor de Isaac*, su padre. Esto, por supuesto, significaba *Dios mismo*, quien era el objeto del temor o reverencia de Isaac (H. C. Leupold, *Génesis*. vol. 2, p. 858).

Pensamiento 1. Cuando los obstáculos que se nos presentan son personas, hacer las paces con frecuencia resulta la mejor manera de eliminar el obstáculo. En ocasiones la ira es la solución, pero con frecuencia no es así; la paz es la mejor manera de proceder.

"Vuelve ahora en amistad con él, y tendrás paz; y por ello te vendrá bien" (Job 22:21).

"Apártate del mal, y haz el bien; busca la paz, y síguela" (Sal. 34:14).

"Mucha paz tienen los que aman tu ley, y no hay para ellos tropiezo" (Sal. 119:165).

"Y la paz de Dios gobierne en vuestros corazones, a la que asimismo fuisteis llamados en un solo cuerpo; y sed agradecidos" (Col. 3:15).

"Apártese del mal, y haga el bien; busque la paz, y sígala" (1 P. 3:11).

4. Jacob adoró a Dios (v. 54). Él ofreció sacrificio allí mismo sobre el monte delante de todo el mundo. A la mañana siguiente el propio Labán se despidió de sus hijas y nietos (v. 55).

La adoración con frecuencia eliminará los obstáculos que nos hacen frente, que nos impiden seguir a Dios. Nada nos fortalecerá como la adoración.

"Ciertamente el bien y la misericordia me seguirán todos los días de mi vida, y en la casa de Jehová moraré por largos días" (Sal. 23:6).

"Bienaventurados los que habitan en tu casa; perpetuamente te alabarán" (Sal. 84:4).

"Vendrán muchas naciones, y dirán: Venid, y subamos al monte de Jehová, y a la casa del Dios de Jacob; y nos enseñará en sus caminos, y andaremos por sus veredas; porque de Sion saldrá la ley, y de Jerusalén la palabra de Jehová" (Mi. 4:2).

"no dejando de congregarnos, como algunos tienen por costumbre, sino exhortándonos; y tanto más, cuanto veis que aquel día se acerca" (He. 10:25).

CAPÍTULO 32

F. Jacob busca la reconciliación con Esaú (parte 1): Los pasos de la reconciliación, 32:1-21

1 Paso 1: Jacob siguió adelante buscando la reconciliación
  a. Los ángeles de Dios le salieron al encuentro
  b. Los ángeles de Dios simbolizaban la mano protectora de Dios: una hueste de ángeles lo rodeaba

2 Paso 2: Jacob envió un mensaje por adelantado
  a. Para hacerle frente al problema
  b. Para honrar sinceramente a Esaú: se dirigió a él como "Señor... siervo"
  c. Para informarle a Esaú de su bienestar después de veinte años
  d. Para hallar gracia (favor): Reconciliación con Esaú

3 Paso 3: Jacob le hizo frente a su temor y aprehensión
  a. Él recibió un mensaje de una posible mala voluntad
  b. Él reconoció su temor y angustia
  c. Hizo preparativos: Para salvar lo que pudiera si no había reconciliación

4 Paso 4: Jacob oró y buscó la liberación de Dios
  a. Él reconoció a Dios

1 Jacob siguió su camino, y le salieron al encuentro ángeles de Dios.
2 Y dijo Jacob cuando los vio: Campamento de Dios es este; y llamó el nombre de aquel lugar Mahanaim.

3 Y envió Jacob mensajeros delante de sí a Esaú su hermano, a la tierra de Seir, campo de Edom.
4 Y les mandó diciendo: Así diréis a mi señor Esaú: Así dice tu siervo Jacob: Con Labán he morado, y me he detenido hasta ahora;
5 y tengo vacas, asnos, ovejas, y siervos y siervas; y envío a decirlo a mi señor, para hallar gracia en tus ojos.

6 Y los mensajeros volvieron a Jacob, diciendo: Vinimos a tu hermano Esaú, y él también viene a recibirte, y cuatrocientos hombres con él.
7 Entonces Jacob tuvo gran temor, y se angustió; y distribuyó el pueblo que tenía consigo, y las ovejas y las vacas y los camellos, en dos campamentos.
8 Y dijo: Si viene Esaú contra un campamento y lo ataca, el otro campamento escapará.
9 Y dijo Jacob: Dios de mi padre Abraham, y Dios de mi padre Isaac, Jehová, que me dijiste: Vuélvete a tu tierra y a tu parentela, y yo te haré bien;

10 menor soy que todas las misericordias y que toda la verdad que has usado para con tu siervo; pues con mi cayado pasé este Jordán, y ahora estoy sobre dos campamentos.

11 Líbrame ahora de la mano de mi hermano, de la mano de Esaú, porque le temo; no venga acaso y me hiera la madre con los hijos.
12 Y tú has dicho: Yo te haré bien, y tu descendencia será como la arena del mar, que no se puede contar por la multitud.
13 Y durmió allí aquella noche, y tomó de lo que le vino a la mano un presente para su hermano Esaú:

14 doscientas cabras y veinte machos cabríos, doscientas ovejas y veinte carneros,
15 treinta camellas paridas con sus crías, cuarenta vacas y diez novillos, veinte asnas y diez borricos.
16 Y lo entregó a sus siervos, cada manada de por sí; y dijo a sus siervos: Pasad delante de mí, y poned espacio entre manada y manada.
17 Y mandó al primero, diciendo: Si Esaú mi hermano te encontrare, y te preguntare, diciendo: ¿De quién eres? ¿y adónde vas? ¿y para quién es esto que llevas delante de ti?
18 entonces dirás: Es un presente de tu siervo Jacob, que envía a mi señor Esaú; y he aquí también él viene tras nosotros.
19 Mandó también al segundo, y al tercero, y a todos los que iban tras aquellas manadas, diciendo: Conforme a esto hablaréis a Esaú, cuando le hallareis.

  b. Él confesó su propia poca valía
  c. Él reconoció la bendición de Dios: que Dios lo había aceptado cuando sólo tenía un cayado y lo bendijo grandemente
  d. Él pidió liberación
    1) Porque temía
    2) Por su familia

    3) Por la promesa de Dios

5 Paso 5: Jacob envió varios presentes conciliadores
  a. Los presentes conciliadores mencionados
    1) Cabras
    2) Ovejas

    3) Camellos
    4) Vacas
    5) Asnos

  b. El plan y método usado para presentar los regalos

  c. El reconocimiento de la honra: Jacob reconoció la honra que le correspondía a Esaú

    1) Él reconoció que él era el siervo de Esaú, la parte ofendida

    2) Él envió los presentes con cierto intervalo

3) Él tenía planeado venir al final: Él reconoció que Esaú, la parte ofendida, era	20 Y diréis también: He aquí tu siervo Jacob viene tras nosotros. Porque dijo: Apaciguaré su ira con el presente que va delante	de mí, y después veré su rostro; quizá le seré acepto. 21 Pasó, pues, el presente delante de él; y él durmió aquella noche en el campamento.	quien debía aceptar el ofrecimiento de reconciliación

DIVISIÓN IX

JACOB, NIETO DE ABRAHAM: ESCOGIDO PARA PRESERVAR LA DESCENDENCIA DEL PUEBLO DE DIOS Y LAS GRANDES PROMESAS DE DIOS, 28:10—36:43

F. Jacob busca la reconciliación con Esaú (parte 1): Los pasos de la reconciliación, 32:1-21

(32:1-21) *Introducción:* la reconciliación es un mensaje muy necesitado en nuestra sociedad. Todas las personas que nos rodean han sido ofendidas y heridas. Cuando ofendemos a las personas, debemos ir donde ellas, disculparnos, y reconciliarnos con ellas. Pero pocos de nosotros lo hacemos; pocos buscamos la reconciliación verdadera. Vivimos en un mundo egoísta, y el egoísmo quiere la atención, no la obligación de prestar atención. El egoísmo quiere que la persona venga donde nosotros, no que nosotros vayamos donde la persona.

Al analizar la reconciliación, nos es necesario saber que ofender a las personas es algo común. Con frecuencia ofendemos a las personas sin siquiera saberlo. Podemos ofender a las personas por la forma en que las miramos, les hablamos, o actuamos con ellas.

Con frecuencia miramos, hablamos, o actuamos de esa manera porque nuestra mente se encontraba a miles de kilómetros de nosotros en otro tema, o de lo contrario no nos dimos cuenta alguna de que la persona se encontraba cerca de nosotros. Sencillamente no nos dimos cuenta de que nos conducíamos de un modo negativo para con alguien. No obstante, cuando descubrimos que hemos ofendido a alguien, nos es necesario ir donde ellos y disculparnos.

Hay otras ocasiones en que buscamos placer y actuamos egoístamente, y la conducta egoísta siempre ofende a otros, con frecuencia a aquellos que más queremos. Por ejemplo, buscar el sexo fuera del matrimonio hiere a las personas; destruye el carácter así como a nuestras familias. Provoca división, separación, ira, disensión, y un pesar terrible. Cuando actuamos con egoísmo, siempre debemos pedir perdón y buscar la reconciliación.

Pero además de esto hay ciertas personas que deliberadamente ofenden y dañan a otros. Realmente se disponen a...

- robar
- mentir
- lastimar
- engañar
- maltratar
- vencer
- castigar
- vengar
- dañar
- herir

Este tipo de conducta siempre ofende a las personas; las hiere y las daña. Provoca problemas terribles, problemas que van desde la desconfianza por una mentira hasta el maltrato u homicidio por un robo. Ofender y dañar deliberadamente a las personas provoca reacciones como por ejemplo la alienación, la hostilidad, la desconfianza, el divorcio, afectaciones, luchas, peleas, y la guerra. Si ofendemos y dañamos deliberadamente a alguien, siempre estamos obligados por la Palabra de Dios a ir donde la persona y buscar la reconciliación.

Si se hiciera esto, el mundo sería un lugar mucho mejor donde vivir. Mucha de la contienda, la anarquía, la división, y la guerra de la tierra se eliminaría, se detendría en seco, y muchos de los males sociales de la sociedad se solucionarían.

En esto consiste este pasaje: En la reconciliación. Es un pasaje que nos dice cómo buscar la reconciliación con aquellos que hemos ofendido. El gran tema es: *Jacob busca la reconciliación con Esaú (parte 1): Los pasos de la reconciliación, 32:1-21.*

1. Paso 1: Jacob siguió adelante buscando la reconciliación (vv. 1-2).
2. Paso 2: Jacob envió un mensaje por adelantado (vv. 3-5).
3. Paso 3: Jacob le hizo frente a su temor y aprehensión (vv. 6-8).
4. Paso 4: Jacob oró y buscó la liberación de Dios (vv. 9-12).
5. Paso 5: Jacob envió varios presentes conciliadores (vv. 13-21).

1 (32:1-2) *Reconciliación — Protección — Ángeles:* El paso uno se ve en Jacob al buscar la reconciliación buscar que la mano protectora de Dios lo rodeara. Recuerden Jacob le había hecho un mal terrible a su hermano, Esaú. Le había robado una fortuna a Esaú, le había robado la primogenitura y bendición de la familia que incluía la herencia de la familia (vea bosquejo y notas, Gn. 27:1—28:9). Y en eso había engañado a su padre, que había querido que la herencia fuera a parar a las manos de Esaú. El resultado había sido catastrófico: Esaú se había amargado y se había vuelto vengativo, despreciando así a su hermano. Estaba resuelto a matarlo. Esta era la razón por la que Jacob había huido a Harán y había pasado los últimos veinte años con Labán. Se había visto obligado a huir para salvar su vida, a huir de Esaú. (Vea bosquejo y notas, Gn. 25:27-34; 27:1—28:9 para un mayor análisis.)

Su madre le había dicho que ella vigilaría a Esaú y le haría saber a Jacob cuando Esaú ya no estuviera enojado y estuviera listo para perdonarlo. Pero Jacob nunca había recibido noticias de que podía regresar a su casa, nunca recibió noticias de que el enojo de Esaú se hubiera calmado. Hasta donde sabía Jacob, Esaú todavía buscaba venganza, aún estaba determinado a matarlo. Jacob no podía volver a Harán, porque él había hecho un trato con Labán que le prohibía regresar a Harán. Además, Dios le había mandado a Jacob que regresara a *la Tierra Prometida*. Jacob no tenía opción: no podía regresar; tenía que seguir adelante. Jacob tenía que hacerle frente a Esaú y a la venganza de Esaú de matarlo. Jacob tenía mucho miedo, porque él había oído que Esaú se había vuelto muy rico y poderoso, tan poderoso que ya gobernaba sobre todo un país llamado Edom (v. 3).

¿Qué debía hacer Jacob respecto a Esaú? ¿Cómo podía reconciliarse él con Esaú? ¿Qué podía hacer él para convencer a Esaú de que lo perdonara? Jacob estaba sin dudas desesperado, sintiendo las emociones más intensas de temor y desesperación que se puedan imaginar. De hecho, veremos esto a lo largo de este capítulo. Pero Dios estaba con Jacob, como siempre está con nosotros cuando nos encontramos en situaciones desesperadas. El Señor sabía la tensión y estrés que presionaban a Jacob, y Dios suplió la necesidad de Jacob. Al parecer Jacob se había quedado solo y había comenzado a buscar del Señor, pidiéndole a Dios que lo ayudara en su temor y le mostrara cómo acercarse a Esaú. Dios le mostró a Jacob que él estaba bien protegido. ¿Cómo? Dios abrió los ojos de Jacob para que pudiera ver una hueste o ejército de ángeles a su alrededor y de su caravana. Dios le había enviado un ejército de ángeles para que protegiera a Jacob mientras viajaba a la Tierra Prometida, y a Jacob se le permitió ver la gran protección. El suceso fue tan significativo que Jacob nombró el lugar *Mahanaim*, lo que significa campamento o hueste o grupo grande.

Pensamiento 1. La lección es clara para nosotros: Debemos seguir adelante y buscar la reconciliación cuando hayamos ofendido o dañado a alguien. Dios estará con nosotros. Él se encargará de que estemos protegidos y cuidados. Sus ángeles son espíritus ministradores para protegernos y ayudarnos.

"Porque los ojos de Jehová contemplan toda la tierra, para mostrar su poder a favor de los que tienen corazón perfecto para con él. Locamente has hecho en esto; porque de aquí en adelante habrá más guerra contra ti" (2 Cr. 16:9).
"El ángel de Jehová acampa alrededor de los que le temen, y los defiende" (Sal. 34:7).
"Con sus plumas te cubrirá, y debajo de sus alas estarás seguro; escudo y adarga es su verdad" (Sal. 91:4).
"Como Jerusalén tiene montes alrededor de ella, así Jehová está alrededor de su pueblo desde ahora y para siempre" (Sal. 125:2).
"Pero ni un cabello de vuestra cabeza perecerá" (Lc. 21:18).
"¿No son todos espíritus ministradores, enviados para servicio a favor de los que serán herederos de la salvación?" (He. 1:14).

2 (32:3-5) *Reconciliación — Humildad — Mansedumbre:* En el paso dos se ve a Jacob enviar un mensaje por adelantado a la parte ofendida. En su caso esta parte era su hermano, Esaú. Advierta lo que hizo Jacob.

1. Jacob le dio el frente al problema (v. 3). Él quería que Esaú supiera que él deseaba la paz, que el quería que la familia se reconciliara. Así que envió un mensaje a Esaú buscando la reconciliación.

2. Advierta que Jacob le proporcionó una honra sincera a Esaú: él se refirió a Esaú como su Señor y a él mismo como el siervo de Esaú (v. 4). Esto le decía a Esaú que él no quería ejercer autoridad ni gobernar a Esaú.

3. Jacob también le informó a Esaú de su condición y bienestar tras estar lejos durante veinte años (vv. 4b-5). Él le dijo a Esaú que él había estado con su tío Labán los veinte años, y que él había ganado ciertas riquezas durante ese tiempo. Esto le decía a Esaú que él no venía a reclamar ninguna de las posesiones de Esaú.

4. Luego Jacob hizo una petición humilde a Esaú: que él pudiera hallar favor ante los ojos de Esaú (v. 5b). Esto significaba que él quería reconciliarse con Esaú y que le estaba pidiendo permiso a Esaú para entrar a la tierra.

Pensamiento 1. Cuando buscamos la reconciliación, es bueno tantear a una persona, ablandarla, hacerle saber que estamos buscando la reconciliación de un modo genuino. Una buena manera de hacer esto es hacer lo que hizo Jacob: enviar un mensaje por adelantado a la parte ofendida. Pero al hacerlo, siempre debemos ser humildes y demostrar un espíritu sincero de mansedumbre ante la persona.

"La soberbia del hombre le abate; pero al humilde de espíritu sustenta la honra" (Pr. 29:23).
"Mas el fruto del Espíritu es amor, gozo, paz, paciencia, benignidad, bondad, fe, mansedumbre, templanza; contra tales cosas no hay ley" (Gá. 5:22-23).
"con toda humildad y mansedumbre, soportándoos con paciencia los unos a los otros en amor" (Ef. 4:2).
"Que a nadie difamen, que no sean pendencieros, sino amables, mostrando toda mansedumbre para con todos los hombres" (Tit. 3:2).
"Porque cualquiera que se enaltece, será humillado; y el que se humilla, será enaltecido" (Lc. 14:11).
"mas no así vosotros, sino sea el mayor entre vosotros como el más joven, y el que dirige, como el que sirve" (Lc. 22:26).
"Digo, pues, por la gracia que me es dada, a cada cual que está entre vosotros, que no tenga más alto concepto de sí que el que debe tener, sino que piense de sí con cordura, conforme a la medida de fe que Dios repartió a cada uno" (Ro. 12:3).
"Amaos los unos a los otros con amor fraternal; en cuanto a honra, prefiriéndoos los unos a los otros" (Ro. 12:10).

3 (32:6-8) *Temor — Reconciliación:* En el paso tres se ve a Jacob hacerle frente a su temor y aprehensión.

1. Los mensajeros enviados donde Esaú con una petición de reconciliación regresaron y le informaron lo peor a Jacob, un informe de una mala voluntad aparente (v. 6). Esaú había oído que Jacob migraba de regreso a la tierra. No tenía idea de cuáles eran las intenciones de Jacob ni cuántos hombres Jacob tenía con él. ¿Jacob venía en paz o a reclamar la herencia de su padre, inclusive lo que Esaú había heredado y usado para edificar su propia riqueza y territorio?

Esaú sencillamente no tenía forma de saberlo. Por ende, él había movilizado a cuatrocientos hombres y comenzó a marchar al encuentro de Jacob.

2. Jacob se estremeció hasta los tuétanos: un temor y angustia aterradores invadieron su cuerpo (v. 7). Su intento de reconciliación había fracasado. Al parecer Esaú todavía quería vengarse matándolo. ¿Qué podía hacer? Solo quedaba una cosa: tenía que orar y buscar el rostro del Señor.

3. Pero primero Jacob tenía que salvar tanto como pudiera de su gente y sus posesiones. Así que dividió su caravana y sus manadas en dos grupos, planeando que un grupo escapara mientras Esaú estaba ocupado atacando el otro grupo. Él sabía que su pequeño número de trabajadores nunca podría hacerle frente y ganarle la batalla a Esaú. Además, él no había venido a luchar, sino a reconciliarse con Esaú y al asunto de seguir a Dios y sus promesas.

> **Pensamiento 1.** Cuando buscamos reconciliación, en ocasiones sucede lo peor. La persona no está dispuesta a reconciliarse. La persona...
> - no quiere tener nada más que ver con nosotros
> - asegura estar demasiado dolida, demasiado lejos del perdón
> - asegura estar demasiado enojada, demasiado amargada para hacer las paces
>
> Una actitud como esa con frecuencia provoca la separación y el divorcio y con frecuencia destruye familias, amistades, negocios, y vidas. Cuando esto sucede, el temor y la angustia pueden arrasar con nuestras vidas. Nos puede abrumar una gran angustia del alma. Pero debemos recordar que Dios está presente, y Él ha prometido ayudarnos.
>
> **"Aunque afligido yo y necesitado, Jehová pensará en mí. Mi ayuda y mi libertador eres tú; Dios mío, no te tardes"** (Sal. 40:17).
>
> **"No temas, porque yo estoy contigo; no desmayes, porque yo soy tu Dios que te esfuerzo; siempre te ayudaré, siempre te sustentaré con la diestra de mi justicia"** (Is. 41:10)
>
> **"Ahora, así dice Jehová, Creador tuyo, oh Jacob, y Formador tuyo, oh Israel: No temas, porque yo te redimí; te puse nombre, mío eres tú. Cuando pases por las aguas, yo estaré contigo; y si por los ríos, no te anegarán. Cuando pases por el fuego, no te quemarás, ni la llama arderá en ti"** (Is. 43:1-2).
>
> **"de manera que podemos decir confiadamente: El Señor es mi ayudador; no temeré lo que me pueda hacer el hombre"** (He. 13:6).

4 (32:9-12) *Oración — Reconciliación:* En el paso cuatro se ve a Jacob orar y buscar la liberación del Señor. En la mente de Jacob, él se enfrentaba a una situación desesperada e incorregible. No le quedaba otra esperanza que entregarse a Dios, como lo hizo. Solo Dios podía ayudarlo. Advierta su oración.

1. Jacob reconoció a Dios como el Dios de sus padres, Abraham e Isaac (v. 9). Al hacer estos se estaba dirigiendo a Dios como *Elohim*, el Dios verdadero del cielo y la tierra, el Dios de toda la creación y el poder.

Pero advierta: él también se dirigió a Dios como JEHOVÁ (Jehová, Yahvé), quien lo había llamado a regresar a la Tierra Prometida y a su parentela, y quien había prometido estar con él (v. 9). Con esto él estaba declarando a Dios como JEHOVÁ de salvación y redención, Quien podía ayudarlo y liberarlo.

2. Luego Jacob confesó su propia falta de valía. Él confesó que él no merecía ni siquiera la menor de las misericordias y bondades de Dios. Él no merecía la fidelidad de Dios la que Dios había derramado con tanta abundancia sobre él toda su vida (v. 10). Advierta, el hebreo enfatiza un elemento significativo: Jacob estaba confesando que él siempre había sido indigno y *aún era indigno* (H. C. Leupold, vol. 2, p. 867).

3. Jacob reconoció la bendición de Dios: que Dios lo había aceptado cuando él no tenía nada excepto el cayado en su mano y le había dado todo lo que ahora él tenía, riquezas tan grandes que las podía dividir en dos grupos grandes (v. 10b).

4. Jacob pidió liberación de Esaú, imploró porque tenía miedo (v. 11). Advierta que él confesó su temor, pero advierta por qué:
=> Porque él temía por la seguridad de su familia.
=> Porque él temía que no pudiera cumplir la voluntad de Dios y dar a luz a *la Simiente prometida* (v. 12). Recuerden: la Simiente prometida se refiere tanto a la gran nación de personas como a la simiente muy especial, el Salvador, el propio Señor Jesucristo. (Vea nota, Gn. 12:2-3, 12:3 para un mayor análisis.)

> **Pensamiento 1.** ¿Cuál es nuestra esperanza cuando una persona ofendida nos amenaza o se rehúsa a hacer las paces con nosotros? Jacob nos lo muestra. Nuestra esperanza es la oración, implorarle a Dios su liberación.
>
> **"Y el Señor me librará de toda obra mala, y me preservará para su reino celestial. A él sea gloria por los siglos de los siglos. Amén"** (2 Ti. 4:18).
>
> **"Y él dijo: Mi presencia irá contigo, y te daré descanso"** (Éx. 33:14).
>
> **"Cuando salgas a la guerra contra tus enemigos, si vieres caballos y carros, y un pueblo más grande que tú, no tengas temor de ellos, porque Jehová tu Dios está contigo, el cual te sacó de tierra de Egipto"** (Dt. 20:1).
>
> **"Porque mi vida se va gastando de dolor, y mis años de suspirar; se agotan mis fuerzas a causa de**

mi iniquidad, y mis huesos se han consumido" (Sal. 31:10).

"Dios es nuestro amparo y fortaleza, nuestro pronto auxilio en las tribulaciones" (Sal. 46:1).

"Dijo: Jehová es mi roca y mi fortaleza, y mi libertador" (2 S. 22:2).

"El te librará del lazo del cazador, de la peste destructora" (Sal. 91:3).

"Me invocará, y yo le responderé; con él estaré yo en la angustia; lo libraré y le glorificaré" (Sal. 91:15).

"Entonces invocarás, y te oirá Jehová; clamarás, y dirá él: Heme aquí. Si quitares de en medio de ti el yugo, el dedo amenazador, y el hablar vanidad" (Is. 58:9).

"Y antes que clamen, responderé yo; mientras aún hablan, yo habré oído" (Is. 65:24).

"No temas delante de ellos, porque contigo estoy para librarte, dice Jehová" (Jer. 1:8).

5 (32:13-21) *Buena voluntad — Reconciliación:* En el paso cinco se ve a Jacob enviar siete presentes de buena voluntad. Dios obviamente escuchó la oración de Jacob y plantó en su mente una única forma de buscar reconciliación con Esaú, la de enviar varios presentes de buena voluntad. Al hacer esto, Jacob demostraría claramente que sus intenciones eran pacíficas.

1. El regalo de buena voluntad era grande: 580 animales que incluyen cabras, ovejas, camellos, vacas, y asnos (vv. 14-15).

2. Advierta el plan y método usado para presentarle los regalos a Esaú (v. 16). Cada una de las manadas estaría dividida y por separado iría donde Esaú, llevada a intervalos a cierta distancia una manada de la otra. Al hacer esto, Esaú recibiría cinco regalos diferentes, cinco manadas de animales diferentes, en cinco momentos diferentes. Recibiría, por así decirlo, un bombardeo de regalos de buena voluntad y reconciliación de Jacob.

3. Ahora bien, advierta el reconocimiento y honra que Jacob le confirió a Esaú (vv. 17-21).

a. Jacob le mandó a cada trabajador a dirigirse a Esaú como *señor* cuando le regalaran los animales, y que le dijeran a Esaú que era un regalo de *su siervo*, Jacob (v. 18).

b. Advierta que Jacob mandó a cada uno de los cinco vaqueros a dirigirse a Esaú del mismo modo.

c. Jacob también mandó a cada uno de los vaqueros a informarle a Esaú que su siervo Jacob venía detrás de los regalos (v. 20). Al decir esto, Jacob estaba reconociendo que Esaú era la parte ofendida que tenía que perdonar y aceptar el ofrecimiento de reconciliación. Jacob había hecho mal y él quería reconciliarse y hacer las paces, y estaba haciendo todo cuanto podía para hacerle saber a su hermano el sentir de su corazón. Él quería que su hermano lo recibiera en paz y reconciliación.

Nota: después de enviar los presentes conciliadores, Jacob pasó la noche en el campamento (v. 21).

Pensamiento 1. Siempre debemos hacer todo cuanto podamos para reconciliarnos con las personas ofendidas. Debemos buscar la reconciliación y hacer las paces con todo el mundo.

"Por tanto, si traes tu ofrenda al altar, y allí te acuerdas de que tu hermano tiene algo contra ti, deja allí tu ofrenda delante del altar, y anda, reconcíliate primero con tu hermano, y entonces ven y presenta tu ofrenda. Ponte de acuerdo con tu adversario pronto, entre tanto que estás con él en el camino, no sea que el adversario te entregue al juez, y el juez al alguacil, y seas echado en la cárcel" (Mt. 5:23-25)

"Por tanto, si tu hermano peca contra ti, ve y repréndele estando tú y él solos; si te oyere, has ganado a tu hermano. Mas si no te oyere, toma aún contigo a uno o dos, para que en boca de dos o tres testigos conste toda palabra. Si no los oyere a ellos, dilo a la iglesia; y si no oyere a la iglesia, tenle por gentil y publicano" (Mt. 18:15-17).

"Si es posible, en cuanto dependa de vosotros, estad en paz con todos los hombres" (Ro. 12:18).

"Así que, sigamos lo que contribuye a la paz y a la mutua edificación" (Ro. 14:19).

"Por lo cual, levantad las manos caídas y las rodillas paralizadas; y haced sendas derechas para vuestros pies, para que lo cojo no se salga del camino, sino que sea sanado. Seguid la paz con todos, y la santidad, sin la cual nadie verá al Señor" (He. 12:12-14).

	G. Jacob busca la reconciliación con Esaú (parte 2): El paso principal para la reconciliación. La oración predominante, 32:22-32	27 Y el varón le dijo: ¿Cuál es tu nombre? Y él respondió: Jacob. 28 Y el varón le dijo: No se dirá más tu nombre Jacob, sino Israel; porque has luchado con Dios y con los hombres, y has vencido.	5 A Jacob le enseñaron que él tenía que convertirse en un hombre nuevo, tenía que cambiar su conducta: Se cambió su nombre de Jacob a Israel

1 Jacob se quedó solo para orar
  a. Hizo a su familia cruzar el vado
 	
  b. También envió sus posesiones
 	
  c. Se quedó solo
2 A Jacob le enseñaron que Dios lucha con los hombres en oración
3 A Jacob le enseñaron que él era una persona lisiada —indefensa e impotente— sin Dios, que dependía totalmente de Dios
4 A Jacob le enseñaron que él podía luchar con Dios y predominar, que él podía exigir la bendición de Dios
	22 Y se levantó aquella noche, y tomó sus dos mujeres, y sus dos siervas, y sus once hijos, y pasó el vado de Jaboc.
	23 Los tomó, pues, e hizo pasar el arroyo a ellos y a todo lo que tenía.
	
	24 Así se quedó Jacob solo; y luchó con él un varón hasta que rayaba el alba.
	25 Y cuando el varón vio que no podía con él, tocó en el sitio del encaje de su muslo, y se descoyuntó el muslo de Jacob mientras con él luchaba.
	26 Y dijo: Déjame, porque raya el alba. Y Jacob le respondió: No te dejaré, si no me bendices.
		29 Entonces Jacob le preguntó, y dijo: Declárame ahora tu nombre. Y el varón respondió: ¿Por qué me preguntas por mi nombre? Y lo bendijo allí.
		
		30 Y llamó Jacob el nombre de aquel lugar, Peniel; porque dijo: Vi a Dios cara a cara, y fue librada mi alma.
		
		31 Y cuando había pasado Peniel, le salió el sol; y cojeaba de su cadera.
		
		32 Por esto no comen los hijos de Israel, hasta hoy día, del tendón que se contrajo, el cual está en el encaje del muslo; porque tocó a Jacob este sitio de su muslo en el tendón que se contrajo.
			6 Jacob le pidió más a Dios, le pidió a Dios que le confirmara su profunda experiencia: Revelándole su nombre, el mismísimo nombre del propio Dios
			7 Los resultados de la oración predominante de Jacob
			  a. Él nombró el lugar Peniel, el rostro de Dios
			  b. Se le dieron dos señales
			    1) El alba: vida y alegría
			    2) Una incapacidad: Dependencia de Dios
			  c. Se convirtió en un testimonio para otros

DIVISIÓN IX

JACOB, NIETO DE ABRAHAM: ESCOGIDO PARA PRESERVAR LA DESCENDENCIA DEL PUEBLO DE DIOS Y LAS GRANDES PROMESAS DE DIOS, 28:10—36:43

G. Jacob busca la reconciliación con Esaú (parte 2): El paso principal para la reconciliación. La oración predominante, 32:22-32

(32:22-32) *Introducción — Oración:* La oración es la solución. Cualquiera que sea el problema, la oración es la primera solución para resolver el problema; la oración es lo primero que debemos hacer. La oración ayudará a solucionar nuestros problemas o a fortalecernos para atravesar nuestros problemas.

En ocasiones los problemas que nos sobrevienen son grandes y parecen insuperables, problemas...

• Con el cónyuge
• Con los hijos
• Con los amigos
• Con el jefe o empleado
• Con los parientes o vecinos
• Con los compañeros de trabajo o de aula
• Con las finanzas

Con demasiada frecuencia los problemas traen como resultado la separación, el divorcio, la alienación, la ruptura de las amistades, y los malos negocios. Existe una necesidad de paz, de perdón y de reconciliación. Pero con frecuencia la reconciliación parece imposible; parece no haber solución. La oración es la solución: la oración predominante, la oración que lucha y predomina con Dios.

Esta es la ilustración de Jacob en este pasaje. Él se enfrentaba a una crisis y la situación parecía desesperanzadora. Él sufría una agonía desesperada, invadido por un espíritu de temor y angustia. Era casi insoportable. Había solo una persona que podía ayudarlo: Dios. Así que recurrió a JEHOVÁ en oración. Oró y oró. Luchó en oración: llorando, implorando, sollozando, luchando, agonizando. Sintió como si muriera si Dios no lo ayudaba, y se rehusó a dejar de orar hasta que Dios le ayudara. Se rehusó a abandonar la presencia de Dios, se rehusó a soltar a Dios hasta que Dios supliera su necesidad. Y Dios lo hizo.

Jacob oró y oró hasta que predominó. Y Jacob aprendió la gran lección de la oración predominante, el tipo de oración que predomina y mueve a Dios a responder y suplir nuestra necesidad.

¡Qué lección para los creyentes! Cuántas necesidades urgentes se suplirían —se suplirían claramente, se suplirían sin lugar a dudas— si aprendiéramos de una vez *la oración predominante*, si aprendiéramos a orar y orar hasta que predominemos con Dios. Este es el tema de este memorable pasaje de las Escrituras: *Jacob busca la reconciliación con Esaú (parte 2): El paso principal para la reconciliación. La oración predominante, 32:22-32.*

1. Jacob se quedó solo para orar (vv. 22-23).
2. A Jacob le enseñaron que Dios lucha con los hombres en oración (v. 24).
3. A Jacob le enseñaron que él era una persona lisiada —indefensa e impotente— sin Dios, que dependía totalmente de Dios (v. 25).
4. A Jacob le enseñaron que él podía luchar con Dios y predominar, que él podía exigir la bendición de Dios (v. 26).
5. A Jacob le enseñaron que él tenía que convertirse en un hombre nuevo, tenía que cambiar su conducta: Se cambió su nombre de Jacob a Israel (vv. 27-28).
6. Jacob le pidió más a Dios, le pidió a Dios que le confirmara su profunda experiencia: Revelándole su nombre, el mismísimo nombre del propio Dios (v. 29).
7. Los resultados de la oración predominante de Jacob (vv. 30-32).

1 (32:22-24) *Soledad — Oración:* Jacob se quedó solo para orar. Al parecer Jacob se había ido a la cama pero no podía conciliar el sueño por el gran temor y angustia que estaba sintiendo. Estaba desesperado, se sentía invadido por el temor y la angustia. Era casi insoportable. Según se planteó en la introducción, él sabía que había solo una persona que podía ayudarlo: Dios. Él sabía que él tenía que estar solo para buscar el rostro de Dios para pedirle fuerzas y ayuda. Así que Jacob se levantó y envió a su familia y todas sus posesiones al otro lado del vado del río Jaboc. Pero él se quedó atrás, completamente solo, sin distracciones ni exigencias por parte de la familia o los trabajadores. Ahora todo estaba tranquilo, en silencio, en calma. Jacob estaba allí completamente solo bajo las estrellas de la noche. No había nadie allí excepto Jacob y Dios.

Pensamiento 1. Una crisis tras otra nos atacan durante la vida, y algunas crisis están más allá de la ayuda del hombre, crisis como la muerte, accidentes, enfermedades, sufrimiento, bancarrota, y todos los sufrimientos y dolores inevitables que nos sobrevienen por vivir en un mundo corrupto y pecaminoso. Cuando nos sobreviene una crisis, la oración es nuestra primera solución. La oración es lo primero que debemos hacer. Pero para orar, debemos estar a solas con Dios. No podemos concentrarnos si hay personas a nuestro alrededor. Las personas y los deberes nos distraen. Dios es igual que nuestros seres queridos: Él quiere que le prestemos toda nuestra atención. Él quiere que estemos solos para que nos podamos concentrar plenamente en Él y en nuestra necesidad.

Esto sucede fundamentalmente cuando nos enfrentamos a las grandes crisis de la vida. Dios quiere que nos quedemos a solas con Él para que Él pueda usar las crisis para atraernos cada vez más a Él. Dios quiere que nos acerquemos a Él para que Él pueda cuidar mejor de nosotros y hacernos más fuertes y finalmente llevarnos a la Tierra Prometida del cielo. Debemos quedarnos a solas con Dios, quedarnos a solas para orar y buscar su ayuda en tiempos de necesidad.

"Despedida la multitud, subió al monte a orar aparte; y cuando llegó la noche, estaba allí solo" (Mt. 14:23).

"Levantándose muy de mañana, siendo aún muy oscuro, salió y se fue a un lugar desierto, y allí oraba" (Mr. 1:35).

"Y después que los hubo despedido, se fue al monte a orar" (Mr. 6:46).

"Pero su fama se extendía más y más; y se reunía mucha gente para oírle, y para que les sanase de sus enfermedades. Mas él se apartaba a lugares desiertos, y oraba" (Lc. 5:15-16).

"En aquellos días él fue al monte a orar, y pasó la noche orando a Dios" (Lc. 6:12).

"Aconteció que mientras Jesús oraba aparte, estaban con él los discípulos; y les preguntó, diciendo: ¿Quién dice la gente que soy yo?" (Lc. 9:18).

"Y él se apartó de ellos a distancia como de un tiro de piedra; y puesto de rodillas oró" (Lc. 22:41).

"Porque no tenemos un sumo sacerdote que no pueda compadecerse de nuestras debilidades, sino uno que fue tentado en todo según nuestra semejanza, pero sin pecado. Acerquémonos, pues, confiadamente al trono de la gracia, para alcanzar misericordia y hallar gracia para el oportuno socorro" (He. 4:15-16).

2 (32:24) *Oración — Perseverar:* A Jacob le enseñaron que Dios lucha con los hombres en oración. Con una profunda agonía en su alma, Jacob comenzar a entregarle su alma a Dios, hablándole de su temor y su angustia. Él presintió que Dios estaba allí con él, tan cerca, pero Dios no estaba respondiéndole su oración, no le quitaba su temor y angustia, no le daba la confirmación de liberación.

¿Por qué? ¿Por qué Dios no liberaría a Jacob? Solo podría haber una razón. La Palabra de Dios dice que Él siempre responde la oración excepto por una cosa: El pecado (Sal. 66:18). Jacob tenía un pecado en su vida, algo de lo que él se rehusaba a desprenderse, algo a lo que él todavía quería aferrarse. Y mientras se aferrara, Dios no podía responder la oración de Jacob; Dios no podía liberar a Jacob de su temor y angustia.

Oseas dice que Jacob estaba llorando (Os. 12:4). Probablemente él estuviera postrado en el suelo, llorando y suplicándole ayuda a Dios. Todo el tiempo esta sintiendo un conflicto profundo e intenso en su alma entre el pecado que llevaba dentro y la voluntad de Dios de que él se deshiciera de él. El conflicto en su alma se prolongaba entre él y Dios hasta que creyó que explotaría. La ilustración sería dramática, como los siervos de Dios pueden testificar de sus propias experiencias de oración al enfrentarse a una crisis: él lloró y lloró, suplicó y suplicó por la ayuda de Dios hasta que no pudiera hablar más entre sus sollozos, excepto para sollozar el mismísimo nombre del propio Dios: ¡Oh Dios! ¡Oh Dios! ¡Oh Dios!" Y así siguió sollozando hasta que sucedió. Las Escrituras dicen que un varón comenzó a luchar con él mientras yacía allí en el suelo.

¿Quién era el varón? Oseas dice que era *el* ángel (Os. 12:4). Advierta el artículo definido *el*, *el* ángel. Jacob dijo que era el propio Dios (v. 30). Esto quiere decir que el varón era "*el* ángel del Señor". ¿Quién era *el ángel del Señor*?

=> Quizás era un ángel muy especial enviado a Jacob como el representante mismo de Dios. Un ángel enviado por el propio Dios con la autoridad misma de Dios que podía hablar por Dios.

=> Quizás era la segunda persona de la Trinidad, el Señor Jesucristo, que hizo una parición muy especial para ayudar a Jacob. Era lo que se denomina una aparición preencarnada de Jesucristo en la tierra. (Vea *Estudio a fondo 2, Ángel del Señor,* Gn. 16:7 para un mayor análisis.) La mayoría de los intérpretes creen que fue el Señor Jesucristo haciendo una aparición especial en la tierra para ayudar a Jacob. Nota: El propio Jacob oró para que fuera Dios. Esto sugeriría que era el Ángel del Señor (v. 30).

El varón (Jesús) luchó y luchó con Jacob toda la noche. Él se rehusó a dejar solo a Jacob hasta que Jacob lidiara con el pecado de su vida.

Lo que se debe tener en cuenta es lo siguiente: Dios estaba enseñando a Jacob que Él, el propio Dios, lucha con las personas, lucha con ellas por el pecado de sus vidas. No es solo que las personas luchan con Dios en oración, sino que el propio Dios lucha con las personas. Dios se mantiene al tanto de las personas —lucha con ellas y se rehúsa a soltarlas— hasta que eliminan el pecado de sus vidas. Dios no pude responder nuestras oraciones y liberarnos hasta que nos vaciemos de *todo el pecado*. Así que Dios lucha y lucha con nosotros hasta que estemos dispuestos a confesarnos y alejarnos del pecado. Así y solo así puede Él escucharnos y liberarnos de nuestros problemas.

"¿Quién podrá entender sus propios errores? Líbrame de los que me son ocultos" (Sal. 19:12).

"¿No demandaría Dios esto? Porque él conoce los secretos del corazón" (Sal. 44:21).

"Y tú, Salomón, hijo mío, reconoce al Dios de tu padre, y sírvele con corazón perfecto y con ánimo voluntario; porque Jehová escudriña los corazones de todos, y entiende todo intento de los pensamientos. Si tú le buscares, lo hallarás; mas si lo dejares, él te desechará para siempre" (1 Cr. 28:9).

"Si en mi corazón hubiese yo mirado a la iniquidad, el Señor no me habría escuchado" (Sal. 66:18).

"Pusiste nuestras maldades delante de ti, nuestros yerros a la luz de tu rostro" (Sal. 90:8).

"pero vuestras iniquidades han hecho división entre vosotros y vuestro Dios, y vuestros pecados han hecho ocultar de vosotros su rostro para no oír" (Is. 59:2).

"Yo Jehová, que escudriño la mente, que pruebo el corazón, para dar a cada uno según su camino, según el fruto de sus obras" (Jer. 17:10).

"¿Se ocultará alguno, dice Jehová, en escondrijos que yo no lo vea? ¿No lleno yo, dice Jehová, el cielo y la tierra?" (Jer. 23:24).

"Confesaos vuestras ofensas unos a otros, y orad unos por otros, para que seáis sanados. La oración eficaz del justo puede mucho" (Stg. 5:16).

3 (32:25) *Oración — Perseverar:* A Jacob le enseñaron que él era una persona lisiada —indefensa e impotente— sin Dios, que dependía totalmente de Dios para la liberación y la fortaleza en la vida. Este elemento habla por sí solo: a modo de repetición, Jacob tenía que aprender...

• que él era un lisiado —indefenso e impotente— en la vida sin Dios.
• que dependía totalmente de Dios para la liberación y fortaleza en la vida.

Jacob nunca había aprendido esta verdad, y éste era el pecado de la vida de Jacob, el pecado del que él se había rehusado a deshacerse. En toda su vida, Jacob había sido...

• independiente y autosuficiente
• seguro de sí mismo
• capaz de manejar las situaciones él mismo
• ingenioso
• automotivado
• muy responsable

Desde los primeros años de su vida, él había trabajado duro cuidando los asuntos de negocios de su padre y luego de su tío Labán. Él se había abierto su propio camino en la vida, y Dios lo había bendecido con éxito y riquezas. Al parecer Jacob era un hombre de intereses típicamente masculinos; física, materialmente sabio y también en el aspecto de los negocios. En su mente, él y Dios hacían un gran equipo. Siempre que Dios siguiera ayudándolo, él podía marchar por la vida cumpliéndole cada vez más a Dios. Pero advierta lo que la actitud de Jacob decía de Dios. Dios era necesario...

• solo como una añadidura a su vida, solo como una accesorio

- sólo cuando surgía una emergencia
- sólo cuando las cosas se salían de control

Jacob nunca había aprendido que la vida dependía de Dios solamente, que no había fortaleza ni liberación aparte de Dios. Jacob necesitaba el tipo de fortaleza y liberación que duraba para siempre y que llevaba a una persona a la Tierra Prometida del cielo, a la presencia misma del propio Dios, donde una persona vive y sirve a Dios para siempre. Jacob nunca había aprendido a confiar en Dios día tras día y paso a paso. Él nunca había aprendido que Dios solamente podía manejar las grandes crisis de la vida. Jacob necesitaba aprender desesperadamente que dependía totalmente de Dios, que estaba lisiado —indefenso e impotente— sin Dios.

¿Cómo Dios le enseñaba esto a Jacob? Dios tocó el encaje de su muslo y lo dislocó. ¿Por qué Dios haría esto? ¿Lisiar a un hombre? Porque Dios no finge ni juega con el hombre. La tarea de Jacob en la tierra era tan importante que él tenía que andar con Dios día tras día y no solamente cuando surgían las crisis. Por ende, Dios le dio a Jacob una discapacidad permanente que siempre le recordaría su gran verdad.

=> Nunca más Jacob podría trabajar duro.
=> Nunca más Jacob podría confiarle el éxito al brazo de su carne.
=> Nunca más Jacob podría hacerle frente a los hombres, pelear con ellos y ganarles.
=> Nunca más Jacob podría hacerle frente al mundo y a sus peligros con la fortaleza de su carne.

Jacob estaba lisiado: él estaba indefenso y era impotente sin Dios. Él de una vez y por toda era totalmente dependiente de Dios.

Pensamiento 1. ¿Alguna vez ha estado lisiado en la vida? ¿Ha caído bajo? ¿Se ha visto indefenso e impotente? ¿Alguna vez ha estado en una crisis donde ninguna persona ni ningún grupo de personas, ni siquiera su amigo más íntimo, pueda ayudarlo? Las *crisis terribles* de la vida son así para todos nosotros. Dios ha estructurado el universo mismo así para que sepamos que estamos lisiados —indefenso e impotente— en la vida. Dios quiere que sepamos que Él y solo Él puede ayudarnos. Y Dios nos ayudará cuando reconozcamos nuestra dependencia de Él y busquemos su rostro en la oración predominante.

"¡Oh Dios nuestro! ¿no los juzgarás tú? Porque en nosotros no hay fuerza contra tan grande multitud que viene contra nosotros; no sabemos qué hacer, y a ti volvemos nuestros ojos" (2 Cr. 20:12).

"Jehová guarda a los sencillos; estaba yo postrado, y me salvó" (Sal. 116:6).

"Si Jehová no edificare la casa, en vano trabajan los que la edifican; si Jehová no guardare la ciudad, en vano vela la guardia" (Sal. 127:1).

"Conozco, oh Jehová, que el hombre no es señor de su camino, ni del hombre que camina es el ordenar sus pasos" (Jer. 10:23).

"Respondió Juan y dijo: No puede el hombre recibir nada, si no le fuere dado del cielo" (Jn. 3:27).

"Y yo sé que en mí, esto es, en mi carne, no mora el bien; porque el querer el bien está en mí, pero no el hacerlo" (Ro. 7:18).

"no que seamos competentes por nosotros mismos para pensar algo como de nosotros mismos, sino que nuestra competencia proviene de Dios" (2 Co. 3:5).

"Jehová dará poder a su pueblo; Jehová bendecirá a su pueblo con paz" (Sal. 29:11).

"Muchos dolores habrá para el impío; mas al que espera en Jehová, le rodea la misericordia" (Sal. 32:10).

"Jehová redime el alma de sus siervos, y no serán condenados cuantos en él confían" (Sal. 34:22).

"Confía en Jehová, y haz el bien; y habitarás en la tierra, y te apacentarás de la verdad" (Sal. 37:3).

"Encomienda a Jehová tu camino, y confía en él; y él hará" (Sal. 37:5).

"Mejor es confiar en Jehová que confiar en el hombre" (Sal. 118:8).

"Fíate de Jehová de todo tu corazón, y no te apoyes en tu propia prudencia" (Pr. 3:5).

"Tú guardarás en completa paz a aquel cuyo pensamiento en ti persevera; porque en ti ha confiado" (Is. 26:3).

"Confiad en Jehová perpetuamente, porque en Jehová el Señor está la fortaleza de los siglos" (Is. 26:4).

Pensamiento 2. Dios sí lucha con nosotros. Jacob estaba luchando con Dios en oración, pero Dios también estaba luchando con Jacob en toda la experiencia. Es necesario que se tengan en cuenta dos elementos significativos sobre el papel de Dios en la experiencia de la lucha.

1) Dios estaba obrando (luchando) con Jacob para someter su voluntad y naturaleza pecaminosa. Él estaba guiando a Jacob a comprometer su vida totalmente con Dios, estaba llevando a Jacob a entregarse cada vez más a Dios. Hay al menos dos ocasiones en que Dios lucha con una persona.

a) Dios siempre está luchando y obrando para someter a la persona a su voluntad.

b) Dios obra (lucha) con una persona en lo que se podría denominar *ocasiones especiales* u *ocasiones dramáticas*. Hay ocasiones en la vida de una persona en que su necesidad es tan desesperada que necesita quedarse a solas con Dios para entregarle su alma a Dios. El propósito de Dios en estos momentos es provocar un gran salto hacia delante en la rendición de la voluntad de la persona a Dios. El elemento desdichado es que tantos creyentes no se toman tiempo para estar a solas con Dios incluso cuando su necesidad es desesperada, al menos no por un período de tiempo prolongado, no lo suficiente para recibir respuestas de Dios. A estas experiencias se les puede denominar *crisis espirituales*, o *manifestaciones especiales* del Espíritu de Dios, o *suministraciones especiales* del Espíritu de Dios. (Vea notas, Jn. 14:21-22; Ef. 5:18-21 para un mayor análisis.)

2) La lisiadura de Jacob y su cojera serían recordatorios de su deficiencia. Él siempre necesitó confiar en Dios para su liberación. Él era incapaz de liberarse a sí mismo. El hombre que realmente desea saber, tomará tiempo para quedarse a solas con Dios, y él luchará realmente con Dios en la oración predominante. Ese hombre aprenderá dos verdades supremas.

a) Él es, a fin de cuentas, supremamente dependiente de Dios (tanto aquí en la tierra como en la muerte).

b) Él no puede enfrentar el mundo y sus peligros con las fuerzas de su carne solamente. La carne puede y finalmente será destruida por el accidente, la enfermedad, la ancianidad, o la muerte.

4 (32:26) *Oración — Perseverar:* A Jacob le enseñaron que él podía luchar con Dios y predominar, que él podía exigir la bendición de Dios. Advierta que Jacob sencillamente se rehusó a soltar a Dios, y Dios no usó su fortaleza sobrenatural para escaparse. Por supuesto, Dios podía haberla usado, pero Él no decidió vencer a Jacob. Por el contrario, Dios quería estimular a Jacob a que se aferrara a él, que le suplicara y pidiera cada vez más la bendición.

¿Cuál era la bendición que Jacob quería tan desesperadamente? Él quería ciertamente ser salvado y liberado de la amenaza de Esaú de matarlo. Pero recuerden, él estaba regresando a *la Tierra Prometida* porque Dios lo había llamado a regresar. Esta era la bendición principal de la que él hablaba, la bendición prometida de Dios.

=> La bendición de heredar *la Tierra Prometida*.

=> La bendición de dar a luz a *la Simiente prometida*, tanto a las naciones de personas como a la simiente muy especial del Salvador prometido, el Señor Jesucristo.

Sucede lo siguiente: Jacob había estado luchando en oración con Dios toda la noche, y él sencillamente no iba a soltar a Dios hasta que Dios lo bendijera. Esta era la lección misma que Dios quería enseñarle a Jacob, que él podía luchar con Dios y predominar; él podía exigir la bendición de Dios.

Pensamiento 1. La lección es clara; debemos luchar con Dios, luchar y seguir luchando hasta que predominemos. Debemos exigir la bendición de Dios: Su liberación y la esperanza de la Tierra Prometida del cielo.

¡Piensen en las cosas fenomenales que sucederían en el mundo si los cristianos unieran sus esfuerzos en oración para ciertos problemas, si lucharan con Dios como iglesia, como nación, como el cuerpo de Cristo! ¡Cuántas de las injusticias y malas leyes se cambiarían si tan solo lucháramos con Dios en oración!

"Pedid, y se os dará; buscad, y hallaréis; llamad, y se os abrirá" (Mt. 7:7).

"También les refirió Jesús una parábola sobre la necesidad de orar siempre, y no desmayar" (Lc. 18:1).

"¿Y acaso Dios no hará justicia a sus escogidos, que claman a él día y noche? ¿Se tardará en responderles?" (Lc. 18:7).

"orando en todo tiempo con toda oración y súplica en el Espíritu, y velando en ello con toda perseverancia y súplica por todos los santos" (Ef. 6:18).

"Acerquémonos, pues, confiadamente al trono de la gracia, para alcanzar misericordia y hallar gracia para el oportuno socorro" (He. 4:16).

"Buscad a Jehová y su poder; buscad su rostro continuamente" (1 Cr. 16:11).

"y me buscaréis y me hallaréis, porque me buscaréis de todo vuestro corazón" (Jer. 29:13).

5 (32:27-28) *Oración — Perseverancia:* A Jacob le enseñaron que él tenía que convertirse en un hombre nuevo y que tenía que cambiar su conducta. Advierta que Dios cambió el nombre de Jacob a Israel. ¿Por qué? ¿Qué estaba haciendo Dios con Jacob?

El nombre Jacob significaba *suplantador, él que va tras los talones de, o impostor.* El nombre representaba lo que Jacob había sido en el pasado. Su nombre era un símbolo de su antigua naturaleza, su viejo hombre. Pero ahora bien, la vieja naturaleza y el viejo hombre se habían cambiado. Jacob ya no dependía de sí mismo; él estaba confiando en que Dios lo salvara y lo liberara y lo ayudara a cumplir el llamado y propósito de Dios para él.

El nombre de Israel significa *el que prevalece*, el que *se esfuerza y lucha con Dios y prevalece*, o significa *Dios se esfuerza, Dios impera, Dios prevalece.* Esta es la razón por la que el nombre de Israel en ocasiones se conoce como "patriarca de Dios", la persona que prevalece e impera bajo Dios. Tanto Jacob como Dios habían luchado uno con el otro y ambos habían prevalecido. Jacob era un hombre nuevo; su naturaleza la había cambiado Dios. Ahora él sabía que estaba lisiado —indefenso e impotente— sin Dios, que dependía totalmente de Dios. Jacob era un hombre nuevo con una nueva vida. Por consiguiente, él debía llevar una vida santa y pura, una vida totalmente dedicada y comprometida con Dios. Él debe vivir como un hombre nuevo. Ahora debe confiar en Dios día tras día y paso a paso. Por eso, él necesitaba un nombre nuevo para ayudarlo a recordar el suceso: El nombre de Israel.

"De modo que si alguno está en Cristo, nueva criatura es; las cosas viejas pasaron; he aquí todas son hechas nuevas" (2 Co. 5:17).

"En cuanto a la pasada manera de vivir, despojaos del viejo hombre, que está viciado conforme a los deseos engañosos, y renovaos en el espíritu de vuestra mente, y vestíos del nuevo hombre, creado según Dios en la justicia y santidad de la verdad" (Ef. 4:22-24).

"No mintáis los unos a los otros, habiéndoos despojado del viejo hombre con sus hechos, y revestido del nuevo, el cual conforme a la imagen del que lo creó se va renovando hasta el conocimiento pleno" (Col. 3:9-10).

6 (32:29) *Oración — Espiritual, experiencia:* Jacob le pidió más a Dios, le pidió a Dios que le confirmara su profunda experiencia aún más revelándole su nombre, el mismísimo nombre del propio Dios. Jacob estaba como hemos estado nosotros cuando Dios nos estaba dando una experiencia profunda con Él mismo: no queriendo soltar a Dios. Él quería más manifestaciones de Dios; él quería que Dios le mostrara más de Él. Así que le pidió a Dios que revelara su nombre. Pero llega un momento en que la experiencia de la oración tiene que terminar. Además, ningún hombre, ni siquiera Jacob, podría soportar más que la revelación más diminuta de la presencia y nombre de Dios. La gloria de Dios consumiría a cualquiera de nosotros. Por eso Dios bendijo a Jacob y lo dejó.

"El que tiene mis mandamientos, y los guarda, ése es el que me ama; y el que me ama, será amado por mi Padre, y yo le amaré, y me manifestaré a él" (Jn. 14:21).

"¡Oh profundidad de las riquezas de la sabiduría y de la ciencia de Dios! ¡Cuán insondables son sus juicios, e inescrutables sus caminos!" (Ro. 11:33).

7 (32:30-32) *Oración — Perseverancia:* Estaban los resultados de la oración predominante de Jacob.

1. Jacob nombró al lugar *Peniel*, lo que significa el rostro de Dios. Se sorprendió de que se le hubiera permitido ver el rostro de Dios y viviera.

2. A Jacob se le dieron dos señales para conmemorar su experiencia con Dios: Un alba y su lisiadura. Advierta que el sol salió sobre él cuando andaba por Peniel, y él cojeaba por su cadera dislocada. Jacob siempre recordaría el encuentro glorioso de Dios con él en Peniel. La cicatriz de la gran lucha de Dios con él la llevaría en su cuerpo para el resto de su vida. Pero fue una cicatriz de bienvenida, porque era un recordatorio de que tenía que depender de Dios paso a paso mientras fuera a reclamar las grandes promesas de Dios, tanto la Tierra Prometida como la Simiente prometida.

3. Jacob se convirtió en un testimonio para otros. Esta experiencia de Jacob se consideró tan importante que la nación de Israel adoptó la práctica de nunca comer del músculo de la cadera (probablemente el músculo del cuarto trasero o ciático) cuando comen carne. La práctica no la exigió Dios; fue una práctica que fue instituida por las personas.

Pensamiento 1. Con cuanta urgencia necesitamos a *Peniel* en nuestras vidas, lugares donde podamos encontrarnos con Dios cara a cara. Con cuánta urgencia necesitamos buscar el rostro de Dios cuando tenemos necesidad. ¿Con cuánta frecuencia seríamos liberados de las grandes pruebas y problemas de la vida si tan solo buscáramos su rostro? Seríamos salvados y liberados de...

* El divorcio
* Los pecados que esclavizan
* Las amistades deshechas
* Las relaciones de negocio deshechas
* Las tentaciones persistentes
* Las enfermedades y padecimientos

"Orad sin cesar" (1 Ts. 5:17).

"Mas si desde allí buscares a Jehová tu Dios, lo hallarás, si lo buscares de todo tu corazón y de toda tu alma" (Dt. 4:29).

"Buscad a Jehová y su poder; buscad siempre su rostro" (Sal. 105:4).

"Buscad a Jehová mientras puede ser hallado, llamadle en tanto que está cercano" (Is. 55:6).

"y me buscaréis y me hallaréis, porque me buscaréis de todo vuestro corazón" (Jer. 29:13).

"Sembrad para vosotros en justicia, segad para vosotros en misericordia; haced para vosotros barbecho; porque es el tiempo de buscar a Jehová, hasta que venga y os enseñe justicia" (Os. 10:12).

"Pero así dice Jehová a la casa de Israel: Buscadme, y viviréis" (Am. 5:4).

"Y he aquí, salía aquel ángel que hablaba conmigo, y otro ángel le salió al encuentro" (Zac. 2:3).

"Pero este género no sale sino con oración y ayuno" (Mt. 17:21).

"Porque todo aquel que pide, recibe; y el que busca, halla; y al que llama, se le abrirá" (Lc. 11:10).

"Pero a medianoche, orando Pablo y Silas, cantaban himnos a Dios; y los presos los oían. Entonces sobrevino de repente un gran terremoto, de tal manera que los cimientos de la cárcel se sacudían; y al instante se abrieron todas las puertas, y las cadenas de todos se soltaron" (Hch. 16:25-26).

"para que busquen a Dios, si en alguna manera, palpando, puedan hallarle, aunque ciertamente no está lejos de cada uno de nosotros" (Hch. 17:27).

"¿Está alguno entre vosotros afligido? Haga oración. ¿Está alguno alegre? Cante alabanzas. ¿Está alguno enfermo entre vosotros? Llame a los ancianos de la iglesia, y oren por él, ungiéndole con aceite en el nombre del Señor. Y la oración de fe salvará al enfermo, y el Señor lo levantará; y si hubiere cometido pecados, le serán perdonados. Confesaos vuestras ofensas unos a otros, y orad unos por otros, para que seáis sanados. La oración eficaz del justo puede mucho" (Stg. 5:13-16).

"Elías era hombre sujeto a pasiones semejantes a las nuestras, y oró fervientemente para que no lloviese, y no llovió sobre la tierra por tres años y seis meses. Y otra vez oró, y el cielo dio lluvia, y la tierra produjo su fruto" (Stg. 5:17-18).

CAPÍTULO 33

H. Jacob busca la reconciliación con Esaú (parte 3): El día de la reconciliación, 33:1-20

1 Alzando Jacob sus ojos, miró, y he aquí venía Esaú, y los cuatrocientos hombres con él; entonces repartió él los niños entre Lea y Raquel y las dos siervas.
2 Y puso las siervas y sus niños delante, luego a Lea y sus niños, y a Raquel y a José los últimos.
3 Y él pasó delante de ellos y se inclinó a tierra siete veces, hasta que llegó a su hermano.
4 Pero Esaú corrió a su encuentro y le abrazó, y se echó sobre su cuello, y le besó; y lloraron.
5 Y alzó sus ojos y vio a las mujeres y los niños, y dijo: ¿Quiénes son éstos? Y él respondió: Son los niños que Dios ha dado a tu siervo.

6 Luego vinieron las siervas, ellas y sus niños, y se inclinaron.
7 Y vino Lea con sus niños, y se inclinaron; y después llegó José y Raquel, y también se inclinaron.
8 Y Esaú dijo: ¿Qué te propones con todos estos grupos que he encontrado? Y Jacob respondió: El hallar gracia en los ojos de mi señor.
9 Y dijo Esaú: Suficiente tengo yo, hermano mío; sea para ti lo que es tuyo.
10 Y dijo Jacob: No, yo te ruego; si he hallado ahora gracia en tus ojos, acepta mi presente, porque he visto tu rostro, como si

hubiera visto el rostro de Dios, pues que con tanto favor me has recibido.
11 Acepta, te ruego, mi presente que te he traído, porque Dios me ha hecho merced, y todo lo que hay aquí es mío. E insistió con él, y Esaú lo tomó.
12 Y Esaú dijo: Anda, vamos; y yo iré delante de ti.
13 Y Jacob le dijo: Mi señor sabe que los niños son tiernos, y que tengo ovejas y vacas paridas; y si las que viene conmigo. Y Jacob dijo: ¿Para qué esto? Halle yo gracia en los ojos de mi señor.
14 Pase ahora mi señor delante de su siervo, y yo me iré poco a poco al paso del ganado que va delante de mí, y al paso de los niños, hasta que llegue a mi señor a Seir.

15 Y Esaú dijo: Dejaré ahora contigo de la gente
16 Así volvió Esaú aquel día por su camino a Seir.
17 Y Jacob fue a Sucot, y edificó allí casa para sí, e hizo cabañas para su ganado; por tanto, llamó el nombre de aquel lugar Sucot.

18 Después Jacob llegó sano y salvo a la ciudad de Siquem, que está en la tierra de Canaán, cuando venía de Padan-aram; y acampó delante de la ciudad.
19 Y compró una parte del campo, donde plantó su tienda, de mano de los hijos de Hamor padre de Siquem, por cien monedas.
20 Y erigió allí un altar, y lo llamó El-Elohe-Israel.

1 Jacob se acercó a la parte dolida, su hermano Esaú: Sabia y humildemente

a. Sabiamente: En etapas planificadas

b. Humildemente: Con respeto y cortesía

c. Esaú respondió: Corrió, abrazó y besó a Jacob, y lloraron

2 Jacob conversó con su hermano, conversó de todo sobre su vida desde el problema
a. Esaú preguntó por su familia
b. Jacob conversó sobre su familia
1) Sus siervas y sus hijos
2) Sus esposas y sus hijos

3 Jacob pidió un sello de la reconciliación
a. Esaú le preguntó sobre los presentes conciliadores que Jacob había enviado

b. Jacob deseaba un sello de la reconciliación: Que Esaú aceptara los presentes de buena voluntad

c. Jacob deseaba que se honrara a Dios: Por medio de la reconciliación

4 Jacob vio la prueba de la reconciliación con su hermano
a. Esaú le ofreció viajar juntos
1) Jacob le habló de su necesidad de ir lento

2) Jacob expresó la esperanza de conversar y visitarse ocasionalmente
b. Esaú se ofreció para ayudar

5 Jacob experimentó los resultados de la reconciliación
a. Pudo experimentar la paz, el asentamiento, y el crecimiento por una temporada
b. Pudo seguir viaje para cumplir el propósito de Dios

c. Pudo demostrar su fe en la promesa de Dios

d. Pudo adorar

DIVISIÓN IX

JACOB, NIETO DE ABRAHAM: ESCOGIDO PARA PRESERVAR LA DESCENDENCIA DEL PUEBLO DE DIOS Y LAS GRANDES PROMESAS DE DIOS, 28:10—36:43

H. Jacob busca la reconciliación con Esaú (parte 3): El día de la reconciliación, 33:1-20

(33:1-20) *Introducción — Reconciliación:* Había llegado el glorioso día de la reconciliación. El encuentro de Jacob con Esaú constituye un ejemplo clásico de reconciliación. Jacob había experimentado la preocupación de Dios...

- Por las diferencias entre él y su hermano.
- Por la ausencia de la Tierra Prometida.

Jacob había hecho el compromiso de regresar a la Tierra Prometida y buscar la reconciliación con su hermano. Ahora estaba preparado para encontrarse cara a cara con Esaú.

El distanciamiento entre Jacob y Esaú era profundo y fuerte. Hacía veinte años, Jacob había engañado a su padre y había robado la primogenitura y la bendición de la familia, lo que incluía la herencia de la familia. (Vea bosquejo y notas, Gn. 27:1—28:9 para un mayor análisis.) Lo había robado todo de Esaú, y Esaú había amenazado con matar a Jacob. Jacob había huido para salvar su vida a Harán, que se encontraba a unos 804,67 kilómetros de distancia. Jacob había pasado los últimos veinte años trabajando para su tío en Harán, pero ahora Dios había llamado a Jacob a regresar a la Tierra Prometida y a reconciliarse con su hermano.

Pocas personas guardan sentimientos contra otros con la profundidad y fuerza que Esaú los guardó contra Jacob. Estaba determinado a matar a su hermano porque Jacob le había robado la herencia que le pertenecía a él legalmente. Había muy pocas posibilidades, de haber alguna, de que hubiera reconciliación. Pero la hubo. Sucedió un milagro, y cada hermano disfrutó del milagro y el gozo de la reconciliación.

Cualquier creyente que guarde sentimientos contra otra persona hallará en ello una gran motivación a buscar la reconciliación. No importa cuán grande pueda ser el problema, la reconciliación es posible. Podemos reconciliarnos aunque nuestros problemas hayan alcanzado el punto de crítico, aunque nuestro problema sea...

- Entre nosotros y nuestro cónyuge
- Entre nosotros y nuestros hijos
- Entre nosotros y nuestros padres
- Entre nosotros y nuestro jefe o empleado
- Entre nosotros y nuestro vecino, pariente, o amigo
- Entre nosotros y nuestro maestro
- Entre nosotros y alguna autoridad

No importa quién sea, Dios se preocupa por el distanciamiento y la división entre nosotros y esa persona. Dios quiere la paz y la reconciliación entre nosotros; por ende, Dios nos guiará y ayudará como hizo con Jacob. Puede haber un gran día de reconciliación.

Este es el tema de este pasaje importante de las Escrituras: *Jacob busca la reconciliación con Esaú (parte 3): El día de la reconciliación,* 33:1-20.

1. Jacob se acercó a la parte dolida, su hermano Esaú: Sabia y humildemente (vv. 1-4).
2. Jacob conversó con su hermano, conversó de todo sobre su vida desde el problema (vv. 5-7).
3. Jacob pidió un sello de la reconciliación (vv. 8-11).
4. Jacob vio la prueba de la reconciliación con su hermano (vv. 12-16).
5. Jacob experimentó los resultados de la reconciliación (vv. 17-20).

1 (33:1-4) *Reconciliación:* Jacob se acercó a la parte dolida, su hermano Esaú, sabia y humildemente. Recuerden, Jacob era quien le había hecho mal a su hermano, quien le había hecho mucho mal a él. Y Esaú había amenazado con matar a Jacob. Todo esto había sucedido veinte años antes. En los preparativos del encuentro, Jacob se había pasado toda la noche en oración, pidiéndole a Dios que lo fortaleciera para el encuentro con Esaú. Él estaba regresando a su campamento cuando miró y vio a Esaú acercándose con cuatrocientos hombres armados.

1. Jacob rápidamente tomó una última y sabia precaución para proteger a su familia (vv. 1-2). Él les dio los niños a sus madres y los separó a todos en procesión para ir al encuentro de Esaú. Las dos siervas y sus hijos las puso al frente, luego Lea y sus hijos, y luego Raquel y José (v. 2). Esto fue, sin lugar a dudas, a fin de darles a sus esposas e hijos preferidos una mayor oportunidad de escapar en caso de que Esaú los atacara.

2. Jacob salió al frente de su familia al encuentro de su hermano con un espíritu de humildad: mostrando respeto y cortesía (v. 3). Él caminó hacia Esaú, deteniéndose siete veces y haciendo reverencias. Inclinarse siete veces era un acto de respeto que se les mostraba a los reyes en aquella época. Las tablas de *(Tell) el-Amarna* (Egipto) que datan del siglo XIV a. de C. nos hablan de esto. Recuerden, Esaú era el gobernante de Edom. Jacob no se estaba acobardando ante su hermano; él le estaba mostrando el respeto y la cortesía apropiada, el mismo respeto y cortesía que Dios esperaría de nosotros para con la parte ofendida.

3. Lo que sucedió ahora fue asombroso, nada poco milagroso. Esaú corrió al encuentro de Jacob y lo besó, y ambos rompieron a llorar, en sollozos, sin poder decir una sola palabra.

¿Qué había sucedido? ¿Qué había cambiado el corazón de Esaú? No lo sabemos; Las Escrituras no lo dicen. Obviamente Dios había obrado en el corazón de Esaú al igual que en el de Jacob. No importa lo que hubiera sucedido, se había producido un cambio, y aquí estaban los dos hermanos abrazados, llenos de afecto por cada uno. Estaban reconciliados y lloraban con tanta alegría que ni siquiera podían hablarse. El día de la reconciliación había llegado gloriosamente. A Jacob se le había dado la bienvenida a la Tierra Prometida.

Pensamiento 1. Siempre debemos tratar de hacer las paces y reconciliarnos con cualquier persona a quien le hayamos hecho mal o hayamos ofendido. Jacob nos muestra cómo acercarnos a la persona ofendida: sabia y humildemente. Un acercamiento sabio y humilde triunfará con mucha mayor frecuencia que un acercamiento osado que ubique a ambas partes en un mismo plano. Cuando ofendemos a las personas, necesitamos disculparnos y pedir perdón, no declarar que estamos igualmente equivocados. Muchos de nosotros no estamos dispuestos a aceptar toda la responsabilidad de haberle hecho mal a otros, incluso cuando lo hayamos hecho y seamos la parte verdaderamente culpable. Esto sucede con esposos y esposas, familias, hijos, parientes, amigos, vecinos, y compañeros de aula.

Nuevamente, siempre debemos tratar de hacer las paces y de reconciliarnos; debemos acercarnos a la persona sabia y humildemente, aceptando toda la responsabilidad del mal hecho. El día glorioso de la reconciliación vendrá con mucha mayor frecuencia cuando sigamos el ejemplo de Jacob y adoptemos su actitud.

"**Mejor es humillar el espíritu con los humildes que repartir despojos con los soberbios**" (Pr. 16:19).
"**Riquezas, honra y vida son la remuneración de la humildad y del temor de Jehová**" (Pr. 22:4).
"**La soberbia del hombre le abate; pero al humilde de espíritu sustenta la honra**" (Pr. 29:23).
"**Porque así dijo el Alto y Sublime, el que habita la eternidad, y cuyo nombre es el Santo: Yo habito en la altura y la santidad, y con el quebrantado y humilde de espíritu, para hacer vivir el espíritu de los humildes, y para vivificar el corazón de los quebrantados**" (Is. 57:15).
"**Así que, cualquiera que se humille como este niño, ése es el mayor en el reino de los cielos**" (Mt. 18:4).
"**Digo, pues, por la gracia que me es dada, a cada cual que está entre vosotros, que no tenga más alto concepto de sí que el que debe tener, sino que piense de sí con cordura, conforme a la medida de fe que Dios repartió a cada uno**" (Ro. 12:3).
"**Nada hagáis por contienda o por vanagloria; antes bien con humildad, estimando cada uno a los demás como superiores a él mismo; no mirando cada uno por lo suyo propio, sino cada cual también por lo de los otros**" (Fil. 2:3-4)
"**Humillaos delante del Señor, y él os exaltará**" (Stg. 4:10).
"**Igualmente, jóvenes, estad sujetos a los ancianos; y todos, sumisos unos a otros, revestíos de humildad; porque: Dios resiste a los soberbios, y da gracia a los humildes**" (1 P. 5:5).

2 (33:5-7) *Reconciliación:* Jacob conversó con su hermano, conversó de todo sobre su vida desde el problema que había sucedido entre ellos.

1. Esaú vio cuatro grupos de hijos reunidos alrededor de sus madres y preguntó quiénes eran (v. 5). Recuerden, los doce hijos, once varones y una hembra, variaban sus edades desde el menor hasta el mayor hasta catorce años.

2. Jacob sencillamente los presentó a todos. Pero advierta cómo: él dio testimonio de Dios. Él declaró que eran hijos dados por la gracia de Dios. Él reconoció que los hijos son de Dios (Sal. 127:3).

Advierta también los modales de los hijos y las esposas: al parecer se comportaban bien y tenían buenos modales. Inclinarse era la costumbre de la época cuando se presentaban, fundamentalmente ante un superior.

Pensamiento 1. Uno de los grandes gozos de hacer las paces y de reconciliarse es el de conversar de sus cosas. Si la alineación ha durado un período de tiempo prolongado, por supuesto, hay mucho que conversar. Pero sea por un período de tiempo corto o prolongado, el gozo de conversar juntos después de la reconciliación es una de las grandes experiencias de la vida. Y las dos partes reconciliadas deben conversar de sus asuntos, porque conversar de sus asuntos ayuda a reconstruir la relación. Claro está, los creyentes deben siempre dar testimonio del cuidado y las bendiciones de Dios desde la separación.

"**porque no podemos dejar de decir lo que hemos visto y oído**" (Hch. 4:20).
"**Venid, oíd todos los que teméis a Dios, y contaré lo que ha hecho a mi alma**" (Sal. 66:16).
"**De las misericordias de Jehová haré memoria, de las alabanzas de Jehová, conforme a todo lo que Jehová nos ha dado, y de la grandeza de sus beneficios hacia la casa de Israel, que les ha hecho según sus misericordias, y según la multitud de sus piedades**" (Is. 63:7).
"**Entonces los que temían a Jehová hablaron cada uno a su compañero; y Jehová escuchó y oyó, y fue escrito libro de memoria delante de él para los que temen a Jehová, y para los que piensan en su nombre**" (Mal. 3:16).

3 (33:8-11) *Reconciliación:* Jacob pidió un sello de la reconciliación.

1. Esaú le preguntó a Jacob lo que significaba enviarle cinco manadas de ganado el día antes (v. 8). Jacob sencillamente contestó que eran presentes conciliadores para demostrar que él quería el favor de Esaú, que él quería que Esaú lo aceptara, y que quería que se reconciliaran.

2. Sin embargo, Esaú le dijo a Jacob que se quedara con ellos; que ya él tenia suficiente. Advierta que Esaú llamó a Jacob "hermano mío" (vv. 9-10). Pero Jacob quiso que se sellara la reconciliación. Lo que él quería decir era lo siguiente: en los países orientales a lo largo de los siglos, la costumbre era sellar los tratos haciendo regalos. Esto era lo que pedía Jacob. Si Esaú aceptaba los regalos conciliadores, entonces sellaría la reconciliación. Sería una señal de la gracia de Dios. Advierta lo que dijo Jacob: ver el rostro de

Esaú era como ver el rostro de Dios. Es decir, cuando Jacob vio la bienvenida en el rostro de Esaú, él vio el reflejo de la gracia de Dios. Él sabía que Dios había cambiado el corazón de Esaú para reconciliarse, para que lo recibiera como su hermano.

3. Jacob insistió en que Esaú aceptara los presentes conciliadores (v. 11). Él quería que se honrara a Dios por medio de la reconciliación. Dios lo había bendecido, le había dado riquezas más que suficiente. Él podía fácilmente darse el lujo de los regalos. Ante esta solicitud y razonamiento, Esaú reconoció la importancia de sellar la reconciliación, así que él aceptó los regalos de Jacob.

> **Pensamiento 1.** Hay una gran lección acá para nosotros. Dar regalos después que nos hemos reconciliados es una idea excelente. Los regalos ayudarán a sellar nuestra relación, mostrarán que somos verdaderamente sinceros. Los regalos también demostrarán que somos felices, que nos regocijamos y que queremos edificar la relación.

4 (33:12-16) *Reconciliación:* Jacob vio la prueba de la reconciliación con su hermano. Finalmente acabó toda la conversación, y era hora de emprender viaje y ganar tiempo antes de que oscureciera. Advierta lo que sucedió.

1. Esaú sugirió que viajaran juntos, que él y sus cuatrocientos hombres acompañaran la caravana de Jacob hasta Canaán, *la Tierra Prometida* (vv. 12-14). Pero Jacob rechazó el ofrecimiento. Sencillamente no era sabio. Sus hijos pequeños y los jóvenes del ganado que recién habían nacido serían demasiado lentos para mantenerse al paso de Esaú y sus hombres. Sencillamente sería poco práctico para los dos tratar de viajar juntos. Pero Jacob sí le dijo a Esaú que él planeaba visitarlo en alguna ocasión en el futuro (v. 14c).

2. Deseando aún mostrarle su preocupación por Jacob, Esaú le ofreció dejar un grupo de hombres para que viajaran con la caravana de Jacob como protección (vv. 15-16). Pero nuevamente Jacob lo rechazó, y Esaú se marchó y regresó a su hogar en Seir.

> **Pensamiento 1.** Una de las pruebas más contundentes de la reconciliación es el ofrecimiento de ayudar a aquellos con quienes recién hemos hecho las paces. Cuando nos hemos reconciliado, siempre debemos estar preparados para ayudar. Una vez reconciliados...
> • Esposo y esposa deben ofrecerse para ayudarse mutuamente.
> • Padre e hijo deben ofrecerse para ayudarse mutuamente.
> • Trabajadores y empleadores deben ofrecerse para ayudarse mutuamente.
> • Maestro y alumno deben ofrecerse para ayudarse mutuamente.
> • Compañeros de trabajo, amigos, vecinos, y parientes deben ofrecerse para ayudarse mutuamente.

"como el Hijo del Hombre no vino para ser servido, sino para servir, y para dar su vida en rescate por muchos" (Mt. 20:28).

"Pero un samaritano, que iba de camino, vino cerca de él, y viéndole, fue movido a misericordia; y acercándose, vendó sus heridas, echándoles aceite y vino; y poniéndole en su cabalgadura, lo llevó al mesón, y cuidó de él" (Lc. 10:33-34).

"Os ruego que os sujetéis a personas como ellos, y a todos los que ayudan y trabajan" (1 Co. 16:16).

"Sobrellevad los unos las cargas de los otros, y cumplid así la ley de Cristo" (Gá. 6:2).

"Así que, según tengamos oportunidad, hagamos bien a todos, y mayormente a los de la familia de la fe" (Gá. 6:10).

"sirviendo de buena voluntad, como al Señor y no a los hombres" (Ef. 6:7).

"Ruego a Evodia y a Síntique, que sean de un mismo sentir en el Señor. Asimismo te ruego también a ti, compañero fiel, que ayudes a éstas que combatieron juntamente conmigo en el evangelio, con Clemente también y los demás colaboradores míos, cuyos nombres están en el libro de la vida" (Fil. 4:2-3)

"Yo era ojos al ciego, y pies al cojo" (Job 29:15).

"Alarga su mano al pobre, y extiende sus manos al menesteroso" (Pr. 31:20).

"Jehová el Señor me dio lengua de sabios, para saber hablar palabras al cansado; despertará mañana tras mañana, despertará mi oído para que oiga como los sabios" (Is. 50:4).

5 (33:17-20) *Reconciliación:* Jacob experimentó los resultados de la reconciliación. Piense nada más por todo lo que había pasado Jacob.

=> Hacía veinte años, se había visto obligado a huir para salvar su vida de su hermano.

=> A lo largo de veinte años, habían conspirado contra él y lo habían engañado una y otra vez, todo por parte de su tío Labán.

=> También se había visto obligado a huir de Labán y de sus hijos para impedir que le quitaran a su familia y su ganado.

=> Recientemente, Labán y sus hijos lo habían perseguido, esperaba que lo hubieran atacado y por la fuerza le hubieran quitado su familia y posesiones.

=> Y luego estaba Esaú y sus cuatrocientos hombres armados, sin saber que tipo de medida tomaría contra él.

Jacob había atravesado tantas crisis graves como pudiera experimentar cualquier persona. Pero Dios los había salvado gloriosamente y lo había liberado de todas las crisis. Se había reconciliado tanto con Labán como con Esaú. No podía haber esperado un resultado mejor en ambas situaciones. Pero Jacob estaba exhausto del esfuerzo y la tensión de todos los problemas. Él y su amada familia necesitaban descanso, un período de tranquilidad y paz de todos los problemas. Ahora Dios estaba preparado para darles esto a Jacob y su amada familia. Ahora Jacob experimentaba los resultados de la reconciliación y de estar en paz con todas las personas que conocía.

1. Jacob podía experimentar una temporada de paz, asentamiento, y crecimiento (v. 17). Después que Esaú se marchó, Jacob viajó a Sucot, donde se quedó por un tiempo. Su cansancio de todo lo que había atravesado era probablemente la razón por la que se detuvo allí. Advierta que edificó casa para sí y cabaña para su ganado. El nombre de *Sucot* significa cabañas o cabina.

2. Luego Jacob pudo moverse a la Tierra Prometida, cumpliendo el propósito de Dios para él. Él vino a Siquem y se asentó cerca de la ciudad. Por supuesto, la ciudad proveería mercados para su ganado y negocios.

Advierta lo siguiente: *Siquem* significa sano y salvo. Dios había salvado y liberado a Jacob, lo trajo de vuelta sano y salvo a la Tierra Prometida.

3. Advierta que Jacob podía demostrar su fe en las promesas de Dios: él compró una parte del terreno por cien piezas de plata y plantó su tienda allí (v. 19). Esto era un acto de fe, una declaración de que era un residente permanente de la tierra que Dios le había prometido. Estaba allí para quedarse: él esperaba que Dios le diera la tierra tal y como Dios le había prometido. La Palabra de Dios era bastante buena para Jacob. Él creía exactamente en lo que Dios le había dicho, y él actuaba de acuerdo a la promesa de Dios.

4. Jacob podía adorar en paz. Él edificó un altar en Siquem y lo llamó *El-Elohe-Israel* (v. 20). El nombre significa "el Dios de Israel". Recuerden, el nombre de Dios (El) significa "el fuerte" o "el poderoso". Jacob estaba declarando que su Dios era el Dios fuerte y poderoso, el Dios que lo había salvado y liberado, trayéndolo de vuelta a la Tierra Prometida.

Pensamiento 1. Si alguna vez nos alejamos de Dios y de la Tierra Prometida del cielo, debemos arrepentirnos y volvernos de vuelta a Dios. Debemos comenzar una vez más a buscar la Tierra Prometida. Si nos arrepentimos, Dios nos liberará sanos y salvos de vuelta hacia Él. Él nos liberará y nos traerá de vuelta a la Tierra Prometida del cielo.

"Dijo: Jehová es mi roca y mi fortaleza, y mi libertador" (2 S. 22:2).

"si se humillare mi pueblo, sobre el cual mi nombre es invocado, y oraren, y buscaren mi rostro, y se convirtieren de sus malos caminos; entonces yo oiré desde los cielos, y perdonaré sus pecados, y sanaré su tierra" (2 Cr. 7:14).

"Bienaventurados los que lloran, porque ellos recibirán consolación" (Mt. 5:4).

"Así que, arrepentíos y convertíos, para que sean borrados vuestros pecados; para que vengan de la presencia del Señor tiempos de refrigerio" (Hch. 3:19).

"Y el Señor me librará de toda obra mala, y me preservará para su reino celestial. A él sea gloria por los siglos de los siglos. Amén" (2 Ti. 4:18).

Pensamiento 2. La reconciliación y la paz nos permiten asentarnos y lograr mucho más de lo que pudiéramos lograr de ninguna otra manera. Por ende, debemos siempre tratar de hacer las paces y reconciliarnos con aquellos que hemos ofendido. Hacer las paces y buscar la reconciliación siempre nos ayudará a estar más asentados y a aplicarnos con más diligencia a nuestro trabajo y nuestros deberes.

"Bienaventurados los pacificadores, porque ellos serán llamados hijos de Dios" (Mt. 5:9).

"Así que, sigamos lo que contribuye a la paz y a la mutua edificación" (Ro. 14:19).

"La paz os dejo, mi paz os doy; yo no os la doy como el mundo la da. No se turbe vuestro corazón, ni tenga miedo" (Jn. 14:27).

"Estas cosas os he hablado para que en mí tengáis paz. En el mundo tendréis aflicción; pero confiad, yo he vencido al mundo" (Jn. 16:33).

"Por nada estéis afanosos, sino sean conocidas vuestras peticiones delante de Dios en toda oración y ruego, con acción de gracias. Y la paz de Dios, que sobrepasa todo entendimiento, guardará vuestros corazones y vuestros pensamientos en Cristo Jesús" (Fil. 4:6-7).

"Mucha paz tienen los que aman tu ley, y no hay para ellos tropiezo" (Sal. 119:165).

"¡Oh, si hubieras atendido a mis mandamientos! Fuera entonces tu paz como un río, y tu justicia como las ondas del mar" (Is. 48:18).

CAPÍTULO 34

I. Los hijos de Jacob vengaron la seducción de su hermana: Una sociedad perversa y mundana, 34:1-31

1 La perversidad del exhibicionismo y la violación

a. Dina buscaba las compañías mundanas

b. Un príncipe hebreo llamado Siquem la sedujo y la violó

c. Sucedió lo inesperado: Él se enamoró de ella y la consoló y le aseguró que se casarían

d. Siquem le pidió a su padre, Hamor, que pidiera permiso por él para casarse con Dina

2 La perversidad de aceptar y ser insensible a la inmoralidad

a. Jacob escuchó, pero se mantuvo tranquilo para consultarle a sus hijos

b. Hamor fue a ver a Jacob para hacerle la propuesta de matrimonio

3 La perversidad del engaño y la mala utilización de la religión

a. Los hijos de Jacob lo oyeron: Se atribularon y enojaron

b. La propuesta de Hamor a Jacob: Pidió que Dina se casara con su hijo

c. Hamor mencionó los beneficios

1) Establecería una nación mayor

1 Salió Dina la hija de Lea, la cual ésta había dado a luz a Jacob, a ver a las hijas del país.

2 Y la vio Siquem hijo de Hamor heveo, príncipe de aquella tierra, y la tomó, y se acostó con ella, y la deshonró.

3 Pero su alma se apegó a Dina la hija de Lea, y se enamoró de la joven, y habló al corazón de ella.

4 Y habló Siquem a Hamor su padre, diciendo: Tómame por mujer a esta joven.

5 Pero oyó Jacob que Siquem había amancillado a Dina su hija; y estando sus hijos con su ganado en el campo, calló Jacob hasta que ellos viniesen.

6 Y se dirigió Hamor padre de Siquem a Jacob, para hablar con él.

7 Y los hijos de Jacob vinieron del campo cuando lo supieron; y se entristecieron los varones, y se enojaron mucho, porque hizo vileza en Israel acostándose con la hija de Jacob, lo que no se debía haber hecho.

8 Y Hamor habló con ellos, diciendo: El alma de mi hijo Siquem se ha apegado a vuestra hija; os ruego que se la deis por mujer.

9 Y emparentad con nosotros; dadnos vuestras

10 Y habitad con nosotros, porque la tierra estará delante de vosotros; morad y negociad en ella, y tomad en ella posesión.

11 Siquem también dijo al padre de Dina y a los hermanos de ella: Halle yo gracia en vuestros ojos, y daré lo que me dijereis.

12 Aumentad a cargo mío mucha dote y dones, y yo daré cuanto me dijereis; y dadme la joven por mujer.

13 Pero respondieron los hijos de Jacob a Siquem y a Hamor su padre con palabras engañosas, por cuanto había amancillado a Dina su hermana.

14 Y les dijeron: No podemos hacer esto de dar nuestra hermana a hombre incircunciso, porque entre nosotros es abominación.

15 Mas con esta condición os complaceremos: si habéis de ser como nosotros, que se circuncide entre vosotros todo varón.

16 Entonces os daremos nuestras hijas, y tomaremos nosotros las vuestras; y habitaremos con vosotros, y seremos un pueblo.

17 Mas si no nos prestareis oído para circuncidaros, tomaremos nuestra hija y nos iremos.

18 Y parecieron bien sus palabras a Hamor, y a Siquem hijo de Hamor.

19 Y no tardó el joven en hacer aquello, porque la hija de Jacob le había agradado; y él era el más distinguido de toda la casa de su padre.

de personas por medio del matrimonio mixto

2) Proporcionaría seguridad mutua

3) Proporcionaría mayores ganancias financieras y comerciales

d. Siquem ofreció una gran dote: Cualquier cantidad

e. Los hijos de Jacob respondieron engañosamente y mal utilizaron la religión

1) Rechazaron el ofrecimiento de matrimonio: porque las personas no estaban circuncidadas

2) Ofrecieron una posibilidad: Si todos los hombres de Siquem se circuncidaban y se identificaban con la religión y el clan de Israel, entonces Dina se casaría con el príncipe

3) Tendrían que retirarle a Dina si no se cumplía la condición

4 La perversidad de la avaricia y la codicia

a. Hamor y Siquem fueron engañados: Estuvieron de acuerdo con la proposición y se precipitaron a cumplir la condición

b. Hamor y Siquem se reunieron con los hombres de la ciudad: Presentaron los beneficios de la propuesta 1) Significaría paz y seguridad mutua 2) Significaría una mayor oportunidad para el comercio 3) Significaría una mayor nación de personas por medio del matrimonio mixto c. Hamor y Siquem presentaron la condición: Todos los hombres tenían que circuncidarse d. Hamor y Siquem hicieron énfasis en el beneficio más grande: El de la ganancia financiera e. Hamor y Siquem consiguieron el acuerdo de los hombres de la ciudad **5 La perversidad de la venganza y la justicia falsa**	20 Entonces Hamor y Siquem su hijo vinieron a la puerta de su ciudad, y hablaron a los varones de su ciudad, diciendo: 21 Estos varones son pacíficos con nosotros, y habitarán en el país, y traficarán en él; pues he aquí la tierra es bastante ancha para ellos; nosotros tomaremos sus hijas por mujeres, y les daremos las nuestras. 22 Mas con esta condición consentirán estos hombres en habitar con nosotros, para que seamos un pueblo: que se circuncide todo varón entre nosotros, así como ellos son circuncidados. 23 Su ganado, sus bienes y todas sus bestias serán nuestros; solamente convengamos con ellos, y habitarán con nosotros. 24 Y obedecieron a Hamor y a Siquem su hijo todos los que salían por la puerta de la ciudad, y circuncidaron a todo varón, a cuantos salían por la puerta de su ciudad. 25 Pero sucedió que al tercer día, cuando sentían ellos el mayor dolor, dos	de los hijos de Jacob, Simeón y Leví, hermanos de Dina, tomaron cada uno su espada, y vinieron contra la ciudad, que estaba desprevenida, y mataron a todo varón. 26 Y a Hamor y a Siquem su hijo los mataron a filo de espada; y tomaron a Dina de casa de Siquem, y se fueron. 27 Y los hijos de Jacob vinieron a los muertos, y saquearon la ciudad, por cuanto habían amancillado a su hermana. 28 Tomaron sus ovejas y vacas y sus asnos, y lo que había en la ciudad y en el campo, 29 y todos sus bienes; llevaron cautivos a todos sus niños y sus mujeres, y robaron todo lo que había en casa. 30 Entonces dijo Jacob a Simeón y a Leví: Me habéis turbado con hacerme abominable a los moradores de esta tierra, el cananeo y el ferezeo; y teniendo yo pocos hombres, se juntarán contra mí y me atacarán, y seré destruido yo y mi casa. 31 Pero ellos respondieron: ¿Había él de tratar a nuestra hermana como a una ramera?	a. Dos hijos de Jacob, Simeón y Leví, mataron a todos los hombres de Siquem (Sus siervos probablemente los ayudaron) b. También mataron a Hamor y Siquem y tomaron a Dina y se marcharon c. Los otros hijos se aparecieron y comenzaron a saquear la ciudad 1) Se llevaron todo el ganado y todo lo demás: Tanto de dentro como de fuera de la ciudad 2) Se llevaron toda las riquezas y tomaron las esposas e hijos **6 La consecuencia de la perversidad** a. Jacob reprendió a Simeón y a Leví por arruinar su testimonio b. Jacob reprendió a Simeón y a Leví por violentar la paz que él tenía con las naciones vecinas c. Los hijos rechazaron la reprensión de su padre

DIVISIÓN IX

JACOB, NIETO DE ABRAHAM: ESCOGIDO PARA PRESERVAR LA DESCENDENCIA DEL PUEBLO DE DIOS Y LAS GRANDES PROMESAS DE DIOS, 28:10—36:43

I. Los hijos de Jacob vengaron la seducción de su hermana: Una sociedad perversa y mundana, 34:1-31

(34:1-31) *Introducción:* Nosotros vivimos en una sociedad perversa, en un mundo de inmoralidad, violencia, y anarquía. Algunas personas se opondrán a este argumento, diciendo que hay demasiado bien y belleza en el mundo para caracterizarlo como un mundo perverso. Y tienen razón, pero solo hasta cierto punto: nuestra tierra está llena de belleza y bondad, pero también está llena de perversidad; y a través de la historia, la perversidad siempre ha invadido la belleza y la bondad. El decline de cada sociedad en la historia pasada constituye una evidencia clara de esta verdad trágica. Todo cuanto una persona tiene que hacer es observar la escena de la historia mundial y escuchar los informes noticiosos todos los días de la semana, y la preponderancia atropelladora de la perversidad y su crecimiento se vuelven cada vez más evidentes.

Esta es una ilustración muy lúgubre; pero hasta que nos enfrentemos a la verdad y seamos sinceros al respecto, no podremos atacar ni corregir los problemas de nuestra sociedad y nuestro mundo. Ambos pasos constituyen un elemento esencial absolutamente: *enfrentar la verdad y la honestidad.* Más que nuca, nuestra sociedad necesita que se enfrente la verdad con honradez, que se evalúe con honradez su naturaleza. Porque hasta que reconozcamos la verdad, somos indefensos a la hora de lidiar con el azote de la perversidad que arrasa la tierra.

En esto es en lo que consiste este pasaje: en pintar una ilustración de esta sociedad mundana y perversa. Enfrenta la verdad de la perversidad que hay en el corazón del hombre. No nos muestra qué hacer con respecto a la perversidad; sencillamente nos ilustra la perversidad. La solución al problema de la perversidad se aborda en otros pasajes. Por ahora, las Escrituras se disponen a mostrarnos que esta es en realidad una sociedad mundana y perversa, un mundo de personas que están controladas por corazones y mentes perversas. Es una ilustración de la conducta vergonzosa, una ilustración que nos amonesta sobre cómo no llevar nuestras vidas: *Los hijos de Jacob vengaron la seducción de su hermana: Una sociedad perversa y mundana,* 34:1-31.

1. La perversidad del exhibicionismo y la violación (vv. 1-4).
2. La perversidad de aceptar y ser insensible a la inmoralidad (vv. 5-6).
3. La perversidad del engaño y la mala utilización de la religión (vv. 7-17).
4. La perversidad de la avaricia y la codicia (vv. 18-24).
5. La perversidad de la venganza y la justicia falsa (vv. 25-29).
6. La consecuencia de la perversidad (vv. 30-31).

1 (34:1-4) *Violación — Dina — Inmoralidad:* Estaba la perversidad del exhibicionismo y la violación. Recuerden que Jacob se había asentado cerca de Siquem, una ciudad perversa y mundana. El ambiente perverso y mundano de la ciudad influiría en los hijos jóvenes de Jacob a medida que crecieran. Además, el propio Jacob había ido en contra de la voluntad de Dios en cuanto al matrimonio, la de *una sola esposa para un solo esposo.* Jacob se había casado con dos mujeres y, además, había tomado dos concubinas para sus placeres sexuales. Los hijos estaban muy concientes del énfasis de la sociedad en el sexo y los placeres sexuales. Era la costumbre de la época hacer exhibicionismo, llevar una vida disoluta, inmoral, polígama, y adúltera, y buscar los lujos y placeres de este mundo. Ahora bien, estamos a punto de ver la repercusión de una sociedad perversa y mundana en los hijos de Jacob.

1. Dina, la hija de Jacob y Lea, buscaba compañías mundanas (v. 1). Ella salió a visitar a las mujeres jóvenes del país (v. 1). Ella tenía entre 14 y 16 años de edad en este momento. Advierta la frase *las hijas del país.* Significa las mujeres jóvenes del mundo, mujeres que no eran creyentes, que no eran seguidoras de Dios y de sus promesas.

¿Por qué Dina saldría sola a visitar a las mujeres del país? No era seguro andar sola en aquella época. Se aceptaba y se entendía que ella era un blanco legítimo para el flirteo y seducción de los hombres.

=> ¿Dina estaba sola y necesitaba compañía? Esto es poco probable, porque el rango de operaciones ganaderas de Jacob eran tan grandes que requerían un gran número de trabajadores. Sus familias tendrían un gran número de chicas que serían amigas de Dina.

=> ¿Dina sentía curiosidad sobre cómo se vestían, actuaban, y vivían las mujeres jóvenes del mundo?

=> ¿Dina se estaba rebelando contra sus padres? ¿Contra las normas morales que trataban de enseñarles a sus hijos? ¿Contra su intento de seleccionar a quienes y a quienes no podía tener como amigos?

=> ¿Dina estaba buscándose un joven para ella?

=> ¿Dina estaba buscando la compañía de las damas jóvenes mundanas del país?

La Biblia no lo dice; guarda silencio. Pero se sabe una cosa: Dina sabía bien lo que hacía como para andar sola por el campo o la ciudad. Aún así por alguna razón, ella creyó que podía cuidarse sola, y salió a visitar a las jóvenes mundanas de la ciudad.

2. Lo que sucedió ahora fue algo trágico. El joven príncipe hebreo de la zona la sedujo y la violó. Probablemente Dina había ido a la casa de una amiga o al lugar donde los jóvenes y las jóvenes de la ciudad se reunían para socializar. Cuando el joven príncipe la vio, él se sintió atraído y comenzó a prestarle atención. ¿Ella le siguió la rima, seduciéndolo? Nuevamente, las Escrituras no lo dicen, pero Dina se había exhibido. Ella había buscado la compañía de lo mundano e inmoral de esta tierra, y lo mundano y lo inmoral siempre están abiertos a los deseos de la carne y están sujetos a ceder ante los placeres sexuales.

Advierta que el nombre del príncipe era Siquem por la ciudad de Siquem. Probablemente él tuviera todas las mujeres jóvenes que pudiera haber deseado, porque lo mundano de esta tierra se siente atraído a los príncipes de la tierra: a los poderosos, los acaudalados, y los de éxito. El mero hecho de que le prestara atención a Dina es muy probable que la haya emocionado y excitado. Ciertamente habría emocionado a muchas jóvenes. Los príncipes de la tierra por lo general creen que su posición y dinero les dan el derecho de tener a quienes quieran y lo que quieran. Cualquiera que sea el caso, Siquem tomó a Dina y la violó. Advierta que él la llevó a su casa y la mantuvo allí (v. 26).

3. Pero sucedió lo inesperado. El corazón de Siquem se sintió atraído por Dina y se apegó mucho a ella, sintiendo que la amaba realmente. Este no era un caso rutinario de conquista, no era una relación de rutina que él quisiera tener de modo que pudiera saciar su placer cuando quisiera en los próximos meses.

Advierta que le habló tiernamente: la consoló y le aseguró que quería que ella fuera su esposa, no sencillamente otra relación.

4. Por eso, Siquem fue donde su padre, Hamor, y le pidió que hablara con el padre de Dina sobre el asunto: Él quería el permiso de Jacob para casarse con Dina.

Pensamiento 1. *Advierta* el paralelismo con nuestra sociedad en la actualidad. Vivimos en una época...

• En que las personas se sienten atraídas a los lujos y placeres del mundo.

• En que las personas se exhiben a sí mismas y sus cuerpos al punto de invitarte al problema y al juego sucio.

• En que las personas enfatizan el sexo y el placer sexual fuera del matrimonio.

• En que el maltrato sexual y la violación son comunes.

• En que las personas están más interesadas en cómo lucen y en exhibir sus cuerpos que en la pureza del corazón y la mente.

• En que las personas de poder, posición, dinero, y éxito creen que pueden tener a quienes quieran y lo que quieran.

"Baste ya el tiempo pasado para haber hecho lo que agrada a los gentiles, andando en lascivias, concupiscencias, embriagueces, orgías, disipación y abominables idolatrías" (1 P. 4:3).

"No améis al mundo, ni las cosas que están en el mundo. Si alguno ama al mundo, el amor del Padre no está en él. Porque todo lo que hay en el mundo, los deseos de la carne, los deseos de los ojos, y la vanagloria de la vida, no proviene del Padre, sino del mundo" (1 Jn. 2:15-16).

"¿No sabéis que los injustos no heredarán el reino de Dios? No erréis; ni los fornicarios, ni los idólatras, ni los adúlteros, ni los afeminados, ni los que se echan con varones" (1 Co. 6:9).

"Así que, amados, puesto que tenemos tales promesas, limpiémonos de toda contaminación de carne y de espíritu, perfeccionando la santidad en el temor de Dios" (2 Co. 7:1).

"Y manifiestas son las obras de la carne, que son: adulterio, fornicación, inmundicia, lascivia,... envidias, homicidios, borracheras, orgías, y cosas semejantes a estas; acerca de las cuales os amonesto, como ya os lo he dicho antes, que los que practican tales cosas no heredarán el reino de Dios" (Gá. 5:19, 21).

"Pero fornicación y toda inmundicia, o avaricia, ni aun se nombre entre vosotros, como conviene a santos" (Ef. 5:3).

"Haced morir, pues, lo terrenal en vosotros: fornicación, impureza, pasiones desordenadas, malos deseos y avaricia, que es idolatría" (Col. 3:5).

"pues la voluntad de Dios es vuestra santificación; que os apartéis de fornicación" (1 Ts. 4:3).

2 (34:5-6) *Inmoralidad — Insensibilidad — Pecado, justificación del:* Estaba la perversidad de aceptar y ser insensible a la inmoralidad. La noticia de la profanación viajó rápido.

1. Jacob se enteró rápidamente de que habían violado a su hija. ¿Cómo? Es muy probable que haya sido por una de las amigas mundanas de Dina de la ciudad o por medio de los rumores que comenzaron a rodar por la emoción de la familia del príncipe, la noticia de que estaba enamorado y se iba a casar. Cuando Jacob se enteró, estaba como estaría cualquier padre amoroso, azotado por el pesar y la ira, preparado para arremeter contra el violador. Pero el violador en este caso era el príncipe del gobernante local, así que tenía que esperar que sus hijos regresaran del campo.

2. Mientras tanto, Hamor salió a ver a Jacob para hacerle la proposición de matrimonio (v. 6). Advierta que no hubo...

• Disculpa alguna

• Confesión alguna de la fechoría

• Condolencia alguna

• Sugerencia alguna de que Siquem sería disciplinado

Hamor era totalmente insensible al mal que se había hecho. Él aceptó la seducción como un suceso de rutina. No había ningún tipo de sensación de pecado, vergüenza, culpabilidad, arrepentimiento, pesar, fechoría, ni de juicio venidero. La conducta inmoral —el sexo y los placeres sexuales— fuera del matrimonio se aceptaba como una conducta normal. No estaba condenada.

Pensamiento 1. Cuán similar a la sociedad de hoy día. El sexo y los placeres sexuales fuera del matrimonio se consideraban como conducta aceptable. Es aceptable...

• Usar el sexo para vender productos

• Usar el sexo para hacer dinero

• Usar el sexo para el placer

• Vestirse y exhibir el cuerpo para llamar la atención

• Tener sexo con compañías cercanas

• Tener sexo en ocasiones sociales y en ambientes especiales

Las personas se han vuelto insensibles al mal de la inmoralidad, al sexo fuera del matrimonio. De hecho, muchos han perdido toda la consciencia, todo el sentido y sensación del pecado y las fechorías. Se han vuelto insensibles a tal grado que al mal le llaman bien y al bien le llaman mal.

"Porque el corazón de este pueblo se ha engrosado, y con los oídos oyeron pesadamente, y sus ojos han cerrado, para que no vean con los ojos, y oigan con los oídos, y entiendan de corazón, y se conviertan, y yo los sane" (Hch. 28:27).

"Pues habiendo conocido a Dios, no le glorificaron como a Dios, ni le dieron gracias, sino que se envanecieron en sus razonamientos, y su necio corazón fue entenebrecido" (Ro. 1:21).

"quienes habiendo entendido el juicio de Dios, que los que practican tales cosas son dignos de muerte, no sólo las hacen, sino que también se complacen con los que las practican" (Ro. 1:32).

"los cuales, después que perdieron toda sensibilidad, se entregaron a la lascivia para cometer con avidez toda clase de impureza" (Ef. 4:19).

"Pero el Espíritu dice claramente que en los postreros tiempos algunos apostatarán de la fe, escuchando a espíritus engañadores y a doctrinas

de demonios; por la hipocresía de mentirosos que, teniendo cauterizada la conciencia" (1 Ti. 4:1-2).

"El que justifica al impío, y el que condena al justo, ambos son igualmente abominación a Jehová" (Pr. 17:15).

"El que dijere al malo: Justo eres, los pueblos lo maldecirán, y le detestarán las naciones" (Pr. 24:24).

"Los que dejan la ley alaban a los impíos; mas los que la guardan contenderán con ellos" (Pr. 28:4).

"¡Ay de los que a lo malo dicen bueno, y a lo bueno malo; que hacen de la luz tinieblas, y de las tinieblas luz; que ponen lo amargo por dulce, y lo dulce por amargo!" (Is. 5:20).

"Habéis hecho cansar a Jehová con vuestras palabras. Y decís: ¿En qué le hemos cansado? En que decís: Cualquiera que hace mal agrada a Jehová, y en los tales se complace; o si no, ¿dónde está el Dios de justicia?" (Mal. 2:17).

3 (34:7-17) *Engaño — Religión:* Estaba la perversidad del engaño y la mala utilización de la religión.

1. Cuando Hamor estaba haciendo la propuesta de matrimonio, llegaron los hijos de Jacob. Se habían enterado de la profanación y se entristecieron grandemente por su hermana. Estaban llenos de ira y furia y se sintieron movidos a arremeter contra la parte culpable. Dina era su única hermana, la única hembra entre once varones, y la amaban mucho. Ella era la niña de sus ojos. Sin embargo, esta no era la única razón por la que estaban enojados. Estaban enojados porque *hizo vileza en Israel:* se le había hecho algo terrible y vergonzoso a *la familia y clan de Israel.* Advierta que los jóvenes sabían que ellos estaban llamados y destinados a ser una gran nación de personas. Esto demuestra que Jacob le había enseñado al menos las siguientes verdades de la voluntad de Dios:

=> las grandes promesas de Dios, tanto la promesa de la Tierra Prometida como de la Simiente prometida, incluso de la simiente de una gran nación de personas y la simiente muy especial del Salvador venidero.

=> El propósito de Dios de edificar una gran nación de personas por medio de la familia, la nación de Israel.

=> La necesidad total de mantener pura a la familia y a la nación, completamente separada de las naciones vecinas del mundo, sin contraer matrimonios mixtos nunca.

=> El ritual religioso de la circuncisión, que era la señal y símbolo de un verdadero creyente en Dios.

2. Hamor comenzó a hablar e hizo la propuesta a Jacob y a sus hijos (v. 8). Él les pidió que le dieran a Dina a su hijo, Siquem, en matrimonio.

3. Luego Hamor mencionó los beneficios del matrimonio.

=> Debería unir a los dos pueblos (vv. 9-10) y establecería una gran nación de personas por medio del matrimonio mixto (v. 9).

=> Proporcionaría paz y seguridad mutua entre los dos pueblos (v. 10).

=> Proporcionaría mayor comercio, mercado, oportunidades de negocios, y mayor ganancia financiera (v. 10b).

4. Luego Siquem, el joven príncipe, interrumpió la conversación y ofreció una gran dote, cualquier cantidad de dinero por Dina (vv. 11-13).

5. Advierta ahora la contesta de las hijos de Jacob, su engaño y mala utilización de la religión (vv. 13-17).

a. Rechazaron el ofrecimiento de matrimonio porque el pueblo de Siquem no estaba circuncidado (v. 14). Sin dudas explicaron que la circuncisión era la señal de la gracia de Dios, una señal de que una persona creía en Dios y era acepta ante Dios.

b. Sin embargo, ellos sí pusieron una condición por medio de la cual permitirían que su hermana se casara con Siquem: Si todos los hombres de Siquem se circuncidaban e identificaban con el clan de Israel. La pareja se podía casar (vv. 15-16).

c. También plantearon que se llevarían a Dina si las personas de Siquem no estaban de acuerdo con la circuncisión (v. 17).

Ahora bien, advierta lo siguiente: los hijos de Jacob estaban engañando al rey y a su hijo, y estaban usando la religión para engañarlos. No tenían absolutamente ninguna intención de darle a su hermana a Siquem ni de profanarse ellos casándose con los hebreos. Estaban furiosos porque Siquem había violado a su hermana, y al hacerlo, había avergonzado su nombre y el nombre de Israel. Se iban a vengar sin importarles lo que tuvieran que hacer. Y advierta cómo ellos se vengaron: utilizando mal la religión, exigiendo que las personas de Siquem...

=> Se circuncidaran y se les unieran en su religión

=> Se circuncidaran e identificaran con ellos en su religión

=> Se circuncidaran y así profesaran públicamente ser seguidores del Dios de Israel

Pensamiento 1. Hay muchas formas de utilizar mal la religión para engañar a las personas.

1) Podemos utilizar algunos rituales religiosos para garantizar la lealtad de las personas. ¿A cuántas personas se les ha engañado haciéndoles creer que algún ritual las hace aceptables ante Dios, las convierte en miembro de la religión verdadera, en un verdadero seguidor de Dios?

¿Cuántas iglesias y ministros engañan a las personas levándolos a poner su confianza en la iglesia y sus rituales en vez de en el propio Cristo? ¿Cuántos utilizan mal la religión haciendo este tipo de cosas?

"Los sacrificios de Dios son el espíritu quebrantado; al corazón contrito y humillado no despreciarás tú, oh Dios" (Sal. 51:17).

"No todo el que me dice: Señor, Señor, entrará en el reino de los cielos, sino el que hace la voluntad de mi Padre que está en los cielos" (Mt. 7:21).

"que tendrán apariencia de piedad, pero negarán la eficacia de ella; a éstos evita" (2 Ti. 3:5).

"Profesan conocer a Dios, pero con los hechos lo niegan, siendo abominables y rebeldes, reprobados en cuanto a toda buena obra" (Tit. 1:16).

2) Podemos utilizar la religión para motivar a las personas a que apoyen algún proyecto innecesario que queremos llevar a cabo, como por ejemplo un proyecto de construcción, algún cambio de un programa, algún proyecto de misión o programa de la iglesia.

3) Podemos utilizar la religión para garantizar la lealtad y fidelidad personal: apegar a las personas a nosotros, para garantizar su amistad y apoyo, en vez de apegarlas a Cristo.

4) Podemos utilizar la religión para movilizar a las personas a oponerse a algo que nos desagrada: Algún movimiento, filosofía, gobierno, ley, gobernante, o persona.

4 (34:18-24) *Avaricia — Codicia:* Estaba la perversidad de la avaricia y la codicia.

1. Hamor y Siquem fueron engañados por los hijos de Jacob: estuvieron de acuerdo con la propuesta de circuncidarse y corrieron a cumplir su condición (vv. 18-19).

2. Reunieron a todos los hombres de la ciudad en la puerta de la ciudad donde se realizaban oficialmente todos los negocios de la ciudad (vv. 20-24). Cuando todo el mundo estuvo presente, les presentaron los beneficios para estar de acuerdo con la propuesta.
=> Habría paz y seguridad mutua (v. 21).
=> Habría mayores oportunidades de comercio (v. 21).
=> Habría una mayor nación de personas por medio del matrimonio mixto (v. 21).

3. Luego Hamor y Siquem presentaron la condición: todos los hombres tenían que circuncidarse (v. 22).

4. Ellos volvieron a hacer énfasis en el beneficio más grande, el de la ganancia financiera: todas las propiedades de los israelitas finalmente terminarían en poder del pueblo de Siquem, porque los israelitas serían absorbidos por medio del matrimonio mixto (v. 23).

5. Los hombres de Siquem rápidamente estuvieron de acuerdo con la condición y se circuncidaron.

Ahora bien, advierta por qué: por la avaricia y la codicia. Creyeron que finalmente iban a ganar todas las propiedades de los israelitas. La idea de ganarse todas las riquezas de Jacob obviamente despertó una avaricia y codicia consumidora en ellos. Todo su ganado, sus camellos, sus ovejas, sus cabras, sus asnos, su plata, su oro, y las posesiones —una riqueza enorme— serían de ellos.

Pensamiento 1. La sociedad de la época era una sociedad de avaricia y codicia perversas. Aún así su sociedad no era de diferente de la de nosotros. La idea de ganar cada vez más consume los corazones de muchísimas personas. Ellos quieren todo cuanto pueden tener y están dispuestos a hacer casi cualquier cosa por tener más. Así muchos roban, engañan, mienten, y estafan; y descuidan a la familia, trabajando en dos o tres trabajos cuando no tienen que hacerlo con el objetivo de conseguir cada vez más. Algunos tienen que mantenerse al mismo nivel de sus vecinos, ser como ellos, tener lo que ellos tienen o sufrirían mucho. La avaricia y la codicia consumen sus almas.

"Y les dijo: Mirad, y guardaos de toda avaricia; porque la vida del hombre no consiste en la abundancia de los bienes que posee" (Lc. 12:15).

"Pero fornicación y toda inmundicia, o avaricia, ni aun se nombre entre vosotros, como conviene a santos" (Ef. 5:3).

"Haced morir, pues, lo terrenal en vosotros: fornicación, impureza, pasiones desordenadas, malos deseos y avaricia, que es idolatría" (Col. 3:5).

"No codiciarás la casa de tu prójimo, no codiciarás la mujer de tu prójimo, ni su siervo, ni su criada, ni su buey, ni su asno, ni cosa alguna de tu prójimo" (Éx. 20:17).

"Porque el malo se jacta del deseo de su alma, bendice al codicioso, y desprecia a Jehová" (Sal. 10:3).

"Porque desde el más chico de ellos hasta el más grande, cada uno sigue la avaricia; y desde el profeta hasta el sacerdote, todos son engañadores" (Jer. 6:13).

"antes hacen halagos con sus bocas, y el corazón de ellos anda en pos de su avaricia" (Ez. 33:31).

"Codician las heredades, y las roban; y casas, y las toman; oprimen al hombre y a su casa, al hombre y a su heredad" (Mi. 2:2).

5 (34:25-29) *Venganza — Asesinato:* Estaba la perversidad de la venganza y la justicia falsa.

1. Dos hijos de Jacob, Simeón y Leví, mataron a todos los hombres de Siquem (v. 25). Simeón y Leví eran dos de los once hermanos de Dina. Obviamente recibieron ayuda llevando a cabo la atrocidad, porque no habrían podido hacer esa ruindad por sí solos. Sus siervos o algunos hombres que habían contratado los ayudaron.

2. También mataron a Hamor y a su hijo, Siquem, y se llevaron a Dina de la casa de Siquem y se marcharon (v. 26).

3. En algún momento, los otros hijos de Jacob se aparecieron y comenzaron a saquear la ciudad (vv. 27-29). Advierta que...
• Tomaron todo el ganado y todo lo demás, tanto en la ciudad como en los campos (v. 28).
• Se llevaron todas las riquezas, se llevaron a las esposas y los hijos, y todas las posesiones de sus casas (v. 29).

Pensamiento 1. Esta escena es algo horrible, la ilustración de una sociedad perversa, un mundo dado a la anarquía y la violencia así como a la inmoralidad antes señalada. Pensar que tal atrocidad se consideraba un acto de justicia impresiona la mente humana. Pero aguarden: ¿Y en la actualidad? Piensen en la invasión de la anarquía y la violencia que arrasa las naciones y las calles de nuestras sociedades:

=> violencia	=> maltrato
=> asalto	=> agresión
=> invasión	=> acosos
=> brutalidad	=> homicidio
=> opresión	=> coerción
=> crueldad	=> victimización
=> esclavitud	=> persecución
=> corrupción	=> profanación
=> derramamiento de sangre	

"No te vengarás, ni guardarás rencor a los hijos de tu pueblo, sino amarás a tu prójimo como a ti mismo. Yo Jehová" (Lv. 19:18)).

"No digas: Yo me vengaré; espera a Jehová, y él te salvará" (Pr. 20:22).

"No digas: Como me hizo, así le haré; daré el pago al hombre según su obra" (Pr. 24:29).

"Pero yo os digo: No resistáis al que es malo; antes, a cualquiera que te hiera en la mejilla derecha, vuélvele también la otra" (Mt. 5:39).

"No paguéis a nadie mal por mal; procurad lo bueno delante de todos los hombres" (Ro. 12:17).

"Mirad que ninguno pague a otro mal por mal; antes seguid siempre lo bueno unos para con otros, y para con todos" (1 Ts. 5:15).

"no devolviendo mal por mal, ni maldición por maldición, sino por el contrario, bendiciendo, sabiendo que fuisteis llamados para que heredaseis bendición" (1 P. 3:9).

6 (34:30-31) *Anarquía — Venganza — Homicidio:* Estaban las consecuencias de la perversidad. Ahora Jacob reaparecía en escena. ¿Dónde había estado él cuando todo esto estaba sucediendo? Las Escrituras no lo dicen, así que él podía haber estado en cualquier lugar.

=> Él era muy trabajador, y un hombre así con frecuencia tiene su cabeza más clara para manejar las crisis cuando está trabajando en algo que él disfruta.

=> Él pudo haberse enojado tanto con la profanación de Dina que se fue solo unos días a pensar en el problema, sobre cómo manejar la situación y la propuesta de Hamor.

No sabemos dónde estaba Jacob, pero sí sabemos suficiente de él para saber cómo se sintió sobre todo este problema sórdido.

=> Jacob no habría dado su aprobación para que Dina se casara con Siquem. Jacob conocía la voluntad de Dios para los israelitas, que debían ser una raza pura de personas, un pueblo distintivo separado de lo mundano de esta tierra y separado para Dios.

=> Jacob no habría estado de acuerdo con la conspiración engañosa de Simeón y Leví para asesinar a los siquemitas. Sabemos esto porque los reprendió fuertemente.

Jacob estaba completamente horrorizado —aterrado, estremecido hasta los tuétanos— cuando sus hijos vinieron de regreso a casa con el botín de Siquem. Advierta lo que hizo: él reprendió fuertemente a Simeón y Leví. Al parecer él había dejado a sus hijos a cargo cuando se fue a analizar la situación. Pero ahora qué problema: Simeón y Leví habían sido totalmente irresponsables, al tomar la peor decisión posible. Jacob no tenía opción; él tuvo que reprenderlos y reprenderlos fuertemente. Advierta que solo Simeón y Leví, dos de los seis hermanos de pura sangre de Dina, llevaron a cabo la venganza. ¿Por qué solo dos? No se da respuesta. Pero todos eran culpables de saquear la ciudad. Probablemente Leví y Simeón tenían veinte y veintidós años de edad en ese momento.

1. Él los reprendió por arruinar su testimonio entre las personas del país (v. 30). Henry Morris hace una descripción excelente de la pérdida del testimonio de Jacob:

"Él había tratado de llevar una vida pacífica con los siquemitas, quizás incluso esperando que su altar, y el testimonio que él y su familia les habían dado, influiría en ellos algún día para que siguieran a Jehová. Pero ahora, cualquier testimonio que su familia pudiera haber tenido había desaparecido. En vez de ser un testimonio de la verdad y el amor, su nombre se asociaría con el engaño y la crueldad. Se habían vuelto una verdadera peste para los otros cananeos del país, con su pureza moral tan cacareada convirtiéndose en una justificación para el asesinato y el saqueo en vez de un ejemplo de la santidad y misericordia de Dios" (*The Genesis Record* [El registro de Génesis], p. 516).

2. Él los reprendió por violentar y poner en peligro la paz con las naciones vecinas (v. 30). Ahora había una posibilidad de que las naciones vecinas se sintieran amenazadas y arremetieran contra Jacob y su familia.

3. Advierta que Simeón y Leví rechazaron la reprensión de su padre: declararon que su hermana no debía ser tratada como una ramera (v. 31).

Pensamiento 1. Si una persona o sociedad siembra perversidad, segarán lo que han sembrado.

"Como yo he visto, los que aran iniquidad y siembran injuria, la siegan" (Job 4:8).

"El que sembrare iniquidad, iniquidad segará, y la vara de su insolencia se quebrará" (Pr. 22:8).

"Porque para el malo no habrá buen fin, y la lámpara de los impíos será apagada" (Pr. 24:20).

"Porque la paga del pecado es muerte, mas la dádiva de Dios es vida eterna en Cristo Jesús Señor nuestro" (Ro. 6:23).

"No os engañéis; Dios no puede ser burlado: pues todo lo que el hombre sembrare, eso también segará" (Gá. 6:7).

CAPÍTULO 35

J. Jacob regresó a Bet-el: Las características del avivamiento,[EFI] 35:1-15

1 Está el llamado de Dios
  a. Jacob fue llamado a levantarse y subir a Bet-el (la casa de Dios)
  b. Jacob fue llamado a adorar a Dios

2 Está el mensaje de Dios
  a. Quitar sus dioses falsos
  b. Limpiarse
  c. Cambiar los vestidos
  d. Subir a Bet-el, la casa de Dios: Buscar a Dios en adoración
  e. Recuerden: Dios tiene el poder para liberarnos de los problemas, de las situaciones angustiantes

3 Está el arrepentimiento
  a. dieron todos sus ídolos y los zarcillos de sus orejas
  b. Jacob enterró todos los símbolos de la mundanalidad y la falsa adoración

4 Está la obediencia a Dios y la liberación y presencia muy especial de Dios
  a. Dios liberó al pueblo
  b. Jacob y el pueblo llegaron a Bet-el: Edificaron un altar y renombraron el lugar El-Bet-el

1 Dijo Dios a Jacob: Levántate y sube a Bet-el, y quédate allí; y haz allí un altar al Dios que te apareció cuando huías de tu hermano Esaú.

2 Entonces Jacob dijo a su familia y a todos los que con él estaban: Quitad los dioses ajenos que hay entre vosotros, y limpiaos, y mudad vuestros vestidos. 3 Y levantémonos, y subamos a Bet-el; y haré allí altar al Dios que me respondió en el día de mi angustia, y ha estado conmigo en el camino que he andado.

4 Así dieron a Jacob todos los dioses ajenos que había en poder de ellos, y los zarcillos que estaban en sus orejas; y Jacob los escondió debajo de una encina que estaba junto a Siquem.

5 Y salieron, y el terror de Dios estuvo sobre las ciudades que había en sus alrededores, y no persiguieron a los hijos de Jacob. 6 Y llegó Jacob a Luz, que está en tierra de Canaán (esta es Bet-el), él y todo el pueblo que con él estaba.

7 Y edificó allí un altar, y llamó al lugar El-bet-el, porque allí le había aparecido Dios, cuando huía de su hermano. 8 Entonces murió Débora, ama de Rebeca, y fue sepultada al pie de Bet-el, debajo de una encina, la cual fue llamada Alón-bacut. 9 Apareció otra vez Dios a Jacob, cuando había vuelto de Padan-aram, y le bendijo. 10 Y le dijo Dios: Tu nombre es Jacob; no se llamará más tu nombre Jacob, sino Israel será tu nombre; y llamó su nombre Israel. 11 También le dijo Dios: Yo soy el Dios omnipotente: crece y multiplícate; una nación y conjunto de naciones procederán de ti, y reyes saldrán de tus lomos.

12 La tierra que he dado a Abraham y a Isaac, la daré a ti, y a tu descendencia después de ti daré la tierra. 13 Y se fue de él Dios, del lugar en donde había hablado con él. 14 Y Jacob erigió una señal en el lugar donde había hablado con él, una señal de piedra, y derramó sobre ella libación, y echó sobre ella aceite. 15 Y llamó Jacob el nombre de aquel lugar donde Dios había hablado con él, Betel.

5 Hay un nuevo poder para hacerle frente a las pruebas día tras día: Simbolizado en la mayor de las pruebas, la muerte

6 Está el avivamiento de las promesas de Dios para nuestro corazón
  a. El cambio del nombre: Israel
  b. La presencia de Dios Todopoderoso
  c. La simiente, una nación de personas y una compañía o comunidad de naciones, lo que significa las tribus de Israel
  d. La tierra

7 Está la adoración privada
  a. Jacob erigió una señal de piedra y la consagró: Derramó sobre ella libación[EF2]
  b. Jacob llamó públicamente el lugar Bet-el: Dio testimonio de su encuentro con Dios allí

DIVISIÓN IX

Jacob, nieto de Abraham: Escogido para preservar la descendencia del pueblo de Dios y las grandes promesas de Dios, 28:10—36:43

J. Jacob regresó a Bet-el: Las características del avivamiento, 35:1-15

(35:1-15) *Introducción:* La iglesia necesita un avivamiento. Los corazones de los creyentes de todo el mundo son fríos y displicentes y en muchos casos son despreocupados e indiferentes. Pocos están llevando vidas piadosas; la mayoría está llevando vidas carnales. Los creyentes se han quedado atrapados en el ambiente y tecnología mundanos de la sociedad, buscando los lujos, los placeres y comodidades del mundo. Ya pocos creyentes tienen un testimonio para el Señor; no hay diferencia obvia entre un cristiano profeso y un incrédulo. Las personas pueden notar poca diferencia, de notar alguna, en las vidas de los creyentes profesos.

=> Los creyentes van a los mismos lugares que van los incrédulos, ya sean buenos o malos, morales o inmorales.

=> Los creyentes con mucha frecuencia usan el mismo lenguaje descolorido y cuentan los mismos chistes descoloridos que los incrédulos.

=> Los creyentes hablan sobre los mismos temas que los incrédulos, raras veces debatiendo a Jesucristo y su evangelio.

=> Los creyentes leen las mismas revistas y libros que los incrédulos, ya sean morales o inmorales.

=> Los creyentes ven los mismos programas de televisión o películas que los incrédulos, ya sean morales o inmorales, ya sean limpias o malhabladas.

Los creyentes necesitan un avivamiento. Necesitan limpiar sus vidas, arrepentirse, y volverse a Dios con un nuevo compromiso de seguir a Dios como nunca antes. El avivamiento —el verdadero avivamiento— es la única respuesta a los problemas abrumadores de nuestra sociedad y nuestro mundo.

Éste es el tema de este gran pasaje de las Escrituras. Este es el primer avivamiento registrado en la Biblia: *Jacob regresó a Bet-el: Las características del avivamiento*, 35:1-15.

1. Está el llamado de Dios (v. 1).
2. Está el mensaje de Dios (vv. 2-3).
3. Está el arrepentimiento (v. 4).
4. Está la obediencia a Dios y la liberación y presencia muy especial de Dios (vv. 5-7).
5. Hay un nuevo poder para hacerle frente a las pruebas día tras día: Simbolizado en la mayor de las pruebas, la muerte (v. 8).
6. Está el avivamiento de las promesas de Dios para nuestro corazón (vv. 9-12).
7. Está la adoración privada (vv. 13-15).

ESTUDIO A FONDO 1

(35:1-15) *Avivamiento:* Este es el primer avivamiento registrado en la Biblia. Otros avivamientos del Antiguo Testamento se deben comparar con éste.

1. El avivamiento dirigido por el rey Asa, 2 Cr. 15:1-15.
2. El avivamiento dirigido por el rey Joás, 2 R. 11—12; 2 Cr. 23—24.
3. El avivamiento dirigido por el rey Ezequías, 2 R. 18:4-7; 2 Cr. 29—31.
4. El avivamiento dirigido por Josías, 2 R. 22—23; 2 Cr. 34—35.
5. El avivamiento dirigido por Jonás (en Nínive), Jon. 3.
6. El avivamiento en la época de Zorobabel, Esd. 5—6.
7. El avivamiento dirigido por Nehemías, Neh. 8—9; 13:1-6.

---

1 (35:1) *Llamado de Dios — Avivamiento:* La primera característica del avivamiento es el llamado de Dios. Dios llamó a Jacob al avivamiento. Jacob se enfrentaba a un problema insoportable, a una desesperación que creó una profunda sensación de necesidad en su corazón y su vida. Jacob tenía miedo, el temor le invadía hasta los tuétanos. A su hija, Dina, la habían maltratado y violado el príncipe local de la región. En represalia, sus hijos habían arremetido y matado a todos los hombres de la ciudad. También habían saqueado la ciudad, tomando a todas las mujeres e hijos por siervos.

Ahora Jacob se enfrentaba a la represalia de los gobernantes vecinos. De hecho, realmente esperaba que unieran sus fuerzas para atacarlo y destruirlo (Gn. 34:30). Él tenía miedo de lo que estaba por suceder. Pero otras cosas molestaban también a Jacob.

1. Jacob no había dado un ejemplo espiritual ante sus hijos. Él no les había dado la guía moral y espiritual necesaria. Con frecuencia había demostrado un carácter débil delante de sus hijos, pocas veces haciéndole frente a otros por lo que él sabía que era correcto (Gn. 27:11-12; 29:25-28; 30:1-4, 9; 31:19-20). Él había llevado una vida carnal y mundana, y ahora estaba recogiendo la repercusión en sus hijos. Jacob estaba muy abatido, necesitando que Dios interviniera en la vida de su querida familia y traerles a todos el avivamiento.

2. Jacob sentía una sensación profunda de desobediencia y recaída. Él había regresado a la Tierra Prometida hacía unos nueve o diez años, aún así nunca se había tomado el tiempo de viajar hasta Bet-el para cumplir su promesa a Dios. ¿Cuál era su promesa? Que adoraría a Dios en Bet-el cuando estuviera en la región (Vea nota, Gn. 28:20-22). No había justificación para su desobediencia continua, porque Bet-el se encontraba a solo un día de camino, solo de unos 32 a 48 kilómetros de distancia. Además, justo antes de entrar a la

Tierra Prometida, Dios le había dado a Jacob una profunda experiencia espiritual en Peniel (vea bosquejo y notas, Gn. 32:22-32). Por eso cuando entró a la Tierra Prometida, él experimentó una sensación inusual de la presencia de Dios, y su responsabilidad de viajar a Bet-el se mantendría fresca en su mente. Aún así él se había asentado justo al lado de Siquem y muy pronto se había olvidado de Bet-el. Él había olvidado su promesa a Dios. El poder creciente y acusador del Espíritu de Dios sin duda estaba obrando en Jacob, acusándolo de su desobediencia y recaída.

3. A Jacob también le molestaba algo más, algo le molestaba mucho. Él había permitido la idolatría, la adoración de otros dioses, dentro de su propia familia (v. 2). Esto se analizará más adelante. Lo que se debe tener en cuenta es que Jacob no había hecho a Dios el Señor de su familia, y ahora se estaba viendo obligado a enfrentar su fracaso.

Con todo el problema que había caído sobre él y su familia, Jacob tenía que buscar y descubrir cuál era el problema, lo que había provocado que Dios retirara su mano protectora de sobre él. La conclusión de Jacob sería que el error yacía en su propio corazón y en su propia vida, que él había sido desobediente y había recaído. Y ahora Dios estaba lidiando con él en disciplina.

Pero la verdad del asunto era la siguiente: Dios siempre había lidiado con Jacob. Dios nunca lo había dejado solo. Sencillamente le había tomado mucho tiempo a Jacob enfrentar sus fracasos. De hecho, había hecho falta la crisis del ataque amenazador de las naciones vecinas.

Probablemente lo que haya sucedido sea lo siguiente: Jacob había ido donde el Señor en oración. Él estaba destruido y pidiéndole ayuda y comprensión a Dios. En respuesta, Dios le habló a Jacob diciéndole dos cosas: subir a Bet-el y edificar un altar allí (v. 1), un altar donde él y su pueblo pudieran buscar y adorar al Señor (v. 1).

> "si se humillare mi pueblo, sobre el cual mi nombre es invocado, y oraren, y buscaren mi rostro, y se convirtieren de sus malos caminos; entonces yo oiré desde los cielos, y perdonaré sus pecados, y sanaré su tierra" (2 Cr. 7:14).
> "Cercano está Jehová a los quebrantados de corazón; y salva a los contritos de espíritu" (Sal. 34:18).
> "Los sacrificios de Dios son el espíritu quebrantado; al corazón contrito y humillado no despreciarás tú, oh Dios" (Sal. 51:17).
> "Mi mano hizo todas estas cosas, y así todas estas cosas fueron, dice Jehová; pero miraré a aquel que es pobre y humilde de espíritu, y que tiembla a mi palabra" (Is. 66:2).
> "Rasgad vuestro corazón, y no vuestros vestidos, y convertíos a Jehová vuestro Dios; porque misericordioso es y clemente, tardo para la ira y grande en misericordia, y que se duele del castigo" (Jl. 2:13).

2 (35:2-3) *Avivamiento:* La segunda característica del avivamiento es el mensaje de Dios. Después de que Dios le había hablado a Jacob, Jacob reunió a su pueblo y les anunció el mensaje de Dios. El mensaje incluía cinco puntos.

1. Las personas debían quitar de entre ellos todos sus falsos dioses (v. 2). ¡Qué sorpresa para nosotros! ¡Pensar que este hombre de Dios había permitido ídolos, la adoración de falsos dioses, dentro de su propia familia! Estos ídolos probablemente incluyeran...

• Los dioses tomados por Raquel (Gn. 31:19, 30, 32-35).
• Los dioses extranjeros tomados del saqueo de Siquem (Gn. 34:27-29).
• Los dioses de sus siervos.

Jacob sin dudas le había enseñado a su familia sobre Dios y sus promesas, pero no había logrado exigir obediencia en la adoración de Dios. Él no había hecho del Señor el Dios de toda su familia. Él aún permitía la adoración de otros dioses allí en su propia presencia.

Pensamiento 1. ¿Cuántas personas hoy día aún se aferran a los dioses e ídolos de esta tierra? Recuerden, cualquier cosa puede volverse un dios para nosotros. Cualquier cosa que nos consuma —cualquier cosa a la que nos entreguemos, cualquier cosa que nos domine, cualquier cosa a la que nos volvamos por ayuda, cualquier cosa que pongamos por delante del propio Dios—, eso se convierte en un dios o ídolo en nuestras vidas. Puede que sean cosas como...

• dinero   • apariencia
• riquezas   • deportes
• propiedades   • astrología
• negocios   • vehículos
• poder   • fama
• familia   • alcohol
• drogas   • ropas
• sexo

El llamado de Dios es inequívocamente claro y contundente: quiten todos los dioses e ídolos de sus vidas.

> "No te harás imagen, ni ninguna semejanza de lo que esté arriba en el cielo, ni abajo en la tierra, ni en las aguas debajo de la tierra" (Éx. 20:4).
> "No haréis para vosotros ídolos, ni escultura, ni os levantaréis estatua, ni pondréis en vuestra tierra piedra pintada para inclinaros a ella; porque yo soy Jehová vuestro Dios" (Lv. 26:1).
> "Guardaos, pues, que vuestro corazón no se infatúe, y os apartéis y sirváis a dioses ajenos, y os inclinéis a ellos" (Dt. 11:16).
> "Yo Jehová; este es mi nombre; y a otro no daré mi gloria, ni mi alabanza a esculturas" (Is. 42:8).
> "Porque las cosas invisibles de él, su eterno poder y deidad, se hacen claramente visibles desde la creación del mundo, siendo entendidas por medio de las cosas hechas, de modo que no tienen excusa. Pues habiendo conocido a Dios, no le glorificaron como a Dios, ni le dieron gracias, sino que se envanecieron en sus razonamientos, y su necio corazón fue entenebrecido. Profesando ser sabios,

se hicieron necios, y cambiaron la gloria del Dios incorruptible en semejanza de imagen de hombre corruptible, de aves, de cuadrúpedos y de reptiles" (Ro. 1:20-23).

"Hijitos, guardaos de los ídolos. Amén" (1 Jn. 5:21).

2. Las personas debían limpiarse y purificarse (v. 2). Debían purgar sus corazones de todos los pecados, saquen todo el pecado de sus vidas. Esta exigencia puede haber incluido alguna forma de lavamiento ceremonioso, un lavamiento que simbolizaba el hecho de limpiarse de todo el pecado.

"Lavaos y limpiaos; quitad la iniquidad de vuestras obras de delante de mis ojos; dejad de hacer lo malo" (Is. 1:16).

"Lava tu corazón de maldad, oh Jerusalén, para que seas salva. ¿Hasta cuándo permitirás en medio de ti los pensamientos de iniquidad?" (Jer. 4:14).

"Ahora, pues, ¿por qué te detienes? Levántate y bautízate, y lava tus pecados, invocando su nombre" (Hch. 22:16).

"Así que, amados, puesto que tenemos tales promesas, limpiémonos de toda contaminación de carne y de espíritu, perfeccionando la santidad en el temor de Dios" (2 Co. 7:1).

"Así que, si alguno se limpia de estas cosas, será instrumento para honra, santificado, útil al Señor, y dispuesto para toda buena obra" (2 Ti. 2:21).

"Acercaos a Dios, y él se acercará a vosotros. Pecadores, limpiad las manos; y vosotros los de doble ánimo, purificad vuestros corazones" (Stg. 4:8).

3. Las personas debían cambiarse sus ropas (v. 2). Esto simbolizaba que estaban quitándose la vieja vida del pecado y poniéndose la nueva vida de piedad.

"De modo que si alguno está en Cristo, nueva criatura es; las cosas viejas pasaron; he aquí todas son hechas nuevas" (2 Co. 5:17).

"En cuanto a la pasada manera de vivir, despojaos del viejo hombre, que está viciado conforme a los deseos engañosos, y renovaos en el espíritu de vuestra mente, y vestíos del nuevo hombre, creado según Dios en la justicia y santidad de la verdad" (Ef. 4:22-24).

"No mintáis los unos a los otros, habiéndoos despojado del viejo hombre con sus hechos, y revestido del nuevo, el cual conforme a la imagen del que lo creó se va renovando hasta el conocimiento pleno" (Col. 3:9-10).

4. Las personas debían subir a Bet-el, la casa de Dios, y buscar a Dios en adoración (v. 3). Debían buscar a Dios, buscar su rostro para obtener perdón y liberación. Recuerden que toda la familia de Jacob, incluso todos sus trabajadores y siervos, estaban muy conscientes de la amenaza de las naciones vecinas. Eran mucho menor en número que sus vecinos, y sabían que se iba a necesitar ayuda sobrenatural si iban a salvarlos y liberarlos.

El mensaje de Jacob estaba expresando lo siguiente: el pecado les había traído problemas sobre la familia. En consecuencia, la única esperanza de liberación era sacar el pecado de sus vidas y buscar a Dios para que les proporcionara un avivamiento, buscar a Dios con todo su corazón y su vida.

"Mas si desde allí buscares a Jehová tu Dios, lo hallarás, si lo buscares de todo tu corazón y de toda tu alma" (Dt. 4:29).

"Este pobre clamó, y le oyó Jehová, y lo libró de todas sus angustias" (Sal. 34:6).

"Desde el cabo de la tierra clamaré a ti, cuando mi corazón desmayare. Llévame a la roca que es más alta que yo" (Sal. 61:2).

"Buscad a Jehová y su poder; buscad siempre su rostro" (Sal. 105:4).

"Buscad a Jehová mientras puede ser hallado, llamadle en tanto que está cercano" (Is. 55:6).

"y me buscaréis y me hallaréis, porque me buscaréis de todo vuestro corazón" (Jer. 29:13).

"Porque todo aquel que pide, recibe; y el que busca, halla; y al que llama, se le abrirá" (Lc. 11:10).

5. Las personas necesitaban recordar la gran liberación de Dios del pasado. Sin dudas Jacob con frecuencia le había hablado a su pueblo de cómo Dios lo había liberado en Bet-el, lo había liberado cuando huía de Esaú para salvar su vida. Ahora bien, él recordó al pueblo una vez más de la gran liberación de Dios. La idea es que Dios lo haría nuevamente. Si tan solo las personas subieran a Bet-el y buscaran a Dios, Dios los liberaría de su angustia y problema actual. Dios les daría un avivamiento glorioso, los salvaría y los liberaría.

Pensamiento 1. Dios libera a su pueblo, siempre libera a aquellos que se vuelven a Él.

1) Dios nos libera de todos los problemas y de todo el mal.

"En seis tribulaciones te librará, y en la séptima no te tocará el mal" (Job 5:19).

"No temas, porque yo estoy contigo; no desmayes, porque yo soy tu Dios que te esfuerzo; siempre te ayudaré, siempre te sustentaré con la diestra de mi justicia" (Is. 41:10).

"Cuando pases por las aguas, yo estaré contigo; y si por los ríos, no te anegarán. Cuando pases por el fuego, no te quemarás, ni la llama arderá en ti" (Is. 43:2).

"Dijo: Jehová es mi roca y mi fortaleza, y mi libertador" (2 S. 22:2).

"Pues tú has librado mi alma de la muerte, mis ojos de lágrimas, y mis pies de resbalar" (Sal. 116:8).

2) Dios nos libera de nuestros enemigos.

"Me libró de mi poderoso enemigo, y de los que me aborrecían; pues eran más fuertes que yo" (Sal. 18:17).

"No temas delante de ellos, porque contigo estoy para librarte, dice Jehová" (Jer. 1:8).

"El te librará del lazo del cazador, de la peste destructora" (Sal. 91:3).

3) Dios nos libera de todos los temores, incluso del temor de la muerte.

"Porque has librado mi alma de la muerte, y mis pies de caída, para que ande delante de Dios en la luz de los que viven" (Sal. 56:13).

"Así que, por cuanto los hijos participaron de carne y sangre, él también participó de lo mismo, para destruir por medio de la muerte al que tenía el imperio de la muerte, esto es, al diablo, y librar a todos los que por el temor de la muerte estaban durante toda la vida sujetos a servidumbre" (He. 2:14-15).

"Busqué a Jehová, y él me oyó, y me libró de todos mis temores" (Sal. 34:4).

4) Dios nos libera de la tentación y el mal.

"No os ha sobrevenido ninguna tentación que no sea humana; pero fiel es Dios, que no os dejará ser tentados más de lo que podéis resistir, sino que dará también juntamente con la tentación la salida, para que podáis soportar" (1 Co. 10:13).

"Y el Señor me librará de toda obra mala, y me preservará para su reino celestial. A él sea gloria por los siglos de los siglos. Amén" (2 Ti. 4:18).

"sabe el Señor librar de tentación a los piadosos, y reservar a los injustos para ser castigados en el día del juicio" (2 P. 2:9).

5) Dios nos libera de la pestilencia y la enfermedad.

"El te librará del lazo del cazador, de la peste destructora" (Sal. 91:3).

3 (35:4) *Arrepentimiento:* La tercera característica del avivamiento es el arrepentimiento. Las personas obviamente se sintieron acusadas de sus pecados y estimulados a buscar a Dios. Advierta, le dieron todos sus ídolos y todos los zarcillos de sus orejas a Jacob. Los zarcillos eran joyas que se consideraban símbolos de la mundanalidad o la idolatría. Luego Jacob tomó los símbolos de la mundanalidad y la idolatría y los enterró debajo de una encina cerca de Siquem.

La ilustración es la del arrepentimiento. Las personas se estaban alejando de su vieja vida, dejando todo lo que alejaba sus pensamientos y sus corazones de Dios. Estaban listos para subir a Bet-el, la casa de Dios, y buscar de Dios para conseguir su salvación y liberación.

"Echad de vosotros todas vuestras transgresiones con que habéis pecado, y haceos un corazón nuevo y un espíritu nuevo. ¿Por qué moriréis, casa de Israel?" (Ez. 18:31).

"Por eso pues, ahora, dice Jehová, convertíos a mí con todo vuestro corazón, con ayuno y lloro y lamento" (Jl. 2:12).

"si se humillare mi pueblo, sobre el cual mi nombre es invocado, y oraren, y buscaren mi rostro, y se convirtieren de sus malos caminos; entonces yo oiré desde los cielos, y perdonaré sus pecados, y sanaré su tierra" (2 Cr. 7:14).

"Deje el impío su camino, y el hombre inicuo sus pensamientos, y vuélvase a Jehová, el cual tendrá de él misericordia, y al Dios nuestro, el cual será amplio en perdonar" (Is. 55:7).

"Mas el impío, si se apartare de todos sus pecados que hizo, y guardare todos mis estatutos e hiciere según el derecho y la justicia, de cierto vivirá; no morirá" (Ez. 18:21).

"y diciendo: Arrepentíos, porque el reino de los cielos se ha acercado" (Mt. 3:2).

"Os digo: No; antes si no os arrepentís, todos pereceréis igualmente" (Lc. 13:3).

"Pedro les dijo: Arrepentíos, y bautícese cada uno de vosotros en el nombre de Jesucristo para perdón de los pecados; y recibiréis el don del Espíritu Santo" (Hch. 2:38).

"Así que, arrepentíos y convertíos, para que sean borrados vuestros pecados; para que vengan de la presencia del Señor tiempos de refrigerio" (Hch. 3:19).

"Arrepiéntete, pues, de esta tu maldad, y ruega a Dios, si quizá te sea perdonado el pensamiento de tu corazón" (Hch. 8:22).

4 (35:5-7) *Avivamiento — Seguimiento — Liberación — Bet-el*: La cuarta característica del avivamiento es la obediencia a Dios y a la liberación y presencia especial de Dios. Jacob y su pueblo habían tomado la decisión de obedecer a Dios, arrepentirse de sus pecados y subir a Bet-el, la casa de Dios. Ahora bien, siguieron adelante con su decisión.

1. Jacob y el pueblo emprendieron viaje hacia Bet-el (vv. 5-6). Al hacerlo, Dios tuvo que liberarlos milagrosamente. A lo que Jacob le había temido estaba sucediendo en realidad: los gobernantes de las naciones vecinas se estaban movilizando para atacar a Jacob y a su pueblo. Pero Dios intervino e infundó terror en sus corazones para detenerlos. ¿Cómo? Las Escrituras no lo dicen. Pero Dios usó algo para atemorizar a los gobernantes, y los israelitas fueron liberados, liberados por el poder de Dios.

2. Jacob y el pueblo llegaron a Bet-el y Jacob edificó allí un altar. H. C. Leupold dice que ahora todo se centraba en el altar (mizbeach), que era donde se mataban los animales y donde se realizaba la adoración (*Génesis*, vol. 2, p. 918). Al parecer Jacob edificó algún tipo de estructura para proteger el altar: en realidad construyó "la casa de Dios". Advierta que él renombró el lugar *El Bet-el*, lo que significa ya sea "Dios de la casa de Dios" o "el fuerte y poderoso Dios de Bet-el, la casa de Dios". Recuerden que *El* es un nombre hebreo para Dios, un nombre que significa "el Dios fuerte y poderoso" (Vea *Estudio a fondo 2*, Gn. 1:1 para un mayor análisis). Por supuesto, cuando se edificó el altar, el pueblo adoró y buscó el rostro del Señor. Las Escrituras no mencionan esto porque se debe suponer. No habría razón para edificar un altar a menos que Jacob y su pueblo fueran a adorar a Dios allí.

Sucede lo siguiente: Jacob y el pueblo obedecieron a Dios. Siguieron adelante con su decisión de arrepentirse, de alejarse de sus pecados y volverse a Dios. Buscaron de Dios en Bet-el, en la casa de Dios. Buscaron de Dios para que les concediera su perdón y liberación y lo adoraron a Él y solo a Él. Advierta que Jacob ya había cumplido su promesa. Ya hacían casi diez años que había regresado a *la Tierra Prometida*, y hasta donde sabemos, nunca había cumplido su promesa de subir a Bet-el ni había adorado allí. (Vea nota, Gn. 28:20-22 para un mayor análisis.) Pero ahora ya lo había hecho. Ya ahora Jacob había adorado en Bet-el, y él había edificado un altar y una casa permanentes para Dios en Bet-el. Jacob y el pueblo habían seguido adelante, y Dios los había salvado y liberado por medio de su fuerte poder.

Pensamiento 1. El avivamiento no puede venir a menos que obedezcamos a Dios. Si deseamos el avivamiento, debemos obedecer a Dios y seguir adelante con nuestra decisión de obedecerlo. *Seguir adelante* es la clave. Si somos sinceros en nuestra decisión de obedecer a Dios, *seguiremos adelante* y Dios nos salvará y nos liberará.

"Y **seréis aborrecidos de todos por causa de mi nombre; mas el que persevere hasta el fin, éste será salvo**" (Mt. 10:22).

"**Por tanto, nosotros también, teniendo en derredor nuestro tan grande nube de testigos, despojémonos de todo peso y del pecado que nos asedia, y corramos con paciencia la carrera que tenemos por delante**" (He. 12:1).

"**No obstante, proseguirá el justo su camino, y el limpio de manos aumentará la fuerza**" (Job 17:9).

"**Y conoceremos, y proseguiremos en conocer a Jehová; como el alba está dispuesta su salida, y vendrá a nosotros como la lluvia, como la lluvia tardía y temprana a la tierra**" (Os. 6:3).

"**Otra vez Jesús les habló, diciendo: Yo soy la luz del mundo; el que me sigue, no andará en tinieblas, sino que tendrá la luz de la vida**" (Jn. 8:12).

"**Mis ovejas oyen mi voz, y yo las conozco, y me siguen**" (Jn. 10:27).

"**Si alguno me sirve, sígame; y donde yo estuviere, allí también estará mi servidor. Si alguno me sirviere, mi Padre le honrará**" (Jn. 12:26).

5 (35:8) *Avivamiento — Muerte:* La quinta característica del avivamiento es un nuevo poder para hacerle frente a las pruebas diarias. Esto está simbolizado en la mayor de las pruebas, la propia muerte. Débora, ama de Rebeca, murió; y Jacob la enterró debajo de una encina.

Ahora bien, ¿cómo Débora vino a vivir con Jacob? Las Escrituras nunca mencionan que Jacob visitara a su padre, Isaac, después de regresar a *la Tierra Prometida*. Pero la presencia de Débora con Jacob es un fuerte indicio de que sí lo visitó. ¿De qué otra manera podía ella haber estado con Jacob? Su presencia con Jacob también demuestra que Rebeca, la madre de Jacob, estaba muerta. En uno de los viajes de Jacob a la casa de su padre, él debe haberle preguntado si Débora podía venir con su familia. Débora había significado mucho para Jacob de joven. Ella lo había amamantado de bebé y lo había cuidado durante su niñez y adolescencia.

Como las Escrituras consideran su muerte, probablemente ella fuera una mujer piadosa y sabia que manejó la familia de Jacob. Quizás era como una abuela para los hijos de Jacob así como una asesora para él, quizás aconsejándolo durante tiempos difíciles y de prueba.

Advierta el nombre que Jacob le dio a la encina donde la enterró: *Alón-bacut*, lo que significa "la encina del llanto" (H. C. Leupold, *Génesis*, vol. 2, p. 920). Este elemento, más el hecho de que Jacob trajo a Débora a su casa para que viviera con su familia, demuestra fuertemente un profundo amor y apego entre Jacob y ella. Sucede lo siguiente: el avivamiento que Jacob recién había experimentado le había dado un nuevo poder para soportar las pruebas de la vida, en este caso, la pérdida de un ser querido.

Pensamiento 1. El avivamiento siempre nos dará una nueva fuerza para hacerle frente a lo que se nos presente incluso la peor prueba y el peor enemigo de todos: La muerte.

"**Aunque ande en valle de sombra de muerte, no temeré mal alguno, porque tú estarás conmigo; tu vara y tu cayado me infundirán aliento**" (Sal. 23:4).

"**Estimada es a los ojos de Jehová la muerte de sus santos**" (Sal. 116:15).

"**Así que, por cuanto los hijos participaron de carne y sangre, él también participó de lo mismo, para destruir por medio de la muerte al que tenía el imperio de la muerte, esto es, al diablo, y librar a todos los que por el temor de la muerte estaban durante toda la vida sujetos a servidumbre**" (He. 2:14-15).

"**Conforme a la fe murieron todos éstos sin haber recibido lo prometido, sino mirándolo de lejos, y creyéndolo, y saludándolo, y confesando que eran extranjeros y peregrinos sobre la tierra**" (He. 11:13).

"**Oí una voz que desde el cielo me decía: Escribe: Bienaventurados de aquí en adelante los muertos que mueren en el Señor. Sí, dice el Espíritu, descansarán de sus trabajos, porque sus obras con ellos siguen**" (Ap. 14:13).

6 (35:9-12) *Avivamiento — Promesas — Simiente, la prometida — Tierra, la prometida:* La sexta característica del avivamiento es la renovación de las promesas de Dios a nuestro corazón. Dios le apareció una vez más a Jacob en Bet-el y le renovó sus grandes promesas.

1. Dios reconfirmó el nuevo nombre que Él le había dado a Jacob años antes, el nombre de Israel (v. 10). Recuerden que Israel significa ya sea "el hombre que prevalece con Dios" o "Dios prevalece o rige sobre el hombre". Jacob había prevalecido una vez con Dios. Él había buscado un avivamiento para sí mismo y su pueblo, y Dios lo había escuchado, dándoles un avivamiento verdadero.

2. Dios le ratificó a Jacob su presencia muy especial, la presencia de *Dios Todopoderoso* (El Shaddai). (Vea nota

3, Gn. 17:1 para un mayor análisis.) El nombre enfatiza el poder y la suficiencia de Dios para suplir cada necesidad que el hombre pueda tener. Dios le estaba dando a Jacob la confirmación absoluta de su presencia y poder por el resto de su vida.

> "Y Jesús se acercó y les habló diciendo: Toda potestad me es dada en el cielo y en la tierra" (Mt. 28:18).
>
> "porque nada hay imposible para Dios" (Lc. 1:37).
>
> "Y a Aquel que es poderoso para hacer todas las cosas mucho más abundantemente de lo que pedimos o entendemos, según el poder que actúa en nosotros" (Ef. 3:20).
>
> "Y a aquel que es poderoso para guardaros sin caída, y presentaros sin mancha delante de su gloria con gran alegría" (Jud. 24).
>
> "Yo conozco que todo lo puedes, y que no hay pensamiento que se esconda de ti" (Job 42:2).

3. Dios le reconfirmó *la Simiente prometida* a Jacob, significando una gran nación de personas (v. 11). Advierta que Dios también agregó las palabras de una *compañía o comunidad* de naciones. Esto probablemente se refería a las doce tribus de Israel y a la naturaleza distintiva que cada una tendría y mantendría a través de los siglos venideros.

4. Dios reconfirmó *la Tierra Prometida* (v. 12). La simiente de Jacob heredaría la tierra, la tierra de Canaán. El propio Dios les iba a dar la tierra. (Vea nota, Gn. 12:1c para un mayor análisis.)

Advierta que Dios no mencionó especialmente a la simiente muy especial, el Salvador, en su encuentro con Jacob. ¿Por qué? Las Escrituras no dicen por qué. Este es un pensamiento atrevido: sencillamente no era necesario en este momento de la vida de Jacob. Su fe era tan fuerte en *el Salvador prometido* y se aferró con tanta firmeza a la promesa que poseía su mente. El mero pensar en el Salvador venidero llenaba tanto sus pensamientos que Dios no tuvo que reconfirmar esta parte de su promesa. Que Dios nos conceda que nuestras mentes se llenen tanto del Salvador, el Señor Jesucristo, que ya ha venido. (H. C. Leupold sugiere el mismo pensamiento. *Génesis*, vol. 2, p. 920.)

> "derribando argumentos y toda altivez que se levanta contra el conocimiento de Dios, y llevando cautivo todo pensamiento a la obediencia a Cristo" (2 Co. 10:5).

Pensamiento 1. Las promesas de Dios son ciertas. El creyente puede descansar y estar seguro de cada una de las promesas que Dios ha hecho.

> "Bendito sea Jehová, que ha dado paz a su pueblo Israel, conforme a todo lo que él había dicho; ninguna palabra de todas sus promesas que expresó por Moisés su siervo, ha faltado" (1 R. 8:56).
>
> "plenamente convencido de que era también poderoso para hacer todo lo que había prometido" (Ro. 4:21).

> "porque todas las promesas de Dios son en él Sí, y en él Amén, por medio de nosotros, para la gloria de Dios" (2 Co. 1:20).
>
> "por medio de las cuales nos ha dado preciosas y grandísimas promesas, para que por ellas llegaseis a ser participantes de la naturaleza divina, habiendo huido de la corrupción que hay en el mundo a causa de la concupiscencia" (2 P. 1:4).

7 (35:13-15) *Avivamiento — Adoración:* La séptima característica del avivamiento es la adoración privada. Cuando Dios terminó de renovarle su promesa a Jacob, Él se fue de donde Él había estado hablando (v. 13).

Advierta que Jacob marcó el lugar a modo de memorial erigiendo una señal de piedra y la ungió con aceite. Recuerden, éste era un acto de dedicación y consagración. Jacob apartó el lugar como un lugar muy especial de adoración (v. 14).

Observe que Jacob a partir de ese momento llamó al lugar públicamente *Bet-el*. Esto quiere decir que él públicamente, en la presencia de otras personas, se refirió al lugar como Bet-el. Él dio testimonio público del hecho de que Dios se había encontrado con él en Bet-el, en la casa de Dios.

Pensamiento 1. El avivamiento, el verdadero avivamiento, siempre nos llevará a hacer dos cosas.
1) Adorar a Dios en privado.

> "Mas tú, cuando ores, entra en tu aposento, y cerrada la puerta, ora a tu Padre que está en secreto; y tu Padre que ve en lo secreto te recompensará en público" (Mt. 6:6).
>
> "Despedida la multitud, subió al monte a orar aparte; y cuando llegó la noche, estaba allí solo" (Mt. 14:23).
>
> "Mas él se apartaba a lugares desiertos, y oraba" (Lc. 5:16).
>
> "En aquellos días él fue al monte a orar, y pasó la noche orando a Dios" (Lc. 6:12).
>
> "Y él se apartó de ellos a distancia como de un tiro de piedra; y puesto de rodillas oró" (Lc. 22:41).
>
> "Al día siguiente, mientras ellos iban por el camino y se acercaban a la ciudad, Pedro subió a la azotea para orar, cerca de la hora sexta" (Hch. 10:9).
>
> "Entonces Cornelio dijo: Hace cuatro días que a esta hora yo estaba en ayunas; y a la hora novena, mientras oraba en mi casa, vi que se puso delante de mí un varón con vestido resplandeciente" (Hch. 10:30).

2) Dar testimonio de la obra de Dios en nuestras vidas.

> "Vosotros sois mis testigos, dice Jehová, y mi siervo que yo escogí, para que me conozcáis y creáis, y entendáis que yo mismo soy; antes de mí no fue formado dios, ni lo será después de mí" (Is. 43:10).
>
> "Venid, oíd todos los que teméis a Dios, y contaré lo que ha hecho a mi alma" (Sal. 66:16).

"Mi boca publicará tu justicia y tus hechos de salvación todo el día, aunque no sé su número" (Sal. 71:15).

"Con mis labios he contado todos los juicios de tu boca" (Sal. 119:13).

"Y vosotros daréis testimonio también, porque habéis estado conmigo desde el principio" (Jn. 15:27).

"porque no podemos dejar de decir lo que hemos visto y oído" (Hch. 4:20).

"Id, y puestos en pie en el templo, anunciad al pueblo todas las palabras de esta vida" (Hch. 5:20).

"Pero teniendo el mismo espíritu de fe, conforme a lo que está escrito: Creí, por lo cual hablé, nosotros también creemos, por lo cual también hablamos" (2 Co. 4:13).

"Esto habla, y exhorta y reprende con toda autoridad. Nadie te menosprecie" (Tit. 2:15).

ESTUDIO A FONDO 2

(35:14) *Libación:* Esta es la primera vez que se menciona la libación en la Biblia (cp. Éx. 29:40; 30:9; Lv. 23:13, 18, 37; Nm. 6:15; Dt. 32:38). Advierta estos elementos.

1. La libación por lo general era vino o aceite. En ocasiones se bebía (Dt. 32:38) en ocasiones se derramaba en el altar como un sacrificio (Gn. 35:14). Sin embargo, al parecer las Escrituras demuestran que se derramaba y no se bebía (Éx. 30:9).

2. La libación por lo general se usaba con relación a otras ofrendas. Acá Jacob la usó por sí solo como una ofrenda independiente.

3. La libación fue una de las ofrendas usadas por Israel (Nm. 15:5-7), pero no estaba incluido en las ofrendas levíticas (Lv. 1—7).

4. La libación era un tipo de Cristo ya que Cristo "derramó su alma a la tierra" (Is. 53:12; cp. Sal. 22:14).

5. La libación simbolizaba la dedicación, la dádiva, el derramamiento del corazón y la vida de una persona a Dios. Simbolizaba que una persona estaba ofreciendo, sacrificando, y derramando todo su ser en dedicación a Dios y a su servicio.

1 La muerte de la esposa de Jacob	K. Jacob regresó donde su padre, Isaac: Enfrentándose y superando prueba tras prueba, 35:16-29	22 Aconteció que cuando moraba Israel en aquella tierra, fue Rubén y durmió con Bilha la concubina de su padre; lo cual llegó a saber Israel. Ahora bien, los hijos de Israel fueron doce:	2 El pecado del hijo de Jacob

1 La muerte de la esposa de Jacob
a. La muerte de Raquel: un momento difícil
  1) Durante el parto: Hubo trabajo en su parto
	16 Después partieron de Bet-el; y había aún como media legua de tierra para llegar a Efrata, cuando dio a luz Raquel, y hubo trabajo en su parto.
	17 Y aconteció, como había trabajo en su parto, que le dijo la partera: No temas, que también tendrás este hijo.
		23 los hijos de Lea: Rubén el primogénito de Jacob; Simeón, Leví, Judá, Isacar y Zabulón.
		24 Los hijos de Raquel: José y Benjamín.
		25 Los hijos de Bilha, sierva de Raquel: Dan y Neftalí.
			a. El pecado de Rubén: Incesto
			b. Jacob se sobrepuso: Al oír del pecado en el nombre de Israel
			3 La responsabilidad de Jacob por sus hijos
			a. Los doce hijos
			  1) los hijos de Lea
			  2) los hijos de Raquel

2) Lo expresó al nombrar a su hijo Benoni: Pero Jacob cambió su nombre a Benjamín
  3) Murió: La enterró cerca de Belén
  4) Jacob honrado
	18 Y aconteció que al salírsele el alma (pues murió), llamó su nombre Benoni; mas su padre lo llamó Benjamín.
	19 Así murió Raquel, y fue sepultada en el camino de Efrata, la cual es Belén.
	20 Y levantó Jacob un pilar sobre su sepultura; esta es la señal de la sepultura de Raquel hasta hoy.
		26 Y los hijos de Zilpa, sierva de Lea: Gad y Aser. Estos fueron los hijos de Jacob, que le nacieron en Padan-aram.
		27 Después vino Jacob a Isaac su padre a Mamre, a la ciudad de Arba, que es Hebrón, donde habitaron Abraham e Isaac.
			3) los hijos de Bilha
			
			  4) los hijos de Zilpa
			
			b. Jacob se sobrepuso: Al obedecer a Dios regresando a la Tierra Prometida, su gran herencia espiritual

b. Jacob se sobrepuso: Al viajar como Israel (esforzarse con Dios)	21 Y salió Israel, y plantó su tienda más allá de Migdal-edar.	28 Y fueron los días de Isaac ciento ochenta años. 29 Y exhaló Isaac el espíritu, y murió, y fue recogido a su pueblo, viejo y lleno de días; y lo sepultaron Esaú y Jacob sus hijos.	**4 La muerte del padre de Jacob** a. Isaac murió a la edad de 180, y se unió a su pueblo en la eternidad b. Jacob se sobrepuso: Al reconciliarse con Esaú y enterrar juntos a su padre

DIVISIÓN IX

JACOB, NIETO DE ABRAHAM: ESCOGIDO PARA PRESERVAR LA DESCENDENCIA DEL PUEBLO DE DIOS Y LAS GRANDES PROMESAS DE DIOS, 28:10—36:43

K. Jacob regresó donde su padre, Isaac: Enfrentándose y superando prueba tras prueba, 35:16-29

(35:16-29) *Introducción:* ¿Alguna vez ha sentido que el mundo se le viene encima? ¿Se ha sentido que la presión y el esfuerzo son casi insoportables? ¿Como si ya no pudiera soportar mucho más?

=> ¿Alguna vez ha perdido a una esposa o esposo querido? ¿Tuvo que sufrir el terrible dolor, pesar, la pena, y soledad que viene detrás de una pérdida como esa?

=> ¿Alguna vez ha tenido un hijo o hija que se haya extraviado y haya cometido un pecado horrible? ¿Ha soportado alguna vez el dolor, el pesar, la pena, la vergüenza de un hijo que hubiera cometido un pecado terrible que se hubiera convertido en conocimiento público?

=> ¿Alguna vez ha experimentado una gran responsabilidad por su familia? ¿Ha experimentado la presión, la tensión, y el deber de tener que ocuparse de su necesidad de comida, ropa, albergue, educación, y crecimiento espiritual?

=> ¿Ha perdido a su padre o madre? ¿Ha sufrido el dolor, pesar, pena, y la sensación de la responsabilidad de darle continuidad a la herencia de la familia de un nombre piadoso?

A Jacob le sucedió. Jacob sufrió cada una de estas grandes pruebas y responsabilidades, una detrás de la otra. En esto consiste todo este pasaje: en enseñarnos cómo podemos vencer las pruebas de la vida. No importa cuántas pruebas nos sobrevengan en un momento y no importa cuán aterradoras puedan ser, hay una vía de vencer y superar todas las pruebas de la vida. El tema de este pasaje es: *Jacob regresó donde su padre, Isaac: Enfrentándose y superando prueba tras prueba*, 35:16-29.

1. La muerte de la esposa de Jacob (vv. 16-21).
2. El pecado del hijo de Jacob (v. 22a).
3. La responsabilidad de Jacob por sus hijos (vv. 22b-27).
4. La muerte del padre de Jacob (vv. 28-29).

1 (35:16-21) *Muerte — Esposa:* Estaba la muerte de la amada esposa de Jacob. Dios les había dado a Jacob y a su pueblo un verdadero avivamiento, llevándolos a un arrepentimiento genuino. Se habían alejado de los pecados de este mundo y se habían vuelto completamente a Dios. Todo esto había sucedido en Bet-el, la casa de Dios. Ahora Jacob estaba fortalecido espiritualmente como nunca antes, mucho más preparado para regresar donde su padre, Isaac, y para asumir las responsabilidades de la familia prometida. Así Jacob y su pueblo empacaron todas sus posesiones, reunieron todo el ganado, y abandonaron Bet-el. Y comenzaron el agotador viaje a Hebrón, donde vivía Isaac. Pero antes de que hubieran adelantado mucho, surgió una crisis que los detuvo en seco.

1. Raquel murió. La esposa amada de Jacob, la esposa que él había amado tanto, falleció (vv. 16-21).
   a. Raquel había estado embarazada de su segundo hijo, y el viaje obviamente era demasiado para ella. Es muy probable que el movimiento excesivo haya provocado que se adelantaran los dolores de parto, y que el hijo haya nacido prematuramente. Las Escrituras dicen que ella tuvo trabajo en el parto, que había pasado mucho trabajo dando a luz a su hijo (vv. 16-17).
   b. Pero el hijo estuvo bien, y Raquel lo nombró justo antes de morir (v. 18). Ella le dio por nombre *Benoni*, lo que significa "hijo de mi tristeza". Sin embargo, Jacob no quería que el hijo llevara un nombre que significara tal tristeza, así que le cambió el nombre para *Benjamín*, lo que significa "el hijo de la mano derecha". En su fe, Jacob estaba declarando que el hijo se sentaría en una posición honrada, a su diestra (v. 18).
   c. Raquel murió cerca de Belén y fue enterrada allí (v. 19).
   d. Jacob honró a su amada esposa erigiendo una señal sobre la tumba (v. 20). Advierta que la señal aún existía unos cuatrocientos o quinientos años más tarde cuando Moisés estaba escribiendo este relato. Recuerden, Raquel era el amor de la vida de Jacob. Él la había amado desde el primer día que él la había visto. Él había trabajado siete largos y trabajosos años por ella, y después siete años más después de que lo habían engañado para que se casara con Lea antes que con Raquel. Esta pareja querida venía junta y habían pasado las buenas y las malas durante décadas, y el amor de Jacob por ella había crecido cada vez más. Incluso años después de este suceso, cuando Jacob se enfrentaba a los últimos años de su vida, él recordaba su gran amor por ella y

su muerte (Gn. 48:7). Este hombre de Dios tenía una enorme capacidad para amar y amar profundamente. A pesar de todos sus fracasos y debilidades, su corazón era tierno y suave, devoto y leal. Por esto, él era capaz de hacer grandes cosas por Dios, y Dios podía usar a Jacob.

2. Ahora bien, ¿cómo Jacob venció el pesar de perder a su querida esposa, la que tanto había amado? Al andar con el nuevo nombre que Dios le había dado, el nombre de Israel (v. 21). Advierta que se le llama Jacob en el versículo 20, pero su nombre se cambia de inmediato a Israel en el versículo 21. Recuerden que *Israel* significa "alguien que se esfuerza y prevalece con Dios". En este pasaje, la muerte de Raquel, su esposa amada, obligó a Jacob a acercarse a Dios, a esforzarse y prevalecer con Dios, a confiar en Dios para que le diera fuerzas para enfrentar su muerte y seguir adelante. Dios suplió la necesidad de Jacob. De ese modo Jacob continuó su viaje como Israel, como "quien buscó y prevaleció con Dios" (Vea nota, Gn. 32:27-28).

Es importante a partir de este momento darse cuenta de cuándo a Jacob se le llama Israel. Se está haciendo entender algo especial cuando se cambia su nombre a Israel (Vea nota, pt. 2, Gn. 45:25-28).

Pensamiento 1. Cuando perdemos a una esposa o esposo queridos, el dolor es en ocasiones casi insoportable. En ocasiones la sensación de pérdida, de pesar, de pena, y de soledad parece que nos abruma. Dios y la oración proporcionan la solución para nuestra necesidad: nuestro Señor nos ayudará y nos sustentará. Pero tenemos que volvernos a él tal como lo hizo Jacob.

"Jehová es mi fortaleza y mi escudo; en él confió mi corazón, y fui ayudado, por lo que se gozó mi corazón, y con mi cántico le alabaré" (Sal. 28:7).

"Aunque afligido yo y necesitado, Jehová pensará en mí. Mi ayuda y mi libertador eres tú; Dios mío, no te tardes" (Sal. 40:17).

"No temas, porque yo estoy contigo; no desmayes, porque yo soy tu Dios que te esfuerzo; siempre te ayudaré, siempre te sustentaré con la diestra de mi justicia" (Is. 41:10).

"Y él dijo: Mi presencia irá contigo, y te daré descanso" (Éx. 33:14).

"El eterno Dios es tu refugio, y acá abajo los brazos eternos; el echó de delante de ti al enemigo, y dijo: Destruye" (Dt. 33:27).

"Y hasta la vejez yo mismo, y hasta las canas os soportaré yo; yo hice, yo llevaré, yo soportaré y guardaré" (Is. 46:4).

2 (35:22a) *Inmoralidad — Rubén:* Estaba el pecado de su hijo.

1. Rubén era el mayor, el primogénito de Jacob. Él cometió un pecado terrible, un acto adúltero horrible contra su padre. Él tuvo sexo con la concubina de su padre, Bilha. Recuerden que Bilha era la madre de dos de los hermanos menores de Rubén, Dan y Neftalí.

Dos elementos señalan fuertemente que no fue un caso de violación, sino una relación que fomentaron las dos partes.

=> Bilha era mucho mayor que Rubén y era una de las madres de la familia; por tanto ella tenía la autoridad de los padres y era suficientemente madura para resistir cualquier insinuación de Rubén.

=> Además, si Bilha no estuviera de acuerdo con la relación, ella le habría dicho a Jacob que Rubén la había violado. Rubén habría sabido esto, así que esto solamente le habría impedido que surgiera el sexo, mucho menos violar a Bilha.

Según se ha planteado, es muy probable que ambas partes hayan estado de acuerdo con la relación sexual. Recuerden que Rubén tenía cerca de treinta años de edad y no estaba casado. Bilha era una mujer mayor cuya belleza y atractivo habían comenzado a desaparecer, cuyo rostro había comenzado a mostrar arrugas y cuyo cuerpo había comenzado a perder la forma. Probablemente estuviera descuidada por su esposo, Jacob, y se sintiera solitaria, poco atractiva, y no deseada. De alguna manera ella y Rubén intensificaron más su amistad de lo que debían por medio de la conversación y comenzaron a sentirse atraídos uno por el otro. La atracción era obvia para la otra parte, y pronto se descubrieron en los brazos de cada uno y finalmente juntos en cama.

2. Cuando Jacob se enteró de la relación, él la detuvo por supuesto. Qué tipo de represión y disciplina él ejerció no se informa, pero sin dudas él reprendió fuertemente a su hijo y a su esposa.

Sucede lo siguiente: Jacob se iba a sentir destrozado, su corazón se rompería del dolor y el pesar severos. Él había perdido a su querida esposa Raquel, y ahora esto: su hijo mayor cometiendo incesto. El pesar, el dolor, la vergüenza —una profunda laceración y vergüenza— invadieron su alma. ¿Cómo podía lidiar con todo? Su propio hijo, su hijo mayor, lo había avergonzado de la manera más terrible posible. Su hijo lo había lacerado hasta lo más profundo cuando ya se encontraba sufriendo y llorando la muerte de su amada esposa. ¿Cómo podía manejarlo todo: todo el dolor, la laceración, la pena, el pesar, y la vergüenza?

Advierta el nombre usado para Jacob: Es Israel. Las noticias del incesto llegaron a los oídos de Israel. Jacob recibió las noticias con la fuerza de su nuevo nombre. Nuevamente, la idea es que él fue delante de Dios en oración: buscando, luchando, y esforzándose con Dios en la oración. Y él se mantuvo allí delante de Dios hasta que él prevaleció en la oración, hasta que Dios oyó y respondió su necesidad. Él oró y oró hasta que Dios alivió su dolor y su pesar, hasta que Dios liberó su alma y lo fortaleció para ponerse en pie y seguir adelante.

Pensamiento 1. No hay mayor pesar ni dolor que pueda invadir el corazón de un padre que esto: un hijo cometiendo algún pecado vil que avergüence y apene a la familia. La lección queda clara: No importa qué pecado cometa un hijo, no importa cuán caprichoso se vuelva ese hijo, Dios puede suplir las necesidades del

padre. Dios puede aliviar el dolor, el pesar, la pena, y la vergüenza. Dios puede fortalecernos para ponernos en pie y seguir adelante a hacerle frente al mundo y a nuestro deber dentro del mundo.

> **"Los proverbios de Salomón. El hijo sabio alegra al padre, pero el hijo necio es tristeza de su madre"** (Pr. 10:1).
>
> **"Aun el muchacho es conocido por sus hechos, si su conducta fuere limpia y recta"** (Pr. 20:11).
>
> **"El que roba a su padre o a su madre, y dice que no es maldad, compañero es del hombre destruidor"** (Pr. 28:24).
>
> **"Ten misericordia de mí, oh Dios, ten misericordia de mí; porque en ti ha confiado mi alma, y en la sombra de tus alas me ampararé hasta que pasen los quebrantos"** (Sal. 57:1).
>
> **"Se levantó, y midió la tierra; miró, e hizo temblar las gentes; los montes antiguos fueron desmenuzados, los collados antiguos se humillaron. Sus caminos son eternos"** (He. 13:6).

3 (35:22b-27) *Israel, tribus de — Jacob, hijos de:* Estaba la responsabilidad de sus hijos. Esta era una responsabilidad grande, porque ahora Jacob tenía trece hijos, doce hijos y una hija. ¿Cómo manejaba la presión de la responsabilidad? Obedeciendo a Dios y regresando a la Tierra Prometida, al lugar de su gran herencia espiritual.

Nota: Esta es la primera lista completa de los doce hijos de Jacob, los futuros cabezas de las doce tribus de Israel. Hay al menos dos razones de por qué se da la lista en este momento.

1. La lista se da para mostrar el poder absoluto y la fidelidad de Dios: mostrar cómo Dios soluciona todas las cosas a fin de cumplir sus propósitos (cp. Ro. 8:28-29). Dios había llamado a Jacob a recibir las promesas de Dios, el gran pacto hecho con Abraham. Hasta el momento, la vida de Jacob y la vida de su familia habían sido, de un modo sencillo, un desorden. Pero Dios había intercedido para enderezar el desorden. Dios había llamado y vuelto a llamar a Jacob a arrepentirse y cambiar su vida. Y cada vez, Jacob se había arrepentido y se había vuelto a Dios, pero solo temporalmente. Nunca se mantuvo. Sin embargo, Dios lo anuló. Dios intercedió una y otra vez hasta que trajo a Jacob y a su familia de vuelta a *la Tierra Prometida*. Cuando Jacob abandonó la tierra unos treinta años antes, él estaba huyendo para salvar su vida por el pecado, y no tenía más que un cayado. Ahora cuando regresaba, Dios lo había bendecido tremendamente, fundamentalmente con los doce hijos que guiarían el cumplimiento de la promesa de Dios a Abraham. ¿Cómo Jacob regresó a *la Tierra Prometida* con estos hijos, hijos de los que él era responsable? No por medio de sus propios esfuerzos ni obras. Sino por medio de la gracia, perdón, y misericordia de Dios. Dios había llamado a Jacob y había obrado en Jacob, haciéndolo cada vez más fuerte espiritualmente. Dios había obrado para fortalecer tanto a Jacob que Jacob tuvo que ponerse en pie y hacer la voluntad de Dios. Él tuvo que regresar a *la Tierra Prometida*. Dios venció los fracasos y debilidades de Jacob obrando

dentro de él y fortaleciéndolo cada vez más. Por eso Dios fue fiel a su promesa.

Ahora Jacob estaba aquí con sus doce hijos, tras haber venido donde su padre, Isaac. Él había regresado a *la Tierra Prometida* donde Abraham e Isaac habían vivido toda su vida (v. 27). Fue un momento dramático cuando Jacob y sus hijos se pararon delante de su padre, era el propio Dios quien los había traído allí, los había traído a *la Tierra Prometida* por medio de su poder absoluto y fidelidad. Todas las generaciones subsiguientes mirarían a Jacob y conocerían la debilidad y fragilidad de los hombres, incluso de aquellos escogidos y llamados por Dios. Pero también conocerían la gracia y fidelidad gloriosas de Dios, la gracia y fidelidad que se encuentran disponibles para cualquier persona. Esta era una de las razones principales de por qué el autor de Génesis mencionó acá la lista de los doce hijos de Jacob.

2. La lista se da para mostrar que Jacob era supremamente fiel a Dios. Jacob conocía verdaderamente a Dios: Él creía sinceramente y seguía al verdadero Dios del cielo y la tierra. A pesar de los lapsos en el pecado —incluso los pecados terribles de bigamia, favoritismo, engaño, mentira, cobardía y robo— Jacob buscó a Dios. Él luchó y peleó con Dios, y él prevaleció con Dios. A fin de cuentas, él fue obediente a Dios: él se arrepintió de sus pecados y regresó a *la Tierra Prometida*. Y ahora se encontraba allí, parado con sus doce hijos que serían los cabezas de las doce tribus de Israel. Él estaba allí delante de su padre en *la Tierra Prometida* donde Abraham e Isaac se habían quedado. Él había regresado a su gran herencia espiritual, y se paró delante de su padre con la fortaleza de esa herencia espiritual. Fue en esa fortaleza, la fortaleza de su herencia espiritual, que él pudo manejar la responsabilidad de sus doce hijos. Esta era la segunda razón principal por la que el autor de Génesis mencionó aquí a los doce hijos de Jacob.

> *Pensamiento 1.* Solo hay una manera de manejar la gran responsabilidad de los hijos: En el Señor. Debemos asegurarnos de que estamos siguiendo al Señor a la Tierra Prometida del cielo y que estamos guiando a nuestros hijos hacia el cielo. El Señor es fiel, y Él obrará en nosotros para fortalecernos para que manejemos cualquier presión y responsabilidad que soportemos al criar a nuestros hijos.

> "y las repetirás a tus hijos, y hablarás de ellas estando en tu casa, y andando por el camino, y al acostarte, y cuando te levantes" (Dt. 6:7).
> "Jehová se acordó de nosotros; nos bendecirá; bendecirá a la casa de Israel; bendecirá a la casa de Aarón" (Sal. 115:12).
> "Y él dijo: Mi presencia irá contigo, y te daré descanso" (Éx. 33:14).
> "El eterno Dios es tu refugio, y acá abajo los brazos eternos; el echó de delante de ti al enemigo, y dijo: Destruye" (Dt. 33:27).
> "Instruye al niño en su camino, y aun cuando fuere viejo no se apartará de él" (Pr. 22:6).
> "Y vosotros, padres, no provoquéis a ira a vuestros hijos, sino criadlos en disciplina y

amonestación del Señor" (Ef. 6:4).
> "que gobierne bien su casa, que tenga a sus hijos en sujeción con toda honestidad" (1 Ti. 3:4).
> "que enseñen a las mujeres jóvenes a amar a sus maridos y a sus hijos" (Tit. 2:4).
> "echando toda vuestra ansiedad sobre él, porque él tiene cuidado de vosotros" (1 P. 5:7).
> "Aunque afligido yo y necesitado, Jehová pensará en mí. Mi ayuda y mi libertador eres tú; Dios mío, no te tardes" (Sal. 40:17).
> "Y hasta la vejez yo mismo, y hasta las canas os soportaré yo; yo hice, yo llevaré, yo soportaré y guardaré" (Is. 46:4).

4 (35:28-29) *Muerte — Isaac:* Estaba la muerte de su padre. Recuerden, esta fue la cuarta gran prueba y deber que le sobrevino a Jacob en este pasaje. Las Escrituras están haciendo énfasis en las pruebas que nos sobrevienen como creyentes. Jacob había acabado de enfrentar y vencer tres grandes pruebas:

=> La muerte inesperada de su querida esposa Raquel (vv. 16-21).

=> El pecado terrible y vergonzoso de su hijo mayor, Rubén: el de incesto, de cometer un acto adúltero con Bilha la esposa de Jacob (v. 22a).

=> La gran responsabilidad de sus hijos, una responsabilidad que le había llegado a su corazón al presentarles a sus hijos a su padre, Isaac (vv. 23-27).

1. Ahora Jacob se enfrentaría a la muerte de su padre. Isaac murió a los 180 años de edad. Advierta que fue "recogido a su pueblo" (v. 29). Esta es una frase usada en el Antiguo Testamento para referirse a la vida después de la muerte. Isaac estaba siendo recogido para estar con los creyentes que lo habían antecedido, recogido a la vida con Dios, a la eternidad (Vea nota, pt. 3, Gn. 25:7-10).

2. Advierta que la reconciliación entre los dos hermanos, Esaú y Jacob, fue genuina. Aquí estaban juntos, manejando todos los arreglos del funeral juntos. Se había producido la verdadera reconciliación. Hay una gran lección en su reconciliación. El conflicto entre ellos era tan severo que si ellos se pudieron reconciliar entonces cualquier conflicto se puede resolver. Cualquiera de las dos partes, no importa cuan severo sea su conflicto, se puede reconciliar si tan solo confiaran en Dios para que los ayude. ¿Cómo Jacob se sobrepuso a la pérdida de su padre? Primero, reconciliándose con su hermano Esaú y enterrando a su padre juntos.

Ahora bien, la muerte de Isaac sin dudas era una pérdida terrible para Jacob, porque su padre era el hijo del propio Abraham, el primer gran patriarca. El padre de Jacob, Isaac, era solo el segundo gran patriarca que creía en Dios y en sus promesas. Ahora Jacob estaba completamente solo sin relación directa con Abraham, completamente solo como la tercera generación de grandes patriarcas que habían confiado en Dios y habían seguido sus promesas.

Segundo, Jacob sin dudas se sobrepuso a la muerte de su padre por medio de la oración. Pero tercero, él también se sobrepuso asumiendo la responsabilidad de los israelitas, asumiendo como el cabeza de la familia, el cabeza espiritual de la gran familia patriarcal. Jacob se enfrentó a la muerte de su padre en la fortaleza de su herencia espiritual, una herencia espiritual que enfatizaba una fe personal y temor de Dios. Advierta que el ejemplo que Isaac le había dejado a Jacob: cuando pensaba en su padre, Jacob tenía una cosa en particular que le sobresalía en su mente: *el temor y reverencia de Isaac por Dios.* De hecho, Jacob incluso llamó a Dios "el temor de Isaac" (Gn. 31:42, 53).

¡Qué ejemplo tan glorioso Isaac le había dejado a sus hijos! Por ende, fue la fortaleza de estar de vuelta en la presencia de su padre, la fortaleza de estar de vuelta en la tierra de su gran herencia espiritual, la que le permitió a Jacob enfrentar la muerte de su padre.

Advierta lo siguiente: Isaac no murió realmente hasta doce años después que Jacob regresó a su padre. Su muerte se menciona acá porque la responsabilidad del llamado de Dios, la responsabilidad del liderazgo espiritual, ahora sería de Jacob. Ahora toda la responsabilidad de las promesas de Dios era de Jacob. El centro de atención, en la medida que Dios cumplía el pacto abrahámico, se pondría sobre Jacob y sus doce hijos. La importancia histórica de la vida de Isaac terminaba; de ahí que ahora se mencionara su muerte.

Pensamiento 1: ¿Cómo nos sobreponemos al dolor de perder a nuestro padre, madre, o cualquier otro ser amado? Por medio de la oración y asumiendo la responsabilidad que nos toca, hasta cumplir con nuestro propio llamado y deber en la tierra. Cuando nuestros seres amados han fallecido, no pueden lograr nada más en la tierra. Pero *nosotros sí podemos*, y hay mucho que hacer para convertir a nuestra tierra en un lugar mejor para vivir y para ayudar a nuestros conciudadanos a vencer la muerte y el juicio venidero. Hay una sola manera en que podemos ayudarlos en ese respecto: anunciando la vida eterna que se halla en nuestro Señor y Salvador Jesucristo. Él había muerto por ellos, de la misma manera que ha muerto por nosotros. Por ende, debemos hacer como Isaac hizo con Jacob, y Jacob con su familia: anunciar la fe, las grandes promesas de Dios.

1) Está *la Tierra Prometida del cielo*, la que podemos heredar, la Tierra Prometida donde podemos ser recogidos a nuestro pueblo y vivir para siempre con ellos y con Dios.

"Porque de tal manera amó Dios al mundo, que ha dado a su Hijo unigénito, para que todo aquel que en él cree, no se pierda, mas tenga vida eterna" (Jn. 3:16).

"No se turbe vuestro corazón; creéis en Dios, creed también en mí. En la casa de mi Padre muchas moradas hay; si así no fuera, yo os lo hubiera dicho; voy, pues, a preparar lugar para vosotros. Y si me fuere y os preparare lugar, vendré otra vez, y os tomaré a mí mismo, para que donde yo estoy, vosotros también estéis" (Jn. 14:1-3).

"Porque sabemos que si nuestra morada terrestre, este tabernáculo, se deshiciere, tenemos de Dios un edificio, una casa no hecha de manos, eterna, en los cielos" (2 Co. 5:1).

"a causa de la esperanza que os está guardada en los cielos, de la cual ya habéis oído por la palabra verdadera del evangelio" (Col. 1:5).

"porque esperaba la ciudad que tiene fundamentos, cuyo arquitecto y constructor es Dios" (He. 11:10).

"Conforme a la fe murieron todos éstos sin haber recibido lo prometido, sino mirándolo de lejos, y creyéndolo, y saludándolo, y confesando que eran extranjeros y peregrinos sobre la tierra. Porque los que esto dicen, claramente dan a entender que buscan una patria; pues si hubiesen estado pensando en aquella de donde salieron, ciertamente tenían tiempo de volver. Pero anhelaban una mejor, esto es, celestial; por lo cual Dios no se avergüenza de llamarse Dios de ellos; porque les ha preparado una ciudad" (He. 11:13-16).

2) Está *la Simiente prometida*, una gran nación de creyentes que Dios está edificando. Y está la Simiente prometida muy especial *del Salvador*, el Señor Jesucristo, que ha venido a salvar al mundo.

"Ahora bien, a Abraham fueron hechas las promesas, y a su simiente. No dice: Y a las simientes, como si hablase de muchos, sino como de uno: Y a tu simiente, la cual es Cristo" (Gá. 3:16).

"que os ha nacido hoy, en la ciudad de David, un Salvador, que es CRISTO el Señor" (Lc. 2:11).

"Porque el Hijo del Hombre vino a buscar y a salvar lo que se había perdido" (Lc. 19:10).

"Porque no envió Dios a su Hijo al mundo para condenar al mundo, sino para que el mundo sea salvo por él" (Jn. 3:17).

"A éste, Dios ha exaltado con su diestra por Príncipe y Salvador, para dar a Israel arrepentimiento y perdón de pecados" (Hch. 5:31).

"Palabra fiel y digna de ser recibida por todos: que Cristo Jesús vino al mundo para salvar a los pecadores, de los cuales yo soy el primero" (1 Ti. 1:15).

"por lo cual puede también salvar perpetuamente a los que por él se acercan a Dios, viviendo siempre para interceder por ellos" (He. 7:25).

"quien llevó él mismo nuestros pecados en su cuerpo sobre el madero, para que nosotros, estando muertos a los pecados, vivamos a la justicia; y por cuya herida fuisteis sanados" (1 P. 2:24).

"Porque también Cristo padeció una sola vez por los pecados, el justo por los injustos, para llevarnos a Dios, siendo a la verdad muerto en la carne, pero vivificado en espíritu" (1 P. 3:18).

"Mas él herido fue por nuestras rebeliones, molido por nuestros pecados; el castigo de nuestra paz fue sobre él, y por su llaga fuimos nosotros curados" (Is. 53:5).

CAPÍTULO 36

L. Esaú, hermano de Jacob, en su tierra, Edom: El retrato de una vida carnal, 36:1-43

1 Las esposas e hijos de Esaú en Canaán: Casándose con incrédulos (cananeos), satisfaciendo su carne pero haciendo yugo desigual con los incrédulos
 a. Sus esposas: De Canaán, incrédulas
 b. Sus hijos (nacidos en Canaán): Criados en un ambiente mixto de creencia e incredulidad

2 El movimiento de Esaú de Canaán al Monte de Seir (Edom): Recibiendo la segunda mejor alternativa por escoger el mundo
 a. Él se lo llevó todo: Su pueblo y sus propiedades
  1) La tierra no podía sostener a Esaú y a Jacob
  2) La tierra era de Jacob por herencia
 b. Él se asentó en el Monte de Seir[EF1]

3 Hijos y nietos de Esaú: Tienen registrado sólo un nombre y no una historia
 a. los hijos de Esaú

 b. los nietos por medio de Elifaz

1 Estas son las generaciones de Esaú, el cual es Edom: 2 Esaú tomó sus mujeres de las hijas de Canaán: a Ada, hija de Elón heteo, a Aholibama, hija de Aná, hijo de Zibeón heveo, 3 y a Basemat hija de Ismael, hermana de Nebaiot. 4 Ada dio a luz a Esaú a Elifaz; y Basemat dio a luz a Reuel. 5 Y Aholibama dio a luz a Jeús, a Jaalam y a Coré; estos son los hijos de Esaú, que le nacieron en la tierra de Canaán.

6 Y Esaú tomó sus mujeres, sus hijos y sus hijas, y todas las personas de su casa, y sus ganados, y todas sus bestias, y todo cuanto había adquirido en la tierra de Canaán, y se fue a otra tierra, separándose de Jacob su hermano. 7 Porque los bienes de ellos eran muchos; y no podían habitar juntos, ni la tierra en donde moraban los podía sostener a causa de sus ganados. 8 Y Esaú habitó en el monte de Seir; Esaú es Edom. 9 Estos son los linajes de Esaú, padre de Edom, en el monte de Seir. 10 Estos son los nombres de los hijos de Esaú: Elifaz, hijo de Ada mujer de Esaú; Reuel, hijo de Basemat mujer de Esaú. 11 Y los hijos de Elifaz fueron Temán, Omar, Zefo, Gatam y Cenaz.

12 Y Timna fue concubina de Elifaz hijo de Esaú, y ella le dio a luz a Amalec; estos son los hijos de Ada, mujer de Esaú. 13 Los hijos de Reuel fueron Nahat, Zera, Sama y Miza; estos son los hijos de Basemat mujer de Esaú. 14 Estos fueron los hijos de Aholibama mujer de Esaú, hija de Aná, que fue hijo de Zibeón: ella dio a luz a Jeús, Jaalam y Coré, hijos de Esaú. 15 Estos son los jefes de entre los hijos de Esaú: hijos de Elifaz, primogénito de Esaú: los jefes Temán, Omar, Zefo, Cenaz, 16 Coré, Gatam y Amalec; estos son los jefes de Elifaz en la tierra de Edom; estos fueron los hijos de Ada. 17 Y estos son los hijos de Reuel, hijo de Esaú: los jefes Nahat, Zera, Sama y Miza; estos son los jefes de la línea de Reuel en la tierra de Edom; estos hijos vienen de Basemat mujer de Esaú. 18 Y estos son los hijos de Aholibama mujer de Esaú: los jefes Jeús, Jaalam y Coré; estos fueron los jefes que salieron de Aholibama mujer de Esaú, hija de Aná. 19 Estos, pues, son los hijos de Esaú, y sus jefes; él es Edom. 20 Estos son los hijos de Seir horeo, moradores de aquella tierra: Lotán, Sobal, Zibeón, Aná, 21 Disón, Ezer y Disán; estos son los jefes de los horeos, hijos de Seir, en la tierra de Edom. 22 Los hijos de Lotán fueron Hori y Hemam; y Timna fue hermana de Lotán. 23 Los hijos de Sobal fueron Alván, Manahat, Ebal, Sefo y Onam.

 c. Los nietos por medio de Reuel

 d. Los otros hijos de Esaú por medio de Aholibama

4 Hijos y nietos de Esaú que fueron jefes: Que ganaron prominencia mundana, pero fueron enterrados para siempre (después de 3 o 4 generaciones)
 a. Los jefes por medio de Elifaz
 b. Los jefes por medio de Reuel

 c. Los jefes por medio de Aholibama

 d. Estos son los hijos de Esaú que se erigieron en jefes de Edom
5 Los vecinos de Esaú, los horeos, los habitantes originales de la tierra de Seir: Que se clasificaron con los mundanos en vez de contarse con el pueblo de Dios
 a. Los hijos fueron jefes
 b. Los nietos de Seir

	24 Y los hijos de Zibeón fueron Aja y Aná. Este Aná es el que descubrió manantiales en el desierto, cuando apacentaba los asnos de Zibeón su padre. 25 Los hijos de Aná fueron Disón, y Aholibama hija de Aná. 26 Estos fueron los hijos de Disón: Hemdán, Esbán, Itrán y Querán. 27 Y estos fueron los hijos de Ezer: Bilhán, Zaaván y Acán. 28 Estos fueron los hijos de Disán: Uz y Arán.	34 Murió Jobab, y en su lugar reinó Husam, de tierra de Temán. 35 Murió Husam, y reinó en su lugar Hadad hijo de Bedad, el que derrotó a Madián en el campo de Moab; y el nombre de su ciudad fue Avit. 36 Murió Hadad, y en su lugar reinó Samla de Masreca. 37 Murió Samla, y reinó en su lugar Saúl de Rehobot junto al Eufrates. 38 Murió Saúl, y en lugar suyo reinó Baal-hanán hijo de Acbor.	
c. Los jefes renombrados, reenfatizados	29 Y estos fueron los jefes de los horeos: los jefes Lotán, Sobal, Zibeón, Aná, 30 Disón, Ezer y Disán; estos fueron los jefes de los horeos, por sus mandos en la tierra de Seir.	39 Y murió Baal-hanán hijo de Acbor, y reinó Hadar en lugar suyo; y el nombre de su ciudad fue Pau; y el nombre de su mujer, Mehetabel hija de Matred, hija de Mezaab.	
6 Los hijos de Esaú (de Edom) que se volvieron reyes: Garantizando poder, propiedades y honra rápidamente, pero faltándoles las grandes cosas de Dios a. Reinaron antes de que Israel tuviera un rey b. Los reyes mencionados	31 Y los reyes que reinaron en la tierra de Edom, antes que reinase rey sobre los hijos de Israel, fueron estos: 32 Bela hijo de Beor reinó en Edom; y el nombre de su ciudad fue Dinaba. 33 Murió Bela, y reinó en su lugar Jobab hijo de Zera, de Bosra.	40 Estos, pues, son los nombres de los jefes de Esaú por sus linajes, por sus lugares, y sus nombres: Timna, Alva, Jetet, 41 Aholibama, Ela, Pinón, 42 Cenaz, Temán, Mibzar, 43 Magdiel e Iram. Estos fueron los jefes de Edom según sus moradas en la tierra de su posesión. Edom es el mismo Esaú, padre de los edomitas.	7 Los gobernantes territoriales de Esaú (de Edom) y sus regiones geográficas: Que poseían una tierra y hogar mundanos pero no tenían esperanza de Canaán, la Tierra Prometida (del cielo y la eternidad)

DIVISIÓN IX

Jacob, nieto de Abraham: Escogido para preservar la descendencia del pueblo de Dios y las grandes promesas de Dios, 28:10—36:43

L. Esaú, hermano de Jacob, en su tierra, Edom: El retrato de una vida carnal, 36:1-43

(36:1-43) *Introducción — Esaú — Jacob*: Advierta las palabras del versículo uno: "éstas son las generaciones" (toledoth) o registros históricos de Esaú. Esta es esa frase célebre que se encuentra en todo Génesis que algunos comentaristas usan para dividir el libro en secciones. *La Biblia de bosquejos y sermones* no sigue esta división. Sin embargo, Henry Morris proporciona una descripción

excelente de esta división en particular de Génesis que merece nuestra atención:

> "El capítulo 36 de Génesis da cierre a esta larga sección del libro que parece originalmente haber sido escrita por Jacob. Según se analizó en el capítulo 1, las divisiones de Génesis se distinguen por la frase 'Éstas son las generaciones de... '. Hay razones de peso para creer que este planteamiento en cada caso marca la firma del hombre que primero escribió el material que antecede el planteamiento, comenzando con el primer versículo que le sigue a la referencia previa a las 'generaciones' (hebreo *toledoth*, que significa 'registros históricos'). Si esta suposición es correcta, la parte de Génesis desde 25:19b hasta 37:2a fue escrita por Jacob, con inserciones editoriales posteriores de Moisés, quien

unió todos los registros patriarcales en el libro actual de Génesis.

"Sin embargo, para completar su propio registro, Jacob parece haber obtenido de Esaú los registros de la familia de Esaú y luego haberlos incorporado en sus propios registros antes de finalmente adjuntar su firma (la de Jacob) a la obra terminada.

"Para la fecha en que Isaac murió... Esaú y Jacob cada uno tenía 120 años de edad (Gn. 25:26; 35:28). Esaú había llevado casado ochenta años (Gn. 26:34), mientras que Jacob había llevado casado menos de cuarenta años. Esaú, en consecuencia, al menos tenía una generación completa de descendientes más que Jacob, y este elemento se refleja en la lista extensa de nombres dados en este capítulo. La fecha más probable para que Jacob haya adquirido una copia de los registros de Esaú al parecer habría sido en la ocasión del entierro de Isaac. Es en una ocasión como esa que los hijos se interesan más de lo normal por los registros familiares. También es probable que Moisés más tarde aumentara estos registros originales con datos adicionales que les hubieran llegado a su poder. Para la época de Moisés, los descendientes de Esaú (para aquel entonces conocidos como los edomitas) eran una nación de interés considerable para los israelitas" (*The Genesis Record* [El registro de Génesis], pp. 524-525).

Ahora bien, entrando más en el tema en cuestión. Dios había predicho que Esaú daría lugar a una gran nación de personas. Incluso antes de que naciera Esaú, Dios le había dicho a su madre que estaba embarazada de gemelos y que una nación sería más fuerte que la otra. La nación más fuerte era una referencia a Esaú. Advierta la predicción:

> **"y le respondió Jehová: Dos naciones hay en tu seno, y dos pueblos serán divididos desde tus entrañas; el un pueblo será más fuerte que el otro pueblo, y el mayor servirá al menor" (Gn. 25:23).**

Un poco más tarde, el padre de Esaú, Isaac, había bendecido a Esaú con estas palabras sorprendentes:

> **"Entonces Isaac su padre habló y le dijo: He aquí, será tu habitación en grosuras de la tierra, y del rocío de los cielos de arriba; y por tu espada vivirás, y a tu hermano servirás; y sucederá cuando te fortalezcas, que descargarás su yugo de tu cerviz" (Gn. 27:39-40).**

Ahora llegamos al cumplimiento estas predicciones. Génesis 36 muestra con cuánta exactitud se cumplieron las predicciones. Esaú se convirtió en una nación grande y poderosa de personas, el pueblo de Edom. En el gran pueblo que se convirtió se ve en las genealogías de este capítulo, una genealogía de hijos y nietos, de jefes y reyes y gobernantes territoriales. El capítulo contiene algunas lecciones importantes para el creyente. Nos proporciona un retrato de la vida carnal y mundana: *Esaú, hermano de Jacob, en su tierra, Edom: El retrato de una vida carnal*, 36:1-43.

1. Las esposas e hijos de Esaú en Canaán: Casándose con incrédulos (cananeos), satisfaciendo su carne pero haciendo yugo desigual con los incrédulos (vv. 1-5).
2. El movimiento de Esaú de Canaán al Monte de Seir (Edom): Recibiendo la segunda mejor alternativa por escoger el mundo (vv. 6-8).
3. Hijos y nietos de Esaú: Tienen registrado solo un nombre y no una historia (vv. 9-14).
4. Hijos y nietos de Esaú que fueron jefes: Que ganaron prominencia mundana, pero fueron enterrados para siempre (después de 3 o 4 generaciones) (vv. 15-19).
5. Los vecinos de Esaú, los horeos, los habitantes originales de la tierra de Seir: Que se clasificaron con los mundanos en vez de contarse con el pueblo de Dios (vv. 20-30).
6. Los hijos de Esaú (de Edom) que se volvieron reyes: Garantizando poder, propiedades y honra rápidamente, pero faltándoles las grandes cosas de Dios (vv. 31-39).
7. Los gobernantes territoriales de Esaú (de Edom) y sus regiones geográficas: Que poseían una tierra y hogar mundanos pero no tenían esperanza de Canaán, la Tierra Prometida (del cielo y la eternidad) (vv. 40-43).

1 (36:1-5) *Matrimonio — Esaú:* Estaban las esposas e hijos de Esaú en Canaán: casándose con incrédulos (cananeos), satisfaciendo su carne pero haciendo yugo desigual con los incrédulos. Estos versículos, los versículos del 1 al 8, abordan solamente la familia de Esaú en Canaán. Su familia en Edom se proporciona en el resto de este capítulo (vv. 9-43). Su familia se puede ver mejor en un diagrama.

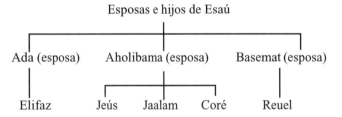

Advierta que los nombres de las esposas difieren de los proporcionados anteriormente. Era algo común que las personas tuvieran más de un nombre en aquella época, fundamentalmente las mujeres que con frecuencia recibían nuevos nombres en el matrimonio. Quizás las esposas de Esaú tenían un nombre en Canaán y otro nombre en Edom. Cualquiera que sea el caso, una comparación entre los nombres muestra lo siguiente:

=> En Génesis 26:34, Basemat sería Ada, porque se dice que ambas son la hija de Elón heteo.
=> En Génesis 28:9, Mahalat sería la misma que Basemat, Génesis 36:3, porque se dice que ambas son la hija de Ismael.
=> En Génesis 26:34, Judit sería Aholibama. Pero advierta que se dice que estas dos tienen padres diferentes. Nuevamente, esto sería porque al padre también se le conocía por dos nombres diferentes.

Lo que se debe tener en cuenta es lo siguiente: Esaú se casó con tres incrédulas, se casó fuera de la familia de fe. Esaú cedió a sus deseos carnales e impulsos físicos y se precipitó al matrimonio. Obviamente liberó su pasión. Advierta que él no se casó con una sola incrédula sino con tres incrédulas. Él no solo cometió el pecado del deseo mundano y la incredulidad, sino que cometió poligamia: él se casó con más de una esposa. Esaú desobedeció a diestra y siniestra, fue totalmente en contra del mandamiento de Dios con respecto al matrimonio, el de un solo esposo para una sola esposa. Él no solo cedió ante su naturaleza sensual, él dejó que el deseo sexual dominara su vida.

Pensamiento 1. La Palabra de Dios es clara: no debemos hacer yugo desigual con los incrédulos. El matrimonio se debe hacer en el Señor: fundado en el Señor, vivido en el Señor, y terminado en el Señor. La unión del matrimonio no es física ni sexual, es espiritual. Por ende, el matrimonio debe estar basado y edificado sobre lo espiritual, no sobre los deseos y pasiones de la carne.

1) Advierta lo que hicieron Esaú y Jacob sobre el matrimonio.

"Y cuando Esaú era de cuarenta años, tomó por mujer a Judit hija de Beeri heteo, y a Basemat hija de Elón heteo; y fueron amargura de espíritu para Isaac y para Rebeca" (Gn. 26:34-35).

"Entonces Isaac llamó a Jacob, y lo bendijo, y le mandó diciendo: No tomes mujer de las hijas de Canaán. Levántate, ve a Padan-aram, a casa de Betuel, padre de tu madre, y toma allí mujer de las hijas de Labán, hermano de tu madre" (Gn. 28:1-2).

"Y vio Esaú cómo Isaac había bendecido a Jacob, y le había enviado a Padan-aram, para tomar para sí mujer de allí; y que cuando le bendijo, le había mandado diciendo: No tomarás mujer de las hijas de Canaán; y que Jacob había obedecido a su padre y a su madre, y se había ido a Padan-aram. Vio asimismo Esaú que las hijas de Canaán parecían mal a Isaac su padre; y se fue Esaú a Ismael, y tomó para sí por mujer a Mahalat, hija de Ismael hijo de Abraham, hermana de Nebaiot, además de sus otras mujeres" (Gn. 28:6-9).

2) Advierta lo que dicen las Escrituras sobre hacer yugo desigual.

"Más bien os escribí que no os juntéis con ninguno que, llamándose hermano, fuere fornicario, o avaro, o idólatra, o maldiciente, o borracho, o ladrón; con el tal ni aun comáis" (1 Co. 5:11).

"No os unáis en yugo desigual con los incrédulos; porque ¿qué compañerismo tiene la justicia con la injusticia? ¿Y qué comunión la luz con las tinieblas? ¿Y qué concordia Cristo con Belial? ¿O qué parte el creyente con el incrédulo?" (2 Co. 6:14-15).

"Por lo cual, salid de en medio de ellos, y apartaos, dice el Señor, y no toquéis lo inmundo;

y yo os recibiré, y seré para vosotros por Padre, y vosotros me seréis hijos e hijas, dice el Señor Todopoderoso" (2 Co. 6:17-18).

"Si alguno viene a vosotros, y no trae esta doctrina, no lo recibáis en casa, ni le digáis: ¡Bienvenido!" (2 Jn. 1:10).

"Y no participéis en las obras infructuosas de las tinieblas, sino más bien reprendedlas" (Ef. 5:11).

"Guárdate de hacer alianza con los moradores de la tierra donde has de entrar, para que no sean tropezadero en medio de ti" (Éx. 34:12).

2 (36:6-8) *Esaú — Mundanalidad:* Estaba el movimiento de Esaú de Canaán a Seir (Edom): Su recibimiento de la segunda mejor opción por haber escogido el mundo.

1. En cierto momento, Esaú tomó todo lo que él había ganado en Canaán —toda su familia y sus posesiones— y se movieron al monte de Seir. Él hizo esto por dos razones.

a. La tierra no podía sostener las manadas de ambas haciendas.

b. La tierra era de Jacob por herencia. Recuerden: Esaú había escogido el mundo a lo largo de toda su vida; por eso había perdido lo mejor, lo que era espiritual y eterno, la tierra y la Simiente prometida. (Vea bosquejo y notas, Gn. 12:1c-3.)

=> Esaú había vendido su primogenitura, lo que incluía ser el cabeza de la familia y sus negocios y el bienestar espiritual (vea bosquejo y notas, Gn. 25:27-34 para un mayor análisis).

=> Esaú había perdido la bendición de su padre, el derecho de la herencia y de convertirse en el cabeza de la familia (vea bosquejo y notas, Gn. 27:1-46).

=> Esaú había escogido el mundo y la carne en vez de a Dios y su pueblo. Él vivía para este mundo: para su recreación, deportes, placeres, y lujos. Esaú era carnal, sexualmente inmoral e impío (vea notas, Gn. 25:27-28; 25:29-34 para un mayor análisis).

2. Esaú se asentó en el monte de Seir que se convertiría en la tierra de Edom (v. 8). La tierra le fue dada a Esaú por Dios (Dt. 2:5; Jos. 24:4). Pero advierta: no era la Tierra Prometida. Esaú era demasiado mundano para ser el heredero de la Tierra Prometida. (Vea *Estudio a fondo 1*, Edom, Gn. 36:8 para un análisis.)

Pensamiento 1. Esaú recibió la segunda mejor alternativa porque esa había sido su decisión. Él ignoraba, descuidaba, y negaba lo espiritual, entregándose a sí mismo al mundo y a los deseos de su carne. En consecuencia, Dios no podía darle las bendiciones de Dios.

=> Él no podía recibir la herencia de la Tierra Prometida, porque era el símbolo de la Tierra Prometida del cielo.

=> Él no podía estar en la línea de la Simiente prometida, no podía formar parte de la gran nación de creyentes ni formar parte de la simiente muy especial, el Salvador del mundo.

"Porque ¿qué aprovechará al hombre, si ganare todo el mundo, y perdiere su alma? ¿O qué recompensa dará el hombre por su alma?" (Mt. 16:26).

"No os conforméis a este siglo, sino transformaos por medio de la renovación de vuestro entendimiento, para que comprobéis cuál sea la buena voluntad de Dios, agradable y perfecta" (Ro. 12:2).

"no sea que haya algún fornicario, o profano, como Esaú, que por una sola comida vendió su primogenitura. Porque ya sabéis que aun después, deseando heredar la bendición, fue desechado, y no hubo oportunidad para el arrepentimiento, aunque la procuró con lágrimas" (He. 12:16-17).

"No améis al mundo, ni las cosas que están en el mundo. Si alguno ama al mundo, el amor del Padre no está en él. Porque todo lo que hay en el mundo, los deseos de la carne, los deseos de los ojos, y la vanagloria de la vida, no proviene del Padre, sino del mundo" (1 Jn. 2:15-16).

ESTUDIO A FONDO 1

(36:8) *Edom — Seir:* Edom, también llamado Seir (cp. Gn. 32:3; 36:8), era un territorio escarpado y montañoso. Estaba al sur de la Tierra Prometida.

=> Edom estaba poblado por los descendientes de Esaú y los horeos nativos, los antepasados de las naciones árabes (Gn. 27:39-40; 36:1-20).

=> Edom conjuntamente con Moab sufrirían un juicio terrible de Dios (Is. 34:5-6, cp. 1-8; 63:1-6; Jer. 49:17-22; Ez. 25:12-14; Abd. 1:1-21). Se usa un idioma similar para describir la destrucción final de la potencia mundial en la gran batalla de Armagedón (Ap. 16:13-16, 19; 19:17-21). Algunos creen que Edom y Moab será el mismo sitio de la guerra que se peleará en los últimos tiempos.

---

3 (36:9-14) *Esaú — Herencia:* Estaban los hijos y nietos de Esaú en Seir (Edom): Tienen registrado solo un nombre y no una historia. Este es el comienzo de la familia de Esaú en Seir o Edom. Un diagrama nos ayuda a ver los hijos y nietos con solo echar un vistazo.

Advierta que Amalec nació de una concubina, Timna. Esto sugiere que sus hermanos lo pueden haber discriminado y finalmente se haya marchado de la casa para asentarse muy lejos al occidente (Éx. 17:8; Nm. 13:29; 14:25). Luego posiblemente migrara al norte (Jue. 5:14; 12:15), y luego más al oriente (Gn. 14:7). (Estos datos los proporciona H. C. Leupold, *Génesis,* vol. 2, p. 939). Los amalecitas se convertirían en enemigos jurados de Israel y fueron en realidad la primera nación en oponerse a la entrada de Israel a la Tierra Prometida después de la esclavitud egipcia (Nm. 24:20; Éx. 17:8).

Hay una gran lección para nosotros en estos versículos (vv. 9-14). Advierta que no se dice nada sobre estos hijos y nietos, nada más que sus nombres están registrados. No se proporciona historia alguna, ni grandes logros ni éxitos. No dejaron historia alguna digna de ser registrada en las Sagradas Escrituras. Solo aquellos que creen en Dios y lo siguen con todo su corazón "obtienen un buen informe" y tienen una historia para la eternidad.

"Es, pues, la fe la certeza de lo que se espera, la convicción de lo que no se ve. Porque por ella alcanzaron buen testimonio los antiguos" (He. 11:1-2).

"Y todos éstos, aunque alcanzaron buen testimonio mediante la fe, no recibieron lo prometido; proveyendo Dios alguna cosa mejor para nosotros, para que no fuesen ellos perfeccionados aparte de nosotros" (He. 11:39-40).

"Primeramente doy gracias a mi Dios mediante Jesucristo con respecto a todos vosotros, de que vuestra fe se divulga por todo el mundo" (Ro. 1:8).

"Porque vuestra obediencia ha venido a ser notoria a todos, así que me gozo de vosotros; pero quiero que seáis sabios para el bien, e ingenuos para el mal" (Ro. 16:19).

4 (36:15-19) *Esaú — Honra, terrenal:* Estaban los hijos y nietos de Esaú que fueron jefes, quienes ganaron prominencia terrenal, pero fueron enterrados para siempre después de la tercera o cuarta generación. Un diagrama de los jefes nos ayudará a ver mejor quienes consiguieron el poder para gobernar:

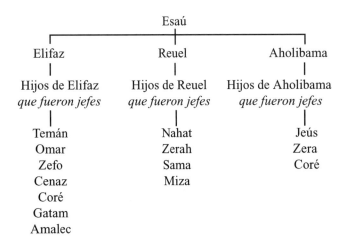

Recuerde esto: Las hijas de Esaú se habrían casado con edomitas y horeos, el pueblo que vivía en la tierra cuando se asentaron allí. De hecho, sabemos por la historia que el matrimonio mixto finalmente eliminó cualquier distinción entre los pueblos. Esto explicaría por qué Coré se menciona como un hijo de Elifaz aquí (v. 16), pero no se mencionó en la lista anterior (v. 11). Probablemente se hubiera casado con una hija de Elifaz, por eso se menciona como yerno, como si perteneciera a la familia de Elifaz.

H. C. Leupold señala que el equivalente hebreo de jefe (alluph) proviene de la raíz *eleph*, lo que significa mil. Por eso, podría haber una sugerencia acá de que estos jefes eran hombres que gobernaban sobre mil personas o mil familias (*Génesis*, vol. 2, p. 941).

Cualquiera que sea el caso, sucede lo siguiente: estos hijos y nietos de Esaú ganaron la prominencia y honra terrenales. Se convirtieron en gobernantes y políticos de su época. Pero advierta: el recuerdo de su familia duró solamente tres o cuatro generaciones. Su registro y su recuerdo están enterrados juntos, solo se conocerán en la medida que los arqueólogos excaven y recuperen lo que de ellos no se haya descompuesto. No dejaron aporte espiritual de ningún tipo para llevar a las personas a Dios, no al verdadero Dios del cielo y la tierra.

Pensamiento 1. Tanto los hombres como las naciones son unos tontos si no edifican ni dejan una herencia espiritual.

> **"Porque los benditos de él heredarán la tierra; y los malditos de él serán destruidos" (Sal. 37:22).**
> **"Cuando clames, que te libren tus ídolos; pero a todos ellos llevará el viento, un soplo los arrebatará; mas el que en mí confía tendrá la tierra por heredad, y poseerá mi santo monte" (Is. 57:13).**
> **"Porque tú, oh Dios, has oído mis votos; me has dado la heredad de los que temen tu nombre" (Sal. 61:5).**
> **"Por heredad he tomado tus testimonios para siempre, porque son el gozo de mi corazón" (Sal. 119:111).**

[5] (36:20-30) *Esaú — horeos — Mundanalidad:* Estaban los vecinos de Esaú, los horeos, que eran los habitantes originales de la tierra. Esaú y su pueblo se clasificaron con los mundanos en vez de contarse con el pueblo de Dios. Este diagrama es un tanto más complejo porque incluye muchos más nombres. Sin embargo, nos ayudará a ver cómo estas personas se desarrollaron más claramente.

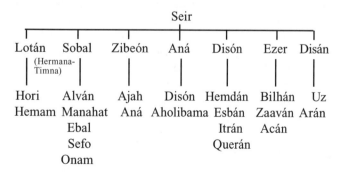

Seir fue obviamente el hombre que inició y se asentó en la región de Seir, porque la región se nombró en honor a él hasta que se conoció como Edom. Advierta que sus siete hijos se convirtieron en jefes (v. 29). Pero advierta: al parecer el título jefe no duró mucho, porque al parecer había una sola generación de ellos. Como veremos en la próxima nota, un gobierno de reyes continuó en el país.

El pueblo Horeo eran moradores de cuevas que moraban en la tierra hasta que los descendientes de Esaú los conquistaron por medio de la fuerza militar y el matrimonio mixto (Dt. 2:12, 22). Como muestra este pasaje, eran gobernados por el imperio de líderes denominados jefes. Se repite la lista con pocos cambios en 1 Crónicas 1:38-42.

Lo que se debe tener en cuenta es lo siguiente: eran el pueblo del mundo con quienes Esaú estaba clasificado; a él no se le contaba con el pueblo de Dios.

Pensamiento 1. Qué cosa tan terrible: ser contado con el pueblo del mundo, con aquellos que Dios conoce como...

* Los incrédulos
* Los ateos
* Los agnósticos
* Los acaparadores
* Los egoístas
* Los buscadores de placer
* Los religiosos falsos
* Los impíos
* Los avariciosos
* Los indulgentes
* Los idólatras
* Los inmorales

Qué legado tan vacío e indigno para dejar y con el cual entrar a la eternidad, el legado de haber sido contado con los mundanos de esta tierra.

> **"Mirad también por vosotros mismos, que vuestros corazones no se carguen de glotonería y embriaguez y de los afanes de esta vida, y venga de repente sobre vosotros aquel día" (Lc. 21:34).**
> **"¡Oh almas adúlteras! ¿No sabéis que la amistad del mundo es enemistad contra Dios? Cualquiera, pues, que quiera ser amigo del mundo, se constituye enemigo de Dios" (Stg. 4:4).**
> **"aguardando la esperanza bienaventurada y la manifestación gloriosa de nuestro gran Dios y Salvador Jesucristo, quien se dio a sí mismo por nosotros para redimirnos de toda iniquidad y purificar para sí un pueblo propio, celoso de buenas obras. Esto habla, y exhorta y reprende con toda autoridad. Nadie te menosprecie" (Tit. 2:12-13).**
> **"¡Oh almas adúlteras! ¿No sabéis que la amistad del mundo es enemistad contra Dios? Cualquiera, pues, que quiera ser amigo del mundo, se constituye enemigo de Dios" (Stg. 4:14).**
> **"Porque el desvío de los ignorantes los matará, y la prosperidad de los necios los echará a perder" (Pr. 1:32).**

[6] (36:31-39) *Esaú — Reyes:* Estaban los descendientes de Esaú (de Edom) que se volvieron reyes. El poder, la honra y las propiedades garantizadas rápidamente pero les faltaban las grandes cosas de Dios. Aquí se proporciona un diagrama

de los reyes. Advierta que no se da relación alguna entre la familia de Esaú y los reyes. Al parecer eran los descendientes de los matrimonios mixtos que tuvieron lugar entre el pueblo de Esaú y Seir.

Los reyes	Los padres de los reyes	La ciudad de los reyes o el lugar de origen
Bela	Beor	Dinaba
Jobab	Zera	Bosra
Husam		Temán
Hadad	Bedad	Avit
Samla		Masreca
Saúl		Rehobot
Baal-hanán	Acbor	
Hadar		Pau

Los reyes mencionados aquí gobernaron hasta mucho después de la época de Esaú al parecer se extendieron hasta la época de Moisés. Esto se demuestra contundentemente con el hecho de que no se menciona la muerte del último rey, Hadad (v. 39). Pero advierta: se dice que todos los otros reyes han muerto. Probablemente él estaba vivo cuando Moisés estaba escribiendo Génesis. Ningún rey nombrado aquí se menciona en ninguna parte de las Escrituras. Y de la lista anterior se puede tener en cuenta que ningún rey pudo establecer una dinastía. Cuando un rey moría, otro hombre que no tuviera relación alguna podía conquistar la región por la fuerza para establecer su propio reinado.

Advierta otro elemento significativo en el versículo 31. Los descendientes de Esaú estaban prosperando y desarrollándose como una nación mucho antes que Israel. De hecho Esaú y sus descendientes les estaban dando al mundo naciones enteras de personas, cada una con sus propias leyes y gobiernos bajo el reinado de los jefes y reyes mucho antes que Israel. ¿Dónde estaba Israel durante todo este tiempo? James Montgomery Boice tiene un análisis excelente de este punto en el que le es necesario reflexionar a todo lector de este pasaje.

"¿Qué le sucedía a Jacob mientras su hermano estaba prosperando tan grandemente? Durante los primeros años, él no estaba prosperando en lo absoluto. De hecho, él era un exiliado que estaba obligado a trabajar como siervo en la familia de su tío Labán. Finalmente él prosperó un tanto. Él se casó con dos esposas y tuvo dos concubinas, y de éstas cuatro recibió doce hijos. Solo se menciona una hija. Se hizo rico en ganado y finalmente regresó a Bet-el y luego a Hebrón, donde su padre Isaac vivía. Para este momento a él le iba bastante bien. Pero aún era un hacendado beduino que finalmente tendría que migrar a Egipto para sobrevivir a la sequía sin dudas disminuyó sus manadas de ovejas, cabras, camellos, y ganado grandemente. Allí sus descendientes, aunque multiplicados grandemente en número, se convertirían en esclavos.

"Mientras esto sucedía, Esaú estaba produciendo generaciones reyes y caciques tribales. Él estaba consolidando su posesión de Edom y se enriquecía en el comercio que controlaba el reino edomita. ¿En qué estaría pensando Jacob durante este período? ¿Habría estado celoso quizás de su hermano con su éxito mundano?...

"No contamos con los pensamientos registrados de... Jacob. Pero al analizar la [su] historia a la luz de acontecimientos posteriores, podemos ver que Dios estaba moldeando [su] carácter y entrenando a una raza que finalmente viviría para Él y lo serviría. [Él] tuvo muchos errores. Pero [estaba] creciendo en la gracia y finalmente ascendió a alturas vertiginosas, dando testimonio de la fidelidad de Dios...

"¿Y Esaú? Esaú había prosperado en muchas cosas físicas de modo que sus descendientes finalmente llegaron a ser la gran nación acaudalada de Edom. Él no prosperó espiritualmente. Espiritualmente, su vida era una largo proceso de decline, y la nación que él fundó finalmente se convirtió en un objeto especial del juicio de Dios (según se describió proféticamente en el libro de Abdías)" (*Génesis, un comentario expositivo*, vol. 2, pp. 354-355).

Pensamiento 1*. Advierta* que la familia de Esaú ganaba posiciones de honra y prominencia con bastante rapidez. Pero les faltaban las grandes cosas de Dios: Su pacto y sus promesas. Debemos asegurarnos, absolutamente, que no nos falten el pacto y las promesas de Dios.

1) Su promesa de que podemos heredar la Tierra Prometida del cielo.

"En la casa de mi Padre muchas moradas hay; si así no fuera, yo os lo hubiera dicho; voy, pues, a preparar lugar para vosotros. Y si me fuere y os preparare lugar, vendré otra vez, y os tomaré a mí mismo, para que donde yo estoy, vosotros también estéis" (Jn. 14:2-3).

"porque esperaba la ciudad que tiene fundamentos, cuyo arquitecto y constructor es Dios" (He. 11:10).

"Confía en Jehová, y haz el bien; y habitarás en la tierra, y te apacentarás de la verdad" (Sal. 37:3).

2) Su promesa de que podemos recibir la herencia de la Simiente prometida, la de formar parte de la gran nación del pueblo piadoso que Dios estaba creando, la de recibir la simiente muy especial, el Salvador del mundo, el Señor Jesucristo.

"Ahora bien, a Abraham fueron hechas las promesas, y a su simiente. No dice: Y a las simientes, como si hablase de muchos, sino como de uno: Y a tu simiente, la cual es Cristo" (Gá. 3:16).

"Porque de tal manera amó Dios al mundo, que ha dado a su Hijo unigénito, para que todo aquel que en él cree, no se pierda, mas tenga vida eterna" (Jn. 3:16).

"Mas a todos los que le recibieron, a los que creen en su nombre, les dio potestad de ser hechos hijos de Dios" (Jn. 1:12).

7 (36:40-43) *Esaú:* Estaban los gobernantes territoriales de Esaú (de Edom) y sus regiones geográficas: que poseían una tierra y hogar mundanos pero no tenían esperanza de Canaán, la Tierra Prometida (del cielo y la eternidad). Advierta que no se dice nada de estos gobernantes excepto que se mencionan por territorio, es decir, la lista acá es una lista territorial o geográfica, no una lista de nombres personales. Por supuesto, el territorio obtuvo su nombre de uno de los principales gobernantes del pasado, por eso es muy probable que el territorio lleve el nombre de algún gobernante. Estos territorios y gobernantes probablemente eran los jefes más importantes que gobernaron sobre territorios mucho mayores que los otros gobernantes mencionados en este capítulo. Nota: todos estos son descendientes de Esaú. Probablemente, según se ha planteado, fueran los jefes más importantes de su progenie.

Pensamiento 1. Estos jefes poseían vastos territorios y regiones terrenales, pero no tenían esperanza alguna de Canaán, la Tierra Prometida. ¡Qué trágico! Dejar el legado de poseer territorios terrenales pero morir sin poseer jamás el derecho de entrar a la Tierra Prometida de Dios, al propio cielo.

1) Existen aquellos en la vida que no tienen a Dios ni tienen esperanzas.

"Si yo espero, el Seol es mi casa; haré mi cama en las tinieblas. A la corrupción he dicho: Mi padre eres tú; a los gusanos: Mi madre y mi hermana. ¿Dónde, pues, estará ahora mi esperanza? Y mi esperanza, ¿quién la verá? A la profundidad del Seol descenderán, y juntamente descansarán en el polvo" (Job 17:13-16).

"En aquel tiempo estabais sin Cristo, alejados de la ciudadanía de Israel y ajenos a los pactos de la promesa, sin esperanza y sin Dios en el mundo" (Ef. 2:12).

"Tampoco queremos, hermanos, que ignoréis acerca de los que duermen, para que no os entristezcáis como los otros que no tienen esperanza" (1 Ts. 4:13).

2) Dios le da la promesa gloriosa de la Tierra Prometida del cielo a todos aquellos que crean en Él y lo sigan.

"En la casa de mi Padre muchas moradas hay; si así no fuera, yo os lo hubiera dicho; voy, pues, a preparar lugar para vosotros. Y si me fuere y os preparare lugar, vendré otra vez, y os tomaré a mí mismo, para que donde yo estoy, vosotros también estéis" (Jn. 14:2-3).

"Porque sabemos que si nuestra morada terrestre, este tabernáculo, se deshiciere, tenemos de Dios un edificio, una casa no hecha de manos, eterna, en los cielos" (2 Co. 5:1).

"porque esperaba la ciudad que tiene fundamentos, cuyo arquitecto y constructor es Dios" (He. 11:10).

"Pero el día del Señor vendrá como ladrón en la noche; en el cual los cielos pasarán con grande estruendo, y los elementos ardiendo serán deshechos, y la tierra y las obras que en ella hay serán quemadas. Puesto que todas estas cosas han de ser deshechas, ¡cómo no debéis vosotros andar en santa y piadosa manera de vivir, esperando y apresurándoos para la venida del día de Dios, en el cual los cielos, encendiéndose, serán deshechos, y los elementos, siendo quemados, se fundirán! Pero nosotros esperamos, según sus promesas, cielos nuevos y tierra nueva, en los cuales mora la justicia" (2 P. 3:10-13).

"Bienaventurados los que lavan sus ropas, para tener derecho al árbol de la vida, y para entrar por las puertas en la ciudad" (Ap. 22:14).

División X

José, bisnieto de Abraham: Escogido para salvar a la descendencia del pueblo de Dios y las grandes promesas de Dios: Sucesos que llevan al pueblo de Dios a Egipto, 37:1—50:26

(37:1—50:26) *PERSPECTIVA GENERAL DE LA DIVISIÓN:* José, el hijo preferido de Jacob, ahora ocupa el centro de atención de la Biblia. Él es la figura predominante que Dios usa ahora para salvar a su pueblo y a sus promesas. Y ellos sí necesitaban salvación. Estaban a punto de perder su identidad y llamado piadoso. El deterioro moral y la mundanalidad estaban a punto de destruirlos. Pero este análisis necesita esperar hasta la próxima nota. Ahora es necesario centrarnos en José, quien ha pasado a primer plano.

José es uno de los hombres más fascinantes de la historia humana. Él sobresale en gran medida sobre la mayoría de los hombres, de tal forma que se le ve como un ejemplo dinámico de cómo debe ser una persona. Los hombres de Dios han reconocido esto a través de los siglos:

=> Matthew Henry dice: "Su historia está dividida de un modo tan extraordinario entre su humillación y su exaltación que no podemos evitar ver algo de Cristo en ella" (*Matthew Henry's Commentary* [Comentario de Matthew Henry], vol. 1, p. 212).

=> Keil y Delitzch dicen lo siguiente: "Podemos... considerar la vida de José... como un tipo de la vida de Cristo" (*Commentary on the Old Testament* [Comentario sobre el Antiguo Testamento], vol. 1. Grand Rapids, MI: Eerdmans Publishing Co., no se menciona fecha, p. 334).

=> El gran *Pulpit Commentary* [Comentario del púlpito] denomina a José "el representante" (vol. 1, editado por H. D. M. Spence y Joseph S. Exell. Grand Rapids, MI: Eerdmans Publishing Co., 1950, p. 431).

=> H. C. Leupold dice que "José representa un tipo de Cristo" (*Génesis,* vol. 2, p. 950).

=> J. Vernon McGee dice lo siguiente:

"No hay nadie en las Escrituras que se parezca más a Cristo en su persona y experiencias que José" (*Thru The Bible* [A través de la Biblia], vol. 1, p. 147).

=> James Montgomery Boice denomina a José "un hombre para todas las épocas", y luego añade:

"Fue amado y odiado, favorecido y maltratado, exaltado y humillado. Aún así en ningún momento de los 110 años de la vida de José pareció que quitara sus ojos de Dios o dejara de confiar en él. La adversidad no endureció su carácter. La prosperidad no lo arruinó. Él fue el mismo en privado como en público. Él fue un hombre verdaderamente grande... Como resultado, somos libres de responder a él y amarlo quizás como a ningún otro personaje en la Biblia excepto el Señor Jesucristo" (*Génesis, un comentario expositivo*, vol. 3, Grand Rapids, MI: The Zondervan Corporation, 1987, p. 11).

=> *The New Compact Bible Dictionary* [El nuevo diccionario bíblico condensado] dice:

"Él presenta un ideal majestuoso del carácter, extraordinario por su delicadeza, fidelidad al deber, magnanimidad, y espíritu perdonador, de modo que con frecuencia se le considera como un tipo de Cristo del Antiguo Testamento" (*The New Compact Bible Dictionary* [El nuevo diccionario bíblico condensado], editado por T. Alton Bryant. Grand Rapids, MI: Zondervan Publishing House, 1967, p. 295).

=> Herbert Lockyer dice:

"[José fue] uno de los hombres más extraordinarios de la Biblia... La historia de este joven que fue de un foso a un palacio y de los harapos a las riquezas, nunca pierde su encanto tanto para jóvenes como para viejos. Haría falta un libro para describir completamente todas las... virtudes de José, quien mantuvo su expediente limpio" (*All the Men of the Bible* [Todos los hombres de la Biblia], Grand Rapids, MI: Zondervan, 1958, pp. 201-202).

José se crió en un hogar acaudalado pero terminó como esclavo en Egipto. Como esclavo, fue tan responsable y trabajó tan arduamente que fue promovido a administrador de todas las propiedades de su amo. Pero nuevamente, azotó el desastre: él se resistió a las insinuaciones sexuales de la esposa de su amo, y en represalia por ser rechazada, ella lo acusó de violación. En consecuencia, él fue encarcelado durante años. Pero mientras se encontraba en prisión, nuevamente fue tan responsable y trabajó tan duro que fue promovido a jefe de la prisión. Mientras administraba la prisión, se ganó la reputación de ser un hombre piadoso y justo. Por esto, después de años de prisión, fue llamado a comparecer delante del Faraón para proporcionarle guía espiritual para llegar al trono. Su consejo le fue muy útil a Faraón, inmediatamente fue exaltado a primer ministro de

Egipto. Él era el segundo al poder después del propio Faraón. Durante todos lo años de esclavitud y encarcelamiento, José fue un hombre modelo. Según se planteó anteriormente, él sobresalía de entre todos los que lo rodeaban:

=> Él trabajaba más arduamente.
=> Se mantuvo sexualmente puro.
=> Él se mantuvo leal a sus superiores.
=> Él trataba a todos con justicia.
=> Él mantuvo el carácter más alto.

José era un hombre de interés típicamente viriles, un verdadero hombre, exactamente como debe ser un hombre. Por esto con frecuencia se le ve como un ejemplo dinámico a seguir.

ESTUDIO A FONDO 1

(37:1—50:26) *José, elementos significativos sobre:* Hay varios elementos significativos sobre José que resulta necesario tener en cuenta.

1. José trabajó muy, muy arduamente dondequiera que estaba, y era extremadamente responsable (Gn. 39:1-6).
2. José adquirió una prominencia extraordinaria entre los egipcios (cp. Gn. 41:37s).
3. José era un hombre del carácter moral más alto (Gn. 39:7s).
4. José era el libertador de Israel: Dios lo usó para traer a Israel a Egipto.
5. José nos proporciona una ilustración clara de cómo obra la soberanía de Dios. Dios es soberano: Él es el Señor y Majestad del universo. Él controla todos los sucesos de todo el universo, y Él es la razón por la que todas las cosas apuntan hacia ese día culminante de la redención, el día glorioso en que todas las cosas se solucionarán para el bien de aquellos que lo aman y lo siguen.

La vida de José nos muestra cómo funciona la soberanía de Dios. Piense en las malas experiencias de la vida de José:

=> El odio de sus hermanos.
=> Ser vendido a la esclavitud.
=> La seducción de la esposa de su amo y su acusación de violación.
=> Su encarcelamiento durante años por haber rechazado sus insinuaciones.

Todas estas experiencias, por terribles que puedan parecer, Dios las tomó y las obró a bien. Dios tomó cada cosa mala que sucedía y fortalecía a José cada vez más hasta que fue suficientemente fuerte...

• Para convertirse en el gobernador más importante de la tierra.
• Para cumplir el propósito que Dios tenía para él.
• Para hacer el mejor aporte que podía a su sociedad y a su mundo.

Cuando José fue lo bastante fuerte y sabio, Dios liberó a José de su problema y lo colocó donde debía estar, justo donde pudiera ayudar y servir a otros.

6. El rasgo más importante de José era su fidelidad a Dios. José nunca olvidó a Dios, ni siquiera durante sus días más terribles. Él nunca se enojó con el mundo, y nunca maldijo a Dios. Nunca siquiera se quejó o rezongó contra Dios hasta donde registran las Escrituras. Aún así, pocas personas sufren a manos de otros lo que sufrió José. Cada una de las cosas terribles que le sucedieron fueron provocadas por otra persona:

=> Fueron sus propios hermanos los que lo odiaron.
=> Fueron sus propios hermanos los que lo amenazaron con matarlo y finalmente lo vendieron a la esclavitud.
=> Fue la esposa de su amo quien lo sedujo y lo acusó de violación cuando él rechazó sus insinuaciones.
=> Fue el copero quien olvidó ayudarlo a garantizar su liberación de prisión.

Pero nunca José se olvidó de Dios. Él se mantuvo fiel a Dios en todas sus terribles pruebas. Advierta cuán incondicionalmente él se mantuvo fiel a Dios y a sus mandamientos:

=> Él rechazó las insinuaciones sexuales.
=> Él se enfrentó a la adversidad sin maldecir, rezongar, ni quejarse.
=> Él perdonó a aquellos que le hicieron mal a él.
=> Él usó sus dones en función de Dios, para ayudar y servir a las personas.
=> Él creyó y mantuvo las promesas de Dios (el pacto de Dios) en su corazón.

José fue fiel a Dios, entregado totalmente a Dios. Él era humano y se equivocaba como se equivocan todos los hombres, y esto lo veremos cuando comencemos a estudiar los bosquejos. Pero José fue incondicional en su creencia y confianza en Dios, y fue supremamente fiel, obedeciendo a Dios al máximo de su capacidad.

7. José es una figura tan importante en la historia que Génesis dedica más espacio a él que a nadie más, incluso más que a Abraham. Hay catorce capítulos completos para abordar su vida (Gn. 37—50).

8. El Nuevo Testamento menciona a José solamente cuatro veces.

a. En Juan 4:5, se dice que a José se le dio una heredad.

"Vino, pues, a una ciudad de Samaria llamada Sicar, junto a la heredad que Jacob dio a su hijo José" (Jn. 4:5).

b. En Hechos 7:9-14, Esteban usa la historia de José en su gran sermón delante de los gobernantes judíos.

"Los patriarcas, movidos por envidia, vendieron a José para Egipto; pero Dios estaba con él, y le libró de todas sus tribulaciones, y le dio gracia y sabiduría delante de Faraón rey de Egipto, el cual lo puso por gobernador sobre Egipto y sobre toda su casa. Vino entonces hambre en toda la tierra de Egipto y de Canaán, y grande tribulación; y nuestros padres no hallaban alimentos. Cuando oyó Jacob que había trigo en Egipto, envió a nuestros padres la primera vez. Y en la segunda, José se dio a conocer a sus hermanos, y fue manifestado a Faraón el linaje de José. Y enviando José, hizo venir a su padre Jacob, y a toda su parentela, en número de setenta y cinco personas" (Hch. 7:9-14).

c. En Hebreos 11:21-22, José se menciona en *El gran salón de la fama de los creyentes*.

"Por la fe Jacob, al morir, bendijo a cada uno de los hijos de José, y adoró apoyado sobre el extremo de su bordón. Por la fe José, al morir, mencionó la salida de los hijos de Israel, y dio mandamiento acerca de sus huesos" (He. 11:21-22).

d. En Apocalipsis 7:8, doce mil ministros de Dios de la gran tribu de José serán sellados por Dios.

"De la tribu de Zabulón, doce mil sellados. De la tribu de José, doce mil sellados. De la tribu de Benjamín, doce mil sellados" (Ap. 7:8).

9. A José los creyentes no lo deben categorizar muy altamente ni tenerlo en demasiada alta estima. Hay peligro de esto por su fuerte carácter moral y sus grandes logros y por el tanto espacio dedicado a él en la Santa Biblia. En ocasiones se cree que tiene más categoría o que se iguala a Abraham, Isaac, y a Jacob. Sin embargo, debe hacerse una advertencia acá. A pesar de lo que parece ser una vida modelo, José no se puede poner al nivel de sus padres. Su lugar en la historia se debe entender. Hay al menos cuatro áreas importantes donde José no se le puede dar la misma categoría que a Abraham, Isaac, y a Jacob.

a. José no puede tener la misma categoría en historia espiritual y fe. Él tiene categoría solo como un hijo de Jacob e Israel. Él es un hijo significativo, sí, pero él no es un padre de Israel, no es un padre de la fe. Él es un ejemplo fuerte en muchas áreas, pero él no fue escogido para procrear la nación ni para ser un precursor de la vida de fe. Por eso, cuando los creyentes hablan de historia —de historia espiritual— José no tiene la misma categoría de Abraham, Isaac y Jacob.

b. José no puede tener la misma categoría como precursor del camino de la salvación y de las experiencias espirituales. José fue usado magníficamente por Dios para traer a Israel a Egipto donde fueron salvados como una nación. Pero él no fue a quien Dios escogió para traer el mensaje de salvación a Israel y a los gentiles. Abraham, Isaac, y Jacob fueron los siervos escogidos por Dios como precursores del camino de la salvación. Fueron las personas escogidas para traer la salvación tanto a Israel como a los gentiles. De hecho, el hijo o la tribu de Israel escogido por Dios para dar a luz al Salvador del mundo fue Judá, no José.

c. José no puede tener la misma categoría en el entrenamiento que recibió en las promesas de Dios (las promesas del pacto). José se crió en Egipto después de la edad de 17, no en la casa de Israel. Él fue separado a una edad muy temprana de la casa de Israel, del entrenamiento constante en las promesas del pacto de Dios. De acuerdo, él había recibido un gran entrenamiento de Jacob antes de ser vendido a la esclavitud, pero durante años se crió en Egipto lejos de nadie con quien analizar las promesas del pacto. Él solo tenía su recuerdo y al espíritu de Dios para mantener vivas dentro de él las promesas del pacto.

d. José no puede tener la misma categoría en las revelaciones recibidas de Dios. José vivió en una época en que las revelaciones directas de Dios habían cesado, al menos por un tiempo. Abraham, Isaac, y Jacob habían recibido revelaciones directas de Dios. No hay registro de ninguna revelación que se le haya dado a José en la corte egipcia, al menos no en el sentido en que se le fueron dadas las visiones o revelaciones a Daniel en la corte caldea.

Sucede lo siguiente: José constituye un ejemplo dinámico de pureza moral y de fidelidad a Dios, pero no se le debe elevar demasiado. Él era culpable del terrible fracaso que Dios condena por encima de todo, el del orgullo. Él no tiene la misma categoría que Abraham, Isaac, y Jacob, no de las formas mencionadas anteriormente.

10. José tuvo un defecto grave, el defecto terrible que Dios condena sobre todos los demás, el de...
- El orgullo
- La arrogancia
- La altanería
- La altivez

A José hubo que enseñarle la humildad y el espíritu de perdón, la necesidad suprema de perdonar a otros cuando son pecadores terribles. Los hermanos de José eran un grupo de jóvenes malos y ásperos, sujetos a arranques de anarquía y violencia. Por eso, su padre Jacob tuvo que despojarlos de sus posiciones y responsabilidades en la hacienda. Él se vio obligado a promover al joven José a la posición de supervisor del funcionamiento de la hacienda. José sencillamente era demasiado joven para tales responsabilidades.

Además, Jacob había favorecido a José toda su vida, lo había favorecido grandemente en comparación con los otros hijos. Todo esto —todo el favoritismo y la confianza— al parecer se le subieron a la cabeza a José, y él se sintió y se mostró como el preferido al límite.

Sin dudas, José también tuvo una gran dificultad para comprender la violencia y mundanalidad de sus hermanos, dos pecados que eran tan característicos de su conducta (Gn. 34:1-31). Sería casi imposible para un hermano menor no sentirse mejor, más justo, más acepto que sus hermanos *ásperos y crueles*.

Por eso Dios tuvo que enseñar a José a ser humilde y a perdonar a otros. Esto Dios lo haría poniendo a José a través de algunas de las experiencias más humillantes de la vida. A José sus hermanos le hicieron mucha injusticia y lo humillaron públicamente. Lo venderían como esclavo y luego lo encarcelarían por muchos años. Según se ha planteado, fue humillado al límite. Hasta que José hubo aprendido a ser humilde y perdonador, de la misma manera que Dios desciende en humildad para perdonar a un hombre, entonces Dios pudo levantar a José a ayudar al mundo. José pudo ser exaltado como el ministro de Dios, el ministro escogido para salvar a un mundo y a Israel, a los seguidores de Dios, de perecer (de la hambruna).

11. José constituye una ilustración sorprendente (un símbolo, tipo) del Señor Jesucristo en muchas áreas de la vida. Sin embargo, debemos cuidarnos de no forzar demasiado ningún tipo, porque la Biblia nunca dice que José es un tipo de Cristo, ni siquiera una vez.

a. Ambos son amados por su padre de una manera muy, muy especial (Gn. 37:3-4, 34-35, cp. Mt. 3:17; Jn. 5:20).
b. Ambos fueron enviados por su padre a salvar a otros (Gn. 37:13-14, cp. Lc. 4:17-19; Jn. 3:13, 16-17, 18, 31; 6:30-36, 38, 41-51; 8:12-20, 23; 16:28).
c. Ambos fueron odiados por sus hermanos (Gn. 37:4, cp. Jn. 15:25).
d. Ambos anunciaron el derecho a reinar y fueron rechazados por sus hermanos (vendidos por dinero) (Gn. 37:8, 23s, cp. Mt. 21:37-39; 26:15-16; Jn. 15:24-25; 18:2s).
e. Ambos experimentaron la anulación de Dios del rechazo de los hombres y su exaltación (Gn. 41:1-45, cp. Fil. 2:8-10).
f. Ambos se convirtieron en una gran bendición, un Salvador, para el mundo. Tanto para Israel como para los gentiles (Gn. 41:33-45, cp. Hch. 7:14; Ro. 10:12-13; Ef. 5:25-32).

g. Ambos perdonaron y buscaron la reconciliación con sus hermanos (Gn. 45:1-15, cp. 2 Co. 5:19-20).
h. Ambos vieron a su padre regocijarse con gran gozo por el hecho de que sus hijos encontraran el camino y hallaran la vida (Gn. 47:29-30, cp. Lc. 15:20-24).
i. Ambos fueron vendidos por piezas de plata, José por 20 piezas de plata y Jesucristo por 30 piezas (Gn. 37:28, cp. Mt. 26:14).
j. Ambos se resistieron a la tentación y vencieron (Gn. 39:7-12, cp. Mt. 4:1-11).

ESTUDIO A FONDO 2

(37:1—50:26) *José — Israel:* ¿Por qué Dios levantó a José para que guiara a Israel a Egipto? Porque Israel no se estaba conduciendo como la simiente escogida de Dios. La familia estaba a punto de perder su identidad piadosa. No estaban llevando vidas limpias; no estaban protegiendo la pureza de la simiente piadosa. Esto se ve en dos elementos.

1. Había deterioro moral dentro de la familia. El deterioro se ilustra en varios sucesos:
=> La venganza de Dina que trajo como resultado el asesinato en masa y la esclavitud de toda una ciudad (Gn. 34:1-31)
=> El odio y la venta de José por parte de sus hermanos (Gn. 37:1-36)
=> Los pecados vergonzosos de Judá que se describen tan gráficamente (Gn. 38:1-30).

2. La familia estaba inmersa en la mundanalidad de su entorno. Seguían el estilo de vida de los incrédulos, de los cananeos. La familia estaba rodeada de cananeos que llevaban vidas impías, y la familia era joven y pequeña en número. Por eso, no solo recibían la influencia de las prácticas impías de sus vecinos, se estaban sumergiendo en el tipo de vida cananeo. Por medio de la mezcla y el matrimonio mixto, se enfrentaron a la amenaza de volverse parte del pueblo cananeo. Podían perder su propia identidad distintiva como el pueblo de Dios. Israel —Jacob y sus hijos— estaba a punto de perderse como una nación independiente. Le estaba sucediendo a Esaú y a sus descendientes (Gn. 36:1-43), y le había comenzado a suceder a Jacob y a su pueblo.

Por ende, Dios se dispuso a salvar y preservar a su pueblo a fin de cumplir sus propósitos con ellos. Dios hizo tres cosas.

1. Dios erigió a José en gobernador en Egipto. Él anuló el pecado de los hermanos que lo vendieron como esclavo.

2. Dios hizo que toda la familia se apartara de la tentación e influencia mundana de los cananeos. Él usó una hambruna para moverlos a Egipto (Gn. 41:56s).

3. Dios colocó a la familia junto a los egipcios, un pueblo que los consideraba abominación, totalmente inaceptables, y que no tendría nada que ver ellos (Gn. 46:34). Así la oportunidad de mezclarse y del matrimonio mixto era mucho, mucho menor. Así, se mantendrían aislados y mantendrían su identidad piadosa. Se verían forzados a alienarse y mantener pura la línea piadosa de descendientes.

JOSÉ, BISNIETO DE ABRAHAM: ESCOGIDO PARA SALVAR A LA DESCENDENCIA DEL PUEBLO DE DIOS Y LAS GRANDES PROMESAS DE DIOS: SUCESOS QUE LLEVAN AL PUEBLO DE DIOS A EGIPTO, 37:1—50:26

A. José vendido a Egipto: Factores que provocan división dentro de la casa, 37:1-36
B. El pecado de Judá: Los pecados de un joven díscolo, 38:1-30
C. José esclavizado en Egipto: Cómo fortalecerse más por medio de las bendiciones y las pruebas de la vida (parte 1), 39:1-23
D. José encarcelado en Egipto: Cómo fortalecerse más por medio de las bendiciones y las pruebas de la vida (parte 2), 40:1-23
E. José subió al poder en Egipto: El poder de Dios para obrar las cosas a bien para su siervo, el creyente, 41:1-57
F. José les hizo frente y puso a prueba a sus hermanos (parte 1): Cómo Dios remueve la consciencia de los hombres, 42:1-38
G. José les hizo frente y puso a prueba a sus hermanos (parte 2): Pasos que pueden cambiar la vida de una persona, 43:1-34
H. José les hizo frente y puso a prueba a sus hermanos (parte 3): Las marcas de la lealtad de nuestra familia, 44:1-34
I. José se da a conocer a sus hermanos: Cómo perdonar a aquellos que nos lastiman y cómo reconciliarnos con ellos, 45:1-28
J. José trajo a su padre, Jacob, a Egipto: Cómo asegurarse que hacemos la voluntad de Dios, 46:1-27
K. Jacob se asentó en Egipto: Lo que sucede cuando seguimos a Dios y hacemos la voluntad de Dios, 46:28—47:27
L. Jacob se preparó para morir: Cómo hacer los preparativos finales para la muerte, 47:28—48:22
M. La bendición profética de Jacob: Recoger lo que sembramos en la vida, 49:1-28
N. Jacob murió: Cómo enfrentar la muerte, 49:29—50:13
Ñ. José tranquilizó a sus hermanos: Cómo seguir a Dios hasta el fin, 50:14-26

X. JOSÉ, BISNIETO DE ABRAHAM: ESCOGIDO PARA SALVAR A LA DESCENDENCIA DEL PUEBLO DE DIOS Y LAS GRANDES PROMESAS DE DIOS: SUCESOS QUE LLEVAN AL PUEBLO DE DIOS A EGIPTO, 37:1—50:26

CAPÍTULO 37

A. José vendido a Egipto: Factores que provocan división dentro de la casa, 37:1-36

1 Jacob favorecía a José: Mostrar favoritismo provoca división

a. Lo hizo el superior, el capataz, el administrador a pesar de su corta edad: 17 años de edad
b. Lo hacía informarle sobre la conducta de sus otros hijos
c. Lo favorecía como "el hijo menor"
d. Le dio la túnica del superior, del capataz
e. El resultado: odio y contienda entre los hijos

2 José se jactaba de favoritismo y superioridad: Ser altanero, arrogante y orgulloso provoca división

a. Él mostraba una actitud altanera y arrogante: Conversando de un sueño

1 Habitó Jacob en la tierra donde había morado su padre, en la tierra de Canaán.
2 Esta es la historia de la familia de Jacob: José, siendo de edad de diecisiete años, apacentaba las ovejas con sus hermanos; y el joven estaba con los hijos de Bilha y con los hijos de Zilpa, mujeres de su padre; e informaba José a su padre la mala fama de ellos.
3 Y amaba Israel a José más que a todos sus hijos, porque lo había tenido en su vejez; y le hizo una túnica de diversos colores.
4 Y viendo sus hermanos que su padre lo amaba más que a todos sus hermanos, le aborrecían, y no podían hablarle pacíficamente.
5 Y soñó José un sueño, y lo contó a sus hermanos; y ellos llegaron a aborrecerle más todavía.
6 Y él les dijo: Oíd ahora este sueño que he soñado:
7 He aquí que atábamos manojos en medio del campo, y he aquí que mi manojo se levantaba y estaba derecho, y que vuestros manojos estaban alrededor y se inclinaban al mío.
8 Le respondieron sus hermanos: ¿Reinarás tú sobre nosotros, o señorearás sobre nosotros? Y le aborrecieron aun más a causa de sus sueños y sus palabras.
9 Soñó aun otro sueño, y lo contó a sus hermanos, diciendo: He aquí que he soñado otro sueño, y he aquí que el sol y la luna y once estrellas se inclinaban a mí.
10 Y lo contó a su padre y a sus hermanos; y su padre le reprendió, y le dijo: ¿Qué sueño es este que soñaste? ¿Acaso vendremos yo y tu madre y tus hermanos a postrarnos en tierra ante ti?
11 Y sus hermanos le tenían envidia, mas su padre meditaba en esto.
12 Después fueron sus hermanos a apacentar las ovejas de su padre en Siquem.
13 Y dijo Israel a José: Tus hermanos apacientan las ovejas en Siquem: ven, y te enviaré a ellos. Y él respondió: Heme aquí.
14 E Israel le dijo: Ve ahora, mira cómo están tus hermanos y cómo están las ovejas, y tráeme la respuesta. Y lo envió del valle de Hebrón, y llegó a Siquem.
15 Y lo halló un hombre, andando él errante por el campo, y le preguntó aquel hombre, diciendo: ¿Qué buscas?
16 José respondió: Busco a mis hermanos; te ruego que

1) Hablaba insensatamente de que él reinaría y sería superior a ellos

2) Resultado: Odio y división

b. Él mostró un orgullo altivo: Conversando de un segundo sueño
1) Él reinaría y sería superior a toda la familia

2) Fue reprendido por su padre

3) Resultado: Celo, envidia, y división

3 Jacob sobreprotegía a José: Sobreproteger a un hijo provoca división

a. Los hermanos de José estaban trabajando, pero a él lo dejaron en casa

b. José fue enviado para comprobar su bienestar

1) Él no pudo encontrarlos, porque se habían marchado del pasto original

2) un hombre le dijo a dónde habían ido: A Dotán

3) Él los persiguió

4 Los hermanos trataron de vengarse contra José: La hostilidad y el maltrato provocan división

a. Conspiraron contra él

b. Se burlaron de él

c. Trataron de vengarse: Analizaron matarlo

　1) Para demostrar la tontería del destino que defendía

　2) Rubén, el hermano mayor, quien sería más responsable del bienestar de los otros, lo salvó e intercedió por él: Él planeó ayudar a José en secreto para que escapara de vuelta a su casa

d. Lo rechazaron

　1) Rechazaron su autoridad: Lo despojaron de su túnica

　2) Lo rechazaron personalmente: lo lanzaron a un foso

　3) Rechazaron sus ruegos y súplicas de ser liberado (cp. Gn. 42:21): Un espíritu cruel e insensible mientras comían

e. Miraron y vieron una caravana de comerciantes Ismaelitas que se acercaban

　1) Judá sugirió vender a José a

me muestres dónde están apacentando.

17 Aquel hombre respondió: Ya se han ido de aquí; y yo les oí decir: Vamos a Dotán. Entonces José fue tras de sus hermanos, y los halló en Dotán.

18 Cuando ellos lo vieron de lejos, antes que llegara cerca de ellos, conspiraron contra él para matarle.

19 Y dijeron el uno al otro: He aquí viene el soñador.

20 Ahora pues, venid, y matémosle y echémosle en una cisterna, y diremos: Alguna mala bestia lo devoró; y veremos qué será de sus sueños.

21 Cuando Rubén oyó esto, lo libró de sus manos, y dijo: No lo matemos.

22 Y les dijo Rubén: No derraméis sangre; echadlo en esta cisterna que está en el desierto, y no pongáis mano en él; por librarlo así de sus manos, para hacerlo volver a su padre.

23 Sucedió, pues, que cuando llegó José a sus hermanos, ellos quitaron a José su túnica, la túnica de colores que tenía sobre sí;

24 y le tomaron y le echaron en la cisterna; pero la cisterna estaba vacía, no había en ella agua.

25 Y se sentaron a comer pan; y alzando los ojos miraron, y he aquí una compañía de ismaelitas que venía de Galaad, y sus camellos traían aromas, bálsamo y mirra, e iban a llevarlo a Egipto.

26 Entonces Judá dijo a sus hermanos: ¿Qué provecho

hay en que matemos a nuestro hermano y encubramos su muerte?

27 Venid, y vendámosle a los ismaelitas, y no sea nuestra mano sobre él; porque él es nuestro hermano, nuestra propia carne. Y sus hermanos convinieron con él.

28 Y cuando pasaban los madianitas mercaderes, sacaron ellos a José de la cisterna, y le trajeron arriba, y le vendieron a los ismaelitas por veinte piezas de plata. Y llevaron a José a Egipto.

29 Después Rubén volvió a la cisterna, y no halló a José dentro, y rasgó sus vestidos.

30 Y volvió a sus hermanos, y dijo: El joven no parece; y yo, ¿adónde iré yo?

31 Entonces tomaron ellos la túnica de José, y degollaron un cabrito de las cabras, y tiñeron la túnica con la sangre;

32 y enviaron la túnica de colores y la trajeron a su padre, y dijeron: Esto hemos hallado; reconoce ahora si es la túnica de tu hijo, o no.

33 Y él la reconoció, y dijo: La túnica de mi hijo es; alguna mala bestia lo devoró; José ha sido despedazado.

34 Entonces Jacob rasgó sus vestidos, y puso cilicio sobre sus lomos, y guardó luto por su hijo muchos días.

35 Y se levantaron todos sus hijos y todas sus hijas para consolarlo; mas él no quiso recibir consuelo, y dijo: Descenderé enlutado a mi hijo hasta el Seol. Y lo lloró su padre.

la esclavitud por dinero

2) Judá sugirió venderlo para librarse de la culpa de asesinar a su hermano

f. Negociaron con los comerciantes madianitas y vendieron a José como esclavo

　1) Lo vendieron por veinte piezas de plata

　2) Rubén regresó y halló que faltaba José: Su preocupación era por sí mismo; él era el hijo mayor y sería responsable del bienestar de José

5 Los hermanos trataron de limpiarse: El engaño y la mentira provocan división

a. Idearon un plan cruel, una mentira terrible para engañar a su padre, Jacob

b. El engaño funcionó

c. El resultado: una profunda alienación

　1) Jacob sufrió un pesar insoportable

　2) Jacob rechazó el consuelo de sus hijos: Una retirada y alienación más profunda

　3) Jacob deseó unirse a José en la muerte, Seol[EF3]

6 José fue vendido a Egipto: División dentro	36 Y los madianitas lo vendieron en Egipto a	Potifar, oficial de Faraón, capitán de la guardia.	de la casa anulada por Dios

DIVISIÓN X

José, bisnieto de Abraham: Escogido para salvar a la descendencia del pueblo de Dios y las grandes promesas de Dios: Sucesos que llevan al pueblo de Dios a Egipto, 37:1—50:26

A. José vendido a Egipto: Factores que provocan división dentro de la casa, 37:1-36

(37:1-36) *Introducción — Hogares — Familia:* Vivimos en una sociedad de hogares divididos. Todos estamos conscientes de la tragedia terrible del divorcio y sus repercusiones sobre todos los implicados, particularmente sobre los hijos. También estamos conscientes de los padres solteros y los problemas enormes a que se enfrentan físicamente, emocionalmente, y financieramente. Además, a diario escuchamos historias horribles...

• De padres que maltratan a sus hijos.
• De esposos o esposas que se maltratan unos a otros.
• De hijos que maltratan a los padres, fundamentalmente cuando envejecen.

¿Pero qué hay de los hogares que aún están unidos, que no se han dividido? ¿Cuántos se encuentran en realidad en amor y en paz, disfrutando de la riqueza y gozo de su matrimonio? ¿Cuántas esposas y esposos están separados dentro de la casa y se guardan resentimientos contra su cónyuge? ¿Y qué hay de los hijos dentro de los hogares que aún están unidos? ¿Cuántos de ellos han traído contienda y división al hogar? Este es el tema de este pasaje: *José vendido a Egipto: Factores que provocan división dentro de la casa*, 37:1-36.

1. Jacob favorecía a José: Mostrar favoritismo provoca división (vv. 1-4).
2. José se jactaba de favoritismo y superioridad: Ser altanero, arrogante y orgulloso provoca división (vv. 5-11).
3. Jacob sobreprotegía a José: Sobreproteger a un hijo provoca división (vv. 12-17).
4. Los hermanos trataron de vengarse contra José: La hostilidad y el maltrato provocan división (vv. 18-30).
5. Los hermanos trataron de limpiarse: El engaño y la mentira provocan división (vv. 31-35).
6. José fue vendido a Egipto: División dentro de la casa anulada por Dios (v. 36).

1 (37:1-4) *Favoritismo — Parcialidad — Familia — Lengua:* Mostrar favoritismo provoca división dentro del hogar. Jacob tomó varias decisiones muy poco prudentes dentro de su familia.

1. Jacob hizo a José el superior, el administrador, el supervisor, el capataz de sus otros hijos. Advierta que él estaba atendiendo o "apacentando las ovejas" con sus hermanos (v. 2). Las Escrituras dicen que él era la persona que *apacentaba las ovejas*. Esto demuestra que él era el pastor jefe o el capataz, que los otros hijos lo ayudaban y trabajaban bajo su supervisión. Esto era poco prudente, porque José era más joven que los otros hijos: Solo tenía diecisiete años, y todos los otros hijos eran mayores que José, eran algunos varios años mayor. Aparecerían resentimientos entre los hijos, resentimientos que provocaban contienda y amargura.

2. Jacob hacía que José le trajera informes sobre la conducta de los otros hijos (v. 2). La mayoría de los pastores y los capataces tienen la autoridad para manejar problemas de trabajo por sí solos, pero al parecer José no podía manejar los problemas. ¿Por qué? Probablemente porque fuera el hijo menor. Tener solo diecisiete años de edad indicaría que no podía manejar a sus hermanos que ya eran hombres adultos. Los hermanos eran jóvenes ásperos e impíos. Recuerden que a su hermana la había violado el joven príncipe de Siquem. En represalia, habían asesinado a todos los hombres de la ciudad de Siquem y saquearon y esclavizaron a todas las mujeres e hijos de la ciudad (vea bosquejo y notas, Gn. 34:1-31 para un mayor análisis). Habían decepcionado grandemente a su padre. Sencillamente él no podía confiar en ellos. Probablemente esta era la razón por la que Jacob había promovido tanto a José como para ser el capataz de sus rebaños. Sus hijos mayores eran demasiado impredecibles y de poco fiar, sujetos a meterse en todo tipo de problemas. No eran responsables. Sencillamente eran una pandilla de jóvenes ásperos y crueles. Por supuesto, esto significaba que Jacob no tenía opción: Él tenía que promover a José para que supervisara su ganado, y tenía que hacer que él informara sobre la conducta de sus otros hijos. Y advierta: Esto era lo que hacía José. Él le traía a su padre un informe pésimo de sus hermanos. Se desconoce qué decían los informes, pero el hecho de que él informaba los problemas sumaría resentimientos entre José y sus hermanos, sumaría más contienda y amargura.

3. Jacob también favorecía a José porque él era el hijo que le había nacido en su ancianidad. Había otro hijo menor que José, Benjamín. Pero José era el hijo al que Jacob tenía que volverse cuando los otros jóvenes se portaban mal; por eso, él sentía un lazo más estrecho y un mayor amor por José. Además...

• José era el primer hijo nacido de Raquel, la esposa que él amaba tanto.
• José era a partir de todos los indicios un verdadero creyente y un joven piadoso. Probablemente Jacob se pasara más tiempo enseñándole sobre Dios y sus grandes promesas, fundamentalmente desde la horrible tragedia del asesinato en masa cometido por sus otros hijos. Él iba a sentir una urgencia renovada de rescatar a

todos sus hijos para Dios antes de que se perdieran para siempre. Pero José, ya como creyente, habría respondido con mayor disposición a las instrucciones de su padre. Por supuesto, esto ayudó a crear un lazo más íntimo entre ellos dos que entre Jacob y sus otros hijos.

Pero advierta: Este favoritismo provocaría cada vez más resentimientos entre José y sus hermanos. Cada vez más se avivaban las llamas de la contienda y la amargura que ya existían.

4. Jacob imprudentemente le dio a José la túnica o bata del superior, el capataz. Sabemos que éste era el papel del capataz por dos razones.

Primero, la frase hebrea puede significar "una bata o túnica de mangas largas" (kethoneth passim). Esta era la bata que tenía mangas largas y llegaba hasta los tobillos. Por supuesto, una persona no podía trabajar con una bata como esa. Era la túnica del superior, el capataz, el administrador.

Segundo, la túnica molestó a los hermanos. Una túnica normal no los habría molestado si hubiera sido un regalo especial, no tanto como dicen las Escrituras que se molestaron los hermanos. Esta túnica debe haber sido la bata del capataz, y advierta: también tenía diversos colores. A la luz de la responsabilidad que venía aparejada con la túnica, recuerden esto:

=> Rubén, el hermano mayor, había cometido incesto. Se había ido a la cama con Bilha, una de las esposas de Jacob. Él había demostrado ser indigno de ser el líder de la familia (Gn. 35:22).

=> La atrocidad y crueldad de los otros hijos en Siquem también había mostrado que no eran dignos del liderazgo (Gn. 34:1-31).

Nuevamente, Jacob no tenía opción: él tenía que recurrir a José. A él no se le puede culpar por esto. Todo padre necesita un hijo responsable que pueda interceder para ayudar con los deberes de la familia. Pero Jacob tomó una decisión muy poco prudente al darle a su hijo la túnica del superior. José era demasiado joven para declararlo públicamente el capataz de los hijos. Él era demasiado joven para darle la túnica, un símbolo que podía ostentar frente a sus hermanos y, de hecho, lo ostentó realmente (vv. 18, 23).

Advierta esto también: probablemente la túnica la usaba el hijo que había de recibir la primogenitura, la bendición del padre que le daba dos tercios de la herencia a él.

5. El resultado era inevitable, iba a suceder: los hermanos odiaban a José y se asentó la contienda. Su amargura y animosidad era tan grande que raras veces le hablaban con dulzura.

Pensamiento 1. El favoritismo y la parcialidad siempre despiertan resentimientos en una familia.

=> Una madre o padre pueden favorecerse a cada uno y descuidar a sus hijos.

=> Los padres pueden favorecer a un hijo más que a otro.

=> Un hijo puede favorecer a un padre más que a otro.

Si aparece el favoritismo, el resultado es inevitable: Resentimientos. Y en ocasiones los resentimientos pueden provocar amargura y animosidad.

"Instruye al niño en su camino, y aun cuando fuere viejo no se apartará de él" (Pr. 22:6).

"Y vosotros, padres, no provoquéis a ira a vuestros hijos, sino criadlos en disciplina y amonestación del Señor" (Ef. 6:4).

"Y amó Isaac a Esaú, porque comía de su caza; mas Rebeca amaba a Jacob" (Gn. 25:28).

"Y yo te he dado a ti una parte más que a tus hermanos, la cual tomé yo de mano del amorreo con mi espada y con mi arco" (Gn. 48:22).

"Te encarezco delante de Dios y del Señor Jesucristo, y de sus ángeles escogidos, que guardes estas cosas sin prejuicios, no haciendo nada con parcialidad" (1 Ti. 5:21).

"¿no hacéis distinciones entre vosotros mismos, y venís a ser jueces con malos pensamientos?" (Stg. 2:4).

---

2 (37:5-11) *Altivez — Arrogancia — Orgullo — Odio:* Ser altivo, arrogante, y orgulloso provoca división dentro del hogar. El propio José ahora avivaba las llamas del odio que sus hermanos sentían por él.

1. José mostraba una actitud altiva, arrogante, y orgullosa hacia sus hermanos. Él tuvo un sueño extraordinario: él y sus hermanos estaban en el campo atando manojos de granos. De repente su manojo se levantaba y los manojos de sus hermanos se reunían alrededor del suyo y se inclinaban delante de él (v. 7).

El significado era obvio: José estaba diciendo que se acercaba el día en que él señorearía sobre sus hermanos. Advierta ahora: ¿Su sueño se lo dio Dios? Las Escrituras no lo dicen. No tenemos forma de saberlo. Pero aunque así fuera, Dios se lo dio para alentar y fortalecer a José, no para que anduviera contándolo por ahí. Contar un sueño como ese iba a parecer una altivez, un alarde, una arrogancia, un orgullo y despertaría una reacción. José tenía edad suficiente para saber esto. Él era como seríamos cualquiera de nosotros si tuviéramos hermanos y hermanas que nos odiaran: lo bastante sabio para saber que no debía decirles que un día reinaríamos sobre ellos y que ellos se inclinarían ante nosotros y nos servirían. Cualquier niño de diecisiete años sabría que una cosa como esa sería muy imprudente. ¿Por qué José hizo esto entonces, contar su sueño? Solo podría haber una sola respuesta razonable, exactamente lo que a muchos hijos que son los preferidos les gusta hacer: José disfrutaba tocarle el tema a sus hermanos, revolcándolos en su favor con su padre. Al parecer José era un tanto altivo, arrogante, y orgulloso. Él disfrutaba sacar de quicio a sus hermanos y le daba un placer de adolescentes regodearse en el tema de su autoridad y posición privilegiada con su padre. (Esto se vuelve común incluso entre adultos.)

Los hermanos reaccionaron con amargura contra José, odiándolo aún más (v. 8). Espetaron: no había forma de que reinara sobre ellos.

2. Lo que José hizo ahora fue muy poco prudente. Su conducta muestra cuánto él se jactaba de sí mismo, cuánto orgullo altanero lo llenaba. José tuvo otro sueño: esta vez el sol (su padre), la luna (su madre), y las estrellas (sus hermanos y hermanas) todos se inclinaban ante él y le servían (v. 9).

José sabía absolutamente que no debía contarle el sueño a sus hermanos: él sabía la reacción tan severa que habían tenido la vez anterior, y sabía que esta vez su reacción sería peor. No había forma de que él no pudiera haberlo sabido por su reacción anterior. Pero al parecer él estaba dispuesto buscarles la lengua, a restregarles en la cara el desagrado de su padre. Así, José de nuevo e imprudentemente les contó su sueño a sus hermanos, y esta vez, también se lo contó a su padre (v. 10). Al parecer José pareció tan petulante —tan satisfecho, tan arrogante— al contar el sueño que su padre lo reprendió fuertemente. El hebreo significa acá "gritarle a" (*ga'ar* significa *anschreien*) (H. C. Leupold. *Génesis*, vol. 2, p. 960).

Jacob pudo ver claramente el orgullo, la actitud y el orgullo altanero de su hijo, y él quiso detenerlo por el propio bien de José. Solo se podía esperar que sucediera: los hermanos estaban celosos y lo envidiaban. Su odio crecía cada vez más. Sencillamente les afectó que él les buscara la lengua y se mostrara tan petulante y altanero. Sintieron cada vez más celos de él, de su hermano adolescente, el menor. Se estaba confiando en él y lo estaban favoreciendo mucho más que a ellos que eran los jóvenes adultos de la familia.

Nota: Jacob creyó que quizás el sueño provenía de Dios. Por supuesto, él era maduro espiritualmente y sintió que Dios le estaba hablando a su joven hijo.

Pensamiento 1. No debemos ser altivos, arrogantes, orgullosos, o altaneros con las personas. Una actitud alardosa aliena a las personas. Aleja a las personas y, por encima de todas las actitudes, es muy tonta y perjudicial.

"Porque el que se enaltece será humillado, y el que se humilla será enaltecido" (Mt. 23:12).

"Unánimes entre vosotros; no altivos, sino asociándoos con los humildes. No seáis sabios en vuestra propia opinión" (Ro. 12:16).

"Y si alguno se imagina que sabe algo, aún no sabe nada como debe saberlo" (1 Co. 8:2).

"Pero ahora os jactáis en vuestras soberbias. Toda jactancia semejante es mala" (Stg. 4:16).

"Porque todo lo que hay en el mundo, los deseos de la carne, los deseos de los ojos, y la vanagloria de la vida, no proviene del Padre, sino del mundo" (1 Jn. 2:16).

"No seas sabio en tu propia opinión; teme a Jehová, y apártate del mal" (Pr. 3:7).

"Cuando viene la soberbia, viene también la deshonra; mas con los humildes está la sabiduría" (Pr. 11:2).

"Antes del quebrantamiento es la soberbia, y antes de la caída la altivez de espíritu" (Pr. 16:18).

"El que ama la disputa, ama la transgresión; y el que abre demasiado la puerta busca su ruina" (Pr. 17:19).

"Altivez de ojos, y orgullo de corazón, y pensamiento de impíos, son pecado" (Pr. 21:4).

"Como nubes y vientos sin lluvia, así es el hombre que se jacta de falsa liberalidad" (Pr. 25:14).

"¿Has visto hombre sabio en su propia opinión? más esperanza hay del necio que de él" (Pr. 26:12).

"El altivo de ánimo suscita contiendas; mas el que confía en Jehová prosperará" (Pr. 28:25).

"Si te remontares como águila, y aunque entre las estrellas pusieres tu nido, de ahí te derribaré, dice Jehová" (Abd. 1:4).

3 (37:12-17) *Hijos — Sobreprotección:* Sobreproteger a un hijo provoca división dentro de una familia. Lo que sucedió ahora fue extraño e inusual.

1. Los hermanos, al parecer los diez hermanos mayores, se encontraban apacentando las ovejas. Pero a José lo dejaron en la casa y no lo dejaron ir con ellos. ¿Por qué? Advierta primero a donde fueron los hermanos: de vuelta a Siquem, a unos 80 kilómetros al norte de Hebrón, donde Jacob y su familia habían vivido. Al parecer, se vieron obligados a llevar las ovejas allá por la necesidad de pastos y agua. Es muy poco probable que se hubieran aventurado hasta allá por cualquier otra razón después de la venganza que habían llevado a cabo contra la ciudad (Gn. 34:1-31).

Lo que se debe tener en cuenta es que a José lo dejaron atrás, su padre lo estaba sobreprotegiendo. Sencillamente, Jacob no iba a dejar que José corriera el peligro de algún ataque terrorista de los vecinos de Siquem.

2. Sin embargo, en algún momento, Jacob se preocupó lo suficiente por sus hijos y su ganado como para pedirle a José que viajara hasta donde estaban ellos.

Cuando José llegó a Siquem, él no podía encontrar a sus hermanos. Después de vagar un rato, un hombre se dio cuenta y le preguntó lo que buscaba. José le contestó que buscaba a sus hermanos, y el hombre casualmente sabía donde estaban. Él los había oído decir que se moverían con los rebaños hasta Dotán, que se encontraba a unos 32,19 kilómetros al norte de Siquem. Fue allí que José finalmente halló a sus hermanos.

Nuevamente, sucede lo siguiente: sobreproteger a un hijo provoca división dentro de la familia. Imagínense cómo se sintieron los diez hijos por el hecho de que José se quedara en casa mientras que ellos tenían que llevar los rebaños al norte, incluso hasta Siquem, donde sus vidas podían correr peligro. Su padre estaba dispuesto a arriesgar sus vidas para salvar el ganado, pero no al *querido José*, al hijo que tanto favorecía.

Pensamiento 1. Sobreproteger a un hijo hace que sucedan dos cosas malas.

1) Puede provocar problemas para el hijo sobreprotegido. Puede...

- Hacer de su hijo un "*el hijito de mamá y papá*".
- Impedir el crecimiento y madurez del hijo, el aprendizaje de la responsabilidad.

- Volver al hijo egoísta y egocéntrico.
- Volver al hijo altivo, arrogante, orgulloso, y alardoso.
- Hacer que un hijo reaccione y busque su libertad; hacer que el hijo se valga por sí mismo mucho antes de que sea lo suficiente maduro.

"El que detiene el castigo, a su hijo aborrece; mas el que lo ama, desde temprano lo corrige" (Pr. 13:24).

"Castiga a tu hijo en tanto que hay esperanza; mas no se apresure tu alma para destruirlo" (Pr. 19:18).

"Instruye al niño en su camino, y aun cuando fuere viejo no se apartará de él" (Pr. 22:6).

"La necedad está ligada en el corazón del muchacho; mas la vara de la corrección la alejará de él" (Pr. 22:15).

"Y vosotros, padres, no provoquéis a ira a vuestros hijos, sino criadlos en disciplina y amonestación del Señor" (Ef. 6:4).

2) Provoca un rechazo por parte de los otros hijos de la familia. Esto se verá en la próxima nota.

4 (37:18-30) *Rechazo — Rencor — Familia:* La hostilidad y el maltrato provoca división dentro de la familia. Lo que sucedió ahora estuvo mal pero que muy mal, aún así fue una reacción que desdichadamente sucede con frecuencia en la tierra. Además, los hermanos adultos con frecuencia se ponen muy molestos con un hermano favorecido que ha de recibir la mayor parte de la herencia de la familia. Oímos hablar de hijos que odian o matan a sus padres, y hermanos que se odian o se matan unos a otros por las propiedades de la familia. Algo similar estaba a punto de sucederle a José con una excepción: José tenía mucho más en su contra. Él se había jactado de sí mismo —les había buscado la lengua, se había rodeado y actuado altiva y arrogantemente— frente a ellos. Incluso había mostrado un orgullo altanero al contar los sueños de su superioridad sobre ellos. Teniendo esto en cuenta y el espíritu violento y reaccionario de estos jóvenes, se entiende más su crueldad con José. Eran un grupo de jóvenes impíos y crueles que estaban sujetos a cometer los actos más anárquicos.

1. Los hermanos divisaron a José que venía a lo lejos. Sin duda sabían que era él por su túnica pintoresca, y él *llevaba puesta* la túnica con el orgullo de su posición como capataz dentro de la familia (v. 23). Nota: De inmediato comenzaron a tramar o que podían hacer en contra de él (v. 18).

2. Se burlaron de él y de su orgullo, fundamentalmente de la arrogancia altanera de sus sueños (v. 19). A modo de burla le llamaron "el soñador".

3. Y luego sucedió: uno de los hermanos que estaba allí sugirió matarlo. Ellos podían matarlo y echarlo a una de las cisternas de la zona. Podían decirle a su padre que un animal feroz lo había matado (v. 20). Obviamente los hermanos con frecuencia se habían quejado de José y habían murmurado en su contra, hablando del favoritismo y la herencia tan grande que había de recibir. Al parecer hasta habían analizado lo que podían hacer al respecto: ¿había alguna manera en la que pudieran impedir que recibiera los dos tercios de la herencia? (Piensen con qué frecuencia sucede esto en la actualidad.) Ahora bien, él les estaba dando una oportunidad fácil de hacer lo que ellos quisieran.

=> En tono de burla, uno de ellos sugirió que lo mataran y luego verían qué sería de sus sueños, qué tipo de destino de reinado tendría (v. 20c).

=> Pero advierta: Rubén, el hijo mayor, intercedió para salvar a José (vv. 21-22). Él sugirió que lo echaran a una cisterna, que no lo mataran. Según plantean las Escrituras, Rubén trató de salvar a José para que se escapara y regresara a casa cuando tuviera la oportunidad (v. 22).

4. Los hermanos rechazaban mucho a José: ellos lo despreciaban y lo odiaban (v. 23).

   a. Rechazaban su autoridad: le quitaron su ropa (v. 23). Les ofendía el símbolo de su autoridad y lo atacaron primero.

   b. Rechazaban su persona, rechazaban a José como tal. Lo tomaron y es muy probable que con mucho odio lo lanzaran a la cisterna (v. 24). Advierta: la cisterna estaba seca.

   c. Rechazaron sus súplicas y ruegos de ayuda (v. 25). Advierta cuán cruel e insensible fue esto: estaban comiendo mientras él estaba gritando y suplicando que lo ayudaran (Gn. 42:1).

5. En cierto momento, los hermanos miraron y vieron una caravana que venía por el camino (v. 25b). Era una caravana de mercaderes, mercaderes ismaelitas y madianitas. Llevaban un cargamento de enseres para Egipto.

Nota: Judá sugirió que vendieran a José como esclavo en vez de matarlo (vv. 26-27). Así podían sacarle beneficio y librarse de la culpa de matarlo. Después de todo, él era su hermano, su propia carne y sangre. Esta era una solución mucho mejor para ellos, fundamentalmente si podían ganarse algún dinero; así que rápidamente estuvieron de acuerdo (v. 27).

6. Los hermanos negociaron con los mercaderes para venderles a José por veinte piezas de plata (vv. 28-30). Advierta nuevamente: él estaba rogándoles y suplicándoles amargamente a sus hermanos que lo liberaran (Gn. 42:21).

Rubén regresó rápido de ocuparse de los rebaños, y cuando llegó, se estremeció. José no estaba, lo habían vendido como esclavo y lo habían llevado a Egipto. Él era el hermano mayor; por eso, Jacob lo responsabilizaría. ¿Qué podía hacer? ¿Cómo podía darle la noticia a su padre?

Pensamiento 1. Los hermanos de José lo rechazaron porque estaban llenos de hostilidad contra él. Con frecuencia la amargura y la hostilidad calan las familias. Cuando lo hacen, muy pronto se asienta el rechazo.

=> ¿Cuántos esposas y esposas se sienten amargados uno con el otro? ¿Cuántos se sienten rechazados por la amargura y la hostilidad?

=> ¿Cuántos hijos se sienten amargados contra un padre y el padre contra un hijo?

¿Cuántos de nosotros se rechazan unos a otros por la amargura y la hostilidad? Nuestros hogares y sociedades están divididos por la amargura, la hostilidad, y el rechazo que llena tantos corazones y vidas.

"Tu camino y tus obras te hicieron esto; esta es tu maldad, por lo cual amargura penetrará hasta tu corazón" (Jer. 4:18).

"Arrepiéntete, pues, de esta tu maldad, y ruega a Dios, si quizá te sea perdonado el pensamiento de tu corazón; porque en hiel de amargura y en prisión de maldad veo que estás" (Hch. 8:22-23).

"Quítense de vosotros toda amargura, enojo, ira, gritería y maledicencia, y toda malicia. Antes sed benignos unos con otros, misericordiosos, perdonándoos unos a otros, como Dios también os perdonó a vosotros en Cristo" (Ef. 4:31-32).

"Maridos, amad a vuestras mujeres, y no seáis ásperos con ellas" (Col. 3:19).

"Seguid la paz con todos, y la santidad, sin la cual nadie verá al Señor. Mirad bien, no sea que alguno deje de alcanzar la gracia de Dios; que brotando alguna raíz de amargura, os estorbe, y por ella muchos sean contaminados" (He. 12:14-15).

"Pero si tenéis celos amargos y contención en vuestro corazón, no os jactéis, ni mintáis contra la verdad" (Stg. 3:14).

5 (37:31-35) *Engaño — Mentir — Familias:* El engaño y la mentira provocan división dentro de las familias. ¿Cómo iban a manejar a su padre los hermanos? ¿Qué le iban a decir?

1. Idearon un plan cruel, una mentira terrible para engañar a Jacob. Sumergieron la túnica de José en sangre de cabra y se la llevaron a su padre. Ellos le dijeron que ellos creyeron que podía ser la túnica de José, pero no estaban seguros. ¿Era la túnica de José (vv. 31-32)?

2. El engaño funcionó. Jacob de inmediato reconoció que algún animal salvaje había destrozado la túnica y se había comido a José (v. 33).

Lo que sucedió después fue todo lo contrario de lo que esperaban los hermanos. Esperaban que su padre pronto aceptara la muerte de José y recurriera a ellos para la administración de sus asuntos y herencia. Pero esto no sucedería.

3. El resultado fue una alienación muy grande entre Jacob y sus hijos (vv. 34-35). Al ver la túnica ensangrentada, Jacob desgarró sus vestiduras y puso cilicio sobre sus lomos (una vestidura áspera algo como un saco de grano). Esta era la señal del luto en aquella época. El problema era el siguiente: Jacob entró en un período prolongado de pesar y luto, y se quedó tanto tiempo de luto que todos se preocuparon. Todos sus hijos y sus hijas hicieron todo cuanto pudieron para consolarlo, pero él no tenía nada que ver con nadie. Él no

se consolaba. Con sus propias palabras, él estaba preparado para guardar luto hasta que muriera y se fuera a la tumba. Al menos allí podría estar con su hijo José (v. 35).

Pensamiento 1. Engañar a miembros de la familia y mentirles siempre provocará división. La mentira destruye la confianza y la fiabilidad. Si una persona nos engaña, hay una sensación de que ya no podemos confiar en esa persona, sencillamente no podemos fiarnos de ella.

=> ¿Cuántas esposas están engañando a sus esposos?
=> ¿Cuántos esposos está engañando a sus esposas?
=> ¿Cuántos hijos están engañando a sus padres?
=> ¿Cuántos padres están engañando a sus hijos?

El engaño y la mentira destruirán un matrimonio y una familia más rápido que cualquiera otra cosa. Ningún grupo de personas —familia u otra organización— se puede edificar sobre las mentiras y el engaño.

"No hurtaréis, y no engañaréis ni mentiréis el uno al otro" (Lv. 19:11).

"Destruirás a los que hablan mentira; al hombre sanguinario y engañador abominará Jehová" (Sal. 5:6).

"No habitará dentro de mi casa el que hace fraude; el que habla mentiras no se afirmará delante de mis ojos" (Sal. 101:7).

"Y dije en mi apresuramiento: Todo hombre es mentiroso" (Sal. 116:11).

"Los labios mentirosos son abominación a Jehová; pero los que hacen verdad son su contentamiento" (Pr. 12:22).

"Amontonar tesoros con lengua mentirosa es aliento fugaz de aquellos que buscan la muerte" (Pr. 21:6).

"Y cada uno engaña a su compañero, y ninguno habla verdad; acostumbraron su lengua a hablar mentira, se ocupan de actuar perversamente" (Jer. 9:5).

"Engañoso es el corazón más que todas las cosas, y perverso; ¿quién lo conocerá?" (Jer. 17:9).

"No mintáis los unos a los otros, habiéndoos despojado del viejo hombre con sus hechos" (Col. 3:9).

ESTUDIO A FONDO 1

(37:35) *Tumba* (Seol): El lugar a donde van los muertos. Es lo mismo que el equivalente griego *Hades* (Vea *Estudio a fondo 3*, Lc. 16:23). En el Antiguo Testamento se revelan varias cosas sobre el Seol.

1. Es la tumba (Ec. 9:5, 10, cp. 1-10).
2. Es un lugar de vida consciente (Is. 14:9-17; Ez. 32:21).
3. Es un lugar de reunión (vea notas, Gn. 25:7-10; 35:28-29; 49:29; 49:30-32).

4. Es un lugar para los perversos (Sal. 9:17; Is. 14:9-17; Ez. 32:21).
5. Es un lugar de pesar (2 S. 22:6; Sal. 9:17; 18:5; 116:3).

Se debe decir algo sobre la enseñanza del Antiguo Testamento y del Nuevo Testamento sobre el *Seol*. El equivalente hebreo *Seol* es el mismo que el equivalente griego *Hades*. La ilustración del Hades revelada por Jesucristo es la del otro mundo: el mundo no visto, el mundo espiritual, la dimensión espiritual de la existencia. Jesús dice que es un lugar que está dividido en dos grandes áreas, secciones, o compartimientos. Las dos áreas están separadas por un gran golfo que es impasable (Lc. 16:26). Un área es el lugar del pesar (Lc. 16:23-24, 28). La otra área es el lugar del Paraíso a donde van los creyentes. Decir que una persona está muerta es decir que alguien está en el *Hades*, en el otro mundo.

Advierta un elemento importante. El otro mundo, la dimensión espiritual de la existencia, sí existe. Y hay dos áreas o dos lugares en el otro mundo. El paraíso, el lugar de la gloria, y el infierno, el lugar del tormento. Jesús dijo que ambos existen realmente. (Vea bosquejo y notas, Lc. 16:19-31; vea *Estudio a fondo 4*, Lc. 16:24; Mt. 27:52-53; Ef. 4:8-10; *Estudio a fondo 1*, 1 P. 3:19-20.)

Los hombres creen diferentes cosas acerca del infierno. Pero es necesario que se recuerde una cosa: lo que creemos que no puede acabar con —destruir, eliminar, anular— la verdad. Si negamos el infierno, nuestra negación no hará que el infierno deje de existir, ya que el infierno es un lugar real. La negación no anula la verdad, no importa cuánto neguemos una verdad. El mundo es redondo y siempre será redondo, no importa cuantas personas hayan dicho que es plano. Así sucede con el infierno. Como el infierno existe, siempre existirá, no importa cuántas personas lo nieguen. Nuestra negación del infierno no hace que deje de existir.

El hombre natural ve *el infierno* de una de tres maneras.

=> Algunas personas creen la enseñanza cristiana sobre el infierno: ese infierno es un lugar de vida y castigo. Pero no creen lo bastante fuerte como para entregar sus corazones y sus vidas a Jesucristo, tampoco creen que Dios los condenará al infierno, no a fin de cuentas. Creen que serán aceptados cuando se digan y hagan todas las cosas.

=> Algunas personas creen que hay algún lugar donde las personas estarán en un estado semiconsciente o en un sueño. Tendrán una sensación de euforia o de pesar o ninguno de los dos.

=> Otras personas no creen en nada más allá de la tumba. Ellos creen que la vida cesa con la muerte, y que la tumba es el fin.

El hombre espiritual cree en la vida después de la muerte. Él cree en la vida eterna, es decir, que la vida continúa tal como dice la Biblia. De ahí que el hombre espiritual crea que el *Seol* o *el infierno* es real. La realidad es tal como se plantea en las Escrituras (Vea nota, Lc. 16:23).

6 (37:36) *Soberanía, de Dios:* La división dentro del hogar fue anulada por Dios. José fue llevado a Egipto y vendido como esclavo a Potifar, quien era oficial de la corte del Faraón, el capitán de la guardia de Faraón. Probablemente signifique el capitán del cuerpo de guardaespaldas de Faraón.

Lo que se debe tener en cuenta acá es la soberanía de Dios. Dios tenía el control y estaba obrando todas las cosas a bien para que se pudieran cumplir sus grandes propósitos y promesas hechas a su pueblo. Dios se ocupó de...

• Que los hermanos lanzaran a José a la cisterna y no lo mataran.
• Que los mercaderes madianitas vinieran justo a tiempo.
• Que los hermanos vendieran a José a los mercaderes.
• Que José fuera llevado a Egipto en el momento justo.
• Que José fuera vendido a Potifar en el momento justo.

Henry Morris tiene una descripción excelente de cómo Dios estaba obrando las cosas en la vida de este joven, obrando las cosas a bien en su soberanía y providencia:

"Las propias experiencias de José fueron muy reales y angustiosas. Él había provocado el odio asesino de sus hermanos, y cuando se les acercó en Dotán, no se dio ni cuenta de la atrocidad que estaban por planear. Aunque sería una experiencia terrible y amarga para él, en la providencia de Dios todo obraría a bien.
=> "Él mismo, con este grave problema personal de orgullo y arrogancia, necesitaba aprender humildad y paciencia antes de que se pudieran poner en función de Dios sus dones extraordinarios de brillantez intelectual y liderazgo político.
=> "Sus hermanos, también, antes de que se les pudiera mover a un arrepentimiento genuino y una madurez espiritual, como sería necesario para los fundadores de las tribus de Israel, se les debían enseñar las terribles consecuencias del pecado y ellos mismos debían humillarse en confesión y humillación.
=> "Luego, la nación que provendría de sus lomos también debía ser preparada por medio del sufrimiento y la liberación divina para creer y confiar en Dios y en sus promesas, así como obedecer sus leyes.

"Todo esto, en la providencia de Dios, sería el resultado máximo de la experiencia traumática que José estaba por sufrir" (*The Genesis Record* [El registro de Génesis], p. 540). (Advierta, se bosqueja la cita para mayor claridad.)

Más adelante, veremos cómo Dios continuó anulando los sucesos de los hombres para obrar las cosas a bien: de tal forma que Él podía cumplirles sus grandes promesas a los creyentes.

Pero todo esto era necesario a fin de que Dios preparara tanto a José y a sus hermanos para la gran tarea que Él tenía planeada para ellos en el futuro.

Pensamiento 1. Cuán maravillosa es la misericordia de Dios: que Él acepta a tantos de nosotros que somos tan pecadores y que caemos tan bajos y aún así nos perdona y obra las cosas a bien. Dios no nos hecha fuera. Aún así, Él nos usa incluso después de que hemos pecado tan terriblemente. ¡Qué misericordia tan gloriosa y qué gracia tan maravillosa! Todo es nuestra si tan solo nos arrepintiéramos: alejarnos de nuestros pecados y nos volviéramos a Él.

1) La soberanía de Dios está obrando en las vidas de cada creyente, obrando todas las cosas a bien.

"Y sabemos que a los que aman a Dios, todas las cosas les ayudan a bien, esto es, a los que conforme a su propósito son llamados" (Ro. 8:28).

"quien nos salvó y llamó con llamamiento santo, no conforme a nuestras obras, sino según el propósito suyo y la gracia que nos fue dada en Cristo Jesús antes de los tiempos de los siglos" (2 Ti. 1:9).

"en la esperanza de la vida eterna, la cual Dios, que no miente, prometió desde antes del principio de los siglos" (Tit. 1:2).

"elegidos según la presciencia de Dios Padre en santificación del Espíritu, para obedecer y ser rociados con la sangre de Jesucristo: Gracia y paz os sean multiplicadas" (1 P. 1:2).

2) ¡Debemos arrepentirnos ahora! Mientras más pronto nos volvamos a Dios por mucho más tiempo conoceremos de su cuidado y más tiempo tendremos para servirle.

"Echad de vosotros todas vuestras transgresiones con que habéis pecado, y haceos un corazón nuevo y un espíritu nuevo. ¿Por qué moriréis, casa de Israel?" (Ez. 18:31).

"y diciendo: Arrepentíos, porque el reino de los cielos se ha acercado" (Mt. 3:2).

"Os digo: No; antes si no os arrepentís, todos pereceréis igualmente" (Lc. 13:3).

"Así que, arrepentíos y convertíos, para que sean borrados vuestros pecados; para que vengan de la presencia del Señor tiempos de refrigerio" (Hch. 3:19).

"Arrepiéntete, pues, de esta tu maldad, y ruega a Dios, si quizá te sea perdonado el pensamiento de tu corazón" (Hch. 8:22).

"Deje el impío su camino, y el hombre inicuo sus pensamientos, y vuélvase a Jehová, el cual tendrá de él misericordia, y al Dios nuestro, el cual será amplio en perdonar" (Is. 55:7).

1 Judá abandonó su hogar, abandonó la influencia de su padre piadoso
2 Judá se casó con una incrédula
   a. Judá se movió a Adulam
   b. Judá se casó con la hija de Súa, un incrédulo

3 Judá crió a los hijos en un ambiente perverso
   a. Los hijos de Judá
      1) Un hijo, Er
      2) Un segundo hijo, Onán
      3) Un tercer hijo, Sela

   b. Judá le dio a Tamar como esposa a Er

      1) Er era perverso ante los ojos de Dios
      2) Dios le quitó la vida a Er
   c. Judá siguió la ley de la época: Le dio a Tamar a su hijo mayor vivo, Onán, para que tuviera un hijo para Er
      1) Onán sabía que el hijo no se consideraría suyo
      2) Onán se rebeló y se rehusó a tener un hijo con Tamar

      3) Onán era perverso ante los ojos de Dios; Dios también le quitó la vida

CAPÍTULO 38

B. El pecado de Judá: Los pecados de un joven díscolo, 38:1-30

1 Aconteció en aquel tiempo, que Judá se apartó de sus hermanos, y se fue a un varón adulamita que se llamaba Hira.

2 Y vio allí Judá la hija de un hombre cananeo, el cual se llamaba Súa; y la tomó, y se llegó a ella.
3 Y ella concibió, y dio a luz un hijo, y llamó su nombre Er.
4 Concibió otra vez, y dio a luz un hijo, y llamó su nombre Onán.
5 Y volvió a concebir, y dio a luz un hijo, y llamó su nombre Sela. Y estaba en Quezib cuando lo dio a luz.
6 Después Judá tomó mujer para su primogénito Er, la cual se llamaba Tamar.
7 Y Er, el primogénito de Judá, fue malo ante los ojos de Jehová, y le quitó Jehová la vida.

8 Entonces Judá dijo a Onán: Llégate a la mujer de tu hermano, y despósate con ella, y levanta descendencia a tu hermano.
9 Y sabiendo Onán que la descendencia no había de ser suya, sucedía que cuando se llegaba a la mujer de su hermano, vertía en tierra, por no dar descendencia a su hermano.
10 Y desagradó en ojos de Jehová lo que hacía, y a él también le quitó la vida.

11 Y Judá dijo a Tamar su nuera: Quédate viuda en casa de tu padre, hasta que crezca Sela mi hijo; porque dijo: No sea que muera él también como sus hermanos. Y se fue Tamar, y estuvo en casa de su padre.

12 Pasaron muchos días, y murió la hija de Súa, mujer de Judá. Después Judá se consoló, y subía a los trasquiladores de sus ovejas a Timnat, él y su amigo Hira el adulamita.

13 Y fue dado aviso a Tamar, diciendo: He aquí tu suegro sube a Timnat a trasquilar sus ovejas.
14 Entonces se quitó ella los vestidos de su viudez, y se cubrió con un velo, y se arrebozó, y se puso a la entrada de Enaim junto al camino de Timnat; porque veía que había crecido Sela y ella no era dada a él por mujer.
15 Y la vio Judá, y la tuvo por ramera, porque ella había cubierto su rostro.
16 Y se apartó del camino hacia ella, y le dijo: Déjame ahora llegarme a ti: pues no sabía que era su nuera; y ella dijo: ¿Qué me darás por llegarte a mí?

17 El respondió: Yo te enviaré del ganado un cabrito de las cabras. Y ella dijo: Dame una prenda hasta que lo envíes.
18 Entonces Judá dijo: ¿Qué prenda te daré? Ella respondió: Tu sello, tu cordón, y tu báculo que

4 Judá estaba espiritualmente ciego: Era incapaz de ver la obra de Dios
   a. Su sugerencia: que Tamar regresara a casa hasta que Sela tuviera edad suficiente para casarse
   b. Su verdadera razón: sintió que Tamar era mala suerte
5 Judá cometió inmoralidad
   a. Murió la esposa de Judá
   b. Judá viajó con un amigo, Hira, a los trasquiladores de sus ovejas: era momento de fiestar
      1) Tamar se enteró de sus planes

      2) Tamar tramó y conspiró para posar como ramera

   c. Judá se volvió al sexo ilícito por placer: Él invitó a la mujer a la cama que creía ser una prostituta (Advierta con qué facilidad se acercó a ella, como si tuviera mucha experiencia
   d. Judá cayó en la trampa
      1) Tamar le pidió pago
      2) Judá sugirió un cabrito
      3) Tamar le pidió una prenda
   e. La prenda de Judá
      1) Su sello y su cordón

2) Su báculo

f. Tamar regresó a casa de inmediato

6 Judá no se avergonzó del pecado entre sus amigos

a. Judá envió a un amigo a pagar su deuda: Se sintió con la libertad de contarle su aventura sexual a su amigo

b. El amigo de Judá no pudo hallar a Tamar

7 Judá había perdido los valores: Le preocupaba la publicidad, pero no le preocupaba la ley de Dios

8 Judá condenó a Tamar: Rápido para juzgar severamente a otros, pero lento para juzgarse a sí mismo

a. A Judá le dijeron que Tamar cometió adulterio y estaba embarazada

b. Judá, con ira justa, la condenó a muerte

tienes en tu mano. Y él se los dio, y se llegó a ella, y ella concibió de él. 19 Luego se levantó y se fue, y se quitó el velo de sobre sí, y se vistió las ropas de su viudez. 20 Y Judá envió el cabrito de las cabras por medio de su amigo el adulamita, para que éste recibiese la prenda de la mujer; pero no la halló. 21 Y preguntó a los hombres de aquel lugar, diciendo: ¿Dónde está la ramera de Enaim junto al camino? Y ellos le dijeron: No ha estado aquí ramera alguna. 22 Entonces él se volvió a Judá, y dijo: No la he hallado; y también los hombres del lugar dijeron: Aquí no ha estado ramera. 23 Y Judá dijo: Tómeselo para sí, para que no seamos menospreciados; he aquí yo he enviado este cabrito, y tú no la hallaste. 24 Sucedió que al cabo de unos tres meses fue dado aviso a Judá, diciendo: Tamar tu nuera ha fornicado, y ciertamente está encinta a causa de las fornicaciones. Y Judá dijo: Sacadla, y sea quemada.

25 Pero ella, cuando la sacaban, envió a decir a su suegro: Del varón cuyas son estas cosas, estoy encinta. También dijo: Mira ahora de quién son estas cosas, el sello, el cordón y el báculo. 26 Entonces Judá los reconoció, y dijo: Más justa es ella que yo, por cuanto no la he dado a Sela mi hijo. Y nunca más la conoció.

27 Y aconteció que al tiempo de dar a luz, he aquí había gemelos en su seno. 28 Sucedió cuando daba sus planes a luz, que sacó la mano el uno, y la partera tomó y ató a su mano un hilo de grana, diciendo: Este salió primero.

29 Pero volviendo él a meter la mano, he aquí salió su hermano; y ella dijo: ¡Qué brecha te has abierto! Y llamó su nombre Fares. 30 Después salió su hermano, el que tenía en su mano el hilo de grana, y llamó su nombre Zara.

c. Tamar identificó a su amante: Presentándole el sello, su cordón, y el báculo a Judá

9 Judá se arrepintió, pero solo parcialmente

a. Él se dio cuenta de su pecado: Tamar quería obedecer la ley, pero él se había rehusado

b. Él no tuvo sexo con ella de nuevo

10 Conclusión: Dios anuló el pecado y la vergüenza de Judá: Tamar dio a luz gemelos, quienes finalmente se convertirían en verdaderos creyentes, una parte de la verdadera familia de Dios

a. El nacimiento de Fares

b. El nacimiento de Zara

DIVISIÓN X

JOSÉ, BISNIETO DE ABRAHAM: ESCOGIDO PARA SALVAR A LA DESCENDENCIA DEL PUEBLO DE DIOS Y LAS GRANDES PROMESAS DE DIOS: SUCESOS QUE LLEVAN AL PUEBLO DE DIOS A EGIPTO, 37:1—50:26

B. El pecado de Judá: Los pecados de un joven díscolo, 38:1-30

(38:1-30) *Introducción:* Se hace una gran advertencia en este capítulo. Un hijo o hija se pueden extraviar dentro de una familia. Un joven o una joven pueden abandonar un hogar piadoso para salir al mundo, pasar años llevando una vida

mundana, una vida apartados de Dios. De hecho, el mundo siempre absorberá a una persona que no confíe ni siga a Dios. La persona se volverá mundana, buscará los placeres, posesiones, y comodidades de esta tierra, sin prestarle atención alguna a Dios.

Éste es el tema de este pasaje: el deterioro moral de un hijo díscolo que abandonó un hogar piadoso para salir al mundo: *El pecado de Judá: Los pecados de un joven díscolo.*

1. Judá abandonó su hogar, abandonó la influencia de su padre piadoso (v. 1).
2. Judá se casó con una incrédula (vv. 1-2).
3. Judá crió a sus hijos en un ambiente perverso (vv. 3-10).

4. Judá estaba espiritualmente ciego: Era incapaz de ver la obra de Dios (v. 11).
5. Judá cometió inmoralidad (vv. 12-19).
6. Judá no se avergonzó del pecado entre sus amigos (vv. 20-21).
7. Judá había perdido los valores: Le preocupaba la publicidad, pero no le preocupaba la ley de Dios (vv. 22-23).
8. Judá condenó a Tamar: Rápido para juzgar severamente a otros, pero lento para juzgarse a sí mismo (vv. 24-25).
9. Judá se arrepintió, pero solo parcialmente (v. 26).
10. Conclusión: Dios anuló el pecado y la vergüenza de Judá: Tamar dio a luz gemelos, quienes finalmente se convertirían en verdaderos creyentes, una parte de la verdadera familia de Dios (vv. 27-30).

ESTUDIO A FONDO 1

(38:1-30) *Judá — Misericordia — Gracia:* Este capítulo tiene al menos dos propósitos.

1. Un propósito es mostrar cómo tuvo su origen la tribu de Judá. Cuando leamos esta historia, hay mucho que resulta ofensivo al buen gusto, pero tanto de lo que sucedió describe la vida real. La única verdad que se debe tener en cuenta es la misericordia y gracia de Dios. Dios es misericordioso con el hombre, el disciplinado y el indisciplinado, el controlado y el descontrolado. De hecho, la misericordia de Dios es necesaria para todos los seres humanos así como para Judá. Más adelante, veremos un elemento glorioso sobre Judá: él se arrepintió. Y porque le entregó su vida a Dios, Dios lo usó de un modo maravilloso. Dios escogió la descendencia de Judá para dar a luz la Simiente prometida, el Salvador del mundo (Gn. 49:8).

¿Cómo podría Dios escoger a un hombre como ese —un pecador tan grande— para convertirlo a él y a su descendencia en una *tribu principesca*? Por misericordia y gracia. Dios tuvo misericordia de Judá de la misma manera que tiene misericordia de todos los que se vuelven a él sinceramente. Dios tomó a Judá y le demostró que la decisión de Dios es por medio de la gracia, no por medio de la bondad humana, el mérito, ni las obras. Judá, con lo principesco que se volvió, no recibe nada del mérito, nada de la alabanza. Él no merecía nada. Él era un pecador, un pecador tan terrible e inmoral como puede serlo una persona. Por eso, Dios y solo Dios se lleva el mérito por salvarlo. Judá fue salvado por la misericordia de Dios y solo por la misericordia de Dios; por eso, Dios y solo Dios es digno de recibir toda la honra y alabanza. Además, por medio de la vida pecadora de Judá, Dios le muestra a todas las generaciones siguientes que es por medio de su misericordia y gracia que todos somos llamados y salvos. Judá le habla a nuestra generación: él declara que Dios y solo Dios es digno de toda la alabanza

y la honra, porque es Él y solo Él quien nos salva.

Por eso este capítulo, como muchos otros, apunta a Dios y a su soberanía absoluta. Él toma a un hombre pobre, un pecador rebelde, y tiene misericordia de él y lo llama por su gracia y usa a ese hombre en su servicio.

2. El segundo propósito de este capítulo es ilustrar por qué Dios tuvo que sacar a Israel de Canaán hacia Egipto. Muy sencillo, Judá demuestra cómo los hijos corrían el peligro de estar inmersos en la mundanalidad de su ambiente, cómo seguían el estilo de vida de los incrédulos, de los cananeos. Por medio de la mezcla y el matrimonio mixto, se enfrentaron a la amenaza muy real de perder su identidad piadosa, de perderse las grandes promesas de Dios, de no lograr cumplir el gran propósito que Dios tiene con sus vidas. (Vea *Estudio a fondo 2*, Gn. 37:1—50:26 para un mayor análisis.)

---

1 (38:1) *Familia — Abandonar:* Judá abandonó su familia piadosa, abandonó la influencia de su padre piadoso. Nota: Las Escrituras dicen que él abandonó a sus hermanos, no a su padre. La idea es que él se marchaba para alejarse de sus hermanos. Al parecer estaba harto de las mentiras de los hermanos a su padre y con el sufrimiento de Jacob por José. Además, Judá estaba consumido con la culpabilidad de toda la situación con José. Él y sus hermanos habían vendido a José a la esclavitud y habían engañado a su padre para que pensara que a José lo había matado algún animal salvaje.

Judá sencillamente no podía soportar más. Tuvo que alejarse de todo aquello, así que se marchó, tratando de huir de su culpa y de toda la situación. Pero esto está mal. En vez de huir, debió haber ido donde su padre, haber confesado su pecado, y haber hecho una pesquisa por José para traerlo de vuelta a casa. Al huir, Judá estaba abandonando la única ayuda e influencia piadosa que había: su padre piadoso y aquellos que lo rodeaban que eran verdaderos seguidores de Dios. Judá necesitaba ayuda: él necesitaba la guía de su padre, la influencia y ayuda piadosa que su padre podía representar para él. Pero en vez de recurrir donde su padre para aclararlo todo, aquí estaba cometiendo otro error craso: huir y abandonar la familia y el pueblo de Dios. Dicho con sencillez, le estaba dando la espalda a Dios, rehusándose a quedar a bien con Dios y a aclarar la tragedia pecaminosa que él y sus hermanos habían traído sobre su padre y familia.

Pensamiento 1. Cuando hemos pecado, la solución no es huir, ni abandonar a la familia, los amigos, y a Dios. La solución es volverse a Dios y a aquellos que pueden ayudarnos. Dios y las familias y amigos piadosos siempre están dispuestos a ayudar. Pero según se ha planteado, debemos recurrir a ellos y buscar su ayuda, no huir ni olvidarlos.

"y salió al encuentro de Asa, y le dijo: Oídme, Asa y todo Judá y Benjamín: Jehová estará con vosotros, si vosotros estuviereis con él; y si le buscareis, será hallado de vosotros; mas si le dejareis, él también os dejará" (2 Cr. 15:2).

"La mano de nuestro Dios es para bien sobre todos los que le buscan; mas su poder y su furor contra todos los que le abandonan" (Esd. 8:22).

"Porque dos males ha hecho mi pueblo: me dejaron a mí, fuente de agua viva, y cavaron para sí cisternas, cisternas rotas que no retienen agua" (Jer. 2:13).

2 (38:1-2) *Matrimonio:* Judá se casó con una incrédula. Judá realmente se fue a solo quince kilómetros de su padre, a la aldea de Adulam. Pero advierta, era una aldea cananea, una aldea del mundo donde no había creyentes verdaderos. Judá se fue al ambiente mundano, a un lugar donde no habría influencia piadosa de ningún tipo. Judá era un joven, robusto e independiente, así que sucedió lo inevitable: se sintió atraído a una joven. Se hicieron amigos y su amistad creció, y finalmente se casaron. Advierta que Judá no buscó el consejo de su padre piadoso. Él actuó por su cuenta, sin siquiera considerar a Dios y su voluntad. Judá se casó con una incrédula, una joven que nunca había confiado en el único Dios vivo y verdadero, una joven que obviamente estaba entregada al mundo y a las cosas del mundo.

Pensamiento 1. El mandamiento de Dios con respecto al matrimonio para los creyentes es claro: Debemos mantener pura la unión del matrimonio. No debemos casarnos con incrédulos. Judá cometió dos errores graves, los mismos errores que cometen tantas personas.

1) Judá trató de huir de una mala situación saliendo a un ambiente mundano, a un lugar donde no había influencia piadosa alguna. ¿Cuántos de nosotros tratan de huir de malas situaciones y absorbemos nuestros problemas buscando el placer en un medio mundano, en lugares donde hay poca influencia piadosa, de haber alguna?

"No os conforméis a este siglo, sino transformaos por medio de la renovación de vuestro entendimiento, para que comprobéis cuál sea la buena voluntad de Dios, agradable y perfecta" (Ro. 12:2).

"Más bien os escribí que no os juntéis con ninguno que, llamándose hermano, fuere fornicario, o avaro, o idólatra, o maldiciente, o borracho, o ladrón; con el tal ni aun comáis" (1 Co. 5:11).

"Por lo cual, salid de en medio de ellos, y apartaos, dice el Señor, y no toquéis lo inmundo; y yo os recibiré, y seré para vosotros por Padre, y vosotros me seréis hijos e hijas, dice el Señor Todopoderoso" (2 Co. 6:17-18).

"Y no participéis en las obras infructuosas de las tinieblas, sino más bien reprendedlas" (Ef. 5:11).

"Ninguno que milita se enreda en los negocios de la vida, a fin de agradar a aquel que lo tomó por soldado" (2 Ti. 2:4).

"No améis al mundo, ni las cosas que están en el mundo. Si alguno ama al mundo, el amor del Padre no está en él. Porque todo lo que hay en el mundo, los deseos de la carne, los deseos de los ojos, y la vanagloria de la vida, no proviene del Padre, sino del mundo" (1 Jn. 2:15-16).

"Apartaos, apartaos, salid de ahí, no toquéis cosa inmunda; salid de en medio de ella; purificaos los que lleváis los utensilios de Jehová" (Is. 52:11).

2) Judá se casó con una incrédula.

"No os unáis en yugo desigual con los incrédulos; porque ¿qué compañerismo tiene la justicia con la injusticia? ¿Y qué comunión la luz con las tinieblas?" (2 Co. 6:14).

"y te juramentaré por Jehová, Dios de los cielos y Dios de la tierra, que no tomarás para mi hijo mujer de las hijas de los cananeos, entre los cuales yo habito" (Gn. 24:3).

"Entonces Isaac llamó a Jacob, y lo bendijo, y le mandó diciendo: No tomes mujer de las hijas de Canaán" (Gn. 28:1).

"Guárdate de hacer alianza con los moradores de la tierra donde has de entrar, para que no sean tropezadero en medio de ti" (Éx. 34:12).

"Y no emparentarás con ellas; no darás tu hija a su hijo, ni tomarás a su hija para tu hijo" (Dt. 7:3).

"Ahora, pues, no daréis vuestras hijas a los hijos de ellos, ni sus hijas tomaréis para vuestros hijos, ni procuraréis jamás su paz ni su prosperidad; para que seáis fuertes y comáis el bien de la tierra, y la dejéis por heredad a vuestros hijos para siempre" (Esd. 9:12).

3 (38:3-10) *Familia — Hijos — Padres:* Judá crió a sus hijos en un ambiente de incrédulos.

1. La esposa de Judá tuvo tres hijos, al parecer uno tras otro (vv. 3-5). Sus nombres eran Er, Onán, y Sela. Advierta que Judá nombró al primer hijo, pero su esposa nombró a los otros dos. Esto sugiere que la esposa de Judá, que era una incrédula, se estaba volviendo, de los dos padres, el padre más dominante de la familia. Su apego al mundo y a la adoración de la religión falsa era sin dudas la influencia más grande sobre los hijos. Hasta donde podemos saber de las Escrituras, la casa tenía poca influencia de una piedad verdadera, de tener alguna. Los tres hijos de Judá fueron criados en un hogar y ambiente de mundanalidad y falsa religión.

2. Cuando el hijo mayor Er se volvió un hombre, al parecer a Judá le había preocupado el ambiente impío de la casa. Advierta que él mismo salió a buscar una joven para que se casara con su hijo Er. Él no le dejó la decisión por completo a su hijo. Esto resulta sorprendente ya que había actuado por su cuenta cuando él se casó, nunca buscó el consejo de Jacob. Parece que a Judá le preocupaban los hábitos perversos de su hijo, tanto que quería hallarle una esposa que pudiera quizás ayudar a enderezarlo.

Cualquiera que sea el caso, Judá halló a Tamar, quien se casó con Er. Pero Er llevó una vida tan perversa que Dios le quitó la vida. ¿Cuál fue su perversidad, una perversidad tan terrible que Dios le quitó la vida? Las Escrituras no lo dicen:

ni siquiera hace una insinuación. Todo cuanto dice es que él era perverso, tan perverso que era un insulto absoluto ante *los ojos de Jehová* (v. 7). Esta frase en particular enfatiza el horror y la naturaleza extensiva de la perversidad. Era tan terrible que representaba una afrenta ante los propios ojos de Jehová. En consecuencia, Dios no tuvo opción alguna que quitarle la vida, eliminarlo de la tierra.

3. Luego Judá siguió la ley de la época: él dio a Tamar como esposa al hijo mayor vivo, a Onán (vv. 8-10). Esta era la ley que más tarde se conocería como la costumbre del Levirato (Dt. 25:5-10; Mt. 22:24). La ley planteaba lo siguiente: si un hombre moría sin hijos, entonces el hermano mayor que lo sucedía se casaría con su esposa y le daría un hijo. Por ley, el hijo era legalmente el primogénito y heredero de su hermano fallecido. Esto garantizaba dos cosas: (a) que el nombre de la familia se perpetuara, y (b) que la propiedad se mantenía en la familia.

Lo que se debe tener en cuenta ahora es lo siguiente: el hijo sería el heredero de las propiedades de Er. Onán, por supuesto, conocía la ley, y él estuvo de acuerdo en tomar a Tamar por esposa. Pero advierta: cuando tenía sexo con ella, él se rehusaba a consumar el acto. Él se rebelaba, rehusándose a obedecer la ley y darle a ella un hijo para que le diera continuidad a la descendencia de su hermano (v. 9). Advierta lo que dicen las Escrituras: Onán era perverso ante los ojos de Jehová, así que Jehová tuvo que quitarle la vida también (v. 10).

Ahora bien, ¿cuál fue el pecado de Onán que le provocó un juicio tan severo? Habría mucho sobre Onán y su conducta que no se cuenta en el relato. Sin embargo, hay al menos cuatro pecados graves que se pueden ver en la información proporcionada.

1. Onán le faltaba el amor y el cariño. A él no le importaba ni la amaba lo suficiente como para cuidar de la familia y la esposa de su hermano. Por supuesto, éste es un pecado grave en cualquier generación.

2. Onán era avaricioso y egoísta. Él quería toda la herencia de su padre para sí, o al menos tan pocos herederos como fuesen posibles para que las partes divididas fueran mayores.

3. Onán tenía un espíritu de rebeldía. Él trató de evitar que le nacieran hijos a su hermano. Este era un mal grave. ¿Por qué? Porque el crecimiento y la expansión de Israel eran importantes durante este período, y Judá era hijo de Israel. Una multitud de personas había sido una de las promesas que Dios le había dado a Abraham e Israel. Así que evitar deliberadamente el crecimiento de la vida familia era una ofensa grave (rebeldía) contra Dios.

4. Onán estaba utilizando mal y distorsionando el propósito del matrimonio. Él tomó la esposa de su hermano, pero en rebeldía se rehusaba a consumar la unión.

Sucede lo siguiente: Los hijos de Judá fueron criados en un ambiente mundano y perverso, así que ellos salieron perversos. Hicieron lo mismo que habían hecho su padre y su madre: rebelarse contra Dios y sus mandamientos. Por ende, Dios tuvo que juzgarlos como declaran las Escrituras que Él juzgará a todos los perversos de la tierra: los juzgará y condenará a la muerte eterna.

"Y de la manera que está establecido para los hombres que mueran una sola vez, y después de esto el juicio" (He. 9:27).

"sabe el Señor librar de tentación a los piadosos, y reservar a los injustos para ser castigados en el día del juicio" (2 P. 2:9).

Pensamiento 1. Advierta dos lecciones contundentes.
1) Un hogar impío e incrédulo influirá en que los hijos sean impíos e incrédulos.

"E hizo lo malo ante los ojos de Jehová, y anduvo en el camino de su padre, y en el camino de su madre, y en el camino de Jeroboam hijo de Nabat, que hizo pecar a Israel" (1 R. 22:52).

"Y desecharon sus estatutos, y el pacto que él había hecho con sus padres, y los testimonios que él había prescrito a ellos; y siguieron la vanidad, y se hicieron vanos, y fueron en pos de las naciones que estaban alrededor de ellos, de las cuales Jehová les había mandado que no hiciesen a la manera de ellas" (2 R. 17:15).

"También él anduvo en los caminos de la casa de Acab, pues su madre le aconsejaba a que actuase impíamente" (2 Cr. 22:3).

"antes se fueron tras la imaginación de su corazón, y en pos de los baales, según les enseñaron sus padres" (Jer. 9:14).

"Así ha dicho Jehová: Por tres pecados de Judá, y por el cuarto, no revocaré su castigo; porque menospreciaron la ley de Jehová, y no guardaron sus ordenanzas, y les hicieron errar sus mentiras, en pos de las cuales anduvieron sus padres" (Am. 2:4).

"Ella, instruida primero por su madre, dijo: Dame aquí en un plato la cabeza de Juan el Bautista" (Mt. 14:8).

2) El hogar piadoso y creyente influirá en que los hijos crean y lleven vidas piadosas.

"Y Jehová estuvo con Josafat, porque anduvo en los primeros caminos de David su padre, y no buscó a los baales" (2 Cr. 17:3; cp. 1 R. 9:4-5).

"E hizo lo recto ante los ojos de Jehová, conforme a todas las cosas que había hecho Amasías su padre" (2 Cr. 26:4).

"trayendo a la memoria la fe no fingida que hay en ti, la cual habitó primero en tu abuela Loida, y en tu madre Eunice, y estoy seguro que en ti también" (2 Ti. 1:5).

4 (38:11) ***Ceguera, espiritual:*** Judá estaba espiritualmente ciego, era incapaz de ver la obra de Dios. Advierta lo que hizo Judá. El único hijo que le quedaba vivo era Sela, y era muy joven para casarse. Por eso Judá le dijo a Tamar que regresara a la casa de su padre hasta que Sela tuviera edad suficiente para casarse con ella. Pero Judá no tenía intenciones de dejar que Tamar se casara con su tercer hijo. Él la consideraba mala suerte, que ella era directa o indirectamente la causa de la muerte de sus dos hijos. Él no se atrevió a arriesgarse con ella y que le trajera la muerte a su tercer hijo.

Sucede lo siguiente: Judá estaba espiritualmente ciego. Él no veía la mano de Dios obrando. Tampoco abrió sus ojos y reconoció la perversidad terrible de sus hijos. Pero Dios había visto sus corazones, que nunca se arrepentirían y serían seguidores de Él. Judá había llevado una vida tan mundana que obviamente estaba ciego para ver a Dios y sus propósitos, ciego para ver la conducta piadosa y justa exigida por Dios.

Pensamiento 1. ¿Cuántos de nosotros nos volvemos ciegos espiritualmente, ciegos para las cosas de Dios? ¿Ciegos para lo que es una conducta realmente piadosa y justa? ¿Ciegos a lo que es una conducta impía y perversa?

"Palpamos la pared como ciegos, y andamos a tientas como sin ojos; tropezamos a mediodía como de noche; estamos en lugares oscuros como muertos" (Is. 59:10).

"pero si tu ojo es maligno, todo tu cuerpo estará en tinieblas. Así que, si la luz que en ti hay es tinieblas, ¿cuántas no serán las mismas tinieblas?" (Mt. 6:23).

"Y esta es la condenación: que la luz vino al mundo, y los hombres amaron más las tinieblas que la luz, porque sus obras eran malas" (Jn. 3:19).

"Pero si nuestro evangelio está aún encubierto, entre los que se pierden está encubierto; en los cuales el dios de este siglo cegó el entendimiento de los incrédulos, para que no les resplandezca la luz del evangelio de la gloria de Cristo, el cual es la imagen de Dios" (2 Co. 4:3-4).

"teniendo el entendimiento entenebrecido, ajenos de la vida de Dios por la ignorancia que en ellos hay, por la dureza de su corazón" (Ef. 4:18).

"Si decimos que tenemos comunión con él, y andamos en tinieblas, mentimos, y no practicamos la verdad" (1 Jn. 1:6).

"Pero el que aborrece a su hermano está en tinieblas, y anda en tinieblas, y no sabe a dónde va, porque las tinieblas le han cegado los ojos" (1 Jn. 2:11).

"No saben, no entienden, andan en tinieblas; tiemblan todos los cimientos de la tierra" (Sal. 82:5).

"El camino de los impíos es como la oscuridad; no saben en qué tropiezan" (Pr. 4:19).

"Por tanto, su camino será como resbaladeros en oscuridad; serán empujados, y caerán en él; porque yo traeré mal sobre ellos en el año de su castigo, dice Jehová" (Jer. 23:12).

5 (38:12-19) *Inmoralidad:* Judá cometió inmoralidad. Lo que sucedió ahora muestra cuánto puede extraviar a una persona un medio mundano.

1. La esposa de Judá murió (v. 12). Al parecer fue algún tiempo después de que él había enviado a Tamar de vuelta a la casa de su padre.

2. Después de algún tiempo de luto, Judá hizo un viaje con su amigo Hira a donde trasquilaban las ovejas (vv. 12-14). La ocasión era una ocasión de festejos, y probablemente Judá creyera que la ocasión de alegría lo ayudaría a quitarle de su mente la muerte de su esposa.

Tamar se enteró de que Judá había subido donde los trasquiladores de ovejas (v. 13). Finalmente había llegado a la conclusión de que Judá no tenía intenciones de dejar que Sela se casara con ella. Por eso ella ideó una estratagema por medio de la cual pudiera irse a la cama con Judá y tener un hijo por medio de él (v. 14). Ella se vistió con las ropas de una prostituta, se veló, y se sentó cerca del camino donde se sentaban generalmente las prostitutas del templo. Henry Morris proporciona una descripción gráfica de lo que ella hacía:

"Teniendo en cuenta sus antecedentes cananeos, en los que la promiscuidad era prácticamente una forma de vida, no se deben condenar sus acciones con demasiada severidad. Incluso la profesión de prostituta del templo se consideraba respetable. Se conoce que en muchos sistemas religiosos antiguos como este, se esperaba que todas las mujeres de la comunidad se dedicaran en una ocasión a esta práctica, es un ofrecimiento votivo real [gratitud] a sus dioses y diosas paganos. Que estaba posando realmente como una prostituta del templo como esa, más que como una ramera ordinaria, resulta evidente a partir del hecho de que la palabra usada para describirla más adelante por los hombres cananeos (hebreo *cedesha*, que significa 'alguien apartado', según se usa en los versículos 21 y 22) era la palabra usada con este propósito" (*The Genesis Record* [El registro de Génesis], p. 553).

3. Ahora bien, advierta que Judá se volvió al sexo ilícito por placer. Él vio la mujer que él creía ser una prostituta y la invitó a la cama (vv. 15-16). Él no tenía idea alguna de que era su nuera, Tamar. Advierta con qué facilidad él se acercó a la prostituta: Era como si él supiera qué hacer, como si tuviera mucha experiencia.

4. Judá cayó en la trampa. Ella pidió pago, y Judá sugirió un cabrito. Al parecer el pago acostumbrado para las prostitutas del templo (H. C. Leupold, *Génesis*, vol. 2, p. 984). Tamar era astuta: Ella le pidió una prenda hasta que Judá pudiera regresar con el cabrito. Y ella hasta explicó lo que quería: el sello de Judá y su cordón (el cordón que se usaba para atar el sello al cuello del dueño), y el báculo que Judá llevaba en su mano. Judá rápidamente estuvo de acuerdo y tuvo sexo con Tamar, y ella quedó embarazada. Advierta que luego Tamar regresó a la casa de su padre y se vistió de viuda nuevamente (v. 19).

Sucede lo siguiente: miren el ambiente en que Judá vivía y llevaba años viviendo. Él se había vuelto tan inmoral y mundano como sus vecinos incrédulos. No había sentido de la justicia exigida por el verdadero Dios del cielo y la tierra, por Jehová, el Salvador y Señor del universo. Judá estaba viviendo en un mundo entregado a la inmoralidad, al incesto, y a la falsa adoración, a la práctica ceremoniosa de las prostitutas del templo que servían a sus dioses por medio del sexo. Y Judá se había vuelto parte de todo aquello.

Pensamiento 1. El mundo y sus prácticas inmorales le atraerán a cualquier persona normal que se exponga a su atractivo sexual. No podemos vivir en el mundo sin ser influido por el mundo, no si tenemos ojos y somos normales. Si vivimos en un medio mundano, entonces nos sentiremos atraídos sexualmente. Por supuesto, esto quiere decir que todo hogar debe cuidarse de lo que se ve en televisión, lo que se observa en las películas, donde van los miembros de la familia y cuáles son sus actividades.

"No cometerás adulterio" (Éx. 20:14).

"El ojo del adúltero está aguardando la noche, diciendo: No me verá nadie; y esconde su rostro" (Job 24:15).

"Oísteis que fue dicho: No cometerás adulterio. Pero yo os digo que cualquiera que mira a una mujer para codiciarla, ya adulteró con ella en su corazón" (Mt. 5:27-28).

"¿No sabéis que los injustos no heredarán el reino de Dios? No erréis; ni los fornicarios, ni los idólatras, ni los adúlteros, ni los afeminados, ni los que se echan con varones, ni los ladrones, ni los avaros, ni los borrachos, ni los maldicientes, ni los estafadores, heredarán el reino de Dios" (1 Co. 6:9-10).

"pues la voluntad de Dios es vuestra santificación; que os apartéis de fornicación; que cada uno de vosotros sepa tener su propia esposa en santidad y honor; no en pasión de concupiscencia, como los gentiles que no conocen a Dios" (1 Ts. 4:3-5).

"Tienen los ojos llenos de adulterio, no se sacian de pecar, seducen a las almas inconstantes, tienen el corazón habituado a la codicia, y son hijos de maldición" (2 P. 2:14).

6 (38:20-21) *Desvergonzado — Vergüenza:* Judá no se avergonzó de su pecado entre sus amigos. Advierta que Judá hizo que su amigo, Hira, le llevara el cabrito a la prostituta, pero él no pudo hallarla.

Se ve claramente este elemento: Judá era como son la mayoría de los hombres y mujeres inmorales, abiertos y francos y desvergonzados de sus hazañas entre sus amigos íntimos. De hecho, muchas personas incluso alardean de sus proezas, de las mujeres u hombres hermosos que han podido atraer, cautivar, y seducir.

"quienes habiendo entendido el juicio de Dios, que los que practican tales cosas son dignos de muerte, no sólo las hacen, sino que también se complacen con los que las practican" (Ro. 1:32).

"Si veías al ladrón, tú corrías con él, y con los adúlteros era tu parte" (Sal. 50:18).

"El que dijere al malo: Justo eres, los pueblos lo maldecirán, y le detestarán las naciones" (Pr. 24:24).

"¡Ay de los que a lo malo dicen bueno, y a lo bueno malo; que hacen de la luz tinieblas, y de las tinieblas luz; que ponen lo amargo por dulce, y lo dulce por amargo!" (Is. 5:20).

"Habéis hecho cansar a Jehová con vuestras palabras. Y decís: ¿En qué le hemos cansado? En que decís: Cualquiera que hace mal agrada a Jehová, y en los tales se complace; o si no, ¿dónde está el Dios de justicia?" (Mal. 2:17).

7 (38:22-23) *Valores — Vergüenza — Insensible — Preocupación:* Judá había perdido los valores. A él le preocupaba la publicidad pero no le preocupaba la ley de Dios. El amigo de Judá, Hira, le informó que no pudo hallar a la prostituta y que los hombres de la ciudad dijeron que ninguna prostituta del santuario había estado allí. Al oír esto, Judá decidió olvidarse de todo el asunto. Advierta por qué: él temía que se descubriera todo públicamente e hicieran de él el hazme reír. Él le temía a la publicidad, a la vergüenza pública y al bochorno. Pero cuando cometió la inmoralidad, él no le había temido a Dios. Él tenía una situación grave de pérdida de valores: él era sensible a lo público y sus pensamientos pero no a Dios y a sus leyes. Él le temía al hombre más que a Dios, le temía a la vergüenza de los hombres más que al juicio venidero de Dios.

Pensamiento 1. Todo el pecado se hará público y se dará a conocer. Nada oculto permanecerá oculto.

"Mas si así no lo hacéis, he aquí habréis pecado ante Jehová; y sabed que vuestro pecado os alcanzará" (Nm. 32:23).

"Si pequé, tú me has observado, y no me tendrás por limpio de mi iniquidad" (Job 10:14).

"Los cielos descubrirán su iniquidad, y la tierra se levantará contra él" (Job 20:27).

"Pusiste nuestras maldades delante de ti, nuestros yerros a la luz de tu rostro" (Sal. 90:8).

"Porque Dios traerá toda obra a juicio, juntamente con toda cosa encubierta, sea buena o sea mala" (Ec. 12:14).

"Aunque te laves con lejía, y amontones jabón sobre ti, la mancha de tu pecado permanecerá aún delante de mí, dijo Jehová el Señor" (Jer. 2:22).

"Porque mis ojos están sobre todos sus caminos, los cuales no se me ocultaron, ni su maldad se esconde de la presencia de mis ojos" (Jer. 16:17).

"Y me dijo: Hijo de hombre, ¿has visto las cosas que los ancianos de la casa de Israel hacen en tinieblas, cada uno en sus cámaras pintadas de imágenes? Porque dicen ellos: No nos ve Jehová; Jehová ha abandonado la tierra" (Ez. 8:12).

"Y no consideran en su corazón que tengo en memoria toda su maldad; ahora les rodearán sus obras; delante de mí están" (Os. 7:2).

"Porque yo sé de vuestras muchas rebeliones, y de vuestros grandes pecados; sé que afligís al justo, y recibís cohecho, y en los tribunales hacéis perder su causa a los pobres" (Am. 5:12).

"Porque nada hay encubierto, que no haya de descubrirse; ni oculto, que no haya de saberse" (Lc. 12:2).

"porque vergonzoso es aun hablar de lo que ellos hacen en secreto" (Ef. 5:12).

8 (38:24-25) *Juzgar a otros — Pretensiones de superioridad moral:* Judá condenaba a otros. Era rápido para condenar severamente a su nuera pero lento para juzgarse a sí mismo.

1. Cerca de tres meses después, Judá se impactó, se horrorizó completamente, al enterarse que Tamar estaba embarazada. No solo era ella la causa posible de las muertes de sus dos hijos, sino que ahora ella había avergonzado el nombre de la familia con adulterio.

2. Indignado y con una ira justa, Judá pronunció la sentencia de muerte sobre ella. En aquella época, a una mujer atrapada en adulterio por lo general se apedreaba; sin embargo, en ocasiones se quemaban en ciertas culturas. En este caso, Judá tenía el derecho de condenarla a ser quemada viva, y advierta: él lo hizo. De inmediato, en su indignación de pretensiones de superioridad moral, pidió que la quemaran.

3. Pero Tamar identificó a su amante. Mientras la llevaban donde Judá, ella le envió el sello, su cordón, y el báculo a Judá y le preguntó de quién era.

Pensamiento 1. La lección es clara: ¿Cuántos de nosotros condenan el pecado en otros mientras nos justificamos nosotros mismos? Con qué rapidez juzgamos a otros y olvidamos cuánto carecemos de la gloria de Dios. ¡Con qué rapidez reaccionamos ante el pecado de otros e ignoramos el hecho de nosotros también somos pecadores!

"No juzguéis, para que no seáis juzgados" (Mt. 7:1).

"¿O cómo dirás a tu hermano: Déjame sacar la paja de tu ojo, y he aquí la viga en el ojo tuyo?" (Mt. 7:4).

"Por lo cual eres inexcusable, oh hombre, quienquiera que seas tú que juzgas; pues en lo que juzgas a otro, te condenas a ti mismo; porque tú que juzgas haces lo mismo" (Ro. 2:1).

"¿Tú quién eres, que juzgas al criado ajeno? Para su propio señor está en pie, o cae; pero estará firme, porque poderoso es el Señor para hacerle estar firme" (Ro. 14:4).

"Así que, ya no nos juzguemos más los unos a los otros, sino más bien decidid no poner tropiezo u ocasión de caer al hermano" (Ro. 14:13).

"Así que, no juzguéis nada antes de tiempo, hasta que venga el Señor, el cual aclarará también lo oculto de las tinieblas, y manifestará las intenciones de los corazones; y entonces cada uno recibirá su alabanza de Dios" (1 Co. 4:5).

"Uno solo es el dador de la ley, que puede salvar y perder; pero tú, ¿quién eres para que juzgues a otro?" (Stg. 4:12).

9 (38:26) *Arrepentimiento — Indecisión — Desgano — Doble ánimo:* Judá se arrepintió, pero solo parcialmente. Judá de inmediato reconoció los artículos que él le había dado a la prostituta. Ahora él sabía que la mujer había sido Tamar. Y advierta las Escrituras: él sabía por qué ella lo había hecho. Porque él se había rehusado a darle a su hijo Sela. Ella había querido obedecer la ley de la tierra (la ley del levirato), pero él se lo había impedido. Ella había querido ser parte de la familia de Judá y cumplir su función de la maternidad, pero él no se lo había permitido. Ella había querido darle un hijo a la familia de Jacob, pero él no había entendido y lo había impedido.

Advierta lo que hizo Judá: él declaró que ella había sido más justa que él. Judá se arrepintió del mal hecho a Tamar. Henry Morris plantea bien la situación:

"Ya no podía molestarse, sino solo arrepentirse y compadecerse. Ella había sido más justa que él. En vez de asesinarla a ella y al bebé en su vientre, él cuidaría de ellos como los suyos propios. Ya no podía dársela a Sela, tampoco sería correcto vivir con ella como marido y mujer, pero al menos reconocería su hijo como su heredero" (*The Genesis Record* [El registro de Génesis], p. 556).

Pero advierta: Judá solo se arrepintió del mal que le había hecho a Tamar. Él no se estaba arrepintiendo de su vida pecaminosa. Él no estaba alejándose de su vida mundana y pecaminosa, no se estaba volviendo a Dios. Él no estaba preparado todavía para entregar su vida completamente a Dios.

Pensamiento 1. ¿Cuántas personas son exactamente como Judá? Se arrepienten y se alejan de ciertos actos o procederes pero nunca de su vida inmoral y mundana. Nunca se arrepienten totalmente, solo parcialmente. Nunca les entregan su vida a Dios, no totalmente. Están dispuestos a comprometer sus vidas a Dios solo a medias. Son personas indecisas y de doble ánimo.

"Hizo él lo recto ante los ojos de Jehová, aunque no de perfecto corazón" (2 Cr. 25:2).

"Está dividido su corazón. Ahora serán hallados culpables" (Os. 10:2).

"El que no es conmigo, contra mí es; y el que conmigo no recoge, desparrama" (Mt. 12:30).

"Y Jesús le dijo: Ninguno que poniendo su mano en el arado mira hacia atrás, es apto para el reino de Dios" (Lc. 9:62).

"Ningún siervo puede servir a dos señores; porque o aborrecerá al uno y amará al otro, o estimará al uno y menospreciará al otro. No podéis servir a Dios y a las riquezas" (Lc. 16:13).

"No podéis beber la copa del Señor, y la copa de los demonios; no podéis participar de la mesa del Señor, y de la mesa de los demonios" (1 Co. 10:21).

"El hombre de doble ánimo es inconstante en todos sus caminos" (Stg. 1:8).

"Acercaos a Dios, y él se acercará a vosotros. Pecadores, limpiad las manos; y vosotros los de doble ánimo, purificad vuestros corazones" (Stg. 4:8).

10 (38:27-30) *Soberanía, de Dios — Fares — Zara:* La conclusión de este capítulo es maravillosa, porque demuestra la misericordia y la soberanía de Dios. Dios anuló la inmoralidad de Judá y Tamar. Dios le dio a Tamar dos hijos que finalmente se volverían creyentes, serían una parte de la verdadera familia de Dios. Un hijo fue nombrado Fares (v. 29); el otro hijo fue nombrado Zara (v. 30).

Advierta ahora: éste es el fin de este capítulo en las Escrituras, pero no es el fin de la historia. Esta es la razón por la que le hemos titulado este punto: *Dios anuló el pecado y la vergüenza de Judá.* Iba a sucederle una cosa maravillosa a Judá y toda su familia incluso a Tamar, a su único hijo vivo Sela, y a los recién nacidos gemelos, Fares y Zara. ¿Qué? Serían salvos; iban a arrepentirse, volviendo sus vidas a Dios para convertirse en seguidores de Él. De hecho, advierta lo siguiente:

=> Tamar sería un antepasado de la Simiente prometida, el propio Salvador, el Señor Jesucristo. Ella aparece mencionada en la genealogía de Jesucristo (Mt. 1:3).

=> Fares, el hijo de Tamar, sería el antepasado de David, lo que significa que él era el nexo directo con la Simiente prometida, el Señor Jesucristo (2 Cr. 2:4s; Mt. 1:3).

=> Zara se convertiría en una de las familias prominentes de la tribu de Judá entre el pueblo de Dios (2 Cr. 2:6s).

=> Sela también se convertiría en una de las familias prominentes de la tribu de Judá entre el pueblo de Dios (Nm. 26:20; 1 Cr. 4:21).

¿Cuándo exactamente Judá se arrepintió y se volvió a Dios? ¿Cuándo él y su familia se convirtieron en verdaderos seguidores de Dios? Obviamente Judá se arrepintió con sus hermanos cuando todos se enfrentaron a José y se reconciliaron con él. Todos los hermanos se vieron obligados a darle el frente a las vidas pecaminosas que habían llevado. Al parecer fue en ese momento que todo ellos se pusieron a bien con Dios y se volvieron verdaderos seguidores de Él (Vea nota, Gn. 44:14-17).

Pensamiento 1. Dios exige arrepentimiento. Cuando nos arrepintamos, nos arrepentimos verdaderamente, Dios nos perdonará nuestros pecados y comenzará a bendecirnos y usarnos de maneras maravillosas.

"Deje el impío su camino, y el hombre inicuo sus pensamientos, y vuélvase a Jehová, el cual tendrá de él misericordia, y al Dios nuestro, el cual será amplio en perdonar" (Is. 55:7).

"Mas el impío, si se apartare de todos sus pecados que hizo, y guardare todos mis estatutos e hiciere según el derecho y la justicia, de cierto vivirá; no morirá" (Ez. 18:21).

"Por eso pues, ahora, dice Jehová, convertíos a mí con todo vuestro corazón, con ayuno y lloro y lamento" (Jl. 2:12).

"y diciendo: Arrepentíos, porque el reino de los cielos se ha acercado" (Mt. 3:2).

"Os digo: No; antes si no os arrepentís, todos pereceréis igualmente" (Lc. 13:3).

"Pedro les dijo: Arrepentíos, y bautícese cada uno de vosotros en el nombre de Jesucristo para perdón de los pecados; y recibiréis el don del Espíritu Santo" (Hch. 2:38).

"Así que, arrepentíos y convertíos, para que sean borrados vuestros pecados; para que vengan de la presencia del Señor tiempos de refrigerio" (Hch. 3:19).

"Arrepiéntete, pues, de esta tu maldad, y ruega a Dios, si quizá te sea perdonado el pensamiento de tu corazón" (Hch. 8:22).

"Pero Dios, habiendo pasado por alto los tiempos de esta ignorancia, ahora manda a todos los hombres en todo lugar, que se arrepientan" (Hch. 17:30).

CAPÍTULO 39

C. José esclavizado en Egipto: Cómo fortalecerse más por medio de las bendiciones y las pruebas de la vida (parte 1), 39:1-23

1 José se fortaleció más por medio de las bendiciones: Él aprendió el liderazgo y el trabajo arduo

 a. José fue llevado a Egipto: Vendido a Potifar, capitán de la guardia de Faraón

 b. Dios estaba con José: Lo hizo prosperar y suplió sus necesidades

 c. Dios movió a Potifar
  1) A notar al Señor de José
  2) A notar el trabajo diligente de José
  3) A hacer a José mayordomo

 d. Dios bendijo a Potifar
  1) Bendijo a Potifar por José, por su presencia y trabajo arduo
  2) Bendijo todo lo que él tenía, tanto en la casa como en el campo
  3) Bendijo tanto a Potifar que lo puso todo a cargo de José

 e. José era apuesto y varonil

2 José se fortaleció más por medio de la tentación: Él aprendió la abnegación, la disciplina y el control

 a. José fue tentado: a tener sexo

1 Llevado, pues, José a Egipto, Potifar oficial de Faraón, capitán de la guardia, varón egipcio, lo compró de los ismaelitas que lo habían llevado allá.

2 Mas Jehová estaba con José, y fue varón próspero; y estaba en la casa de su amo el egipcio.
3 Y vio su amo que Jehová estaba con él, y que todo lo que él hacía, Jehová lo hacía prosperar en su mano.
4 Así halló José gracia en sus ojos, y le servía; y él le hizo mayordomo de su casa y entregó en su poder todo lo que tenía.
5 Y aconteció que desde cuando le dio el encargo de su casa y de todo lo que tenía, Jehová bendijo la casa del egipcio a causa de José, y la bendición de Jehová estaba sobre todo lo que tenía, así en casa como en el campo.
6 Y dejó todo lo que tenía en mano de José, y con él no se preocupaba de cosa alguna sino del pan que comía. Y era José de hermoso semblante y bella presencia.
7 Aconteció después de esto, que la mujer de su amo puso sus ojos en José, y dijo: Duerme conmigo.
8 Y él no quiso, y dijo a la mujer de su amo: He aquí que mi señor no se

preocupa conmigo de lo que hay en casa, y ha puesto en mi mano todo lo que tiene.

9 No hay otro mayor que yo en esta casa, y ninguna cosa me ha reservado sino a ti, por cuanto tú eres su mujer; ¿cómo, pues, haría yo este grande mal, y pecaría contra Dios?
10 Hablando ella a José cada día, y no escuchándola él para acostarse al lado de ella, para estar con ella,

11 aconteció que entró él un día en casa para hacer su oficio, y no había nadie de los de casa allí.
12 Y ella lo asió por su ropa, diciendo: Duerme conmigo. Entonces él dejó su ropa en las manos de ella, y huyó y salió.
13 Cuando vio ella que le había dejado su ropa en sus manos, y había huido fuera,
14 llamó a los de casa, y les habló diciendo: Mirad, nos ha traído un hebreo para que hiciese burla de nosotros. Vino él a mí para dormir conmigo, y yo di grandes voces;
15 y viendo que yo alzaba la voz y gritaba, dejó junto a mí su ropa, y huyó y salió.

16 Y ella puso junto a sí la ropa de José, hasta que vino su señor a su casa.
17 Entonces le habló ella las mismas palabras, diciendo: El siervo hebreo que nos trajiste, vino a mí para deshonrarme.
18 Y cuando yo alcé mi voz y grité, él dejó su ropa junto a mí y huyó fuera.
19 Y sucedió que cuando oyó el amo de José

 b. José resistió la tentación
  1) Porque no debía violar la confianza de su amo
  2) Porque no debía hacer una cosa tan perverso: El sexo ilícito es perverso
  3) Porque él no debía pecar contra Dios

 c. José fue tentado violentamente día tras día: Aprendió la abnegación y la disciplina, cómo controlar sus pasiones

 d. El tentador conspiró contra José
  1) Lo atrapó solo en la casa
  2) Lo asaltó

 e. José huyó de la tentación: Tan rápido que dejó sus ropas

3 José se fortaleció más por medio de pruebas terribles: Él aprendió los sentimientos de humillación, compasión, resistencia y dureza

 a. José sufrió la prueba de las mentiras y las acusaciones falsas
  1) Delante de los otros esclavos, trabajadores, y amigos: La vergüenza y la humillación
  2) Delante de su amo: Alguien que había confiado en él y lo había valorado y a quien él valoraba

 b. José sufrió la prueba de perderlo todo

1) Se desató la ira de Potifar	las palabras que su mujer le hablaba, diciendo: Así me ha tratado tu siervo, se encendió su furor.	22 Y el jefe de la cárcel entregó en mano de José el cuidado de todos los presos que había en aquella prisión; todo lo que se hacía allí, él lo hacía.	a. José aprendió a tener un espíritu positivo: A pesar de las circunstancias
2) Potifar encarceló a José	20 Y tomó su amo a José, y lo puso en la cárcel, donde estaban los presos del rey, y estuvo allí en la cárcel.		b. José aprendió a dirigir: Incluso en tiempos duros y difíciles
4 José se fortaleció más por medio de la presencia, generosidad y favor de Dios: Él aprendió a confiar cada vez más en Dios[EF1,2]	21 Pero Jehová estaba con José y le extendió su misericordia, y le dio gracia en los ojos del jefe de la cárcel.	23 No necesitaba atender el jefe de la cárcel cosa alguna de las que estaban al cuidado de José, porque Jehová estaba con José, y lo que él hacía, Jehová lo prosperaba.	c. José aprendió a confiar en el cuidado y poder de Dios para ayudarlo a triunfar en todo lo que hacía

DIVISIÓN X

JOSÉ, BISNIETO DE ABRAHAM: ESCOGIDO PARA SALVAR A LA DESCENDENCIA DEL PUEBLO DE DIOS Y LAS GRANDES PROMESAS DE DIOS: SUCESOS QUE LLEVAN AL PUEBLO DE DIOS A EGIPTO, 37:1—50:26

C. José esclavizado en Egipto: Cómo fortalecerse más por medio de las bendiciones y las pruebas de la vida (parte 1), 39:1-23

(39:1-23) *Introducción:* la importancia de este capítulo y del próximo capítulo no se pueden exagerar. Advierta los temas de ambos capítulos:

=> José *esclavizado en* Egipto: Cómo fortalecerse más por medio de las bendiciones y las pruebas de la vida (parte 1), 39:1-23.

=> José *encarcelado en* Egipto: Cómo fortalecerse más por medio de las bendiciones y las pruebas de la vida (parte 2), 40:1-23.

Advierta que a José se le esclaviza en este capítulo, y luego se le encarcela en el próximo. Pero ambos capítulos tienen que ver con *Fortalecerse más por medio de las bendiciones y las pruebas.* Estas experiencias de José demuestran cómo Dios prepara a un creyente para que sea la persona que debe ser y para que haga la obra para la que ha sido llamada. Un creyente, un verdadero creyente, tienen que estar preparado tanto para llevar una vida plena como para hacer su obra en la tierra. Dios se ocupa de la preparación. Él prepara al creyente haciendo cuatro cosas.

1. Dios toma las bendiciones y pruebas de la vida cotidiana para purgar el pecado y la escoria de la vida del creyente. En el caso de José, el pecado era el orgullo, la arrogancia, la altanería, y la altivez. (Vea *Estudio a fondo 1*, pt. 10, Gn. 37:1—50:26; 37:5-11 para un mayor análisis.)

2. Dios toma las bendiciones y las pruebas de la vida cotidiana para enseñar al creyente lo que necesite aprender para convertirse en el trabajador, siervo, y líder que Dios quiere que sea.

Dios ha llamado al creyente a hacer una obra específica, a completar una tarea específica mientras se encuentren en la tierra. Al creyente se le deben enseñar las cualidades y las habilidades del liderazgo y el servicio que se necesitan para cumplir el propósito y la obra que Dios le ha dado. En el caso de José, su llamado y su obra era salvar a Egipto, fundamentalmente a Israel (Vea *Estudio a fondo 2*, Gn. 37:1—50:26). En nuestro caso como creyentes, puede que nuestra obra sea trabajar en una fábrica, en el campo, en una oficina, en un taller, en una tienda, en un restaurante, en un tribunal, o en un hospital; o quizás nuestra obra sea administrar algún negocio, departamento, o grupo de empleados; o puede que nuestra obra sea servir en algún liderazgo o gobierno. No importa cuál sea nuestra obra, Dios toma las bendiciones y las pruebas de la vida diaria y nos enseña lo que necesitemos para convertirnos en la persona, el obrero, y el siervo que debemos ser.

3. Dios toma las bendiciones y las pruebas de la vida cotidiana y fortalece al creyente para que tome mejores decisiones en el futuro. Dios quiere confiarnos cada vez más trabajo y servicio, quiere confiarnos cada vez más qué hacer por Él y la humanidad. Cada experiencia difícil es para enriquecer nuestro carácter; es para enseñarnos algún rasgo que nos fortalecerá para las decisiones futuras. Esta es la razón por la que Dios permite que nos enfrentemos a tiempos difíciles y pruebas terribles. Veremos esto en la vida de José.

4. Dios toma las bendiciones y las pruebas de la vida cotidiana y nos enseña la mayor de las lecciones: Él y solo Él puede ocuparse de todo, tanto ahora como en la eternidad. Por ende, debemos confiar en Él. Dios es soberano; Él tiene el control de todo, de todos los sucesos de nuestras vidas y de la tierra. Y Dios obra todas las cosas a bien para los que lo aman verdaderamente. Dios tiene el conocimiento (omnisciencia) y el poder (omnipotencia) para obrar todas las cosas a bien. Dios es soberano: Él puede controlar y ocuparse de todo en nuestras vidas.

Pero el hombre no. Ningún hombre ni nación pueden controlar las pruebas terribles de la vida: la maldad, la esclavitud, la anarquía, la violencia, la inmoralidad, las enfermedades, los accidentes, los sufrimientos, y la muerte que plagan la vida humana.

=> Dios y solo Dios puede liberarnos y liberar nuestro espíritu en las pruebas más terribles de la vida.

=> Dios y solo Dios puede darnos una vida que se desborde de amor, gozo, y paz y que conozca la plenitud de estar completo, realizado, y satisfecho sobre la tierra.

=> Dios y solo Dios puede darnos la esperanza y la seguridad absoluta de vivir para siempre y luego arrebatarnos realmente ante su presencia en fracciones de segundo justo en el momento de la muerte.

Esta es la razón principal de las pruebas de la vida: enseñarnos que Dios y solo Dios puede ocuparse de todo ahora y para siempre. Dios quiere que nos volvamos a Él. Por eso, Él toma las pruebas de la vida y nos motiva a confiar en Él. Él nos motiva a pedir su ayuda y libración. Veremos esto en la vida de José.

"Y sabemos que a los que aman a Dios, todas las cosas les ayudan a bien, esto es, a los que conforme a su propósito son llamados" (Ro. 8:28).

En esto consisten este capítulo y el próximo: cómo Dios nos prepara por medio de las bendiciones y las pruebas de la vida. El gran tema es: *José esclavizado en Egipto: Cómo fortalecerse más por medio de las bendiciones y las pruebas de la vida, 39:1-23.*

1. José se fortaleció más por medio de las bendiciones: Él aprendió el liderazgo y el trabajo arduo (vv. 1-6).
2. José se fortaleció más por medio de la tentación: Él aprendió la abnegación, la disciplina y el control (vv. 7-12).
3. José se fortaleció más por medio de pruebas terribles: Él aprendió los sentimientos de humillación, compasión, resistencia y dureza (vv. 13-20).
4. José se fortaleció más por medio de la presencia, generosidad y favor de Dios: él aprendió a confiar cada vez más en Dios (vv. 21-23).

1 (39:1-6) *Liderazgo — Bendiciones — Trabajo:* A José se le fortaleció más por medio de las bendiciones. Dios bendijo a José para que pudiera aprender el liderazgo y el trabajo arduo. Recuerden, a José sus hermanos lo habían vendido como esclavo. Una caravana de mercaderes ismaelitas había pasado por allí camino a Egipto, y los hermanos habían hecho un trato con ellos, vendiéndoles a José por veinte piezas de plata.

1. Los mercaderes ismaelitas finalmente llegaron a Egipto y le vendieron a José a Potifar (v. 1). Potifar era egipcio, un oficial de alto rango de Faraón. Al parecer era el capitán de la guardia personal de Faraón, una posición extremadamente importante ya que estaría a cargo de proteger la vida del propio Faraón.

2. Advierta ahora: Dios estaba con José, bendiciéndolo y supliendo sus necesidades, de tal forma que Potifar lo

trasladó a su propia casa (v. 2). Imagínense a José en sus circunstancias. Él era un joven de diecisiete años de edad, de cierta forma aún era un chico, a quien habían criado en un hogar acaudalado. Siempre había sido el hijo preferido de su padre, siempre tuvo todo lo que necesitaba y quería. Su padre siempre lo satisfizo: Lo consintió, lo mimó, lo malcrió, y lo sobreprotegió; todo eso justo delante de los ojos de sus hermanos. Y ahora, en tan solo unos cuantos días y semanas, José era un esclavo en Egipto, a kilómetros de distancia de su padre y su hogar. Además, él era esclavo por culpa de sus hermanos. Fueron ellos los que lo vendieron como esclavo. Ellos lo odiaban. Este joven de diecisiete años estaba destinado a sentirse aplastado, destrozado, devastado, totalmente acongojado. Piensen como se sintió:

=> Destrozado por la separación de su padre.
=> Acongojado por el odio de sus hermanos.
=> Aplastado por ser raptado, esclavizado, y arrancado de su hogar.
=> Devastado porque sencillamente no sabía qué hacer.

He aquí José se encontraba en una ciudad extraña, en una de las ciudades más grandes del mundo. Él no sabía nada del idioma ni de la cultura, absolutamente nada sobre las personas y sus maneras de proceder. Y lo más aplastante de todo, él era un esclavo. ¿Qué debía hacer? Solo había una cosa que él podía hacer: Recurrir a Dios. Eso hizo José. Obviamente él oró y oró, pidiéndole a Dios que lo ayudara y lo fortaleciera, porque las Escrituras dicen que el Señor estaba con José supliendo sus necesidades (v. 2).

Pero advierta otro elemento significativo. José no solo oró, él trabajó duro. José estaba en circunstancias terribles, en las peores circunstancias que se puedan imaginar: a él lo habían raptado y esclavizado y tenía que ajustarse a toda una nueva forma de vida en una ciudad extraña. Pero José...

• No se estaba regodeando en la autocompasión
• No estaba maldiciendo a Dios
• No estaba molesto con el mundo

Cuando Potifar lo compró y se le asignó su tarea específica, José la realizó y la realizó bien. José trabajó duro, y el Señor bendijo su trabajo. De hecho, José trabajó tan duro que el Señor bendijo y prosperó su trabajo grandemente. Esto se hizo notar a la vista de Potifar, y él se quedó tan impresionado que movió a José a su propia casa.

3. Ahora advierta que Dios se movió sobre Potifar y lo llevó a hacer tres cosas (vv. 3-4).

a. Dios llevó a Potifar a notar al Señor de José (v. 3). Potifar notó realmente una diferencia entre José y su trabajo arduo y el resto de los esclavos. ¿Cuál era la diferencia? La confianza de José en Dios y la bendición de Dios a José. Sin dudas, José estaba experimentando y dando testimonio de JEHOVÁ, el Dios verdadero del cielo y la tierra, el Dios verdadero de salvación y redención.

b. Dios llevó a Potifar a notar el trabajo arduo de José (v. 3b). Todo cuanto José hacía prosperaba. El Señor hizo de José un éxito en todo lo que hacía.

c. Dios llevó a Potifar a promover a José para supervisor o mayordomo de su propiedad (v. 4). De hecho, Potifar puso todas sus propiedades y posesiones bajo la administración de José. El resultado fue fenomenal.

4. Dios bendijo a Potifar, y grandemente (vv. 5-6). Pero advierta: Las Escrituras aclaran perfectamente por qué Dios bendijo a Potifar. Fue por José, por su presencia y trabajo arduo (v. 5). Por José, Dios bendijo y prosperó todo cuanto Potifar poseía, tanto en su casa como en sus campos (v. 5). Dios bendijo a Potifar de tal forma que él puso a José a cargo de todas sus propiedades y posesiones, a cargo de todo excepto del alimento que se llevaba a la boca (v. 6).

Ahora bien, recuerden por qué Dios estaba haciendo esto: para enseñar a José a ser líder y a trabajar duro. Ser el administrador de una gran propiedad le proporcionaría a José la oportunidad de trabajar duro, planificar y administrar...

- el trabajo
- la producción
- las finanzas
- la distribución
- el comercio

5. Advierta otro elemento: Las Escrituras dicen que José era apuesto y varonil. Será importante tener esto en cuenta en el próximo punto.

Pensamiento 1. Dios estaba usando las pruebas y las circunstancias de José para enseñarle el liderazgo y el trabajo arduo. José no se estaba regodeando en la autocompasión. Él no estaba arremetiendo contra el mundo ni maldiciendo a Dios porque lo habían maltratado terriblemente. Tampoco debiéramos hacerlo nosotros, no importa cuán terribles sean nuestras circunstancias y pruebas. Necesitamos hacer lo que hizo José:

1) Necesitamos entregarnos a Dios, confiar en que Dios nos fortalezca y nos ayude por medio de nuestros sufrimientos y pruebas.

"El que habita al abrigo del Altísimo morará bajo la sombra del Omnipotente" (Sal. 91:1).

"Jehová es tu guardador; Jehová es tu sombra a tu mano derecha. El sol no te fatigará de día, ni la luna de noche. Jehová te guardará de todo mal; El guardará tu alma. Jehová guardará tu salida y tu entrada desde ahora y para siempre" (Sal. 121:5-8).

"Jehová es mi fortaleza y mi escudo; en él confió mi corazón, y fui ayudado, por lo que se gozó mi corazón, y con mi cántico le alabaré" (Sal. 28:7).

"Este pobre clamó, y le oyó Jehová, y lo libró de todas sus angustias" (Sal. 34:6).

"Aunque afligido yo y necesitado, Jehová pensará en mí. Mi ayuda y mi libertador eres tú; Dios mío, no te tardes" (Sal. 40:17).

"Oye, oh Dios, mi clamor; a mi oración atiende. Desde el cabo de la tierra clamaré a ti, cuando mi corazón desmayare. Llévame a la roca que es más alta que yo, porque tú has sido mi refugio, y torre fuerte delante del enemigo" (Sal. 61:1-3).

"No temas, porque yo estoy contigo; no desmayes, porque yo soy tu Dios que te esfuerzo; siempre te ayudaré, siempre te sustentaré con la diestra de mi justicia" (Is. 41:10).

"Cuando pases por las aguas, yo estaré contigo; y si por los ríos, no te anegarán. Cuando pases por el fuego, no te quemarás, ni la llama arderá en ti" (Is. 43:2).

"Y hasta la vejez yo mismo, y hasta las canas os soportaré yo; yo hice, yo llevaré, yo soportaré y guardaré" (Is. 46:4).

"Sean vuestras costumbres sin avaricia, contentos con lo que tenéis ahora; porque él dijo: No te desampararé, ni te dejaré; de manera que podemos decir confiadamente: El Señor es mi ayudador; no temeré lo que me pueda hacer el hombre" (He. 13:5-6).

2) Necesitamos ocuparnos de nuestras tareas y trabajar muy, muy duro. Esto nos ayudará a mantener nuestra mente lejos de los problemas, volviéndonos mucho más productivos y valiosos tanto para nosotros mismos como para la sociedad. Además, el trabajo arduo siempre agrada al Señor y lo motiva a bendecirnos.

"En lo que requiere diligencia, no perezosos; fervientes en espíritu, sirviendo al Señor" (Ro. 12:11).

"Ahora bien, se requiere de los administradores, que cada uno sea hallado fiel" (1 Co. 4:2).

"El que hurtaba, no hurte más, sino trabaje, haciendo con sus manos lo que es bueno, para que tenga qué compartir con el que padece necesidad" (Ef. 4:28).

"Siervos, obedeced a vuestros amos terrenales con temor y temblor, con sencillez de vuestro corazón, como a Cristo; no sirviendo al ojo, como los que quieren agradar a los hombres, sino como siervos de Cristo, de corazón haciendo la voluntad de Dios; sirviendo de buena voluntad, como al Señor y no a los hombres, sabiendo que el bien que cada uno hiciere, ése recibirá del Señor, sea siervo o sea libre" (Ef. 6:5-8).

"Y todo lo que hagáis, hacedlo de corazón, como para el Señor y no para los hombres" (Col. 3:23).

"A los tales mandamos y exhortamos por nuestro Señor Jesucristo, que trabajando sosegadamente, coman su propio pan" (2 Ts. 3:12).

"Ve a la hormiga, oh perezoso, mira sus caminos, y sé sabio" (Pr. 6:6).

"La mano negligente empobrece; mas la mano de los diligentes enriquece. El que recoge en el verano es hombre entendido; el que duerme en el tiempo de la siega es hijo que avergüenza" (Pr. 10:4-5).

"El que labra su tierra se saciará de pan; mas el que sigue a los vagabundos es falto de entendimiento" (Pr. 12:11).

"El alma del perezoso desea, y nada alcanza; mas el alma de los diligentes será prosperada" (Pr. 13:4).

"Las riquezas de vanidad disminuirán; pero el que recoge con mano laboriosa las aumenta" (Pr. 13:11).

"En toda labor hay fruto; mas las vanas palabras de los labios empobrecen" (Pr. 14:23).

"¿Has visto hombre solícito en su trabajo? Delante de los reyes estará; no estará delante de los de baja condición" (Pr. 22:29).

"Todo lo que te viniere a la mano para hacer, hazlo según tus fuerzas; porque en el Seol, adonde vas, no hay obra, ni trabajo, ni ciencia, ni sabiduría" (Ec. 9:10)

2 (39:7-12) *Tentación — Disciplina — Autocontrol — Inmoralidad:* A José se le fortaleció más por medio de la tentación. Dios permitió que José fuera tentado para que aprendiera la abnegación, la disciplina, y el control. José necesitaba lo que necesitamos nosotros: aprender a controlar su cuerpo, sus pensamientos, y pasiones. Nuevamente, advierta el versículo anterior donde se dice que José era apuesto y varonil.

1. José fue tentado por la esposa de Potifar a tener sexo. Obviamente, ella se había fijado en José algún tiempo antes de que ocurriera este suceso. Mientras más se fijaba en él, más atraída se sentía. Es muy probable que haya hecho comentarios e invitaciones provocativas antes del acercamiento atrevido que tuvo lugar aquí. Pero José sin dudas siempre cambiaba las conversaciones para otro tema y se marchaba cuando podía. Pronto Ella se dio cuenta de que no iba a llegar a ninguna parte con invitaciones provocativas. Sin embargo, ella estaba ardiendo de lujuria y deseaba tanto a José que finalmente acopió el coraje para su atrevimiento. Un día cuando no había nadie cerca que los pudieran escuchar, ella se le acercó y le pidió a José que se fuera a la cama con ella.

Esta era una tentación fuerte y poderosa para José. Varios elementos demuestran esto:

=> Él era un hombre joven, probablemente adentrado en los veinte ya en ese momento. Él era un joven normal con deseos sexuales normales, y ella lo estaba halagando y abriéndole las puertas a él.

=> Es muy probable que ella haya sido una mujer hermosa y atractiva.

=> También era una mujer importante, la esposa de un oficial de alto rango de la corte de Faraón. Habría sido una tremenda ventaja tener sexo con ella: sin dudas ella lo favorecería y probablemente recompensaría bien a José haciendo comentarios positivos y sugiriendo promociones para José. Quizás hasta podría llevarlo a su libertad algún día.

=> Era una gran ventaja para José no molestar a la esposa de su amo. Si él la molestaba y la enojaba, él sabía muy bien lo que podía suceder.

José se encontraba en un aprieto, en un problema grave. ¿Qué debía hacer? Si se sometía a sus provocaciones, conocería el placer sexual, probablemente en el momento en que él la deseara; y también conseguiría las grandes ventajas que resultarían a su favor. Pero si él la rechazaba, él podía conocer su ira. ¿Qué debía hacer? ¿Qué harían la mayoría de los jóvenes?

2. José resistió la tentación y se rehusó a tener sexo con ella. Pero advierta que José no fue áspero: él fue delicado, y él explicó su posición deliberadamente. Él le dio las razones mismas por las que él no podía irse a la cama con ella. Advierta sus razones:

=> No porque ella no fuese atractiva
=> No porque ella fuese fea
=> No porque él no se sintiera atraído por ella
=> No porque ella fuera inmoral

a. José la rechazó porque su amo confiaba en él, y él no debía violar la confianza de su amo en él. Potifar confiaba en que José podía estar cerca de su esposa, y por ende José no podía violar ni acabar con esa confianza. José estaba sugiriendo que él y ella debían ser dignos de confianza: Tenían que demostrar que se podía confiar en ellos.

b. José la rechazó porque el sexo ilícito es perverso (v. 9b). José dice que sería perverso de su parte irse a la cama con ella.

Pensamiento 1. Advierta el planteamiento sorprendente y mordaz que hace José: el sexo ilícito constituye un "grande mal". José llamó al pecado exactamente por su nombre, pecado. El pecado es pecado, y el mal es mal. El sexo ilícito —la inmoralidad, el adulterio, el sexo prematrimonial, la homosexualidad, cualquier sexo fuera del matrimonio (es decir, el matrimonio verdadero, el matrimonio entre un hombre y una mujer)— es pecaminoso y perverso. El hombre ha distorsionado la verdad sobre el sexo ilícito, denominándolo:

=> Un estilo de vida alterno
=> experimentación
=> libertad sexual
=> preferencia sexual
=> una expresión normal y legítima de nuestra naturaleza

Pero no importa lo que el hombre lo denomine, Dios condena con fuerza el sexo ilícito. El sexo ilícito destruye el corazón de una persona, su autocontrol y disciplina, y finalmente la vida de la persona. Destruye la confianza de las familias, padres, hijos, amigos, y vecinos. La lista podría ser interminable. El sexo ilícito es un mal terrible.

"Porque la ira de Dios se revela desde el cielo contra toda impiedad e injusticia de los hombres que detienen con injusticia la verdad" (Ro. 1:18).

"Por esto Dios los entregó a pasiones vergonzosas; pues aun sus mujeres cambiaron el uso natural por el que es contra naturaleza, y de igual modo también los hombres, dejando el uso natural de la mujer, se encendieron en su lascivia unos con otros, cometiendo hechos vergonzosos hombres con hombres, y recibiendo en sí mismos la retribución debida a su extravío... quienes habiendo entendido el juicio de Dios, que los que practican tales cosas son dignos de muerte, no sólo las hacen, sino que también se complacen con los que las practican" (Ro. 1:26-27, 32).

"Huid de la fornicación. Cualquier otro pecado que el hombre cometa, está fuera del cuerpo; mas el que fornica, contra su propio cuerpo peca" (1 Co. 6:18).

"pero a causa de las fornicaciones, cada uno tenga su propia mujer, y cada una tenga su propio marido" (1 Co. 7:2).

c. José la rechazó porque el sexo ilícito es un pecado contra el propio Dios (v. 9c). Dios prohíbe fuertemente el sexo ilícito. José habría estado pecando contra Dios si él se hubiera rendido a su proposición. José no podría desobedecer a Dios: él no podría herir a Dios, no podría lacerar el corazón de Dios y provocarle ese dolor a Dios. Su pecado habría sido contra Dios, el Dios que lo había salvado y bendecido tanto. No había forma de que José fuera a dañar la relación que él tenía con Dios. Y él sabía que el pecado destruiría y rompería la relación. José amaba a Dios demasiado para herirlo y provocarle ese dolor y destruir la relación que él tenía con Dios.

Pensamiento 1. Advierta dos elementos.

1) Primero que todo el pecado va en contra de Dios y únicamente de Dios. Hiere y lacera el corazón de Dios, provocándole un gran dolor. A Él siempre le desagrada el pecado y siempre lo ha odiado.

"Porque abominación es a Jehová tu Dios cualquiera que hace esto, y cualquiera que hace injusticia" (Dt. 25:16).

"Y pasado el luto, envió David y la trajo a su casa; y fue ella su mujer, y le dio a luz un hijo. Mas esto que David había hecho, fue desagradable ante los ojos de Jehová" (2 S. 11:27).

"Porque tú no eres un Dios que se complace en la maldad; el malo no habitará junto a ti" (Sal. 5:4).

"Jehová prueba al justo; pero al malo y al que ama la violencia, su alma los aborrece" (Sal. 11:5).

"Y ninguno de vosotros piense mal en su corazón contra su prójimo, ni améis el juramento falso; porque todas estas son cosas que aborrezco, dice Jehová" (Zac. 8:17).

"Entonces les dijo: Vosotros sois los que os justificáis a vosotros mismos delante de los hombres; mas Dios conoce vuestros corazones; porque lo que los hombres tienen por sublime, delante de Dios es abominación" (Lc. 16:15).

2) El pecado siempre rompe nuestra relación con Dios.

"Contra ti, contra ti solo he pecado, y he hecho lo malo delante de tus ojos; para que seas reconocido justo en tu palabra, y tenido por puro en tu juicio" (Sal. 51:4).

"Si en mi corazón hubiese yo mirado a la iniquidad, el Señor no me habría escuchado" (Sal. 66:18).

"pero vuestras iniquidades han hecho división entre vosotros y vuestro Dios, y vuestros pecados han hecho ocultar de vosotros su rostro para no oír" (Is. 59:2).

"Nadie hay que invoque tu nombre, que se despierte para apoyarse en ti; por lo cual escondiste de nosotros tu rostro, y nos dejaste marchitar en poder de nuestras maldades" (Is. 64:7).

d. Ahora advierta: José fue tentado violentamente día tras día. La esposa de Potifar no aceptó lo que José le dijo, y su resistencia sencillamente la motivó cada vez más (v. 10). Ella sencillamente ardía de deseos y pasión por él, tanto que ella se mantenía detrás de él día tras día. Pero él se mantuvo firme y resistió sus provocaciones. José se mantuvo fiel a Dios, manteniéndose firme contra la tentación. Y advierta: incluso trató de evitarla por completo, de mantenerse lejos de ella y de mantenerse fuera de su presencia tanto como pudo.

e. Pero ella no se rendía. Ella planeó una estratagema por medio de la cual ella pudiera agredir a José sexualmente (vv. 11-12). Ella de algún modo se deshizo de todos los siervos de la sección de la casa donde trabajaba José. Cuando José entró para ir a su oficina, ella lo sorprendió agarrándolo e invitándolo a la cama, lista para violarlo si era posible (v. 12). ¿Qué hizo José? ¿Qué harían la mayoría de los jóvenes? Negarla probablemente significaría despertar su ira y su venganza.

f. José salió corriendo de la casa (v. 12). Pero él se alejó de ella y huyó con tanta prisa que ella de un tirón le arrancó su ropa.

Pensamiento 1. Dios permitió que José fuera tentado una y otra vez, día tras día durante meses. Dios estaba permitiendo que José aprendiera la abnegación, la disciplina, y el autocontrol. Y José aprendió bien la lección. Él se controló, controló su cuerpo, sus pasiones, y sus pensamientos. Él demostró que se podía confiar en él cada vez más en posiciones superiores de liderazgo. José resistió la tentación de darle rienda suelta a sus pasiones.

Pocas personas escapan de la tentación de tener sexo fuera del matrimonio. La tentación de tener sexo ilícito comienza antes del matrimonio y continúa a lo largo de la vida. Existe la tentación que viene...

• en la escuela, el trabajo, las fiestas, la iglesia, los eventos deportivos, los restaurantes, etc.

• de los compañeros de trabajo, de aula, los vecinos, los empleadores, incluso de extraños por completo.

Pocos pecados nos atraen tanto como los pecados sexuales. El sexo es una atracción normal y fuerte dada por Dios. Pero Dios la proporcionó para el matrimonio y solo para el matrimonio. Advierta dos lecciones:

1) Dios prohíbe fuertemente el sexo fuera del matrimonio (es decir, el matrimonio verdadero, el matrimonio entre un hombre y una mujer).

"Oísteis que fue dicho: No cometerás adulterio. Pero yo os digo que cualquiera que mira a una mujer para codiciarla, ya adulteró con ella en su corazón. Por tanto, si tu ojo derecho te es ocasión de caer, sácalo, y échalo de ti; pues mejor te es que se pierda uno de tus miembros, y no que todo tu cuerpo sea echado al infierno. Y si tu mano derecha te es ocasión de caer, córtala, y échala de ti; pues

mejor te es que se pierda uno de tus miembros, y no que todo tu cuerpo sea echado al infierno" (Mt. 5:27-30).

"Pero fornicación y toda inmundicia, o avaricia, ni aun se nombre entre vosotros, como conviene a santos; ni palabras deshonestas, ni necedades, ni truhanerías, que no convienen, sino antes bien acciones de gracias. Porque sabéis esto, que ningún fornicario, o inmundo, o avaro, que es idólatra, tiene herencia en el reino de Cristo y de Dios. Nadie os engañe con palabras vanas, porque por estas cosas viene la ira de Dios sobre los hijos de desobediencia. No seáis, pues, partícipes con ellos" (Ef. 5:3-7).

"Haced morir, pues, lo terrenal en vosotros: fornicación, impureza, pasiones desordenadas, malos deseos y avaricia, que es idolatría" (Col. 3:5).

"pues la voluntad de Dios es vuestra santificación; que os apartéis de fornicación; que cada uno de vosotros sepa tener su propia esposa en santidad y honor; no en pasión de concupiscencia, como los gentiles que no conocen a Dios; que ninguno agravie ni engañe en nada a su hermano; porque el Señor es vengador de todo esto, como ya os hemos dicho y testificado. Pues no nos ha llamado Dios a inmundicia, sino a santificación" (1 Ts. 4:3-7).

"sino que cada uno es tentado, cuando de su propia concupiscencia es atraído y seducido. Entonces la concupiscencia, después que ha concebido, da a luz el pecado; y el pecado, siendo consumado, da a luz la muerte" (Stg. 1:14-15).

"No cometerás adulterio" (Éx. 20:14).

2) Dios siempre nos proporciona una vía de escape.

"No os ha sobrevenido ninguna tentación que no sea humana; pero fiel es Dios, que no os dejará ser tentados más de lo que podéis resistir, sino que dará también juntamente con la tentación la salida, para que podáis soportar" (1 Co. 10:13)

3 (39:13-20) *Humillación — Resistencia — Pruebas — Encarcelamiento:* A José se le fortaleció más por medio de las pruebas más terribles. Él tuvo que aprender los sentimientos de humillación y dureza. En años futuros José sería exaltado como el administrador en jefe de todo Egipto; él tendría un control completo del suministro de alimento de la nación. Para ser un administrador compasivo, necesitaría saber lo que era ser humillado y perder todo cuanto poseía. Por eso, Dios nuevamente preparó a José por medio de la prueba terrible de la humillación total y de perder todo cuanto tenía. Ya Dios había comenzado a enseñarle esto a José cuando sus hermanos lo rechazaron y lo vendieron como esclavo. Pero esta era una lección que José tenía que aprender y aprenderla bien, porque Dios iba a usarlo para salvar a Egipto y a Israel de la hambruna. Él tenía que saber ser compasivo y duro para con aquellos que habían perdido todo cuanto tenían y estaban completamente humillados. La mejor manera en que José aprendería esta lección extraordinaria era experimentar ser humillado y perder todo cuanto tenía. Entonces aprendería a resistir y ser duro durante la situación. La compasión,

la resistencia, y la dureza serían necesarias para dirigir la nación en la terrible prueba de la crisis económica. Y la economía del mundo pronto se desmoronaría por el peso de una hambruna de siete años. Ahora bien, advierta lo que le pasó a José.

1. José sufrió la prueba de las mentiras y las acusaciones falsas. La esposa de Potifar era una mujer despreciada, y una mujer despreciada con frecuencia se convierte en una mujer llena de ira. Ella se volvió contra José con mayor rapidez de la que se había inclinado a él. Ahora ella lo rechazaba porque él la había rechazado, y ella se dispuso a humillarlo y herirlo tanto como pudiera.

a. Ella llamó a gritos a los siervos de la casa para que estos corrieran donde ella. Advierta su acusación falsa contra José:

=> Ella se burló de José, llamándolo "un hebreo", tratando de despertar prejuicio contra él.

=> Ella lo acusó de violación y dijo que él era un peligro para *todas las mujeres* de la casa: se corría el riesgo de que él se burlara de *nosotros*, para ridiculizarnos e insultarnos. Advierta el plural, refiriéndose a todas las mujeres.

=> Ella trató de demostrar su acusación presentando las ropas de José como evidencia (v. 15).

Sucede lo siguiente: piensen en toda la vergüenza y la humillación de José. Sus amigos, compañeros de trabajo, y siervos estaban allí escuchando la acusación de violación contra él. Y lo estaba acusando la esposa de su amo, lo estaban acusando de intento de violación. Y ella tenía sus ropas como evidencia. Probablemente José quería salir corriendo y huir de toda la situación, porque él no tenía oportunidad alguna de probar su inocencia. Pero sin dudas fue aprehendido por algunos de los siervos o guardias de su esposo hasta que su esposo regresara a casa. Nuevamente, piensen en la total humillación que José estaba sufriendo.

b. Ella mintió y acusó falsamente a José delante de su esposo cuando él regresó a casa (vv. 16-17). Advierta que ella de alguna manera le cerró el paso a Potifar culpándolo a él: era el esclavo hebreo que *él había traído* a la casa quien la había atacado (v. 17). Pero ella —la esposa inocente y fiel—, de inmediato pidió ayuda a gritos y José huyó. Advierta que nuevamente presentó las ropas de José como una evidencia irrefutable de que ella estaba diciendo la verdad.

2. Ahora José sufrió la pérdida de todo cuanto tenía: tanto sus posesiones como su posición (vv. 19-20). Se encendió la ira de Potifar, y se encendió su furor. Él se encontraba como se encontraría cualquier hombre razonable: completamente molesto.

La ira de Potifar se desató y José fue encarcelado (v. 20). Advierta dónde: en la prisión que Potifar dirigía y de la que estaba a cargo (Gn. 40:3). José fue llevado a la prisión política, no la prisión para criminales comunes. Ser acusado de un delito político era mucho peor que ser acusado del delito de un criminal común. ¿Por qué Potifar hizo que pusieran a José en la prisión política? ¿Para mantener a José más cerca de él?...

- ¿Para asegurarse que José recibiera el peor trato posible?
- ¿Para que él pudiera liberar a José más adelante y restaurarlo como el mayordomo de su propiedad?

Ciertamente, no la última de las dos razones. La esposa de Potifar nunca soportaría una decisión como esa, y los otros funcionarios y líderes de la corte de la nación se burlarían de Potifar por hacer algo así. La opinión pública por sí sola elimina la última razón. Además, José estuvo en prisión por varios años. Ciertamente la intención de Potifar nunca fue liberarlo.

Potifar encarceló a José en la prisión política como castigo. Y él sí lo encarceló. Advierta lo que no dice otro pasaje:

> "Envió un varón delante de ellos; a José, que fue vendido por siervo. Afligieron sus pies con grillos; en cárcel fue puesta su persona" (Sal. 105:17-18).

> "Pero envió delante de ellos a un hombre: a José, vendido como esclavo. Le sujetaron los pies con grilletes, entre hierros le aprisionaron el *cuello" (Sal. 105: 17-18, NVI).

Pensamiento 1. Algunos creyentes sufren humillaciones terribles. En ocasiones la culpa es de ellos; en ocasiones la culpa es de otros. No importa de quién sea la culpa, la humillación es uno de los peores sufrimientos que se pueda experimentar. Algunos sufren la humillación...

- De la separación y el divorcio
- De la pérdida del trabajo y el desempleo
- De la bancarrota y la pérdida de todas las posesiones
- Del desamparo y la pobreza
- Del pecado y la vergüenza terribles
- Del fracaso y la pérdida del éxito
- De fallar y no ser dignos de confianza
- De las acusaciones falsas
- Del encarcelamiento y el agravio

Las cosas que nos pueden humillar no tienen límites. Cuando nos humillan, debemos aprender lo que José tuvo que aprender: Los sentimientos de humillación, compasión, resistencia, y dureza. Dios quiere que sepamos lo que sienten las personas cuando son humilladas por completo y que seamos compasivos con ellos. Y Él quiere que aprendamos a resistir incluso las humillaciones y pruebas más severas de la vida.

> "Todo pámpano que en mí no lleva fruto, lo quitará; y todo aquel que lleva fruto, lo limpiará, para que lleve más fruto" (Jn. 15:2).

> "Porque esta leve tribulación momentánea produce en nosotros un cada vez más excelente y eterno peso de gloria; no mirando nosotros las cosas que se ven, sino las que no se ven; pues las cosas que se ven son temporales, pero las que no se ven son eternas" (2 Co. 4:17-18).

> "En lo cual vosotros os alegráis, aunque ahora por un poco de tiempo, si es necesario, tengáis que ser afligidos en diversas pruebas, para que sometida a prueba vuestra fe, mucho más preciosa que el oro, el cual aunque perecedero se prueba con fuego, sea hallada en alabanza, gloria y honra cuando sea manifestado Jesucristo" (1 P. 1:6-7).

> "Amados, no os sorprendáis del fuego de prueba que os ha sobrevenido, como si alguna cosa extraña os aconteciese, sino gozaos por cuanto sois participantes de los padecimientos de Cristo, para que también en la revelación de su gloria os gocéis con gran alegría" (1 P. 4:12-13).

> "Mas él conoce mi camino; me probará, y saldré como oro" (Job 23:10).

> "He aquí te he purificado, y no como a plata; te he escogido en horno de aflicción" (Is. 48:10).

4 (39:21-23) *Propósito, de Dios — Soberanía, de Dios:* A José se le fortaleció más por medio de la presencia, la bondad, y el favor de Dios. Él tuvo que aprender el cuidado de Dios, tuvo que aprender que Dios realmente cuidaba de él, y tuvo que aprender a confiar cada vez más en Dios.

1. Dios preparó a José enseñándolo a tener una actitud positiva a pesar de las circunstancias severas (vv. 21-22a). ¿Qué estaba sintiendo José? Sin dudas una total devastación, angustia, y desconcierto. Se iba a estar preguntando e iba a estar cuestionando a Dios por la injusticia contra él. Él había obedecido a Dios y había hecho lo correcto: él había resistido la tentación del pecado, se rehusó a tener sexo con la esposa de su amo. ¿Qué otra cosa podía haber hecho? ¿Por qué la prisión? ¿Por qué todas las mentiras y acusaciones falsas? ¿Por qué Potifar no le creería? Nuevamente, ¿Por qué la prisión? ¿Por qué Dios no haría algo para demostrarle la verdad a Potifar? ¿Hacer algo para impedir que fuera encarcelado?

Pero Dios no hizo nada, y José había sido encarcelado. En cierto momento, José sin dudas le pidió ayuda y fuerzas a Dios, de la misma manera que lo había hecho años antes cuando se le vendió como esclavo y fue llevado a Egipto. Pero ahora las circunstancias eran muchísimo peor: él era un prisionero. Se le había acusado de intento de violación contra la esposa de uno de los funcionarios de más alto rango de Egipto. La única esperanza de José era Dios, la ayuda y liberación de Dios. Él sabía esto, así que cuando se asentó el torbellino de sus emociones y pensamientos, él hizo lo que hacen todos los creyentes en momentos como estos: José le pidió ayuda y fuerzas a Dios.

Advierta lo que sucedió: Dios tuvo misericordia de José. Dios fue bondadoso con José y lo favoreció. Dios hizo exactamente lo que dicen las Escrituras:

> "Mas el Dios de toda gracia, que nos llamó a su gloria eterna en Jesucristo, después que hayáis padecido un poco de tiempo, él mismo os perfeccione, afirme, fortalezca y establezca" (1 P. 5:10).

Dios fortaleció a José y ayudó a José a asentarse. Dios ayudó a José a adoptar una actitud positiva y sin dudas llevó a José a una mayor confianza y compromiso con Dios.

2. Dios preparó a José enseñándole las cualidades del liderazgo incluso en tiempos duros y difíciles (vv. 22-23a). El alcaide de la prisión comenzó a notar a José, que era un trabajador arduo y capaz. Él se dio cuenta del testimonio que José daba de JEHOVÁ, el Dios verdadero del cielo y la tierra, el Dios verdadero de salvación y redención. El alcaide notó que el Dios de José bendecía todo cuanto José hacía. Por eso, el alcaide hizo a José encargado de todos los otros prisioneros.

3. Dios preparó a José enseñándolo a confiar en el cuidado y poder de Dios (v. 23). José estaba en prisión, en la posición más baja en que se puede encontrar un hombre. ¿Le preocupaba lo suficiente a Dios y tenía Él poder para bendecirlo y hacer de él un éxito en la prisión? Si así era, entonces Dios podría bendecir a José y a todos los otros creyentes sin importar dónde se encuentren a pesar de las circunstancias. Advierta que Dios hizo ambas cosas: Bendijo a José e hizo de todo cuanto él hacía un éxito (v. 23).

Pensamiento 1. Dios cuida de nosotros. A Él le preocupamos lo suficiente como para fortalecernos y ayudarnos. A Él le importa lo suficiente como para bendecirnos y hacer de nosotros un éxito, no importa dónde nos encontremos y cuáles sean nuestras circunstancias. Crean en Dios; crean en las Escrituras. Dios quiere usar las pruebas de nuestras vidas así como las bendiciones, quiere usar las pruebas para hacer de nosotros las personas que debemos ser y para convertirnos en mejores trabajadores y siervos en la tierra. Nuevamente, Dios se preocupa por nosotros, se preocupa por nosotros lo suficiente como para ayudarnos y fortalecernos y como para hacer de nosotros lo que debemos ser.

"Me diste asimismo el escudo de tu salvación; tu diestra me sustentó, y tu benignidad me ha engrandecido" (Sal. 18:35).

"Ten misericordia de mí, oh Dios, ten misericordia de mí; porque en ti ha confiado mi alma, y en la sombra de tus alas me ampararé hasta que pasen los quebrantos" (Sal. 57:1).

"Mas buscad primeramente el reino de Dios y su justicia, y todas estas cosas os serán añadidas" (Mt. 6:33).

"Pues aun los cabellos de vuestra cabeza están todos contados. No temáis, pues; más valéis vosotros que muchos pajarillos" (Lc. 12:7).

"Y el Señor me librará de toda obra mala, y me preservará para su reino celestial. A él sea gloria por los siglos de los siglos. Amén" (2 Ti. 4:18).

"Mas el Dios de toda gracia, que nos llamó a su gloria eterna en Jesucristo, después que hayáis padecido un poco de tiempo, él mismo os perfeccione, afirme, fortalezca y establezca" (1 P. 5:10).

"El eterno Dios es tu refugio, y acá abajo los brazos eternos; El echó de delante de ti al enemigo, y dijo: Destruye" (Dt. 33:27).

"Porque fuiste fortaleza al pobre, fortaleza al menesteroso en su aflicción, refugio contra el turbión, sombra contra el calor; porque el ímpetu de los violentos es como turbión contra el muro" (Is. 25:4).

"Y hasta la vejez yo mismo, y hasta las canas os soportaré yo; yo hice, yo llevaré, yo soportaré y guardaré" (Is. 46:4).

ESTUDIO A FONDO 1

(39:21-23) *Soberanía — Providencia, de Dios:* José se enfrentó a momentos difíciles durante estas experiencias terribles y duras. Dios estaba preparando a José para gobernar Egipto. Dios tuvo que asegurarse que José tuviera éxito. Así y solo así los egipcios permitirían que la familia escogida de Jacob migrara y se asentara en Gosén. Así Dios podía cumplirle sus promesas a Abraham, Isaac, y Jacob (Vea *Perspectiva general de la división* y *Estudio a fondo 1,* Gn. 37:1—50:26). Cada una de las experiencias difíciles enriqueció el carácter de José. A él se le enseñó algunos rasgos que lo fortalecieron para decisiones futuras. Él guiaría a la nación por siete años terribles de hambruna. Así que necesitaba la capacidad administrativa para motivar y movilizar a las personas a almacenar suficiente alimento para que los sustentara durante los años de hambruna. Él se enfrentaría a una oposición fuerte y obstinada por parte de algunos durante los años de abundancia, fundamentalmente los avariciosos y codiciosos de la región. Y vería el hambre y el sufrimiento de muchos en los años de escasez. Él necesitaba ser duro y suave, aún así recto y justo. Y por encima de todo, él necesitaba confiar en Dios y dar testimonio de Dios.

ESTUDIO A FONDO 2

(39:21-23) *Cuidado, Dios — Éxito — Prosperidad:* advierta dos elementos significativos.

1. El hecho de que el Señor estaba con José se menciona cuatro veces (Gn. 39:2, 3, 21, 23). Esto era todo cuanto necesitaba José: saber que el Señor estaba con él. Esto es todo cuanto necesita saber un creyente. Solo necesitamos al Señor: saber que el Señor está con nosotros, en todas las circunstancias, no importa cuán severas sean.

Hay dos sugerencias gloriosas en el hecho de que el Señor está con nosotros.

=> Está la devoción, la consciencia preciosa de la presencia del Señor. *Estar uno con* el otro es lo que quieren el creyente verdaderamente y el Señor.

"Vosotros sois mis testigos, dice Jehová, y mi siervo que yo escogí, para que me conozcáis y creáis, y entendáis que yo mismo soy; antes de mí no fue formado dios, ni lo será después de mí" (Is. 43:10).

"lo que hemos visto y oído, eso os anunciamos, para que también vosotros tengáis comunión con nosotros; y nuestra comunión verdaderamente es con el Padre, y con su Hijo Jesucristo" (1 Jn. 1:3).

=> Está también la verdad del cuidado de Dios y de su protección de nosotros. El creyente, no importa cuáles sean sus circunstancias, puede estar seguro de la presencia de Dios. Dios sí cuida de nosotros y nos protege.

"echando toda vuestra ansiedad sobre él, porque él tiene cuidado de vosotros" (1 P. 5:7).

"Mas el Dios de toda gracia, que nos llamó a su gloria eterna en Jesucristo, después que hayáis padecido un poco de tiempo, él mismo os perfeccione, afirme, fortalezca y establezca" (1 P. 5:10).

2. José fue un hombre próspero y de éxito. ¿Cómo se puede decir que un esclavo es próspero? ¿Un hombre que no es más que una propiedad, que no tiene derechos propios? Con mucha frecuencia se malinterpreta la respuesta: la prosperidad y el éxito no dependen de las circunstancias sino del carácter y la actitud. José le pidió ayuda y fuerzas a Dios; luego se incorporó y se puso a trabajar. Y él trabajó más arduamente y con mayor diligencia que todos los otros esclavos y trabajadores. José proporcionaba un buen día de trabajo honrado y mucho más. Él era una persona de un grandísimo carácter con una grandísima actitud positiva.

"Y todo lo que hagáis, hacedlo de corazón, como para el Señor y no para los hombres; sabiendo que del Señor recibiréis la recompensa de la herencia, porque a Cristo el Señor servís" (Col. 3:23-24; cp. Ef. 6:5-8).

CAPÍTULO 40

D. José encarcelado en Egipto: Cómo fortalecerse más por medio de las bendiciones y las pruebas de la vida (parte 2), 40:1-23

1 José se fortaleció más sirviendo y observando a los necesitados: Él aprendió a preocuparse y a ser amable

a. Faraón encarceló a su jefe de los coperos y a su jefe de los panaderos
1) Ellos lo ofendieron y lo enojaron
2) Él los encarceló: En la misma prisión que José

b. José fue puesto a cargo de servirlos y ocuparse de sus necesidades

c. Surgió una necesidad: El copero y el panadero tuvieron un sueño cada uno

d. José vio una necesidad escrita en sus rostros: Estaban tristes

e. José mostró preocupación: Él preguntó por qué estaban tan tristes

2 José se fortaleció más sintiendo las necesidades espirituales de otros: Él aprendió a confiar cada vez más en Dios

a. José reconoció el poder de Dios

1 Aconteció después de estas cosas, que el copero del rey de Egipto y el panadero delinquieron contra su señor el rey de Egipto.
2 Y se enojó Faraón contra sus dos oficiales, contra el jefe de los coperos y contra el jefe de los panaderos,

3 y los puso en prisión en la casa del capitán de la guardia, en la cárcel donde José estaba preso.
4 Y el capitán de la guardia encargó de ellos a José, y él les servía; y estuvieron días en la prisión.
5 Y ambos, el copero y el panadero del rey de Egipto, que estaban arrestados en la prisión, tuvieron un sueño, cada uno su propio sueño en una misma noche, cada uno con su propio significado.
6 Vino a ellos José por la mañana, y los miró, y he aquí que estaban tristes.
7 Y él preguntó a aquellos oficiales de Faraón, que estaban con él en la prisión de la casa de su señor, diciendo: ¿Por qué parecen hoy mal vuestros semblantes?
8 Ellos le dijeron: Hemos tenido un sueño, y no hay quien lo interprete. Entonces les dijo José: ¿No son de Dios las interpretaciones? Contádmelo ahora.

9 Entonces el jefe de los coperos contó su sueño a José, y le dijo: Yo soñaba que veía una vid delante de mí,
10 y en la vid tres sarmientos; y ella como que brotaba, y arrojaba su flor, viniendo a madurar sus racimos de uvas.
11 Y que la copa de Faraón estaba en mi mano, y tomaba yo las uvas y las exprimía en la copa de Faraón, y daba yo la copa en mano de Faraón.
12 Y le dijo José: Esta es su interpretación: los tres sarmientos son tres días.
13 Al cabo de tres días levantará Faraón tu cabeza, y te restituirá a tu puesto, y darás la copa a Faraón en su mano, como solías hacerlo cuando eras su copero.

14 Acuérdate, pues, de mí cuando tengas ese bien, y te ruego que uses conmigo de misericordia, y hagas mención de mí a Faraón, y me saques de esta casa.
15 Porque fui hurtado de la tierra de los hebreos; y tampoco he hecho aquí por qué me pusiesen en la cárcel.
16 Viendo el jefe de los panaderos que había interpretado para bien, dijo a José: También yo soñé que veía tres canastillos blancos sobre mi cabeza.
17 En el canastillo más alto había de toda clase de manjares de pastelería para Faraón; y las aves las comían del canastillo de sobre mi cabeza.

b. José escuchó el sueño del jefe de los coperos
1) Él vio una vid
2) Tenía tres sarmientos
3) Brotaba, florecía, y daba uvas maduras
4) Él sostenía la copa de Faraón
5) Él exprimía las uvas en la copa de Faraón y la ponía en sus manos

c. José suplió la necesidad del jefe de los coperos: Interpretó el sueño
1) Los tres sarmientos eran tres días
2) Faraón restauraría al jefe de los coperos en tres días

3 José se fortaleció más por medio de la humildad: Él aprendió a pedir ayuda

a. José reveló una humildad tierna
b. José solicitó ayuda
c. José explicó su situación

4 José se fortaleció más por medio del coraje: Él aprendió a ser valiente y decir la verdad

a. José escuchó el sueño del jefe de los panaderos
1) Él vio tres canastillos sobre su cabeza
2) El canastillo más alto estaba lleno de comida para Faraón
3) Las aves comían de la comida

b. José suplió la necesidad del jefe de los panaderos: Valientemente interpretó el sueño 1) Los tres canastillos eran tres días 2) Faraón lo colgaría en tres días 3) Las aves se comerían su carne **5 José se fortaleció más por medio de la decepción: Él aprendió**	18 Entonces respondió José, y dijo: Esta es su interpretación: Los tres canastillos tres días son. 19 Al cabo de tres días quitará Faraón tu cabeza de sobre ti, y te hará colgar en la horca, y las aves comerán tu carne de sobre ti. 20 Al tercer día, que era el día del cumpleaños de Faraón, el rey hizo	banquete a todos sus sirvientes; y alzó la cabeza del jefe de los coperos, y la cabeza del jefe de los panaderos, entre sus servidores. 21 E hizo volver a su oficio al jefe de los coperos, y dio éste la copa en mano de Faraón. 22 Mas hizo ahorcar al jefe de los panaderos, como lo había interpretado José. 23 Y el jefe de los coperos no se acordó de José, sino que le olvidó.	**a perdonar y a esperar pacientemente por el tiempo de Dios** a. Faraón tuvo una fiesta de cumpleaños 1) El jefe de los coperos fue restaurado 2) El jefe de los panaderos fue ahorcado b. José fue olvidado por el jefe de los coperos

DIVISIÓN X

José, bisnieto de Abraham: Escogido para salvar a la descendencia del pueblo de Dios y las grandes promesas de Dios: Sucesos que llevan al pueblo de Dios a Egipto, 37:1—50:26

D. José encarcelado en Egipto: Cómo fortalecerse más por medio de las bendiciones y las pruebas de la vida (parte 2), 40:1-23

(40:1-23) *Introducción:* Recuerden, la importancia de este capítulo no se puede exagerar. El capítulo anterior ilustró a José esclavizado en Egipto (Gn. 39:1-23). Ahora este capítulo ilustra a José en prisión. Pero ambos capítulos abordan el mismo tema práctico: *"Ser preparado por medio de las bendiciones y pruebas de la vida"*. Estas experiencias de José muestran cómo Dios prepara al creyente para que sea la persona que debe ser y para que haga la obra para la que ha sido llamado. Un creyente verdadero tiene que estar preparado para llevar una vida plena y para hacer su obra en la tierra. Dios se encarga de la preparación. Esta es la gran lección que podemos aprender de las bendiciones y pruebas de la vida de José. El tema es: *José Encarcelado en Egipto: Preparado por medio de las bendiciones y pruebas de la vida (parte 2), 40:1-23.*

1. José se fortaleció más sirviendo y observando a los necesitados: Él aprendió a preocuparse y a ser amable (vv. 1-7).
2. José se fortaleció más sintiendo las necesidades espirituales de otros: Él aprendió a confiar cada vez más en Dios (vv. 8-13).
3. José se fortaleció más por medio de la humildad: Él aprendió a pedir ayuda (vv. 14-15).
4. José se fortaleció más por medio del coraje: Él aprendió a ser valiente y decir la verdad (vv. 16-19).
5. José se fortaleció más por medio de la decepción: Él aprendió a perdonar y a esperar pacientemente por el tiempo de Dios (vv. 20-23).

1 (40:1-7) *Preocupación — Cuidado — Bondad:* A José se le fortaleció más sirviendo y observando a los necesitados. Dios usó la experiencia de la prisión de José para enseñarlo a preocuparse por otros y a ser bondadoso con ellos. ¿Cuánto tiempo llevaba José pudriéndose y sufriendo en prisión? No lo sabemos. Todo cuanto las Escrituras dicen es que fue después de los sucesos del capítulo anterior, que fue algún tiempo después. Se cree que haya sido muchos meses después, quizás hasta algunos años. Recuerden este elemento: A José lo habían encadenado al principio cuando lo encarcelaron. Algún tiempo después de eso, le asignaron algunos deberes en la prisión. Su trabajo arduo y su capacidad administrativa las notó el alcaide, y así finalmente el alcaide puso a José a cargo de todos los otros prisioneros. Todo esto tomó mucho tiempo. Sin duda alguna, él estuvo sufriendo en cadenas mucho tiempo, porque Potifar estaba a cargo de la prisión, y era su esposa a quien supuestamente José había atacado. También habría tardado mucho el alcaide en darse cuenta del trabajo arduo de José para promoverlo por encima de los otros prisioneros. Según se ha planteado, probablemente José hubiera estado en prisión muchos meses, quizás hasta años.

Ahora bien, imagínense a José languideciendo en prisión: el sufrimiento, el dolor, y el desaliento cuando sus pies y su cuello estaban encadenados con grilletes, es muy probable que haya estado con grilletes durante muchos meses. Luego, aunque le quitaran los grilletes y las cadenas y le hubieran dado tareas en la prisión, aún así estaba en prisión, una de las prisiones de la historia antigua, un lugar bien horrible.

¿Por qué? ¿Por qué estaba José allí? No porque él hubiera hecho mal sino porque lo habían acusado falsamente y lo habían condenado a prisión. ¿Por qué Dios *permitiría* una cosa así? Porque José necesitaba aprender a preocuparse de las personas y a ser amable con ellas. Advierta lo que sucedió.

1. Faraón encarceló a su jefe de los coperos y a su jefe de los panaderos (vv. 1-3). El jefe de los coperos era quien llevaba la copa al rey, la persona que estaba a cargo de los viñedos y vinos del rey. Su deber no solo era supervisar el manejo del

vino del rey sino servir personalmente al rey, incluso probar el vino para asegurarse que no estaba envenenado.

El jefe de los panaderos estaba a cargo de los alimentos del rey. Advierta que ambos hombres era funcionarios jefes de sus áreas: Estaban por encima de todos los coperos y panaderos del palacio de Faraón.

¿Por qué fueron encarcelados (v. 2)? Las Escrituras no lo dicen; ni siquiera se da una pista. Todo cuanto se dice es que Faraón estaba muy enojado con ellos. Sin embargo, Henry Morris sugiere que su profesión y lo que sucedió después nos dan una idea clara de por qué Faraón estaba enojado con ellos. Probablemente se hubiera encontrado una cantidad de veneno en el palacio de Faraón. Se desconocía exactamente de dónde había salido y quién era el responsable. Pero las dos personas más probables habrían sido el jefe de los coperos y el jefe de los panaderos, así que fueron arrestados y encarcelados hasta que se llevara a cabo una investigación. Sí sabemos que luego fue ejecutado el jefe de los panaderos. De ahí que probablemente se haya cometido un delito capital. Según se ha planteado, se desconoce cuál fue exactamente el delito, pero su profesión y la ejecución del panadero sí sugiere que el panadero o algún siervo a su disposición estaba planeando envenenar a Faraón (*The Genesis Record* [El registro de Génesis], pp. 569-570).

Cualquiera que sea el caso, el elemento significativo es el siguiente: Ellos fueron puestos en la misma prisión política donde se encontraba José (v. 3).

2. Advierta que José fue puesto a cargo del copero y el panadero. Se le asignó la tarea de servirlos y preocuparse por sus necesidades (v. 4). Advierta también que estuvieron en prisión por largo tiempo.

3. Luego una noche ambos tuvieron un sueño (v. 5). ¿Por qué? ¿Se habían enterado por los rumores que había concluido la investigación del envenenamiento de Faraón? ¿Habían estado pendientes de la investigación? Cualquiera que haya sido la causa terrenal, Dios estaba detrás de los sueños. Sabemos esto porque serían sus sueños los que Dios más tarde usaría para hacer que liberaran a José de la prisión. Además, el mero hecho de que ambos hombres tuvieron un sueño la misma noche, un sueño que se haría realidad, apunta a Dios motivando los sueños en sus mentes.

Esto, claro está, no quiere decir...

• Que todos los sueños son presagios de sucesos futuros.
• Que todos los sueños tienen un significado y son útiles en la vida.
• Que todos los sueños son reflejos de algún deseo subconsciente o de alguna buena o mala experiencia.
• Que Dios o algún poder sobrenatural está siempre detrás de los sueños.

Dios ha usado sueños en las vidas de las personas, pero no con frecuencia. Por lo tanto, los creyentes no deben estar buscando sueños de Dios, ni estar tratando de hallar guía y fuerza en sus sueños. Dios nos ha dado su Palabra, la Santa Biblia y las Escrituras, y su preciado Espíritu Santo para guiarnos y fortalecernos. Ellos son nuestra guía, no los sueños ni ninguna otra cosa. De hecho, los creyentes no necesitan ninguna otra guía ni fuerzas que la del Espíritu de Dios y la Palabra de Dios. ¿Qué más podríamos desear o necesitar que al propio Dios y su Palabra?

4. A la mañana próxima cuando José entró en sus celdas, él notó una necesidad plasmada en sus rostros: ambos estaban tristes y algo desalentados (v. 6).

5. José mostró preocupación por ellos: él les preguntó por qué estaban tan tristes y desalentados (v. 7).

Advierta ahora la preocupación y bondad de José. Él estaba a cargo de estos dos funcionarios de la corte, a cargo de servirles y ocuparse de ellos. Recuerden sus propias circunstancias: encarcelado por un delito que nunca cometió y con grilletes puestos por mucho tiempo. Él podía haber sido un gruñón, siempre quejándose, enojado con el mundo y maldiciendo a Dios. Él podía haber rechazado e ignorado a estos dos funcionarios egipcios, porque ellos pertenecían al mismo pueblo que lo habían esclavizado y encarcelado. Él podía haber sentido un odio enorme por ellos. ¡Pero no! José no era así. Dios mismo le había mostrado misericordia a José y lo había salvado. Y José estaba confiando en que Dios lo ayudaría y fortalecería ahora por medio de su experiencia en prisión. Además, José era un seguidor del Dios vivo y verdadero; por eso, se le ordenó cuidar de las personas y ser amable con ellas.

Por consiguiente, José estaba obligado a cuidar y mostrarles bondad al copero y al panadero. Él estaba aprendiendo exactamente lo que Dios quería que él aprendiera: a ser amable y preocupado incluso en las peores circunstancias, por severas que fueran.

Pensamiento 1. No importa cuán malas sean nuestras circunstancias, Dios quiere que aprendamos de ellas. Él quiere que aprendamos a cuidar de otros y que seamos amables con ellos aunque estemos sufriendo y nos sintamos heridos. Debemos preocuparnos por otros aunque estemos sufriendo y estemos atravesando las pruebas de la vida.

"Sobrellevad los unos las cargas de los otros, y cumplid así la ley de Cristo" (Gá. 6:2).

"En todo os he enseñado que, trabajando así, se debe ayudar a los necesitados, y recordar las palabras del Señor Jesús, que dijo: Más bienaventurado es dar que recibir" (Hch. 20:35).

"Así que, los que somos fuertes debemos soportar las flaquezas de los débiles, y no agradarnos a nosotros mismos" (Ro. 15:1).

"Antes sed benignos unos con otros, misericordiosos, perdonándoos unos a otros, como Dios también os perdonó a vosotros en Cristo" (Ef. 4:32).

"Acordaos de los presos, como si estuvierais presos juntamente con ellos; y de los maltratados, como que también vosotros mismos estáis en el cuerpo" (He. 13:3).

"La religión pura y sin mácula delante de Dios el Padre es esta: Visitar a los huérfanos y a las viudas en sus tribulaciones, y guardarse sin mancha del mundo" (Stg. 1:27).

2 (40:8-13) *Sensible, espiritualmente — Confiar, en Dios — Confianza:* José se fortaleció más al sentir las necesidades espirituales de otros. Dios usó la experiencia de prisión de José para enseñarlo a confiar cada vez más en Dios. Los egipcios creían en el poder de los sueños de la misma manera que muchas personas lo han creído a lo largo de la historia, incluso en la actualidad. Ellos creían que los sueños eran presagios, señales, y profecías de cosas venideras. El copero jefe y el panadero jefe no podían dilucidar lo que significaban sus sueños, y esto fue lo que le dijeron a José. Habían soñado durante la noche, pero no tenían un intérprete que les explicara el significado de ellos.

1. Aquí es donde José reconoce el poder de Dios (v. 8). Él declaró que Dios sabía lo que significaban los sueños. La sugerencia fue que Dios lo sabía todo; por eso, Dios podía darles el significado de los sueños. Advierta el testimonio del Señor que da José aquí. Pero incluso más que eso, advierta la *confianza absoluta* de José en Dios, tanto en el conocimiento de Dios como en el uso que Dios hacía de él. José sencillamente *confiaba en que Dios* lo usara como su siervo y le revelara el significado a él. Advierta que él *no* aseguró tener el personalmente poder para interpretar sueños. Él declaró enfáticamente que el propio Dios es el intérprete. Su confianza estaba puesta en Dios, en que Dios le mostraría el significado de los sueños.

2. José escuchó el sueño del jefe de los coperos (vv. 9-11). El sueño era el siguiente:

=> Él vio una vid frente a él (v. 9).
=> La vid tenía tres sarmientos (v. 10a).
=> Los sarmientos brotaban, florecían, y daban uvas maduras (v. 10b).
=> De inmediato él sostenía la copa de Faraón en su mano (v. 11).
=> Él tomaba las uvas y las exprimía en la copa y le entregaba la copa a Faraón (v. 11).

Probablemente el copero entendiera que el sueño significaba que algún día él serviría nuevamente a Faraón, porque él sabía que él era inocente de tratar de envenenar a su majestad. Pero al parecer los tres sarmientos lo intrigaban, y eran una parte significativa del sueño.

3. José suplió la necesidad del jefe de los coperos: él le interpretó el sueño (vv. 12-13). Los tres sarmientos representaban tres días, y esto significaba que sería restaurado como copero de Faraón en tres días (v. 13).

El objetivo principal que se debe tener en cuenta en todo esto es la confianza absoluta de José en Dios. Él confiaba totalmente en Dios para la interpretación del sueño. Dios estaba usando la experiencia de la prisión de José para enseñarlo a confiar cada vez más en Dios, a confiar en Dios sin importar donde estuviera, incluso en las peores circunstancias.

> *Pensamiento 1.* Lo que Dios quiere que aprendamos por encima de todo es a confiar en Él. Cuando nos azotan las pruebas y el sufrimiento severo, debemos recurrir a Dios y confiar en Él. Esto es lo que Él quiere.

Él quiere ayudarnos y fortalecernos, permitirnos seguir adelante en la vida. Dios quiere que tomemos nuestras circunstancias y las usemos a bien. Él quiere que aprendamos de las cosas malas que nos sucedan: que aprendamos a confiar en Él cada vez más y a depender de Él cada vez más.

> **"¡Cuán grande es tu bondad, que has guardado para los que te temen, que has mostrado a los que esperan en ti, delante de los hijos de los hombres!"** (Sal. 31:19).

> **"Muchos dolores habrá para el impío; mas al que espera en Jehová, le rodea la misericordia"** (Sal. 32:10).

> **"Jehová redime el alma de sus siervos, y no serán condenados cuantos en él confían"** (Sal. 34:22).

> **"Encomienda a Jehová tu camino, y confía en él; y él hará"** (Sal. 37:5).

> **"Mejor es confiar en Jehová que confiar en el hombre"** (Sal. 118:8).

> **"Los que confían en Jehová son como el monte de Sion, que no se mueve, sino que permanece para siempre"** (Sal. 125:1).

> **"Fíate de Jehová de todo tu corazón, y no te apoyes en tu propia prudencia"** (Pr. 3:5).

> **"Tú guardarás en completa paz a aquel cuyo pensamiento en ti persevera; porque en ti ha confiado. Confiad en Jehová perpetuamente, porque en Jehová el Señor está la fortaleza de los siglos"** (Is. 26:3-4).

> **"¿Quién hay entre vosotros que teme a Jehová, y oye la voz de su siervo? El que anda en tinieblas y carece de luz, confíe en el nombre de Jehová, y apóyese en su Dios"** (Is. 50:10).

3 (40:14-15) *Humildad:* A José se le fortaleció más por medio de la humildad. Dios usó su experiencia de la prisión para enseñarle la importancia de ser humilde y de pedir ayuda.

1. Advierta que ahora José reveló una humildad tierna y le pidió ayuda al copero (v. 14). José le pidió al copero...

• Que lo recordara
• Que mostrara misericordia
• Que lo mencionara delante de Faraón y le pidiera a Faraón que lo liberara de prisión

2. Luego José le explicó su inocencia (v. 15). A él lo habían raptado por la fuerza de su propio pueblo, y que él no era culpable de espionaje político ni de subversión en Egipto.

Lo que se debe tener en cuenta es la humildad de José, su espíritu tierno y suave. En épocas anteriores él había tenido en su corazón un orgullo, arrogancia, presunción, altanería, y altivez arraigadas (Vea nota, Gn. 37:5-11 para un mayor análisis). Él era un hombre típicamente masculino, apuesto, fornido (Gn. 39:6), y dotado de una capacidad inusual administrativa y de gestión. Al parecer su padre había reconocido esto, porque él había favorecido a José más que a sus hermanos. Lo había favorecido tanto que había terminado *consintiéndolo, mimándolo,* y *malcriándolo.* Y al parecer por la capacidad evidente de gestión de José, Jacob lo había responsabilizado de sus hermanos, a pesar de su corta edad (Vea nota, 37:1-4). Al parecer todo esto se le había subido a la cabeza a José. Él había sido demasiado joven para manejar la gran responsabilidad que su padre le había impuesto, y había sido demasiado joven para saber que a tanto favoritismo se le tenía que poner fin o de lo contrario provocaría problemas terribles.

La magnitud de la arrogancia de José se puede ver cuando él con tanto entusiasmo y disposición les contó los sueños que apuntaban a que él se convertiría en gobernante, incluso de su propia familia (Vea nota, Gn. 37:5-11).

Dios tenía que humillar el corazón de José y moldear su carácter. Esto es lo que estaba sucediendo durante estos años de esclavitud y de encarcelamiento. En estos dos versículos se ven grandes pasos agigantados en la humildad y el crecimiento espiritual (vv. 14-15). José reveló una humildad tierna y suave, una dependencia de la misericordia de la memoria del copero. Advierta las palabras: "acuérdate de mí", "usa conmigo de misericordia", "te ruego", "haz mención de mí", "sácame de esta casa". Estas palabras, en una oración, suenan como un desaliento de espíritu delante de Dios.

Pensamiento 1. La humildad constituye una necesidad absoluta en la vida. Nadie será usado por Dios a menos que tenga un verdadero espíritu de humildad. Esto nos dice algo de las pruebas y de las malas circunstancias que nos sobrevienen: debemos usarlas para aprender la humildad. Estamos tan sujetos a los errores, los fracasos, el pecado, el olvido, la enfermedad, los padecimientos, los accidentes, la muerte, y todos los defectos como cualquier otra persona. No tenemos razón alguna para andar con un espíritu de arrogancia, orgullo, altanería, ni de altivez. Ni uno solo de nosotros es *mejor* que ninguna otra persona, no importa quiénes sean. Por ende, cuando las pruebas y las malas circunstancias nos sobrevienen, debemos usarlas para aprender la humildad. Debemos dejar que nos enseñen la humildad, no que nos derroten ni nos humillen. Tan solo somos una persona entre un mundo de personas que se enfrenta a tiempos en que todos necesitamos la ayuda de Dios y de cada uno. En tales momentos, debemos ser lo bastante humildes como para pedir ayuda.

"Mejor es humillar el espíritu con los humildes que repartir despojos con los soberbios" (Pr. 16:19).

"Riquezas, honra y vida son la remuneración de la humildad y del temor de Jehová" (Pr. 22:4).

"La soberbia del hombre le abate; pero al humilde de espíritu sustenta la honra" (Pr. 29:23).

"Porque así dijo el Alto y Sublime, el que habita la eternidad, y cuyo nombre es el Santo: Yo habito en la altura y la santidad, y con el quebrantado y humilde de espíritu, para hacer vivir el espíritu de los humildes, y para vivificar el corazón de los quebrantados" (Is. 57:15).

"Oh hombre, él te ha declarado lo que es bueno, y qué pide Jehová de ti: solamente hacer justicia, y amar misericordia, y humillarte ante tu Dios" (Mi. 6:8).

"Así que, cualquiera que se humille como este niño, ése es el mayor en el reino de los cielos" (Mt. 18:4).

"Digo, pues, por la gracia que me es dada, a cada cual que está entre vosotros, que no tenga más alto concepto de sí que el que debe tener, sino que piense de sí con cordura, conforme a la medida de fe que Dios repartió a cada uno" (Ro. 12:3).

"Nada hagáis por contienda o por vanagloria; antes bien con humildad, estimando cada uno a los demás como superiores a él mismo; no mirando cada uno por lo suyo propio, sino cada cual también por lo de los otros" (Fil. 2:3-4).

"Humillaos delante del Señor, y él os exaltará" (Stg. 4:10).

"Igualmente, jóvenes, estad sujetos a los ancianos; y todos, sumisos unos a otros, revestíos de humildad; porque: Dios resiste a los soberbios, y da gracia a los humildes" (1 P. 5:5).

4 (40:16-19) *Coraje — Osadía:* A José se le fortaleció más por medio del coraje. Dios usó su experiencia de la prisión para enseñarlo a decir la verdad. Cuando el jefe de los panaderos oyó la buena noticia del sueño de copero, con ansias deseaba que se interpretara también su sueño.

1. José escuchó el sueño del jefe de los panaderos (v. 16). El sueño era el siguiente:
=> Él vio tres canastillos sobre su cabeza (v. 16).
=> El canastillo más alto estaba lleno de todo tipo de manjares para Faraón (v. 17).
=> Pero mientras llevaba los manjares donde Faraón, las aves se los comían (v. 17b).

Advierta lo siguiente: el hecho de que el jefe de los panaderos estuviera ansioso por oír el significado de su sueño probablemente signifique que él no estaba planeando personalmente envenenar a Faraón. Más bien, era muy probable que la parte culpable fuera uno de los siervos de quién él era responsable.

2. José suplió la necesidad del jefe de los panaderos: él le interpretó el sueño, lo interpretó valientemente (vv. 18-19). Los tres canastillos representaban tres días. Esto y los canastillos sobre su cabeza significaban que dentro de tres días Faraón iba a decapitarlo y colgar su cuerpo de un árbol. Luego las aves vendrían y se comerían su carne.

Imagínense ahora a José diciéndole esto a un hombre. Imagínense nada más el gran coraje que se necesitaba. Y recuérdenlo, ahora el panadero era amigo de José. José se preocupaba por él. ¡Qué cosa tan difícil de hacer! Decirle a un amigo que va a morir en tres días. Pero eso fue exactamente lo que hizo José. Él demostró coraje, el coraje para decir la verdad. Habría sido mucho más fácil mentir, inventar un final menos duro, o al menos suavizar el significado. Pero José no podía, porque él era un seguidor verdadero de Dios, y Dios manda a su pueblo a ser valiente y fiel. A ser fiel a Dios, José tenía que ser valiente: él tenía que decir la verdad.

Pensamiento 1. Nunca debemos dejar que las circunstancias nos abatan. Las circunstancias nos dan una gran oportunidad para ser valientes. Siempre debemos enfrentar las circunstancias con nuestra frente en alto, con gran valor. Con frecuencia nos enfrentamos a las circunstancias que nos exigen dar malas noticias, por ejemplo, la muerte o una enfermedad grave. En tales momentos, debemos ser valientes y fieles. No debemos engañar a las personas y hacer que vivan con esperanzas falsas o en un mundo falso. Debemos ser valientes y ayudarlos a poner su esperanza y confianza en Dios. Debemos ayudarlos a centrarse en Él y en la esperanza gloriosa de la vida eterna que Él promete a todos los que creen y confían verdaderamente en Él.

Nuevamente, nunca debemos dejar que las circunstancias nos derroten. Debemos vencer a las circunstancias, vencerlas haciéndoles frente con gran valor y fidelidad.

1) Debemos aprender a ser cada vez más valientes al enfrentar las malas circunstancias.

"Esforzaos y cobrad ánimo; no temáis, ni tengáis miedo de ellos, porque Jehová tu Dios es el que va contigo; no te dejará, ni te desamparará" (Dt. 31:6).

"Aunque un ejército acampe contra mí, no temerá mi corazón; aunque contra mí se levante guerra, yo estaré confiado" (Sal. 27:3).

"No temerás el terror nocturno, ni saeta que vuele de día" (Sal. 91:5).

"Jehová está conmigo; no temeré lo que me pueda hacer el hombre" (Sal. 118:6).

"Cuando te acuestes, no tendrás temor, sino que te acostarás, y tu sueño será grato" (Pr. 3:24).

"He aquí Dios es salvación mía; me aseguraré y no temeré; porque mi fortaleza y mi canción es JAH Jehová, quien ha sido salvación para mí" (Is. 12:2).

2) Debemos decir la verdad y nunca mentir ante las malas circunstancias.

"El labio veraz permanecerá para siempre; mas la lengua mentirosa sólo por un momento" (Pr. 12:19).

"Estas son las cosas que habéis de hacer: Hablad verdad cada cual con su prójimo; juzgad según la verdad y lo conducente a la paz en vuestras puertas" (Zac. 8:16).

"La ley de verdad estuvo en su boca, e iniquidad no fue hallada en sus labios; en paz y en justicia anduvo conmigo, y a muchos hizo apartar de la iniquidad" (Mal. 2:6).

"No hurtaréis, y no engañaréis ni mentiréis el uno al otro" (Lv. 19:11).

"Por lo cual, desechando la mentira, hablad verdad cada uno con su prójimo; porque somos miembros los unos de los otros" (Ef. 4:25).

"Estad, pues, firmes, ceñidos vuestros lomos con la verdad, y vestidos con la coraza de justicia" (Ef. 6:14).

"No mintáis los unos a los otros, habiéndoos despojado del viejo hombre con sus hechos" (Col. 3:9).

5 (40:20-23) ***Decepción — Perdón — Paciencia:*** A José se fortaleció más por medio de la decepción. Dios usó su experiencia de la prisión para enseñarlo a perdonar y esperar pacientemente por el tiempo de Dios. Los sueños se hicieron realidad tal como había dicho José. Advierta lo que ocurrió.

1. Faraón tuvo una fiesta de cumpleaños, y él liberó al jefe de los coperos y al jefe de los panaderos (v. 20).

=> El jefe de los coperos fue restaurado a su posición anterior (v. 21).

=> El jefe de los panaderos fue colgado (v. 22).

2. Pero advierta un elemento trágico: el jefe de los coperos se olvidó de José (v. 23). Él no cumplió su promesa.

¿Por qué? ¿Fue la emoción de ser liberado y luego la presión inmediata de los deberes lo que lo hizo olvidar? ¿O creyó que José no era tan importante como para apelar su caso ante Faraón? Después de todo, José era solo un esclavo. ¿O temía tanto a Faraón que no quería arriesgarse a tocar el tema de su experiencia de encarcelamiento? O, ¿estaba esperando un momento oportuno y nunca creyó que era el momento adecuado? Las Escrituras no dicen por qué el copero se olvidó de José, pero sí sabemos que José se pudrió en prisión dos largos años más (Gn. 41:1). Estos deben haber sido los años más difíciles de todos, porque finalmente se hizo evidente que el copero no iba a apelar su caso. Él se había olvidado de José.

Imagínense la amplia gama de emociones que José experimentó allí en prisión, esperando oír del copero. José tuvo grandes esperanzas y expectativas el día en que el copero fue liberado de prisión. La esperanza y la expectativa se elevaron con emoción durante las primeras semanas de la liberación del copero. Cada vez que José oía abrirse las puertas de la prisión, se acercaba para ver quién era, porque él sabía que estaba a punto de ser liberado. Pero pasó una semana tras otra hasta que ya no se acercó más a la puerta de la prisión. Él levantaba la mirada, pero con tanta frecuencia se habían frustrado sus esperanzas, que ya no había necesidad de molestarse más en acercarse. Luego finalmente, algunos meses más tarde, su esperanza de que el copero se acordara de él desapareció completamente. Él sabía que el copero no iba a ayudarlo; él no iba a apelar su caso ante Faraón.

Sin lugar a dudas, una ola de decepción horrible invadía a José durante estos meses. Porque había un hombre —un amigo— con influencias que tenía el poder para ayudarlo, pero él se había olvidado. José podía haber perdido todas las esperanzas y haberse deprimido, preguntándose si era necesario seguir adelante. Se podía haber enojado con el mundo y con todos sus habitantes. Después de todo, la mismas personas que habían tenido relaciones con él habían sido las que le habían fallado: Sus hermanos, su amo Potifar, para quien había trabajado tan duro, y ahora el copero, a quien había servido tan bien y a quien había alentado tanto. Todos le habían fallado y lo habían decepcionado. José tenía todo

el derecho de estar decepcionado de ellos. Y sin dudas lo estaba. Pero Dios iba a tomar su decepción y le iba a enseñar dos grandes lecciones:
=> Perdonar a otros
=> Esperar pacientemente en Dios y por su tiempo. En el propio tiempo de Dios, Él nos salva y nos libera, y Él nos fortalece y nos ayuda

Advierta este elemento: José nunca pronunció queja alguna ni reveló amargura alguna contra nadie, ni siquiera hacia los que lo maltrataban, provocándole tanto sufrimiento. Advierta, hasta donde conocemos a José nunca se defendió de la acusación de agredir a la esposa de Potifar. Él nunca le habló a Potifar de la conducta de su esposa. Él mantuvo el honor de ella y no habló (cp. Gn. 39:16s).

José fue acusado burdamente, fue maltratado, abusaron de él las personas más cercanas. Pero él nunca rezongó ni se quejó. Y nunca se desalentó ni se deprimió, al menos no por mucho tiempo. Él estaba aprendiendo cada vez más a perdonar y a esperar pacientemente por el Señor. Él estaba experimentando lo que Dios le promete a todos los creyentes verdaderos: Su fortaleza y ayuda en tiempos de necesidad.

Pensamiento 1. Piense en cuán a menudo los que están más cerca de nosotros nos hieren y causan dolor. ¡Cuán a menudo nos olvidan y nos defraudan! ¡Cuán a menudo nos maltratan y provocan sufrimiento a nuestra vida! Dos importantes lecciones pueden obtenerse del olvido de José por parte del copero.

1) Debemos aprender a perdonar cuando los amigos y los seres queridos nos olvidan y nos maltratan. Si el maltrato físico está implícito, debemos salir de la situación si fuese posible. No debemos consentir ni darle entrada al mal. Sufrir el maltrato cuando lo podemos evitar es darle cabida al mal. Estamos equivocados y estamos pecando nosotros mismos cuando permitimos y le damos cabida al mal. Por eso debemos siempre que podamos evitar que nos hagan daño. Pero también debemos perdonar. Dios quiere que tomemos nuestro maltrato y aprendamos a perdonar por medio de él. Él nos ha perdonado por el mayor de los errores, el de la rebeldía, el de constituir un enemigo para Él. Dios nos perdonó, por eso, Él espera que perdonemos a otros. Así que debemos perdonar; debemos adoptar un espíritu de perdón para con todas las personas, incluso hacia nuestros enemigos, aquellos que nos persiguen.

"Pero yo os digo: No resistáis al que es malo; antes, a cualquiera que te hiera en la mejilla derecha, vuélvele también la otra" (Mt. 5:39).

"Y cuando estéis orando, perdonad, si tenéis algo contra alguno, para que también vuestro Padre que está en los cielos os perdone a vosotros vuestras ofensas" (Mr. 11:25).

"Sed, pues, misericordiosos, como también vuestro Padre es misericordioso" (Lc. 6:36).

"Y perdónanos nuestros pecados, porque también nosotros perdonamos a todos los que nos deben. Y no nos metas en tentación, mas líbranos del mal" (Lc. 11:4).

"Y si siete veces al día pecare contra ti, y siete veces al día volviere a ti, diciendo: Me arrepiento; perdónale" (Lc. 17:4).

"Antes sed benignos unos con otros, misericordiosos, perdonándoos unos a otros, como Dios también os perdonó a vosotros en Cristo" (Ef. 4:32)

2) Debemos aprender a esperar por Dios, no por las personas, ni siquiera por nuestros amigos y seres queridos. En ocasiones las personas pueden ayudar, pero no siempre y no perfectamente. La única ayuda perfecta que siempre está disponible todos los problemas y las pruebas es la ayuda de Dios. Por ende, debemos aprender a esperar pacientemente en Dios, debemos aprender a esperar en Él cada vez más.

"Aguarda a Jehová; esfuérzate, y aliéntese tu corazón; sí, espera a Jehová" (Sal. 27:14).

"Alma mía, en Dios solamente reposa, porque de él es mi esperanza" (Sal. 62:5).

"He aquí, como los ojos de los siervos miran a la mano de sus señores, y como los ojos de la sierva a la mano de su señora, así nuestros ojos miran a Jehová nuestro Dios, hasta que tenga misericordia de nosotros" (Sal. 123:2).

"No digas: Yo me vengaré; espera a Jehová, y él te salvará" (Pr. 20:22).

"pero los que esperan a Jehová tendrán nuevas fuerzas; levantarán alas como las águilas; correrán, y no se cansarán; caminarán, y no se fatigarán" (Is. 40:31).

"Tú, pues, vuélvete a tu Dios; guarda misericordia y juicio, y en tu Dios confía siempre" (Os. 12:6).

"Con vuestra paciencia ganaréis vuestras almas" (Lc. 21:19).

"porque os es necesaria la paciencia, para que habiendo hecho la voluntad de Dios, obtengáis la promesa" (He. 10:36).

"Por tanto, hermanos, tened paciencia hasta la venida del Señor. Mirad cómo el labrador espera el precioso fruto de la tierra, aguardando con paciencia hasta que reciba la lluvia temprana y la tardía" (Stg. 5:7).

1 El poder de Dios para fortalecer y preocupar a los hombres

a. José fue fortalecido por Dios con dos años de prisión

b. Dios preocupó a Faraón por medio de un sueño
1) Él estaba junto al río
2) Él vio siete vacas gordas
3) Él vio siete vacas flacas: Estaba junto a las vacas gordas
4) Las vacas flacas devoraban las vacas gordas

c. Dios sobresaltó, y despertó a Faraón: Él estaba preocupado

d. Dios perturbó a Faraón nuevamente: Él soñó con maíz
1) Él vio siete espigas llenas
2) Él vio siete espigas menudas: abatidas del viento
3) Las espigas menudas se comían las espigas llenas

e. Dios sobresaltó y despertó a Faraón nuevamente: Él se preocupó

2 El poder de Dios para volver incompetentes a los hombres: Los sabios no lograron determinar la necesidad ni suplir la necesidad

---

CAPÍTULO 41

E. José subió al poder en Egipto: El poder de Dios para obrar las cosas a bien para su siervo, el creyente, 41:1-57

1 Aconteció que pasados dos años tuvo Faraón un sueño. Le parecía que estaba junto al río;

2 y que del río subían siete vacas, hermosas a la vista, y muy gordas, y pacían en el prado.

3 Y que tras ellas subían del río otras siete vacas de feo aspecto y enjutas de carne, y se pararon cerca de las vacas hermosas a la orilla del río;

4 y que las vacas de feo aspecto y enjutas de carne devoraban a las siete vacas hermosas y muy gordas. Y despertó Faraón.

5 Se durmió de nuevo, y soñó la segunda vez: Que siete espigas llenas y hermosas crecían de una sola caña,

6 y que después de ellas salían otras siete espigas menudas y abatidas del viento solano;

7 y las siete espigas menudas devoraban a las siete espigas gruesas y llenas. Y despertó Faraón, y he aquí que era sueño.

8 Sucedió que por la mañana estaba agitado su espíritu, y envió e hizo llamar a todos los magos de Egipto, y a todos sus sabios; y les contó Faraón sus

---

sueños, mas no había quien los pudiese interpretar a Faraón.

9 Entonces el jefe de los coperos habló a Faraón, diciendo: Me acuerdo hoy de mis faltas.

10 Cuando Faraón se enojó contra sus siervos, nos echó a la prisión de la casa del capitán de la guardia a mí y al jefe de los panaderos.

11 Y él y yo tuvimos un sueño en la misma noche, y cada sueño tenía su propio significado.

12 Estaba allí con nosotros un joven hebreo, siervo del capitán de la guardia; y se lo contamos, y él nos interpretó nuestros sueños, y declaró a cada uno conforme a su sueño.

13 Y aconteció que como él nos los interpretó, así fue: yo fui restablecido en mi puesto, y el otro fue colgado.

14 Entonces Faraón envió y llamó a José. Y lo sacaron apresuradamente de la cárcel, y se afeitó, y mudó sus vestidos, y vino a Faraón.

15 Y dijo Faraón a José: Yo he tenido un sueño, y no hay quien lo interprete; mas he oído decir de ti, que oyes sueños para interpretarlos.

16 Respondió José a Faraón, diciendo: No está en mí; Dios será el que dé respuesta propicia a Faraón.

17 Entonces Faraón dijo a José: En mi sueño me parecía que estaba a la orilla del río;

18 y que del río subían siete vacas de gruesas carnes y hermosa apariencia, que pacían en el prado.

---

a. Faraón mandó buscar a todos los magos y sabios

b. No podían interpretar los sueños

3 El poder de Dios para hacer recordar a los hombres: El copero se acordó del siervo de Dios, José

a. Recordó su necesidad y circunstancias pasadas
1) Fue encarcelado
2) Tuvo un sueño

b. Recordó un hombre (el siervo de Dios) que tenía una comprensión y entendimiento inusuales

c. Recordó la validez del entendimiento y comprensión del hombre

4 El poder de Dios para liberar a su siervo: A José lo necesitaban para que ayudara a otros

a. Librado de su situación

b. Liberado para estar entre las personas que tenían grandes necesidades

c. Liberado para reconocer a Dios: Como la fuente de todo conocimiento y poder

d. Liberado para escuchar el espíritu atribulado del hombre: Faraón le contó su sueño
1) Siete vacas gordas estaban paciendo

2) Se acercaban siete vacas flacas

3) Las vacas flacas devoraban a las vacas gordas

4) La apariencia de las vacas flacas seguía igual

5) Siete espigas llenas de granos crecían en una misma caña

6) Siete espigas menudas de granos se acercaban a las espigas llenas

7) Las espigas menudas se tragaban a las espigas llenas

e. Liberado para ayudar porque los hombres del mundo eran inapropiados

5 El poder de Dios para darle comprensión a su siervo: José vio la gran prueba que venía sobre la tierra

a. La verdad básica: Dios reveló el futuro

1) Siete vacas buenas y siete espigas buenas se refieren a siete años

2) Siete vacas flacas y siete espigas flacas significan siete años de hambruna

b. La verdad básica se repetía: Dios reveló el futuro

1) Habría siete años de gran abundancia

---

19 Y que otras siete vacas subían después de ellas, flacas y de muy feo aspecto; tan extenuadas, que no he visto otras semejantes en fealdad en toda la tierra de Egipto.
20 Y las vacas flacas y feas devoraban a las siete primeras vacas gordas;
21 y éstas entraban en sus entrañas, mas no se conocía que hubiesen entrado, porque la apariencia de las flacas era aún mala, como al principio. Y yo desperté.
22 Vi también soñando, que siete espigas crecían en una misma caña, llenas y hermosas.
23 Y que otras siete espigas menudas, marchitas, abatidas del viento solano, crecían después de ellas;
24 y las espigas menudas devoraban a las siete espigas hermosas; y lo he dicho a los magos, mas no hay quien me lo interprete.

25 Entonces respondió José a Faraón: El sueño de Faraón es uno mismo; Dios ha mostrado a Faraón lo que va a hacer.

26 Las siete vacas hermosas siete años son; y las espigas hermosas son siete años: el sueño es uno mismo.
27 También las siete vacas flacas y feas que subían tras ellas, son siete años; y las siete espigas menudas y marchitas del viento solano, siete años serán de hambre.
28 Esto es lo que respondo a Faraón. Lo que Dios va a hacer, lo ha mostrado a Faraón.
29 He aquí vienen siete años de gran abundancia en

---

toda la tierra de Egipto.
30 Y tras ellos seguirán siete años de hambre; y toda la abundancia será olvidada en la tierra de Egipto, y el hambre consumirá la tierra.

31 Y aquella abundancia no se echará de ver, a causa del hambre siguiente la cual será gravísima.
32 Y el suceder el sueño a Faraón dos veces, significa que la cosa es firme de parte de Dios, y que Dios se apresura a hacerla.

33 Por tanto, provéase ahora Faraón de un varón prudente y sabio, y póngalo sobre la tierra de Egipto.
34 Haga esto Faraón, y ponga gobernadores sobre el país, y quinte la tierra de Egipto en los siete años de la abundancia.

35 Y junten toda la provisión de estos buenos años que vienen, y recojan el trigo bajo la mano de Faraón para mantenimiento de las ciudades; y guárdenlo.

36 Y esté aquella provisión en depósito para el país, para los siete años de hambre que habrá en la tierra de Egipto; y el país no perecerá de hambre.
37 El asunto pareció bien a Faraón y a sus siervos,
38 y dijo Faraón a sus siervos: ¿Acaso hallaremos a otro hombre como éste, en quien esté el espíritu de Dios?

---

2) Habría siete años de una hambruna terrible

3) Los siete años de hambruna consumirán la tierra

4) La hambruna provocará que se olvide el recuerdo de los buenos años

c. La verdad básica es una advertencia: Dios le dio a Faraón dos sueños

1) Porque Dios lo ha determinado

2) Dios lo hará

6 El poder de Dios para proporcionar consejo y sabiduría y para hablar por medio de su siervo: José mostró cómo se podía suplir la necesidad

a. Se necesitaba un administrador preparado, v. 33

b. Se necesitaba una división de deberes bajo comisionados

c. Se necesitaba un plan sabio

1) Guardar y almacenar

2) Centralizar la autoridad

3) Guardar alimentos en las principales ciudades

4) Guardar comida en reserva para los malos años que se acercaban

7 El poder de Dios para usar a su siervo: José fue exaltado a gobernador

a. Para proporcionar una asesoría sabia y juiciosa

b. Para hacer que los hombres reconocieran a Dios

c. Para motivar a los hombres a erigir el siervo de Dios en el líder del mundo

   1) como líder sobre todo el pueblo: Con plena autoridad

   2) Como líder con los símbolos de autoridad

   3) Como líder con protección proporcionada

8 El poder de Dios para suplir las necesidades personales de su siervo

  a. Aceptación pública: Se le dio un nombre egipcio

  b. Aceptación social: Se le dio una esposa egipcia

9 El poder de Dios para volver a su siervo sabio y competente

  a. A pesar de su edad: José tan solo tenía treinta años

  b. Al llevarlo a analizar las necesidades

  c. Al manipular la naturaleza en su nombre

  d. Al hacerlo seguir adelante con los planes inspirados proporcionados anteriormente por Dios (vv. 35-36)

---

39 Y dijo Faraón a José: Pues que Dios te ha hecho saber todo esto, no hay entendido ni sabio como tú. 40 Tú estarás sobre mi casa, y por tu palabra se gobernará todo mi pueblo; solamente en el trono seré yo mayor que tú. 41 Dijo además Faraón a José: He aquí yo te he puesto sobre toda la tierra de Egipto. 42 Entonces Faraón quitó su anillo de su mano, y lo puso en la mano de José, y lo hizo vestir de ropas de lino finísimo, y puso un collar de oro en su cuello; 43 y lo hizo subir en su segundo carro, y pregonaron delante de él: ¡Doblad la rodilla!; y lo puso sobre toda la tierra de Egipto. 44 Y dijo Faraón a José: Yo soy Faraón; y sin ti ninguno alzará su mano ni su pie en toda la tierra de Egipto. 45 Y llamó Faraón el nombre de José, Zafnat-panea; y le dio por mujer a Asenat, hija de Potifera sacerdote de On. Y salió José por toda la tierra de Egipto.

46 Era José de edad de treinta años cuando fue presentado delante de Faraón rey de Egipto; y salió José de delante de Faraón, y recorrió toda la tierra de Egipto.

47 En aquellos siete años de abundancia la tierra produjo a montones. 48 Y él reunió todo el alimento de los siete años de abundancia que hubo en la tierra de Egipto, y guardó alimento en las ciudades, poniendo en cada ciudad el alimento del campo de sus alrededores. 49 Recogió José trigo como arena del mar, mucho en extremo, hasta no poderse contar, porque no tenía número.

50 Y nacieron a José dos hijos antes que viniese el primer año del hambre, los cuales le dio a luz Asenat, hija de Potifera sacerdote de On. 51 Y llamó José el nombre del primogénito, Manasés; porque dijo: Dios me hizo olvidar todo mi trabajo, y toda la casa de mi padre. 52 Y llamó el nombre del segundo, Efraín; porque dijo: Dios me hizo fructificar en la tierra de mi aflicción. 53 Así se cumplieron los siete años de abundancia que hubo en la tierra de Egipto.

54 Y comenzaron a venir los siete años del hambre, como José había dicho; y hubo hambre en todos los países, mas en toda la tierra de Egipto había pan. 55 Cuando se sintió el hambre en toda la tierra de Egipto, el pueblo clamó a Faraón por pan. Y dijo Faraón a todos los egipcios: Id a José, y haced lo que él os dijere.

56 Y el hambre estaba por toda la extensión del país. Entonces abrió José todo granero donde había, y vendía a los egipcios; porque había crecido el hambre en la tierra de Egipto. 57 Y de toda la tierra venían a Egipto para comprar de José, porque por toda la tierra había crecido el hambre.

---

10 El poder de Dios para bendecir la vida personal de su siervo: José fue bendecido con dos hijos

  a. El hijo Manasés, que significa "olvidar": Todo el sufrimiento de José ahora estaba olvidado

  b. El hijo Efraín, que significa "doble fruto": Dios había bendecido a José y lo había hecho fructífero

11 El poder de Dios para suplir las necesidades de las personas por medio de su siervo

  a. La hambruna comenzó a azotar la tierra

  b. La palabra de José, el siervo de Dios, se hizo realidad, exactamente como había dicho

  c. El pueblo se enfrentó a un crisis y necesidad terribles: Un desmoronamiento económico y una escasez y hambre severas

  d. José, el siervo de Dios, suplió la necesidad: Él abrió todos los almacenes del gobierno

  e. Los países vecinos también vinieron donde José, El siervo de Dios, pidiendo ayuda: Para comprar alimentos

DIVISIÓN X

JOSÉ, BISNIETO DE ABRAHAM: ESCOGIDO PARA SALVAR A LA DESCENDENCIA DEL PUEBLO DE DIOS Y LAS GRANDES PROMESAS DE DIOS: SUCESOS QUE LLEVAN AL PUEBLO DE DIOS A EGIPTO, 37:1—50:26

E. José subió al poder en Egipto: El poder de Dios para obrar las cosas a bien para su siervo, el creyente, 41:1-57

(41:1-57) *Introducción — Soberanía:* Este capítulo constituye un estudio excelente del poder de Dios. Definitivamente Dios tiene el poder para mover los sucesos, para obrar las cosas para el bien de su siervo y su pueblo. Advierta los siguientes tres versículos que demuestran esto tan claramente. Los versículos explican exactamente lo que estaba sucediendo.

> **"Dios ha mostrado a Faraón lo que va a hacer" (Gn. 41:25).**
> **"Lo que Dios va a hacer, lo ha mostrado a Faraón" (Gn. 41:28).**
> **"... significa que la cosa es firme de parte de Dios, y que Dios se apresura a hacerla" (Gn. 41:32).**

Ahora Dios estaba listo para mover a José al poder en Egipto para que pudiera salvar a su pueblo, Israel. Ahora Dios estaba listo para usar a su siervo José para que cumpliera las promesas que le había dado a la familia escogida (Vea *Perspectiva general de la división* y *Estudio a fondo 1,* Gn. 37:1—50:26). Se ve el poder de Dios transformando pequeños sucesos (e. g. la memoria del copero, vv. 9-13) y sucesos mundiales (e. g. exaltar a José como líder de la nación).

Advierta que sin lugar a dudas José era el siervo de Dios. Todo cuanto había aprendido a través de las pruebas de su vida Ahora Dios lo usaba con un gran propósito tanto para Israel como para el mundo. Ahora se salvaría a Israel y se bendeciría al mundo (vea *Perspectiva general de la división* y *Estudio a fondo 1,* Gn. 37:1—50:26).

Esta es la gran verdad de este pasaje: Dios hará lo que sea necesario para llevar a cabo su voluntad en la tierra. Él transformará el detalle más pequeño o el recurso más grande a fin de cumplir sus promesas y propósitos. Dios obrará todas las cosas para el bien de su querido siervo y seguidor. Dios obrará todas las cosas a bien para aquellos que lo amen y sean llamados conforme a su propósito (Ro. 8:28). Este es el gran tema de este pasaje importantísimo: *José subió al poder en Egipto: El poder de Dios para obrar las cosas a bien para su siervo, el creyente, 41:1-57.*

1. El poder de Dios para fortalecer y preocupar a los hombres (vv. 1-7).
2. El poder de Dios para volver incompetentes a los hombres: Los sabios no lograron determinar la necesidad ni suplir la necesidad (v. 8).
3. El poder de Dios para hacer recordar a los hombres: El copero se acordó del siervo de Dios, José (vv. 9-13).
4. El poder de Dios para liberar a su siervo: A José lo necesitaban para que ayudara a otros (vv. 14-24).

5. El poder de Dios para darle comprensión a su siervo: José vio la gran prueba que venía sobre la tierra (vv. 25-32).
6. El poder de Dios para proporcionar consejo y sabiduría y para hablar por medio de su siervo: José mostró cómo se podía suplir la necesidad (vv. 33-36).
7. El poder de Dios para usar a su siervo: José fue exaltado a gobernador (vv. 37-44).
8. El poder de Dios para suplir las necesidades personales de su siervo (v. 45).
9. El poder de Dios para volver a su siervo sabio y competente (vv. 46-49).
10. El poder de Dios para bendecir la vida personal de su siervo: José fue bendecido con dos hijos (vv. 50-52).
11. El poder de Dios para suplir las necesidades de las personas por medio de su siervo (vv. 53-57).

1 (41:1-7) *Poder, de Dios — Soberanía:* Dios tiene el poder para fortalecer y preocupar a los hombres. Dios tiene el poder para hacer lo que Él quiere, el poder para obrar en las personas como Él quiere. Sin embargo, el poder de Dios nunca es arbitrario y nunca es injusto o maligno. Dios quiere lo mejor para nosotros y para el mundo. Esto se ve claramente en el pasaje que tenemos delante. Advierta cómo Dios usó su poder para ayudar a todas las personas implicadas, tanto al bueno como al malo, al creyente como el incrédulo, a su siervo como a aquellos que adoraban falsos dioses.

1. El poder de Dios fortaleció a José para que resistiera la prisión dos años más (v. 1). Advierta la referencia a los dos años. José estuvo en prisión dos años completos después de la liberación del jefe de los coperos. Recuerden que el copero había prometido apelar el caso de José delante de Faraón, pero se le había olvidado todo a su promesa, había ignorado y olvidado todo sobre José y su sufrimiento en la prisión. José atravesó lo que cualquiera de nosotros atraviesa cuando nos enfrentamos a problemas terribles y los amigos nos olvidan: la decepción, la indignación, el desaliento, y el preguntarnos que hacer. Nuestras emociones pueden incluso convertirse en ira, amargura, odio, y represalias. O se pueden convertir en depresión y en un espíritu desgarrado que nos hace sentir desahuciados, preguntándonos por qué debemos seguir adelante.

Pero José no. José se iba sentir decepcionado, pero él sabía algo: él sabía que Dios se preocupaba por él y que Dios siempre había ayudado a su pueblo. José creía en Dios y José obedecía a Dios; por eso, él sabía que Dios lo ayudaría. José obviamente hizo lo que hacen todos los creyentes cuando las malas situaciones los aplastan: él le pidió ayuda y fuerzas a Dios, y Dios alentó su corazón y lo fortaleció para que atravesara la terrible prueba. Y recuerden cuánto más duró la prueba, dos años completos. Él ya había estado en prisión muchos meses, quizás años. Y ahora habían pasado dos años más, llegando a un total de tres años o más. Pero lo que se debe tener en cuenta es a Dios y su poder: Dios estaba con José, siempre ayudando y fortaleciendo a José en sus pruebas y sufrimiento terrible.

2. Pero Dios no solo usó su poder para fortalecer a su siervo, Dios usó su poder para perturbar a un hombre, al propio Faraón (vv. 1b-4). Dios perturbó a Faraón por medio de un sueño. El sueño era el siguiente:

=> Faraón estaba junto al río Nilo (v. 1).

=> De repente, siete vacas gordas subían del río y comenzaban a pacer junto al prado a orillas del río (v. 2).

=> Luego de repente, siete vacas flacas, muy mal alimentadas subían del río Nilo y se acercaban a las vacas gordas (v. 3).

=> Repentinamente las siete vacas flacas arremetían contra las vacas gordas y se las comían (v. 4)

3. Dios sobresaltó a Faraón y lo despertó. La sugerencia es que estaba preocupado (v. 4b). Advierta que las Escrituras dicen que Faraón se despertó, pero recuerden que Dios estaba detrás de todo aquello provocando que Faraón soñara.

4. Dios preocupó nuevamente a Faraón y éste tuvo un segundo sueño (vv. 5-7). Este sueño era sobre granos, muy probablemente maíz.

=> Él vio siete espigas llenas creciendo de una misma caña (v. 5).

=> Luego vio retoñar siete espigas menudas, siete espigas menudas abatidas por el viento solano (v. 6).

=> De repente, las siete espigas menudas se tragaban a las siete espigas llenas de maíz (v. 7).

5. Dios sobresaltó a Faraón una segunda vez y Faraón se despertó. Nuevamente, lo que se debe tener en cuenta es el poder de Dios para obrar en las personas. Dios tiene el poder para fortalecernos y para preocuparnos. Dios tiene el poder para obrar en nuestros corazones y en nuestras vidas, el poder para obrar todas las cosas a bien si tan solo confiamos en Él y recurrimos a Él. José lo hizo, y Dios fortaleció a José para que soportara la más severa de las pruebas, la prisión.

Pensamiento 1. Dios nos fortalecerá y nos ayudará si sencillamente hacemos lo que hizo José: confiar en Dios y pedirle ayuda a Dios. Pero advierta: Dios también tiene el poder para preocuparnos, de la misma manera que le hizo a Faraón. Dios tiene el poder para provocar el desasosiego, la confusión, la acusación dentro de nuestra alma. Cuando esto sucede, también necesitamos hacer lo que hizo José: buscar ayuda de Dios. Dios siempre suplirá nuestra necesidad, no importa lo que sea.

"Y sabemos que a los que aman a Dios, todas las cosas les ayudan a bien, esto es, a los que conforme a su propósito son llamados" (Ro. 8:28).

"Porque esta leve tribulación momentánea produce en nosotros un cada vez más excelente y eterno peso de gloria" (2 Co. 4:17).

"Y me ha dicho: Bástate mi gracia; porque mi poder se perfecciona en la debilidad. Por tanto, de buena gana me gloriaré más bien en mis debilidades, para que repose sobre mí el poder de Cristo" (2 Co. 12:9).

"Amados, no os sorprendáis del fuego de prueba que os ha sobrevenido, como si alguna cosa extraña os aconteciese, sino gozaos por cuanto sois participantes de los padecimientos de Cristo, para que también en la revelación de su gloria os gocéis con gran alegría" (1 P. 4:12-13).

"echando toda vuestra ansiedad sobre él, porque él tiene cuidado de vosotros" (1 P. 5:7).

"Entonces uno de los ancianos habló, diciéndome: Estos que están vestidos de ropas blancas, ¿quiénes son, y de dónde han venido? Yo le dije: Señor, tú lo sabes. Y él me dijo: Estos son los que han salido de la gran tribulación, y han lavado sus ropas, y las han emblanquecido en la sangre del Cordero" (Ap. 7:13-14).

"Enjugará Dios toda lágrima de los ojos de ellos; y ya no habrá muerte, ni habrá más llanto, ni clamor, ni dolor; porque las primeras cosas pasaron" (Ap. 21:4).

"Jehová es mi fortaleza y mi escudo; en él confió mi corazón, y fui ayudado, por lo que se gozó mi corazón, y con mi cántico le alabaré" (Sal. 28:7).

"Muchas son las aflicciones del justo, pero de todas ellas le librará Jehová" (Sal. 34:19).

"Jehová lo sustentará sobre el lecho del dolor; mullirás toda su cama en su enfermedad" (Sal. 41:3).

2 (41:8) ***Poder, de Dios — Soberanía — Ignorancia:*** Dios tiene el poder para volver ineficaces a los hombres. Dios tiene el poder para hacer que el hombre fracase, que no logre ver la necesidad y tampoco logre suplirla. Advierta que Faraón estaba muy preocupado con los sueños. Él estaba seguro que tenían alguna importancia, así que mandó venir a todos los magos y sabios a la corte del palacio. Él les contó sus sueños, pero ni uno solo pudo interpretar los sueños; ni uno solo le pudo decir a Faraón lo que significaban.

Resulta realmente sorprendente que los sabios no pudieran interpretar los sueños. El río se iba entender como el Nilo. Las vacas gordas claramente constituían un símbolo de la productividad que el gran Nilo le proporcionaba a la tierra, las vacas flacas eran un símbolo del hambre que provenía cuando el Nilo se seca y no se inunda e irriga la tierra.

Todos los indicios apuntan a que Dios había bloqueado a las mentes de los magos egipcios. Dios estaba obrando tras bastidores para obrar todas las cosas en función de su siervo y su pueblo; por ende, las mentes de los intérpretes estaban un tanto confundidas. No podían ver la gran crisis económica que pronto arrasaría su tierra y los países vecinos.

Pensamiento 1. Dios tiene el poder para volver ineficaces a los hombres, el poder incluso para impedirles que sus mentes resuelvan el más sencillo de los problemas. Dios tiene el poder para hacer que los hombres fracasen, para impedirles ver cuál es la necesidad real y cuál es la solución para suplir la necesidad. Dios tiene el poder para volver ineficaces a los hombres para que las cosas puedan obrar para el mayor bien del mundo y de su pueblo.

Pensamiento 2. La sabiduría y poder de Dios son ilimitados cuando se trata de ayudarnos.

1) Advierta que la ignorancia del hombre es una realidad de la vida.

"Pues nosotros somos de ayer, y nada sabemos, siendo nuestros días sobre la tierra como sombra" (Job 8:9).

"Se llenó de amargura mi alma, y en mi corazón sentía punzadas. Tan torpe era yo, que no entendía; era como una bestia delante de ti" (Sal. 73:21-22).

"pues no sabe lo que ha de ser; y el cuándo haya de ser, ¿quién se lo enseñará?" (Ec. 8:7).

"Porque el hombre tampoco conoce su tiempo; como los peces que son presos en la mala red, y como las aves que se enredan en lazo, así son enlazados los hijos de los hombres en el tiempo malo, cuando cae de repente sobre ellos" (Ec. 9:12).

"Como tú no sabes cuál es el camino del viento, o cómo crecen los huesos en el vientre de la mujer encinta, así ignoras la obra de Dios, el cual hace todas las cosas" (Ec. 11:5).

2) Advierta la sabiduría y poder de Dios.

"Y sabemos que a los que aman a Dios, todas las cosas les ayudan a bien, esto es, a los que conforme a su propósito son llamados" (Ro. 8:28).

"¡Oh profundidad de las riquezas de la sabiduría y de la ciencia de Dios! ¡Cuán insondables son sus juicios, e inescrutables sus caminos! Porque ¿quién entendió la mente del Señor? ¿O quién fue su consejero? ¿O quién le dio a él primero, para que le fuese recompensado? Porque de él, y por él, y para él, son todas las cosas. A él sea la gloria por los siglos. Amén" (Ro. 11:33-36).

"Porque lo insensato de Dios es más sabio que los hombres, y lo débil de Dios es más fuerte que los hombres" (1 Co. 1:25).

"¡Cuán innumerables son tus obras, oh Jehová! hiciste todas ellas con sabiduría; la tierra está llena de tus beneficios" (Sal. 104:24).

"Y a Aquel que es poderoso para hacer todas las cosas mucho más abundantemente de lo que pedimos o entendemos, según el poder que actúa en nosotros" (Ef. 3:20).

"Las riquezas y la gloria proceden de ti, y tú dominas sobre todo; en tu mano está la fuerza y el poder, y en tu mano el hacer grande y el dar poder a todos" (1 Cr. 29:12).

"El agita el mar con su poder, y con su entendimiento hiere la arrogancia suya" (Job 26:12).

"Yo conozco que todo lo puedes, y que no hay pensamiento que se esconda de ti" (Job 42:2).

"Una vez habló Dios; dos veces he oído esto: Que de Dios es el poder" (Sal. 62:11).

"Nuestro Dios está en los cielos; todo lo que quiso ha hecho" (Sal. 115:3).

"Y mirándolos Jesús, les dijo: Para los hombres esto es imposible; mas para Dios todo es posible" (Mt. 19:26).

"porque nada hay imposible para Dios" (Lc. 1:37).

3 (41:9-13) *Poder, de Dios — Recuerdo:* Dios tiene el poder para hacer recordar a los hombres. Dios motivó al copero a recordar a su siervo José. Obviamente el copero estaba allí junto al rey mientras los magos confesaban uno a uno su incapacidad para interpretar el sueño. Luego de repente él recordó a José. Advierta que él le habló a Faraón, disculpándose por haber olvidado a este hombre hábil y no haberlo mencionado antes.

1. Luego el jefe de los coperos recordó su propia necesidad y situaciones pasadas (vv. 10-11). Lo habían puesto en prisión junto con el jefe de los panaderos. Ambos habían tenido un sueño la misma noche, y cada sueño tenía su propio significado (v. 10).

2. Finalmente, después de dos largos años, el copero le habló a Faraón de José (v. 12). Él se acordó de un joven, un hebreo, que tenía un entendimiento y comprensión muy especiales. El joven había interpretado los sueños del copero y el panadero, y todo sucedió como él había dicho (v. 13). El jefe de los coperos fue restablecido a su posición en la corte de Faraón, y el jefe de los panaderos fue colgado (v. 13).

Advierta, el copero esta sugiriendo que José tenía un entendimiento y comprensión espiritual inusuales, y que Faraón debería mandar a buscar a José. Pero recuerden: Dios estaba provocando esta cadena de sucesos; Dios era la Persona que estaba solucionando todas las cosas tanto para su siervo como para su pueblo.

Pensamiento 1. Dios era la Persona que había movido la memoria del copero a recordar a José en prisión. Dios puede motivar y obrar en el corazón de las personas para que nos recuerden y nos ayuden en nuestras situaciones apremiantes cuando necesitamos ayuda.

"Y a Aquel que es poderoso para hacer todas las cosas mucho más abundantemente de lo que pedimos o entendemos, según el poder que actúa en nosotros" (Ef. 3:20).

"Este pobre clamó, y le oyó Jehová, y lo libró de todas sus angustias" (Sal. 34:6).

"Confía en Jehová, y haz el bien; y habitarás en la tierra, y te apacentarás de la verdad" (Sal. 37:3).

"Oye, oh Dios, mi clamor; a mi oración atiende. Desde el cabo de la tierra clamaré a ti, cuando mi corazón desmayare" (Sal. 61:1-2).

"Me castigó gravemente JAH, mas no me entregó a la muerte. Abridme las puertas de la justicia; entraré por ellas, alabaré a JAH. Esta es puerta de Jehová; Por ella entrarán los justos. Te alabaré porque me has oído, y me fuiste por salvación" (Sal. 118:18-21).

4 (41:14-24) *Poder, de Dios — Liberación:* Dios tiene el poder para liberar a su siervo. Dios tomó a José y lo liberó, pero advierta por qué: porque lo necesitaban para salvar a otros. Los puntos de esta nota son de importancia crítica para todos nosotros. Ellos nos dicen por qué Dios nos libera de la pruebas y de las malas situaciones de la vida.

1. Dios liberó a José de sus malas situaciones tanto de la esclavitud como del encarcelamiento (v. 14). (Vea notas, Gn. 39:1-6; 39:13-20; 39:21-23; 41:1-7 para una descripción de las pruebas y sufrimientos terribles de José. Fue de éstas que Dios lo estaba liberando.)

Advierta que José se acicaló: él se afeitó y se cambió de ropas, y luego fue llevado a la corte del rey ante Faraón.

2. Dios liberó a José para que estuviera entre personas con gran necesidad (v. 15). Allí estaba José delante del gobernante más poderoso del mundo y de todos sus oficiales de alto rango. Tenían una gran necesidad, estaban a punto de enfrentarse a una crisis terrible, pero desconocían totalmente la crisis y la necesidad que se les avecinaba. Pero Dios sabía lo que se avecinaba, y Él iba a usar a su siervo José para advertirlos.

Faraón fue directo al grano: él le dijo a José que había tenido un sueño durante la noche, pero que nadie había podido interpretarlo. Sin embargo, él había oído que José podía interpretar sueños. ¿De veras podía?

3. Dios había liberado a José para este momento: para reconocer a Dios como la fuente de todo conocimiento y poder (v. 16). Rápidamente, sin vacilación, José declaró que él no tenía capacidad ni poder para ayudar, pero Dios sí. Y advierta: José declaró que Dios ayudaría a Faraón y le proporcionaría el significado de su sueño.

Advierta con qué claridad José reconoció a Dios. Él estaba dándole un testimonio fuerte a Faraón y a sus oficiales, declarando que solo Dios podía ayudar en esta situación.

4. Dios liberó a José para que escuchara al espíritu atribulado de un hombre. Ahora Faraón le contaba su sueño; y allí estaba José, el siervo de Dios, oyendo a un espíritu atribulado (vv. 17-24). El sueño era el siguiente:
=> Faraón estaba parado a orillas del río Nilo (v. 17).
=> Siete vacas gordas subían del río y pacían en el prado (v. 18).
=> Otras siete vacas subían —vacas flacas— como las que no había visto él en todo Egipto (v. 19).
=> Luego, de repente, las vacas flacas devoraban a las vacas gordas (v. 20).
=> Pero incluso después que las vacas flacas se las devoraban lucían igual de flacas (v. 21).
=> Luego se despertó, un tanto preocupado (v. 21).
=> También soñó con siete espigas llenas de maíz que crecían de una misma caña (v. 22).
=> Pero siete espigas menudas abatidas por el viento solano también comenzaron a crecer de la caña (v. 23).
=> Luego de repente, las espigas menudas devoraban a las espigas llenas (v. 24a).

5. José fue liberado porque a los hombres del mundo, los magos, eran insuficientes (v. 24b). Advierta la franqueza de Faraón al hablar de su espíritu angustiado: Él le había contado sus sueños a los magos, pero ninguno de ellos pudo ayudarlo, ninguno pudo darle el significado. Al parecer Faraón está sugiriendo que ellos no podían explicar los sueños; por ende, tampoco podrían solucionar el problema.

Pensamiento 1. Advierta los pasos en esta nota. Dios tenía todo el poder para liberar a José y Él tiene el poder para liberarnos. Pero advierta por qué. Se ven cinco razones de porqué Dios nos libera:
1) Dios nos libera para librarnos de nuestros problemas y situaciones. Puede que nos haga falta sufrir un tiempo en nuestras pruebas a fin de convertirnos en mejores personas y trabajadores y siervos más diligentes. Pero finalmente Dios nos liberará y nos librará de nuestro sufrimiento.

"Mas él conoce mi camino; me probará, y saldré como oro" (Job 23:10).
"Porque tú nos probaste, oh Dios; nos ensayaste como se afina la plata" (Sal. 66:10).
"Bienaventurado el hombre a quien tú, JAH, corriges, y en tu ley lo instruyes" (Sal. 94:12).
"He aquí te he purificado, y no como a plata; te he escogido en horno de aflicción" (Is. 48:10).
"Todo pámpano que en mí no lleva fruto, lo quitará; y todo aquel que lleva fruto, lo limpiará, para que lleve más fruto" (Jn. 15:2).
"En lo cual vosotros os alegráis, aunque ahora por un poco de tiempo, si es necesario, tengáis que ser afligidos en diversas pruebas, para que sometida a prueba vuestra fe, mucho más preciosa que el oro, el cual aunque perecedero se prueba con fuego, sea hallada en alabanza, gloria y honra cuando sea manifestado Jesucristo" (1 P. 1:6-7).
"Amados, no os sorprendáis del fuego de prueba que os ha sobrevenido, como si alguna cosa extraña os aconteciese, sino gozaos por cuanto sois participantes de los padecimientos de Cristo, para que también en la revelación de su gloria os gocéis con gran alegría" (1 P. 4:12-13).

2) Dios nos libera para que estemos entre las personas necesitadas. Nuestra liberación siempre tiene un propósito: uno de estos propósitos es enviarnos donde aquellos que están necesitados. Dios nos libera de nuestras pruebas para que podamos ayudar a otros.

"En todo os he enseñado que, trabajando así, se debe ayudar a los necesitados, y recordar las palabras del Señor Jesús, que dijo: Más bienaventurado es dar que recibir" (Hch. 20:35).
"Así que, los que somos fuertes debemos soportar las flaquezas de los débiles, y no agradarnos a nosotros mismos" (Ro. 15:1).
"Bendito sea el Dios y Padre de nuestro Señor Jesucristo, Padre de misericordias y Dios de toda consolación, el cual nos consuela en todas nuestras tribulaciones, para que podamos también nosotros consolar a los que están en cualquier tribulación, por medio de la consolación con que nosotros somos consolados por Dios" (2 Co. 1:3-4).
"así que, al contrario, vosotros más bien debéis perdonarle y consolarle, para que no sea consumido de demasiada tristeza" (2 Co. 2:7).

"Por lo cual, animaos unos a otros, y edificaos unos a otros, así como lo hacéis" (1 Ts. 5:11).

"También os rogamos, hermanos, que amonestéis a los ociosos, que alentéis a los de poco ánimo, que sostengáis a los débiles, que seáis pacientes para con todos" (1 Ts. 5:14).

"Acordaos de los presos, como si estuvierais presos juntamente con ellos; y de los maltratados, como que también vosotros mismos estáis en el cuerpo" (He. 13:3).

"La religión pura y sin mácula delante de Dios el Padre es esta: Visitar a los huérfanos y a las viudas en sus tribulaciones, y guardarse sin mancha del mundo" (Stg. 1:27).

"Consolaos, consolaos, pueblo mío, dice vuestro Dios" (Is. 40:1).

3) Dios nos libera para que podamos reconocerlo a Él y dar un testimonio fidedigno de Él tal como hizo José.

"Vosotros sois mis testigos, dice Jehová, y mi siervo que yo escogí, para que me conozcáis y creáis, y entendáis que yo mismo soy; antes de mí no fue formado dios, ni lo será después de mí" (Is. 43:10).

"Y vosotros daréis testimonio también, porque habéis estado conmigo desde el principio" (Jn. 15:27).

"porque no podemos dejar de decir lo que hemos visto y oído" (Hch. 4:20).

"Pero teniendo el mismo espíritu de fe, conforme a lo que está escrito: Creí, por lo cual hablé, nosotros también creemos, por cual también hablamos" (2 Co. 4:13).

"Venid, oíd todos los que teméis a Dios, y contaré lo que ha hecho a mi alma" (Sal. 66:16).

"De las misericordias de Jehová haré memoria, de las alabanzas de Jehová, conforme a todo lo que Jehová nos ha dado, y de la grandeza de sus beneficios hacia la casa de Israel, que les ha hecho según sus misericordias, y según la multitud de sus piedades" (Is. 63:7).

4) Dios nos libera para que nos podamos concentrar en otros y escuchar sus espíritus atribulados.

"Sobrellevad los unos las cargas de los otros, y cumplid así la ley de Cristo" (Gá. 6:2).

"Así que, según tengamos oportunidad, hagamos bien a todos, y mayormente a los de la familia de la fe" (Gá. 6:10).

"Por esto, mis amados hermanos, todo hombre sea pronto para oír, tardo para hablar, tardo para airarse" (Stg. 1:19).

5) Dios nos libera porque los hombres del mundo no podían suplir las necesidades de las personas.

"No conocieron camino de paz, ni hay justicia en sus caminos; sus veredas son torcidas; cualquiera que por ellas fuere, no conocerá paz" (Is. 59:8).

"Porque mi pueblo es necio, no me conocieron; son hijos ignorantes y no son entendidos; sabios para hacer el mal, pero hacer el bien no supieron" (Jer. 4:22).

"Pero yo dije: Ciertamente éstos son pobres, han enloquecido, pues no conocen el camino de Jehová, el juicio de su Dios" (Jer. 5:4).

"Mas ellos no conocieron los pensamientos de Jehová, ni entendieron su consejo; por lo cual los juntó como gavillas en la era" (Mi. 4:12).

"Porque ignorando la justicia de Dios, y procurando establecer la suya propia, no se han sujetado a la justicia de Dios" (Ro. 10:3).

"teniendo el entendimiento entenebrecido, ajenos de la vida de Dios por la ignorancia que en ellos hay, por la dureza de su corazón" (Ef. 4:18).

5 (41:25-32) *Poder, de Dios — Comprensión, espiritual:* Dios tiene el poder para darle entendimiento y comprensión a su siervo. A José se le dio el poder para ver la terrible prueba que le sobrevenía a la tierra. Sin lugar a dudas, José había estado orando todo el tiempo mientras Faraón le contaba su sueño, orándole a Dios y pidiéndole comprensión y entendimiento. Luego de repente, Faraón había terminado. Es muy probable que José se haya mantenido en silencio un rato, orando en silencio. Luego comenzó a hablar con un poder y autoridad conferidos por Dios.

1. José declaró una verdad elemental: Dios estaba revelándole a Faraón lo que Dios estaba a punto de hacer (v. 25). Los dos sueños eran realmente lo mismo: ambos estaban revelando el mensaje de Dios.

=> Las siete vacas hermosas y las sietes espigas llenas se refieren a siete años de abundancia (v. 26).

=> Las siete vacas flacas y las siete espigas menudas son siete años de hambruna (v. 27).

2. Luego José repitió la verdad elemental una segunda vez: Dios le había mostrado a Faraón lo que estaba a punto de hacer (v. 28).

=> Habría siete años completos de abundancia (v. 29).

=> Luego habría siete años de hambruna tras los siete años de abundancia (v. 30).

=> Los siete años de hambre asolarían la tierra (v. 30b).

=> Y advierta: el hambre iba a ser tan severa que se olvidarían los siete años de abundancia (v. 31).

3. Ahora advierta lo siguiente: José declaró nuevamente la verdad elemental. La verdad elemental era una advertencia que era necesario repetirla una tercera vez. Dios le dio a Faraón dos sueños para enfatizar la advertencia: Dios había establecido el suceso, lo había decretado con firmeza (v. 32). Definitivamente Dios iba a enviar siete años de abundancia; luego Él iba a asolar la tierra con un hambre terrible. Y advierta: los sucesos comenzarían pronto (v. 32).

Pensamiento 1. Dios tiene el poder para darle entendimiento y comprensión a sus siervos y seguidores. Dios nos ayudará a entender y a prepararnos para el futuro. Pero las Escrituras revelan que son necesarias tres cosas para adquirir entendimiento y comprensión espirituales.

1) Vivir según la Palabra de Dios y obedecer su Palabra.

"Toda la Escritura es inspirada por Dios, y útil para enseñar, para redargüir, para corregir, para instruir en justicia" (2 Ti. 3:16).

"Los mandamientos de Jehová son rectos, que alegran el corazón; el precepto de Jehová es puro, que alumbra los ojos" (Sal. 19:8).

"Lámpara es a mis pies tu palabra, y lumbrera a mi camino" (Sal. 119:105).

"La exposición de tus palabras alumbra; hace entender a los simples" (Sal. 119:130).

"Porque el mandamiento es lámpara, y la enseñanza es luz, y camino de vida las represiones que te instruyen" (Pr. 6:23).

"Tenemos también la palabra profética más segura, a la cual hacéis bien en estar atentos como a una antorcha que alumbra en lugar oscuro, hasta que el día esclarezca y el lucero de la mañana salga en vuestros corazones" (2 P. 1:19).

2) Orar y buscar el rostro de Dios: viviendo con un espíritu de oración.

"Y todo lo que pidiereis en oración, creyendo, lo recibiréis" (Mt. 21:22).

"Y yo os digo: Pedid, y se os dará; buscad, y hallaréis; llamad, y se os abrirá" (Lc. 11:9).

"Y esta es la confianza que tenemos en él, que si pedimos alguna cosa conforme a su voluntad, él nos oye. Y si sabemos que él nos oye en cualquiera cosa que pidamos, sabemos que tenemos las peticiones que le hayamos hecho" (1 Jn. 5:14-15).

3) Confiar en que Dios nos dé entendimiento y comprensión por medio de su preciado Espíritu Santo.

"Tú encenderás mi lámpara; Jehová mi Dios alumbrará mis tinieblas" (Sal. 18:28).

"Mas hablamos sabiduría de Dios en misterio, la sabiduría oculta, la cual Dios predestinó antes de los siglos para nuestra gloria, la que ninguno de los príncipes de este siglo conoció; porque si la hubieran conocido, nunca habrían crucificado al Señor de gloria. Antes bien, como está escrito: Cosas que ojo no vio, ni oído oyó, ni han subido en corazón de hombre, son las que Dios ha preparado para los que le aman. Pero Dios nos las reveló a nosotros por el Espíritu; porque el Espíritu todo lo escudriña, aun lo profundo de Dios" (1 Co. 2:7-10).

"Y nosotros no hemos recibido el espíritu del mundo, sino el Espíritu que proviene de Dios, para que sepamos lo que Dios nos ha concedido, lo cual también hablamos, no con palabras enseñadas por sabiduría humana, sino con las que enseña el Espíritu, acomodando lo espiritual a lo espiritual" (1 Co. 2:12-13).

"Porque Dios, que mandó que de las tinieblas resplandeciese la luz, es el que resplandeció en nuestros corazones, para iluminación del conocimiento de la gloria de Dios en la faz de Jesucristo" (2 Co. 4:6).

"alumbrando los ojos de vuestro entendimiento, para que sepáis cuál es la esperanza a que él os ha llamado, y cuáles las riquezas de la gloria de su herencia en los santos, y cuál la supereminente grandeza de su poder para con nosotros los que creemos, según la operación del poder de su fuerza" (Ef. 1:18-19).

"Pero cuando venga el Espíritu de verdad, él os guiará a toda la verdad; porque no hablará por su propia cuenta, sino que hablará todo lo que oyere, y os hará saber las cosas que habrán de venir" (Jn. 16:13).

6 (41:33-36) *Poder, de Dios:* Dios tiene el poder para dar consejo y sabiduría, para hablar por medio de su siervo. Dios le dio a José la capacidad para aconsejar a Faraón, para mostrarle cómo se podía suplir la necesidad. Henry Morris tiene una descripción excelente de lo que probablemente Faraón estuviera pensando en ese momento.

"Se avecinaban grandes problemas para la tierra de Egipto. Cuando esto comenzó a invadir la consciencia de Faraón, él reflexionó sobre lo que él como líder del país podría hacer al respecto, en caso de que fuera posible hacer algo. Su pueblo estaba acostumbrado a la prosperidad, con carne y pan en abundancia. De hecho, ellos proporcionaban alimento para la exportación a muchos otros países también. ¿Cómo entonces reaccionarían en las condiciones de hambre? ¿Lo culparían? ¿Perderían la fe en sus dioses? ¿Subseguiría una revolución?... Sin embargo, Dios no había hecho que sucedieran todas estas cosas con el propósito de avergonzar ni destronar al rey de Egipto... El propósito subyacente de todo tenía que ver más bien con el plan de Dios para Israel. Hasta Faraón y su gran imperio eran como 'la gota de agua que cae del cubo' (Is. 40:15) con relación a los propósitos eternos de Dios, los que en este momento se centraban en José. Por ende, Dios no solo le dio a José la verdadera interpretación de los sueños, sino también un plan efectivo de medidas para Faraón" (*The Genesis Record* [El registro de Génesis], p. 582).

Advierta el consejo sabio que Dios inspiró a José a dar.

1. José recomendó que Faraón buscara a un administrador preparado, un hombre bien sabio y con discernimiento, y lo pusiera a cargo de la tierra de Egipto (v. 33). Nuevamente, Henry Morris tiene una descripción excelente sobre la sabiduría de esta sugerencia:

"Lamentablemente, no se podía confiar en que las personas almacenaran para los años venideros de hambruna. Si se tienen en cuenta cómo es la naturaleza humana, la mayoría de las personas gastarán todo cuanto perciban, y más, en sus necesidades inmediatas, reales e imaginarias. Los pocos individuos que realmente guardarían para el futuro se verían tentados a especular cuando se presentara la oportunidad. Además, la necesidad iba a ser tan grande que excepto un plan administrado de forma central nada podría resultar eficaz a nivel nacional.

"Por el otro lado, una burocracia central fácilmente podía conllevar al despotismo y la crueldad, fundamentalmente si todos los alimentos disponibles estuvieran en las manos de dictadores egoístas. La clave para el éxito de un plan como ese, y la supervivencia de la nación, sería el administrador en jefe. El hombre indicado sería un liberador; el hombre equivocado se convertiría en un tirano" (*The Genesis Record* [El registro de Génesis], p. 583).

2. José sugirió que Faraón estableciera una división de deberes bajo un número de comisionados o gobernadores (v. 34). Estos diputados tomarían (probablemente comprándolo) un quinto del grano cosechado cada año durante los siete años.

=> Almacenarían y guardarían el grano bajo la autoridad centralizada de Faraón.

=> Almacenarían el grano en las ciudades esparcidas por todo Egipto para manejar con mayor facilidad la distribución cuando azotara el hambre (v. 35).

=> Mantendrían el alimento en reserva para que el país lo utilizara durante los siete años de hambre (v. 36). Esto le evitaría al país una crisis y ruina económica total durante los siete años.

Pensamiento 1. Dios tiene el poder para prepararnos y hablar por medio de nosotros en la medida en que tratemos de ayudar a otros. Puede que creamos que lo que tenemos que decir no tiene valor alguno, que sencillamente no podría ayudar ni ser de utilidad alguna. Pero si estamos con Dios —si somos verdaderamente seguidores suyos— Él nos ayudará. Él nos proporcionará entendimiento y sabiduría y hablará por medio nuestro. Por eso, nunca debemos temer hablar y ayudar a las personas. Dios se encargará de que sí los ayudemos, si tan solo nos dispusiéramos a hacerlo.

"Ahora pues, ve, y yo estaré con tu boca, y te enseñaré lo que hayas de hablar" (Éx. 4:12).

"Jehová el Señor me dio lengua de sabios, para saber hablar palabras al cansado; despertará mañana tras mañana, despertará mi oído para que oiga como los sabios" (Is. 50:4).

"Y en tu boca he puesto mis palabras, y con la sombra de mi mano te cubrí, extendiendo los cielos y echando los cimientos de la tierra, y diciendo a Sion: Pueblo mío eres tú" (Is. 51:16).

"Por tanto, así ha dicho Jehová Dios de los ejércitos: Porque dijeron esta palabra, he aquí yo pongo mis palabras en tu boca por fuego, y a este pueblo por leña, y los consumirá" (Jer. 5:14).

"Mas cuando os entreguen, no os preocupéis por cómo o qué hablaréis; porque en aquella hora os será dado lo que habéis de hablar" (Mt. 10:19).

"porque yo os daré palabra y sabiduría, la cual no podrán resistir ni contradecir todos los que se opongan" (Lc. 21:15).

"lo cual también hablamos, no con palabras enseñadas por sabiduría humana, sino con las que enseña el Espíritu, acomodando lo espiritual a lo espiritual" (1 Co. 2:13).

7 (41:37-44) *Poder, de Dios — Llamamiento — Nombrado:* Dios tiene el poder para usar a su siervo. Dios tomó a José y lo exaltó como el siervo en jefe de Egipto.

1. Dios usó a José volviendo sabio su consejo (v. 37). Faraón y sus funcionarios del gobierno estaban sin lugar a dudas impactados y anonadados. Él tan solo pensar que el país podía sufrir una crisis económica por el hambre daba miedo. Pero los sueños se habían hecho realidad, y la interpretación de José encajaba y coincidía con los sueños perfectamente. Los sueños y las interpretaciones tenían sentido. Algo así podía suceder realmente. De no ser así, entonces Faraón y sus funcionarios pronto se darían cuenta. Podrían darse cuenta si *años mejores de lo normal y una mejor productividad* comenzaban a hacerse notar en la tierra.

Además, el consejo de José fue juicioso. De hecho, incluso si el hambre no llegara nunca, el gobierno no perdería. Se quedaría con todo el grano almacenado, y lo podrían exportar a otras naciones.

Probablemente todas estas ideas estuvieran dándole vueltas en la cabeza a Faraón y a sus funcionarios. El consejo de José sencillamente era un consejo sabio y juicioso, y ellos lo reconocieron.

2. Ahora advierta: Dios usó a José para hacer que los hombres reconocieran su Espíritu, que reconocieran que Él obra en sus siervos y en el mundo (v. 38). Faraón y los otros funcionarios del gobierno no tenían más entendimiento sobre el Espíritu de Dios y sus obras que cualquier otro incrédulo. Pero ellos sí creían en una cosa: se necesitaba algún poder sobrenatural para permitir que José interpretara el sueño. Además, su consejo era muy sabio y juicioso. Además, cuando él hablaba, al parecer había una autoridad y sabiduría conferida por Dios en su mensaje. Por consiguiente, no podían hacer otra cosa que reconocer que el Espíritu de Dios moraba en José. Su Dios tenía el poder para controlar la naturaleza y para vivir en sus siervos. José realmente conocía el Dios del cielo.

3. Dios usó a José para motivar a los hombres a erigir a su siervo en el líder del mundo (vv. 39-43). ¡Lo que sucedió después fue asombroso! Luego ocurrió una de esas historias en las que de mendigo se convierte en príncipe, una de las más emocionantes de toda la literatura. Pocas historias pueden igualar el drama de José, de la devastación humillante que él había conocido y lo que él estaba a punto de experimentar.

Faraón le dijo a José sencillamente lo que él pensaba de él: No había nadie tan prudente y sabio como él (v. 39). Pero advierta por qué: Porque Dios estaba con él. Dios le había revelado todo esto a José. José era prudente y sabio, no por sí mismo, sino por Dios. Y luego sucedió:

a. José fue exaltado por encima de todo el pueblo de Egipto (v. 40). Fue puesto a cargo de todo el palacio. Todo el mundo excepto Faraón estaba sujeto a él. Él era el segundo al mando —el primer ministro o secretario de estado— de todo Egipto, de todo el territorio (vv. 40-41).

b. José fue exaltado como el líder con los símbolos de autoridad plena (v. 42).

=> Le fue dado el anillo del propio Faraón: esto le dio toda la autoridad para firmar documentos legales en el nombre de Faraón.

=> Lo vistieron con el lino real: Esta era la ropa de la corte oficial del rey.

=> Le dieron una cadena de oro para que la llevara puesta: esto era un símbolo de autoridad que demostraba que él formaba parte de la corte del rey y que actuaba con la autoridad del rey.

=> Le dieron el segundo carro después del de Faraón (v. 43). Advierta que se preparó un desfile en todo el estado para presentarle a José al pueblo de Egipto. Él iba en el carro detrás de Faraón para hacerle saber al pueblo que ahora él era el segundo al mando. Advierta también que mientras ellos pasaban las personas le gritaban al pueblo que se hincaran de rodillas.

c. A José le dieron la protección misma del propio Faraón (v. 44). Faraón dejó claro que él era el primer gobernante de Egipto, pero que José era el segundo. Nadie podía levantar una mano ni un pie en Egipto sin la aprobación de José.

Pensamiento 1. Dios tiene el poder para usar a sus siervos como Él quiera. En el caso de José, fue para servir a Dios y a los hombres salvando a Egipto y a Israel de la destrucción total. En nuestro caso, puede que solo sea para ayudar a una persona aquí y allá mientras los ministramos. Pero no importa nuestro llamado en la vida, debemos permitir que Dios nos use. ¿Y si José no hubiera seguido a Dios? ¿Y si él no hubiera permitido que Dios lo usara? ¿Y si él se hubiera alejado de Dios durante las pruebas terribles que tuvo que sufrir?

Dios tiene el poder para usarnos de una manera maravillosa. Pero nosotros debemos estar a la disposición de Dios. Él no nos va a obligar a servirle. Debemos creer en Él, obedecerlo, y seguirlo con todo nuestro corazón. Después Dios podrá usarnos. Y lo hará: Dios derramará su poder en nuestras vidas, usándonos para ayudar y ministrar a un mundo perdido y agonizante. Dios nos llamará y nos usará si tan solo le entregáramos nuestras vidas, tal como hizo José.

"No me elegisteis vosotros a mí, sino que yo os elegí a vosotros, y os he puesto para que vayáis y llevéis fruto, y vuestro fruto permanezca; para que todo lo que pidiereis al Padre en mi nombre, él os lo dé" (Jn. 15:16).

"Así que, hermanos, os ruego por las misericordias de Dios, que presentéis vuestros cuerpos en sacrificio vivo, santo, agradable a Dios, que es vuestro culto racional" (Ro. 12:1).

"sino que lo necio del mundo escogió Dios, para avergonzar a los sabios; y lo débil del mundo escogió Dios, para avergonzar a lo fuerte; y lo vil del mundo y lo menospreciado escogió Dios, y lo que no es, para deshacer lo que es, a fin de que nadie se jacte en su presencia" (1 Co. 1:27-29).

"Ahora bien, se requiere de los administradores, que cada uno sea hallado fiel" (1 Co. 4:2).

"Doy gracias al que me fortaleció, a Cristo Jesús nuestro Señor, porque me tuvo por fiel, poniéndome en el ministerio, habiendo yo sido antes blasfemo, perseguidor e injuriador; mas fui recibido a misericordia porque lo hice por ignorancia, en incredulidad. Pero la gracia de nuestro Señor fue más abundante con la fe y el amor que es en Cristo Jesús. Palabra fiel y digna de ser recibida por todos: que Cristo Jesús vino al mundo para salvar a los pecadores, de los cuales yo soy el primero" (1 Ti. 1:12-15).

8 (41:45) *Poder, de Dios — Necesidades, personales:* Dios tiene el poder para suplir las necesidades personales de las personas. Él suplió las necesidades personales de José, y en abundancia.

1. José necesitaba ser aceptado públicamente por las personas. Mientras más aceptado y apreciado fuera, más fácil sería su tarea. Faraón lo sabía, así que le dio a José un nombre egipcio: *Zafnat-panea.* El significado del nombre se desconoce, pero se han hecho varias sugerencias como por ejemplo "abundancia de vida", "El Dios habla y él vive" (H. C. Leupold, *Génesis,* vol. 2, p. 1035), o: "El Salvador del mundo", "Revelador de secretos" y "La Palabra de Dios hablando vida" (Henry Morris, *The Genesis Record* [El registro de Génesis], p. 587). El nombre egipcio, claro está, facilitaría que José y el pueblo se identificaran uno con el otro.

2. A José también le hacía falta una esposa y una familia que lo ayudara a volverse más aceptable socialmente para los egipcios. Por ende, Faraón le dio a *Asenat,* la hija de un sacerdote egipcio. Es muy probable que José nunca hubiera accedido a casarse con ella a menos que él le hubiera testificado y la hubiera llevado a creer en el verdadero Dios del cielo y la tierra. Él tenía una relación con el Señor de mucha intimidad y confianza como para participar de un matrimonio mundano. Después de todo, ella sería la madre de sus hijos, hijos que formarían parte del gran pueblo de Israel. Y ya José lo sabía. Además, José sabía desde su niñez lo importante que era criar hijos que siguieran a Dios con todo su corazón.

Pensamiento 1. Dios tiene el poder para suplir nuestras necesidades, tanto personales como sociales.

"Mas buscad primeramente el reino de Dios y su justicia, y todas estas cosas os serán añadidas" (Mt. 6:33).

"Mi Dios, pues, suplirá todo lo que os falta conforme a sus riquezas en gloria en Cristo Jesús" (Fil. 4:19).

"Mas a Jehová vuestro Dios serviréis, y él bendecirá tu pan y tus aguas; y yo quitaré toda enfermedad de en medio de ti" (Éx. 23:25).

"¡Cuán grande es tu bondad, que has guardado para los que te temen, que has mostrado a los que esperan en ti, delante de los hijos de los hombres!" (Sal. 31:19).

"Bendito el Señor; cada día nos colma de beneficios el Dios de nuestra salvación" (Sal. 68:19).

"El ladrón no viene sino para hurtar y matar y destruir; yo he venido para que tengan vida, y para que la tengan en abundancia" (Jn. 10:10).

"Y poderoso es Dios para hacer que abunde en vosotros toda gracia, a fin de que, teniendo siempre en todas las cosas todo lo suficiente, abundéis para toda buena obra" (2 Co. 9:8).

9 (41:46-49) *Poder, de Dios — Sabiduría — Capacidad:* Dios tiene el poder para volver sabio y competente a su siervo.

1. Dios pudo usar a José a pesar de su corta edad (v. 46). ¡Asombroso! José tenía tan solo treinta años de edad, aún así estaba tan comprometido con Dios que Dios pudo usarlo de una forma poderosa. Dios pudo volverlo más sabio y competente de lo acorde para su edad.

2. Dios llevó a José a examinar toda la tierra de Egipto (v. 47). Por supuesto, para determinar los recursos y necesidades económicos del país.

3. Dios transformó la naturaleza para producir una abundancia de cosechas (v. 47). Nota: esto era principalmente en nombre del siervo de Dios y su pueblo, Israel. Dios estaba salvando a José y a Israel así como a miles de incrédulos que probablemente habrían muerto de hambre si Dios no hubiera controlado los sucesos como hizo.

4. Dios llevó a José a seguir adelante con el plan que Dios le había dado anteriormente (v. 48). Durante los siete años de cosecha fructífera, José hizo llenar todos los almacenes y depósitos de almacenamiento. Advierta que se habían elegido las ciudades seleccionadas donde la distribución sería más fácil y menos costosa cuando azotara el hambre.

Nota: se almacenó tanto grano que cada área de almacenamiento parecía como la arena de la playa (v. 49). Había tanto que José hasta dejó de llevar los registros.

Pensamiento 1. Dios tiene el poder para volvernos sabios y competentes. Él tiene el poder para prepararnos de modo que podamos llevar a cabo nuestra obra al máximo. Dios puede dotarnos para realizar los trabajos y tareas de la vida.

"A uno dio cinco talentos, y a otro dos, y a otro uno, a cada uno conforme a su capacidad; y luego se fue lejos" (Mt. 25:15).

"Pues si vosotros, siendo malos, sabéis dar buenas dádivas a vuestros hijos, ¿cuánto más vuestro Padre celestial dará el Espíritu Santo a los que se lo pidan?" (Lc. 11:13).

"De manera que, teniendo diferentes dones, según la gracia que nos es dada, si el de profecía, úsese conforme a la medida de la fe; o si de servicio, en servir; o el que enseña, en la enseñanza; el que exhorta, en la exhortación; el que reparte, con liberalidad; el que preside, con solicitud; el que hace misericordia, con alegría" (Ro. 12:6-8).

"Pero a cada uno le es dada la manifestación del Espíritu para provecho. Porque a éste es dada por el Espíritu palabra de sabiduría; a otro, palabra de ciencia según el mismo Espíritu; a otro, fe por el mismo Espíritu; y a otro, dones de sanidades por el mismo Espíritu. A otro, el hacer milagros; a otro, profecía; a otro, discernimiento de espíritus; a otro, diversos géneros de lenguas; y a otro, interpretación de lenguas. Pero todas estas cosas las hace uno y el mismo Espíritu, repartiendo a cada uno en particular como él quiere" (1 Co. 12:7-11).

"Y él mismo constituyó a unos, apóstoles; a otros, profetas; a otros, evangelistas; a otros, pastores y maestros, a fin de perfeccionar a los santos para la obra del ministerio, para la edificación del cuerpo de Cristo" (Ef. 4:11-12).

10 (41:50-52) *Poder, de Dios:* Dios tiene el poder para bendecir la vida personal de su siervo. Ahora José contaba con la bendición de dos hijos que estaban destinados a convertirse en dos de las tribus más importantes de la nación de Israel (vv. 50-52).

1. El primer hijo fue nombrado *Manasés*, lo que significa "olvidar" o "que hace olvidar" (v. 51). Dios estaba haciendo olvidar a José las pruebas y sufrimientos terribles que había atravesado. Dios estaba eliminando la amargura, el dolor, y el pesar de aquellos días. Nota: se estaba eliminando de su corazón y de su memoria hasta el sufrimiento ocasionado por sus hermanos (la familia de su padre).

2. El segundo hijo fue nombrado *Efraín*, lo que significa "doble fruto". Dios estaba bendiciendo tanto su vida que él quiso anunciar ese hecho en el propio nombre de su hijo. Dios estaba volviendo su vida abundantemente fructífera, desbordándola con bendiciones tras bendiciones.

Pensamiento 1. Dios tiene el poder para bendecirnos en nuestras vidas personales. Él puede derramar sobre nosotros una bendición tras otra, y Él lo hará si tan solo le dedicamos a Él nuestras vidas totalmente.

"Mas buscad primeramente el reino de Dios y su justicia, y todas estas cosas os serán añadidas" (Mt. 6:33).

"Y poderoso es Dios para hacer que abunde en vosotros toda gracia, a fin de que, teniendo siempre en todas las cosas todo lo suficiente, abundéis para toda buena obra" (2 Co. 9:8).

"Y a Aquel que es poderoso para hacer todas las cosas mucho más abundantemente de lo que pedimos o entendemos, según el poder que actúa en nosotros" (Ef. 3:20).

"Mi Dios, pues, suplirá todo lo que os falta conforme a sus riquezas en gloria en Cristo Jesús" (Fil. 4:19).

"Y te hará Jehová tu Dios abundar en toda obra de tus manos, en el fruto de tu vientre, en el fruto de tu bestia, y en el fruto de tu tierra, para bien; porque Jehová volverá a gozarse sobre ti para bien, de la manera que se gozó sobre tus padres" (Dt. 30:9).

"Visitas la tierra, y la riegas; en gran manera la enriqueces; con el río de Dios, lleno de aguas, preparas el grano de ellos, cuando así la dispones" (Sal. 65:9).

"Bendito el Señor; cada día nos colma de beneficios el Dios de nuestra salvación" (Sal. 68:19).

"El que da alimento a todo ser viviente, porque para siempre es su misericordia" (Sal. 136:25).

"Entonces dará el Señor lluvia a tu sementera, cuando siembres la tierra, y dará pan del fruto de la tierra, y será abundante y pingüe; tus ganados en aquel tiempo serán apacentados en espaciosas dehesas" (Is. 30:23).

"Traed todos los diezmos al alfolí y haya alimento en mi casa; y probadme ahora en esto, dice Jehová de los ejércitos, si no os abriré las ventanas de los cielos, y derramaré sobre vosotros bendición hasta que sobreabunde" (Mal. 3:10).

"Sino acuérdate de Jehová tu Dios, porque él te da el poder para hacer las riquezas, a fin de confirmar su pacto que juró a tus padres, como en este día" (Dt. 8:18).

"yo daré la lluvia de vuestra tierra a su tiempo, la temprana y la tardía; y recogerás tu grano, tu vino y tu aceite" (Dt. 11:14).

11 (41:53-57) *Poder, de Dios — Necesitados, los — Pobreza — Hambre — Económica, crisis:* Dios tiene el poder para suplir las necesidades de las personas por medio de su siervo. Dios puede usarnos para suplir las necesidades de las personas. Él usó a José, y nos puede usar a nosotros. Lo que sucedió ahora demuestra cuán maravillosamente Dios suple nuestras necesidades y cuán maravillosamente Él puede usarnos para suplir las necesidades de otros.

1. Los siete años de sobreabundancia llegaron a su fin, y el hambre comenzó a azotar la tierra (v. 54a). Al parecer se sugiere que comenzó el hambre, pero se asentó en la tierra lentamente, como si sus garras se fueran clavando cada vez más profundas en la tierra. El hambre se asentó en la tierra con fuerza y no la soltaba. De hecho, no la soltaría en siete largos y devastadores años.

2. La palabra de José, el siervo de Dios, se hizo realidad exactamente como él había dicho (v. 54b). Lo que José había predicho se hizo realidad. Dios validó la palabra de su siervo. Dios demostró que lo que su siervo había declarado era la Palabra de Dios. Su siervo era fiel y podían confiar en él tanto el rey como el pueblo.

3. Ahora el pueblo se enfrentaba a una crisis terrible: un desmoronamiento económico sorprendente, escaseces severas, y hambre (v. 55). Durante los sietes años anteriores, se había producido un crecimiento económico y agrícola de grandes riquezas, una sobreabundancia de todos los bienes. Pero ahora, el hambre azotó las granjas y los mercados agrícolas de la tierra. Esto significaba una pérdida de trabajo y dinero y la adquisición de otros bienes. Pronto todas las fábricas y mercados de ropas, muebles para la casa, artículos recreativos, y otros artículos minoristas se vieron afectados. Había, como había visto Faraón en su sueño, el peor desmoronamiento económico que se hubiera visto en Egipto y en las naciones vecinas. Y advierta: la peor parte no era la carencia de artículos y dinero de las personas. La peor parte era la amenaza para la vida: las personas ni siquiera tenían qué comer.

El hambre y el desmoronamiento económico sin dudas agarraron al pueblo por sorpresa. Habían experimentado el crecimiento y la abundancia más productiva de bienes conocidos en la tierra de Egipto. Todo el mundo excepto los pobres tenía en abundancia, y hasta los pobres tenían qué comer. Pero ya no. Advierta las Escrituras: todo Egipto estaba comenzando a sentir el hambre. La escasez, la carencia de bienes, fundamentalmente alimentos, estaba haciendo que las personas sufrieran; y comenzaran a pedirle comida al gobierno (v. 55a). Advierta lo que el rey les dijo: vayan donde José (v. 55b).

4. José supliría la necesidad del pueblo (v. 56). Dios estaba usando a su siervo para salvar y liberar al pueblo de su necesidad apremiante. José abrió todos los almacenes en todo Egipto para venderle el grano al pueblo. Sin lugar a dudas, José puso controles estrictos sobre la distribución a fin de estirar las reservas de alimento para un período de siete años. También, como cualquier siervo compasivo de Dios, es muy probable que José estableciera alguna forma de servicio social para suplir las necesidades de aquellos que estaban en la pobreza. Habría muchos que habrían perdido sus negocios y sus trabajos por el desmoronamiento económico, muchos que no tendrían dinero para comprar alimentos. Sin embargo, más tarde veremos que no había limosnas gratis. A aquellos que recibían ayuda del gobierno, el gobierno los ponía a trabajar. Ellos trabajaban para ayudar al gobierno a suplir mejor las necesidades de sus ciudadanos (Vea nota, pt. 2, Gn. 47:11-27).

Recuerden, José sabía que lo que era la humillación y la pérdida de todas las posesiones. Durante los primeros años de su vida, a él mismo lo habían despojado de todo incluso su dignidad y lo habían vendido a la esclavitud y luego lo habían encarcelado por años. Dios había tomado esas experiencias para enseñar a José a ser compasivo y misericordioso, aún así disciplinado y controlado, todo para este momento. Ahora se requería que José usara cada lección que Dios le había enseñado:

=> José había aprendido la lección del liderazgo y del trabajo arduo (Vea nota, Gn. 39:1-6).

=> José había aprendido la lección de la tentación: de la gran necesidad de sacrificarse y de ser disciplinado y controlado. Él podía haberse aprovechado en gran manera del pueblo en este momento, confiscando sus propiedades y sus posesiones a cambio de la comida. Recuerden también, por su posición, poder, y buena apariencia, José podía haberse centrado en los lujos y placeres de este mundo. Él podía haber comprado cualquier cosa y haber tenido a cualquier mujer que el quisiera en cualquier momento. Pero Dios había enseñado a José a sacrificarse, a disciplinarse y controlarse a sí mismo. José sabía cómo controlarse a sí mismo y cómo se podía ayudar a las personas a que aprendieran a disciplinarse y controlar su hambre y el consumo de alimentos (Vea nota, Gn. 39:7-12).

=> José había aprendido la lección de las pruebas terribles: de lo que se siente ser humillado y la gran necesidad de compasión, resistencia, y dureza (Vea nota 2, pt. 10, Gn. 37:1—50:26; Gn. 39:13-20).

=> José había aprendido la lección del propósito de Dios: de confiar en el cuidado de Dios (Vea nota, Gn. 39:21-23).

=> José había aprendido la lección de fijarse en aquellos que estaban necesitados: de ocuparse de otros y ser amable con ellos (Vea nota, Gn. 40:1-7).

=> José había aprendido la lección de ser espiritualmente sensible: de confiar en Dios (Vea nota, Gn. 40:8-13).

=> José había aprendido la lección de la humildad: de saber lo que se siente al tener que pedir ayuda (Vea nota, Gn. 40:14-15).

=> José había aprendido la lección del coraje: de ser valiente y de decir la verdad (Vea nota, Gn. 40:16-19).

=> José había aprendido la lección de la decepción: de perdonar a otros y de esperar pacientemente por el tiempo de Dios (Vea nota, Gn. 40:20-23).

En cada una de estas lecciones, José las había aprendido bien. Ahora podía suplir las necesidades de las personas porque él había sufrido mucho en muchas pruebas y dificultades. Y él se había mantenido fiel a Dios. Él había aprendido a clamar ayuda y fuerzas de Dios, y Dios lo había fortalecido.

Dicho con sencillez, José conocía cada sentimiento y emoción que siente una persona devastada, en quiebra, humillada, y hambrienta. Él sabía lo que se sentía no tener nada —absolutamente nada— y estar hambriento. Él sabía lo que se sentía ser despojado de todo incluso su dignidad. Él hasta conocía los sentimientos de la pérdida absoluta y total, el rechazo y la vergüenza totales de sentir que aquellos más allegados a él se volvieran contra él. Él conocía los sentimientos de un corazón desgarrado, los sentimientos del desaliento y la impotencia, de no saber a quien recurrir ni qué hacer, sin saber si a alguien en esta tierra le importabas o te podía ayudar. Nuevamente, José conocía cada sentimiento y emoción que las personas estaban sufriendo. Pero más

que conocer sus sentimientos, José, el siervo de Dios, sabía cómo superarlos y vencerlos. Por ende, él podía suplir las necesidades de las personas. Él podía proveer alimento para ellos, y por su ejemplo y por el sistema de controles que él estableció, él podía...

- Demostrar y enseñar la compasión.
- demostrar y enseñar el trabajo arduo.
- demostrar y enseñar la disciplina y el control.
- demostrar y enseñar el cuidado y la bondad.
- demostrar y enseñar la humildad.
- demostrar y enseñar el coraje y la fidelidad.
- demostrar y enseñar el perdón y la paciencia.

Según se ha planteado, por su propio ejemplo y por cualquier sistema de controles que José estableciera, él podía llevar a la nación a aprender las mismas lecciones que Dios le había enseñado.

5. Advierta que el hambre era severa en todo Egipto (v. 56b). Pero el hambre también azotó a todo el mundo conocido, es decir, a todas las naciones vecinas en todo el Oriente Medio. Advierta que las naciones vecinas no tenían a José, un siervo de Dios, para advertirlos de la crisis agrícola y económica que se avecinaba. O si lo tenían, no lo habían escuchado ni le habían prestado atención a su advertencia. Cualquiera que sea el caso, incluso las naciones vecinas vinieron donde José, el siervo de Dios, a comprar alimentos.

Pensamiento 1. Dios tiene el poder para suplir nuestras necesidades por medio de su siervo. Los creyentes de la tierra, tanto ministros como laicos, necesitan tener en cuenta este elemento. Advierta dos lecciones.

1) Todos debemos comprometer nuestras vidas totalmente al Señor y seguirlo. Debemos rendirnos totalmente ante Él para que Él pueda usarnos para ayudar a otros. Dios no usará una vasija sucia y no comprometida. Él exige santidad y rendición total. Él exige que nos pongamos a su disposición —nos rindamos totalmente— para que nos use. Cuando hacemos un compromiso como este con Dios, entonces Él puede prepararnos para usarnos en su servicio. Él puede usarnos al máximo como usó a José.

"oro, pues, para las cosas de oro, y plata para las cosas de plata, y para toda la obra de las manos de los artífices. ¿Y quién quiere hacer hoy ofrenda voluntaria a Jehová?" (1 Cr. 29:5).

"Dame, hijo mío, tu corazón, y miren tus ojos por mis caminos" (Pr. 23:26).

"Entonces Pedro comenzó a decirle: He aquí, nosotros lo hemos dejado todo, y te hemos seguido" (Mr. 10:28).

"Y decía a todos: Si alguno quiere venir en pos de mí, niéguese a sí mismo, tome su cruz cada día, y sígame" (Lc. 9:23).

"Si alguno viene a mí, y no aborrece a su padre, y madre, y mujer, e hijos, y hermanos, y hermanas, y aun también su propia vida, no puede ser mi

discípulo. Y el que no lleva su cruz y viene en pos de mí, no puede ser mi discípulo" (Lc. 14:26-27).

"Así, pues, cualquiera de vosotros que no renuncia a todo lo que posee, no puede ser mi discípulo" (Lc. 14:33)

"Y él les dijo: De cierto os digo, que no hay nadie que haya dejado casa, o padres, o hermanos, o mujer, o hijos, por el reino de Dios, que no haya de recibir mucho más en este tiempo, y en el siglo venidero la vida eterna" (Lc. 18:29-30).

"Así que, hermanos, os ruego por las misericordias de Dios, que presentéis vuestros cuerpos en sacrificio vivo, santo, agradable a Dios, que es vuestro culto racional. No os conforméis a este siglo, sino transformaos por medio de la renovación de vuestro entendimiento, para que comprobéis cuál sea la buena voluntad de Dios, agradable y perfecta" (Ro. 12:1-2).

"Así que, los que somos fuertes debemos soportar las flaquezas de los débiles, y no agradarnos a nosotros mismos" (Ro. 15:1).

"Absteneos de toda especie de mal. Y el mismo Dios de paz os santifique por completo; y todo vuestro ser, espíritu, alma y cuerpo, sea guardado irreprensible para la venida de nuestro Señor Jesucristo. Fiel es el que os llama, el cual también lo hará" (1 Ts. 5:22-24)

"Pero en una casa grande, no solamente hay utensilios de oro y de plata, sino también de madera y de barro; y unos son para usos honrosos, y otros para usos viles. Así que, si alguno se limpia de estas cosas, será instrumento para honra, santificado, útil al Señor, y dispuesto para toda buena obra" (2 Ti. 2:20-21).

2) Si estamos sufriendo pruebas y situaciones severas, Dios puede suplir nuestra necesidad por medio de su

siervo. Nos es necesario buscar la ayuda de algún José, de algún siervo de Dios, de algún creyente que esté comprometido con Cristo. Un siervo de Dios que esté comprometido puede ayudarnos. Por eso, debemos buscar al siervo de Dios e ir donde él. Dios guiará a su siervo a ayudarnos en medio de nuestro sufrimiento. Debemos estar seguros de buscar un ministro y creyente que siga genuinamente al verdadero Señor y Salvador, al Señor Jesucristo. Al creyente —a todo creyente genuino— se le ha llamado a ministrar y ayudarse unos a otros y a los pueblos de la tierra.

"¿Quién, pues, de estos tres te parece que fue el prójimo del que cayó en manos de los ladrones? Él dijo: El que usó de misericordia con él. Entonces Jesús le dijo: Ve, y haz tú lo mismo" (Lc. 10:36-37).

"Y cualquiera que dé a uno de estos pequeñitos un vaso de agua fría solamente, por cuanto es discípulo, de cierto os digo que no perderá su recompensa" (Mt. 10:42).

"Pues si yo, el Señor y el Maestro, he lavado vuestros pies, vosotros también debéis lavaros los pies los unos a los otros" (Jn. 13:14).

"Volvió a decirle la segunda vez: Simón, hijo de Jonás, ¿me amas? Pedro le respondió: Sí, Señor; tú sabes que te amo. Le dijo: Pastorea mis ovejas" (Jn. 21:16).

"Sobrellevad los unos las cargas de los otros, y cumplid así la ley de Cristo" (Gá. 6:2).

"Así que, según tengamos oportunidad, hagamos bien a todos, y mayormente a los de la familia de la fe" (Gá. 6:10).

"sirviendo de buena voluntad, como al Señor y no a los hombres" (Ef. 6:7).

GÉNESIS 42:1-38

CAPÍTULO 42

F. José les hizo frente y puso a prueba a sus hermanos (parte 1): Cómo Dios remueve la consciencia de los hombres, 42:1-38

1 Jacob se enteró de que había grano en Egipto: Dios remueve la consciencia despertando preocupación por el bienestar físico de la persona
a. Los hijos se sintieron inseguros cuando oyeron mencionar a Egipto (por José)
b. Jacob les dijo bruscamente: Vayan, consigan alimento

2 Los hermanos fueron a Egipto, pero Jacob retuvo a Benjamín para que no le pasara algo malo: Dios remueve la consciencia usando recuerdos e ilustraciones del pasado
a. Los hermanos se acordaron de José
b. Los hermanos eran sólo una caravana de las tantas que viajaban a Egipto

3 Los hermanos fueron donde el gobernador, sin saber que era José: Dios remueve la consciencia usando el trato áspero y la humillación
a. Los hermanos se inclinaron ante José
b. José los reconoció
   1) Se disfrazó
   2) Les habló duramente

1 Viendo Jacob que en Egipto había alimentos, dijo a sus hijos: ¿Por qué os estáis mirando?

2 Y dijo: He aquí, yo he oído que hay víveres en Egipto; descended allá, y comprad de allí para nosotros, para que podamos vivir, y no muramos.

3 Y descendieron los diez hermanos de José a comprar trigo en Egipto.
4 Mas Jacob no envió a Benjamín, hermano de José, con sus hermanos; porque dijo: No sea que le acontezca algún desastre.

5 Vinieron los hijos de Israel a comprar entre los que venían; porque había hambre en la tierra de Canaán.
6 Y José era el señor de la tierra, quien le vendía a todo el pueblo de la tierra; y llegaron los hermanos de José, y se inclinaron a él rostro a tierra.

7 Y José, cuando vio a sus hermanos, los conoció; mas hizo como que no los conocía, y les habló ásperamente, y les dijo:

¿De dónde habéis venido? Ellos respondieron: De la tierra de Canaán, para comprar alimentos.
8 José, pues, conoció a sus hermanos; pero ellos no le conocieron.
9 Entonces se acordó José de los sueños que había tenido acerca de ellos, y les dijo: Espías sois; por ver lo descubierto del país habéis venido.
10 Ellos le respondieron: No, señor nuestro, sino que tus siervos han venido a comprar alimentos.
11 Todos nosotros somos hijos de un varón; somos hombres honrados; tus siervos nunca fueron espías.
12 Pero José les dijo: No; para ver lo descubierto del país habéis venido.

13 Y ellos respondieron: Tus siervos somos doce hermanos, hijos de un varón en la tierra de Canaán; y he aquí el menor está hoy con nuestro padre, y otro no parece.

14 Y José les dijo: Eso es lo que os he dicho, afirmando que sois espías.

15 En esto seréis probados: Vive Faraón, que no saldréis de aquí, sino cuando vuestro hermano menor viniere aquí.

16 Enviad a uno de vosotros y traiga a vuestro hermano, y vosotros quedad presos, y vuestras palabras serán probadas, si hay verdad en vosotros; y si no, vive Faraón, que sois espías.

17 Entonces los puso juntos en la cárcel por tres días.

18 Y al tercer día les dijo José: Haced esto, y vivid: Yo temo a Dios.

c. Los hermanos no lo reconocieron
d. José recordó sus sueños de joven
e. José acusó duramente a sus hermanos de ser espías
f. Los hermanos se defendieron con humildad
   1) Vinieron a comprar comida
   2) Todos eran hijos de un hombre
   3) No eran espías
g. José los acusó duramente una segunda vez: Estaban espiando las áreas desprotegidas
h. La segunda defensa humilde de los hermanos
   1) Eran los doce hijos de un hombre: no espías
   2) Había uno en casa, otro hijo muerto
i. José los acusó duramente una tercera vez: eran espías
   1) Tenían que probar su palabra: uno tenía que ir y traer al menor de sus hermanos para que compareciera ante él
   2) Ellos tuvieron que garantizar su palabra con sus vidas: Se quedarían nueve hermanos en prisión hasta que el trajeran al hermano menor
j. José encarceló a los diez hermanos tres días
k. José llevó a cabo la prueba el tercer día

1) Él declaró su temor de Dios
2) Solo un hermano tenía que quedarse en prisión: Los otros podían ir y llevar el grano a casa
3) Tenían que traer a su hermano menor donde él: Para verificar sus palabras

4 Los hermanos recordaron su pecado y confesaron su culpabilidad: Dios remueve la consciencia usando la culpabilidad y la angustia del alma
a. Sintieron el juicio y la retribución de Dios venir sobre ellos
b. Rubén enfatizó el juicio y la retribución de Dios

c. La ternura de José no se podía ocultar: Él se fue y lloró
d. Vieron su pecado anterior repetido en otro: Simeón fue apresado

5 José inició otra prueba: Dios remueve la consciencia usando el temor, el sentimiento de culpabilidad y la retribución
a. José inició otra prueba: Él hizo esconder su plata en secreto en sus sacos de grano
b. Los hermanos cargaron su grano y se fueron a casa

19 Si sois hombres honrados, quede preso en la casa de vuestra cárcel uno de vuestros hermanos, y vosotros id y llevad el alimento para el hambre de vuestra casa.

20 Pero traeréis a vuestro hermano menor, y serán verificadas vuestras palabras, y no moriréis. Y ellos lo hicieron así.

21 Y decían el uno al otro: Verdaderamente hemos pecado contra nuestro hermano, pues vimos la angustia de su alma cuando nos rogaba, y no le escuchamos; por eso ha venido sobre nosotros esta angustia.

22 Entonces Rubén les respondió, diciendo: ¿No os hablé yo y dije: No pequéis contra el joven, y no escuchasteis? He aquí también se nos demanda su sangre.

23 Pero ellos no sabían que los entendía José, porque había intérprete entre ellos.

24 Y se apartó José de ellos, y lloró; después volvió a ellos, y les habló, y tomó de entre ellos a Simeón, y lo aprisionó a vista de ellos.

25 Después mandó José que llenaran sus sacos de trigo, y devolviesen el dinero de cada uno de ellos, poniéndolo en su saco, y les diesen comida para el camino; y así se hizo con ellos.

26 Y ellos pusieron su trigo sobre sus asnos, y se fueron de allí.

27 Pero abriendo uno de ellos su saco para dar de comer a su asno en el mesón, vio su dinero que estaba en la boca de su costal.

28 Y dijo a sus hermanos: Mi dinero se me ha devuelto, y helo aquí en mi saco. Entonces se les sobresaltó el corazón, y espantados dijeron el uno al otro: ¿Qué es esto que nos ha hecho Dios?

29 Y venidos a Jacob su padre en tierra de Canaán, le contaron todo lo que les había acontecido, diciendo:

30 Aquel varón, el señor de la tierra, nos habló ásperamente, y nos trató como a espías de la tierra.

31 Y nosotros le dijimos: Somos hombres honrados, nunca fuimos espías.

32 Somos doce hermanos, hijos de nuestro padre; uno no parece, y el menor está hoy con nuestro padre en la tierra de Canaán.

33 Entonces aquel varón, el señor de la tierra, nos dijo: En esto conoceré que sois hombres honrados: dejad conmigo uno de vuestros hermanos, y tomad para el hambre de vuestras casas, y andad,

34 y traedme a vuestro hermano el menor, para que yo sepa que no sois espías, sino hombres honrados; así os daré a vuestro hermano, y negociaréis en la tierra.

c. Un hermano descubrió el dinero escondido en su saco

d. El hermano le dijo a los otros: El temor se apoderó de ellos; se les sobresaltó el corazón y temblaron de temor
e. Los hermanos sintieron que la mano de Dios estaba contra ellos

6 Los hermanos regresaron a casa: Dios remueve la consciencia suscitándonos cuando otros desconfían de nosotros y no nos creen
a. Los hijos le dieron un informe detallado y verídico
1) El gobernador habló duramente y los acusó de ser espías
2) Ellos negaron la acusación: Le dijeron al gobernador que había doce hijos; uno estaba muerto y el menor estaba con su padre
3) El gobernador exigió que probaran su inocencia: Debían dejar a Simeón en prisión como garantía de que regresarían a casa y traerían al hermano menor de vuelta a Egipto
4) El gobernador prometió devolver a Simeón a salvo y les permitiría comerciar si demostraban su inocencia

| b. Había una apariencia de mentiras y engaño sorprendente y aterradora
1) Descubrieron la plata en sus sacos
2) Se sintieron sobrecogidos de miedo
c. Había una acusación fuerte de desconfianza: Jacob acusó a los hijos de mentira y engaño | 35 Y aconteció que vaciando ellos sus sacos, he aquí que en el saco de cada uno estaba el atado de su dinero; y viendo ellos y su padre los atados de su dinero, tuvieron temor.

36 Entonces su padre Jacob les dijo: Me habéis privado de mis hijos; José no parece, ni Simeón tampoco, y a Benjamín le llevaréis; contra mí son todas estas cosas. | 37 Y Rubén habló a su padre, diciendo: Harás morir a mis dos hijos, si no te lo devuelvo; entrégalo en mi mano, que yo lo devolveré a ti.

38 Y él dijo: No descenderá mi hijo con vosotros, pues su hermano ha muerto, y él solo ha quedado; y si le aconteciere algún desastre en el camino por donde vais, haréis descender mis canas con dolor al Seol. | d. Hubo una gran declaración de veracidad: Rubén declaró que él estaba diciendo la verdad; él ofreció sus propios dos hijos como garantía por Benjamín
e. Hubo un segundo planteamiento de desconfianza: Benjamín no regresaría con ellos
1) Él podría resultar herido
2) Significaría la muerte de Jacob |

DIVISIÓN X

JOSÉ, BISNIETO DE ABRAHAM: ESCOGIDO PARA SALVAR A LA DESCENDENCIA DEL PUEBLO DE DIOS Y LAS GRANDES PROMESAS DE DIOS: SUCESOS QUE LLEVAN AL PUEBLO DE DIOS A EGIPTO, 37:1—50:26

F. José les hizo frente y puso a prueba a sus hermanos (parte 1): Cómo Dios remueve la consciencia de los hombres, 42:1-38

(42:1-38) *Introducción:* Este pasaje constituye una ilustración dinámica de dos puntos principales: primero, cómo Dios remueve la consciencia de su pueblo; y segundo, cómo Dios obra para traer de vuelta a sus hijos errados cuando hacen mal. Él obra para traer de vuelta incluso a aquellos que hacen grandes males, para traerlos de vuelta donde Él y para juntarlos de nuevo como parte de la gran familia de creyentes de Dios.

Dios no abandonará a su pueblo, ni a nosotros ni a ningún otro que sea un verdadero creyente de Él. Dios nos ha elegido y nos ha llamado. Por ende, debe preservarnos como una familia escogida de Dios, y Él debe cumplir sus promesas en nuestras vidas. Así sucedió con José y su familia y así sucede con nosotros. ¿Cómo? Usando las experiencias de la vida para remover nuestras consciencias. Dios usa nuestra memoria, los pensamientos del pecado y el fracaso del pasado, para remover nuestra conciencia a fin de llevarnos a confesar y arrepentirnos de nuestros pecados. Y cuando nos hemos confesado y nos hemos arrepentido, Dios nos asegura que Él perdona nuestros pecados y nos hace aceptos ante Él, incluso aquellos que han cometido los pecados más atroces.

Ya había comenzado la etapa final de Dios para traer la familia de Jacob —la familia escogida de creyentes— a Egipto. Habían pasado alrededor de veinte años desde que habían vendido a José como esclavo y lo habían encarcelado en Egipto. Ahora él se encontraba en la cumbre del poder, como

el administrador supremo de Egipto, el segundo solamente del propio Faraón. Era Dios quien había preparado a José y lo había ubicado en esta posición importante de poder. Ahora José tenía el poder para sacar a su pueblo de Canaán. Ahora sus hermanos se enfrentarían a él cara a cara como forasteros hambrientos a punto de morirse de hambre y a punto de perder su gran negocio ganadero. No sabían que era José quien se sentaba en la silla del gobernador de Egipto. José tampoco sabía de su condición espiritual actual. Por ende, él usaría la primera aparición de ellos ante él para probar su carácter y para remover su consciencia. Él removería el recuerdo de su pecado anterior contra él haciéndolos atravesar tantas experiencias de ese pecado como se considerara necesario. El propósito de Dios era que José redimiera a sus hermanos y preparara a Israel (Jacob y sus hijos) para su asentamiento en Gosén, Egipto. Al hacer eso, Dios juntaría a la familia nuevamente para preservarlos como la familia escogida de creyentes (Vea *Estudio a fondo 2,* Gn. 37:1—50:26).

En este momento se deben tener en cuenta varios elementos. La familia se había dividido y separado físicamente desde que se había vendido a José como esclavo para Egipto. Pero la división real que siempre había existido dentro de la familia era la división espiritual. Y era la división espiritual que había conllevado a la división real física. Jacob había mostrado una debilidad espiritual terrible. Él había favorecido a Raquel más que a Lea, provocando la división en la cabeza misma de la familia. También había favorecido a los dos hijos de Raquel más que a sus otros hijos. Esto no liberaba a los hijos del pecado: vender a José era un pecado terrible. Pero no había conocido otra cosa que una familia dividida. Solo Dios podía solucionar un desorden tan enredado como este. Solo Dios podía alimentar a José con suficiente profundidad espiritual para reunir a la familia y reinstalar en ellos un sentido del llamado de Dios a ser la familia escogida de creyentes. Este es el tema de este pasaje importantísimo de las Escrituras: El hambre en Canaán: *José les hizo frente a sus hermanos (parte 1): Cómo Dios remueve la consciencia de los hombres,* 42:1-38.

1. Jacob se enteró de que había grano en Egipto: Dios remueve la consciencia despertando preocupación por el bienestar físico de la persona (vv. 1-2).

2. Los hermanos fueron a Egipto, pero Jacob retuvo a Benjamín para que no le pasara algo malo: Dios remueve la consciencia usando recuerdos e ilustraciones del pasado (vv. 3-4).

3. Los hermanos fueron donde el gobernador, sin saber que era José: Dios remueve la consciencia usando el trato áspero y la humillación (vv. 5-20).

4. Los hermanos recordaron su pecado y confesaron su culpabilidad: Dios remueve la consciencia usando la culpabilidad y la angustia del alma (vv. 21-24).

5. José inició otra prueba: Dios remueve la consciencia usando el temor, el sentimiento de culpabilidad y la retribución (vv. 25-28).

6. Los hermanos regresaron a casa: Dios remueve la consciencia suscitándonos cuando otros desconfían de nosotros y no nos creen (vv. 29-38).

1 (42:1-2) *Necesidad — Necesidades básicas — Escasez — Hambre:* ¿Cómo Dios remueve nuestra consciencia? Despertando preocupación por nuestro bienestar físico. Recuerden, la hambruna había azotado a toda el Oriente Medio, y era severa. Esto quiere decir que Jacob y sus hijos también estaban padeciendo severamente por la hambruna. En un momento veremos con cuánta severidad. Advierta lo que sucedió.

Jacob oyó que había grano en Egipto (v. 1). Él y sus hijos sin dudas habían comenzado a perder algunos animales por la hambruna, porque a ellos mismos se les estaban acabando los alimentos para sus familias (cp. v. 2b) La situación se había convertido en una crisis real. Recuerden, la familia tenía uno de los negocios ganaderos más grandes de Canaán, de no ser el más grande. Jacob había heredado la mayor parte de lo que les pertenecía a su abuelo, Abraham, y a su padre, Isaac. A juzgar por todos los indicios, ambos hombres se encontraban entre los jeques y hacendados más grandes del país. (Vea notas, Gn. 13:1-4; 14:14; 25:5-6 para un mayor análisis.)

Los rebaños y las manadas de Jacob deben haber estado en los miles. La demanda de buena tierra para pastos y de grano era enorme. Pero en una hambruna hay poco pasto, de haber alguno, y cualquier cantidad de grano que se haya almacenado pronto se agota, fundamentalmente en una sequía y hambruna de siete años. Además, piense nada más en las grandes cantidades de alimento necesarias para alimentar a cientos de trabajadores y siervos bajo el cuidado de Jacob.

¿Qué debía hacer un hacendado tan poderoso como Jacob? Sin lugar a dudas se encontraba al borde del desastre. Pero luego sucedió. Llegaron noticias de que había grano en Egipto, grandes cantidades de grano. Al parecer, alguna caravana que venía de Egipto trajo noticias de que Egipto tenía grandes reservas de grano que les estaban permitiendo comprar a otras naciones y a grandes hacendados. Probablemente la noticia fuera una de las mejores noticias que Jacob hubiera recibido, porque ahora había grandes esperanzas de que pudiera salvar a su ganado y a su hacienda. Su corazón se llenó de gran expectativa, incluso emoción.

1. Pero advierta la reacción de los hijos de Jacob a la noticia de que había grano en Egipto: Se quedaron parados cuando oyeron mencionar el nombre de Egipto. Se quedaron allí mirándose unos a otros, algo inseguros, perplejos, e indecisos. No mostraron gozo ni emoción alguna por la noticia. No dijeron nada en lo absoluto. Sencillamente se quedaron allí parados mirándose las caras, esperando que el otro hermano diera o hiciera algo. Debían haber demostrado alegría y emoción por la noticia, pero todo cuanto podían hacer era quedarse parados actuando con inseguridad y nerviosismo, sin moverse a hacer nada.

2. Obviamente Jacob se sorprendió con su reacción a la noticia. Él les dijo bruscamente: "¿Por qué os estáis mirando? Y dijo: He aquí, yo he oído que hay víveres en Egipto; descended allá, y comprad de allí para nosotros, para que podamos vivir, y no muramos" (vv. 1b-2).

Ahora bien, ¿por qué los hermanos se quedarían parados mirándose unos a otros sin mostrar alegría de ningún tipo por una noticia tan maravillosa? ¿Qué les ocurría a los hijos? La convicción: Dios estaba obrando en sus conciencias. Cuando oyeron el nombre de Egipto, ellos hicieron lo que cualquiera de nosotros habría hecho: ellos se acordaron de José, se acordaron del hecho de que ellos habían cometido un delito terrible contra su hermano. Lo habían vendido como esclavo a Egipto. Ahora los estaban obligando a ir a Egipto a comprar alimentos para salvar a sus familias y a su ganado. Es muy probable que estuvieran pasando dos cosas por la mente de los hijos: la culpabilidad estaba azotando su consciencia, y se estaban preguntando lo que sucedería si se encontraran con José. La posibilidad de un encuentro como ese era escasa, pero ¿y si sucedía?

Lo que se debe tener en cuenta es lo siguiente: ahora Dios comenzaba a moverse en el corazón de los hijos, comenzaba a despertar culpabilidad en su consciencia. Él comenzaba a moverlas hacia el día de arrepentimiento, el día en que serían salvos. Tenían que ser salvos y volverse hombres piadosos antes de que pudieran llevar a cabo su propósito de estar en la tierra, el de fundar la gran nación de Israel por medio quien Dios enviaría al Salvador del mundo.

Pensamiento 1. Con frecuencia Dios usa la necesidad física para remover la consciencia. Puede que nuestra necesidad sea o no hambre. Puede que sea una enfermedad, un accidente, dificultades financieras, la pérdida de un trabajo, la pérdida de un amigo o miembro de la familia, o alguna otra cosa de gran valor. Con frecuencia enfrentarnos a alguna necesidad física nos motiva a evaluar nuestras vidas y a autoexaminarnos, a ver lo que podíamos haber hecho para haber provocado una crisis como esta en nuestras vidas.

En momentos como esos, nos es necesario recurrir a Dios y confesar cualquier error que descubramos. Dicho con sencillez, nos es necesario dejar que la consciencia haga su trabajo: nos es necesario examinarnos, alejarnos de cualquier mala conducta, y volvernos a Dios.

"Os digo: No; antes si no os arrepentís, todos pereceréis igualmente" (Lc. 13:3).

"mostrando la obra de la ley escrita en sus corazones, dando testimonio su conciencia, y acusándoles o defendiéndoles sus razonamientos" (Ro. 2:15).

"Echad de vosotros todas vuestras transgresiones con que habéis pecado, y haceos un corazón nuevo y un espíritu nuevo. ¿Por qué moriréis, casa de Israel?" (Ez. 18:31).

2 (42:3-5) *Memoria — Pasado, el:* ¿Cómo Dios remueve nuestra consciencia? Estimulando nuestra memoria y las ilustraciones de nuestro pasado. Lo que sucedió ahora resultó muy interesante. La brusquedad e insistencia de la voz de Jacob había sacado a sus hijos de su indecisión. Se les acercaba la tarea a los diez hijos, se prepararon, y partieron para Egipto (v. 3). Pero Jacob retuvo a Benjamín, su hijo menor. Él no lo dejaba porque temía que le aconteciera algún desastre (v. 4).

1. Advierta cómo esto constituía un recordatorio claro, una ilustración clara de lo que le había sucedido a José. Jacob temía que le sucediera a Benjamín un accidente similar al que le había sucedido a José. Nuevamente, Dios estaba provocando un suceso para remover la memoria y la conciencia de los hijos. Habían cometido un error terrible y necesitaban confesarse y arrepentirse de él. Por eso Dios estaba estimulando su memoria e ilustrándoles su mal, haciendo todo cuanto podía para mover su consciencia al arrepentimiento. El recuerdo sin lugar a dudas era doloroso; No obstante, nunca habían confesado el error ni se habían arrepentido de él. Y les era necesario hacer ambas cosas para que pudieran ser salvos y cumplir su gran propósito en la tierra.

2. Advierta que los hermanos tan solo eran una caravana más de las tantas que se dirigían a Egipto. La hambruna había golpeado a toda la tierra de Canaán, así que cada uno de los jeques y hacendados que podía darse el lujo de comprar grano sin dudas enviaba una caravana a Egipto.

Pensamiento 1. Con frecuencia Dios estimula nuestra memoria y nuestras ilustraciones del pasado. Él lo hace para remover nuestra consciencia. Es necesario confesar los errores pasados que nunca se han corregido y de los que nunca nos hemos alejado. De no ser así, continuarán perturbándonos y molestándonos, y pueden provocarnos problemas graves tanto emocionales como mentales. De hecho, la única manera de sentir una paz espiritual en nuestro corazón de forma permanente es confesar y arrepentirnos de nuestras fechorías. Dios y solo Dios puede absolvernos de nuestra culpa; Él y solo Él puede proporcionarnos una libertad de espíritu perfecta del pecado. Y él nos la proporcionará si tan solo confesamos y nos arrepentimos del pecado.

"Acuérdate, no olvides que has provocado la ira de Jehová tu Dios en el desierto; desde el día que saliste de la tierra de Egipto, hasta que entrasteis en este lugar, habéis sido rebeldes a Jehová" (Dt. 9:7).

"Porque mi vida se va gastando de dolor, y mis años de suspirar; se agotan mis fuerzas a causa de mi iniquidad, y mis huesos se han consumido" (Sal. 31:10).

"Mientras callé, se envejecieron mis huesos en mi gemir todo el día. Porque de día y de noche se agravó sobre mí tu mano; se volvió mi verdor en sequedades de verano" (Sal. 32:3-4).

"Porque mis iniquidades se han agravado sobre mi cabeza; como carga pesada se han agravado sobre mí" (Sal. 38:4).

"Porque yo reconozco mis rebeliones, y mi pecado está siempre delante de mí" (Sal. 51:3).

"Al oír esto, se compungieron de corazón, y dijeron a Pedro y a los otros apóstoles: Varones hermanos, ¿qué haremos? Pedro les dijo: Arrepentíos, y bautícese cada uno de vosotros en el nombre de Jesucristo para perdón de los pecados; y recibiréis el don del Espíritu Santo" (Hch. 2:37-38).

"Arrepiéntete, pues, de esta tu maldad, y ruega a Dios, si quizá te sea perdonado el pensamiento de tu corazón" (Hch. 8:22).

3 (42:6-20) *Humillación — Conducta:* ¿Cómo Dios remueve nuestra consciencia? Usando el trato duro y la humillación. José era el gobernador de todo Egipto (v. 6a). Advierta que todos los compradores principales de las tierras extranjeras tenían que comparecer ante él personalmente. El propio José llevaba un control estricto de las reservas de grano.

=> La sobrevivencia misma del país dependía de él personalmente; por eso, él quería estar absolutamente seguro de que las reservas no se agotaran muy rápidamente. Además, siempre existía el peligro de los agentes extranjeros que venían a espiar la fortaleza y defensa militar de Egipto. La tarea era demasiado importante para asignársela a un subordinado, así que el propio José manejaba las compras extranjeras.

1. Ya había llegado el momento de suspenso tan esperado. Los hermanos de José entraron en su oficina administrativa y se inclinaron ante él. José y sus hermanos finalmente se encontraban frente a frente. ¿Qué iba a hacer José? José no había visto a sus hermanos desde que tenía diecisiete años de edad; ahora él tenía cerca de treinta y ocho años. Había pasado más de veinte años desde que los vio por última vez. Eso fue cuando ellos lo trataron con tanta crueldad y aspereza, cuando habían amenazado con matarlo pero había terminado vendido a la esclavitud. José había sufrido

personalmente como esclavo y prisionero durante trece años. Cierto, ahora se encontraba en la cima del poder, como gobernador supremo de Egipto, el segundo al mando después solamente del propio Faraón. Pero tan solo habían pasado ocho años desde que él había salido de sus trece años de sufrimiento, y los recuerdos del sufrimiento aún se sentían amargamente, y probablemente siempre se sentirían. ¿Cómo José iba a reaccionar con sus hermanos? Se puede tener una idea de cómo él iba a reaccionar al analizar lo que ya le había ocurrido a él. Recuerden todas las lecciones que Dios le había enseñado a José cuando él estaba sufriendo tanto como esclavo y como prisionero. Dios había suavizado a José y lo había vuelto humilde derramando sobre él la misericordia, el cuidado, la compasión, y la bondad mismas de Dios. Como resultado, José había desarrollado un espíritu misericordioso, compasivo, y perdonador. Dios había preparado a José para salvar a Israel, tanto a Jacob como a sus hijos, así como a Egipto. ¿No cabía duda de cómo el propio José quería recibir a sus hermanos, pero y sus hermanos? ¿Cómo reaccionarían ellos al verlo?

Advierta lo siguiente: Obviamente José había pensado con frecuencia en su padre y en su familia. Y tal como haría cualquier miembro piadoso de la familia, él sin dudas ideó un plan por medio del cual él pudiera tratar de corregir los pecados y las debilidades terribles de la familia. Dios lo había escogido a él para salvar y ayudar a la familia; por ende, él tenía que haber ideado un plan, probablemente varios planes posibles. Lo único que se necesitaba era el tiempo para enfrentarse y obrar con la familia.

Ahora de repente, de un modo inesperado, por la providencia de Dios, sus hermanos se estaban inclinando ante él. Se estaban inclinando tal como él había soñado hacía unos veinte años. Él los reconoció, pero ellos no lo reconocieron a él por sus ropas egipcias, su corte de cabello, su idioma, y la posición de gobernador de Egipto. Nunca habrían soñado que ese era José, su hermano. Pero José había pensado en este momento con mucha frecuencia, el día en que él y sus hermanos estarían frente a frente por primera vez. Según se ha planteado, Dios había nombrado a José para salvar a Israel, incluso a estos hermanos de él. Pero la familia había sido tan mala, tan corrupta, tan irresponsable. Qué debía decir, hacer, a fin de tratar de restaurar la familia y limpiar el mal y la dureza de sus corazones, si es que ya no la habían limpiado. Y esa era la clave, si es que ya no se habían producido la restauración y la redención. Él tenía que saberlo. Él tenía que averiguar:

- Si ya se habían salvado y se habían vuelto seguidores de Dios.
- Si ahora estaban comprometidos con la familia de Dios, a ser un testimonio de Dios en la tierra y a dar a luz a la Simiente prometida, el Salvador del mundo.
- Si iban a buscar con diligencia la Tierra Prometida, la gran esperanza prometida por Dios a Abraham.
- Si estaban comprometidos para ser los líderes de las doce tribus de Israel, la nación que Dios le había prometido a Abraham, Isaac y Jacob, sus padres.

José tuvo que poner a prueba y fortalecer cualquier cambio que ya hubiera tenido lugar, de haber tenido lugar alguno. Su encuentro a partir de este momento sería para ponerlos a prueba y fortalecerlos, y por medio de esa prueba descubrir la verdadera calidad de sus corazones. La prueba también los prepararía para el día de la reconciliación, el día en que toda la familia se reuniría y se juntaría como una familia unida.

Y ellos tenían que convertirse en esto de un modo absoluto: una familia tan unida que nunca más se volverían unos contra otros ni se alejarían uno del otro. Así era como único podían preservar su distinción como el pueblo escogido de Dios. Iban a pasar algunos años en Egipto, y un hermano débil o descontento podía reaccionar, abandonando a la familia y sumiéndose en la vida mundana de los egipcios.

José sabía cuál era su llamado de Dios, y él guardaba ternura en su corazón para la familia (v. 24). Además, él contaba con la autoridad y el poder para actuar. Él quería que todos los hermanos se reunieran y fueran salvos como una familia. Él tenía que saber cuál era la condición actual de sus hermanos, y él tenía que hacer cuanto pudiera para prepararlos y salvarlos para el futuro. Había que ponerlos a prueba y fortalecerlos. Por eso se dispuso a probarlos y fortalecerlos.

2. Advierta ahora que José reconoció a sus hermanos. Pero él fingió no conocerlos, y les habló duramente (v. 7). Recuerden, en toda esta sección José estaba probando a sus hermanos, comprobando si ellos aún eran malos y despiadados. Recuerden que Benjamín, el hermano menor, no estaba allí, así que José se preguntaría dónde estaba. ¿Estos hermanos lo habrían matado o lo habrían vendido a la esclavitud como le habían hecho a José cuando era un adolescente? José no sabía nada de ellos en este momento: él tenía que descubrir su verdadera naturaleza para poder comenzar con la reconciliación y reunificación de la familia. Él tenía que averiguar si ya se habían vuelto verdaderos seguidores de Dios, y si no era así, él tenía que llevarlos a confesión y arrepentimiento para poder llevarlos a unirse como una familia. Él preguntó de dónde eran, y ellos contestaron que de Canaán. Habían venido a comprar alimentos.

3. Los hermanos no reconocieron a José, en lo absoluto (v. 8).

4. Advierta que José recordó sus sueños de joven (v. 9a). De inmediato se dio cuenta —probablemente como nunca antes— de que Dios había estado guiando su vida a lo largo de todos los años de sufrimiento. Todo parece indicar que una profunda sensación de la presencia y soberanía de Dios invadió el corazón de José, una sensación profunda de que Dios había estado obrando todas las cosas a bien. Aquí estaban sus hermanos inclinándose ante él tal como él había soñado. Esto significaría que definitivamente le había dado el sueño y que Dios había estado guiando su vida para traerlo a este momento y lugar como gobernador de Egipto. Dios había tenido el control de su vida todo el tiempo, incluso durante los sufrimientos terribles. Advierta que Dios estaba obrando en el corazón de José así como en el corazón de sus hermanos durante este encuentro.

5. José acusó a los hermanos de ser espías (v. 9). Por supuesto existía el peligro de que alguna potencia extranjera pudiera mandar espías para ubicar las áreas desprotegidas del país. Una misión pacífica para comprar alimento proporcionaba una oportunidad ideal para adentrar espías en Egipto. Por eso, la acusación de José era una acusación razonable.

6. Los hermanos se defendieron (v. 10). Ellos negaron la acusación, declarando que ellos estaban diciendo la verdad.
=> Solo habían venido para comprar alimento (v. 10).
=> Ellos no eran espías; eran los hijos de un hombre (v. 11).

7. Pero José los acusó una segunda vez (v. 12). Y advierta cuán áspero e inflexible se mostró: él gritó "¡No!" Ellos habían venido a espiar las áreas desprotegidas del país (v. 12).

8. Los hermanos humildemente se defendieron por segunda vez (v. 13). Advierta que ellos se hicieron llamar los siervos del gobernador, José. Y dieron más información acerca de la familia.
=> Eran doce hijos de un hombre (v. 13a).
=> El hijo menor se encontraba en casa con su padre, y un hijo estaba muerto. El hijo muerto era una referencia a José (v. 13b).

9. José acusó a los hermanos una tercera vez: eran espías, y él lo iba a demostrar poniéndolos a prueba. ¿Cuál era la prueba?
=> Uno de ellos tenía que ir y traer a su hermano menor a Egipto para probar que estaban diciendo la verdad (vv. 15b-16).
=> Iban a garantizar su palabra con sus vidas.
=> Los iban a dejar en prisión hasta que trajeran al hermano menor donde él.
=> Serían ejecutados como espías si no traían al hermano de vuelta a Egipto (cp. v. 20).

10. José encarceló a los diez hermanos y los dejó en prisión tres días (v. 17). Obviamente él hizo esto para remover su consciencia, para darles tiempo para que autoexaminaran la consciencia.

José también necesitaba darse a sí mismo un poco de tiempo para pensar y orar por la prueba. Él tenía que asegurarse que cada paso era el paso indicado. Si los hermanos no hubieran confesado su pecado ni se hubieran arrepentido, él tenía que dar el paso que fuera necesario para llevarlos a arrepentimiento. Él tenía que llevarlos a entregarles sus vidas a Dios. Esta era la única forma en que ellos podían cumplir su propósito: la única forma en que se podían convertir en la familia escogida de creyentes prometida por Dios.

Imagínense nada más sus emociones y pensamientos durante los tres días: el esfuerzo, el temor, su reflexión, la preocupación por sus familias así como por sus propias vidas, sin saber qué hacer ni a quien recurrir. Sus pensamientos deben haber estado centrado en las sospechas del gobernador: él podía cambiar de parecer y ejecutarlos como espías en

cualquier momento. Su única esperanza era que uno de ellos trajera a Benjamín, pero nuevamente, el gobernador tenía tantas sospechas que podía incluso no liberarlos en ese momento. Sus mentes sin dudas estaban invadidas por todo tipo de pensamientos. Tuvieron tres días para temerles al gobernador y a sus fuertes sospechas. Más adelante veremos que definitivamente se removió su consciencia: comenzaron a preguntarse si sus pecados los estaban asechando, si Dios comenzaba a castigarlos por su terrible pecado contra José (cp. vv. 21s).

11. José llevó a cabo su prueba el tercer día (vv. 18-20). Nota: él declaró que él temía a Dios; por ende, él había cambiado de parecer sobre la prueba (v. 18).
=> Solo un hermano tenía que quedarse en prisión: los otros hermanos podían llevar el grano de vuelta a su familia que moría de hambre (v. 19).
=> Pero tenían que traer al hermano menor de vuelta a Egipto para probar su declaración. Si lo hacían, no morirían (v. 20).

¿Por qué José cambiaría la prueba y liberaría a todos menos uno? ¿No estaba corriendo el riesgo de que pudieran abandonar a ese hermano, fundamentalmente si sus corazones aún estaban endurecidos y envilecidos? No, había poco riesgo para la prueba, de haber alguno. José sabía que los hermanos tendrían que regresar, porque la hambruna duraría años. A ellos les haría falta hacer varios grandes viajes a Egipto en todos los años de hambre. Además, José quería hacerle llegar alimentos a su padre y a su familia. Como él dijo, estaban hambrientos (cp. v. 19).

Pensamiento 1. José puso a sus hermanos en una situación difícil y los trató con aspereza por una razón. Él tenía que remover sus consciencias: tenía que hacerlos reflexionar sobre el pecado y el error. Les era necesario confesarse y arrepentirse de su pecado. Les era necesario recurrir a Dios en busca de salvación y comenzar a seguirlo.

Sucede lo mismo con nosotros. Cuando una persona es áspera con nosotros —cuando se nos trata con aspereza— nos es necesario reflexionar. Con frecuencia nosotros mismo provocamos el trato áspero; hacemos que las personas nos maltraten y que se muestren ásperas con nosotros:
=> maltratándolos
=> no haciendo lo que debemos hacer
=> hablando mal o actuando incorrectamente
=> engañando, mintiendo, o robando
=> abusando, atacando, o asesinando a alguien
=> ignorando o descuidando a una persona
=> mostrando ira u hostilidad
=> siendo malos o desagradables
=> llevando vidas inmorales o vidas anárquicas

Cuando se nos trata con aspereza, es hora de hacernos un profundo examen de consciencia. Dios usa el trato áspero para remover nuestras conciencias, para movernos a la confesión y arrepentimiento del pecado. Con frecuencia los malos pensamientos que nos invaden nuestras mentes son motivados por Dios. Él quiere que confesemos nuestro pecado y nos volvamos a Él.

> **"Por eso pues, ahora, dice Jehová, convertíos a mí con todo vuestro corazón, con ayuno y lloro y lamento" (Jl. 2:12)**
>
> **"Así que, arrepentíos y convertíos, para que sean borrados vuestros pecados; para que vengan de la presencia del Señor tiempos de refrigerio" (Hch. 3:19).**
>
> **"Arrepiéntete, pues, de esta tu maldad, y ruega a Dios, si quizá te sea perdonado el pensamiento de tu corazón" (Hch. 8:22).**
>
> **"si se humillare mi pueblo, sobre el cual mi nombre es invocado, y oraren, y buscaren mi rostro, y se convirtieren de sus malos caminos; entonces yo oiré desde los cielos, y perdonaré sus pecados, y sanaré su tierra" (2 Cr. 7:14).**
>
> **"Deje el impío su camino, y el hombre inicuo sus pensamientos, y vuélvase a Jehová, el cual tendrá de él misericordia, y al Dios nuestro, el cual será amplio en perdonar" (Is. 55:7).**

4 (42:21-24) *Culpabilidad — Angustia — Consciencia:* ¿Cómo Dios remueve nuestra consciencia? Despertando culpabilidad y angustia en sus almas. Esto es exactamente lo que hizo Dios en el corazón y la mente de los hermanos. Recordaron claramente su pecado terrible y confesaron su culpa (v. 21). Advierta lo que ellos hicieron allí delante de José: comenzaron a analizar su pecado con cada uno, sin darse cuenta de que él los entendía. Pero advierta el elemento significativo:

=> Ellos confesaron que lo que hicieron estaba mal: estaban confesando su pecado.

=> Se estaban confesando uno con otro.

Esta es la única vez en Génesis que se dice realmente que una persona pecadora confiesa su pecado (H. C. Leupold, Génesis, vol. 2, p. 1053). Advierta lo que los hermanos estaban recordando más de su pecado terrible: los gritos angustiantes de José cuando él estaba suplicándoles que le salvaran la vida.

1. Los hermanos sintieron el juicio y retribución de Dios: estaban segando lo que habían sembrado (v. 21b). Ellos sintieron que ahora estaban sufriendo porque ellos habían hecho sufrir a José.

2. Rubén, el hermano mayor, enfatizó el juicio y retribución de Dios (vv. 22-23). Recuerden, él habían intentado persuadir a los hermanos a que no le hicieran daño a José pero de nada había servido (Gn. 37:22). Ellos no hacían caso. Ahora, él declaraba, ellos debían cuentas a Dios por derramar su sangre. Nota: al parecer ellos pensaban que José había muerto en la esclavitud. Advierta también que los hermanos no sabían que José podía entenderlos, porque él hablaba por medio de un intérprete (v. 23).

El elemento significativo que se debe tener en cuenta acá es el siguiente: los hermanos estaban confesando su pecado con sinceridad y estaban reconociendo que el juicio de Dios había caído sobre ellos. Pero aún así les era necesario arrepentirse, volverse a Dios y comenzar a seguirlo. Pero por ahora, ellos habían confesado su pecado y habían reconocido a Dios como el Dios de juicio y retribución.

H. C. Leupold dice lo siguiente:

> "Hablan de su culpabilidad en cuanto al asunto de José. Su consciencia se ha removido fuertemente durante estos tres días. Sienten que les ha sobrevenido una retribución justa... ellos admiten su culpabilidad... Lo ven sencillamente como una compensación 'pues vimos la angustia de su alma... y no le escuchamos. Por eso ha venido sobre nosotros esta angustia'" (H. C. Leupold. Génesis, vol. 2, p. 1053).

Henry Morris dice lo siguiente:

> "Para ese momento, sus emociones y su consciencia se encontraban seguramente en una gran confusión. Ahora sus mentes estaban bien ejercitadas en el recuerdo de lo que le habían hecho a su hermano menor, y al sentir que todo esto era un castigo muy apropiado... que esta angustia había venido sobre ellos porque ellos habían pecado contra su hermano... En el libro de Génesis, tanto del pueblo de Dios como de los otros, esta es la única vez que los culpables hacen realmente una confesión de pecado. Estos diez hermanos en los últimos días habían atravesado una experiencia verdaderamente traumática, y había removido sus consciencias al máximo... Se dieron cuenta totalmente que ahora estaban recibiendo lo que habían merecido desde hacía mucho tiempo, y por eso su amargura estaba dirigida contra ellos mismos, no contra el gobernador" (*The Genesis Record* [El registro de Génesis], p. 599).

3. La ternura de José no se podía esconder; él abandonó la habitación y lloró (v. 24). La confesión —el cambio en la vida de sus hermanos ocurrió justo delante de sus ojos— al parecer le tocó el corazón a José. Tan pronto él recuperó la compostura, regresó e hizo arreglos para que ellos regresaran a casa, pero tenían que dejar a Simeón en prisión hasta que regresaran a Egipto.

4. Nota: ellos vieron su pecado anterior repetido en Simeón. Tal como habían esclavizado a José y lo habían arrancado de la familia, habían encarcelado a Simeón y lo habían arrancado de la familia. ¿Por qué habían retenido a Simeón en lugar de otro hermano? Las Escrituras no lo dicen. Sin embargo, Simeón había dirigido los actos malignos y anárquicos de los hermanos en el pasado (Gn. 34:25; 49:5-7). Probablemente José creyera que él necesitaba más tiempo en prisión para que estuviera a solas y reflexionara.

Pensamiento 1. En ocasiones Dios usa la culpabilidad y la angustia para remover nuestras consciencias. Solo hay una solución a la culpabilidad y angustia del alma que sufrimos: Dios. Solo Dios puede liberarnos, proporcionarnos una libertad permanente, y absolver nuestra alma. Solo Él puede perdonar nuestros pecados y proporcionarnos la seguridad absoluta del perdón. Solo Él puede traer paz a nuestra alma, una paz perfecta y eterna. Por ende, debemos venir donde Él y confesar nuestros pecados y nuestra culpabilidad. Cuando lo hacemos, Él nos perdona y nos liberta, proporcionándonos una sensación absoluta de perdón.

"Y salían a él toda la provincia de Judea, y todos los de Jerusalén; y eran bautizados por él en el río Jordán, confesando sus pecados" (Mr. 1:5).

"Me levantaré e iré a mi padre, y le diré: Padre, he pecado contra el cielo y contra ti" (Lc. 15:18).

"Si confesamos nuestros pecados, él es fiel y justo para perdonar nuestros pecados, y limpiarnos de toda maldad" (1 Jn. 1:9).

"Entonces dijo David a Natán: Pequé contra Jehová. Y Natán dijo a David: También Jehová ha remitido tu pecado; no morirás" (2 S. 12:13).

"El que encubre sus pecados no prosperará; mas el que los confiesa y se aparta alcanzará misericordia" (Pr. 28:13).

"Reconoce, pues, tu maldad, porque contra Jehová tu Dios has prevaricado, y fornicaste con los extraños debajo de todo árbol frondoso, y no oíste mi voz, dice Jehová" (Jer. 3:13).

5 (42:25-28) *Temor — Consciencia:* ¿Cómo Dios remueve nuestra consciencia? Despertando temor, despertando la sensación de que la mano de Dios está contra nosotros. Lo que sucedió ahora constituiría una fuerte prueba de carácter para los hermanos, una prueba que los retó al límite.

1. José dio órdenes de llenar los sacos de los hermanos de grano, pero él también inició otra prueba. Él hizo que devolvieran la plata de cada hermano sin que ellos lo supieran. Él hizo que colocaran la plata en sus sacos (v. 25). ¿Por qué José hizo esto? Obviamente él quería probar a sus hermanos de tantas formas como fuera posible.

=> Estaba la prueba del encarcelamiento de Simeón: ¿Los hermanos regresarían por Simeón?

=> Estaba la prueba que involucraba a Benjamín: ¿Los hermanos traerían a Benjamín donde él, el gobernador (José)?

=> Estaba la prueba del temor y el dinero robado: ¿Los hermanos regresarían por Simeón a pesar del hecho de que podrían ser ejecutados como ladrones así como espías?

José usó estas tres cosas para poner a prueba a sus hermanos por tres razones. En primera, estas tres cosas claramente demostrarían si sus corazones habían cambiado algo y si ellos sentían alguna lealtad por la familia. De ser así, regresarían por Simeón. De ser así, traerían a Benjamín. Esto le demostraría a José que Benjamín estaba vivo y que su destino no había sido el mismo que ellos habían pretendido para él.

Segunda, esto también demostraría que ellos ponían a la familia por delante del temor, por delante del dinero y de las posesiones. José tenía que saber que ellos habían cambiado en su avaricia por el dinero. Años antes, ellos lo habían esclavizado por dinero. Si su corazón hubiera cambiado, ellos regresarían por su hermano Simeón con el dinero robado, a pesar de la posibilidad de perder sus cabezas por robar.

Tercero, estas tres cosas también demostrarían que ellos ponían la familia —a toda la familia y a cada uno— por delante del temor y la muerte. Cuando descubrieran el dinero en sus sacos, a sus corazones los sobrecogería un temor penetrante. Parecería como si ellos hubieran robado el grano y no lo hubieran pagado. El gobernador egipcio tendría una acusación más que hacer contra ellos además de la acusación de ser espías. Seguramente los ejecutaría si regresaban a Egipto.

Ahora advierta: la prueba iba a demostrarle a José si el corazón de los hermanos había cambiado. Él los había escuchado confesar su pecado contra él, pero ¿se habían suavizado algo a través de los años? ¿Su corazón había sufrido algún cambio en pos de la justicia y de la unidad de la familia? ¿Sentían ellos alguna obligación con respecto a mantener unida a la familia para que pudieran cumplir las promesas de Dios para ellos? Si el corazón de los hermanos había cambiado...

• Regresarían con Benjamín.
• Regresarían para hacer todo cuanto pudieran por liberar a Simeón de prisión.
• Regresarían con el dinero robado, a pesar del peligro de perder sus cabezas por robar.

Al regresar, demostrarían una confianza inusual en Dios y en su protección y una gran preocupación y lealtad por cada uno. Se darían un gran paso de avance en pos de la tan necesitada unidad de la familia.

2. Los hermanos cargaron su grano en su tren de asnos y se fueron a casa (v. 26). El viaje de regreso era de alrededor de 400 kilómetros, de dos a tres semanas de viaje.

3. En alguna parte del camino, uno de los hermanos abrió un saco para alimentar a su asno y descubrió algo aterrador: su plata estaba en la boca del costal (v. 27).

4. De inmediato se lo dijo a sus hermanos, y el temor se apoderó de cada uno de ellos. Las Escrituras dicen que sus corazones se sobresaltaron y se espantaron (v. 28). Sin embargo, advierta: no tenían idea del dinero de cada hermano se había devuelto, todavía no. Sencillamente se imaginaron que a uno solo se le había olvidado pagar por su arte del grano.

5. Los hermanos sintieron fuertemente que la mano de Dios los estaba juzgando (v. 28c). Nuevamente estaban sintiendo el juicio y retribución de Dios, que Dios estaba castigándolos por su pecado. Advierta que los hermanos estaban creciendo en su conocimiento de Dios. Dios era un Dios justo que ejercía justicia en la tierra. Dios había visto su pecado; Él sabía de su pecado; y Dios los estaba juzgando por su pecado. La retribución justa de Dios venía sobre ellos: Ellos estaban segando exactamente lo que habían sembrado.

Advierta el terrible temor que había azotado a los hermanos. Dios estaba usando el temor para obrar en sus corazones; estaba sucediendo lo mismo que José había esperado. Ellos se estaban acercando cada vez más al arrepentimiento de sus pecados y a volverse a Dios. Cada vez más se estaban acercando a convertirse en verdaderos seguidores del Señor.

Pensamiento 1. Dios obra en nuestros corazones por medio de los temores que nos azotan. Cuando el temor nos azota, Dios quiere que examinemos nuestra vida para ver si las personas o las circunstancias han provocado ese temor. Si es así, entonces Dios nos ayudará y nos fortalecerá para que atravesemos ese temor. Pero Dios también quiere que examinemos nuestras vidas para ver si de alguna manera hemos provocado ese temor. Podemos traer temor sobre nosotros por medio de alguna conducta irresponsable o al cometer algún pecado. Si nosotros somos la causa, Dios quiere que corrijamos nuestra conducta irresponsable. Dios quiere que confesemos nuestro pecado y nos arrepintamos de él.

Dios no trae sobre nosotros un espíritu de temor. Lo hace nuestro propio pecado y conducta irresponsable. Pero Dios sí usa el temor para remover nuestras consciencias. Dios sí usa el temor para motivarnos a hacer varias cosas.

1) Dios usa el temor para motivarnos a pedirle...

- protección
- salud
- su presencia
- sanidad
- paz
- ayuda
- dinero
- liberación
- consuelo
- la vida de un ser amado

"El temor del hombre pondrá lazo; mas el que confía en Jehová será exaltado" (Pr. 29:25).

"Yo, yo soy vuestro consolador. ¿Quién eres tú para que tengas temor del hombre, que es mortal, y del hijo de hombre, que es como heno?" (Is. 51:12).

"Porque no nos ha dado Dios espíritu de cobardía, sino de poder, de amor y de dominio propio" (2 Ti. 1:7).

"Y si invocáis por Padre a aquel que sin acepción de personas juzga según la obra de cada uno, conducíos en temor todo el tiempo de vuestra peregrinación" (1 P. 1:17).

2) Dios usa el temor para motivarnos a abandonar el pecado, para pensar en los resultados del pecado y el juicio.

"Porque la paga del pecado es muerte, mas la dádiva de Dios es vida eterna en Cristo Jesús Señor nuestro" (Ro. 6:23).

"Y no temáis a los que matan el cuerpo, mas el alma no pueden matar; temed más bien a aquel que puede destruir el alma y el cuerpo en el infierno" (Mt. 10:28).

"No seas sabio en tu propia opinión; teme a Jehová, y apártate del mal" (Pr. 3:7).

"Los pecadores se asombraron en Sion, espanto sobrecogió a los hipócritas. ¿Quién de nosotros morará con el fuego consumidor? ¿Quién de nosotros habitará con las llamas eternas?" (Is. 33:14).

"también yo escogeré para ellos escarnios, y traeré sobre ellos lo que temieron; porque llamé, y nadie respondió; hablé, y no oyeron, sino que hicieron lo malo delante de mis ojos, y escogieron lo que me desagrada" (Is. 66:4).

"Porque si pecáremos voluntariamente después de haber recibido el conocimiento de la verdad, ya no queda más sacrificio por los pecados, sino una horrenda expectación de juicio, y de hervor de fuego que ha de devorar a los adversarios" (He. 10:26-27).

3) Dios usa el temor para motivarnos a temerle y a servirle a Él.

"Ahora, pues, Israel, ¿qué pide Jehová tu Dios de ti, sino que temas a Jehová tu Dios, que andes en todos sus caminos, y que lo ames, y sirvas a Jehová tu Dios con todo tu corazón y con toda tu alma" (Dt. 10:12).

"En pos de Jehová vuestro Dios andaréis; a él temeréis, guardaréis sus mandamientos y escucharéis su voz, a él serviréis, y a él seguiréis" (Dt. 13:4).

"Ahora, pues, temed a Jehová, y servidle con integridad y en verdad; y quitad de entre vosotros los dioses a los cuales sirvieron vuestros padres al otro lado del río, y en Egipto; y servid a Jehová" (Jos. 24:14).

"Dad a Jehová la honra debida a su nombre; traed ofrenda, y venid delante de él; postraos delante de Jehová en la hermosura de la santidad. Temed en su presencia, toda la tierra; el mundo será aún establecido, para que no se conmueva" (1 Cr. 16:29-30).

"El fin de todo el discurso oído es este: Teme a Dios, y guarda sus mandamientos; porque esto es el todo del hombre" (Ec. 12:13).

"A Jehová de los ejércitos, a él santificad; sea él vuestro temor, y él sea vuestro miedo" (Is. 8:13).

"Honrad a todos. Amad a los hermanos. Temed a Dios. Honrad al rey" (1 P. 2:17).

4) Dios usa el temor para traer varias grandes cosas a nuestras vidas.
=> Guía y dirección

"¿Quién es el hombre que teme a Jehová? El le enseñará el camino que ha de escoger" (Sal. 25:12).

=> Bondad y protección

"¡Cuán grande es tu bondad, que has guardado para los que te temen, que has mostrado a los que esperan en ti, delante de los hijos de los hombres! en lo secreto de tu presencia los esconderás de la conspiración del hombre; los pondrás en un tabernáculo a cubierto de contención de lenguas" (Sal. 31:19-20).

=> Compasión

"Como el padre se compadece de los hijos, se compadece Jehová de los que le temen" (Sal. 103:13).

=> El placer del Señor

"Se complace Jehová en los que le temen, y en los que esperan en su misericordia" (Sal. 147:11).

=> Conocimiento

"El principio de la sabiduría es el temor de Jehová; los insensatos desprecian la sabiduría y la enseñanza" (Pr. 1:7).

=> La misericordia de Dios

"Y su misericordia es de generación en generación" (Lc. 1:50).

=> La aprobación y aceptación de Dios

"sino que en toda nación se agrada del que le teme y hace justicia" (Hch. 10:35).

[6] (42:29-38) *Desconfianza — Veracidad — Consciencia:* ¿Cómo Dios remueve nuestra consciencia? Dios remueve nuestras consciencias cuando otros desconfían y no nos creen. Finalmente los hermanos llegaron a Canaán.

1. De inmediato comenzaron a informarle a Jacob. Por supuesto, ya que él había notado que faltaba Simeón, tuvieron que informarle casi antes de sentarse. Advierta cuán detallado y honrado fue el informe. Le dijeron a Jacob...

=> Que el gobernador de inmediato les había hablado con aspereza, acusándolos de ser espías (v. 30).

=> Que ellos habían negado la acusación, diciéndole al gobernador que eran doce hijos, que uno estaba muerto y el menor estaba en casa en Canaán con su padre (vv. 31-32).

=> Que el gobernador exigió que probaran su inocencia; que tenían que dejar a Simeón en prisión como garantía hasta que regresaran con el hermano menor (v. 33).

=> Que el gobernador prometió liberar a Simeón a salvo y permitirles que compraran alimento en Egipto si demostraban su inocencia (v. 33c).

Sin lugar a dudas, un silencio solemne se cernió sobre toda la familia después de que les informaron. Advierta que no se dice nada sobre el hecho de que Jacob pusiera objeción alguna al respecto. Al parecer él aceptó el hecho de que tenía que enviar a Benjamín con ellos. De hecho, las Escrituras no dicen nada sobre el hecho de que alguien haya dicho algo en este momento. Según se ha sugerido, había en ellos un espíritu de serenidad y reflexión, porque ellos se enfrentaban a la acusación de ser espías. Y su hermano, Simeón, estaba retenido en Egipto como prisionero hasta que ellos regresaran para demostrar su inocencia.

2. Luego sucedió: se quebrantó la serenidad y la tranquilidad. Había una apariencia aterradora de mentiras y engaño (v. 35). Los hermanos habían comenzado a vaciar sus sacos en el almacén cuando comenzaron a descubrir la plata oculta en sus sacos. Una por una comenzaron a caer las bolsas de plata de los sacos a medida que vaciaban el grano en el suelo. Y advierta: su padre al igual que los hermanos vieron caer las bolsas de plata, y se asustaron. Obviamente un escalofrío los azotó y se aterraron.

3. Iba a haber una acusación de desconfianza. Jacob iba a acusar a los hijos de mentira y engaño. Él se estremecería hasta los tuétanos, porque, al juzgar por sus apariencias, sus hijos habían robado el grano de Egipto. Ellos no lo habían pagado. En la mente de Jacob, los resultados serían catastróficos:

=> El gobernador no liberaría a Simeón.

=> El gobernador ejecutaría a todos sus hijos. Ahora los acusaría de robo y nunca creería que ellos no eran espías.

=> Probablemente el gobernador tendría que enviar a algunos espías egipcios para localizar a sus hijos y matarlos. El gobernador no tenía forma de saber si de veras ellos habían espiado en Egipto para recopilar información de inteligencia.

=> Él no podía confiar en ellos lo suficiente como para enviar a Benjamín con ellos para que demostraran su inocencia.

=> Estaban poniendo en peligro a toda la familia de Israel, la familia que Dios había escogido para cumplir sus grandes promesas: las promesas de la Tierra Prometida y de la Simiente prometida, tanto la gran nación de personas como la simiente muy especial, el Salvador del mundo.

Advierta que Jacob acusó a sus hijos de ser irresponsables por la muerte de José y de Simeón. Y ahora querían llevar a Benjamín también. ¡Parecía que todo estaba en su contra!

Pero Jacob estaba equivocado. Dios estaba obrándolo todo a bien. Dios estaba preparando las cosas para salvarlo a él y a su familia. Dios iba a usarlos para traer al Salvador y la salvación al mundo. Pero Jacob no sabía esto en ese momento. Todo le parecía de la misma forma que nos parecería a nosotros: turbio y funesto. Él estaba como habríamos estado nosotros, indefensos sin saber qué hacer. Había una gran necesidad por parte de Jacob de ir ante Dios a buscar su ayuda y su fortaleza, su guía y su dirección.

4. Lo que sucedió ahora demuestra con cuánta fuerza Dios estaba obrando en el corazón de los hermanos: Hubo una gran declaración de veracidad. Rubén declaró que ellos estaban diciendo la verdad y él lo demostraría: él ofrecería a sus propios dos hijos como garantía por Benjamín. ¿Cómo Rubén podía hacer esto? ¿Por qué él le ofrecería sus dos hijos a Jacob para que los matara? Rubén no quería decir eso literalmente. Él nunca ofrecería a sus dos hijos para que nadie los matara, tampoco su padre mataría a nadie jamás,

mucho menos sus dos nietos. Rubén estaba enfatizando al máximo que él estaba diciendo la verdad; por ende, él usó la declaración y garantía máximas. La garantía máxima eran las vidas de sus dos hijos la vida del hijo menor de Jacob.

¿Qué debía hacer Jacob? La evidencia de las mentiras y el engaño estaba allí en el suelo delante de él: allí estaba el dinero. Y Simeón no había regresado con ellos. Jacob hizo lo que haríamos la mayoría de nosotros como padres con la evidencia yaciendo allí delante de nosotros, fundamentalmente si los hijos tuvieran antecedentes de ser malos, anárquicos, violentos, y mentirosos.

5. Jacob hizo un segundo planteamiento fuerte de desconfianza (v. 38). Benjamín no iba con ellos cuando regresaran a Egipto, porque él era el último hijo vivo de Raquel. Si por casualidad le pasaba algo malo a Benjamín, eso lo mataría (a Jacob).

Pensamiento 1. Dios remueve nuestras consciencias cuando otros no confían en nosotros y no nos creen. Cuando otros desconfían de nosotros, Dios quiere que reflexionemos para averiguar por qué.

1) ¿Hemos hecho algo para que una persona desconfíe de nosotros, para llamarnos mentirosos e intrigantes? De ser así, Dios quiere que lo corrijamos y hagamos todo cuanto podamos por llevar vidas responsables ante aquellos que hemos ofendido.

2) ¿Hemos cometido algún pecado que haga que una persona desconfíe de nosotros? Pecados tales como...

- Mentir
- robar
- engañar
- borrachera
- adulterio
- maltrato
- falsificar registros o información

De ser así, Dios quiere que confesemos nuestro pecado y nos arrepintamos de él. Dios quiere que le entreguemos nuestras vidas a Él y lo sigamos con todo nuestro corazón. Dios quiere que llevemos vidas que sean confiables. Él quiere que nuestras vidas sean tan contundentes como nuestra palabra. De hecho, Dios quiere que nuestras vidas y nuestras palabras coincidan con su Palabra. Él quiere que pongamos en nuestras vidas —que pongamos en práctica— los mandamientos de la Santa Biblia. Dios quiere que vivamos como Él nos dice que hemos de vivir. Cuando aprendamos a vivir acorde a su Palabra, entonces demostraremos ser confiables. Llevaremos vidas santas, justas, y piadosas.

"No paguéis a nadie mal por mal; procurad lo bueno delante de todos los hombres" (Ro. 12:17).

"No debáis a nadie nada, sino el amaros unos a otros; porque el que ama al prójimo, ha cumplido la ley" (Ro. 13:8).

"Por lo cual, desechando la mentira, hablad verdad cada uno con su prójimo; porque somos miembros los unos de los otros" (Ef. 4:25).

"Estad, pues, firmes, ceñidos vuestros lomos con la verdad, y vestidos con la coraza de justicia" (Ef. 6:14).

"No mintáis los unos a los otros, habiéndoos despojado del viejo hombre con sus hechos" (Col. 3:9).

"No hurtaréis, y no engañaréis ni mentiréis el uno al otro" (Lv. 19:11).

"Pesa exacta y justa tendrás; efa cabal y justo tendrás, para que tus días sean prolongados sobre la tierra que Jehová tu Dios te da" (Dt. 25:15).

"No habitará dentro de mi casa el que hace fraude; el que habla mentiras no se afirmará delante de mis ojos" (Sal. 101:7).

"El peso falso es abominación a Jehová; mas la pesa cabal le agrada" (Pr. 11:1).

"El labio veraz permanecerá para siempre; mas la lengua mentirosa sólo por un momento" (Pr. 12:19).

"Los labios mentirosos son abominación a Jehová; pero los que hacen verdad son su contentamiento" (Pr. 12:22).

CAPÍTULO 43

G. José les hizo frente y puso a prueba a sus hermanos (parte 2): Pasos que pueden cambiar la vida de una persona, 43:1-34

1 La familia de Jacob se enfrentó a una hambruna y escasez severas: Le dieron el frente a los problemas como es debido
  a. Se habían comido todo su grano
  b. Jacob mandó a sus hijos a ir y comprar más alimento
2 Los hijos de Jacob tenían que demostrar que no eran espías, sino que decían la verdad: Dijeron la verdad y no mintieron
  a. Tenían que llevar a Benjamín como prueba
  b. Judá explicó las condiciones en detalles: Benjamín era la prueba de que ellos tenían una familia en Canaán
    1) El gobernador exigió que él viniera como prueba
    2) Ellos no podían ir a menos que él fuera
3 Jacob (Israel) se enfrentó a su propia lucha personal: Se enfrentó a un problema aterrador
  a. Su lucha detallada
  b. Los hijos explicaron la cuidadosa inquisición del gobernador y su necesidad de ser sinceros: No tenían forma de saber que él

1 El hambre era grande en la tierra;
2 y aconteció que cuando acabaron de comer el trigo que trajeron de Egipto, les dijo su padre: Volved, y comprad para nosotros un poco de alimento.

3 Respondió Judá, diciendo: Aquel varón nos protestó con ánimo resuelto, diciendo: No veréis mi rostro si no traéis a vuestro hermano con vosotros.

4 Si enviares a nuestro hermano con nosotros, descenderemos y te compraremos alimento.

5 Pero si no le enviares, no descenderemos; porque aquel varón nos dijo: No veréis mi rostro si no traéis a vuestro hermano con vosotros.

6 Dijo entonces Israel: ¿Por qué me hicisteis tanto mal, declarando al varón que teníais otro hermano?

7 Y ellos respondieron: Aquel varón nos preguntó expresamente por nosotros, y por nuestra familia, diciendo: ¿Vive aún vuestro padre? ¿Tenéis otro hermano? Y le declaramos conforme a estas palabras.

¿Acaso podíamos saber que él nos diría: Haced venir a vuestro hermano?
8 Entonces Judá dijo a Israel su padre: Envía al joven conmigo, y nos levantaremos e iremos, a fin de que vivamos y no muramos nosotros, y tú, y nuestros niños.
9 Yo te respondo por él; a mí me pedirás cuenta. Si yo no te lo vuelvo a traer, y si no lo pongo delante de ti, seré para ti el culpable para siempre;
10 pues si no nos hubiéramos detenido, ciertamente hubiéramos ya vuelto dos veces.
11 Entonces Israel su padre les respondió: Pues que así es, hacedlo; tomad de lo mejor de la tierra en vuestros sacos, y llevad a aquel varón un presente, un poco de bálsamo, un poco de miel, aromas y mirra, nueces y almendras.
12 Y tomad en vuestras manos doble cantidad de dinero, y llevad en vuestra mano el dinero vuelto en las bocas de vuestros costales; quizá fue equivocación.
13 Tomad también a vuestro hermano, y levantaos, y volved a aquel varón.
14 Y el Dios Omnipotente os dé misericordia delante de aquel varón, y os suelte al otro vuestro hermano, y a este Benjamín. Y si he de ser privado de mis hijos, séalo.
15 Entonces tomaron aquellos varones el presente, y tomaron en su mano doble cantidad de dinero, y a Benjamín; y se levantaron y descendieron a Egipto, y se presentaron delante de José.

exigiría que se llevara a Benjamín a Egipto

4 Judá se ofreció como garantía por Benjamín: Él estaba dispuesto a sacrificarse por otros
  a. Judá habló: era cuestión de vida o muerte
  b. Judá se ofreció como garantía por Benjamín, para garantizar su regreso

  c. Judá sugirió que ya podían haber ido y regresado dos veces

5 Jacob envió regalos al gobernador: Él dio sus mejores posesiones
  a. Israel envió los mejores regalos: A pesar de su necesidad personal

  b. Israel envió el dinero doble

  c. Israel envió el regalo más preciado: la vida de Benjamín

6 Jacob encomendó a sus hijos al cuidado de Dios: Le confió su cuidado al Dios Todopoderoso

7 Los hermanos fueron a Egipto: Probaron su palabra, que eran confiables
  a. Hicieron lo que el gobernador había exigido: llevaron a Benjamín ante José

1) José vio a Benjamín: Ordenó que se preparara una comida para que ellos cenaran con él

2) Se obedecieron las órdenes de José: Los hermanos fueron llevados a la casa de José

b. Dieron cuentas del dinero escondido en secreto en sus sacos

  1) Ellos temieron cuando los llevaron a la casa de José: Pensaron que era por el dinero, que él los iba a arrestar y esclavizarlos

  2) Se acercaron al mayordomo e inquirieron rápidamente sobre el asunto, en la puerta

  3) Ellos dijeron la verdad, con estricta honradez

  4) Estaban listos para corregir el asunto: Estaban devolviendo el dinero

  5) Habían traído dinero adicional para comprar alimento

  6) Ellos no sabían quién había puesto el dinero en sus sacos

8 Los hermanos aceptaron el verdadero afecto de José

16 Y vio José a Benjamín con ellos, y dijo al mayordomo de su casa: Lleva a casa a esos hombres, y degüella una res y prepárala, pues estos hombres comerán conmigo al mediodía.
17 E hizo el hombre como José dijo, y llevó a los hombres a casa de José.

18 Entonces aquellos hombres tuvieron temor, cuando fueron llevados a casa de José, y decían: Por el dinero que fue devuelto en nuestros costales la primera vez nos han traído aquí, para tendernos lazo, y atacarnos, y tomarnos por siervos a nosotros, y a nuestros asnos.
19 Y se acercaron al mayordomo de la casa de José, y le hablaron a la entrada de la casa.

20 Y dijeron: Ay, señor nuestro, nosotros en realidad de verdad descendimos al principio a comprar alimentos.
21 Y aconteció que cuando llegamos al mesón y abrimos nuestros costales, he aquí el dinero de cada uno estaba en la boca de su costal, nuestro dinero en su justo peso; y lo hemos vuelto a traer con nosotros.
22 Hemos también traído en nuestras manos otro dinero para comprar alimentos; nosotros no sabemos quién haya puesto nuestro dinero en nuestros costales.

23 El les respondió: Paz a vosotros, no temáis; vuestro Dios y el Dios de vuestro padre os dio el

tesoro en vuestros costales; yo recibí vuestro dinero. Y sacó a Simeón a ellos.

24 Y llevó aquel varón a los hombres a casa de José; y les dio agua, y lavaron sus pies, y dio de comer a sus asnos.
25 Y ellos prepararon el presente entretanto que venía José a mediodía, porque habían oído que allí habrían de comer pan.
26 Y vino José a casa, y ellos le trajeron el presente que tenían en su mano dentro de la casa, y se inclinaron ante él hasta la tierra.
27 Entonces les preguntó José cómo estaban, y dijo: ¿Vuestro padre, el anciano que dijisteis, lo pasa bien? ¿Vive todavía?
28 Y ellos respondieron: Bien va a tu siervo nuestro padre; aún vive. Y se inclinaron, e hicieron reverencia.
29 Y alzando José sus ojos vio a Benjamín su hermano, hijo de su madre, y dijo: ¿Es éste vuestro hermano menor, de quien me hablasteis? Y dijo: Dios tenga misericordia de ti, hijo mío.
30 Entonces José se apresuró, porque se conmovieron sus entrañas a causa de su hermano, y buscó dónde llorar; y entró en su cámara, y lloró allí.
31 Y lavó su rostro y salió, y se contuvo, y dijo: Poned pan.

32 Y pusieron para él aparte, y separadamente para ellos, y aparte para los egipcios que con él

a Ellos aceptaron el regalo del dinero como la bendición de Dios
b. Su hermano Simeón fue puesto en libertad
c. Aceptaron la hospitalidad que se les ofreció

d. Mostraron respeto hacia el gobernador (José)

  1) Se inclinaron delante de José y le dieron los regalos
  2) José les preguntó por su padre: ¿Aún vivía?

  3) Contestaron que él estaba bien y se inclinaron en señal de respeto por la cortesía de José
  4) José se centró en Benjamín y lo bendijo

  5) Se desató la ternura de José: Salió corriendo a una habitación privada y lloró

  6) Se lavó la cara, regresó, y ordenó que se sirviera la comida

9 Los hermanos aceptaron su posición y su suerte en la vida

| a. Se observaron las distinciones de casta y posición en la vida

b. Los hermanos se sentaron por orden de nacimiento y edad, en el orden de su posición y suerte en la vida | comían; porque los egipcios no pueden comer pan con los hebreos, lo cual es abominación a los egipcios. 33 Y se sentaron delante de él, el mayor conforme a su primogenitura, y el menor conforme a su menor edad; y estaban aquellos hombres atónitos mirándose el uno al otro. | 34 Y José tomó viandas de delante de sí para ellos; mas la porción de Benjamín era cinco veces mayor que cualquiera de las de ellos. Y bebieron, y se alegraron con él. | c. Los hermanos vieron que todos eran favorecidos, pero en particular; Benjamín era más favorecido |

DIVISIÓN X

JOSÉ, BISNIETO DE ABRAHAM: ESCOGIDO PARA SALVAR A LA DESCENDENCIA DEL PUEBLO DE DIOS Y LAS GRANDES PROMESAS DE DIOS: SUCESOS QUE LLEVAN AL PUEBLO DE DIOS A EGIPTO, 37:1—50:26

G. José les hizo frente y puso a prueba a sus hermanos (parte 2): Pasos que pueden cambiar la vida de una persona, 43:1-34

(43:1-34) *Introducción:* El cambio, un tema poco grato. La disposición a cambiar es una de las cosas más difíciles de aceptar en todo el mundo. Aún así, el cambio constituye un elemento necesario de la vida. Si no estamos dispuestos a cambiar...

- No podemos aprender, avanzar, progresar, ni obtener logros.
- No podemos movernos, crecer, prosperar, ni mantenernos al día.
- No podemos mostrar un espíritu de colaboración.
- No podemos mostrar interés en el avance de la sociedad y del mundo.
- No podemos mostrar interés por nuestra familia, organización, iglesia, ni ningún otro grupo del que formemos parte.

Hay algunos pasos que nos pueden ayudar a aceptar el cambio. El pasaje actual de las Escrituras aborda algunos de estos pasos. No hay hombres que hayan necesitado más sufrir cambios que los hermanos de José. Les era necesario cambiar urgentemente; les era necesario convertirse totalmente en hombres nuevos. Esto era lo que José buscaba. Su conversión era la razón misma por la que él los había hecho enfrentarse a la prueba y la experiencia a la que ahora se estaban enfrentando. No tenían otra opción que vivir las experiencias abordadas en este capítulo. Si deseaban alimento y si ellos deseaban liberar a Simeón, tenían que regresar a Egipto con Benjamín. Por eso estaban obligados a enfrentar las experiencias que *cambiarían* sus corazones y sus vidas para siempre. Una ojeada rápida a los pasos que provocan el cambio le demostrará al lector cómo los pasos pueden cambiar cualquier corazón y cualquier vida.

En un momento u otro, un creyente se enfrenta a todas estas experiencias a lo largo de su vida. El creyente nunca deberá negarse a tales experiencias. La mayoría de las personas lo hacen, pero no debieran hacerlo, porque constituyen experiencias que reportan tremendo aprendizaje. De hecho, las experiencias que cambian nuestras vidas son experiencias proporcionadas por Dios para ayudarnos a llevar una vida que se desborde de toda la plenitud de la vida. Este es el tema de este pasaje importante, *José les hizo frente a sus hermanos (parte 2). Pasos que pueden cambiar la vida de una persona*, 43:1-34.

1. La familia de Jacob se enfrentó a una hambruna y escasez severas: Le dieron el frente a los problemas como es debido (vv. 1-2).
2. Los hijos de Jacob tenían que demostrar que no eran espías, sino que decían la verdad: Dijeron la verdad y no mintieron (vv. 3-5).
3. Jacob (Israel) se enfrentó a su propia lucha personal: Se enfrentó a un problema aterrador (vv. 6-7).
4. Judá se ofreció como garantía por Benjamín: Él estaba dispuesto a sacrificarse por otros (vv. 8-10).
5. Jacob envió regalos al gobernador: Él dio sus mejores posesiones (vv. 11-13).
6. Jacob encomendó a sus hijos al cuidado de Dios: Le confió su cuidado al Dios Todopoderoso (v. 14).
7. Los hermanos fueron a Egipto: Probaron su palabra, que eran confiables (vv. 15-22).
8. Los hermanos aceptaron el verdadero afecto de José (vv. 23-31).
9. Los hermanos aceptaron su posición y su suerte en la vida (vv. 32-34).

1 (43:1-2) *Necesidad — Problemas — Escasez:* Un primer paso que puede cambiar la vida de una persona es enfrentar el problema directamente como es debido. La familia se enfrentaba a una escasez y hambre severas. La escasez era la más severa que la familia había visto, y recuerden que ellos tenían una de las haciendas más grandes del país (vea notas, Gn. 25:5-6; 26:1-6; 26:12-17; 28:10-11, pt. 3). Sin dudas estaban perdiendo ganado todos los días, y toda la familia se estaba viendo forzada a racionar sus alimentos y su grano, tanto para ellos como para los animales.

Jacob y sus hijos no querían hacerle frente a este problema de la escasez. ¿Por qué? Porque los hijos estaban enfrentándose a la posibilidad de ser ejecutados como espías si regresaban a Egipto. Y Jacob se estaba enfrentando al problema de tener que enviar a su hijo menor, Benjamín, a Egipto para demostrar que los otros hijos no estaban mintiendo. Por ende, ellos se seguían demorando y demorando su regreso a Egipto. Seguían posponiendo el viaje a pesar de haber dejado a Simeón en prisión. Esto demuestra cuánto temían por sus vidas y cuánto temían tener que enfrentarse al gobernador para demostrar su inocencia. Se sentían con pocas esperanzas delante del gobernador egipcio que los había tratado con tanta aspereza. Seguían teniendo esperanza de que lloviera o de que cesara la escasez. Seguían teniendo esperanza de que sucediera algo que liberara a Simeón, ya fuese que el gobernador cambiara de parecer o que lo retiraran o sustituyeran por un gobernador más comprensivo.

Además, su padre estaba cuestionando la sabiduría del regreso de Benjamín con ellos, y ellos no se atrevían a regresar sin él. Tanto los hijos como Jacob tenían razones de peso para posponer el viaje de regreso a Egipto, y ambos estaban usando las razones para demorarse tanto como pudieran.

Pero finalmente, ya no podían esperar más. La escasez no había cesado y no habían liberado a Simeón. Se habían comido todo el grano, y los otros suministros de alimentos corrían el peligro de agotarse. Tuvieron que regresar a Egipto o de lo contrario tenían que enfrentarse a la hambruna y perder su hacienda con todas sus posesiones. Así que Jacob mandó a los hijos a ir y comprar más alimento (v. 2).

Pensamiento 1. A muchos de nosotros se nos dificulta enfrentar los problemas. Cuando algún problema se nos presenta, hay una tendencia a dejarlo para más tarde, ignorarlo, y posponerlo; una tendencia a esperar que desaparezca que otra persona lo maneje. Pero posponer problemas nos puede provocar toda clase de dificultades, dificultades como...

- tensiones
- ansiedad
- culpa
- caos
- problemas mayores
- estrés
- desaprobación
- confusión
- una gran pérdida
- problemas adicionales

La lista de dificultades es ilimitada. Si tenemos dificultades enfrentando los problemas, nos es necesario pedirle a Dios que nos ayude. Nos es necesario que Dios nos fortalezca para que podamos enfrentar nuestros problemas directamente como es debido y resolverlos. Esta es una forma de cambiar nuestras vidas: enfrentar los problemas directamente como es debido y contar con el Señor para que nos ayude a vencerlos.

"Pero como las chispas se levantan para volar por el aire, así el hombre nace para la aflicción. Ciertamente yo buscaría a Dios, y encomendaría a él mi causa" (Job 5:7-8).

"Jehová es mi fortaleza y mi escudo; en él confió mi corazón, y fui ayudado, por lo que se gozó mi corazón, y con mi cántico le alabaré" (Sal. 28:7).

"Aunque afligido yo y necesitado, Jehová pensará en mí. Mi ayuda y mi libertador eres tú; Dios mío, no te tardes" (Sal. 40:17).

"Me rodearon ligaduras de muerte, me encontraron las angustias del Seol; angustia y dolor había yo hallado. Entonces invoqué el nombre de Jehová, diciendo: Oh Jehová, libra ahora mi alma. Clemente es Jehová, y justo; sí, misericordioso es nuestro Dios" (Sal. 116:3-5).

"Respondiendo Jesús, les dijo: De cierto os digo, que si tuviereis fe, y no dudareis, no sólo haréis esto de la higuera, sino que si a este monte dijereis: Quítate y échate en el mar, será hecho" (Mt. 21:21).

"Y para que la grandeza de las revelaciones no me exaltase desmedidamente, me fue dado un aguijón en mi carne, un mensajero de Satanás que me abofetee, para que no me enaltezca sobremanera; respecto a lo cual tres veces he rogado al Señor, que lo quite de mí. Y me ha dicho: Bástate mi gracia; porque mi poder se perfecciona en la debilidad. Por tanto, de buena gana me gloriaré más bien en mis debilidades, para que repose sobre mí el poder de Cristo" (2 Co. 12:7-9).

"de manera que podemos decir confiadamente: El Señor es mi ayudador; no temeré lo que me pueda hacer el hombre" (He. 13:6).

2 (43:3-5) *Veracidad:* Un segundo paso que puede cambiar la vida de una persona es decir la verdad y no mentir. Si los hijos iban a Egipto, tenían que probar que estaban diciendo la verdad y que no mentían, demostrar que no eran espías.

1. Tenían que llevar a Benjamín como prueba de que estaban diciendo la verdad (v. 3). Recuerden, ellos habían tratado de probar que no eran espías diciéndole al gobernador sobre su familia. Ellos eran los hijos de un hombre de Canaán, y había doce hijos en total; había diez allí en Egipto comprando el grano; un hijo estaba en casa; y otro estaba muerto, refiriéndose al propio José (Gn. 42:14). Para probar su inocencia —que eran sinceros y no mentían— tenían que regresar a casa y traer al hijo menor de vuelta donde el gobernador. Para asegurarse que regresaran, a un hijo, Simeón, lo habían dejado como rehén en prisión hasta que trajeran donde José al hijo menor.

Recuerden, los hermanos no sabían que el gobernador era José. También, tengan presente por qué José estaba haciendo esto: para probar y fortalecer a sus hermanos. Él tenía que saber si ellos...

- eran salvos y seguían a Dios.
- Estaban comprometidos a mantener unida a la familia.
- Estaban comprometidos a ser *la Simiente prometida*: La familia de creyentes prometida por Dios, la familia por medio de quién Dios enviaría a la Simiente prometida y muy especial, el Salvador del mundo.

• Estaban comprometidos a buscar con diligencia *la Tierra Prometida*, la gran esperanza que Dios le había dado a Abraham, Isaac, y Jacob.

José tenía que hacer todo cuanto pudiera para preparar a sus hermanos para que cumplieran su destino. Esta era la razón misma por la que Dios lo había subido al poder en Egipto. Por eso cuando sus hermanos se pararon delante de él, de inmediato inició su plan para probarlos y fortalecerlos.

Ahora de vuelta en Canaán, tenían que enfrentar a su problema (la prueba) directamente como es debido. Tenían que regresar a Egipto para demostrar su inocencia o de lo contrario tenían que enfrentarse a la hambruna y a la pérdida de todo cuanto poseían.

2. Advierta que Judá explicó al detalle las condiciones: Benjamín tenía que ir con ellos para demostrar que no estaban mintiendo, de lo contrario no podían ir, porque el gobernador le había dado un ultimátum (vv. 4-5). El gobernador era insistente; él lo había dejado todo bien claro: no debían regresar a menos que trajeran a su hermano menor.

A lo que se refería Judá era lo siguiente: si ellos iban a Egipto sin Benjamín, el gobernador supondría que ellos estaban mintiendo y que eran espías. Definitivamente los ejecutaría o encarcelaría. Por ende, los hijos tenían que demostrar que ellos estaban diciendo la verdad y que no mentían. Si Jacob dejaba ir a Benjamín, ellos irían. De no ser así, no podían ir. No habría necesidad; serían ejecutados.

Advierta lo siguiente: los hijos se habían pasado la vida mintiendo y engañando a las personas. Años antes, ellos habían mentido y engañado al pueblo de Siquem. Además, le habían mentido a Jacob sobre José (Gn. 37:31-35). Este era el problema con el que José estaba lidiando al hacer que sus hermanos demostraran la veracidad de sus palabras, que en realidad tenían un hermano menor. Les era necesario que Dios los convirtiera, los cambiara de mentirosos a hombres de verdad. José los había puesto a prueba, y sin lugar a dudas estaba confiando en que Dios obrara en sus corazones para convertirlos. Como veremos más adelante, Dios estaba obrando.

Pensamiento 1. Pocas personas dicen la verdad todo el tiempo. La mayoría de las personas estirarán la verdad y mentirán cuando se vean atrapados en una situación poco grata. Las personas estiran la verdad y mienten...

• Al esposo o la esposa
• A los hijos o los padres
• A los compañeros de trabajo o a los supervisores
• A un amigo o vecino

Estirar la verdad y mentir son lamentablemente comunes entre muchísimos de nosotros. Pero todas las formas de mentir y estirar la verdad son inaceptables ante Dios, ya sean mentiritas piadosas, exageraciones, o una mentirota para librarse de la pérdida o el castigo. Para Dios, una mentira es una mentira, y la persona no debe mentir. La palabra de una persona debe ser su credencial, la prueba de su carácter, el tipo de persona que uno es.

Decir la verdad es tan importante que es una de las vías más rápidas por las que una persona puede cambiar su conducta. Si una persona quiere cambiar realmente —quiere convertirse realmente en una nueva persona— entonces ser una persona sincera lo ayudará tan rápido como cualquier otra cosa.

1) Advierta que Dios es un Dios de verdad.

"El es la Roca, cuya obra es perfecta, porque todos sus caminos son rectitud; Dios de verdad, y sin ninguna iniquidad en él; es justo y recto" (Dt. 32:4).

"Ahora pues, Jehová Dios, tú eres Dios, y tus palabras son verdad, y tú has prometido este bien a tu siervo" (2 S. 7:28).

"El cual hizo los cielos y la tierra, el mar, y todo lo que en ellos hay; que guarda verdad para siempre" (Sal. 146:6).

"Jesús le dijo: Yo soy el camino, y la verdad, y la vida; nadie viene al Padre, sino por mí" (Jn. 14:6).

"Le dijo entonces Pilato: ¿Luego, eres tú rey? Respondió Jesús: Tú dices que yo soy rey. Yo para esto he nacido, y para esto he venido al mundo, para dar testimonio a la verdad. Todo aquel que es de la verdad, oye mi voz" (Jn. 18:37).

2) Advierta que debemos ser hombres y mujeres de verdad.

"y vestíos del nuevo hombre, creado según Dios en la justicia y santidad de la verdad. Por lo cual, desechando la mentira, hablad verdad cada uno con su prójimo; porque somos miembros los unos de los otros" (Ef. 4:24-25).

"Estad, pues, firmes, ceñidos vuestros lomos con la verdad, y vestidos con la coraza de justicia" (Ef. 6:14).

"El labio veraz permanecerá para siempre; mas la lengua mentirosa sólo por un momento" (Pr. 12:19).

"Estas son las cosas que habéis de hacer: Hablad verdad cada cual con su prójimo; juzgad según la verdad y lo conducente a la paz en vuestras puertas" (Zac. 8:16).

"La ley de verdad estuvo en su boca, e iniquidad no fue hallada en sus labios; en paz y en justicia anduvo conmigo, y a muchos hizo apartar de la iniquidad" (Mal. 2:6).

3 (43:6-7) *Lucha, espiritual — Propósito, de Dios:* Un tercer paso que puede cambiar la vida de una persona es enfrentar las luchas personales. Israel (Jacob) tenía que enfrentar el problema de su propia lucha personal.

1. Jacob se sentía dolido, y estaba luchando y preguntándose qué debía hacer. Advierta que las Escrituras usan acá el nombre *Israel* en vez de Jacob. ¿Para qué? Para ponerle énfasis al sufrimiento tan grande que Jacob sentía por toda la situación. Jacob estaba muy preocupado por todos sus hijos, así como por Benjamín. Su mayor preocupación era la siguiente: si enviaba a los once hijos a Egipto y todos

eran ejecutados, no tendría hijos para darle continuidad a la Simiente prometida y a la familia de creyentes prometida por Dios. Sus hijos serían la descendencia prometida de creyentes, la descendencia prometida por medio de quien vendría el Salvador del mundo. Y ahora, todos se enfrentaban a una acusación capital en Egipto. Si tan solo pudiera quedarse con Benjamín, aunque los hermanos fueran ejecutados, Benjamín podía darle continuidad a la Simiente prometida y a la descendencia de Dios.

Esta era la lucha, el dolor del corazón de Jacob. Él no podía ver una solución para la situación tan terrible a que se enfrentaban él y su familia. Su única esperanza era manejarla con la fe y la fuerza del nuevo nombre que JEHOVÁ le había dado, el nombre de *Israel*. Recuerden que *Israel* significa dos cosas: el hombre que lucha y prevalece con Dios, y el hombre en quien Dios lucha y prevalece. Tanto Jacob como Dios estaban luchando y prevaleciendo uno con otro en la situación. Jacob necesitaba urgentemente que Dios obrara tanto en su corazón como en el corazón de sus hijos. Él necesitaba que Dios solucionara la situación. Y recuerden: Dios lo estaba solucionando. No como pensaban Jacob y sus hijos; No obstante, Él estaba solucionando todas las cosas y todo era para bien. Las cosas iban a terminar a bien para cada uno de ellos.

2. Advierta que varios de no ser todos los hijos le respondieron a su padre. Ellos explicaron la inquisición del gobernador y su necesidad de ser sinceros: no tenían forma alguna de saber que él les exigiría que trajeran a Benjamín a Egipto (v. 7).

Pensamiento 1. Cuando estamos luchando con algún problema personal, debemos enfrentarlo y manejarlo. Las luchas personales a las que no se les da el frente directamente pueden provocar agitaciones internas y problemas de salud, tanto físicos como mentales. Enfrentar las luchas personales que nos preocupan puede cambiar nuestras vidas y transformarnos por completo.

Nos es necesario hacer lo que Jacob había aprendido a hacer: ir delante del Señor como Israel, como una persona que le pide a Dios y continúa pidiendo hasta que prevalece con Dios. Dios nos escuchará y nos fortalecerá para manejar las luchas personales de nuestras vidas.

"Este pobre clamó, y le oyó Jehová, y lo libró de todas sus angustias" (Sal. 34:6).

"Desde el cabo de la tierra clamaré a ti, cuando mi corazón desmayare. Llévame a la roca que es más alta que yo" (Sal. 61:2).

"Me invocará, y yo le responderé; con él estaré yo en la angustia; lo libraré y le glorificaré" (Sal. 91:15).

"Entonces invocarás, y te oirá Jehová; clamarás, y dirá él: Heme aquí. Si quitares de en medio de ti el yugo, el dedo amenazador, y el hablar vanidad" (Is. 58:9).

"Y antes que clamen, responderé yo; mientras aún hablan, yo habré oído" (Is. 65:24).

"¿Está alguno entre vosotros afligido? Haga oración. ¿Está alguno alegre? Cante alabanzas" (Stg. 5:13).

4 (43:8-10) *Sacrificio — Abnegación:* Un cuarto paso que puede cambiar la vida de una persona es sacrificarse por el bien de otros. Judá se ofreció como garantía por Benjamín. Ahora Judá tomaba la palabra para apelar a su padre.

1. Judá habló, explicándole la situación: era una cuestión de vida o muerte; se enfrentaban a la hambruna (v. 8). Jacob tenía que enviar a Benjamín con ellos, y ellos tenían que marcharse cuanto antes o de lo contrario ellos, Jacob y todos sus hijos, incluso Benjamín, iban a morir de hambre.

Advierta la urgencia y el tono brusco del planteamiento de Judá. Al parecer los suministros de alimentos habían disminuido a un nivel peligroso. Tenían que hacer algo y era ahora. Es muy probable que hubieran escuchado informes de personas muriendo de hambre por todo el territorio (H. C. Leupold, *Génesis*, vol. 2, p. 1064; Henry Morris, *The Genesis Record* [El registro de Génesis], p. 605).

2. Luego Judá hizo una súplica y promesa significativas: él se ofreció para ser la garantía, la garantía de Benjamín (v. 9). El verbo hebreo equivalente de *surety* o *garantizar* (arabh) significa "dar una fianza", "comprometerse", "dar seguridad", "intercambiar con una persona", "ponerse en su lugar" (William Wilson. *Wilson's Old Testament Word Studies* [Estudios lexicológicos de Wilson del Antiguo Testamento]. McLean, VA: MacDonald Publishing Company, s.f., p. 430).

Judá declaró que él garantizaría la seguridad de Benjamín; él se responsabilizaría personalmente de él. Él sufriría la culpa si él no traía a Benjamín de vuelta a casa, sufriría la culpa por el resto de su vida.

3. Advierta la urgencia: Judá dijo que habían demorado tanto su regreso que podían haber ido y regresado de Egipto dos veces. Era un viaje de cerca de seis semanas de ida y regreso lo que significaba que se habían demorado al menos doce semanas y cerca de tres meses.

Advierta el gran salto que da Judá acá en cuanto a crecimiento. Matthew Henry dice que esto constituye una evidencia del *arrepentimiento* de Judá. En la medida de lo posible, él estaba haciendo una *restitución* por su participación en el daño a José; él no podía traer a José personalmente de vuelta, pero él podía duplicar su cuidado por Benjamín (*Matthew Henry's Commentary* [Comentario de Matthew Henry], vol. 1, p. 237).

James Montgomery Boice dice que esto constituye una evidencia de que Judá se había suavizado un poco. Él había sido duro y egocéntrico, pero él estaba mostrando preocupación por una persona más que por sí mismo. Él estaba declarando que otra persona era más importante que él mismo (*Génesis, un comentario expositivo*, vol. 3, p. 147).

Advierta que Judá estaba dispuesto a sacrificarse por Benjamín. En realidad estaba dispuesto a cambiar su vida por la vida de otra persona. Esto demuestra exactamente cuánto estaba creciendo Judá en toda esta experiencia. Dios estaba obrando en su corazón y lo estaba moviendo a ese gran momento de salvación y conversión, el gran momento en que le entregaría su corazón y su vida a Dios y comenzaría a seguirlo.

Advierta tres elementos sobre Judá en este punto.

1. Judá había pecado. Él estaba delante cuando sus hermanos vendieron a José; sin embargo, él sí trató de detenerlos (Gn. 37:26). Él también había cometido incesto (Gn. 38:1s).

2. Ahora Judá comenzaba a sobresalir de entre los hijos. A partir de este momento al parecer se producía un gran cambio en su corazón y en su vida (cp. Gn. 43:8-9; 44:14-34; 46:28).

3. A Judá se le escogería como la descendencia prometida, la descendencia por medio de quien vendría la Simiente prometida, el Salvador y Mesías (Vea nota, Gn. 38:26).

> **Pensamiento 1.** Nada cambiará la vida de una persona con mayor rapidez que estar dispuesto a sacrificar su vida por otra persona. ¿Cuán dispuestos estamos a sacrificarnos, a entregarnos totalmente por el bien de otros? Esto es exactamente lo que exige Jesucristo de nosotros: que nos sacrifiquemos, que estemos dispuestos a entregarnos totalmente a Dios.
>
> **"Porque todo el que quiera salvar su vida, la perderá; y todo el que pierda su vida por causa de mí, la hallará" (Mt. 16:25).**
>
> **"Jesús le dijo: Si quieres ser perfecto, anda, vende lo que tienes, y dalo a los pobres, y tendrás tesoro en el cielo; y ven y sígueme" (Mt. 19:21).**
>
> **"Y decía a todos: Si alguno quiere venir en pos de mí, niéguese a sí mismo, tome su cruz cada día, y sígame" (Lc. 9:23).**
>
> **"Bueno es no comer carne, ni beber vino, ni nada en que tu hermano tropiece, o se ofenda, o se debilite" (Ro. 14:21).**
>
> **"Así que, los que somos fuertes debemos soportar las flaquezas de los débiles, y no agradarnos a nosotros mismos" (Ro. 15:1).**
>
> **"Ninguno busque su propio bien, sino el del otro" (1 Co. 10:24).**
>
> **"Pero los que son de Cristo han crucificado la carne con sus pasiones y deseos" (Gá. 5:24).**
>
> **"Nada hagáis por contienda o por vanagloria; antes bien con humildad, estimando cada uno a los demás como superiores a él mismo; no mirando cada uno por lo suyo propio, sino cada cual también por lo de los otros" (Fil. 2:3-4).**

5 (43:11-13) *Regalos — Dádiva:* Un quinto paso que puede cambiar la vida de una persona es dar regalos, dar expiatoriamente nuestras mejores posesiones. Finalmente los argumentos de los hijos, fundamentalmente de Judá, hicieron entender a su padre. Israel (Jacob) vio la urgencia de la situación y la necesidad de enviar a Benjamín con ellos. Pero advierta lo que él hizo: él le envió regalos al gobernador, con la esperanza de mitigarlo demostrándole que eran sencillamente una familia de Canaán y no espías.

1. Israel envió los mejores regalos que él tenía a pesar de la amenaza de morirse de hambre que los asechaba. Pero advierta que solo envió un poco de la comida:
=> Un poco de bálsamo
=> Un poco de miel
=> Algo de aromas
=> Algo de mirra
=> Algunas nueces
=> Algunas almendras

2. Israel también envió doble cantidad de dinero o de plata con sus hijos (v. 12). Los hijos devolverían el dinero que habían hallado en sus sacos y luego pagarían el nuevo grano que habían de comprar. Todos tenían la esperanza de que el dinero que habían hallado en sus sacos hubiera sido de alguna manera una equivocación o un descuido por parte de los egipcios. Tenían la esperanza de que el gobernador no los acusara de robar. Su devolución del dinero debía ayudar en la situación.

3. Luego Israel envió su regalo más preciado, Benjamín, su hijo menor (v. 13). Advierta lo siguiente: José había exigido que los hijos regresaran con Benjamín, y había dejado a Simeón como garantía. Esto obligaba a los hermanos a comenzar a aprender dos lecciones que resultaban vitales para la familia escogida en futuras generaciones.
=> Debían aprender a mantenerse unidos, a sacrificarse por el bien de la familia de creyentes.
=> Debían aprender a defenderse unos a otros, a sacrificarse por el bien de la familia de creyentes.

Ahora, advierta cómo la familia de Israel estaba aprendiendo estas dos lecciones, cómo estaban dando expiatoriamente todo cuanto tenían. Estaban enfrentándose a la posibilidad de morirse de hambre, aún así, se prepararon para dar algo del último alimento que tenían. Además, enviando a Benjamín, Jacob estaba dando expiatoriamente a todos sus hijos. Existía la posibilidad de que pudieran ser ejecutados como espías. Si eran ejecutados, no habría ningún otro hijo que le diera continuidad al nombre de la familia ni a la descendencia piadosa de creyentes. Jacob estaba dando realmente las posesiones más preciadas que tenía. Se estaba cambiando la vida misma de la familia. De hecho, se estaban cambiando radicalmente las vidas mismas de todos, del padre y de los hijos. La tensión y el trauma que los hijos estaban experimentando bastaban para cambiar a los corazones más duros y egoístas que se puedan imaginar. La prueba en la que José los había puesto estaba funcionando y funcionando bien. Dios estaba obrando en sus vidas para convertirlos y cambiarlos. Estaban aprendiendo a sacrificarse ellos y a sacrificar sus deseos y estaban aprendiendo a vivir para otros. Estaban aprendiendo a convertirse en una verdadera familia unida.

> **Pensamiento 1.** Hacer regalos, fundamentalmente dar las mejores posesiones de alguien de un modo expiatorio, ayudará a cambiar la vida de una persona.

Cuando una persona hace regalos, fundamentalmente regalos que realmente le cuestan, eso le hace quitar los ojos de encima de ella misma. Se centra en otra persona. Dar regalos, fundamentalmente dar con sacrificio, nos ayudará a volvernos mucho menos egoístas, mucho más cariñosos, compasivos, y adorables. Además, dar regalos suaviza a las personas y las motiva a ser más amables y cariñosos. Dar regalos ayuda a crear un lazo con las personas, fundamentalmente cuando el regalo se ha dado de un modo expiatorio.

"Dad, y se os dará; medida buena, apretada, remecida y rebosando darán en vuestro regazo; porque con la misma medida con que medís, os volverán a medir" (Lc. 6:38).

"Así que no había entre ellos ningún necesitado; porque todos los que poseían heredades o casas, las vendían, y traían el precio de lo vendido, y lo ponían a los pies de los apóstoles; y se repartía a cada uno según su necesidad" (Hch. 4:34-35).

"El alma generosa será prosperada; y el que saciare, él también será saciado" (Pr. 11:25).

"El ojo misericordioso será bendito, porque dio de su pan al indigente" (Pr. 22:9).

"y si dieres tu pan al hambriento, y saciares al alma afligida, en las tinieblas nacerá tu luz, y tu oscuridad será como el mediodía" (Is. 58:10).

"Pero esto digo: El que siembra escasamente, también segará escasamente; y el que siembra generosamente, generosamente también segará" (2 Co. 9:6).

6 (43:14) *Confianza — Oración:* Un sexto paso que puede cambiar la vida de una persona es confiar el cuidado de alguien a Dios Todopoderoso. El propio Israel (Jacob) no podía hacer nada más. Era hora de recurrir a Dios. Eso hizo Israel. Él oró allí justo delante de sus hijos, hablándoles tanto a ellos como a Dios. Advierta que él recurrió al Dios Todopoderoso (El Shaddai). Este fue el nombre que enfatizaba el poder de Dios, su poder omnipotente e ilimitado. Israel estaba pidiéndole a Dios que usara su poder para controlar el corazón del gobernador egipcio. Él le estaba pidiendo a Dios que suavizara el corazón del gobernador para que retirara la acusación de espionaje contra sus hijos, para que liberara a Simeón, y enviara a todos sus hijos de regreso a casa.

Advierta que Israel declaró su fe: él aceptaría la voluntad de Dios. Si era la voluntad de Dios que él perdiera a sus hijos, y que fuera privado de sus hijos, sería privado de sus hijos.

Pensamiento 1. Dios tiene el poder para cambiar nuestras vidas. Esta es la razón número uno para confiar en Dios, la razón misma por la que tenemos que entregarle nuestras vidas. Dios puede cambiar nuestras vidas para siempre: Él puede salvarnos y liberarnos de todas las pruebas y dificultades de la vida. Dios tiene el poder para obrar todas las cosas a bien, no importa cuán terribles y severas puedan ser las circunstancias. Dios puede tomar cualquier error de nuestras vidas y cambiarlo para siempre. Todo cuanto tenemos que

hacer es lo que hizo Israel: volvernos a Él y encomendar nuestras vidas en sus manos.

"¡Cuán grande es tu bondad, que has guardado para los que te temen, que has mostrado a los que esperan en ti, delante de los hijos de los hombres!" (Sal. 31:19).

"Muchos dolores habrá para el impío; mas al que espera en Jehová, le rodea la misericordia" (Sal. 32:10).

"Jehová redime el alma de sus siervos, y no serán condenados cuantos en él confían" (Sal. 34:22).

"Encomienda a Jehová tu camino, y confía en él; y él hará" (Sal. 37:5).

"Mejor es confiar en Jehová que confiar en el hombre" (Sal. 118:8).

"Los que confían en Jehová son como el monte de Sion, que no se mueve, sino que permanece para siempre" (Sal. 125:1).

"Fíate de Jehová de todo tu corazón, y no te apoyes en tu propia prudencia" (Pr. 3:5).

"El temor del hombre pondrá lazo; mas el que confía en Jehová será exaltado" (Pr. 29:25).

"Tú guardarás en completa paz a aquel cuyo pensamiento en ti persevera; porque en ti ha confiado. Confiad en Jehová perpetuamente, porque en Jehová el Señor está la fortaleza de los siglos" (Is. 26:3-4).

"¿Quién hay entre vosotros que teme a Jehová, y oye la voz de su siervo? El que anda en tinieblas y carece de luz, confíe en el nombre de Jehová, y apóyese en su Dios" (Is. 50:10).

7 (43:15-22) *Fiel — Confiable:* Un séptimo paso que puede cambiar la vida a una persona es probar su palabra, probar que es confiable. Recuerden, eran cerca de 402,34 kilómetros de regreso a Egipto. Los hijos tomaron los regalos, el dinero, y a Benjamín y comenzaron el viaje. Ahora advierta: había dos maneras en que los hermanos probaban su palabra, probaban que eran confiables.

1. Los hermanos hicieron lo que el gobernador les había exigido: se pararon delante de José con Benjamín (v. 15). Advierta que los hermanos estuvieron juntos como una familia unida por primera vez en unos veinte años. Lo importante es lo siguiente: estaban juntos como una familia unida, no por su propio obrar sino por el poder de Dios (Vea nota, Gn. 42:1-38):

=> El poder de Dios en la naturaleza. Estaban allí por la escasez.

=> El poder de Dios en la vida de un hombre, en la vida de José. Estaban allí por la exigencia de José de probar su palabra y su honradez (Vea nota, Gn. 42:6-20).

Cuando llegaron, José hizo que de inmediato los trajeran ante su presencia. Sin dudas él había estado esperando con ansias su regreso, y recuerden, su regreso se había demorado más de lo esperado por su temor de ser ejecutados como espías.

Cuando José se fijó en Benjamín, su corazón debe haberse llenado de emoción y de una oración de acción de gracias (v. 16)...

• De que Dios había estado obrando en sus corazones y en sus vidas.

- De que podían cambiar y convertirse.
- De que podían convertirse en verdaderos seguidores de Dios y de su justicia.
- De que podían convertirse en la familia unida que Dios quería, la línea familiar de creyentes prometida por Dios, la familia por medio de quien Dios iba a enviar la Simiente prometida, el Salvador del mundo.

Cuando José vio a Benjamín, él ordenó que se preparara una comida para todos sus hermanos. Ellos iban a ser sus invitados para la comida del mediodía (v. 16). Sus órdenes se cumplieron de inmediato, y los hermanos fueron llevados a casa de José.

Lo que se debe tener en cuenta es que los hermanos habían probado su palabra, que eran sinceros. Esto más el hecho de que anteriormente habían confesado su pecado contra José demostraba claramente que Dios estaba obrando y que era posible una reconciliación con ellos.

2. Ahora recibirían otra oportunidad para probar su palabra, que se podía confiar en ellos: los hermanos darían cuentas del dinero que José había colocado en secreto en sus sacos (vv. 18-23).

=> Cuando fueron llevados a casa de José, se llenaron de miedo. Pensaron que era por el dinero, que él iba a acusarlos de robarlo y los iba a arrestar y esclavizar (v. 18).

Advierta lo que ellos hicieron.

=> Se acercaron al mayordomo tan pronto pudieron al entrar por la puerta (v. 19).
=> Comenzaron a explicar cómo hallaron el dinero en sus sacos. Contaron la verdad con estricta honradez (v. 20). Esto sería importante que José lo supiera, que contaban la verdad con total precisión.
=> Estaban listos para corregir el asunto: estaban devolviendo el dinero (v. 21).
=> Habían traído dinero adicional para comprar este suministro actual de alimentos (v. 22).
=> No sabían quién había vuelto a poner la plata en sus sacos (v. 22b).

Pensamiento 1. Nada es más importante que nuestra palabra. Si nuestra palabra es de fiar, entonces nosotros podemos ser de fiar. Si no se puede confiar en nuestra palabra, entonces no se puede confiar en nosotros. Advierta lo siguiente: nuestra palabra es lo que somos, y nosotros somos lo que es nuestra palabra. Nuestra palabra coincide con nuestro carácter y nuestro carácter coincide con nuestra palabra. Una manera de cambiar nuestras vidas es cambiar nuestra palabra: volvernos dignos de confianza. Decir la verdad. Ser una persona en quien se puede confiar. Ser fiel a su palabra.

"En cuanto a mí, en mi integridad me has sustentado, y me has hecho estar delante de ti para siempre" (Sal. 41:12).

"La integridad de los rectos los encaminará; pero destruirá a los pecadores la perversidad de ellos" (Pr. 11:3).

"Mejor es el pobre que camina en integridad, que el de perversos labios y fatuo" (Pr. 19:1).

"Camina en su integridad el justo; sus hijos son dichosos después de él" (Pr. 20:7).

"Estas son las cosas que habéis de hacer: Hablad verdad cada cual con su prójimo; juzgad según la verdad y lo conducente a la paz en vuestras puertas" (Zac. 8:16).

"La ley de verdad estuvo en su boca, e iniquidad no fue hallada en sus labios; en paz y en justicia anduvo conmigo, y a muchos hizo apartar de la iniquidad" (Mal. 2:6).

"No paguéis a nadie mal por mal; procurad lo bueno delante de todos los hombres" (Ro. 12:17).

"Por lo cual, desechando la mentira, hablad verdad cada uno con su prójimo; porque somos miembros los unos de los otros" (Ef. 4:25).

"Estad, pues, firmes, ceñidos vuestros lomos con la verdad, y vestidos con la coraza de justicia" (Ef. 6:14).

8 (43:23-31) *Afecto — Cuidado — Hospitalidad:* Un octavo paso que puede cambiar la vida de una persona es aceptar el afecto verdadero. Lo que hizo José ahora por sus hermanos demostró un afecto verdadero, un profundo afecto que él sentía por ellos. Advierta cómo el afecto ayudó a cambiarlos.

1. Ellos aceptaron el regalo del dinero como la bendición de Dios (v. 23). El mayordomo explicó: El gobernador sabía que no lo habían robado. No había razón para temer. A él le habían pagado por el grano que ellos habían comprado. Era Dios quien le había dado el tesoro (el dinero) que había en sus sacos. Nota: él no estaba asegurando que necesariamente hubiera sucedido un milagro. Probablemente estaba diciendo que el gobernador había sido guiado por Dios a devolverles su dinero.

2. Advierta que luego les fue devuelto Simeón (v. 23b).

3. Ellos aceptaron la hospitalidad que se les ofreció (vv. 24-25). Se les dio agua para que lavaran sus pies, y el mayordomo dio de comer a sus asnos (v. 24). Luego ellos prepararon los regalos que habían traído para darle al gobernador (v. 25).

4. Advierta cómo ellos le mostraban respeto al gobernador, y recuerden, ellos no sabían que era José (vv. 26-28). Cuando José entró en la habitación, sin dudas era una situación difícil para él emocionalmente. Probablemente le hubiera hecho falta todo de sí para contener sus emociones, para no descomponerse y romper a llorar.

=> Ellos le dieron los regalos y se inclinaron delante de él (v. 26b).
=> José les preguntó por su anciano padre: ¿Él aún vivía (v. 27)?
=> Ellos contestaron que él estaba bien. Luego se inclinaron delante de José nuevamente, se inclinaron en respeto a la cortesía de José al preguntarles por su padre (v. 28). Advierta un elemento significativo: esto le decía a José que los hermanos se preocupaban por su

padre y lo respetaban, lo respetaban lo suficiente como para inclinarse cuando les preguntaban por él. Esto obviamente demostraba que los hermanos se estaban volviendo más tiernos y cariñosos con otros.

=> José se volvió y se centró en Benjamín (v. 29). Él preguntó si éste era su hermano menor. Él estaba tan conmovido que no esperó respuesta alguna y pronunció una bendición sobre él: "Dios tenga misericordia de ti, hijo mío".

=> Y luego la ternura de José se desató y no se pudo contener más (v. 30). Él salio de su presencia y se fue a su habitación privada y lloró (v. 30).

=> Cuando José recuperó la compostura, él se lavó la cara y regresó donde los hermanos y ordenó que se sirviera la comida (v. 31).

Pensamiento 1. El verdadero afecto —un afecto que es genuino y que fluye del corazón— cambiará vidas. Las personas añoran afecto, añoran que los familiares y amigos los amen y se preocupen genuinamente por ellos. Pero advierta, aquí hay una lección para nosotros: cuando las personas sí nos muestran su afecto verdadero, nos es necesario aceptar el afecto.

• Lo debemos aceptar con el espíritu adecuado.

• Si se nos muestra el afecto dándonos algún regalo, nos es necesario aceptarlo como la bendición de Dios.

• Si se nos muestra el afecto por medio de la hospitalidad, entonces nos es necesario aceptar la hospitalidad como genuina.

• Si alguna persona en una posición de liderazgo o de importancia nos muestra afecto, debemos mostrar respeto.

"Os rogamos, hermanos, que reconozcáis a los que trabajan entre vosotros, y os presiden en el Señor, y os amonestan; y que los tengáis en mucha estima y amor por causa de su obra. Tened paz entre vosotros" (1 Ts. 5:12-13).

"Exhorto ante todo, a que se hagan rogativas, oraciones, peticiones y acciones de gracias, por todos los hombres; por los reyes y por todos los que están en eminencia, para que vivamos quieta y reposadamente en toda piedad y honestidad. Porque esto es bueno y agradable delante de Dios nuestro Salvador" (1 Ti. 2:1-3).

"Los ancianos que gobiernan bien, sean tenidos por dignos de doble honor, mayormente los que trabajan en predicar y enseñar" (1 Ti. 5:17).

"Recuérdales que se sujeten a los gobernantes y autoridades, que obedezcan, que estén dispuestos a toda buena obra. Que a nadie difamen, que no sean pendencieros, sino amables, mostrando toda mansedumbre para con todos los hombres" (Tit. 3:1-2).

"Bendito el Señor; cada día nos colma de beneficios el Dios de nuestra salvación" (Sal. 68:19).

9 (43:32-34) *Suerte — Posición:* Un noveno paso que puede cambiar la vida de una persona es aceptar la suerte de uno en la vida. Lo que sucedió ahora resulta muy interesante.

1. Se observaron las posiciones y distinciones de castas (v. 32). Se pusieron tres mesas diferentes en el comedor: una para José, una para los egipcios, y una para los hermanos hebreos. Los egipcios no tendrían nada que ver con los pastores hebreos; ellos eran detestables para ellos (Gn. 46:34). Por eso la costumbre de la época exigía tres mesas. José, por supuesto, estaba comiendo solo por su posición oficial como gobernador egipcio.

2. José hizo que los hermanos se sentaran en orden de nacimiento y edad, en el orden de su posición y suerte en la vida (v. 33). Advierta que ellos se maravillaron de su conocimiento de ellos. Las probabilidades de que esto hubiera sucedido por casualidad eran de cuarenta millones a una (Henry Morris, *The Genesis Record* [El registro de Génesis], p. 610). Ellos se preguntaban cómo él sabía tanto de ellos.

3. Ellos vieron que todos eran favorecidos, pero uno, específicamente Benjamín, era más favorecido que cualquier otro (v. 34). Cuando se sirvió la comida, se le sirvió una porción a cada uno de los hermanos, pero le sirvieron cinco porciones a Benjamín. Podemos imaginarnos la reacción de un joven de veinte años de edad a quien se le sirve cinco veces más comida que a sus hermanos mayores. Es muy probable que estuviera riéndose, comiendo, y haciéndoles gracia a sus hermanos, el mismo tipo de cosa que José solía hacerles a ellos. Probablemente esto le diera la oportunidad a José de observar su reacción hacia al favoritismo mostrado para con Benjamín. ¿Habían crecido algo desde su reacción hacia el favoritismo mostrado para con él? Él pudo ver la verdad de su reacción para con Benjamín. Si ellos tenían resentimientos contra Benjamín, su actitud y sus rostros mostrarían los resentimientos que sentían hacia el hecho de que él recibiera cuatro porciones más que ellos.

Advierta lo que dicen las Escrituras: al parecer no hubo reacción alguna. Todos comieron y disfrutaron de la ocasión.

Sucede lo siguiente: Obviamente José estaba probando a los hermanos. Ellos pudieron ver por el orden en que se sentaron que tanto en el mundo como entre ellos mismos algunos tenían posiciones más importantes que otros. Y entre las personas, algunos eran más favorecidos que otros, aunque fueran más jóvenes. Vieron la lección ilustrada dramáticamente a su alrededor, incluso en su propia distribución al sentarse. Ellos se convertirían en los cabezas del pueblo de Dios, de las tribus de Israel. Dependía del Espíritu de Dios hacerles entender esta lección en su corazón, que cada hombre es llamado y usado por Dios hasta cierto grado. Cada hermano tenía que aprender que toda persona tiene su suerte y posición en la vida, y que toda persona tiene que cumplir con su suerte y posición.

Pensamiento 1. Debemos aceptar nuestra suerte y posición actual en la vida. Pero debemos ocuparnos, y tratar de mejorar nosotros y mejorar nuestra suerte en la vida. Debemos tratar de cumplir todo cuanto podamos en la vida y hacer el mayor aporte que podamos. El primer paso en pos de llevar esto a cabo es aceptar dónde nos encontramos hoy: determinar dónde estamos, cuál es nuestra suerte y posición, y luego comenzar a movernos hacia delante. La solución para mejorar nosotros...

• Es no desesperarnos por nuestra suerte y posición.
• Es no rebelarnos contra otros que tienen posiciones superiores que las nuestras.
• Es no reaccionar contra aquellos que son más favorecidos que nosotros.
• Es no conspirar ni tramar contra aquellos que tienen más habilidad y dinero que nosotros.

La solución para mejorar es primero identificar dónde nos encontramos en la vida: aceptar donde nos encontramos, aceptar nuestra suerte y posición. Luego hacer todo cuanto podamos por mejorar.

"En lo que requiere diligencia, no perezosos; fervientes en espíritu, sirviendo al Señor" (Ro. 12:11).

"Procura con diligencia presentarte a Dios aprobado, como obrero que no tiene de qué avergonzarse, que usa bien la palabra de verdad" (2 Ti. 2:15).

"Por lo cual, oh amados, estando en espera de estas cosas, procurad con diligencia ser hallados por él sin mancha e irreprensibles, en paz" (2 P. 3:14).

"Ve a la hormiga, oh perezoso, mira sus caminos, y sé sabio" (Pr. 6:6).

"La mano negligente empobrece; mas la mano de los diligentes enriquece" (Pr. 10:4).

"El alma del perezoso desea, y nada alcanza; mas el alma de los diligentes será prosperada" (Pr. 13:4).

"¿Has visto hombre solícito en su trabajo? Delante de los reyes estará; no estará delante de los de baja condición" (Pr. 22:29).

"En toda labor hay fruto; mas las vanas palabras de los labios empobrecen" (Pr. 14:23).

"Todo lo que te viniere a la mano para hacer, hazlo según tus fuerzas; porque en el Seol, adonde vas, no hay obra, ni trabajo, ni ciencia, ni sabiduría" (Ec. 9:10).

CAPÍTULO 44

H. José les hizo frente y puso a prueba a sus hermanos (parte 3): Las marcas de la lealtad de nuestra familia, 44:1-34

1 Mandó José al mayordomo de su casa, diciendo: Llena de alimento los costales de estos varones, cuanto puedan llevar, y pon el dinero de cada uno en la boca de su costal.

2 Y pondrás mi copa, la copa de plata, en la boca del costal del menor, con el dinero de su trigo. Y él hizo como dijo José.

3 Venida la mañana, los hombres fueron despedidos con sus asnos.

4 Habiendo ellos salido de la ciudad, de la que aún no se habían alejado, dijo José a su mayordomo: Levántate y sigue a esos hombres; y cuando los alcances, diles: ¿Por qué habéis vuelto mal por bien? ¿Por qué habéis robado mi copa de plata?

5 ¿No es ésta en la que bebe mi señor, y por la que suele adivinar? Habéis hecho mal en lo que hicisteis.

6 Cuando él los alcanzó, les dijo estas palabras.

7 Y ellos le respondieron: ¿Por qué dice nuestro señor tales cosas? Nunca tal hagan tus siervos.

8 He aquí, el dinero que hallamos en la boca de nuestros costales, te lo volvimos a traer desde la tierra de Canaán; ¿cómo, pues, habíamos de hurtar de casa de tu señor plata ni oro?

9 Aquel de tus siervos en quien fuere hallada la copa, que muera, y aun nosotros seremos siervos de mi señor.

10 Y él dijo: También ahora sea conforme a vuestras palabras; aquel en quien se hallare será mi siervo, y vosotros seréis sin culpa.

11 Ellos entonces se dieron prisa, y derribando cada uno su costal en tierra, abrió cada cual el costal suyo.

12 Y buscó; desde el mayor comenzó, y acabó en el menor; y la copa fue hallada en el costal de Benjamín.

13 Entonces ellos rasgaron sus vestidos, y cargó cada uno su asno y volvieron a la ciudad.

14 Vino Judá con sus hermanos a casa de José, que aún estaba allí, y se postraron delante de él en tierra.

15 Y les dijo José: ¿Qué acción es esta que habéis hecho? ¿No sabéis que un hombre como yo sabe adivinar?

16 Entonces dijo Judá: ¿Qué diremos a mi señor? ¿Qué hablaremos, o con qué nos justificaremos? Dios ha hallado la maldad de tus siervos; he aquí, nosotros somos siervos de mi señor, nosotros, y también aquel en cuyo poder fue hallada la copa.

17 José respondió: Nunca yo tal haga. El varón en cuyo poder fue hallada la copa, él será mi siervo;

1 José estaba dispuesto a probar y fortalecer a la familia
  a. José hizo que llenaran los sacos de los hermanos de grano
  b. José hizo que se les devolviera su dinero
  c. José puso la *prueba* delante de ellos: Puso su copa de plata en el saco de Benjamín
  d. José puso a sus hermanos en camino
  e. José ordenó a su mayordomo que los alcanzara
    1) Que les preguntaran por qué habían vuelto mal por bien
    2) Que los acusara de robarle su copa especial usada para beber y adivinar
2 Los hermanos estaban dispuestos a dar el paso al frente por la familia
  a. Una acusación fuerte: Robar
  b. Una declaración fuerte de inocencia
    1) Los hermanos declararon su honradez: Ellos habían devuelto el dinero hallado en sus costales del primer viaje, así que ¿por qué robarían plata u oro?
    2) Los hermanos declararon su disposición de mantenerse juntos como familia
  c. Una fuerte proposición: Dejar que se probara su testimonio, pero sólo el culpable regresaría a Egipto y sería esclavizado
    1) El testimonio de los hermanos se comprobó: Se registró su cargamento
    2) Falló el testimonio de los hermanos: Se halló la copa en el costal de Benjamín
  d. Una tensión terrible, pero una lealtad demostrada: Se mantuvieron juntos a pesar de la posibilidad de marcharse
3 Los hermanos estaban dispuestos a buscar el perdón con la familia
  a. Un acto contundente: Todos mostraron humildad
    1) acusados de un fechoría
    2) Acusados de ignorar el poder divino[EFI]
  b. La conversión gloriosa y la lealtad demostrada: Judá habló por todos
    1) Dios había descubierto su pecado
    2) Todos estaban juntos y buscaban el perdón: Juntos serían esclavizados
  c. La prueba continuó: Una necesidad de probar que eran absolutamente leales uno al otro, que

estaban unidos como familia

4 Judá estaba dispuesto a sacrificarse por la familia

a. Judá actuó con humildad: Dio un paso al frente y pidió permiso para hablar

b. Judá le recordó a José su exigencia
  1) Le recordó su pregunta por su familia

  2) Le recordó su exigencia de traer a Benjamín como prueba de su inocencia
  3) Le recordó de su advertencia: Quitarle a su padre a Benjamín podría matarlo
  4) Le recordó su insistencia: La presencia de Benjamín era necesaria o no conseguirían alimentos

c. Judá relató cómo ellos le habían dicho a su padre acerca de la *exigencia* del gobernador
  1) Relató cómo surgió la necesidad de más alimento
  2) Relató cómo los hijos le recordaron a su padre la exigencia del gobernador: El hijo menor tenía que ir a Egipto con ellos

vosotros id en paz a vuestro padre.

18 Entonces Judá se acercó a él, y dijo: Ay, señor mío, te ruego que permitas que hable tu siervo una palabra en oídos de mi señor, y no se encienda tu enojo contra tu siervo, pues tú eres como Faraón.

19 Mi señor preguntó a sus siervos, diciendo: ¿Tenéis padre o hermano?

20 Y nosotros respondimos a mi señor: Tenemos un padre anciano, y un hermano joven, pequeño aún, que le nació en su vejez; y un hermano suyo murió, y él solo quedó de los hijos de su madre; y su padre lo ama.

21 Y tú dijiste a tus siervos: Traédmelo, y pondré mis ojos sobre él.

22 Y nosotros dijimos a mi señor: El joven no puede dejar a su padre, porque si lo dejare, su padre morirá.

23 Y dijiste a tus siervos: Si vuestro hermano menor no desciende con vosotros, no veréis más mi rostro.

24 Aconteció, pues, que cuando llegamos a mi padre tu siervo, le contamos las palabras de mi señor.

25 Y dijo nuestro padre: Volved a comprarnos un poco de alimento.

26 Y nosotros respondimos: No podemos ir; si nuestro hermano va con nosotros, iremos; porque no podremos ver el rostro del varón, si no está con nosotros nuestro hermano el menor.

27 Entonces tu siervo mi padre nos dijo: Vosotros sabéis que dos hijos me dio a luz mi mujer;

28 y el uno salió de mi presencia, y pienso de cierto que fue despedazado, y hasta ahora no lo he visto.

29 Y si tomáis también a éste de delante de mí, y le acontece algún desastre, haréis descender mis canas con dolor al Seol.

30 Ahora, pues, cuando vuelva yo a tu siervo mi padre, si el joven no va conmigo, como su vida está ligada a la vida de él,

31 sucederá que cuando no vea al joven, morirá; y tus siervos harán descender las canas de tu siervo nuestro padre con dolor al Seol.

32 Como tu siervo salió por fiador del joven con mi padre, diciendo: Si no te lo vuelvo a traer, entonces yo seré culpable ante mi padre para siempre;

33 te ruego, por tanto, que quede ahora tu siervo en lugar del joven por siervo de mi señor, y que el joven vaya con sus hermanos.

34 Porque ¿cómo volveré yo a mi padre sin el joven? No podré, por no ver el mal que sobrevendrá a mi padre.

  3) Relató la respuesta de su padre: Su esposa le había dado dos hijos, y uno había sido destrozado

  4) Relató cómo su padre temía perder a su segundo hijo: Perderlo mataría a su padre

d. Judá relató su gran preocupación
  1) La vida de su padre estaba muy ligada a la vida del chico
  2) Su padre moriría si el chico no estaba con ellos a su regreso
  3) Los hijos —los siervos de José— serían culpables de matar a su padre

e. Judá se defendió delante de José: Demostró su lealtad a la familia
  1) Relató cómo él personalmente se convirtió en la garantía de Benjamín
  2) Se ofreció para sacrificarse, para sustituir a Benjamín: Para salvar a su padre del pesar y quizás de la muerte

DIVISIÓN X

JOSÉ, BISNIETO DE ABRAHAM: ESCOGIDO PARA SALVAR A LA DESCENDENCIA DEL PUEBLO DE DIOS Y LAS GRANDES PROMESAS DE DIOS: SUCESOS QUE LLEVAN AL PUEBLO DE DIOS A EGIPTO, 37:1—50:26

H. José les hizo frente y puso a prueba a sus hermanos (parte 3): Las marcas de la lealtad de nuestra familia, 44:1-34

(44:1-34) *Introducción:* ¿Cuán leal le es usted a su familia? ¿A su esposa u esposo? ¿A sus hijos? ¿A sus padres? ¿Se ha fortalecido o debilitado su lealtad con los años? ¿Se ha acercado más a su esposo o esposa, o se ha acercado más a otra persona? ¿Su familia está a punto de destruirse por culpa suya? ¿Ha debilitado usted la unión dc su familia por su conducta? ¿Es usted frío, indiferente, malo, descuidado, rebelde, o infiel hacia su familia? ¿Cuánto dolor y pesar le provoca usted a su familia?

Éstas son las preguntas que José estaba haciéndose sobre su familia. Él tenía que saber si sus hermanos darían el paso al frente por Benjamín o abandonarían a Benjamín como lo abandonaron a él. Él llevaba veinte años separado de ellos. Ahora, él tenía que saber si ellos habían crecido en su lealtad a la familia desde aquella ocasión. ¿Ya se habían encontrado con el Dios de salvación, y ya habían dedicado sus vidas a seguirlo? ¿Ya habían comprendido el gran propósito de Dios con su familia, que su familia sería la familia escogida, la familia de Dios en la tierra, la familia que sería el testimonio de Dios en la tierra? ¿Ya habían interiorizado que ellos serían los líderes de las doce tribus de Israel, la Simiente prometida por medio de la cual Dios enviaría la simiente muy especial, el Salvador del mundo? Dios había nombrado a José para ayudar a sus hermanos y a su familia; por eso él tenía que saber si sus hermanos les eran leales a su familia. Este es el tema de este pasaje importantísimo de las Escrituras: *José les hizo frente a sus hermanos (parte 3): Las marcas de la lealtad de nuestra familia, 44:1-34.*

1. José estaba dispuesto a probar y fortalecer a la familia (vv. 1-5).
2. Los hermanos estaban dispuestos a dar el paso al frente por la familia (vv. 6-13).
3. Los hermanos estaban dispuestos a buscar el perdón con la familia (vv. 14-17).
4. Judá estaba dispuesto a sacrificarse por la familia (vv. 18-34).

1 (44:1-5) *Familia — Prueba:* ¿Estamos dispuestos a probar y fortalecer a la familia? Esta es la primera marca de la lealtad: estar dispuesto a probar y fortalecer a la familia no importa cuán difícil pueda ser la prueba. José estaba dispuesto. De hecho, no tenía otra opción: Estaba obligado por el propio Dios a hacer todo cuanto pudiera para fortalecer a su familia (cp. Gn. 45:7-8). Hacía cerca de veintidós años sus hermanos habían amenazado su vida pero habían

terminado vendiéndolo a la esclavitud (Gn. 37:18-30). En sus años de juventud, ellos habían sido jóvenes ásperos y malos, violentos, pecadores, y muy egocéntricos. Pero eso había pasado hacía ya veintidós años. ¿Cómo eran los hermanos ahora? ¿Habían cambiado algo? ¿Se habían suavizado algo?

Recuerden, los hermanos ya habían hecho un viaje a Egipto varios meses antes. No habían reconocido a José por su apariencia egipcia. Lo conocían solo como el gobernador de Egipto. Desde ese viaje y desde su regreso en este segundo viaje, José había aprendido varias cosas sobre sus hermanos:

=> Ellos habían mostrado pesar abiertamente y habían confesado su pecado contra José, el pecado de venderlo a la esclavitud. Ellos no se habían arrepentido de su pecado todavía, pero lo habían confesado (Vea nota, Gn. 42:21-24).

=> Ellos habían sentido el juicio de Dios sobre ellos, habían demostrado que ellos eran hombres que temían a Dios (Vea nota, Gn. 42:21-24).

=> Ellos habían demostrado su palabra, había demostrado que eran sinceros, que eran honrados y que se podía confiar en ellos (Vea nota, Gn. 43:15-22).

=> Ellos les habían mostrado alguna lealtad a la familia, porque ellos habían regresado para liberar a su hermano Simeón (Vea nota, Gn. 43:23-31).

=> Ellos habían mostrado una ternura y cuidado sinceros por su piadoso padre (Vea nota, Gn. 43:23-31, fundamentalmente 28).

=> Ellos habían mostrado que ahora aceptaban su posición y suerte en la vida, lo que significaba que ya ellos no celaban ni envidiaban a otros (Vea nota, Gn. 43:32-34).

Todo esto le decía a José que los hermanos se habían suavizado y habían sufrido un cambio significativo desde que ellos eran jóvenes. Pero tenían que sucederles cuatro cosas a los hermanos que aún no les habían sucedido, no del todo:

=> Tenían que salvarse y convertirse, volverse seguidores dedicados de Dios.

=> Se tenían que apegar a *la familia de Dios,* volverse leal a *la familia de creyentes* en la tierra.

=> Tenían que cumplir voluntariamente el propósito de Dios para sus propias vidas: volverse los líderes piadosos de las tribus de Israel, la nación de personas (creyentes) que estaban designadas para ser el testimonio de Dios en la tierra y para dar a luz a la Simiente prometida, el Salvador del mundo.

=> Tenían que buscar con diligencia *la Tierra Prometida,* la gran esperanza que Dios le había prometido a Abraham, Isaac, y Jacob.

Dios estaba usando a José para provocar todo esto en la vida de los hermanos. Lo que él estaba haciendo es tan importante que vale la pena repetirlo: José tenía que llevar a sus hermanos al arrepentimiento, al punto donde todos buscarían el perdón de Dios y le entregarían sus vidas a Él. José tenía que fortalecer su concepto de la familia de Jacob como la familia escogida. Ellos tenían que aprender que ellos eran la familia de Dios en la tierra, la familia misma que sería su testimonio y daría a luz a *la Simiente prometida*, el Salvador del mundo. Ellos tenían que aprender la importancia de la familia, que ellos eran la familia escogida para recibir *la Tierra Prometida* y las otras promesas de Dios, las promesas hechas a Abraham, Isaac, y Jacob. Dicho con sencillez, José tenía que fortalecer su lealtad a la familia, su lealtad a la familia de Dios, la familia escogida de creyentes en la tierra. Y en su caso, se convertirían en los líderes de la familia de creyentes de Dios, los líderes de las doce tribus de Israel. ¿Cómo José haría todo esto? Ya Dios lo había guiado a iniciar varias pruebas en las vidas de sus hermanos, y según se ve en los elementos anteriores, ya se había logrado mucho avance. Ahora bien, estaba por hacerse la última prueba. José probaría y fortalecería su lealtad a la familia. Advierta lo que él hizo.

1. Él hizo llenar sus sacos con cuanta comida pudieran llevar (v. 1).

2. También hizo que se les devolviera su plata (v. 3). Se puso en secreto en la boca de sus costales. ¿Por qué? Esto constituía una prueba de contingencia en caso de que fallara la prueba principal. Si los hermanos no daban el paso al frente voluntariamente por Benjamín —si estaban dispuestos a dejarlo regresar y que enfrentara solo la acusación de robo— entonces se acusaría a los hermanos de robar el dinero y se les traería para que enfrentaran la acusación. Esto le daría a José más tiempo para trabajar con ellos. Pero si los hermanos pasaban la prueba con Benjamín, si se mantenían firmes junto a él, no habría necesidad de molestarse con la prueba del dinero robado. La misma se olvidaría. Como veremos, esto fue exactamente lo que sucedió.

3. Luego José hizo que se colocara la prueba en su lugar, la misma que los probaría y fortalecería al límite. José hizo que se escondiera su propia copa personal, su copa especial de plata, en el saco de Benjamín, el hermano menor (v. 2).

4. Advierta que todo esto se hizo de noche. Cuando se levantaron por la mañana, José los despidió con su caravana de granos (v. 3).

5. José les dio a sus hermanos tiempo suficiente como para salir de la ciudad, luego llamó a su mayordomo y le dijo que les diera alcance. El mayordomo les haría frente con dos acusaciones.

=> Él los acusaría de volver mal por bien (v. 4b). José los había tratado bien, incluso los había honrado como invitados en su casa, pero ellos lo habían tratado con mal. Ellos habían robado una posesión suya muy preciada.

=> El mayordomo los acusaría de robarle la copa tan especial de José, la copa que él usaba para beber y para adivinar.

Después de recibir sus instrucciones, el mayordomo se apresuró en dar alcance a los hermanos. Él tenía sus órdenes: él les haría frente a los hermanos con una acusación criminal grave, la de robarle al propio gobernador, el segundo gobernante de Egipto, segundo solo después de Faraón.

Pensamiento 1. ¿Estamos dispuestos a probar y fortalecer a nuestra familia? ¿Dispuestos a comprometernos con la familia, dispuestos a hacer todo cuanto podamos por fortalecer a la familia cada vez más? José lo estaba. ¿Lo estamos nosotros?

1) ¿Estamos dispuestos a fortalecer nuestros propios lazos con la familia, dispuestos a ser?...
* ¿Más fieles?
* ¿Más cariñosos?
* ¿Más dadivosos?
* ¿Más útiles?

"Por tanto, dejará el hombre a su padre y a su madre, y se unirá a su mujer, y serán una sola carne" (Gn. 2:24).

"Y digas: ¡Cómo aborrecí el consejo, y mi corazón menospreció la reprensión" (Pr. 5:18).

"Oye a tu padre, a aquel que te engendró; y cuando tu madre envejeciere, no la menosprecies" (Pr. 23:22).

"Acuérdate de tu Creador en los días de tu juventud, antes que vengan los días malos, y lleguen los años de los cuales digas: No tengo en ellos contentamiento" (Ec. 12:1).

"Pero a los que están unidos en matrimonio, mando, no yo, sino el Señor: Que la mujer no se separe del marido" (1 Co. 7:10).

"Las casadas estén sujetas a sus propios maridos, como al Señor" (Ef. 5:22).

"Maridos, amad a vuestras mujeres, así como Cristo amó a la iglesia, y se entregó a sí mismo por ella" (Ef. 5:25).

"Hijos, obedeced en el Señor a vuestros padres, porque esto es justo. Honra a tu padre y a tu madre, que es el primer mandamiento con promesa; para que te vaya bien, y seas de larga vida sobre la tierra" (Ef. 6:1-3).

"que enseñen a las mujeres jóvenes a amar a sus maridos y a sus hijos" (Tit. 2:4).

"Vosotros, maridos, igualmente, vivid con ellas sabiamente, dando honor a la mujer como a vaso más frágil, y como a coherederas de la gracia de la vida, para que vuestras oraciones no tengan estorbo" (1 P. 3:7).

2) ¿Estamos dispuestos a fortalecer a otros dentro de la familia, dispuestos a ayudarlos?...
* ¿Adentrándolos más dentro de la familia?
* ¿Ofreciéndose para ayudarlos más?
* ¿Pidiéndoles que nos ayuden más?
* ¿Pidiendo citas especiales con nuestro esposo o esposa?
* ¿Asignándoles más tareas a los hijos?
* ¿Sugiriendo más tiempo con la familia?
* ¿Dirigiendo a la familia en la adoración?

"Instruye al niño en su camino, y aun cuando fuere viejo no se apartará de él" (Pr. 22:6).

"Considera los caminos de su casa, y no come el pan de balde" (Pr. 31:27).

"Asimismo vosotras, mujeres, estad sujetas a vuestros maridos; para que también los que no creen a la palabra, sean ganados sin palabra por la conducta de sus esposas" (1 P. 3:1).

"Y vosotros, padres, no provoquéis a ira a vuestros hijos, sino criadlos en disciplina y amonestación del Señor" (Ef. 6:4).

"que gobierne bien su casa, que tenga a sus hijos en sujeción con toda honestidad" (1 Ti. 3:4).

2 (44:6-13) *Familia — Hogar:* ¿Estamos dispuestos a dar el paso al frente por la familia? Esta es la segunda prueba de lealtad: estar dispuesto a dar el paso al frente por la familia no importa lo que se les presente.

1. Hubo una acusación fuerte hecha contra los hermanos (v. 6). El mayordomo rápidamente alcanzó a los hermanos y les lanzó la acusación de robo contra ellos.

2. Pero ellos hicieron una evidente declaración de inocencia (v. 7).

=> Declararon con fuerzas su honradez: si ellos habían devuelto el dinero que habían hallado en sus sacos en su primer viaje, ¿por qué robarían ahora plata u oro (vv. 7b-8)?

=> Advierta que ellos declararon su disposición de mantenerse juntos como una familia (v. 9). Estaban tan confiados en su inocencia, que hicieron una sugerencia precipitada: si se hallaba que la copa de plata la había robado alguno de ellos, que lo ejecutaran, y los otros hermanos serían esclavos de José.

3. El mayordomo hizo una proposición decisiva: que se probara su testimonio de inocencia. Que se registrara el saco de cada hombre, pero solo el culpable tendría que regresar a Egipto para convertirse en esclavo (v. 10). Advierta lo siguiente, es importante: José estaba probando a sus hermanos al límite. ¿Abandonarían al hermano culpable como habían abandonado a José hacía ya unos veinte años? ¿Lo dejarían sufrir el castigo y la esclavitud solo? ¿O se quedarían con él y harían todo cuanto pudieran para salvarlo? La prueba puesta por José estaba clara: solo el hermano culpable tendría que soportar el castigo. Los otros eran libres de irse y regresar a casa. ¡Cuán tentador! Cuán fácil sería salvar su propio pellejo.

=> Advierta que se comprobó el testimonio de inocencia de los hermanos: rápidamente se bajó su cargamento y comenzó el registro (v. 11).

=> Pero su testimonio falló. El mayordomo había comenzado a registrar primero al hermano mayor, así hasta llegar al menor. Se abrieron uno a uno los sacos y se registraron, pero no se halló nada. Luego sucedió: cuando llegó al cargamento del hermano menor, Benjamín, él halló la copa de plata. Benjamín era el hermano culpable (v. 12).

4. Ahora advierta la terrible tensión de los hermanos, pero su lealtad demostrada (v. 13). Se impactaron completamente, se estremecieron hasta los tuétanos. De inmediato, comenzaron a seguir la costumbre de la época rasgando sus vestidos. Esto era una señal de una angustia y pesar terribles, la señal máxima de que una persona estaba sufriendo el dolor emocional más severo posible. Se quedaron anonadados, desconcertados, sin saber qué hacer ni a dónde ir.

Pero advierta lo que hicieron: ellos demostraron su lealtad a la familia. Pasaron la primera etapa de la prueba puesta por José, la pasaron con honores. No iban a abandonar a Benjamín. No iban a permitir que les arrancaran ni un solo miembro de la familia. El mayordomo había dicho que los hermanos inocentes eran libres: Ellos podían volverse y regresar a casa. Pero ellos no iban a hacer eso. Ellos iban a estar juntos como una familia. Juntos, ellos cargaron sus asnos y regresaron a la ciudad donde el gobernador, José, los esperaba para acusarlos del delito de robo y muy probablemente los esclavizara (v. 13). Cuando entraron a la casa de José, él se enteró de lo que él esperaba: los hermanos habían sufrido un tremendo cambio en sus corazones. Estaban aprendiendo la gran importancia de *la familia escogida*: Ahora estaban dispuestos a mantenerse juntos como *la familia escogida de creyentes*. Ahora estaban dispuestos a mantenerse unidos para enfrentarse a lo que se presentara, por terrible que fuera la situación.

"Os ruego, pues, hermanos, por el nombre de nuestro Señor Jesucristo, que habléis todos una misma cosa, y que no haya entre vosotros divisiones, sino que estéis perfectamente unidos en una misma mente y en un mismo parecer" (1 Co. 1:10).

"Por lo demás, hermanos, tened gozo, perfeccionaos, consolaos, sed de un mismo sentir, y vivid en paz; y el Dios de paz y de amor estará con vosotros" (2 Co. 13:11).

"solícitos en guardar la unidad del Espíritu en el vínculo de la paz" (Ef. 4:3).

"Solamente que os comportéis como es digno del evangelio de Cristo, para que o sea que vaya a veros, o que esté ausente, oiga de vosotros que estáis firmes en un mismo espíritu, combatiendo unánimes por la fe del evangelio" (Fil. 1:27).

"Finalmente, sed todos de un mismo sentir, compasivos, amándoos fraternalmente, misericordiosos, amigables" (1 P. 3:8).

3 (44:14-17) *Familia — Perdón:* ¿Estamos dispuestos a buscar perdón con la familia? Esta es la tercera prueba de lealtad: estar dispuesto a buscar el perdón con la familia por grave que sea el error. Hace unos veinte años, los hermanos habían fallado de la manera más terrible que puede fallar una persona: habían amenazado con matar a José pero terminaron vendiéndolo a la esclavitud. Y nunca le habían confesado su pecado a nadie hasta donde se sabe: ni a su padre ni a Dios y, por supuesto, nunca a José. Les era necesario confesárselo a los tres, fundamentalmente a Dios. Ahora iban a tener la oportunidad de confesárselo a Dios y a José. ¿Pasarían esta prueba? Y de ser así, ¿lo harían a regañadientes o con los mismos honores que habían demostrado con Benjamín? ¿Los hijos iban a confesarse y arrepentirse a fin de convertirse, de volverse verdaderos seguidores de Dios? Advierta lo que sucedió cuando se encontraron con José.

1. Hubo un acto fuerte de unión: todos demostraron humildad juntos (vv. 14-15). Tan pronto entraron en la casa de José, cayeron al suelo inclinándose ante él. José sin lugar a dudas se encantó de verlos a todos juntos al lado de su hermano Benjamín. Ahora él sabía que estaban comprometidos a permanecer unidos como una familia, cada uno de ellos. Ahora, con la ayuda de Dios, le era necesario llevarlos a la confesión y al arrepentimiento de su pecado y a un compromiso de mantenerse unidos al seguir a Dios. Advierta cómo él procedió para hacer esto:

=> Él los acusó de una fechoría, de robarles su copa de plata (v. 15).

=> Él los acusó de ignorar el poder divino (v. 15). Nota: José les estaba diciendo a sus hermanos que él tenía poder divino para saber cosas aparte de la copa de adivinación. Él les estaba informando que su poder divino le habría dicho que ellos se habían llevado la copa. ¿Cómo podían esperar salirse con la suya al robarla? Advierta también que esto apunta a que José haya usado la copa solo como un medio para infundir temor en sus corazones. Obviamente él no practicaba la adivinación (Vea nota, Gn. 44:15 para un mayor análisis).

2. Ahora se produjeron la conversión gloriosa y se demostró la lealtad a la familia (v. 16). Llegaba el momento tan esperado. Advierta que Judá tomó la palabra. Él, quien se convertiría en la descendencia misma por medio de quien Dios enviaría la Simiente prometida y el Salvador, ahora se hacía cargo de la situación hablando por todos los hermanos.

a. Advierta su confesión: Dios *había descubierto y hallado su pecado*, no solo el pecado de Benjamín, sino su pecado, el pecado del que todos eran culpables. Judá estaba confesando que ellos todos eran culpables de pecado, y ahora Dios los estaba castigando por eso. Dios estaba castigando a Benjamín, sí, pero también los estaba castigando a ellos por el pecado que habían cometido en el pasado, el terrible pecado de haber vendido a su hermano a la esclavitud. Judá no mencionó este pecado públicamente. Ya eso se había hecho antes en presencia de José y su intérprete (Gn. 42:21-24). Pero el significado de la confesión de Judá está claro: Dios había descubierto los pecados de todos los hermanos, y ahora estaban listos y dispuestos a soportar el castigo de Dios. Ahora estaban listos para convertirse en los esclavos de José, todos juntos, porque todos eran culpables delante de Dios (v. 16).

=> Advierta la declaración de creencia en Dios: que Él los tiene por responsables.

=> Advierta la confesión: todos eran culpables de pecado.

=> Advierta el arrepentimiento: Ahora estaban preparados y dispuestos a seguir la voluntad de Dios aunque significara ser castigados por sus pecados.

Judá estaba declarando que los hermanos creían en Dios, que ellos se confesaban y que se arrepentían de su pecado, los tres ingredientes básicos necesarios para la salvación. Judá le estaba declarando todo esto a José, y José sabía lo que estaba sucediendo: ellos estaban entregándoles sus corazones y sus vidas a Dios. ¿Pero con cuánta fuerza estaban comprometidos ellos con la familia de Dios? ¿Estaban dispuestos a ser los seguidores de Dios y la familia que Dios quería que ellos fueran?

b. Advierta que ellos se mantuvieron juntos y juntos buscaron el perdón. Y Judá declaró que ellos soportarían juntos el castigo de Dios. Todos los hermanos, por su pecado, y Benjamín, porque había robado la copa, serían los esclavos de José: Estaban juntos como una familia y no se separarían uno del otro (v. 16b).

Pero incluso esto no le bastaba a José. Él tenía que estar absolutamente seguro de que seguirían juntos a Dios y nunca lo abandonarían, que ellos cumplirían su propósito como la familia escogida de Dios.

3. La prueba continuaba: José se sentía obligado a probar que los hermanos eran totalmente leales unos a otros y a la familia de Dios (v. 17). Él declaró que él no podía esclavizar a los hermanos inocentes, solo al hermano que había robado la copa. Luego mandó a todos los hermanos a marcharse y regresar a casa, todos excepto Benjamín, el sospechado ladrón.

Pensamiento 1. Las lecciones son claras:

1) Con cuánta frecuencia a nosotros como miembros de la familia nos es necesario perdonarnos unos a otros.

"Porque si perdonáis a los hombres sus ofensas, os perdonará también a vosotros vuestro Padre celestial" (Mt. 6:14).

"Y cuando estéis orando, perdonad, si tenéis algo contra alguno, para que también vuestro Padre que está en los cielos os perdone a vosotros vuestras ofensas" (Mr. 11:25).

"Y si siete veces al día pecare contra ti, y siete veces al día volviere a ti, diciendo: Me arrepiento; perdónale" (Lc. 17:4).

"Antes sed benignos unos con otros, misericordiosos, perdonándoos unos a otros, como Dios también os perdonó a vosotros en Cristo" (Ef. 4:32).

"Confesaos vuestras ofensas unos a otros, y orad unos por otros, para que seáis sanados. La oración eficaz del justo puede mucho" (Stg. 5:16).

2) Con cuánta frecuencia a nosotros como miembros de la familia nos es necesario confesar nuestros pecados contra la familia, confesarlos ante Dios y uno al otro.

"El es quien perdona todas tus iniquidades, el que sana todas tus dolencias" (Sal. 103:3).

"Pero en ti hay perdón, para que seas reverenciado" (Sal. 130:4).

"A éste, Dios ha exaltado con su diestra por Príncipe y Salvador, para dar a Israel arrepentimiento y perdón de pecados" (Hch. 5:31).

"Sabed, pues, esto, varones hermanos: que por medio de él se os anuncia perdón de pecados" (Hch. 13:38).

"en quien tenemos redención por su sangre, el perdón de pecados según las riquezas de su gracia" (Ef. 1:7).

"Si confesamos nuestros pecados, él es fiel y justo para perdonar nuestros pecados, y limpiarnos de toda maldad" (1 Jn. 1:9).

3) Con cuánta frecuencia nos es necesario hacer lo que hizo José: mantenernos junto a miembros de la familia que han pecado, tratando de llevarlos a la confesión y el arrepentimiento.

"soportándoos unos a otros, y perdonándoos unos a otros si alguno tuviere queja contra otro. De la manera que Cristo os perdonó, así también hacedlo vosotros" (Col. 3:13).

"Sobrellevad los unos las cargas de los otros, y cumplid así la ley de Cristo" (Gá. 6:2).

"No nos cansemos, pues, de hacer bien; porque a su tiempo segaremos, si no desmayamos. Así que, según tengamos oportunidad, hagamos bien a todos, y mayormente a los de la familia de la fe" (Gá. 6:9-10).

"y diciendo: Arrepentíos, porque el reino de los cielos se ha acercado" (Mt. 3:2).

"Así que, arrepentíos y convertíos, para que sean borrados vuestros pecados; para que vengan de la presencia del Señor tiempos de refrigerio" (Hch. 3:19).

"Arrepiéntete, pues, de esta tu maldad, y ruega a Dios, si quizá te sea perdonado el pensamiento de tu corazón" (Hch. 8:22).

"si se humillare mi pueblo, sobre el cual mi nombre es invocado, y oraren, y buscaren mi rostro, y se convirtieren de sus malos caminos; entonces yo oiré desde los cielos, y perdonaré sus pecados, y sanaré su tierra" (2 Cr. 7:14).

"Deje el impío su camino, y el hombre inicuo sus pensamientos, y vuélvase a Jehová, el cual tendrá de él misericordia, y al Dios nuestro, el cual será amplio en perdonar" (Is. 55:7).

"Mas el impío, si se apartare de todos sus pecados que hizo, y guardare todos mis estatutos e hiciere según el derecho y la justicia, de cierto vivirá; no morirá" (Ez. 18:21).

ESTUDIO A FONDO 1

(44:15) *Adivinación — Predicciones de fortuna — Brujería:* La adivinación es una costumbre pagana que se ha practicado a lo largo de los siglos en todas las civilizaciones. La práctica específica mencionada acá usaba aceite solamente o de lo contrario agua con oro o plata en el fondo de un recipiente o copa. Los rayos de luz que se reflejan del aceite o del agua formarían ciertos diseños que se suponía que revelaran el futuro.

¿José realmente practicaba esta costumbre pagana, la practicaba por su propia voluntad? ¿O se esperaba que él, como el gobernador de Egipto, practicara la costumbre? ¿La practicaba a fin de satisfacer la expectativa de las personas? ¿O José se estaba ligando con la copa sagrada a fin de infundir más temor en sus hermanos? Identificar la copa como una copa de adivinación le atribuiría mucho más valor. Esto haría que la pena por robar fuera mucho peor. Los hermanos sentirían una culpabilidad mucho mayor por haberla robado y esperarían una sentencia mucho más severa.

Es muy poco probable que José practicara la adivinación, porque Dios hace amonestaciones estrictas contra tal práctica. Es muy probable que José se estuviera refiriendo a la copa como una copa de adivinación con el objetivo de infundir más temor en los hermanos. Mientras más importante fuera la copa, mayor sería el temor, y mientras más temieran, más probable era que se alejaran de Benjamín y lo dejaran enfrentar solo la sentencia. Esta prueba iba a mostrar exactamente con cuánta fuerza estaban comprometidos con cada uno y con la familia. Si estaban comprometidos totalmente con la familia, permanecerían junto a Benjamín, soportando el castigo con él. Si de alguna manera les falta lealtad —tuvieran alguna debilidad de apego a la familia— dejarían que Benjamín se enfrentara solo al castigo.

4 (44:18-34) *Abnegación — Sacrificio:* ¿Estamos dispuestos a sacrificarnos por la familia? Esta es la cuarta marca de la lealtad: estar dispuesto a sacrificarse uno mismo por la familia sin importar cuánto sacrificio haga falta. José acaba de mandar a los hermanos a marcharse y a regresar a casa, a todos excepto a Benjamín, el sospechado ladrón.

1. Ahora bien, advierta los actos contundentes de Judá: de inmediato dio el paso al frente y acudió donde el gobernador. Pero él dio el paso al frente angustiado y con total humildad. A partir de este momento, Judá tomó la palabra para defender el caso de los hermanos. Incluso José no habló hasta que estuvo listo para identificarse y reconciliarse con sus hermanos. Cuando Judá terminó con su súplica, José supo que Dios había hecho una obra maravillosa en la vida de los hermanos; él sabía que Dios los había salvado y que ellos habían hecho un compromiso firme de seguir a Dios para convertirse en los líderes del pueblo escogido de Dios, la Simiente prometida de creyentes de la tierra. Él sabía que se mantendrían unidos como la familia de Dios, como el testimonio de Dios en la tierra, y que se convertirían en los líderes de las doce tribus de Israel.

La súplica de Judá se reconoce como uno de los discursos más magníficos que se hayan hecho. He aquí lo que dicen los escritores sobre su discurso.

El gran expositor luterano H. C. Leupold dice: "Éste es uno de los discursos más sencillos y valientes que haya hecho un hombre. Por la magnitud del sentimiento y la sinceridad del propósito resulta insuperable" (*Génesis,* vol. 2, p. 1086).

El gran ministro presbiteriano Donald Grey Barnhouse dice: "Judá ofreció la alocución más conmovedora de toda la Palabra de Dios. He aquí la elocuencia del verdadero amor. En verdad, a este discurso se le ha denominado el mayor ejemplo de la oratoria natural de toda la literatura" (*Génesis,* vol. 2, p. 200).

El gran expositor de una generación anterior, W. H. Griffith Thomas, dice: "En estos versículos contamos con una de las obras más exquisitas de la literatura de todo el mundo" (*Génesis, A Devotional Commentary* [Génesis, un comentario devocional], Grand Rapids, MI: Eerdmans Publishing Co., 1946, p. 420).

El científico de la creación que ha escrito un comentario excelente de Génesis, Henry M. Morris, dice: "En esta súplica extraordinaria, Judá demostró claramente que, cualesquiera que hayan sido sus debilidades anteriores... ahora era un hombre fuerte de carácter piadoso y compasivo" (*The Genesis Record* [El registro de Génesis], p. 617)

El excelente expositor presbiteriano James Montgomery Boice dice: "Resulta difícil pensar en un [discurso] tan conmovedor o poderoso como el de Judá" (*Génesis, un comentario expositivo,* vol. 3, p. 162).

Prácticamente todos los comentarios de Génesis enfatizan la fuerza de la súplica de Judá. En el discurso, Judá representó una ilustración magnífica de Cristo, de su gran intercesión y sacrificio voluntario por la humanidad. La ternura y calidez de sus palabras y el amor expresado por su padre se ven raras veces entre los hombres. E imagínense nada más: esto provino del corazón de un hombre que había sido tan perverso y pecaminoso, tan inmoral y malo, que había destrozado el corazón de su padre años antes. Judá constituye un ejemplo dinámico de la misericordia gloriosa de Dios. Si Judá y sus hermanos podían ser salvos, entonces cualquier persona puede ser salva.

2. Judá le recordó a José *la exigencia* que él les había hecho. Advierta los elementos que enfatizó Judá (vv. 18-23).

=> Él le recordó a José su inquisición sobre su familia, al preguntarle si tenían un hermano o padre (v. 19).

=> Él le recordó a José su padre: que su padre era viejo y tenían otros dos hijos. Un hijo estaba muerto y el otro hijo era el hijo de la ancianidad de su padre. Y su padre lo amaba mucho (v. 20).

=> Él le recordó a José *su exigencia* de traer a Benjamín a Egipto para demostrar que ellos estaban diciendo la verdad (v. 21).

=> Él le recordó a José su advertencia y reserva: privar a su padre de Benjamín podría matarlo (v. 22).

=> Él le recordó a José *su insistencia*: Ellos tenían que traer a Benjamín, o nunca les permitirían volver a ver el rostro del gobernador; nunca les permitirían conseguir más alimentos (v. 23).

3. Judá relató cómo los hermanos les habían contado a su padre sobre *la exigencia* del gobernador (vv. 24-29). Advierta que José no tenía forma de saber sobre estos elementos. Él estaba escuchando por primera vez lo que había sucedido cuando sus hermanos regresaron a casa donde su padre.

=> Él relató cómo surgió la necesidad de más alimento (v. 25).

=> Él relató cómo los hijos le recordaron a su padre *la exigencia* del gobernador: el hermano menor tenía que venir con ellos (v. 26).

=> Él relató la respuesta de su padre: su esposa le había dado dos hijos y a uno lo habían despedazado (vv. 27-28).

=> Él relató cómo su padre temía perder al segundo hijo: perderlo mataría a su padre (v. 29).

4. Judá relató su gran preocupación (vv. 30-31). Advierta que su preocupación no era la inocencia o culpabilidad de Benjamín ni la libertad o esclavitud de los hermanos. La preocupación de Judá era su padre. Él no quería que se lacerara el corazón de su padre. Judá amaba tanto a su padre que ni siquiera quería que sufriera dolor. Advierta lo que él le relató al gobernador:

=> La vida de su padre estaba estrechamente ligada a Benjamín (v. 30).

=> Su padre moriría si el chico no estaba con ellos cuando ellos regresaran a casa (v. 31a).

=> Los hijos —los siervos de José— por consiguiente serían culpables de matar a su padre por no traer al chico de vuelta a casa (v. 31b).

5. Lo que sucedió ahora fue muy significativo: Judá se defendió ante José, demostrando su lealtad y amor por la familia sin lugar a dudas.

a. Judá le contó que él personalmente se había convertido en la garantía de Benjamín (v. 32). Si él no lograba llevarle el chico a su padre, entonces él cargaría la culpa por el resto de su vida.

b. Luego Judá hizo algo sorprendente. Él se ofreció para *sacrificarse* por Benjamín (vv. 32-33). Él le pidió a José que le permitiera ser el esclavo y liberar a Benjamín, permitiendo así que fuera a casa con su padre (v. 32). Él se ofreció...

• Para ser el sustituto de Benjamín

• Para aceptar el castigo debido a Benjamín

• Para cargar la culpabilidad de Benjamín

• Para sufrir en nombre de Benjamín

• Para dar su vida por la vida de Benjamín

• Para cambiar su posición por la de Benjamín

Advierta por qué Judá hizo eso: por su padre. ¿Cómo podría él regresar donde su padre si Benjamín no estaba con Él? Su padre padecería un sufrimiento indebido, y él, Judá, tendría que ver a su padre padecer el sufrimiento por el resto de su vida (v. 23).

Pensamiento 1. ¿Estamos dispuestos a sacrificar nuestras vidas por el bien de nuestra familia? ¿Sacrificar...

- Nuestro tiempo y energía?
- Nuestro amor y cuidado?
- Nuestros deseos y necesidades?
- Nuestro dinero y propiedades?
- Nuestra posición y honra?

Pensamiento 2. Advierta cómo Judá se volvió una ilustración magnífica de Cristo en la escena anterior. Henry Morris lo plantea bien:

"En esta disposición de dar su propia vida por la de su hermano, por el bien de su padre, Judá se convierte en un tipo maravilloso de Cristo, de un modo más pleno y realista incluso que el propio José, a quien con frecuencia los expositores bíblicos lo toman como tipo de Cristo. 'En esto hemos conocido el amor, en que él puso su vida por nosotros; también nosotros debemos poner nuestras vidas por los hermanos' (1 Jn. 3:16).

"De hecho, aunque las Escrituras no dicen esto con muchas palabras, el problema de por qué Judá, en vez de José, fue elegido para ser el ancestro del Mesías probablemente tenga su solución justo aquí. Judá, en su disposición de sacrificarse, el inocente por el culpable, se había convertido en el más similar a Cristo de todos sus hermanos" (*The Genesis Record* [El registro de Génesis], pp. 618-619).

Y eso era todo, el final del discurso de Judá. Ahora José sabía que Dios había hecho una obra maravillosa en sus vidas.

1) Ahora los hermanos eran salvos y estaban siguiendo a Dios con todo su corazón.

"Y decía a todos: Si alguno quiere venir en pos de mí, niéguese a sí mismo, tome su cruz cada día, y sígame" (Lc. 9:23).

"Porque por gracia sois salvos por medio de la fe; y esto no de vosotros, pues es don de Dios; no por obras, para que nadie se gloríe" (Ef. 2:8-9).

"Porque la paga del pecado es muerte, mas la dádiva de Dios es vida eterna en Cristo Jesús Señor nuestro" (Ro. 6:23).

"porque todo aquel que invocare el nombre del Señor, será salvo" (Ro. 10:13).

"Palabra fiel es esta: Si somos muertos con él, también viviremos con él; si sufrimos, también reinaremos con él; si le negáremos, él también nos negará" (2 Ti. 2:11-12).

2) Estaban dispuestos a permanecer juntos y sacrificarse unos por otros sin importar a qué costo.

"Este es mi mandamiento: Que os améis unos a otros, como yo os he amado" (Jn. 15:12).

"Un mandamiento nuevo os doy: Que os améis unos a otros; como yo os he amado, que también os améis unos a otros. En esto conocerán todos que sois mis discípulos, si tuviereis amor los unos con los otros" (Jn. 13:34-35).

"En todo os he enseñado que, trabajando así, se debe ayudar a los necesitados, y recordar las palabras del Señor Jesús, que dijo: Más bienaventurado es dar que recibir" (Hch. 20:35).

"Así que, los que somos fuertes debemos soportar las flaquezas de los débiles, y no agradarnos a nosotros mismos" (Ro. 15:1).

"Porque vosotros, hermanos, a libertad fuisteis llamados; solamente que no uséis la libertad como ocasión para la carne, sino servíos por amor los unos a los otros. Porque toda la ley en esta sola palabra se cumple: Amarás a tu prójimo como a ti mismo. Pero si os mordéis y os coméis unos a otros, mirad que también no os consumáis unos a otros" (Gá. 5:13-15).

1 José les hizo frente a sus hermanos, a aquellos que lo habían lastimado

a. Él no pudo controlar más sus emociones: Él mandó salir a todos sus siervos

b. Él les hizo frente a sus hermanos solo

c. Él se conmovió, y lloró en voz alta

d. Él se identificó

e. Sus hermanos se sorprendieron, se aterrorizaron, y se desconcertaron

2 José perdonó a sus hermanos

a. Les pidió que se acercaran

b. Confesaron su culpabilidad: Sacaron el error del camino

c. Les dio seguridad de su perdón

d. Vio que la mano de Dios había estado obrando a través de todas sus pruebas

1) Al escogerlo para que salvara vidas de la escasez

2) Al escogerlo para que salvara a la familia de Israel

3) Al escogerlo para que fuera exaltado en Egipto

CAPÍTULO 45

I. José se da a conocer a sus hermanos: Cómo perdonar a aquellos que nos lastiman y cómo reconciliarnos con ellos, 45:1-28

1 No podía ya José contenerse delante de todos los que estaban al lado suyo, y clamó: Haced salir de mi presencia a todos. Y no quedó nadie con él, al darse a conocer José a sus hermanos.

2 Entonces se dio a llorar a gritos; y oyeron los egipcios, y oyó también la casa de Faraón.

3 Y dijo José a sus hermanos: Yo soy José; ¿vive aún mi padre? Y sus hermanos no pudieron responderle, porque estaban turbados delante de él.

4 Entonces dijo José a sus hermanos: Acercaos ahora a mí. Y ellos se acercaron. Y él dijo: Yo soy José vuestro hermano, el que vendisteis para Egipto.

5 Ahora, pues, no os entristezcáis, ni os pese de haberme vendido acá; porque para preservación de vida me envió Dios delante de vosotros.

6 Pues ya ha habido dos años de hambre en medio de la tierra, y aún quedan cinco años en los cuales ni habrá arada ni siega.

7 Y Dios me envió delante de vosotros, para preservaros posteridad sobre la tierra, y para daros vida por medio de gran liberación.

8 Así, pues, no me enviasteis acá vosotros, sino Dios, que me ha puesto

---

por padre de Faraón y por señor de toda su casa, y por gobernador en toda la tierra de Egipto.

9 Daos prisa, id a mi padre y decidle: Así dice tu hijo José: Dios me ha puesto por señor de todo Egipto; ven a mí, no te detengas.

10 Habitarás en la tierra de Gosén, y estarás cerca de mí, tú y tus hijos, y los hijos de tus hijos, tus ganados y tus vacas, y todo lo que tienes.

11 Y allí te alimentaré, pues aún quedan cinco años de hambre, para que no perezcas de pobreza tú y tu casa, y todo lo que tienes.

12 He aquí, vuestros ojos ven, y los ojos de mi hermano Benjamín, que mi boca os habla.

13 Haréis, pues, saber a mi padre toda mi gloria en Egipto, y todo lo que habéis visto; y daos prisa, y traed a mi padre acá.

14 Y se echó sobre el cuello de Benjamín su hermano, y lloró; y también Benjamín lloró sobre su cuello.

15 Y besó a todos sus hermanos, y lloró sobre ellos; y después sus hermanos hablaron con él.

16 Y se oyó la noticia en la casa de Faraón, diciendo: Los hermanos de José han venido. Y esto agradó en los ojos de Faraón y de sus siervos.

17 Y dijo Faraón a José: Di a tus hermanos: Haced esto: cargad vuestras bestias, e id, volved a la tierra de Canaán;

18 y tomad a vuestro padre y a vuestras familias y

---

3 José mostró preocupación por toda su familia y su casa

a. El quería ocuparse de su padre

1) establecerlo en la región de Gosén

2) Estar cerca de él

b. Él quería ocuparse de toda la familia, tanto de ellos como de su ganado

c. Él quería proveer para toda su familia y su casa durante la escasez: Duraría cinco años más

d. Él quería que todo el mundo lo supiera

1) que él estaba realmente vivo y que perdonaba a todo el mundo

2) que él era el gobernante de Egipto y que podía proveer para ellos

4 José mostró afecto por sus hermanos

a. José se echó sobre el cuello de Benjamín y lloró

b. José besó a todos sus hermanos y lloró

c. Ellos todos hablaron con él

5 José dio un testimonio fuerte al reconciliarse con sus hermanos

a. La noticia llegó a la corte de Faraón

b. La noticia movió a Faraón a ayudar

1) le ordenó a José que trajera su familia a Egipto

2) Prometió proveer en abundancia para la familia

3) le ordenó a José que tomara carros para transportar a la familia	venid a mí, porque yo os daré lo bueno de la tierra de Egipto, y comeréis de la abundancia de la tierra. 19 Y tú manda: Haced esto: tomaos de la tierra de Egipto carros para vuestros niños y vuestras mujeres, y traed a vuestro padre, y venid.	23 Y a su padre envió esto: diez asnos cargados de lo mejor de Egipto, y diez asnas cargadas de trigo, y pan y comida, para su padre en el camino. 24 Y despidió a sus hermanos, y ellos se fueron. Y él les dijo: No riñáis por el camino.	c. Él le envió regalos especiales a su padre
4) Les dijeron que dejaran todos sus enseres: Él los repondría con nuevos muebles	20 Y no os preocupéis por vuestros enseres, porque la riqueza de la tierra de Egipto será vuestra.	25 Y subieron de Egipto, y llegaron a la tierra de Canaán a Jacob su padre.	**7 José exhortó a sus hermanos a no reñir, a no culparse unos a otros por el pasado** **8 Los resultados de la reconciliación: El corazón del hombre piadoso revivió y la familia se reunificó**
6 José suplió las necesidades de la familia a. Él les dio a sus hermanos carros y provisiones b. Él les dio a sus hermanos regalos personales, fundamentalmente a Benjamín	21 Y lo hicieron así los hijos de Israel; y les dio José carros conforme a la orden de Faraón, y les suministró víveres para el camino. 22 A cada uno de todos ellos dio mudas de vestidos, y a Benjamín dio trescientas piezas de plata, y cinco mudas de vestidos.	26 Y le dieron las nuevas, diciendo: José vive aún; y él es señor en toda la tierra de Egipto. Y el corazón de Jacob se afligió, porque no los creía. 27 Y ellos le contaron todas las palabras de José, que él les había hablado; y viendo Jacob los carros que José enviaba para llevarlo, su espíritu revivió.	a. El corazón de Jacob revivió 1) Se quedó anonadado ante la noticia de que José estaba vivo 2) Él oyó y vio la evidencia: Escuchó el informe de los hijos y vio los carros 3) Él experimentó un espíritu de avivamiento, un espíritu renovado b. Jacob estaba dispuesto a ir y reunificar la familia en Egipto
		28 Entonces dijo Israel: Basta; José mi hijo vive todavía; iré, y le veré antes que yo muera.	

DIVISIÓN X

JOSÉ, BISNIETO DE ABRAHAM: ESCOGIDO PARA SALVAR A LA DESCENDENCIA DEL PUEBLO DE DIOS Y LAS GRANDES PROMESAS DE DIOS: SUCESOS QUE LLEVAN AL PUEBLO DE DIOS A EGIPTO, 37:1—50:26

I. José se da a conocer a sus hermanos: Cómo perdonar a aquellos que nos lastiman y cómo reconciliarnos con ellos, 45:1-28

(45:1-28) *Introducción:* vivimos en una época de familias divididas. Existe división entre esposos y esposas; existe división entre padres e hijos; entre hermanos, entre hermanas, y entre parientes. La división siempre perturba el amor y la paz de una familia, y con mucha frecuencia, destruye la familia.

Esto había sucedido con José. Sus hermanos lo habían odiado a muerte, lo habían odiado tanto que habían cometido contra él uno de los actos más horribles que se pueden cometer: lo habían vendido a la esclavitud. Durante cerca de veintitrés años la familia había estado destruida y separada. Pero ahora, como hemos visto en los últimos capítulos, José estaba tratando de reconciliarse con su familia y de reunificarla (vea bosquejo y notas, caps. 42 al 45).

José había puesto a prueba a sus hermanos una y otra vez, les había proporcionado experiencia tras experiencia a fin de enseñarlos a permanecer juntos como una familia unida, como la familia escogida de Dios. Ahora estaba claro: su plan había funcionado. Dios había bendecido grandemente sus esfuerzos. Desde lo más profundo de su corazón, los hermanos habían demostrado que lamentaban su pasado y que estaban arrepentidos. Se habían rehusado a lastimar a su padre una vez más (Gn. 44:30-31), y se habían rehusado a abandonar a Benjamín, incluso a riesgo de sus propias vidas (Gn. 44:30-34). Se había aprendido la experiencia máxima del sacrificio de uno mismo por el bien de la familia. Había llegado ahora el momento de la verdad: José podía darse a conocer a sus hermanos, y eso hizo, en una de las demostraciones más grandes de perdón y reconciliación que se haya visto entre los hombres.

¡Qué lección tan maravillosa sobre el perdón y la reconciliación para las familias de la tierra, en específico para las familias de los creyentes! Pocos de nosotros, si es que hay alguno, sufrimos tanto mal como el que cometió su propia familia contra José (amenazar su vida y esclavizarlo) y como el que cometió el mundo contra él (acusarlo falsamente, condenarlo, y encarcelarlo).

Lo que José hizo fue tan importante que vale la pena se repita: en una de las demostraciones más grandes de perdón y reconciliación entre los hombres, José perdonó y se reconcilió con toda su familia. ¡Qué lección para todas las familias de la tierra, en específico para las familias de los creyentes cristianos! Este es el tema de este gran pasaje: *José les hizo frente a sus hermanos. Cómo perdonar a aquellos que nos lastiman y cómo reconciliarnos con ellos*, 45:1-28.

1. José les hizo frente a sus hermanos, a aquellos que lo habían lastimado (vv. 1-3).
2. José perdonó a sus hermanos (vv. 4-8).
3. José mostró preocupación por toda su familia y su casa (vv. 9-13).
4. José mostró afecto por sus hermanos (vv. 14-15).
5. José dio un testimonio fuerte al reconciliarse con sus hermanos (vv. 16-20).
6. José suplió las necesidades de la familia (vv. 21-23).
7. José exhortó a sus hermanos a no reñir, a no culparse unos a otros por el pasado (v. 24).
8. Los resultados de la reconciliación: El corazón del hombre piadoso revivió y la familia se reunificó (vv. 25-28).

1 (45:1-3) *José — Reconciliación — Paz:* José les hizo frente a sus hermanos, a aquellos que lo habían lastimado. Judá había recién terminado de hacer su fuerte apelación por la vida de Benjamín. (Vea nota, Gn. 44:18-34 para un mayor análisis.) Los once hermanos estaban dispuestos a quedarse con Benjamín, aunque significara estar esclavizados con él. No podían dejarlo; ellos eran una familia, y si era necesario ellos se sacrificarían por él: todos sufrirían el mismo destino que él. Judá había planteado que él estaba dispuesto a soportar el castigo de Benjamín, a sustituir a su hermano.

1. Al escuchar esto, José no pudo controlar más sus emociones (v. 1a). Él mandó salir a todos los siervos de la habitación de un grito, a que salieran de su presencia de una vez. Lo que estaba por suceder era solo para él y sus hermanos. Imagínense la escena.

2. José se quedó solo, frente a frente con sus hermanos (v. 1b). Él estaba parado frente a aquellos que lo habían lastimado tanto y que le habían hecho tanto mal.

3. De repente rompió a llorar, sollozando con dolor y en voz alta, tan alto que los egipcios que se acababan de marchar lo escuchaban en la habitación contigua. Ellos lógicamente le informaron lo que había sucedido a la casa de Faraón (v. 2).

4. Ahora llegó el momento culminante: José se identificó: "Yo soy José" (v. 3).

5. Las palabras los golpearon como un rayo, haciendo entrar a los hermanos en un estado de choque, terror, y de total confusión. Estaban tan desconcertados y aterrados que se quedaron completamente estupefactos. El choque y el terror eran tan abrumadores que al parecer se distanciaron de José.

Pero advierta la ternura y consideración de José, cómo él había tratado de suavizar el golpe. En la misma oración con la que se identificó, él preguntó por su padre, preguntó si aún vivía (v. 3). Esto sin lugar a dudas José lo hizo deliberadamente para suavizarles a sus hermanos el choque. Sin embargo, es muy poco probable que los hermanos hayan oído la pregunta sobre su padre. El hecho mismo de que el gobernador fuera José sin dudas cautivó cada uno de los pensamientos que vagaban por sus mentes.

No habían visto ni sabido nada acerca de él en unos veintitrés años, no desde que lo habían tratado con tanta aspereza, no desde que habían amenazado con matarlo y habían terminado vendiéndolo a la esclavitud. Ahora estaba allí, frente a frente con ellos como el gobernador supremo de Egipto, segundo solamente después del propio Faraón. Él tenía el poder de la vida y la muerte sobre ellos, y en sus negociaciones con él como el gobernador de Egipto, ellos habían recibido solamente un trato áspero. El temor, el miedo, el terror, y la total confusión invadieron sus cuerpos. No en balde se distanciaron de él.

Pensamiento 1. Debemos enfrentarnos a aquellos que nos lastiman, incluso aquellos que nos hacen un mal terrible. Dios quiere que vivamos en paz con todo el mundo. Por ende, siempre debemos buscar la reconciliación. Puede que la reconciliación no siempre sea posible, pero en la medida en que sea posible, debemos tratar de hacer las paces con todos aquellos que nos ofenden. El primer paso para la reconciliación, para hacer las paces, es hacerle frente a aquellos que nos han lastimado y nos han hecho mal.

"Por tanto, si traes tu ofrenda al altar, y allí te acuerdas de que tu hermano tiene algo contra ti, deja allí tu ofrenda delante del altar, y anda, reconcíliate primero con tu hermano, y entonces ven y presenta tu ofrenda" (Mt. 5:23-24).
"Por tanto, si tu hermano peca contra ti, ve y repréndele estando tú y él solos; si te oyere, has ganado a tu hermano" (Mt. 18:15).
"Si es posible, en cuanto dependa de vosotros, estad en paz con todos los hombres" (Ro. 12:18).
"Seguid la paz con todos, y la santidad, sin la cual nadie verá al Señor" (He. 12:14).

2 (45:4-8) *Perdón — Soberanía, de Dios:* José perdonó a sus hermanos. Los hermanos estaban allí temiendo por sus vidas, sin saber qué sucedería después. Siempre habían tratado a José con envidia, amargura, y odio. Solo podían esperar lo peor. Pero advierta el espíritu de José. Él nos muestra exactamente cómo debemos tratar a aquellos que nos han hecho daño y nos han hecho un mal terrible.

1. José le dijo a sus hermanos que se acercaran a él (v. 4). Lo que él les iba decir era necesario decírselo en voz baja, a ellos solamente. Al parecer ellos se habían alejado tanto de él que había peligro de que los egipcios y los siervos de las otras habitaciones pudieran oírlo a menos que los hermanos se acercaran. José también quería ayudarlos a calmarse pidiéndoles que se acercaran.

2. Advierta cómo José confesó su culpabilidad: cómo él sacó su terrible error contra él del camino (v. 4b). Tan pronto ellos se acercaron a él, José se identificó nuevamente. Pero esta vez se hizo llamar José, *su hermano*, el que habían vendido a Egipto.

=> Él estaba haciendo énfasis en su relación: ellos eran hermanos. Esto ayudaría a calmar cualquier temor que sintieran.

=> Él los estaba ayudando a confesar el error que ellos habían cometido tocando el tema él mismo. Él quería sacar la experiencia dolorosa del camino para que pudieran seguir adelante con la reconciliación (H. C. Leupold, *Génesis*, vol. 2, p. 1092). Tan pronto mencionó esto, advierta cómo él de inmediato se movió al tema del perdón.

3. José les dio seguridad a sus hermanos de su perdón (v. 5). Él les dijo que no se angustiaran, que no temieran ni se molestaran con ellos mismos por su trato áspero con él. Cuando nos vemos atrapados en algún error...

• Hay una tendencia a culparnos nosotros mismos, a pensar lo tonto y estúpidos que hemos sido; a degradarnos, a menospreciarnos, a criticarnos; a pensar que no somos buenos, que somos despreciables, dignos de vergüenza, viles, muy malos, buenos para nada.

• También hay una tendencia a culpar a otros.

José estaba declarando que él había perdonado a sus hermanos: que no debía temerle a represalia alguna de su parte. Tampoco debían estar molestos consigo mismos ni entre ellos. NO debían culparse ni acusarse unos a otros. Todo el problema debía dejarse en el pasado, debía olvidarse. Él los había perdonado, los había perdonado completamente.

4. Pero eso no era todo: José también había aprendido una gran lección por medio de sus terribles circunstancias. La mano de Dios había estado obrando en todos los males que los hermanos les habían provocado (v. 5b). Dios había tomado las terribles circunstancias y las había obrado a bien (cp. Ro. 8:28).

a. Dios lo había escogido para salvar vidas por medio de la escasez (vv. 5b-6). Advierta que la escasez ya llevaba dos años en la tierra. Esto quiere decir que José ya tenía 39 años de edad.

b. Dios también había escogido a José para salvar a la familia de Israel (v. 7). Advierta la palabra "posteridad" o "remanente" (sheerith). El propio José era el remanente alrededor del cual los otros se podían reunir cuando llegaran las crisis. Él podía salvarlos para que ellos pudieran dar a luz *la Simiente prometida*, la gran nación de personas prometida por Dios a Abraham, Isaac, y Jacob.

c. Dios había escogido a José para exaltarle en Egipto (v. 8). Dios había tomado todas las circunstancias terribles y había demostrado su soberanía. Él había obrado todas las cosas a bien y había exaltado a José.

Advierta los tres títulos que José usó para explicar su relación con Egipto y Faraón.

=> Él era el *padre* de Faraón: su asesor y consejero.

=> Él era el *señor* de la casa de Faraón: el contralor de las propiedades personales de Faraón.

=> Él era el *gobernador* de todo Egipto.

Esto lo había hecho Dios: había exaltado a José. Pero recuerden para qué: para salvar al pueblo, pero fundamentalmente a los hijos de Israel.

Advierta lo siguiente: José estaba obligado a perdonar a sus hermanos. ¿Por qué? Porque él era un seguidor de Dios, un verdadero seguidor. Él vio la mano de Dios protegiéndolo y cuidando de él, incluso en las circunstancias terribles de su vida. Dios le había perdonado su pecado terrible de orgullo y arrogancia y lo ayudó tanto que él tenía que perdonar a aquellos que habían pecado contra él (vea nota, Gn. 37:5-11 para un mayor análisis).

Pensamiento 1. Dios nos exige que perdonemos a aquellos que nos lastiman y nos hacen mal, incluso un mal terrible. Perdonar a otros es tan importante para Dios que él nos advierte: si no perdonamos a otros, Él no nos perdonará a nosotros.

"Y perdónanos nuestras deudas, como también nosotros perdonamos a nuestros deudores" (Mt. 6:12).

"Porque si perdonáis a los hombres sus ofensas, os perdonará también a vosotros vuestro Padre celestial; mas si no perdonáis a los hombres sus ofensas, tampoco vuestro Padre os perdonará vuestras ofensas" (Mt. 6:14-15).

"Y cuando estéis orando, perdonad, si tenéis algo contra alguno, para que también vuestro Padre que está en los cielos os perdone a vosotros vuestras ofensas. Porque si vosotros no perdonáis, tampoco vuestro Padre que está en los cielos os perdonará vuestras ofensas" (Mr. 11:25-26).

"Sed, pues, misericordiosos, como también vuestro Padre es misericordioso. No juzguéis, y no seréis juzgados; no condenéis, y no seréis condenados; perdonad, y seréis perdonados" (Lc. 6:36-37).

"Y si siete veces al día pecare contra ti, y siete veces al día volviere a ti, diciendo: Me arrepiento; perdónale" (Lc. 17:4).

"Antes sed benignos unos con otros, misericordiosos, perdonándoos unos a otros, como

Dios también os perdonó a vosotros en Cristo" (Ef. 4:32).

"soportándoos unos a otros, y perdonándoos unos a otros si alguno tuviere queja contra otro. De la manera que Cristo os perdonó, así también hacedlo vosotros" (Col. 3:13).

3 (45:9-13) *Preocupación — Cuidado:* José mostró preocupación por toda su familia y su casa. José aún estaba hablando. Los hermanos aún estaban estupefactos, aún estaban en un estado de choque. José trataba de darles seguridad y de calmarlos. Advierta la gran preocupación que José sentía por su familia, cómo él ya había planeado ocuparse de ellos.

1. José quería ocuparse de su padre (vv. 9-10). Él mandó a sus hermanos que se apresuraran en regresar para que trajeran a su padre a Egipto. Él quería instalarlo en la región de Gosén para que pudieran estar cerca uno del otro. Gosén era una de las regiones más fértiles de Egipto ubicada al nordeste.

2. José quería ocuparse de toda su familia, tanto de ellos como de su ganado (v. 10). Cuando los hermanos oyeron esto, debieron sentirse un tanto calmados, porque José estaba mostrando preocupación por ellos así como por su padre.

3. José quería proveer para la familia durante la escasez que duraría otros cinco años (v. 11). Era importante que los hermanos supieran esto y que se lo transmitieran a su padre. No había forma de que ellos y su ganado pudieran sobrevivir a los cinco años de infertilidad en Canaán. Si se quedaban allí, perderían su hacienda y su ganado, todo cuanto tenían. Así que no tenían otra opción: finalmente, estarían obligados a trasladarse a Egipto. Para que él cuidara de ellos y estuviera seguro de que ellos y su ganado sobrevivirían, les era necesario moverse y establecerse ahora.

4. José quería que todo el mundo supiera que él estaba vivo y que él perdonaba a sus hermanos por el terrible mal que habían cometido contra él (vv. 12-13). Advierta cómo José volvió a enfatizar este elemento.

=> No podía haber dudas sobre su identidad: ellos podían verlo y oírlo, y él estaba hablando sin un intérprete, hablando en su lengua materna (v. 12).

=> Ellos vieron el alto puesto que él ocupaba en Egipto (v. 13). Él podía proveer para la familia. Por ende, ellos debían darse prisa y traer a su padre a Egipto.

Pensamiento 1. En ocasiones aquellos que nos hacen mal son nuestros propios familiares. En otras ocasiones, quienes nos hacen mal son nuestros vecinos, amigos, compañeros de aula, compañeros de trabajo, o extraños. Quienes nos hacen mal, aquellos que nos lastiman y nos maltratan, con frecuencia cruzan nuestro camino. Debemos buscar la paz, tratar de reconciliarnos con ellos, en la medida de lo posible. Una de las mejores maneras de revelar nuestro deseo de paz es mostrar preocupación por ellos. Ver nuestro cuidado y preocupación por ellos ayudará a suavizarlos y a reconciliarlos con nosotros.

"¿Quién, pues, de estos tres te parece que fue el prójimo del que cayó en manos de los ladrones? Él dijo: El que usó de misericordia con él. Entonces Jesús le dijo: Ve, y haz tú lo mismo" (Lc. 10:36-37).

"Pero yo os digo: Amad a vuestros enemigos, bendecid a los que os maldicen, haced bien a los que os aborrecen, y orad por los que os ultrajan y os persiguen" (Mt. 5:44).

"Pero a vosotros los que oís, os digo: Amad a vuestros enemigos, haced bien a los que os aborrecen" (Lc. 6:27).

"Así que, si tu enemigo tuviere hambre, dale de comer; si tuviere sed, dale de beber; pues haciendo esto, ascuas de fuego amontonarás sobre su cabeza" (Ro. 12:20).

"Mirad que ninguno pague a otro mal por mal; antes seguid siempre lo bueno unos para con otros, y para con todos" (1 Ts. 5:15).

4 (45:14-15) *Afecto — Amor fraternal:* José mostró afecto por sus hermanos. Cuando eso sucedió les proporcionó gran alivio y paz a los hermanos. Ahora sabrían sin lugar a dudas que el hermano al que le habían hecho tanto mal los perdonaba verdaderamente.

=> José se acercó y abrazó a Benjamín, y Benjamín respondió abrazándolo y llorando (v. 14).

=> Luego José se acercó y abrazó a cada uno de los hermanos uno a uno, y los besó y lloró con ellos con cada uno (v. 15).

=> Luego, advierta lo que sucedió: se derribaron las barreras. Los hermanos finalmente comenzaron a hablar con José (v. 15).

Henry Morris pinta una ilustración gráfica de lo que probablemente haya sucedido:

"Finalmente, ya no quedaba duda alguna sobre su identidad o sus intenciones. José y Benjamín se abrazaron, llorando. Luego, uno tras otro, José besó y lloró con cada uno de sus hermanos. Cada uno fue perdonado, y cada una de las murallas de temor y vergüenza fueron derribadas.

"Seguramente había un lazo de fraternidad y gozo benditos en esa casa por el resto del día y de la noche. José les contó todo lo que le había pasado a él en Egipto, y cómo el Señor había obrado de modo tan misterioso aunque muy poderoso. Es muy probable que él haya llamado a su esposa y a sus dos hijos y los haya presentado. Por su parte, sus hermanos le dieron todas las noticias de casa, sobre sus propias familias, y todo lo que había ocurrido en los últimos veintidós años. Fue un día para recordar" (*The Genesis Record* [El registro de Génesis], p. 623).

Pensamiento 1. En ocasiones el afecto suavizará los corazones más endurecidos, no siempre, pero en ocasiones. Por ende, generalmente resulta prudente expresar nuestro amor y preocupación hacia aquellos que nos han lastimado.

"Y el segundo es semejante: **Amarás a tu prójimo como a ti mismo**" (Mt. 22:39).

"**El amor sea sin fingimiento. Aborreced lo malo, seguid lo bueno**" (Ro. 12:9).

"**Quítense de vosotros toda amargura, enojo, ira, gritería y maledicencia, y toda malicia. Antes sed benignos unos con otros, misericordiosos, perdonándoos unos a otros, como Dios también os perdonó a vosotros en Cristo**" (Ef. 4:31-32).

"**Y el Señor os haga crecer y abundar en amor unos para con otros y para con todos, como también lo hacemos nosotros para con vosotros**" (1 Ts. 3:12).

"**Un mandamiento nuevo os doy: Que os améis unos a otros; como yo os he amado, que también os améis unos a otros. En esto conocerán todos que sois mis discípulos, si tuviereis amor los unos con los otros**" (Jn. 13:34-35).

"**Pero acerca del amor fraternal no tenéis necesidad de que os escriba, porque vosotros mismos habéis aprendido de Dios que os améis unos a otros**" (1 Ts. 4:9).

"**Y ante todo, tened entre vosotros ferviente amor; porque el amor cubrirá multitud de pecados**" (1 P. 4:8).

"**El que ama a su hermano, permanece en la luz, y en él no hay tropiezo. Pero el que aborrece a su hermano está en tinieblas, y anda en tinieblas, y no sabe a dónde va, porque las tinieblas le han cegado los ojos**" (1 Jn. 2:10-11).

"**Nosotros le amamos a él, porque él nos amó primero. Si alguno dice: Yo amo a Dios, y aborrece a su hermano, es mentiroso. Pues el que no ama a su hermano a quien ha visto, ¿cómo puede amar a Dios a quien no ha visto? Y nosotros tenemos este mandamiento de él: El que ama a Dios, ame también a su hermano**" (1 Jn. 4:19-21).

5 (45:16-20) *Testimonio — Testificar:* José les dio un testimonio fuerte a otros reconciliándose con sus hermanos. No cabe duda, José y sus hermanos se habían sentado a conversar el resto del día y de la tarde. La emoción del reencuentro pronto se esparció por toda la casa de José. Los funcionarios que trabajaban con José y los siervos de su propia casa se regocijaron con él, pues todos lo tenían en muy alta estima como el gobernador al que habían nombrado para salvar la nación en los años de escasez.

1. Por supuesto, pronto la noticia llegó a la corte y oídos del propio Faraón. Tanto a Faraón como a sus funcionarios de la corte les agradó mucho que los hermanos de José hubieran venido a Egipto y que José se hubiera reunido con ellos. A José lo tenían en muy alta estima en la corte de Faraón. Lo que sucedió después demuestra cuán agradecido le estaba Faraón a José.

2. La noticia estimuló a Faraón a ayudar a José y a su familia (v. 17).

   a. Faraón le ordenó a José que trajera a su familia a Egipto. José les daría a sus hermanos los suministros que

necesitaran y los enviarían a traer a su padre y familia donde el propio Faraón (vv. 17-18a).

   b. Advierta que Faraón prometió proveer en abundancia para la familia, darles lo mejor de la tierra de Egipto (v. 18).

   c. Luego Faraón le ordenó a José que tomara carros para transportar a la familia a Egipto (v. 19). Esto les facilitaría mucho el viaje. Esta es la primera mención que se hace en la Biblia de carros o carretas. Faraón también mandó que la familia no se preocupara por traer sus muebles y enseres: él se encargaría de que recibieran todo lo necesario —incluso lo mejor— cuando ellos llegaran a Egipto (v. 20).

Pensamiento 1. La separación, la contienda, y la división lastiman. No lastiman solamente a las personas implicadas, sino también a otras personas. Siempre lastimamos a otras personas cuando estamos en desacuerdo con alguien, fundamentalmente con familiares.

Pero también sucede lo contrario. Cuando nos reconciliamos —cuando hacemos las paces— otros se regocijan con nosotros. Reconciliarse siempre le proporciona un testimonio fuerte a otros. La reconciliación le produce gozo no solo a aquellos que estaban en desacuerdo, sino a todos aquellos que estaban afectados por la división. La noticia de la reconciliación es una buena noticia para la mayoría de las personas.

"**Os ruego, pues, hermanos, por el nombre de nuestro Señor Jesucristo, que habléis todos una misma cosa, y que no haya entre vosotros divisiones, sino que estéis perfectamente unidos en una misma mente y en un mismo parecer**" (1 Co. 1:10).

"**Por lo demás, hermanos, tened gozo, perfeccionaos, consolaos, sed de un mismo sentir, y vivid en paz; y el Dios de paz y de amor estará con vosotros**" (2 Co. 13:11).

"**solícitos en guardar la unidad del Espíritu en el vínculo de la paz**" (Ef. 4:3).

"**Solamente que os comportéis como es digno del evangelio de Cristo, para que o sea que vaya a veros, o que esté ausente, oiga de vosotros que estáis firmes en un mismo espíritu, combatiendo unánimes por la fe del evangelio**" (Fil. 1:27).

"**Así que, hermanos míos amados y deseados, gozo y corona mía, estad así firmes en el Señor, amados. Ruego a Evodia y a Síntique, que sean de un mismo sentir en el Señor. Asimismo te ruego también a ti, compañero fiel, que ayudes a éstas que combatieron juntamente conmigo en el evangelio, con Clemente también y los demás colaboradores míos, cuyos nombres están en el libro de la vida**" (Fil. 4:1-3).

6 (45:21-23) *Necesidad — Necesidades básicas — Provisión — Servicio:* José suplió las necesidades de su familia. Muy sencillo, él hizo exactamente lo que Faraón le había mandado hacer. Él les dio los carros y las provisiones necesarias para su viaje (v. 21). Pero advierta: José hizo más, mucho más. Su corazón se desbordaba de afecto y gozo por su familia, así que él les dio varios regalos muy especiales.

=> Él les dio ropa nueva a cada uno de los hermanos (v. 22).

=> Le dio a Benjamín trescientas piezas de plata y cinco mudas de ropa (v. 22).

=> Él le envió a su padre diez asnos cargados con lo mejor de Egipto y diez asnas cargadas de grano, pan, y otras provisiones (v. 23).

Pensamiento 1. Siempre es necesario darle seguimiento y fortalecer la reconciliación. Podemos lograr esto haciendo lo que hizo José: sabiendo las necesidades de la persona que estaba en desacuerdo con nosotros. Advierta también que José les dio regalos especiales a sus hermanos. Los regalos también ayudarán a fortalecer un reencuentro y una reconciliación. El gozo y la paz que surge de un corazón reconciliado deben estimularnos a ayudar a aquellos que estaban en desacuerdo con nosotros, a suplir sus necesidades y darles regalos.

"Pero no será así entre vosotros, sino que el que quiera hacerse grande entre vosotros será vuestro servidor, y el que de vosotros quiera ser el primero, será siervo de todos" (Mr. 10:43-44).

"Pues si yo, el Señor y el Maestro, he lavado vuestros pies, vosotros también debéis lavaros los pies los unos a los otros" (Jn. 13:14).

"Así que, según tengamos oportunidad, hagamos bien a todos, y mayormente a los de la familia de la fe" (Gá. 6:10).

7 (45:24) *Culpar a otros — Reñir:* José exhortó a sus hermanos a no reñir, culpándose unos a otros por el pasado. Cuando los hermanos salieran de delante de José, cabía la posibilidad de que pudieran comenzar a acusarse y a culparse unos a otros por el mal hecho contra él. Por lo general la naturaleza humana quiere culpar más a la otra persona. José sabía esto; por eso él advirtió a sus hermanos de guardarse contra ello.

Pensamiento 1. La reconciliación nunca elimina todos los problemas, tampoco garantiza la paz perfecta en el futuro. Cuando surgen los problemas, con demasiada frecuencia sacamos a relucir el pasado y comenzamos a culpar a la otra persona por lo que sucedió.

"Y el hombre respondió: La mujer que me diste por compañera me dio del árbol, y yo comí" (Gn. 3:12).

"Entonces Jehová Dios dijo a la mujer: ¿Qué es lo que has hecho? Y dijo la mujer: La serpiente me engañó, y comí" (Gn. 3:13).

"Si yo me justificare, me condenaría mi boca; si me dijere perfecto, esto me haría inicuo" (Job 9:20).

"Por lo cual eres inexcusable, oh hombre, quienquiera que seas tú que juzgas; pues en lo que juzgas a otro, te condenas a ti mismo; porque tú que juzgas haces lo mismo" (Ro. 2:1).

"Y respondió Aarón: No se enoje mi señor; tú conoces al pueblo, que es inclinado a mal. Porque me dijeron: Haznos dioses que vayan delante de nosotros; porque a este Moisés, el varón que nos sacó de la tierra de Egipto, no sabemos qué le haya acontecido. Y yo les respondí: ¿Quién tiene oro? Apartadlo. Y me lo dieron, y lo eché en el fuego, y salió este becerro" (Éx. 32:22-24).

8 (45:25-28) *Reconciliación, resultados:* En estos versículos se ven dos resultados de la reconciliación: el corazón de su padre, Jacob, revivió y la familia re reunificó. Los hermanos se marcharon de Egipto y regresaron a Canaán, donde su padre Jacob. Debió haber sido un momento muy emocionante cuando los hijos se acercaron a la hacienda y cuando Jacob vio a sus once hijos de vuelta, incluso Benjamín. Incluso antes de que ellos se le acercaran, él podía ver que todos regresaban con una caravana de suministros. Él sabía que su viaje les había ido bien, que habían podido convencer al gobernador egipcio de que ellos no eran espías, de que eran inocentes de todas las acusaciones. Pero el gozo que Jacob sentía no era nada comparado con el aluvión de gozo y acción de gracias que estaba por inundar su alma. Se iba a experimentar el primer gran resultado de la reconciliación dentro de una familia.

1. El corazón de Jacob, el corazón del padre piadoso, revivió (v. 26). Tan pronto los hijos se le acercaron y se reunieron con su padre, le dieron la noticia gloriosa: ¡Su amado hijo José estaba vivo! De hecho, él era el gobernador de todo Egipto.

Jacob quedó anonadado, estupefacto. El hebreo da la idea de que se quedó totalmente paralizado en su lugar, completamente inmóvil. Sencillamente no podía creer lo que estaba oyendo. Pero estaba la evidencia:

=> Los informes de los once hermanos, y los informes concordaban unos con otros (v. 27).

=> Los carros egipcios que los hijos no tendrían a menos que algún gobernador egipcio se los hubiera dado a sus hijos (v. 27b).

Advierta ahora lo que le sucedió a Jacob. Su espíritu revivió; él experimentó un avivamiento de corazón. Recuerden, él era anciano, tenía más de cien años de edad, y había estado muy preocupado por sus hijos. Cuando ellos lo habían dejado para irse a Egipto, ellos iban a enfrentarse a la acusación capital de ser espías. Además, ellos se enfrentaban a la posible acusación de ser ladrones. Ambas acusaciones eran falsas; No obstante, tenían que ser procesados para demostrar su inocencia. Y el pronóstico era funesto, porque el gobernador egipcio había sido duro y áspero al tratar a sus hijos. Además, Jacob estaba como todos los otros hacendados de Canaán, a punto de perder su ganado y las riquezas por los estragos de la escasez. Jacob se había enfrentado a pruebas terribles, circunstancias horribles, circunstancias que amenazaban su vida. Él sin dudas había hecho lo que habríamos hecho cualquiera de nosotros: reflexionar y ver si le había fallado a Dios, ver si estaba sufriendo por algún fracaso, ver si quizás Dios estaba castigándolo por alguna razón desconocida.

Pero ahora, Jacob sabía la verdad. Él escuchó la noticia gloriosa de que José estaba vivo; su hijo amado que llevaba cerca de veintitrés años desaparecido estaba vivo. Y él podía ver la prueba; los carros para llevarlo donde José estaban allí frente a él. Su espíritu revivió; su corazón se renovó. Él se sentía como un hombre nuevo.

2. Por ende, ahora podía producirse el segundo gran resultado de la reconciliación: ahora se podía reunificar la familia. Israel y su familia irían a Egipto. Advierta el cambio de nombre de Jacob a *Israel*. ¿Por qué el cambio? Porque revivió el corazón de Jacob. Él sabía que Dios no lo estaba castigando. Por el contrario, Dios lo estaba bendiciendo. Su hijo estaba vivo, y su familia había recibido provisión durante la escasez terrible que había azotado a la tierra.

Su familia sería liberada; por ende podrían sobrevivir y cumplir el propósito que Dios tenía con ellos. Podrían...

• Dar a luz a la Simiente prometida, la nación de personas prometida por Dios.
• Dar a luz a la Simiente prometida, la simiente muy especial del Salvador.
• Heredar la Tierra Prometida de Canaán en algún momento en el futuro.

Esta gran bendición y liberación que se obró estimuló el corazón de Jacob, estimuló un avivamiento y un espíritu renovado en él. Él iba a enfrentar el futuro con el espíritu de su nuevo nombre, *Israel*. Recuerden, el nombre Israel significa el hombre que lucha y prevalece con Dios y el hombre en quien Dios lucha y prevalece.

Bet-el —la experiencia de Bet-el— perduró. Jacob una vez más fue *Israel*, el hombre nuevo. Y él haría el viaje de las pruebas de la aterradora escasez hasta donde su hijo que se encontraba en Egipto, haría el viaje con las fuerzas de Israel. Constantemente estaría recurriendo a Dios y prevaleciendo con Dios, buscando la fuerza y el poder de Dios para seguir adelante. Ahora él y su familia —sus doce hijos— estarían reunidos. Sus hijos se convertirían en los padres de las doce tribus de Israel, la Simiente prometida, la gran nación prometida por Dios a Abraham, Isaac, y a él, Jacob.

Pensamiento 1. Una de las cosas más hirientes del mundo es ver hijos con resentimientos unos contra otros. Los padres añoran que sus hijos estén en paz unos con otros, que se amen y cuiden unos a otros.

Una de las experiencias más felices de un padre es ver a los hijos reconciliados y a su familia reunida. Este es uno de los grandes resultados de la reconciliación entre los familiares: el corazón del padre siempre revive y se llena de alegría. Nada agrada más a nuestros padres que ver a su familia reunida. La mayoría de los padres pagarían cualquier precio por ver a sus hijos desenvolverse en el amor y el cariño de unos por otros.

"El hijo sabio alegra al padre; mas el hombre necio menosprecia a su madre" (Pr. 15:20).

"Mucho se alegrará el padre del justo, y el que engendra sabio se gozará con él" (Pr. 23:24).

"Sé sabio, hijo mío, y alegra mi corazón, y tendré qué responder al que me agravie" (Pr. 27:11).

"La soberbia del hombre le abate; pero al humilde de espíritu sustenta la honra" (Pr. 29:23).

"Y traed el becerro gordo y matadlo, y comamos y hagamos fiesta; porque este mi hijo muerto era, y ha revivido; se había perdido, y es hallado. Y comenzaron a regocijarse" (Lc. 15:23-24).

"Os ruego, pues, hermanos, por el nombre de nuestro Señor Jesucristo, que habléis todos una misma cosa, y que no haya entre vosotros divisiones, sino que estéis perfectamente unidos en una misma mente y en un mismo parecer" (1 Co. 1:10).

"Quítense de vosotros toda amargura, enojo, ira, gritería y maledicencia, y toda malicia. 32 Antes sed benignos unos con otros, misericordiosos, perdonándoos unos a otros, como Dios también os perdonó a vosotros en Cristo" (Ef. 4:31-32).

"Finalmente, sed todos de un mismo sentir, compasivos, amándoos fraternalmente, misericordiosos, amigables" (1 P. 3:8).

CAPÍTULO 46

J. José trajo a su padre, Jacob, a Egipto: Cómo asegurarse que hacemos la voluntad de Dios, 46:1-27

1 Jacob lo comprometió todo: Él inició el viaje y tomó todo cuanto tenía

2 Jacob se detuvo a adorar y a buscar confirmación de Dios

  a. Dios le habló a Jacob en una visión por la noche: Lo llamó por su nombre

  b. Dios se identificó

  c. Dios le dijo a Jacob que no temiera

  d. Dios le dijo a Jacob que se convertiría en una gran nación en Egipto

  e. Dios le dio seguridad a Jacob de su presencia

  f. Dios prometió traer a Jacob de vuelta

  g. Dios le prometió a Jacob que moriría en paz

3 Jacob obedeció a Dios rápidamente

  a. Él y los más débiles se trasladaron en carros

  b. Él tomó todas sus posesiones

4 Jacob obedeció a Dios con toda su familia: Él los llevó a todos a seguir a Dios, a trasladarse con él a Egipto

  a. Los hijos de Lea^{EF1}

1 Salió Israel con todo lo que tenía, y vino a Beerseba, y ofreció sacrificios al Dios de su padre Isaac.

2 Y habló Dios a Israel en visiones de noche, y dijo: Jacob, Jacob. Y él respondió: Heme aquí.
3 Y dijo: Yo soy Dios, el Dios de tu padre; no temas de descender a Egipto, porque allí yo haré de ti una gran nación.
4 Yo descenderé contigo a Egipto, y yo también te haré volver; y la mano de José cerrará tus ojos.

5 Y se levantó Jacob de Beerseba; y tomaron los hijos de Israel a su padre Jacob, y a sus niños, y a sus mujeres, en los carros que Faraón había enviado para llevarlo.
6 Y tomaron sus ganados, y sus bienes que habían adquirido en la tierra de Canaán, y vinieron a Egipto, Jacob y toda su descendencia consigo;
7 sus hijos, y los hijos de sus hijos consigo; sus hijas, y las hijas de sus hijos, y a toda su descendencia trajo consigo a Egipto.
8 Y estos son los nombres de los hijos de Israel, que entraron en Egipto, Jacob y sus hijos: Rubén, el primogénito de Jacob.

9 Y los hijos de Rubén: Hanoc, Falú, Hezrón y Carmi.
10 Los hijos de Simeón: Jemuel, Jamín, Ohad, Jaquín, Zohar, y Saúl hijo de la cananea.
11 Los hijos de Leví: Gersón, Coat y Merari.
12 Los hijos de Judá: Er, Onán, Sela, Fares y Zara; mas Er y Onán murieron en la tierra de Canaán. Y los hijos de Fares fueron Hezrón y Hamul.
13 Los hijos de Isacar: Tola, Fúa, Job y Simrón.
14 Los hijos de Zabulón: Sered, Elón y Jahleel.
15 Estos fueron los hijos de Lea, los que dio a luz a Jacob en Padan-aram, y además su hija Dina; treinta y tres las personas todas de sus hijos e hijas.
16 Los hijos de Gad: Zifión, Hagui, Ezbón, Suni, Eri, Arodi y Areli.
17 Y los hijos de Aser: Imna, Isúa, Isúi, Bería, y Sera hermana de ellos. Los hijos de Bería: Heber y Malquiel.
18 Estos fueron los hijos de Zilpa, la que Labán dio a su hija Lea, y dio a luz éstos a Jacob; por todas dieciséis personas.
19 Los hijos de Raquel, mujer de Jacob: José y Benjamín.
20 Y nacieron a José en la tierra de Egipto Manasés y Efraín, los que le dio a luz Asenat, hija de Potifera sacerdote de On.
21 Los hijos de Benjamín fueron Bela, Bequer, Asbel, Gera, Naamán, Ehi, Ros, Mupim, Hupim y Ard.
22 Estos fueron los hijos de Raquel, que nacieron a Jacob; por todas catorce personas.

  1) Rubén

  2) Simeón

  3) Leví

  4) Judá

  5) Isacar

  6) Zabulón

  b. Los hijos de Zilpa^{EF2}

  1) Gad

  2) Aser

  c. Los hijos de Raquel^{EF3}

  1 José

  2) Benjamín

| d. Los hijos de Bilha[EF4]

  1) Dan
  2) Neftalí | 23 Los hijos de Dan: Husim.
24 Los hijos de Neftalí: Jahzeel, Guni, Jezer y Silem.
25 Estos fueron los hijos de Bilha, la que dio Labán a Raquel su hija, y dio a luz éstos a Jacob; por todas siete personas. | 26 Todas las personas que vinieron con Jacob a Egipto, procedentes de sus lomos, sin las mujeres de los hijos de Jacob, todas las personas fueron sesenta y seis.
27 Y los hijos de José, que le nacieron en Egipto, dos personas. Todas las personas de la casa de Jacob, que entraron en Egipto, fueron setenta. | e. El número que se trasladó a Egipto[EF5]

f. El número que vivió en Egipto |

DIVISIÓN X

JOSÉ, BISNIETO DE ABRAHAM: ESCOGIDO PARA SALVAR A LA DESCENDENCIA DEL PUEBLO DE DIOS Y LAS GRANDES PROMESAS DE DIOS: SUCESOS QUE LLEVAN AL PUEBLO DE DIOS A EGIPTO, 37:1—50:26

J. José trajo a su padre, Jacob, a Egipto: Cómo asegurarse que hacemos la voluntad de Dios, 46:1-27

(46:1-27) *Introducción:* Lo más grande del mundo es hacer la voluntad de Dios. ¿Por qué? Porque las grandes posesiones del mundo se les dan a aquellos que realmente hacen la voluntad de Dios. Piense en estas cosas:

=> Piensen en *el amor, el gozo, la paz, la fe, y la esperanza*: Las cinco cosas más grandes del mundo.

=> Piensen en *el suministro y la provisión*: toda necesidad que se pueda imaginar suplida y provista.

=> Piensen en la *protección y la seguridad*: la seguridad absoluta de la protección y seguridad perfectas e incluso eternas.

=> Piensen en el *propósito y la guía*: una vida que nunca está vacía y sin sentido y que siempre se ve hacia donde se dirige.

=> Piensen en la *realización y la satisfacción*: una vida que está absolutamente realizada y satisfecha, que sabe que se está viviendo a plenitud.

Dios toma estas cosas y se las da solamente a aquellos que hacen su voluntad. Él no puede dárselas a una persona que las utiliza mal en una vida de egoísmo, inmoralidad, anarquía, y avaricia. Por ende, si vamos a poseer las grandes cosas de la vida, debemos hacer la voluntad de Dios. Pero para hacer la voluntad de Dios, debemos conocer la voluntad de Dios. Por lo tanto, la pregunta más importante se vuelve: "¿Cómo puedo realmente conocer la voluntad de Dios al tomar decisiones en la vida?"

Éste es el tema de lo que sucede ahora en las Escrituras. Jacob y su familia abandonaban Canaán, abandonaban la Tierra Prometida a ellos por Dios. Ahora Jacob había llegado a Beerseba. Él estaba a punto de salir de Canaán a una nueva tierra. ¿Estaba haciendo él la voluntad de Dios? Él se había sentido guiado, pero ¿estaba él en lo correcto (Gn. 45:27-

28)? Esta era una decisión importante, un paso trascendental. Jacob tenía que buscar la confirmación de Dios para saber, para asegurarse por completo, de que él estaba haciendo la voluntad de Dios. Este es el tema de este pasaje importante: *José trajo a su padre, Jacob, a Egipto: Cómo asegurarse que hacemos la voluntad de Dios*, 46:1-27.

1. Jacob lo comprometió todo: Él inició el viaje y tomó todo cuanto tenía (v. 1a).

2. Jacob se detuvo a adorar y a buscar confirmación de Dios (vv. 1b-4).

3. Jacob obedeció a Dios rápidamente (vv. 5-6a).

4. Jacob obedeció a Dios con toda su familia: Él los llevó a todos a seguir a Dios, a trasladarse con él a Egipto (vv. 6b-27).

1 (46:1a) *Compromiso — Dedicación:* Jacob lo comprometió todo. Él inició el viaje a Egipto y tomó todo cuanto tenía. Recuerden, José había mandado a traer a su padre, Jacob, a Egipto. Durante veintitrés años, Jacob había creído que su hijo estaba muerto, pero ahora se había dado cuenta de que estaba vivo y que, de hecho, era el gobernador de Egipto. Dios había exaltado a su hijo como líder de Egipto a fin de salvar el mundo de los siete años de escasez. Por supuesto, Jacob se quedó anonadado cuando oyó que su hijo estaba vivo y que José quería que él se trasladara a Egipto para que se librara de la escasez. Pero tan pronto se había recuperado de la noticia maravillosa y sorprendente, él tomó la decisión de trasladarse a Egipto. Él no solo quería vivir cerca de José en su ancianidad, sino que la escasez era una fuerza devastadora a la que él tenía que enfrentarse. Si él se quedaba en Canaán, él perdería todo cuanto tenía: su ganado, su hacienda, sus obreros, sus riquezas; y lo peor de todo, podrían perder la vida algunos de sus familiares. Algunos de ellos no podrían sobrevivir la amenaza del hambre. Todo apuntaba a que fuera a Egipto; todo parecía correcto, como si fuera lo que había que hacer. De hecho, al parecer no había otra opción. Jacob, claro está, hizo lo que haría cualquier creyente, orar por el asunto. Sin dudas él sintió fuertemente que era la voluntad de Dios que él se trasladara. Porque él se sentía guiado por Dios, él tomó la decisión de trasladarse a Egipto.

Ahora bien, advierta lo que hizo Jacob: él comprometió todo cuanto tenía e inició su viaje a Egipto. Él tomó consigo a toda su casa —su familia, sus obreros, y todas sus posesiones y todo su ganado— y comenzó realmente a trasladarlo todo hacia Egipto.

Pensamiento 1. Dios exige *un compromiso total* con su voluntad. *El compromiso total* implica dos actos:

1) Cuando hacemos un *compromiso total* de hacer la voluntad de Dios, comenzamos realmente el viaje. Es decir, damos el primer paso por fe. Tomamos la decisión y nos movemos. Realmente emprendemos viaje y seguimos adelante.

2) Cuando hacemos un *compromiso total* de hacer la voluntad de Dios, lo llevamos todo con nosotros. Es decir, no dejamos nada atrás que nos haga vacilar o volvernos atrás, eso nunca. Lo empacamos todo y seguimos adelante para hacer la voluntad de Dios. No se deja nada atrás —ni una sola cosa— que pueda hacernos alejarnos de la voluntad de Dios y regresar a donde nos encontrábamos.

"Después de estas cosas salió, y vio a un publicano llamado Leví, sentado al banco de los tributos públicos, y le dijo: Sígueme" (Lc. 5:27).

"Y decía a todos: Si alguno quiere venir en pos de mí, niéguese a sí mismo, tome su cruz cada día, y sígame" (Lc. 9:23).

"Así, pues, cualquiera de vosotros que no renuncia a todo lo que posee, no puede ser mi discípulo" (Lc. 14:33).

"Y él les dijo: De cierto os digo, que no hay nadie que haya dejado casa, o padres, o hermanos, o mujer, o hijos, por el reino de Dios" (Lc. 18:29).

"Y ciertamente, aun estimo todas las cosas como pérdida por la excelencia del conocimiento de Cristo Jesús, mi Señor, por amor del cual lo he perdido todo, y lo tengo por basura, para ganar a Cristo" (Fil. 3:8).

2 (46:1b-4) **Confirmación — Pacto, abrahámico:** Jacob se detuvo a buscar confirmación de Dios. Él se detuvo en Beerseba. Aquí era donde él había vivido muchos años cuando era un niño antes de que tuviera que huir de su hermano Esaú (Gn. 28:10). Beerseba era el punto sur de la Tierra Prometida; cuando Jacob abandonara Beerseba estaría abandonando la Tierra Prometida. Advierta que Jacob se detuvo a adorar a Dios, a ofrecerle sacrificios a Dios. Advierta que él le ofreció los sacrificios al *Dios de su padre Isaac.* Su hogar de la niñez había provocado que sus pensamientos se centraran en su padre y en las grandes promesas que Dios le había hecho a su padre, la promesas del pacto abrahámico. Ahora bien, advierta lo que sucedió.

1. Dios le habló a Jacob en una visión y lo llamó por su nombre: "Jacob, Jacob" (v. 2). Esta sería la última visión que se les daría a los patriarcas de Israel. Dios le había dado a Jacob ocho visiones en total (Gn. 28:13; 31:3; 31:11; 32:1; 32:30; 35:1; 35:9; 46:2). Advierta que esta visión se le dio a

Israel, al padre de la nación. Esto sugiere que las promesas que se iban a dar se estaban dirigiendo a la nación como un todo así como a Jacob.

Advierta la respuesta de Jacob: "Heme aquí" (v. 2). Esta es la respuesta del siervo a su Señor. Esta es la misma respuesta que debemos dar cuando Dios nos llame a servirlo.

=> Esta fue la respuesta que Moisés le dio a Dios.

"Viendo Jehová que él iba a ver, lo llamó Dios de en medio de la zarza, y dijo: ¡Moisés, Moisés! Y él respondió: Heme aquí" (Éx. 3:4).

=> Esta fue la respuesta que Samuel le dio a Dios.

"Jehová llamó a Samuel; y él respondió: Heme aquí" (1 S. 3:4).

2. Dios se identificó: "Yo soy Dios, el Dios de tu padre [Isaac]" (v. 3). El hebreo acá es *el Dios verdadero* (Ha'el). *El* significa "el fuerte". Con el artículo [Ha] significa: "quien fundamentalmente merece el nombre" (H. C. Leupold, *Génesis*, vol. 2, p. 1107).

Sucede lo siguiente: era el Dios verdadero quien le hablaba a Jacob; el Dios verdadero era el poderoso, el Dios verdadero del cielo y la tierra que tenía el poder para hacer todas las cosas. Por ende, Jacob podía confiar tanto en la Palabra de Dios como en el poder de Dios. Lo que Dios estaba a punto de decir, Él lo iba a hacer, porque Él tenía el poder para hacerlo.

"Las riquezas y la gloria proceden de ti, y tú dominas sobre todo; en tu mano está la fuerza y el poder, y en tu mano el hacer grande y el dar poder a todos" (1 Cr. 29:12).

"Yo conozco que todo lo puedes, y que no hay pensamiento que se esconda de ti" (Job 42:2).

"Una vez habló Dios; Dos veces he oído esto: Que de Dios es el poder" (Sal. 62:11).

"Nuestro Dios está en los cielos; todo lo que quiso ha hecho" (Sal. 115:3).

"Aun antes que hubiera día, yo era; y no hay quien de mi mano libre. Lo que hago yo, ¿quién lo estorbará?" (Is. 43:13).

"porque nada hay imposible para Dios" (Lc. 1:37).

"Y a Aquel que es poderoso para hacer todas las cosas mucho más abundantemente de lo que pedimos o entendemos, según el poder que actúa en nosotros" (Ef. 3:20).

3. Dios le dijo a Jacob que temiera (v. 3). ¿Por qué Jacob temería de descender a Egipto?

a. Jacob le temía a Egipto en sí, a la mundanalidad y a la falsa adoración del pueblo. Él sabía que algunas de las personas de su casa estarían tentadas a seguir los procederes mundanos e idólatras de los egipcios. Esto les había sucedido tanto a su abuelo, Abraham, como a su padre, Isaac, años antes cuando habían hecho pequeños viajes fuera de la Tierra Prometida (Gn. 12:10—13:4; 26:1-6). El peligro de la recaída y de caer en pecado era una posibilidad muy real para algunos de los de su pueblo su él se iba a Egipto. Por ende, Jacob tenía que saber sin lugar a dudas que era la voluntad de Dios que él realmente se trasladara antes de cruzar la frontera hacia Egipto. Él tenía miedo, le temía mucho a Egipto y a la influencia maligna que ejercería en su pueblo.

b. Jacob temía abandonar Canaán, la Tierra Prometida. Él tenía miedo de que él...

• Estuviera saliéndose de la voluntad de Dios.

• Estuviera abandonando el llamado y propósito de Dios.

• No estuviera haciendo lo que Dios quería realmente.

Dios le había prometido la tierra de Canaán a Abraham hacía unos doscientos años. ¡Imagínense nada más! Durante más de doscientos años la familia de Jacob —durante tres generaciones— había vivido en Canaán, la Tierra Prometida por Dios. Ahora Jacob estaba a punto de abandonar la Tierra Prometida para trasladarse a Egipto. Al parecer era necesario el movimiento por la escasez, para evitar la pérdida catastrófica de todo. No obstante, abandonar la Tierra Prometida resultaba traumático. Jacob temía, temía que pudiera estar saliéndose de la voluntad de Dios, temía que pudiera estar siguiendo la sabiduría humana en vez de la sabiduría de Dios. Tenía que asegurarse, absolutamente, de que él estaba siguiendo a Dios.

Esta era la razón por la que él se había detenido en Beerseba: para adorar y buscar la confirmación de Dios. Él quería que Dios le diera confirmación absoluta de que era la voluntad de Dios que él abandonara la Tierra Prometida para irse a Egipto.

c. Jacob temía por sus hijos y sus nietos y su descendencia. Temía por todos sus descendientes a lo largo de las generaciones venideras. Años antes, Dios le había dicho a Abraham que su descendencia —la Simiente prometida— entraría en alguna tierra extranjera donde sería oprimida y esclavizada durante cuatrocientos años. Esto era una referencia a Egipto (Gn. 15:13). Dios le estaba dando a Jacob algún presentimiento de que éste era el punto de partida de la profecía. Advierta lo que Dios diría después: mientras Jacob estuviera en Egipto, se convertiría en una gran nación de personas (v. 3c). El corazón de Jacob estaba apesadumbrado; él temía lo que le esperaba a él y a su preciado pueblo. Todo cuanto él sabía era lo que Dios le había predicho años antes a su abuelo, Abraham, que sus descendientes serían esclavizados y atribulados durante cuatrocientos años por una nación extranjera. De lo que esto implicaba exactamente, claro está, él no tenía idea. Pero obviamente él presentía un gran temor por el traslado a Egipto.

Pero advierta el mensaje glorioso de Dios: "no temas" (v. 3). Y advierta quién le estaba diciendo a Jacob que no temiera: el Dios verdadero, el Dios del cielo y la tierra, la Persona con poder omnipotente, la Persona que tenía el poder para manejarlo todo y para obrar todas las cosas a bien (v. 3). Jacob podía estar tranquilo de que Dios se ocuparía de todo.

"Y se le apareció Jehová aquella noche, y le dijo: Yo soy el Dios de Abraham tu padre; no temas, porque yo estoy contigo, y te bendeciré, y multiplicaré tu descendencia por amor de Abraham mi siervo" (Gn. 26:24).

"No temas, porque yo estoy contigo; no desmayes, porque yo soy tu Dios que te esfuerzo; siempre te ayudaré, siempre te sustentaré con la diestra de mi justicia" (Is. 41:10).

"Ahora, así dice Jehová, Creador tuyo, oh Jacob, y Formador tuyo, oh Israel: No temas, porque yo te redimí; te puse nombre, mío eres tú. Cuando pases por las aguas, yo estaré contigo; y si por los ríos, no te anegarán. Cuando pases por el fuego, no te quemarás, ni la llama arderá en ti" (Is. 43:1-2).

"Pues aun vuestros cabellos están todos contados. Así que, no temáis; más valéis vosotros que muchos pajarillos" (Mt. 10:30-31).

4. Dios le dijo a Jacob que Él haría de él una gran nación allí en Egipto (v. 3c). Esto era una referencia al pacto abrahámico. Estaba relacionado con la Simiente prometida, la gran nación de personas prometida por Dios. Dios primero le había dado esta gran promesa a Abraham, la promesa de una gran nación de personas. Luego la misma promesa se la había hecho a Isaac y luego a Jacob. La nación sería establecida por Dios...

• Para que fuera su testimonio en la tierra, el testimonio del Dios verdadero.

• Para que fueran el pueblo por medio del cual Dios enviaría la simiente muy especial, el Salvador, al mundo.

Ahora bien, Dios le estaba diciendo a Jacob que sus hijos darían surgimiento a la Simiente prometida mientras estuvieran en Egipto. Sus hijos darían a luz a la gran nación de personas prometida por Dios. La nación nacería durante la estancia de Jacob en Egipto. Jacob podía quedarse tranquilo: Dios lo estaba guiando a Egipto, y era allí que se levantaría la Simiente prometida como una nación de personas. (Vea nota, Gn. 28:12-15 para un mayor análisis.)

"Y soñó: y he aquí una escalera que estaba apoyada en tierra, y su extremo tocaba en el cielo; y he aquí ángeles de Dios que subían y descendían por ella. Y he aquí, Jehová estaba en lo alto de ella, el cual dijo: Yo soy Jehová, el Dios de Abraham tu padre, y el Dios de Isaac; la tierra en que estás acostado te la daré a ti y a tu descendencia. Será tu descendencia como el polvo de la tierra, y te extenderás al occidente, al oriente, al norte y al sur; y todas las familias de la tierra serán benditas en ti y en tu simiente. He aquí, yo estoy contigo, y te guardaré por dondequiera que fueres, y volveré a traerte a esta tierra; porque no te dejaré hasta que haya hecho lo que te he dicho" (Gn. 28:12-15).

5. Dios le dio confirmación a Jacob de que Él estaría con él en su viaje (v. 4a). La presencia de Dios significaba...

- Amor, gozo, y paz
- provisión y suministro
- protección y seguridad
- propósito y guía
- realización y satisfacción

De hecho, de la única manera que Jacob podía esperar llevar una vida de realización y satisfacción era obedecer la voluntad de Dios y que Dios lo acompañara. La presencia de Dios era lo que Jacob estaba buscando cuando se detuvo en Beerseba. Él necesitaba que Dios le hablara y le derramara su presencia sobre él. Jacob quería que Dios fuera con él: él quería contar con la presencia de Dios, con una profunda sensación de la guía y la presencia de Dios en la medida en que descendía a Egipto. Él quería que Dios le diera confirmación de que él estaba haciendo lo correcto. Y ahora Dios le estaba dando a Jacob la confirmación de su presencia. Jacob podía quedarse tranquilo: Dios iba a estar con Jacob, protegiéndolo y cuidando de él.

> "Y él dijo: Mi presencia irá contigo, y te daré descanso" (Éx. 33:14).
>
> "Jehová es mi pastor; nada me faltará" (Sal. 23:1).
>
> "Cuando pases por las aguas, yo estaré contigo; y si por los ríos, no te anegarán. Cuando pases por el fuego, no te quemarás, ni la llama arderá en ti" (Is. 43:2).
>
> "enseñándoles que guarden todas las cosas que os he mandado; y he aquí yo estoy con vosotros todos los días, hasta el fin del mundo. Amén" (Mt. 28:20).
>
> "Sean vuestras costumbres sin avaricia, contentos con lo que tenéis ahora; porque él dijo: No te desampararé, ni te dejaré" (He. 13:5).

6. Dios prometió traer a Jacob de regreso a Canaán, la Tierra Prometida (v. 4b). *Jacob* significa toda la nación de Israel. Dios estaba profetizando el Éxodo, la liberación de Israel de la esclavitud egipcia unos 400 años después bajo el liderazgo de Moisés. Dios, claro está, no le explicó los detalles a Jacob, pero tan solo la promesa de que Dios traería a Jacob de vuelta a la Tierra Prometida alentaba grandemente a Jacob. Una promesa como esa iba a liberar su espíritu, le traería gran alivio del temor que sentía.

> "He aquí, yo estoy contigo, y te guardaré por dondequiera que fueres, y volveré a traerte a esta tierra; porque no te dejaré hasta que haya hecho lo que te he dicho" (Gn. 28:15).

7. Dios le prometió a Jacob que moriría en paz (v. 4c). De hecho, su amado hijo José estaría a su lado cuando él muriera. José sería el hijo mismo cuyas manos cerrarían sus ojos, es decir, que realizaría el deber sagrado de cerrar sus ojos para el entierro.

Advierta que era Dios quien le estaba diciendo esto a Jacob, Dios quien estaba recordándole a Jacob su amado hijo José. Piensen nada más en los grandes problemas que Dios había estado analizando con Jacob. Durante este análisis, José había sido la cosa más distante de la mente de Jacob. Su mente se consumía con los grandes problemas que Dios abordaba. Pero tan pronto Dios mencionó a José, el pensamiento mismo de ver a José y de quedarse tranquilo porque José estaría a su lado cuando él muriera, todo esto borraría incluso la sensación más ligera de temor que Jacob pudiera estar sintiendo. Por eso, Dios había preparado a Jacob para que descendiera a Egipto. Él estaba listo para partir.

Pensamiento 1. Resulta esencial que busquemos la voluntad de Dios en las decisiones principales de la vida. Una de las formas principales de buscar su voluntad es quedarse a solas para adorarlo: orar y pedirle que nos muestre exactamente lo que debemos hacer.

> "Enséñame a hacer tu voluntad, porque tú eres mi Dios; tu buen espíritu me guíe a tierra de rectitud" (Sal. 143:10).
>
> "Si clamares a la inteligencia, y a la prudencia dieres tu voz; si como a la plata la buscares, y la escudriñares como a tesoros, entonces entenderás el temor de Jehová, y hallarás el conocimiento de Dios" (Pr. 2:3-5).
>
> "Mas si desde allí buscares a Jehová tu Dios, lo hallarás, si lo buscares de todo tu corazón y de toda tu alma" (Dt. 4:29).
>
> "si se humillare mi pueblo, sobre el cual mi nombre es invocado, y oraren, y buscaren mi rostro, y se convirtieren de sus malos caminos; entonces yo oiré desde los cielos, y perdonaré sus pecados, y sanaré su tierra" (2 Cr. 7:14).
>
> "Yo amo a los que me aman, y me hallan los que temprano me buscan" (Pr. 8:17).
>
> "Si quisiereis y oyereis, comeréis el bien de la tierra" (Is. 1:19).
>
> "Buscad a Jehová mientras puede ser hallado, llamadle en tanto que está cercano" (Is. 55:6).
>
> "y me buscaréis y me hallaréis, porque me buscaréis de todo vuestro corazón" (Jer. 29:13).
>
> "Y yo os digo: Pedid, y se os dará; buscad, y hallaréis; llamad, y se os abrirá" (Lc. 11:9).
>
> "Y si alguno de vosotros tiene falta de sabiduría, pídala a Dios, el cual da a todos abundantemente y sin reproche, y le será dada" (Stg. 1:5).

3 (46:5-6a) *Obediencia — Jacob:* Jacob obedeció a Dios, lo obedeció de inmediato. El temor de Jacob había desaparecido: él se sentía calmado y libre de espíritu. Él se había detenido para adorar y buscar confirmación de Dios, la confirmación de que debía abandonar la Tierra Prometida para irse a Egipto. Ahora Dios se había encontrado con él, lo había aplacado y liberado de su temor. Ahora estaba preparado para trasladarse y seguir a Dios. Él estaba seguro, absolutamente seguro, de que él estaba haciendo la voluntad de Dios. Por eso Jacob se levantó de su lugar de oración y obedeció a Dios. Él abandonó Beerseba y descendió a Egipto.

=> Él y los miembros más débiles iban en carros. Esto haría referencia al propio Jacob, los ancianos, las mujeres, y los hijos (v. 5).

=> Él llevó todo con él: el ganado y todas las posesiones que había conseguido en Canaán (v. 6).

Lo que se debe tener en cuenta es la obediencia inmediata de Jacob. Él fue rápido a hacer lo que Dios le mandó: descender a Egipto. Y advierta: no dejó nada atrás, nada en lo absoluto. Él se lo llevó todo. Él hizo un *compromiso total* con Dios. Él descendía a Egipto para quedarse hasta que Dios le dijera a él y a su pueblo que se marcharan.

Pensamiento 1. Cuando Dios nos dice que hagamos algo, debemos hacerlo y debemos hacerlo de inmediato. Debemos ser rápidos para obedecer a Dios, rápidos en hacer su voluntad.

"No todo el que me dice: Señor, Señor, entrará en el reino de los cielos, sino el que hace la voluntad de mi Padre que está en los cielos" (Mt. 7:21).

"El que quiera hacer la voluntad de Dios, conocerá si la doctrina es de Dios, o si yo hablo por mi propia cuenta" (Jn. 7:17).

"El que tiene mis mandamientos, y los guarda, ése es el que me ama; y el que me ama, será amado por mi Padre, y yo le amaré, y me manifestaré a él" (Jn. 14:21).

"Mas si no oyereis la voz de Jehová, y si fuereis rebeldes a las palabras de Jehová, la mano de Jehová estará contra vosotros como estuvo contra vuestros padres" (1 S. 12:15).

"Enséñame a hacer tu voluntad, porque tú eres mi Dios; tu buen espíritu me guíe a tierra de rectitud" (Sal. 143:10).

"Mas esto les mandé, diciendo: Escuchad mi voz, y seré a vosotros por Dios, y vosotros me seréis por pueblo; y andad en todo camino que os mande, para que os vaya bien" (Jer. 7:23).

4 (46:6b-27) *Genealogía — Obediencia — Israel:* Jacob obedeció a Dios con toda su familia; él los llevó a todos con él a Egipto. Advierta el énfasis en Jacob y toda su simiente y descendencia (v. 6b), en el hecho de que fue Jacob quien llevó a su simiente y descendencia a Egipto (v. 7).

Sucede lo siguiente: fue el propio Jacob quien dirigió el descenso de toda la familia a Egipto. Él era responsable de este acto, el acto de ocuparse de que todo el mundo fuera con él, que nadie se quedara atrás. Jacob se aseguró de que toda la familia hiciera la voluntad de Dios.

Pensamiento 1. ¿En su familia, quién es el responsable de ocuparse de que todo el mundo haga la voluntad de Dios? ¿Quién es el líder, el cabeza de su familia?

=> ¿El esposo?

=> ¿La esposa?

=> ¿El padre?

=> ¿La madre?

=> ¿Un padre soltero?

=> ¿Una madre soltera?

El cabeza de familia es responsable de verificar que todo el mundo haga la voluntad de Dios. Pero advierta: es el deber de todos los miembros de la familia obedecer a Dios conjuntamente con el cabeza de familia.

Cuán diferente sería la sociedad —cuán diferente sería el mundo— si nuestras familias trataran de hacer realmente la voluntad de Dios, si los padres y las madres del mundo llevaran a sus familias a obedecer a Dios.

"Y Jehová estuvo con Josafat, porque anduvo en los primeros caminos de David su padre, y no buscó a los baales" (2 Cr. 17:3).

"E hizo lo recto ante los ojos de Jehová, conforme a todas las cosas que había hecho Amasías su padre" (2 Cr. 26:4).

"Y si tú anduvieres delante de mí como anduvo David tu padre, en integridad de corazón y en equidad, haciendo todas las cosas que yo te he mandado, y guardando mis estatutos y mis decretos, yo afirmaré el trono de tu reino sobre Israel para siempre, como hablé a David tu padre, diciendo: No faltará varón de tu descendencia en el trono de Israel" (1 R. 9:4-5).

"Instruye al niño en su camino, y aun cuando fuere viejo no se apartará de él" (Pr. 22:6).

"Y vosotros, padres, no provoquéis a ira a vuestros hijos, sino criadlos en disciplina y amonestación del Señor" (Ef. 6:4).

"que gobierne bien su casa, que tenga a sus hijos en sujeción con toda honestidad" (1 Ti. 3:4).

"trayendo a la memoria la fe no fingida que hay en ti, la cual habitó primero en tu abuela Loida, y en tu madre Eunice, y estoy seguro que en ti también" (2 Ti. 1:5).

"que enseñen a las mujeres jóvenes a amar a sus maridos y a sus hijos" (Tit. 2:4).

ESTUDIO A FONDO 1

(46:8-15) Lea — Rubén — Simeón — Leví — Judá — Isacar — Zabulón: Los hijos y nietos de Lea se ven con mayor claridad en el diagrama que aparece a continuación.

Hijos de Lea

Rubén	Simeón	Leví	Judá	Isacar	Zabulón
Hanoc	Jemuel	Gersón	Er	Tola	Sered
Falú	Jamín	Coat	Onán	Fúa	Elón
Hezrón	Ohad	Merari	Sela	Job	Jahleel
Carmi	Jaquín		Fares	Simrón	
	Zohar		Zara		
	Saúl				

ESTUDIO A FONDO 2

(46:16-18) *Zilpa — Gad — Aser:* Los hijos y nietos de Zilpa se ven con mayor claridad en el siguiente diagrama.

ESTUDIO A FONDO 3

(46:19-22) *Raquel — José — Benjamín:* los hijos y nietos de Raquel se ven con mayor claridad en el diagrama que aparece a continuación.

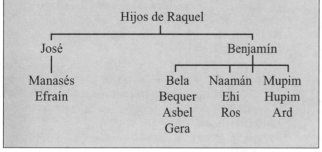

ESTUDIO A FONDO 4

(46:23-25) *Bilha — Dan — Neftalí:* Los hijos y nietos de Bilha se ven con mayor claridad en el diagrama que aparece a continuación.

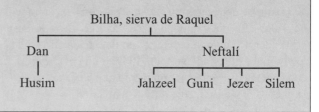

ESTUDIO A FONDO 5

(46:26-27) *Genealogía, de Jacob — Jacob — Genealogía:* Advierta que el versículo 26 dice que había sesenta y seis personas que vinieron con Jacob, pero el versículo 27 dice que era setenta. Este último (v. 27) incluye a José, sus dos hijos, y al propio Jacob que en total sumaban setenta. Advierta también que el versículo 26 dice que este total no incluye las esposas de los hijos. Sin embargo, Hch. 7:14 no incluye las esposas cuando Esteban dice que José "hizo venir a su padre Jacob, y a *toda su parentela*, en número de setenta y cinco personas". (Cp. Éx. 6:14s; Nm. 26; 1 Cr. 4—6.)

K. Jacob se asentó en Egipto: Lo que sucede cuando seguimos a Dios y hacemos la voluntad de Dios, 46:28—47:27

28 Y envió Jacob a Judá delante de sí a José, para que le viniese a ver en Gosén; y llegaron a la tierra de Gosén.
29 Y José unció su carro y vino a recibir a Israel su padre en Gosén; y se manifestó a él, y se echó sobre su cuello, y lloró sobre su cuello largamente.
30 Entonces Israel dijo a José: Muera yo ahora, ya que he visto tu rostro, y sé que aún vives.
31 Y José dijo a sus hermanos, y a la casa de su padre: Subiré y lo haré saber a Faraón, y le diré: Mis hermanos y la casa de mi padre, que estaban en la tierra de Canaán, han venido a mí.
32 Y los hombres son tanto, te rogamos ahora que permitas que habiten tus siervos en la tierra de Gosén.
33 Y cuando Faraón os llamare y dijere: ¿Cuál es vuestro oficio?
34 entonces diréis: Hombres de ganadería han sido tus siervos desde nuestra juventud hasta ahora, nosotros y nuestros padres; a fin de que moréis en la tierra de Gosén, porque para los egipcios es abominación todo pastor de ovejas.

CAPÍTULO 47

1 Vino José y lo hizo saber a Faraón, y dijo: Mi padre y mis hermanos, y sus ovejas y sus vacas, con todo lo que tienen, han venido de la tierra de Canaán, y he aquí están en la tierra de Gosén.
2 Y de los postreros de sus hermanos tomó cinco varones, y los presentó delante de Faraón.
3 Y Faraón dijo a sus hermanos: ¿Cuál es vuestro oficio? Y ellos respondieron a Faraón: Pastores de ovejas son tus siervos, así nosotros como nuestros padres.
4 Dijeron además a Faraón: Para morar en esta tierra hemos venido; porque no hay pasto para las ovejas de tus siervos, pues el hambre es grave en la tierra de Canaán; por pastores de ovejas, porque son hombres ganaderos; y han traído sus ovejas y sus vacas, y todo lo que tenían.
5 Entonces Faraón habló a José, diciendo: Tu padre y tus hermanos han venido a ti.
6 La tierra de Egipto delante de ti está; en lo mejor de la tierra haz habitar a tu padre y a tus hermanos; habiten en la tierra de Gosén; y si entiendes que hay entre ellos hombres capaces, ponlos por mayorales del ganado mío.
7 También José introdujo a Jacob su padre, y lo presentó delante de Faraón; y Jacob bendijo a Faraón.

1 La familia se reencontró y se volvió a unir
a. Judá fue aceptado por su padre
b. José también se reencontró con su familia
  1) las profundas emociones de José
  2) el gozo incontenible de Jacob

2 La familia recibió ayuda, guía, y dirección
a. José les habló de cómo él iba a presentarle la familia a Faraón
  1) iba a decir que eran pastores
  2) iba a decir que habían traído todo su ganado y sus posesiones
b. José instruyó a su familia sobre cómo responderle a Faraón: Decir que siempre habían sido pastores, ellos y sus antepasados
  1) Porque la familia necesitaba estar en Gosén: Una tierra fértil
  2) Porque los pastores resultaban repulsivos para los egipcios: La familia necesitaba estar a cierta distancia

3 Se suplieron las necesidades de la familia
a. José se presentó ante Faraón: le informó que su familia había llegado de Canaán y estaban acampados en Gosén
b. José le presentó a cinco de sus hermanos a Faraón
  1) Faraón preguntó por su ocupación
  2) Los hermanos respondieron humildemente, pero con orgullo: Ellos eran los siervos de Faraón y eran pastores
  3) Los hermanos hicieron una petición humilde pero osada: Que Faraón dejara que sus siervos se asentaran en Gosén
c. Faraón mandó a José
  1) A abrir la tierra de Egipto para su familia: A establecer a su familia donde él quisiera, en la mejor parte de la tierra, en Gosén, si ese era su deseo
  2) A ponerlos a cargo del propio ganado de Faraón

4 A Jacob le dieron la oportunidad de dar un testimonio fidedigno de Dios
a. Jacob bendijo a Faraón

b. Faraón le preguntó a Jacob su edad

c. Jacob contestó y le dio tres elementos
   1) Él tenía 130 años de edad
   2) Sus días habían sido cortos y difíciles
   3) El lapso de tiempo de su vida no coincidía con el de su padre y su abuelo

d. Jacob bendijo a Faraón una segunda vez

5 A José le dieron la oportunidad de ministrar y servir a otros

a. José ministró a su propia familia
   1) Proporcionó un lugar para vivir
   2) Proporcionó alimento

b. José ministró a otros: Él ideó seis planes para suplir las necesidades del pueblo

   1) Plan 1: Las personas compraban grano con dinero

   2) Plan 2: Las personas compraban grano con ganado

---

8 Y dijo Faraón a Jacob: ¿Cuántos son los días de los años de tu vida? 9 Y Jacob respondió a Faraón: Los días de los años de mi peregrinación son ciento treinta años; pocos y malos han sido los días de los años de mi vida, y no han llegado a los días de los años de la vida de mis padres en los días de su peregrinación.

10 Y Jacob bendijo a Faraón, y salió de la presencia de Faraón. 11 Así José hizo habitar a su padre y a sus hermanos, y les dio posesión en la tierra de Egipto, en lo mejor de la tierra, en la tierra de Ramesés, como mandó Faraón.

12 Y alimentaba José a su padre y a sus hermanos, y a toda la casa de su padre, con pan, según el número de los hijos. 13 No había pan en toda la tierra, y el hambre era muy grave, por lo que desfalleció de hambre la tierra de Egipto y la tierra de Canaán. 14 Y recogió José todo el dinero que había en la tierra de Egipto y en la tierra de Canaán, por los alimentos que de él compraban; y metió José el dinero en casa de Faraón. 15 Acabado el dinero de la tierra de Egipto y de la tierra de Canaán, vino todo Egipto a José, diciendo: Danos pan; ¿por qué moriremos delante de ti, por haberse acabado el dinero?

---

16 Y José dijo: Dad vuestros ganados y yo os daré por vuestros ganados, si se ha acabado el dinero. 17 Y ellos trajeron sus ganados a José, y José les dio alimentos por caballos, y por el ganado de las ovejas, y por el ganado de las vacas, y por asnos; y les sustentó de pan por todos sus ganados aquel año. 18 Acabado aquel año, vinieron a él el segundo año, y le dijeron: No encubrimos a nuestro señor que el dinero ciertamente se ha acabado; también el ganado es ya de nuestro señor; nada ha quedado delante de nuestro señor sino nuestros cuerpos y nuestra tierra. 19 ¿Por qué moriremos delante de tus ojos, así nosotros como nuestra tierra? Cómpranos a nosotros y a nuestra tierra por pan, y seremos nosotros y nuestra tierra siervos de Faraón; y danos semilla para que vivamos y no muramos, y no sea asolada la tierra. 20 Entonces compró José toda la tierra de Egipto para Faraón; pues los egipcios vendieron cada uno sus tierras, porque se agravó el hambre sobre ellos; y la tierra vino a ser de Faraón. 21 Y al pueblo lo hizo pasar a las ciudades, desde un extremo al otro del territorio de Egipto.

22 Solamente la tierra de los sacerdotes no compró, por cuanto los sacerdotes tenían ración de Faraón, y ellos comían la ración que Faraón les daba; por eso no vendieron su tierra.

---

3) Plan 3: Las personas compraban grano con su tierra

4) Plan 4: Hicieron trasladar a las personas a las ciudades para una distribución de alimentos más fácil y económica

5) Plan 5: Solo dejaron a los sacerdotes por orden de Faraón: Probablemente para el estímulo religioso

6) Plan 6: A las personas se les contrató en un sistema generoso de arrendamiento; sembrar y quedarse con cuatro quintos para ellos	23 Y José dijo al pueblo: He aquí os he comprado hoy, a vosotros y a vuestra tierra, para Faraón; ved aquí semilla, y sembraréis la tierra. 24 De los frutos daréis el quinto a Faraón, y las cuatro partes serán vuestras para sembrar las tierras, y para vuestro mantenimiento, y de los que están en vuestras casas, y para que coman vuestros niños. 25 Y ellos respondieron: La vida nos has dado; hallemos gracia en ojos de	nuestro señor, y seamos siervos de Faraón. 26 Entonces José lo puso por ley hasta hoy sobre la tierra de Egipto, señalando para Faraón el quinto, excepto sólo la tierra de los sacerdotes, que no fue de Faraón. 27 Así habitó Israel en la tierra de Egipto, en la tierra de Gosén; y tomaron posesión de ella, y se aumentaron, y se multiplicaron en gran manera.	c. El resultado del ministerio de José en Israel, aquellos que seguían al Dios vivo y verdadero: Ellos prosperaron y crecieron en número, en gran número

DIVISIÓN X

JOSÉ, BISNIETO DE ABRAHAM: ESCOGIDO PARA SALVAR A LA DESCENDENCIA DEL PUEBLO DE DIOS Y LAS GRANDES PROMESAS DE DIOS: SUCESOS QUE LLEVAN AL PUEBLO DE DIOS A EGIPTO, 37:1—50:26

K. Jacob se asentó en Egipto: Lo que sucede cuando seguimos a Dios y hacemos la voluntad de Dios, 46:28—47:27

(46:28—47:27) *Introducción:* Pruebas, problemas, dificultades, tentaciones a lo largo de la vida nos sobrevienen todo tipo de circunstancias difíciles. Toda persona joven y adulta de la tierra se ha enfrentado a alguna circunstancia difícil en su vida.

Una pregunta: ¿Qué les sucedería a las situaciones difíciles de nuestras vidas si siguiéramos a Dios —lo siguiéramos verdaderamente— e hiciéramos su voluntad? Las Escrituras declaran que nos sobrevendrían un bien tras otro: que Dios nos liberaría de las circunstancias haciéndonos muchos más fuertes, que Él nos protegería y cuidaría de nosotros, por severas que puedan ser las circunstancias. En esto consiste todo este pasaje. Jacob y sus hijos habían entregado sus vidas a Dios, a seguir a Dios y a hacer la voluntad de Dios. Por consiguiente, Dios obró todo a bien para ellos: Él maniobró y transformó los sucesos, incluso sucesos mundiales, para salvarlos y fortalecerlos. Este es el gran tema de este pasaje: *Jacob se asentó en Egipto: Lo que sucede cuando seguimos a Dios y hacemos la voluntad de Dios*, 46:28—47:27.

1. Resultado 1: La familia se reencuentra, se vuelve a unir (vv. 28-30).
2. Resultado 2: Se da ayuda, guía, y dirección (vv. 31-34).
3. Resultado 3: Se suplen las necesidades (47:1-6).
4. Resultado 4: Se da una oportunidad para dar un testimonio fidedigno de Dios (vv. 7-10).

5. Resultado 5: Se da la oportunidad de ministrar y servir a otros (vv. 11-27).

1 (46:28-30) *Familia — Unidad:* ¿Qué sucede cuando hacemos la voluntad de Dios? Nuestra familia con frecuencia se reencuentra, se vuelve a unir. Jacob trasladaba a su familia a Egipto para reencontrarse con José. Él no había visto a José en más de veintidós años. Durante toda su vida, la familia de Jacob había estado dividida y enfrentada unos con otros por el favoritismo. Además, la familia se había destruido y se había separado por la maldad y perversidad de sus hijos. La maldad de los hijos se igualaba a algunas de las historias de horror que oímos en los noticieros de la actualidad.

=> Los hijos se habían vengado de toda una ciudad, la ciudad de Siquem, porque el príncipe de la ciudad había violado a su hermana. Habían matado a todos los hombres de la ciudad y habían esclavizado a todas las mujeres e hijos (Gn. 34:1s).

=> Los hijos también habían exagerado contra el orgullo y la arrogancia de José. Habían amenazado con matarlo y habían terminado vendiéndolo a la esclavitud (Gn. 37:1s).

=> El hijo mayor, Rubén, había cometido incesto al tener sexo con la esposa-sierva de Jacob, Bilha (Gn. 35:22).

=> Otro hijo, Judá, se había hartado tanto de toda la familia que se había ido lejos, abandonando la influencia piadosa de su padre. Él se había ido al mundo, se casó con una incrédula y había comenzado a llevar una vida mundana (Gn. 38:1s).

Pero recuerden, Dios había intervenido en la vida de la familia. Él había comenzado por humillar a José por medio de su esclavitud y encarcelamiento. Dios le había enseñado a José las grandes cualidades del liderazgo, le había enseñado a ser humilde, amable, compasivo, fuerte, duro, diligente, trabajador, y servicial. Y Dios lo había exaltado como líder de Egipto para que pudiera salvar al mundo y a la familia escogida de Israel. Esto era lo que hacía José. Por medio de una serie de pruebas que se han visto en los capítulos anteriores, José había llevado a sus hermanos...

- A confesar y arrepentirse de sus pecados.
- A convertirse en seguidores genuinos de Dios.
- A hacer las paces unos con otros.
- A permanecer unidos como una familia.
- A permanecer unidos como la familia escogida de Dios, la familia escogida para dar a luz a *la Simiente prometida*, la gran nación de personas prometida por Dios y la simiente muy especial, el Salvador del mundo.

Se había logrado todo esto. Ahora José estaba trasladando a toda la familia a Egipto donde él se encontraba. Él los había mandado a buscar y ellos estaban en camino a Egipto. Después de veintidós años, la familia estaba a punto de reencontrarse, de reencontrarse como una familia verdaderamente unida como la familia escogida de Dios. Advierta cómo se enfatiza la unidad de la familia en lo que sucedió ahora.

1. Ahora Judá era aceptado por su padre (v. 28). Cuando Jacob y su familia se acercaban a Egipto, Jacob escogió a Judá para que se adelantara a la familia para hacerle saber a José que ellos pronto llegarían. La familia necesitaba saber en qué parte de de Gosén José quería que ellos acamparan. Advierta cómo Jacob se volvió a Judá como el líder de los hijos. Judá se había arrepentido de su mundanalidad y había regresado a la familia, y Jacob, el padre piadoso, había perdonado a su hijo díscolo y lo había aceptado con los brazos abiertos. Ahora la familia se reencontraba. Judá y todos los otros miembros de la familia se habían vuelto verdaderos seguidores de Dios y ahora estaban reconciliados como una familia. Pero esto no era todo.

2. El propio José también se reencontraría con su familia (vv. 29-30). Toda la familia permanecería unida como la familia escogida de Dios. Cuando José escuchó que su padre estaba a punto de llegar a Gosén, Él no envió noticia alguna por medio de Judá sobre dónde se asentarían. Él hizo preparar su carro y él mismo fue a recibir a su padre Israel.

a. Las Escrituras describen una escena dramática: tan pronto José se encontró con su padre, él lo abrazó y lloró largamente. Él no pudo decir nada: él solo pudo pararse allí y abrazar a su padre, llorando por el gozo del reencuentro. Habían pasado veintidós años, duros y largos años para José, años en los que él había conocido la esclavitud y el encarcelamiento. Lo habían exaltado como gobernador de Egipto los últimos nueve años solamente. La mayoría de los años de la separación habían sido años de un sufrimiento terrible como esclavo y prisionero. Pero ahora, al fin, él se reencontraba con su padre y su familia. Él lloró. Él se quedó allí parado y lloró. Era todo cuanto él pudo hacer.

b. Finalmente, Israel pudo hablar entre su gozo incontenible. Sollozó las palabras de su propio gran

gozo: Ahora podía morir en paz. Él había visto el rostro de José; su hijo estaba verdaderamente vivo (v. 30).

Pensamiento 1. Jacob y su familia se reencontraban porque ellos habían hecho la voluntad de Dios. Su reencuentro era el resultado directo de su obediencia a Dios. Pero advierta: cada uno de los miembros de la familia seguía y obedecía a Dios, el padre y los hijos. Si seguimos y obedecemos a Dios, entonces nos volveremos a unir como una familia bien unida. La única solución para las familias divididas es hacer la voluntad de Dios: que cada uno de los miembros de la familia sigan a Dios y obedezcan a Dios. Dios reencontrará y bendecirá a cualquier familia cuando todos los miembros lo sigan y lo obedezcan verdaderamente.

> "Os ruego, pues, hermanos, por el nombre de nuestro Señor Jesucristo, que habléis todos una misma cosa, y que no haya entre vosotros divisiones, sino que estéis perfectamente unidos en una misma mente y en un mismo parecer" (1 Co. 1:10).
> "Por lo demás, hermanos, tened gozo, perfeccionaos, consolaos, sed de un mismo sentir, y vivid en paz; y el Dios de paz y de amor estará con vosotros" (2 Co. 13:11).
> "solícitos en guardar la unidad del Espíritu en el vínculo de la paz" (Ef. 4:3).
> "Antes sed benignos unos con otros, misericordiosos, perdonándoos unos a otros, como Dios también os perdonó a vosotros en Cristo" (Ef. 4:32).
> "Finalmente, sed todos de un mismo sentir, compasivos, amándoos fraternalmente, misericordiosos, amigables" (1 P. 3:8).

2 (46:31-34) *Guía — Familia*: ¿Qué sucede cuando hacemos la voluntad de Dios? Recibimos ayuda, guía y dirección para nuestras vidas. Tan pronto José recuperó la compostura, él tuvo que hacer los arreglos necesarios para establecer la familia en Egipto. Por eso, reunió a sus hermanos y a toda la casa para darles guía y dirección.

1. José les habló de cómo él iba a presentar a la familia ante Faraón (vv. 31-32). Él iba a ser sincero y honesto, totalmente franco con Faraón. Él le iba a decir...

- Que los miembros de su familia eran pastores que atendían el ganado (v. 32).
- Que los miembros de su familia habían traído todo su ganado y todas sus posesiones consigo (v. 32).

Esto le demostraría a Faraón que su familia había venido a asentarse de modo permanente en Egipto y que necesitaban una parte grande de la tierra para su hogar.

2. Luego José instruyó a la familia sobre cómo debían responderle a Faraón cuando él los llamara y les preguntara su ocupación (v. 33). Debían decir que siempre habían atendido ganado, ellos y sus antepasados, y que a ellos les gustaría asentarse en la región llamada Gosén. La familia necesitaba establecerse en Gosén por tres razones.

a. Gosén era fértil, una de las regiones más fértiles de Egipto. Era una tierra excelente para el pasto y la ganadería, al parecer el área reservada para el propio ganado de Faraón, un área donde se le permitía asentarse a pocos ciudadanos egipcios, si es que se le permitía a alguno (cp. Gn. 47:6b). Por lo tanto, Gosén le daría a Israel mucho espacio para crecer y expandirse.

b. Gosén era ideal como hogar para Israel porque los pastores eran repulsivos para los egipcios (v. 34). Israel estaría segregado de los egipcios, separado, se sustentarían ellos mismos. Esto protegería a Israel con mayor facilidad de seguir los procederes mundanos de los egipcios y del matrimonio endogámico con ellos. Israel tenía que mantener su distinción piadosa y racial a fin de cumplir el gran propósito de Dios para la nación. José sabía esto, y sin lugar a dudas, bajo la guía y dirección de Dios, él dispuso los planes por medio de los cuales la familia escogida de Dios podía mantenerse separada de los egipcios mundanos. La tierra de Gosén proporcionaba exactamente el lugar ideal para que Israel se mantuviera fiel a Dios.

c. Gosén era el hogar ideal para Israel por una tercera razón que no se menciona en ningún pasaje, pero se ve claramente. Gosén era la región nordeste de Egipto, la tierra más cercana a Canaán, la Tierra Prometida. Algún día la familia regresaría a la Tierra Prometida. Sería mucho más fácil cruzar la frontera, por así decirlo, que migrar a través de la tierra de Egipto desde alguna región lejana.

Lo que se debe tener en cuenta es la ayuda, la guía, y la dirección que Jacob y su familia estaban recibiendo. Los estaban salvando de la hambruna y la devastación total de la escasez. Israel había obedecido a Dios: él había seguido la voluntad de Dios viniendo a Egipto. Ahora Dios estaba usando a José para guiar a su pueblo paso a paso.

Pensamiento 1. ¿Qué sucede cuando hacemos la voluntad de Dios? Recibimos ayuda, guía, y dirección para nuestras vidas. Dios usará a alguien —algún ministro, algún creyente— para ayudarnos en cualquier prueba o problema al que nos enfrentemos. Dios se encargará de que alguien nos proporcione guía y dirección. Dios se encargará de que no nos dejen abandonados. Nos mostrarán qué hacer o cómo manejar la situación.

"**Encaminará a los humildes por el juicio, y enseñará a los mansos su carrera**" (Sal. 25:9).

"**Porque este Dios es Dios nuestro eternamente y para siempre; el nos guiará aun más allá de la muerte**" (Sal. 48:14).

"**Me has guiado según tu consejo, y después me recibirás en gloria**" (Sal. 73:24).

"**Entonces tus oídos oirán a tus espaldas palabra que diga: Este es el camino, andad por él; y no echéis a la mano derecha, ni tampoco torzáis a la mano izquierda**" (Is. 30:21).

"**Y guiaré a los ciegos por camino que no sabían, les haré andar por sendas que no habían conocido; delante de ellos cambiaré las tinieblas en luz, y lo escabroso en llanura. Estas cosas les haré, y no los desampararé**" (Is. 42:16).

"**Pero cuando venga el Espíritu de verdad, él os guiará a toda la verdad; porque no hablará por su propia cuenta, sino que hablará todo lo que oyere, y os hará saber las cosas que habrán de venir**" (Jn. 16:13).

3 (47:1-6) *Necesidades — Provisión:* ¿Qué sucede cuando hacemos la voluntad de Dios? Se suplen nuestras necesidades. Advierta lo que le sucedió a Jacob y a su familia.

1. José se presentó ante Faraón para informarle que su familia había llegado de Canaán, como había solicitado Faraón anteriormente (cp. Gn. 45:17-20). José le informó a Faraón que él había detenido a su familia temporalmente en Gosén con todo su ganado y sus posesiones (v. 1). Advierta cuán prudente y diplomático fue esto: todo cuanto Faraón tenía que hacer era confirmar su permanencia en Gosén.

2. Luego José le presentó cinco de sus hermanos a Faraón (vv. 2-4). Faraón de inmediato preguntó por su ocupación para ver cómo podía encajar mejor en la situación económica y servir a la nación durante la crisis de la escasez (v. 3). Los hermanos les respondieron a Faraón con un espíritu de respeto y humildad, haciéndose llamar los siervos de Faraón. Pero advierta que al parecer ellos se mantuvieron erguidos en presencia de Faraón: su desvergüenza, orgullo, y osadía. Al fin, se veían a los hermanos demostrando un carácter fuerte. Les estaban respondiendo a un hombre —al propio Faraón— con orgullo: eran pastores y sus familiares habían sido pastores a lo largo de los siglos desde sus antepasados (v. 3).

Luego, antes de que Faraón pudiera decir algo más, los hermanos hicieron una petición humilde pero osada: que Faraón les permitiera a sus siervos establecerse en la región de Gosén (v. 4). Nota: ellos les dijeron a Faraón que ellos solo habían venido a pasar una temporada en la tierra —es decir, a quedarse por un período breve, a quedarse por corto tiempo— hasta que pasara la escasez. Esto eliminaba cualquier idea de que la familia planeara establecerse y reclamar de modo permanente cualquier parte del territorio egipcio.

3. Faraón se volvió a José y le dio dos instrucciones (v. 5):

=> Establecer a su familia donde él deseara, en la mejor parte de la tierra, en Gosén, si ese era su deseo (v. 6).

=> Ponerlos a cargo de su propio ganado (v. 7).

Sucede lo siguiente: se estaban supliendo las necesidades del pueblo de Dios. Dios había obrado todas las cosas a bien: Él había exaltado a José y había preparado el corazón de Faraón para este mismo momento. Jacob y su familia habían obedecido a Dios; habían descendido a Egipto. Ahora Dios estaba usando a Faraón y a su siervo José para suplir las necesidades de su querido pueblo.

Pensamiento 1. ¿Qué sucede cuando hacemos la voluntad de Dios? Se suplen nuestras necesidades. Dios siempre suplirá nuestras necesidades si tan solo lo obedecemos. Pero la obediencia —hacer exactamente lo que Dios dice— resulta esencial. ¡Imagínense nada más! Hay provisión para suplir cada una de nuestras necesidades. No hay razón para que nos quede una necesidad insatisfecha. Dios suplirá nuestras necesidades si tan solo nos volvemos a él y obedecemos su voluntad.

"**Jehová es mi fortaleza y mi escudo; en él confió mi corazón, y fui ayudado, por lo que se gozó mi corazón, y con mi cántico le alabaré**" (Sal. 28:7).

"**Aunque afligido yo y necesitado, Jehová pensará en mí. Mi ayuda y mi libertador eres tú; Dios mío, no te tardes**" (Sal. 40:17).

"**No temas, porque yo estoy contigo; no desmayes, porque yo soy tu Dios que te esfuerzo; siempre te ayudaré, siempre te sustentaré con la diestra de mi justicia**" (Is. 41:10).

"**Cuando pases por las aguas, yo estaré contigo; y si por los ríos, no te anegarán. Cuando pases por el fuego, no te quemarás, ni la llama arderá en ti**" (Is. 43:2).

"**Mas buscad primeramente el reino de Dios y su justicia, y todas estas cosas os serán añadidas**" (Mt. 6:33).

"**Sean vuestras costumbres sin avaricia, contentos con lo que tenéis ahora; porque él dijo: No te desampararé, ni te dejaré; de manera que podemos decir confiadamente: El Señor es mi ayudador; no temeré lo que me pueda hacer el hombre**" (He. 13:5-6).

4 (47:7-10) *Testimonio — Testificar — Bendecir a otros:* ¿Qué sucede cuando hacemos la voluntad de Dios? Contamos con una oportunidad para dar un testimonio fidedigno de Dios. Ahora ocurría lo que debió haber sido el momento más emocionante para José: él trajo a su padre y lo presentó ante Faraón. He aquí el hombre más importante de la tierra conociendo a un hombre que aparentaba ser tan solo un hombre común, tan solo un simple anciano. Pero en los ojos de Dios y en las páginas de la historia futura, este simple hombre sería uno de los hombres más grandes que honrara a la tierra con su presencia. Era Jacob, el gran patriarca del pueblo de Dios, creyentes del Dios vivo y verdadero. Él era la persona misma que Dios había escogido para procrear la Simiente prometida: las doce tribus de Israel y la simiente muy especial, el Salvador del mundo. Faraón era más poderoso ante los ojos del mundo, pero Jacob era mucho más poderoso ante los ojos de Dios y la eternidad. Advierta con qué claridad las Escrituras tocan este tema.

1. Después de ser presentado a Faraón, de inmediato Jacob bendijo a Faraón (v. 7). El equivalente hebreo de *bendijo* (waybharekh) es mucho más fuerte que la palabra *saludó* o *presentó sus respetos a* que se usa en otras traducciones (H. C. Leupold, *Génesis*, vol. 2, p. 1128). Significa saludar a una persona pidiéndole a Dios que la bendiga en abundancia. El mismo tipo de bendición tuvo lugar cuando Melquisedec bendijo al victorioso Abraham (Gn. 14:19). En ambos casos "el menor es bendecido por el mayor" (He. 7:7). Es decir, Jacob era una persona mucho más importante que Faraón ante los ojos de Dios; por ende, Jacob bendijo a Faraón, no Faraón a Jacob. Dicho con sencillez, Jacob le estaba dando un testimonio fidedigno a Faraón. No sabemos exactamente en qué consistía la bendición, pero Jacob había pronunciado la bendición en el nombre del Dios verdadero del cielo y la tierra, el mismo Dios que obedecía José.

2. Después de la bendición, Faraón le preguntó la edad a Jacob (v. 8).

3. Jacob contestó y dio tres elementos de sí mismo (v. 9).

a. Él tenía 130 años de edad.

b. Los años de su peregrinación en la tierra habían sido pocos y difíciles. Esto sin lugar a dudas constituía una referencia a las pruebas y sufrimientos terribles que él había experimentado a lo largo de su vida (la amenaza contra su vida por parte de Esaú, su hermano; y luego más tarde por parte de Labán, su tío; y el mal y la rebeldía terribles de sus hijos).

Advierta la palabra "peregrinación" (meghurim). La forma sustantiva de la frase: "pasar una temporada" (ghur), significa vivir como un extraño o peregrino en la tierra (H. C. Leupold, *Génesis*, vol. 2, p. 1129). Jacob estaba declarando que él tan solo era un *extraño* y un *peregrino* en la tierra. Él nunca había poseído mucha tierra ni se había asentado en ningún lugar de la tierra por un período de tiempo prolongado. El Nuevo Testamento nos dice que Jacob tenía sus ojos puestos en el país celestial, el país del propio cielo (He. 11:13-16).

c. El lapso de tiempo de su vida no coincidía con la larga vida de su padre, Isaac, que había vivido hasta 180 años de edad (Gn. 35:28), ni de su abuelo, Abraham, que había vivido hasta 175 años de edad (Gn. 25:7).

=> Luego Jacob bendijo a Faraón una segunda vez (v. 10). Por supuesto, esta era una bendición de partida o despedida. Probablemente Jacob hiciera lo que hacemos muchos de nosotros en entrevistas con personas importantes: él solicitó que se le permitiera orar por Faraón y por su nación. Obviamente Faraón le concedió su petición. Recuerden esto: Faraón contaba con el testimonio diario de José, y ahora recibía el testimonio fidedigno del padre de José. ¿Se volvió él en alguna ocasión al Dios verdadero del cielo y la tierra, a *Elohim*? Las Escrituras no lo dicen, pero piensen en el testimonio poderoso de José y Jacob hacia este gran gobernante de Egipto.

Pensamiento 1. ¿Qué sucede cuando hacemos la voluntad de Dios? Contamos con la oportunidad de dar un testimonio fidedigno de Dios.

"**Venid, oíd todos los que teméis a Dios, y contaré lo que ha hecho a mi alma**" (Sal. 66:16).

"De las misericordias de Jehová haré memoria, de las alabanzas de Jehová, conforme a todo lo que Jehová nos ha dado, y de la grandeza de sus beneficios hacia la casa de Israel, que les ha hecho según sus misericordias, y según la multitud de sus piedades" (Is. 63:7).

"pero recibiréis poder, cuando haya venido sobre vosotros el Espíritu Santo, y me seréis testigos en Jerusalén, en toda Judea, en Samaria, y hasta lo último de la tierra" (Hch. 1:8).

"porque no podemos dejar de decir lo que hemos visto y oído" (Hch. 4:20).

"Id, y puestos en pie en el templo, anunciad al pueblo todas las palabras de esta vida" (Hch. 5:20).

"Por tanto, no te avergüences de dar testimonio de nuestro Señor, ni de mí, preso suyo, sino participa de las aflicciones por el evangelio según el poder de Dios" (2 Ti. 1:8).

"Esto habla, y exhorta y reprende con toda autoridad. Nadie te menosprecie" (Tit. 2:15).

"sino santificad a Dios el Señor en vuestros corazones, y estad siempre preparados para presentar defensa con mansedumbre y reverencia ante todo el que os demande razón de la esperanza que hay en vosotros" (1 P. 3:15).

5 (47:11-27) *Ministerio — Servicio:* ¿Qué sucede cuando hacemos la voluntad de Dios? Contamos con la oportunidad para ministrar y servir a otros. José le había entregado su corazón a JEHOVÁ. Él se había dedicado a seguir a JEHOVÁ, a vivir para Él y a obedecerlo. Ahora bien, Dios lo había exaltado para un día como este, un día de necesidad apremiante. Ahora José podía ministrar tanto a su familia como al mundo.

1. José ministró a su familia proveyéndole un lugar donde vivir (v. 11). Él había garantizado el permiso de Faraón para asentar a su familia en Gosén. Ahora bien, él los tomó y les dio lo mejor de la tierra de Gosén, la tierra de Ramesés. Nota: la tierra de Ramesés era como se llamaba la tierra en la época de Moisés, no en la época de José. Moisés, el autor de Génesis quien lo escribe alrededor de cuatrocientos años después, sencillamente está identificando la tierra de un mejor modo para los hijos de Israel de su época.

La tierra de Gosén donde se asentó Israel (la tierra de Ramesés) se encontraba al extremo nordeste de Egipto. Conocemos estos datos sobre el área:

=> La frontera oeste probablemente fuera el río Nilo. Israel tenía abundancia de peces (Nm. 11:5).

=> La frontera norte llegaba hasta el mar o de lo contrario hasta cerca del mar. Los campos de Zoán estaban cerca del mar, y era donde ocurrirían los potentes actos de Dios en la gran liberación de Israel (Sal. 78:12, 43).

=> La frontera este probablemente llegara completa hasta la frontera de Arabia.

Lo que se debe tener en cuenta es que Israel tenía suficiente espacio para crecer y prosperar. José asentó a su familia en la mejor tierra de Egipto. Y advierta: él también proveyó a su familia del alimento adecuado (v. 12). Sin embargo, estaba racionado según el número de hijos que tenía cada familia.

2. José ministró a otros: él ideó seis planes para suplir las necesidades urgentes del pueblo egipcio (vv. 13-27). La escasez era severa: todo Egipto y todo Canaán se estaban consumiendo. No había cultivos ni alimentos que se pudiera hallar en ninguna parte de todo el territorio. El único alimento disponible era el alimento que José había hecho guardar a la nación en almacenes durante los siete años de abundancia. (Vea nota, Gn. 41:46-49 para un mayor análisis.) José ideó seis planes para salvar al pueblo de la hambruna.

a. El plan número uno era permitir que las personas compraran el grano con dinero. (Vea subíndice y nota, Gn. 41:53-57 para un análisis.)

b. El plan número dos era permitir que las personas compraran el grano con su ganado (vv. 15-17). Recuerden, la escasez duró siete años completos. Finalmente se había acabado todo el dinero de las personas; por consiguiente, José tuvo que idear otro plan para salvar al pueblo. Él estableció un sistema de trueque por medio del cual ellos pudieran intercambiar su ganado por grano. Advierta que esto ayudó a sobrevivir a la mayoría del pueblo durante otro año de escasez (v. 17). Esta era una gran ayuda para el pueblo, porque significaba que el gobierno asumía las responsabilidades de la alimentación por el ganado. Sin lugar a dudas, había miles de animales muriendo de hambre, como hay en cualquier gran escasez o sequía.

c. El plan número tres era permitir que las personas intercambiaran su tierra y su mano de obra por grano (vv. 18-20). Advierta que esta propuesta se hizo un año más tarde y que la hizo el propio pueblo. Henry Morris describe una ilustración excelente de este plan:

"Cuando llegaron a este estado, el pueblo vino donde José con una nueva propuesta. Evidentemente se había efectuado alguna clase de reunión y se habían elegidos voceros para que negociaran con José en su nombre. No les quedaba nada que pudiera ser comerciable excepto sus propias tierras y su propia mano de obra.

"Por ende las personas querían dedicarse ellos y su tierra al servicio de Faraón a cambio de alimento sistemático, así como semillas con las que pudieran sembrar sus tierras. Ellos sabían que la escasez se acabaría finalmente, y ellos al menos debían hacer cuanto pudieran con la tierra de un año al otro para que finalmente pudiera volver a producir buenas cosechas, pero ahora ya no tenían suficiente como para comprar semillas.

"Algunas personas creen que esto fue un plan de José no solo para adquirir riquezas sino también para esclavizar al pueblo. Sin embargo, la propuesta la hicieron ellos, no José, y el grano que se negociara se le acumulaba a Faraón, no a José. Es cierto que creó lo que llegó a ser una economía feudalista, pero la alternativa

—la de poner a todo el mundo en un sistema de subsidio [gratis y caritativo]— habría destruido la moral personal y nacional, habría arruinado al gobierno, y probablemente habría culminado en la anarquía social. Los suministros de alimento pronto se habrían agotado y la hambruna en masa lo habría sucedido.

"Las personas habían aprendido a confiar en José. Él siempre les había cobrado un precio justo y, aunque se les había agotado todo su dinero y sus posesiones comerciables, aún tenían su amor propio" (*The Genesis Record* [El registro de Génesis], p. 640).

d. El plan número cuatro era trasladar a las personas a las ciudades para una distribución de alimento más fácil y económica (v. 21). Nuevamente Henry Morris tiene un comentario sobre este plan que vale la pena considerarlo.

"José reubicó a muchas de las personas, acercándolas a las varias ciudades donde estaban situados los almacenes. Es de imaginar que a estas personas se les empleó en alguna forma de trabajo productivo. El sistema ciertamente dejaba qué decir en cuanto a la libertad humana; pero se prefiere una burocracia centralizada al hambre en masa y a la anarquía, fundamentalmente cuando la burocracia se administra de un modo inteligente y desinteresado, como lo hacía José" (*The Genesis Record* [El registro de Génesis], p. 640).

e. El plan número cinco era dejar solos a los sacerdotes, para dejar que mantuvieran la posesión de su tierra (v. 22). Advierta que esto era por orden del propio Faraón, no de José. Faraón necesitaba que los sacerdotes le proporcionaran al pueblo estímulo religioso durante esta crisis tan severa. Las personas tienden a acudir a sus líderes religiosos y sus casas de adoración en crisis severas, fundamentalmente cuando las crisis perduran, año tras año.

f. El plan número seis era hacer un contrato con las personas que implicaba un sistema generoso de arrendamiento (vv. 23-26). A las personas se les daba semillas para sembrar y cosechar. A cambio de su trabajo, debían quedarse con cuatro quintos (80 %) y pagar un impuesto de un quinto (20 %) al gobierno. Nuevamente, Henry Morris proporciona una ilustración descriptiva de la situación.

"En efecto, esto ascendió a un impuesto sobre la renta anual permanente del 20 por ciento del ingreso bruto. Esto no resulta excesivo comparado con las normas de la actualidad, fundamentalmente ya que estos ganaderos no tenían que pagar renta, no tenían gastos de inversión o de mantenimiento, de hecho no tenían más que sus propios gastos personales. Faraón y la burocracia gubernamental administrada por José financiaban todas las operaciones gubernamentales con el 20 por ciento. Es de imaginar, se hizo un arreglo similar y equitativo con aquellos que tenían ocupaciones específicas que no eran la ganadería, incluso los hermanos de José.

"Se debe tener en cuenta que había poca queja, de haber alguna, sobre estas condiciones. Por el contrario, los ciudadanos estaban muy agradecidos de José por salvar sus vidas, reconocían que se les trataba con justicia y generosidad y que realmente no podía haber otro plan que pudiera funcionar tan bien en tales circunstancias. Solo querían seguir 'hallando gracia', o favor, ante los ojos de José, así que él arreglo se mantendría en pie" (*The Genesis Record* [El registro de Génesis], pp. 641-642).

Advierta que el sistema de arrendamiento y los porcentajes aún se encontraban vigentes en la época de Moisés, unos cuatrocientos años después (v. 26).

3. El resultado del ministerio de José en Israel, aquellos que seguían al Dios vivo y verdadero, fue que prosperaron y crecieron. Sucede lo siguiente: José tuvo el privilegio de ayudar y ministrar al pueblo de su época porque él había seguido a Dios, había seguido a Dios verdaderamente. Por ende, Dios podía usar a José para ayudar a su familia y al pueblo de su época. De hecho, José aún ayuda a las personas hoy día por medio del ejemplo dinámico que nos dejó. Todo eso porque él siguió a Dios muy de cerca, lo obedeció en todo.

Pensamiento 1. ¿Qué sucede cuando hacemos la voluntad de Dios? Se nos dará la oportunidad de ayudar a otros y ministrarlos. Si tan solo seguimos a Dios —lo seguimos verdaderamente— Él nos usará para ayudar a otros, nos usará poderosamente. Pero advierta: Dios no usará una vasija sucia. La vasija tiene que ser limpia y santa. Debemos obedecer a Dios, tratar de obedecerlo diligentemente en todo. Así y solo así Dios nos usará para ayudar verdaderamente a otros.

"No nos cansemos, pues, de hacer bien; porque a su tiempo segaremos, si no desmayamos. Así que, según tengamos oportunidad, hagamos bien a todos, y mayormente a los de la familia de la fe" (Gá. 6:9-10).

"Así alumbre vuestra luz delante de los hombres, para que vean vuestras buenas obras, y glorifiquen a vuestro Padre que está en los cielos" (Mt. 5:16).

"como el Hijo del Hombre no vino para ser servido, sino para servir, y para dar su vida en rescate por muchos" (Mt. 20:28).

"Pero no será así entre vosotros, sino que el que quiera hacerse grande entre vosotros será vuestro servidor, y el que de vosotros quiera ser el primero, será siervo de todos" (Mr. 10:43-44).

"Que hagan bien, que sean ricos en buenas obras, dadivosos, generosos" (1 Ti. 6:18).

"Y de hacer bien y de la ayuda mutua no os olvidéis; porque de tales sacrificios se agrada Dios" (He. 13:16).

"y al que sabe hacer lo bueno, y no lo hace, le es pecado" (Stg. 4:17).

"Apártate del mal, y haz el bien; busca la paz, y síguela" (Sal. 34:14).

"Confía en Jehová, y haz el bien; y habitarás en la tierra, y te apacentarás de la verdad" (Sal. 37:3).

1 Jacob creía en la Tierra Prometida, en la promesa de Dios sobre el futuro, en la eternidad
   a. Él vivió en Egipto 17 años y vivió hasta los 147 años de edad
   b. Él sintió cerca la muerte y mandó buscar a José
   c. Él hizo una petición especial
      1) Pidió que no se le enterrara en Egipto
      2) Pidió que se le enterrara con sus padres en Canaán
      3) José prometió cumplir los deseos de su padre
   d. Él hizo una exigencia seria: Puso a José un juramento

2 Jacob demostró gran fe en las promesas de Dios
   a. A José se le envió noticia de que su padre estaba enfermo y volvió de nuevo donde él
   b. Jacob acopió fuerzas y contó su confrontación con Dios en Luz o Bet-el

      1) Habló de la promesa de Dios de la Simiente prometida, una nación de personas

L. Jacob se preparó para morir: Cómo hacer los preparativos finales para la muerte, 47:28—48:22

28 Y vivió Jacob en la tierra de Egipto diecisiete años; y fueron los días de Jacob, los años de su vida, ciento cuarenta y siete años. 29 Y llegaron los días de Israel para morir, y llamó a José su hijo, y le dijo: Si he hallado ahora gracia en tus ojos, te ruego que pongas tu mano debajo de mi muslo, y harás conmigo misericordia y verdad. Te ruego que no me entierres en Egipto.

30 Mas cuando duerma con mis padres, me llevarás de Egipto y me sepultarás en el sepulcro de ellos. Y José respondió: Haré como tú dices. 31 E Israel dijo: Júramelo. Y José le juró. Entonces Israel se inclinó sobre la cabecera de la cama.

CAPÍTULO 48

1 Sucedió después de estas cosas que dijeron a José: He aquí tu padre está enfermo. Y él tomó consigo a sus dos hijos, Manasés y Efraín.

2 Y se le hizo saber a Jacob, diciendo: He aquí tu hijo José viene a ti. Entonces se esforzó Israel, y se sentó sobre la cama, 3 y dijo a José: El Dios Omnipotente me apareció en Luz en la tierra de Canaán, y me bendijo, 4 y me dijo: He aquí yo te haré crecer, y te multiplicaré, y te pondré por estirpe de naciones; y daré esta tierra a tu

descendencia después de ti por heredad perpetua.

5 Y ahora tus dos hijos Efraín y Manasés, que te nacieron en la tierra de Egipto, antes que viniese a ti a la tierra de Egipto, míos son; como Rubén y Simeón, serán míos. 6 Y los que después de ellos has engendrado, serán tuyos; por el nombre de sus hermanos serán llamados en sus heredades. 7 Porque cuando yo venía de Padan-aram, se me murió Raquel en la tierra de Canaán, en el camino, como media legua de tierra viniendo a Efrata; y la sepulté allí en el camino de Efrata, que es Belén. 8 Y vio Israel los hijos de José, y dijo: ¿Quiénes son éstos? 9 Y respondió José a su padre: Son mis hijos, que Dios me ha dado aquí. Y él dijo: Acércalos ahora a mí, y los bendeciré. 10 Y los ojos de Israel estaban tan agravados por la vejez, que no podía ver. Les hizo, pues, acercarse a él, y él les besó y les abrazó. 11 Y dijo Israel a José: No pensaba yo ver tu rostro, y he aquí Dios me ha hecho ver también a tu descendencia. 12 Entonces José los sacó de entre sus rodillas, y se inclinó a tierra.

13 Y los tomó José a ambos, Efraín a su derecha, a la izquierda de Israel, y Manasés a su izquierda, a la derecha de Israel; y los acercó a él.

      2) Habló de la promesa de Dios de la Tierra Prometida
   c. Jacob demostró gran fe en ambas promesas
      1) Les dio a los hijos de José un lugar igual, los adoptó como hijos de Israel
      2) Mandó a José a contar cualquier hijo futuro bajo estos dos hijos tribales

3 Jacob habló de su gran amor por su esposa de toda la vida
   a. Raquel había muerto prematuramente
   b. Jacob la había enterrado en Canaán

4 Jacob bendijo a sus hijos y nietos

   a. Él expresó profundo afecto por ellos
      1) Él pidió que sus nietos se acercaran a sus rodillas
      2) Él los besó y los abrazó

      3) Él les habló de su gran afecto por ellos

      4) José respondió retirando a sus hijos e inclinándose en respeto
   b. José retiró a sus hijos para recibir la bendición: Colocó al primogénito a la mano derecha de Jacob para que recibiera la mayor bendición

c. Jacob cruzó sus manos para la bendición: Para darle la mayor bendición al hijo menor

d. Jacob invocó a Dios
   1) Dios delante de quien andaban Abraham e Isaac
   2) Dios el pastor (que lo había alimentado)
   3) Dios el Ángel (que lo había liberado)
e. Jacob le pidió a Dios que los bendijera con dos cosas
   1) Hacerlos hijos verdaderos de Israel
   2) Hacer de ellos una gran multitud de personas
f. José interrumpió a su padre
   1) José se disgustó con Jacob al dar la bendición del primogénito —la mayor bendición— al menor[EF1]

14 Entonces Israel extendió su mano derecha, y la puso sobre la cabeza de Efraín, que era el menor, y su mano izquierda sobre la cabeza de Manasés, colocando así sus manos adrede, aunque Manasés era el primogénito.
15 Y bendijo a José, diciendo: El Dios en cuya presencia anduvieron mis padres Abraham e Isaac, el Dios que me mantiene desde que yo soy hasta este día,
16 el Angel que me liberta de todo mal, bendiga a estos jóvenes; y sea perpetuado en ellos mi nombre, y el nombre de mis padres Abraham e Isaac, y multiplíquense en gran manera en medio de la tierra.

17 Pero viendo José que su padre ponía la mano derecha sobre la cabeza de Efraín, le causó esto disgusto; y asió la mano de su padre, para cambiarla de la cabeza de Efraín a la cabeza de Manasés.

18 Y dijo José a su padre: No así, padre mío, porque éste es el primogénito; pon tu mano derecha sobre su cabeza.
19 Mas su padre no quiso, y dijo: Lo sé, hijo mío, lo sé; también él vendrá a ser un pueblo, y será también engrandecido; pero su hermano menor será más grande que él, y su descendencia formará multitud de naciones.
20 Y los bendijo aquel día, diciendo: En ti bendecirá Israel, diciendo: Hágate Dios como a Efraín y como a Manasés. Y puso a Efraín antes de Manasés.

21 Y dijo Israel a José: He aquí yo muero; pero Dios estará con vosotros, y os hará volver a la tierra de vuestros padres.
22 Y yo te he dado a ti una parte más que a tus hermanos, la cual tomé yo de mano del amorreo con mi espada y con mi arco.

2) José trató de corregirla

g. Jacob se rehusó
   1) Él había actuado deliberadamente
   2) Él se aseguró a José que ambos serían grandes, pero el menor sería mayor

h. Jacob bendijo a los hijos: Predijo que ellos serían tan grandes que sus nombres se convertirían en una fórmula para la bendición
i. Jacob bendijo a José
   1) Le garantizó que Dios estaría con él y lo regresaría a Canaán
   2) Le dio una parte de la tierra tomada de los Amorreos

DIVISIÓN X

JOSÉ, BISNIETO DE ABRAHAM: ESCOGIDO PARA SALVAR A LA DESCENDENCIA DEL PUEBLO DE DIOS Y LAS GRANDES PROMESAS DE DIOS: SUCESOS QUE LLEVAN AL PUEBLO DE DIOS A EGIPTO, 37:1—50:26

L. Jacob se preparó para morir: Cómo hacer los preparativos finales para la muerte, 47:28—48:22

(47:28—48:22) *Introducción:* ¿Cómo una persona se prepara para la muerte? Todos morimos. Si existimos, moriremos. La muerte es inevitable. Advierta el versículo 29 del pasaje anterior, las palabras del versículo: "Llegaron los días de Israel para morir" (v. 29). Las Escrituras declaran una y otra vez que nos llega el día para morir.

"Porque de cierto morimos, y somos como aguas derramadas por tierra, que no pueden volver a recogerse; ni Dios quita la vida, sino que provee medios para no alejar de sí al desterrado" (2 S. 14:14).

"Acuérdate que como a barro me diste forma; ¿Y en polvo me has de volver?" (Job 10:9).

"Porque yo sé que me conduces a la muerte, y a la casa determinada a todo viviente" (Job 30:23).

"Pues verá que aun los sabios mueren; que perecen del mismo modo que el insensato y el necio, y dejan a otros sus riquezas" (Sal. 49:10).

"Se acordó de que eran carne, soplo que va y no vuelve" (Sal. 78:39).

"¿Qué hombre vivirá y no verá muerte? ¿Librará su vida del poder del Seol?" (Sal. 89:48).

"Todo va a un mismo lugar; todo es hecho del polvo, y todo volverá al mismo polvo" (Ec. 3:20).

"No hay hombre que tenga potestad sobre el espíritu para retener el espíritu, ni potestad sobre el día de la muerte; y no valen armas en tal guerra, ni la impiedad librará al que la posee" (Ec. 8:8).

"Voz que decía: Da voces. Y yo respondí: ¿Qué tengo que decir a voces? Que toda carne es hierba, y toda su gloria como flor del campo. La hierba se seca, y la flor se marchita, porque el viento de Jehová sopló en ella; ciertamente como hierba es el pueblo" (Is. 40:6-7).

"Si bien todos nosotros somos como suciedad, y todas nuestras justicias como trapo de inmundicia; y caímos todos nosotros como la hoja, y nuestras maldades nos llevaron como viento" (Is. 64:6).

"Por tanto, como el pecado entró en el mundo por un hombre, y por el pecado la muerte, así la muerte pasó a todos los hombres, por cuanto todos pecaron" (Ro. 5:12).

"Y de la manera que está establecido para los hombres que mueran una sola vez, y después de esto el juicio" (He. 9:27).

"Porque: Toda carne es como hierba, y toda la gloria del hombre como flor de la hierba. La hierba se seca, y la flor se cae" (1 P. 1:24).

Como a todos nos llega el día para morir, la pregunta es la siguiente: ¿Cómo nos podemos preparar para la muerte? ¿Qué debemos hacer para estar preparados para la muerte? Este es el tema de este gran pasaje de las Escrituras. Las Escrituras toman los preparativos que hizo Jacob e ilustra cómo debemos prepararnos para la muerte: *Jacob se preparó para morir: Cómo hacer los preparativos finales para la muerte, 47:28—48:22.*

1. Jacob creía en la Tierra Prometida, en la promesa de Dios sobre el futuro, en la eternidad (vv. 28-31).
2. Jacob demostró gran fe en las promesas de Dios (48:1-6).
3. Jacob habló de su gran amor por su esposa toda la vida (v. 7).
4. Jacob bendijo a sus hijos y nietos (vv. 8-22).

1 (47:28-31) *Muerte — Jacob:* Jacob creía en la promesa de Dios sobre el futuro: la promesa de la Tierra Prometida.

1. Jacob vivió en Egipto 17 años antes de morir. Él moriría cuando tenía 147 años de edad (v. 28).

2. Cuando un día específico Jacob sintió que se acercaba su muerte, mandó buscar a José. Jacob tenía que analizar con José una petición muy especial.

3. Cuando llegó José, advierta la petición especial: Jacob pidió que no lo enterraran en Egipto. Él quería que José llevara su cuerpo de vuelta a Canaán, de vuelta a la Tierra Prometida, y lo enterrara con Abraham e Isaac en la cueva de Macpela. José prometió que cumpliría el deseo de su padre, y más adelante veremos que lo hizo (cp. Gn. 50:12-13).

4. Pero esto no le bastaba a Jacob; él hizo una petición seria. Él exigió que José hiciera un juramento, que literalmente jurara de él regresaría el cuero de Jacob a la Tierra Prometida (v. 29). Esto hizo José.

5. Advierta ahora lo que hizo Jacob: él se inclinó en adoración ante la cabecera de su cama.

Ahora bien, ¿por qué era tan importante para Jacob que se regresara su cuerpo a Canaán, la Tierra Prometida, que lo enterraran con Abraham e Isaac?

Primero, porque Jacob creía en las grandes promesas de Dios, las promesas que Dios le había hecho a Abraham y a Isaac y a sí mismo en al menos dos ocasiones diferentes. (Vea subíndice y notas, Gn. 28:12-15; 35:9-12.)

=> Él creía en la promesa de la Simiente prometida, que Israel un día se convertiría en una gran nación de personas y que por medio de Israel Dios enviaría a la simiente muy especial, al Salvador del mundo. (Vea notas, Gn. 12:2-3; 12:3 para un mayor análisis.)

=> Él creía en *la Tierra Prometida*, que Dios iba a darle la Tierra Prometida al pueblo de Dios, a aquellos que creyeran en el Dios vivo y verdadero. (Vea nota, Gn. 12:1c para un mayor análisis.)

Jacob estaba declarando su fe en estas promesas pidiendo que se devolviera su cuerpo a la Tierra Prometida. Él quería que su sepultura fuera un gran testimonio de Dios; él quería que su sepultura declarara las grandes promesas de Dios; él quería que sus descendientes —el pueblo de Dios, los creyentes de todas las generaciones— supieran que Dios le había dado verdaderamente al mundo las grandes promesas, que Dios le había dado a él personalmente las grandes promesas. Jacob sabía que las promesas eran ciertas, porque Dios le había hablado a él en varias ocasiones, dándole garantía de las grandes promesas. Por ende, él quería que se sepultara su cuerpo en la Tierra Prometida por Dios. Y por medio de su sepultura, él quería que sus descendientes y el mundo supieran que las grandes promesas de Dios eran ciertas, que Dios definitivamente iba a cumplir sus promesas:

=> Dar la Simiente prometida: Israel sería una gran nación de personas.

=> Dar la simiente muy especial prometida: el Salvador del mundo sería enviado para salvar al mundo.

=> Dar la Tierra Prometida: Canaán le sería dada a Israel, que era un símbolo de que la Tierra Prometida del cielo le sería dada a los creyentes de todas las generaciones.

Segundo, advierta que Israel hizo una distinción entre *dormir o descansar con sus padres* y el regreso de su cuerpo a la Tierra Prometida de Canaán (v. 30). James Montgomery Boice lo explica bien:

"Algunos eruditos han argumentado que esto significa solamente que Jacob moriría, que las referencias a estar con o ir donde sus padres solo significa ser enterrado en la misma parcela de tierra que sus propios ancestros. Pero está clarísimo que éste no es el caso. En algunos relatos las ideas de de sepultura y de 'ir donde los padres' podrían interpretarse como sinónimos. Pero acá hay una distinción clara. Jacob habla de su muerte como descansar con sus padres, pero él añade que además de esto él quiere que se lleve su cuerpo de vuelta a Canaán y que se entierre donde los cuerpos de sus ancestros yacen sepultados.

=> "La segunda de estas referencias es al entierro.

=> "pero la primera [referencia] obviamente es una expresión de la fe de Jacob en una vida venidera.

Esta ha sido la fe del pueblo de Dios a lo largo de los siglos humanos de tratos fieles de Dios con ellos" (*Génesis, un comentario expositivo*, vol. 3, p. 244. Nota: las dos referencias se subindizan para mayor claridad.)

(Vea nota, pt. 3, Gn. 25:7-10; también vea nota, Gn. 35:28-29; 49:29; 49:30-32 para un mayor análisis.)

Tercero, el juramento particular solicitado por Jacob tiene gran importancia. Se menciona en las Escrituras solo dos veces, aquí y en Gn. 24:2-3. El muslo o los lomos simbolizaban el poder del cuerpo para producir descendencia. Por ende, cuando se hacía el juramento, se enfatizaba un lazo o relación muy íntima. H. C. Leupold dice lo siguiente:

"Esta forma de juramento tiene una relación particular con respecto a los descendientes y se hace en referencia a ellos. Pero no podemos ser tan breves con este planteamiento correcto. Porque cuando consideramos con qué ansiedad los creyentes de la época de Adán esperaban al Salvador que habría de nacer, y también cómo Abraham (12:3) sabía y creía que de su propia descendencia provendría tal Salvador, no podemos hacer otra cosa que aceptar el criterio ortodoxo sostenido por los padres de la iglesia desde antaño de que este juramento se administraba en vistas del Salvador que vendría de la descendencia de Abraham" (*Génesis*, p. 659).

Leupold añade que el gesto de José definitivamente se refiere al "descendiente más prominente esperado, principalmente el Cristo. Por ende, el juramento significa: 'Os suplico a vos por el Cristo en quien está encarnada nuestra mayor esperanza' "(*Génesis*, p. 1140).

Al poner su mano bajo el muslo de Jacob, José estaba jurando por la descendencia que provendría de Jacob. La descendencia más prominente sería la simiente muy especial, el Salvador del mundo. Este acto sugiere que Jacob estaba pidiéndole a José que jurara por el Salvador que Dios había prometido.

¡Qué gran fe tenían Abraham, Isaac, y Jacob en las promesas de Dios! El juramento solicitado por Jacob demuestra la fuerza de su fe en la gran promesa de la Simiente prometida, el Salvador del mundo. (Vea nota, Gn. 12:3 para un mayor análisis.)

Cuarto, el énfasis que Jacob puso en que se regresara su cuerpo a la Tierra Prometida también demuestra su gran fe en las promesas de Dios. Advierta cómo él hizo todo cuanto pudo para obligar a José, para asegurarse por completo de que José cumpliera su promesa. Jacob exigió que José hiciera el juramento y jurara que él enterraría su cuerpo en la Tierra Prometida con los otros dos padres que se habían aferrado a las grandes promesas de Dios.

Quinto, advierta lo que Jacob hizo cuando José hizo el juramento y juró: él se inclinó y adoró a Dios (v. 31b). Algunas traducciones dicen que él adoró mientras se apoyaba en su cayado (NVI). Lo que se debe tener en cuenta es que él adoró a Dios, porque él sabía que su entierro sería un gran testimonio de las grandes promesas de Dios. De hecho, esto es exactamente lo que declaran las Escrituras:

=> Jacob estaba actuando por fe, fe en las grandes promesas de Dios.

"Por la fe Jacob, al morir, bendijo a cada uno de los hijos de José, y adoró apoyado sobre el extremo de su bordón" (He. 11:21).

=> Abraham había actuado por fe, fe en las grandes promesas de Dios.

"porque esperaba la ciudad que tiene fundamentos, cuyo arquitecto y constructor es Dios" (He. 11:10).

=> Abraham, Isaac, y Jacob habían actuado todos por fe, fe en las grandes promesas de Dios.

"Conforme a la fe murieron todos éstos sin haber recibido lo prometido, sino mirándolo de lejos, y creyéndolo, y saludándolo, y confesando que eran extranjeros y peregrinos sobre la tierra. Porque los que esto dicen, claramente dan a entender que buscan una patria; pues si hubiesen estado pensando en aquella de donde salieron, ciertamente tenían tiempo de volver. Pero anhelaban una mejor, esto es, celestial; por lo cual Dios no se avergüenza de llamarse Dios de ellos; porque les ha preparado una ciudad" (He. 11:13-16).

2 (48:1-6) *Pacto, abrahámico — Fe:* Jacob demostró gran fe en las promesas de Dios. Ahora debemos centrarnos en los sucesos que ocurrieron en el lecho de muerte de Jacob. Al parecer, algunos meses y quizás años, Jacob había estado postrado en cama. Imagínense a este gran creyente acostado allí: las horas y los días que él pasaba en oración y reflexión con Dios, pensando y orando por...

• las grandes promesas de Dios.

• el Salvador, la Simiente prometida muy especial, que aún había de venir.

• Su familia y su testimonio al mundo, su testimonio del verdadero Dios del cielo y la tierra.

En algún momento —si es semanas o meses se desconoce— Jacob se enfermó. Era evidente que estaba a punto de morir.

1. A José se le envió de inmediato una noticia de que su padre estaba enfermo, cerca de la muerte (v. 1). Él tomó consigo a sus dos hijos y fue de prisa donde su padre.

2. Cuando José llegó, Jacob acopió fuerzas y se sentó en el borde de la cama. Lo que estaba por suceder era de gran importancia (v. 2). Jacob comenzó a hablar del profundo encuentro que había experimentado con Dios años antes.

=> El propio Dios —Dios Todopoderoso— se le había aparecido en Luz o Bet-el y lo había bendecido.

=> Jacob habló de la gran promesa de Dios de la Simiente prometida: que Dios iba a hacerlo prosperar e iba a hacer que su descendencia creciera y se convirtiera en una gran multitud de personas (v. 4a).

=> Jacob también habló de la gran promesa de Dios de la Tierra Prometida: que Dios le iba a dar a su simiente (descendencia) la Tierra Prometida por *heredad perpetua* (v. 4b).

Advierta la palabra *perpetua*: esto convierte el planteamiento en una referencia doble. Es decir, se refiere a la tierra de Canaán y a la tierra del cielo. Esta tierra no es perpetua; solo los nuevos cielos y tierra son perpetuos. El único lugar donde los creyentes pueden vivir para siempre es en los nuevos cielos y tierra (cp. 2 P. 3:3-10, fundamentalmente 7-10).

3. Luego Jacob hizo algo sorprendente, un acto que demostraba su gran fe en las promesas de Dios: él adoptó los dos hijos de José como suyos propios. Él los hizo realmente iguales —les dio un lugar igual— a sus propios hijos (v. 5). Ellos serían sus hijos tanto como Rubén y Simeón o cualquier otro de sus hijos. Ellos serían los cabezas de dos tribus de Israel. Pero ellos serían los únicos hijos de José que serían cabezas tribales. Jacob mandó a José a contar a cualquiera de sus hijos futuros bajo Efraín y Manasés, los dos hijos tribales.

Advierta que Jacob mencionó el territorio que los dos hijos recibirían en la Tierra Prometida (v. 6). El propio José no sería el cabeza de una tribu, pero sus dos hijos sí. Por ende, José recibiría dos veces tanto territorio como cualquiera de los otros hijos. Con este acto Jacob estaba declarando que José sería el cabeza de la casa de Jacob: Él tomaría el lugar de Rubén, el primogénito. A José se le dio *la primogenitura*, la herencia doble que por lo general le tocaba al primogénito de una familia. ¿Por qué? Porque Rubén había profanado la cama de su padre (1 Cr. 5:1; cp. Gn. 35:22). Además, la posición de José como gobernador de Egipto lo convertía en la elección natural para ser el cabeza de la familia después de la muerte del padre.

Nuevamente, advierta que Jacob mencionó el territorio que sus hijos recibirían en la Tierra Prometida. Esto enfatiza la gran fe de Jacob. Él creía en las grandes promesas de Dios, creía con todo su corazón. Helo aquí dividiendo el territorio de Canaán, la Tierra Prometida, y la tierra ni siquiera iba a ser de él, todavía no. De hecho, Jacob y sus hijos ni siquiera estaban en Canaán: Ellos estaban en Egipto. En este momento, la Tierra Prometida era sencillamente eso, una promesa y solo una promesa. Aún así Jacob creía en Dios. Él creía en Dios y creía en las promesas de Dios. Su historia demuestra que Dios, el Dios verdadero del cielo y la tierra, sí existe verdaderamente, y que sus promesas siempre se cumplen. ¿Cómo es que podemos decir eso? Porque los hijos de Jacob —las doce tribus de Israel— sí heredaron la Tierra Prometida años después de este suceso. Y los creyentes heredarán la Tierra Prometida del cielo, una nueva tierra y cielo, en el futuro. Esta es la promesa de Dios, del Dios verdadero del cielo y la tierra.

"sabiendo primero esto, que en los postreros días vendrán burladores, andando según sus propias concupiscencias,... y diciendo: ¿Dónde está la promesa de su advenimiento? Porque desde el día en que los padres durmieron, todas las cosas permanecen así como desde el principio de la creación. Mas, oh amados, no ignoréis esto: que para con el Señor un día es como mil años, y mil años como un día. El Señor no retarda su promesa, según algunos la tienen por tardanza, sino que es paciente para con nosotros, no queriendo que ninguno perezca, sino que todos procedan al arrepentimiento. Pero el día del Señor vendrá como ladrón en la noche; en el cual los cielos pasarán con grande estruendo, y los elementos ardiendo serán deshechos, y la tierra y las obras que en ella hay serán quemadas" (2 P. 3:3-4, 8-10).

"Vi un cielo nuevo y una tierra nueva; porque el primer cielo y la primera tierra pasaron, y el mar ya no existía más" (Ap. 21:1).

"Desde el principio tú fundaste la tierra, y los cielos son obra de tus manos. Ellos perecerán, mas tú permanecerás; y todos ellos como una vestidura se envejecerán; como un vestido los mudarás, y serán mudados; pero tú eres el mismo, y tus años no se acabarán" (Sal. 102:25-27).

"Y todo el ejército de los cielos se disolverá, y se enrollarán los cielos como un libro; y caerá todo su ejército, como se cae la hoja de la parra, y como se cae la de la higuera" (Is. 34:4).

"Alzad a los cielos vuestros ojos, y mirad abajo a la tierra; porque los cielos serán deshechos como humo, y la tierra se envejecerá como ropa de vestir, y de la misma manera perecerán sus moradores; pero mi salvación será para siempre, mi justicia no perecerá" (Is. 51:6).

"Porque he aquí que yo crearé nuevos cielos y nueva tierra; y de lo primero no habrá memoria, ni más vendrá al pensamiento" (Is. 65:17).

"Porque como los cielos nuevos y la nueva tierra que yo hago permanecerán delante de mí, dice Jehová, así permanecerá vuestra descendencia y vuestro nombre" (Is. 66:22).

3 (48:7) *Esposa — Esposo — Amor:* Jacob habló de su gran amor por su esposa. La mente de Jacob no estaba divagando cuando mencionó a Raquel. Raquel era la madre de José, y Jacob quería que su hijo supiera cuánto él la había amado. Además, es natural que una persona agonizando exprese el amor por la persona con quien había pasado su vida.

Raquel había muerto prematuramente cuando daba a luz a Benjamín. Ella había muerto cuando Jacob estaba trasladando a su familia de la casa de Raquel en Padan-aram a su casa en Canaán. La pérdida de Raquel había afectado profundamente a Jacob. Era eso lo que él hablaba con José.

Pero advierta: Jacob podía estar diciendo otra cosa acá también. Él podía estar dando la razón por la que él estaba adoptando a Efraín y a Manasés como sus dos hijos. Él podía estar diciéndole a José que Raquel no había dado a luz suficientes hijos antes de su muerte prematura. Por consiguiente, él estaba adoptando a Efraín y a Manasés para completar el propósito de Dios para las tribus de Israel.

Pensamiento 1. El matrimonio que base su amor en Dios y sus promesas conocerá el verdadero amor. Vale la pena repetirlo: el amor verdadero lo experimentan aquellos que basan su matrimonio en Dios y en sus promesas. Y la persona que ha conocido el verdadero amor recordará a su ser amado cuando muera.

> **"Y la trajo Isaac a la tienda de su madre Sara, y tomó a Rebeca por mujer, y la amó; y se consoló Isaac después de la muerte de su madre" (Gn. 24:67).**

> **"Así sirvió Jacob por Raquel siete años; y le parecieron como pocos días, porque la amaba" (Gn. 29:20).**

> **"Las muchas aguas no podrán apagar el amor, ni lo ahogarán los ríos. Si diese el hombre todos los bienes de su casa por este amor, de cierto lo menospreciarían" (Cnt. 8:7).**

> **"Así también los maridos deben amar a sus mujeres como a sus mismos cuerpos. El que ama a su mujer, a sí mismo se ama" (Ef. 5:28).**

> **"Maridos, amad a vuestras mujeres, y no seáis ásperos con ellas" (Col. 3:19).**

4 (48:8-22) ***Afecto — Familia — Hijos — Nietos — Bendición:*** Jacob expresó afecto y bendijo a sus hijos y nietos. Lo que sucedió después fue una escena cálida y conmovedora.

1. Jacob mostró un profundo afecto por los dos hijos de José (vv. 8-10). Jacob estaba casi ciego y necesitaba asegurarse que las dos siluetas oscuras que estaban junto a José eran sus dos hijos. Por eso, él le preguntó quiénes eran (v. 8).

=> Cuando José los identificó, Jacob le pidió que los trajera donde él, cerca de sus rodillas, para que pudiera bendecirlos (v. 9).

=> Cuando José movió a sus hijos hacia su padre, Jacob los tomó en sus brazos y los besó (v. 10).

=> Luego Jacob expresó su profundo afecto por José y sus hijos (v. 11). Él nunca esperó haber visto a José, mucho menos a ninguno de los hijos de José. Pero ahora, Dios no solo le había prometido ver de nuevo a José, sino que Dios le había dado el gran privilegio de ver los dos hijos de José.

=> Cuando José oyó esto, se conmovió tanto emocionalmente que él retiró a sus dos hijos de las rodillas de su padre, y él se inclinó en respeto ante su padre (v. 12).

2. Luego José volvió a mover a sus hijos hacia delante de su padre para que recibieran la bendición. Advierta que él colocó al primogénito, Manasés, de modo que la mano derecha de Jacob quedara sobre él y le diera la mayor bendición (v. 13). La mano derecha siempre simbolizaba la mayor bendición.

3. Pero Jacob cruzó sus manos para la bendición. Él iba a darle la mayor bendición, la primogenitura, al hijo menor (v. 14).

4. Jacob comenzó la bendición invocando a Dios (v. 15). Advierta exactamente a quién él estaba invocando: no a un Dios falso, sino al Dios verdadero.

a. Jacob invocó al Dios delante del que Abraham e Isaac andaban (v. 15). Este era el Dios verdadero: el Dios que se había revelado a sí mismo ante Abraham e Isaac. Abraham e Isaac no habían seguido a un Dios falso: ellos eran seguidores del Dios verdadero del cielo y la tierra. Ellos lo conocieron personalmente, porque Él se les había revelado personalmente a ellos. Ellos habían hablado realmente con Él. Y ellos habían tratado de andar y llevar vidas santas delante de Él. Jacob estaba invocando al Dios verdadero para bendecir a José y a sus dos hijos.

b. Jacob invocó al Dios que lo había alimentado y había sido su pastor durante toda su vida (v. 15b). El equivalente hebreo de "me mantiene" o "pastorea" es el mismo (*Roeh* o *Raah*). Jacob estaba invocando al Dios que lo había protegido y cuidado: el Dios que lo había mantenido, guiado, protegido, y salvado, que había hecho previsiones para cada necesidad que él tuviera. Jacob estaba invocando al Pastor del universo para que protegiera a José y a sus dos hijos.

> **"Jehová es mi pastor; nada me faltará. En lugares de delicados pastos me hará descansar; junto a aguas de reposo me pastoreará" (Sal. 23:1-2).**

> **"Salva a tu pueblo, y bendice a tu heredad; y pastoréales y susténtales para siempre" (Sal. 28:9).**

> **"Oh Pastor de Israel, escucha; Tú que pastoreas como a ovejas a José, que estás entre querubines, resplandece" (Sal. 80:1).**

> **"Como pastor apacentará su rebaño; en su brazo llevará los corderos, y en su seno los llevará; pastoreará suavemente a las recién paridas" (Is. 40:11).**

> **"Yo soy el buen pastor; el buen pastor su vida da por las ovejas" (Jn. 10:11).**

> **"Y el Dios de paz que resucitó de los muertos a nuestro Señor Jesucristo, el gran pastor de las ovejas, por la sangre del pacto eterno" (He. 13:20).**

> **"Porque vosotros erais como ovejas descarriadas, pero ahora habéis vuelto al Pastor y Obispo de vuestras almas" (1 P. 2:25).**

c. Jacob invocó a Dios, al Ángel que lo había redimido y libertado de todo mal (v. 16a). Esto es una referencia al Ángel —al propio Dios— que había luchado con Jacob (cp. Gn. 32:29-30). Era una aparición preencarnada de Jesucristo en la tierra. (Vea *Estudio a fondo 2*, Gn. 16:7 para un mayor análisis.)

Esta es la primera vez que se usa la palabra "redimir" (goel) en la Biblia. Advierta quién es quien redime: El propio Dios —el propio Ángel— que había luchado con Jacob. Era Él quien había salvado y liberado a Jacob toda su vida. Y era Él solamente quien podía redimir y liberar a José y sus hijos.

5. Jacob le pidió a Dios que bendijera a José y a sus dos hijos haciendo dos cosas por ellos (v. 16b).

=> Jacob le pidió a Dios que se asegurara de que los llamaran Israel, que los aceptaban como hijos verdaderos de Abraham, Isaac, y Jacob. Este era el planteamiento formal de adopción por medio del cual los dos hijos siempre serían reconocidos como hijos verdaderos de Jacob. Por ende, heredarían la Tierra Prometida, su parte de la gran promesa de Dios.

=> Jacob le pidió a Dios que hiciera de ellos una gran multitud de personas, que formaran parte de la Simiente prometida, la gran nación de creyentes que Dios había prometido (v. 16c).

6. De repente José interrumpió a su padre (vv. 17-18). Al parecer él no había notado que la mano derecha de Jacob estaba sobre la cabeza de Efraín. Esto significaba que la mayor bendición —la bendición del primogénito— se le estaba dando realmente al hijo menor. Porque José pensaba que su padre se había equivocado, él tomó la mano de su padre para moverla de la cabeza de Efraín hacia la cabeza de Manasés, diciéndole a su padre que él estaba corrigiendo el error.

7. Pero su padre se rehusó, diciendo que él le estaba dando deliberadamente la mayor bendición al hijo menor (v. 19). El hijo mayor, Manasés, sería un gran pueblo, pero Efraín sería un pueblo mayor. Realmente se convertiría en un grupo de naciones. Esto era una referencia al hecho de que la tribu de Efraín sería la tribu más poderosa del reino norte cuando Israel se convirtiera en una nación dividida. De hecho, a todo el reino norte en ocasiones se le denominaba *Efraín* (cp. Is. 7:2s; Os. 9:13; 12:1-8).

8. Después de Jacob había corregido a José, él continuó bendiciendo a los dos hijos de José. Advierta que esta bendición fue realmente una predicción. Los hijos serían tan grandes que sus propios nombres se convertirían en una fórmula: "Hágate Dios como a Efraín y como a Manasés" (v. 20).

9. Luego Jacob se volvió al propio José para bendecirlo (vv. 21-22).

a. Jacob le dio seguridad a José de que Dios estaría con él y lo regresaría a la Tierra Prometida (v. 21). Jacob sabía que Dios siempre estaría con su hijo porque Dios siempre había estado con él.

=> Dios había prometido estar con Jacob cuando su hermano, Esaú, amenazó con matarlo.

"He aquí, yo estoy contigo, y te guardaré por dondequiera que fueres, y volveré a traerte a esta tierra; porque no te dejaré hasta que haya hecho lo que te he dicho" (Gn. 28:15).

=> Dios había prometido estar con Jacob cuando Dios lo llamó a regresar a la Tierra Prometida.

"También Jehová dijo a Jacob: Vuélvete a la tierra de tus padres, y a tu parentela, y yo estaré contigo" (Gn. 31:3).

=> Dios había protegido a Jacob del daño por medio de su presencia.

"y les dijo: Veo que el semblante de vuestro padre no es para conmigo como era antes; mas el Dios de mi padre ha estado conmigo" (Gn. 31:5).

=> Jacob nunca olvidó que la presencia de Dios siempre había estado con él, proveyéndolo y protegiéndolo.

"Y levantémonos, y subamos a Bet-el; y haré allí altar al Dios que me respondió en el día de mi angustia, y ha estado conmigo en el camino que he andado" (Gn. 35:3).

=> Por eso Jacob podía darle seguridad a su hijo de que Dios estaría con él.

"Y dijo Israel a José: He aquí yo muero; pero Dios estará con vosotros, y os hará volver a la tierra de vuestros padres" (Gn. 48:21).

b. Jacob también le dio a José una parte de la tierra que él le había quitado a los amorreos. Se desconoce exactamente cuándo Jacob se adueñó de esta tierra. Las Escrituras no dicen nada al respecto pero sí hacen referencia a esto en Jn. 4:5. La NVI dice que la frase hebrea es la misma que el nombre de Siquem y señala que José más tarde fue sepultado en Siquem (NVI, nota sobre Gn. 48:22).

Pensamiento 1. Lo que se debe tener en cuenta es el gran afecto de Jacob y las grandes bendiciones que él había pronunciado sobre su hijo y sus dos nietos. El afecto y bendición de Jacob constituyen un ejemplo vivo para nosotros. Todos nosotros debemos llevar a nuestros hijos y nietos a confiar en Dios, y debemos pedirle a Dios que los bendiga en abundancia.

"Confía en Jehová, y haz el bien; y habitarás en la tierra, y te apacentarás de la verdad" (Sal. 37:3).
"Encomienda a Jehová tu camino, y confía en él; y él hará" (Sal. 37:5).
"Mejor es confiar en Jehová que confiar en el hombre" (Sal. 118:8).
"Y vosotros, padres, no provoquéis a ira a vuestros hijos, sino criadlos en disciplina y amonestación del Señor" (Ef. 6:4).
"que enseñen a las mujeres jóvenes a amar a sus maridos y a sus hijos" (Tit. 2:4).

ESTUDIO A FONDO 1

(48:17-18) *Bendiciones — Primogenitura — Primogénito — Soberanía, de Dios — Gracia:* en la época de Jacob, el primogénito siempre debía recibir lo mejor —una porción doble— de la herencia y bendición de la familia. Pero con frecuencia, en la soberanía de Dios, al hijo menor se le escogía y usaba más grandemente en los propósitos de Dios. Este es uno de los elementos que se notan de inmediato en las Escrituras.

=> Se escogió a Set y no a Caín.

=> Se escogió a Sem y no a Jafet.

=> Se escogió a Abraham y no a Harán.

=> Se escogió a Isaac y no a Ismael.

=> Se escogió a Jacob y no a Esaú.

=> Se escogió a Efraín y no a Manasés.

=> Se escogió a Moisés y no a su hermano.

=> Se escogió a Gedeón y no a sus hermanos.

=> Se escogió a David y no a sus hermanos.

En cada uno de estos casos, Dios estaba demostrando dos grandes verdades: Su soberanía y su gracia.

1. Estaba la soberanía de Dios. El hombre ha tendido a escoger al hijo mayor para que asuma la responsabilidad de la familia cuando sea necesario, no siempre, pero sí generalmente. Pero Dios conoce el corazón humano, y Él tiene el derecho como Dios de escoger a la persona que Él quiera. Por lo tanto, cuando él escogió al hijo menor, se honró la soberanía de Dios y se volvieron humildes los planes y evaluaciones del hombre.

2. Estaba la gracia de Dios. La gracia de Dios siempre se ve cuando Él escoge al hijo menor. Si se siguieran las leyes y costumbres de los hombres, el hijo menor nunca recibiría las bendiciones mayores. Si la recibía, era porque se había pasado por alto la ley y costumbre del hombre. Por consiguiente, cuando el hijo menor recibía la mayor bendición, se le daba gratuitamente. La bendición se daba por gracia, totalmente inmerecida, no la meritaba ni la ganaba por ley. El hijo menor recibía una mayor bendición sencillamente porque Dios lo escogía libremente a él para que las recibiera.

Esto significaba que él le debía todas las bendiciones a Dios. Todo cuanto él tenía le pertenecía a Dios y se le debía a Dios, no a sí mismo ni a ninguna otra persona. (Vea nota, pt. 2, Gn. 25:23; también vea notas, Ro. 9:7-13 para un mayor análisis.)

GÉNESIS 49:1-28

	CAPÍTULO 49 M. **La bendición profética de Jacob: Recoger lo que sembramos en la vida, 49:1-28**	Se encorvó, se echó como león, Así como león viejo: ¿quién lo despertará? 10 No será quitado el cetro de Judá, Ni el legislador de entre sus pies, Hasta que venga Siloh; Y a él se congregarán los pueblos.	seguridad y soberanía 3) Gobernar sobre todo b. Su gran bendición: La venida de Siloh sería a través de él (Mesías, El Salvador)
1 Jacob llamó a sus hijos a. Propósito: predecir su futuro b. Un llamado doble "a escuchar"	1 Y llamó Jacob a sus hijos, y dijo: Juntaos, y os declararé lo que os ha de acontecer en los días venideros. 2 Juntaos y oíd, hijos de Jacob, Y escuchad a vuestro padre Israel.	11 Atando a la vid su pollino, Y a la cepa el hijo de su asna, Lavó en el vino su vestido, Y en la sangre de uvas su manto.	1) Las personas se congregarían a él 2) Él traería prosperidad y abundancia
2 Rubén: El primogénito a. Él había sido la esperanza de Jacob b. Él había demostrado ser débil e inestable 1) Su tribu no sobresaldría 2) La razón: Su inmoralidad	3 Rubén, tú eres mi primogénito, mi fortaleza, y el principio de mi vigor; Principal en dignidad, principal en poder. 4 Impetuoso como las aguas, no serás el principal, Por cuanto subiste al lecho de tu padre; Entonces te envileciste, subiendo a mi estrado.	12 Sus ojos, rojos del vino, Y sus dientes blancos de la leche. 13 Zabulón en puertos de mar habitará; Será para puerto de naves, Y su límite hasta Sidón.	3) Él traería salud **5 Zabulón: Estar ubicado idealmente para el comercio marítimo y terrestre**
3 Simeón y Leví a. Eran culpables de ira y crueldad b. No se aprobaba ni se justificaba su conducta	5 Simeón y Leví son hermanos; Armas de iniquidad sus armas. 6 En su consejo no entre mi alma, Ni mi espíritu se junte en su compañía. Porque en su furor mataron hombres, Y en su temeridad desjarretaron toros.	14 Isacar, asno fuerte Que se recuesta entre los apriscos; 15 Y vio que el descanso era bueno, y que la tierra era deleitosa; Y bajó su hombro para llevar, Y sirvió en tributo. 16 Dan juzgará a su pueblo, Como una de las tribus de Israel.	**6 Isacar** a. era fuerte físicamente b. Tenía una debilidad real: la autocomplacencia, el letargo, se convertiría en siervo de otros **7 Dan** a. tener gobernadores capaces
c. Un pronunciamiento especial: el enojo y la ira son maldecidos d. Las tribus estarían esparcidas, pero en Israel	7 Maldito su furor, que fue fiero; Y su ira, que fue dura. Yo los apartaré en Jacob, Y los esparciré en Israel.	17 Será Dan serpiente junto al camino, Víbora junto a la senda, Que muerde los talones del caballo,Y hace caer hacia atrás al jinete. 18 Tu salvación esperé, oh Jehová.	b. ser un contrincante letal contra sus enemigos **8 Un llamado de salvación, por el Mesías**
4 Judá a. Su tribu: Sería alabada 1) Por el liderazgo y la fuerza militar 2) Por ser como un león: Un símbolo de fortaleza,	8 Judá, te alabarán tus hermanos; Tu mano en la cerviz de tus enemigos; Los hijos de tu padre se inclinarán a ti. 9 Cachorro de león, Judá; De la presa subiste, hijo mío.	19 Gad, ejército lo acometerá; Mas él acometerá al fin. 20 El pan de Aser será substancioso, Y él dará deleites al rey. 21 Neftalí, cierva suelta, Que pronunciará dichos	**9 Gad: Lo atacarían los asaltantes errantes, pero él los vencería** **10 Aser: Tendría una tierra tan fértil que produciría alimentos adecuados para un rey** **11 Neftalí: Se liberaría de la esclavitud, cantando**

canciones **12 José** a. Ser fructífero: Bendito con grandes números y fuerte liderazgo b. Ser hostigado, odiado por los enemigos c. Mantenerse firme, estable, fortalecido por Dios 1) El Dios todopoderoso de Jacob 2) El Pastor 3) La Roca de Israel 4) El Dios de Jacob 5) El Todopoderoso d. Ser bendecido 1) con las bendiciones de la lluvia celestial y el suelo fértil 2) con las bendiciones de los	hermosos. 22 Rama fructífera es José, Rama fructífera junto a una fuente, Cuyos vástagos se extienden sobre el muro. 23 Le causaron amargura, Le asaetearon, Y le aborrecieron los arqueros; 24 Mas su arco se mantuvo poderoso, Y los brazos de sus manos se fortalecieron Por las manos del Fuerte de Jacob (Por el nombre del Pastor, la Roca de Israel), 25 Por el Dios de tu padre, el cual te ayudará, Por el Dios Omnipotente, el cual te bendecirá Con bendiciones de los cielos de arriba, Con bendiciones del abismo que está abajo,	Con bendiciones de los pechos y del vientre. 26 Las bendiciones de tu padre Fueron mayores que las bendiciones de mis progenitores; Hasta el término de los collados eternos Serán sobre la cabeza de José, Y sobre la frente del que fue apartado de entre sus hermanos. 27 Benjamín es lobo arrebatador; A la mañana comerá la presa, Y a la tarde repartirá los despojos. 28 Todos éstos fueron las doce tribus de Israel, y esto fue lo que su padre les dijo, al bendecirlos; a cada uno por su bendición los bendijo.	manantiales y las corrientes 3) con mucha descendencia e. Ser bendecido más que los otros hermanos 1) Tal como fue bendecido Jacob más que sus ancestros 2) Al máximo **13 Benjamín** a. Ser un contrincante fiero b. Salir victorioso y disfrutar de los despojos de la victoria **14 Conclusión: Jacob mencionó y bendijo a las doce tribus de Israel**

DIVISIÓN X

JOSÉ, BISNIETO DE ABRAHAM: ESCOGIDO PARA SALVAR A LA DESCENDENCIA DEL PUEBLO DE DIOS Y LAS GRANDES PROMESAS DE DIOS: SUCESOS QUE LLEVAN AL PUEBLO DE DIOS A EGIPTO, 37:1—50:26

M. La bendición profética de Jacob: Recoger lo que sembramos en la vida, 49:1-28

(49:1-28) *Introducción:* Una persona recoge lo que siembra en la vida. Esta es una de las grandes leyes de la vida. Dios ha decretado que así sea. Lo que sea que sembremos, lo recogeremos. Si hacemos bien, recogeremos bien; si hacemos mal, mal recogeremos.

Por lo general el principio se mantiene fiel en esta vida; es decir, por lo general recogemos en esta vida exactamente lo que sembramos. Pero no siempre. Muchas personas pecan y hacen mal en esta vida y aún así nunca sufren las consecuencias. Pero Dios declara que se acerca un día de juicio, un juicio aterrador, un juicio donde se ejercerá la justicia perfecta. Pero advierta: Dios es amoroso y justo. Él es amor perfecto. Él nunca procede por emociones sino más bien por amor y conocimiento perfectos y puros. Por ende, ninguna persona será juzgada jamás por algo de lo que no sea culpable. Dios ejercerá justicia perfecta. No recogeremos

más que exactamente lo que hayamos sembrado. Nunca sufriremos ninguna otra cosa que no sea aquella de la que somos verdaderamente culpables. Pero recogeremos exactamente lo que hayamos sembrado.

Este es el tema de este pasaje de las Escrituras: *La bendición profética de Jacob: Recoger lo que sembramos en la vida,* 49:1-28.

1. Jacob llamó a sus hijos (vv. 1-2).
2. Rubén: el primogénito (vv. 3-4).
3. Simeón y Leví (vv. 5-7).
4. Judá (vv. 8-12).
5. Zabulón: Estar ubicado idealmente para el comercio marítimo y terrestre (v. 13).
6. Isacar (vv. 14-15).
7. Dan (vv. 16-17).
8. Un llamado de salvación, por el Mesías (v. 18).
9. Gad: Lo atacarían los asaltantes errantes, pero él los vencería (v. 19).
10. Aser: Tendría una tierra tan fértil que produciría alimentos adecuados para un rey (v. 20).
11. Neftalí: Se liberaría de la esclavitud, cantando canciones (v. 21).
12. José (vv. 22-26).
13. Benjamín (v. 27).
14. Conclusión: Jacob mencionó y bendijo a las doce tribus de Israel (v. 28).

1 (49:1-2) *Israel — Profecía:* Jacob llamó a sus doce hijos para reunirse con ellos. Recuerden, Jacob estaba muy enfermo, cerca de la muerte. Al parecer se había llamado a todos sus hijos para que estuvieran a su lado en sus últimos momentos en la tierra. Recuerden también que Jacob había acopiado fuerzas para sentarse en un lado de la cama y había acabado de bendecir a los dos hijos de José, Efraín y Manasés (Gn. 48:1-22). Ahora Jacob se volvía a sus otros hijos. Cuando llegó la hora de que les diera su última bendición, él los llamó a que se reunieran a su alrededor.

Cuando Jacob comenzó a hablar, advierta lo que sucedió: sus palabras no eran las de una conversación normal. Él comenzó a hablar en forma de poesía y símbolos: realmente comenzó a predecir el futuro de sus hijos, el futuro de las doce tribus de Israel que descenderían de ellos. Dios, por medio de su Espíritu, le permitió a Jacob predecir el futuro de la nación de Israel. ¿Por qué? ¿Por qué Dios quería que se predijera el futuro de Israel allí?

=> Para alentar a Jacob. Jacob estaba agonizando, y él había sido un gran creyente que había confiado verdaderamente en las promesas de Dios. Dios amaba a Jacob con un amor especial, y Él quería darle a Jacob la seguridad de que su fe no era en vano. Dios quería que Jacob supiera que sus hijos crecerían hasta convertirse en una gran nación que poseería la Tierra Prometida y traería a Siloh, el Salvador del mundo (cp. v. 10).

=> Para advertir a los hijos y a sus descendientes de las debilidades y rasgos de su naturaleza. Le será necesario cuidarse constantemente de sus debilidades y fortalecerse en *JEHOVÁ*.

=> Para alentar a Israel durante su esclavitud egipcia. La profecía de Jacob le daría una gran esperanza a los creyentes verdaderos durante su esclavitud en Egipto, porque la profecía predecía que algún día ellos serían liberados y poseerían la Tierra Prometida.

=> Para mostrarles a las personas de todas las generaciones que recogemos lo que sembramos. Dios ha usado y seguiría usando la profecía de Jacob para enseñar esta verdad asombrosa: recogemos exactamente lo que hemos sembrado. Esto se ve claramente en los hijos de Jacob: la bendición que cada uno recibió estaba basada en lo que habían sembrado en la tierra. Sin dudas, Dios le dio la profecía a Jacob como una advertencia para todos nosotros: Debemos cuidarnos del juicio venidero: debemos estar seguros de sembrar una vida piadosa y justa en la tierra.

2 (49:3-4) *Rubén — Pecado, resultados — Israel — Profecía:* Estaba la profecía con respecto a Rubén, el primogénito de Jacob. Cuando Rubén nació, como con cualquier primer hijo, hubo gran emoción y gozo.

1. Jacob había puesto toda su esperanza en Rubén. Al ser el primogénito, Rubén recibiría la primogenitura, sería el cabeza de sus hermanos y recibiría una porción doble de la herencia de la familia. Según todos los derechos terrenales,

él debía sobresalir en honra y autoridad por sobre la familia después de la muerte de Jacob.

2. Pero advierta la profecía: Rubén había demostrado ser débil e inestable; por ende, no sobresaldría, ni él ni su tribu (v. 4). Rubén había pecado: él se había ido a la cama con Bilha, la sierva de su madre (Gn. 35:22). Él se rindió ante la lujuria, ante los deseos de su carne, se rindió ante sus pasiones e impulsos. Rubén no tenía la disciplina para controlarse a sí mismo. A él le faltaba circunspección. Él demostró ser incapaz de proporcionarles liderazgo a todos sin maltratar a algunos. Por ende, Dios le dio a Jacob esta declaración profética: Rubén no sobresaldría como tribu.

Francamente, según el registro de las Escrituras, Rubén nunca fue una personalidad fuerte. Él no era firme al guiar a sus hermanos a llevar vidas piadosas y justas. Él temía oponerse a los otros hermanos y defender lo que era correcto. Esto se vio claramente en la venta de José a la esclavitud. Él no tomó el control de la situación ni exigió la liberación de José. Rubén demostró ser débil e inestable en el liderazgo (cp. Gn. 37:18s). Y al parecer, este rasgo se les transmitiría a sus descendientes. La tribu de Rubén necesitaba estar siempre en guardia contra esta debilidad; necesitaban pedirle fuerzas a Dios para vencerla, no sea que mostraran debilidad e inestabilidad al edificar una gran tribu.

Pero los descendientes de Rubén no lo lograron. La historia de Israel demuestra que la tribu nunca sobresalió: la profecía demostró ser cierta y precisa.

=> Algunas personas de la tribu demostraron falta de circunspección y liderazgo cuando se sumaron en la rebelión de Coré contra Moisés (Nm. 16).

=> La tribu demostró debilidad e inestabilidad al rehusarse a luchar cuando los llamaron a la batalla (Jue. 5:15s).

=> La tribu demostró falta de circunspección al ser la primera en solicitar un lugar donde asentarse en la Tierra Prometida. Ellos no cruzaron el río Jordán con las otras tribus sino que de modo prematuro se establecieron en la parte este del río. El este era mucho menos valioso que el oeste (Nm. 32).

=> La tribu demostró falta de disciplina piadosa ayudando a erigir un lugar falso de adoración (Jos. 22:10-34).

=> La tribu nunca fue importante en la historia de Israel y nunca produjo un líder de estatura alguna para la nación.

Pensamiento 1. La inmoralidad revela una falla de carácter en la persona. Demuestra falta de disciplina, control, y circunspección. Demuestra la disposición de lastimar y provocarles dolor a las personas, una incapacidad para llevar a las personas con equidad. Si sembramos inmoralidad, recogeremos el juicio de Dios.

"No cometerás adulterio" (**Éx. 20:14**).

"Si un hombre cometiere adulterio con la mujer de su prójimo, el adúltero y la adúltera indefectiblemente serán muertos" (**Lv. 20:10**).

"Oísteis que fue dicho: No cometerás adulterio. Pero yo os digo que cualquiera que mira a una mujer para codiciarla, ya adulteró con ella en su corazón" (Mt. 5:27-28).

"¿No sabéis que los injustos no heredarán el reino de Dios? No erréis; ni los fornicarios, ni los idólatras, ni los adúlteros, ni los afeminados, ni los que se echan con varones, ni los ladrones, ni los avaros, ni los borrachos, ni los maldicientes, ni los estafadores, heredarán el reino de Dios" (1 Co. 6:9-10).

3 (49:5-7) *Simeón — Leví — Pecado, resultados — Crueldad — Ira — Venganza:* Estaba la profecía con respecto a Simeón y Leví.

1. El pecado de estos dos hermanos fue la ira, la crueldad, y la venganza. Ellos se habían vengado de la ciudad de Siquem porque el príncipe había violado a su hermana, Dina (Gn. 34:1s). Ellos mataron a todos los hombres y saquearon la ciudad, esclavizando a las mujeres y los niños.

2. Advierta lo que dijo Jacob sobre su conducta: era injustificable. Él desaprobó con fuerza lo que habían hecho (v. 6).

3. Jacob también hizo un pronunciamiento muy especial sobre su ira: su ira sería maldita, porque era fiera y cruel (v. 7).

4. La declaración profética era una advertencia fuerte a las dos tribus: se dividirían y se esparcirían por toda la Tierra Prometida. Nunca más se podrían volver a juntar en una conspiración perversa de ira y crueldad (v. 7). Los descendientes necesitaban siempre estar en guardia contra la ira, la crueldad, y la venganza.

a. Advierta que la profecía le sucedió a la tribu de Simeón tal como había predicho Jacob.

=> A la tribu de Simeón no se le dio una región separada en la Tierra Prometida. Solo se le dio tierra en medio del territorio de Judá; por ende, a Simeón no se le permitió quedarse solo. La tribu siempre estuvo controlada por Judá, la tribu más fuerte de Israel (Jos. 19:1; Jue. 1:3).

=> A la tribu se le pasó por alto completamente al final de la vida de Moisés. Cuando él estaba bendiciendo las tribus, él nunca mencionó a Simeón. La tribu había sido absorbida completamente por Judá (Dt. 33).

Sin embargo, algunos de los descendientes de Simeón sí buscaron pastos para sus rebaños fuera de Canaán, conquistaron alguna tierra y se asentaron allí de modo permanente (1 Cr. 4:38-43). Pero advierta: esto era fuera de la Tierra Prometida.

b. A Leví también se le juzgó para que se esparciera. Su tribu se dispersó como sacerdotes por toda la tierra (Jos. 21:1-40). Los sacerdotes nunca poseyeron ningún territorio, pero se les dio casas en cuarenta y seis ciudades levíticas esparcidas por toda la Tierra Prometida.

La tribu de Leví realmente muestra cómo Dios puede tomar a un pueblo arrepentido y usarlo poderosamente para bien. La tribu de Leví se redimió un tanto al defender a Dios y a su siervo Moisés cuando nadie más lo hizo (Éx. 32:25-29). Al parecer la tribu de Leví era un pueblo muy leal y valiente, así que Dios tomó su juicio y lo convirtió en una bendición. Dios nombró a la tribu de Leví para que se convirtieran en los grandes maestros de la nación. La tribu de Leví produjo más grandes líderes que cualquier otra tribu excepto Judá. Produjeron a...

• Moisés (Libro de Éxodo)
• Aarón (Libro de Éxodo)
• Esdras (Libro de Esdras)
• Elí (1 S. 4:12-18)
• Finees (cp. Nm. 25)
• Juan el Bautista (Lc. 1:5)

4 (49:8-12) *Judá:* Estaba la profecía con respecto a Judá, el cuarto hijo nacido de Jacob. Sucedió algo interesante en la bendición profética pronunciada sobre Judá. En aquella época, la primogenitura de un padre incluía una porción doble de la herencia y el liderazgo de la familia. Pero en el caso de los patriarcas —Abraham, Isaac y Jacob— también incluía la promesa de Dios de la Simiente prometida muy especial, el Salvador del mundo. Rubén, el hijo mayor de Jacob, había perdido su derecho a la primogenitura, y Simeón y Leví también. Por consiguiente, Jacob, bajo el pronunciamiento profético de Dios, pasó la primogenitura no a un hijo, sino a dos hijos, a *Judá y a José*. Las Escrituras plantean esto claramente:

"**Los hijos de Rubén primogénito de Israel (porque él era el primogénito, mas como violó el lecho de su padre, sus derechos de primogenitura fueron dados a los hijos de José, hijo de Israel, y no fue contado por primogénito; bien que Judá llegó a ser el mayor sobre sus hermanos, y el príncipe de ellos; mas el derecho de primogenitura fue de José**" (1 Cr. 5:1-2).

La vida de Judá constituye una ilustración bella del crecimiento de una persona en la madurez espiritual. De joven, le faltaba coraje para hacerle frente físicamente a sus hermanos aunque se opuso al asesinato de José (Gn. 37:26-27). Él también formó parte del plan para engañar a su padre sobre el destino que había corrido José. Algún tiempo después, al parecer se molestó y se impacientó con la familia: el engaño, el conflicto constante, y el ambiente de tensión. Cuando llegó el momento en que ya no soportaba más, se marchó de casa (Gn. 38:1s). Abandonó la influencia piadosa de su padre para irse al mundo y llevar una vida mundana. Él vivió con cierta adulamita y se casó con una cananea mundana que le dio varios hijos. Después se engañó a Judá para que cometiera un pecado vergonzoso de inmoralidad con su nuera. Pero a pesar de este período de carnalidad en su vida, él fue quien se humilló y surgió como líder entre sus hermanos cuando José los puso a prueba. El cambio de su corazón y su vida se ve en tres sucesos:

=> Delante de su padre, él se ofreció como garantía por Benjamín (Vea nota, Gn. 43:8-10).

=> Delante de José, él suplicó y ofreció su vida por la de Benjamín.

=> Delante de la tierra de Egipto, su padre lo reconoció como líder (Vea nota, Gn. 46:28-30).

Fue por el arrepentimiento evidente de Judá y por su conversión así como el liderazgo fuerte que él le proporcionó a su familia que fue escogido como líder de la familia. Advierta la bendición profética pronunciada sobre él y su tribu.

1. La tribu de Judá sería alabada por su poder y liderazgo militar (vv. 8-9). En su mano tendría el cuello de sus enemigos: él los derrotaría, y las otras tribus se inclinarían delante de él, es decir, seguirían su liderazgo en la batalla.

Judá sería como un león. El león es símbolo de valor, fortaleza, y seguridad. El león es el rey de la selva, un símbolo de soberanía (v. 9). Dicho con mucha sencillez, Judá gobernaría por sobre todas las otras tribus. Esto se ve claramente en los grandes reyes que produjo la tribu de Judá:

=> Saúl	=> Josías	=> Ezequías
=> David	=> Josafat	=> Uzías
=> Salomón	=> Asa	=> Jotam

2. Sin embargo, la gran bendición de Judá sería la bendición de Siloh, el Mesías y el Salvador del mundo. Siloh vendría por medio de su simiente, su descendencia (vv. 10-12). Esta es la gran profecía del Mesías, el Salvador del mundo que es la simiente muy especial prometida. Sin embargo, el significado de la palabra Siloh se debate. Los significados con mayor peso contextual son los siguientes:

=> "Siloh" puede estar relacionado con la palabra *shalom*, lo que significa paz.

=> "Siloh" se puede tomar de la raíz *shalah*, lo que significa *reposo*.

=> "Siloh" puede significar *él a quien*.

Lo que se debe tener en cuenta es que los significados tienen una referencia doble. Se refieren a Judá y a Jesucristo, el Mesías y el Salvador del mundo. Judá debía traer paz y reposo a Israel a través de los grandes líderes que la tribu produciría. Pero la paz duraría solo una temporada. Una paz y reposo duraderos vendría cuando viniera el verdadero *Dador de paz* y *Dador de reposo*, el Mesías y el Salvador del mundo, el propio Señor Jesucristo. Él era el verdadero *Siloh*, el verdadero Dador de paz y Dador de reposo que traería paz y reposo eternos a los pueblos y a las naciones del mundo. Él era Quien levantaría el cetro de Judá y ofrecería tanta paz y reposo que las personas se congregarían a Él.

Si una persona prefiere el significado *él a quien*, entonces "Siloh" es el Mesías, *Él a quien* pertenece el cetro o el mando. El Mesías rige y gobierna el mundo y la obediencia de las naciones le pertenece a Él (v. 10, NIV). Nota: Este significado lo sustenta Ezequiel, donde se usan las mismas palabras (Ez. 21:26-27).

Ahora bien, advierta lo que sucedió en la bendición profética de Jacob (vv. 10c-12). Nuevamente, estos puntos tienen una referencia doble, se refieren a Judá y al Señor Jesucristo.

=> El pueblo se congregaría para brindarle su obediencia a Judá, pero aun más, se congregarían eternamente para brindarle su obediencia a *Siloh*, el Mesías (v. 10c).

=> Judá traería gran prosperidad y abundancia a Israel, pero aún más, *Siloh*, el Mesías, traería prosperidad y abundancia a las personas de la tierra. Advierta el lenguaje figurado usado para describir este elemento: las vides producirían tanto fruto que Judá ataría su asno a una vid, y no se sentiría la pérdida de la vid destruida por la soga atada. Habría tal abundancia de fruto que él podría lavar sus ropas en el jugo de las uvas.

=> Judá le traería salud al pueblo, pero aún más, *Siloh*, el Mesías, traería salud (v. 12). Nuevamente, el lenguaje es figurado. Sus ojos serían más oscuros o más opacos que el vino y sus dientes más blancos que la leche. La idea es la de un color saludable, de buena nutrición y salud.

Pensamiento 1. Advierta estos elementos sobre Jesucristo, la Simiente prometida, el Mesías y el Salvador del mundo.

1) El Nuevo Testamento identifica a Jesucristo con esta profecía. Jesucristo es "el León de la tribu de Judá".

"Y uno de los ancianos me dijo: No llores. He aquí que el León de la tribu de Judá, la raíz de David, ha vencido para abrir el libro y desatar sus siete sellos" (Ap. 5:5).

2) Jesucristo nos da paz.

"Porque un niño nos es nacido, hijo nos es dado, y el principado sobre su hombro; y se llamará su nombre Admirable, Consejero, Dios Fuerte, Padre Eterno, Príncipe de Paz" (Is. 9:6).

"Mas él herido fue por nuestras rebeliones, molido por nuestros pecados; el castigo de nuestra paz fue sobre él, y por su llaga fuimos nosotros curados" (Is. 53:5).

"La paz os dejo, mi paz os doy; yo no os la doy como el mundo la da. No se turbe vuestro corazón, ni tenga miedo" (Jn. 14:27).

"Estas cosas os he hablado para que en mí tengáis paz. En el mundo tendréis aflicción; pero confiad, yo he vencido al mundo" (Jn. 16:33).

"Dios envió mensaje a los hijos de Israel, anunciando el evangelio de la paz por medio de Jesucristo; éste es Señor de todos" (Hch. 10:36).

"Justificados, pues, por la fe, tenemos paz para con Dios por medio de nuestro Señor Jesucristo" (Ro. 5:1).

"Porque él es nuestra paz, que de ambos pueblos hizo uno, derribando la pared intermedia de separación" (Ef. 2:14).

"y por medio de él reconciliar consigo todas las cosas, así las que están en la tierra como las que

están en los cielos, haciendo la paz mediante la sangre de su cruz" (Col. 1:20).

3) Jesucristo nos da reposo.

"Y él dijo: Mi presencia irá contigo, y te daré descanso" (Éx. 33:14).

"Vuelve, oh alma mía, a tu reposo, porque Jehová te ha hecho bien" (Sal. 116:7).

"a los cuales él dijo: Este es el reposo; dad reposo al cansado; y este es el refrigerio; mas no quisieron oír" (Is. 28:12).

"Llevad mi yugo sobre vosotros, y aprended de mí, que soy manso y humilde de corazón; y hallaréis descanso para vuestras almas" (Mt. 11:29).

"Pero los que hemos creído entramos en el reposo, de la manera que dijo: Por tanto, juré en mi ira, no entrarán en mi reposo; aunque las obras suyas estaban acabadas desde la fundación del mundo" (He. 4:3).

"Oí una voz que desde el cielo me decía: Escribe: Bienaventurados de aquí en adelante los muertos que mueren en el Señor. Sí, dice el Espíritu, descansarán de sus trabajos, porque sus obras con ellos siguen" (Ap. 14:13).

4) Jesucristo nos da abundancia.

"Porque de su plenitud tomamos todos, y gracia sobre gracia" (Jn. 1:16).

"El ladrón no viene sino para hurtar y matar y destruir; yo he venido para que tengan vida, y para que la tengan en abundancia" (Jn. 10:10).

"Estas cosas os he hablado, para que mi gozo esté en vosotros, y vuestro gozo sea cumplido" (Jn. 15:11).

"y de conocer el amor de Cristo, que excede a todo conocimiento, para que seáis llenos de toda la plenitud de Dios" (Ef. 3:19).

"por cuanto agradó al Padre que en él habitase toda plenitud" (Col. 1:19).

"Porque en él habita corporalmente toda la plenitud de la Deidad, y vosotros estáis completos en él, que es la cabeza de todo principado y potestad" (Col. 2:9-10).

5) Jesucristo es soberano: Él gobierna sobre todos, y todos le deben obediencia a Él.

"Por lo cual Dios también le exaltó hasta lo sumo, y le dio un nombre que es sobre todo nombre, para que en el nombre de Jesús se doble toda rodilla de los que están en los cielos, y en la tierra, y debajo de la tierra; y toda lengua confiese que Jesucristo es el Señor, para gloria de Dios Padre" (Fil. 2:9-11).

"Porque un niño nos es nacido, hijo nos es dado, y el principado sobre su hombro; y se llamará su nombre Admirable, Consejero, Dios Fuerte, Padre Eterno, Príncipe de Paz. Lo dilatado de su imperio y la paz no tendrán límite, sobre el trono de David y sobre su reino, disponiéndolo y confirmándolo en juicio y en justicia desde ahora y para siempre. El celo de Jehová de los ejércitos hará esto" (Is. 9:6-7).

"Y el Señor, después que les habló, fue recibido arriba en el cielo, y se sentó a la diestra de Dios" (Mr. 16:19).

"Pero desde ahora el Hijo del Hombre se sentará a la diestra del poder de Dios" (Lc. 22:69).

"Porque Cristo para esto murió y resucitó, y volvió a vivir, para ser Señor así de los muertos como de los que viven" (Ro. 14:9).

"la cual operó en Cristo, resucitándole de los muertos y sentándole a su diestra en los lugares celestiales, sobre todo principado y autoridad y poder y señorío, y sobre todo nombre que se nombra, no solo en este siglo, sino también en el venidero; y sometió todas las cosas bajo sus pies, y lo dio por cabeza sobre todas las cosas a la iglesia" (Ef. 1:20-22).

"quien habiendo subido al cielo está a la diestra de Dios; y a él están sujetos ángeles, autoridades y potestades" (1 P. 3:22).

"que decían a gran voz: El Cordero que fue inmolado es digno de tomar el poder, las riquezas, la sabiduría, la fortaleza, la honra, la gloria y la alabanza" (Ap. 5:12).

Pensamiento 2. Henry Morris señala que esta profecía con respecto a Judá se ha cumplido. Él dice:

"Cuando la tribu de Judá, bajo el rey David, alcanzó el liderazgo sobre la nación, el cetro (es decir, la posición de liderazgo en la nación) nunca abandonó a Judá hasta después que viniera Cristo. El reino estaba dividido, y más tarde todas las tribus cayeron en el cautiverio; pero en cuanto al propio Israel, Judá siempre fue la tribu dominante. Incluso durante el cautiverio, Daniel, de la nación de Judá, fue el más grande de los israelitas, y de hecho se convirtió en el tercer gobernante del reino de Babilonia.

"Después del cautiverio, aquellos que regresaron fueron primeramente de las tribus de Judá y Benjamín, conjuntamente con muchos Levitas, ya que las otras diez tribus habían sido esparcidas por los asirios. Aunque muchas personas de las diez tribus sí se las agenciaron para regresar a la tierra, Judá era esencialmente a partir de ese momento sinónimo de Israel como un todo. La condición continuaba, claro está, hasta la venida real y crucifixión de Jesucristo, el Mesías prometido. Muy pronto después de eso, Jerusalén fue destruido y los judíos (un nombre derivado de Judá) se dispersaron por las naciones. Desde entonces, hasta las genealogías se han perdido, así que los distintivos tribales se han fundido y han perdido claridad entre los judíos como un todo. Sin embargo, esto no sucedió (es decir, el cetro no abandonó a Judá), hasta que vino Siloh, ¡tal como había predicho Jacob! Incidentalmente, este elemento confirma que el Mesías sí vino, y que Él debe haber venido en algún momento antes de 70 d. de J. C., ya que el cetro abandonó a Judá cerca de ese tiempo" (*The Genesis Record* [El registro de Génesis], p. 656).

5 (49:13) *Zabulón:* Estaba la profecía con respecto a Zabulón. Las preposiciones del versículo probablemente se debieran traducir *hacia*. El versículo debería decir: "Zabulón habitará hacia... el mar; y... hacia naves, y... hacia Sidón". La tribu de Aser estaba realmente entre Zabulón y el mar, demostrando que *hacia* es más exacto. Sin embargo, la frontera de Zabulón estaba a solo dieciséis kilómetros; Sidón era una ciudad antigua llena de comercio. Por eso la profecía está planteando que Zabulón estaría ubicado hacia el norte, cerca del mar, un territorio donde había un gran tráfico comercial tanto en el mar como en la tierra. Zabulón se daría banquete con la abundancia y los tesoros del mar y la tierra (Dt. 33:18-19). La tribu serviría a otras tribus proveyendo comercio y bienes a su pueblo. (H. C. Leupold, *Génesis*, vol. 2, pp. 1185-1186.)

Pensamiento 1. Esta era la única tribu que tenía su territorio explicado en la bendición profética de Jacob. Esto sugiere que Zabulón sería bendecido con un territorio especial, un área bien ubicada para el comercio y la riqueza. Dios también bendeciría a la tribu de Zabulón con una oportunidad única de servir a otras tribus proveyéndoles bienes para ellos.

La lección queda clara: Dios es la fuente de nuestras bendiciones. Es Él quien ha establecido las leyes de la naturaleza, las leyes que nos dan la lluvia, el sol, la semilla, el crecimiento, y la cosecha. Es Dios quien nos ha dado la vida, la salud, y la capacidad de trabajar y producir y de conocer su propósito y realización. Todo cuanto tenemos se lo debemos a Dios. Por ende, debemos servirlo, usando nuestras bendiciones sabiamente. Debemos hacer lo que haría Zabulón: usar lo que tenemos para servir y ayudar a aquellos que nos rodean. Debemos convertirnos en un centro de servicio, un centro de ayuda a todos aquellos que nos rodean.

"Así que, según tengamos oportunidad, hagamos bien a todos, y mayormente a los de la familia de la fe" (Gá. 6:10).

"Pero no será así entre vosotros, sino que el que quiera hacerse grande entre vosotros será vuestro servidor, y el que de vosotros quiera ser el primero, será siervo de todos" (Mr. 10:43-44).

"Que hagan bien, que sean ricos en buenas obras, dadivosos, generosos" (1 Ti. 6:18).

"Y de hacer bien y de la ayuda mutua no os olvidéis; porque de tales sacrificios se agrada Dios" (He. 13:16).

"Confía en Jehová, y haz el bien; y habitarás en la tierra, y te apacentarás de la verdad" (Sal. 37:3).

6 (49:14-15) *Isacar:* Estaba la profecía con respecto a Isacar. La tribu de Isacar sería como un asno fuerte, un animal de gran fortaleza. Recuerden, el asno era de gran valor en la historia antigua. El asno era el animal principal usado para transportar los bienes de aquella época. La idea es que la tribu de Isacar sería una tribu de personas fuertes y robustas.

La profecía, por supuesto, se cumplió.

=> La tribu se levantó y peleó valientemente por Débora y Barac cuando otras tribus se rehusaron a ayudar (Jue. 5:15-18).

=> La tribu crecería y proporcionaría 87.000 hombres para el ejército durante el imperio de los reyes de Israel (1 Cr. 7:5).

Sin embargo, Isacar tenía un rasgo que demostró ser una debilidad terrible, un rasgo del que su pueblo necesitaba cuidarse: el del letargo y la autocomplacencia (v. 15). Estaba el peligro de que el objetivo primario de la tribu en la vida se convirtiera en la comodidad, la facilidad, la prosperidad, y el reposo. De hecho, advierta lo que predijo la profecía: el pueblo se acomodaría y se satisfaría tanto que estarían más dispuestos a ser esclavizados que a arriesgar las comodidades de su vida (v. 15).

Pensamiento 1. La autocomplacencia, el letargo, la comodidad, y sentirse en paz son enemigos de nuestra alma. Ellos destruyen la ambición, el impulso, la iniciativa, la producción, el trabajo, incluso la vida misma.

"y por haberse multiplicado la maldad, el amor de muchos se enfriará" (Mt. 24:12).

"Hastiada está nuestra alma del escarnio de los que están en holgura, y del menosprecio de los soberbios" (Sal. 123:4).

"Mujeres indolentes, levantaos, oíd mi voz; hijas confiadas, escuchad mi razón" (Is. 32:9).

"¡Ay de los reposados en Sion, y de los confiados en el monte de Samaria, los notables y principales entre las naciones, a los cuales acude la casa de Israel!" (Am. 6:1).

"Y Josué dijo a los hijos de Israel: ¿Hasta cuándo seréis negligentes para venir a poseer la tierra que os ha dado Jehová el Dios de vuestros padres?" (Jos. 18:3).

"Hizo él lo recto ante los ojos de Jehová, aunque no de perfecto corazón" (2 Cr. 25:2).

"E inmediato a ellos restauraron los tecoítas; pero sus grandes no se prestaron para ayudar a la obra de su Señor" (Neh. 3:5).

7 (49:16-17) *Dan:* Estaba la profecía con respecto a Dan. La tribu produciría gobernantes capaces. El nombre *Dan* significa juzgar o administrar justicia. La idea es que los jueces de Dan gobernarían también su tribu. El juez más conocido de Dan fue Sansón (Jue. 13—16).

La segunda profecía con respecto a Dan era que la tribu sería como una serpiente, sería un contrincante letal para sus enemigos. Sansón es nuevamente el líder más conocido de Dan que solo y sin ayuda de nadie derrotó a los enemigos de Israel. H. C. Leupold sugiere que Jacob puede estar haciendo una advertencia al comparar a Dan con una serpiente: Que la tribu siempre debe mantenerse en guardia contra la traición, el doble juego y la deshonestidad.

De hecho, esto se cumpliría. Dan fue la primera tribu en adorar ídolos en Israel, la primera en ser deshonesta y hacerle un doble juego contra Dios. Demostraron ser traicioneros y personas que se andan con doble juego para con Dios. Algunos comentaristas sugieren que esta podía ser la razón por la que la tribu de Dan se omite en la cuenta de los 144.000 santos en Apocalipsis 7:5-8 y de las tribus mencionadas en 1 Crónicas 1-7. Sin embargo, no hay evidencia bíblica de que esta sea la razón para su omisión en las dos listas. La tribu se menciona en más de dieciséis cronologías de la Biblia (James Montgomery Boice, *Génesis, un comentario expositivo*, vol. 3, p. 298; Arthur W. Pink, *Fragmentos en Génesis*, vol. 2, p. 127).

Pensamiento 1. Dios nos advierte contra la idolatría, contra poner las cosas de este mundo por delante de Él. Los ídolos incluyen...

- Los dioses y religiones falsas de este mundo.
- Las personas que ponemos por delante de Dios, a quienes idolatramos y le damos nuestra lealtad.
- Las posesiones, las propiedades, las posiciones, y los placeres que consumen nuestras vidas y no dejan espacio para la adoración y el servicio del Dios verdadero del cielo y la tierra.

"No te harás imagen, ni ninguna semejanza de lo que esté arriba en el cielo, ni abajo en la tierra, ni en las aguas debajo de la tierra" (Éx. 20:4).

"No haréis para vosotros ídolos, ni escultura, ni os levantaréis estatua, ni pondréis en vuestra tierra piedra pintada para inclinaros a ella; porque yo soy Jehová vuestro Dios" (Lv. 26:1).

"Guardaos, pues, que vuestro corazón no se infatúe, y os apartéis y sirváis a dioses ajenos, y os inclinéis a ellos" (Dt. 11:16).

"Yo Jehová; este es mi nombre; y a otro no daré mi gloria, ni mi alabanza a esculturas" (Is. 42:8).

"Porque la ira de Dios se revela desde el cielo contra toda impiedad e injusticia de los hombres que detienen con injusticia la verdad; porque lo que de Dios se conoce les es manifiesto, pues Dios se lo manifestó. Porque las cosas invisibles de él, su eterno poder y deidad, se hacen claramente visibles desde la creación del mundo, siendo entendidas por medio de las cosas hechas, de modo que no tienen excusa. Pues habiendo conocido a Dios, no le glorificaron como a Dios, ni le dieron gracias, sino que se envanecieron en sus razonamientos, y su necio corazón fue entenebrecido. Profesando ser sabios, se hicieron necios,... y cambiaron la gloria del Dios incorruptible en semejanza de imagen de hombre corruptible, de aves, de cuadrúpedos y de reptiles. Quienes habiendo entendido el juicio de Dios, que los que practican tales cosas son dignos de muerte, no sólo las hacen, sino que también se complacen con los que las practican" (Ro. 1:18-23, 32).

"Hijitos, guardaos de los ídolos. Amén" (1 Jn. 5:21).

8 (49:18) *Salvación — Liberación — El Salvador:* Hubo un llamado de salvación, por el Mesías. Jacob estaba al borde de la muerte. Al parecer se había cansado; casi se acababan su energía y su fuerza. Él buscaba nuevas energías, fuerzas suficientes para seguir adelante con la bendición profética. Clamó desde lo más profundo de su corazón por la salvación de Dios, por su salvación completa que incluía la esperanza del Mesías. ¿Cómo sabemos esto, que su llamado de salvación incluía el llamado del Salvador, de la Simiente prometida muy especial que Dios enviaría al mundo?

1. La palabra misma que Jacob usó para salvación fue el nombre hebreo de "Jesús" (*Yeshuah*). Jacob, claro está, no sabía que el nombre del Salvador sería Jesús; sería forzar la realidad pensar que él estaba invocando al propio Jesús para que le diera liberación. Pero Jacob le estaba pidiendo a Dios que enviara su salvación —su liberador personal, el Salvador— a la tierra.

2. Recuerden que Jacob había predicho la venida de Siloh, que era una predicción clara del Salvador venidero (v. 10). Las promesas mismas de Dios —la promesa del Salvador, la Simiente prometida— estarían constantemente en la mente de Jacob, de la misma manera que el Salvador está constantemente en nuestras mentes todos los días como creyentes. Tengan presente también que Jacob estaba dando una bendición profética bajo la influencia del Espíritu de Dios. La promesa del Salvador venidero iba a estar incluida en la bendición profética que implicaba la historia futura de Israel y sus doce tribus.

3. Además, Jacob recién había mencionado que Dan sería como una serpiente. Esta idea de una serpiente despertaba la misma idea que surge en las mentes de la mayoría de los estudiantes conocedores de la Biblia cuando escuchan mencionar la palabra serpiente: la idea de la gran promesa de Dios dada a Adán, que la Simiente prometida aplastaría la cabeza de la serpiente (el diablo). (Vea notas 4 y 5, Gn. 3:15 para un mayor análisis.)

Pensamiento 1. Nuestra salvación está en el Salvador, la Simiente prometida, el Señor Jesucristo. Nuestra liberación está en Él y solo en Él.

"Así que, por cuanto los hijos participaron de carne y sangre, él también participó de lo mismo, para destruir por medio de la muerte al que tenía el imperio de la muerte, esto es, al diablo, y librar a todos los que por el temor de la muerte estaban durante toda la vida sujetos a servidumbre" (He. 2:14-15).

"Porque de tal manera amó Dios al mundo, que ha dado a su Hijo unigénito, para que todo aquel que en él cree, no se pierda, mas tenga vida eterna" (Jn. 3:16).

"El que en él cree, no es condenado; pero el que no cree, ya ha sido condenado, porque no ha creído en el nombre del unigénito Hijo de Dios" (Jn. 3:18).

"De cierto, de cierto os digo: El que oye mi palabra, y cree al que me envió, tiene vida eterna; y no vendrá a condenación, mas ha pasado de muerte a vida" (Jn. 5:24).

"Le respondió Simón Pedro: Señor, ¿a quién iremos? Tú tienes palabras de vida eterna" (Jn. 6:68).

"Y en ningún otro hay salvación; porque no hay otro nombre bajo el cielo, dado a los hombres, en que podamos ser salvos" (Hch. 4:12).

"Porque la paga del pecado es muerte, mas la dádiva de Dios es vida eterna en Cristo Jesús Señor nuestro" (Ro. 6:23).

9 (49:19) *Gad — Guía:* Estaba la profecía con respecto a Gad. Esta tribu estaría rodeada por las tribus nómadas de los madianitas, amonitas y árabes, merodeadores errantes del desierto. Pero Gad sería una tribu que tendría éxito en las luchas contra su enemigo. La idea es que nunca se rendiría sin importar la fuerza de su enemigo. Él lucharía y batallaría hasta que al fin venciera. Por ende, él conocería la gloria de la victoria (cp. 1 Cr. 5:18; 12:8).

Cuando Israel conquistó la tierra este del río Jordán, Gad fue una de las tribus que pidió una parte de la tierra al este del río. Sin dudas, ellos la pidieron porque parecía ser una tierra buena y fértil. James Boice señala que su territorio se denominó Galaad, que ha llegado a significar todo lo que es bueno y agradable para los creyentes. Esto es por la frase que con frecuencia cantan los creyentes: "Hay un bálsamo en Galaad para aliviar un alma enferma de pecado" (James Boice, *Génesis, un comentario expositivo*, vol. 3, p. 299).

Pensamiento 1. Lo que parece ser bueno en este mundo no siempre es bueno. La tierra le parecía buena a la tribu de Gad, pero estaba llena de enemigos que constantemente iban a estar atacando a las personas.

Hay lugares en esta tierra —con sus lujos, placeres, posesiones, poder, posición, y fama— que parecen buenos y nos atraen como lugares ideales para vivir. Pero si no tenemos cuidado, pueden estar llenos de enemigos, enemigos que nos robarán nuestra alma y nos destruirán. Por eso, debemos dejar que Dios nos guíe al escoger los lugares donde debemos vivir. Debemos preguntarle a Dios dónde ir y qué hacer con la herencia que Él ha puesto en nuestras manos. Luego debemos vivir y hacer exactamente lo que Él nos muestra. Siempre necesitamos la voluntad de Dios y no la nuestra. (Este pensamiento lo promovió James M. Boice, *Génesis, un comentario expositivo*, vol. 3, p. 299.)

"Jehová es mi pastor; nada me faltará. En lugares de delicados pastos me hará descansar; junto a aguas de reposo me pastoreará" (Sal. 23:1-2).

"Encaminará a los humildes por el juicio, y enseñará a los mansos su carrera" (Sal. 25:9).

"Porque este Dios es Dios nuestro eternamente y para siempre; El nos guiará aun más allá de la muerte" (Sal. 48:14).

"Me has guiado según tu consejo, y después me recibirás en gloria" (Sal. 73:24).

"Enséñame a hacer tu voluntad, porque tú eres mi Dios; tu buen espíritu me guíe a tierra de rectitud" (Sal. 143:10).

"Entonces tus oídos oirán a tus espaldas palabra que diga: Este es el camino, andad por él; y no echéis a la mano derecha, ni tampoco torzáis a la mano izquierda" (Is. 30:21).

"Pero cuando venga el Espíritu de verdad, él os guiará a toda la verdad; porque no hablará por su propia cuenta, sino que hablará todo lo que oyere, y os hará saber las cosas que habrán de venir" (Jn. 16:13).

10 (49:20) *Aser — Separación, espiritual:* Estaba la profecía con respecto a Aser. Esta tribu estaba ubicada a lo largo de la costa marítima norte de Carmelo y llegaba hasta Tiro y Sidón (Jos. 19:24-31). El territorio incluía algunas de las tierras más fértiles halladas en cualquier parte. Estaba llena de cruces de rutas de comercio al mar. La tribu era trabajadora, enérgica, aprovechaba lo que tenía, tanto que se le pedía una cuota anual para el palacio (Dt. 33:24, cp. 1 R. 4:7).

Al parecer Aser se convirtió en una tribu de personas indulgentes, dados a las riquezas y los lujos que disfrutaban. El nombre *Aser* significa feliz, dichoso, o afortunado. Heredaron parte de la mejor tierra, pero durante la época de los jueces, el lujo de las riquezas consumía a las personas. Sencillamente se rehusaron a ayudar a otras tribus en su lucha contra los enemigos de Israel. Ellos estaban demasiado absortos en los placeres mundanos, los lujos, y comodidades de esta tierra como para preocuparse por las necesidades de los hermanos bajo ataque en cierta frontera lejana (Jue. 5:17-18).

Pensamiento 1. Las Escrituras nos advierten contra la mundanalidad, contra apegarnos mucho a los lujos, placeres, fama, y avaricia de esta tierra. Los verdaderos creyentes deben llevar vidas separadas, vidas que sean diferentes —drásticamente diferentes— de lo mundano de esta tierra.

"Por lo cual, salid de en medio de ellos, y apartaos, dice el Señor, y no toquéis lo inmundo; y yo os recibiré, y seré para vosotros por Padre, y vosotros me seréis hijos e hijas, dice el Señor Todopoderoso" (2 Co. 6:17-18).

"Y no participéis en las obras infructuosas de las tinieblas, sino más bien reprendedlas" (Ef. 5:11).

"Si fuerais del mundo, el mundo amaría lo suyo; pero porque no sois del mundo, antes yo os elegí del mundo, por eso el mundo os aborrece" (Jn. 15:19).

"Y con otras muchas palabras testificaba y les exhortaba, diciendo: Sed salvos de esta perversa generación" (Hch. 2:40).

"Más bien os escribí que no os juntéis con ninguno que, llamándose hermano, fuere fornicario, o avaro, o idólatra, o maldiciente, o borracho, o ladrón; con el tal ni aun comáis" (1 Co. 5:11).

"No os unáis en yugo desigual con los incrédulos; porque ¿qué compañerismo tiene la justicia con la injusticia? ¿Y qué comunión la luz con las tinieblas?" (2 Co. 6:14).

11 (49:21) *Neftalí — Evangelio, el:* Estaba la profecía con respecto a Neftalí. Esta tribu sería como una gama o ciervo suelto, es decir, conocida por la rapidez en el combate militar. La ilustración parece ser la de una tribu libre, dando tumbos por las montañas, llena de gozo, cantando canciones de victoria y libertad. Neftalí era una tribu de las tierras altas que fue conquistada y esclavizada por los cananeos. Pero Barac rápidamente —tal como una gama suelta— les asestó un golpe a los cananeos con diez mil soldados para libertar a la tribu (Jue. 4—5).

Advierta el segundo rasgo predicho, el de hablar y cantar frases de belleza. El Cántico de Débora y Barac constituirían un ejemplo de esto (Jue. 5). James M. Boice señala que Jesucristo pasó mucho tiempo y ministró mucho en este territorio. Por eso la profecía de las palabras bellas se ve más realizada en el evangelio predicado por el propio Cristo (*Génesis*, vol. 3, p. 300).

> **Pensamiento 1.** Las palabras más bellas de la tierra son las palabras del evangelio, las palabras de gracia y verdad. Por medio del evangelio se nos perdonan nuestros pecados y se nos da vida eterna, el privilegio glorioso de vivir para siempre con nuestro Señor, el propio Señor Jesucristo.
>
> "Y será predicado este evangelio del reino en todo el mundo, para testimonio a todas las naciones; y entonces vendrá el fin" (Mt. 24:14).
>
> "Y les dijo: Id por todo el mundo y predicad el evangelio a toda criatura" (Mr. 16:15).
>
> "Antes creemos que por la gracia del Señor Jesús seremos salvos, de igual modo que ellos" (Hch. 15:11).
>
> "siendo justificados gratuitamente por su gracia, mediante la redención que es en Cristo Jesús" (Ro. 3:24).
>
> "Además os declaro, hermanos, el evangelio que os he predicado, el cual también recibisteis, en el cual también perseveráis; por el cual asimismo, si retenéis la palabra que os he predicado, sois salvos, si no creísteis en vano. Porque primeramente os he enseñado lo que asimismo recibí: Que Cristo murió por nuestros pecados, conforme a las Escrituras; y que fue sepultado, y que resucitó al tercer día, conforme a las Escrituras" (1. Co. 15:1-4).
>
> "en quien tenemos redención por su sangre, el perdón de pecados según las riquezas de su gracia" (Ef. 1:7).
>
> "Porque la gracia de Dios se ha manifestado para salvación a todos los hombres" (Tit. 2:11).

12 (49:22-26) *José — Bendición, de Dios:* Estaba la profecía con respecto a José. Recuerden que Jacob estaba dividiendo la primogenitura de la familia entre Judá y José.

=> A Judá se le había asignado el liderazgo de Israel y se le había designado para que fuera la descendencia de la Simiente prometida muy especial, el Salvador del mundo (Vea nota, Gn. 49:8-12 para un mayor análisis).

=> A José se le había dado la doble porción de la primogenitura que por lo general iba a parar al hijo primogénito; es decir, José recibió la herencia que incluía una doble porción de la Tierra Prometida. Esto se ve en el hecho de que sus primeros dos hijos recibirían una parte igual que los otros hijos de Israel. Al propio José no se le asignó personalmente una parte de la herencia, pero sus dos hijos recibieron una parte igual. Por eso José se representó en sus dos hijos. (Vea nota, Gn. 48:1-6.)

La bendición profética que se pronuncia sobre José resulta muy descriptiva. Tengan presente que la profecía se refiere a sus dos hijos, Efraín y Manasés.

1. José sería como una vid fructífera cerca de una fuente que tiene ramas fructíferas que trepan por un muro (v. 22). Esta es la ilustración de la fructificación. Las tribus de Efraín y Manasés darían a luz gran número de personas y fuertes líderes. Como ejemplo, estas dos tribus produjeron líderes tales como Josué y cinco de los quince jueces de Israel: Gedeón, Abimelec, Jair, Jefté y Samuel.

2. Sin embargo, José sería hostigado y odiado por sus enemigos (v. 23). Los ataques contra él serían como un arquero tirándole con odio y hostilidad amargos. Más tarde la historia demostraría que Efraín y Manasés, conjuntamente con Judá, tendrían que soportar la mayor parte del ataque de la oposición contra Israel.

3. Pero advierta: José se quedaría firme y estable. El propio Dios lo fortalecería (vv. 24-25). Las tribus de Efraín y Manasés serían como arcos que se mantendrían firmes, y Dios fortalecería sus brazos para que ellos pudieran seguir dejando volar las flechas contra sus enemigos. Nuevamente, la historia ha demostrado que las dos tribus, fundamentalmente Efraín, con frecuencia salían victoriosas en la batalla.

Pero advierta por qué: por Dios. Los descendientes de José se fortalecerían y saldrían victoriosos por Dios. Se hace énfasis en este hecho cinco veces diferentes. A Dios se le dan cinco nombres o títulos diferentes declarando que la fortaleza de los descendientes de José se debía a Dios y solo a Dios.

a. *El (Dios) Fuerte de Jacob* (v. 24): Dios había fortalecido a Jacob una y otra vez. En ocasiones Jacob había sido débil, pero cuando invocaba a Dios, Dios lo había fortalecido. Por ende, él sabía que Dios —el Dios fuerte— fortalecería a José y a sus descendientes.

Pero hay más aquí. Advierta que Dios es "el Dios fuerte *de Jacob*". Esto es personal: Jacob tenía una relación personal con Dios, una relación muy íntima. Él conocía a Dios personalmente: anduvo y habló con Dios y experimentó la fuerza de Dios día tras día. Jacob tenía una relación tan estrecha con Dios que las Escrituras con frecuencia se refieren al *Dios de Jacob*, fundamentalmente en los Salmos y Profetas.

> "Jehová de los ejércitos está con nosotros; nuestro refugio es el Dios de Jacob... Jehová de los

ejércitos está con nosotros; nuestro refugio es el Dios de Jacob" (Sal. 46:7, 11).

"De cómo juró a Jehová, y prometió al Fuerte de Jacob: No entraré en la morada de mi casa, ni subiré sobre el lecho de mi estrado; no daré sueño a mis ojos ni a mis párpados adormecimiento, hasta que halle lugar para Jehová, morada para el Fuerte de Jacob" (Sal. 132:2-5).

"Y vendrán muchos pueblos, y dirán: Venid, y subamos al monte de Jehová, a la casa del Dios de Jacob; y nos enseñará sus caminos, y caminaremos por sus sendas. Porque de Sion saldrá la ley, y de Jerusalén la palabra de Jehová" (Is. 2:3, cp. 29:23; 41:21; 49:26; 60:16; Mi. 4:2).

b. *El Pastor* (v. 24): Esta es una ilustración de Dios como la Guía, Proveedor, y Protector. El Pastor guiaría, proveería, y protegería a José y a sus descendientes. Esta es la primera vez que se le denomina a Dios *El Pastor* en las Escrituras.

"Jehová es mi pastor; nada me faltará. En lugares de delicados pastos me hará descansar; junto a aguas de reposo me pastoreará. Confortará mi alma; me guiará por sendas de justicia por amor de su nombre. Aunque ande en valle de sombra de muerte, no temeré mal alguno, porque tú estarás conmigo; tu vara y tu cayado me infundirán aliento" (Sal. 23:1-4).

"Como pastor apacentará su rebaño; en su brazo llevará los corderos, y en su seno los llevará; pastoreará suavemente a las recién paridas" (Is. 40:11).

"Yo soy el buen pastor; el buen pastor su vida da por las ovejas" (Jn. 10:11).

"Jehová el Señor es mi fortaleza, el cual hace mis pies como de ciervas, y en mis alturas me hace andar" (He. 13:20).

"Porque vosotros erais como ovejas descarriadas, pero ahora habéis vuelto al Pastor y Obispo de vuestras almas" (1 P. 2:25).

"Y cuando aparezca el Príncipe de los pastores, vosotros recibiréis la corona incorruptible de gloria" (1 P. 5:4).

c. *La Piedra* o *la Roca de Israel* (v. 24): Esta es la ilustración de Dios como el *Cimiento y soporte* de la vida. Jacob (Israel) había edificado su vida sobre Dios: Él había hecho de Dios el cimiento y soporte mismos de su vida, y Dios lo había sustentado y le había dado un cimiento seguro y duradero. Su vida se había edificado sobre Dios; por eso, Dios iba a cumplirle las grandes promesas que le había hecho. Dios iba a permitirle —a su vida, al edificio y estructura de su vida— que resistiera para siempre. Y Dios iba a hacer lo mismo por José. Ésta, también, es la primera vez que se le denomina a Dios *la Roca* o *Piedra* en las Escrituras.

"El es la Roca, cuya obra es perfecta, porque todos sus caminos son rectitud; Dios de verdad, y sin ninguna iniquidad en él; es justo y recto" (Dt. 32:4).

"Porque la roca de ellos no es como nuestra Roca, y aun nuestros enemigos son de ello jueces" (Dt. 32:31).

"No hay santo como Jehová; porque no hay ninguno fuera de ti, y no hay refugio como el Dios nuestro" (1 S. 2:2).

"Viva Jehová, y bendita sea mi roca, y engrandecido sea el Dios de mi salvación" (2 S. 22:47).

"Porque ¿quién es Dios sino sólo Jehová? ¿Y qué roca hay fuera de nuestro Dios?" (Sal. 18:31).

"A ti clamaré, oh Jehová. Roca mía, no te desentiendas de mí, para que no sea yo, dejándome tú, semejante a los que descienden al sepulcro" (Sal. 28:1).

"El solamente es mi roca y mi salvación; es mi refugio, no resbalaré mucho" (Sal. 62:2).

"Mas Jehová me ha sido por refugio, y mi Dios por roca de mi confianza" (Sal. 94:22).

d. *El Dios de Jacob* o *el Dios de tu padre, el cual te ayudará* (v. 25): Dios siempre había ayudado a Jacob. Una y otra vez Jacob se había enfrentado a problemas, en ocasiones a circunstancias terribles, pero Dios lo había ayudado en todas ellas. La relación personal entre Dios y Jacob se ve enfatizada nuevamente. El Dios de Jacob era el Dios verdadero; por eso, Él podía realmente ayudar a Jacob. José estaba siguiendo al Dios de su padre; por eso, el Dios verdadero ayudaría realmente a José y a sus descendientes.

"Jehová es mi fortaleza y mi escudo; en él confió mi corazón, y fui ayudado, por lo que se gozó mi corazón, y con mi cántico le alabaré" (Sal. 28:7).

"Aunque afligido yo y necesitado, Jehová pensará en mí. Mi ayuda y mi libertador eres tú; Dios mío, no te tardes" (Sal. 40:17).

"No temas, porque yo estoy contigo; no desmayes, porque yo soy tu Dios que te esfuerzo; siempre te ayudaré, siempre te sustentaré con la diestra de mi justicia" (Is. 41:10).

"Sean vuestras costumbres sin avaricia, contentos con lo que tenéis ahora; porque él dijo: No te desampararé, ni te dejaré; de manera que podemos decir confiadamente: El Señor es mi ayudador; no temeré lo que me pueda hacer el hombre" (He. 13:5-6).

e. *El Dios omnipotente* (El Shaddai) (v. 25a): Este nombre enfatiza que Dios es el Dios de todo poder y fuerza, el Dios verdadero del cielo y la tierra. Él es el Dios que puede hacer todas las cosas por su pueblo. Por ende, el Dios Omnipotente es, quien fortalecerá a Efraín y a Manasés contra sus enemigos.

4. Pero a José no solo se le fortalecerá contra sus enemigos; se le bendecirá en abundancia con tres cosas:

=> Con las bendiciones de la lluvia celestial y el suelo fértil (v. 25b).

=> Con las bendiciones de las fuentes y las corrientes (v. 25b).

=> Con las bendiciones de mucha descendencia o progenie (v. 25c).

5. Pero incluso eso no lo es todo: a José se le bendeciría más que a todos sus hermanos (v. 26). Jacob declaró que a él lo habían bendecido más que a sus propios padres, Abraham e Isaac. Por eso a José, como receptor de la primogenitura, se le bendeciría más que a todos sus hermanos. Jacob realmente hizo que sus grandes bendiciones descansaran sobre la cabeza de José, que José experimentara las grandes bendiciones que él había experimentado.

Pensamiento 1. Las bendiciones que Dios derrama sobre su verdadero seguidor resultan ilimitadas. Para motivar el pensamiento, tan solo se enumeran unas pocas.
1) Está la bendición de las necesidades básicas de la vida.

"**Mas buscad primeramente el reino de Dios y su justicia, y todas estas cosas os serán añadidas**" (Mt. 6:33).
"**Bendito el Señor; cada día nos colma de beneficios el Dios de nuestra salvación**" (Sal. 68:19).

2) Está la bendición del gozo.

"**Estas cosas os he hablado, para que mi gozo esté en vosotros, y vuestro gozo sea cumplido**" (Jn. 15:11).

3) Está la bendición de la salud.

"**Mas a Jehová vuestro Dios serviréis, y él bendecirá tu pan y tus aguas; y yo quitaré toda enfermedad de en medio de ti**" (Éx. 23:25).
"**Mas él herido fue por nuestras rebeliones, molido por nuestros pecados; el castigo de nuestra paz fue sobre él, y por su llaga fuimos nosotros curados**" (Is. 53:5).

4) Está la bendición de toda la provisión.

"**Jehová es mi pastor; nada me faltará. En lugares de delicados pastos me hará descansar; junto a aguas de reposo me pastoreará. Confortará mi alma; me guiará por sendas de justicia por amor de su nombre. Aunque ande en valle de sombra de muerte, no temeré mal alguno, porque tú estarás conmigo; tu vara y tu cayado me infundirán aliento. Aderezas mesa delante de mí en presencia de mis angustiadores; unges mi cabeza con aceite; mi copa está rebosando**" (Sal. 23:1-5).

5) Está la bendición de la plenitud espiritual.

"**Traed todos los diezmos al alfolí y haya alimento en mi casa; y probadme ahora en esto, dice Jehová de los ejércitos, si no os abriré las ventanas de los cielos, y derramaré sobre vosotros bendición hasta que sobreabunde**" (Mal. 3:10).
"**y de conocer el amor de Cristo, que excede a todo conocimiento, para que seáis llenos de toda la plenitud de Dios**" (Ef. 3:19).

"**No os embriaguéis con vino, en lo cual hay disolución; antes bien sed llenos del Espíritu**" (Ef. 5:18).
"**Por lo cual también nosotros, desde el día que lo oímos, no cesamos de orar por vosotros, y de pedir que seáis llenos del conocimiento de su voluntad en toda sabiduría e inteligencia espiritual**" (Col. 1:9).

13 (49:27) *Benjamín:* Estaba la profecía con respecto a Benjamín. Esta tribu sería como un lobo hambriento. Un lobo es un animal fuerte, sensible, leal, astuto, feroz, un animal que siempre está alerta y listo para pelear cuando se presenta la necesidad. Advierta que hay características buenas y malas en un lobo. Jacob estaba prediciendo esa naturaleza en la tribu de Benjamín. Él sería un contrincante fiero que con frecuencia saldría victorioso y disfrutaría de los despojos de la victoria.

Benjamín era una de las tribus más pequeñas pero también era una de las más valientes y osadas. La tribu produjo grandes líderes como Aod, el segundo juez de Israel; Saúl, el primer rey de la nación; Abner, el primer comandante en jefe del ejército de Israel, y Jonatán, el amado amigo de David.

Sin embargo, la profecía no era solo una bendición, sino que también era una advertencia a la tribu de Benjamín. Sus características lobunas podrían convertirse en crueles y feroces y se podrían usar para el mal. Un ejemplo trágico de las malas características se halla en Jueces 20—21.

Pensamiento 1. Siempre debemos ser valientes y osados en la vida. Pero nuestra valentía y osadía siempre se deberán usar para el bien, nunca para el mal.

"**Esforzaos y cobrad ánimo; no temáis, ni tengáis miedo de ellos, porque Jehová tu Dios es el que va contigo; no te dejará, ni te desamparará**" (Dt. 31:6).
"**No temeré a diez millares de gente, que pusieren sitio contra mí**" (Sal. 3:6).
"**Jehová está conmigo; no temeré lo que me pueda hacer el hombre**" (Sal. 118:6).
"**Cuando te acuestes, no tendrás temor, sino que te acostarás, y tu sueño será grato**" (Pr. 3:24).
"**He aquí Dios es salvación mía; me aseguraré y no temeré; porque mi fortaleza y mi canción es JAH Jehová, quien ha sido salvación para mí**" (Is. 12:2).
"**Acerquémonos, pues, confiadamente al trono de la gracia, para alcanzar misericordia y hallar gracia para el oportuno socorro**" (He. 4:16).

14 (49:28) *Israel, tribus de:* Jacob finalmente concluyó su bendición profética sobre sus hijos. Recuerden, la profecía se mantendría como una advertencia así como una bendición. Se debían guardar de los malos rasgos de sus caracteres.

Advierta que Jacob se refirió a sus hijos como "las doce tribus de Israel" (v. 28). Esta es la primera vez que se usa este término en las Escrituras.

1 Jacob se enfrentó a la muerte creyendo que sería reunido con su pueblo: Él creía en la promesa de la vida eterna

2 Jacob se enfrentó a la muerte creyendo en la Tierra Prometida: Él creía en la Tierra Prometida del cielo (Cp. He. 11:13-14, 16)

a. Pidió que se le sepultara en Canaán: En la cueva comprada por Abraham

b. Pidió que se le sepultara en el lugar donde sus seres queridos estaban enterrados

3 Jacob murió y se recompensó su fe: Fue reunido con su pueblo, se unió a otros creyentes en el cielo

4 Se honraron los deseos de sepultura de Jacob

a. José, un hijo comprensivo, lloró por su padre

b. José, un hijo comprensivo, se encargó de que su padre se enterrara según la costumbre

1) El padre fue embalsamado

2) Al padre se le guardó luto durante 70 días

c. José, un hijo comprensivo, proclamó la fe de su padre

1) Hizo que algunos oficiales de la

N. Jacob murió: Cómo enfrentar la muerte, 49:29—50:13

29 Les mandó luego, y les dijo: Yo voy a ser reunido con mi pueblo. Sepultadme con mis padres en la cueva que está en el campo de Efrón el heteo,

30 en la cueva que está en el campo de Macpela, al oriente de Mamre en la tierra de Canaán, la cual compró Abraham con el mismo campo de Efrón el heteo, para heredad de sepultura.

31 Allí sepultaron a Abraham y a Sara su mujer; allí sepultaron a Isaac y a Rebeca su mujer; allí también sepulté yo a Lea.

32 La compra del campo y de la cueva que está en él, fue de los hijos de Het.

33 Y cuando acabó Jacob de dar mandamientos a sus hijos, encogió sus pies en la cama, y expiró, y fue reunido con sus padres.

CAPÍTULO 50

1 Entonces se echó José sobre el rostro de su padre, y lloró sobre él, y lo besó.

2 Y mandó José a sus siervos los médicos que embalsamasen a su padre; y los médicos embalsamaron a Israel.

3 Y le cumplieron cuarenta días, porque así cumplían los días de los embalsamados, y lo lloraron los egipcios setenta días.

4 Y pasados los días de su luto, habló José a los de la casa de Faraón, diciendo: Si he hallado ahora gracia en vuestros ojos, os ruego que habléis en oídos de Faraón, diciendo:

5 Mi padre me hizo jurar, diciendo: He aquí que voy a morir; en el sepulcro que cavé para mí en la tierra de Canaán, allí me sepultarás; ruego, pues, que vaya yo ahora y sepulte a mi padre, y volveré.

6 Y Faraón dijo: Ve, y sepulta a tu padre, como él te hizo jurar.

7 Entonces José subió para sepultar a su padre; y subieron con él todos los siervos de Faraón, los ancianos de su casa, y todos los ancianos de la tierra de Egipto,

8 y toda la casa de José, y sus hermanos, y la casa de su padre; solamente dejaron en la tierra de Gosén sus niños, y sus ovejas y sus vacas.

9 Subieron también con él carros y gente de a caballo, y se hizo un escuadrón muy grande.

10 Y llegaron hasta la era de Atad, que está al otro lado del Jordán, y endecharon allí con grande y muy triste lamentación; y José hizo a su padre duelo por siete días.

11 Y viendo los moradores de la tierra, los cananeos, el llanto en la era de Atad, dijeron: Llanto grande es este de los egipcios; por eso fue llamado su nombre Abel-mizraim, que está al otro lado del Jordán.

12 Hicieron, pues, sus hijos con él según les había mandado;

13 pues lo llevaron sus hijos a la tierra de Canaán, y lo sepultaron en la cueva del campo de Macpela, la que había comprado Abraham con el mismo campo, para heredad de sepultura, de Efrón el heteo, al oriente de Mamre.

casa de Faraón le pidieran permiso a Faraón para llevar a su padre y sepultar a su padre en Canaán

2) Garantizó el permiso de Faraón

3) Sin pena organizó una gran procesión funeraria para demostrar la fe de su padre

4) Cumplió los deseos de su padre: Lo sepultó en Canaán, la Tierra Prometida

5) Demostró la grandeza de la fe de su padre públicamente

6) Llevó a la familia a reconocer y llevar a cabo la fe de su padre

DIVISIÓN X

JOSÉ, BISNIETO DE ABRAHAM: ESCOGIDO PARA SALVAR A LA
DESCENDENCIA DEL PUEBLO DE DIOS Y LAS GRANDES PROMESAS
DE DIOS: SUCESOS QUE LLEVAN AL PUEBLO DE DIOS A EGIPTO,
37:1—50:26

N. Jacob murió: Cómo enfrentar la muerte, 49:29—50:13

(49:29—50:13) *Introducción:* Todos debemos morir. Esta el
la única verdad universal a la que cada uno de nosotros se tiene
que enfrentar: moriremos. No hay escape, porque vivimos en
un mundo de corrupción, deterioro, y descomposición. Todas
las cosas se consumen, incluso el hombre. Pero advierta: el
hecho de que morimos no es lo que resulta importante. Lo
que resulta importante es lo siguiente: cómo nos enfrentamos
a la muerte. La forma en que morimos determina nuestro
destino. Las Escrituras declaran que existe una forma
correcta y una incorrecta de morir. Si morimos de la manera
incorrecta, sufriremos eternamente. Pero si morimos de la
forma correcta, viviremos eternamente. Por eso, resulta muy
importante que enfrentemos la muerte de la forma correcta.

Sin embargo, esta no es la forma en que mueren la
mayoría de las personas. Lamentablemente, la mayoría de las
personas se enfrentan a la muerte con todo tipo de espíritus y
actitudes. Existen aquellos que...

- Desafían a la muerte
- Temen a la muerte
- Ignoran la muerte
- Descuidan la muerte
- Justifican la muerte
- Humanizan la muerte: Consideran que la muerte es solo
  una experiencia humana que le pone fin a la existencia

Solo hay una forma de enfrentar la muerte: tratar de
vencer y triunfar sobre la muerte. Esta fue la forma en que
Jacob enfrentó la muerte. Recuerden, él estaba muy enfermo
y en su lecho de muerte, y había llamado a todos sus hijos a
su lado. Cuando supo que llegaban, había acopiado fuerzas
para sentarse en un lado de la cama. En el último subíndice,
vimos que Jacob se sentó realmente en un lado de su cama y
pronunció su bendición profética sobre cada hijo. Ya era hora
de que muriera Jacob. Dios estaba listo para llevarlo a casa,
y al morir, Jacob nos demuestra cómo debemos enfrentar la
muerte. Este es el tema —el tema muy importante— de este
pasaje: *Jacob murió: Cómo enfrentar la muerte,* 49:29—
50:13.

1. Jacob se enfrentó a la muerte creyendo que sería reunido
   con su pueblo: Él creía en la promesa de la vida eterna
   (v. 29).
2. Jacob se enfrentó a la muerte creyendo en la Tierra
   Prometida: Él creía en la Tierra Prometida del cielo (vv.
   30-32).
3. Jacob murió y se recompensó su fe: Fue reunido con su
   pueblo, se unió a otros creyentes en el cielo (v. 33).

4. Se honraron los deseos de sepultura de Jacob
   (50:1-13).

1 (49:29) *Vida eterna:* Jacob se enfrentó a la muerte
creyendo en la promesa de la vida eterna: Él creía que
sería *reunido con su pueblo*. Esto significa mucho más que
la tumba, mucho más que unirse a lo ancestros en algún
cementerio. Advierta seis elementos.

1. Hay una distinción entre ser "reunido con su pueblo"
y "ser sepultado con sus padres" (v. 29). Jacob hizo una
distinción clara. Analicen el versículo: "Yo voy a ser reunido
con mi pueblo. [Por eso] sepultadme con mis padres... "
(v. 29).

Jacob creía que su pueblo —Abraham e Isaac— estaban
aún vivos, viviendo en la presencia de Dios, viviendo
eternamente. Él creía que sería *reunido con ellos*, que se
uniría con ellos en la eternidad. Por ende quería que sus
hijos hicieran algo por él: enterrarlo con la gran familia de
fe, Abraham e Isaac. Jacob hizo una distinción clara entre su
creencia en la vida eterna y los cementerios donde se colocan
los cadáveres. Él sería *reunido con su pueblo* aunque se le
sepultara en Egipto o en Canaán. Él quería ser sepultado en
Canaán, pero no importa donde se le sepultara, ya se habría
reunido con su pueblo. Ya se habría reunido con las grandes
familias de creyentes en el cielo.

Advierta que Jacob había declarado la misma distinción
anteriormente. Él le había pedido a José que no lo enterrara
en Egipto. Él iba a "yacer" [reposar, NIV] con sus padres;
luego él quería que se le sacara de Egipto.

> "Te ruego que no me entierres en Egipto. Mas
> cuando duerma con mis padres, me llevarás de
> Egipto y me sepultarás en el sepulcro de ellos"
> (Gn. 47:29-30).

2. El propio Dios le prometió a Abraham que él iba a
unirse con sus padres en paz (Gn. 15:15). *Ir donde sus padres*
significaba unirse a ellos en la eternidad. En ese momento
Abraham tendría paz —paz y vida eternas— pero ese día no
llegaría hasta que él hubiera vivido muchos años. Advierta
cómo Dios le declaró esto a Abraham.

> "Y tú vendrás a tus padres en paz, y serás
> sepultado en buena vejez" (Gn. 15:15).

3. Las Escrituras hacen una distinción clara entre la muerte
de Abraham y su *reunión con su pueblo*. Según lo prometido
por Dios, él se unió a sus padres en paz. Advierta cómo las
Escrituras declaran el fallecimiento de Abraham.

> "Y exhaló el espíritu, y murió Abraham en
> buena vejez, anciano y lleno de años, y fue unido a
> su pueblo" (Gn. 25:8).

Estas palabras son muy significativas. Las palabras no
podían significar que Abraham sería sepultado con familiares
y parientes y no con ninguna otra persona. Abraham no tenía
a nadie enterrado en el cementerio de Macpela excepto Sara.
Por ende, las palabras deben referirse a la vida después de la

muerte. Abraham fue reunido con los creyentes que lo habían antecedido. Lo estaban reuniendo a la vida con Dios, a la eternidad (cp. Gn. 15:15; 35:29). (Vea nota, Gn. 23:19-20 para un mayor análisis.)

4. Las Escrituras también hacen una distinción clara entre la muerte de Ismael y su *reunión con su pueblo* (Gn. 25:17). Las Escrituras dicen:

> **"exhaló el espíritu Ismael, y murió, y fue unido a su pueblo" (Gn. 25:17).**

Cuando Ismael murió, él no fue enterrado con su padre y su pueblo en la cueva de Macpela. Pero Ismael fue reunido con su padre Abraham y todos los otros creyentes en la eternidad. (Vea nota, pt. 2, Gn. 25:11-18 para un mayor análisis.)

5. Las Escrituras hacen la misma distinción en la muerte de Isaac:

> **"Y exhaló Isaac el espíritu, y murió, y fue recogido a su pueblo, viejo y lleno de días; y lo sepultaron Esaú y Jacob sus hijos" (Gn. 35:29).**

Isaac murió y siguió viviendo después de la muerte. Él fue reunido con su pueblo, los creyentes que lo habían antecedido, fue reunido para vivir con Dios, en la eternidad.

6. Otro pasaje del Antiguo Testamento declara la misma esperanza. Un creyente —un creyente verdadero— será *reunido con su pueblo*, reunido para vivir con otros creyentes por toda la eternidad con Dios.

> **"Y él respondió: Viviendo aún el niño, yo ayunaba y lloraba, diciendo: ¿Quién sabe si Dios tendrá compasión de mí, y vivirá el niño? Mas ahora que ha muerto, ¿para qué he de ayunar? ¿Podré yo hacerle volver? Yo voy a él, mas él no volverá a mí" (2 S. 12:22-23).**

> **"Yo sé que mi Redentor vive, y al fin se levantará sobre el polvo; y después de deshecha esta mi piel, en mi carne he de ver a Dios; al cual veré por mí mismo, y mis ojos lo verán, y no otro, aunque mi corazón desfallece dentro de mí" (Job 19:25-27).**

> **"Como a rebaños que son conducidos al Seol, la muerte los pastoreará, y los rectos se enseñorearán de ellos por la mañana; se consumirá su buen parecer, y el Seol será su morada. Pero Dios redimirá mi vida del poder del Seol, porque él me tomará consigo" (Sal. 49:14-15).**

> **"Destruirá a la muerte para siempre; y enjugará Jehová el Señor toda lágrima de todos los rostros; y quitará la afrenta de su pueblo de toda la tierra; porque Jehová lo ha dicho" (Is. 25:8).**

> **"Y muchos de los que duermen en el polvo de la tierra serán despertados, unos para vida eterna, y otros para vergüenza y confusión perpetua" (Dn. 12:2).**

> **"De la mano del Seol los redimiré, los libraré de la muerte. Oh muerte, yo seré tu muerte; y seré tu destrucción, oh Seol; la compasión será escondida de mi vista" (Os. 13:14).**

2 (49:30-32) *Tierra Prometida — Cielo — Nuevos cielos y tierra:* Jacob se enfrentó a la muerte creyendo en la Tierra

Prometida. Él creía en el cielo. Recuerden, la Tierra Prometida de Canaán es una ilustración o símbolo de la Tierra Prometida del cielo. (Vea nota, Gn. 12:1c para un mayor análisis.) Jacob hizo dos peticiones importantes con respecto a su sepultura: que...

- Fuera sepultado en Canaán, en la cueva comprada por Abraham (vv. 29-30).
- Fuera sepultado en el lugar donde estaban sepultados sus seres amados (vv. 31-32).

Jacob le había hecho esta petición antes a José, pero le estaba haciendo la misma petición a todos sus hijos. ¿Por qué? ¿Jacob no podía confiar en que José llevara a cabo su deseo? Por supuesto que podía. A Jacob no le preocupaba que se le regresara a Canaán para sepultura, en lo más mínimo. José había jurado —hecho un juramento— de que enterraría a su padre en Canaán. Lo que Jacob estaba haciendo era lo siguiente: él estaba declarando su gran fe en las promesas de Dios.

Dios le había hecho varias grandes promesas a Jacob, y Jacob creía en las promesas de Dios. Él creía en las promesas que Dios les había hecho a Abraham e Isaac y a él mismo al menos en dos ocasiones diferentes. (Vea subíndice y notas, Gn. 28:12-15; 35:9-12.)

=> Él creía en la promesa de la Simiente prometida, que un día Israel se convertiría en una gran nación de personas y por medio de Israel Dios enviaría la simiente muy especial, el Salvador del mundo. (Vea notas, Gn. 12:2-3; 12:3 para un mayor análisis.)

=> Él creía en *la Tierra Prometida*, que Dios iba a darle la Tierra Prometida al pueblo de Dios. (Vea nota, Gn. 12:1c para un mayor análisis.)

Jacob estaba declarando su fe en estas promesas pidiendo que se regresara su cuerpo a la Tierra Prometida. Él quería que su sepultura fuera un gran testimonio de Dios; él quería que su sepultura declarara las grandes promesas de Dios. Él quería que sus descendientes —el pueblo de Dios, los creyentes de todas las generaciones— supieran que Dios verdaderamente le había dado al mundo las grandes promesas, que Dios le había dado las grandes promesas a él personalmente. Jacob sabía que las promesas eran ciertas, porque Dios le había hablado a él en varias ocasiones para darle la seguridad de las grandes promesas. Por ende, él quería que su cuerpo se sepultara en la propia Tierra Prometida por Dios. Y con su sepultura, él quería que sus descendientes y el mundo supieran que las grandes promesas de Dios eran ciertas, que Dios iba a cumplir sus promesas definitivamente:

=> Dar la Simiente prometida: Israel sería una gran nación de personas.

=> Dar la Simiente prometida muy especial: El Salvador del mundo sería enviado a salvar al mundo.

=> Dar la Tierra Prometida: Canaán le sería dada a Israel y simbólicamente la Tierra Prometida del cielo le sería dada a los creyentes de cada generación.

Pensamiento 1. *Advierta* un elemento muy importante: Jacob y los otros grandes padres de la fe creían que la tierra de Canaán les sería dada. Ellos *heredarían* la Tierra Prometida. Esta era su gran esperanza. Pero detrás de la esperanza terrenal estaba la esperanza celestial que era mucho mayor. (Vea nota, Gn. 12:1c para un mayor análisis y versículos.)

1) Ellos tenían la gran esperanza de una tierra mejor, una tierra celestial.

"**Conforme a la fe murieron todos éstos sin haber recibido lo prometido, sino mirándolo de lejos, y creyéndolo, y saludándolo, y confesando que eran extranjeros y peregrinos sobre la tierra. Porque los que esto dicen, claramente dan a entender que buscan una patria;... Pero anhelaban una mejor, esto es, celestial; por lo cual Dios no se avergüenza de llamarse Dios de ellos; porque les ha preparado una ciudad**" (He. 11:13-14, 16).

2) Ellos tenían la gran esperanza de una ciudad celestial.

"**porque esperaba la ciudad que tiene fundamentos, cuyo arquitecto y constructor es Dios**" (He. 11:10).

"**Pero anhelaban una mejor, esto es, celestial; por lo cual Dios no se avergüenza de llamarse Dios de ellos; porque les ha preparado una ciudad**" (He. 11:16).

3) Ellos tenían la gran esperanza de heredar todo el mundo. El Nuevo Testamento nos dice lo siguiente:

"**Así que, ya no nos juzguemos más los unos a los otros, sino más bien decidid no poner tropiezo u ocasión de caer al hermano**" (Ro. 4:13).

4) Ellos y todos los otros creyentes tienen la gran esperanza de unos nuevos cielos y tierra.

"**sabiendo primero esto, que en los postreros días vendrán burladores, andando según sus propias concupiscencias,... y diciendo: ¿Dónde está la promesa de su advenimiento? Porque desde el día en que los padres durmieron, todas las cosas permanecen así como desde el principio de la creación. Mas, oh amados, no ignoréis esto: que para con el Señor un día es como mil años, y mil años como un día. El Señor no retarda su promesa, según algunos la tienen por tardanza, sino que es paciente para con nosotros, no queriendo que ninguno perezca, sino que todos procedan al arrepentimiento. Pero el día del Señor vendrá como ladrón en la noche; en el cual los cielos pasarán con grande estruendo, y los elementos ardiendo serán deshechos, y la tierra y las obras que en ella hay serán quemadas. Puesto que todas estas cosas han de ser deshechas, ¡cómo no debéis vosotros andar en santa y piadosa manera de vivir, esperando y apresurándoos para la venida del día de Dios, en el cual los cielos, encendiéndose, serán deshechos, y los elementos, siendo quemados, se fundirán!**

Pero nosotros esperamos, según sus promesas, cielos nuevos y tierra nueva, en los cuales mora la justicia" (2 P. 3:3-4, 8-13. Nota vv. 10-13).

"**Vi un cielo nuevo y una tierra nueva; porque el primer cielo y la primera tierra pasaron, y el mar ya no existía más. Y yo Juan vi la santa ciudad, la nueva Jerusalén, descender del cielo, de Dios, dispuesta como una esposa ataviada para su marido. Y oí una gran voz del cielo que decía: He aquí el tabernáculo de Dios con los hombres, y él morará con ellos; y ellos serán su pueblo, y Dios mismo estará con ellos como su Dios. Enjugará Dios toda lágrima de los ojos de ellos; y ya no habrá muerte, ni habrá más llanto, ni clamor, ni dolor; porque las primeras cosas pasaron**" (Ap. 21:1-4)

"**Desde el principio tú fundaste la tierra, y los cielos son obra de tus manos. Ellos perecerán, mas tú permanecerás; y todos ellos como una vestidura se envejecerán; como un vestido los mudarás, y serán mudados; pero tú eres el mismo, y tus años no se acabarán**" (Sal. 102:25-27).

"**Y todo el ejército de los cielos se disolverá, y se enrollarán los cielos como un libro; y caerá todo su ejército, como se cae la hoja de la parra, y como se cae la de la higuera**" (Is. 34:4).

"**Alzad a los cielos vuestros ojos, y mirad abajo a la tierra; porque los cielos serán deshechos como humo, y la tierra se envejecerá como ropa de vestir, y de la misma manera perecerán sus moradores; pero mi salvación será para siempre, mi justicia no perecerá**" (Is. 51:6).

"**Porque he aquí que yo crearé nuevos cielos y nueva tierra; y de lo primero no habrá memoria, ni más vendrá al pensamiento**" (Is. 65:17).

"**Porque como los cielos nuevos y la nueva tierra que yo hago permanecerán delante de mí, dice Jehová, así permanecerá vuestra descendencia y vuestro nombre**" (Is. 66:22).

3 (49:33) *Muerte — Cielo:* Jacob murió y se recompensó su fe: fue reunido con su pueblo, se unió a otros creyentes en el cielo. Sucedió lo que Jacob había acabado de declarar. Tan pronto había terminado de dar sus instrucciones a sus hijos, él se volvió a acostar en la cama y murió. Y él fue reunido con su pueblo. Jacob se unió con todos los creyentes que vivían con Dios en la eternidad.

Pensamiento 1. Nuestra fe también será recompensada cuando muramos. Si creemos en la Simiente prometida —el Salvador del mundo— creemos verdaderamente en el Señor Jesucristo, nos reuniremos con Jacob y todos los otros creyentes que viven con Dios en la eternidad.

"**Y como Moisés levantó la serpiente en el desierto, así es necesario que el Hijo del Hombre sea levantado, para que todo aquel que en él cree, no se pierda, mas tenga vida eterna**" (Jn. 3:14-15).

"**Porque de tal manera amó Dios al mundo, que ha dado a su Hijo unigénito, para que todo aquel que en él cree, no se pierda, mas tenga vida eterna**" (Jn. 3:16).

"El que cree en el Hijo tiene vida eterna; pero el que rehúsa creer en el Hijo no verá la vida, sino que la ira de Dios está sobre él" (Jn. 3:36).

"De cierto, de cierto os digo: El que oye mi palabra, y cree al que me envió, tiene vida eterna; y no vendrá a condenación, mas ha pasado de muerte a vida" (Jn. 5:24).

"No os maravilléis de esto; porque vendrá hora cuando todos los que están en los sepulcros oirán su voz; y los que hicieron lo bueno, saldrán a resurrección de vida; mas los que hicieron lo malo, a resurrección de condenación" (Jn. 5:28-29).

"El que ama su vida, la perderá; y el que aborrece su vida en este mundo, para vida eterna la guardará" (Jn. 12:25).

"Pero éstas se han escrito para que creáis que Jesús es el Cristo, el Hijo de Dios, y para que creyendo, tengáis vida en su nombre" (Jn. 20:31).

"Porque el que siembra para su carne, de la carne segará corrupción; mas el que siembra para el Espíritu, del Espíritu segará vida eterna" (Gá. 6:8).

"Y este es el testimonio: que Dios nos ha dado vida eterna; y esta vida está en su Hijo. El que tiene al Hijo, tiene la vida; el que no tiene al Hijo de Dios no tiene la vida. Estas cosas os he escrito a vosotros que creéis en el nombre del Hijo de Dios, para que sepáis que tenéis vida eterna, y para que creáis en el nombre del Hijo de Dios" (1 Jn. 5:11-13).

4 (50:1-13) *Muerte — Sepultura:* Se honraron los deseos de sepultura de Jacob. Este es uno de los relatos más detallados de sepultura de las Escrituras. Advierta con qué cuidado José se encargó de que se llevaran a cabo las instrucciones de sepultura de su padre.

1. En el momento en que Jacob murió, José se inclinó sobre el rostro de su padre y lloró sobre él y lo besó (v. 1). La ilustración es la de abrazar a su padre y estar frente a frente con él. José lloró y lo besó. Esto demuestra el gran amor y ternura de José por su padre. José amaba a su padre a pesar de los terribles fracasos del pasado de Jacob.

2. José se encargó de que su padre fuera sepultado según la costumbre.

=> José hizo que sus propios médicos embalsamaran a su padre (v. 2). El embalsamamiento demoró cuarenta días completos (v. 3).

=> José también siguió la costumbre egipcia de guardar luto a los muertos durante setenta días (v. 3b).

3. Luego José proclamó la fe de su padre (vv. 4-13). El subíndice de lo que José hizo nos ilustra este punto.

   a. José hizo que algunos oficiales pidieran permiso a Faraón para sepultar a Jacob en Canaán (vv. 4-5). ¿Por qué José no hizo la petición él mismo? ¿La costumbre egipcia consideraba a los parientes de los muertos ser inmundos ceremonialmente durante un número de días? ¿O existía el peligro de que Faraón temiera que José pudiera no regresar si hacía

el viaje a Canaán? Recuerden, el hambre se había acabado hacía años. La casa de Israel, sin dudas, se había vuelto valiosa para Faraón en el cuidado de su ganado y las posesiones personales de sus haciendas. Al tener a otros oficiales presentes, la petición le daría la seguridad a Faraón de que José no tramaba en secreto huir de Egipto y regresar de modo permanente a Canaán. Advierta que José realmente le dijo a Faraón que él regresaría a Egipto (v. 5c).

   b. José garantizó el permiso real de Faraón. Él y su familia podían viajar a Canaán para sepultar a su padre.

   c. José sin pena alguna organizó una gran procesión funeraria para demostrar la fe de su padre (vv. 7-9). Advierta quiénes fueron:

   => Todos los oficiales de la corte de Faraón (v. 7).

   => Toda la casa de José y sus hermanos, todos excepto los niños y los trabajadores de la hacienda (v. 8).

   => Algunos carros y jinetes, refiriéndose a la guardia militar de la corte de Faraón (v. 9).

   d. José cumplió la fe de su padre: él lo sepultó en la Tierra Prometida de Canaán (v. 10). Advierta que ellos guardaron luto por siete días después de llegar al sitio de sepultura en la Tierra Prometida.

   e. José demostró la grandeza de la fe de su padre públicamente: el pesar fue tan intenso que los cananeos simbolizaban el luto (v. 11). Ellos comenzaban a llamar el valle *Abel Mizraim*, la pradera de los egipcios.

   f. José llevó a la familia a reconocer y llevar a cabo la fe de su padre (vv. 12-13). José y sus hermanos —los hijos de Jacob— se hicieron cargo en ese momento de la procesión funeraria. Ellos sepultaron a su padre como él había pedido: en Canaán, en la cueva de Macpela, la misma cueva que Abraham había comprado (v. 10). Recuerden, Abraham había comprado el sitio de sepultura como testimonio de su fe en las grandes promesas de Dios. Ahora Jacob era sepultado con Abraham, ese gran padre mismo de la fe. (Vea nota, pt. 3, Gn. 25:7-10 para un mayor análisis.)

Pensamiento 1. Debemos amar a aquellos de nuestra familia, amarlos y honrar sus deseos de sepultura. José constituye un ejemplo dinámico para nosotros.

Pero advierta también esto: el padre, Jacob, a pesar de los fracasos terribles de sus años anteriores, se había arrepentido de sus pecados y había cambiado su vida. Debemos amar a nuestros padres, fundamentalmente si son creyentes que siguen verdaderamente a Dios, amarlos sin importar cuánto puedan haber fracasado en el pasado. Si amamos a nuestros padres, llevaremos a cabo sus deseos de sepultura.

"Un mandamiento nuevo os doy: Que os améis unos a otros; como yo os he amado, que también os améis unos a otros. En esto conocerán todos que sois mis discípulos, si tuviereis amor los unos con los otros" (Jn. 13:34-35).

"El amor sea sin fingimiento. Aborreced lo malo, seguid lo bueno" (Ro. 12:9).

"Antes sed benignos unos con otros, misericordiosos, perdonándoos unos a otros, como Dios también os perdonó a vosotros en Cristo" (Ef. 4:32).

"Y el Señor os haga crecer y abundar en amor unos para con otros y para con todos, como también lo hacemos nosotros para con vosotros" (1 Ts. 3:12).

	Ñ. José tranquilizó a sus hermanos: Cómo seguir a Dios hasta el fin, 50:14-26	lo que vemos hoy, para mantener en vida a mucho pueblo.	
1 José cumplió con sus deberes, venciendo los pesares de la vida	14 Y volvió José a Egipto, él y sus hermanos, y todos los que subieron con él a sepultar a su padre, después que lo hubo sepultado.	21 Ahora, pues, no tengáis miedo; yo os sustentaré a vosotros y a vuestros hijos. Así los consoló, y les habló al corazón.	3) Uno debe devolver bien por mal: Él prometió ocuparse de sus hermanos y les dio seguridad
2 José mantuvo un espíritu perdonador	15 Viendo los hermanos de José que su padre era muerto, dijeron: Quizá nos aborrecerá José, y nos dará el pago de todo el mal que le hicimos.	22 Y habitó José en Egipto, él y la casa de su padre; y vivió José ciento diez años. 23 Y vio José los hijos de Efraín hasta la tercera generación; también los hijos de Maquir hijo de Manasés fueron criados sobre las rodillas de José.	**3 José se mantuvo fiel a Dios y llevó una vida fructífera** a. Él fue fiel: Se quedó en Egipto y vivió hasta la edad de 110 años b. Él fructificó: Vivió para ver y darle testimonio a sus bisnietos
a. Los hermanos, al darse cuenta de que su padre estaba muerto, temieron que José pudiera tomar venganza			
b. Los hermanos enviaron un mensaje a José: Alegaron que el mensaje era el deseo de su padre	16 Y enviaron a decir a José: Tu padre mandó antes de su muerte, diciendo:		
1) El padre quería que los hijos le pidieran a José que les perdonara sus pecados contra él 2) Los hermanos le pidieron a José que los perdonara 3) José lloró cuando oyó el mensaje	17 Así diréis a José: Te ruego que perdones ahora la maldad de tus hermanos y su pecado, porque mal te trataron; por tanto, ahora te rogamos que perdones la maldad de los siervos del Dios de tu padre. Y José lloró mientras hablaban.	24 Y José dijo a sus hermanos: Yo voy a morir; mas Dios ciertamente os visitará, y os hará subir de esta tierra a la tierra que juró a Abraham, a Isaac y a Jacob. 25 E hizo jurar José a los hijos de Israel, diciendo: Dios ciertamente os visitará, y haréis llevar de aquí mis huesos.	**4 José se aferró a las grandes promesas de Dios incluso al enfrentarse a la muerte** a. José anunció la liberación de Israel de Egipto; que ellos heredarían la Tierra Prometida b. José exigió un juramento de Israel: Que ellos llevarían sus huesos de vuelta a la Tierra Prometida
c. Los propios hermanos fueron donde José: Se ofrecieron como sus siervos	18 Vinieron también sus hermanos y se postraron delante de él, y dijeron: Henos aquí por siervos tuyos.	26 Y murió José a la edad de ciento diez años; y lo embalsamaron, y fue puesto en un ataúd en Egipto.	c. José murió: Fue sepultado en Egipto, pero sólo de forma temporal
d. José mantuvo su espíritu perdonador 1) Le corresponde a Dios juzgar, no a él 2) Dios anula el mal del hombre y lo usa para bien	19 Y les respondió José: No temáis; ¿acaso estoy yo en lugar de Dios? 20 Vosotros pensasteis mal contra mí, mas Dios lo encaminó a bien, para hacer		

DIVISIÓN X

JOSÉ, BISNIETO DE ABRAHAM: ESCOGIDO PARA SALVAR A LA DESCENDENCIA DEL PUEBLO DE DIOS Y LAS GRANDES PROMESAS DE DIOS: SUCESOS QUE LLEVAN AL PUEBLO DE DIOS A EGIPTO, 37:1—50:26

Ñ. José tranquilizó a sus hermanos: Cómo seguir a Dios hasta el fin, 50:14-26

(50:14-26) *Introducción:* Hay pocas vidas nobles en la tierra, muy pocas personas verdaderamente nobles. Pero José era una de ellas. Él era una persona muy excelente, no solo ante los ojos de los hombres sino ante los ojos de Dios. Y son los ojos de Dios los que eliminan a tantos de las filas de la verdadera nobleza. Una persona puede ser de sangre noble y gobernar con la nobleza de la tierra, pero puede que sea un sinvergüenza ante los ojos de Dios y en su verdadero valor para la sociedad. Todos conocemos líderes de gobierno y sociedad que deben ser las personas más nobles de la tierra, aún así cuidasen tanto de la verdadera nobleza.

José era una persona noble; Él llevó una vida de verdadera nobleza. De hecho, él figura entre los más nobles según el propio Dios. A él se le menciona en el Gran salón de la fama de Hebreos, Capítulo Once. Pero hay una razón por la que José llevó una vida tan noble; hay una razón por la que a él siempre se le admirará, fundamentalmente los creyentes de la tierra: José se dedicó a Dios, se dedicó a llevar una vida justa y a seguir las promesas de Dios. Y José siguió a Dios hasta el propio fin de su vida. Cuando hizo su compromiso con Dios, nunca vaciló ni se echó atrás. Él se mantuvo hasta el final. Este es el tema de este gran pasaje de las Escrituras, y es un tema adecuado ya que le da fin a este gran libro de las Escrituras. El tema es: *José tranquilizó a sus hermanos: Cómo seguir a Dios hasta el fin, 50:14-26.*

1. José cumplió con sus deberes, venciendo los pesares de la vida (v. 14).
2. José mantuvo un espíritu perdonador (vv. 15-21).
3. José se mantuvo fiel a Dios y llevó una vida fructífera (vv. 22-23).
4. José se aferró a las grandes promesas de Dios incluso al enfrentarse a la muerte (vv. 24-26).

1 (50:14) *Pesar — Pruebas — Deber:* José cumplió con sus deberes, venciendo los pesares y pruebas de la vida. Este es el primer paso para seguir a Dios hasta el fin: nosotros cumplimos con nuestros deberes, venciendo los pesares y pruebas de la vida.

José había guardado luto por la muerte de su padre por mucho tiempo, por más de tres meses. Advierta cuánto había durado el período de luto:
=> El embalsamamiento había durado *cuarenta días* (vv. 2-3).
=> El período del luto egipcio había durado *setenta días* (v. 4).
=> El viaje al sitio de sepultura en Canaán probablemente hubiera durado entre *dos a tres semanas* (v. 7).
=> El luto en el Jordán había durado *una semana* (v. 10).

El pesar se había extendido por más de 130 días, entre tres o cuatro meses. Era hora de que José se levantara, venciera su pesar, y volviera al trabajo. Era hora de que él regresara a sus deberes, hora de que él continuara su vida. Y advierta: esto es exactamente lo que hizo José. Él regresó a Egipto con sus hermanos que habían ido con él a sepultar a su padre. Sin embargo, el regreso a sus deberes en Egipto debe haber sido muy difícil para José. ¿Por qué? Por tres razones.

1. Esta era la primera vez que José había visto su tierra natal desde que le habían vendido a la esclavitud a la edad de diecisiete años. Canaán era su hogar, y él no se había marchado de casa por que él quisiera. A él lo habían arrancado a la fuerza de su hogar como esclavo. Habían pasado décadas desde que se había marchado de su tierra natal. Su corazón estaba allí, y sin dudas él quería permanecer allí. Tener que abandonar su hogar nuevamente debe haber sido una experiencia muy dolorosa para José.

2. José estaba parado en la Tierra Prometida, en la tierra misma que Dios le había prometido a él y a sus hermanos. El hambre se había acabado; él y sus hermanos podían fácilmente haber regresado para reinstalarse en la tierra. Pero no lo hicieron. El llamado de Dios para José era que gobernara Egipto. Por eso tuvo que regresar para desempeñar su deber ante Dios. Además, José seguía a Dios, y Dios aún no le había mostrado que él debiera regresar de modo permanente a la Tierra Prometida. José sabía que él y sus hermanos tenían que permanecer en Egipto hasta que Dios les dijera que era hora de regresar. Él estaba dispuesto a esperar por Dios, pero su corazón aún estaba en la Tierra Prometida. Abandonar la Tierra Prometida y regresar a Egipto, sin dudas, era una experiencia dolorosa para él.

3. Probablemente José estuviera consciente de que ahora estaba ocurriendo la profecía de Dios a Abraham, que Israel estaría en Egipto por mucho tiempo (vea nota, pt. 4, Gn. 15:7-21).

Cualquiera que sea el caso, el regreso a Egipto habría sido difícil para José porque él creía en las grandes promesas de Dios, que algún día la Tierra Prometida sería la herencia de Israel. José debe haber añorado quedarse, pero no podía; su deber estaba en Egipto.

Sucede lo siguiente: José siguió a Dios hasta el propio fin. No importa lo que él pueda haber querido, no importa lo que él personalmente deseaba, José cumplió con sus deberes. Él se levantó de su tristeza por su padre y venció el pesar y la prueba de la muerte de su padre. Él venció esta prueba de la misma manera que había vencido todas las pruebas que se le habían presentado a lo largo de su vida.

Pensamiento 1. Debemos seguir el ejemplo de José. Debemos seguir a Dios hasta el fin mismo de nuestras vidas. Todos nos enfrentamos a pruebas en...
• El trabajo
• La familia
• Las finanzas
• El negocio
• La escuela
• Las relaciones

Algunos de nosotros nos enfrentamos a pruebas y pesares terribles. Pero no debemos dejar que la crisis nos lastime y nos derrote. Debemos levantarnos, ponernos en pie, y cumplir con nuestros deberes, venciendo los pesares y pruebas de la vida.

Aunque nos enfrentemos a la muerte de un ser amado, no debemos entristecernos para siempre. No debemos regodearnos en la tristeza y la autocompasión. La vida debe continuar. Debemos volvernos hacia Dios y seguirlo hasta el fin. Debemos vencer todas las pruebas de la vida. Siempre debemos levantarnos y regresar a nuestros deberes, continuando nuestras vidas.

"Así que, hermanos míos amados, estad firmes y constantes, creciendo en la obra del Señor siempre,

sabiendo que vuestro trabajo en el Señor no es en vano" (1 Co. 15:58).

"No nos cansemos, pues, de hacer bien; porque a su tiempo segaremos, si no desmayamos" (Gá. 6:9).

"Bienaventurado el varón que soporta la tentación; porque cuando haya resistido la prueba, recibirá la corona de vida, que Dios ha prometido a los que le aman" (Stg. 1:12).

"Hermanos míos, tomad como ejemplo de aflicción y de paciencia a los profetas que hablaron en nombre del Señor. He aquí, tenemos por bienaventurados a los que sufren. Habéis oído de la paciencia de Job, y habéis visto el fin del Señor, que el Señor es muy misericordioso y compasivo" (Stg. 5:10-11).

"Amados, no os sorprendáis del fuego de prueba que os ha sobrevenido, como si alguna cosa extraña os aconteciese" (1 P. 4:12).

"No obstante, proseguirá el justo su camino, y el limpio de manos aumentará la fuerza" (Job 17:9).

"He aquí te he purificado, y no como a plata; te he escogido en horno de aflicción" (Is. 48:10).

2 (50:15-21) *Perdonar a otros:* José mantuvo un espíritu perdonador. Este es el segundo paso para seguir a Dios hasta el fin: debemos perdonar a otros y mantener un espíritu perdonador hasta el fin de la vida. Jacob había vivido diecisiete años en Egipto antes de morir (Gn. 47:28). Por eso, había pasado mucho tiempo desde que José había confrontado a sus hermanos por el mal que le habían hecho, durante diecisiete años. Ellos le habían hecho un mal terrible a él, amenazaron su vida y lo vendieron a la esclavitud. Pero recuerden, José los había perdonado. Los hermanos habían confesado su pecado, y se habían arrepentido de su pecado, y se habían convertido; y José los había confrontado y perdonado verdaderamente.

1. Pero ahora, como su padre había muerto, los hermanos comenzaron a temer que José pudiera buscar venganza contra él (v. 15). Mientras su padre estaba vivo, él les servía un tanto de cobertura a ellos, de protección, una fuerza de restricción. Había poco peligro de que José tomara venganza de ellos mientras su padre estuviera vivo. Pero ahora que no había nada entre José y los hermanos, nada que le impidiera tomar venganza contra ellos, excepto Dios y un verdadero espíritu de perdón. Cierto, José había dicho que él los había perdonado, pero eso había sido diecisiete años antes; y el mal contra José había sido terrible. Era uno de los peores males que se pueden hacer contra una persona, el de amenazar la vida de una persona y esclavizarla. Comenzaron a surgir preguntas acuciantes en los pensamientos de los hermanos:

=> ¿José los había perdonado realmente?
=> ¿Cómo una persona podía perdonar un mal tan terrible? Después de todo José tan solo era humano.
=> ¿Cuán comprometido estaba José con Dios? ¿Lo suficiente como para perdonar el peor mal que se pueda imaginar?
=> ¿José estaba realmente comprometido con la familia de Israel? ¿Comprometido con la Simiente prometida y el pueblo de Dios? ¿Él estaba lo bastante comprometido como para no lastimarlos sino ayudarlos a sobrevivir y regresar a la Tierra Prometida?

Todo tipo de preguntas comenzaron a invadir las mentes de los hermanos, y finalmente un espíritu de temor y aprehensión se apoderó de sus almas. Ellos comenzaron a temer que José pudiera buscar venganza contra ellos. Finalmente el temor y la presión sacaron lo mejor de ellos, y cuando ellos ya no lo pudieron soportar un minuto más, actuaron.

2. Los hermanos enviaron un mensajero donde José, y ellos alegaron que las instrucciones eran de su padre antes de morir (vv. 16-17). El mensajero muy probablemente fuera Benjamín o Judá. Advierta cuál era el mensaje.

=> Su padre quería que los hijos confesaran su pecado a José y le pidieran perdón (v. 17).
=> Los hermanos le pidieron a José que los perdonara (v. 17b).

Cuando José oyó el mensaje, se echó a llorar (v. 17c). Ahora bien, ¿por qué José lloró? ¿Qué fue lo que conmovió tanto su corazón que se echaría a llorar? Probablemente tres cosas.

a. Los hermanos estaban mostrando un arrepentimiento verdadero, que estaban convertidos genuinamente. Ellos no tenían ningún tipo de problema en pedir perdón cuando ellos le hubieran hecho mal a una persona. Esto era evidente porque acudieron a José ahora. José podía quedarse tranquilo, sus hermanos estaban siguiendo a Dios de un modo genuino, y querían que la familia se reconciliara verdaderamente.

b. Los hermanos se hicieron llamar *los siervos del Dios de su padre [del padre de José]* (v. 17b). Estaban declarando su testimonio, su compromiso con Dios; eran los siervos de Dios, el Dios vivo y verdadero de José. Por su declaración José supo que sus hermanos estaban comprometidos al llamado de Dios. Él sabía que sus hermanos seguirían a Dios y a sus grandes promesas. Y él sabía que Dios podía usarlos para llevar a cabo sus grandes propósitos para el mundo.

c. José se sintió conmovido y se descompuso porque él vio que su propia vida Dios la había usado al máximo. Su vida no la había vivido en vano. Dios lo había usado para salvar a su familia, la familia de creyentes a quienes Dios había escogido para dar a luz la Simiente prometida, el Salvador del mundo, y para heredar la Tierra Prometida.

3. Ahora bien, advierta lo que sucedió después que se le había enviado el mensaje a José. Los propios hermanos acudieron a José, ofreciéndose ellos mismos como sus siervos (v. 18). Al parecer ellos fueron justo detrás del mensajero. Esto, también, demostró un arrepentimiento y compromiso verdaderos de seguir Dios. De hecho, demostró un espíritu de restitución. Ellos habían vendido a José como esclavo; ahora ellos se ofrecían para ser sus esclavos.

4. Pero advierta la respuesta de José: él no aceptaría su ofrecimiento de ser sus siervos. Él mantendría su espíritu

perdonador. Él había perdonado a sus hermanos años antes, más de diecisiete años antes de eso. Él nunca se había echado atrás en su promesa de perdón (vv. 19-21). José había perdonado verdaderamente. Esto significaba que él le había pedido a Dios que le diera el propio *espíritu de perdón* de Dios. ¿Cuál es el espíritu de perdón de Dios?

=> Una vez perdonado, siempre perdonando.

No hay otro perdón, no un perdón verdadero. El perdón verdadero hace eso exactamente: Perdona de una vez por toda. El viejo pecado o error nunca se saca a relucir nuevamente. No se puede, no si se ha perdonado verdaderamente.

Por supuesto, estos es difícil de aceptar, fundamentalmente si somos la parte culpable sobre quien recae la venganza. Este era el problema que tenían los hermanos. Ellos no estaban seguros de que José los hubiera perdonado verdaderamente. Pero José quería darles seguridad: él los había perdonado, y él seguía perdonándolos. Él no podía hacer nada más, porque él estaba siguiendo a Dios hasta el fin. Y Dios exige que perdonemos, que perdonemos de una vez y por todas. Advierta cómo José trató de convencer a sus hermanos de su perdón.

a. José declaró que le correspondía a Dios juzgar, no a él (v. 19b). Por lo tanto, él le dejaba el juicio a Dios.

"Porque es necesario que todos nosotros comparezcamos ante el tribunal de Cristo, para que cada uno reciba según lo que haya hecho mientras estaba en el cuerpo, sea bueno o sea malo" (2 Co. 5:10).

"Y de la manera que está establecido para los hombres que mueran una sola vez, y después de esto el juicio" (He. 9:27).

"sabe el Señor librar de tentación a los piadosos, y reservar a los injustos para ser castigados en el día del juicio" (2 P. 2:9).

"De éstos también profetizó Enoc, séptimo desde Adán, diciendo: He aquí, vino el Señor con sus santas decenas de millares, para hacer juicio contra todos, y dejar convictos a todos los impíos de todas sus obras impías que han hecho impíamente, y de todas las cosas duras que los pecadores impíos han hablado contra él" (Jud. 14-15).

b. José declaró que Dios había anulado su mal y lo había obrado a bien (v. 20). Esta era la misma declaración que José le había hecho a sus hermanos hace diecisiete años. Él había visto un hombre de Dios tomar todas las situaciones terribles de su vida y obrarlas a bien. Dios había usado todas las pruebas terribles para fortalecerlo y enseñarlo a resistir y trabajar duro. Por eso Dios pudo exaltar a José como el gobernador de Egipto para que pudiera salvar al mundo de su época de la catástrofe total. Dios había usado a José para salvar al mundo, pero fundamentalmente a su pueblo, Israel, los creyentes de la tierra; para salvarlos de la crisis económica total y del hambre por una hambruna de siete años que había azotado el mundo conocido de esa época.

"Y sabemos que a los que aman a Dios, todas las cosas les ayudan a bien, esto es, a los que conforme a su propósito son llamados" (Ro. 8:28).

c. José declaró que él devolvería bien por mal (v. 21). Él debe hacer exactamente lo que dicen las Escrituras que debemos hacer:

"No seas vencido de lo malo, sino vence con el bien el mal" (Ro. 12:21).

José alentó a sus hermanos a no temer: él iba a proveer para ellos y para sus familias. Advierta cómo él hizo todo cuanto pudo para tranquilizar a sus hermanos. Él solo les dijo palabras amables y consoladoras (v. 21b).

Pensamiento 1. ¡Qué ejemplo tan dinámico de perdonar a otros! Si José pudo perdonar a sus hermanos, podemos perdonar a cualquier persona por cualquier cosa. No importa cuán terrible sea el mal o el error que nos hayan hecho, podemos perdonar a la persona. De hecho, es nuestro deber. Dios exige que los perdonemos.

"Y perdónanos nuestras deudas, como también nosotros perdonamos a nuestros deudores" (Mt. 6:12).

"Porque si perdonáis a los hombres sus ofensas, os perdonará también a vosotros vuestro Padre celestial; mas si no perdonáis a los hombres sus ofensas, tampoco vuestro Padre os perdonará vuestras ofensas" (Mt. 6:14-15).

"Y cuando estéis orando, perdonad, si tenéis algo contra alguno, para que también vuestro Padre que está en los cielos os perdone a vosotros vuestras ofensas. Porque si vosotros no perdonáis, tampoco vuestro Padre que está en los cielos os perdonará vuestras ofensas" (Mr. 11:25-26)

"Sed, pues, misericordiosos, como también vuestro Padre es misericordioso. No juzguéis, y no seréis juzgados; no condenéis, y no seréis condenados; perdonad, y seréis perdonados" (Lc. 6:36-37).

"Y si siete veces al día pecare contra ti, y siete veces al día volviere a ti, diciendo: Me arrepiento; perdónale" (Lc. 17:4)

"Antes sed benignos unos con otros, misericordiosos, perdonándoos unos a otros, como Dios también os perdonó a vosotros en Cristo" (Ef. 4:32).

"soportándoos unos a otros, y perdonándoos unos a otros si alguno tuviere queja contra otro. De la manera que Cristo os perdonó, así también hacedlo vosotros" (Col. 3:13).

3 (50:22-23) *Fidelidad — Fructificación — Vida, larga:* José se mantuvo fiel a Dios y llevó una vida fructífera. Este es el tercer paso para seguir a Dios hasta el fin: nos mantenemos fieles a Dios y llevamos una vida fructífera.

1. José se mantuvo fiel a Dios; él vivió hasta los 110 años. Advierta cómo la última parte de la vida de José — cincuenta y cuatro años para ser exactos— se cubren en solo unos

cuantos versículos (vv. 22-26). Esto enfatiza nuevamente la soberanía de Dios, cómo Dios había levantado a José para dos propósitos primarios:

=> El de salvar al mundo de la crisis económica total y el hambre durante la escasez de siete años.

=> El de traer a Israel a Egipto a fin de salvarlos de perder su identidad piadosa por medio del matrimonio mixto con la influencia mundana de sus vecinos (los cananeos) (Vea *Estudio a fondo 2,* Gn. 37:1—50:26).

Las Escrituras usan doce capítulos completos para abordar cómo Dios preparó y usó a José para salvar al mundo y a Israel. Este fue un período de treinta y nueve años, comenzando cuando José tenía diecisiete años y terminando cuando tenía cincuenta y seis (Gn. 37:1—50:21). Ahora bien, lo próximos cincuenta y cuatro años de la vida de José se abordan en solo cinco versículos. Sucede lo siguiente: Dios había completado su propósito primario con José cuando José tenía cincuenta y seis años de edad. Dios había usado a José para guiar al mundo a través de la hambruna, y él había traído a Israel a Egipto, separándolo de la influencia mundana y del matrimonio mixto con los cananeos.

¿Qué debía hacer José entonces con el resto de su vida? Ser fiel a Dios. Él debía mantener unidos a sus hermanos; él debía mantener a todo Israel en Egipto; y él debía llevar una vida piadosa y justa ante el mundo de su época. José lo hizo. Lo sabemos porque Israel nunca abandonó Egipto, no hasta después de cuatrocientos años. Por eso José fue fiel hasta el final, fiel a Dios: Él mantuvo a Israel —las casas de sus hermanos— en Gosén, lejos de la influencia mundana de los cananeos.

2. Pero José no solo fue fiel, él también fructificó. Él vivió para ver la tercera generación de su familia. Esto probablemente signifique que él vivió para ver a sus bisnietos. Decimos *probablemente* porque si se considera a José como una generación, entonces la tercera generación se referiría a sus nietos. Sin embargo, vivir hasta los 110 significa que sus nietos tenían edad suficiente para darle bisnietos. Por consiguiente, la tercera generación probablemente no incluya al propio José.

Sucede lo siguiente: José estaba dando testimonio del crecimiento de Israel. En la medida en que les nacían hijos a las familias de José y a sus hermanos, sin dudas estaban dando testimonio y guiándolos a seguir a Dios y sus grandes promesas. José estaba siguiendo a Dios hasta el propio fin de su vida, estaba siguiendo a Dios fielmente. El resultado fue una bendición maravillosa de Dios: Dios le estaba dando fruto a José, nietos que se convertirían en creyentes y seguidores futuros de Dios en la tierra.

Pensamiento 1. Se ven dos lecciones fuertes en la fidelidad y fructificación de José.

1) Debemos serle fiel a Dios hasta el propio fin de nuestras vidas.

"Y seréis aborrecidos de todos por causa de mi nombre; mas el que persevere hasta el fin, éste será salvo" (Mt. 10:22).

"Así que, hermanos míos amados, estad firmes y constantes, creciendo en la obra del Señor siempre, sabiendo que vuestro trabajo en el Señor no es en vano" (1 Co. 15:58).

"No nos cansemos, pues, de hacer bien; porque a su tiempo segaremos, si no desmayamos" (Gá. 6:9).

"Bienaventurado el varón que soporta la tentación; porque cuando haya resistido la prueba, recibirá la corona de vida, que Dios ha prometido a los que le aman" (Stg. 1:12).

"Por tanto, ceñid los lomos de vuestro entendimiento, sed sobrios, y esperad por completo en la gracia que se os traerá cuando Jesucristo sea manifestado" (1 P. 1:13).

"No temas en nada lo que vas a padecer. He aquí, el diablo echará a algunos de vosotros en la cárcel, para que seáis probados, y tendréis tribulación por diez días. Sé fiel hasta la muerte, y yo te daré la corona de la vida" (Ap. 2:10).

"He aquí, yo vengo pronto; retén lo que tienes, para que ninguno tome tu corona" (Ap. 3:11).

"Ahora, pues, si diereis oído a mi voz, y guardareis mi pacto, vosotros seréis mi especial tesoro sobre todos los pueblos; porque mía es toda la tierra" (Éx. 19:5).

"Mas a Jehová vuestro Dios seguiréis, como habéis hecho hasta hoy" (Jos. 23:8).

"Mas la misericordia de Jehová es desde la eternidad y hasta la eternidad sobre los que le temen, y su justicia sobre los hijos de los hijos; sobre los que guardan su pacto, y los que se acuerdan de sus mandamientos para ponerlos por obra" (Sal. 103:17-18).

"Si tus hijos guardaren mi pacto, y mi testimonio que yo les enseñaré, sus hijos también se sentarán sobre tu trono para siempre" (Sal. 132:12).

2) Debemos fructificar en la vida, dar fruto para Dios. Debemos testificarles a nuestros hijos y nietos, hacer todo cuanto podamos por llevarlos a seguir a Cristo y sus grandes promesas.

"porque no podemos dejar de decir lo que hemos visto y oído" (Hch. 4:20).

"Pero teniendo el mismo espíritu de fe, conforme a lo que está escrito: Creí, por lo cual hablé, nosotros también creemos, por lo cual también hablamos" (2 Co. 4:13).

"Por tanto, no te avergüences de dar testimonio de nuestro Señor, ni de mí, preso suyo, sino participa de las aflicciones por el evangelio según el poder de Dios" (2 Ti. 1:8).

"sino santificad a Dios el Señor en vuestros corazones, y estad siempre preparados para presentar defensa con mansedumbre y reverencia ante todo el que os demande razón de la esperanza que hay en vosotros" (1 P. 3:15).

"y las repetirás a tus hijos, y hablarás de ellas estando en tu casa, y andando por el camino, y al acostarte, y cuando te levantes" (Dt. 6:7).

4 (50:24-26) *Promesas, de Dios — La tierra, prometida — José:* José se aferró a las grandes promesas de Dios. Este es el cuarto paso para seguir a Dios hasta el fin: aferrarnos a las grandes promesas de Dios, sin soltarnos nunca. Cuando José tenía 110 años de edad, él se enfrentó a la muerte. Obviamente, se habían llamado a sus hermanos junto a su cama. Se desconoce cuántos de ellos estaban aún vivos; Las Escrituras sencillamente no lo dicen, pero algunos aún vivían. Cuando llegaron, ocurrieron tres sucesos significativos.

1. José declaró la gran liberación de Israel de Egipto (v. 24).

a. José declaró que Dios iba a visitar a Israel; es decir, Él iba a protegerlos y a cuidar de ellos (v. 24). Dios iba a ocuparse de que Israel sobreviviera no importa las pruebas y aflicciones que les pudieran sobrevenir.

Al decir esto, ¿pensaba José en la profecía que Dios le había dado a Abraham años antes: la predicción de que Israel sufriría aflicción en las manos de alguna nación durante cuatrocientos años? (Vea nota, pt. 4, Gn. 15:7-21.) Probablemente. José ciertamente sabía de la predicción. De hecho, probablemente él fuera el hijo que llevaba los registros históricos de la historia espiritual. Los creyentes de la historia antigua hicieron exactamente lo que hacemos nosotros: llevaron los registros de la Palabra de Dios, los registros del trato de Dios con el hombre y los creyentes. El autor de Génesis, Moisés, tenía los registros que le habían transmitido desde el comienzo del tiempo. Según se ha planteado, probablemente José llevara los registros después de la muerte de Jacob. Las Escrituras no lo dicen, pero lo más lógico era que él fuera el hijo que llevara el registro de la historia espiritual.

Cualquiera sea el caso, José estaba declarando la gran verdad: Dios protegería a Israel. Sus hermanos, los cabezas de las tribus de Israel, podían darles tranquilidad a sus familias del amor y el cuidado de Dios.

b. José declaró que Dios iba a liberar a Israel de Egipto y los llevaría de vuelta a la Tierra Prometida (v. 24b). Imagínense, José había estado viviendo fuera de la Tierra Prometida por más de 90 años. Aún así, él, estaba declarando acá su fe en las grandes promesas de Dios. Esto posiblemente se pudiera considerar una profecía por parte de José, pero es más probable que sencillamente sea una fuerte declaración de su fe.

=> José creía en *la Simiente prometida*, que Dios iba a bendecir a Israel convirtiéndolos en una gran nación de personas y enviando por medio de ellos la simiente muy especial, el Salvador del mundo.

=> José creía en *la Tierra Prometida*, que Dios iba a darle a Israel la tierra de Canaán como su propia herencia en la tierra.

Cuando agonizaba, José quería que sus hermanos y todas sus casas supieran que las promesas de Dios eran ciertas. Dios iba a ayudarlos y a guardarlos en todas sus pruebas y aflicciones, y finalmente él los iba a devolver a la Tierra Prometida.

2. Ahora bien, advierta lo que hizo José. Fue muy significativo, tan significativo que José exigió un juramento de sus hermanos. Él los hizo jurar que llevarían sus huesos de vuelta a la Tierra Prometida cuando regresaran (v. 25). Esta era una de las declaraciones más grandes de fe en las promesas de Dios que haya hecho una persona. Recuerden: pasarían cuatrocientos años para que se pudieran sepultar los huesos de José en Canaán. Pero no importa cuánto tardara, José quería declarar su fe de la manera más significativa que pudiera: él hizo esto haciendo que sus hermanos juraran que ellos llevarían sus huesos con ellos cuando regresaran a la Tierra Prometida.

Advierta este elemento: éste es el único elemento signi—ficativo mencionado sobre José en el Nuevo Testamento:

> **"Por la fe José, al morir, mencionó la salida de los hijos de Israel, y dio mandamiento acerca de sus huesos" (He. 11:22).**

Se cumpliría la petición de José. Israel llevó sus huesos con ellos cuando regresaron a la Tierra Prometida. El propio Moisés sacó los huesos de José de Egipto (Éx. 13:19), y algunos años más tarde sus huesos se enterraron en Siquem, se enterraron en una parcela de tierra que Jacob había comprado (Jos. 24:32).

3. Según se planteó anteriormente, José murió cuando él tenía 110 años de edad. Él fue embalsamado y colocado en un ataúd (v. 26). Pero advierta: a él no se le colocó en una tumba o pirámide del estado reservada para los grandes oficiales de Egipto. Lo podían haber hecho, porque él había sido el segundo oficial más alto de Egipto, el segundo solamente después del propio Faraón. Pero el deseo de José era seguir a Dios hasta el fin, hasta el propio fin. A lo largo de toda su vida, él había dado un testimonio fidedigno de Dios; ahora en la muerte, él quería el mismo testimonio fidedigno. Él quería que su muerte —sí, hasta sus huesos— declararan su fe en las grandes promesas de Dios. El cuerpo de José no estaba sepultado. Estaba simplemente embalsamado y no estaba guardado bajo tierra en un ataúd. Su cuerpo —su ataúd— lo guardaron varios creyentes, probablemente en las familias de sus propios descendientes, por más de cuatrocientos años. Y advierta, el testimonio de su fe en las grandes promesas de Dios aún se recuerda hoy día.

a. Israel sí heredó la Tierra Prometida y sí llevaron los huesos de José de regreso con ellos, sepultándolos en Siquem. Pero recuerden, la Tierra Prometida tuvo una referencia doble. Se refería a Canaán, pero también se refería a la Tierra Prometida del cielo. José tenía sus ojos y su corazón primariamente puestos en la misma tierra que nosotros, la tierra celestial de la eternidad (vea nota, Gn. 12:1c para un mayor análisis).

> **"Pero el día del Señor vendrá como ladrón en la noche; en el cual los cielos pasarán con grande estruendo, y los elementos ardiendo serán**

deshechos, y la tierra y las obras que en ella hay serán quemadas. Puesto que todas estas cosas han de ser deshechas, ¡cómo no debéis vosotros andar en santa y piadosa manera de vivir" (2 P. 3:10-11).

"Vi un cielo nuevo y una tierra nueva; porque el primer cielo y la primera tierra pasaron, y el mar ya no existía más. Y yo Juan vi la santa ciudad, la nueva Jerusalén, descender del cielo, de Dios, dispuesta como una esposa ataviada para su marido. Y oí una gran voz del cielo que decía: He aquí el tabernáculo de Dios con los hombres, y él morará con ellos; y ellos serán su pueblo, y Dios mismo estará con ellos como su Dios. Enjugará Dios toda lágrima de los ojos de ellos; y ya no habrá muerte, ni habrá más llanto, ni clamor, ni dolor; porque las primeras cosas pasaron" (Ap. 21:1-4).

"Desde el principio tú fundaste la tierra, y los cielos son obra de tus manos. Ellos perecerán, mas tú permanecerás; y todos ellos como una vestidura se envejecerán; como un vestido los mudarás, y serán mudados; pero tú eres el mismo, y tus años no se acabarán" (Sal. 102:25-27).

"Y todo el ejército de los cielos se disolverá, y se enrollarán los cielos como un libro; y caerá todo su ejército, como se cae la hoja de la parra, y como se cae la de la higuera" (Is. 34:4).

"Alzad a los cielos vuestros ojos, y mirad abajo a la tierra; porque los cielos serán deshechos como humo, y la tierra se envejecerá como ropa de vestir, y de la misma manera perecerán sus moradores; pero mi salvación será para siempre, mi justicia no perecerá" (Is. 51:6).

"Porque he aquí que yo crearé nuevos cielos y nueva tierra; y de lo primero no habrá memoria, ni más vendrá al pensamiento" (Is. 65:17).

"Porque como los cielos nuevos y la nueva tierra que yo hago permanecerán delante de mí, dice Jehová, así permanecerá vuestra descendencia y vuestro nombre" (Is. 66:22).

b. Israel sí dio a luz a la simiente muy especial, el Salvador del mundo. El Señor Jesucristo es el Salvador, la Simiente prometida, que vendría. Jesucristo es la Simiente prometida, el gran Liberador y Salvador prometido a Adán y a Abraham, Isaac y Jacob, prometido a todo lo largo del libro de Génesis a todos los creyentes de todas las generaciones.

"que os ha nacido hoy, en la ciudad de David, un Salvador, que es CRISTO el Señor" (Lc. 2:11).

"Vueltos los apóstoles, le contaron todo lo que habían hecho. Y tomándolos, se retiró aparte, a un lugar desierto de la ciudad llamada Betsaida" (Lc. 9:10).

"Porque de tal manera amó Dios al mundo, que ha dado a su Hijo unigénito, para que todo aquel que en él cree, no se pierda, mas tenga vida eterna. Porque no envió Dios a su Hijo al mundo para condenar al mundo, sino para que el mundo sea salvo por él" (Jn. 3:16-17).

"Vosotros sois los hijos de los profetas, y del pacto que Dios hizo con nuestros padres, diciendo a Abraham: En tu simiente serán benditas todas las familias de la tierra. A vosotros primeramente, Dios, habiendo levantado a su Hijo, lo envió para que os bendijese, a fin de que cada uno se convierta de su maldad" (Hch. 3:25-26).

"Y la Escritura, previendo que Dios había de justificar por la fe a los gentiles, dio de antemano la buena nueva a Abraham, diciendo: En ti serán benditas todas las naciones" (Gá. 3:8, cp. Gá. 3:6-9).

"Cristo nos redimió de la maldición de la ley, hecho por nosotros maldición (porque está escrito: Maldito todo el que es colgado en un madero), para que en Cristo Jesús la bendición de Abraham alcanzase a los gentiles, a fin de que por la fe recibiésemos la promesa del Espíritu" (Gá. 3:13-14).

"Ahora bien, a Abraham fueron hechas las promesas, y a su simiente. No dice: Y a las simientes, como si hablase de muchos, sino como de uno: Y a tu simiente, la cual es Cristo" (Gá. 3:16).

"pues todos sois hijos de Dios por la fe en Cristo Jesús;... Y si vosotros sois de Cristo, ciertamente linaje de Abraham sois, y herederos según la promesa" (Gá. 3:26, 29).

"Palabra fiel y digna de ser recibida por todos: que Cristo Jesús vino al mundo para salvar a los pecadores, de los cuales yo soy el primero" (1 Ti. 1:15).

"por lo cual puede también salvar perpetuamente a los que por él se acercan a Dios, viviendo siempre para interceder por ellos" (He. 7:25).

ÍNDICE DE BOSQUEJOS Y SERMONES
GÉNESIS 12:1—50:26

RECUERDE: Cuando busca un tema o una referencia de las Escrituras, usted no solo tendrá el texto bíblico, sino también un bosquejo y una discusión (comentario) del pasaje de la Biblia y del tema.

Este es uno de los grandes valores de la *Biblia de bosquejos y sermones*. Cuando posea todos los tomos, no solo tendrá todo lo que los otros índices bíblicos le ofrecen; es decir, un listado de todos los temas y sus referencias bíblicas, SINO que también tendrá:

- un bosquejo de *cada* texto y tema de la Biblia.
- una discusión (comentario) de cada texto y tema.
- cada tema respaldado por otros textos de la Biblia o referencias cruzadas.

Descubra el gran valor usted mismo. Dé una mirada rápida al primer tema de este índice.

ABEL, MIZRAIM
Lugar donde José se detuvo a guardar luto por
    Jacob antes de sepultarlo. Gn. 50:1-13,
    fundamentalmente 10-11

Busque las referencias. Después los textos bíblicos y el bosquejo de las Escrituras. Luego lea el comentario. De inmediato verá el gran valor de este índice de la *Biblia de bosquejos y sermones*.

ABEL, MIZRAIM
Lugar donde José se detuvo a guardar luto por
    Jacob antes de sepultarlo. Gn. 50:1-13,
    fundamentalmente 10-11
ABIDA, ABIDAH
Nieto de Abraham por parte de Cetura. Gn.
    25:1-4
ABIMELEC
Rey de los filisteos.
    Mentido por Abraham; llevó a Sara a su
        harén. Gn. 20:1-18
    Mentido por Isaac. Gn. 26:7-11
    Hizo un trato o pacto con Abraham. Gn.
        21:22-34
    Hizo un trato o pacto con Isaac. Gn. 26:26-33
ABNEGACIÓN *(VEA COMPROMISO;*
DEDICACIÓN; DESINTERÉS)
Ejemplo. Abraham.
    Le dio a Lot la mejor tierra. Gn. 13:5-18
    Le dio su derecho de gobernar, gran honra,
        riquezas, y posición. Gn. 14:17-24
    Le entregó y sacrificó a su hijo al Señor. Gn.
        22:1-24
ABOCHORNAR, BOCHORNO *(VEA*
VERGÜENZA)
ABRAHAM, ABRAM
Llamado de.
    Por la gracia de Dios y solo por la gracia de
        Dios. Gn. 12:1—25:18
    El llamado le fue dado dos veces a Abraham.
        Gn. 12:1 (Nota 1)
    Llamado a convertirse. Gn. 12:1 (Nota 1)
    Llamado a separarse del mundo. Gn. 12:1
        (Nota 1)
    Tenía 75 años de edad cuando Dios lo llamó.
        Gn. 12:4
    Por qué Dios llamó a Abraham. Cinco grandes
        propósitos. Gn. 12:3
Carácter.
    Comparado con Lot. Gn. 13:5-18
    Analizado. Gn. 13:5-18
Pacto de. Gn. 12:1-3; 12:7-9; 13:14-17; 15:2-6;
    15:18-21; 17:3-5; 17:6-8; 17:19-21; 18:17-
    19; 22:15-18
Muerte. Terminó su peregrinación después de una
    vida plena a los 175 años de edad. Gn.
    25:1-18; 25:7-10

Ejemplo de.
    Coraje. Gn. 14:1-16
    Misericordia y gracia de Dios. Gn. 12:1—
        25:18 (Nota 1)
    Humildad. Gn. 13:5-18; 17:3-5
    Justificación. Gn. 12:1—25:18 (Nota 1); 15:2-
        6
    Justicia por fe. Gn. 15:2-6
    Fe expiatoria. Gn. 22:1-24
    Dádiva expiatoria. Gn. 13:8-9
    La peregrinación de fe del creyente. Gn.
        12:1—25:18
    Desinterés. Gn. 13:5-18; 13:8-9
Elementos sobre. Vida de.
    Sepultó a Sara. Gn. 23:1-20
    Se le cambió su nombre de Abram a
        Abraham. Gn. 17:3-5
    Tuvo seis hijos en última parte de su vida. Gn.
        25:1-4
    Amó mucho a su hijo Ismael. Gn. 17:1-27;
        17:15-18
    Hizo un pacto con Abimelec, rey de los
        filisteos. Gn. 21:22-34
    Se casó con Cetura después que Sara murió.
        Gn. 25:1-4
    Ofreció a Isaac. Gn. 22:1-24
    Pagó diezmos a Melquisedec. Gn. 14:18-20
    Representaba la tercera vez que Dios
        intercedía y salvaba al hombre. Gn.
        12:1—25:18 (Nota 2)
    Sacrificó a Isaac como una ofrenda a Dios.
        Gn. 22:1-24
    Siete elementos significativos. Gn. 12:1—
        25:18 (Nota 1)
    Se le llamó "el amigo de Dios". Gn. 18:1-15
    Fue el padre de Isaac y los judíos. Gn. 12:1—
        25:18
    Fue el padre de Ismael y los árabes. Gn.
        12:1—25:18 (Nota 1); 16:1-16
Fe de.
    Creía en las promesas de Dios. Gn. 12:4-9;
        13:18; 15:1-21; 17:22-27; 18:16-33; 22:1-
        24
    Construyó un altar y adoró.
        en Bet-el. Gn. 12:7-9; 13:1-4
        en Hebrón. Gn. 13:18
        en Siquem. Gn. 12:6
    Ofreció a Isaac por fe. Gn. 22:1-24
    Fe expiatoria. Gn. 22:1-24

Fue recompensado. Por medio de la
    renovación de las promesas de Dios. Gn.
    12:1-3; 12:7-9; 13:14-17; 15:2-6; 15:18-
    21; 17:6-8; 17:19-21; 18:17-19; 22:15-18
Significado del nombre. Gn. 17:3-5
Nombres. Títulos. Mencionados. Gn. 12:1-25:18
    (Nota 1)
Promesas a. Tres grandes promesas. Gn. 12:1-3;
    12:7-9; 13:14-17; 15:2-6; 15:18-21;
    17:6-8; 17:19-21; 18:17-19; 22:15-18

SIMIENTE DE. *(VEA LA SIMIENTE,*
PROMETIDA)
    Era Cristo. Gn. 12:3
    Eran naciones de personas. Gn. 12:2-3
Pecado, recaída de.
    Impaciencia. Tomar a Agar como segunda
        esposa. Poligamia y adulterio. Gn. 16:1-
        16
    Fe débil.
        Abandonó la Tierra Prometida. Gn. 12:10—
            13:4; 20:1-18
        Mintió, alegando que su esposa era su
            hermana. Gn. 12:10—13:4; 20:1-18
Pruebas de.
    Nueve Pruebas. Gn. 22:1-2
    Prueba suprema. Ofrecimiento de Isaac. Gn.
        22:1-24
Riquezas de.
    Era muy rico. Gn. 13:1-4; 14:14; 25:5-6;
        28:10-11, pt. 3
    Legó todo cuanto tenía a Isaac. Gn. 25:5-6
Por qué Abraham se detuvo en Harán, no
    siguiendo adelante a la Tierra Prometida.
    Gn. 12:1 (Nota 1)

ABSTENCIÓN DE DIOS
Ilustración de.
    Paciencia de Dios con Lot. Gn. 19:1-38
    Paciencia de Dios con Sodoma y Gomorra.
        Gn. 18:16-33

ABSTENERSE, ABSTENCIÓN *(VEA*
RESISTENCIA; PERSEVERANCIA;
FIRMEZA)

ABUNDANCIA, ABUNDANTE *(VEA*
BENDICIONES)

ACÁN
Descendiente de Seir horeo que se casó con un
    descendiente de Esaú. Gn. 36:20-30

ACBOR
Padre de Baal-hanán el rey, un descendiente de Esaú. Gn. 36:31-39

ACCESO
De oración. Echarle mano al acceso abierto a la presencia de Dios. Gn. 18:27-28
Fuente. Es por medio de.
Cristo. Gn. 28:12-15
Una escalera que llegue al cielo. La escalera de Jacob. Gn. 28:12-15

ACEPCIÓN DE PERSONAS (VEA FAVORITISMO; PARCIALIDAD)

ACEPTO, ACEPTACIÓN
Cómo uno se vuelve a. ante Dios.
Al ser acusado. Gn. 44:14-17
Al experimentar avivamiento. Gn. 35:1-15
Al separarse del mundo. Gn. 12:1

ACERCARSE (VEA ACERCARSE)

ACUSACIONES
a. falsas
Contra Jacob. Acusado de robo. Gn. 31:25-29
Contra José. Acusado de inmoralidad. Gn. 39:13-20

ADA
Esposa de Esaú. Gn. 36:1-5

ADIVINACIÓN
Analizado. Gn. 44:15

ADMINISTRACIÓN (VEA DAR, DÁDIVA; DIESMO)

ADMINISTRADORES, ADMINISTRACIÓN (VEA ECONOMÍA)
A. sabia. José.
Ideó seis planes para salvar al pueblo del hambre. Gn. 47:11-27
Dio asesoría sabia para salvar a Egipto del hambre. Gn. 41:33-36

ADMINISTRAR, ADMINISTRACIÓN
Ejemplo de. José exaltado como a. jefe de Egipto. Gn. 41:37-44

ADOPTÓ, ADOPCIÓN
Ejemplo de. Jacob a. los dos hijos de José, Manasés y Efraín. Gn. 48:1-6

ADORACIÓN (VEA ALABANZA; ORACIÓN; ACCIÓN DE GRACIAS)
Ejemplo.
Abraham.
Edificaba altares y adoraba a Dios dondequiera que iba. Gn. 12:7-9; 13:18
Se encontró con Dios y recibió la garantía de las promesas. (Vea LA SIMIENTE, PROMETIDA; LA TIERRA, PROMETIDA)
Hizo un holocausto a Dios. Gn. 22:11-14
Jacob.
Adoró y le hizo una promesa a Dios. Gn. 28:20-22
Luchó con Dios y lo adoró. Gn. 35:1-15
a. privada. Siempre traerá como resultado el avivamiento. Gn. 35:13-15

ADULAM
Ciudad de. Judá se trasladó A. Gn. 38:1-2

ADULTERIO, ADÚLTERA
Ejemplo de. Rubén con su madrastra, la esposa de Jacob. Gn. 35:22a
Trae como resultado. Bigamia. Gn. 29:21-30

ADVERSIDAD (VEA PRUEBAS)

AFECTO, EMOCIONES (VEA DESEOS)
Ejemplo de. José. Mostró a. por sus hermanos. Gn. 43:23-31

AFEMINADO (VEA HOMOSEXUALIDAD)

AFLICCIONES (VEA PRUEBAS)

AGAR
Esclava de Abraham.
Le parió a Ismael a Abraham. Gn. 16:1-16
Expulsada por Abraham. Gn. 21:8-21
Tipo. Símbolo de. La ley, el viejo pacto. Gn. 16:1-16

AGRADECIDO, AGRADECIMIENTO, ACIÓN DE GRACIAS (VEA ALABANZA)
Fomentado por. Provocado por. Oración respondida. Gn. 24:26-27

AHOLIBAMA
Descendiente de Seir horeo que se casó con un descendiente de Esaú. Gn. 36:20-30
Esposa de Esaú. Gn. 36:1-5

AI (O HAI), CIUDAD DE
Analizado. Gn. 12:8

AJAH
Descendiente de Seir horeo que se casó con un descendiente de Esaú. Gn. 36:20-30

ALABANZA (VEA ORACIÓN)
Ejemplo de.
Para responde a nuestra oración. Gn. 24:26-27
Para el nacimiento de un hijo (Sara). Gn. 21:6-7

ALARDE, ALARDOSOS (VEA ARROGANCIA; GLORIARSE EN EL HOMBRE; ORGULLO)

ALCOHOL (VEA BORRACHERA)

ALENTAR, ALIENTO
Quién puede ser a.
El creyente que es amenazado. Gn. 31:1-3; 35:1
El solitario, desesperanzado, destituido, temeroso, y avergonzado. Gn. 28:10-22; 32:22-32
El abusado y maltratado. Gn. 39:1-23; 40:1-23; 41:1-57
El pecaminoso y el carnal. Gn. 35:1

ALTAR
Construido por. Abram. Construía un a. dondequiera que iba. Gn. 12:7-9
Propósitos de. Analizado. Gn. 12:7-9

ALTIVO, ALTIVEZ (VEA ARROGANCIA; ORGULLO)

ALTRUISTA (VEA ARROGANCIA; ORGULLO)

ALVÁN
Descendiente de Seir horeo que se casó con un descendiente de Esaú. Gn. 36:20-30

AMABLE, AMABILIDAD (Vea CUIDAR; COMPASIÓN; MINISTRACIÓN)

AMALEC
Un jefe. Gn.36:15-19
Nieto de Esaú. Gn. 36:9-14

AMARGADO, AMARGURA (VEA HOSTILIDAD; IRA)

AMIGO, AMISTAD (VEA HERMANDAD; FRATERNIDAD)
Analizado. Cómo ser a. de Dios. Gn. 18:1-15

Fracasos de. Los a. con frecuencia se olvidan de ayudarnos cuando más los necesitamos. Gn. 40:20-23
Significado. Gn. 18:1-15
De Dios.
Abraham fue llamado "el amigo de Dios". Gn. 18:1
Dios busca la a. con los hombres. Gn. 18:1
Buscar, tener sed de. Gn. 18:1-15

AMONESTAR, AMONESTACIÓN
Ejemplo de.
Isaac a. a Jacob que no se casara con una incrédula. Gn. 27:39—28:9, fundamentalmente 28:1-2
Jacob a. a sus hijos, los doce cabezas de Israel. Gn. 49:1-28

AMORREOS
Elemento. Los amorreos eran tan prominentes que a la tierra de Canaán en ocasiones se le llamaba la tierra de los amorreos. Gn. 15:7-21, fundamentalmente 16

ANÁ
Descendiente de Seir horeo que se casó con un descendiente de Esaú. Gn. 36:20-30

ANDAR, ESPIRITUAL (VEA CREYENTE, VIDA, ANDAR)
Deber. Andar delante de Dios. Significado. Gn. 17:1
Esencial. Necesario. Andar con Dios para convertirse en intercesor. Gn. 18:16

ÁNGEL DEL SEÑOR (VEA SEÑOR, ÁNGEL DEL)

ÁNGELES
Ministraron a Jacob. Gn. 32:1-2
Obra de.
Cuatro funciones con los creyentes. Gn. 28:12-15
Ejecutar la voluntad de Dios en la tierra. Gn. 28:12-15

ANGUSTIA
Ejemplo de. Los hermanos de José. Gn. 42:21-24

ANGUSTIA, ANGUSTIADO (VEA DESESPERANZA)

ANIMALES (VEA SACRIFICIO; SISTEMA EXPIATORIO)

ANSIEDAD, ANSIOSO (VEA IMPACIENCIA)

APARIENCIA, BUENA (VEA BELLA; APUESTO)

APARIENCIA, EXTERNA (VEA VESTIDOS)

APOSTASÍA (VEA RECAÍDA; NEGACIÓN; INCREDULIDAD)

APUESTO
Ejemplo de. José. Gn. 39:1-6

ARÁN
Descendiente de Seir horeo que se casó con un descendiente de Esaú. Gn. 36:20-30

ARREPENTIRSE, ARREPENTIMIENTO (VEA CONVERSIÓN; SALVACIÓN)
Esencial. Para el avivamiento. Gn. 35:4
Ejemplo de.
Abraham. Tras abandonar la Tierra Prometida y a Dios. Gn. 13:1-4
Ismael. Gn. 21:16-21
Tipos de. a. parcial (Vea DESGANADO)

ARROGANCIA *(VEA ORGULLO)*
Ejemplo de. José. Hacia sus hermanos. Gn. 37:5-11

ASESINATO
Surge de. Fuente. Venganza. Gn. 34:25-29
Ejemplo de. Los hijos de Jacob se vengaron de la violación de su hermana y asesinaron a los hombres de Siquem. Gn. 34:25-29

ASER
Nacimiento de. Analizado. Gn. 30:9-13
Tribu de. Profecía con respecto a. Gn. 49:20

ASOCIASIONES, MALIGNAS *(VEA SEPARACIÓN; MUNDANALIDAD)*

ASTUCIA *(VEA ENGAÑO)*

ASURIM
Descendiente de Abraham por parte de Cetura. Gn. 25:1-4

ATRAER, ATRAÍDO, ACERCARSE
Significado. Gn. 18:22-26

ATRIBUTOS *(VEA DIOS)*

AUDACIA *(VEA VALOR)*

AUTOCOMPLACENCIA *(VEA INDULGENCIA)*

AUTOCONDENACIÓN *(VEA CONSCIENCIA)*

AUTOESTIMA *(VEA ARROGANCIA; ORGULLO)*

AUTOESTIMA
Analizado. Cómo levantar el autoestima, fortalecerse incluso en las pruebas de la vida. Gn. 39:1-23; 40:1-23

AUTOIMAGEN *(VEA AUTOESTIMA)*

AUTOJUSTICIA, AUTOJUSTICIA
Ejemplo de. Judá. Era inmoral, aún así condenó a otros por inmoralidad. Gn. 38:24-25

AUTOSUFICIENCIA, AUTOSUFICIENTE *(VEA ARROGANCIA; GLORIARSE EN EL HOMBRE; ORGULLO)*
Deber.
Controlar el poder y la venganza. Gn. 42:6-20
Controlar el pecado y el deseo. Gn. 39:7-12

AVARICIA *(VEA CODICIA)*
Ejemplo de.
Labán. Deseaba el ganado y posesiones de Jacob. Gn. 31:22-24
Desear la mejor tierra (Lot). Gn. 13:10-11
El dinero llevó al pueblo de Siquem a sufrir el dolor de la circuncisión. Gn. 34:18-24

AVERGONZADO *(VEA BOCHORNO; VERGUENZA)*

AVIT
Ciudad de Edom. Gn. 36:31-39

AYUDAR, AYUDA *(VEA DÁDIVA; MINISTRACIÓN; SERVICIO)*

AZUFRE, FUEGO Y
Elemento. Cayó sobre Sodoma como juicio de Dios. Gn. 19:23-26
Significado. Gn. 19:23-26

BAAL-HANÁN
Descendiente de Esaú. Un rey. Gn. 36:31-39

BARRERAS *(VEA DISCRIMINACIÓN; PREJUICIO)*

BASEMAT
Esposa de Esaú. Gn. 36:1-5

BAUTISMO, BAUTIZADO
Comparado con circuncisión. Diagrama. Gn. 17:9-14

BEDAD
Padre de Hadad el rey, descendiente de Esaú. Gn. 36:31-39

BEERI
Padre de Judit, una esposa de Esaú. Gn. 26:34-35

BEERSEBA, CIUDAD DE
Analizado. Gn. 21:31

BELA
Descendiente de Esaú. Un rey. Gn. 36:31-39

BELA, CIUDAD DE
Conquistada por invasores del este. Gn. 14:1-12

BELÉN
Elemento.
El nombre original era Efrata. Gn. 35:16-21, fundamentalmente 19
Raquel, La esposa de Jacob, murió cerca de Belén. Gn. 35:16-21

BELLEZA, BELLA *(VEA APUESTO)*
Ejemplo de.
Raquel. Se volvió orgullosa, engreída, altanera por la b. Gn. 30:1-8
Rebeca. Muy b. Gn. 24:15-25

BEN-AMMI
Padre de los amorreos. Hijo de Lot. Gn. 19:30-38, fundamentalmente 38

BENDECIR, BENDICIONES *(VEA HERENCIA, ESPIRITUAL; RECOMPENSA)*
Analizado. Cómo Dios suple nuestra necesidad y nos fortalece por medio de las b. Gn. 39:1-23; 39:1-6
De Dios.
Sobre Isaac. Gn. 26:12-17
Sobre Jacob. Gn. 30:25-43
Sobre José. Gn. 39:1-6

BENDICIÓN, LA (DE LA HERENCIA)
Analizado. Gn. 27:1
Isaac tramó pasar por alto a Jacob y darle la p. a Esaú. Gn. 27:1—28:9

BENEVOLENCIA *(VEA DÁDIVA; MINISTRACIÓN; SERVICIO)* **BENJAMÍN**
Tribu de. Profecía con respecto a. Gn. 49:27

BEOR
Padre de Bela el rey, descendiente de Esaú. Gn. 36:31-39

BET-EL, CIUDAD DE
Analizado. Gn. 12:8
Suceso.
Altar y centro de adoración en B. construido por Jacob. Gn. 35:5-7
Dios suplió la necesidad imperante de Jacob en B. Sueño de la escalera de Jacob. Gn. 28:10-22; 35:1-15
Nombramiento de. Por Jacob. Gn. 28:16-19

BIBLIA *(VEA PALABRA DE DIOS)*
Por qué se muestran los pecados de los grandes siervos de Dios. Gn. 26:34-35

BIGAMIA, BÍGAMO
Ejemplo de.
Abraham. Gn. 16:1-16
Esaú. Gn. 26:34-35
Jacob. Gn. 29:21-30

BILHA
Cometió incesto. Tuvo sexo con Rubén, su hijastro. Gn. 35:22a
Sierva de Raquel. Dada a Jacob como concubina. Gn. 30:1-8
Madre de Dan y Neftalí. Gn. 30:1-8

BILHÁN
Descendiente de Seir horeo que se casó con los descendientes de Esaú. Gn. 36:20-30

BIRSA
Rey de Gomorra. Conquistada por cuatro reyes del este. Gn. 14:1-12, fundamentalmente 2

BORRACHERA
Resultados. INMORALIDAD (Lot y sus hijas). Gn. 19:30-38

BOSRA
Una ciudad de Edom. Gn. 36:31-39

BRUJERÍA *(VEA HECHICERÍA)*

BUENAS OBRAS *(VEA MINISTRACIÓN; SERVICIO)*

BUENO, BONDAD *(VEA MINISTRACIÓN; SERVICIO)*

BURLARSE, BURLA *(VEA RIDÍCULO)*
Ejemplo de. Ismael contra el bebé, Isaac. Gn. 21:8-11

BURLARSE, BURLÓN, DESDÉN *(VEA BURLA)*

BUSCAR, BÚSQUEDA *(VEA PERSEVERANCIA)*
Deber. b. convertirse en un intercesor. Gn. 18:16-33
El hombre busca las cosas del mundo *(Vea MUNDANALIDAD)*
Tierra y riquezas (Lot). Gn. 13:10-11; 19:1-38
Recreación, deportes, y placer (Esaú). Gn. 25:27-34

CAÍDA DEL ESTADO DE GRACIA; CAÍDA, ESPIRITUAL *(VEA RECAÍDA; RECHAZO; INCREDULIDAD)*

CAMARILLAS *(VEA DIVISIÓN)*

CAMBIO
Elemento. Difícil de c. Gn. 43:1-34
Pasos para. Nueve pasos que pueden cambiar una vida. Gn. 43:1-34

CAMINO PARA DIOS, EL
Analizado. El c. para llegar donde Dios y el cielo. Gn. 28:12-15

CANAÁN *(VEA TIERRA, PROMETIDA)*
Descrito como. La tierra de los hebreos. Gn. 40:14-15
Profecía con respecto a. Ser conquistada. Gn. 15:7-21, fundamentalmente 18-21

CANANEOS
Descrito como. Amorreos. Gn. 15:7-21, fundamentalmente 16
Analizado. Gn. 13:7

CARÁCTER
Ejemplo del c. más alto. José. Gn. 37:1—50:26 (Nota 1)

CARGA, CARGADO
Deber. Estar muy c. por las almas de los hombres. Gn. 18:20-21
Ejemplo de. José c. por sus hermanos, su salvación y unidad familiar. Gn. 42:6-20

Analizado. Seis obras y actos de Dios. Gn. 42:1-38

Resultados. Avivamiento. Gn. 35:1-15

COPERO
Jefe de los c. de Faraón.
José interpretó el sueño de. Gn. 40:8-13
Recordó a José y se lo recomendó a Faraón. Gn. 41:9-13

CORÉ
Un jefe. Gn. 36:15-19
Hijo de Esaú. Gn. 36:1-5

CORRUPTO, CORRUPCIÓN
Elemento. El mundo está c., se deteriora y se descompone. Gn. 49:29—50:13
Resultado de la c. Muerte. Gn. 23:1-20; 25:1-18; 47:28-48:22; 49:29—50:13

CORTEJO (VEA CITA)
Ejemplo de.
Isaac y Rebeca. Gn. 24:1-67
Jacob y Raquel. Gn. 29:1-30

49:29—50:13

COSTUMBRES (VEA PACTO, HUMANO; RITUALES)
Con respecto al matrimonio. La hija mayor tenía que casarse antes que la menor. Gn. 29:21-30

COTRABAJOACIÓN (VEA HERMANDAD; UNIDAD)

CRECIMIENTO, ESPIRITUAL; MADUREZ
Fuente. Cómo uno crece.
Por medio de una confrontación con Dios. Gn. 28:10-22
Siendo perfecto e intachable delante de Dios. Gn. 17:1
Creyendo en Dios y siguiéndolo. Gn. 12:1-3; 12:4-9
Echándose sobre Dios y confiando en Él. Gn. 25:29-34; 28:10-22; 32:22-32
Limpiando nuestra vida, arrepintiéndonos, y siguiendo a Dios. Gn. 35:1-15
Enfrentándose y venciendo las pruebas de la vida. Gn. 39:1-23; 40:1-23
Huyendo de la tentación. Gn. 39:7-12
Haciendo el sacrificio supremo: Rindiéndose Totalmente a Dios y a su Palabra. Gn. 22:1-24
Por medio de la oración, prevalecer en la oración. Gn. 32:22-32
Trabajando ardua y diligentemente. Gn. 30:25-43; 39:1-6; 40:1-7

CREER, CREENCIA, CREENCIAS (VEA FE; OBEDIENCIA; CONFIANZA)
Elemento. Primera vez que se usa la palabra c. en las Escrituras. Gn. 15:2-6
Tipos. Etapas de. (Vea FE, tipos. Etapas de)
Prueba de. Obediencia. Gn. 12:4-9
Resultados.
Influye en que otros sigan a Dios. Gn. 12:5
Justificación. Gn. 15:2-6
Obediencia. Gn. 12:4-9
Justicia. Gn. 15:2-6
Fuente de. La Palabra de Dios. Gn. 12:4; 15:1-21

CREYENTE, CREYENTES (VEA SIMIENTE O DESCENDENCIA, PIADOSA)
Diferencia entre la c. del Antiguo Testamento y el Nuevo Testamento. Gn. 15:2-6

Deber.
Convertirse en un guerrero de la oración, un intercesor. Gn. 18:16-33
Sentir y sufrir dolor por el pecado y perversidad de la tierra. Gn. 18:20-21
Recordar el gran nombre que Dios le ha dado a los c. Gn. 15:2-6
Separarse del mundo. Gn. 12:1
Elemento.
Se buscan durante las crisis. Gn. 14:13
Dios guarda a los c. incluso en el pecado. Gn. 20:1-18
Dios obra todas las cosas a bien. Gn. 20:1-18
Ejemplo.
Abraham. Gn. 20:1-18
José. Gn. 45:4-8; 50:15-21
Padre de. Abraham. Gn. 12:2-3; 17:6-8; 22:15-18
Necesidad de. Avivamiento. Las características del avivamiento. Gn. 35:1-15

CRISIS, CRISIS (VEA PRUEBAS, TRIBULACIONES)

CRISTIANO, CRISTIANOS (VEA CREYENTES)

CRÍTICA, CRÍTICO, CRITICAR (VEA DISCUSIONES; CONFLICTO; JUZGAR A OTROS; LENGUA)

CRITICONES (VEA CRÍTICA)

CRUZ DIARIA (VEA COMPROMISO; DEDICACIÓN)

CUIDAR, CUIDADO
Ejemplo de. José para su familia. Gn. 45:9-13
Resultados de. Puede llevar al perdón y la reconciliación. Gn. 45:9-13

CULPABILIDAD (VEA ARREPENTIMIENTO; VERGUENZA)
Ejemplo de. Los hermanos de José. Gn. 42:21-24

CULPABILIDAD, CULPAR A OTROS
Advertencia contra. Es parte de la naturaleza humana c. a otros. Gn. 45:24

DAMASCO
Elemento.
Abraham derrotó un ejército en Damasco. Gn. 14:14-15
El mayordomo de Abraham, Eliezer, era de Damasco. Gn. 15:2-6, fundamentalmente 2

DAN
Nacimiento de. Analizado. Gn. 30:1-8
Tribu de. Profecía con respecto a. Gn. 49:16-17

DAR, DÁDIVA, REGALOS (VEA AYUDAR, AYUDA; SERVICIO; ADMINISTRACIÓN; DIEZMO)
Ejemplo de.
Abraham le dio diezmos a Melquisedec. Gn. 14:18-20
Jacob. Enviar regalos de buena voluntad buscando la reconciliación. Gn. 32:13-21; 33:8-11
Resultados de. Dar regalos puede ayudar a cambiar la vida. Gn. 43:11-13

DAR FRUTO (VEA COMPROMISO; DEDICACIÓN; TESTIMONIO)

DÉBIL, DEBILIDAD
Provocado por pruebas terribles y fe débil. Gn. 12:10—13:4

DÉBORA
Muerte de. Una mujer piadosa. Gn. 35:8
Sierva de Rebeca. Gn. 24:52-61, fundamentalmente 59; 35:8

DECEPCIÓN
Provocado por.
El matrimonio de un hijo. Gn. 26:34-35
Los pecados de nuestros hermanos. Gn. 38:1
Ejemplo de. José. Fue olvidado y abandonado en prisión. Gn. 40:20-23
Cómo vencer. Oír y creer en la Palabra de Dios, tres cosas en particular. Gn. 15:1-21

DECISIÓN
Respuestas, Positivas.
Seguir a Dios y sus grandes promesas (Abraham). Gn. 12:4
Seguir a Dios siempre (Jacob). Gn. 28:20-22
Rendirse de modo absoluto y supremo ante Dios. Gn. 22:1-24
Arrepentirse de la idolatría y la mundanalidad y seguir a Dios (Jacob y su casa). Gn. 35:4
d. errónea. Conllevó a la recaída espiritual. Gn. 12:10; 13:5-18

DEDÁN
Nieto de Abraham por parte de Cetura. Gn. 25:1-4

DEDICAR, DEDICACIÓN (VEA COMPROMISO; RENDICIÓN)
Deber.
Entregarlo todo para seguir a Dios. Gn. 12:5
Tener una experiencia nueva y estimulante con Dios. Gn. 17:1-27
Ejemplo de.
Abraham.
Seguir a Dios y sus grandes promesas. Gn. 12:4
Arrepentirse después de abandonar a Dios. Gn. 13:1-4
Casa de Jacob. Experimentó el avivamiento. Gn. 35:2-3; 35:4
Jacob.
cambiar su conducta, para depender de Dios totalmente. Gn. 32:22-32
Seguir a Dios siempre. Gn. 28:20-22

DEGRADACIÓN, ESPIRITUAL (VEA PECADO)

DEIDAD (VEA DIOS; ESPÍRITU SANTO; JESUCRISTO; TRINIDAD)

DEL SEÑOR, ANGEL
Apariencias de. A Jacob. Gn. 32:24
Significado. Gn. 16:7

DEMOSTRAR, DEMOSTRADO (VEA PROBAR, PRUEBA)

DEPORTES
Mala utilización de. Permitir que los d. y la recreación interfieran con nuestros deberes. Gn. 25:27-34

DEPRAVADO (VEA RECAÍDA)

DERECHO, CIVIL
De matrimonio. La hija mayor tenía que casarse para que la hija menor se pudiera casa. Gn. 29:21-30

DESALENTAR, DESALIENTO (VEA DECEPCIÓN; DESESPERANZA)

DESALIENTO (VEA DECEPCIÓN; DOLOR; DESESPERANZA)

DESCENDENCIA, LA PROMETIDA (VEA LA SIMIENTE, PROMETIDA; SIMIENTE, PIADOSA)
Significado.

Una gran nación de personas. Gn. 12:2-3;
15:2-6; 17:3-4; 17:6-8; 18:9-10; 22:15-18;
26:1-6; 26:23-25; 28:12-15; 35:9-12
Una gran nación de personas espirituales,
de creyentes: Aquellos que creen en las
promesas de Dios como creía Abraham.
Gn. 12:2-3; 17:6-8; 22:15-18
Preservado.
Por la misericordia y gracia de Dios, no por
el mérito del hombre. Gn. 12:1—25:18
(Nota 1, 2); 28:10—36:43
A pesar de la corrupción de la descendencia
piadosa. Gn. 37:1—50:26 (Nota 3)
DESCONFIANZA *(VEA*
INCREDULIDAD)
En las personas. Pasos para corregir. Gn. 42:29-
38
DESCONSOLADO *(VEA DOLOR;*
PESAR)
Ejemplo de.
Jacob. Por la pérdida de José. Gn. 37:31-35
Padres. Por la inmoralidad de un hijo díscolo.
Gn. 26:33-34
DESCUIDAR, DESCUIDADO
Lo que se d.
Deber de trabajar y ser responsable. Gn.
25:27-28
Dios y sus grandes promesas. Gn. 19:1-38
Lo que se d.
Advertencia de Dios. Gn. 19:15-22; 19:23-26
La voluntad y propósito de DiosGn. 27:1—
28:9
Responsabilidad por nuestro hermano. Gn.
37:18-30
La Simiente prometida (Cristo) y la Tierra
Prometida (el cielo). Gn. 12:10—13:4;
20:1-18; 19:1-38; 26:1-35
DESEAR, DESEO *(VEA CARNAL;*
CODICIAR; DESEO)
Ejemplo de.
Lot. d. del mundo. Gn. 19:1-38
La esposa de Potifar d. a José. Gn. 39:7-12;
39:13-20
DESEO *(VEA DESEO)*
D. malignos y perversos de sexo ilícito.
Judá después de la muerte de su esposa. Gn.
38:12-19
La esposa de Potifar. Tras José. Gn. 39:7-12;
39:13-20
DESEO MALIGNO *(VEA DESEO, MALO*
Y PERVERSO; DESEO)
DESERCIÓN *(VEA RECAÍDA;*
INCREDULIDAD)
DESESPERACIÓN *(VEA DECEPCIÓN;*
DOLOR; DESESPERANZA; PESAR)
DESESPERADO, DESESPERACIÓN
Cuándo. Al enfrentar acusaciones criminales y
al sentir el juicio de Dios. Gn. 42:21-24;
42:25-28
DESESPERANZADO, DESESPERANZA
(VEA DECEPCIÓN; DESALIENTO;
INSATISFACCIÓN)
Solución para.
El propio Dios, Su presencia y promesa. Gn.
15:1-21; 28:10-22
La Palabra de Dios. Tres promesas en
particular. Gn. 15:1-21
Oración. La oración predominante. Gn. 32:22-
32

Provocado por.
Tener que huir por las mentiras y el engaño.
Gn. 28:10-11
Tratar de andar por la vida sin Dios. Gn.
32:25
Liberación de. Dios. Rogarle a Dios. Gn. 21:16-
21
Elemento. Están d. e impotentes sin Dios en la
vida. Gn. 32:25
DESGANADO, DESGANO *(VEA DOBLE*
ÁNIMO; INCOHERENTE; INDECISIÓN;
NEUTRALIDAD)
Provocado por.
Avaricia (Lot). Gn. 13:10-11
Autosuficiencia (Jacob). Gn. 25:29-34;
28:10—36:43
Confiar en el mundo más que en Dios (Isaac).
Gn. 26:1-6
Ejemplo de. Judá. Arrepentimiento parcial. Gn.
38:26
DESHONESTIDAD *(VEA HIPOCRECÍA;*
ROBO)
DESHONRA *(VEA VERGUENZA)*
DESINTERESADO, DESINTERÉS *(VEA*
ABNEGACIÓN)
Ejemplo de.
Abraham.
Le dio a Lot la primera opción de la tierra
de pasto. Gn. 13:5-18
Al liberar a Lot y a otros de la esclavitud.
Gn. 14:16
DESOBEDIENCIA *(VEA RECAÍDA;*
PECADO; INCREDULIDAD)
DESPRECIAR, A PESAR DE *(VEA*
DESPRECIO)
Ejemplo de d. a otras personas y cosas.
Esaú d. su primogenitura. Gn. 25:29-34
Los hermanos de Jacob lo d. Gn. 37:18-30
La esposa de Potifar d. a José porque él
rechazó sus insinuaciones. Gn. 39:13-20
DESPRECIO
Ejemplo de. Los hermanos de José le tenían d.
Gn. 37:18-30
DESTETAR, DESTETE
De Isaac. Gn. 21:8-11
DESTINO *(VEA LLAMAR, LLAMADO;*
MUERTE; VIDA ETERNA; JUICIO;
PROPÓSITO)
DESTITUÍDO, DESTITUCIÓN,
ESPIRITUAL *(VEA PECADO)*
Provocado por. Pecado y el juicio de Dios. Gn.
18:20-21; 19:4-11; 19:23-26
Analizado. Atrapado por y liberado deGn. 28:10-
22
DESTRUIR, DESTRUCCIÓN *(VEA*
JUICIO)
Quien es d.
Sodoma y Gomorra. Ciudades perversas. Gn.
18:20-21; 19:23-26
Los inmorales, los anárquicos, y los violentos.
Gn. 18:20-21; 19:4-11; 19:23-26
DESVERGONZADO *(VEA*
CULPABILIDAD; VERGÜENZA)
De pecado. Ejemplo. Judá. D. del sexo con una
ramera. Gn. 38:20-21
DESVIACIÓN *(VEA HOMOSEXUAL;*
INMORALIDAD)
DETESTAR, DETESTABLE *(VEA*
DESPRECIO; DESPRECIAR)
Quien es d. Los pastores eran d. para los
egipcios. Gn. 43:32-34

DEVOCIÓN, ORACIONES *(VEA*
COMPROMISO; ACERCARSE;
MEDITATION)
Deber. Quedarse solo para la oración. Gn. 32:22-
24
d. Privado El avivamiento estimula el d.
privadoGn. 35:13-15
DIAGRAMAS *(VEA TABLAS)*
De los seis hijos de Abraham por parte de Cetura.
Gn. 25:1-4
Del bautismo comparado con la circuncisión. Gn.
17:9-14
De los descendientes de Esaú. Gn. 36:1-5; 36:9-
14; 36:15-19;
36:31-39; 36:40-43
De los horeos, los vecinos de Esaú. Gn. 36:20-30
DIEZMAR, DIEZMO *(VEA*
ADMINISTRACIÓN)
Ejemplo de.
Abraham. Le dio d. a Melquisedec, el
sacerdote. Gn. 14:18-20
Jacob. Hizo un compromiso de d. Gn. 28:16-
22
DIFICULTADES *(VEA PROBLEMAS)*
DILIGENCIA, DILIGENTEMENTE
(VEA RESISTENCIA; FERVOR;
PERSEVERANCIA; FIRMEZA; CELO)
Deber.
Al creer y seguir a Dios. Gn. 12:4-9
Al buscar a Dios en oración. Gn. 32:22-32
Ejemplo.
Al llamar al pueblo al avivamiento. Gn. 35:1-
15
En el trabajo arduo. Gn. 30:26b-30
DINA
Hija de Jacob. Nacido de Lea. Gn. 30:14-21
Vida de. Seducida y violada por el príncipe de la
localidad, Siquem. Gn. 34:1-31
DINABA
Capital de Edom. Gn. 36:31-39
DINERO *(VEA AVARICIA; RIQUEZAS)*
DIOS *(VEA TRINIDAD)*
Fidelidad de. *(Vea FIEL, FIDELIDAD, de Dios)*
Gn. 37:1—50:26
Conocimiento de. Omnisciente. Lo sabe todo
sobre nuestra incredulidad. Gn. 18:11-15
Nombres. Títulos.
Dios todopoderoso. (El Shaddai). Gn. 17:1;
49:22-26
El Shaddai. Dios Todopoderoso. Gn. 43:14
Dios (El Roi): Dios que me ve. Gn. 16:13
Dios Todopoderoso (El Shaddai). Gn. 17:1;
49:22-26
Dios eterno (El Olam). Gn. 21:33
Dios de tu padre. Gn. 49:22-26
Nombres. Títulos.
(Adon o Adonai). Gn. 15:2
El Señor Dios (Adonai, Yahvé). Gn. 15:2
El Fuerte de Jacob. Gn. 49:22-26
El Dios altísimo (El Elyon). Gn. 14:19
Pastor. Gn. 49:22-26
Piedra o Roca. Gn. 49:22-26
Escudo y muy gran recompensa. Gn. 15:1
El Señor de Todo (Adonay). Gn. 20:3-7
El Señor proveerá (Jehová Jireh). Gn. 22:14
Naturaleza. Atributos. Cómo es Dios.
Paciencia. *(Vea PACIENCIA, De Dios)*

Omnipotente. *(Vea DIOS, Poder de)*
Omnisciente. *(Vea DIOS, Conocimiento de)*
Sufre dolor y pena por el pecado y
perversidad de los hombres. Gn. 18:20-21
Poder de. Omnipotencia de.
Hace once cosas por el creyente. Gn. 41:1-57
Nada es demasiado duro para Dios. Gn.
18:11-15
Poder para obrar todas las cosas a bien. Gn.
41:1-57
Provee para cuatro grandes necesidades de los
hombres. Gn. 28:12-15 (Pensamiento 1)
Soberanía de. *(Vea SOBERANÍA, De Dios)*
Demostrado. Ejemplo de.
Al escoger la descendencia piadosa. Gn.
25:23
En la vida de José. Gn. 37:1—50:26 (Nota
2, pt. 6)
En Judá y su familia. Cómo Dios usó a cada
uno. Gn. 38:27-30
Al escoger a Jacob y no a Esaú. Gn. 25:23
Tiene un tiempo específico para actuar. La
paciencia lo exigía. Gn. 40:20-23
Ha provisto para cuatro grandes necesidades
de los hombres. Gn. 28:12-15
(Pensamiento 1)
Es resuelto: Está dispuesto a derramar su
gracia eterna sobre el hombre. Gn. 25:23
Se ve en Dios parado en el cielo en la escalera
de Jacob. Gn. 28:12-15
Está atado a la misericordia y gracia de Dios.
Gn. 25:23
Rigió en la vida de José paso a paso. Gn.
39:21-23
Se manifestó controlando todas las cosas
cuando los hermanos de José tramaron
matarlo. Gn. 37:36
Obra todas las cosas a bien. Gn. 41:1-57
Obra todas las cosas a bien, incluso en el
pecado. Gn. 20:1-18
Voluntad de. *(Vea VOLUNTAD DE DIOS)*
DIOSES, FALSOS *(VEA ÍDOLOS,
IDOLATRÍA)*
DISÁN
Hijo de Seir horeo que se casó con los
descendientes de Esaú. Gn. 36:20-30
DISCERNIR, DISCERNIRIMIENTO *(VEA
COMPRENSIÓN; ENTENDIMIENTO)*
DISCIPLINA, PERSONAL *(VEA
TEMPLANZA)*
Deber. Ser d. contra la tentación de tener sexo
ilícito. Gn. 39:7-12
No reaccionar contra aquellos que nos hacen mal.
Gn. 42:6-20
DISCORDIA *(VEA CONFLICTO;
DIVISIÓN; CONTIENDA)*
DISCRIMINACIÓN *(VEA FAVORITISMO;
PARCIALIDAD; PREJUICIO)*
DISCUTIR, DISCUSIÓN *(VEA
CULPABILIDAD; DISENSIÓN; DIVISIÓN;
CONTIENDA)*
Solución para. Ser desinteresado y espléndido
(Abraham). Gn. 13:8-9
Provocado por: Escasez de tierra de pasto. Gn.
13:5-7
DISENSIÓN *(VEA CONFLICTO;
DIVISIÓN; CONTIENDA)*

DISENSIÓN, POLÉMICO *(VEA
DISCUTIR; CONFLICTO; DIVISIÓN;
CONTIENDA)*
DISÓN
Hijo de Seir horeo que se casó con los
descendientes de Esaú. Gn. 36:20-30
DISPUTAR, DISPUTA *(VEA DISCUTIR;
CONFLICTO; CONTIENDA)*
DIVISIÓN, DISENSIÓN *(VEA
DISCUSIÓN; DISENSIÓN; CONTIENDA)*
Provocado por.
Hostilidad y maltrato. Gn. 37:18-30
Orgullo, arrogancia. Gn. 37:1-36
Escasez de tierra de pasto. Gn. 13:5-7
De familias. Solución para. Perdón y
reconciliación. Gn. 45:1-28
DIVORCIO, DIVORCIADO
Triunfo sobre el d. Ejemplo. Agar. Expulsado
por Abraham, pero salvado por Dios. Gn.
21:16-21
DOBLE ÁNIMO *(VEA INCONSTANCIA;
DESGANADO; INCONSISTENCIA;
INDECISIÓN; INESTABILIDAD;
NEUTRALIDAD)*
Provocado por. Avaricia.
Labán. Gn. 31:4-18, fundamentalmente 5-8;
31:36-55,
fundamentalmente 41
Lot. Gn. 13:10-11
Ejemplo de. Judá. Arrepentimiento parcial. Gn.
38:26
DOLOR, DOLIDO *(VEA DECEPCIÓN)*
Provocado por.
La inmoralidad de un hijo díscolo. Gn. 26:34-
35
Muerte de un ser amado.
La muerte de un hijo (Jacob). Gn. 37:31-35
La muerte de un padre (José). Gn. 50:1-13
La muerte de una esposa (Abraham). Gn.
23:1-2
DUDAR, DUDAS *(VEA INCREDULIDAD)*
DURO, ENDURECIDO, DUREZA
DE CORAZÓN *(VEA RECHAZO;
INCREDULIDAD)*
Ejemplo de. Hermanos de José. Gn. 37:18-30
EBAL
Descendiente de Seir que se casó con los
descendientes de Esaú. Gn. 36:20-30
ECONOMÍA, ECONOMÍA
Analizado. Cómo una persona debería trabajar y
ganarse la vida. Gn. 30:25-43
Necesidad.
Un administrador sabio. Gn. 41:33-36
Un plan sabio. Gn. 47:11-27
De Egipto. Destruida. Por el Hambre. Gn. 41:53-
57
EDIFICAR, EDIFICACIÓN *(VEA
EXHORTACIÓN)*
EDOM
Analizado. Gn. 36:8
Reyes y ciudades principales de. Gn. 36:31-39
EFA
Nieto de Abraham por parte de Cetura. Gn.
25:1-4

EFER
Nieto de Abraham por parte de Cetura. Gn.
25:1-4
EFRAÍN
Hijo de José. Adoptado por Jacob. Gn. 48:1-6
Tribu de. Profecía con respecto a. Gn. 49:22-26
EFRÓN
Le vendió un pedazo de tierra a Abraham. Gn.
23:5-18
EGIPTO
Economía de. Destruida. Debido al hambre. Gn.
41:53-57
Gobernado por José. Salvado del hambre. Gn.
41:1-57
Símbolo. Tipo de. El mundo y mundanalidad.
Gn. 12:10
EGO, EGOÍSTA, EGOISMO
Ejemplo de.
Esaú. Se preocupó más por la recreación y
los deportes que la responsabilidad. Gn.
25:27-34
Labán. Fue azotado por la avaricia cuando fue
a negociar con Jacob. Gn. 31:4-18; 31:22-
24
Lot. Ignoró a Abraham al escoger la
mejor tierra de pasto. Gn. 13:5-18
EGOCÉNTRICO
Deber de. Aprender la templanza contra la
tentación de tener sexo. Gn. 39:7-12
Ejemplo de. Esaú. Se preocupó más de la
recreación y los deportes que de la
responsabilidad. Gn. 25:27-34
EGOÍSTA *(VEA EGOISMO)*
EJEMPLO *(VEA TESTIMONIO)*
Buen e. Resultados. Influye a otros a seguir a
Dios. Gn. 12:5
EL SALVADOR *(VEA JESUCRISTO)*
ELDAAH
Nieto de Abraham por parte de Cetura. Gn.
25:1-4
ELEGIR, ELECCIÓN *(VEA LLAMAR,
LLAMADO; ESCOGIDOS, LOS)*
ELIFAZ
Hijo de Esaú. Gn. 36:1-5
ELÓN
Padre de Basemat, una esposa de Esaú. Gn.
26:34-35
EMBRIAGUEZ *(VEA BORRACHERA)*
EMPATÍA *(VEA CUIDADO;
COMPASIÓN)*
EMPLEADO *(VEA TRABAJO;
TRABAJADOR)*
EMPLEO *(VEA TRABAJO; SERVICIO)*
ENCARGO *(VEA LLAMAR, LLAMADO;
MISIÓN; TESTIMONIO)*
Gran e. Símbolo. Tipo. Ilustración de.
Abraham y el e. dado a él. Gn. 12:1; 12:1c-3
Creyentes y el e. dado a ellos. Gn. 12:3
Israel y el e. dado a la nación. Gn. 12:3
ENGAÑAR A OTROS *(VEA
TROPEZADERO)*
ENGAÑO *(VEA ROBO)*
ENGAÑO, ENGAÑAR *(VEA MENTIR)*
Ejemplo de.
Abraham. Usar el e. en vez de confiar en
Dios. Gn. 12:10; 20:1-2

Jacob.
  E. a su padre para conseguir la bendición y herencia de la familia. Gn. 27:18-29
  Fue e. para que se casara con Lea. Gn. 29:21-30
Los hijos de Jacob.
  E. a fin de buscar venganza. Gn. 34:7-17
  E. a su padre para librarse del castigo por maltratar a José. Gn. 37:31-35

ENGREIMIENTO, ENGREÍDO (VEA ARROGANCIA; ORGULLO)

ENOJO (VEA HOSTILIDAD; IRA)

ENSEÑAR, MAESTRO, ENSEÑANZA
Deber. e. los caminos del Señor. Gn. 18:17-19
Fuente. Dios. Tiene el poder para hablar por medio de nosotros. Gn. 41:33-36

ENTENDIMIENTO (VEA COMPRENSIÓN; ENTENDIMIENTO ESPIRITUAL)
Fuente. Tres cosas. La Palabra, la oración, y Dios. Gn. 41:25-32

ENVIADO (VEA LLAMAR, LLAMADO; ENCARGO)

ENVIDIA (VEA CELO; EGOÍSTA)
Provocado por. Bigamia y favoritismo. Gn. 30:1-8
Mal de.
  Se burla y hace gracia de. Gn. 21:8-11
  Promueve hostilidad y maltrato. Gn. 37:18-30
  Promueve tensión, discusión, conflicto, contienda. Gn. 30:1-8
  Rasgo de. Hermanos que son celosos. Gn. 21:8-11; 37:5-11

ER
Hijo de Judá. Muy perverso. Asesinado por el Señor. Gn. 38:3-10

ERRANTES (VEA RECAÍDA)

ERROR (VEA PECADO)

ESAÚ
Nacimiento de. Profetizado. Gn. 25:24-26
Carácter. Gn. 25:27-34; 27:30-38
Elementos sobre. Vida de.
  Un hombre de deseos mundanos e incredulidad. Gn. 36:1-5
  Fundó la nación de Edom. Gn. 36:1-43
  Se casó con dos mujeres cananeas mundanas. Gn. 26:34-35
  Vendió su primogenitura a Jacob. Gn. 25:27-34
  Se reconcilió con su hermano, Jacob. Gn. 32:1-21; 33:1-20
Familia de. Genealogía de. Gn. 36:1-43
Ilustración de carnalidad. Gn. 25:27-34; 27:30-38

ESBÁN
Descendiente de Seir que se casó con los descendientes de Esaú. Gn. 36:20-30

ESCALERA
Soñar de. La e. de Jacob. Extendiéndose entre el cielo y la tierra. Gn. 28:10-22
Símbolo. Tipo de. Jesucristo. Cristo alegó ser la Escalera, el Camino entre el cielo y la tierra. Gn. 28:12-15

ESCALERA AL CIELO
Soñar con. Se extiende entre el cielo y la tierra. La escalera de Jacob. Gn. 28:10-22

ESCÁNDALO, PECADOS ESCANDALOSOS (VEA INMORALIDAD; PECADO)

ESCAPE, NO
Quienes no e. Los inmorales, perversos, y anárquicos. Gn. 19:23-26

ESCAPISMO
Ejemplo de. Judá tratando de huir de una consciencia culpable. Gn. 38:1

ESCÉPTICO, ESCEPTICISMO (VEA INCREDULIDAD)

ESCLAVITUD, ESPIRITUAL
Por medio de qué.
  Avaricia. (Vea AVARICIA)
  HOMOSEXUALIDAD. Gn. 19:4-11; 19:4

ESCRITURAS (VEA BIBLIA; PALABRA DE DIOS)

ESCUDO
Analizado. Gn. 15:1
Elemento. Primer uso de la Palabra e. en las Escrituras. Gn. 15:1
Significado. El propio Dios es el e. del creyente. Gn. 15:1

ESFORZARSE, ESFUERZO (VEA DEDICACIÓN; CELO)

ESPERANZA (VEA HERENCIA, ESPIRITUAL; RECOMPENSA)
Descrito. Once grandes esperanzas. Gn. 23:3 (Pensamiento 1)
Fuente de.
  Grandes promesas de Dios. Gn. 12:1-3; 12:5
  La presencia de Dios y el acceso a su presencia. Gn. 28:12-15
  La presencia de Dios y protección. Gn. 28:12-15; 46:1-4
  La Tierra Prometida. Gn. 12:1c; 12:5

ESPOSA, ESPOSAS
Muerte de. Cómo lidiar con. Gn. 35:16-21

ESPOSO (VEA FAMILIA; MATRIMONIO)
Muerte de esposa. Cómo lidiar con. Gn. 35:16-21
Deber. Tratar a la esposa con respeto y amor. Gn. 17:15-18

ESTABLECER, ESTABILIDAD (VEA FIDELIDAD; SEGURIDAD)

ESTABLECER, ESTABLECIDO (VEA GARANTÍA; CRECIMIENTO, ESPIRITUAL; SEGURIDAD)

ESTADO (VEA SUERTE EN LA VIDA)
Elemento. Aceptar nuestro e. en la vida puede cambiar nuestra vida. Gn. 43:32-34

ESTRÉS (VEA IMPACIENCIA)

EVANGELISMO, EVANGELIZAR (VEA RENACIMIENTO; TESTIMONIO)

EXALTAR, EXALTACIÓN
Ejemplo de. José e. como cabeza de Egipto. Gn. 41:1-57

EXAMINAR, EXAMINACIÓN (VEA PROBAR, PRUEBA)

EXCESO DE CONFIANZA (VEA AUTOSUFICIENCIA)

EXCUSA, NO
Elemento. Lot no tenía e. para llevar una vida mundana y carnal. Gn. 19:30-38 (Nota 11)

EXHORTAR, EXHORTACIÓN
El mensaje de e.
  Ser revivido, experimentar un avivamiento. Gn. 35:1-15
  Limpiar nuestra vida, arrepentirnos, y obedecer a Dios. Gn. 35:2-3

EXPECTATIVA (VEA ESPERANZA)

EXPERIENCIA
Espiritual. Tener una e. nueva y estimulante con Dios. Gn. 17:1-27

EXTRAÑO, EXTRAÑOS
Significado. Gn. 12:6; 23:4; 47:7-10

EZER
Hijo de Seir que se casó con los descendientes de Esaú. Gn. 36:20-30

FALSEDAD (VEA ENGAÑO; HIPOCRECÍA; MENTIR)

FAMA, FAMOSO (VEA EXALTADO; HONRA)

FAMILIA, FAMILIAS (VEA HIJOS; PADRES; HOGAR; MADRES; ESPOSO; PADRES; ESPOSA)
F. Carnal.
  Mentir y engañarse unos a otros. Gn. 27:1—28:9
  Padres que muestran favoritismo. Gn. 25:27-28; 29:31-35
  Ilustración de una f. piadosa que se vuelve carnal. Gn. 25:27-34
Deber.
  Ser leal a. Marcas de lealtad. Gn. 44:1-34
  Reencontrarse. Ejemplo de. José y sus hermanos y padre. Gn. 45:4-8; 46:28—47:27
  Cambiar nuestra relación, nuestra conducta hacia la f. Gn. 17:15-18
  Seguir a Dios. Gn. 31:4-18
  Mantenerse firme por la f. Ejemplo. Los hermanos de José. Gn. 44:6-13
Fracasos. Peligros a que se enfrenta la f.
  Incesto. Ejemplo de. Comprometida por Rubén el hijo de Jacob. Gn. 35:22a
  Oponerse al compromiso de un miembro de la f. con Dios. Gn. 31:4-18
  Poner a la f. por delante del llamado de Dios. Gn. 12:1 (Nota 1)
  Criar a los hijos en un ambiente mundano. Gn. 38:3-10
  Robo. Por la esposa. Ejemplo de. Raquel. Gn. 31:19
  Contienda y división. Gn. 37:1-36; 45:1-28
  Tensión. Una f. llena de tensión. Gn. 29:31—30:24
F. piadosa
  Un hijo díscolo se aleja de. Gn. 38:1-30
  Cuatro elementos sobre una f. piadosa Gn. 25:19-26
  El matrimonio es el cimiento de. Gn. 25:19-20
  La oración es una parte de. Gn. 25:21-22
  Lo que es una f. piadosa. Gn. 25:19-26

FANFARRONEAR, FANFARRONEO (VEA ARROGANCIA; ALARDE; GLORIARSE EN EL HOMBRE; ORGULLO)

FARAÓN
Durante la época de José. Tuvo sueños y José los interpretó. Exaltó a José. Gn. 41:1-57

FAVORECER, FAVORECIDO *(VEA BENDICIONES; GRACIA; PROMESAS)*

FAVORITISMO *(VEA DISCRIMINACIÓN; PARCIALIDAD; PREJUICIO)*

Ejemplo de.

Isaac y Rebeca f. a diferentes hijos. Gn. 25:27-28; 27:1—28:9; 29:31-35

Jacob f. a José. Divide la familia. Gn. 37:1-4

Resultados.

Afecta a cada miembro de la familia. Gn. 27:39—28:9

Divide las familias. Gn. 37:1-4

Pecado de. Mostrado por los padres para los hijos. Gn. 25:27-28; 29:31-35; 37:1-4

FE

Deber.

Estimular nuestra f., para tener una experiencia nueva y estimulante con Dios. Gn. 17:1-27

Estar fuerte en la fe. Gn. 12:4-9

Resistir hasta el fin. Gn. 12:5

Padre de. Abram o Abraham. Gn. 12:1—25:18; 12:2-3

Gran f.

Abraham.

Creía en las grandes promesas de Dios. Gn. 12:1-3; 12:4-9

F. suprema y expiatoria. Confiaba y amaba a Dios por encima de todo. Gn. 22:1-24

Jacob. Creía en las promesas de Dios. Gn. 47:28-31; 48:1-6

José. Creía en las grandes promesas de Dios. Gn. 50:24-26

Isaac. Creía en las grandes promesas de Dios. Gn. 26:1-6; 26:23-25; 27:39—28:9, fundamentalmente 3-4

Peregrinación de. Analizado. Gn. 12:6

Prueba de. Obediencia. Gn. 12:4-9; 12:4

Resultados.

Influye en otros para que sigan a Dios. Gn. 12:5

Avivamiento. Gn. 35:1-15

Fuente de f. La Palabra de Dios. Gn. 12:4

Etapas. Tipos de.

F. estimulada (Abraham). Gn. 17:1-27

F. que recae (Lot). Gn. 19:1-38

F. de comienzo (Abraham). Gn. 12:4-9; 12:4

F. vencedora Gn. 21:8-21

F. valiente (Abraham). Gn. 14:1-16

F. creciente (Abraham). Gn. 18:1-15

F. de guíaGn. 23:1-20

F. impacienteGn. 16:1-16

F. intercesoraGn. 18:16-33

F. protectora (Abraham). Gn. 20:1-18

F. amableGn. 21:22-34

F. demostrada (Abraham). Gn. 23:1-20

F. ratificada (Abraham). Gn. 15:1-21

F. recompensada (Abraham). Gn. 21:1-7

F. egoísta frente a desinteresada (Abraham y Lot). Gn. 13:5-18

F. suprema y expiatoria (Abraham). Gn. 22:1-24

F. triunfante (Abraham). Gn. 25:1-18

F. Débil (Abraham). Gn. 12:10—13:4

Prueba de. Por medio de las pruebas.

La f. de Abraham se puso a prueba una y otra vez. Gn. 12:6; 12:10

José probó la f. de sus hermanos. Gn. 42:6-20; 42:25-28; 44:1-34

F. débil

Hizo que Abraham recayera. Gn. 12:10—13:4

Pecados de. Gn. 12:11-16

FELIZ, FELICIDAD *(VEA GOZO)*

FEREZEOS

Analizado. Gn. 13:7

FEROZ *(VEA VIOLENCIA)*

FERVIENTE, FERVOR *(VEA RESISTENCIA; PERSEVERANCIA)*

Deber.

Al creer y seguir a Dios. Gn. 12:4-9

Al buscar a Dios en oración. Gn. 32:22-32

Ejemplo.

Al llamar al pueblo al avivamiento. Gn. 35:1-15

En el trabajo arduo. Gn. 30:26b-30

FIEL, FIDELIDAD

Ejemplo de.

Abraham. Gn. 12:1—25:18

José. Gran ejemplo. Gn. 37:1—50:26

De Dios.

En la vida de Abraham. Gn. 15:1; 17:1-27; 21:1-7; 22:1-24

En la vida de Isaac. Gn. 26:1-35

En la vida de Jacob. Gn. 28:10-22; 32:22-32; 35:1-15

En la vida de José. Gn. 37:1—50:26

Para cumplir sus promesas. *(Vea TIERRA, PROMETIDA; LA SIMIENTE, PROMETIDA)*

FIDELIDAD *(VEA COMPROMISO; DEDICACIÓN)*

FINANZAS *(VEA ADMINISTRACIÓN; RIQUEZAS)*

FINGIR, FINGIMIENTO *(VEA HIPOCRECÍA)*

FIRME, FIRMEZA *(VEA RESISTENCIA; PERSEVERANCIA)*

FORASTERO *(VEA PEREGRINO; EXTRAÑO)*

FORNICACIÓN *(VEA INMORALIDAD)*

FORTALEZA, FORTALECER

Propósito de estar fuerte.

Darle la f. para seguir adelante. Gn. 33:1-20, cp. 32:22-32

Llevar a alguien a un compromiso renovado. Gn. 28:20-22

Andar de modo intachable delante de Dios. Gn. 17:1-2

Fuente de f.

cuidado, poder y soberanía de Dios. Gn. 39:1-23; 40:1-23

la presencia y promesas de Dios. Gn. 28:10-22

La protección y promesas de Dios. Gn. 15:1-21

Oración. Gn. 32:22-32

FRATERNIDAD *(VEA HERMANDAD)*

FRATERNIZAR, FRATERNIDAD *(VEA DEVOCIÓN; ACERCARSE; ORACIÓN)*

FUEGO

Elemento. Destruyó a Sodoma y Gomorra. Gn. 19:23-26

Símbolo de. La presencia de Dios. Gn. 15:7-21

FUERTE *(VEA FORTALEZA)*

FUERZA *(VEA PODER)*

FUNERAL

Cómo enfrentar la muerte. Gn. 23:1-20; 50:1-13

GAD

Nacimiento de. Analizado. Gn. 30:9-13

Tribu de. Profecía con respecto a. Gn. 49:19

GANADOR DE ALMAS *(VEA TESTIMONIO)*

GARANTÍA *(VEA GARANTÍA; SEGURIDAD)*

Ejemplo de. Judá se ofreció a sí mismo como g. por Benjamín. Gn. 43:8-10

GARANTÍA *(VEA SEGURIDAD)*

Dios obra todas las cosas a bien.

Para Abraham. Gn. 20:1-18

Para José. Gn. 45:4-8; 50:15-21

Del creyente.

Dios le garantiza al creyente, incluso en el pecado. Gn. 20:1-18

Protección en todas las pruebas. Gn. 28:12-15

GATAM

Un jefe. Gn. 36:15-19

Nieto de Esaú. Gn. 36:9-14

GENEALOGÍA

De Esaú. Gn. 36:1-43

De Ismael. Gn. 25:11-18, fundamentalmente 12-18

De Jacob. Gn. 46:6-27

GERAR

Analizado. Gn. 20:1

GLORIARSE EN EL HOMBRE *(VEA ARROGANCIA; ORGULLO)*

GOBIERNO *(VEA ECONOMÍA)*

Beneficios de. Mencionados. Gn. 30:25

g. Dictatorial Sofoca la iniciativa, el desarrollo, y la producción del pueblo. Gn. 30:26

Gobernadores. Oficiales de.

José. Era el gobernador de Egipto, el segundo solamente después de Faraón. Gn. 41:37-44

Lot. Era un oficial, quizás alcalde, de Sodoma. Gn. 19:1-3

GOLFO ENTRE DIOS Y EL HOMBRE

Ilustración de. La escalera de Jacob. Gn. 28:12-15

GOMORRA

Destruida. Ejemplo de. El juicio de Dios. Gn. 19:23-26

Rey de. Sufrió una derrota humillante. Gn. 14:1-12

GOZO

Fuente. Fomentado por.

Nacimiento de hijos. Gn. 21:6-7

Encontrar a un hijo perdido. Gn. 45:25-28

Encontrar una nueva familia. Gn. 29:9-14

El poder de Dios. Para dar un bebé. Gn. 21:6-7

Amar a una persona, un gran amor. Jacob por Raquel. Gn. 29:9-14

Reconciliación. Una familia se reconcilia. Gn. 45:1-28; 46:28-30

Comenzar una nueva vida. Gn. 29:1-8

GRACIA

Elemento. Dios ha querido derramar su g. eterna sobre el hombre. Gn. 20:1-18; 25:23

De Dios. Atado a la Soberanía de Dios. Gn. 25:23

Resultados. Obra de. Provee las promesas de Dios para el hombre. Gn. 25:23

GRANDE, MÁS GRANDE, GRANDEZA

Demostrado por. José. Sirve a Dios fielmente como el líder de Egipto. Gn. 37:1—50:26

Deber. No buscar g. por medio de compromiso. Gn. 14:21-24

GUERRA

Datos. Primer relato escrito de una g. en la literatura antigua. Gn. 14:1-16

HABLAR, DISCURSO (VEA LENGUA)

HABLAR MAL (VEA LENGUA)

HACEDORES (VEA OBEDIENCIA)

HACEDORES DE MALDAD (VEA MAL; PECADO)

HADAD

Descendiente de Esaú. Un rey. Gn. 36:31-39

HADAR

Descendiente de Esaú. Un rey. Gn. 36:31-39

HADES

Analizado. Gn. 37:35

HAMBRE

Liberación en y de. Por Dios. Usando a José. Gn. 41:53-57

Enfrentado por.
Abraham. Gn. 12:10
Isaac. Gn. 26:1-6
Jacob. Gn. 41:53-57; 42:1-2; 43:1-2
José. Gn. 41:53-57; 47:11-27

En el Oriente Medio. En la época de José. Gn. 41:53-57; 42:1-2; 43:1-2; 47:11-27

Predicción de. Por José. Gn. 41:25-32; 41:33-36

Propósito de. Usado por Dios para llevar a la familia de Jacob a Egipto. Gn. 37:1—50:26; 42:1-38; 45:1-28; 46:1-27

HAMBRE Y SED

Provocado por.
Hambre. Gn. 12:10; 26:1-6
Conflicto pecaminoso. Gn. 21:14-16

HAMOR

Gobernador de Siquem. El hijo violó a la hija de Jacob, Dina. Gn. 37:1-31

HANOC

Nieto de Abraham por parte de Cetura. Gn. 25:1-4

HARÁN, CHARRAN, CIUDAD DE

Analizado. Gn. 12:4

HEBREO

Analizado. Gn. 14:13

HEBRÓN

Analizado. Gn. 13:18

HECHICERO, HECHICERÍA

Analizado. Gn. 44:15

HEMAM

Descendiente de Seir horeo que se casó con los descendientes de Esaú. Gn. 36:20-30

HEMDÁN

Descendiente de Seir horeo que se casó con los descendientes de Esaú. Gn. 36:20-30

HERENCIA, ESPIRITUAL (VEA RECOMPENSA)

HERENCIA, TERRENAL (VEA PRIMOGENITURA)

Analizado. Gn. 25:31; 48:17-18

Esaú vendió su h. a Jacob. Gn. 25:27-34

Dado a.
Jacob. Gn. 27:1—28:9
Judá. Gn. 49:8-12
José. Gn. 49:22-26

Pérdida de.
Lista de hijos que perdieron y que recibieron la h. Gn. 48:17-18
Manasés perdió su parte de su h. por la voluntad de Jacob. Gn. 48:8-22, fundamentalmente 17-20
Rubén perdió una parte de su h. por el pecado terrible. Gn. 49:3-4

HERMANO, HERMANDAD (VEA IGUALDAD DEL HOMBRE; UNIDAD)

Deber. Rescatar a los hermanos de la esclavitud. Gn. 14:14

Ejemplo de. José. Llevar a sus hermanos al arrepentimiento y la salvación. Gn. 42:6-20

HEVEO, HEVEOS

Príncipe de. Siquem violó a la hija de Jacob, Dina. Gn. 33:1-4

HIJO, HIJOS, INGENUIDAD (VEA FAMILIA; PADRES)

Deberes para con. Tratamiento de. Manejar la gran responsabilidad de los h. Gn. 35:22b-27

Errores. Equivocaciones de.
Un h. díscolo. Gn. 35:22a
Un hijo díscolo. Gn. 38:1-30
Abandonar una familia piadosa. Gn. 38:1

Ejemplo de buen h.
Isaac. Gn. 22:1-24, fundamentalmente 5-14
José. Gn. 45:9-13

Ejemplo de mal h. Esaú. Gn. 26:34-35

Elemento. Son un regalo de Dios. Gn. 33:5-7, fundamentalmente 5

Equivocaciones de padres para con.
Sobreproteger a sus h. Gn. 37:12-17
Criar h. en un ambiente piadoso. Gn. 38:3-10
Mostrar favoritismo. Gn. 37:12-17

Pecados de.
Cómo lidiar con un pecado grave cometido por un h. díscolo Gn. 35:22a
Vivir según la carne, ser carnal. Gn. 25:27-34
arremeter, atacar y provocar a otros. Gn. 37:5-11

ESCOGIDOS (VEA LLAMAR, LLAMADOS)

Quienes son los e.
Abraham. Gn. 12:1-3
Isaac. Gn. 17:19-21
Jacob. Gn. 25:23; 28:10-22; 28:10-36:43

HIPOCRECÍA, HIPÓCRITA (VEA ENGAÑO)

Ejemplo de. Lot. Gn. 19:4-11

HISTORIA

Puntos céntricos de. Llamar de Abraham. Gn. 12:1—25:18

HISTORIA ESPIRITUAL (VEA HISTORIA, ESPIRITUAL)

HISTORIA, ESPIRITUAL Y BÍBLICA

Registros guardados por José. Gn. 50:24-26

HISTORIA MUNDIAL (VEA HISTORIA)

HOGAR, HOGARES

Elemento.
Es una de las razones principales para trabajar y ganarse la vida. Gn. 30:25

Vivir en una sociedad de h. divididosGn. 37:1-36

Ilustración. Un h. lleno de tensión. Gn. 29:31—30:24

Problemas de. Contienda y división dentro del. Gn. 37:1-36

HOMBRE

Necesidades de. (Vea NECESIDADES)
Básicas, n. esenciales. Mencionadas. Gn. 12:10—13:4
La mayor necesidad: Cómo ser amigo de Dios. Gn. 18:1-15

HOMBRE NATURAL (VEA CARNAL; CARNE)

HOMBRES SABIOS

Durante la época de José. No pudieron interpretar los sueños de Faraón. Gn. 41:8

HOMOSEXUAL, HOMOSEXUALIDAD (VEA INMORALIDAD)

Analizado. Gn. 19:4

Ejemplo de. Sodoma. Gn. 19:4-11

HONESTO, HONESTIDAD (VEA DIGNO DE CONFIANZA)

Ejemplo de. Hermanos de José regresaron con el dinero encontrado. Gn. 43:15-22

HONRA, HONRADO

Analizado. Aceptar la h. mundana o la h. piadosa Gn. 14:17-24

Deber. No buscar la h. por medio del compromiso. Gn. 14:21-24

HOREO, HOREOS

Nación. Jefes y descendencia. Gn. 36:20-30

HORI

Descendiente de Seir horeo que se casó con los descendientes de Esaú. Gn. 36:20-30

HOSPITALIDAD

Ejemplo de.
Abraham. Invitar a extraños a su hogar. Gn. 18:2-8
José. Invitar a sus hermanos a su hogar. Gn. 43:23-31
Lot. Invitar a extraños a su hogar. Gn. 19:1-3

HOSTILIDAD (VEA ENOJO; AMARGURA; IRA)

Ejemplo de.
Hermanos de José para con él. Gn. 37:18-30
Dentro de la familia. Gn. 37:18-30

HUMANISMO, HUMANISTA

Elemento. En la historia pasada, el hombre edificó una ciudad secular, sociedad h. Gn. 12:1—25:18 (Nota 2)

HUMILDAD (VEA MANSEDUMBRE)

Ejemplo de.
Abraham. Se postró delante del Dios Todopoderoso. Gn. 17:3-5; 17:15-18
José. Tierno, un espíritu delicado de h. Gn. 40:14-15

HUMILLAR, HUMILLACIÓN (VEA REBAJADO; VERGÜENZA)

Provocado por.
Engaño en el matrimonio. Gn. 29:21-30
Acusación falsa de maltrato sexual. Gn. 39:7-12
Mentir y ser descubierto. Gn. 20:1-18; 26:7-11

Ejemplo de.
Jacob. Engañado en la noche de boda. Gn. 29:21-30

José. Fue acusado injustamente de un acoso sexual y fue encarcelado. Gn. 39:13-20

Propósito de. Enseñarnos a ser compasivos, amables, y cariñosos. Gn. 39:13-20

Cosas que h. Mencionados. Gn. 39:13-20

HUSAM

Descendiente de Esaú. Un rey. Gn. 36:31-39

ÍDOLOS, IDOLATRÍA *(VEA DIOSES, FALSOS; RELIGION; HECHICERÍA)*

Deber. Alejarse de. Gn. 35:2-3

Ejemplo de.

La propia casa de Jacob adoraba i. Gn. 35:2-3

Raquel le robó los i. a su padre. Gn. 31:19; 31:30-35

Taré, el padre de Abraham, adoraba i. Gn. 12:1—25:18, nota 1

IGLESIA

Necesidad de. Avivamiento. Características del avivamiento. Gn. 35:1-15

IGNORAR, IGNORANCIA *(VEA DESCUIDAR, DESCUIDO)*

IMAGINACIONES, MALIGNAS *(VEA PENSAMIENTOS, MALIGNOS)*

Resultados. Crea falsos dioses. *(Vea IDOLATRÍA)*

IMPACIENCIA *(VEA ANSIEDAD; INCOMODIDAD)*

Causas de. Tres causas. Gn. 16:1-2

Consecuencias de. Tres consecuencias. Gn. 16:3-6

Analizado. Mal terrible de. Gn. 16:1-16

Significado. Gn. 16:1-16

Solución para. Cuatro soluciones. Gn. 16:7-16

IMPARCIAL *(VEA FAVORITISMO; PREJUICIO)*

IMPECABLE

Perfección impecable. Analizado. Gn. 17:1

IMPENITENCIA *(VEA DURO; DUREZA; RECHAZO; INCREDULIDAD)*

IMPERFECCIÓN *(VEA PERFECCIÓN; PECADO; INCREDULIDAD)*

IMPÍO, IMPIEDAD *(VEA PECADO; IMPÍO; INJUSTICIA)*

IMPÍO, IMPIEDAD *(VEA PERDIDOS, LOS)*

IMPOTENCIA

Elemento. Son indefensos e impotentes sin Dios. Gn. 32:25

IMPURO, IMPUREZA *(VEA INMUNDO; INMORALIDAD)*

INCENTIVAR, INCENTIVACIÓN *(VEA SEDUCIR, SEDUCCIÓN)*

INCESTO *(VEA ADULTERIO; INMORALIDAD)*

Ejemplo de. Rubén. Tuvo sexo con su madrastra. Gn. 35:22a

INCÓMODO, INCOMODIDAD *(VEA IMPACIENCIA)*

INCONSECUENTE, INCOHERENTE *(VEA DOBLE ÁNIMO; DESANIMADO; VACILACIÓN)*

Resultados.

Trae el juicio, la mano castigadora de Dios sobre uno mismo. Gn. 19:1-38

Provoca la pérdida de todo. Gn. 19:23-26

Hace que otros (hijos) pequen. Gn. 19:30-38

Provoca vergüenza, bochorno. *(Vea VERGÜENZA)*

INCONSTANCIA *(VEA DOBLE ÁNIMO; DESGANADO)*

INCREDULIDAD *(VEA RECHAZO)*

Causas de.

Una situación amenazadora. Gn. 12:10—13:4; 26:1-6

Duda del cuidado y provisión de Dios. Gn. 20:1-2

Se siente autosuficiente. Gn. 25:29-34

Impaciencia. Gn. 16:1-16

Analiza una situación imposible. Gn. 18:11-15

Deseos personales. Gn. 27:1-4

Fe débil. Gn. 12:10—13:4; 27:5-17

Cómo vencer. Vencer la i. Analizado. Gn. 18:11-15

INCRÉDULOS *(VEA PERDIDOS, LOS)*

INCULPABLE *(VEA INTACHABLE)*

INDECENTE, INDECENCIA *(VEA INMORALIDAD; VERGÜENZA)*

INDECISIÓN, INDECISO *(VEA DOBLE ÁNIMO; ABATIDO; INCOHERENTE)*

Ejemplo de. Judá. Arrepentimiento parcial. Gn. 38:26

INDEFENSO, INDEFENSIÓN

Del hombre. Son i. en impotentes sin Dios en la vida. Gn. 32:25

Provocado por. Tratar de andar por la vida sin Dios. Gn. 32:25

INDEPENDIENTE *(VEA AUTOSUFICIENTE)*

INDIFERENCIA *(VEA DURO, DUREZA; INCREDULIDAD)*

INDIGNACIÓN *(VEA ENOJO, IRA)*

INFIEL *(VEA INCREDULIDAD)*

INFIELIDAD *(VEA RECAÍDA; INCREDULIDAD)*

INFIERNO

Analizado. Gn. 37:35

INFLUENCIA

Mala i. *(Vea TROPEZADERO)*

Buena i. *(Vea TESTIMONIO)*

INJUSTO, INJUSTICIA *(VEA PECADO)*

INICIATIVA *(VEA FERVIENTE; FERVOR; CELO)*

INIQUIDAD *(VEA PECADO)*

INJUSTICIA *(VEA ENGAÑO; ROBO)*

INMADUREZ, ESPIRITUAL *(VEA CARNAL; DESEOS CARNALES)*

INMORALIDAD *(VEA ADULTERIO; FORNICACIÓN ; DESEO)*

Provocado por.

Buscando el placer del sexo ilícito. Gn. 38:12-19

Buscar compañías mundanas. Lleva a la i. Gn. 34:1-4

Ejemplo de.

Violación. Dina, la hija de Jacob, fue violada. Gn. 34:1-31

Problema de. Vivir juntos aparte del matrimonio. Gn. 25:19-20

Pecado de. El mundo acepta y es insensible a la i. Gn. 34:5-6

INMORTALIDAD *(VEA VIDA ETERNA; CIELO)*

INMUNDO, INMUNDICIA *(VEA PECADO; INMUNDICIA)*

INMUNDO, INMUNDICIA

Deber.

Ser intachable. Gn. 17:1-2

Limpiar nuestra vida. Gn. 35:2-3

Provocado por.

Idolatría. Gn. 35:2-3

Llevar una vida mundana. Gn. 35:4

Ejemplo de. Casa de Jacob. Llevar vidas i. Gn. 35:2-3; 35:4

INQUIETO, INQUIETUD

Provocado por.

Una situación desesperada. Gn. 32:22-32

Temor, vergüenza, soledad. Gn. 28:10-22

INSATISFECHO, INSATISFACCIÓN *(VEA DECEPCIÓN; DESESPERANZA)*

INSEGURIDAD *(VEA TEMOR)*

INSPIRACIÓN DE LAS ESCRITURAS *(VEA BIBLIA; ESCRITURAS; PALABRA DE DIOS)*

INSTRUIR, INSTRUCCIÓN

Deber.

Llamar a las personas al avivamiento. Gn. 35:2-3

i. a los creyentes a no discutir. Gn. 45:24

INTACHABLE

Deber. Ser i., perfecto ante Dios. Gn. 17:1

Cómo ser i.

Huyendo de la tentación. Ejemplo. José. Gn. 39:7-12

Alejándose de la mundanalidad y la idolatría. Ejemplo. Jacob. Gn. 35:1-15

INTEGRIDAD *(VEA HONESTO; HONESTIDAD; DIGNO DE CONFIANZA)*

INTELIGENCIA *(VEA COMPRENSIÓN; ENTENDIMIENTO)*

INTERCESIÓN, INTERCESOR *(VEA ORACIÓN)*

Analizado. Cómo volverse un i. Gn. 18:16-33

Significado. Gn. 18:16-33

INTOLERANCIA *(VEA DISCRIMINACIÓN; PREJUICIO)*

INTOLERANCIA *(VEA PREJUICIO)*

INTRIGA

De los hermanos de José contra él. Gn. 37:18-30

INVITACIÓN *(VEA LLAMAR; DECISIÓN)*

IRA *(VEA ENOJO; IRA)*

IRA *(VEA ENOJO; HOSTILIDAD)*

Ejemplo de.

Hermanos de José para con él. Gn. 37:18-30

Dentro de la familia. Gn. 37:18-30

IRA DE DIOS *(VEA JUICIO)*

IRRESPONSABILIDAD

Provocado por.

Amor por la recreación y los deportes. Gn. 25:27-34

Deseo del placer sexual ilícito. Gn. 39:7-12

ISAAC

Nacimiento de.

Análisis. Gn. 21:1-7

Prefiguró el nacimiento de Cristo. Gn. 21:6-7

Carácter. Tipo de hombre que era Isaac. Gn. 26:34-35

Muerte de. Gn. 35:28-29

Analizado.

Isaac y Rebeca y sus hijos gemelos, Jacob y Esaú: La

Ilustración de una familia piadosa. Gn. 25:19-26

Isaac escogido para darle continuidad a la descendencia del Pueblo de Dios y las grandes promesas de Dios. Gn. 25:19—28:9

Viaje de Isaac por la vida: Enfrentarse y vencer pruebas. Gn. 26:1-35

Plan de Isaac para pasar por alto a Jacob y bendecir Esaú: Manipulación de la voluntad y Propósito de Dios. Gn. 27:1—28:9

Hijos gemelos de Isaac. Esaú vendió su primogenitura a Jacob: Una familia piadosa se vivió carnal. Gn. 25:27-34

Elementos sobre. Vida de.
Dios se le había aparecido. Gn. 26:1-6; 26:23-25

Hizo un trato con Abimelec, rey de los filisteos. Gn. 26:26-33

Recibió el pacto abrahámico de Dios. Gn. 26:1-6; 26:23-25

Tramó pasar por alto la voluntad de Dios, pasar por alto a Jacob y a bendecir a Esaú. Gn. 27:1—28:9

Fue escogido para darle continuidad a la descendencia del Pueblo y las promesas de Dios
de fe. Gn. 25:19—28:9

Le fue dada la tarea asombrosa de dar a conocer a Dios. Gn. 25:19—28:9

Se casó. Gn. 24:1-67; 25:19-20

Fue ofrecido por su padre como sacrificio a Dios. Gn. 22:1-24

Se reconcilió con Ismael. Gn. 25:7-10

Era la Simiente prometida, el hijo del pacto prometido
A Abraham. Gn. 17:19-21
Era muy rico. Gn. 26:12-17

Nombre de. Dado por Dios. Gn. 17:19-21

ISACAR
Nacimiento de. Analizado. Gn. 30:14-21
Tribu de. Profecía con respecto a. Gn. 49:14-15

ISBAC
Hijo de Abraham por parte de Cetura. Gn. 25:1-4

ISMAEL
Descendencia de. Tabla. Gn. 25:11-18
Analizado.
Abraham dio a luz a Ismael y a los árabes. Gn. 16:1-16

Abraham envió lejos a Agar y a Ismael, la esclava y su hijo. Gn. 21:8-21

Elementos sobre. Vida de.
Se burló de Isaac, el hijo prometido. Gn. 21:8-10

Era un hijo de Abraham. Gn. 16:1-16

Al parecer era un creyente verdadero. Gn. 25:11-18

Fue expulsado por Abraham. Gn. 21:8-21

Se reconcilió con Isaac. Gn. 25:7-10

Genealogía de. Gn. 25:11-18, fundamentalmente 12-18

Significado del nombre. Gn. 16:7-16

Naturaleza de. Analizado. Gn. 16:7-16

ISRAEL (VEA JUDÍOS)
Escogido por Dios.
Cinco grandes propósitos. Gn. 12:3
Por qué Israel fue llevado a Egipto. Dos razones principales. Gn. 37:1—50:26 (Nota 3)

Analizado.
Por qué Dios llevó a Israel a Egipto. Gn. 37:1—50:26

Padre de Israel. Abram o Abraham. Gn. 12:1—25:18

Historia. Conversión de los cabezas de tribus. Gn. 44:14-17

Significado. Gn. 32:27-28

Nombre. Israel.
Dado a Jacob por Dios. Gn. 32:27-28
Reconfirmado a Jacob. Gn. 35:9-12

Profecía con respecto a.
Liberación de Egipto y regreso a la Tierra Prometida. Gn. 50:24-26

Esclavitud egipcia y liberación de. Gn. 15:7-21

Pronunciada sobre doce hijos y tribus de Jacob. Gn. 49:1-28

Propósito de. Cinco grandes propósitos. Gn. 12:3

ITRÁN
Descendiente de Seir horeo que se casó con los descendientes de Esaú. Gn. 36:20-30

JAALAM
Un jefe. Gn. 36:15-19
Hijo de Esaú. Gn. 36:1-5

JACOB
Nacimiento de. Demuestra la soberanía y gracia de Dios. Gn. 25:23
Carácter. Analizado. Gn. 25:27-34
Hijos de. Nacimiento de hijos. Un hogar lleno de tensión. Gn. 29:31—30:24
Muerte de. Analizado. Gn. 49:29—50:3
Soñar con la escalera de Jacob. Una escalera entre el cielo y la tierra. Gn. 28:10-22
Elementos sobre. Vida de.
Adoptó a los dos hijos de José. Gn. 48:1-6
Compró la primogenitura de Esaú. Gn. 25:27-34

Entró en negocios con Labán y fue engañado por Labán. Gn. 30:25-43

Dios suplió su necesidad en Bet-el. Gn. 28:10-22; 35:1-15

Mintió para robar la bendición y herencia de su padre, Isaac. Gn. 27:1—28:9

Se casó con Lea y Raquel. Gn. 29:1-30

Trasladó a su familia a Egipto. Gn. 46:28—47:27

Buscó la reconciliación con su hermano, Esaú. Gn. 32:1-21; 33:1-20

Robó la bendición y herencia de su padre. Gn. 27:1—28:9

Usó el último método de cría de animales. Gn. 30:35-43

Fue escogido por Dios y no a Esaú antes de su nacimiento. Gn. 25:23

Fue lisiado por Dios: Se dislocó la cadera. Gn. 32:25

Fue engañado por sus hijos. Fue llevado a creer que un animal había matado a José. Gn. 37:31-35

Fue atrapado por el temor, la vergüenza, la soledad, y la destitución. Gn. 28:10-22

Era débil espiritualmente. Lista de siete planes y engaños. Gn. 29:23

Trabajó catorce años por Raquel. Gn. 29:15-20; 29:21-30

Fe de.
Bendijo y testificó a Faraón. Gn. 47:7-10
Experimentó un avivamiento verdadero en Bet-el. Gn. 35:1-15

Dios le reconfirmó su nuevo nombre Israel. Gn. 35:9-12

Dios le reconfirmó las promesas de Dios. Gn. 35:9-12

Le fue dado un nuevo nombre, el nombre de Israel. Gn. 32:27-28

Luchó con Dios en oración. Gn. 32:22-32

Bendición profética pronunciada sobre sus hijos. Gn. 49:1-28

Recibió el pacto abrahámico de Dios. Gn. 28:12-15; 35:9-13

Resultados de su engaño y mentiras. Gn. 27:39—28:9

Pecados de.
Bigamia. Gn. 29:21-30
Mostró favoritismo hacia José. Gn. 37:1-4

JESUCRISTO *(VEA LA SIMIENTE, PROMETIDA)*
Nacimiento de. Prefigurado. Por el nacimiento de Isaac. Gn. 21:6-7

Muerte. Símbolo de. La ofrenda de Isaac. Gn. 22:11-14 (Nota 3, Pensamiento 1)

Mediador. Obra de. Es el Mediador entre el cielo y la tierra, Dios y el hombre. Gn. 28:12-15

Nombres. Títulos. Yeshua, nombre hebreo de Jesús. Gn. 49:18

Profecías con respecto a. (Vea PROFECÍA, con respecto a Cristo)

Simbolizado. Tipificado por.
La escalera de Jacob. El camino a Dios. Gn. 28:12-15

El ofrecimiento de Abraham de su hijo Isaac. Ilustró a Dios ofreciendo a su Hijo, Jesucristo. Gn. 22:9-10 (Pensamiento 1)

nacimiento de Isaac. Gn. 21:6-7

Judá ofreciéndose a sí mismo por Benjamín. Ilustró la intercesión y el sacrificio voluntario de Cristo. Gn. 44:18-34

JEÚS
Un jefe. Gn. 36:15-19
Hijo de Esaú. Gn. 36:1-5

JOBAB
Descendiente de Esaú. Un rey. Gn. 36:31-39

JOCSÁN
Hijo de Abraham por parte de Cetura. Gn. 25:1-4

JOSÉ
Edad de. Ciento diez años de edad. Gn. 50:24-26
Nacimiento de. Gn. 30:22-24
Muerte de. Gn. 50:24-26
Analizado.
Escogido para salvar a la descendencia del pueblo de Dios y las promesas de Dios. Gn. 37:1—50:26

Sus hermanos se convirtieron. Gn. 44:14-17

Esclavizado en Egipto. Cómo fortalecerse por medio de las bendiciones y pruebas de la vida. Gn. 39:1-23; 40:1-23

Elementos significativos sobre José. Diez elementos. Gn. 37:1—50:26

Por qué Dios exaltó a José para guiar a Israel a Egipto. Gn. 37:1—50:26 (Nota 3)

Por qué sus hermanos lo odiaron. Gn. 37:1-4; 37:5-11; 37:12-17

Exaltación en Egipto. Tenía tres títulos. Gn. 45:4-8

Ejemplo de.
Fidelidad. Gn. 37:1—50:26
Soberanía de Dios. Gn. 37:1—50:26

Lo que debe ser un hombre. Un ejemplo dinámico para todos los hombres. Gn. 37:1—50:26

Elementos sobre. Vida de.
La Biblia dedica más espacio a José que a cualquier otra persona en Génesis. Gn. 37:1—50:26
Perdonó y se reconcilió con sus hermanos. Gn. 45:4-8
Subió al poder en Egipto. Gn. 41:1-57
Salvó a Egipto del hambre. Ideó seis planes. Gn. 47:11-27
Asentó a su familia, Israel, en Egipto. Gn. 46:28—47:27
Era un trabajador arduo. Gn. 39:1-6; 40:16-19
Se encontró con sus hermanos por primera vez en Egipto. Gn. 42:6-20
Se encontró con sus hermanos por segunda vez en Egipto. Gn. 43:1-34
Fue liberado de prisión. Por qué Dios lo liberó. Gn. 41:14-24
Fue esclavizado en Egipto. Analizado. Gn. 39:1-23
Fue favorecido por Jacob, su padre. Gn. 37:1-4
Era apuesto y viril. Gn. 39:1-6; 40:16-19
Fue encarcelado en Egipto. Analizado. Gn. 40:1-23
Fue encarcelado en Egipto. Más de dos años. Gn. 41:1-7
Fue hecho supervisor cuando tenía solo 17 años de edad. Gn. 37:1-4
Fue vendido a la esclavitud por sus hermanos. Gn. 37:18-30
Fue tentado a tener sexo con la esposa de Potifar. Gn. 39:7-12
Fe de. Creía en las grandes promesas de Dios. Gn. 50:24-26
Profecía con respecto a. Gn. 49:22-26
Pecados de.
Arremetió contra y provocó a sus hermanos con arrogancia. Gn. 37:1-4; 37:5-11
Era orgulloso, arrogante, altanero, altivo. Gn. 37:5-11
Símbolo. Tipo de. El Señor Jesucristo. Gn. 37:1—50:26 (Nota 2)

JUDÁ
Nacimiento de. Analizado. Gn. 29:31-35
Analizado. Pecados de un joven díscolo. Gn. 38:1-30
Elementos sobre. Vida de.
Se convirtió en el vocero de la familia. Gn. 43:3-5; 44:18-34
Cometió inmoralidad. Gn. 38:12-19
Dios tuvo misericordia de. Gn. 38:1-30 (Nota 2)
Intercedió por Benjamín. Gn. 44:18-34
Se alejó del padre y los hermanos. Gn. 38:1-30
Se ofreció como garantía por Benjamín. Gn. 43:8-10
Tribu de.
Comienzo de la tribu. Gn. 38:1-30 (Nota 2)
Profecía con respecto a. Gn. 49:8-12
Tipo. Símbolo de. Cristo. Gn. 44:18-34

JUDÍOS (VEA HEBREOS; ISRAEL)
Propósito de. Cinco grandes propósitos. Gn. 12:3

JUDIT
Esposa de Esaú. Gn. 26:34-35

JUICIO (VEA MALDITO)
Ejemplo de.
Abraham. Por varios pecados terribles. Gn. 12:17-20
Los hermanos de José. Por venderlo a la esclavitud. Gn. 37:18-30
Faraón. Por tomar a Sara, Esposa de Abraham. Gn. 12:17-20
Sara. Por exhibirse públicamente y unirse a Abraham en el pecado. Gn. 12:17-20
Elemento. Recogemos lo que sembramos. Gn. 49:1-28
Tipos. El j. judicial de Dios. Experimentar. Ejemplo de. Los hermanos de José. Gn. 42:21-24; 42:25-28
De incrédulos. Sodoma. Gn. 19:23-26
Advertencia de. Dada al mundo por medio de Sodoma. Gn. 19:23-26
Por qué Dios juzga. Por la inmoralidad y la anarquía. Gn. 19:1-38

JURAMENTO, JURAMENTOS
Ejemplo de. Poner la mano debajo del muslo. Gn. 47:28-31
De Dios. (Vea PACTOS)

JUSTO, JUSTICIA
Deber. Esencial.
Llevar una vida intachable, j. Gn. 17:1-2
Llevar una vida limpia y j. Gn. 35:2-3
Fuente de j. Fe, creer en Dios. Gn. 15:2-6

JUSTIFICACIÓN, JUSTIFICAR
Significado. Gn. 15:2-6

JUVENTUD, JÓVENES
Ejemplo de. José. Un ejemplo dinámico de moralidad. Gn. 39:7-12

JUZGAR A OTROS (VEA CULPABILIDAD, CULPAR)
Ejemplo de. Juzgar a otros por su inmoralidad. Gn. 38:24-25

LA ESCALERA DE JACOB
Símbolo de. Jesucristo alegó ser la escalera, el camino, entre
El cielo y la tierra. Gn. 28:12-15

LA SIMIENTE, PROMETIDA
Creía en. José. Gn. 50:24-26
Elemento.
Es una promesa eterna. Gn. 17:6-8
Su número es como la arena de la orilla del mar. Gn. 22:15-18; 32:9-12
Como las estrellas del cielo. Gn. 15:2-6; 22:15-18; 26:1-6
Significado.
Una gran nación de personas. Gn. 12:2-3; 15:2-6; 17:3-4; 17:6-8; 18:9-10; 26:1-6; 26:23-25; 28:12-15; 35:9-12
Una gran nación de personas espirituales, de creyentes. Gn. 12:2-3; 17:6-8
El Mesías, el Salvador del mundo. Gn. 12:3; 15:2-6; 22:15-18; 26:1-6, fundamentalmente 4; 28:12-15
Prometido a.
Abraham. Gn. 12:1-9 (Nota 3); 12:2-3, fundamentalmente 2-6; 12:3; 12:7-9; 15:1-21; 17:3-5; 21:12-13
Isaac. Gn. 26:1-6; 26:23-25
Jacob. Gn. 28:3-4; 28:12-15; 35:9-12

LABÁN
Vida de.
Engañó a Jacob en los negocios. Gn. 30:25-43
Lo saludó y lo invitó a vivir con él y a trabajar para él. Gn. 29:1-30
Amenazó con impedir que Jacob regresara a la Tierra Prometida. Gn. 31:1-55
Engañó a Jacob para que se casara con su hija Lea. Gn. 29:21-30

LADRONES, ROBOS (VEA ROBO)

LAVADO, LAVAMIENTO, ESPIRITUAL (VEA LIMPIO, LIMPIEZA)

LEA
Engañó a Jacob para que se casara con ella. Gn. 29:21-30
Decline espiritual de. Gn. 30:9-13
Crecimiento espiritual de. Gn. 29:31-35

LEAL, LEALTAD (VEA COMPROMISO; DEDICACIÓN)
Deber. Ser l. a nuestra familia. Gn. 44:1-34

LEALTAD (VEA COMPROMISO; DEDICACIÓN)

LENGUA (VEA HABLAR MAL)
Deber. No discutir ni culpar a otros. Gn. 45:24
Pecados de. Hablar mal. Los hermanos de José. Gn. 37:1-4

LETUSIM
Descendiente de Abraham por parte de Cetura. Gn. 25:1-4

LEUMMIM
Descendiente de Abraham por parte de Cetura. Gn. 25:1-4

LEVÍ
Nacimiento de. Analizado. Gn. 29:31-35
Hijo de Jacob. Asesinó a los hombres de Siquem, vengándose por al violación de su hermana. Gn. 34:30-31
Tribu de. Profecía con respecto a. Gn. 49:5-7

LIBERAR, LIBERACIÓN (VEA SALVACIÓN)
Cómo se puede liberar a una persona. Por medio de la oración y la intervención de Dios. Gn. 19:15-22, cp. 18:16-33; 33:1-20, cp. 32:22-32

LIBERTAD
Importancia de. Necesario para estimular la iniciativa, el desarrollo, y la producción. Gn. 30:26
Pérdida de. Sofoca la iniciativa, el desarrollo, y la producción. Gn. 30:26

LIMPIO, LIMPIEZA (VEA PURO, PUREZA)
Deber. Llevar una vida l. e intachable. Gn. 17:1
Resultado. Avivamiento. Gn. 35:2-3
Símbolo. Ilustración de. Arrepentimiento. Gn. 35:2-3; 35:4

LLAMAR, LLAMADO
Error. Equivocación. Poner nuestra familia por delante del ll. de Dios. Gn. 12:1 (Nota 1)
Elemento. En ocasiones Dios lo hace dos veces. Gn. 12:1 (Nota 1)
De quien.
Abram o Abraham. Gn. 12:1; 12:1-3; 12:4-9
Jacob. Gn. 28:10-22

Propósito. Llevarnos a convertirnos en intercesores y testigos. Gn. 18:17-19

De qué.

De avivamiento. Gn. 35:1; 35:2-3

De la separación de la mundanalidad. Gn. 12:1 (Nota 1)

LLORAR, LLANTO *(VEA MUERTE)*

Ejemplo de. Gn. 45:1-3

José.

Por la convicción de pecado de sus hermanos. Gn. 42:21-24

Por el gozo de la reconciliación de su familia. Gn. 46:28-30

LOT

Recaída de. Analizado. Gn. 19:1-38

Carácter. Comparado con Abraham. Gn. 13:5-18

Ejemplo de.

Recaída.

Siguió a su tío Abraham en abandonar la Tierra Prometida. Gn. 13:1-4, cp. 12:10—13:4

Llevó una vida recaída. Gn. 19:1-38

Ejemplo de.

Ignorar y descuidar nuestros padrastros. Gn. 13:5-18

Desear con los ojos, desear el mundo. Gn. 13:10-11

Egoísmo, avaricia, carnalidad, mundanalidad. Gn. 13:5-18; 19:1-38

Elementos sobre. Vida de.

Llevó una vida recaída. Gn. 19:1-38

Se trasladó a Sodoma. Gn. 13:12-13

Se separó de Abraham. Gn. 13:5-18

Fue rescatado de la esclavitud por Abraham. Gn. 14:14

Fue salvado solamente por la oración de Abraham. Gn. 19:27-29

Fue hecho prisionero en la guerra, pero fue liberado por Abraham. Gn. 14:1-16

Era el alcalde o alguna funcionario de la ciudad de Sodoma. Gn. 19:1-3

Fue el hijo del hermano de Abraham. Gn. 12:5

Esposa de. Fue convertida en un pilar de sal. Analizado. Gn. 19:23-26

LOTÁN

Hijo de Seir, el Horeo que se casó con los descendientes de Esaú. Gn. 36:20-30

LUCHA, GUERRA

Provocado por.

Necesidad imperante (Jacob). Gn. 28:10—36:43

Temor y decepción (Abraham). Gn. 15:1-21

Terribles circunstancias y la necesidad de ayuda (Jacob). Gn. 32:22-32

LUCHAR, LUCHA *(VEA DISCUSIÓN; CONFLICTO; CONTIENDA)*

LUGARES

Neguev, El. Gn. 12:9

MACPELA, CUEVA DE

Lugar de sepultura de.

Abraham. Gn. 25:7-10

Isaac. Gn. 35:28-29, cp. 49:30-32

Jacob. Gn. 50:1-13

Lea. Gn. 49:30-32

Rebeca. Gn. 49:30-32

Sara. Gn. 23:5-18

MADRE *(VEA HIJOS; FAMILIA; PADRES)*

MADUREZ *(VEA CRECIMIENTO, ESPIRITUAL)*

MAGOS

Durante la época de José. No podían interpretar los sueños de Faraón. Gn. 41:8

MAHALAT

Esposa de Esaú. Gn. 27:39—28:9, fundamentalmente 28:9

MAHANAIM

Lugar donde los ángeles ministraron a Jacob. Gn. 32:1-2

MALAS ASOCIACIONES *(VEA SEPARACIÓN)*

Resultados. Peligro de. Recaída. Corrompen a una persona. Gn. 19:1-38

MALDAD, MALA INTENCIÓN, MALIGNIDAD *(VEA ODIO; IRA)*

MALDICIÓN, MALDECIR, MALDITO *(VEA JUICIO)*

Advertencia contra. Será m. si m. el pueblo de Dios. Gn. 12:3

MALDITO, MALDICIÓN *(VEA JUICIO)*

MALEDICENCIA, MALDICIENTE *(VEA DISCUTIR; BURLA)*

MALIGNO *(VEA PECADO)*

Lo que puede ser m. y perverso.

Una pandilla de hermanos. Los hermanos de José. Gn. 37:18-30; 34:25-29

Una multitud de personas inmorales. Gn. 19:4-11

MALTRATO, MALTRATADO

m. Físico

Los hermanos de José lo vendieron a la esclavitud. Gn. 37:1-36

El príncipe de Siquem violó a Dina. Gn. 34:1-31

MANAHAT

Descendiente de Seir horeo que se casó con los descendientes de Esaú. Gn. 36:20-30

MANASÉS

Hijo de José. Adoptado por Jacob. Gn. 48:1-6

Tribu de. Profecía con respecto a. Gn. 49:22-26

MANCHA, SIN MANCHA *(VEA INTACHABLE)*

MANSO, MANSEDUMBRE *(VEA HUMILDAD)*

MANTENERSE FIRME *(VEA RESISTENCIA; PERSEVERANCIA)*

MARGINADO

Quién era m. La esclava y su hijo, Agar e Ismael. Gn. 21:8-21

MASRECA

Ciudad de Edom. Gn. 36:31-39

MATAR, MATANZA *(VEA ASESINATO)*

MATERIALISMO *(VEA AVARICIA; RIQUEZAS; MUNDANALIDAD)*

MATRIMONIO, CASADO *(VEA ESPOSO; ESPOSA)*

Celebración de. Semana nupcial. Gn. 29:21-30 (pt. 6)

Analizado.

La voluntad de Dios para el m. Gn. 24:1-9

De preocupación crítica para Dios. Gn. 24:1-67

Buscar la persona adecuada para noviar y casarse. Gn. 24:1-67

Deber. Esencial.

No casarse con un incrédulo.Gn. 24:1-9; 26:34-35; 38:1-2

No apurarse para contraer matrimonio. Gn. 29:15-20

Ser una pareja que trabaje ardua y diligentemente. Gn. 29:15-20

Mantenerse puros. Gn. 24:1-9; 25:19-26

Problemas. Peligros para.

Vivir juntos aparte del m. Gn. 25:19-20

Casarse con un incrédulo. Gn. 38:3-10

Pasos para. Cómo hallar esposa o esposo. Gn. 24:1-67

MEDAN

Hijo de Abraham por parte de Cetura. Gn. 25:1-4

MEDIADOR *(VEA JESUCRISTO, MEDIADOR)*

Simbolizado. Tipificado por. La escalera de Jacob. El puente o camino entre el cielo y la tierra. Gn. 28:12-15

MEDITAR, MEDITACIÓN *(VEA DEVOCIÓN)*

Esencial. Hacerse amigo de Dios. Gn. 18:1-2

MELQUISEDEC

Abraham dio un diezmo a Melquisedec. Gn. 14:18-20

Analizado. Gn. 14:18-20

Sacerdocio de. Tipo del sacerdocio de Cristo. Gn. 14:18-20

MENTIRA, MENTIROSO, MENTIR

Deber. No se debe m., sino decir la verdad. Gn. 43:3-5

Ilustración de.

Abraham m. sobre su esposa al rey de Egipto. Gn. 12:10—13:4

Abraham m. sobre su esposa al rey de los filisteos. Gn. 20:1-2

Isaac m. sobre su esposa al rey de los filisteos. Gn. 26:7-11

Jacob m. para robar la bendición y herencia de su padre. Gn. 27:18-29

Los hermanos de José mintieron sobre su muerte. Gn. 37:31-35

Resultados. Destruye las relaciones. Gn. 21:25-26

MENSAJE *(VEA MINISTRAR; PREDICAR)*

MESÍAS, MESIADO DE JESUCRISTO *(VEA LA SIMIENTE, PROMETIDA)*

MIDIAN

Hijo de Abraham por parte de Cetura. Gn. 25:1-4

MIEDO *(VEA TEMOR)*

MILAGROS *(VEA SANIDAD)*

MINISTERIO, MINISTRACIÓN *(VEA SERVICIO)*

Deber. Trabajo. Hacerse amigo de Dios. Gn. 18:2-8

Ejemplo de. Abraham. Gn. 18:2-8

MINISTROS

Fracasos. Pecados de. Tratar de predicar como otros m. Gn. 27:18-29 (Pensamiento 1)

PROSTITUTA, PROSTITUCIÓN *(VEA INMORALIDAD)*
Provocado por. No tener esposo ni hijos. Gn. 38:1-30, fundamentalmente 12-19
Ejemplo de. Tamar, nuera de Judá. Gn. 38:1-30, fundamentalmente 12-19

PROTECCIÓN *(VEA SEGURIDAD)*

PROTEGER, PROTECCIÓN *(VEA OBEDIENCIA)*

PROTEGIÓ, PODER PROTECTOR DE DIOS *(VEA GARANTÍA; SEGURIDAD)*

PROVISIÓN, DIVINA *(VEA CUIDAR; PROMESAS)*
Fuente. El Señor. Su propio nombre garantiza p. Gn. 22:14

PRUEBAS - TRIBULACIÓN *(VEA VIDA, TORMENTAS DE; SUFRIMIENTO; TENTACIÓN)*
Provocado por.
Hambre, escasez. Gn. 12:10
Aquellos que están cerca de nosotros. Fallarnos y olvidarnos cuando más los necesitamos. Gn. 40:20-23
Liberación de la p. Cómo vencer.
Siendo valiente. Incluso al hablar de malas noticias (e. g., la muerte y una enfermedad). Gn. 40:16-19
Enfrentando y superando prueba tras prueba. Gn. 35:16-29; 38:1-23
Enfrentando y venciendo la p. Gn. 50:14
Por Dios. Fortalecido en le temor, la vergüenza, la soledad, y la destitución. Gn. 28:10-22
Confiando cada vez más en Dios. Gn. 39:21-23; 40:1-23
Analizado. Gn. 39:1-23; 40:1-23
Enfrentarse a siete pruebas principales y vencerlas. Gn. 26:1-35
Resultados.
Recaída, regreso al mundo. Gn. 12:10—13:4
Abandonar, descuidar las promesas de Dios. Gn. 12:10
Una fe que se debilitaGn. 12:10

PUEBLO, REUNIDO CON SU
Significado. Morir y unirse con los creyentes en el cielo. Gn. 25:7-10; 49:29; 49:30-32

PURO, PUREZA *(VEA LIMPIO, LIMPIEZA; MORALIDAD)*
Deber.
Huir de la inmoralidad sexual. Gn. 39:7-12
Llevar una vida p. e intachable. Gn. 17:1-2
Llevar una vida limpia. Gn. 35:2-3
Resultado. Avivamiento. Gn. 35:2-3

QUEDORLAOMER
Antiguo rey de Elam (Persia). Derrotado por Abraham. Gn. 14:1-16

QUEJARSE *(VEA QUEJA; LENGUA)*

QUERÁN
Descendiente de Seir horeo que se casó con los descendientes de Esaú. Gn. 36:20-30

QUIEN SE QUEDA TEMPORALMENTE
Significado. Gn. 23:4

RAMERA *(VEA INMORALIDAD)*

RAQUEL
Muerte de. Primera persona en la Biblia en morir durante el nacimiento de un hijo. Gn. 35:16-21
La esposa de Jacob. La esposa que él amaba y por la que trabajó catorce años. Gn. 29:15-20; 29:21-30
crecimiento Espiritual de. Gn. 30:22-24
era bella, orgullosa, y vana. Gn. 30:1-8

REBAJARSE, REBAJADO *(VEA HUMILLACIÓN; VERGUENZA)*

REBECA
Esposa de Isaac. Gn. 24:15-67

REBELIÓN (SEDICIONES) *(VEA RECHAZO; INCREDULIDAD)*

RECAÍDA *(VEA APOSTASÍA; NEGACIÓN)*
Provocado por.
Grandes pruebas. Gn. 12:10
Obediencia desganada. Gn. 26:1-35
Regresar al mundo. Gn. 12:10—13:4; 20:1-18
Analizado. Ilustración de r. Gn. 19:1-38; 35:2-3
Ejemplos. Abraham abandonó la Tierra Prometida. Gn. 12:10—13:4; 20:1-18

RECHAZAR, RECHAZADO, RECHAZO *(VEA DURO; DUREZA; REBELIÓN; OBSTINADO; INCREDULIDAD)*
Ejemplo de. Los hermanos de José lo r. Gn. 37:18-30

RECOGER, RECOGIDA *(VEA JUICIO; TESTIMONIO)*
Ley de. Una persona r. lo que siembra. Gn. 49:1-28

RECOMPENSA *(VEA HERENCIA, ESPIRITUAL)*
Elemento. Primer uso de la palabra en las Escrituras. Gn. 15:1
Significado. El propio Dios es la recompensa del creyente. Gn. 15:1
Cuáles son las r.
Vida eterna. *(Vea VIDA ETERNA)*
La Tierra Prometida (el cielo). Gn. 12:1c
La Simiente prometida, lo que significa una gran nación de creyentes. Gn. 12:2-3
La Simiente prometida, lo que significa Jesucristo: Salvación por medio de Él. Gn. 12:3

RECONCILIARSE, RECONCILIACIÓN *(VEA PAZ)*
Analizado. El día de la r. Suceden cinco cosas. Gn. 33:1-20
Deber. r. con los miembros de la familia que nos lastiman. Gn. 45:1-28
Ejemplo de.
Isaac e Ismael. En la muerte de su padre, Abraham. Gn. 25:7-10
Jacob. Buscando la r. con su hermano, Esaú. Gn. 32:1-21
José y sus hermanos. Gn. 45:1-28
Resultados de. Con frecuencia reviven los corazones de los padres y se reencuentran las familias. Gn. 45:25-28
Pasos para.
Cinco pasos para r. Gn. 32:1-21
Humildad. Gn. 33:1-4
Oración para r. Gn. 32:9-12
`La oración predominante. Paso principal para r. Gn. 32:22-32

RECONOCER
Deber.
r. a Dios después de que suple nuestra necesidad. Gn. 28:16-19; 28:20-22
r. a Dios cuando estamos necesitados. Gn. 12:10—13:4

RECONOCIMIENTO *(VEA ORGULLO)*

RECURSOS *(VEA PROMESAS)*

REDENCIÓN *(VEA JESUCRISTO, MUERTE; JUSTIFICACIÓN; SALVACIÓN)*

REFUNFUÑAR, REFUNFUÑO *(VEA QUEJA; LENGUA)*

REGISTROS
De la historia espiritual. Guardados por José. Gn. 50:24-26

REGOCIJARSE, REGOCIJO *(VEA GOZO)*

REHOBOT
Ciudad de Edom. Construido por un río. Gn. 36:31-39

REHUSAR *(VEA RECHAZO; INCREDULIDAD)*

RELACIONES *(VEA HERMANDAD)*
Analizado. Pasos para crear buenas r. Gn. 21:22-34
Deber. Crear buenas r. Gn. 21:22-34
Problema con. derrumbarse, desmoronarse. Gn. 21:22-34

RELIGIÓN *(VEA RITUAL)*
Mal uso de.
Ejemplo de. Los hijos de Jacob justificando su venganza. Gn. 34:7-17
Cuatro formas en las que se puede utilizar mal la r.Gn. 34:7-17

REMATRIMONIO *(VEA MATRIMONIO)*

REMORDIMIENTO *(VEA CONFESIÓN; ARREPENTIMIENTO)*
Provocado por.
Irresponsabilidad. Gn. 25:27-34, cp. 27:1—28:9
Mundanalidad. Gn. 19:30-38, cp. 19:1-38
Ilustración de. Esaú. Por perder la herencia y bendición de la familia. Gn. 27:1—28:9

RENDICIÓN A DIOS *(VEA COMPROMISO; DEDICACIÓN; ABNEGACIÓN)*
Analizado. Pasos para la r. absolutaGn. 22:1-24

RENDIRSE *(VEA DEDICACIÓN; RENDICIÓN)*

RENOVAR, RENOVACIÓN *(VEA CONVERSIÓN; RENACIMIENTO)*

RENUENCIA, RENUENTE *(VEA DESGANADO)*
Provocado por. Mundanalidad. Gn. 19:15-22

REPRENDER, REPRENDIDO
Ejemplo de.
Jacob r. a sus hijos. Gn. 34:30-31
Jacob r. a Labán. Gn. 31:36-55

REPRESALIA, RESISTENCIA *(VEA ODIO; VENGANZA)*

REPROBAR, RECONVENIR *(VEA REPRENDER)*

REPROCHAR, REPROCHADO *(VEA REPRENDER)*

REPUTACIÓN *(VEA HONRA; TESTIMONIO)*

RESCATE *(VEA JESUCRISTO, MUERTE; JUSTIFICACIÓN)*

RESISTIR, RESISTENCIA
Deber. r. las insinuaciones inmorales. Gn. 39:7-12

Notas

Notas

PORTAVOZ

NUESTRA VISIÓN

Maximizar el efecto de recursos cristianos de calidad que transforman vidas.

NUESTRA MISIÓN

Desarrollar y distribuir productos de calidad —con integridad y excelencia—, desde una perspectiva bíblica y confiable, que animen a las personas a conocer y servir a Jesucristo.

NUESTROS VALORES

Nuestros valores se encuentran fundamentados en la Biblia, fuente de toda verdad para hoy y para siempre. Nosotros ponemos en práctica estas verdades bíblicas como fundamento para las decisiones, normas y productos de nuestra compañía.

Valoramos la excelencia y la calidad
Valoramos la integridad y la confianza
Valoramos el mérito y la dignidad de los individuos y las relaciones
Valoramos el servicio
Valoramos la administración de los recursos

Para más información acerca de nuestra editorial y los productos que publicamos visite nuestra página en la red: www.portavoz.com